DER LITERATUR BROCKHAUS

Band 8

D1727547

DER
LITERATUR
BROCKHAUS

Grundlegend überarbeitete
und erweiterte Taschenbuchausgabe
in 8 Bänden

Herausgegeben
von Werner Habicht,
Wolf-Dieter Lange und der
Brockhaus-Redaktion

Band 8: Suh – Zz

B.I.-Taschenbuchverlag
Mannheim · Leipzig · Wien · Zürich

Redaktionelle Leitung: Gerhard Kwiatkowski
Redaktionelle Bearbeitung: Ariane Braunbehrens M.A.,
Heinrich Kordecki M.A., Dr. Rudolf Ohlig,
Heike Pfersdorff M.A., Cornelia Schubert M.A.,
Maria Schuster-Kraemer M.A.,
Dr. Margarete Seidenspinner, Birgit Staude M.A.,
Marianne Strzysch

Redaktionelle Leitung der Taschenbuchausgabe:
Maria Schuster-Kraemer M.A.
Redaktionelle Bearbeitung der Taschenbuchausgabe:
Vera Buller, Dipl.-Bibl. Sascha Höning,
Rainer Jakob, Birgit Staude M.A.

Die Deutsche Bibliothek – CIP-Einheitsaufnahme
Der **Literatur-Brockhaus**: in acht Bänden / hrsg. von
Werner Habicht, Wolf-Dieter Lange und der Brockhaus-Redaktion. –
Grundlegend überarb. und erw. Taschenbuchausg. –
Mannheim; Leipzig; Wien; Zürich: BI-Taschenbuchverl.
ISBN 3-411-11800-8
NE: Habicht, Werner [Hrsg.]
Grundlegend überarb. und erw. Taschenbuchausg.
Bd. 8. Suh – Zz. – 1995
ISBN 3-411-11881-4

Satz: Bibliographisches Institut (DIACOS Siemens) und
Mannheimer Morgen Großdruckerei und Verlag GmbH
Druck: Klambt-Druck GmbH, Speyer
Bindearbeit: Augsburger Industriebuchbinderei
Printed in Germany
Gesamtwerk: ISBN 3-411-11800-8
Band 8: ISBN 3-411-11881-4

Suhair Ibn Abi Sulma (tl.: Zuhayr Ibn Abī Sulmà), altarab. Dichter des 6. Jahrhunderts. – Vater des Kab Ibn Suhair; bed. didakt. Dichter; sein Diwan (hg. mit dt. Übersetzung 1867) ist v.a. dem Lob zweier Stammesführer gewidmet, die einen Bruderkrieg beendet haben. Eines seiner Gedichte wurde in die Sammlung ›Al Muallakat‹ aufgenommen.
Literatur: SEZGIN, F.: Gesch. des arab. Schrifttums. Bd. 2: Poesie. Leiden 1975. S. 118.

Suihitsu (tl.: Zuihitsu) [jap.], jap. literar. Gattung, essayist. ›Miszellenliteratur‹, die von dem berühmten ›Kopfkissenbuch‹ der ↑ Sei Schonagon über die mittelalterl. Werke ›Hodschoki‹ (1212) des frommen Kamo no Tschomei und ›Tsurezuregusa‹ des Ästheten ↑ Joschida Kenko zu wiss. Abhandlungen der Edo-Zeit (1603–1867) führt und ab der Meidschi-Restauration (1867) in moderne, oft kultur- und gesellschaftskrit. Essayliteratur mündet.

Suits, Gustav, *Vŏnnu (Kreis Dorpat) 30. Nov. 1883, † Stockholm 23. Mai 1956, estn. Lyriker. – Führer der westlich orientierten literar. Bewegung Noor-Eesti (= Jung-Estland), trug zur Erneuerung der estn. Lyrik bei, übte auf die polit. und geistige Haltung Estlands wie auch auf die estn. Dichtung großen Einfluß aus. Während seine frühen Gedichte pathosbestimmt sind, neigt S. später zu Abstraktion und Intellektualisierung; bed. Übersetzer niederl. und schwed. Lyrik, auch Essayist (›Noor-Eesti nõlvakult‹ [= Von Jung-Estlands Halde], 1931). Gedichtauswahlen: ›Luuletused‹ (= Gedichte, hg. 1959) und ›Kogutud luuletused‹ (= Gesammelte Gedichte, hg. 1963).

Šukasaptati [ʃu...; = Die 70 Erzählungen des Papageien], volkstüml. Erzählwerk der ind. Literatur in Sanskrit, dessen Urfassung verloren ist. Erhaltene Fassungen stammen wohl aus dem 12.Jh. (dt. von R. Schmidt 1893 u. d. T. ›Die Çukasaptati‹ [Textus simplicior] und 1899 u. d. T. ›Die Šukasaptati‹ [Textus ornatior]). Die Š. wurde in neuind. Sprachen übertragen und ist auch in außerind. Versionen bekannt, deren bedeutendste das pers. ›Tūtīnāmah‹ (= **Papageienbuch**) des Nachschabi (14. Jh.) ist, auf dem die etwa 100 Jahre jüngere türk. Bearbeitung beruht. Die Rahmenhandlung berichtet von einer jungen Frau, die während des Abwesenheit ihres Mannes ihren Liebhaber aufsuchen will. Ihr Papagei hält sie durch die Erzählung von täglich einer Geschichte 70 Tage lang bis zur Rückkehr ihres Gatten davon ab.
Ausgabe: Das Papageienbuch [Šukasaptati]. Hg. u. Übers. v. W. MORGENROTH. Stg. 1984.

Sukenick, Ronald [engl. 'suːkənık], *New York 14. Juli 1932, amerikan. Schriftsteller. – Seit 1975 Prof. für Englisch an der University of Colorado in Boulder. Als einer der alternativen Schriftsteller war S. maßgeblich an der Organisation nichtkommerzieller Zeitschriften und Verlage, z. B. ›American Book Review‹ und ›Fiction Collective‹, beteiligt. Seine postmodernen Romane und Kurzgeschichten nehmen eine radikale Dekonstruktion traditioneller Erzählweisen (auch in drucktechn. Hinsicht) vor, ohne jedoch den Bezug zur amerikan. Gegenwart aufzugeben. Das eigene Leben in der Tradition eingewanderter europ. Juden, die schwierige Schriftstellerexistenz in den USA sowie die Geschichte der westl. Zivilisation werden Elemente eines Spiels mit Worten auf der Textseite, das durch schockartigen Wechsel zwischen Komik und Betroffenheit sowie durch die Verwischung der Grenze zwischen Fiktion und

Realität eine Bewußtseinsveränderung beim Leser bewirken soll. Den überall und zu allen Zeiten erkennbaren Formen der Gewalt werden hoffnungsvoll alternative Formen menschl. Kommunikation gegenübergestellt. Gleichzeitig führen diese postmodernen Texte eine neue Form der Literaturtheorie in der Praxis der Fiktion vor.

Werke: Wallace Stevens. Musing the obscure (Studie, 1967), Up (R., 1968), The death of the novel (En., 1969), Out (R., 1973), Ninety-eight point six (R., 1975), Long talking bad conditions blues (R., 1979), In form. Digressions on the art of fiction (Essays, 1985), The endless short story (R., 1986), Blown away (R., 1986), Down and in. Life in the underground (R., 1987). **Literatur:** KUTNIK, J.: The novel as performance. The fiction of R. S. and Raymond Federman. Carbondale (Ill.) 1986.

Šukšin, Vasilij Makarovič, russ.-sowjet. Schriftsteller, Filmschauspieler und -regisseur, ↑ Schukschin, Wassili Makarowitsch.

Suleimęnow, Olschas Omarowitsch, * Alma-Ata 18. Mai 1936, russ.-kasach. Lyriker. – Schreibt – in russ. Sprache – prosanahe, bildreiche Lyrik, die z. T. aus der mündlichen kasach. Volksdichtung schöpft; auch Arbeiten zur russ. Literatur und zur Turkologie.

Werke: Argamaki (Ged., 1961), Glinjanaja kniga (= Das Lehmbuch, Ged., 1969), Nad belymi rekami (= Über den weißen Flüssen, Ged., Prosa, 1970), Gedichte (dt. 1978), Im Azimut der Nomaden (Poeme u. Ged., dt. 1981), Preodolenie (= Die Überwindung, Ged., Vers-En., 1987).

Süleyman Çelebi [türk. sylɛi'man tʃɛlɛ'bi], † 1422 (?), türk.-osman. Dichter. – Imam an einer der berühmtesten Moscheen der damaligen osman. Hauptstadt Bursa. Verfaßte u. a. 1409 das in der islamisch-türk. Welt – neben dem Koran – meistgelesene religiöse Werk › Vesiletü'n-necāt‹ (= Pfad der Rettung), volkstümlich › Mevlid-i şerîf‹ (= edle Geburt, hg. 1906/07) genannt, eine Dichtung, die aus 800 Doppelversen besteht und die Herrlichkeit des Propheten Mohammed besingt. Noch heute wird es an Festtagen und bei religiösen Feiern aller Art – privat und in der Moschee – rezitiert.

Sully Prudhomme [frz. syllipry-'dɔm], eigtl. René François Armand P.,

* Paris 16. März 1839, † Châtenay-Malabry (Hauts-de-Seine) 7. Sept. 1907, frz. Dichter. – Notariatstätigkeit in Paris, befreundet mit Dichtern aus dem Kreis der Parnassiens; begann im Stil der Parnassiens, von denen er sich jedoch durch seine melancholisch gestimmte Lyrik unterscheidet; behandelt in seinen philosoph. Gedichten wiss., philosoph., soziale und moral. Grundfragen in einer wissenschaftlich-präzisen, oft aber auch dunklen und abstrakten Sprache. 1881 wurde er Mitglied der Académie française. Erster Nobelpreisträger für Literatur (1901).

Werke: Stances et poèmes (Ged., 1865), Les épreuves (Ged., 1866), Les destins (Ged., 1872), La justice (Ged., 1878), Le prisme (Ged., 1886), Le bonheur (Ged., 1888), Réflexions sur l'art des vers (Abhandlung, 1892), Épaves (Ged., hg. 1908). **Ausgabe:** René-François-Armand S. P. Œuvres. Paris 1883–1908. 8 Bde. **Literatur:** BRANGSCH, W.: Philosophie u. Dichtung bei S. P. Bln. 1911. – FLOTTES, P.: S. P. et sa pensée. Paris 1930.

Sulpicia, röm. Dichterin an der Wende des 1. Jh. v. Chr. zum 1. Jh. n. Chr. – Nichte des Messalla Corvinus, des Gönners von Tibull. In Tibulls Werk sind sechs kurze Elegien von S. erhalten, Liebesgedichte, die sich durch den Ausdruck echter Gefühle auszeichnen; sie sind das einzige erhaltene poet. Werk der röm. Literatur, das von einer Frau stammt.

Sulpicius Severus, * um 360, † um 420, lat. Geschichtsschreiber aus Aquitanien. – Vollendete wohl 403 einen unter christl. Aspekt abgefaßten Abriß der Weltgeschichte von der Schöpfung bis in seine Zeit (›Chronica‹, 2 Bücher); im Mittelalter als Schulbuch weit verbreitet. Die übrigen Schriften, die dem hl. Martin von Tours (u. a. ›Vita Sancti Martini‹ [= Das Leben des hl. Martin]) galten, sind wertvolle Zeugnisse altkirchl. Hagiographie.

Literatur: HYLTÉN, P.: Studien zu S. S. Lund 1940.

Sultan Veled [türk. sul'tan vɛ'lɛt], * Larende (Anatolien) 24. April 1226, † Konya 11. Nov. 1312, seldschuk.-türk. Dichter und Mystiker. – Sohn des Mystikers und Ordensgründers Dschalal od-Din Rumi und dessen Nachfolger im

Amt des Ordensvorstehers der sog. ›tanzenden Derwische‹ in Konya. Systematisierte das mystisch-philosoph. Gedankengebäude seines Vaters zu einer über Jahrhunderte praktizierten Ordensregel. Verfaßte u. a. einen pers. Diwan mit einigen türk. Gedichten und drei persisch geschriebenen Dichtungen mit myst. Inhalt.

Sumarokow (tl.: Sumarokov), Alexandr Petrowitsch [russ. suma'rɔkɐf], * Petersburg 25. Nov. 1717, † Moskau 12. Okt. 1777, russ. Dramatiker. – Gilt als erster russ. Berufsliterat; vertrat bes. in seinen von frz. Vorbildern abhängigen Tragödien einen strengen klassizist. Stil; setzte rhetor. Mittel nur zurückhaltend ein; seine satir. Komödien sind durch einen mehr volkssprachl. Stil gekennzeichnet. S. pflegte ferner u. a. die Gattungen der Elegie und der Epistel; parodierte die Oden M. W. Lomonossows; auch Liebeslyrik und Fabeln.

Werke: Èpistola o stichotvorstve (= Epistel über das Dichten, 1747), Chorev (Trag., 1747), Dmitrij Samozvanec (= Der falsche Demetrius, Trag., 1771), Satiry (1774).
Ausgabe: A. P. Sumarokov. Izbrannye proizvedenija. Leningrad ²1957.
Literatur: VETTER, E.: Studien zu Sumarokov. Diss. FU Bln. 1961.

Sumbatow (tl.: Sumbatov), Alexandr Iwanowitsch [russ. sum'batɐf], russ. Schauspieler und Dramatiker, ↑Juschin, Alexandr Iwanowitsch.

sumerische Literatur, die Literatur der Sumerer, der Bewohner von Sumer (Mittel- und Südbabylonien) in sumer. Sprache, die in Keilschrifttexten des 3.–1. Jt. überliefert ist; zuerst überliefert etwa um 2600, meist jedoch erst nach langer mündl. Tradition seit etwa 2000 schriftlich aufgezeichnet, bes. in Keilschrifttafeln der frühaltbabylon. Zeit (19./18. Jh.). Erhalten sind Mythen v. a. um die Götter Enki (↑Enki-Mythen), Enlil (↑Enlil-Mythen), Inanna (↑Ischtars Höllenfahrt) aus Eridu, Nippur und Uruk, ep. Erzählungen um wohl histor. Herrscher von Uruk (Enmerkar [↑Enmerkar-Epen], Lugalbanda [↑Lugalbanda-Epos], v. a. Gilgamesch [↑Gilgamesch-Epos]), Klagelieder, Hymnen auf Könige bes. der 3. Dynastie von Ur und der Isin-Larsa-Zeit, Tempelbauhymnen

(z. B. die ↑Gudea-Hymne), Götterlieder, Kultlyrik in einem sumer. Dialekt, dialog. Dichtungen (sog. Streitgespräche) und Sprichwörtersammlungen. Unsicher ist die Deutung sumer. Dichtung als Drama. Die s. L. hat in Übersetzung und Neubearbeitung durch die ↑babylonisch-assyrische Literatur weitergewirkt.

Sumerologie [akkad.; griech.], die Wiss. von den Sumerern, bes. von der sumer. Sprache und Literatur; Teildisziplin der ↑Altorientalistik.

Summarium [lat.], kurzgefaßte Inhaltsangabe einer Schrift; auch Bez. für eine mittelalterl. Glossensammlung.

Sünder, Artur, Pseudonym des dt. Schriftstellers Hans ↑Reimann.

Sundman, Per Olof [schwed. ,sʊndman], * Vaxholm (Uppland) 4. Sept. 1922, schwed. Schriftsteller. – Schreibt dokumentar. Erzählungen und Romane, in denen der Erzähler als sachlich registrierender, scheinbar objektiver Beobachter in äußerst knapper, einfach wirkender Diktion Dokumentarisches mit Fiktivem vermischt. Als S.s bislang wichtigstes Werk gilt der Roman ›Ingenieur Andrées Luftfahrt‹ (1967, dt. 1969), die Schilderung einer gescheiterten Ballonfahrt zum Nordpol im Jahr 1897. Mitglied des schwed. Reichstags seit 1968 (christl.-demokrat. Zentrumspartei); seit 1975 Mitglied der Schwed. Akademie.

Weitere Werke: Die Untersuchung (R., 1958, dt. 1971), Die Expedition (R., 1962, dt. 1965), Sökarna (Nov.n, 1963), Zwei Tage, zwei Nächte (R., 1965, dt. 1967), Lofoten, sommar (Ber., 1973), Der Hahn und andere Erzählungen (dt. Ausw. 1973), Bericht über Samur (R., 1977, dt. 1978), Ishav (Ber., 1982).
Literatur: ÅSLING, N. G.: P. O. S. Stockholm 1970. – HINCHLIFFE, I.: P. O. S. Hull 1982.

Sunesøn, Anders [dän. 'su:nəsœn], * um 1167(?), † Ivö (Schonen) 24. Juni 1228, dän. Dichter. – Nach Studien in Paris, Bologna und Oxford Leiter der königl. Kanzlei; später Erzbischof von Lund. S. erlangte Bedeutung v. a. durch das in lat. Sprache abgefaßte geistl. Lehrgedicht ›Heksaëmeron‹ (hg. 1892), das in ungefähr 8 000 Hexametern im Geiste der Scholastik die Schöpfung der Welt schildert.

Suonio, Pseudonym des finnischen Sprachforschers, Literaturhistorikers und

Schriftstellers Julius Leopold Fredrik † Krohn.

Supervielle, Jules [frz. sypɛr'vjɛl], * Montevideo 16. Jan. 1884, † Paris 17. Mai 1960, frz. Schriftsteller. – Vorwiegend Lyriker, aber auch Romancier, Novellist, Verfasser von Märchenstücken; beeinflußt vom Surrealismus, bevorzugt er in allen Gattungen phantasievoll-heitere Fabel- und Märchenmotive, die in ihrer philosophischen Essenz der poetischen Welt J. Giradoux' nahestehen, aber auch vom Unanimismus beeinflußt sind.

Werke: Les poèmes de l'humour triste (Ged., 1919), Débarcadères (Ged., 1922), Gravitations (Ged., 1925), Der Kinderdieb (R., 1926, dt. 1949), Ritter Blaubarts letzte Liebe (Kom., 1932, dt. 1951), Oublieuse mémoire (Ged., 1949), Shéhérazade (Kom., 1949), L'escalier (Ged., 1956), Le corps tragique (Ged., 1959), Gedichte und Legenden (frz. und dt. Ausw. 1961), Gedichte (dt. Ausw. 1968).
Literatur: ÉTIEMBLE, R.: S. Paris 1960. – HIDDLESTON, J. A.: L'univers de J. S. Vorwort v. C. A. HACKETT. Paris 1965. – ROY, C.: J. S. Une étude. Paris 1970 (mit Ged.-Ausw. u. Bibliogr.). – VIVIER, R.: Lire S. Paris 1971. – J. S., poète intime et légendaire. Katalog der Ausstellung der Bibliothèque Nationale, Paris 1984–85. Paris 1984.

Supper, Auguste, geb. Schmitz, * Pforzheim 22. Jan. 1867, † Ludwigsburg 14. April 1951, dt. Schriftstellerin. – Schrieb heimatverbundene, volkstümlich-humorvolle Romane und Erzählungen aus dem schwäb. Dorfleben; auch Lyrik.

Werke: Der Mönch von Hirsau (E., 1898), Da hinten bei uns (En., 1905), Herbstlaub (Ged., 1912), Die Mühle im kalten Grund (R., 1912), Der Herrensohn (R., 1916), Der Gaukler (R., 1929), Aus halbvergangenen Tagen (Erinnerungen, 1937), Der Krug des Brenna (R., 1940), Schwarzwaldgeschichten (En., hg. 1954).

Supplement [von lat. supplementum = Ergänzung], Ergänzung, insbes. der Ergänzungsband eines Werkes, der entweder Spezialfragen behandelt oder durch neuere Forschungen bedingte Nachträge enthält, sowie Beihefte von Zeitschriften.

Sūrdās, * Sihi bei Delhi um 1483, † Parsauli bei Agra um 1563, ind. Dichter und Musiker. – Der Überlieferung nach war er blind und lebte zumeist in der Nähe Agras; als Hindī-Dichter Meister aller Stilrichtungen. Berühmt sind seine lyr. Gedichte, die in emotional betonter, aber dennoch kunstvoller Gestaltung das Thema der Liebe zwischen Krischna und Rādhā variieren und auch heute noch die Grundlage von Musikvorträgen bilden.

Ausgaben: S. Krishnāyana. Dt. Übers. v. R. BEER. Lpz. u. Weimar 1978. – S. [poems]. Hg. u. Übers. v. U. NILSSON. Neu-Delhi 1982.
Literatur: The poems of S. Hg. v. S. M. PANDEY u. N. ZIDE. Chicago (Ill.) 1963.

Surikow (tl.: Surikov), Iwan Sacharowitsch [russ. 'surikəf], * Nowossjolowo (Gouv. Jaroslawl) 6. April 1841, † Moskau 6. Mai 1880, russ. Dichter. – S., der aus ärml. Verhältnissen stammte, hinterließ ein wenig umfangreiches, vorwiegend von Melancholie und Verzweiflung geprägtes lyr. Werk. Zentrales Motiv seiner z. T. vertonten Dichtung ist die Armut.

Literatur: NEŽENEC, N. I.: Poėzija I. Z. Surikova. Moskau 1979.

Surkow (tl.: Surkov), Alexei Alexandrowitsch [russ. sur'kɔf], * Serednewo (Gebiet Jaroslawl) 13. Okt. 1899, † Moskau 14. Juni 1983, russ.-sowjet. Lyriker. – Berichterstatter im 2. Weltkrieg; 1953–59 1. Sekretär des sowjet. Schriftstellerverbandes; Deputierter des Obersten Sowjets; schrieb, u. a. vom Akmeismus beeinflußt, aber auch von der Volksdichtung angeregt, sowjetisch-patriot. Dichtungen, darunter Kriegslieder. Häufiges Motiv ist der heldenhafte Tod. Seine auch an N. A. Nekrassow geschulte Lyrik, für deren Stil u. a. der Sammelband ›Der Welt den Frieden‹ (1950, dt. 1951) kennzeichnend ist, wurde vielfach vertont.

Ausgabe: A. A. Surkov. Sobranie sočinenij. Moskau 1979–80. 4 Bde.
Literatur: REZNIK, O. S.: A. Surkov. Moskau ³1979.

Surmiński, Arno, * Jäglack bei Rastenburg (Woiwodschaft Olsztyn) 20. Aug. 1934, dt. Schriftsteller. – Kam 1947 nach Schleswig-Holstein; lebt in Hamburg; seit 1972 freiberufl. Wirtschafts- und Versicherungsjournalist sowie Schriftsteller. Themen seiner Erzählungen und Romane sind die Beschreibungen der Menschen in ihrer ostpreuß. Heimat, als Flüchtlinge im holstein. Raum und der Verlauf wie die Entwicklung ihres weiteren Lebens. Erzählt über die verlorene Heimat in wehmütig-melanchol. Ton, ohne jedoch ein überhöhtes Bild heraufzubeschwören.

Werke: Jokehnen oder Wie lange fährt man von Ostpreußen nach Deutschland? (R., 1974), Aus dem Nest gefallen (En., 1976), Kudenow oder An fremden Wassern weinen (R., 1978), Fremdes Land oder Als die Freiheit noch zu haben war (R., 1980), Wie Königsberg im Winter (En., 1981), Damals in Poggenwalde (Kinderb., 1983), Polninken oder eine deutsche Liebe (R., 1984), Gewitter im Januar (En., 1986), Am dunklen Ende des Regenbogens (R., 1988), Grunowen oder Das vergangene Leben (R., 1989), Die Reise nach Nikolaiken und andere Erzählungen (1991), Kein schöner Land (R., 1993).

Surrealismus [zʊ..., zy...; frz.], eine der bedeutendsten literar. und künstler. Bewegungen des 20. Jh., die aus dem Dadaismus hervorging. Die sich aus ihr konstituierende Gruppe bestand von 1919 bis 1969. Ziel des S. ist die Befreiung des Geistes aus inneren (sprachl., log., systemat.) und äußeren (polit., gesellschaftl.) Zwängen, um zur Erkenntnis der hinter der rational erfaßbaren Wirklichkeit liegenden Bereiche des Traums, des Wahnsinns, der Phantasie zu gelangen und so der Totalität des menschl. Seins gerecht werden zu können. Der Begriff geht auf G. Apollinaire zurück, der seinem Werk ›Les mamelles de Tirésias‹ (UA 1917, hg. 1918, dt. 1987 u. d. T. ›Die Brüste des Tiresias‹) den Untertitel ›drame surréaliste‹ gab, setzte sich aber erst nach A. Bretons programmat. ›Manifest des S.‹ (1924, dt. 1968, in: ›Die Manifeste des S.‹, 1930, dt. 1968) als Bez. der Gruppe durch. Breton, mit dessen Person die Gruppe so eng verknüpft war, daß sie sich zwei Jahre nach seinem Tod selbst auflöste, definiert den S. als psych. Automatismus, durch den die wirkl. Funktionsweise des Denkens losgelöst von Vernunft und ästhet. oder moral. Vorurteilen im Sinne eines Diktats des Denkens bzw. des Unbewußten nachvollzogen werden soll. Er beruft sich dabei auf das gemeinsam mit Ph. Soupault verfaßte Werk ›Die magnet. Felder‹ (1920, dt. 1981), bei dessen als Experiment der † Écriture automatique konzipierten Niederschrift die Autoren die Kontrollfunktion der Vernunft außer Kraft zu setzen versuchten,

um dem Unbewußten über das Medium der Schreibgeschwindigkeit die Möglichkeit eines spontanen Ausdrucks zu geben. Von Anfang an verstanden sich die Surrealisten als Gruppe, für die die Befreiung des Geistes nicht allein ästhet., sondern auch polit. Ziel war. Daraus erklären sich nicht nur die Zusammenarbeit mit der Kommunistischen Partei (bei einigen Mitgliedern auch der Eintritt in die Partei), sondern auch die Schwierigkeiten innerhalb der Gruppe, da vielen die Unterordnung unter einen Parteikonsens dem Wunsch nach geistiger Befreiung zu widersprechen schien. Die Folge war v. a. in der zweiten Hälfte der 20er Jahre eine Reihe von Austritten, unter die Breton in seinem ›Zweiten Manifest des S.‹ (1930, dt. 1968, in: ›Die Manifeste des S.‹) mit seiner Polemik gegen die sog. Dissidenten einen vorläufigen Schlußstrich zog. In dieser Schrift setzte Breton auch sein Konzept des S. mit der Benennung der neuen, die Zeitschrift ›La Révolution surréaliste‹, deren Mitherausgeber Breton von 1924 bis 1929 war, ablösenden Publikationsorgans ›Le surréalisme au service de la Révolution‹ durch. Die Exkommunizierten (u. a. A. Artaud, G. Bataille, J. Delteil, R. Desnos, A. Masson, Ph. Soupault, R. Vitrac) reagierten mit dem Pamphlet ›Un cadavre‹ (1930) und gingen fortan eigene künstler. Wege. Aber auch der spätere Bruch L. Aragons (1932), P. Éluards (1938) und T. Tzaras (1947) geht auf polit. Auseinandersetzungen zurück.

Daraus wird deutlich, daß es den Surrealisten nicht um die Erneuerung ästhet. Normen ging, sondern um die Zerstörung von Gewohnheiten, Werten und Verhaltensweisen auf individueller und gesellschaftl. Ebene. Provozierende Aktionen waren keine Randerscheinungen, sondern integrierender Bestandteil einer Bewußtseinsänderung, die den auf Vernunft und rationale Stringenz basierenden Sicherheiten des intellektuellen Lebens die Kräfte der Imagination, des myth. Denkens und den Widerspruch gegenüberstellt und damit den wirklichen Erfahrungen angemessen Ausdruck verleiht. Nicht nur der Traum, sondern auch der Einbruch des Wunderbaren in das Alltägliche war für die Surrealisten von großer Bedeutung und manifestiert sich z. B. in der Theorie des ›hasard objectif‹. Mit diesem Begriff kennzeichnen die Surrealisten die Koinzidenz objektiv feststellbarer Tatbestände und deren Interpretation als Zeichen des Unbewußten bzw. als Vorankündigung späterer Ereignisse, deren Zusammenhang Breton z. B. in ›Nadja‹ (1928, dt. 1960) und ›L'amour fou‹ (1937, dt. 1970) beschreibt. Die Existenz solcher Koinzidenzen, deren Erklärung auf spiritist. und parapsychol. Modelle zurückgreift, konkretisiert sich im ›objet trouvé‹, im zufällig gefundenen Objekt, das einem dem übernatürl. Phänomen offenen Individuum ins Auge springt und dessen symbol. Wert im nachhinein erkennbar wird. Diese Vorstellung orientiert sich an Lautréamonts Bild von der zufälligen Begegnung von einer Nähmaschine mit einem Regenschirm auf einem Seziertisch. Die literar. Konzeption, die sich daraus ableitet, will die mag. Relation zwischen äußeren Gegebenheiten und innerer Befindlichkeit, zwischen ›objet trouvé‹ und subjektivem Erleben auffinden und in der Dichtung zum Ausdruck bringen.

In der bildenden Kunst spielen diese Überlegungen ebenfalls eine entscheidende Rolle. Den surrealist. Malern und Bildhauern sowie Filmregisseuren (René Clair [* 1898, † 1981], Luis Buñuel [* 1900, † 1986], J. Cocteau, Hans Richter [* 1888, † 1976]) ist das Bestreben gemeinsam, durch widersprüchl. Kombinationen und traumhafte Vieldeutigkeiten herkömmlicher Denk- und Sehgewohnheiten zu erschüttern. Die polit. Ereignisse der 30er und 40er Jahre hatten einerseits trotz kontroverser Diskussionen eine intensive Zusammenarbeit, andererseits eine größere Verbreitung der künstler. Ideen zur Folge. Viele Surrealisten gingen in die USA (u. a. Breton und der Maler Max Ernst [* 1891, † 1976], Gründer der Zeitschrift ›VVV‹) und unterstützten surrealist. Künstler (Joseph Cornell [* 1903, † 1972], Arshile Gorky [* 1905, † 1948] u. a.). Die spektakulären Auftritte Salvador Dalís (* 1904) sorgten im übrigen für Publizität. In Belgien bildete sich eine eigenständige Gruppe des S., die in losem Kontakt zur Pariser

Gruppe stand, aber unabhängige ästhet. Ideen entwickelte (im literar. Bereich u. a. H. Michaux, Jean de Bosschere [* 1878, † 1953], Hubert Dubois [* 1903, † 1965], Odilon-Jean Périer [* 1901, † 1928], Ernst Moerman [* 1897, † 1944]). Auch in den Ländern Lateinamerikas gab es bis in die 60er und 70er Jahre rege surrealist. Aktivitäten.

Ausgaben: BOSQUET, A.: S. 1924–1949. Texte u. Kritik. Bln. 1950. – BRETON, A.: Die Manifeste des S. Dt. Übers. Rbk. 1968. – Als die Surrealisten noch recht hatten. Texte u. Dokumente. Hg. v. G. METKEN. Stg. 1976. – Tracts surréalistes et déclarations collectives (1922–1969). Hg. v. J. PIERRE. Paris 1980–82. 2 Bde.
Literatur: ALQUIÉ, F.: Philosophie du surréalisme. Paris 1955. – JEAN, M./MEZEI, A.: Gesch. des S. Dt. Übers. Köln 1961. – Surréalisme et cinéma. Hg. v. Y. KOVACS. Paris 1965. 2 Bde. – NADEAU, M.: Gesch. des S. Dt. Übers. Rbk. 1965. – CARROUGES, M.: André Breton et les données fondamentales du surréalisme. Paris ²1967. – BÜRGER, P.: Der frz. S. Ffm. 1971. – BRÉCHON, R.: Le surréalisme. Paris 1971. – VOVELLE, J.: Le surréalisme en Belgique. Brüssel 1972. – RUBIN, W. S.: Dada u. S.: Dt. Übers. Stg. 1972. – VIRMAUX, A./VIRMAUX, O.: Les surréalistes et le cinéma. Paris 1976. – SIEPE, H. T.: Der Leser des S. Unters. zur Kommunikationsästhetik. Stg. 1977. – GERMAIN, E. B.: English and American surrealist poetry. Harmondsworth 1978. – JEAN, M.: Autobiographie du surréalisme. Paris 1978. – HOZZEL, M.: Bild u. Einheitswirklichkeit im S. Éluard u. Breton. Ffm. u. Bern 1980. – S. Hg. v. P. BÜRGER. Darmst. 1982. – Dictionnaire général du surréalisme et de ses environs. Hg. v. A. BIRO u. R. PASSERON. Frib. 1982. – GUIOL-BENASSAYA, E.: La presse face au surréalisme de 1925 à 1938. Paris 1982. – FONTANELLA, L.: Il surrealismo italiano. Rom 1983. – PIERRE, J.: L'univers surréaliste. Paris 1983. – CHÉNIEUX-GENDRON, J.: Le surréalisme. Paris 1984. – CORTANZE, G. DE: Le surréalisme. Paris 1985. – ABASTADO, C.: Introduction au surréalisme. Paris ²1986. – LASERRA, A.: L'aventure surréaliste et les nouveaux langages. Mailand 1986. – MATTHEWS, J. H.: Languages of surrealism. Columbia (Mo.) 1986. – TOUSSAINT, F.: Le surréalisme belge. Brüssel 1986. – Spuren – Entwürfe. Akten des Dt.-Frz. S.-Kolloquiums in Bonn... Hg. v. M.-C. BARILLAUD u. E. LANGE. Essen 1991. – RISPAIL, J.-L.: Les surréalistes. Paris 1992.

Surrey, Henry Howard, Earl of [engl. 'sʌrɪ], * Kenning-Hall (Norfolk) 1517 (?), † London 21. Jan. 1547, engl. Dichter. – Hatte Ämter am Hof Heinrichs VIII. inne, wurde aufgrund einer falschen Hochverratsanklage hingerichtet. Gehört mit Th. Wyatt zu den ersten Dichtern engl. Sonette nach dem italien. Vorbild F. Petrarcas, denen er jedoch, mit Sinn für metr. Genauigkeit, eine charakteristisch engl. (später auch von Shakespeare verwendete) Form gab. Die Gedichte wurden erst postum gedruckt, 40 davon in der Anthologie ›Songes and sonettes‹ (1557, bekannt als ›Tottel's Miscellany‹). Mit seinen Übersetzungen des 2. und 4. Buches der ›Äneis‹ (hg. 1557) führte er den Blankvers in die engl. Literatur ein.

Ausgaben: The Aeneid of H. H. Earl of S. Hg. v. F. H. RIDLEY. Berkeley (Calif.) u. Los Angeles (Calif.) 1963. – H. H. Earl of S. Poems. Hg. v. E. JONES. Oxford 1964.
Literatur: CASADY, E.: H. H. Earl of S. Oxford 1938. – CHAPMAN, H. W.: Two Tudor portraits. H. H., Earl of S., and Lady Katherine Grey. London 1960.

Surtees, Robert Smith [engl. 'sə:ti:z], * Durham 1803, †Brighton 16. März 1864, engl. Schriftsteller. – Jurist; gründete 1831 das ›New Sporting Magazine‹, für das er Beiträge mit der gutmütig-kom. Figur des John Jorrocks als Helden verfaßte; die Erlebnisse des sporttreibenden Londoner Gemüsehändlers erschienen 1838 in Buchform u.d.T. ›Jorrocks's jaunts and jollities‹; die kom. Skizzen waren Vorbild der künstlerisch wertvolleren ›Sketches‹ und ›Pickwick papers‹ von Ch. Dickens; erfolgreich waren auch einige Romane mit ähnl. Thematik.

Literatur: GASH, N.: R. S. and early Victorian society. Oxford 1993.

Su Shih (Su Shi) [chin. suʃi], auch Su Tung-p'o (Su Dongpo), * Meishan (Szetschuan) 19. Dez. 1036, † Tschangtschou 1101, chin. Staatsmann und Dichter. – Als Politiker erwies er sich in der Reformdiskussion seiner Zeit als konservativ. In seinen Prosaschriften, die eine erstaunl. Themenbreite zeigen, und seinen sehr zahlreichen Gedichten wirkte er eher als Neuerer, wurde deshalb ›quecksilbrig‹ genannt. Komik und soziales Empfinden kennzeichnen viele Gedichte. Er gilt als bed. Dichter der Sung-Zeit.

Ausgabe: The prose poetry of Su Tung-p'o. Engl. Teil-Übers. v. C. D. CLARK. Schanghai 1935.
Literatur: LIN YUTANG: The gay genius. The life and times of Su Tungpo. New York 1948.

Süskind, Patrick, * Ambach (heute zu Münsing, Landkreis Bad Tölz-Wolfrats-

hausen) 26. März 1949, dt. Schriftsteller. – Sohn von Wilhelm Emanuel S.; hatte großen Erfolg mit seinem ersten Roman, ›Das Parfum‹ (1985), der die Geschichte eines Mörders im 18.Jh. in Frankreich erzählt; das phantasievolle Werk zeichnet sich durch Sprachwitz und Bilderreichtum aus, durch die der Autor ebenso wie durch seine umfangreichen Sachbeschreibungen die Widerwärtigkeit seiner Fabel z.T. verbergen kann. S. ist auch als Drehbuchautor (›Kir Royal‹, Fernsehserie, 1986; mit H. Dietl) tätig.

Weitere Werke: Der Kontrabaß (Dr., 1983), Die Taube (E., 1987), Die Geschichte von Herrn Sommer (1991).

Süskind, Wilhelm Emanuel, * Weilheim i. OB. 10. Juni 1901, † Tutzing 17. April 1970, dt. Schriftsteller und Journalist. – 1933–42 Hg. der Zeitschrift ›Die Literatur‹; Redakteur verschiedener Tageszeitungen. Begann mit Erzählungen und Romanen, wandte sich dann Sprachstudien zu und kritisierte die Vergewaltigung von Sprache. Gab zusammen mit D. Sternberger und G. Storz ›Aus dem Wörterbuch des Unmenschen‹ (1957) heraus. Nach dem 2. Weltkrieg polit. Redakteur an der ›Süddeutschen Zeitung‹; auch Übersetzer.

Weitere Werke: Das Morgenlicht (E., 1926), Tordis (Nov.n, 1927), Jugend (R., 1930), Mary und ihr Knecht (R., 1932), Vom A-B-C zum Sprachkunstwerk (1940), Abziehbilder (Feuilletons, 1963), Dagegen hab' ich was. Sprachstolpereien (1969).

Wilhelm
Emanuel
Süskind

Susman, Margarete, verh. von Bendemann, * Hamburg 14. Okt. 1874, †Zürich 16. Jan. 1966, dt. Schriftstellerin. –

Beschäftigte sich sowohl in ihrem lyr. Werk als auch in ihren Essays v. a. mit religionsphilosoph. Fragen.

Werke: Mein Land (Ged., 1901), Neue Gedichte (1907), Vom Sinn der Liebe (Essays, 1912), Die Liebenden (Dichtungen, 1917), Lieder von Tod und Erlösung (Ged., 1922), Aus sich wandelnder Zeit (Ged., 1953), Die geistige Gestalt Georg Simmels (Essay, 1959), Ich habe viele Leben gelebt (Erinnerungen, 1964), Vom Geheimnis der Freiheit (Essays, 1965).

Suso, Heinrich, dt. Mystiker, ↑ Seuse, Heinrich.

süßer neuer Stil ↑ Dolce stil nuovo.

Süßkind von Trimberg, mhd. Sangspruchdichter des späten 13. Jahrhunderts. – Von dem urkundlich nicht bezeugten fahrenden Berufsdichter aus Franken (wohl aus Trimberg bei Bad Kissingen) sind zwölf Sangsprüche in fünf Tönen erhalten; sie bleiben inhaltlich und formal im konventionellen Rahmen. Wegen einer Wendung in Sangspruch V, 2 wird er in der Großen Heidelberger Liederhandschrift für einen Juden gehalten und in jüd. Tracht dargestellt. Diese Schlußfolgerung ist umstritten.

Ausgabe: S. v. T. In: Dt. Liederdichter des 13. Jh. Hg. v. C. VON KRAUS. Tüb. [2]1978. **Literatur:** HUSNIK, H. H. F.: S. v. T. In: Emuna. Israel Forum 1977. H. 3.

Sutcliff, Rosemary [engl. 'sʌtklɪf], *West Clandon (Surrey) 14. Dez. 1920, † Arundel (Sussex) 23. Juli 1992, engl. Schriftstellerin. – Verfasserin lebendig geschriebener histor. Romane für Erwachsene und Jugendliche, v. a. über die (frühe) Geschichte Englands.

Werke: Robin Hood (R., 1950, dt. 1984), Bruder Staubfuß (R., 1952, dt. 1959), Der Adler der Neunten Legion (R., 1954, dt. 1964), Der Schildwall (R., 1956, dt. 1966), Der silberne Zweig (R., 1957, dt. 1965), Scharlachrot (R., 1958, dt. 1961), Drachenschiffe drohen am Horizont (R., 1959, dt. 1962), Das Stirnmal des Königs (R., 1965, dt. 1969), Die Tochter des Häuptlings (R., 1967, dt. 1971), Die Heldentaten des Finn MacCool (R., 1976, dt. 1981), Lubrin und das Sonnenpferd (R., 1977, dt. 1982), Die Abenteuer der Ritter von der Tafelrunde (R.-Trilogie, 1979–82, dt. 1980–83), The roundabout horse (R., 1986), Blood and sand (R., 1987), The shining company (R., 1990).

Sütő, András [ungar. 'ʃytø:], * Pusztakamarás (rumän. Cămăraşu-Deşert, Siebenbürgen) 27. Juni 1927, ungar. Schriftsteller in Rumänien. – Bedeutendster Autor der ungar. Minoritäten in den Nachbarstaaten Ungarns. Als Kenner des dörfl. Lebens schilderte S. in Bühnenstücken und Prosawerken, von denen der Roman ›Mutter verspricht guten Schlaf‹ (1970, dt. 1980) das bedeutendste ist, die nach 1945 eingetretenen großen Veränderungen in seiner Heimat mit soziograph. Treue. Das zentrale Problem mehrerer, von prot. Religiosität geprägter Dramen, darunter das Calvin-Drama ›Stern auf dem Scheiterhaufen‹ (1975, dt. 1979), ist das Verhältnis zwischen dem Individuum und der Macht. Sein Werk, das auch Erzählungen und Essays umfaßt, weist ihn als Autor aus, der weit über den drohenden Provinzialismus seines Lebensraumes hinausgewachsen ist.

Weitere Werke: Engedjétek hozzám jönni a szavakat (= Lasset die Wörter zu mir kommen, R., 1977), Káin és Ábel (= Kain und Abel, Dr., 1977), Perzsák (= Die Perser, Dr., 1979).

Sutra [sanskr. = Faden], literar. Form ind. Texte, wobei zum S. stets ein mündl., später auch schriftlich fixierter Kommentar gehört. Wer diesen Kommentar einmal gehört und verstanden hat, kann ihn danach jederzeit mit den auswendig gelernten S.s, die nur die Kernideen umreißen, reproduzieren. Frühe Formen sind die Gṛhyasūtras, das häusl. Ritual betreffend, und die Dharmasūtras über Ethik und Recht. Ausführlicher die Śrautasūtras zum vedischen Opfer, am knappesten die S.s in der ›Aṣṭādhyāyī‹ des Pāṇini. Später wurde der Begriff auch für buddhist. und jinist. Texte – sogar für das ›Kamasutra‹ – benutzt, die nur noch die Autorität der alten S.s beanspruchen, aber deren Form aufgegeben haben.

Suttapiṭaka [Palī = Korb der Lehrreden], mittlere und längste Sammlung des ↑ Tripiṭaka, die aus fünf Teilen besteht: ↑ Dīghanikāya, Majjhimanikāya (›Sammlung der mittleren Lehrreden‹), Samyuttanikāya (›Sammlung der zu Gruppen zusammengefaßten Lehrreden‹), Aṅguttaranikāya (›Sammlung der nach aufsteigender Länge geordneten Lehrreden‹), Khuddakanikāya (›Sammlung der kurzen Stücke‹), der auch die ↑ Jātakas enthält.

Suttner, Bertha Freifrau von, geb. Gräfin Kinsky, Pseudonym B. Oulot, * Prag 9. Juni 1843, † Wien 21. Juni 1914,

österr. Pazifistin und Schriftstellerin. –
Erzieherin im Hause ihres späteren Gatten; betrieb Musik- und Sprachstudien; arbeitete als Lehrerin und Korrespondentin. 1891 begründete sie die ›Österr. Gesellschaft der Friedensfreunde‹ (seit 1964 ›S.-Gesellschaft‹); Vizepräsidentin des ›Internat. Friedensbureaus‹ in Bern; regte die Stiftung des Friedensnobelpreises an, den sie selbst 1905 erhielt. Weltruhm errang ihr Roman ›Die Waffen nieder!‹ (2 Bde., 1889), mit dem sie weite Kreise für die pazifist. Bewegung gewann. Die gleichnamige Monatsschrift (1892–99) stand wie ihre weiteren Werke im Dienste eines sozialethischen Pazifismus. Daneben schrieb sie kulturphilosophische und sozialkritische Romane.
Weitere Werke: Inventarium einer Seele (R., 1883), Ein schlechter Mensch (R., 1885), Verkettungen (Nov.n, 1887), Das Maschinenzeitalter (Abh., 1890), Trente-et-quarante (R., 1893), Hanna (R., 1894), Martha's Kinder (R., 1902), Randglossen zur Zeitgeschichte (1907), Der Menschheit Hochgedanken (R., 1911).
Ausgabe: B. v. S. Die Waffen nieder. Hg. v. K. MANNHARDT u. W. SCHWAMMBORN. Köln 1978.
Literatur: HAMANN, B.: B. v. S. Ein Leben für den Frieden. Neuausg. Mchn. u.a. 1991.

Su Tung-p'o (Su Dongpo) [chin. sudʊŋpɔ], chin. Staatsmann und Dichter, ↑Su Shih.

Suzkewer, Abraham, * Smargon (Weißrußland) 15. Juli 1913, jidd. Lyriker. – Gehörte in den frühen 30er Jahren dem Literaturkreis Jungwilna an; entkam 1941 aus dem Wilnaer Getto zu den Partisanen; diese Ereignisse behandelt er in vielen seiner Gedichte; 1949 übernahm er in Israel die Herausgeberschaft der Literaturzeitschrift ›Di goldene kejt‹ (= Die goldene Kette); auch Prosastücke (›Griner akwarium. Kurtse baschrajbungen‹, 1975, dt. 1992; ›Di nevue fun šwartzaplen: dertzeilungen‹, 1989).
Literatur: LEFTWICH, J.: A Sutzkever: Partisan poet. New York 1971.

Švarc, Evgenij L'vovič, russ.-sowjet. Schriftsteller, ↑Schwarz, Jewgeni Lwowitsch.

Švejda, Jiří [tschech. ˈʃvɛjda], * Litvínov (Nordböhmen) 29. Aug. 1949, tschech. Schriftsteller. – Chemieingenieur; ab 1981 Filmdramaturg; erfolgreicher Autor, die Politik meidend, die kleineren tägl. Probleme schilderte.

Werke: Havárie (= Die Panne, R., 1975), Dlouhé dny (= Lange Tage, Nov., 1981), Moloch (R., 1984).

Svensson, Jón, eigtl. J. Stefán Sveinsson, * Möðruvellir 16. Nov. 1857, † Köln 16. Okt. 1944, isländ. Erzähler. – Verließ Island 1871, konvertierte, wurde Jesuit und wirkte u.a. in Dänemark, Österreich und Frankreich; ab 1938 in Köln. Schrieb viele seiner Bücher in dt. Sprache. Seine autobiograph. Kinderbücher von dem Jungen Nonni (u.a. ›Nonni. Erlebnisse eines jungen Isländers ...‹, 1913; ›Nonni und Manni‹, 1914; ›Wie Nonni das Glück fand‹, 1934; ›Nonni erzählt‹, 1936) gelangten zu internat. Ruhm.

Svenstedt, Carl Henrik [schwed. ˈsvɛnstɛt], * Motala (Östergötland) 29. März 1937, schwed. Schriftsteller. – Von A. Robbe-Grillet und dem französischen Ciné-Roman beeinflußt, schrieb S. sogenannte Filmromane, in denen der Erzähler das Geschehen wie eine Filmkamera registriert; S. verwendete auch Collagetechnik.
Werke: Anweisungen für einen Liebhaber des Krieges. Bilder u. Aufzeichnungen gewidmet unserer Armee (R., 1965, dt. 1970), Invasionen (R., 1966), Sverje- ett förhållande (Collage-R., 1967), Fängelse en månad (Dokumentarber., 1971), I provinsens ljus (Essays, 1984), Bandet från berget (Dr., 1984), Onoma (Ged., 1986).

Sverdrup, Harald [norweg. ˈsvæːrdrʉp], * 1923, norweg. Lyriker. – Themen seiner bed. Lyrik sind teils eine sinnl. Verherrlichung der Natur, teils seine Erlebnisse im 2. Weltkrieg, an dem er als Freiwilliger auf alliierter Seite teilnahm.
Werke: Drøm og drift (Ged., 1948), Han finner sin elskede (Ged., 1953), Sang til solen (Ged., 1964), Vårt trygge liv (Ged., 1982), Lysets øyeblikk (Ged., 1985).
Ausgabe: H. S. Hvem er du? Samlede dikt. Oslo 1966.

Světlá, Karolina [tschech. ˈsvjɛtla:], eigtl. Johanna Mužáková, geb. Rottová, * Prag 24. Febr. 1830, † ebd. 7. Sept. 1899, tschech. Schriftstellerin. – Schrieb, anfangs vom Jungen Deutschland beeinflußt, Erzählwerke mit nat., gesellschaftl., religiöser und moral. Problematik. Bekannt wurde sie mit Dorfgeschichten und Romanen, in denen sie sich mit ethisch-philosoph. und sozialen Fragen auseinandersetzte. Zu ihren Hauptwerken gehören ›Sylva‹ (R., 1867, dt. 1900) und ›Kříž u potoka‹ (= Das Kreuz am Bach, R., 1868). Die Erzählung ›Der Kuß‹ (1871, dt. 1893) diente als Vorlage der Oper von B. Smetana (1876).

Ausgabe: K. S. Vybrané spisy. Prag 1954–59. 8 Bde.
Literatur: ŠPIČÁK, J.: K. S. Prag 1962.

Svevo, Italo [italien. 'zvɛ:vo], eigtl. Ettore Schmitz, * Triest 19. Dez. 1861, † Motta di Livenza (Treviso) 13. Sept. 1928 (Autounfall), italien. Schriftsteller. – Sohn eines aus dem Rheinland stammenden Deutschen, besuchte 1873 bis 1878 eine Schule in Deutschland, kehrte dann nach Triest zurück, wo er Bankangestellter, später Leiter eines eigenen Industriewerkes war. Ab 1904 war S. mit J. Joyce befreundet, der ihn als Schriftsteller entdeckte. Gilt als erster und wichtigster Vertreter des psychoanalyt. Romans in Italien. Seine beiden frühen, vom frz. Naturalismus beeinflußten Romane ›Ein Leben‹ (1892, dt. 1962) und ›Ein Mann wird älter‹ (1898, dt. 1960) blieben fast unbeachtet. Erst ›Zeno Cosini‹ (1923, dt. 1928), sein dritter Roman, den er nach einer Pause von 25 Jahren veröffentlichte, die Geschichte eines Durchschnittsbürgers, eines sensiblen, introvertierten Schwächlings, wie es auch die Hauptfiguren der anderen Romane S.s sind, machte ihn berühmt. Die psychoanalyt. Beobachtungen dieses unter dem Eindruck S. Freuds stehenden, autobiographisch bestimmten, illusionslosen Werkes sprengen fast die künstler. Grenzen des Romans; statt einer chronolog. Abfolge werden Erlebniszyklen mit zeitl. Überschneidung zum Ordnungsgefüge, die Sprache ist nüchtern, klar und konzentriert, ironisch. S. schrieb auch Bühnenstücke (›Un marito‹, hg. 1931; ›Inferiorità‹, hg. 1932), Novellen und Essays.

Weitere Werke: Ein gelungener Scherz (Nov.n, 1928, dt. 1932), Vom guten alten Herrn und vom schönen Mädchen (E., hg. 1929, dt. 1967), Kurze sentimentale Reise (En. und Fragmente, hg. 1949, dt. 1967), Saggi e pagine sparse (Essays und Fragmente, hg. 1954), Commedie (hg. 1960).
Ausgaben: I. S. Opera omnia. Hg. v. BRUNO MAIER. Mailand Neuausg. 1966–69. 4 in 5 Bden. – I. S. Ges. Werke in Einzelausgg. Hg. v. C. MAGRIS u. a. Rbk. 1983–88. 7 Bde. – I. S. Schauspiele. Übers. v. C. J. u. K.-H. ROLAND.

Nachwort v. F. BONDY. Köln 1984. – I. S. I racconti. Hg. v. C. MAGRIS. Mailand 1985. – I. S. Romanzi. Hg. v. P. SARZANA. Mailand 1985. – I. S. Teatro. Hg. v. O. BERTANI. Mailand 1986.
Literatur: WAIS, K.: Der Erzähler I. S. Werke u. Rezeption. Genf 1965. – FURBANK, P. N.: I. S., the man and the writer. Berkeley (Calif.) 1966. – FASCIATI, R.: I. S., romanziere moderno. Bern 1969. – FUSCO, M.: I. S. Conscience et réalité. Paris 1973. – MOLONEY, B.: I. S. A critical introduction. Edinburgh 1974. – LEBOWITZ, N.: I. S. New Brunswick (N. J.) 1978. – MAIER, BRUNO: I. S. Mailand ⁶1980. – CAMERINO, G. A.: S. Turin 1981. – BOTTI, F. P./MAZZACURATI, G./PALUMBO, M.: Il secondo S. Neapel 1982. – PETRONI, F.: S. Lecce 1983. – Il caso S. Guida storica e critica. Hg. v. E. GHIDETTI. Rom u. a. 1984. – TUSCANO, P.: L'integrazione impossibile. Letteratura e vita in I. S. Mailand 1985. – GATT-RUTTER, J.: I. S. A double life. Oxford 1988. – I. S. Ein Paradigma der europ. Moderne. Hg. v. R. BEHRENS u. a. Wzb. 1990. – VENEZIANI SVEVO, L.: Das Leben meines Mannes I. S. Dt. Übers. Ffm. 1994.

Svoboda, František Xaver, * Mníšek 25. Okt. 1860, † Prag 25. Mai 1943, tschech. Schriftsteller. – Schrieb impressionist. Gefühlslyrik über Landschaft und Liebe sowie Verserzählungen mit belehrender Tendenz. Bed. sind seine realist. Erzählungen, Romane und Dramen um soziale und eth. Fragen. Als sein bestes Werk gilt der Roman ›Rozkvět‹ (= Aufblühen, 6 Bde., 1898).

Svobodová, Růžena [tschech. 'svɔbɔdɔva:], geb. Čápová, * Mikulovice bei Znojmo 10. Juli 1868, † Prag 1. Jan. 1920, tschech. Schriftstellerin. – ∞ mit F. X. Svoboda; lebte v. a. in Prag. Ihre impressionist. Erzählungen und Romane, in deren Mittelpunkt meistens Heldinnen in der Auseinandersetzung mit den Vorurteilen ihrer Umgebung stehen, enthalten sozialkrit. Elemente; auch Bücher über und für Kinder sowie Reiseskizzen.
Werk: Die schwarzen Jäger (Nov., 1908, dt. als Drehb. 1944).

Swaanswijk, Lubertus Jacobus [niederl. 'swa:nswɛik], niederl. Lyriker und Maler, ↑ Lucebert.

Swarth, [Stephanie] Hélène, 1894 bis 1910 (∞ mit Frits Lapidoth) H. Lapidoth-Swarth, * Amsterdam 25. Okt. 1859, † Velp bei Arnheim 20. Juni 1941, niederl. Schriftstellerin. – Ihre Gedichtsammlungen ›Eenzame bloemen‹ (1883) und ›Blauwe bloemen‹ (1884) fanden bes. bei den Tachtigers Zustimmung; schrieb neben romant. Liebesgedichten z.T. schwermütige Lyrik; auch ein Drama, Erzählungen und Übersetzungen.

Weitere Werke: Poëzie (Ged., 1892), Morgenrood (Ged., 1929), Naturpoëzie (Ged., 1930), Wijding (Ged., 1936).

Swedenborg, Emanuel ['sve:dənbork, schwed. ˌsve:dənbɔrj], eigtl. E. Svedberg, * Stockholm 29. Jan. 1688, † London 29. März 1772, schwed. Naturforscher und Theosoph. – Sohn des (späteren) Bischofs Jesper Svedberg (* 1653, † 1735); 1716–47 in der Verwaltung der obersten Bergbaubehörde tätig; Schwerpunkte seiner wiss. Tätigkeit lagen bei techn. Konstruktionen (u. a. eines Tauchbootes), Studien zur Kristallographie und Kosmogonie; daneben astronom., geolog., paläontolog. und anatomischphysiolog. Arbeiten (z. B. Entdeckung der Lokalisation der Gehirnfunktionen). Zur wissenschaftstheoret. Fundierung zunächst seiner naturwiss. Arbeiten entwarf S. in Konkurrenz zur Newtonschen Physik eine mechanistische Theorie auf kartesian. Grundlage (›Principia rerum naturalium‹, 1734) – in ihrem Rahmen begründet S. seine Nebular- und Atomtheorie – und arbeitete diese in materialist. Konzeptionen weiter aus (mechanistische Psychologie). Im Anschluß an G. W. Leibniz und Ch. Wolff beschäftigte er sich mit Problemen des Aufbaus einer Universalwissenschaft. Diese Bemühungen standen teilweise unter dem Einfluß religiöser Spekulationen (seit den 1730er Jahren), die ihren wiss. Niederschlag z. B. in einer theolog. Physiologie fanden (›Oeconomia regni animalis‹, 2 Bde., 1740/41; ›Regnum animale‹, 3 Bde., 1744/45).

Die religiöse Wende S.s gipfelte 1744/45 in Christusvisionen und der Aufgabe der bisherigen berufl. und wiss. Tätigkeit zugunsten der Hinwendung zu einer visionären Theorie der spirituellen Welt. Umfangreiche Bibelkommentare (u. a. zu Genesis und Exodus: ›Arcana coelestia‹, 8 Bde., 1749–56, dt. 16 Bde., 1842–70) dienten dem Entwurf einer universalen Religion, der ab 1782 zur Bildung zahlreicher Gemeinden der ›Neuen Kirche‹ S.s (u. a. in England, Deutschland, in den USA; **Swedenborgianer**) führte. Die reli-

giöse Lehre S.s weicht in vielen Punkten von der kath. und ev. Theologie ab. Den Versuch einer philosoph. Auseinandersetzung mit S.s Spiritualismus, der seinen geistesgeschichtl. Einfluß v. a. in der Literatur (z. B. bei H. de Balzac) gefunden hat, unternahm I. Kant mit seiner Schrift ›Träume eines Geistersehers, erläutert durch Träume der Metaphysik‹ (1766).

Weitere Werke: Opera philosophica et mineralia (3 Bde., 1734), Heilig Jerusalem (1758, dt. 1830), Himmel und Hölle (1758, dt. 1924), Apocalypsis revelata (1769), Summaria expositio doctrinae Novae Ecclesiae (1769), Die wahre christl. Religion (1771, dt. 1873).
Literatur: LAMM, M.: S. Eine Studie über seine Entwicklung zum Mystiker u. Geisterseher. Dt. Übers. Lpz. 1922. – BENZ, E.: S. in Deutschland. Ffm. 1947. – BENZ, E.: S., Naturforscher u. Seher. Zü. ²1969. – HEINRICHS, M.: E. S. in Deutschland. Eine krit. Darst. der Rezeption des schwed. Visionärs im 18. u. 19. Jh. Ffm. u. Bern 1979.

Świętochowski, Aleksander [poln. ɕfjɛntɔ'xɔfski], Pseudonym Władysław Okoński, * Stoczek 18. Jan. 1849, † Gołotczyzna 25. April 1938, poln. Schriftsteller. – Studium der Geschichte und Philosophie; war journalistisch und politisch tätig, gründete 1881 die Wochenschrift ›Prawda‹; setzte sich gegen nat. und religiösen Fanatismus für demokrat. Ideen und Fortschritt ein; Führer des literar. Positivismus. Ś. schrieb eine klare, polem. Prosa. Er verfaßte Novellen und Dramen. Als sein bedeutendstes Werk wird das sechsteilige symbolist. dramat. Poem ›Duchy‹ (= Die Geister, 1895–1906) angesehen. Außer ›Erzählungen aus dem Volksleben‹ (dt. Ausw. 1884) wurde ›Aspasia‹ (Dr., 1885, dt. 1912) ins Deutsche übersetzt; bekannter Aphoristiker.

Ausgaben: A. Ś. Pisma wybrane. Warschau 1951. 3 Bde. – A. Ś. Aforyzmy. Hg. v. M. BRYKALSKA. Warschau 1979.
Literatur: RUDZKI, J.: A. Ś. i pozytywizm warszawski. Warschau 1968. – BRYKALSKA, M.: A. Ś. redaktor ›Prawdy‹. Breslau 1974.

Swift, Graham [engl. swɪft], * London 4. Mai 1949, engl. Schriftsteller. – Zählt zu den anregendsten Erzählertalenten der 80er Jahre. Seine Romane, von denen bes. ›Wasserland‹ (1983, dt. 1984) breite Beachtung fand, setzen sich intensiv mit Verflechtungen von Geschichte, Natur und subjektiver Erinnerung auseinander.

Weitere Werke: The sweetshop owner (R., 1980, dt. 1986 u.d.T. Ein ernstes Leben), Shuttlecook (R., 1981, dt. 1983 u.d.T. Alias Federball), Learning to swim and other stories (En., 1982), Ever after (R., 1992).

Jonathan
Swift

Swift, Jonathan [engl. swɪft], * Dublin 30. Nov. 1667, † ebd. 19. Okt. 1745, irischengl. Schriftsteller. – Verbrachte seine Jugend in Armut, studierte Theologie in Dublin; kam 1688 nach England und wurde 1689 Sekretär des Staatsmannes und Schriftstellers Sir W. Temple in Moor Park bei Farnham (Surrey), wo er die junge Esther Johnson (die ›Stella‹ seiner Tagebücher, der er auch Gedichte widmete) kennenlernte; 1694 kehrte er als anglikan. Geistlicher nach Irland zurück; ab 1696 wieder in Temples Haus. Ab 1699 lebte er in Irland, hielt sich in den folgenden Jahren jedoch häufig in London auf, wo er sich in die Politik einschaltete, zuerst auf seiten der Whigs, ab 1710 auf seiten der Tories; 1713 wurde er Dekan von Saint Patrick's in Dublin. Seine Neigung zu Bitterkeit und Menschenhaß verstärkte sich nach ›Stellas‹ Tod (1728), zu der er eine nicht geklärte engere Bindung hatte; er starb an einem Gehirntumor. – S.s Streben nach polit. Macht ließ ihn zahlreiche Schriften polit. und politisch-religiösen Inhalts verfassen. Die Prosasatire ›Ein Märchen von einer Tonne‹ (entst. um 1696, gedr. 1704, dt. 1910, erstmals dt. 1729) allegorisiert geistvoll den Streit der Konfessionen. S. setzte sich auch für ir. Belange ein, u.a. ›Tuchhändlerbriefe‹ (1724, dt. 1909, erstmals dt. 1756) und ›A modest proposal ...‹ (1729). Das ›Tagebuch in Brie-

fen an Stella‹ (65 Briefe, entst. 1710–13, Briefe 1 und 41–65 hg. 1766, Briefe 2–40 hg. 1768; dt. 1866/67) und seine Briefe an ›Vanessa‹ (Esther Vanhomrigh), die ebenfalls eine Rolle in seinem Leben spielte, sind Meisterleistungen der Briefliteratur. S.s Neigung zu aggressivem Spott äußert sich am deutlichsten in der Prosasatire ›Gullivers sämtl. Reisen‹ (4 Tle., 1726, revidiert 1735, dt. 1788, erst mals dt. 1727/28), deren Teile eins und zwei über die Erlebnisse des Schiffsarztes Gulliver bei den Liliputanern und den Riesen menschl. Eitelkeiten in iron. Umkehrung bloßstellen (die konsequent durchgehaltene Fiktion der Abenteuerreise ließen diese Teile auch zu einem Klassiker der Jugendliteratur werden); Teil drei und vier mit Gullivers Reisen zu den Wissenschaftlern und den weisen Pferden greifen die widervernünftigen Perversionen menschl. Natur mit direktem bitterem Zynismus an. Der geschliffene Prosastil weist S. als Meister präziser Sprachformung aus.
Weitere Werke: The battle of the books (Satire, 1704), Baucis and Philemon (Ged., 1709), Cadenus and Vanessa (Ged., 1726).
Ausgaben: J. S. Prosaschrr. Dt. Übers. Hg. u. eingel. v. F. P. Greve. Bln. 1922. 4 Bde. – J. S. The prose writings. Shakespeare head Edition. Hg. v. H. Davis. Oxford 1939–68. 14 Bde. – J.S. The correspondence. Hg. v. H. Williams. Oxford 1963–65. 5 Bde. – J. S. Ausgew. Werke in 3 Bden. Dt. Übers. Hg. v. A. Schlösser. Ffm. 1982. – J.S. The complete poems. Hg. v. P. Rogers. New Haven (Conn.) 1983.
Literatur: Quintana, R.: The mind and art of S. London ²1953. Nachdr. Gloucester (Mass.) 1965. – Ehrenpreis, I.: The man, his work, and the age. London ¹⁻²1964–83. 3 Bde. – Wolff-Windegg, Ph.: S. Stg. 1967. – Donoghue, D.: J. S. A critical introduction. London 1969. – S. The critical heritage. Hg. v. K. Williams. New York 1970. – Wittkop, J. F.: J. S. Rbk. 1976. – Schuhmann, K./Möller, J.: S. Darmst. 1981. – Downie, J. A.: J. S., political writer. London 1984. – McMinn, J.: J. S. A literary life. Basingstoke 1991.

Swinburne, Algernon Charles [engl. 'swɪnbə:n], * London 5. April 1837, † Putney (heute zu London) 10. April 1909, engl. Dichter. – Wichtiger Erneuerer der engl. Verskunst der 2. Hälfte des 19. Jh. und Wegbereiter des Ästhetizismus. Nach dem Studium in Oxford schloß er sich 1860 dem Kreis der Präraffeliten an. Außer von diesem wurde er v.a. von

Ch. Baudelaire beeinflußt, was sich bes. in dem Band ›Poems and ballads‹ (1866) zeigt, der mit seiner Darstellung sadomasochist. Erotik einen Skandal auslöste und S. mit einem Schlag berühmt machte (Bd. 2 erschien 1878, Bd. 3 1889; dt. Auswahlen u.a. 1905, 1919, 1948 u.d.T. ›Gesänge und Balladen‹). S.s größte Leistung ist die Dichtung ›Atalanta in Calydon‹ (1865, dt. 1878), in der er ein griech. Thema in großer dichter. Schönheit, fließenden Versen und melod. Wortgestaltung behandelt. Griech. Vorbilder hatten auch S.s Dramen, in denen er meist Themen der engl. Geschichte gestaltete (›Mary Stuart trilogy‹, Bd. 1: ›Chastelard‹, 1865, dt. 1873; Bd. 2: ›Bothwell‹, 1874; Bd. 3: ›Mary Stuart‹, 1881). Die polit. Dichtung, v.a. ›Lieder vor Sonnenaufgang‹ (1871, dt. 1910), verherrlicht unter dem Einfluß G. Mazzinis demokrat. und republikan. Ideale. Mit seinem Spätwerk ›Tristram of Lyonesse‹ (1882), einer ep. Dichtung, geht er von R. Wagner aus. 1879 erlitt S. infolge anhaltenden Alkoholmißbrauchs einen Zusammenbruch. Den Rest seines Lebens verbrachte er in der Pflege eines Freundes. Er schrieb unentwegt weiter, doch erschöpft sich sein Spätwerk in Wiederholungen. Mit seinen literaturkrit. Schriften trug S. u.a. zur Publizität der modernen frz. Dichtung, W. Blakes und der elisabethan. Dramatiker bei.

Ausgaben: The S. letters. Hg. v. C. Y. LANG. New Haven (Conn.) 1959–62. 6 Bde. – New writings by S. Hg. v. C. Y. LANG. Syracuse (N.Y.) 1964. – A. Ch. S. The complete works. Hg. v. Sir E. GOSSE u. TH. J. WISE. Neuausg. New York 1968. 20 Bde.

Literatur: GOSSE, SIR E. W.: The life of A. Ch. S. London 1917. – NICOLSON, H. G.: S. London u. New York 1926. – PETERS, R. L.: The crowns of Apollo. S.'s principles of literature and art. Detroit (Mich.) 1965. – FULLER, J. O.: S. A critical biography. London 1968. – ENZENSBERGER, CH.: Viktorian. Lyrik. Tennyson u. S. in der Gesch. der Entfremdung. Mchn. 1969. – McGANN, J. J.: S. An experiment in criticism. Chicago (Ill.) u. London 1972. – HENDERSON, PH.: S. The portrait of a poet. London 1974. – THOMAS, D. S.: S. The poet in his world. New York 1979. – BEETZ, K. H.: A. Ch. S. A bibliography of secondary works 1861–1980. Metuchen (N. J.) u. London 1982. – LOUIS, M. K.: S. and his Gods. Montreal 1990.

Swinnerton, Frank Arthur [engl. ˈswɪnətn], * London 12. Aug. 1884, † Guildford 6. Nov. 1982, engl. Schriftsteller. – Begann früh mit journalist. und literar. Arbeiten; war u.a. Literaturkritiker des ›Observer‹. Schrieb realist., oft humorvolle Erzählungen und über 40 Romane, von denen bes. ›Nocturne‹ (R., 1917) und ›Harvest comedy‹ (R., 1937), Darstellungen des Lebens der Londoner Mittelklasse, erfolgreich waren. Von dokumentar. Bedeutung sind seine in ›The Georgian literary scene‹ (1935) umfassend niedergelegten persönl. Erinnerungen zum engl. literar. Leben der 1. Hälfte des 20. Jh.; diese werden ergänzt durch weitere krit. Studien, u.a. über G. R. Gissing (1912), R. L. Stevenson (1914) und A. Bennett (1950 und 1978), sowie durch seine Autobiographien (›S. An autobiography‹, 1937; ›Reflections from a village‹, 1969).

Weitere Werke: The merry heart (R., 1909), September (R., 1919), Eine Frau im Sonnenlicht (R., 1944, dt. 1952), Dr. Sumner in Thorphill (R., 1955, dt. 1958), Tod eines Intellektuellen (R., 1961, dt. 1963), Figures in the foreground. Literary reminiscences 1917–1940 (Essays, 1963), Some achieve greatness (R., 1976).

Šwjela, Kito [sorb. ˈʃvjɛla] (dt. Christian Schwela), * Saspow (heute Cottbus-Saspow) 21. Febr. 1836, † Cottbus 26. Jan. 1922, niedersorb. Schriftsteller und Publizist. – Vater des Philologen Bogumił Š. (* 1873, † 1948); wirkte als Lehrer und Hg. einer polit. Wochenzeitschrift und verfaßte volksliedhafte Gedichte, Volksbücher und Predigten in niedersorb. Sprache; übersetzte geistl. Lieder.

Literatur: K. Š. Casnikař swojim cytarjam. Hg. v. J. FRENCL. Bautzen 1981.

Algernon Charles Swinburne

syllaba anceps [griech.; lat.] ↑anceps.

Syllepse (Syllepsis) [griech. = Zusammenfassung], Sonderform der ↑Ellipse: ein Satzteil (meist das Prädikat) wird zwei verschiedenen syntakt. Fügungen zugeordnet, obwohl er nach Genus, Numerus oder Kasus modifiziert hätte wiederholt werden müssen: ›Ich gehe meinen Weg, ihr den eurigen‹. Ändert sich darüber hinaus auch die jeweilige Bedeutung des gemeinsamen Satzteils je nach dem Kontext, spricht man von semant. S. oder von ↑Zeugma.

Sylva, Carmen, Pseudonym von Elisabeth, Königin von Rumänien, ↑Carmen Sylva.

Sylvanus, Erwin [zɪl'va:nus], * Soest 3. Okt. 1917, † ebd. 27. Nov. 1985, dt. Schriftsteller. – Mitbegründer der Dortmunder Gruppe 61; begann als Lyriker und Erzähler, wurde bekannt als zeitnaher Dramatiker, Hörspiel- und Fernsehspielautor; internat. Beachtung fand sein Zeitstück aus dem 2. Weltkrieg ›Korczak und die Kinder‹ (1959).

Weitere Werke: Der ewige Krieg (Ged., 1942), Die Musches (Ged., 1947), Der Paradiesfahrer (R., 1949), Zwei Worte töten (Dr., 1959), Unterm Sternbild der Waage (Dr., 1960), Jan Palach (Dr., 1973), Victor Jara (Dr., 1976), Lessings Juden (Lsp., 1979).

Symbol [griech. = Kennzeichen, Zeichen, eigtl. Zusammengefügtes], allgemein ein wahrnehmbares Zeichen oder Sinnbild (ein Gegenstand [z. B. ↑Dingsymbol], eine Handlung, ein Vorgang), das stellvertretend für etwas nicht Wahrnehmbares (auch Gedachtes bzw. Geglaubtes) steht, in dem also Wahrnehmbares und Nichtwahrnehmbares zusammentreffen. So ist z. B. in der Dichtung das S. die Manifestation existentieller Grunderfahrungen in mehrschichtigen Bildern und Vorgängen. Nach Goethe kann alle Dichtung als im weitesten Sinne symbolhaft verstanden werden, als Veranschaulichung geistiger Komplexe im Wort. Goethe sieht im S. eine aufschließende Kraft, die das Allgemeine im Besonderen, das Besondere im Allgemeinen offenbart. In diesem Sinne erscheinen Kunst und Dichtung als symbol. Umwandlung der Welt. Während der Symbolbegriff Goethes ganzheitlich an-

gelegt ist, kann er in der Romantik einseitig durch philosoph. Reflexion besetzt sein, so daß sich das Gleichgewicht von Sinn und Bild zugunsten eines verrätselten Sinnes verschiebt. Im Verlauf des 19. Jh. erscheint das S. wieder mehr auf Einzelbezüge begrenzt. Manche literar. Werke sind um ein bestimmtes Dingsymbol zentriert (z. B. ›Die Judenbuche‹ von A. von Droste-Hülshoff, 1842; ›Der Ring des Nibelungen‹ von R. Wagner, UA 1876; ↑auch Falkentheorie) oder spielen in bestimmten Symbolbereichen (u. a. ›Der Zauberberg‹ von Th. Mann, 1924; ›Berlin Alexanderplatz‹ von A. Döblin, 1929). Auch Personen stehen oft für existentielle Wesenheiten, werden zu S.en, z. B. Odysseus, die Sirenen, Faust und Mephisto. – ↑auch Allegorie, ↑Hermeneutik.

Symbolik [griech.], Sinnbildgehalt einer Darstellung; durch ↑Symbole dargestellter Sinngehalt; Art und Weise der Symbolverwendung.

Symbolismus [griech.-frz.], i. e. S. Bez. für eine Gruppe u. literar. Schule der frz. Literatur der 80er und 90er Jahre des 19. Jh., die von J. Moréas in dem im ›Figaro Littéraire‹ vom 18. Sept. 1886 veröffentlichten Manifest geprägt wurde und deren Organ die seit dem Jahr mit G. Kahn gegründete Zeitschrift ›Le Symboliste‹ wurde. (Moréas selbst wandte sich allerdings schon 1891 vom S. ab und gründete die École romane.) Der Begriff S. stieß aufgrund seiner verwirrenden Vieldeutigkeit und seines unspezif. Gehalts auf vielfältige Kritik, setzte sich jedoch als Bez. für eine weit umfassendere literar. Strömung durch, die bis auf G. de Nerval und Ch. Baudelaire zurückgeht, wesentl. Vertreter in A. Rimbaud, P. Verlaine und S. Mallarmé sowie der Gruppe von 1886 (neben Moréas und Kahn z. B. R. Ghil, R. de Gourmont, J. Laforgue, H. de Régnier, S. F. Merrill, A. Samain, F. Viélé-Griffin u. a.) fand und bis in die Literatur des 20. Jh. (P. Valéry, A. Gide, P. Claudel) hineinreicht. Grundlage des in dieser Weise ausgeweiteten Begriffs des S., der in seinen literar. Ausprägungen wenig mit dem Symbol im religiösen oder ikonograph. Sinn zu tun hat, ist die Ablehnung der Dichtung des Parnasse

sowie aller realist. und naturalist. Tendenzen in der Literatur nach dem Vorbild Baudelaires, der seinerseits sein Dichtungskonzept unter dem Einfluß der dt. Romantik (insbes. von Novalis), der engl. Präraffaeliten (bes. J. Ruskin) und E. A. Poes entwickelt hatte. Für die Ausbildung der Ästhetik des S. waren Elemente des Platonismus, die Philosophie A. Schopenhauers, F. Nietzsches und H. Bergsons sowie die Musik R. Wagners bedeutsam. Im S. soll die geheimnisvolle Existenz von Welt und Seele durch eine Dichtung wahrnehmbar gemacht werden, die statt begrenzter Dinglichkeit eine schwebende Atmosphäre des Irrealen erzeugt und mit ihrer kunstvollen Vieldeutigkeit weniger auf das intellektuelle Verstehen als auf die suggestive Empfänglichkeit des Lesers zu wirken bestrebt ist. Die dabei verwendeten Symbole verweisen nicht auf allgemein verbindl., begrifflich klare Ideen und Ordnungen, sondern sind frei gesetzte bildhafte, meist metaphor. Zeichen für die Analogie zwischen Subjekt und Objekt. Somit wird eine autonome Welt der Schönheit erzeugt, die symbolhaft die geheimnisvollen, magisch-myst. Zusammenhänge zwischen den Dingen, die hinter allem Sein liegende Idee erahnbar machen soll. Schlüsselwerk dieses poet. Programms ist Baudelaires Sonett ›Correspondances‹ aus der Gedichtsammlung ›Les fleurs du mal‹ (1857, dt. 1901 von S. George u. d. T. ›Die Blumen des Bösen‹).
Die Verwendung der Realitätsbruchstücke führt zu traumhaften Bildern, verrätselten Metaphern, zu Vertauschungen realer und imaginierter Sinneseindrücke, zu kunstvoll aufeinander abgestimmten ambivalenten Sinnkorrespondenzen, zu bewußt dunkler, hermet. Aussage; die Tendenz der Entdinglichung, der Abstraktion wird erreicht durch die Verabsolutierung der Kunstmittel, durch reine Wortkunst (↑ Poésie pure), durch Sprachmagie, die bewußt alle klangl. und rhythm. Mittel einsetzt: u. a. Reim, Assonanz, Lautmalereien, ↑ Synästhesie, gespannte oder verfremdete syntakt. Fügungen. Sie verleihen der Lyrik des S. eine Musikalität von außerordentl. Suggestivkraft und Intensität, deren Sinn

dem Sprachklang untergeordnet erscheint. Metr. Formen werden von einzelnen Vertretern zugunsten freier Verse (↑ Vers libre) oder von Prosagedichten aufgegeben. − Bei aller ›Unbestimmtheitsfunktion‹ (H. Friedrich) ist aber die Sprache noch Bedeutungsträger; die wenn auch schwebenden ›Inhalte‹ der Gedichte reichen von abstrakten Reflexionen über den dichter. Schaffensprozeß bis zu halluzinatorisch-visionären Beschwörungen der Erfahrungen eines durch Drogen erweiterten Bewußtseins. Hauptvertreter dieser beiden Richtungen, denen sich die Kennzeichen ›Intellektualität und Formstrenge‹ − ›Alogik und Formfreiheit‹ zuordnen lassen (H. Friedrich), sind Mallarmé, der auch theoretisch am weitesten wirkte, sowie Verlaine und Rimbaud.
Die Werke dieser Lyriker bereiteten die nachfolgenden lyr. Strömungen bis zur Gegenwart (↑ Futurismus, ↑ Dadaismus, ↑ Surrealismus, ↑ Hermetismus, ↑ Imaginisten, ↑ Sturmkreis, ↑ Lettrismus, ↑ absolute Dichtung, ↑ konkrete Poesie) vor. Die Auffassung vom S. als einer um 1900 abgeschlossenen Epoche ist überholt. Der S. übte auf die europ. und außereurop. Literatur des 20. Jh. großen Einfluß aus. In Belgien schuf A. Mockel mit der Gründung der Zeitschrift ›La Wallonie‹ ein Forum zur Verbreitung der frz. symbolist. Literatur; É. Verhaeren und M. Maeterlinck übertrugen die für die Lyrik entwickelten literar. Prinzipien auf das Theater, G. Rodenbach und J.-K. Huysmans auf den Roman. Hauptvertreter des S. in England waren E. Ch. Dowson, A. Symons, O. Wilde und W. B. Yeats; in Italien G. D'Annunzio. In der spanischsprachigen (auch südamerikan.) Literatur wurde der S. durch die Vermittlung R. Daríos bekannt und beeinflußte den Modernismo, v. a. J. R. Jiménez und etwas später die Generation von 1927; in Portugal gab es neben dem frühen Einfluß Baudelaires (v. a. A. T. de Quental u. J. J. C. Verde) eine intensive, durch E. de Castro initiierte symbolist. Bewegung (v. a. C. Pessanha und A. Nobre), die in den Dichtungen von M. de Sá-Carneiro, der auch modernist. Tendenzen aufgriff, ihren Höhepunkt fand; symbolist. Elemente finden sich auch bei F. A. Pessoa;

in Rußland wurde der S. von K. D. Balmont und W. J. Brjussow eingeführt und fand seine bedeutendsten Vertreter in F. Sologub, A. A. Blok und A. Bely, der mit seinen theoret. Schriften auch den russ. Formalismus anregte; weitere Repräsentanten des S. sind O. Březina in der Tschechoslowakei, S. Przybyszewski in Polen, S. Obstfelder in Norwegen, S. Claussen u. J. Jørgensen in Dänemark. In Deutschland wurde S. George zum Wegbereiter des S.; ihm folgten in ihren Frühwerken H. von Hofmannsthal und R. M. Rilke. Die Dichtungstheorie des S. beeinflußte z. T. auch einzelne Vertreter oder Gruppen, die der ↑ Neuromantik oder dem literar. Jugendstil zugerechnet werden (↑ Jung-Wien); auch die Lyrik G. Trakls und G. Benns steht in der Tradition des Symbolismus.

Literatur: HATZFELD, H.: Der frz. S. Mchn. u. Bln. 1923. – BOWRA, C. M.: Das Erbe des S. Dt. Übers. Hamb. 1947. – MICHAUD, G.: Message poétique du symbolisme. Paris 1947. 3 Bde. – CORNELL, W. K.: The symbolist movement. New Haven (Conn.) 1951. – MARTINO, P.: Parnasse et symbolisme. Paris ⁹1954. – HOLTHUSEN, J.: Studien zu Ästhetik u. Poetik des russ. S. Gött. 1957. – SCHMIDT, ALBERT-MARIE: La littérature symboliste (1870–1900). Paris. Neuausg. 1957. – LAUSBERG, H.: Hdb. der literar. Rhetorik. Mchn. 1960. 2 Bde. – SCHRADER, L.: Sinne u. Sinnesverknüpfungen. Studien u. Materialien zur Vorgesch. des S. u. zur Bewertung der Sinne in der italien., span. u. frz. Lit. Hdbg. 1969. – LAWLER, J. R.: The language of French symbolism. Princeton (N. J.) 1969. – MERCIER, A.: Les sources ésotériques et occultes de la poésie symboliste (1870–1914). Paris 1969–74. 2 Bde. – WEST, J.: Russian symbolism. London 1970. – GSTEIGER, M.: Frz. Symbolisten in der dt. Lit. der Jh.wende. Bern u. Mchn. 1971. – THEISEN, J.: Die Dichtung des frz. S. Darmst. 1974. – STEPHAN, V.: Studien zum Drama des russ. S. Ffm. 1980. – The symbolist movement in the literature of European languages. Hg. v. A. E. BALAKIAN. Budapest 1982. – Le symbolisme en France et en Pologne. Hg. v. J. HEISTEIN. Breslau 1982. – MÜLLER, MARGARETHA: Musik u. Sprache. Zu ihrem Verhältnis im frz. S. Ffm. u. Bern 1983. – SOHNLE, W. P.: Stefan George u. der S. Ausst. der Württemberg. Landesbibliothek Stuttgart. Stg. 1983. – NIGLER, G.: Das Motiv der ›femme fatale‹. Diss. Innsb. 1985. – DELEVOY, R.: Journal du symbolisme. Genf 1986. – HOFFMANN, P.: S. Mchn. 1987. – BIÉTRY, R.: Les théories poétiques à l'époque symboliste (1883–1896). Bern 1989. – HANSEN-LÖVE, A. A.: Der russ. S. System u. Entfaltung der poet. Motive. Wien 1989 ff. Auf mehrere Bde. ber. – DE-

BENEDETTI, J.-H./BAUDIFFIER, S.: Les symbolistes. Paris 1990. – FRIEDRICH, H.: Die Struktur der modernen Lyrik. Rbk. 165.–167. Tsd. 1992.

Symeon der neue Theologe (tl.: Symeōn; S. der Jüngere), * Galata (Paphlagonien) 949, † Chrysopolis (heute Istanbul-Üsküdar) 1022, byzantin. Mystiker und Dichter. – Stand in byzantin. Hofdiensten, ging 977 ins Studion-Kloster (im Südwesten Konstantinopels); zog sich später in die Einsamkeit zurück. Verfasser berühmter myst. Gedichte und enthusiast. Hymnen; daneben verfaßte er Reden, Katechesen u. a.; Symeon hatte mit seinem Werk großen Einfluß auf die Ostkirchen.

Literatur: BIEDERMANN, A. H. M.: Das Menschenbild bei Symeon dem Jüngeren, dem Theologen. (949–1022). Wzb. 1949.

Symeon Metaphrastes (tl.: Symeōn ho metaphrastēs; Symeon Logothetes), byzantin. Hagiograph des 10. Jahrhunderts. – Hatte hohe Ämter am Hof inne, soll im Alter Mönch geworden sein; sammelte ältere und zeitgenöss. byzantin. Heiligenviten und gab sie, z. T. rhetorisch überarbeitet, z. T. auch unverändert, in seinem Hauptwerk heraus, einem 10bändigen ›Menológion‹, einem Heiligenleben für jeden Tag des Jahres, das als wichtigste ›Heiligenlegende‹ der byzantin. Kirche gilt. Er verfaßte auch eine Weltchronik, erbaul. Dichtungen und Predigten.

Ausgabe: S. M. In: Patrologiae cursus completus. Series Graeca. Hg. v. J.-P. MIGNE. Bd. 114–116. Paris 1864. Nachdr. 1982.

Literatur: BECK, H. G.: Kirche u. theolog. Lit. im byzantin. Reich. Mchn. ²1977.

Symmachus, Quintus Aurelius, * um 345, † nach 402, röm. Redner und Epistolograph. – Aus der stadtröm., damals noch überwiegend heidn. Aristokratie; Inhaber hoher Ämter (u. a. 384/385 Stadtpräfekt, 391 Konsul); bedeutendster Repräsentant der Opposition gegen das immer weiter vordringende Christentum. Er war ein gefeierter Redner; sein Sohn veröffentlichte nach seinem Tode eine Briefsammlung, die erhalten geblieben ist (10 Bücher mit etwa 900 Briefen). Seine berühmte 3. ›Relatio‹ (= Eingabe; 384) suchte den Kaiser Valentinian II. zur Wiedererrichtung des Victoriaaltars im Senatsgebäude zu erwirken; Bischof Ambrosius widersprach mit Erfolg.

Ausgabe: S. Opera. Hg. v. O. SEECK. In: Monumenta Germaniae Historica. Auctores antiquissimi. Bd. 6,1. Bln. 1883. Neudr. 1961.
Literatur: KLEIN, R.: S., eine trag. Gestalt des ausgehenden Heidentums. Darmst. 1971.

Symonds, John Addington [engl. 'sɪmǝndz], * Bristol 5. Okt. 1840, † Rom 19. April 1893, engl. Schriftsteller. – Schrieb außer schwermütiger Lyrik (›Many moods‹, 1876; ›New and old‹, 1880; ›Animi figura‹, 1882) biographisch-krit. Studien, u. a. über Dante (1872), P. B. Shelley (1878), Ph. Sidney (1886), B. Jonson (1886), sowie literatur- und kunstkrit. Werke, von denen ›The Renaissance in Italy‹ (7 Bde., 1875–86) bes. einflußreich war; hervorragender Übersetzer der Sonette Michelangelos und T. Campanellas (zus. 1878), der Autobiographie B. Cellinis (2 Bde., 1888) und der Memoiren C. Gozzis (2 Bde., 1890). Setzte sich für die Belange von Homosexuellen ein.

Literatur: GROSSKURTH, PH.: J. A. S. A biography. London 1964.

Symons, Arthur [engl. 'sɪmǝnz], * Milford Haven 28. Febr. 1865, † Wittersham (Kent) 22. Jan. 1945, engl. Lyriker und Kritiker. – Eifrigster Verfechter des Symbolismus in England; schrieb für ›The Yellow Book‹; ab 1896 Hg. der Zs. ›The Savoy‹. Seine Lyrik erregte zu Beginn seiner Laufbahn Aufsehen; bed. sind seine krit. Arbeiten zur Literatur, u. a. ›The symbolist movement in literature‹ (1899), ›The romantic movement in English poetry‹ (1909), Studien über R. Browning (1886), W. Blake (1907), Ch. Baudelaire (1920) und W. H. Pater (1932).

Ausgaben: The collected works of A. S. London 1924. 9 Bde. Nachdr. New York 1973. – A. S. Selected letters, 1880–1935. Hg. v. K. BECKSON u. a. Basingstoke 1989.
Literatur: LHOMBRÉAUD, R.: A. S. A critical biography. London u. Philadelphia (Pa.) 1963. – BECKSON, K. E.: A. S. A life. Oxford 1987.

Symons, Julian [engl. 'sɪmǝnz], * London 30. Mai 1912, † Walme 19. Nov. 1994, engl. Schriftsteller. – Hg. von ›Twentieth Century Verse‹ (1937–39); begann als Lyriker; später Verfasser von sozialgeschichtl. (›The general strike‹, 1957; ›The thirties‹, 1960) und literaturkrit. Werken, u. a. über Ch. Dickens und Th. Carlyle sowie über E. A. Poe, A. C. Doyle und andere Autoren von Kriminalliteratur. In seinen eigenen Detektivromanen nutzt S. v. a. die Struktur des Thrillers zur psycholog. Ausleuchtung einer korrupten Gesellschaft.

Weitere Werke: Der 31. Februar (R., 1950, dt. 1989), The broken penny (R., 1953), Der Kreis wird enger (R., 1954, dt. 1955), Schnitzeljagd (R., 1956, dt. 1962), Das Gelächter des Mörders (R., 1957, dt. 1959), Am Ende war alles umsonst (R., 1960, dt. 1962), Wenn ich einmal tot bin (R., 1967, dt. 1968), Die Spieler und der Tod (R., 1972, dt. 1973), Sherlock in der Klemme (R., 1975, dt. 1975), Der Fall Adelaide Bartlett (R., 1980, dt. 1981), Die Vorstadt-Tiger. 11 Kriminalstories (1982, dt. 1983), Mit Hannen Annabel Lee (R., 1983, dt. 1983), Wer stirbt schon gerne in Venedig (R., 1985, dt. 1986), Fast eine Liebesgeschichte (R., 1992, dt. 1994).

Symphosius, wahrscheinlich kein Eigenname, sondern der Titel (= Der Gelagefreund) einer hexametr. lat. Rätselsammlung (wohl 4./5.Jh.), die die Grundlage der mittelalterl. Rätseldichtung wurde.

Ausgabe: The enigmas of S. Engl. Übers. u. hg. v. R. TH. OHL. Philadelphia (Pa.) 1928.

Symploke [griech. = Verflechtung], rhetor. Figur, Häufung von Erweiterungsfiguren, meist von ↑Anapher und ↑Epiphora: Wiederholung der gleichen Wörter am Anfang und Ende zweier oder mehrerer aufeinanderfolgender Verse oder Sätze: ›Was ist der Toren höchstes Gut? Geld!/Was verlockt selbst die Weisen? Geld!/Was schreit die ganze Welt? Geld!‹

Synalöphe [griech. = Verschmelzung], in gebundener, bes. metr. Sprache (z. B. in lat. und roman. Dichtung) im ↑Hiatus Verschleifung eines auslautenden Vokals mit dem anlautenden des Folgewortes zu einem (metrisch einsilbig gewerteten) Diphthong; eine verwandte Erscheinung ist die sprachimmanente ↑Krasis. – ↑auch Synizese.

Synaphie [griech. = Verbindung] (Fugung), Verbindung zweier Verse zu einer metr. (und syntakt.) Einheit, indem z. B. in griech. und röm. Metrik die Kennzeichnung des Versschlusses entfällt oder z. B. in mhd. Dichtung der Wechsel von betonten und unbetonten Silben in einem durchgehenden Satz ohne Unterbrechung über die Versgrenze hinwegführt. – Ggs. ↑Asynaphie.

Synästhesie [griech. synaísthēsis = Mitempfindung], die [Mit]erregung eines Sinnesorgans durch einen nichtspezif. Reiz, z. B. subjektives Wahrnehmen opt. Erscheinungen (Farben) bei akust. und mechan. Reizwirkung. In der Literatur wird die psych. Fähigkeit der Reizverschmelzung zur metaphor. Beschreibung verwendet (z. B. ›duftige Farben‹, ›farbige Klänge‹, ›der Töne Licht‹ [C. Brentano]). S. ist als Stilmittel seit der Antike belegt und findet sich in der Dichtung der Renaissance, des Barock, der Romantik und bes. im Symbolismus. Bei Ch. Baudelaire, A. Rimbaud, P. Verlaine, in der deutschsprachigen Lyrik u. a. bei J. Weinheber und E. Jünger wurde die synästhet. Metaphorik zum Stilprinzip.
Literatur: SCHRADER, L.: Sinne u. Sinnesverknüpfungen. Studien u. Materialien zur Vorgesch. der S. u. zur Bewertung der Sinne in der italien., span. u. frz. Lit. Hdbg. 1969 (mit Bibliogr.).

Synekdoche [griech.], Tropos, bei dem ein Begriff durch einen engeren oder weiteren Begriff ersetzt wird, z. B. Vertauschung von Teil und Ganzem (›Dach‹ für ›Haus‹ [↑ Pars pro toto], ›ein Haus führen‹ [totum pro parte]), Art und Gattung (›Brot‹ für ›Nahrungsmittel‹) u. a.; die Grenzen zur ↑ Metonymie sind fließend.

Synesios von Kyrene (tl.: Synésios), *um 370, † um 413, griech. Philosoph, Dichter und Bischof. – 399–402 Gesandter in Konstantinopel, seit 410 Bischof von Ptolemais (Landschaft Kyrene). Vertreter des Neuplatonismus der alexandrin. Schule, den er mit der christl. Lehre zu verbinden suchte, wobei er bisweilen das Dogma der Philosophie unterordnete. Erhalten sind Reden, philosoph. Abhandlungen, 156 Briefe und neun oder zehn Hymnen.
Literatur: LACOMBRADE, CH.: Synésios de Cyrène, hellène et chrétien. Paris 1951. – VOLLENWEIDER, S.: Neuplaton. u. christl. Theologie bei S. v. K. Gött. 1985.

Synge, John Millington [engl. sɪŋ], *Rathfarnham (bei Dublin) 16. April 1871, † Dublin 24. März 1909, ir. Dramatiker. – Nach dem Studium in Dublin führte ihn ein Wanderleben zuerst nach Deutschland, dann nach Paris, wo er W. B. Yeats begegnete, der ihn zu Auf-

enthalten auf den Aran-Inseln anregte. Seine dortige Beschäftigung mit ir. Volkstum und gäl. Sprache schlug sich in dem Reisebericht ›Die Aran-Inseln‹ (1907, dt. 1962) nieder und lieferte ihm Dramenstoffe. 1904 wurde er Mitdirektor des Abbey Theatre in Dublin. S.s Stücke trugen nachhaltig zur Erneuerung der Dramatik in Irland bei. In einer dem angloir. Dialekt poet. Wirkungen entlockenden kraftvollen Prosasprache stellen sie einfühlend Leben, Phantasien und Aggressionen ir. Dorfwelten dar. ›Der Held des Westerlands‹ (Dr., 1907, dt. 1912, später auch unter anderen Titeln), dessen Dubliner Uraufführung einen Theaterskandal auslöste, wurde zu einem Klassiker moderner Dramatik; der Einakter ›Reiter ans Meer‹ (1905, dt. 1935) ist eine elementare Schicksalstragödie. S. schrieb und übersetzte auch Lyrik. Zu seinen neueren dt. Übersetzern gehören u. a. P. Hacks, H. Böll und E. Fried.
Weitere Werke: In der Bergschlucht (Dr., 1904, dt. 1918, 1935 u. d. T. Die Nebelschlucht), When the moon has set (Dr., entst. um 1904, hg. 1968), Der heilige Brunnen (Dr., 1905, dt. 1906, 1962 u. d. T. Die Quelle der Heiligen), Kesselflickers Hochzeit (Dr., 1907, dt. 1967), Deirdre of the sorrows (Dr., hg. 1910, dt. 1963 u. d. T. Irische Ballade), In Wicklow, West Kerry and Connemara (Reiseber., hg. 1911).
Ausgaben: J. M. S. Collected Works. Hg. v. R. SKELTON u. a. London 1962–68. 4 Bde. – J. M. S. Der Held der westl. Welt und andere Stücke. Dt. Übers. Ffm. 1967. – The collected letters of J. M. S. Hg. v. A. SADDLEMYER. Oxford 1983–84. 2 Bde.
Literatur: GREENE, D. H./STEPHENS, E. M.: J. M. S. 1871–1909. New York 1959. – PRICE, A.: S. and Anglo-Irish drama. London 1961. Neuaufl. New York 1972. – VÖLKER, K.: W. B. Yeats und J. M. S. Mchn. ²1972. – GRENE, N.: S. A critical study of the plays. London u. a. 1975. – MIKHAIL, E. H.: J. M. S. A bibliography of criticism. Totowa (N. J.) 1975. – KIBERD, D.: S. and the Irish language. London u. a. 1979. – BENSON, E.: J. M. S. London 1982. – A J. M. S. literary companion. Hg. v. E. A. KOPPER. New York u. a. 1988. – GERSTENBERGER, D.: J. M. S. Neuausg. Boston (Mass.) 1990.

Synizese [griech.] (Synärese, Vokalverschleifung), in griech. und röm. Metrik Verschmelzung zweier meist im Wortinnern nebeneinanderliegender, zu verschiedenen Silben gehörender Vokale zu einer einzigen diphthong. Silbe. – ↑ auch Synalöphe.

Synkope [griech.], in der griech.-röm. Verskunst die verstechnisch bedingte Verkürzung eines drei- oder mehrsilbigen Wortes durch Ausstoßung des [kurzen] Vokals einer Mittelsilbe; gilt als erlaubt, wenn einer der beiden den synkopierten Vokal umschließenden Konsonanten -r- oder -l- ist. Die germanist. Terminologie hat den Begriff S. zur Bez. vergleichbarer prosod. Erscheinungen in der dt. Verskunst übernommen (z. B. ew'ger für ewiger).

Synkrisis [griech.], in der spätantiken Literatur Bez. für ↑ Streitgedicht, Streitrede, dialog. Streitgespräch, seit dem 1. Jh. v. Chr. neben ↑ Agon verwendet.

Synonymie [griech.-spätlat.], semant. Beziehung zwischen Wörtern, Phrasen, Sätzen, die untereinander bedeutungsgleich oder in bestimmten Kontexten oder Sprechsituationen bedeutungsähnlich oder sinnverwandt sind. S. wird strenger oder lockerer gefaßt. Strenge S. liegt vor, wenn ein Ausdruck in jedem Kontext durch einen anderen ersetzt werden kann, ohne daß sich die Bedeutung ändert. Wenn nicht nur der begriffl. Kern, die Denotation (↑ Konnotation), sondern auch stilist., regionale, pragmat. Bedeutungskomponenten berücksichtigt werden, ist die strenge S. kaum gegeben. – Die Bez. S. wird häufig auf lexikalisch-semantische S. beschränkt, während für syntaktisch-grammatische S. der Begriff ↑ Paraphrase verwendet wird.

Synthese [griech. = Zusammenspiel], in der a. W. Dilthey anknüpfenden geistesgeschichtlich orientierten Literaturwiss. die Methode, bei Kunstwerken über die Grenzen einzelner Künste, Gattungen oder Sprachen hinweg verwandte, einander räumlich und zeitlich nahestehende Phänomene in Beziehung zu setzen, v. a. um formale, stilist. und strukturelle Gemeinsamkeiten herauszuarbeiten; auch Methode der ganzheitl. Erfassung von literar. Werken, um Strukturzusammenhänge des individuellen und gesellschaftlichen Lebens zu verstehen.

syrische Literatur, Literatur in syr. Sprache, einer ostaramäischen Sprache; sie ist ein typ. Produkt des christl. Orients, wenn auch Anzeichen für einen vorherigen literar. Gebrauch durch Heiden und Juden vorhanden sind. Die Grundlage einer christl. Literatur ist die Bibel; auf ihre Übersetzung wurde deshalb immer wieder neue viel Mühe verwandt (›Vetus Syra‹ [etwa 300], ›Peschitta‹ [4./5. Jh.], ›Philoxeniana‹ [507/508], ›Harclensis‹ [616], ›Syrohexaplaris‹ [616/617] des Paul von Tella, ›Diatéssaron‹ [vor 300] des Tatian). Auch Werke griech. Theologen wurden übersetzt: Titus von Bostra († 378), Eusebios von Caesarea, Ioannes Chrysostomus, die drei großen Kappadokier Basileios der Große, Gregor von Nazianz, Gregor von Nyssa. Dabei griffen Nestorianer und Monophysiten auf ihre Meister zurück, die ersteren auf Diodoros von Tarsus, Theodor von Mopsuestia, Nestorius, Theodoret von Kyrrhos, die letzteren auf Severos von Antiochia (* 465, † 538), Kyrill von Alexandria († 444) und Ioannes Philoponos. Mönchsliteratur wurde übersetzt (›Historia monachorum‹ [um 400], ›Historia Lausiaca‹ [419/420]); Mystiker wie Dionysios Areopagites fanden Aufnahme. Rechts- und Synodaltexte wurden gleichfalls tradiert, aber auch Texte der griech. Philosophie wurden übersetzt sowie naturwissenschaftliche; bes. Verdienste haben hier z. B. Sergius von Reschaina ([† 536]; er übersetzte Aristoteles, Porphyrius, Galen [* 129 (?), † 199 (?)]), Athanasius II. von Balad ([† 686]; Porphyrius-Übersetzung) und Georg der Araberbischof († 724; Aristoteles-Übersetzung). Aus der Pehlewiliteratur wurde Volksliteratur übernommen (›Kalila und Dimna‹, ›Alexanderroman‹). Noch umfangreicher war die Originalliteratur. Als Kirchenhistoriker traten hervor Barhadbeschabba de Arbaja (Ende des 6. Jh.), Johannes von Ephesus (* um 507), Dionysius I. von Tellmachre, Michael I., Barhebraeus; hinzu kamen die ↑ ›Chronik von Arbela‹ (6. Jh.), die Chronographie des Elias Bar Sinaja (* 975, † 1049) sowie dem Dionysius von Tellmachre zu Unrecht zugeschriebenes Werk. Wertvoll sind auch die sog. ↑ ›Chronica Minora‹. Als Dokumentensammlung sind für die Geschichte wichtig das ›Synodicon orientale‹ und eine Sammlung von Urkunden zur Entstehung des Monophysitismus. Über die

Mission und die Auseinandersetzung mit dem pers. Staat unterrichten die Sammlungen von Märtyrerakten. Die theolog. Literatur (exeget., systemat., asket., myst. und liturg. Schriften) besteht aus den Werken der älteren Klassiker, wie Afrahat und Ephräm dem Syrer, die auch gegen die Häretiker kämpften. Von häret. Literatur sind die ›Oden Salomos‹ (2. Jh.) und das Werk des Bardesanes erhalten. Der Bruch zwischen Monophysiten und Nestorianern ließ die theolog. Literatur noch größer werden; an dieser Entwicklung waren bes. die theolog. Schulen von Edessa und Nisibis beteiligt, die auch schon bei der Übersetzungstätigkeit intensiv mitgewirkt hatten. Bereits Rabbula von Edessa als Bekämpfer des Nestorianismus und Ibas von Edessa als sein Wegbereiter verkörperten im 5. Jh. den Gegensatz der kirchenpolit. Richtungen. Es folgten Nestorianer (Narsai [* 399, † 503], Bar Sauma [* 415/420, † 492/495], Mar Aba I. [† 552], Ischojahb I. [† 596], Babai der Große, Isaak von Ninive, Sahdona [7. Jh.] u. a.) und Monophysiten (Philoxenos von Mabbugh [† 523], Simeon von Beth Arscham [* vor 548], Henana [† 610], Jakob von Edessa, Barhebraeus u. a.). Ein bes. Eigenart der s. L. ist der reiche Gebrauch gebundener Rede für theolog. Zwecke. Hatten schon die Häretiker sich dieses Stilmittels bedient, so liegt bes. von Ephräm ein reiches dichter. Werk vor, das auch weiten Eingang in die Liturgie fand. War er der Klassiker des ›Madrascha‹, des lyrisch-didakt. Gedichts, so war Jakob von Sarug der des ›Memra‹, des episch-didakt. Gedichts. Ob biblischasket., theolog. oder liturg. Themen, sie alle konnten von den Syrern in Poesie und Prosa dargestellt werden. Auch grammat. und lexikal. Werke wurden geschaffen. Der Sieg des Islams führte auch zum Untergang der syr. Originalliteratur. Noch um die Jahrtausendwende hatten Erfolge der Byzantiner und später die Kreuzzüge noch einmal zu einer Renaissance geführt, zu der Schriftsteller wie Dionysios Bar Salibi, Michael I. und Barhebraeus gehörten. Auch Melchiten und Maroniten schufen sich eine, allerdings wesentlich geringere, s. Literatur. Mit dem 14. Jh. begann endgültig der Verfall,

wenn auch noch bis in den Beginn der Neuzeit eine immer mehr verkümmernde schriftsteller. Tätigkeit in syr. Sprache zu beobachten ist.

Literatur: BAUMSTARK, A.: Gesch. der s. L. mit Ausschluß der christl.-palästinens. Texte. Bonn 1922. Nachdr. Bln. 1968. – BAUMSTARK, A./RÜCKER, A.: Die aramäische u. syr. Lit. In: Hdb. der Orientalistik. Abt. 1, Bd. 3. Leiden 1953. Neudr. 1964. – ORTIZ DE URBINA, I.: Patrologia Syriaca. Rom ²1965. – MACUCH, R.: Gesch. der spät- u. neusyr. Lit. Bln. 1976.

Syrohexaplaris, Übersetzung der 5. Spalte der ›Hexapla‹ des Origenes wohl durch Paul von Tella (616/617) ins Syrische, sehr wortgetreu unter Beibehaltung der textkrit. Zeichen; ist nur noch für Teile des AT vorhanden.

Ausgabe: FIELD, F.: Origenis Hexaplorum quae supersunt. Oxford 1875. Neudr. Hildesheim 1965.

Literatur: WÜRTHWEIN, E.: Der Text des AT. Stg. ⁴1974. S. 60. – ALTANER, B./STUIBER, A.: Patrologie. ⁹1980. § 55, 1.

Syrokomla, Władysław [poln. sɨrɔˈkɔmla], eigtl. Ludwik Kondratowicz, * Smolkowo (Weißrußland) 29. Sept. 1823, † Wilna 15. Sept. 1862, poln. Schriftsteller. – Stammte aus dem Kleinadel, Kanzlist beim Fürsten Radziwiłł, lebte dann auf seinem Gut. Hauptform seiner Dichtung ist die ›Gawęda‹, eine freie Erzählung (in Versform) aus dem altadligen Leben durch einen zeitgemäß stilisierten Erzähler. Dabei stehen bei S. soziale Probleme im Vordergrund. Vorbild für S. war A. Mickiewicz; auch Übersetzungen aus dem Deutschen und Russischen, Übertragungen der Werke der lat.-poln. Dichter der Renaissance ins Polnische sowie Dramen.

Ausgabe: W. S. Poezje. Warschau 1974.

Syrus, Publilius, röm. Lustspieldichter, † Publilius Syrus.

Syzygie [griech.; eigtl. = Zusammenfügung], in der antiken Metrik die Verbindung zweier (jamb., trochäischer oder anapäst.) Versfüße zu einer Dipodie.

Szabo, Wilhelm ['saːbo], * Wien 30. Aug. 1901, † ebd. 14. Juni 1986, österr. Lyriker. – War Hauptschuldirektor in Weitra (Niederösterreich); lebte zuletzt in Wien; anfangs J. Weinheber nahestehender Lyriker mit formal vollendeten, seiner ländl. Wahlheimat verbundenen, z. T. eleg. Gedichten; auch Essays.

Werke: Das fremde Dorf (Ged., 1933), Im Dunkel der Dörfer (Ged., 1940), Herz in der Kelter (Ged., 1954), Landnacht (Ged., 1966), Schnee der vergangenen Winter (Ged., 1966), Schallgrenze (Ged., 1974), Lob des Dunkels (Ged., 1981), Zwielicht einer Kindheit (Prosa, 1986).

Szabó, Dezső [ungar. 'sobo:], * Klausenburg 10. Juni 1879, † Budapest 5. Jan. 1945, ungar. Schriftsteller. – Studierte Philosophie und Philologie, war dann Gymnasiallehrer in der Provinz. Beeinflußt von F. Nietzsche, war er in polit. Schriften, Reden, satir. Romanen (u. a. ›Az elsodort falu‹ [= Das hinweggefegte Dorf], 2 Bde., 1919) und Erzählungen Vorkämpfer von Rassenideen; seine Werke sind gekennzeichnet durch expressionist. Sprache sowie Bilder und Metaphern von ekstatisch gesteigertem Pathos.
Ausgabe: D. S. Összegyüjtött munkái. Hg. v. I. BEKE. Lyndhurst (N. J.) 1975–77. 3 Bde.
Literatur: NAGY, P.: S. D. Budapest 1964.

Szabó, Lőrinc [ungar. 'sobo:], * Miskolc 31. März 1900, † Budapest 3. Okt. 1957, ungar. Lyriker. – Übersetzte mit 19 Jahren gemeinsam mit M. Babits und Á. Tóth Ch. Baudelaires Gesamtwerk. Sein erster Gedichtband ›Föld, Erdő, Isten‹ (= Erde, Wald, Gott, 1922) zeigt den Einfluß S. Georges; schrieb dann formlos-expressionist. revolutionäre Gedichte und schließlich solche in klarer klass. und dennoch moderner Form. Autobiographisch sind seine Gedichtzyklen ›Tücsökzene‹ (= Grillengesang, 1947) und ›Das sechsundzwanzigste Jahr‹ (1957, dt. 1982).
Literatur: RÁBA, G.: S. L. Budapest 1972. – KABDEBÓ, L.: S. L. Budapest 1985.

Szabó, Magda [ungar. 'sobo:], * Debrecen 5. Okt. 1917, ungar. Schriftstellerin. – Gymnasiallehrerin, seit 1959 freie Schriftstellerin. Schildert in psychologisch motivierten Romanen v. a. die Auflösung und Wandlung des ungar. Mittelstandes in der Provinz; auch Lyrik, Erzählungen, Dramen, Hörspiele, Essays, Kinder- und Jugendbücher.
Werke: Das Fresko (R., 1958, dt. 1960), Die andere Esther (R., 1959, dt. 1961, 1979 u. d. T. Esther und Angela), Das Schlachtfest (R., 1960, dt. 1963), ... und wusch ihre Hände in Unschuld (R., 1963, dt. 1965, 1976 u. d. T. Pilatus), Die Danaide (R., 1964, dt. 1965), 1. Moses 22 (R., 1967, dt. 1967), Lauf der Schlafenden (Nov.n, 1967,

dt. 1969), Katharinenstraße (R., 1969, dt. 1971), Abigail (R., 1970, dt. 1978), Régimódi történet (= Altmod. Geschichte, R., 1978), Megmaradt Szobotkának (= Er ist Szobotka geblieben, Biogr., 1983), Béla király (= König Bela, Dr., 1984), Hinter der Tür (R., 1987, dt. 1992).
Literatur: KÓNYA, J.: S. M. alkotásai és vallomásai tükrében. Budapest 1977.

Szaniawski, Jerzy [poln. ʃa'njafski], * Zegrzynek bei Warschau 10. Febr. 1886, † Warschau 16. März 1970, poln. Schriftsteller. – Vielgespielter Theaterautor und Schöpfer von Erzählungen, in denen sich Fiktion und Wirklichkeit mischen; im Frühwerk Berührungspunkte mit der jungpoln. Richtung. Geschult an der klass. poln. Komödie, zeichnet sich sein Werk durch kammermusikal. Eleganz aus.
Werke: Murzyn (= Neger, Kom., 1917), Der Vogel (Dr., 1923, dt. um 1936), Der Seefahrer (Dr., UA 1925, gedr. 1930, dt. 1967), Łgarze od Złotą Kotwicą (= Die Lügner vom Goldenen Anker, En., 1928), Der Rechtsanwalt und die Rosen (Dr., 1929, dt. 1931), Das Klavier (Dr., 1932, dt. um 1936), Dwa teatry (= Zwei Theater, Kom., 1947), Prof. Tutkas Geschichten (En., 1954, dt. 1969).
Ausgabe: J. S. Dramaty zebrane. Krakau 1958. 3 Bde.
Literatur: JAKUBOWSKA, J.: J. S. Warschau 1980.

Szaniawski, Klemens [poln. ʃa'njafski], Pseudonym K. Junosza, * Lublin 23. Nov. 1849, † Otwock 21. März 1898, poln. Erzähler. – Schrieb realist. Romane und Erzählungen, in denen er insbes. das Leben der Juden im poln. Dorf humoristisch und karikierend schildert.

Szarzyński, Mikołaj Sęp, poln. Lyriker, ↑ Sęp Szarzyński, Mikołaj.

Szathmáry, József [ungar. 'sotma:ri], ungar. Dramatiker, ↑ Szigligeti, Ede.

Szczepański, Jan Józef [poln. ʃtʃɛ'paiski], * Warschau 12. Jan. 1919, poln. Schriftsteller. – Studierte Orientalistik, Kriegsteilnehmer; unternahm ausgedehnte Reisen; schrieb Erzählwerke und Reportagen, auch Drehbücher; Übersetzungen aus dem Englischen.
Werke: Der poln. Herbst (R., 1955, dt. 1983), Ikarus (R., 1966, dt. 1980), Die Insel (R., 1968, dt. 1980), Vor dem unbekannten Tribunal (Essays, 1975, dt. 1979), Autograf (En., 1979), Trzy czerwone róże (= Drei rote Rosen, En., 1982), Ultima Thule (En., 1987), Jap. Blumen (En. u.

Betrachtungen, dt. Auswahl 1988), Kadencja (= Kadenz, dokumentar. Werk, 1988).

Szczypiorski, Andrzej [poln. ʃtʃiˈpjɔrski], *Warschau 3. Febr. 1924, poln. Schriftsteller. – Teilnehmer am Warschauer Aufstand, im KZ; 1981 Internierung; 1989–91 Mitglied des poln. Senats; bed. Prosaist und Publizist. Sein literar. Interesse gilt v. a. der dt.-poln. und poln.-jüd. Problematik im Polen der Kriegs- und Nachkriegszeit. Seine Romane handeln von Menschen im Umgang mit totalitären Ideologien. S. erhielt 1988 den Österr. Staatspreis für europ. Literatur.

Werke: Eine Messe für die Stadt Arras (R., 1971, dt. 1979), Und sie gingen an Emmaus vorbei (R., 1974, dt. 1976, 1993 u. d. T. Der Teufel im Graben), Den Schatten fangen (R., entst. 1976, gedr. 1993, dt. 1993, erstmals dt. 1976 u. d. T. Denn der Herbst kam zu früh), Z notatnika stanu wojennego (= Aus dem Notizbuch zum Kriegsrecht, London 1983), Die schöne Frau Seidenman (R., Paris 1986, dt. 1988), Amerikan. Whiskey (En., 1987, dt. 1989), Notizen zum Stand der Dinge (1989, dt. 1990), Nacht, Tag und Nacht (R., 1991, dt. 1991), Selbstporträt mit Frau (R., 1994, dt. 1994).

Szelburg-Zarembina, Ewa [poln. ˈʃɛlburkzarɛmˈbina], auch E. S.-Ostrowska, *Bronowice 10. April 1899, †Warschau 29. Sept. 1986, poln. Schriftstellerin. – Schrieb zuerst Kinder- und Jugendbücher, deren Stil und märchenhaften Ton sie auch später in gewissem Maße beibehielt. In ihren expressionistisch-symbolist. Romanen und Erzählungen, in denen sie meist metaphys. Themen behandelte, hielt sie sich trotz Verwendung moderner Mittel, wie Verfremdung, innerer Monolog u. a., immer im Rahmen der Realität.

Ausgabe: E. S.-Z. Dzieła. Lublin 1971–72. 12 Bde.

Szenarium [griech.-lat.] (Szenar, Szenario), Skizze des Handlungsablaufs, in der italien. Stegreifkomödie und der Commedia dell'arte ↑Kanevas genannt. Seit dem 18. Jh. im Theater der Übersichtsplan für die Regie und das techn. Personal, in dem Angaben über die Szenenfolge, auftretende Personen, Requisiten, Verwandlungen des Bühnenbildes usw. enthalten sind. – Auch Rohentwurf eines Dramas. Beim Film eine Entwicklungsstufe zw. Exposé und Drehbuch.

Szenczi Molnár, Albert [ungar. ˈsɛntsi ˈmolnaːr], *Szenc (heute Senec, Westslowakei) 30. Aug. 1574, †Klausenburg 17. (?) Jan. 1639, ungar. Schriftsteller. – Studierte u. a. in Heidelberg, und wurde zum geistigen Führer des ungar. Protestantismus; bearbeitete die ungar. Bibel und fügte ihr ein Gesangbuch bei; verfaßte ein lat.-ungar. und ein ungar.-lat. Wörterbuch (1604), gab eine Predigtensammlung und ein Gebetbuch heraus und übersetzte J. Calvins ›Christianae religionis institutio‹. Am bedeutendsten ist seine Übersetzung der ›Genfer Psalmen‹ von C. Marot und Th. Beza (1607).

Ausgaben: S. M. A. Költői művei. Hg. v. B. STOLL. Budapest 1971. – S. M. A. Válogatott művei. Hg. v. G. TOLNAI. Budapest 1976.
Literatur: DÉZSI, L.: S. M. A. (1574–1633). Budapest 1897.

Szene [von griech. skēnē = Zelt, Hütte],
1. Unterabschnitt eines Dramas, Films, Hörspiels, der durch das Auf- und Abtreten einer oder mehrerer (bei Shakespeare aller) Personen begrenzt ist (Auftritt). – S. nennt man auch den Ort, Schauplatz des Auftritts.
2. svw. ↑Skene.

Szenenanweisungen, den Szenen eines Dramas vorangestellte ↑Bühnenanweisungen.

Szenerie, svw. ↑Bühnenbild.

Szenessy, Mario [ungar. ˈsɛnɛʃi], *Zrenjanin (Banat) 14. Sept. 1930, †Pinneberg 11. Okt. 1976, ungar. Schriftsteller dt. Sprache. – 1942 Übersiedlung nach Ungarn, wurde dort 1953–58 Lehrer, 1958–63 Lektor für Russisch; ab 1963 in der BR Deutschland, wo S. neben literarkritischen Arbeiten (›Tibor Déry‹, 1970) v. a. Romane und Erzählungen veröffentlichte, die ihn als einen eigene Erfahrung verarbeitenden zeitgeschichtlichen Romancier und bemühten Stilisten ausweisen, dessen Prosa sich zwischen genauem Beschreiben und ironisch-skurrilem, oft parodierendem Sprachspiel bewegt; auch Übersetzungen sowie Essays.

Weitere Werke: Verwandlungskünste (R., 1967), Otto, der Akrobat (En., 1969), Lauter falsche Pässe oder die Erinnerungen des Roman Skorzeny (R., 1971), Der Hut im Gras (R., 1973), Der Hellseher (R., 1974), In Paris mit Jim (En., hg. 1977).

Szerb, Antal [ungar. sɛrb], * Budapest 1. Mai 1901, † Balf bei Sopron 27. Jan. 1945, ungar. Literarhistoriker und Schriftsteller. – Nach philolog. Studium Lehrer, dann Privatgelehrter und freier Schriftsteller; wurde im Arbeitslager von ungar. Faschisten erschlagen. Verfaßte Essays, bes. über den modernen europ. Roman, bed. Gesamtdarstellungen der ungar. Literatur (1934) und der Weltliteratur (1941), Romane (u. a. ›Die Pendragon-Legende‹, 1934, dt. 1966; ›Der Wanderer und der Mond‹, 1937, dt. 1974; ›Maria Antoinette oder Die unbeglichene Schuld‹, 1943, dt. 1966) und Novellen.

Literatur: POSZLER, G.: S. A. Budapest 1973.

Szigligeti, Ede [ungar. 'sigligɛti], eigtl. József Szathmáry, * Großwardein 8. März 1814, † Budapest 19. Jan. 1878, ungar. Dramatiker. – War Ingenieur, Schauspieler, Regisseur und Theaterdirektor; schrieb fast 100 Stücke, viele davon aus dem Bauernleben mit sozialkrit. Ansätzen. S. schuf das ungar. Volksstück und verdrängte die übersetzten Wiener Possen von der ungar. Bühne. Sein noch heute vielgespieltes Lustspiel ist ›Liliomfi‹ (1849), in dem er das abenteuerl. Leben der Wanderschauspieler behandelt.

Ausgabe: Színművek S. E. Hg. v. S. Z. SZALAI. Budapest 1960.
Literatur: OSVÁTH, B.: S. Budapest 1955.

Szmaglewska, Seweryna [poln. ʃma'glɛfska], * Przygłów bei Łódź 11. Febr. 1916, poln. Schriftstellerin. – 1942–45 in Auschwitz; 1946 Zeugin beim Nürnberger Prozeß; schrieb eindringl. Erinnerungen an das Konzentrationslager (›Dymy nad Birkenau‹ [= Rauch über Birkenau], 1945; ›Uns vereint heiliger Zorn‹, 1955, dt. 1955); auch Jugenderzählungen.

Weiteres Werk: Wilcza jagoda (= Tollkirsche, autobiograph. Prosa, 1977).

Szujski, Józef [poln. 'ʃujski], * Tarnów 16. Juni 1835, † Krakau 7. Febr. 1883, poln. Historiker und Schriftstel-

ler. – Studierte in Krakau und Wien; ab 1869 Prof. in Krakau; verfaßte histor. Arbeiten, gab Quellen und Chroniken heraus und bearbeitete als Dramatiker Stoffe aus der poln. Geschichte; auch Lyriker, Epiker, Romancier und Autor satir. polit. Feuilletons.

Szymański, Adam [poln. ʃi'maĩski], * Hruszniewo (Podlachien) 16. Juli 1852, † Moskau 6. April 1916, poln. Schriftsteller. – Lebte ab 1878 lange Jahre als Verbannter in Sibirien. Aus dem Erlebnis dieser schweren Zeit schrieb er ›Unter Ansiedlern und Verschickten. Skizzen aus Sibirien‹ (2 Bde., 1887–90, dt. 1894). Darin enthalten ist die Erzählung ›Srul z Lubartowa‹ (= Srul aus Lubartów, Erstdruck 1885), die von tiefer Liebe zu den Menschen und zu seiner Heimat zeugt; auch Abhandlungen zur Schulreform.

Szymborska, Wisława [poln. ʃim'bɔrska], * Bnin bei Posen 2. Juli 1923, poln. Lyrikerin. – Studierte Polonistik und Soziologie; hat mit ihrer Lyrik, die in klassisch einfacher Sprache Lösungen menschl. Grundprobleme versucht, in Polen ein großes Echo. In dt. Sprache liegen die Gedichtauswahlbände ›Salz‹ (dt. 1973), ›Deshalb leben wir‹ (dt. 1980) und ›Hundert Freuden‹ (dt. 1986) vor. Neuestes Werk ist ›Ludzie na moście‹ (= Menschen auf der Brücke, Ged., 1986). S. wurde 1991 mit dem Goethepreis der Stadt Frankfurt am Main ausgezeichnet.

Ausgabe: W. S. Poezje. Warschau ³1987.
Literatur: BIEŁOUS, U.: S. Warschau 1974.

Szymonowic, Szymon [poln. ʃimɔ-'nɔvits], latin. Simon Simonides, * Lemberg 24. Okt. 1558, † Czarnięcin 5. Mai 1629, poln. Dichter. – In seinen lat. Dramen und in den religiösen Gedichten hielt er sich an die klass. Formen. Später schrieb er von Theokrit und Vergil beeinflußte erot. Idyllen in poln. Sprache, die für die weitere Entwicklung der poln. Dichtung von Bedeutung wurden.

Werke: Castus Ioseph (Dr., lat. 1587), Sielanki (= Idyllen, 1614), Pentesilea (Dr., lat. 1618).

T

Täamrä Marjam (tl.: Tä'amerä Mareyam) [amhar. tɛamra marjam = Wunder Marias], äthiop. Sammlung von Ma-
rienlegenden aus dem Abendland und
dem Orient (der Kern der Sammlung bildete sich Mitte des 12. Jh. in Frankreich
heraus); die arab. Fassung wurde unter
Kaiser Dawit I. (1380–1412) ins Gees
übertragen und in der Folgezeit durch
einheim.   Überlieferungen   bereichert
bzw. äthiop. Vorstellungen angepaßt. In
den Handschriften schwankt die Zahl
der einzelnen Stücke zwischen 16 und
316. Um die Erforschung des T. M. hat
sich v. a. E. Cerulli verdient gemacht.
Ausgaben: BUDGE, E. A. W.: The miracles of the
blessed Virgin Mary, and the life of Ḥannâ
(Saint Anne), and the magical prayers of 'Aḥẹta
Mîkâêl. London 1900. – BUDGE, E. A. W.: One
hundred and ten miracles of our Lady Mary.
Engl. Übers. Oxford u. London 1933. – BUDGE,
E. A. W.: Legends of our Lady Mary the per-
petual virgin and her mother Ḥannâ. Engl.
Übers. Oxford u. London 1933.
Literatur: CERULLI, E.: Il Libro etiopico dei mi-
racoli di Maria e le sue fonti nelle letterature del
medio evo latino. Rom 1943. – CERULLI, E.: La
letteratura etiopica. Florenz u. Mailand ³1968.
S. 81.

TABA, Abk. für ↑American Book
Awards, The.

Ṭabari, At (tl.: Aṭ-Ṭabarī), Abu
Dschafar Muhammad Ibn Dscharir,
* Amol um 839, † Bagdad 923, pers.-arab.
Gelehrter. – Unternahm Reisen in die
großen islam. Kulturzentren, beschäftigte sich mit Grammatik, Ethik, Mathematik und Medizin. Von seinem außerordentlich umfangreichen Werk sind eine
Weltgeschichte (13 Bde., hg. 1897 ff.), die
bis in seine Zeit reicht, sowie ein Koran-
kommentar (30 Bde., hg. 1903 ff.) am bekanntesten und unentbehrlich für die Erforschung des Islam; gilt als Begründer
einer Rechtsschule, die nach ihm benannt wurde (Dscharirijja).

Literatur: BROCKELMANN, C.: Gesch. der arab.
Litteratur. Suppl.-Bd. 1. Leiden 1937. S. 217. –
SEZGIN, F.: Gesch. des arab. Schrifttums. Bd. 1.
Leiden 1967. S. 323.

Tableau [ta'blo:; lat.-frz.], 1. ↑Schau-
bild, lebendes Bild (↑lebende Bilder);
2. ep. Kompositionselement: breit ausge-
führte, personenreiche Schilderung, die
durch Symbolhaftigkeit dem ep. Bild,
durch Bewegtheit und Dialoge der ep.
Szene verwandt ist. Die Bez. wurde von
dem finnischen Literaturwissenschaftler Kaarlo Rafael Koskimies ([* 1898,
† 1977]; ›Theorie des Romans‹, 1935) in
die Romantheorie eingeführt; 3. als ›T.
de Paris‹ seit L. S. Mercier Teil einer Literatur, die sich mit Paris als Großstadt
auseinandersetzt (z. B. Ch. Baudelaire).
Literatur: BENJAMIN, W.: Das Passagen-Werk.
Hg. v. R. TIEDEMANN. Ffm. 1983. 2 Bde.

Tabori, George [engl. tə'bɔːrɪ], * Budapest 24. Mai 1914, engl. Dramatiker und
Regisseur ungar. Herkunft. – Emigrierte
1936 nach London (brit. Staatsbürger);
Journalist; lebte 1946–70 in den USA,
seit 1971 arbeitet T. im deutschsprachigen Raum, u. a. in Berlin, Bremen
(1975–79 Leiter des ›Theaterlabors‹),
München, Bochum, Köln und Wien
(1987–90 Leiter des Theaters ›Der
Kreis‹), wo er vielbeachtete Inszenierungen auf die Bühne brachte. Schildert in
seinen von B. Brecht und S. Freud beeinflußten Bühnenstücken v. a. Entmen-
schungsprozesse unserer Zeit, so in
dem vom Schicksal seiner jüd. Familie inspirierten Auschwitzdrama ›Die Kan-
nibalen‹ (1968, dt. EA 1969) oder in
dem Anti-Vietnamkriegsstück ›Pinkville‹
(1970, dt. 1971). Jüdisches Schicksal ist
auch das Thema von ›My mother's cour-
age‹ (Dr., UA dt. 1979) und ›Jubiläum‹
(Dr., dt. 1983). Auch Verfasser von zeitkrit. Romanen, Erzählungen, Essays;
Drehbuchautor und Filmregisseur (›Fro-

George
Tabori

hes Fest‹, 1981). T. erhielt 1992 den Georg-Büchner-Preis.

Weitere Werke: Unter dem Stein der Skorpion (R., 1943, dt. 1945), Companions of the left hand (R., 1946), Ein guter Mord (R., 1947, dt. 1992), Tod in Port Aarif (R., 1951, dt. 1994), Sigmunds Freude (Dr., dt. UA 1975), Talk show (Dr., dt. UA 1976), Son of a bitch (En., dt. 1981), Unterammergau oder Die guten Deutschen (Essays, dt. 1981), Peepshow (Dr., dt. UA 1984), M (= Medea, dt. UA 1985), Meine Kämpfe (En., dt. 1986), Mein Kampf (Stück, dt. EA 1987), Betrachtungen über das Feigenblatt. Ein Hdb. für Verliebte und Verrückte (1991), Der Babylon-Blues (Dr., dt. UA 1991), Goldberg-Variationen (Dr., dt. UA 1991), Der Großinquisitor (Dr., dt. UA 1993), Requiem für einen Spion (Dr., dt. UA 1993). **Ausgabe:** G. T. Theaterstücke. Dt. Übers. Mchn. u. a. 1994. 2 Bde.

Tabucchi, Antonio [italien. ta'bukki], * Pisa 23. Sept. 1943, italien. Schriftsteller. – Prof. für portugies. Sprache und Literatur in Genua (Übersetzer F. Pessoas), dann in Siena. T.s Erzählungen sind meist kurze Geschichten, in denen die alltägl. Realität durchsetzt ist von bedrohl. Strukturen des Unheimlichen, Phantastischen und Rätselhaften. Die Kritik hat auf die Verwandtschaft zu E. A. Poe, F. Dürrenmatt oder J. L. Borges verwiesen sowie auf explizite Verbindungen zu Pessoa und F. S. Fitzgerald. In den Erzählsammlungen ›Der kleine Gatsby‹ (1981, dt. 1986) und ›Kleine Mißverständnisse ohne Bedeutung‹ (1985, dt. 1986) lotet er mit einfach strukturierten Handlungslinien die rational kaum faßbaren Seiten einer in ihrer Alltäglichkeit inkonsistenten Realität und die Ambivalenz menschl. Kommunikation aus. In ›Ind. Nachtstück‹ (1984, dt.

1990) wird die Suche des Erzählers nach einem verschollenen Freund zur Suche nach dem eigenen Ich. Mit dem Einakter ›Herr Pirandello wird am Telefon verlangt‹ (1988, dt. 1991) knüpft T. an die Tradition der Totengespräche an.

Weitere Werke: Piazza d'Italia (R., 1975), Il piccolo naviglio (R., 1978), Der Rand des Horizonts (R., 1986, dt. 1988), Wer war Fernando Pessoa? (Essays, 1990, dt. 1992), L'angelo nero (R., 1991), Lissabonner Requiem. Eine Halluzination (portugies. 1991, italien. 1992, dt. 1994), Sostiene Pereira (R., 1994; Premio Campiello 1994 und Premio Viareggio 1994).

Tabulatur [zu lat. tabula = Brett, Tafel], Normenbuch des ↑ Meistersangs, in dem die Regeln für die Herstellung und Bewertung der Meistersingerlieder verbindlich festgelegt waren. Die T. enthielt Regeln zur Form (z. B. Versbau, Strophenform usw.), zum Inhalt und zur Vortragspraxis. T. en gab es seit dem Ende des 15. Jahrhunderts.

Literatur: Der dt. Meistersang. Hg. v. B. NAGEL. Darmst. 1967. – SCHUMANN, E.: Stilwandel u. Gestaltveränderung im Meistersang. Gött. 1972.

Tacceddîn Ibrahim, Ahmedî [türk. taːddʒedˈdin ibraːˈhim], türk. Dichter, ↑ Ahmedî, Tacceddîn Ibrahim.

Tachtigers [niederl. 'taxtəxərs = Achtziger], Gruppe von niederl. Schriftstellern (u. a. W. Kloos, F. W. von Eeden, L. van Deyssel, A. Verwey), die v. a. über ihre Zeitschrift ›De Nieuwe Gids‹ (gegr. 1885) wesentlich dazu beitrug, daß die niederl. Literatur wieder Anschluß an die zeitgenöss. Strömungen der europ. Literatur (Naturalismus, Impressionismus, Symbolismus) fand.

Tacitus, Publius (?) Cornelius, * um 55, † nach 115, röm. Geschichtsschreiber. – Heimat unbekannt; Rhetorikstudium in Rom; befreundet mit Plinius d. J.; 88 Prätor, 97 Konsul, um 112/113 Prokonsul der Prov. Asia. – T. veröffentlichte nach der Gewaltherrschaft Domitians seine erste Schrift, den ›Agricola‹ (wohl 98), eine Biographie seines Schwiegervaters Gnaeus Iulius Agricola, mit einem ethnographisch-histor. Exkurs über Britannien. Wenig später folgte die ›Germania‹, als Monographie über ein fremdes Volk in der antiken Literatur einmalig; T. wollte wohl seiner dekadenten Umwelt das Bild einer einfachen, nicht korrupten, kämpfer. Lebensform am Beispiel der Germanen entgegenhalten. Der ›Dialogus de oratoribus‹ (= Gespräch über die Redner, wohl 102), eine Schrift über den Verfall der Beredsamkeit unter den Bedingungen der Monarchie, ist trotz der unsicheren Überlieferung der Autorschaft und trotz des ›ciceron.‹ Stils ein Werk des Tacitus. Die beiden großen Geschichtswerke sind unvollständig überliefert: Von den ›Historiae‹ (14 Bücher; 105–110) sind nur Buch 1–4 und der Anfang von Buch 5 erhalten, von den ›Annales‹ (Abb. Bd. 1, S. 87; 16 Bücher; nach 110) fehlen Teile von Buch 5, der Anfang von 6 und 11, der Schluß von 16. Die ›Historiae‹ behandeln das Vierkaiserjahr und die Geschichte der 1. flav. Dynastie (69–96); mit den ›Annales‹ griff T. auf die Geschichte des julisch-claud. Hauses seit dem Tode des Augustus zurück (14–68). Das Werk des T., in stilist. und kompositor. Hinsicht Vollendung des von Sallust Begonnenen (Prägnanz, gesuchte Ausdrucksweise, auf dramat. Wirkung hin durchdachter Aufbau), ist Abschluß und Höhepunkt einer 300jährigen Tradition senator. Geschichtsschreibung: T. hat sowohl deren annalist. Form (die Ereignisse werden im allgemeinen jahrweise dargestellt) übernommen als auch sich zu deren Normen – der virtus (der bed. Leistung) und ihrer Voraussetzung, der libertas (der Freiheit) – bekannt. Es ist ihm jedoch bewußt, daß die Monarchie republikan. aristokrat. Werten und aristokrat. Leistungswillen kaum noch Raum läßt. Aus dieser seiner Geschichtsbetrachtung eigenen Spannung zwischen Realität und gewähltem Maßstab ist ein Werk mit negativer Grundstimmung hervorgegangen. T., der in faszinierenden Charakteristiken eine Vielfalt menschl. Schwächen vor Augen führt, hat sine ira et studio darstellen wollen; doch gelangt er aufgrund seiner polit. und moral. Prämissen bisweilen zu Urteilen von beträchtl. Einseitigkeit (bes. im Fall des Kaisers Tiberius).

Ausgaben: T. Libri qui supersunt. Hg. v. H. HEUBNER u. a. Stg. 1978–83. 2 in 5 Bden. – T. Annalen. Lat. u. dt. Hg. v. E. HELLER. Mchn. 1982. – T. Historien. Lat. u. dt. Hg. v. J. BORST u. a. Mchn. ⁵1984. – T. Die histor. Versuche. Agricola, Germania, Dialogus. Dt. Übers. u. hg. v. K. BÜCHNER. Stg. ³1985.
Literatur: MENDELL, C. W.: T., the man and his work. New Haven (Conn.) 1957. Nachdr. Hamden (Conn.) 1970. – SYME, R.: T. Oxford 1958. 2 Bde. – STACKELBERG, J. VON: T. in der Romania. Studien zur literar. Rezeption des T. in Italien u. Frankreich. Tüb. 1960. – REITZENSTEIN, R.: Aufss. zu T. Darmst. 1967. – DUDLEY, D. R.: T. u. die Welt der Römer. Dt. Übers. Wsb. 1969. – T. Hg. v. V. PÖSCHL. Darmst. 1969. – FLACH, D.: T. in der Tradition der antiken Geschichtsschreibung. Gött. 1973. – LUCAS, J.: Les obsessions de Tacite. Leiden 1974. – MARTIN, R.: T. London u. Berkeley (Calif.) 1981.

tadschikische Literatur ↑ persische Literatur.

Taganka-Theater, gegründet nach dem 2. Weltkrieg in Moskau; entwickelte sich ab 1964 zum kritt. Avantgardetheater unter dem Chefregisseur Juri P. Ljubimow (* 1917), der 1984 entlassen und ausgebürgert wurde. 1984–86 war Anatoli Efros (* 1925, † 1986) Chefregisseur des T.-Th., ab 1987 der Schauspieler und Filmregisseur Nikolai Gubenko (* 1941). 1989 kehrte Ljubimow in seine alte Position zurück.

Tagebuch, unmittelbarste Form der autobiograph. Aufzeichnung, in regelmäßigen Abständen, meist täglich verfaßte und chronologisch aneinandergereihte Skizzen, in denen der Autor Erfahrungen mit sich und seiner Umwelt unmittelbar festhält. Als relativ autonome literar. Texte können Tagebücher betrachtet werden, die schon im Hinblick auf eine spätere Veröffentlichung konzipiert (und damit oft stilisiert) sind; in ihnen ist das rein Private zurückgedrängt, oft stehen bestimmte Themen im Vordergrund (Kriegs-, Reise-T., philosoph. oder kunstkrit. Reflexionen, zeitkrit. Analysen u. a.). Insbes. das literar. T. gibt wichtige Aufschlüsse über künstler. Schaffensprozesse (z. B. bei H. Carossa, E. Jünger, M. Frisch; ferner die Tagebücher von A. Gide, Th. Mann, C. Pavese, J. Green u. a.).
Tagebuchähnl. Formen sind seit der Antike bekannt (u. a. ↑ Hypomnema, ↑ Ephemeriden; ↑ auch Annalen, ↑ Chronik). Das seit dem späten 17. Jh. bes. in bürgerl. Schichten zunehmend beliebte T. (Diarium) wird seit Mitte des 18. Jh. (z. B. die Selbstanalysen und Selbstbeobach-

tungen bei J.-J. Rousseau oder allgemein des ↑ Pietismus; ↑ auch Empfindsamkeit) als wichtiger Bestandteil des literar. und kulturellen Lebens (↑ auch Autobiographie, ↑ Memoiren) angesehen und steht bei vielen Autoren (bes. des 20. Jh.) gleichberechtigt neben ihren sonstigen Werken, so u. a. bei M. Eyquem de Montaigne, Goethe, Lord Byron, E. T. A. Hoffmann, F. Grillparzer, F. Hebbel, den Brüdern Goncourt, S. Kierkegaard, L. N. Tolstoi, F. Kafka, R. Musil, A. Camus, G. Benn, A. Nin.

Neben den ›authent.‹ Tagebüchern können auch ›fingierte‹ Tagebücher als Strukturelemente erzählender Texte auftreten, sei es als Erzähleinlagen, wie etwa bei D. Defoe (›Robinson Crusoe‹, 1719/1720, dt. 1947, erstmals dt. 1720/21), S. Richardson (›Geschichte der Pamela ...‹, 1740, dt. 1772), Goethe (›Die Wahlverwandtschaften‹, 1809), A. Gide (›Die enge Pforte‹, 1909, dt. 1909), oder auch als bestimmendes Kompositionselement **(Tagebuchroman),** wie z. B. bei W. Raabe (›Die Chronik der Sperlingsgasse‹, 1857), R. M. Rilke (›Die Aufzeichnungen des Malte Laurids Brigge‹, 1910), G. Bernanos (›T. eines Landpfarrers‹, 1936, dt. 1936), M. Frisch (›Stiller‹, 1954).

Literatur: BOERNER, P.: T. Stg. 1969. – HOCKE, G. R.: Das europ. T. Wsb. ²1978. – JURGENSEN, M. M.: Das fiktionale Ich. Unterss. zum T. Mchn. u. Bern 1979. – Das T. u. der moderne Autor. Hg. v. U. SCHULTZ. Ffm. u. a. Neuaufl. 1982.

Tagelied, in der mhd. Lyrik ein meist dreistrophiges Lied, das den Abschied zweier Liebenden (meist als Wechselrede gestaltet) am Morgen nach einer Liebesnacht schildert. Bei den zahlreichen Variationen dieser Grundsituation spielt das **[Nacht]wächterlied** eine bes. Rolle, das als dritte Person einen Vertrauten einführt, der in das Geheimnis der Liebenden eingeweiht ist, über die Liebenden wacht und bei Anbruch des Tages (deswegen die Bez. ›T.‹) den Ritter zum Aufbruch drängt. Wiederkehrende Motive und Motivfolgen sind die Schilderung des Tagesanbruchs, der Weckvorgang durch den Wächter, Abschiedsklage und ›urloup‹ (mhd. = Gewährung; gemeint als letzte Liebe, als Verabschie-

dung). Wichtigste Vertreter des T.es waren u. a. Heinrich von Morungen, Wolfram von Eschenbach, Walther von der Vogelweide, Ulrich von Lichtenstein, Ulrich von Winterstetten, Steinmar und in späterer Zeit Oswald von Wolkenstein. Sonderformen des T.es im Spät-MA sind das geistl. T. (Weck- und Mahnruf an die christl. Gemeinde) und das T.-Volkslied (mit bürgerl. Milieu; ↑ auch Kiltlieder). Die Nähe zur provenzal. Alba und zur altfrz. Aubade belegt nicht nur den volkstüml. Ursprung der Gattung, sondern auch die Tendenz der mhd. Literatur, entsprechende roman. Modelle unmittelbar nachzuahmen.

Literatur: NICKLAS, F.: Unters. über Stil u. Gesch. des Dt. T.es. Bln. 1929. Nachdr. Nendeln 1967. – SAVILLE, J.: The medieval erotic ›alba‹. Structure as meaning. New York u. London 1973. – KNOOP, U.: Das mhd. T. Inhaltsanalyse u. literarhistor. Unters. Marburg 1976. – WOLF, A.: Variation u. Integration. Beobachtungen zu hochmittelalterl. T.ern. Darmst. 1979. – ROHRBACH, G.: Studien zur Erforschung des mhd. T.es. Göppingen 1986. – BELOIU-WEHN, I.: ›Der tageliet maneger gern sanc‹. Das dt. T. des 13. Jh. Ffm. u. a. 1989.

Tagger, Theodor, österr. Dramatiker, ↑ Bruckner, Ferdinand.

Tagore, Rabindranath [taˈgoːr(ə), engl. təˈgɔ:], anglisiert aus der Bengaliform Rabindranath Thakur, * Kalkutta 6. Mai 1861, † Santiniketan (Bengalen) 7. Aug. 1941, ind. Dichter und Philosoph. – Stammte aus einer begüterten bengal. Brahmanenfamilie; gründete 1901 in Santiniketan eine Schule, um ind. und europ. Erziehungsmethoden zu verschmelzen. Daneben trat T. für einen sozialen Ausgleich ein, indem er z. B. das Kastensystem verwarf, und spielte als Nationalist und gemäßigter Gegner der brit. Indienpolitik eine führende Rolle im Widerstand gegen die Teilung Bengalens 1905. – T., der als Lyriker mit den Stilmitteln der europ. Neuromantik begann, näherte sich in seinem Spätwerk dem Expressionismus. Seine Dramen und Erzählungen sind reich an lyr. Elementen. 1913 erhielt T., der einen Teil seiner Werke selbst ins Englische übersetzte, den Nobelpreis für Literatur. Mit seinem Werk leistete er einen bed. Beitrag zur Entwicklung der bengal. Literatursprache.

Rabindranath
Tagore

Werke: Chitra (Dr., 1892, dt. 1914), Sandkörnchen im Auge (R., 1902, dt. 1968), Der zunehmende Mond (Dichtung, 1903, dt. Ausw. 1915), Der König der dunklen Kammer (Dr., 1909, dt. 1919), Gitanjali (Ged., 1910, dt. 1914), Gora (R., 1910, dt. 2 Bde., 1924), Das Heim und die Welt (R., engl. 1910, bengal. 1916, dt. 1920), Das Postamt (Dr., 1912, dt. 1918), Meine Lebenserinnerungen (1912, dt. 1923), Der Gärtner (Ged., engl. 1913, dt. 1914).
Ausgaben: R. T. Ges. Werke. Dt. Übers. Hg. v. H. MEYER-BENFEY u. H. MEYER-FRANCK. Mchn. 1921. 8 Bde. – R. T. Collected poems and plays. Engl. Übers. London Neuausg. 1956.
Literatur: ENGELHARDT, E. A.: R. T., als Mensch, Dichter u. Philosoph. Bln. 1921. – WINTERNITZ, M.: R. T. Prag 1936. – THOMPSON, E. J.: R. T. Poet and dramatist. London [2]1948. – KRIPALANI, K.: R. T. A biography. New York 1962. – KHANOLKAR, G. D.: The lute and the plough. A life of R. T. Bombay 1963. – ZBAVITEL, D.: Bengali literature. Wsb. 1976. – HENN, K.: R. T. A bibliography. Metuchen (N. J.) 1985. – KÄMPCHEN, M.: R. T. Rbk. 1992.

Taha Husain, ägypt. Schriftsteller und Literaturwissenschaftler, ↑Husain, Taha.

Tahir, Kemal, * Konstantinopel (heute Istanbul) 1910, † Istanbul 21. April 1973, türk. Schriftsteller. – Journalist. Tätigkeit, lebte als freier Schriftsteller in Istanbul; schilderte in straff komponierten Romanen das Volksleben Anatoliens.
Werke: Yediçinar Yaylası (= Die Hochebene von Yediçinar, R., 1957), Köyün kamburu (= Der Dorfbucklige, R., 1959).

Taimur (tl.: Taymūr), Mahmud, * Kairo 16. Juni 1894, † Lausanne 25. Aug. 1973, ägypt.-arab. Schriftsteller. – Verfaßte, beeinflußt von G. de Maupassant, A. P. Tschechow und P. Bourget, Novellen, die immer wieder zwischen 1925 und 1963 in verschiedenen Sammlungen erschienen sind; schrieb auch Romane, ferner Dramen, in denen er menschl. Schwächen entlarvt, sowie meisterhafte Kurzgeschichten aus dem Milieu des Bürgertums und der Fellachen, ferner Essays sowie Abhandlungen über die arab. Sprache und Literatur. Einige seiner Werke wurden ins Englische oder Französische übersetzt, dt. erschien 1961 die Erzählungssammlung ›Der gute Scheich‹; ferner wurden ins Deutsche übersetzt ›Linie zwei‹ (in: ›Von Abend zu Abend‹, 1970) und ›Ein glückl. Geburtstag‹ (in: ›Arabische Erkundungen‹, 1971).

Taine, Hippolyte [Adolphe] [frz. tɛn], * Vouziers (Ardennes) 21. April 1828, † Paris 5. März 1893, frz. Kulturkritiker, Philosoph und Historiker. – Zunächst Lehrer für Philosophie und Rhetorik in Nevers und Poitiers, 1864–84 Prof. für Ästhetik und Kunstgeschichte an der Pariser École des Beaux-Arts. Unter dem Einfluß von A. Comte und J. S. Mill entwickelte sich T. zum einflußreichen Begründer des literarhistor. Positivismus (bed. v. a. seine ›Geschichte der engl. Literatur‹, 4 Bde., 1863/64, dt. 3 Bde., 1877–80). ›Rasse‹, ›Milieu‹ und ›Moment‹ bestimmen nach der von ihm entwickelten Milieutheorie jedes soziale Phänomen und jede geistige Gestaltung. Unter dem Eindruck der frz. Niederlage 1870/71 und der Pariser Kommune wandte sich T. einem kulturkritischen Pessimismus zu und wurde zu einem der schärfsten antidemokratischen Kritiker der Frz. Revolution. 1878 wurde er Mitglied der Académie française.
Weitere Werke: La Fontaine et ses fables (1853), Studien zur Kritik und Geschichte (3 Bde., 1858–94, dt. 1 Bd., 1898), Philosophie der Kunst (2 Bde., 1865, dt. 1866), Reise in Italien (Reiseber., 1866, dt. 1904), Der Verstand (2 Bde., 1870, dt. 1880), Die Entstehung des modernen Frankreich (6 Bde., 1875–93, dt. 3 Bde., 1877–93).
Literatur: MELIN, F.: Les idées politiques de T. Diss. Montpellier 1952. – CHEVRILLON, A.: Portrait de T. Souvenirs. Paris 1958. – EVANS, C.: T. Paris 1975. – LÉGER, F.: La jeunesse d'H. T. Paris 1980. – HOEGES, D.: Literatur u. Evolution. Studien zur frz. Literaturkritik im 19. Jh. T. – Brunetière – Hennequin – Guyau. Hdbg. 1980.

Tajama (tl.: Tayama), Katai, eigtl. T. Rokuja, * Tatebajaschi (Gumma)

13. Dez. 1871, † Tokio 13. Mai 1930, jap. Schriftsteller. – Wandte sich nach romant. Anfängen in seinen Romanen und Novellen einer naturalist. Darstellung zu; wurde bekannt mit der Novelle ›Das Bettzeug‹ (1907, dt. 1942 in ›Flüchtiges Leben‹); seine späteren Werke sind vom Buddhismus gekennzeichnet; schrieb auch Essays, Gedichte und Kritiken.

Taketori-monogatari [jap. ta'ketori-monoga,tari = Die Geschichte vom Bambussammler], in der ersten Hälfte des 10. Jh. geschriebene jap. Erzählung eines anonymen Verfassers: Ein Bambussammler findet im Bambuswald ein kleines Mädchen, das – zu strahlender Schönheit herangewachsen – alle Freier, selbst den Tenno, abweist, da es sich als Mondwesen der Liebe versagen muß. Es wird schließlich auf dem Mond zurückgeholt. Erstmals dt. 1923, 1968 u. d. T. ›Die Geschichte vom Bambussammler und dem Mädchen Kaguya‹.
Literatur: MATSUBARA, H.: Diesseitigkeit u. Transzendenz im T.-m. Diss. Bochum 1970.

Takisawa Bakin (tl.: Takizawa Bakin), auch Kiokutei Bakin, * Edo (heute Tokio) 9. Juni 1767, † ebd. 6. Nov. 1848, jap. Schriftsteller. – Den größten Raum in seinem umfangreichen Werk nehmen [histor.] Romane mit moralisch-didakt. Tendenz ein, die den Einfluß chin. Vorbilder zeigen; sie sind von konfuzian. und buddhist. Gedanken sowie vom Samurai-Ethos geprägt, oft allegorisch verschlüsselt und brillant geschrieben. Dt. erschien 1888 der Roman ›In Liebesbanden‹.
Literatur: ZOLBROD, L. M.: Takizawa B. New York 1967.

Takt [zu lat. tactus = das Berühren, der Gefühlssinn], in der Metrik Abstand von Hebung zu Hebung bei akzentuierenden Versen. Nach dem Begründer der vergleichenden Metrik, Rudolf Westphal ([* 1826, † 1892], ›Allgemeine Theorie der musikal. Rhythmik seit J. S. Bach‹, 1880), der sich auf die Rhythmuslehre des Aristoxenos von Tarent (* um 350, † um 300) bezieht, ist Rhythmus das vom sprachl. Material prinzipiell unabhängige abstrakte Gesetz der Gliederung der reinen Zeit in regelmäßig wiederkehrende Abschnitte, die als T.e verstanden werden. – ↑ auch Taktmetrik.

Taktmetrik, die Vorstellung von T. basiert auf der v. a. von A. Heusler vertretenen Auffassung, daß sich ein Vers aus taktmäßig zu erfassenden Teilen (↑ Takt) zusammensetze, wobei nicht nur mit sprachlich gefüllten, sondern auch mit pausierten (leeren) Taktteilen gerechnet wird. Im wesentlichen kennt Heusler vier Taktgeschlechter: den zweiteiligen 2/4-Takt (x́x), den dreiteiligen 3/4-Takt (x́xx), den vierteiligen 4/4-Takt mit abgestufter Hebung (x́xx̀x) und den seltenen dreiteiligen 3/2-Takt (-̀ -̲ -). Heute ist Heuslers T. umstritten. Die Einwände richten sich gegen den abstrakten Rhythmusbegriff, gegen die Anwendung des aus der Musik stammenden Taktprinzips auf sprachl. Material und gegen das Prinzip der Viertaktigkeit der Periode, das ebenfalls aus der Musik stammt.

Talagrand, Jacques Louis [frz. tala-'grã], frz. Schriftsteller, ↑ Maulnier, Thierry.

Talander, Pseudonym des dt. Schriftstellers August ↑ Bohse.

Talew (tl.: Talev), Dimitar [bulgar. 'talεf], * Prilep (Makedonien) 14. Sept. 1898, † Sofia 20. Okt. 1966, bulgar. Schriftsteller. – Schrieb Erzählungen und Romane mit makedon., die Zeit der makedon. Freiheitskämpfe betreffenden Stoffen, so die Romantetralogie ›Der eiserne Leuchter‹ (1952, dt. 1957), ›Der Eliastag‹ (1953, dt. 1963), ›Die Glocken von Prespa‹ (1954, dt. 1959) und ›Glasovete vi čuvam‹ (= Eure Stimmen höre ich, 1966); dt. liegt auch der Roman ›Der Mönch von Chilendar‹ (1962, dt. 1967) vor.
Ausgabe: D. Talev. Săčinenija. Sofia 1972–78. 11 Bde.
Literatur: WOICKE, M.: Studien zur Erzähltechnik D. Talevs. Diss. Ffm. 1972.

Talhoff, Albert, * Solothurn 31. Juli 1890, † Luzern 10. Mai 1956, schweizer. Schriftsteller. – Verfasser von Dramen, hymnisch-visionären Gedichten und lyr. Erzählungen, die Leid und Schuld des Menschen zum Inhalt haben.
Werke: Nicht weiter, o Herr! (Dr., 1919), Sintflut (Dr., 1922), Totenmal (Dichtung, 1930), Weh uns, wenn die Engel töten (R., 1945), Des Bruders brüderl. Gang (R., 1947), Der unheiml. Vorgang (R., 1952), Es geschehen Zeichen (Dr., 1953).

Taliesin [engl. tɑːlɪˈɛsɪn], walis. Barde des 6./7. Jahrhunderts. – In der ›Historia Britonum‹ des Nennius belegt; seine Gestalt nahm später sagenhafte Züge an. ›The book of T.‹, eine um 1275 entstandene Handschrift, enthält zahlreiche T. zugeschriebene Preisgedichte, Elegien und religiöse Dichtungen, von denen jedoch nur etwa 12 Gedichte von T. selbst stammen.

Literatur: JARMAN, A. O. H.: The delineation of Arthur in early Welsh verse. In: An Arthurian tapestry. Hg. v. K. VARTY. Glasgow 1981. S. 1.

Talis Qualis, Pseudonym des schwed. Schriftstellers Karl Vilhelm August ↑ Strandberg.

Tallemant des Réaux, Gédéon [frz. talmɑ̃deˈro], * La Rochelle 2. Okt. 1619, † Paris 10. Nov. 1692, frz. Schriftsteller. – Bankier, befreundet mit dem späteren Kardinal de Retz; verkehrte in Pariser Salons; trat 1685 zur kath. Kirche über. Seine realist. und zyn. ›Geschichten‹ (größtenteils entst. 1657–69, hg. in 6 Bden. 1834/35, dt. 2 Bde., 1913) über bekannte Persönlichkeiten der zeitgenöss. Pariser Gesellschaft gelten als kulturhistor. Quelle von unschätzbarem Wert. Von T. d. R. stammen viele der heute noch verbreiteten Anekdoten über die betreffenden Persönlichkeiten.

Literatur: MAGNE, É.: Bourgeois et financier du XVIIᵉ siècle. La joyeuse jeunesse et la fin troublée de T. d. R. Paris 1921–22. 2 Bde. – WORTLEY, W. V.: T. de R. The man through his style. Den Haag 1969.

Tally, Ted [engl. ˈtælɪ], * Winston-Salem (N. C.) 9. April 1952, amerikan. Dramatiker. – Gilt als eines der jungen Dramatikertalente, dessen Stücke auf bed. Bühnen aufgeführt wurden. ›Terra Nova‹ (1981) stellt die in der Erinnerung des sterbenden Robert Scott mythisierte Eroberung des Nordpols dar; ›Coming attractions‹ (1982) parodiert das um die Zuschauergunst werbende Showbusineß in den USA.

Weitere Werke: Night mail and other sketches (Dr., 1977), Hooters (Dr., 1978), Silver linings (Dr., 1983), Little footsteps (Dr., 1986).

Talmud [hebr. = Lehre], zusammenfassender Name der beiden großen Literaturwerke des Judentums, die ↑ Mischna und deren rabbin. Kommentare (↑ Gemara); beide sind in einem langen Prozeß mündl. und schriftl. Traditionsbildung (seit der Rückkehr der Juden aus dem Babylonischen Exil) entstanden. Entsprechend den beiden Zentren jüd. Gelehrsamkeit in Palästina und Babylonien, entstanden ein palästin. oder Jerusalemer (›Jeruschalmi‹) und ein babylon. (›Babli‹) Talmud. Ersterer wurde etwa Anfang des 5. Jh. n. Chr. abgeschlossen, letzterer Anfang des 7. Jahrhunderts. Beide T.e sind wie die Mischna in ›Ordnungen‹ (›Sedarim‹) und ›Traktate‹ (›Massechtot‹) eingeteilt, doch gibt es nicht zu jedem Traktat der Mischna eine Gemara: Beim palästin. T. liegt nur zu 39 Traktaten (von insgesamt 63) eine Gemara vor, beim babylon. T. zu 37 Traktaten; dennoch ist der Umfang des palästin. T. um etwa ein Drittel geringer als der des babylonischen.

Inhaltlich unterscheidet man die beiden Gattungen ↑ Halacha und ↑ Haggada. Charakteristisch für den Stil des T. sind die prägnante Kürze und die z. T. scharfe Dialektik, die in den Diskussionen der Lehrhäuser wurzeln. Der Stoff ist formal und inhaltlich so disparat, daß man den T. am ehesten mit einer Enzyklopädie vergleichen kann. – Wirkungsgeschichtlich war fast ausschließlich der babylon. T. von Bedeutung. Male kommentiert und ediert und bildete zusammen mit den späteren kompendienartigen Zusammenfassungen die Grundlage aller religionsgesetzl. Entscheidungen. Seit dem MA war der T. bevorzugtes Objekt antijüd. christl. Polemik (T.verbrennungen, kirchl. Zensur); entstellte Zitate aus dem T. und den T.kompendien werden oft im modernen Antisemitismus verwendet. Seit 1975 erscheinen laufend in Tübingen dt. Übersetzungen einzelner Traktate (hg. von M. Hengel, J. Neusner und P. Schäfer).

Ausgaben: T. babylonicum integrum ... Hg. v. R. S. JARCHI u. R. M. MAIMONIDES. Venedig 1520–22. 12 Bde. – Der Jerusalem. T. in seinen haggad. Bestandtheilen. Dt. Übers. v. A. WÜNSCHE. Zü. 1880. – Der babylon. T. Dt. Übers. v. L. GOLDSCHMIDT. Bln. 1930–36. 12 Bde. Nachdr. Königstein i. Ts. 1980.

Literatur: STEMBERGER, G.: Der T. Einf., Texte, Erll. Mchn. 1982. – STRACK, H. L./STEMBERGER, G.: Einl. in T. u. Midrasch. Mchn. ⁷1982.

Talvio, Maila, eigtl. Maria Mikkola, geb. Winter, * Hartola 17. Okt. 1871,

† Helsinki 6. Jan. 1951, finn. Schriftstellerin. – Späte Vertreterin der finn. nationalromant. Bewegung Anfang des 20. Jh.; schrieb gesellschaftskrit. und histor. Romane; hatte u. a. durch ihren junge Talente fördernden Salon bed. Einfluß.

Werke: Der Untergang von Pimeänpirtti (R., 1901, dt. 1943), Die April-Anna (Kom., 1914, dt. 1937, 1951 u. d. T. Der Zeitgeist), Die Kraniche (R., 1919, dt. 1925), Tochter der Ostsee (R.-Trilogie, 1929–36, dt. 1939), Die fröhl. Frauen der Festung (R., 1941, dt. 1948).

Talvj ['talvi], eigtl. Therese Albertine Luise von Jacob, verh. Robinson, * Halle/Saale 26. Jan. 1797, † Hamburg 13. April 1870, dt. Schriftstellerin. – Während ihres langjährigen Rußlandaufenthalts lernte sie durch Vermittlung von V. S. Karadžić die serb. Volkspoesie kennen, die sie durch ihre berühmt gewordene Anthologie ›Volkslieder der Serben, metrisch übersetzt‹ (2 Bde., 1825/1826) dem Westen zugänglich machte; schrieb auch Erzählungen und Abhandlungen.

Weitere Werke: Versuch einer geschichtl. Charakterisierung der Volkslieder german. Nationen (1840), Die Auswanderer (E., 2 Bde., 1852), Fünfzehn Jahre (Essays, 2 Bde., 1868), Gesammelte Novellen (2 Bde., hg. 1874).
Literatur: WAGNER, LUDWIG: T. 1797–1870. Preßburg 1897.

Tamási, Áron [ungar. 'tɔmaːʃi], * Farkaslaka (heute Lupeni, Rumänien) 20. Sept. 1897, † Budapest 26. Mai 1966, ungar. Schriftsteller. – Aus siebenbürg. Bauernfamilie; Erzähler und Dramatiker äußerst individueller Prägung, dessen Stoffe aus der begrenzten bäuerl. Welt der Szekler stammen; seine Bücher sind der Volksdichtung verbunden und oft mundartlich gefärbt. Als Hauptwerk gilt die sog. Abel-Trilogie (1932–34, dt. Bd. 1 1957 u. d. T. ›Abel in der Wildnis‹).

Weitere Werke: Ein Königssohn der Sekler (R., 1928, dt. 1941), Unrichtige Welt (Nov.n, 1931, dt. 1931).
Literatur: FÉJA, G.: T. Á. alkotásai és vallomásai tükrében. Budapest ²1970. – TAXNER-TÓTH, E.: T. Á. Budapest 1973.

Tamayo y Baus, Manuel [span. ta-'majo i 'βaʊs], * Madrid 15. Sept. 1829, † ebd. 20. Juni 1898, span. Dramatiker. – War ab 1884 Direktor der Nationalbibliothek. Zwischen Romantik und Realismus stehender Dramatiker, in sei-

nen frühen Stücken beeinflußt von Schiller; behandelte zeitgenöss. Gesellschaftsprobleme und v. a. histor. Themen; als sein bestes Werk gilt die Eifersuchtstragödie ›Un drama nuevo‹ (1867; kommentierte Ausg. v. A. Labandeira Fernández, 1982).

Weitere Werke: Virginia (Trag., 1853), Johanna von Castilien (Dr., 1855, dt. 1871), La bola de nieve (Kom., 1856), Lo positivo (Kom., 1861), Lances de honor (Kom., 1863).
Ausgabe: M. T. y B. Obras completas. Mit einem Vorwort v. A. PIDAL Y MON. Madrid 1947.
Literatur: SICARO Y SALVADO, N.: Don M. T. y B. Estudio crítico-biográfico. Barcelona 1906. – ESQUER TORRES, R.: El teatro de T. y B. Madrid 1965. – FLYNN, G.: M. T. y B. New York 1973.

Tamil-Literatur ↑indische Literaturen.

Tamisdat-Literatur ↑Samisdat-Literatur.

Tamminga, Douwe A., * Winsum 22. Nov. 1909, westfries. Dichter. – Seine Lyrik und Epik (Balladen) sind nicht nur durch starke leidenschaftl. Akzente gekennzeichnet, sondern auch durch eine musterhafte Technik und adäquates Sprachgefühl; schrieb auch Romane (›De boumaster fan de Aldehou‹, 1985), Theaterstücke und war als Übersetzer tätig (u. a. H. Ch. Andersen, Goethe, D. Thomas und E. A. Poe); Mitübersetzer des niederl. ›Liedboek voor de kerken‹ für die Liturgie in der eigenen Sprache (›Lietebok foar de tsjerken‹, 1978). Höhepunkte seiner Lyrik sind die Zyklen ›It griene jier‹ (1943) und ›In memoriam‹ (1968). Eine eigene Auswahl aus seinem Werk enthält die Sammlung ›Stapstiennen‹ (1974).

Tammsaare, Anton Hansen, eigtl. A. Hansen, * Albu 30. Jan. 1878, † Reval 1. März 1940, estn. Schriftsteller. – Veröffentlichte zunächst realistisch gestaltete Erzählungen aus dem Bauernmilieu; erschloß sich dann während seiner journalist. Tätigkeit in Reval das städt. Leben als Themenbereich, der eine impressionist. Darstellung erfuhr; die dritte Schaffensperiode, deren neorealistisch gestaltete Romane den Gipfel der klass. Erzählliteratur Estlands darstellen, brachte eine Vereinigung der beiden Themenbereiche, unmittelbar in T.s Hauptwerk, dem psychologisch differenziert gestalteten Bildungsroman-Zyklus ›Tõde ja õi-

gus‹ (= Wahrheit und Recht, 5 Bde.,
1926–33; dt. 4 Bde.: ›Wargamäe‹, dt.
1938; ›Indrek‹, dt. 1939; ›Karins Liebe‹,
dt. 1940; ›Rückkehr nach Wargamäe‹, dt.
1941). T. schrieb auch modernist. Dramen und übersetzte aus dem Russischen
und Englischen.
Weitere Werke: Der Bauer von Kõrboja (R.,
1922, dt. 1958), Der Däumling (Nov.n, 1923, dt.
1936), Elu ja armastus (= Leben und Liebe,
1934), Ich liebte eine Deutsche (R., 1935, dt.
1977), Satan mit gefälschtem Paß (R., 1939, dt.
1959), Die lebenden Puppen (Prosa, dt. Ausw.
1979).

Tammuz (tl.: Tammūz), Benjamin
[hebr. ta'muz], * Charkow (Ukraine)
1919, † Tel Aviv 19. Juli 1989, israel.
Schriftsteller. – Kam 1924 nach Palästina; studierte Kunstgeschichte (Bildhauer); sein erstes Buch ›H̯ôlôt ha-za̯-
ha̯v‹ (= Goldener Sand, 1950) ist eine
Sammlung nostalg. Kindheitserinnerungen; schrieb seitdem weitere Romane
und Novellen mit sentimentalem, aber
auch gesellschaftskrit. Einschlag. Im Roman ›Requiem lë-Na‛äma̯n‹ (= Requiem
für Naaman, 1978) vergleicht er die naiven Ideale der ersten Siedler des Landes
mit der Ernüchterung der folgenden Generation – anhand der Protagonisten des
Romans, einer Mutter (Bela Jaffe) und
ihres Sohnes (Naaman).
Literatur: Enc. Jud. Bd. 15, 1972, S. 789. – Enc.
Jud., Decennial book, 1982, S. 296.

Tanagratheater [nach den Tanagrafiguren (bemalte kleine Mädchenstatuet-
ten aus Terrakotta), bes. im Hellenis-
mus], eine zu Beginn des 20. Jh. bekannte
Form des Miniaturtheaters, bei dem die
Schauspieler, die hinter der Bühne agieren, durch Spiegel mehrfach verkleinert
auf einer Miniaturbühne abgebildet werden und wie Tanagrafiguren wirken.

Tandem, Carl Felix, Pseudonym des
schweizer. Schriftstellers Carl ↑ Spitteler.

Tandschur [tibet. bsTan-'gyur =
Übersetzung der Lehre], neben dem
↑›Kandschur‹ die andere große, im
14. Jh. abgeschlossene Schriftensammlung des Lamaismus. Sie besteht aus zwei
Teilen: der Teil ›rgyud‹ (= Tantra) umfaßt in 88 Bänden v. a. Texte des Tantrismus, der Teil ›mdo‹ (= Sūtra) in 137
Bänden philosoph. Schriften des späten
ind. Buddhismus, Legenden, Dichtungen

und Traktate verschiedener Wissen-
schaftszweige. Der größte Teil des T.
wurde aus dem Sanskrit übersetzt. Um
die Sammlung des T. in neuer Orthographie hat sich Bu-ston (* 1290, † 1364) verdient gemacht.

Taner, Haldun [türk. tɑ'nɛr], * Istanbul 1915, † ebd. 7. Mai 1986, türk. Schriftsteller. – In seinem erzähler. Werk por-
trätiert er das türk. Großstadtleben aus
ironisch-heiterer Distanz. In seinen Dramen orientiert er sich an europ. Formen,
u. a. dem ep. Theater und dem Kabarett.
Werke: Şişhaneye yağmur yağıyordu (= Regen
fiel auf Şişhane, En., 1953), Ballade von Ali aus
Keschan (1965, dt. 1984).

Tanfucio, Neri [italien. tan'fu:tʃo],
Pseudonym des italien. Schriftstellers
Renato ↑ Fucini.

T'ang Hsien-tsu (Tang Xianzu)
[chin. taŋɕiændzu], * Lin-ch'uan 1550,
† 1616, chin. Literat. – Von seinen ›Vier
Träumen aus Lin-ch'uan‹, vier Dramen,
in denen Träume eine wichtige dramaturg. Rolle spielen, ist das ›Mu-tan t'ing‹
(= Der Päonientempel, 1597) das bekannteste Werk. Ein Mädchen stirbt an
Liebeskummer, kehrt dank der Liebe des
Mannes ins Diesseits zurück, wo an seiner Seite höchste Ehren auf es warten. In
der Darstellung individueller Empfindungen und traumhafter Weltüberwin-
dung spiegelt das Werk zeitgenöss. Protest gegen die traditionelle Moral wider.
Ausgaben: Tang Hsiän-dsu: Die Rückkehr der
Seele. Ein romant. Drama. Dt. Übers. v.
V. HUNDHAUSEN. Zü. 1937. – The peony pavillon
(Mudan Ting). Engl. Übers. v. C. BIRCH. Bloomington (Ind.) 1980.

Tang Xianzu, chin. Literat, ↑ T'ang
Hsien-tsu.

Tanisaki (tl.: Tanizaki), Dschunitschiro, * Tokio 24. Juli 1886, † Jugawara
(Kanagawa) 30. Juli 1965, jap. Schriftsteller. – Stand zunächst unter dem Einfluß westl. Literatur (Ch. Baudelaire,
O. Wilde, E. A. Poe); wurde bereits mit
seinem Erstlingswerk ›Tätowierung‹
(Nov., 1909, dt. 1969 in der Anthologie
›Japan erzählt‹) berühmt; schrieb später
auch theaterwirksame Bühnenstücke sowie Essays. 1946 erschien sein bedeutendstes Werk, ›Die Schwestern Ma-
kioka‹ (dt. 1964), einer der wichtigsten
jap. Romane der Nachkriegszeit. Lyr.

Schönheit verbindet sich in seinem Werk mit tiefenpsycholog. Aspekten, Grausamkeit mit Sensibilität, Dekadenz mit der Gabe, der klass. jap. Literatur ein sprachlich angemessenes modernes Gepräge zu geben.

Weitere Werke: Naomi oder eine unersättl. Liebe (R., 1924, dt. 1970), Insel der Puppen (R., 1929, dt. 1957), Die geheime Geschichte des Fürsten von Musashi (1935, dt. 1994), Der Schlüssel (R., 1956, dt. 1961), Tagebuch eines alten Narren (R., 1963, dt. 1966).

Tanizaki, Jun'ichirō, jap. Schriftsteller, ↑Tanisaki, Dschunitschiro.

Tank, Maxim, eigtl. Jaŭhen Iwanawitsch Skurko, * Pilkowschtschina bei Minsk 17. Sept. 1912, weißruss. Lyriker. – Zeitweilig Deputierter des weißruss. Obersten Sowjets; schrieb bildhafte, musikal. Lyrik von hohem literar. Niveau, vorwiegend mit patriot. Motiven; paßte sich dann den Prinzipien des sozialist. Realismus an.

Werke: Narač (Poem, 1937), Chaj budze svjatlo (= Es werde Licht, Ged., 1972).

Ausgabe: M. T. Zbor tvoraŭ. Minsk 1966. 4 Bde.

Tanka [jap.] ↑Waka.

Tanneguy-Lefebvre, Anne [frz. tangil'fɛːvr], frz. Schriftstellerin, ↑Dacier, Anne.

Tannhäuser, der (mhd. Tan[n]huser), * vermutlich Tannhausen bei Neumarkt i. d. OPf. bald nach 1200, †nach 1266, mhd. Lyriker. – Wirkte zuerst wohl im Umkreis Kaiser Friedrichs II. (Teilnahme am Kreuzzug 1228/29) und König Heinrichs (VII.), dann ab 1237 am österr. Hof Herzog Friedrichs II., des Streitbaren; nach dessen Tod 1246 führte er ein Wanderleben an verschiedenen ostdt. Höfen; sein letztes datierbares Werk ist Leich 6 (1264/66). Von ihm sind sechs Leiche, sieben Lieder und drei Sangsprüche erhalten; die ihm zugeschriebene Hofzucht ist allenfalls die Bearbeitung eines Originals, seine Leiche und das antiidealist. Kreuzlied sind virtuose Höhepunkte ihrer Gattung. Nur zum vierten Leich ist die Melodie erhalten; die beiden Meistersangtöne, die ihm zugeschrieben werden, stammen aus späterer Zeit. Die betonte Sinnlichkeit seiner Minnedichtung, die in bewußtem Kontrast zur idealen ›hohen Minne‹ steht, ist auf die lockeren höf. Lebensformen des

Wiener Hofs zugeschnitten; hier wird der Ausgangspunkt der Sagenbildung zu suchen sein, die im späten 14. Jh. manifest wird und ihren Ausdruck zunächst in T. zugeschriebenen Bußliedern, dann in der spätmittelalterl. Ballade findet: Der Ritter T. wird von Frau Venus in ihren Zauberberg gelockt. Von seinem Gewissen geplagt, pilgert er nach Rom, wo ihm der Papst (Urban IV.) jedoch keine Vergebung gewährt. Das Zeichen göttl. Verzeihung kommt zu spät: Als das Wunder vom grünenden Wanderstab eintritt, ist der verzweifelte T. bereits wieder in den Venusberg zurückgekehrt. Diese Sage fand Niederschlag im T.lied (fixiert um 1515). Neuere Stoffbehandlungen stammen u. a. von L. Tieck (›Der getreue Eckart und der T.‹, Nov., 1800), H. Heine (Ballade, 1836) und E. Geibel (Ballade, 1838). R. Wagner verschmolz in seiner Oper ›T. und der Sängerkrieg auf Wartburg‹ (UA 1845 in Dresden) die Gestalt T.s mit der Heinrichs von Ofterdingen. Zu den Travestien von Wagners Bearbeitung zählt J. N. Nestroys ›T. oder die Keilerei auf der Wartburg‹ (1857).

Ausgaben: SIEBERT, J.: Der Dichter T. Leben, Gedichte, Sage. Halle/Saale 1934. Nachdr. Hildesheim 1980. – T. Die lyr. Gedichte der Hss. C. u. J. Hg. v. H. LOMNITZER u. ULRICH MÜLLER. Göppingen 1973.
Literatur: MOHR, W.: Tanhusers Kreuzlied. In: Dt. Vjschr. f. Literaturwiss. u. Geistesgesch. 34 (1960), S. 338. – BERTAU, K. H.: Sangverslyrik. Gött. 1964. – KUHN, H.: Minnesangs Wende. Tüb. ²1967. – STÖCKL, R.: T. In: Fränk. Klassiker. Hg. v. W. BUHL. Nbg. 1971. S. 96. – MOSER, D. R.: Die T.-Legende. Bln. u. New York 1976. – LOPPIN, R.: Studien zur Lyrik des 13. Jh.: Tanhuser, Friedrich von Leiningen. Göppingen 1980. – PAULE, G.: Der Tanhüser. Organisationsprinzipien der Werküberlieferung in der Manessischen Handschrift. Stg. 1994.

Tansillo, Luigi, * Venosa (Potenza) 1510, † Teano 1. Dez. 1568, italien. Dichter. – Hofmann und Soldat der span. Vizekönigs von Neapel. Das geistreiche Gedicht ›Il vendemmiatore‹ (1534, 1537 u. d. T. ›Stanze di cultura sopra gli horti de le donne‹) begründeten seinen literar. Ruhm. Seine lyr. Gedichte im petrarkisierenden Stil des 16. Jh. leiten durch ihren Manierismus zum Barock über. T. führte mit dem unvollendeten Epos ›Le lagrime di San Pietro‹ (begonnen um 1539, hg. 1560) die Gattung des religiösen Epos in Italien ein; verfaßte auch Lehrgedichte; großer Einfluß auf die frz. und span. Dichtung des 16. und 17. Jahrhunderts.

Ausgaben: L. T. Il canzoniere, edito ed inedito. Hg. v. E. PERCOPO. Neapel 1926. – L. T. Poemetti. Hg. v. P. CAPPUCCIO. Florenz 1954. **Literatur:** FLAMINI, F.: Sulle poesie del T. di genere vario. Studi e notizie. Pisa 1889. Nachdr. Rom 1978. – MAZZAMUTO, P.: L. T. In: Letteratura italiana. I minori. Bd. 2. Mailand 1961. S. 1253. – GONZÁLES MIGUEL, G.: Presencia napolitana en el Siglo de Oro español. L. T. (1510–1568). Salamanca 1979.

Tantalo, Pseudonym des italien. Schriftstellers und Journalisten Ugo ↑Ojetti.

Tantra [sanskr. = Gewebe, System, Lehre], Gruppe von hinduist. oder buddhist. Texten hpts. aus dem 5. bis 14. Jahrhundert. T. oder Āgama (= Tradition) legen in einer symbolreichen Sprache mit einem exoterischen und einem esoterischen Sinn die Lehren des Tantrismus dar. Sie behandeln die vier Themenkreise Jñāna oder Vidyā (Kenntnis über Gott, durch die Erlösung erlangt wird), Yoga, Kriyā (rituelle Handlung) und Caryā (Wege der Verehrung) und haben oft die Form eines Dialoges etwa zwischen Schiwa und Parvatī. Über 100 Texte sind bekannt, aber bisher nur wenig erforscht.

Literatur: GOUDRIAAN, T./GUPTA, S.: T. Hindu Tantric and Śākta literature. Wsb. 1981.

Tantrākhyāyika [...'kja:jika] ↑Pañcatantra.

Tanzlied, Lied, das im Hoch- und Spät-MA zum Tanz gesungen wurde; dazu gehören [stroph.] Refrainlieder (↑Ballade, ↑Ballata, ↑Balada, ↑Carol, ↑Rondeau, ↑Virelai) und auch der [nichtstroph.] ↑Leich (Tanzleich).

Tanztheater, Verbindung genuin tänzer. und theatral. Mittel der Darstellung zu einer neuen, eigenständigen Dramaturgie des Tanzes, die in ihrer Tendenz als absolutes Schauspiel bezeichnet werden kann. – Schon die dt. Ausdruckstanzbewegung zu Beginn des 20. Jh. benutzte den Begriff, um sich von der Tradition des klass. Balletts abzugrenzen. Rudolf von Laban (* 1879, † 1958), bedeutendster Theoretiker des Ausdruckstanzes, verwandte den Terminus für eine

neu zu schaffende Tanzkultur, die auf den Zusammenschluß aller künstler. Mittel zielte: T. als spartenübergreifendes ↑Gesamtkunstwerk.

Einige der wichtigsten Merkmale des **neuen T.**s (etwa seit Ende der 1960er Jahre) sind die Einbeziehung von Alltagsbewegungen in die Choreographie, die Verarbeitung sozialer Themen (Ablehnung des Spitzentanzes) sowie die Verschmelzung von Tanz, Sprache und Gesang, wobei die Choreographie die Inszenierung der dramat. Handlung (oft auf Grundlage von freien Textskizzen, Szenarien, nicht selten auch als Umsetzung von literar. Texten, Dramen) übernimmt. Die Öffnung zum Theater hin verdankte sich jedoch in erster Linie einer Wiederbelebung der tänzer. Trivialtradition (Revue, Vaudeville, Music Hall) und der Technik der Collage. Mit diesen Mitteln, die die Choreographen des T.s zu frei assoziierten Bilderketten und Bewegungssequenzen verknüpften, begannen sie, u. a. in Verarbeitung der Ausdrucksformen des ↑Happenings, des ↑Theaters der Grausamkeit oder auch des dadaist. Theaters, sich den Problemen der gesellschaftl. Wirklichkeit zuzuwenden. Sie interessierten sich – mit den Worten Pina Bauschs (* 1940) – nicht mehr in erster Linie dafür, wie sich Menschen bewegen, sondern was sie bewegt. Einer der ersten, die mit der neuen Form experimentierten, war Johann Kresnik (* 1939). Anfänglich dominierten in seinem ›choreograph. Theater‹, wie Kresnik seine Arbeit nennt, bissig-iron. Polit-Revuen, in denen er die verschiedensten Stile und Techniken, so auch den damals noch jungen Jazz Dance, miteinander verband, wobei er die Auseinandersetzung mit aktuellen polit. Ereignissen (›Pigasus‹, 1970, Amerika unter R. Nixon) suchte. An die Stelle der alten Ballett-Klassiker, die allenfalls noch iron. Titel wie ›Schwanensee AG‹ (1971) abgaben, trat konkrete Geschichte. Neben Themen wie Vergangenheitsbewältigung (›Familiendialog‹, 1980) und Konsumterror (›Ausverkauf‹, 1984) beschäftigt sich Kresnik in letzter Zeit verstärkt mit exemplar. Künstlerbiographien (›Sylvia Plath‹, 1985; ›Pasolini‹, 1986; ›Mörder Woyzeck‹, 1987). Eine andere Spielart des T.s, näher am US-amerikan. Modern Dance orientiert, entwickelte Gerhard Bohner (* 1936), der seine Auseinandersetzung mit der Gegenwart zunächst häufig in histor. – wie in den ›Folterungen der Beatrice Cenci‹, die ihm 1971 den Durchbruch brachten – oder mytholog. Stoffe (›Lilith‹, 1972) kleidete; sein Stil wandelte sich zu einem Eklektizismus der Formen, der die Ästhetik des Bauhauses, Modern Dance, parodierte Ballett-Klassik, Alltagsbewegungen und Abstraktion miteinander verbindet. P. Bausch verhalf dem neuen dt. T. zur Etablierung und internat. Anerkennung; sie verzichtete mehr und mehr auf eine Fabel und entwickelte statt dessen ein eigenes, den Gesetzen musikal. Variation folgendes szen. Montageverfahren, mit dem sie die Beengung kleinbürgerl. Verkehrsformen und die Zwänge der Geschlechterrollen thematisiert (u. a. ›Blaubart‹, ›Renate wandert aus‹, beide 1977; ›Kontakthof‹, 1978; ›Bandoneon‹, 1980). In ihren poetisch verfremdeten Gegenbildern der Alltagswirklichkeit macht sie eingeschliffene Verhaltensweisen und Denkmuster fragwürdig und führt den Zuschauer in eine Schule des Sehens und der Gefühle, in der eine widersprüchl. Realität hautnah Gestalt gewinnt. Ähnlich wie für P. Bausch bilden auch für Reinhild Hoffmann (* 1943) spezifisch weibl. Erfahrungen den Ausgangspunkt für ihre Choreographien. Doch bezieht sie stärker noch den Tanz im gewohnten Sinn in ihre Inszenierungen mit ein. Ihr Stil, den sie nach ihrem Durchbruch mit ›Solo mit Sofa‹ (1977) entwickelte, zeichnet sich durch stark bildhafte Tableaux aus; in ›Hochzeit‹ (1980) und ›Unkrautgarten‹ (1981) herrscht eine psycholog. Symbolik vor, die v. a. die Unterdrückung weibl. Phantasie und Lebensmöglichkeit thematisiert. In den jüngeren Stücken (u. a. ›Föhn‹, 1985) hat sie das Thema zu einem gesellschaftl. Panorama behindernder Konventionen ausgebaut. Auch für Susanne Linke (* 1944) spielt der weibl. Blickwinkel eine entscheidende Rolle. Eines ihrer zentralen Motive ist die machtungleiche Rollenaufteilung zwischen den Geschlechtern (›Frauenballett‹, 1981), für das sie eine in erster Linie tänzer. Umsetzung sucht;

in ›Wandlung‹ (1976) oder ›Flut‹ (1981) setzt sie das ausdruckstänzer. Bewegungsverständnis fort, das zu einem zeitgerecht gebrochenen Tanzstil weiterentwickelt wird. Seit Mitte der 70er Jahre führte die T.bewegung in der BR Deutschland zu zahlreichen Neugründungen freier unabhängiger Kompanien, zu deren wichtigsten die Laokoon Dance Group (Rosamund Gilmore, * 1955), die Company Vivienne Newport und die Tanzfabrik (in Berlin) zählen. Die Stücke von Gilmore (u. a. ›Egmont-Trilogie‹, 1982/83) sind auf reine szen. Aktionen reduziert, ihr zentrales Motiv ist die seel. Verkrüppelung unter einer rigiden Zwangsmoral und die Einübung in den tägl. Kleinkrieg, der auch einen Hinweis auf die größeren Schlachtfelder der Geschichte enthält.

Literatur: Tanz in Deutschland – Ballett seit 1945. Hg. v. H. REGITZ. Bln. 1984. – SERVOS, N./WEIGELT, G.: Pina Bausch. Wuppertal dance theater or the art of training a goldfish (Photography). Köln 1984. – BAUSCH, P./ HOGHE, R./WEISS, U.: Pina Bausch. T.geschichten (Photos). Ffm. 1986.

T'ao Ch'ien (Tao Qian) [chin. tautçiæn], auch T'ao Yüan-ming, * Chaisang (Kiangsu) 365, † ebd. 427, chin. Dichter. – Ursprünglich ein kleiner Beamter, lebte seit 405 in ländl. Abgeschiedenheit dem Wein und der Naturbetrachtung. In einfacher Sprache drücken seine Gedichte in einer Zeit polit. Unruhe Sehnsucht nach Freiheit von Zwängen und Glück im Einsiedlerleben aus. Die Prosaskizze ›T'ao-hua yüan chi‹ (= Aufzeichnungen über, den Pfirsichblütenquell), die als Utopie über das Leben einer bäuerl. Gemeinschaft verstanden wird, zählt zu den am häufigsten übersetzten Werken der chin. Literatur.

Ausgabe: Tao Yuan ming. Der Pfirsichblütenquell. Dt. Übers. v. K.-H. KOHL. Düss. 1985. Literatur: HIGHTOWER, J. R.: The poetry of T'ao Ch'ien. Oxford 1970. – T'ao Yüan-ming. His works and their meaning. Hg. v. A. R. DAVIS. Cambridge 1983.

T'ao Yüan-ming (Tao Yuanming), chin. Dichter, ↑ T'ao Ch'ien.

Tarafa (tl.: Ṭarafaʰ), Ibn Al Abd, altarab. Dichter des 6. Jahrhunderts. – Satir. Begabung und leidenschaftl. Temperament kommen in seinen Spottversen zum Ausdruck. Bekannt machte ihn seine Kasside mit der berühmten Beschreibung eines Kamels; sie wurde in die Sammlung ›Al Muallakat‹ aufgenommen.

Ausgabe: Dîwân de T. ibn al-'Abd al-Bakri. Arab. u. frz. Mit Anm. hg. v. M. SELIGSON. Paris 1901. **Literatur:** SEZGIN, F.: Gesch. des arab. Schrifttums. Bd. 2. Leiden 1975. S. 115.

Tarancı, Cahit Sitki [türk. tɑrɑn'dʒi], * Diyarbakır (Anatolien) 4. Okt. 1910, † Wien 13. Okt. 1956, türk. Dichter. – Studierte 1939/40 in Paris. Verwendete in seinen Gedichten, die unter dem Einfluß des frz. Symbolismus stehen, silbenzählende statt der herkömml. quantitierenden Metren und verschmolz Naturgefühl und symbolist. Gedankengut zu einer Einheit.

Werke: Ömrümde sükût (= Das Schweigen in meinem Leben, Ged., 1933), Otuz beş yaş (= Das 35. Jahr, Ged., 1946).

Tarassow, Lew [frz. tara'sɔf], frz. Schriftsteller russ. Herkunft, ↑ Troyat, Henri.

Tarassow-Rodionow (tl.: Tarasov-Rodionov), Alexandr Ignatjewitsch [russ. ta'rasɐfrɐdi'ɔnɐf], * Astrachan 7. Okt. 1885, † 3. Sept. 1938 (in Haft), russ.-sowjet. Schriftsteller. – Kriegsteilnehmer; 1921–24 am Obersten Gerichtshof. An seinem Roman ›Schokolade‹ (1922, dt. 1924), einer bedingungslosen Anerkennung der Parteilinie, entfachten sich Auseinandersetzungen; Verfasser der Romane ›Februar‹ (1927, dt. 1928) und ›Juli‹ (1930, dt. 1932), Teile einer unvollendeten Trilogie über die Revolution.

Tardieu, Jean [frz. tar'djø], Pseudonym Daniel Trevoux, * Saint-Germain-de-Joux (Ain) 1. Nov. 1903, † Créteil (Val-de-Marne) 27. Jan. 1995, frz. Schriftsteller. – War u.a. Programmdirektor beim frz. Rundfunk (1954–64). Begann als Lyriker in der klassizist. Tradition, wandte sich dann jedoch surrealistisch-absurder Lyrik, später auch Kleinstformen (meist Einakter) des absurden Theaters zu, wobei er versuchte, musikal. Strukturen auf das Drama zu übertragen; Übersetzer Goethes und J. Ch. F. Hölderlins; auch Verfasser von Essays über Maler und Musiker.

Werke: Accents (Ged., 1939), Le témoin invisible (Ged., 1943), Figures (Ged., 1944), Monsieur, Monsieur (Ged., 1951), Prof. Froeppel (Dichtung, 1951, dt. 1966), Kammertheater (Dramen, 1955, erweitert 1966, dt. 1960), Théâtre II. Poèmes à jouer (Dramen, 1960), Mein imaginäres Museum (Ged. und Prosa, dt. Ausw. 1965), Les portes de toile (Ged. und Prosa, 1969), Théâtre III. Une soirée en Provence ou Le mot et le cri (Dramen, 1975), Formeries (Ged., 1976), Comme ceci comme cela (Ged., 1979), Les tours de Trébizonde et autres textes (Prosa, 1983), Théâtre IV (Dramen, 1984), La cité sans sommeil (Stück, 1984), Margeries. Poèmes inédits 1910–1985 (Ged., 1986), L'accent grave et l'accent aigu. Poèmes 1976–1983 (Ged., 1986), Poèmes à voir (Ged., 1990), On vient chercher monsieur Jean (Autobiogr., 1990). **Literatur:** NOULET, E.: J. T. Paris 1964. – RAETHER, M. M.: J. T. In: Frz. Lit. der Gegenwart in Einzeldarst. Hg. v. W.-D. LANGE. Stg. 1971. S. 606. – SCHWARZ, M.: Musikanaloge Idee u. Struktur im frz. Theater. Unters. zu J. T. u. Eugène Ionesco. Mchn. 1981. – VERNOIS, P.: La dramaturgie poétique de J. T. Paris 1981. – OKAFOR, E. E.: J. T. et ses sources d'inspiration. Ann Arbor (Mich.) 1982. – ONIMUS, J.: T., un rire inquiet. Paris 1985. – J. T. Sonder-Nr. der Zs. ›Europe‹ 668–689 (1986). – J. T. Hg. v. C. TACOU u. F. DAX-BOYER. Paris 1991.

Tardiveau, René [frz. tardi'vo], frz. Schriftsteller, ↑ Boylesve, René.

Targum [hebr. tl.: targûm = Übersetzung] (Mrz. Targumim, dt. auch Targume), allgemein svw. Übersetzung (in jede Sprache), meist jedoch als Terminus technicus verwendet für die aram. Bibelübersetzung. Am wichtigsten sind das T. Onkelos (die alte, klass. und wortgetreue, im synagogalen Gottesdienst gebrauchte Übersetzung der Thora), das T. Jeruschalmi I (Pseudo-Jonathan) und II (Fragmenten-T.), beide ebenfalls zur Thora, sowie das T. Jonathan zu den Propheten. Die ältesten T.e fand man in Kumran. In den T.en wird oft über die reine Übersetzung hinaus umschrieben, durch Einfügungen erläutert und der jeweiligen Theologie angeglichen.

Literatur: WÜRTHWEIN, E.: Der Text des AT. Stg. [4]1974. S. 80. – ↑ auch rabbinische Literatur.

Tarhan, Abdülhak Hamit, türk. Dichter, ↑ Abdülhak Hamit Tarhan.

Tarkiainen, Maria, finn. Schriftstellerin, ↑ Jotuni, Maria.

Tarkington, [Newton] Booth [engl. 'ta:kɪŋtən], * Indianapolis (Ind.) 29. Juli 1869, † ebd. 19. Mai 1946, amerikan. Schriftsteller. – Schrieb im Stil von W. D. Howells' Realismus über die soziolog.

und moral. Probleme der amerikan. Gesellschaft im Übergang zum modernen Industriestaat um die Jahrhundertwende, vornehmlich gezeigt an der durch schnellen Reichtum aufgestiegenen städt. Mittelklasse im mittleren Westen. Zu T.s bedeutendsten Romanen gehören die Darstellung des um Aufdeckung polit. Korruption bemühten Journalisten in ›The gentlemen from Indiana‹ (1899) sowie die Familienchronik ›Growth‹ (R.-Trilogie, 1927; Bd. 1: ›The turmoil‹, 1915; Bd. 2: ›Die stolzen Ambersons‹, 1918, dt. 1945, Pulitzerpreis 1919; Bd. 3: ›The Midlander‹, 1923) und ›Alice Adams‹ (1921; Pulitzerpreis 1922), die Geschichte der Desillusionierung eines jungen Mädchens. Schrieb auch sehr erfolgreiche Jungengeschichten (›Penrod‹, 1914; ›Penrod and Sam‹, 1916; ›Seventeen‹, 1916) und populäre Dramen (u. a. ›Monsieur Beaucaire‹, 1901, die Dramatisierung seines gleichnamigen Romans, 1900, dt. 1929).

Weitere Werke: The man from home (Dr., 1908), The intimate strangers (Dr., 1921), Der Mann mit dem Dollars (R., 1927, dt. 1929), The image of Josephine (R., 1945).
Ausgabe: B. T. Works. Garden City (N. Y.) 1918–28. 21 Bde.
Literatur: WOODRESS, J.: B. T. Gentleman from Indiana. Philadelphia (Pa.) u. New York 1955. Nachdr. Westport (Conn.) u. London 1969. – FENNIMORE, K. J.: B. T. New York 1974.

Tarkowski (tl.: Tarkovskij), Arseni Alexandrowitsch, * Jelisawetgrad (Kirowograd) 25. Juni 1907, † Moskau 27. Mai 1989, russ.-sowjet. Lyriker. – Ab 1932 herausragender Übersetzer oriental. Lyrik; auch Literaturtheoretiker; trat seit 1962 mit bed. philosoph. Lyrik (›Pered snegom‹ [= Vor dem Schnee], 1962; ›Zimnij den'‹ [= Wintertag], 1980; ›Ot junosti do starosti‹ [= Von der Jugend bis zum Alter], 1987) in der Tradition F. I. Tjuttschews, A. A. Fets u. a. hervor; virtuoser Umgang mit dem klass. Vers und Musikalität. – T. ist Vater des Filmregisseurs Andrei Arsenjewitsch T. (* 1932, † 1986).

Tarsis, Waleri Jakowlewitsch, * Kiew 23. Sept. 1906, † Bern 3. März 1983, russ. Schriftsteller. – Literaturwissenschaftler, Redakteur, Übersetzer; publizierte in den 30er Jahren zwei Erzählungen; 1962 verhaftet und in eine psychiatr. Anstalt

eingewiesen, 1963 freigelassen; 1965 Redakteur der Samisdat-Zeitschrift ›Sfinksy‹ (= Sphinxe), 1966 während einer Reise nach England ausgebürgert; ab 1967 in der Schweiz. T.' Prosa steht unter dem Einfluß von F. M. Dostojewski. Sie thematisiert den haltsuchenden Helden und reflektiert religiöse und zeitkrit. Fragen; Satiriker.

Werke: Die blaue Fliege. Rot und schwarz (2 Kurz-R.e, Ffm. 1963, dt. 1965), Botschaft aus dem Irrenhaus (E., dt. 1965, russ. Ffm. 1966), Kombinat naslaždenij (= Kombinat der Genüsse, R.-Trilogie, 1967), Sedaja junost' (= Graue Jugend, autobiograph. En., 1968), Riskovannaja žizn' Valentina Almazova. Kniga pervaja: Stolknovenie s zerkalom (= Das riskante Leben Walentin Almasows. Buch 1: Zusammenstoß mit dem Spiegel, R., 1970; Forts. 1981 u. d. T. Nedaleko ot Moskvy [= Nicht weit von Moskau]), Walpurgisnacht (Satire, dt. 1981).
Ausgabe: V. J. T. Sobranie sočinenij. Ffm. 1966 ff. Auf 12 Bde. berechnet (bisher 5 Bde. erschienen).

Tartaglia [tar'talja; italien. = Stotterer], Figur der ↑ Commedia dell'arte; ein dickbäuchiger, überhebl. Tölpel v. a. in der Rolle des Dieners.

Taschau, Hannelies, * Hamburg 26. April 1937, dt. Schriftstellerin. – Seit 1967 freie Schriftstellerin; lebt in Hameln; Verfasserin gegenwartsbezogener, oft Alltagsprobleme behandelnder Gedichte, von Erzählungen und Romanen; auch Hörspiele.

Werke: Verworrene Route (Ged., 1959), Kinderei (R., 1960), Die Taube auf dem Dach (R., 1967), Gedichte (1968), Strip u. a. Erzählungen (1974), Luft zum Atmen (Ged., 1978), Landfriede (R., 1978), Doppelleben (Ged., 1979), Erfinder des Glücks (R., 1981), Gefährdung der Leidenschaft (Ged., 1984), Nahe Ziele (En., 1985), Wundern entgehen. Gedichte 1957–84 (1986), Weg mit dem Meer (Ged., 1990), Dritte Verführung (R., 1992), Mein letzter Mann (En., 1992).

Taschenbuch,
1. broschiertes, einfach geleimtes Buch im handl. Format.
2. seit dem Ende des 18. Jh. erscheinende spezielle Form des ↑ Almanachs, von diesem nur dadurch unterschieden, daß Taschenbücher eine Sammlung unterschiedl. literar. (Lyrik, Novellen u. a.) und nichtliterar. Texte enthielten, die mit Rücksicht auf das breitgestreute Publikum allgemeinverständlich gehalten wa-

ren. Manche dieser Taschenbücher wendeten sich auch an eine bestimmte Zielgruppe (z. B. ›T. für Frauenzimmer von Bildung‹, 1800). Nicht selten lieferten bekannte Autoren (z. B. Schiller) Beiträge oder beteiligten sich an der Herausgabe von Taschenbüchern, z. B. Goethe und Ch. M. Wieland am ›T. auf das Jahr 1804‹.

Tasso, Bernardo, * Venedig 11. Nov. 1493, † Ostiglia (Prov. Mantua) 5. Sept. 1569, italien. Dichter. – Vater von Torquato T.; im Dienst verschiedener Fürsten, u. a. Statthalter von Ostiglia. Als sein Hauptwerk gilt ›L'Amadigi‹ (Epos, 1560), eine Bearbeitung des span. ›Amadisromans‹ in bombast. Stil. T.s Briefe (›Lettere‹, 3 Bde., hg. 1733–51) sind für die literar. und polit. Geschichte seiner Zeit aufschlußreich. Schrieb auch Oden, Sonette, Elegien und Eklogen im Stil des Petrarkismus.

Literatur: CERBONI BAJARDI, G.: La lirica di B. T. Urbino 1966. – BARBIERI, S.: Ombre e luci sulla vita e sulla poesia di B. T. Nel IV centenario della morte. Bergamo 1972.

Tasso, Torquato, * Sorrent 11. März 1544, † Rom 25. April 1595, italien. Dichter. – Studierte nach vornehmer Erziehung, u. a. am Fürstenhof von Urbino, ab 1560 Jura in Padua und Bologna; wurde 1565 Hofkavalier des Kardinals Luigi d'Este in Ferrara, ab 1572 dort im Dienste des Herzogs Alfons II. d'Este (* 1533, † 1597); 1575 Historiograph der Familie Este; ersten Anzeichen von Verfolgungswahn folgten 1577 Gewalttätigkeiten, derentwegen er im Franziskanerkloster in Ferrara inhaftiert wurde; nach Flucht (1577) 1578 wieder in Ferrara; 1579 im Irrenhaus Sant'Anna in Ferrara gefangengesetzt; erst 1586 wurde er auf Betreiben des Fürsten Vincenzo I. Gonzaga (* 1562, † 1612) freigelassen; begann nach einem Aufenthalt am Hof von Mantua ein unstetes Wanderleben; starb kurz vor seiner Dichterkrönung durch Papst Klemens VIII. – Auf T.s Erstlingswerk, das Ritterepos ›Rinaldo‹ (1562), folgte schon ab 1570 die Arbeit an seinem Hauptwerk, dem Kreuzzugsepos ›La Gerusalemme liberata‹, das (nach Teilraubdrucken) 1581 erschien (dt. in 4 Bden. 1781–83 u. d. T. ›Das befreite Jerusalem‹, erstmals dt. 1626). Unter dem Einfluß der

damaligen Diskussion über die aristotel. Epentheorie gab T. seinem Epos eine einheitl., in der Vergangenheit spielende Handlung, die für seine Zeit belehrend wirken sollte (die Entstehung des Werkes fällt in die Zeit der Türkenabwehr), doch erweiterte er die Erzählung durch die Aufnahme zahlreicher, z. T. rührender Episoden in der Art des italien. Ritterepos (M. M. Boiardo, L. Ariosto) und schuf so ein buntes, handlungsreiches, phantasievolles und lebendiges Werk. Als Quellen dienten ihm u. a. altfrz. Chroniken und Ritterromane, Vorbild für den Aufbau waren Homer und Vergil. Das Werk, ein europ. Erfolg, diente als Muster für zahlreiche Epen der Barockzeit, an ihm begeisterten sich die dt. Romantiker. Aufgrund ästhet. und religiöser Skrupel und aus Furcht vor der Inquisition unterzog T. das Werk einer Umarbeitung, die 1593 u. d. T. ›La Gerusalemme conquistata‹ erschien, jedoch vieler beliebter Episoden entkleidet war und trocken und pedantisch wirkte. Eine völlige Wendung zum Religiösen vollzog T. in seinem Epos über die Schöpfungswoche, ›Le sette giornate del mondo creato‹ (entst. 1592–94, hg. 1607). Weites Echo fand sein Schäferspiel ›Aminta‹ (UA 1573, ersch. 1580, dt. 1742), das für die gesamte europ. Schäferdichtung vorbildlich wurde. Von den 26 Dialogen philosoph. und literar. Inhalts (entst. größtenteils 1579–86, Gesamtausg. in 3 Bden. 1858/59) ist ›Minturno oder von der Schönheit‹ (dt. 1923) am bemerkenswertesten. Die Epentheorie T.s findet sich in der Abhandlung ›Discorsi dell'arte poetica‹ (1587, erweitert 1594 u. d. T. ›Discorsi del poema eroico‹). Seine zahlreichen lyr. Dichtungen (›Rime‹, 2 Bde., 1581–82; ›Rime et prose‹, 1583; ›Rime spirituali‹, hg. 1597) leiten mit den in ihnen verwandten rhetor. Schmuckformen zur Barockdichtung über. Für T.s Leben aufschlußreich sind seine Briefe (rund 1700 erhalten).

Im Mittelpunkt der *Dichtungen um T.* steht der aus seiner angebl. Liebe zu Leonore, Schwester Herzog Alfons II. d'Este, resultierende Konflikt. C. Goldoni behandelte den Stoff in einem Lustspiel (1755). Im Anschluß an J. J. W. Heinses T.biographie (1774/75) schrieb Christian

Lävin Sander (* 1756, † 1819) die erste dt. Tragödie (›Golderich und T.‹, 1778). Die bekannteste Bearbeitung stammt von Goethe (›T. T.‹, Schsp., 1790). In seiner Nachfolge stehen Werke von B. S. Ingemann (›T.s Befreiung‹, Dr., 1819), Lord Byron (›The lament of T.‹, Ged., 1819) und E. Raupach (›T.s Tod‹, Dr., 1833). **Ausgaben:** T. T. Aminta e rime. Hg. v. F. FLORA. Turin 1976. 2 Bde. – T. T. Dialoghi. Hg. v. E. MAZZALI. Turin 1976. 2 Bde. – T. T. Werke u. Briefe. Dt. Übers. u. eingel. v. E. STAIGER. Mchn. 1978. – T. T. Opere. Hg. v. B. T. SOZZI. Turin ³1981 ff. Auf 3 Bde. berechnet. – T. T. Teatro. Hg. v. M. GUGLIELMINETTI. Mailand 1983. **Literatur:** Studi Tassiani. Bd. 1. Bergamo 1951 ff. – LEO, U.: T. T. Studien zur Vorgesch. des Secentismo. Bern 1951. – SOZZI, B. T.: Studi sul T. Pisa 1954. – T. T. Hg. vom Comitato per le celebrazioni di T. T. Mailand 1957 (mit Bibliogr.). – LEO, U.: Ritterepos – Gottesepos. T. T.s Weg als Dichter. Köln u. Graz 1958. – CARETTI, L.: Ariosto e T. Turin 1961. – RAGONESE, G.: Dalla ›Gerusalemme‹ al ›Mondo creato‹. Studi tassiani. Palermo ²1963. – BRUNI, F.: Prospettive sul T. Neapel 1969. – HAUPT, H.: Bild- und Anschauungswelt T. T.s. Mchn. 1974. – VARESE, C.: T. T. Epos – parola – scena. Messina 1976. – PITTORRU, F.: T. T. Mailand 1982. – BASILE, B.: Poeta melancholicus. Tradizione classica e follia nell'ultimo T. Pisa 1984. – PERRINO, G.: T. T. Il poeta tormentato del dubbio di non essere alineato. Neapel 1985. – REGN, G.: T. T.s zykl. Liebeslyrik u. die petrarkist. Tradition. Tüb. 1987. – DI CARLO, F.: Invito alla lettura di T. T. Mailand 1990. – AURNHAMMER, A.: T. T. im dt. Barock. Tüb. 1994.

Tassoni, Alessandro, * Modena 28. Sept. 1565, † ebd. 25. April 1635, italien. Dichter. – Schuf mit dem heroisch-kom. Epos ›Der geraubte Eimer‹ (1622, dt. 1781) das für die Neuzeit maßgebl. Modell einer Epenparodie, das in allen europ. Literaturen nachgeahmt wurde; verfaßte ferner wichtige polit. Schriften (›Filippiche contro gli Spagnoli‹, 1615) und Abhandlungen zu einer antipetrarkist. Poetik (›Considerazioni sopra le rime del Petrarca‹, 1609; ›Pensieri diversi‹, 1610). **Ausgaben:** A. T. Opere. Hg. v. L. FASSÒ. Mailand u. Rom 1942. – A. T. Scritti inediti. Hg. v. P. PULIATTI. Modena 1975. – Prose politiche e morali. Hg. v. P. PULIATTI. Rom 1980. **Literatur:** MUSSINI, C.: A. T. (1565–1635). Turin 1939. – LOOS, E.: A. T.s ›La secchia rapita‹ u. das Problem des heroisch-kom. Epos. Krefeld 1967. – PULIATTI, P.: Bibliografia di A. T. Florenz 1969–70. 2 Bde.

tatarische Literatur (kasantatarische Literatur), die vielseitige tatar. Volksdichtung weist themat. Verbindungen v. a. nach Zentralasien und Sibirien auf. Die Anfänge einer regionalen Kunstliteratur (ab dem 15. Jh.) standen ganz unter tschagataischem Einfluß. Im 19. Jh. setzten aufklärer. Strömungen ein, an denen auch die islam. Geistlichkeit teilweise mitwirkte. Die Entstehung eines tatar. Nationalbewußtseins wurde durch literar. Volkserzieher wie K. Nassyri gefördert. Nach der russ. Revolution von 1905 erschienen in Lyrik und Prosa realist. Tendenzen, die zur frühen Sowjetliteratur überleiteten (Gabdülla M. Tukai [* 1886, † 1913], Galimdschan G. Ibragimow [* 1887, † 1938]). Bekannte Autoren der neueren Zeit sind u. a. M. Faisi (wichtigster früher Theaterdichter) und der Lyriker und Librettist M. M. Dschalil. **Literatur:** Istorija tatarskoj sovetskoj literatury. Hg. v. V. G. VOZDVIŽENSKIJ u. a. Moskau 1965.

Tatarka, Dominik, * Drienové 14. März 1913, † Preßburg 10. Mai 1989, slowak. Schriftsteller. – Bed. Erzähler, der politisch-histor. Motive in sein Werk einbezog; ablehnende Haltung gegenüber dem Faschismus wie auch gegenüber dem Stalinismus der Nachkriegszeit; war in der ČSSR Repressalien ausgesetzt. **Werke:** V úzkosti hl'adania (= Verzweifeltes Suchen, En., 1942), Die Wunderjungfrau (Nov., 1944, dt. 1969), Die Pfaffenrepublik (R., 1948, dt. 1960), Rozhovory bez konca (= Gespräche ohne Ende, En., 1959), Démon súhlasu (= Der Dämon der Zustimmung, E., 1963), Allein gegen die Nacht (R., Mchn. 1984, dt. 1995).

Tate, [John Orley] Allen [engl. tɛɪt], * Winchester (Ky.) 19. Nov. 1899, † Nashville (Tenn.) 9. Febr. 1979, amerikan. Schriftsteller und Kritiker. – Die Freundschaft mit J. C. Ransom während seines Studiums an der Vanderbilt University in Nashville (Tenn.) wurde zum Ausgangspunkt einer literar., die traditionellen christl. Werte des Südens gegen die moderne Industriegesellschaft affirmierenden Bewegung, die einerseits zur Gründung der bed. Zeitschrift ›The Fugitive‹ (1922–25) und zu dem die gemeinsamen Ideale dokumentierenden Manifest (›I'll take my stand‹, 1930) dieser als ↑ Fugitives bezeichneten Autoren führte, andererseits zum ↑ New criticism. Dieser durch Lehrtätigkeit (u. a. Prof. für Englisch an der University of Minnesota, 1951–68) und Herausgebertätigkeit bei den Zeitschriften ›Hound and Horn‹ (1931–34), ›The Kenyon Review‹ (1938) und ›The Sewanee Review‹ (1944–46), verbreitete literar. Ansatz äußert sich v. a. in T.s intellektbetonten, z. T. von T. S. Eliot beeinflußten Gedichten, den kultur- und literaturkrit. Essays und den Biographien über die Bürgerkriegshelden des Südens (›Stonewall Jackson. The good soldier‹, 1928; ›Jefferson Davis. His rise and fall‹, 1929) sowie dem Roman ›Die Väter‹ (1938, dt. 1967).

Weitere Werke: Mr. Pope (Ged., 1928), The Mediterranean (Ged., 1936), Reactionary essays on poetry and ideas (1936), Reason in madness (Essay, 1941), Poems, 1922–47 (Ged., 1948), On the limits of poetry (Essay, 1948), The forlorn demon (Essay, 1953), Essays of four decades (1968), The swimmers (Ged.-Ausw., 1970), Memoirs and opinions 1926–1974 (Prosa, 1975), Collected poems, 1919–1976 (Ged., 1977).

Literatur: BISHOP, F.: A. T. New York 1967. – SQUIRES, R.: A. T. A literary biography. New York 1971. – A. T. and his work. Critical evaluations. Hg. v. R. SQUIRES. Minneapolis (Minn.) 1972. – SCHÖPP, J. C.: A. T. Tradition als Bauprinzip dualist. Dichtens. Bonn 1975. – DUPREE, R. S.: A. T. and the Augustinian imagination. A study of the poetry. Baton Rouge (La.) 1983.

Tate, James [Vincent] [engl. tɛɪt], * Kansas City (Mo.) 8. Dez. 1943, amerikan. Lyriker. – Verzweiflung über Entfremdung, das Versagen der menschl. Kommunikation und die mit der Dichtung verbundene Hoffnung auf einen Neuanfang sind die Themen der zahlreichen Gedichte T.s, der sich in der Tradition von W. Whitman und W. C. Williams sieht.

Werke: Cages (Ged., 1966), The lost pilot (Ged., 1967), Shepherds of the mist (Ged., 1969), The oblivion ha-ha (Ged., 1970), Absences (Ged., 1972), Hottentot ossuary (En., 1974), Viper Jazz (Ged., 1976), Lucky Darryl (R., 1977), Riven doggeries (Ged., 1979), Constant defender (Ged., 1983), Reckoner (Ged., 1986), Distance from loved ones (Ged., 1990), Selected poems (Ged., 1991; Pulitzerpreis 1992).

Tate, Nahum [engl. tɛɪt], * Dublin 1652, † London 30. Juli 1715, irisch-engl. Dichter und Dramatiker. – Zu seinen Dramen, meist Adaptationen elisabe-

than. Stücke für das Restaurationstheater, gehören eine Bearbeitung von Shakespeares ›König Lear‹, die der Tragödie ein glückl. Ende verlieh und die in den folgenden 150 Jahren auf der engl. Bühne das Originalwerk völlig verdrängte, sowie das Libretto für Henry Purcells Oper ›Dido and Aeneas‹ (1690). T. schrieb auch zahlreiche Gelegenheitsgedichte; er wurde 1692 Poet laureate.

Literatur: SPENCER, CH.: N. T. New York 1972.

Tatian (tl.: Tatianós; Tatian der Syrer), frühchristl. Apologet und Kirchenschriftsteller des 2. Jh. aus Syrien. – In Rom zum Christentum bekehrt, Lehrtätigkeit, 172 Bruch mit der röm. Gemeinde, Rückkehr nach Syrien. Schrieb nach 172 das ›Diatéssaron‹, eine Evangelienharmonie, für die er auch apokryphe Vorlagen benutzte; im 6. Jh. ins Lateinische übersetzt, im Rahmen des religiösen Programmes Kaiser Ludwigs des Frommen wohl unter Leitung des Hrabanus Maurus um 830 von Mönchen des Klosters Fulda ins Althochdeutsche übertragen; die Übersetzung der lateinischen Vorlage, die streckenweise der Interlinearversion sehr nahe bleibt, zählt v. a. wegen des Wortschatzes zu den großen Frühwerken der ahd. Literatur und wirkte in der Darstellung des Lebens Christi auf den ›Heliand‹.

Ausgabe: T. Lat. u. altdt. mit ausführl. Glossar. Hg. v. E. SIEVERS. Paderborn 1872. Neudr. 1960. **Literatur:** PETERS, CH.: Das Diatessaron T.s. Rom 1939. – BAESECKE, G.: Die Überlieferung des ahd. T. Halle/Saale 1948. – BAUMSTARK, A.: Die Vorlage des ahd. T. Hg. v. J. RATHOFER. Köln u. Graz 1964. – SCHMIDT, MARGOT: Zum ahd. T. In: Colloquia Germanica 6 (1972), H. 1, S. 1. – TOTH, K.: Der Lehnwortschatz der ahd. T.-Übers. Wzb. 1980. – ↑ auch Otfrid von Weißenburg.

Tatios, Achilleus, griech. Schriftsteller, ↑ Achilleus Tatios.

Tatler, The [engl. ðe ˈtætlə = der Schwätzer], von R. Steele gegründete und mit Beteiligung von J. Addison herausgegebene moralische Wochenschrift, die von April 1709 bis Jan. 1711 dreimal wöchentlich erschien; Nachfolgeorgan war ›The ↑ Spectator‹.

Ausgabe: The T. Hg. v. D. F. BOND. Oxford 1987. 3 Bde.

Tatsachenbericht, Darstellung eines Geschehens oder eines Sachverhalts, die sich auf dokumentarisch gesichertes Material (nachprüfbare Fakten, Angaben, Protokolle, Zitate) stützt, frei von Kommentaren, Deutungen oder Analyse des Autors ist und sich als Anreiz zur selbständigen Meinungsbildung des Lesers versteht. Diesem Anspruch des T.s versuchen die ↑ Dokumentarliteratur und die ↑ Reportage gerecht zu werden, während die sog. Regenbogenpresse ihre Sensationsberichte gerne mißbräuchlich als T.e ausgibt.

Tatsachenroman, Sammelbegriff für Romane, deren Stoffe auf nachprüfbarem Tatsachenmaterial beruhen; diese Materialien können den verschiedensten Bereichen entnommen sein, z. B. der Geschichte, der wiss. Forschung, der Biographie berühmter oder berüchtigter Persönlichkeiten, der Kriminalistik usw. So erreichte C. W. Cerams ›Götter, Gräber und Gelehrte‹ (1949), vom Verfasser als ›Roman der Archäologie‹ bezeichnet, ein Millionenpublikum. Der im T. gegebene Zwang, das Material in einen geschlossenen Zusammenhang zu fügen, birgt die Gefahr einer Trivialisierung der verarbeiteten Fakten und das Risiko einer vereinfachenden Verfälschung in sich. Im Bereich der ↑ Trivialliteratur werden Sensationsromane bisweilen als T.e deklariert.

Tau, Max, * Beuthen O. S. 19. Jan. 1897, † Oslo 13. März 1976, dt. Schriftsteller. – Förderte als Cheflektor des Verlags von B. Cassirer dt. und skand. Autoren, u. a. K. Hamsun, H. Stehr, S. Undset, aber auch z. B. N. Kasantzakis. 1938 emigrierte T. nach Norwegen, 1942 nach Schweden; ab 1945 Cheflektor in Oslo; norweg. Staatsbürger. Sein eigenes Werk stellte er in den Dienst von Humanität und krit. Vernunft beim Bemühen um Völkerversöhnung. 1950 erhielt er als erster Preisträger den Friedenspreis des Dt. Buchhandels.

Werke: Glaube an den Menschen (R., 1948), Denn über uns ist der Himmel (R., 1955), Albert Schweitzer und der Friede (Essay, 1955), Das Land, das ich verlassen mußte (Autobiogr., 1961), Ein Flüchtling findet sein Land (Autobiogr., 1964), Auf dem Weg zur Versöhnung (Autobiogr., 1968), Trotz allem (Erinnerungen, 1973).
Literatur: Freundesgabe f. M. T. Hg. v. B. DOERDELMANN. Rothenburg ob der Tauber u.

Hamb. 1967. – STIEHM, L.: M. T. Hdbg. 1968. – M. T. – Der Freund der Freunde. Hg. v. E. H. RAKETTE. Heidenheim 1977.

Taube, Axel Evert, * Vinga bei Göteborg 12. März 1890, † Stockholm 31. Jan. 1976, schwed. Schriftsteller. – Studierte zunächst Kunst, fuhr anschließend zwei Jahre lang zur See und lebte 1910–15 in Argentinien. Schon lange vor seiner literar. Anerkennung war T. einer der populärsten schwed. Lyriker und ist es bis heute geblieben; vertonte die meisten seiner Gedichte selbst und trug sie auch zur Gitarre vor (Schallplatteneinspielungen). Wie bei C. M. Bellman sind Text und Melodie seiner naiven, oft idyll., mitunter auch sentimentalen Lieder, die den Einfluß von Bänkelliedern (schwed.: ›skillingstryck‹) erkennen lassen, zu einer untrennbaren Einheit miteinander verschmolzen. In volkstüml. Sprache schildern sie die teilweise bewegten Abenteuer ihrer Helden in allen Erdteilen; erst die späteren Lieder T.s konzentrieren sich auf die schwed. Schären als den bevorzugten Handlungsort. T. war auch als Prosaist bedeutend.

Werke: Många hundra gröna mil (Autobiogr., 1951), Jag kommer av ett brusand' hav (Autobiogr., 1952), Najadernas gränd (Reiseber., 1957), Septentrion (Ged., 1958), Återkomst (Reiseber., 1961), Don Diego Karlsson de la Rosas roman (R., 1962), Blå anemoner (Ged., 1972).
Ausgaben: A. E. T. Samlade visor. Stockholm 1945–51. 11 Bde. – A. E. T. Samlade berättelser. Stockholm 1966–67. 8 Bde.

Taube, Otto Freiherr von, * Reval 21. Juni 1879, † Tutzing 30. Juni 1973, dt. Schriftsteller. – Unter dem Einfluß R. A. Schröders Abwendung vom Ästhetizismus im Sinne S. Georges und G. D'Annunzios. Geprägt vom Konservativismus und von prot. Gläubigkeit; ein großer Teil des erzähler. Werkes basiert auf histor. Stoffen der balt. Heimat. Anerkennung fand T. auch als Lyriker und Übersetzer (u. a. G. D'Annunzio, P. Calderón de la Barca, L. Vaz de Camões sowie russ. Autoren).

Werke: Gedichte und Szenen (1908), Der verborgene Herbst (R., 1913), Adele und der Dichter (Nov.n, 1919), Die Löwenprankes (R., 1921), Das Opferfest (R., 1926), Balt. Adel (Nov.n, 1932), Die Metzgerpost (R., 1936), Die Wassermusik (En., 1948), Im alten Estland (Erinnerungen, 1949), Wanderjahre (Erinnerungen, 1950),

Dr. Alltags phantast. Aufzeichnungen (1951), Brüder der oberen Schar. Gestalten aus der Welt der Bibel ... (1955), Der Minotaurus (R., 1959), Begegnungen und Bilder (1967), Kalliope Miaulis (E., 1969), Stationen auf dem Wege (Erinnerungen, 1969).
Ausgabe: O. Frhr. v. T. Ausgew. Werke. Hamb. [2]1959.
Literatur: DENKHAUS, L.: O. Frhr. v. T. Ein christl. Dichter unserer Tage. Gladbeck 1949. – BERGENGRUEN, W.: O. v. T. In: BERGENGRUEN: Mündl. gesprochen. Zü. 1963.

Taucher, Franz, * Eggenberg bei Graz 23. Nov. 1909, † Wien 7. Jan. 1990, österr. Schriftsteller. – Hilfsarbeiter, Museumsbeamter in Graz, Redakteur der ›Frankfurter Zeitung‹, 1945 Chefredakteur der ›Wiener Bühne‹, Rundfunktätigkeit; v.a. Essayist und Erzähler, dessen Werke stark autobiographisch bestimmt sind.
Werke: Die Heimat und die Welt (Essays, 1947), Weit aus der Zeit (R., 1947), Von Tag zu Tag (Essays, 1948), Aller Tage Anfang (R., 1953), Woher du kommst (R., 1957), Die wirkl. Freuden (Essays, 1958), Entzauberung der Epoche (Reden, Essays, 1967), Schattenreise (R., 1973), Frankfurter Jahre (R., 1977), Damals in Wien (R., 1981).

Tauler, Johannes, * Straßburg um 1300, † ebd. 16. Juni 1361, dt. Mystiker. – Gehörte seit 1315 dem Dominikanerorden an, studierte in Straßburg und Köln, dort vielleicht Schüler Meister Eckharts, mit dem er den spekulativ-myst. Ansatz teilt. Er widmete sich der Predigt und der Lehre der religiösen Selbsterfahrung und Gotteserkenntnis im kirchl. Rahmen und im alltägl. Leben, das eine eigene Würde erhält. Etwa 80 der ihm zugeschriebenen Predigten gelten als authentisch, diese und zweifelhafte Traktate wurden bis ins 17. Jh. gedruckt und im Katholizismus wie Protestantismus rezipiert. Das ihm zugeschriebene Adventslied ›Es kumpt ein Schiff geladen‹ enthält T.sches Gedankengut und ist in seiner Umgebung bezeugt.
Ausgaben: J. T. Die Predigten. Hg. v. F. VETTER. Bln. 1910. Nachdr. Zü. 1968. – J. T. Predigten. Dt. Übertragung v. WALTER LEHMANN. Jena 3.–4. Tsd. 1923. 2 Bde. – J. T. Predigten. Hg. v. G. HOFMANN. Freib. u.a. 1961.
Literatur: J. T., ein dt. Mystiker. Hg. v. E. FILTHAUT. Essen 1961. – PLEUSER, CH.: Die Benennungen u. der Begriff des Leides bei J. T. Bln. 1967. – GNÄDINGER, L.: J. T. und Straßburg. In: Gestalten der Kirchengesch. Bd. 4: MA. Hg. v.

M. GRESCHAT. Stg. 1983. – GNÄDIGER, L.: J. T. Lebenswelt u. myst. Lehre. Mchn. 1993. – HASSE, H.-P.: Karlstadt u. T. Güt. 1993. – ZEKORN, S.: Gelassenheit u. Einkehr. Zu Grundl. u. Gestalt geistl. Lebens bei J. T. Wzbg. 1993. – ECK, S.: Initiation à J. T. Paris 1994.

Taunay, Alfredo d'Escragnolle, Visconde de [brasilian. to'nɛ], * Rio de Janeiro 22. Febr. 1843, † ebd. 25. Jan. 1899, brasilian. Schriftsteller und Politiker frz. Abstammung. – Ingenieur; Gouverneur von Santa Catarina, dann von Paraná, Senator; trat für die Abschaffung der Sklaverei ein. In seinen Romanen, die zwischen Romantik und Realismus stehen, schildert er Landschaft und Menschen des Mato Grosso; große Verbreitung fand ›Innocencia‹ (R., 1872, dt. 1899).
Weitere Werke: A mocidade de Trajano (R., 1871), Céus e terras do Brasil (Berichte, 1882), Memórias (Autobiogr., hg. 1946).
Literatur: BEZERRA, A.: O visconde de T. Vida e obra. Rio de Janeiro 1937.

Tauschinski, Oskar Jan, * Zabokruki (Galizien) 8. Juni 1914, † Wien 14. Aug. 1993, österr. Schriftsteller. – Kaufmänn. Ausbildung; 1944 mehrere Monate in Gestapohaft; später Keramiker, freier Schriftsteller. Für seine Biographien, Romane und Erzählungen, meist für die Jugend geschrieben, wurde er mehrfach mit dem Österr. Staatspreis und mit anderen Preisen ausgezeichnet. Übersetzer v.a. poln. Jugendbücher und Lyrik; Hg. der Werke von A. J. Koenig und M. Haushofer.
Werke: Wer ist diese Frau? (Biogr., 1955), Zwielichtige Geschichten (1957), Die Liebenden sind stärker (Biogr., 1962), Talmi (R., 1963), Frieden ist meine Botschaft. B. Suttners Leben und Werk (1964), Der Jüngling im Baumstamm. Märchen und Volkssagen aus Polen (1969), Die Variation (R., 1973), Der Spiegel im Brunnen (Jugendb., 1974), Die bunten Flügel (En., 1979), Sakrileg (Nov., 1983).

Tausendundeine Nacht (arab. Alf Laila Wa Laila; tl.: Alf Laylaʰ Wa-Laylaʰ), arab. Sammlung von über 300 Erzählungen, die den verschiedensten literar. Gattungen angehören (Märchen, Novellen, Anekdoten, Legenden, Fabeln usw.), mit zahlreichen Verseinlagen. Den Kern der Sammlung bilden pers. Bestandteile, die auf einer ind. Vorlage basieren. Arab. Quellen erwähnen im 10. Jh. die Übersetzung (ins Arabische) der pers. Märchensammlung ›Hazār Afsāna[h]‹ (= 1 000 Erzählungen) aus dem 8. Jh., die bereits ind. Elemente enthielt. Um diesen Kern gruppierten sich vorher selbständige Erzählungen arab. und ägypt. Stoffe; ind. Herkunft ist v. a. die Rahmenhandlung, pers. Ursprungs sind bes. die Zaubermärchen; die scherzhaften Erzählungen sind überwiegend ind. und pers. Beiträge; alle Erzählungen sind Episoden der Rahmenhandlung, in der die kluge Scheherazade ihren zukünftigen Gatten, den König von Samarkand, während 1001 Nächten mit ihren spannenden Erzählungen so gut unterhält, daß er seinen Vorsatz, sie töten zu lassen, aufgibt. Die Sammlung ist der oriental. Volksepik zuzurechnen; von wesentl. Bedeutung für die Entstehungsgeschichte war die vorliterar. Tradition des Märchenerzählens. Die heute vorliegende endgültige Form erhielt das Werk vermutlich im 16. Jh. in Ägypten; bereits vom 14. Jh. an waren Teile in Italien bekannt geworden; erste europ. Übersetzung war die frz. durch A. Galland (12 Bde., 1704–17); vorbildlich ist die dt. Übersetzung von E. Littmann (6 Bde., 1921–28) nach dem arab. Urtext der Kalkuttaer Ausgabe (1839), ergänzt durch die Übertragung von F. Tauer (1966) nach dem arab. Urtext der Wortley-Montague-Handschrift der Oxforder Bodleiana.

Ausgaben: Die Erzählungen aus den tausendundein Nächten. Zum 1. Mal aus dem arab. Urtext der Wortley Montague-Hs. der Oxforder Bodleian Library übersetzt v. F. Tauer. Ffm. 1966. – Die Erzählungen aus den tausendundein Nächten. Zum 1. Mal nach dem arab. Urtext der Calcuttaer Ausg. aus dem Jahre 1839 übertragen v. E. Littmann. Vollständige dt. Ausg. Ffm. Neuausg. 1976. 12 Bde. – The thousand and one nights = Alf Layla wa-Layla. Hg. v. M. Mahdi. Leiden 1984. 2 Bde. **Literatur:** Littmann, E.: T. N. in der arab. Lit. Tüb. 1923. – Elisseef, N.: Thèmes et motifs des ›Mille et une nuits‹. Essai de classification. Beirut 1949. – Gerhardt, M. I.: The art of storytelling. A literary study of the ›Thousand and One Nights‹. Leiden 1963. – Grotzfeld, H./Grotzfeld, I.: Die Erzählungen aus ›Tausendundeiner Nacht‹. Darmst. 1984.

Tausendundein Tag (pers. Hasar O Jek Rus; tl.: Hazār Wa Yik Rūz), anonyme Sammlung oriental. Erzählungen, die der Orientalist F. Pétis de la Croix

(* 1653, † 1713) 1675 in Isfahan von dem Derwisch Mochles in einem Manuskript in pers. Sprache erhielt. Pétis de la Croix übersetzte das Werk ins Französische. Die frz. Fassung u. d. T. ›Les mille et un jours‹ (6 Bde., 1710–12) ist, nachdem das persische Original verlorenging, die einzige erhaltene Fassung; die Existenz einer persischen Handschrift wurde zeitweise angezweifelt. 1712 wurde die Sammlung erstmals ins Deutsche übersetzt.

Tautazismus [griech.], in der Stilistik als fehlerhaft oder unschön empfundene Häufung gleicher oder ähnl. Laute oder Silben, z. B. ›Lotterieziehzeit‹ (Th. Fontane).

Tautogramm, Vers oder Gedicht, bei dem alle Wörter bzw. Verse mit demselben Anfangsbuchstaben beginnen; gehört zu den pangrammatischen Sprachspielen in der Tradition der manierist. Stilkunst. – ↑ auch pangrammatisch.

Tautologie [griech.], im Gegensatz zum Hendiadyoin zumeist negativ zu bewertende, intensivierende Ausdrucksweise, die zur Benennung eines bestimmten Sachverhaltes zwei oder mehr Wörter gleicher oder ähnl. Bedeutung häuft, oft in einer Zwillingsformel, z. B. einzig und allein, angst und bange, nie und nimmer, Schloß und Riegel. Die zwei- und mehrgliedrige T. wird nicht immer scharf vom eingliedrigen ↑ Pleonasmus (weißer Schnee) unterschieden.

Tauwetter (russ. tl.: Ottepel'), nach dem Titel von I. Ehrenburgs Roman ›Tauwetter‹ (2 Tle., 1954–56, dt. 1957) v. a. im Westen gebräuchl. Umschreibung für eine Phase gewisser Liberalisierungstendenzen in der sowjet. Kulturpolitik nach Stalins Tod (1953), die kaum 10 Jahre andauerte (1956–65) und u. a. mit den Prozessen gegen A. D. Sinjawski und J. M. Daniel endete. In dieser Zeit erschien u. a. die erste Zeitschrift (›Sintaksis‹, hg. 1959/60) der ↑ Samisdat-Literatur.

Tavaststjerna, Karl August [schwed. ˌtɑːvastʃ`æːrna], * Annila bei Mikkeli 13. Mai 1860, † Pori 20. März 1898, schwedischsprachiger finn. Schriftsteller. – Zunächst wichtigster Vertreter des Naturalismus (›80-tal‹) mit starker Betonung nat. Tendenzen. Nach herber Kritik an seinem Roman ›Harte Zeiten‹ (1891, dt. 1948) verließ er enttäuscht seine Heimat und lebte mehrere Jahre im Ausland (v. a. in Frankreich). Unter dem Einfluß des frz. Symbolismus Hinwendung zu Mystizismus und Ästhetizismus, die zu einer desillusionierten Sichtweise der sozialen Unterschichten führte.

Weitere Werke: För morgonbris (Ged., 1883), Ein Sonderling (R., 1887, dt. 1897), Dikter i väntan (Ged., 1897), Der kleine Karl (R., 1897, dt. 1898), Laureatus (Ged., 1897). **Ausgaben:** K. A. T. Samlade skrifter. Helsinki 1924. 10 Bde. – K. A. T. Brev till Diana. Hg. u. kommentiert von G. V. FRENCKELL-THESLEFF. Helsinki 1966. **Literatur:** EKELUND, E.: T. och hans diktning. Helsinki 1950.

Tavčar, Ivan [slowen. ʹtaːutʃar], * Poljane 28. Aug. 1851, † Ljubljana 19. Febr. 1923, slowen. Schriftsteller. – Bäuerl. Herkunft; Rechtsanwalt; gehörte zu den führenden Persönlichkeiten der jungslowen. Bewegung. Er schrieb realist. Novellen, Erzählungen und Romane, die z. T. in der Welt des Adels spielen, histor. Stoffe aus der Zeit der Religionskämpfe und v. a. das Leben der Bauern behandeln.

Werke: Herbstblüte (Nov., 1917, dt. 1947), Visoška kronika (= Die Chronik von Visoko, R., 1919). **Ausgabe:** I. T. Zbrano delo. Ljubljana 1951–59. 8 Bde.

Tavel, Rudolf von [ʹtaːvəl], * Bern 21. Dez. 1866, † ebd. 18. Okt. 1934, schweizer. Schriftsteller. – In seinen von patriotisch-prot. Geist getragenen volkstüml. Erzählungen und Theaterstücken behandelt er v. a. Themen der Berner Geschichte und das Schicksal histor. Gestalten; T. war einer der ersten, die die Berner Mundart in die Literatur einbrachten.

Werke: Jä gäll, so geit's (E., 1901), Der Houpme Lombach (E., 1903), Götti und Gotteli (Nov., 1906), D'Haselmuus (E., 1922), Am Kaminfüür (E., 1928), Schweizer daheim und draußen (En., 1932), R. v. T. erzählt aus seinem Leben (Erinnerungen, hg. 1971). **Literatur:** R. v. T. 1866–1934. Hg. v. H. MARTIN u. a. Bern 1984.

Tayama, Katai, jap. Schriftsteller, † Tajama, Katai.

Taylor, [James] Bayard [engl. ʹtɛɪlə], * Kennett Square (Pa.) 11. Jan. 1825, † Berlin 19. Dez. 1878, amerikan. Schriftsteller. – Buchdruckerlehre; unternahm zahlreiche abenteuerl. Fußwanderungen und Reisen u. a. in Europa, Afrika, im Nahen und Fernen Osten, von denen er als Korrespondent berichtete. Sein Hauptwerk ist die auch metrisch originalgetreue Übersetzung von Goethes ›Faust‹ (2 Bde., 1870/71); 1870–77 hatte T. eine Dozentur für Deutsch an der Cornell University, 1878 war er Gesandter in Berlin; viel gelesen wurde sein Bericht aus den kaliforn. Goldfeldern ›Eldorado‹ (2 Bde., 1850) und der Reisebericht ›A visit to India, China, and Japan in the year 1853‹ (1855); schrieb auch Romane (›Kennett‹, 2 Bde., 1866, dt. 1867), Lyrik (›The poetical works‹, hg. 1880) und Dramen (›The dramatic works‹, hg. 1880).

Literatur: KRUMPELMANN, J. T.: B. T. and German letters. Hamb. 1959. – WERMUTH, P. C.: B. T. New York 1973.

Taylor, Edward [engl. ʹtɛɪlə], * in Leicestershire (England) um 1645, † Westfield (Mass.) 24. Juni 1729, amerikan. Lyriker. – Studierte nach seiner Auswanderung 1668–71 Theologie an der Harvard University, wurde 1671 puritan. Geistlicher und Arzt der Grenzsiedlung Westfield. T.s religiöse Dichtung, die er theolog. Bedenken wegen nicht veröffentlichte (sie wurde erst 1937 in der Yale-Bibliothek entdeckt; eine Auswahl erschien 1939), steht in der Nachfolge der engl. Metaphysical poets (v. a. J. Donnes und G. Herberts); bedeutendster Vertreter der puritan. Dichtung in der Kolonialzeit.

Ausgaben: The poems of E. T. Hg. v. D. E. STANFORD. New Haven (Conn.) 1960. Tb.-Ausg. 1977. – E. T. Treatise concerning the Lord's Supper. Hg. v. N. S. GRABO. East Lansing (Mich.) 1966. – Unpublished writings. Hg. v. TH. M. u. V. L. DAVIS. Boston (Mass.) 1981. 3 Bde. **Literatur:** GRABO, N. S.: E. T. New Haven (Conn.) 1961. – NICOLAISEN, P.: Die Bildlichkeit der Dichtung E. T.s. Neumünster 1966. – STANFORD, D. E.: E. T. Minneapolis (Minn.) 1966. – E. T. An annotated bibliography, 1668–1970. Hg. v. C. J. GEFVERT. Kentucky (Ohio) 1971. – RUSSELL, G.: A concordance to the poems of E. T. Washington (D. C.) 1973. – SCHEICK, W. J.: The will and the word. The poetry of E. T. Athens (Ga.) 1974. – Puritan poets and poetics. Seventeenth-century American poetry in theory and practice. University Park (Pa.) 1985.

Taylor, Elizabeth [engl. 'teɪlə], * Reading (Berkshire) 3. Juli 1912, † Penn (Buckinghamshire) 19. Nov. 1975, engl. Schriftstellerin. – Verfasserin subtiler Studien des menschl. Zusammenlebens im beschaulich komfortablen Mittelstandsmilieu.

Werke: At Mrs. Lippincote's (R., 1945), A wreath of roses (R., 1950), The blush (En., 1958), Einen Sommer lang (R., 1961, dt. 1962), The soul of kindness (R., 1964), Mrs. Palfey at the Claremont (R., 1971), The devastating boys (En., 1972), Blaming (R., 1976).

Taylor, Jeremy [engl. 'teɪlə], ≈ Cambridge 15. Aug. 1613, † Lisburn (Irland) 13. Aug. 1667, engl. Schriftsteller. – Sohn eines Barbiers; wurde nach Studien in Cambridge u. a. Dozent in Oxford und Kaplan Karls I.; als Royalist nach dem Bürgerkrieg zeitweilig in Haft, dann Mitbegründer einer Schule in Wales; nach der Restauration ab 1660 Bischof von Down und Connor, ab 1661 auch von Dromore. Bekannt v. a. als Verfasser stilistisch hervorragender, bildhafter Predigten, die ihn als einen der bedeutendsten theolog. Schriftsteller Englands erweisen (›Holy living‹, 1650; ›Holy dying‹, 1651; ›The golden grove, or, A manual of daily prayers and litanies‹, 1655); kirchenpolitisch als Vermittler tätig; Verfechter der Toleranzidee.

Literatur: STRANKS, C. J.: The life and writings of J. T. London 1952. Neuausg. Folcroft (Penn.) 1973. – HUNTLEY, F. L.: J. T. and the Great rebellion. A study of his mind and temper in controversy. Ann Arbor (Mich.) 1970. – WILLIAMS, W. P.: J. T., 1700–1976. An annotated checklist. New York 1979.

Taylor, John [engl. 'teɪlə], * Gloucester 24. Aug. 1580, † London im Dez. 1653, engl. Dichter. – Aus einfacher Familie; zeitweise bei der Marine; danach Bootsführer auf der Themse und Leiter von Wasserschauspielen bei öffentl. Anlässen; später Gastwirt in Oxford und London. Schrieb in ungeschliffenem, derbem, aber kraftvollem und unterhaltendem Stil z. T. kom. Darstellungen seiner weiten abenteuerl. Reisen und Fahrten sowie humorvolle Gelegenheitsgedichte für hohe Gönner; u. a. von B. Jonson geschätzt; galt seinerzeit als Londoner Original, bekannt als ›water poet‹; eine erste, 1870 ff. ergänzte Gesamtausgabe seiner Werke erschien 1630.

Taylor, Kamala Purnaiya [engl. 'teɪlə], ind. Schriftstellerin, ↑ Markandaya, Kamala.

Taylor, Peter [Hillsman] [engl. 'teɪlə], * Trenton (Tenn.) 8. Jan. 1917, amerikan. Schriftsteller. – Prof. für Englisch an der University of Virginia. T. wurde durch seine von R. P. Warren geförderten Kurzgeschichten bekannt, die den Gegensatz zwischen der Tradition und der realist. Erkenntnis der heutigen Situation des Südens v. a. an der Auflösung der Familie sowie der gesellschaftl. Bindungen aufzeigen; schrieb auch Dramen und Romane.

Werke: A long fourth (En., 1948), A woman of means (R., 1950), The widows of Thornton (En., 1954), Tennessee day in St. Louis (Dr., 1957), Happy families are all alike (En., 1959), Miss Leonora when last seen (En., 1963), The collected stories (En., 1969), A stand in the mountains (Dr., UA 1971), Presences. Seven dramatic pieces (Stücke, 1973), In the Miro District (En., 1977), Aussicht auf Regen (En., 1985, dt. 1989), Rückruf nach Memphis (R., 1986, dt. 1988; Pulitzerpreis 1987), The oracle at Stoneleigh Court. A novella, short stories, and three one-act plays (1993), In the Tennessee country (R., 1994).

Literatur: GRIFFITH, A. J.: P. T. New York 1970. – KRAMER, V. A., u. a.: Andrew Lytle, Walker Percy, P. T. A reference guide. Boston (Mass.) 1983.

Taylor, Tom [engl. 'teɪlə], * Bishop Wearmouth (Sunderland) 19. Okt. 1817, † Wandsworth 12. Juli 1880, engl. Dramatiker. – Verfaßte und adaptierte über 90 Theaterstücke, zumeist Farcen, Burlesken und wohlkonstruierte Melodramen, bisweilen mit mild sozialkrit. Einschlag wie in dem ungemein erfolgreichen ›The ticket-of-leave man‹ (Dr., 1863), das zudem die Detektivfigur auf die Bühne brachte, oder in ›The serf, or love levels all‹ (Dr., 1865); schrieb auch zahlreiche Beiträge für die Zeitschrift ›Punch‹, deren Hg. er ab 1874 war.

Weitere Werke: Plot and passion (Dr., UA 1853, gedr. 1869), To oblige Benson (Dr., 1854), Still waters run deep (Dr., 1856), Our American cousin (Dr., UA 1858), The fool's revenge (Dr., UA 1859), The overland route (Dr., UA 1860, gedr. 1866), Joan of Arc (Dr., UA 1871, gedr. 1877).

Ausgabe: Plays by T. T. Hg. v. M. BANHAM. Cambridge 1985.

Literatur: TOLLES, W.: T. and the Victorian drama. New York 1940. Nachdr. 1966.

Taymūr, Maḥmūd, ägypt.-arab. Schriftsteller, † Taimur, Mahmud.

Ťažký, Ladislav [slowak. 'tjaʃki:], * Čierny Balog (Mittelslowak. Gebiet) 19. Sept. 1924, slowak. Schriftsteller. – Arbeiter; 1948–52 Studium an der Hochschule für Politik und Wirtschaft; schrieb Romane und Novellen, in denen Menschen in Konfliktsituationen während des 2. Weltkriegs dargestellt werden.
Werke: Kŕdel' divých Adamov (= Eine Herde wilder Adame, Nov.n-Trilogie, 1965), Evangelium čatára Matúša (= Das Evangelium des Zugführers Matúš, R., 2 Tle., 1979).

Tchicaya U Tam'si [tʃikajaytam'si], eigtl. Gérald Félix Tchicaya, * Mpili (Distrikt Djové) 25. Aug. 1931, † Bazancourt (Oise) 21. April 1988, kongoles. Schriftsteller. – Ging mit seinem Vater, einem Diplomaten, als Fünfzehnjähriger nach Frankreich; dort Schulbesuch; seit 1960 bei der UNESCO, Paris. Schrieb Gedichte, Romane und Dramen, in denen er sich in poet., vom Surrealismus inspirierten Bildern, die sich mit solchen aus der kongoles. Natur mischen, mit den psycholog. Konsequenzen der Kolonisation auseinandersetzt: Bewußtseinsverlust, Selbstzerstörung und Gewalt.
Werke: Le mauvais sang (Ged., 1955), Feu de brousse (Ged., 1957), À triche-cœur (Ged., 1959), Épitomé (Ged., 1962), L'arc musical (Ged., 1970), La veste d'intérieur suivi de Notes de veille (Ged., 1977), Le Zulu suivi de Vwène le fondateur (Dr., 1977), Le ventre. Le pain ou la cendre (Ged., 1978), Le destin glorieux du Maréchal Nnikn Nniku prince qu'on sort (Dr., 1979), Les cancrelats (R., 1980), La main sèche (En., 1980), Das Geheimnis der Medusen (R., 1982, dt. 1986), Les phalènes (R., 1984), Ces fruits si doux de l'arbre à pain (R., 1987).
Literatur: NGANDU NKASHAMA, P. N.: Littératures africaines de 1930 à nos jours. Paris 1984. S. 471. – T. U T. Sonder-Nr. der Zs. ›Europe‹ 750 (1991).

Teasdale, Sara [engl. 'tiːzdɛil], * Saint Louis 8. Aug. 1884, † New York 29. Jan. 1933 (Selbstmord), amerikan. Lyrikerin. – In ihrem Frühwerk von Ch. G. Rossetti beeinflußt; schrieb stimmungsvolle, eleg. Gedichte, v. a. bekenntnishafte Liebeslyrik; charakteristisch ist ein weitgehender Verzicht auf Bilder und Metaphern.
Werke: Sonnets to Duse (Ged., 1907), Helen of Troy (Ged., 1911, erweitert 1922), Rivers to the sea (Ged., 1915), Love songs (Ged., 1917; Pulit-

zerpreis 1918), Flame and shadow (Ged., 1920, erweitert 1924).
Ausgaben: The collected poems of S. T. New York 1937. Neuaufl. 1966. – Mirror of the heart. Poems of S. T. Hg. v. W. DRAKE. New York 1984.
Literatur: CARPENTER, M. H.: S. T. New York 1960. Nachdr. Norfolk (Va.) 1977. – DRAKE, W. D.: S. T. Woman and poet. San Francisco (Calif.) u. a. 1979. – SCHOEN, C. B.: S. T. Boston (Mass.) 1986.

Tebaldeo, Antonio, eigtl. A. Tebaldi, * Ferrara 1463, † Rom 4. Nov. 1537, italien. Humanist und Dichter. – Lebte u. a. an den Höfen von Ferrara und Mantua; Erzieher von Isabella d'Este, 1504–06 Sekretär von Lucrezia Borgia, nach 1513 meist in Rom, wo er die Gunst Papst Leos X. gewann und sich mit P. Bembo, B. Castiglione und Raffael befreundete. Seine 1498 zuerst ohne sein Wissen, dann von ihm 1500 veröffentlichten Eklogen, Episteln, Sonette, Stanzen (1534 u. d. T. ›Opere d'amore‹) in petrarkisierendem Stil fanden im 16. und 17. Jh. in ganz Europa begeisterte Nachahmer. Schrieb auch lat. Gedichte.
Ausgabe: A. T. Rime. Hg. v. T. BASILE u. a. Modena 1989–92. 5 Tle.
Literatur: DE LISA, G.: Un rimatore cortigiano del Quattrocento. Salerno 1929. – PASQUAZI, S.: Rinascimento ferrarese. T., Benedei, Guarini. Caltanissetta 1957. – BASILE, T.: Per il testo critico delle rime del T. Messina 1983.

Tecchi, Bonaventura [italien. 'tekki], * Bagnoregio (Prov. Viterbo) 11. Febr. 1896, † Rom 30. März 1968, italien. Schriftsteller. – War ab 1939 Prof. für Germanistik in Padua, dann in Rom; Verfasser literarhistor. Arbeiten zur neueren dt. Literatur (auch Übersetzer von W. H. Wackenroder, H. Carossa, P. Alverdes u. a.) sowie Autor psycholog. Romane (am bekanntesten: ›Die Egoisten‹, 1959, dt. 1960, eine psycholog. Studie des Egoismus vor dem Hintergrund der Universitäts- und Provinzstadt Pavia) und Erzählungen.
Weitere Werke: Die Villatauri (R., 1935, dt. 1939), Junge Freunde (R., 1940, dt. 1963), Scrittori tedeschi del Novecento (Essays, 1941), Die schüchterne Witwe (R., 1942, dt. 1960), Insel der Leidenschaft (Nov.n, 1945, dt. 1965), L'arte di Th. Mann (Studie, 1956, ³1961), Tiere – meine Freunde (En., 1958, dt. 1960), Die Ehrbaren (R., 1965, dt. 1967), Goethe in Italia (Studie, 1967), Il senso degli altri (R., 1968), La terra abbandonata (R., hg. 1970).

Literatur: AMOROSO, G.: Itinerari stilistici di T. Florenz 1970. – MARINI, S.: Tecchiana. Bibliografia completa degli scritti di e su B. T. Ravenna 1980.

Technopägnion (Technopaignion) [griech.] ↑ Figurengedicht.

Teffi (tl.: Tèffi), Nadeschda Alexandrowna, eigtl. N. A. Butschinskaja, geb. Lochwizkaja, * Petersburg 21. Mai 1872, † Paris 6. Okt. 1952, russ. Schriftstellerin. – 1920 Emigration; schrieb beliebte, an A. P. Tschechow geschulte [humorist.] Erzählungen, in denen sie auch ernsthafte Probleme der Emigranten darstellte; ferner ein Roman, Feuilletons, Gedichte und Stücke.
Literatur: HABER, E. CH.: The works of N. A. T. Diss. Harvard University 1971.

Esaias Tegnér (Lithographie von Leonhard Henrik Roos, 1816)

Tegnér, Esaias [schwed. tɛŋˈneːr], * Kyrkerud (Värmland) 13. Nov. 1782, † Växjö (Småland) 2. Nov. 1846, schwed. Dichter. – Sohn eines Landpfarrers; wurde in Lund 1803 Dozent für Ästhetik, 1812 Prof. für Gräzistik; 1824 Bischof von Växjö; Krisen im Privatleben begünstigten nach einem Schlaganfall 1840 den Ausbruch einer Geisteskrankheit bei dem überempfindl., zur Melancholie neigenden Dichter. Er konnte jedoch nach Genesung 1841 sein Amt als Bischof weiterführen. In seinen Werken verbindet T. Anregungen der antiken Literatur, der dt. Klassik und des Idealismus mit den Tendenzen der zeitgenöss. Romantik; er bewahrt das klassizist. Formprinzip der Klarheit und der Eleganz; sein patriot. Gedicht ›Svea‹ (1811), eine Neubelebung nord. Mythologie, die vaterländ. Be-

wußtsein wecken sollte, gilt neben dem Epos ›Die Frithiofs-Sage‹ (1825, dt. 1826), in dem er altskand. Leben idealisiert und humanisiert darstellt, als T.s Hauptwerk. T. wurde bereits zu Lebzeiten zum gefeierten Nationaldichter, dessen Werk in Schweden in zahlreichen geflügelten Worten weiterlebt.
Weitere Werke: Die Abendmahlskinder (Vers-E., 1820, dt. 1825), Axel (Vers-E., 1822, dt. 1824).
Ausgaben: E. T. Poet. Werke. Dt. Übers. v. P. J. WILLATZEN. Halle/Saale 1885. 2 Bde. – E. T. Samlade skrifter. Hg. v. E. WRANGEL u. F. BÖÖK. Stockholm 1918 – 25. 10 Bde. – E. T.s brev. Ausg. der Tegnérsamfundet. Red. N. PALMBORG. Malmö 1953 – 76. 11 Bde.
Literatur: CHRISTENSEN, J.: E. T., der Sänger der Frithiofsage. Lpz. ³1890. – BÖÖK, M.: E. T. En levnadsteckning... Stockholm 1946 – 49. 3 Bde. – ELIÆSON, Å./OLSSON, B.: E. T. En monografi i bild. Malmö 1949. – WERIN, A.: T. Lund u. Stockholm 1974 – 76. 2 Bde. – BRENNECKE, D.: T. in Deutschland. Hdbg. 1975.

Teichner, Heinrich der, mhd. Spruchdichter, ↑ Heinrich der Teichner.

Teichoskopie [griech.; zu teîchos = Mauer, Wall], ursprünglich eine Episode der ›Ilias‹ (Buch 3, Vers 121–244), in der Helena von der trojan. Mauer aus König Priamos die Helden der Griechen zeigt. Danach wird als T. oder **Mauerschau** ein dramentechn. Mittel v. a. des antiken, klass. und klassizist. Dramas der Neuzeit bezeichnet, das dazu dient, bestimmte Szenen (z. B. Schlachten) durch eine Art synchroner Reportage (vom Turm, von der Mauer u. a.) auf die Bühne zu vergegenwärtigen. – ↑ auch Botenbericht.

Teige, Karel [tschech. ˈtajgɛ], * Prag 13. Dez. 1900, † ebd. 1. Okt. 1951, tschech. Schriftsteller und Publizist. – 1920 Mitbegründer der Künstlergruppe Devětsil, wurde T. bald, u. a. mit seinen Manifesten von 1924 und 1928, zum theoret. Wortführer des ↑ Poetismus, wobei er sich für eine ›Poesie aller Sinne‹ einsetzte und, nach Liquidierung der alten Künste, die Aufhebung der Grenzen zwischen Künstler und Gesellschaft, Kunst und Leben durch einen humanist. Sozialismus forderte; 1934 Gründer (mit V. Nezval) einer surrealist. Gruppe. Dem Kommunismus nahestehend ab 1921, löste T. sich von ihm 1938, wodurch er in eine bis zu seinem Tode dauernde Isolation geriet. Teilweise wurde T. während des ›Prager Frühlings‹ rehabilitiert.

Werke: Jarmark umění (= Der Jahrmarkt der Kunst, Studie, 1936), Surrealismus proti proudu (= Surrealismus gegen den Strom, Essay, 1938). **Ausgaben:** K. T. Výbor z díla. Bd. 1: Svět stavby a básně. Prag 1966 (m. n. e.). – K. T. Liquidierung der Kunst; Analysen, Manifeste. Dt. Übers. Ffm. 1968.

Teirlinck, Herman [niederl. 'teːrlɪŋk], * Sint-Jans-Molenbeek 24. Febr. 1879, † Beersel bei Brüssel 4. Febr. 1967, fläm. Schriftsteller. – Begann mit Gedichten und naturalist. Erzählungen aus der Welt der Bauern, wandte sich dann der Schilderung städt. Lebens (›Das Elfenbeinäffchen‹, 1909, dt. 1927, ist der erste fläm. Großstadtroman) und ab 1940 dem psycholog. Roman zu; T.s Dramen, die dem Expressionismus nahestehen, sind vom mittelalterl. Mysterienspiel und von M. Maeterlinck beeinflußt.

Weitere Werke: Mijnheer J. B. Serjanszoon (R., 1908), Johann Doxa (R., 1917, dt. 1917), De vertraagde film (Dr., 1922), De man zonder lijf (Dr., 1925), Maria Speermalie (R., 1940), Het gevecht met de engel (R., 1952), Zelfportret of het galgemaal (R., 1955). **Ausgabe:** H. T. Verzameld werk. Amsterdam 1956–65. 7 Bde. **Literatur:** OEGEMA VAN DER WAL, TH.: H. T. Den Haag 1966. – BOUSSET, H.: H. T. Brügge u. Utrecht 1968.

Teixeira de Pascoais [portugies. tɐi̯ˈʃɐi̯rɐ ðə pɐʃˈkṷai̯ʃ], eigtl. Joaquim Pereira Teixeira de Vasconcelos, * Gatão (Distrikt Porto) 2. Nov. 1877, † ebd. 14. Dez. 1952, portugies. Schriftsteller. – Seine lyr. und ep. Gedichte, Dramen, Biographien, Romane und Essays sind großenteils Ausdruck eines spezifisch portugies., mystisch-pantheistisch verklärten Sehnsuchtskults (›saudosismo‹); in ihrer rückwärts gewandten Grundhaltung haben sie nationalpsycholog. Erwägungen über Wesen und Selbstverständnis der Portugiesen mit beeinflußt.

Werke: Sempre (Ged., 1894), Vida etérea (Ged., 1906), Marânus (Dichtung, 1911), Jesus Cristo em Lisboa (Dr., 1924), Paulus, der Dichter Gottes (Biogr., 1934, dt. 1938), Hieronymus, der Dichter der Freundschaft (Biogr., 1936, dt. 1941), Empecido (R., 1951). **Ausgaben:** T. de P. Obras completas. Mexiko 1957–61. 4 Bde. – T. de P. Obras completas. Hg. v. J. DO PRADO COELHO. Lissabon [1-2]1960 ff. **Literatur:** COELHO, J. DO PRADO: A poesia de T. de P. Coimbra 1945. – MARGARIDO, A.: T. de P.

Lissabon 1961. – GARCIA, M.: T. de P. Braga 1976. – SILVA, A. S.: P. Temas para uma leitura actual. Mafra 1980.

Teixeira de Queirós, Francisco [portugies. tɐi̯ˈʃɐi̯rɐ ðə kɐi̯ˈrɔʃ], Pseudonym Bento Moreno, * Arcos de Valdevez 3. Mai 1849, † Lissabon 22. Juli 1919, portugies. Schriftsteller. – Schildert in realist. Kurzromanen, die in ›Comédia do campo‹ und ›Comédia burguesa‹, zwei Serien zu acht Bänden, zusammengefaßt sind, in einfacher, präziser Sprache detailliert Landschaft und Menschen des nördl. Portugal.

Literatur: BARROS, J. DE: T. de Qu. (Bento Moreno). Lissabon 1946.

Tekin, Latife [türk. tɛˈkin], * bei Kayseri (Anatolien) 1957, türk. Erzählerin. – Veröffentlichte 1983 ihren ersten vielbeachteten Roman ›Sevgili arsız ölüm‹ (= Lieber unverschämter Tod), in dem die Probleme Landflucht und Verstädterung ohne Larmoyanz, dafür kritisch, poetisch und nicht ohne Humor geschildert werden.

Weiteres Werk: Der Honigberg (R., 1984, dt. 1987).

Tektonik ↑ geschlossene Form.

Telaribühne ↑ Bühne.

Telegrammstil, eine Ausdrucksform, bei der ein Text auf die zum Verständnis einer Aussage unbedingt notwendigen Wörter reduziert ist; sie erweckt den Eindruck hekt. Aufgeregtheit. Der T. findet sich häufig in den Werken des Sturm und Drang und des Expressionismus, z. B. in G. Kaisers Drama ›Gas I‹ (1918): ›Heraus aus der Halle – – hin vor das Haus – – der Schrei zu ihm hoch – – ins Gehör ihm, der den Ingenieur hält!! – – Rottet den Zug – über die Schutthalde – hin zu ihm ...‹.

Telesilla (tl.: Telésilla), griech. Dichterin des 6./5. oder der 1. Hälfte des 5. Jh. aus Argos. – Soll nach einer Niederlage der Argiver an der Spitze der Frauen die angreifenden Spartaner zurückgeworfen und so ihre Vaterstadt gerettet haben. Sie verfaßte wohl v. a. Götterhymnen (belegt sind solche an Apollon, Artemis und wohl auch Demeter); sehr geringe Fragmente sind erhalten. Nach T. ist das Versmaß **Telesilleion** benannt: ᴗᴗ–ᴗᴗ–ᴗ, später auch ᴗᴗ–ᴗᴗ–ᴗ–.

Telẹstichon [zu griech. télos = Ende und stíchos = Vers], ein Gedicht, bei dem die letzten Buchstaben der Zeilen, von oben nach unten gelesen, ein bestimmtes Wort oder einen Satz ergeben. – ↑auch Akrostichon, ↑Mesostichon, ↑Akroteleuton.

Telipịnu-Mythos, altanatol. Mythos vom verschwundenen Gott, überliefert auch für den Wettergott, im Rahmen eines hethit. Rituals zur Besänftigung und Rückholung des Gottes: Der Vegetationsgott Telipinu ist offenbar im Zorn aus dem Lande verschwunden, alles Leben erstirbt durch Dürre und Hungersnot, die auch die Götter betrifft. Der Sonnengott sendet den Adler aus, in Telipinus Stadt sucht der Wettergott, sein Vater, selbst, aber erst die von der Göttin Hannahanna ausgesandte Biene findet ihn weit entfernt schlafend und weckt ihn durch Stiche. Sein erneuter Zorn kann erst durch das menschl. Ritual besänftigt werden, seine Rückkehr beendet die Notzeit.

Literatur: OTTEN, H.: Die Überlieferung des T.-M. Lpz 1942. – HAAS, V.: Magie u. Mythen im Reich der Hethiter. Hamb. 1977. S. 81.

Telles, Lygia Fagundes, brasilian. Schriftstellerin, ↑Fagundes Telles, Lygia.

Téllez, Gabriel [span. 'teʎεθ], span. Dichter, ↑Tirso de Molina.

Tellow ['tεlo], Pseudonym des dt. Schriftstellers Gotthard Ludwig Theobul ↑Kosegarten.

Tel Quel [frz. tεl'kεl], 1960 von Ph. Sollers u. a. in Paris gegründete Zeitschrift (eingestellt 1982; Nachfolgeorgan ›L'Infini‹), in deren Entwicklung mehrere Phasen unterschieden werden können: Ausgehend von P. Valéry, der den Titel der Zeitschrift inspirierte, und dem Surrealismus ging ›T. Qu.‹ zunächst der Frage der literar. Erfahrung im 20. Jh. nach (A. Artaud, G. Bataille), stützte das Werk der ›nouveaux romanciers‹ und beteiligte sich an der Erneuerung der Literaturkritik auf der Basis der Psychoanalyse, des russ. Formalismus, der Semiotik und des Strukturalismus. Von 1966 an setzte sich ›T. Qu.‹ zunehmend mit dem Werk von K. Marx, ab 1970 auch mit demjenigen Mao Tse-tungs auseinander, ab 1974 öffnete sie sich den ›Neuen Philosophen‹ (C. Lévy, A. Glucksmann), der

Frage der Menschenrechte und dem Zusammenhang zwischen der Literatur und dem Heiligen. Zu ihren Autoren, der Gruppe ›T. Qu.‹, gehörten u. a. R. Barthes, J. Derrida, J.-P. Faye, J. Kristeva, Marcelin Pleynet (* 1933), Jean Ricardou (* 1932), D. Roche, J. Thibaudeau. F. Ponge und H. Michaux veröffentlichten ebenfalls in ›Tel Quel‹.

Literatur: BAUDRY, J.-L., u. a.: Die Demaskierung der bürgerl. Kulturideologie. Dt. Übers. Mchn. 1971. – HEMPFER, K. W.: Poststrukturale Texttheorie u. narrative Praxis. ›T. Qu.‹ u. die Konstitution eines nouveau nouveau roman. Mchn. 1976. – BANN, S.: The carreer of ›T. Qu.‹. ›T. Qu.‹ becomes ›L'Infini‹. In: Comparative Criticism 6 (1984), S. 327. – KAUPPI, N.: The making of an avant-garde: T. Qu. Bln. 1994.

Telụgu-Literatur ↑indische Literaturen.

Tencin, Claudine Alexandrine Guérin de [frz. tã'sɛ̃], * Grenoble 27. April 1682, † Paris 4. Dez. 1749, frz. Schriftstellerin. – Mutter von J. Le Rond d'Alembert; kam gegen ihren Willen 1698 in ein Kloster, wo sie durch ihr Verhalten mehrfach Skandale auslöste, so daß sie 1715 von ihren Gelübden entbunden wurde. War ab 1733 in Paris Mittelpunkt eines bed. literar. Salons, in dem u. a. Montesquieu, B. de Fontenelle, P. C. de Marivaux und A. F. Prévost d'Exiles verkehrten; sie schrieb mehrere anonym erschienene galante Romane, u. a. die ›Mémoires du comte de Comminges‹ (1735) und ›Les malheurs de l'amour‹ (1747, autobiographisch gefärbt).

Ausgabe: C. A. G. de T. Œuvres. Paris 1812. 4 Bde.

Literatur: SAREIL, J.: Les T. Histoire d'une famille au XVIIIe siècle ... Genf 1969.

Tendẹnzliteratur, Gebrauchsliteratur, die ganz unmittelbar dem Zweck der Propaganda bestimmter ↑Ideen, Ideologien u. a. dient.

Tendrjakow (tl.: Tendrjakov), Wladimir Fjodorowitsch [russ. tɪndrɪ'kɔf], * Makarowskaja (Gebiet Wologda) 5. Dez. 1923, † Moskau 3. Aug. 1984, russ.-sowjet. Schriftsteller. – Verfasser von Erzählungen und Romanen – zu Beginn v. a. mit Themen aus dem bäuerl. Milieu –, in denen er eth. und soziale Probleme darstellte.

Werke: Der Fremde (Kurz-R. und En., dt. Ausw. 1956), Der feste Knoten (R., 1956, dt.

1987), Drei, Sieben, As (E., 1960, dt. 1964), Das Gericht (E., 1961, dt. 1964 in: Nach dem Tauwetter), Kurzschluß (E., 1962, dt. 1963), Fjodor sucht die Wahrheit (R., 1964, dt. 1966, 1978 auch u. d. T. Begegnung mit Nofretete), Der Fund (Nov., 1966, dt. 1973), Das Ableben (R., 1968, dt. 1987), Die Nacht nach der Entlassung (R., 1974, dt. 1975), Mondfinsternis (R., 1977, dt. 1978), Die Abrechnung (R., 1979, dt. 1980), Sechzig Kerzen (R., 1980, dt. 1982), Die reinen Wasser von Kitesh (E., hg. 1987, dt. 1988), Anschlag auf Visionen (R., hg. 1987, dt. 1989), Ljudi ili neljudi (= Menschen oder Unmenschen, En., hg. 1990).

Ausgabe: V. F. Tendrjakov. Sobranie sočinenij. Moskau 1978–80. 4 Bde.

Literatur: WANGLER, L. H.: The moral and religious themes in the works of V. Tendriakov: 1956–1976. Diss. University of Pittsburgh (Pa.) 1977.

Tennant, Kylie [engl. 'tɛnənt], * Manly (heute zu Sydney) 12. März 1912, † Sydney 28. Febr. 1988, austral. Schriftstellerin. – Journalistin bei Zeitungen und Rundfunk, Dozententätigkeit an austral. Universitäten. Im Mittelpunkt ihrer Romane stehen Menschen aus den Randschichten der Gesellschaft, die sie mit treffender, oft zynisch-iron. Sozialkritik porträtierte. In pikaresker Manier verbindet sie viele Episoden durch Figuren aus der Arbeiterklasse, mit denen sie sich emotional identifiziert.

Werke: Tiburon (R., 1935), Foveaux (R., 1939), Fahrendes Volk (R., 1941, dt. 1957), Zieh weiter, Fremdling (R., 1943, dt. 1944), Time enough later (R., 1943), Lost haven (R., 1946), The joyful condemned (R., 1953), Long John Silver (Kinderb., 1954), The honey flow (R., 1956), Die Vulkaninsel (Kinderb., 1959, dt. 1963), Tell morning this (R., 1967), Ma Jones and the little white cannibals (En., 1967), The man on the headland (Autobiogr., 1971).

Literatur: DICK, M.: The novels of K. T. Adelaide 1966.

Tennenbaum, Irving [engl. 'tɛnɪnbɔːm], amerikan. Schriftsteller, ↑ Stone, Irving.

Tennyson, Alfred Lord (seit 1884) [engl. 'tɛnɪsn], * Somersby (Lincolnshire) 6. Aug. 1809, † Aldworth (Surrey) 6. Okt. 1892, engl. Dichter. – Sohn eines Geistlichen; studierte 1828–31 in Cambridge; nach ersten erfolglosen Lyrikveröffentlichungen (›Poems chiefly lyrical‹, 1830; ›Poems‹, 1832) folgte der Aufstieg zum hochgeehrten Dichter der Viktorian. Zeit. 1850 wurde er (als Nachfolger von W. Wordsworth) Poet laureate, 1884 geadelt. Seine empfindungsstarken und formal virtuosen spätromant. Gedichte und dramat. Monologe artikulieren, z. T. von dialektisch entgegengesetzten Standpunkten aus, die geistigen Konflikte des 19. Jh., die sie gedanklich zu transzendieren trachten, wenn auch für heutige Begriffe nicht voll überzeugend. T.s stärkstes Werk sind die rund 130 Elegien der Sammlung ›In memoriam A. H. H.‹ (1850, dt. 1870 u. d. T. ›Freundes-Klage‹), die die Betroffenheit über den frühen Tod seines Freundes Arthur Henry Hallam zu allgemein menschl. Bedeutung erhöhen. Zu seinen größeren Dichtungen gehören das Monodrama ›Maud‹ (1855, dt. ³1891), Verserzählungen wie ›The princess‹ (1847) und ›Enoch Arden‹ (1864, dt. 1867) sowie v. a. die ›Königs-Idyllen‹ (1859–85, teilweise dt. 1867), ein Th. Malory und E. Spenser verpflichteter Zyklus ep. Dichtungen in Blankversen über König Artus und seine Tafelrunde. T.s poet. Dramen, u. a. ›Queen Mary‹ (1876), ›The falcon‹ (1879), ›Becket‹ (1884), waren weniger erfolgreich.

Alfred Lord Tennyson

Weitere Werke: Poems (2 Bde., 1842), The charge of the light brigade (Ged., 1855), Ballads and other poems (Ged., 1880), Locksley Hall nach sechzig Jahren (Ged., 1886, dt. 1888), Demeter and other poems (Ged., 1889).

Ausgaben: A. T. Ausgew. Dichtungen. Dt. Nachdichtung u. hg. v. H. A. FELDMANN. Hamb. 1870. – A. T. Ausgew. dramat. Werke. Dt. Übers. u. hg. v. J. FRIEDEMANN. Bln. 1905. – A. T. Poems. Hg. v. H. LORD TENNYSON. London 1907–08. 9 Bde. Nachdr. New York 1970. – The letters of A. Lord T. Hg. v. C. Y. LANG u. E. F. SHANNON. Oxford 1981–90. 3 Bde. – The poems of T. Hg. v. CH. RICKS. Harlow ²1987. 3 Bde.

Literatur: TENNYSON, H.: A. Lord T. A memoir. London 1897. 2 Bde. Nachdr. New York 1969. – TENNYSON, CH.: A. T. London 1949. Nachdr. Hamden (Conn.) 1968. – BUCKLEY, J. H.: T. The growth of a poet. Cambridge (Mass.) 1960. – RICHARDSON, J.: The pre-eminent Victorian. A study of T. London 1962. Nachdr. Westport (Conn.) 1973. – ENZENSBERGER, CH.: Viktorian. Lyrik. T. u. Swinburne in der Gesch. der Entfremdung. Mchn. 1969. – KISSANE, J. D.: A. T. New York 1970. – HENDERSON, PH.: T. Poet and prophet. London 1978. – MARTIN, R. B.: T. The unquiet heart. Oxford u. London 1980. – PINION, F. B.: A. T. companion. London 1984. – THOMSON, H. W.: The poetry of T. London 1986. – TUCKER, H. F.: T. and the doom of romanticism. Cambridge (Mass.) 1988. – RICKS, CH.: T. London ²1989. – THORN, M.: T. London 1992. – LEVI, P.: T. London 1993.

Tenzone [zu vulgärlat. tentio = Kampf, Streit, vielleicht von klassisch lat. contentio = Wettstreit, Auseinandersetzung; altprovenzal. ›tenso‹; frz. ›tenson‹; galicisch-portugies. ›tençõo‹], italien. Form des mittelalterl. roman. ↑ Streitgedichts. Die T. geht, ebenso wie die nordfrz. und galicisch-portugies. Gattungsbeispiele, auf das Modell der altprovenzal. ›tenso‹ zurück. In Unterscheidung zu ↑ Jeu parti und ↑ Partimen kennzeichnet die T. zunächst die über mehrere Strophen geführte Auseinandersetzung zwischen zwei Gesprächspartnern (z. B. in Raimbaut de Vaqueiras [* um 1155, † 1207 ?] T. ›Domna, tant vos ai preiada‹, um 1190), in deren Rahmen vornehmlich Fragen der Liebeskasuistik sowie polit. und soziale Probleme erörtert werden. Während ›tenso‹ und ›tenson‹ im 13. und 14. Jh. in Nord- und Südfrankreich durch den Einfluß der Dichterzünfte (↑ Puy) und der ↑ Blumenspiele als lyrisch-disputative Genres immer beliebter wurden, entfaltete die T. v. a. im Zusammenhang mit der Dichtung des ↑ Dolce stil nuovo über Dialoggedichte, die der altprovenzal. Ursprungsform verbunden bleiben, Korrespondenzsonette, die den ganzen Reichtum ihrer formalen und inhaltl. Möglichkeiten repräsentieren. Bei der Vertonung der Streitgedichte übernahm man vielfach Melodien anderer lyr. Gattungen.

Literatur: STIEFEL, H.: Die italien. T. des 13. Jh. und ihr Verhältnis zur provenzal. T. Halle/Saale 1914. – SANTANGELO, S.: Le tenzoni poetiche nella letteratura italiana delle origini. Genf 1928. – KASTEN, I.: Studien zu Thematik und

Form des mhd. Streitgedichts. Diss. Hamb. 1973. – The interpretation of medieval lyric poetry. Hg. v. W. T. H. JACKSON. New York 1980.

Teodọsije, *um 1246, †um 1328, serb. Schriftsteller. – Mönch auf dem Athos; verfaßte (in der Nachfolge ↑ Domentijans) zwischen 1290 und 1292 eine bed. Vita des hl. ↑ Sava, die großen Einfluß auf die serb. Literatur des MA hatte, sowie enkomiast. Literatur (↑ Enkomion) und geistl. Lieder bzw. Hymnen.

Literatur: MÜLLER-LANDAU, C.: Studien zum Stil der ›Sava-Vita‹ T.s. Mchn. 1972.

Tepl, Johannes von, dt. Dichter, ↑ Johannes von Tepl.

Terc, Abram, russ. Schriftsteller, ↑ Sinjawski, Andrei Donatowitsch.

Terẹnz (Publius Terentius Afer), * Karthago 185 (um 195?), † 159 während einer Griechenlandreise, röm. Komödiendichter. – Kam als Sklave nach Rom und erhielt nach sorgfältiger Ausbildung die Freiheit; war mit dem jüngeren Scipio befreundet. Seine sechs Stücke, aus den Jahren 166– 160, sind allesamt erhalten: ›Andria‹ (= Das Mädchen von Andros), ›Hecyra‹ (= Die Schwiegermutter), ›Heautontimorumenos‹ (= Der Selbstquäler), ›Eunuchus‹, ›Phormio‹, ›Adelphoe‹ (= Die Brüder); sie gehen auf hellenist. Vorbilder, v. a. auf Menander, zurück. T. ist in vielem der Antipode des um 50 Jahre älteren Plautus: Er schließt sich strenger an die griech. Originale an und strebt nach Wahrscheinlichkeit und sorgfältiger Motivation. Er neigt zu gedämpfter Komik (bis hin zum ruhigen bürgerl. Schauspiel), er führt sensible Figuren und differenzierte eth. Probleme vor, wobei er sich tolerant gegenüber menschl. Schwächen zeigt. Die Handlungen sind meist komplizierte Intrigengeflechte; fast alle Stücke enden damit, daß sich Personen wiedererkennen. Die Versmaße, fast nur Jamben und Trochäen, unterstützen den Eindruck der Geschlossenheit, ebenso der elegante, alles Grelle, Bunte und Vulgäre meidende Stil. T., wegen seiner ›Milde‹ bald geschätzt, bald kritisiert, war (neben Cicero und Vergil) von der Antike bis zum 18. Jh. der meistgelesene Schriftsteller des Lateinunterrichts. Seine Stücke dienten L. Ariosto, Molière u. a. als Vorlage.

Ausgaben: Terence. Comoediae. Hg. v. R. KAUER u. W. M. LINDSAY. Oxford [2]1926. Nachdr. 1977. – T. Die Komödien. Dt. Übers. Hg. v. V. VON MARNITZ. Stg. 1960. – [†]auch Plautus, Titus Maccius. **Literatur:** DUCKWORTH, G. E.: The nature of Roman comedy. Princeton (N. J.) 1952. – MCGLYNN, P.: Lexicon Terentianum. London 1963–67. 2 Bde. – NORWOOD, G.: The art of Terence. New York 1965. – Die Röm. Komödie: Plautus u. T. Hg. v. E. LEFÈVRE. Darmst. 1973. – BÜCHNER, K.: Das Theater des T. Hdbg. 1974. – FOREHAND, W. E.: Terence. Boston (Mass.) 1985. – LEFÈVRE, E.: T.' u. Menanders Heautontimorumenos. Mchn. 1993.

Terenzbühne [†] Bühne.

Teresa de Ávila [span. te'resa ðɛ 'aβila], span. Mystikerin, [†] Theresia von Ávila.

Terlecki, Władysław Lech [poln. tɛr-'lɛtski], * Tschenstochau 18. Mai 1933, poln. Schriftsteller. – Schrieb Erzählungen und Romane über histor. und moral. Probleme, verbunden mit dem Aufstand von 1863 (Romanzyklus: ›Spisek‹ [= Verschwörung], 1966; ›Die zwei Köpfe des Adlers‹, 1970, dt. 1990; ›Powrót z Carskiego Sioła‹ [= Die Rückkehr von Zarskoje Selo], 1973; ›Lament‹ [= Wehklage], 1984) sowie mit den Ereignissen von 1939.
Weitere Werke: Wieniec dla sprawiedliwego (= Ein Kranz für den Gerechten, R., 1988), Cierń i laur (= Dornbusch und Lorbeer, R., 1989).

Terpandros (tl.: Térpandros; Terpander), griech. Musiker des 7. Jh. v. Chr. – Aus Antissa (Lesbos); als bedeutendster Vertreter der lesb. Kitharodenschule v. a. in Sparta tätig; maßgeblich für die Ausgestaltung des Nomos. Die Echtheit der unter seinem Namen überlieferten fragmentar. Verse wurde bereits in der Antike bestritten.

Terpigorew (tl.: Terpigorev), Sergei Nikolajewitsch [russ. tɪrpi'gɔrɪf], Pseudonym S. Atawa, * Nikolskoje (Gouv. Tambow) 24. Mai 1841, † Petersburg 25. Juni 1895, russ. Schriftsteller. – Aus adliger Familie; mußte 1862 die Petersburger Univ. verlassen. Thema seiner Skizzen und Erzählungen ist der Niedergang des grundbesitzenden Adels; steht in der Tradition der natürl. Schule; Einfluß M. J. Saltykows.
Ausgabe: S. N. Terpigorev. Sobranie sočinenij. Petersburg 1899. 6 Bde.

Terramare, Georg, eigtl. G. Eisler von T., * Wien 2. Dez. 1889, † La Paz 4. April 1948, österr. Schriftsteller. – Emigrierte 1938 über Italien nach Bolivien; schrieb v. a. Legendenspiele (›Ein Spiel von der Geburt des Herrn, den Hirten und den Königen‹, 1921; ›Ein Spiel vom Tode‹, 1923), ferner Dramen und Romane.
Weitere Werke: Brutus (dramat. Ged., 1906), Des Odysseus Erbe (Trag., 1914), Das Mädchen von Domremy (R., 2 Bde., 1921), Stimmen am Wege. Ein Buch um Franz von Assisi (1924), Therese Krones (Schsp., hg. 1959).

Tersakis (tl.: Terzakēs), Angelos, * Nafplion 16. Dez. 1907, † Athen 3. Aug. 1979, neugriech. Schriftsteller. – Langjähriger Chefdramaturg und zeitweilig Intendant des Athener Nationaltheaters. T. gehört zu den Autoren, die nach 1920 neue Wege für die neugriech. Literatur suchten und fanden; auch als Hg. und Chefredakteur von Literaturzeitschriften (›Epoches‹, ›Idea‹) nahm er regen Anteil am geistigen Leben.
Werke: Ho xechasmenos (= Der Vergessene, En., 1925), Phtinopōrinē symphōnia (= Herbstsinfonie, En., 1929), Hoi desmotes (= Die Gefangenen, R., 1932), Hē parakmē tōn sklērōn (= Der Verfall der Harten, R., 1933), Gamēlio embatērio (= Hochzeitsmarsch, Dr., 1937), Hē menexedenia politeia (= Die Veilchenstadt, R., 1937), Heilōtes (= Heloten, Dr., 1939), Ho exusiastēs (= Der Gebieter, Dr., 1942), Tu erōta kai tu thanatu (= Der Liebe und des Todes, En., 1943), Hē storgē (= Die Hingabe, Nov., 1944), Pringēpessa Izabō (= Prinzessin Isabeau, R., 1945), Taxidi me ton Hespero (= Reise mit dem Abendstern, R., 1946), Aprilēs (= April, En., 1946), Dichōs Theo (= Ohne Gott, R., 1951), Theophanō (Trag., 1956), Mystikē zōē (= Heimliches Leben, R., 1957), Nychta stē Mesogeio (= Nacht im Mittelmeer, Dr., 1958), Thōmas ho dipsychos (= Thomas der Zwiespältige, Dr., 1962), Hē kyria me t' aspra gantia (= Die Dame mit den weißen Handschuhen, Dr., 1962), Hellēnikē epopoiia 1940–41 (= Hellenische Epopöe 1940–41, Chronik 1964), Ho progonos (= Der Vorfahr, Dr., 1970).

Terson, Peter [engl. tɔːsn], Pseudonym für Peter Patterson, * Newcastle upon Tyne 24. Febr. 1932, engl. Dramatiker. – Aus seiner Verbindung mit dem avantgardist. Victoria Theatre in Stoke-on-Trent stammen experimentelle Dramen wie ›The mighty reservoy‹ (UA 1964, gedr. 1970, dt. 1967), ›Eine Nacht, daß die Engel weinen‹ (UA 1964, gedr.

1967), ›Ich muß mich um die Ruinen hier kümmern‹ (UA 1966, dt. 1966) und ›Mooneys Wohnwagen‹ (Fsp., 1966, gedr. 1970, dt. 1970). Ab 1966 schrieb T. für das ›National Youth Theatre‹ personenreiche zeitkrit. Stücke über die Probleme Jugendlicher in der Gesellschaft, etwa am Beispiel von Fußballfans (›Zicke-Zacke‹, gedr. 1970, dt. 1968), der Arbeitswelt (›Die Lehrlinge‹, 1970, dt. 1970) oder einer Erziehungsanstalt für straffällig gewordene Jugendliche (›Good lads at heart‹, UA 1971, gedr. 1979).

Weitere Werke: Fuzz (Dr., 1969), But Fred, Freud is dead (Dr., 1972), The ballad of Ben Bagot (Dr., 1976), The bread and butter trade (Dr., 1976), Rattling the railings (Dr., 1979), We are all heroes (Dr., UA 1981), Strippers (Dr., 1985), Aesop's fables (Dr., 1986), The weeping madonna (Dr., 1988), Under the fish and over the water (Dr., 1990).

Tersteegen, Gerhard, eigtl. Gerrit ter Steegen, * Moers 25. Nov. 1697, † Mühlheim a. d. Ruhr 3. April 1769, dt. Dichter. – Wuchs vaterlos in ärml. Verhältnissen auf und konnte daher ein Theologiestudium nicht bestreiten, arbeitete nach Abschluß einer Kaufmannslehre als Weber und Bandwirker, seit 1728 Wanderprediger und Seelsorger der niederrhein. Erweckungsbewegung; einer der bedeutendsten Vertreter der ev. Mystik; asketisch-klösterl., vom Quietismus bestimmte Innerlichkeit. Sein ›Geistl. Blumengärtlein inniger Seelen‹ (1729) enthält Epigramme, ferner Erbauungs- und Gemeindelieder, u. a. ›Ich bete an die Macht der Liebe‹.

Ausgabe: G. T. Ges. Schrr. Stg. 1844–46. 8 Bde. **Literatur:** MÜLLER-BOHN, J.: G. T., Leben u. Botschaft. Lahr 1993.

Tertullian (Quintus Septimius Florens Tertullianus), * Karthago um 160, † ebd. nach 220, lat. Kirchenschriftsteller. – Zunächst Rhetor (und Jurist?) in Rom, 195 Übertritt zum Christentum, um 205 Anschluß an die Montanisten, von denen er sich jedoch wieder löste; gründete eine eigene Sekte. T. trat in seinen apologet. und dogmatisch-polem. Schriften in leidenschaftl. Fanatismus für die Reinerhaltung der christl. Lehre ein, zunächst gegen Heidentum, Judentum und verschiedene Irrlehren, später gegen die Verweltlichung des Christentums gerich-

tet. T. gilt wegen seiner Neuprägung theolog. Begriffe, knapper Sentenzen und der Übernahme militär. und jurist. Formulierungen als Schöpfer der lat. Kirchensprache. Seine Hauptwerke sind: ›Ad nationes‹, ›Apologeticum‹, ›De testimonio animae‹, ›De baptismo‹, ›De poenitentia‹, ›De anima‹.

Ausgabe: Quinti Septimi Florentis Tertulliani opera. Corpus Christianorum. Series latina. Turnhout 1954. 2 Bde. **Literatur:** HAGENDAHL, H.: Von T. zu Cassiodor. Die profane literar. Tradition in dem lat. christl. Schrifttum. Göteborg 1983.

Terz (tl.: Terc), Abram [russ. tjɛrts], Pseudonym des russ. Schriftstellers Andrei Donatowitsch ↑ Sinjawski.

Terzett [aus italien. terzetto, zu italien. terzo (von lat. tertius) = der dritte], Bez. für eine dreizeilige, formal (oft zus. mit einem zweiten T.) geschlossene, syntaktisch jedoch oft unabgeschlossene Gedichteinheit oder Strophe, z. B. die beiden Schlußstrophen des ↑ Sonetts.

Terzine [lat.-italien.], dreizeilige italien. Strophenform mit durchlaufender Reimverkettung nach dem Schema aba/bcb/cdc/ded/... und einem abschließenden Vers, der den Mittelreim der letzten Strophe aufgreift (.../xyx/yzy-z). Der Vers der italien. T. ist der ↑ Endecasillabo; die frz. Nachbildungen verwenden den ↑ Vers commun, die (neueren) dt. Nachbildungen fünfhebige Verse mit jamb. Gang. – Die T. wurde von Dante für seine ›Divina Commedia‹ (1321 vollendet, gedr. 1472, dt. 1767–69) entwickelt. Sie begegnet im 14. Jh. u. a. bei F. Petrarca und G. Boccaccio. Seit dem 15. Jh. ist sie das Versmaß der bukol. Dichtung, der Epistel, der Elegie, der Heroiden, auch der Satire. Im 19. Jh. findet sie sich u. a. bei G. Leopardi, G. Carducci und G. Pascoli. Frz., engl. und dt. Nachbildungen der italien. T. finden sich zunächst im 16. Jahrhundert. Größerer Beliebtheit erfreut sie sich allerdings erst in der Romantik, in England z. B. bei P. B. Shelley und in der deutschsprachigen Literatur u. a. bei A. W. Schlegel, Goethe, F. Rückert, später u. a. bei S. George, H. von Hofmannsthal, R. Borchardt, J. Weinheber.

Literatur: ELWERT, W. TH.: Italien. Metrik. Wsb. ²1984. § 93 ff.

Těsnohlídek, Rudolf [tschech. 'tjɛsnɔhliːdɛk], * Čáslav 7. Juni 1882, † Brünn 12. Jan. 1928, tschech. Schriftsteller. – Redakteur; schrieb außer impressionist. Gedichten die Tiererzählung ›Liška Bystrouška‹ (1920), die als Vorlage zu L. Janáčeks Oper ›Das schlaue Füchslein‹ (1924) diente, weitere Erzählungen, Romane und Jugendbücher.

Testori, Giovanni, * Novate Milanese 12. Mai 1923, † Mailand 16. März 1993, italien. Schriftsteller. – Verfasser sozialkrit. Romane und Dramen, v. a. über die Menschen am Stadtrand Mailands, mit neoverist. Schilderungen des Vorstadtproletariats (Zyklus ›I segreti di Milano‹ mit den Teilen: ›Il dio di Roserio‹, R., 1954; ›Il ponte della Ghisolfa‹, R., 1958; ›La Gilda del Mac Mahon‹, R., 1959; ›La Maria Brasca‹, Dr., 1960; ›Stadtrand‹, R., 1961, dt. 1961; ›Arialda‹, Dr., 1961, dt. 1962); auch Filmdrehbücher (›Rocco und seine Brüder‹, 1960), Gedichte und Essays.

Weitere Werke: La monaca di Monza (Dr., 1967), L'Ambleto (Dr., 1972), Nel tuo sangue (Ged., 1973), La cattedrale (R., 1974), Passio Laetitiae et Felicitatis (R., 1975), Interrogatorio a Maria (Dr., 1979), Factum est (Dr., 1981), Ossa mea. 1981–1982 (Ged., 1983), Post-Hamlet (Dr., 1983), Confiteor (Dr., 1985), Diademata (Ged., 1986), ... et nihil: 1985–1986 (Ged., 1989), SdisOrè (Dr., 1991).

Literatur: CAPPELLO, G.: G. T. Florenz 1983. – CASCETTA, A.: Invito alla lettura di G. T. Mailand 1983.

Tetmajer Przerwa, Kazimierz [poln. tɛt'majɛr 'pʃɛrva], * Ludźmierz (Galizien) 12. Febr. 1865, † Warschau 18. Jan. 1940, poln. Schriftsteller. – Sein Werk, typisch für die Ziele der literar. Bewegung ↑ Junges Polen, bisweilen zur Dekadenz neigend, umfaßt sprachlich glänzende, impressionist. Naturlyrik, melod. Liebesgedichte, Novellen, v. a. über die Tatra und ihre Bewohner, sowie Romane und Dramen. In seinem Spätwerk zeigt sich zunehmend Pessimismus.

Werke: Poezje (Dichtungen, 8 Bde., 1891–1924), Der hochwürdige Herr Kanonikus (Nov., 1896, dt. 1953), Der Todesengel (R., 1898, dt. 1899), Na Skalnym Podhalu (= Im Felsigen Podhale, En., 5 Bde., 1903–10, dt. Ausw. 1903 u. d. T. Aus der Tatra), Die Revolution (Dr., 1906, dt. 1907), Legenda Tatr (= Legende der Tatra, 2 R.e, 1910/11).

Ausgabe: K. T. P. Poezje. Warschau 1979.
Literatur: JABŁOŃSKA, K.: K. T. Krakau 1972.

Tetralogie [griech.], literar. Werk, das aus vier einzelnen, selbständigen Teilen besteht, die aber so aufeinander bezogen sind, daß sie ein zusammenhängendes Ganzes bilden, u. a. die Dramen von G. Hauptmann (›Atriden-T.‹: ›Iphigenie in Delphi‹, 1941; ›Iphigenie in Aulis‹, 1944; ›Agamemnons Tod‹, 1948; ›Elektra‹, 1948) und C. Sternheim (›Aus dem bürgerl. Heldenleben‹: ›Die Hose‹, 1911; ›Die Kassette‹, 1912; ›Bürger Schippel‹, 1913; ›Der Snob‹, 1914) oder der Roman Th. Manns ›Joseph und seine Brüder‹ (›Die Geschichten Jaakobs‹, 1933; ›Der junge Joseph‹, 1934; ›Joseph in Ägypten‹, 1936; ›Joseph der Ernährer‹, 1943). In der Antike war eine T. die Folge von drei Tragödien und einem Satyrspiel, wie sie für die Aufführungspraxis der Agone (↑ Agon) bei den ↑ Dionysien im Athen verbindlich war. Es wurden drei T.n pro Tag aufgeführt.

Tetrameter [griech.], in der griech.-röm. Metrik ein Vers, der sich aus vier metr. Einheiten zusammensetzt; am häufigsten ist der katalekt. trochäische T.; dieser ist aus zwei durch ↑ Diärese getrennten ↑ Dimetern gebildet, deren zweiter katalektisch ist:

$$-\cup-\mathrm{x}-\cup-\mathrm{x}||-\cup-\mathrm{x}-\cup\dot{\mathrm{x}}.$$

Auflösungen sind möglich, jedoch gibt es selten mehr als eine je Vers. – Ursprünglich wohl ein Tanzrhythmus, findet sich der trochäische T. in der griech. Dichtung v. a. als Sprechvers in der Tragödie; weiter begegnet er in der ↑ Jambendichtung und in der Komödie. In der lat. Dichtung finden sich strenge Nachbildungen bei M. T. Varro und Seneca d. J., in spätlat. Zeit auch in der Lyrik; dt. Nachbildungen sind selten. – Eine komisch-satir. Variante des trochäischen T.s in der griech.-röm. Verskunst stellt der trochäische Hinke-T. dar, der, wie der ↑ Choliambus, in seinem Schlußteil eine rhythm. Umkehrung mit verzerrender Wirkung aufweist:

$$-\cup-\mathrm{x}-\cup-\mathrm{x}||-\cup-\mathrm{x}-\cup-\mathrm{x}.$$

Tetrapodie [griech.], in der griech.-röm. Metrik eine rhythm. Einheit aus vier Versfüßen. – ↑ auch Dipodie.

Tetzner, Lisa, * Zittau 10. Nov. 1894, † Lugano 2. Juli 1963, dt. Jugendschriftstellerin. – Unternahm seit 1918 Wanderungen als Märchenerzählerin und trug entscheidend zu einer Wiederbelebung der Märchentradition bei. ⊙ mit dem Schriftsteller K. Kläber (Kurt ↑Held), emigrierte 1933 in die Schweiz; sie schrieb realistisch-sozialkrit. Jugendbücher. In ihrem Hauptwerk ›Erlebnisse und Abenteuer der Kinder aus Nr. 67. Die Odyssee einer Jugend‹ (9 Bde., 1943–49) schildert sie die Ereignisse im nationalsozialist. Deutschland.
Weitere Werke: Vom Märchenerzählen im Volke (1919), Aus Spielmannsfahrten und Wandertagen (Berichte, 1923), Die schönsten Märchen der Welt für 365 und einen Tag (1924, Hg.), Hans Urian. Geschichte einer Weltreise (1931), Der Fußball (En., 1932), Die schwarzen Brüder (Jugendb., 2 Bde., 1940/41).

Teuerdank, Versepos, ↑ Maximilian I.

Teutsche Merkur, Der, literar. Monatszeitschrift, von Ch. M. Wieland (1773 zunächst als ›Der Deutsche Merkur‹) 1773–89 in Weimar nach dem Vorbild des frz. ›Mercure‹ hg., 1790–1810 u. d. T. ›Der Neue Teutsche Merkur‹ (ab 1796 hg. von Karl August Böttiger [* 1760, † 1835]) fortgeführt; Autoren waren u. a. G. A. Bürger, J. G. Herder, Goethe, Schiller, J. G. Seume, S. von La Roche, Kant, Novalis, A. W. und F. Schlegel.

Tevfik Fikret [türk.], * Konstantinopel (heute Istanbul) 24. Dez. 1867, † ebd. 19. Aug. 1915, türk. Dichter. – Einer der bedeutendsten Wegbereiter der modernen türk. Literatur, deren Lyrik er neue Wege wies. Seine Bilderwelt war beeinflußt von Vorbildern des frz. Symbolismus. Noch innerhalb der Normen der überkommenen quantitierenden und silbenzählenden Metren dichtend, experimentierte er mit lyr. Formen und vermied die übl. Zwänge starrer poet. Konvention; später auch Hinwendung zu aktuellen Problemen und sozialer Thematik. Sein Schaffen erhielt ein besonderes Gewicht durch die moral. und künstler. Autorität des Autors.
Werke: Rubâb-i şikeste (= Die zerbrochene Leier, Ged., 1900), Halûkun defteri (= Halûks Notizbuch, Ged., 1911).

Text [aus spätlat. textus = Inhalt, Text, eigtl. = Gewebe (der Rede), zu lat. texere = weben], eigtl. Wortlaut einer Schrift im Unterschied zu den Anmerkungen (↑ Glossen, ↑ Marginalien, ↑ Kommentare), Registern oder Illustrationen; bei Liedern, Singspielen oder Opern der Wortlaut im Unterschied zur Melodie; auch Bibelstelle, auf der eine Predigt aufbaut sowie im heutigen literar. Sprachgebrauch häufig als Synonym für literar. Werk verwendet.

Textausgabe, eine Publikation, die nur Text ohne editor. Kommentar (Anmerkungen, Erläuterungen usw.) wiedergibt.

Textbuch, svw. ↑ Libretto.

Textkritik, philolog. Methode der Geistes-, Rechts- und Bibelwiss. zur krit. Prüfung solcher Texte, deren Authentizität nicht gesichert ist oder von denen mehrere autograph. Entwürfe oder Fassungen (Redaktionen) vorliegen. Die Analyse der Texte und ihrer Überlieferung soll zur Herstellung (Synthese) eines dem Original nahestehenden Textes (↑ Archetypus) oder zu einer vom Autor mutmaßlich intendierten ↑ Fassung führen.
Literatur: MAAS, P.: T. Lpz. ⁴1960. – KRAFT, H.: Die Geschichtlichkeit literar. Texte. Eine Theorie der Edition. Bebenhausen 1973. – WEST, M. L.: Textual criticism and editorial technique applicable to Greek and Latin texts. Stg. 1973. – La critica del testo. Problemi di metodo ed esperienze di lavoro. Atti del convegno di Lecce 1984. Rom 1985.

Text + Kritik, seit 1963 (bis 1968 unregelmäßig, dann vierteljährlich) in München erscheinende, von Heinz Ludwig Arnold (* 1940) herausgegebene literar. Zeitschrift, die jeweils einen bestimmten, meist zeitgenöss. Schriftsteller vorstellt; seit 1970 jährlich ein Sonderband.

Textsorten, Klassen von Texten, die sich in bestimmten Eigenschaften unterscheiden, z. B. Gespräch, Reklame, Zeugnis, Pressebericht, Reportage oder jurist., wiss. und literar. Texte.

Texttheorie, im Rahmen der Informationsästhetik (M. Bense, Abraham Moses [* 1920]) die Darstellung statist., semant. und ästhet. Verfahren der Textanalyse und (experimentellen) Textherstellung, wobei zwischen eigenwertl. materialem (Textinnenwelt) und außerwertl.

intentionalem (Textaußenwelt) Aspekt der Texte unterschieden wird. Wichtige Teilaspekte der T. sind eine die Textstatistik ergänzende Texttopologie, ferner Inhaltstheorie, Textphänomenologie und Textontologie. Die T. hat wesentl. Bedeutung für den Zusammenhang experimenteller literar. Strömungen der Gegenwart (↑ konkrete Poesie u. a.), aber auch als Mittel der Annäherung an einzelne Autoren (u. a. G. Stein, J. Joyce).

Literatur: BENSE, M.: Theorie der Texte. Köln 1962. – BENSE, M.: Aesthetica. Baden-Baden 1965.

Tey, Josephine [engl. tɛɪ], Pseudonym der engl. Schriftstellerin Elizabeth ↑ Mac-Kintosh.

Thackeray, William Makepeace [engl. 'θækərɪ], * Kalkutta 18. Juli 1811, † London 24. Dez. 1863, engl. Schriftsteller. – Studierte 1829/30 in Cambridge, wo er mit A. Tennyson und E. Fitzgerald Freundschaft schloß; nach einer Kontinentreise (1831; besuchte Goethe in Weimar) jurist. Ausbildung in London, daneben auch Kunststudien; scheiterte als Hg. einer Zeitschrift; verlor 1833 sein bed. Vermögen; 1834–37 journalist. Tätigkeit in Paris; lebte danach in London. – Erfolg als Schriftsteller hatte Th. zuerst mit parodistisch-satir. Skizzen, Erzählungen und Fortsetzungsromanen, die er (meist unter Pseudonymen) bes. für ›Fraser's Magazine‹ und ›Punch‹ schrieb, darunter ›Memoiren eines englischen Livreebediensteten‹ (1837/38, dt. 1851, 1958 u. d. T. ›Die Memoiren des Mr. C. J. Yellowplush‹), ›Die Memoiren des Junkers Barry Lyndon‹ (R., 1844, dt. 1953) und ›Die Snobs‹ (1846/47, dt.

William Makepeace Thackeray (Ölskizze von Samuel Laurence, um 1855)

2 Tle., 1851, 1955 u. d. T. ›Das Snob-Buch‹). Den eigentlichen Durchbruch brachte der ,Roman ohne Held' ›Vanity fair‹ (20 Lieferungen, 1847/48, 1848 in 3 Bden., dt. 1849 in 6 Tlen. u. d. T. ›Der Markt des Lebens‹, u. a. auch u. d. T. ›Jahrmarkt der Eitelkeit‹), dessen Handlung eine sentimentale Frauengestalt einer berechnenden gegenüberstellt und dabei den Snobismus der engl. gehobenen Mittelklasse ironisch-satirisch aufdeckt. Es folgten der Bildungsroman ›Geschichte von Pendennis ...‹ (2 Bde., 1849–59, dt. 8 Tle., 1849–51) und histor. Romane, meist über die Zeit der Königin Anna (18. Jh.); von ihnen ist ›Geschichte des Henry Esmond‹ (3 Bde., 1852, dt. 4 Tle., 1852) der gelungenste; an Motive der letzteren Werke knüpfen ›Die Newcomes‹ (R., 2 Bde., 1854/55, dt. 6 Bde., 1854–56) und ›Die Virginier‹ (R., 2 Bde., 1858/59, dt. 5 Bde., 1857–59) an. Th., neben Ch. Dickens der bedeutendste engl. Romanautor der Mitte des 19. Jh., mit bissigerem Zugriff auf die Wirklichkeit als dieser, verfaßte daneben bemerkenswerte Gedichte, humorist. und märchenhafte Erzählungen (z. B. ›Die Rose und der Ring‹, 1855, dt. 1855) und Essays, u. a. ›England's Humoristen‹ (1853, dt. 1854) und ›Roundabout papers‹ (1863).

Ausgaben: W. M. Th. The centenary biographical edition of the works. Hg. v. LADY RITCHIE. London 1910–11. 26 Bde. – The letters and private papers of W. M. Th. Hg. v. G. N. RAY. Cambridge (Mass.) u. Oxford 1945/46. 4 Bde. – W. M. Th. Ges. Werke in Einzel-Bden. Dt. Übers. Hg. v. G. u. S. KLOTZ. Bln. 1975 ff.

Literatur: TILLOTSON, G.: Th. the novelist. London 1954. Nachdr. New York 1974. – RAY, G. N.: Th. London 1955–58. 2 Bde. – BROICH, U.: Versuch im Prosawerk W. M. Th.s. Bonn 1958. – Th. The critical heritage. Hg. v. G. TILLOTSON u. D. HAWES. London u. New York 1968. – HARDY, B.: The exposure of luxury. Radical themes in Th. London 1972. – SUTHERLAND, J. A.: Th. at work. London 1974. – AMSTED, J. CH.: Th. and his twentieth-century critics. An annotated bibliography. London 1977. – COLBY, R. A.: Th.'s canvas of humanity. Columbus (Ohio) 1979. – MONSARRAT, A.: An uneasy Victorian. Th. the man. London 1980. – PETERS, C.: Th.'s universe. London 1987.

thailändische Literatur, das älteste Zeugnis der th. L. ist die Steininschrift des Königs Rama Khamhäng von Sukhothai (etwa 1275–1317) aus dem Jahre 1292. Sie ist eine Art Rechenschaftsbericht des Königs und der Königsfamilie für das Volk, dessen staatsbürgerl. Rechte festgehalten werden. Von der vermutlich umfangreicheren Sukhothailiteratur ist lediglich das von dem tiefreligiösen Herrscher Lithai (1347–70) verfaßte Prosawerk ›Traiphum‹ (= Die drei Welten), eine Darstellung der buddhist. Kosmographie, erhalten. Zeugten das wahrscheinlich 1482 abgefaßte ›Mahachat khamluang‹, die thailänd. Version der Erzählung vom gebefreudigen und tugendhaften Prinzen Vessantara, sowie das histor. Epos ›Lilit yuan phai‹, ein Lobgedicht auf König Boromatrailokanat (1448–88), für das Interesse der Hofaristokratie an buddhist. und hinduist. Thematik, so gewann doch allmählich auch die weltl. Dichtung an Boden, wie z. B. in dem Heldenepos ›Lilit Phra Lo‹, einer tragisch endenden Liebesromanze, deren handelnde Personen ausschließlich Angehörige des Herrscherhauses oder der Hofgesellschaft sind. Nur das spätere volkstüml. Epos ›Khun Chang Khun Pan‹ schildert das Leben des einfachen Volkes. Weitere, meist nach älteren Vorlagen unter König Rama II. (1809 bis 1824) neu- oder umgedichtete Epen waren u. a. ›Phra Aphaimani‹, die berühmteste Verserzählung des großen Dichters Sunthon Phu (* 1786, † 1855), sowie das bedeutendste Werk der Nationaldichtung, das ›Ramakien‹, eine über 45 000 Verse enthaltende thailänd. Version des ind. ↑ Rāmāyaṇa.

Mit dem Beginn der späteren Ayutthayaperiode (etwa 1650–1767) erlebte die th. L. eine Blütezeit. Die intensive Beschäftigung mit der Dichtkunst wurde höchstes Bildungsanliegen des Hofes und brachte in der Folgezeit ein weitgespanntes Spektrum literar. Gattungen hervor. So entstanden poet. Lehrbücher, ferner die die Trennung von der Geliebten beklagende Dichtung des ›nirat‹ (Abschiedsdichtung), die Sunthon Phu zur Meisterschaft führte, außerdem Wechselgesänge, Boots- und Ruderlieder (›kap he rüa‹). Dazu kam ein alle Wissensgebiete (Geschichtsschreibung, Gesetzgebung, Medizin, Naturwissenschaften u. a.) behandelndes Prosaschrifttum. Weiter sind zu nennen Bühnenbearbeitungen religiöser Stoffe, so apokrypher Vorgeburtsgeschichten des Buddha, wie auch von Volkserzählungen, die auf dem profanen Volkstheater (›lakhon‹) zur Aufführung gelangten, während das höf. Theater vornehmlich Szenen aus dem ›Ramakien‹ brachte. – Seit etwa 1900 entstand unter dem Einfluß westl. Vorbilder eine reichhaltige Romanliteratur, ohne daß jedoch traditionelle Formen vernachlässigt wurden. Den entscheidenden Wendepunkt markierte der Staatsstreich von 1932, durch den die absolute Monarchie beendet wurde. Die sich herausbildende neue Mittelschicht versuchte die Probleme der Gegenwart in Romanen und Erzählungen zu gestalten, die ihre Thematik dem bürgerl. und proletar. Milieu entlehnen. Auch die Lyrik entfaltete sich zu neuer Blüte (Angkhan Kalayanaphong [* 1926], Nauwarat Pnongphaibun [* 1940], Khomthuon Khanthanu [* 1950]); die Texte folgen dem überlieferten Formenkanon.

Die **laotische Literatur** ist hinsichtlich ihrer Thematik und dichter. Ausformung der th. L. nahe verwandt. Standen in der klass. Dichtung des ind. Kulturerbes das religiöse Schrifttum und Bearbeitungen des ›Rāmāyaṇa‹ im Vordergrund, so trat in Versromanen die Lebenswelt der Laoten vor Augen. Die moderne laot. Literatur hat Romane, Dramen und neue Lyrikformen hervorgebracht.

Ausgaben: Sang Thong – A dance-drama from Thailand. Übers. u. eingel. v. F. S. INGERSOLL. Rutland (Vt.) 1973. – SUNTHON PHU. Endlose Trauer. Übertragen v. V. ZÜHLSDORFF. Zü. 1984. – Wenn vom Tau der Reis erwacht. Eine Ausw. thailänd. Lyrik von früher Zeit bis heute. Hg. u. Übers. v. V. ZÜHLSDORFF. Mchn. 1984. – PHILLIPS, H. P.: Modern Thai literature. Honolulu 1987.
Literatur: COEDÈS, G.: Recueil des inscriptions du Siam. Bangkok 1924–29. 2 Bde. – SCHWEISGUTH, P.: Étude sur la littérature siamoise. Paris 1951. – MOSEL, J. N.: Trends and structures in contemporary Thai poetry. Ithaca (N. Y.) 1961 (mit Bibliogr.). – WENK, K.: Die Metrik in der th. L. Hamb. u. a. 1961. – GLOCKNER, U.: Literatursoziolog. Unters. des thailänd. Romans im 20. Jh. Diss. Freib. 1967. – WENK, K.: Die Ruderlieder – kāp hē rüö – in der Lit. Thailands. Wsb. 1968. – ROSENBERG, K.: Die traditionellen Theaterformen Thailands v. den Anfängen bis in die Regierungszeit Rama's VI. Hamb. 1970. –

Vo Thu Tinh: Phra Lak Phra Lam. Vientiane 1972. – Manich Jumsai, M. L.: History of Thai literature. Bangkok 1973. – Rosenberg, K.: Die ep. Chan-Dichtungen in der Lit. Thailands mit einer vollständigen Übers. des Anirut Kham Chan. Hamb. u. Tokio 1976. – Wenk, K.: Phali lehrt die Jüngeren – Phāli sǫn nǫng. Ein Beitr. zur Lit. u. Soziologie des alten Thailand. Hamb. u. Tokio 1977. – Wenk, K.: Studien zur Lit. der Thai. Niederglatt 1982–89. 4 Bde. – Wenk, K.: Die Lit. der Thai. Bonn 1992.

Thakur, Rabindranath, ind. Dichter und Philosoph, ↑ Tagore, Rabindranath.

Tharaud, Jérôme [frz. ta'ro], eigtl. Ernest Th., *Saint-Junien (Haute-Vienne) 18. März 1874, † Varengeville-sur-Mer (Seine-Maritime) 28. Jan. 1953, und sein Bruder Jean, eigtl. Charles Th., *Saint-Junien (Haute-Vienne) 9. Mai 1877, † Paris 8. April 1952, frz. Schriftsteller. – Schrieben den größten Teil ihrer Bücher gemeinsam; waren als Reporter (u. a. in N-Afrika, Ungarn, in Spanien während des Bürgerkrieges, dann in Deutschland) tätig; Jérôme wurde 1938, Jean 1946 Mitglied der Académie française. In ihren Reportagen, die sie zu künstler. Rang erhoben, behandelten sie Zeitfragen von allgemeinem Interesse (u. a. die Kolonialpolitik in Nordafrika, die Situation des Ostjudentums); sie verfaßten auch psychologisch motivierte Romane sowie Biographien.

Werke: Dingley's Ruhm (R., 1902, dt. 1907; Prix Goncourt 1906), Der Schatten des Kreuzes (R., 1917, dt. 1922), Rabat ou les heures marocaines (Reportage, 1918), Die Herrschaft Israels (Reportage, 1921, dt. 1929), Notre cher Péguy (Biogr., 2 Bde., 1926), L'oiseau d'or (R., 1931), Cruelle Espagne (Reportage, 1937), La double confidence (Autobiogr., 1951).

Theater [über frz. théâtre aus lat. theatrum, von gleichbed. griech. théatron, eigtl. etwa = Schaustätte], **1.** Sammelbegriff für alle für Zuschauer bestimmte Darstellungen eines in Szene gesetzten Geschehens. Im europ. Kulturkreis in der Antike, dann seit dem späten MA v. a. Darstellung eines literar. Dramas auf der Bühne. Zu den Formen des Th.s gehören neben dem Sprechtheater, das auch nichtliterar. Formen wie v. a. das Stegreifspiel (↑ Commedia dell'arte) und das ↑ Puppenspiel umfaßt, die ↑ Pantomime, ↑ lebende Bilder, das ↑ Musiktheater sowie das ↑ Tanztheater. – ↑ auch Drama, ↑ Tragödie, ↑ Komödie.

2. Gesamtheit aller Einrichtungen, die eine Th.darstellung ermöglichen (v. a. Th.bau und Bühne) sowie die Gesamtheit des künstler., techn. und organisator. Ensembles, das Planung, Inszenierung und Realisierung von Th.aufführungen übernimmt.

Die **Theateraufführung** ist Ergebnis künstler. Kollektivarbeit, die von Technik und Organisation unterstützt wird, sie realisiert sich (im Unterschied zum Filmtheater) während jeder einzelnen Vorstellung jeweils neu. Der Intendant ist bes. für den **künstler. Bereich** und den Spielplan, darüber hinaus (oft zusammen mit einem Verwaltungsdirektor) für den gesamten Theaterbetrieb verantwortlich. Der Regisseur (↑ Regie) bereitet zusammen mit Regieassistenten, oft in Absprache mit dem Dramaturgen die Inszenierung vor und arbeitet mit den Schauspielern, Tänzern, Musikern u. a. in Proben bis zur Premiere oder Uraufführung (↑ Aufführung). Für die Bühnenausstattung (einschließlich der Kostüme und Masken) ist der Bühnenbildner (↑ Bühnenbild) zuständig, mit dem der Regisseur im Idealfall eng zusammenarbeitet. Im Musik-Th. werden leitende Funktionen zusätzlich u. a. vom Dirigenten, der Choreographie, der Ballett- und Chorleitung wahrgenommen. Der **techn. Bereich** besteht aus verschiedenen Abteilungen: v. a. der Bühnentechnik (Werkstätten mit Dekorateur, Tischlern, Polsterern, Schlossern u. a.), der Beleuchtungs- und Tontechnik, dem Malersaal, der Requisiten-, Maskenbildner-, Kostümabteilung und dem Wagenpark.

Der **Th.bau** besteht üblicherweise aus dem Bühnen- und dem Zuschauerhaus, die durch brandsichere Wände und den sog. eisernen Vorhang voneinander getrennt sind. Zum Bühnenhaus gehören die Bühne als eigentl. Spielfäche mit der dazugehörenden Bühnentechnik, Künstlergarderoben, Probenräume, Chor- und Ballettsaal, techn. Betriebsräume, Werkstätten, meist auch Verwaltungsräume. Zum Zuschauerhaus gehört der Zuschauerraum, der von Foyers, Zuschauergarderoben, Eingangs- und Kassenhallen umgeben ist. Der Zuschauerraum besteht aus dem im Parterre gelegenen vorderen Parkett, den hinteren, von den oberen Stockwerken erreichbaren Rängen und den abgeteilten Logen. Bei Opern- und gemischten Bühnen befindet sich zwischen Bühne und Zuschauerraum der (meist versenkte) Orchesterraum. Die wichtigsten bei der Konzeption neuer Th.bauten zu lösenden Aufgaben sind die stärkere Integrierung des Bühnenraums in den Zuschauerraum und die Bereitstellung möglichst vieler Zuschauerspplätze (bis zu 1 200, in Ausnahmefällen bis zu 2 000) möglichst nahe an der Bühne mit möglichst unbeschränkter Einsicht in den Bühnenraum. Deshalb löst sich der moderne Th.bau von der Zweiteilung und bevorzugt eine Th.architektur, die Bühne und Zuschauerraum als Einheit auffaßt und in einer großen Halle zusammenfaßt, um Spielfläche und Zuschauersitze nach den Erfordernissen eines Stücks, des Ensembles oder der Zuschauer jeweils neu anordnen zu können. Dieser Intention kommen oft kleine, zusätzlich im Th.bau untergebrachte Studios und sog. Werkstatt-Th. entgegen. Daneben steht die Nutzung von freien Plätzen, Straßen, Zelten, leerstehenden Fabriken durch mobile Th.gruppen.

Literatur: Dt. Bühnen-Jb. Bd. 1, Bln. (ab 1970 Hamb.) 1889 ff. – KOSCH, W./BENNWITZ, H.: Dt. Th.-Lex. Klagenfurt u. Wien; Bern u. Mchn. 1953 ff. – Th. heute. 1 (1960) ff. – KINDER-MANN, H.: Th.gesch. Europas. Salzburg ¹⁻²1962–80. 10 Bde. – BERTHOLD, M.: Weltgesch. des Th.s. Stg. 1968. – KNUDSEN, H.: Dt. Th.gesch. Stg. ²1970. – Der Raum des Th.s. Hg. v. H. HUESMANN. Mchn. 1977. – Th.-Lex. Hg. v. CH. TRILSE u.a. Bln. ²1978. – FRENZEL, H. A.: Gesch. des Th.s. Mchn. 1979. – BATZ, M./SCHROTH, M.: Th. zw. Tür u. Angel. Rbk. 1983. – Th.-Lex. Hg. v. H. RISCHBIETER. Zü. u. Schwäbisch Hall. Neuaufl. 1983. – IDEN, P.: Th. als Widerspruch. Mchn. 1984. – WICK-HAM, G.: A history of the theatre. Oxford 1985. – Th.lexikon. Hg. v. M. BRAUNECK u. G. SCHNEI-LIN. Rbk. 1986. – BRAUNECK, M.: Die Welt als Bühne. Gesch. des europ. Th.s. Stg. 1993 ff. – FISCHER-LICHTE, E.: Kurze Gesch. des dt. Th.s. Tüb. u.a. 1993. – STADELMAIER, G.: Letzte Vorstellung. Eine Führung durchs dt. Th. Ffm. 1993. – Th. im 20. Jh. Hg. v. M. BRAUNECK. Neuausg. Rbk. 1993. – Welttheater – Nationaltheater – Lokaltheater? Europ. Th. am Ende des 20. Jh. Hg. v. E. FISCHER-LICHTE. Tüb. 1993. – HASCHE, CH.: Das Th. in der DDR. Bln. 1994. – Th.-Lex. Hg. v. C. B. SUCHER. Mchn. 1995 ff. Auf 2 Bde. berechnet.

Theater auf dem Theater ↑ Spiel im Spiel.

Theater der Grausamkeit, nach der Schrift ›Das Theater der Grausamkeit‹ (1932, dt. 1980) von A. Artaud eine Darstellungsart, die sich auf die spontanen, rituellen, mag., gest. und illusionären Elemente des Theaters, d.h. auf das absolute, totale, vom literar. Text unabhängige Theater, zurückbesinnt und durch Aufhebung der Trennung zwischen Zuschauerraum und Bühne die Zuschauer zus. mit den Schauspielern in ein Theater der Selbsterkenntnis führen will. Unter ›Grausamkeit‹ wird der *ästhet. Schock* als unmittelbare Existenzerfahrung verstanden, der die Distanz zwischen Theater und Leben aufhebt. Integriert in Musik, Licht, Farbe soll die Sprache des Theaters aus Wörtern Zauberformeln machen, ›sie läßt Rhythmen rasend auf der Stelle treten. Sie stampft Laute ein‹ (Artaud). Artauds Konzept hat Dramatiker (z.B. J. Genet, E. Ionesco, S. Beckett), Regisseure und Theatergruppen (z.B. Jean-Louis Barrault [* 1910, † 1994], Peter Brook [* 1925], das ↑ Living Theatre) beeinflußt.

Literatur: VIRMAUX, A.: A. Artaud et le théâtre. Paris 1970. 2 Bde. – DERRIDA, J.: Die Schrift u. die Differenz. Dt. Übers. 1972. – KASCHEL, G.: Text, Körper u. Choreographie. Die ausdrückl. Zergliederung des A. Artaud. Ffm. 1981. – BRUNEL, P.: Théâtre et cruauté ou Dionysos profané. Paris 1983. – ARTAUD, A.: Das Theater u. sein Double. Dt. Übers. Rbk. ⁴1986. – VIRMAUX, A./VIRMAUX, O.: Antonin Artaud. Lyon 1986. – BONARDEL, F.: A. Artaud ou la Fidélité à l'infini. Paris 1987.

Theaterdichter (Bühnendichter), im 18. und 19. Jh. Autor, der (in der Regel gegen festes Honorar) Theaterstücke, auch Epiloge, Prologe, Übersetzungen exklusiv für ein Theater verfaßte. So war z.B. Schiller 1783/84 am Mannheimer Nationaltheater und C. Goldoni an verschiedenen Theatern als Th. verpflichtet.

Theater heute ↑ Theaterkritik.

Theaterkritik, die Entwicklung der Th. als selbständige literar. Form ist untrennbar an die ästhet. und soziale Geschichte des Theaters und des Publikationswesens gebunden. Erst mit der Verbreitung von Zeitschriften und Zeitungen ab dem 17. Jh. bildete sich eine regelmäßige, aktuelle Th. heraus. Als Begründer gelten die engl. Essayisten R. Steele und J. Addison, die in ›The Spectator‹ (1711/12) die ersten Kritiken veröffentlichten. Diese gingen über die seit der Antike übl. poetolog. Betrachtungen hinaus und werteten neben der Textvorlage einer Aufführung auch die darsteller. Umsetzung. Schauspielerkritik wurde fortan zu einem Merkmal der Theaterkritik. In Frankreich erschienen die ersten Th.en von F. M. von Grimm, Julien-Louis Geoffroy (* 1743, † 1814), J. G. Janin. In Deutschland gaben J. Ch. Gottsched (v. a. in seiner mit Luise A. V. Gottsched herausgegebenen moral. Wochenschrift ›Die vernünftigen Tadlerinnen‹, 1725/26) und G. E. Lessings ›Hamburgische Dramaturgie‹ (erschienen 1767–69 in 104 Einzellieferungen, hg. in 2 Bden. 1787) der Th. entscheidende Impulse. Sie nahmen das szen. Ereignis zum Anlaß ästhet. Reflexion und wirkten dadurch auf die Bühnenpraxis direkt ein, wie u. a. die Bühnenreform von F. C. Neuber und v. a. Lessings Hamburgische Dramaturgie bewiesen.

Mit Lessing entwickelte sich die Th. v. a. zur Kritik der theatral. Darstellungsmittel und wurde damit auch zum Instrument der Auseinandersetzung um die Entwicklung des bürgerl. Dramas. Überhaupt ist die Th. immer dann von bes. Bedeutung, wenn sie neue Entwicklungen durchsetzen hilft. So hat nach der Th. der Aufklärung die Th. der Romantik (u. a. L. Tieck ›Krit. Schriften‹, 4 Bde., 1848–52; V. Hugo, Vorrede zu ›Cromwell‹, 1827, dt. 1830; ›William Shakespeare‹, 1864) eine neue Dramatik und Bühnenpraxis gefördert, z. B. in der Überschreitung des herkömml. theatral. Wirklichkeitsverständnisses, in der Einbeziehung des Publikums, der Vermischung der Gattungen u. a. Nach der Politisierung der Th. im Jungen Deutschland, wie bei L. Börne, H. Heine, H. Laube, führte die Starrheit des Theatersystems in der Gründerzeit die Th. wieder zu einer philosophisch-ästhetisch bestimmten literar. Dramenbetrachtung zurück. Das szen. Ereignis rückte in den Hintergrund. – Charakteristisch für die humanistisch gesinnte, liberale Th., die sich als Vermittler zwischen Bühnen-

autor und Publikum begriff, sind die Th.en Th. Fontanes, der zus. mit O. Brahm (›Krit. Schriften über Drama und Theater‹, 2 Bde., hg. 1913–15) für die ↑ Vossische Zeitung schrieb.

An der Emanzipation des Theaters von der Literatur mit Beginn des Bühnennaturalismus um 1890 hatte die Th. entscheidenden Anteil. Kritiker wie O. Brahm, J. und H. Hart, A. Kerr (›Schauspielkunst‹, 1904; ›Das neue Drama‹, 1905), P. Schlenther, J. Bab (›Der Mensch auf der Bühne‹, 3 Bde., 1910) verhalfen dem naturalist. Drama zum Durchbruch. In der Th. des ausgehenden 19. Jh. dominierte zunächst noch der Wissenschaftlichkeitsanspruch des Naturalismus, doch ging sie auch darin zunehmend nicht mehr von der literar. Vorlage, sondern von der theatral. Realisation aus. Mit M. Reinhardts Regietheater (↑ Regie) entwickelte sich dann eine Th., die sich primär vor der sinnl. Erfahrung des Theaterereignisses leiten ließ. Die Subjektivität der Th. und damit die Distanzierung des Kritikers von der geschmacksbildenden Mittlerfunktion früherer Zeit ist für die weitere Entwicklung der Th. wegweisend. Herausragender Vertreter der subjektiven Th. ist A. Kerr, während S. Jacobsohn (u. a. Begründer der Zs. ›Die Schaubühne‹ [1905], ab 1918 ›Die Weltbühne‹) durch seine krit. Differenziertheit zu den bedeutendsten Kritikern der Reinhardt-Ära zählt.

Der Konkurrenzdruck im Theater- und Zeitungswesen führte ab der Jahrhundertwende zur sog. Nachtkritik, die meist mehr oder minder spontane Erfahrungsreaktionen darstellte. Die schriftsteller. Kritik entwickelte sich zur journalist. Kritik. Merkmal der Th. der zwanziger Jahre ist ihre stilist. Vielfalt und polit. Dezidiertheit in bezug auf die neuen Entwicklungen der Dramatik und Bühnenpraxis. Die Konfrontation prinzipiell widersprüchl. Theaterauffassungen tritt bes. in der Diskussion über das Zeittheater (↑ Zeitstück) zutage und zeigt sich anschaulich in der Auseinandersetzung über B. Brecht und die nichtaristotel. Dramatik zwischen dem politisch-histor. Kriterien entwickelnden Herbert Jhering (* 1888, † 1977; ›Von Reinhardt bis Brecht‹, hg. 1961, 3 Bde., ges. Kritiken) und dem von einem theatralischen Kunstpostulat her urteilenden A. Kerr. Schriftstellerisch, reflektorisch und in ihrer effektiven Rückwirkung auf die Bühnenpraxis steht die Th. der 1920er Jahre einzigartig da. Zu ihren wichtigsten Vertretern zählen u. a. Bernhard L. Diebold ([* 1886, † 1945], ›Anarchie im Drama‹, 1920; 1917–33 Kritiker der ›Frankfurter Zeitung‹), Monty Jacobs (* 1875, † 1945), Jhering, Kerr, K. Kraus, Max Osborne (* 1870, † 1946), A. Polgar (u. a. 1925–33 Kritiker für ›Die Weltbühne‹; ›Ja und Nein‹, Theaterkritiken, 4 Bde., 1926/27). Im Nationalsozialismus wurde die freie Th. verboten. – Mit dem Wiederaufleben eines engagierten Theaters ab den sechziger Jahren wurde die Th. wieder zu einer Form der Auseinandersetzung über ästhet. und soziale Funktionen des Theaters und seiner Dramatik. – Nach 1945 sind als deutschsprachige Theaterkritiker u. a. F. Luft, Günther Rühle, Georg Hensel, Joachim Kaiser, Hellmuth Karasek, Benjamin Henrichs, Peter von Becker, Heinz Klunker, Michael Merschmeier, Rolf Michaelis, Ernst Wendt, Siegfried Melchinger, Irma Voser, H. Spiel, Elisabeth Brock-Sulzer zu nennen. Zentrales Forum der Th. nach dem Zweiten Weltkrieg wurde in der Bundesrepublik Deutschland die seit 1960 erscheinende Monatszeitschrift ›**Theater heute**‹, hg. von Erhard Friedrich (bis 1981), dann zus. mit Henning Rischbieter, Peter von Becker, Michael Merschmeier und zeitweise Siegfried Melchinger. Bes. Bedeutung besaß ›Theater heute‹ in den sechziger und siebziger Jahren durch Förderung der modernen zeitgenöss. Dramatik und die Auseinandersetzung über kontroverse Themen, wie z. B. das ↑New English Drama (für das sich in England selbst engagierte Kritiker wie Kenneth Tynan und Sir Harold Hobson einsetzten), das Theater der Grausamkeit, die neue dt. Dramatik z. B. von Th. Bernhard, B. Strauß, R. Hochhuth, P. Handke, P. Weiss. Das ›**Forum Modernes Theater**‹ (ab 1986), hg. von Günter Ahrends, versteht sich als wiss. Forum zur Theaterpraxis des europ. und nordamerikan. Dramas und zur Intensivierung des Dialogs zwischen Theater- und Literaturwissenschaft.

Literatur: DAMMANN, O.: Von Lessing bis Börne. Zur Entwicklungsgesch. der dt. Th. In: Preuß. Jbb. 195 (1924), S. 276. – SCHWARZLOSE, W.: Methoden der dt. Th. Diss. Münster 1951 [Masch.]. – MELCHINGER, S.: Keine Maßstäbe? Kritik der Kritik. Ein Versuch. Zü. u. Stg. 1959. – BLÖCKER, G., u. a.: Kritik in unserer Zeit. Lit., Theater, Musik, Bildende Kunst. Gött. 1960. – HENSEL, G.: Anmaßungen der Th. In: Dt. Akademie f. Sprache u. Dichtung. Jb. Darmst. 1968. – HÜCKING, R.: Kriterien amerikan. Th. Hamb. 1980. – Berlin. Theater der Jh.wende. Bühnengeschichte der Reichshauptstadt im Spiegel der Kritik (1889–1914). Hg. v. N. JARON, H. MÜLLER u. a. Tüb. 1985. – ↑ auch Literaturkritik.

Theatermaschinerie, svw. Bühnenmaschinerie (↑ Bühne).

Theaterwissenschaft, Wiss. vom Wesen und der histor. Entwicklung des Theaters, die als fächerübergreifende Disziplin in den Grenzbereichen von Literaturwissenschaft, Volks- und Völkerkunde, Religionswissenschaft und Mythologie, Musik-, Tanz-, Geistes- und Sittengeschichte, Publizistik, Soziologie, Psychologie und Ästhetik, Geschichte der Technik und der Architektur angesiedelt ist. Ihre Forschungsbereiche sind die Phänomenologie, Morphologie und Ästhetik des Theaters, Theatergeschichte im engeren Sinne, Entwicklungsgeschichte der Schauspielkunst, der Regie, des Bühnenbildes usw. und die Wirkungsgeschichte des Theaters einschließlich der Geschichte der Theaterkritik; in neuerer Zeit wird auch das Theater der Medien (Film, Fernsehen usw.) einbezogen. – Die Th. ist erst Anfang des 20. Jh. als selbständige Disziplin ausgebildet worden. Nachdem bereits Ende des 19. Jh. theatergeschichtl. Arbeiten veröffentlicht wurden, erfolgte 1902 die Gründung der ersten theaterwissenschaftl. Gesellschaft (Gesellschaft für Theatergeschichte e. V.) in Berlin. Als Begründer der Th. als Hochschuldisziplin gelten Artur Kutscher (* 1887, † 1940), der ab 1909 in München, und Max Herrmann (* 1865, † 1942), der ab 1900 in Berlin theaterwissenschaftl. Vorlesungen hielt. Herrmann gründete 1923 das erste theaterwissenschaftl. Institut an der Univ. Berlin.

Literatur: STEINBECK, D.: Einleitung in die Theorie und Systematik der Th. Berlin 1970. – HÜCKING, R.: Kriterien amerikan. Th. Hamb.

1980. – Th. heute. Eine Einf. Hg. v. R. MÖHR-
MANN. Bln. 1990.

Theaterzeitschriften, Periodika,
die sich entweder mit der Entwicklung
und den Problemen des jeweils zeitgenöss. Theaters auseinandersetzen oder
sich der systemat. und/oder historisch-
wiss. Beschäftigung mit dem Theater
widmen.

Theaterzettel, seit dem 15. Jh. be-
zeugte Einzelblätter (erster handschriftl.
Th. 1466; erster gedr. Th. 1520) mit Angaben des Theaters über eine angekün-
digte Theateraufführung; auf den Th.n
waren Titel und Zeitpunkt der Aufführung, ab Mitte des 18. Jh. auch Verfasser
des Stückes und die Besetzung genannt.
Im 20. Jh. gingen aus dem Th. die heute
übl. Programmhefte hervor.
Literatur: HÄNSEL, J.-R.: Die Gesch. des Th.s u.
seine Wirkung in der Öffentlichkeit. Diss. Bln.
1959.

Théâtre du Soleil [frz. teatrədysɔ'lɛj],
1964 von der frz. Regisseurin Ariane
Mnouchkine (* 1939) gegründetes (seit
1970 in der ›Cartoucherie‹ von Vincen-
nes spielendes) Theaterkollektiv, das in
der Tradition des Volkstheaters, der
Commedia dell'arte (Spontaneität, Improvisation, Maskenspiel und Artistik
sind wesentl. Produktionsbedingungen)
steht. In Anlehnung an J. Copeaus
↑Theatre du Vieux-Colombier hat das
Th. du S. v. a. die Produktionsform der
›création collective‹ entwickelt, d. h., das
gesamte Schauspielerensemble erarbeitet
gemeinsam mit der Regisseurin die Texte
sowie auch gemeinsam deren Inszenierungen: u. a. ›1789‹ (1971; als Film 1974),
›1793‹ (1973), ›L'âge d'or‹ (1975), ›Molière‹ (als Film 1978), ›Méphisto‹ (1979;
nach K. Mann). In dem ›Shakespeare-
Zyklus‹ (›Richard II.‹, 1981; ›Was ihr
wollt‹, 1982, ›Heinrich IV.‹, 1. Teil, 1984)
hat sich das Th. du S. ebenso wie in ›Les
années de colère et de rêves‹ (1987; Text
von H. Cixous u. Mnouchkine) v. a. die
Tradition des jap. und ind. Theaters zu
eigen gemacht.

Théâtre du Vieux-Colombier [frz.
teatrədyvjøkɔlɔ'bje], 1913 von dem frz.
Schauspieler und Regisseur J. Copeau
(* 1879, † 1949) gegründetes und bis 1924
geleitetes Pariser Theater, in dem Copeau v. a. Shakespeare und Molière so-

wie zeitgenöss. Theater in Opposition zu
jeder Art von Illusionstheater inszenierte. Von der ↑Commedia dell'arte sowie vom oriental. Theater inspiriert,
wollte er darüber hinaus ein festes Ty-
pensystem schaffen, das zur Herausbildung einer ›neuen Stegreifkomödie mit
Themen unserer Zeit‹ (an die Stelle von
Harlekin, Pierrot, Kolombine u. a. sollten
die Adelige, der Bourgeois, die Frauen-
rechtlerin u. a. treten) beitragen sollte, wobei der einzelne Schauspieler nur einen
einzigen, nicht austauschbaren Typus
verkörpern sollte. Die Theatergruppe
der ›Neuen Komödie‹ verstand Copeau
als Gemeinschaft von Possenspielern
(Autoren, Schauspieler, Sänger, Musiker,
Akrobaten). An der dem Theater angeschlossenen Schauspielschule wurden
u. a. Charles Dullin (* 1885, † 1949) und
Louis Jouvet (* 1887, † 1951) ausgebildet.
Obwohl Copeau seine Vorstellungen
vom Theater nicht realisieren konnte, hat
das Th. du V.-C. bis heute wesentl. Einfluß auf das zeitgenöss. Theater.

Théâtre italien [frz. teatrita'ljɛ̃], die
Aufführungen der ab 1570 in Paris auftretenden italien. Commedia-dell'arte-
Truppen, bes. des Ensembles der ›Comédie-Italienne‹. Nach einer wechsel-
vollen Geschichte in der frz. Hauptstadt
verband sich die ›Comédie-Italienne‹
1762 mit der ›Opéra-Comique‹.
Literatur: ATTINGER, G.: L'esprit de la
Commedia dell'arte dans le théâtre français. Paris 1950. – BRENNER, C. D.: The Th. italien. Its
repertory 1716–1793. Berkeley (Calif.) 1961.

Théâtre-Libre [frz. teatrə'libr =
freies Theater], von André Antoine
(* 1858, † 1943) 1887 gegründete, v. a. von
É. Zola unterstützte Privatbühne, die von
Mitgliedern durch einen Jahresbeitrag fi-
nanziert wurde und in geschlossenen, vor
der staatl. Zensur geschützten Aufführungen durch Amateurschauspieler der
naturalist. Moderne (u. a. É. Zola, H. Ibsen, G. Hauptmann, L. N. Tolstoi) zur
Premiere verhalf. Das Th.-L. war an-
regend für die Gründung der Berliner
↑Freien Bühne, des Londoner Inde-
pendent Theatre (gegr. 1891) und des
↑Moskauer Künstlertheaters. – ↑auch
Comédie rosse.

Théâtre National Populaire [frz.
teatrənasjɔnalpɔpy'lɛːr], Abk. T. N. P.,

1920 als ›Théâtre du Trocadéro‹ vom frz. Staat gegründetes Volkstheater in Paris. Das T.N.P. wurde 1973 nach Villeurbanne verlegt.

Literatur: VILAR, J.: Le théâtre, service public. Paris 1975.

Theatre of Images [engl. 'θιətə əv 'ımıdʒız] ↑ lebende Bilder.

Theatre Workshop, The [engl. ðə 'θιətə 'wəːkʃɔp], 1945 unter dem Namen ›Theatre of Action‹ in Manchester u.a. von Joan Maud Littlewood (* 1914) gegründetes, Anfang der 1950er Jahre umbenanntes und seit 1953 im Londoner Theatre Royal fest ansässiges, engagiertes Experimentiertheater, das sich als Theaterkollektiv 1964 auflöste. Das Theatre Royal ist, mit anderer Besetzung, bis heute in Betrieb.

Literatur: GOORNEY, H.: The Th. W. story. London 1981.

Theatrum mundi [griech.; lat.],
1. ↑ Welttheater.
2. Titel großer Weltgeschichten im 17. und 18. Jahrhundert.
3. frühe Bez. für Guckkasten mit bewegl. Figuren.
4. Bez. für eine im 17. Jh. entstandene Darstellungsform wandernder Puppenspieler: Flachfiguren werden auf Laufschienen mechanisch durch eine reich illuminierte Szene bewegt; beabsichtigt waren sowohl Information als auch Belehrung über das Weltgeschehen.

Theer, Otakar [tschech. tɛːr], * Tschernowzy 16. Febr. 1880, † Prag 20. Dez. 1917, tschech. Schriftsteller. – Studierte in Prag Philosophie, Beamter an der Universitätsbibliothek; Schüler A. Sovas und O. Březinas; behandelte in seiner Lyrik metaphys. Fragen; auch Kritiker und Übersetzer.

Thelen, Albert Vigoleis, * Süchteln (heute zu Viersen) 28. Sept. 1903, † Viersen 9. April 1989, dt. Schriftsteller. – Lebte 1931–36 auf Mallorca, war bei Kriegsausbruch 1939 in Frankreich, floh nach Portugal, kam 1947 in die Niederlande und ließ sich 1954 in der Schweiz nieder; lebte zuletzt in Viersen. Zeitkrit., humorvoller und fabulierfreudiger Erzähler, der in seinen Schelmenromanen eigene Erlebnisse anschaulich gestaltete; auch Lyriker, Literaturkritiker und Übersetzer (u.a. von Teixeira de Pascoais).

Werke: Schloß Pascoaes (Ged., 1942), Die Insel des zweiten Gesichts (R., 1953), Vigolotria (Ged., 1954), Der Tragelaph (Ged., 1955), Der schwarze Herr Bahßetup (R., 1956), Runenmund (Ged., 1963), Glis-Glis. Eine zoo-gnost. Parabel (1967), Im Gläs der Worte (Ged., 1979), Lobsame Handelsbalz (E., 1984), Sandade (Ged., 1986), Der mag. Rand. Eine abtriftige Geschichte (R.-Fragment, hg. 1989), Poet. Märzkälbereien (ges. Prosa, hg. 1990).

Thema [griech.-lat. = Satz, abzuhandelnder Gegenstand; eigtl. = das Gesetzte], Gegenstand eines Artikels, einer Abhandlung o.ä., auch vage Bez. für den Gegenstand künstler. Darstellung.

Themistios (tl.: Themístios), * um 317, † Konstantinopel (heute Istanbul) um 388, griech. Rhetor und Philosoph aus Paphlagonien. – Leiter einer Schule in Konstantinopel; 355 Senator, unter Kaiser Theodosius I. Stadtpräfekt, Erzieher von dessen Sohn Arcadius. Von seinen zahlreichen polit. Gelegenheitsreden und philosoph. Reden sind 33 erhalten, in denen er versuchte, die Traditionen der Rhetorik und der Philosophie miteinander zu verbinden, außerdem Paraphrasen zu Schriften des Aristoteles; schrieb auch (verlorene) Kommentare zum Werk Platons und des Aristoteles. Stilistisch war Th. Anhänger des Attizismus.

Ausgabe: Themistii orationes quae supersunt. Hg. v. G. DOWNEY u. A. F. NORMAN. Lpz. 1965–74. 3 Bde.

Theobaldy, Jürgen [...di], * Straßburg 7. März 1944, dt. Schriftsteller. – Lebte nach dem Studium u.a. der Literaturwiss. seit 1974 in Berlin, seit 1984 vorwiegend in der Schweiz. Seit 1973 veröffentlicht er Gedichte in nüchtern-salopper Sprache, mit denen er das Lebensgefühl seiner Generation zum Ausdruck bringen will, sowie Romane; auch Herausgebertätigkeit.

Werke: Sperrsitz (Ged., 1973), Blaue Flecken (Ged., 1974), Zweiter Klasse (Ged., 1976), Sonntags Kino (R., 1978), Drinks. Gedichte aus Rom (1979, überarbeitet und erweitert 1984 u.d.T. Midlands. Drinks), Schwere Erde, Rauch (Ged., 1980), Spanische Wände (R., 1981, überarbeitet 1984), Die Sommertour (Ged., 1983), Das Festival im Hof (En., 1985), In den Aufwind (Ged., 1990), Der Nachtbildsammler (Ged., 1992), Mehrstimmiges Grün (Ged. u. Prosa, 1994).

Theodektes von Phaselis (tl.: Theodéktes), * um 377, † um 336, griech. Rhe-

tor und Tragödiendichter. – Schüler von
Isokrates, Platon und Aristoteles;
schrieb neben zahlreichen Stücken mit
myth. Stoffen ein (zeitgeschichtl.) Drama
über den Satrapen Mausolos, dem er
auch eine Leichenrede widmete, sowie
ein Lehrbuch der Rhetorik; nur wenige
Fragmente sind erhalten.

Theodor von Mopsuestia, * Antiochia
(heute Antakya) um 352, † Mopsuestia
(heute Misis) bei Adana 428, syr. Kirchenschriftsteller und Bischof (ab 392). –
Mönch; bedeutendster Exeget der antiochen. Schule; schrieb Kommentare zu
fast allen bibl. Büchern, dazu zahlreiche
theolog. Abhandlungen; zu Unrecht als
Urheber des Nestorianismus angesehen
und 553 auf dem 2. Konzil von Konstantinopel als Häretiker verurteilt (Dreikapitelstreit); dadurch gingen die meisten
seiner Schriften verloren, von denen einige von den Nestorianern ins Syrische
übersetzt wurden.

Ausgabe: Theodor vom heiligen Joseph. Der
gerade Weg zu Gott. Leben nach dem heiligen
Johannes vom Kreuz. Dt. Übers. Innsb. 1937. –
Th. v. M. Commentarius in Evangelium Iohan-
nis Apostoli. Hg. v. J.-M. VOSTÉ. Paris 1940.
2 Bde. – Th. von M. Johanneskomm. Hg. v.
J.-M. VOSTÉ. In: CSCO 115 u. 116. Löwen
1940.
Literatur: DEVREESSE, R.: Essai sur Th. de Mop-
sueste. In: Studi e testi 141 (1948). – ALTANER,
B./STUIBER, A.: Patrologie. Freib. ⁹1980. § 82.

Theodorescu, Ion N., rumän.
Schriftsteller, † Arghezi, Tudor.

Theodoret von Kyrrhos (tl.: Theo-
dōrētos), * Antiochia (heute Antakya)
um 393, † um 466, syr. Kirchenschriftsteller. – Ab 423 Bischof von Kyrrhos (Syrien); nahm als Vertreter der antiochen.
Schule in den Glaubenskämpfen des
5. Jh. gegen Cyrill von Alexandria und
Dioskur von Alexandria Stellung; die
Verteidigung der antiochen. Christologie
brachte ihm 553 die Verurteilung als Häretiker ein (Dreikapitelstreit). – Neben
theolog. Abhandlungen, Schriftkommen-
taren u. a. verfaßte Th. eine Kirchengeschichte für die Zeit von 325 bis 428 und
die das syr. Mönchtum verherrlichende
›Historia religiosa‹ (Mönchsgeschichte).
Ausgabe: Theodoreti Cyrensis episcopi opera
omnia. In: Patrologiae cursus completus. Series
Graeca. Bd. 80–84. Hg. v. J.-P. MIGNE. Paris
1859–60. – Mönchsgeschichte. Übers. v.

K. GUTBERLET. Mchn. 1926 (Bibliothek der Kir-
chenväter. Bd. 50). – Kirchengeschichte. Übers.
v. A. SEIDER. Mchn. 1929 (Bibliothek der Kir-
chenväter. Bd. 51). Historia ecclesiastica: Kirchengeschichte. Hg. v. L. PARMENTIER u. bearb.
v. F. SCHEIDWEILER. Bln. ²1954.
Literatur: ALTANER, B./STUIBER, A.: Patrologie.
Freib. ⁹1980. § 87 u. 59. 7.

Theodoros Prodromos (tl.: Theódōros Pródromos), byzantin. Dichter der
1. Hälfte des 12. Jahrhunderts. – Wollte
sich ganz der Literatur widmen und lebte
deswegen in tiefer Armut; hatte Kontakte zum Hof der Komnenen, die auch
u. a. die Adressaten seiner teilweise in
griech. Volkssprache geschriebenen Bet-
telgedichte waren. In seinen zahlreichen
literar. Werken behandelt er eine Vielzahl von Themen; schrieb den Versroman ›Tà katà Rhodánthēn kaì Dosikléa‹
(= Rhodanthe und Dosikles), die dra-
matische Parodie ›Katomyomachía‹
(= Katzenmäusekrieg), satir. Gedichte,
ein astrolog. Gedicht und zahlreiche Gelegenheitsgedichte, auch Epigramme.
Bei einigen unter dem Namen Phtocho-
prodromos (Ftochoprodromos, Ptocho-
prodromos) überlieferten Liedern ist es
zweifelhaft, ob sie von Th. P. stammen
oder Persiflage sind.
Ausgaben: Poèmes prodromiques en grec vul-
gaire. Hg. v. D. C. HESSELING u. A. PERNOT. Leiden 1910. Neudr. Wsb. 1968. – Th. P. Histor.
Gedichte. Hg. v. W. HÖRANDNER. Wien 1974.

Theodoros Studites (tl.: Theódōros
Stoudítēs; Theodor von Studion), hl.,
* Konstantinopel (heute Istanbul) 759,
† auf den Prinzeninseln (heute zu Istanbul) 11. Nov. 826, byzantin. Theologe. –
Aus vornehmer byzantin. Familie, um
780 Mönch im Kloster Sakkudion (Bithy-
nien), dort 794 Abt. Zog 797 mit seiner
Klostergemeinde in das Studion-Kloster
in Konstantinopel um, das er zu einem
Reformzentrum und Idealkloster für das
byzantin. Mönchtum formte. In der letzten Phase des Bilderstreits wirkte er als
erbitterter Gegner der Ikonoklasten (Bil-
derverfolger) weit über sein Kloster hinaus. In der dafür verhängten Verbannung
starb er. Aus seiner Mönchsreform ging
eine Reihe bed. geistlich-asket. Schriften
hervor; seine Epigramme gehören zum
Besten der byzantin. Dichtung.
Ausgabe: Th. S. In: Patrologiae cursus completus. Series Graeca. Bd. 99. Hg. v. J.-P. MIGNE.

Paris 1860. – Th. S. In: Anthologia graeca carminum christianorum. Hg. v. W. CHRIST u. M. PARANIKAS. Lpz. 1871. Nachdr. Hildesheim 1963.

Literatur: GARDNER, A.: Theodore of Studium, his life and times. London 1905. – MAX HERZOG ZU SACHSEN: Der hl. Theodor, Archimandrit v. Studion. Mchn. 1929.

Theodotos (tl.: Theódotos), hellenist.-jüd. Epiker aus unbekannter Zeit vor 80 v. Chr. – Verfasser des Epos ›Peri Ioudaíōn‹ (= Über die Juden) aus dem Stoff von 1. Mos. im Stil Homers, das die Kenntnisse über das Judentum bei den Hellenen erweitern sollte.

Theodulf von Orléans [frz. ɔrle'ã], * in Katalonien um 750, † Le Mans (?) 821, karoling. Theologe und Dichter westgot. Herkunft. – Ab 778 (780?) am Hof Karls des Großen; 798 Bischof von Orléans und Abt von Fleury; bed. Vertreter der karoling. Renaissance; seine Gedichte – etwa 4600 erhaltene Verse, von Ovid und Prudentius Clemens beeinflußt – zeugen vom gesellschaftl. und literar. Leben am Hof; unter den theolog. Werken sind ›De spiritu sancto‹ (809) und ›Capitula episcoporum‹ (Reformerlasse für seinen Klerus) bedeutsam; wahrscheinlich Autor der ›Libri Carolini‹, einer von Karl dem Großen um 790 veranlaßten theolog. Streitschrift gegen die Beschlüsse des 2. Konzils von Nizäa zugunsten der Bilderverehrung, die aufgrund falscher lat. Übersetzung als Entscheidung für die Bilderanbetung mißverstanden wurde. In eine Verschwörung verwickelt, wurde er 818 von Ludwig dem Frommen zu lebenslanger Klosterhaft (zunächst in Angers, später in Le Mans) verurteilt.

Ausgaben: Th. v. O. Opera omnia. In: Patrolgiae cursus completus. Series Latina. Bd. 105. Hg. v. J.-P. MIGNE. Paris 1851. – Th. v. O. Carmina. Hg. v. E. DÜMMLER. Monumenta Germaniae Historica. Poetae latini medii aevi. Bln. 1880 ff.
Literatur: SCHALLER, D.: Philolog. Unterss. zu den Gedichten Theodulfs. Diss. Hdbg. 1956. – DALHAUS-BERG, E.: Nova antiquitas et antiqua novitas. Typolog. Exegese u. isidorian. Geschichtsbild bei Th. v. O. Diss. Köln 1975. – GODMAN, P.: Poets and emperors. Frankish politics and Carolingian poetry. Oxford 1987.

Theodulus, Deckname für den Verfasser (vielleicht Gottschalk von Orbais) des wahrscheinlich im 10. Jh. abgefaßten lat. Gedichts ›Ecloga Theoduli‹, das in Anlehnung an die klass. Dichtung allego-

risch den Wettgesang zwischen einem christl. Schäfermädchen namens Alithia und dem heidn. Schäfer Pseustis schildert.

Ausgabe: Theoduli ecloga. Hg. v. J. OSTERNACHER. Linz 1902. Kommentar Linz 1907.

Theognis (tl.: Théognis), griech. Dichter des 6. Jh. aus Megara (Griechenland). – Verfasser von eleg. Gedichten an seinen jungen adligen Freund Kyrnos, den er mit Lebensweisheiten und aristokrat. Grundsätzen belehrt. Unter Th.' Namen ist eine Sammlung **(Theognidea)** kurzer Elegien, die zur Gelagepoesie gehören, in zwei Büchern überliefert (polit. Sprüche, die den Niedergang der Stellung des Adels beklagen und z. T. an den alten Adelsnormen festhalten, sowie erot. Gedichte). Sie enthält jedoch auch Verse anderer Dichter; diese von den Versen des Th. zu unterscheiden, blieb bisher eine unlösbare Aufgabe.

Literatur: HASLER, F. S.: Unterss. zu Th. Winterthur 1959. – STEFFEN, V.: Die Kyrnos-Gedichte des Th. Breslau u. a. 1968.

Theokrit (tl.: Theókritos), * Syrakus um 310, † um 250, griech. Dichter. – Kam wohl um 270 nach Alexandria, wo er in Ptolemaios II. Philadelphos einen Gönner fand, verbrachte aber auch eine Zeit seines Lebens auf der Insel Kos. Seine Eidyllia (↑ Eidyllion) enthalten Hirtengedichte, Mimen (↑ Mimus), Gedichte mytholog. (↑ Epyllion) und päderast. Inhalts, ein Gedicht an Hieron II. von Syrakus und ein Enkomion auf Ptolemaios. Erhalten sind 31 Eidyllia (eins fragmentarisch; nicht alle echt), zwei weitere Gedichte (das Fragment ›Berenikē‹ und das Figurengedicht ›Sȳrinx‹) sowie 22 Epigramme (einige wohl unecht). Mit dem Mimus knüpfte Th. an Sophron an; mit seiner Hirtendichtung, die er zur Welt der sizilian. Hirten gestaltete, wurde er Begründer der ↑ bukolischen Dichtung. Die meisten Gedichte Th.s sind in Hexametern und in dor. Sprache geschrieben.

Ausgabe: Th. Gedichte. Griech. u. dt. Hg. v. F. P. FRITZ. Mchn. ²1979.
Literatur: RUMPEL, J.: Lexicon Theocritum. Lpz. 1879. Nachdr. Hildesheim 1973. – MEINCKE, W.: Unterss. zu den enkomiast. Gedichten Th.s. Diss. Kiel 1966. – OTT, U.: Die Kunst des Gegensatzes in Th.s Hirtengedichten. Hildesheim u. New York 1969. – ↑ auch bukolische Dichtung.

Theologia deutsch (Th. teutsch), um 1430 von einem unbekannten Verfasser (†Frankfurter, Der) unter dem Einfluß Meister Eckharts verfaßte asketischmyst. Schrift über die myst. Vereinigung mit Gott; die erste Gesamtausgabe der ›Th. d.‹, die die Gedanken der dt. Mystik zusammenfaßt, wurde 1518 von M. Luther veröffentlicht.

Theophanes von Mytilene (tl.: Theophánēs), †nach 44 v.Chr., griech. Geschichtsschreiber. – Polit. Ratgeber des Pompeius (†48 v.Chr.). Verfaßte ein wohl propagandist. Werk (nur wenige Fragmente erhalten) über die Taten seines Gönners; erhielt 62 röm. Bürgerrechte; nach seinem Tod von seiner Heimatstadt, die seinetwegen die Freiheit erhalten hatte, als Gott verehrt.

Theophanes Graptos (tl.: Theophánēs Graptós), *in den Moabiterbergen (östl. des Toten Meeres) 778, †Nizäa 11. Okt. 845, byzantin. Kirchendichter. – Mönch im Saba-Kloster; als Anhänger des Bilderkults während eines Aufenthalts in Konstantinopel von Kaiser Theophilos durch Einbrennen von Versen auf die Stirne bestraft (daher sein Beiname: griech. graptós = beschrieben). Von seinem reichen literar. Schaffen sind zahlreiche liturg. Dichtungen erhalten, für die er Melodien von älteren Meloden übernahm.
Ausgaben: Th. G. In: Anthologia graeca carminum christianorum. Hg. v. W. CHRIST u. M. PARANIKAS. Lpz. 1871. Nachdr. Hildesheim 1963. – Th. G. In: Analecta sacra spicilegio solemnesi parata. Hg. v. J. B. PITRA. Bd. 1. Paris 1876. Neudr. 1966.

Theophrast (tl.: Theóphrastos), angeblich eigtl. Tyrtamos, * Eresos 372/369, †Athen 288/285, griech. Philosoph. – Ab 322 Nachfolger des Aristoteles in der Leitung des Peripatos. In seinen über 200 Schriften (nur z.T. erhalten) führte Th. die Philosophie des Aristoteles kritisch fort. In der Metaphysik (eine kleine Schrift oder ein Bruchstück erhalten) zeigte er die Probleme der Aristotel. Theologie auf. Seine bes. Leistung ist neben der Weiterentwicklung der Logik die der Naturwiss.; bed. sind v.a. seine zwei erhaltenen Werke zur Botanik: ›Peri phytikōn historíōn‹ (lat.: ›Historia plantarum‹ = Pflanzenkunde), 9 Bücher; ›Peri phytikōn aitíōn‹ (lat.: ›De causis plantarum‹ = Über die Ursachen der Pflanzen), 6 Bücher. – Eine wertvolle Quelle für die Philosophie der Vorsokratiker sind die erhaltenen Exzerpte seiner Geschichte der ›Physikōn dóxai‹ (= Lehren der Naturphilosophen, 16 Bücher). In seiner berühmten Schrift ›Ēthikoi charaktēres‹ (lat.: ›Morales characteres‹ = Eth. Merkmale; 1 Buch; erhalten) bietet Th. 30 minuziöse Skizzen von negativen menschl. Verhaltenstypen.
Ausgaben: Theophrastus. Opera quae supersunt omnia. Hg. v. F. WIMMER. Lpz. 1854–62. 3 Bde. – Th. Charaktere. Griech. u. dt. Hg. v. P. STEINMETZ. Mchn. 1960–62. 2 Bde.
Literatur: Pauly-Wissowa Suppl. 7 (1940), S. 1354. – SENN, G.: Die Pflanzenkunde des Th. v. Eresos. Seine Schr. über die Unterscheidungsmerkmale der Pflanzen u. seine Kunstprosa. Hg. v. O. GIGON. Basel 1956. – STEINMETZ, P.: Die Physik des Theophrastos v. Eresos. Wsb. 1964.

Theopompos (tl.: Theópompos), *Chios um 378, †Alexandria (?) nach 323, griech. Rhetor und Geschichtsschreiber. – 333/332 Rückkehr aus einer ersten Verbannung (Aufenthalt u.a. auch am Hofe Philipps II. von Makedonien); 323 zweite Verbannung und Flucht nach Ägypten. Th. verfaßte neben Reden einen Auszug aus Herodot (2 Bücher), zwölf Bücher ›Hellēniká‹ (behandelter Zeitraum: 411–394; Fortsetzung des Werks von Thukydides) und 58 Bücher ›Philippiká‹ (Zeitraum: 359–336), eine Zeitgeschichte mit Rückgriffen auf die Vergangenheit und zahlreichen auch nichthistor. Exkursen. Von seinem Werk sind nur Fragmente erhalten.
Ausgabe: Die Fragmente der griech. Historiker. Hg. v. F. JACOBY. Bd. 2.1–2.4 Bln. 1926–30. Nr. 115. Nachdr. Bd. 2.1–2.3 Leiden 1961–62.
Literatur: REED, K.: Theopompus of Chios. History and oratory in the fourth century. Diss. University of California Berkeley 1976.

Theotokas, Giorgos, * Konstantinopel (heute Istanbul) 27. Aug. 1906, †Athen 30. Okt. 1966, neugriech. Schriftsteller. – Behandelte die Probleme der bürgerl. Gesellschaft und ihrer Krisensituationen; begann mit einem krit. Essay ›To eleuthero pneuma‹ (= Der freie Geist, 1929), der als das ›Manifest des Selbstverständnisses der Autorengeneration der 30er Jahre‹ (K. Th. Dimaras) gilt.

In frühen Romanen stellt er die (autobiographisch inspirierte) Psychologie des pubertären Alters, z. T. in Verbindung mit gesellschaftl. Konflikten und geschichtl. Ereignissen dar.
Werke: Hōres argias (= Mußestunden, En., 1931), Argō (R., 1933, 2. Fassung 1936, engl. 1951), Euripidēs Pentozalēs (En., 1937), To daimonio (= Der Genius, R., 1938), Leōnis (R., 1940), Poiēmata (= Gedichte, 1944), Theatron (= Theater, Dr., 2 Bde., 1944–47), Hiera hodos (= heilige Straße, R., 1950), Problēmata tōn kairōn mas (= Probleme unserer Zeit, Essays, 1956), Pneumatikē poreia (= Geistiger Weg, Essays, 1961), Astheneis kai hodoiporoi (= Kranke und Wanderer, R., 1964, dt. u. d. T. Und ewig lebt Antigone, 1970), Hoi kampanes (= Die Glocken, Essay, 1970).
Literatur: DOULIS, TH.: G. Th. Boston (Mass.) 1975.

Theotokis (tl.: Theotokēs), Konstantinos (Kostas), * Korfu 13. Mai 1872, † ebd. 1. Juli 1923, neugriech. Erzähler. – Studierte viele Jahre im Ausland (Frankreich und Deutschland, wo er Anhänger des Sozialismus wurde); setzte sich zusammen mit K. Chatzopulos auch durch sein Werk für die sozialist. Bewegung in Griechenland ein.
Werke: Hē timē kai to chrēma (= Die Ehre und das Geld, Nov., 1914), Ho katadikos (= Der Verurteilte, R., 1919), Hē zōē kai ho thanatos tu Karabela (= Leben u. Tod des Karavela, R., 1920), Hoi sklaboi sta desma tus (= Die Sklaven in ihren Ketten, R., 1922), Korphiatikes histories (= Erzählungen aus Korfu, 1935).
Literatur: Festschr. Hellēnikē Dēmiurgia 92 (1951). – Festschr. Nea Hestia 624 (1953), 1 115 (1973), 1 344 (1983). – CHURMUSIOS, AE.: K. Th. Athen 1946. – KATSIMBALIS, G. K.: Bibliographia K. Th. Athen ²1959. – ADAMOS, T.: K. Th. Epilogē, eisagogē. Athen 1967. – PAGANOS, G.: Hē neohellēnikē pezographia, K. Th. Athen 1983. – THEOTOKIS, S. M.: Ta neanika chronia tu K. Th. Athen 1983.

Theresia von Ávila (Teresa de Jesús, Teresa de Ávila), eigtl. Teresa de Cepeda y Ahumada, genannt Th. die Große, hl., * Ávila 28. März 1515, † Alba de Tormes (Prov. Salamanca) 4. Okt. 1582, span. Mystikerin. – Patronin Spaniens; trat 1535 in den Orden der Karmeliten in Ávila ein; von Visionen geleitet, widmete sie sich der Reform ihres Ordens (Unbeschuhte Karmeliten) und der Gründung neuer Frauenklöster (zus. mit dem Dominikanertheologen Domingo Báñez [* 1528, † 1604] und ihrem geistl. Freund

Juan de la Cruz). Ihre von der Spiritualität echter Mystik geprägten Lehrschriften, ihre Briefe (über 460 erhalten), Gedichte u. a. Werke zeichnen sich durch Einfachheit und Natürlichkeit von Sprache und Darstellung aus.
Werke: Weg der Vollkommenheit (Traktat, hg. 1588, dt. 1649), Die innere Burg (Abhandlung, hg. 1588, dt. 1966, 1651 u. d. T. Die Seelenburg oder ...), Das Leben der hl. Th. von Jesu ... (Autobiogr., hg. 1612, dt. 1933), Briefe (hg. 1618, dt. 1833).
Ausgaben: Teresa de Á. Obras completas. Hg. v. FRAY EFRÉN DE LA MADRE DE DIOS u. FRAY OTILIO DEL NIÑO JESÚS. Madrid 1951–59. 3 Bde. – Th. v. Jesu. Sämtl. Schrr. Neue dt. Ausg. Mchn. ¹–³1952–60. 6 Bde.
Literatur: AUCLAIR, M.: Das Leben der hl. Teresa v. Avila. Dt. Übers. Zü. 1953. – WAACH, H.: Th. v. Avila. Freib. ²1955. – STEIN, E.: Teresia v. A. Konstanz ³1958. – LORENZ, E.: Teresa von Avila. Licht u. Schatten. Schaffhausen 1982. – VERMEYLEN, A.: Thérèse d'Avila. Actes du colloque pour le 4ᵉ centenaire de sa mort (10. 3. 82). Louvain-la-Neuve 1982. – Teresa v. Á. Hg. v. H. BEHNKEN u. a. Rehburg-Loccum 1991.

Thériault, Yves [frz. te'rjo], * Quebec 28. Nov. 1915, † Joliette (Quebec) 20. Okt. 1983, kanad. Schriftsteller. – Produktivster Autor Quebecs, populär auch außerhalb Kanadas. Veröffentlichte nach ›Contes pour un homme seul‹ (Geschichten, 1944) 40 Bücher und über tausend Geschichten; bevorzugt als Themen Gewalt, Sexualität, Zivilisationskritik; behandelt das Leben der Eskimos (›Agaguk‹, R., 1958, dt. 1960), Indianer (›Ashini‹, R., 1960), Bauern (›Les commettants de Caridad‹, R., 1961), Juden (›Aaron‹, R., 1954) und Immigranten (›Amour au goût de mer‹, R., 1961). Hervorragender Kurzgeschichtenautor (›La vendeur d'étoiles et autres contes‹, 1961; ›Valère et le grand canot‹, 1981), Biograph, Essayist und Dramatiker.
Weitere Werke: La fille laide (R., 1950), Cul-de-sac (R., 1961), Le grand roman d'un petit homme (R., 1963), N'Tsuk (R., 1968), Antoine et sa montagne (R., 1969), Tayaout, fils d'Agaguk (R., 1969), Agoak, l'héritage d'Agaguk (R., 1975), Moi, Pierre Huneau (R., 1976), La quête de l'ourse (R., 1980).
Literatur: LAFRANCE, H.: Y. Th. et l'institution littéraire québécoise. Quebec 1984. – CARPENTIER, A.: Y. Th. se raconte. Entretiens. Montreal u. Quebec 1985. – CARRIER, D.: Bibliographie analytique de Th., 1940–1984. Quebec 1986. – HESSE, M. G.: Y. T., master storyteller. New York u. a. 1993.

Thérive, André [frz. te'ri:v], eigtl. Roger Puthoste, * Limoges 19. Juni 1891, † Paris 4. Juni 1967, frz. Schriftsteller. – War Literaturkritiker bei ›Le Temps‹; Mitbegründer und Theoretiker des ↑ Populismus, von dem er sich jedoch später abwandte. Schrieb volkstümlich-realist. Romane, auch krit. Arbeiten, in denen er sich um die Reinerhaltung der frz. Sprache bemühte (›Querelles de langage‹, 3 Bde., 1931–40).

Weitere Werke: Le plus grand péché (R., 1924), Les souffrances perdues (R., 1927), Noir et or (R., 1930), Anna (R., 1932), Comme un voleur (R., 1947), Les voix du sang (R., 1955), Procès de langage (Essay, 1962), Le baron de paille (R., 1965), Procès de littérature (Essays, hg. 1969).

Theroux, Paul [Edward] [engl. θə'ru:], * Medford (Mass.) 10. April 1941, amerikan. Schriftsteller. – Längere Aufenthalte zwischen 1963 und 1972 als Englischlehrer in Italien, Malawi, Uganda und Singapur; sie sind u. a. Gegenstand seiner Reisebeschreibungen sowie seiner z. T. komisch-satir. Erzählungen, die aktuelle Phänomene wie Identitätssuche, Gewalt, Terrorismus und pervertierte Sexualität darstellen; lebt in London.

Werke: Waldo (R., 1967), Fong and the Indians (R., 1968), Girls at play (R., 1969), Dschungelliebe (R., 1971, dt. 1988), Sinning with Annie (En., 1972), Saint Jack (R., 1973, dt. 1981), The black house (R., 1974), Abenteuer Eisenbahn. Auf Schienen um die halbe Welt (Reiseber., 1975, dt. 1977), The family arsenal (R., 1976), Orlando oder die Liebe zur Fotografie (R., 1978, dt. 1980), The old Patagonian Express (Reiseber., 1979, dt. 1980), World's end (En., 1980), Moskito-Küste (R., 1982, dt. 1983), London Embassy (En., 1982, dt. 1984), The kingdom by the sea. A journey around the coast of Great Britain (Reiseber., 1983), Dr. Slaughter (R., 1984, dt. 1985), Sunrise with seamonsters. Travels and discoveries 1964–1984 (Reiseber., 1985), The Imperial way. Making tracks from Peshawar to Chittagong (Reiseber., 1985), Wiedersehen mit Patagonien (Reiseber., 1985, dt. 1992; mit B. Chatwin), O-Zone (R., 1986, dt. 1987), Mein geheimes Leben (R., 1989, dt. 1990), Die glückl. Inseln Ozeaniens (Reiseber., 1992, dt. 1993), Millroy the magician (R., 1993).

Thesenstück (auch Tendenzstück), den sozialkrit. ↑ Sittenstücken verwandtes, stark tendenziös gefärbtes Drama (bzw. Hörspiel, Sketch usw.), bei dem die Handlung, die sich meist zwischen typisierten Personen abspielt, lediglich den äußeren Rahmen, den Vorwand für die Diskussion einer im Mittelpunkt stehenden ideolog. These liefert. Diese These tritt dann häufig in der Schlußszene bes. deutlich zutage. Thesenstücke sind z. B. L. Anzengrubers ›Das vierte Gebot‹ (1878), einige Dramen G. B. Shaws, v. a. aber B. Brechts ↑ Lehrstücke sowie Werke des sozialist. Realismus oder des Agitproptheaters.

Thesis [griech.], Begriff aus der griech. Metrik, der ursprünglich die dem schweren Taktteil entsprechende Senkung des Fußes bei der Taktmarkierung und damit die Betonung einer Silbe bezeichnete (Ggs.: ↑ Arsis). Damit entspricht Th. in seiner Bedeutung dem dt. Begriff ↑ Hebung. Bei den spätlat. Grammatikern bezeichnete Th. die Senkung der Stimme und, in Umkehrung der ursprüngl. Bedeutung, damit die unbetonte, kurze Silbe. In diesem Sinne wird der Begriff ↑ Senkung in der dt. Verslehre gebraucht.

Thespis (tl.: Théspis), griech. Tragödiendichter des 6. Jh. v. Chr. – Stammte aus dem att. Demos Ikaria, trat zwischen 536 und 533 bei den großen Dionysien in Athen zum ersten Mal mit einer Tragödie auf; erhalten sind einige Titel und Verse, die jedoch schon in der Antike als unecht angesehen wurden. Darüber, ob er durch Einführung des 1. Schauspielers, des Prologes und Sprechverses der Schöpfer der Tragödie ist, gibt es keine Sicherheit.

Theuerdank, Versepos, ↑ Maximilian I.

Theuriet, André [frz. tœ'rjɛ], * Marly-le-Roi (Yvelines) 8. Okt. 1833, † Bourg-la-Reine (Hauts-de-Seine) 23. April 1907, frz. Schriftsteller. – Veröffentlichte neben mehreren Gedichtbänden im Stil der Parnassiens zahlreiche regionalist. Romane im Gefolge H. de Balzacs und George Sands (›Gérards Heirat‹, 1875, dt. 1884; ›Raymonde‹, 1877, dt. 1885; ›Das Barbenhaus‹, 1879, dt. 1903; ›Der Pate des Marquis‹, 1878, dt. 1904, u. a.). 1896 wurde er Mitglied der Académie française.

Thiard, Pontus de [frz. tja:r], frz. Dichter, ↑ Tyard, Pontus de.

Thibaudeau, Jean [frz. tibo'do], * La Roche-sur-Yon (Vendée) 7. März 1935, frz. Schriftsteller. – War 1955–62 Volksschullehrer; wurde 1960 Mitglied der Gruppe ›Tel Quel‹, von der er sich jedoch 1971 trennte; 1976–79 Leiter der ›Cahiers critiques de la littérature‹. Th. entwickelte eine ›écriture textuelle‹, in der Schreiben nicht auf Inhalte, sondern auf die Arbeit mit dem Medium Sprache zielt. Der Text hat keine mimet. Funktion, sondern ist selbst Programm. Th.s erster Roman ›Königsparade‹ (1960, dt. 1962) steht unter dem Einfluß des Nouveau roman. Sein Hauptwerk ist die Romantrilogie ›Ouverture‹, bestehend aus ›Ouverture‹ (1966), ›Imaginez la nuit‹ (1968) und ›Roman noir ou voilà les morts à notre tour d'en sortir‹ (1974). In ›L'Amérique. Roman‹ (1979) lassen sich film. Gestaltungsmittel erkennen. In seinen zahlreichen essayist. Schriften behandelt er neben literar. und ästhet. Themen auch soziale und polit. Probleme. Er übersetzte Werke von I. Calvino und E. Sanguineti.

Weitere Werke: Ponge, étude critique (Essay, 1967), Mai 1968 in Frankreich (Essay, 1970, dt. 1972), Les communistes et le travail intellectuel (Essay, 1973), Artaud, homme de théâtre (Essay, 1976), Alexandre Dumas (Essay, 1983), Mémoires (Erinnerungen, 1988), Souvenirs de guerre. Dialogues de l'aube (Ged., Tageb., Prosa, 1991).

Literatur: STARK, J.: J. Th. In: Krit. Lex. der roman. Gegenwartsliteraturen. Hg. v. W.-D. LANGE. Losebl. Tüb. 1984 ff.

Thibaudet, Albert [frz. tibo'dε], * Tournus (Saône-et-Loire) 1. April 1874, † Genf 16. April 1936, frz. Literarhistoriker und Kritiker. – Ab 1925 Prof. für frz. Literatur an der Univ. Genf. Schüler von H. Bergson; übertrug dessen Erkenntnisse auf die Literaturkritik. Als Mitarbeiter von ›La Nouvelle Revue Française‹ wurde er einer der einflußreichsten Kritiker der Zeit zwischen den beiden Weltkriegen. Seine Beiträge sind zusammengefaßt in ›Réflexions sur le roman‹ (1938), ›Réflexions sur la littérature‹ (1938) und ›Réflexions sur la critique‹ (1939). Wegbereitend für das Verständnis moderner frz. Lyrik wurde seine Studie ›La poésie de Stéphane Mallarmé‹ (1912). Sein Hauptwerk ist die postum erschienene ›Geschichte der frz. Literatur von 1789 bis zur Gegenwart (1935)‹ (1936, dt. 1953), in der er jedes Werk in seiner Einmaligkeit charakteri-

siert und die behandelten Autoren fünf Generationen (1789, 1820, 1850, 1885, 1914) zuordnet. Th. verfaßte auch zahlreiche monographische Arbeiten, u. a. über M. Barrès (1921), G. Flaubert (1922), P. Valéry (1924), F. Mistral (1930), Stendhal (1931), Montaigne (hg. 1962).

Literatur: DAVIES, J. C.: L'œuvre critique d'A. T. Genf 1955. – DEVAUD, M.: A. T., critique de la poésie et des poètes. Frib. 1967.

Thibault, François Anatole [frz. ti'bo], frz. Schriftsteller, † France, Anatole.

Thibaut IV (Thibaud IV) **de Champagne** [frz. tibokatrədʃã'paɲ], * Troyes 30. Mai 1201, † Pamplona 7. Juli 1253, König von Navarra (seit 1234) und frz. Dichter. – Nachgeborener Sohn Thibauts III.; gilt als einer der bedeutendsten Lyriker des frz. MA. Von den ihm zugewiesenen, in Handschriften des 13. und 14. Jh. überlieferten Texten stammen 61 mit Sicherheit von ihm, 36 von ihnen sind Liebeslieder. Th. verfaßte aber auch Pastourellen und Mariendichtungen. Seine Lyrik kennzeichnet formale Vielfalt und Präzision, inhaltl. Anlehnung an Tradition und Stand des mittelalterl. Wissens sowie die vorbildl. Übereinstimmung von sprachl. und musikal. Struktur. Er wird daher auch als hervorragender Komponist geschätzt.

Ausgabe: Les chansons de Th., Roi de Navarre. Hg. v. A. WALLENSKÖLD. Paris 1925. Nachdr. New York u. London 1968.

Literatur: SCHEERER, TH. M.: Th. de Ch. L'autrier par la matinee. In: Einf. in das Studium der frz. Literaturwiss. Hg. v. W.-D. LANGE. Hdbg. 1979. S. 28.

Thidrekssaga † Þiðreks saga.

Thiery, Herman [frz. tje'ri], fläm. Schriftsteller, † Daisne, Johan.

Thieß, Frank, * Eluisenstein bei Ogre (Livland) 13. März 1890, † Darmstadt 22. Dez. 1977, dt. Schriftsteller. – Studierte Germanistik, Geschichte und Philosophie; war 1915–19 Redakteur am ›Berliner Tageblatt‹, 1920/21 Dramaturg und Regisseur in Stuttgart, 1921–23 Theaterkritiker in Hannover, ab 1923 freier Schriftsteller; lebte während des Dritten Reiches vorwiegend in Wien und Rom; ab 1952 in Darmstadt. Th. prägte das Wort von der † inneren Emigration, zu der er sich bekannte. Er ist der Verfasser zahlreicher gut komponierter, effektvoll geschriebener Romane und Novellen; im Mittelpunkt stehen oft Grenzsituationen des menschl. Gefühlslebens, erot. Konflikte, Probleme der Jugend, später v. a. histor. und zeitgeschichtl. Themen, machtvolle Persönlichkeiten der Geschichte. Daneben schrieb er kulturphilosoph. Arbeiten und Essays sowie Dramen.

Frank Thieß

Werke: Der Tod von Falern (R., 1921), Die Verdammten (R., 1923), Der Leibhaftige (R., 1924), Das Tor zur Welt (R., 1926), Abschied vom Paradies (R., 1927), Frauenraub (R., 1927, überarbeitet 1949 u. d. T. Katharina Winter), Der Zentaur (R., 1931), Die Geschichte eines unruhigen Sommers (En., 1932), Die Zeit ist reif (Reden, 1932), Tsushima (R., 1936), Stürm. Frühling (R., 1937), Das Reich der Dämonen. Der Roman eines Jt. (1941), Caruso (R., 2 Bde., 1942–46), Puccini (Abh., 1947), Vulkanische Zeit (Reden, 1949), Die Blüten welken, aber der Baum wächst (Betrachtungen, 1950), Die Straßen des Labyrinths (R., 1951), Geister werfen keine Schatten (R., 1955), Die griech. Kaiser. Die Geburt Europas (R., 1959), Sturz nach oben (R., 1961), Verbrannte Erde (Autobiogr., 1963), Freiheit bis Mitternacht (Autobiogr., 1965), Der schwarze Engel (Nov.n, 1966), Jahre des Unheils. Fragmente erlebter Geschichte (Tageb., 1972), Der Zauberlehrling (R., 1975).
Literatur: F. Th. Werk u. Dichter. Hg. v. R. ITA-LIAANDER. Hamb. 1950. – F. Th. zum 75. Geburtstag. Mit Beitrr. v. E. ALKER u. a. Wien u. Hamb. 1965 (mit Bibliogr.).

Thijssen, Theodorus Johannes [niederl. 'tɛisə], * Amsterdam 16. Juni 1879, † ebd. 23. Dez. 1943, niederl. Schriftsteller. – Zeichnet in seinen Romanen und Novellen Kinderfiguren. Sein populärster Roman, ›Kees der Junge‹ (1923, dt. 1935), behandelt die Entwicklung eines phantasiereichen Kindes; auch die Bühnenfassung von Gerben Hellinga (1971, dt. 1974) war ein großer Erfolg.
Weitere Werke: De gelukkige klas (R., 1926), Het grijze kind (R., 1927), In de ochtend van het leven (Autobiogr., 1941).

Thiodolf von Hvin (altnord. Thjódolfr ór Hvini), um 900 am Hof von Harald Schönhaar (863–933) wirkender norweg. Skalde. – Sein Gedicht ›Haustlöng‹ ist mytholog. Inhalts; im Mittelpunkt steht der Kampf des Gottes Donar (Thor) gegen den Riesen Hrungnir. Sein Stammbaumgedicht ›Ynglingatal‹ ist der Genealogie des altschwedischen Königsgeschlechts der Ynglinger gewidmet.

Thiong'o, Ngugi wa [engl. θiː'ɔŋgoʊ], kenian. Schriftsteller, ↑ Ngugi wa Thiong'o.

Thoma, Ludwig, Pseudonym Peter Schlemihl, * Oberammergau 21. Jan. 1867, † Rottach (heute zu Rottach-Egern) 26. Aug. 1921, dt. Schriftsteller. – Sohn eines Forstbeamten; studierte Forstwiss., danach Jura. War bis 1899 Rechtsanwalt, dann Redakteur im ›Simplicissimus‹, schließlich freier Schriftsteller. Er schrieb Satiren gegen polit. Klerikalismus, Wilhelminismus, Untertanengeist und Hinterwäldlertum. 1907 gab er mit H. Hesse die Zeitschrift ›März‹ (gegen ›großstädt. Leben‹) heraus; im 1. Weltkrieg Krankenpfleger. – Trotz seiner kritisch-satir. Haltung gegen Scheinmoral und ›Preußentum‹ nahm Th. ab 1914 zunehmend eine nationalist. Haltung ein. Nach wie vor sieht man in ihm den heimattümelnden, gemütl. Bajuwaren und Autor von ›Lausbubengeschichten‹ (1905), ›Tante Frieda. Neue Lausbubengeschichten‹ (1907), ›Erste Klasse‹ (Schwank, 1910) und ›Jozef Filsers Briefwexel‹ (1912), nicht aber die Ambivalenz von Gesellschaftskritik und nat. Pathos. Zur Entwicklung der Komödiendichtung seit 1900 haben die Lustspiele und satir. Einakter ›Die Medaille‹ (1901), ›Die Lokalbahn‹ (1902) und ›Moral‹ (1909) beigetragen.
Weitere Werke: Agricola (En., 1897), Andreas Vöst (R., 1906), Peter Schlehmil (Ged., 1906), Kleinstadtgeschichten (1908), Briefwechsel eines bayer. Landtagsabgeordneten (1909), Lottchens Geburtstag (Lsp., 1911), Der Münchner im Himmel (E., 1911), Der Wittiber (R., 1911),

Magdalena (Volksstück, 1912), Hl. Nacht (Legende, 1917), Altaich (R., 1918), Erinnerungen (1919), Der Ruepp (R., hg. 1922), Münchnerinnen (R., hg. 1923).
Ausgaben: L. Th. Ges. Werke in 6 Bden. Hg. v. A. KNAUS. Mchn. ²1974. – L. Th. Die schönsten Romane u. Erzählungen. Hg. v. R. LEMP. Mchn. ²1983. – L. Th. Ausgew. Werke in 3 Bden. Mchn. ⁵1986. – Das Th.-Buch. Hg. v. R. LEMP. Mchn. 1986.
Literatur: HEINLE, F.: L. Th. Rbk. 1963. – ZIERSCH, R.: L. Th. Mühlacker 1964. – THUMSER, G.: L. Th. u. seine Welt. Mchn. 1966. – L. Th. zum 100. Geburtstag. Hg. v. der Stadtbibliothek München. Mchn. 1967. – HAAGE, P.: L. Th. Mit Nagelstiefeln durchs Kaiserreich. Eine Biogr. Güt. u. a. 1975. – SANDROCK, J. P.: L. Th. Aspects of his art. Göppingen 1975. – AHRENS, H.: L. Th. Pfaffenhofen a. d. Ilm 1983. – FENZL, F.: L. Th. Ein bayer. Dichter der Jh.wende. Diss. Mchn. 1983. – LEMP, R.: L. Th. Mchn. 1984. – RÖSCH, G. M.: L. Th. als Journalist. Ffm. u. a. 1989. – GRITSCHNEDER, O.: Angeklagter L. Th. Mosaiksteine zu einer Biogr. aus unveröffentlichten Akten. Mchn. ²1992.

Ludwig
Thoma

Thomas a Kempis (Th. von Kempen), eigtl. Th. Hemerken, latin. Malleolus, * Kempen 1379 oder 1380, † Kloster Agnetenberg bei Zwolle 25. Juli 1471, dt. Mystiker. – Sohn eines Handwerkers, ab 1399 Regularkanoniker im Kloster Agnetenberg. Bedeutendster Vertreter der der Mystik verwandten religiösen Bewegung der Devotio moderna. Verfaßte zahlreiche Schriften in lat. Sprache, asket. und homilet. Schriften, histor. Werke und Biographien, Hymnen und religiöse Gedichte zur Erbauung. Sein Name bleibt unlösbar mit dem vielgelesenen Erbauungsbuch ›De imitatione Christi‹ (= Über die Nachfolge Christi) verbunden, obwohl seine Verfasserschaft nicht

unbestritten ist (nur Kompilation von Sentenzen?).
Ausgabe: Th. Hemerken a K. Opera omnia. Hg. v. M. J. POHL. Freib. 1904–22. 7 Bde.
Literatur: RICHSTAETTER, K.: Th. v. Kempen. Leben u. ausgew. Schrr. Hildesheim 1939.

Thomas d'Angleterre [frz. tɔmɑdãglə-'tɛːr], auch Thomas of Britain, anglonormann. Dichter der 2. Hälfte des 12. Jahrhunderts. – Lebte wahrscheinlich am engl. Hof, vielleicht Kleriker; schrieb einen Tristanroman in anglonormannischer Sprache, von dem neun Bruchstücke mit insgesamt 3 150 Versen (in fünf Handschriften) erhalten sind. Im Gegensatz zu volkstüml. Bearbeitungen hat Th. den Stoff als erster im höf. Sinn behandelt. Gottfried von Straßburg benutzte die Tristanfassung des Th. als Hauptquelle.
Literatur: RAYMOND DE LAGE, G.: Th. d'A. In: Grundriß der roman. Literaturen des MA. Bd. 4,1. Le roman jusqu'à la fin du XIIIe siècle. Hg. v. J. FRAPPIER u. R. R. GRIMM. Hdbg. 1978. S. 225; Bibliographie Bd. 4,2. Hdbg. 1984. S. 206.

Thomas von Aquin (Th. v. Aquino, Th. Aquinas), gen. Doctor communis und Doctor angelicus, hl., * Burg Roccasecca bei Aquino 1225 (1226 ?), † Fossnova 7. März 1274, italien. scholast. Theologe und Philosoph. – Adliger Herkunft; aufgewachsen in einem Kloster; studierte ab 1239 in Neapel die Artes liberales; trat 1243 dem Dominikanerorden bei; 1245–52 Studium bei Albertus Magnus in Paris und Köln; lehrte ab 1252 in Paris, Orvieto, Viterbo, Rom und Neapel. Th. versuchte, aus christl. Gedankengut und aristotel. Überlieferung, aus Theologie und Philosophie, aus Offenbarung und Vernunft eine Synthese herzustellen. Dabei schuf er ein umfassendes System, das das ganze Universum erfassen sollte, als dessen Grundprinzip Th. den hierarch., teleolog. Aufbau sah. In seinen Kommentaren zu den Schriften des Aristoteles bediente sich Th. der aristotel. Kategorien (z. B. Akt und Potenz, Wirklichkeit und Möglichkeit), die er aber mit christl. Inhalten füllte. Seine Hauptwerke sind die ›Summa theologiae‹ (auch: ›Summa theologica‹; 1266–73) und die ›Summa contra gentiles‹ (1254–56).

Ausgabe: Die dt. Th.-Ausg. Vollständige dt.-lat. Ausg. der Summa Theologica. Hg. v. der Albertus-Magnus-Akad., Walberberg bei Köln, Graz u. a., Hdbg. u. a. ¹⁻³1933 ff. (bis 1987 30 Bde. u. 2 Erg.-Bde. erschienen).
Literatur: WEIDEMANN, H.: Metaphysik u. Sprache. Eine sprachphilosoph. Unters. zu Th. v. A. u. Aristoteles. Freib. u. Mchn. 1975. – ANZENBACHER, A.: Analogie u. Systemgesch. Mchn. u. a. 1978. – CHENU, M.-D.: Th. v. A. Dt. Übers. Rbk. 1981. – PIEPER, J.: Th. v. A. Leben u. Werk. Mchn. 1981.

Thomas von Kempen, dt. Mystiker, † Thomas a Kempis.

Thomas, Audrey [engl. 'tɔməs], geb. A. Grace Callahan, * Binghamton (N. Y.) 17. Nov. 1935, kanad. Schriftstellerin amerikan. Herkunft. – Nach Studien in den USA, in Schottland und (nach ihrer Übersiedlung nach Kanada, 1959) in Vancouver, 1964–66 in Ghana, danach wieder in Kanada. Ihr literarisches Schaffen spiegelt ihr bewegtes Leben wider, handelt oft von Physis und Psyche der Frau, der Gefahr geistiger Zerrüttung und der Notwendigkeit künstlerischer Selbstbehauptung. Rastloses Experimentieren mit der Sprache (Collage, Briefroman, Wortspiel, Vieldeutigkeit) und die atmosphärische Dichte ihrer Schauplätze zeichnen ihre Werke aus.
Werke: Ten green bottles (En., 1967), Mrs. Blood (R., 1970), Munchmeyer and Prospero on the island (En., 1971), Songs my mother taught me (R., 1973), Blown figures (R., 1974), Ladies and escorts (En., 1977), Latakia (R., 1979), Two in the bush and other stories (Auswahl von En., 1981), Real mothers (En., 1981), Intertidal life (R., 1984), Goodbye Harold, good luck (En., 1987), The wild blue yonder (En., 1990).
Literatur: Canadian writers and their works. Hg. v. R. LECKER u. a. In: Fiction. Bd. XIII. Toronto 1987.

Thomas, D[onald] M[ichael] [engl. 'tɔməs], * Redruth (Cornwall) 27. Jan. 1935, engl. Schriftsteller. – Seine Gedichte verarbeiten, oft mit erzählendem Gestus, teils Science-fiction-Motive, teils persönl. Erfahrung (›Selected poems‹, 1983). Er übersetzte auch russ. Gedichte von A. A. Achmatowa und A. S. Puschkin. International bekannt wurde Th. als Erzähler, v. a. durch den experimentellen Roman ›Das weiße Hotel‹ (1981, dt. 1983), der aus der fiktiven Fallgeschichte einer Patientin S. Freuds unter Verbindung von realist. Darstellung und sexuellen Phantasien eine Vision der Judenvernichtung im Dritten Reich entwickelt.
Weitere Werke: The flute-player (R., 1979), Birthstone (R., 1980), Ararat (R., 1983, dt. 1984), Swallow (R., 1984), Sphinx (R., 1986), Summit (R., 1987), Lying together (R., 1990), Eating Pavlova (R., 1994).

Thomas, Dylan [Marlais] [engl. 'tɔməs], * Swansea (Wales) 27. Okt. 1914, † New York 9. Nov. 1953, walis. Schriftsteller. – War zeitweise Journalist, lebte ab 1933 als freier Schriftsteller teils in London, teils in Wales, arbeitete während des 2. Weltkriegs für den Rundfunk, unternahm ab 1950 erfolgreiche Vortragsreisen in die USA. Seine Mitte des 20. Jh. vielbeachtete neuromant. Lyrik (›Collected poems 1934–1952‹, 1952), mit der er von der intellektuellen engl. Dichtung der 30er Jahre abrückte, ist von rauschhaft wirkender, doch intensiv durchgeformter und rhythmisierter Wort- und Bildfülle; sie sucht in schöpfer. Phantasie die persönl. Identifikation mit dem Universum; oft berührt sie die Themen Liebe und Tod. Das ‚Spiel für Stimmen‘ ›Unter dem Milchwald‹ (Hsp., 1954, dt. 1954), das den Tagesablauf in einem walisischen Dorf schildert, beeindruckte auch als Bühnenstück. Th. schrieb überdies surrealistische und autobiographische Kurzgeschichten (›Ein Blick aufs Meer‹, hg. 1955, dt. 1961; ›Porträt des Künstlers als junger Dachs‹, 1940, dt. 1978), die Prosafragmente ›Abenteuer in Sachen Haut‹ (hg. 1953, dt. 1961) und Drehbücher (u. a. ›Der Doktor und die Teufel‹, 1953, dt. 1959).
Weitere Werke: Tode und Tore (Ged., 1946, dt. 1952), Eines Kindes Weihnacht in Wales (E., hg. 1955, engl. u. dt. 1964), The beach of Falesá (E., hg. 1963), Rebeccas Töchter (R., hg. 1965, dt. 1983), Das Brot, das ich breche (Ged., dt. Ausw. 1983).
Ausgaben: D. Th. Ausgew. Gedichte. Engl. u. dt. Nachdichtung v. E. FRIED. Mchn. 1967. – D. Th. Early prose writings. Hg. v. W. DAVIES. London 1971. – D. Th. The poems. Hg. v. D. JONES. London 1971. – D. Th. Collected stories. Hg. v. L. NORRIS. London u. a. 1983. – D. Th. Collected letters. Hg. v. P. FERRIS. London 1985. – D. Th. Ausgew. Werke in Einzel-Ausgg. Dt. Übers. Hg. v. K. MARTENS. -chn. 1991 ff.
Literatur: DAVIES, A. T.: Dylan. Druid of the broken body. London 1964. – FITZGIBBON, C.: The life of D. Th. Boston (Mass.) 1965. – FERRIS, P.: D. Th. London 1978. – DAVIES, W.: D. Th. Milton Keynes 1986. – READ, B.: D. Th.

Dylan
Thomas

Dt. Übers. Rbk. 16.–22. Tsd. 1989. – ACKER-MAN, J.: D. Th. Basingstoke 1991.

Thomas, [Philip] Edward [engl. 'tɔməs], Pseudonym Philip Eastaway, * London 3. März 1878, ✕ bei Arras 9. April 1917, engl. Schriftsteller. – Walis. Abstammung, Studium in Oxford. Seine topograph. Prosa (›The woodland life‹, 1897; ›The heart of England‹, 1906; ›The south country‹, 1909, u. a.) erweist ihn als präzisen und liebevollen Naturschilderer; verfaßte auch biograph. Studien, u. a. über R. Jefferies, der ihn beeinflußte (1909), A. Ch. Swinburne (1912) und J. Keats (1916), sowie den Roman ›The happy-go-lucky Morgans‹ (1913). Seine Lyrik, zu der ihn eine Begegnung mit R. L. Frost (1912) anregte, registriert Natureindrücke mit melancholisch-kritischer Distanziertheit; sie wurde jedoch größtenteils erst postum (1917, 1920) veröffentlicht und bes. nach dem 2. Weltkrieg geschätzt.
Ausgabe: E. Th. Collected poems. Hg. v. R. G. THOMAS. Oxford 1978.
Literatur: COOKE, W.: E. Th. A critical biography, 1878–1917. London 1970. – MOTION, A.: The poetry of E. Th. London 1980. – THOMAS, R. G.: E. Th. A portrait. Oxford 1985.

Thomas, Fredrik [schwed. 'tuːmas], schwed. Schriftsteller, † Thorén, Fritz.

Thomas, Gwyn [engl. 'tɔməs], * Porth (Glamorgan) 6. Juli 1913, † Cardiff 14. April 1981, walis. Schriftsteller. – Jüngstes von zwölf Kindern eines Bergarbeiters, studierte mit Stipendium in Oxford, dann Lehrer; ab 1962 freier Schriftsteller. Die meisten seiner originell erzählten Romane, zuerst ›Die Liebe

des Reverend Emmanuel‹ (1946, dt. 1951), schildern betroffen, aber mit Einfühlung, Humor und z. T. grotesker Komik die Lebensverhältnisse der Arbeiter im walis. Bergbaugebiet des Rhondda Valley. Ab 1960 verfaßte Th. auch Theaterstücke sowie Essays und die Autobiographie ›A few selected exits‹ (1968).
Weitere Werke: The alone to the alone (R., 1947, 1948 u. d. T. Venus and the voters), All things betray thee (R., 1949), The world cannot hear you (R., 1951), Now lead us home (R., 1952), The stranger at my side (R., 1954), A point of order (R., 1956), The love man (R., 1958), Träume in der Mausefalle (Dr., UA 1960, dt. 1963), Jackie the jumper (Dr., 1963), A Welsh eye (Essays, 1964), Sap (Dr., UA 1974), The breakers (Dr., UA 1976).
Literatur: MICHAEL, I.: G. Th. Cardiff 1977.

Thomas R[onald] S[tuart] [engl. 'tɔməs], * Cardiff (Glamorgan) 29. März 1913, walis. Lyriker. – Von seinem Wirken als Geistlicher in verschiedenen walis. Landgemeinden (ab 1936) ist in seinen frühen Gedichten (›Song at the year's turning. Poems 1942–1954‹, 1955) das Empfinden für die herbe walis. Natur und die in ihr verwurzelten Menschen geprägt. Spätere Gedichtbände präzisieren in zunehmend düsterem Ton die Paradoxien der Suche nach dem verlorenen Gott in einer verfallenden Kultur. Mit seiner bitterspött., schmucklos-schlichten, doch modulationsreichen Lyrik gilt Th. als einer der bedeutendsten brit. Dichter der Gegenwart.
Weitere Werke: H'm (Ged., 1972), Selected poems 1946–1968 (Ged., 1973), Laboratories of the spirit (Ged., 1975), Frequencies (Ged., 1978), Between here and now (Ged., 1981), Later poems (Ged., 1983), Experimenting with an amen (Ged., 1986), Welsh airs (Ged., 1987), The echoes return slow (Ged., 1988), Counterpoint (Ged., 1990), Mass for hard times (Ged., 1992), Collected poems 1945–1990 (Ged., 1993).
Literatur: THOMAS, R. G.: R. S. Th. In: CLARK, L.: Andrew Young. London 1964. S. 27–41. – MERCHANT, W. M.: R. S. Th. Cardiff 1979. – PHILLIPS, D. Z.: R. S. Th. The poet of the hidden god. London u. Allison Park (Pa.) 1986. – WARD, J. P.: The poetry of R. S. Th. Bridgend 1987.

Thomasin von Circlaere (Zerklaere) ['toːmaziːn, tsɪr'klɛːrə], * in Friaul um 1186, † nach 1216, mhd. Dichter. – Entstammte dem italien. Adelsgeschlecht der Cerchiari (Cerclaria); theolog. Ausbildung, Domherr in Aquileja; schrieb in seiner Jugend – wahrscheinlich in provenzal. Sprache – eine (nicht erhaltene) höf. Sittenlehre. 1215/16 verfaßte er für das deutschsprachige Publikum am Bischofshof von Aquileja (Bischof Wolfger, früher in Passau) sein moralphilosophisch-didakt. Werk ›Der wälsche Gast‹ in mhd. Sprache (über 14 700 Verse), ein im MA weitverbreitetes umfassendes Lehrgedicht von adligen und allgemeinen Tugenden und Lastern, unsystematisch zusammengestellt nach verschiedenen antiken und christl. Traditionen aus der Sicht des gebildeten Geistlichen. Viel zitiert wird seine Kritik an den antipäpstl. Sprüchen Walthers von der Vogelweide.

Ausgaben: Der Wälsche Gast des Th. v. Zirclaria. Hg. v. H. RÜCKERT. Quedlinburg u. Lpz. 1852. Nachdr., mit Einl. u. Reg. v. F. NEUMANN. Bln. 1965. – Th. v. Z. Der welsche Gast. Hg. v. F. W. VON KRIES. Göppingen 1984. 3 Bde. **Literatur:** SPARTZ, CH.: ›Der Wälsche Gast‹ des Th. v. Circlaria. Studie zu Gehalt u. Aufbau. Diss. Köln 1961. – KRIES, F. W. VON: Textkrit. Studien zum ›Welschen Gast‹ Th.s v. Zerclaere. Bln. 1967. – SCHOLZ, M.: Die ›hûsvrouwe‹ u. ihr Gast. In: Festschr. f. Kurt Herbert Halbach. Hg. v. R. B. SCHÄFER-MAULBETSCH u. a. Göppingen 1972. S. 247. – Zucht u. schöne Sitte. Mit einer Einf. v. F. NEUMANN. Wsb. 1977. – RÖCKE, W.: Feudale Anarchie u. Landesherrschaft. Wirkungsmöglichkeiten didakt. Lit. Th. v. Z. ›Der Wälsche Gast‹. Bern u. a. 1978. – RUFF, E.: ›Der wälsche Gast‹ des Th. v. Z. Erlangen 1982.

Thompson, Ernest Seton [engl. tɔmpsn], kanad. Schriftsteller, ↑ Seton, Ernest Thompson.

Thompson, Francis [engl. tɔmpsn], * Preston (Lancashire) 18. Dez. 1859, † London 13. Nov. 1907, engl. Lyriker. – War ursprünglich zum Priester bestimmt; lebte zeitweilig in großer Armut in London, bis er in dem Verleger Wilfred Meynell (* 1852, † 1948) einen Mäzen fand; Mystiker in Anlehnung an W. Blake; seine Erdverherrlichung und Weltalleinfühlung sind in die Dogmatik der kath. Kirche eingebunden; seine Bedeutung als Lyriker beruht bes. auf der Dichtung ›Der Spürhund des Himmels‹ (1893, dt. 1946), die – v. a. von R. Crashaw abhängig – zu den wichtigsten Werken der neueren engl. kath. Dichtung zählt.

Weitere Werke: Sister songs (Ged., 1895), New poems (1897), Shelley (Essay, hg. 1909, dt.

1925), Saint Ignatius Loyola (Studie, hg. 1909), Gedichte (engl. u. dt. Auswahl, 1967). **Ausgabe:** The works of F. Th. New York 1913. Nachdr. 1970. 3 Bde. **Literatur:** KRAEMER, K. W.: F. Th. Der Dichter der Rückkehr zu Gott. Münster 1956. – DANCHIN, P.: F. Th. La vie et l'œuvre d'un poète. Paris 1960. – WALSH, J. E.: Strange harp, strange symphony. The life of F. Th. New York 1967.

Thompson, Sam[uel] [engl. tɔmpsn], * Belfast 21. Mai 1916, † ebd. 15. Febr. 1965, nordir. Dramatiker. – Arbeitete als Anstreicher. Seine realist. Dramen und Hörspiele, darunter ›Over the bridge‹ (Dr., entst. 1957, UA 1960, hg. 1970), behandeln religiöse und polit. Spannungen und Konflikte in Nordirland.

Weitere Werke: Brush in hand (Hsp., 1956), The evangelist (Dr., entst. 1963), Cemented with love (Fsp., hg. u. UA 1966). **Literatur:** MENGEL, H.: S. Th. and modern drama in Ulster. Ffm. u. a. 1986.

Thomsen, Grímur Þorgrímsson [isländ. 'θɔmsen], * Bessastaðir 15. Mai 1820, † ebd. 27. Nov. 1896, isländ. Lyriker. – Studierte in Kopenhagen, wo er u. a. Beziehungen zu A. G. Oehlenschläger und H. Ch. Andersen knüpfte; 1848–66 Beamter im dän. Außenministerium; lebte ab 1867 in Bessastaðir. Seine bevorzugte Gattung war die Ballade, in der er Stoffe aus dem nord. und dem klass. Altertum behandelte; schrieb auch Naturlyrik und übersetzte klass. und zeitgenöss. Dichtung. Zu seinen berühmtesten Werken zählt das 1906 herausgegebene Epos ›Búarímur‹ (= Rímur von Búi) sowie das dramat. Gedicht ›Á Sprengisandi‹ (= Auf dem Sprengisandur, 1880).

Ausgaben: G. Þ. Th. Ljóðmæli. Hg. v. S. JÓNSSON. Reykjavík 1934. 2 Bde. – G. Þ. Th. Ljóðmæli. Hg. v. S. NORDAL. Reykjavík 1969.

Thomson, James [engl. tɔmsn], * Ednam (Borders Region) 11. Sept. 1700, † Richmond (heute zu London) 27. Aug. 1748, schott. Dichter. – Studierte Theologie in Edinburgh, ging 1725 nach London; Vertreter der beschreibenden Dichtung; seine von B. H. Brockes ins Deutsche übersetzte, von J. Haydn 1801 vertonte Blankversdichtung ›Die Jahreszeiten‹ (4 Tle., 1726–30, endgültige Fassung 1746, dt. 1745) wirkte nachhaltig auch auf die kontinentale Literatur, bes. durch

die Beschreibung von Naturschönheiten und deren Wirkung auf den Menschen.
Weitere Werke: The tragedy of Sophonisba (Trag., 1730), Liberty (Ged., 5 Tle., 1735/36), Alfred (Libretto, 1740, mit David Mallet; darin die Hymne ›Rule Britannia‹), The castle of indolence (Vers-E., 1748).
Ausgaben: B. H. Brockes aus dem Engl. übersetzte Jahreszeiten des Herrn Th. Hamb. 1745. Nachdr. New York 1972. – J. Th. Complete poetical works. Hg. v. J. L. ROBERTSON. London ²1951.
Literatur: GRANT, D.: J. Th. London 1951. – COHEN, R.: The unfolding of ›The seasons‹. London 1970. – CAMPBELL, H. H.: J. Th. 1700–1748. An annotated bibliography. New York u. London 1976. – CAMPBELL, H. H.: J. Th. Boston (Mass.) 1979. – SAMBROOK, J.: J. Th. A life. Oxford 1991.

Thomson, James [engl. tɔmsn], * Port Glasgow 23. Nov. 1834, † London 3. Juni 1882, schott. Dichter. – Unglückl. Jugend in ärml. Verhältnissen; führte ein unstetes Leben, war u. a. journalistisch tätig; neigte zu Schwermut, verfiel dem Alkohol. Th., hpts. bekannt unter dem Pseudonym B. V., den Initialen von Bysshe (2. Vorname P. B. Shelleys) und Vanolis (Anagramm von Novalis), verdankt seinen Nachruhm v. a. dem visionären Gedicht ›The city of dreadful night‹ (1874 in der Zeitschrift ›National Reformer‹, Buchausg. 1880), für das eine eigenartige Mischung von Pessimismus, Verzweiflung und Heiterkeit kennzeichnend ist.
Ausgabe: J. Th. The poetical works. Hg. v. B. DOBELL. London 1895. 2 Bde.
Literatur: SCHAEFER, W. D.: J. Th. B. V. Beyond ›The city‹. Berkeley (Calif.) 1965. – WALKER, I. B.: J. Th. (B. V.). Westport (Conn.) ²1970.

Thon-mi Sambhota (tl.: Tʿon-mi Sambhoṭa), tibet. Politiker des 7. Jh. – Minister unter Srong-bcan-sgampo (620 bis 649), dem Begründer des ersten tibet. Großreichs, von dem er nach Kaschmir geschickt wurde, um eine tibet. Schrift nach ind. Vorbild zu schaffen. Th.-mi S. entwickelte die 30 Konsonanten und vier Vokale der tibet. Schrift aus der nordwestind. Gupta-Schrift und bereitete damit den Boden für die indischbuddhist. Orientierung der tibet. Kultur. Erhalten sind zwei seiner grammat. Traktate als erste Zeugnisse der tibet. Literatur.

T'Hooft, Jotie, eigtl. Johan Geerard Adriaan T'Hooft [niederl. to:ft], * Beve-

ren bei Oudenaarde 9. Mai 1956, † Brügge 5. Okt. 1977, fläm. Dichter. – Seine Gedichte, deren Motive häufig dem Lebensumkreis der Subkultur entstammen, setzen sich faszinierend und fasziniert mit den Themen von Tod und Vergänglichkeit auseinander. Sein Tod (T'H. starb an einer Überdosis Rauschgift) hat zu einer Mythosbildung beigetragen.
Werke: Schreeuwlandschap (Ged., 1975), Junkies Traum (Ged., 1976, dt. 1981), Verzamelde gedichten (Ged., hg. 1981).

Thórarensen, Bjarni Vigfússon [isländ. 'θoʊrarɛnsɛn], * Brautarholt 30. Dez. 1786, † Möðruvellir 24. Aug. 1841, isländ. Lyriker. – Lernte in Kopenhagen, wo er studierte, die nord. Romantik kennen, bes. die von A. G. Oehlenschläger; im Geiste der Romantik schrieb er achtzehnjährig das Gedicht ›Eldgamla Ísafold‹ (= Uraltes Island), das Natur und Menschen Islands besingt und Islands erste Nationalhymne wurde. 1811 kehrte er nach Island zurück, wo er zunächst das Amt eines Richters bekleidete, ehe er 1833 zum Amtmann ernannt wurde. Th. gilt als erster bed. Dichter der neueren Zeit auf Island und ist neben J. Hallgrímsson der Hauptvertreter der isländ. Romantik. In nationalist. Geist preist er auch in seinem späteren, dem Stil der ›Edda‹ verpflichteten Werk, seine Heimat und die Härte des dortigen Lebens, die starke Menschen fordert.
Ausgabe: B. V. Th. Ljóðmæli. Hg. v. J. HELGASON. Reykjavík 1935. 2 Bde.
Literatur: POESTION, J. C.: Isländ. Dichter der Neuzeit. Lpz. 1897. S. 289.

Thórðarson, Thórbergur, isländ. Schriftsteller, † Þórðarson, Þórbergur.

Thoreau, Henry David [engl. θəˈroʊ], * Concord (Mass.) 12. Juli 1817, † ebd. 6. Mai 1862, amerikan. Schriftsteller. – Studierte 1833–37 an der Harvard University; unterhielt zus. mit seinem Bruder John eine Schule in Concord, in der sie nach den pädagog. Prinzipien von A. B. Alcott unterrichteten. Eng befreundet mit R. W. Emerson, bei dem er nach dem Tod des Bruders 1841–43 wohnte, wurde er Mitglied des Kreises der Transzendentalisten; radikaler Nonkonformist und Individualist, dessen ablehnende Haltung gegen den Staat und gewissenlose

Politik bes. in dem Essay ›Über die Pflicht zum Ungehorsam gegen den Staat‹ (1849, dt. 1967) deutlich wird; neigte, beeinflußt von J.-J. Rousseau, zu natürlich-einfachen Lebensformen; 1845–47 lebte er mit dürftigsten Hilfsmitteln in einer selbstgebauten Blockhütte am Walden Pond bei Concord; seine Erlebnisse schildert er in seinem bekanntesten Werk ›Walden‹ (1854, dt. 1897); trat in Reden und Aufsätzen für die Anliegen der Abolitionisten ein (›Slavery in Massachusetts‹, 1854). Wertvoll sind auch seine 1834–62 geführten Tagebücher (›Journals‹, 14 Bde., in: ›The writings‹, 20 Bde., hg. 1906) sowie seine Beschreibungen von Exkursionen in Neuengland (›A week on the Concord and Merrimack Rivers‹, 1849; postum veröffentlicht: ›Excursions‹, 1863; ›The Maine woods‹, 1864; ›Cape Cod‹, 1865; ›A Yankee in Canada‹, 1866). Eine ethnolog. Studie über Indianer blieb unvollendet. Th. war ein ausgezeichneter Stilist, dessen Bedeutung erst spät erkannt wurde; sein Werk beeinflußte L. N. Tolstoi, Mahatma Gandhi sowie die studentischen Protestbewegungen der 1960er und 1970er Jahre.

Henry David Thoreau (Kreidezeichnung von Samuel Worcester Rowse, 1854)

Ausgabe: The writings of H. D. Th. The Princeton edition. Princeton (N. J.) 1971 ff. **Literatur:** Th. Society Bull. Chapel Hill (N. C.) Jg. 1 (1941) ff. – SHANLEY, J. L.: The making of ›Walden‹. Chicago (Ill.) 1957. Nachdr. 1974. – CANBY, H. S.: Th. Boston (Mass.) Neuausg. 1958. – ANDERSON, CH. R.: The magic circle of ›Walden‹. New York 1968. – FORD, A. L.: The poetry of H. D. Th. Hartford (Conn.) 1970. – CAVELL, S.: The senses of ›Walden‹. New York 1972. – McINTOSH, J.: Th. as romantic natural-

ist. Ithaca (N. Y.) 1974. – GARBER, F.: Th.'s redemptive imagination. New York 1977. – MEYER, MICHAEL: Several more lives to live. Th.'s political reputation in America. Westport (Conn.) u. London 1977. – KRUPAT, A.: Woodsmen, or Th. and the Indians. New York 1979. – HARDING, W. R.: The new Th. handbook. New York 1980. – WAGENKNECHT, E. CH.: H. D. Th. What manner of man? Amherst (Mass.) 1981. – BORST, R. R.: H. D. Th. A descriptive bibliography. Pittsburgh (Pa.) 1982. – HILDEBIDLE, J.: Th. A naturalist's liberty. Cambridge (Mass.) 1983. – HOWARTH, W. L.: The book of Concord. Th.'s life as a writer. Harmondsworth 1983. – KLUMPJAN, H.-D./KLUMPJAN, H.: H. D. Th. Rbk. 1986. – RICHARDSON, R. D., JR.: H. Th. A life of the mind. Berkeley (Calif.) 1986.

Thorén, Fritz [schwed. tuˈreːn], Pseudonym Fredrik Thomas, * Stockholm 13. März 1899, † ebd. 14. Febr. 1950, schwed. Erzähler. – Chemielehrer; ab 1944 freier Schriftsteller. Seine in sachlich-dokumentar. Sprache geschriebenen Romane schildern menschl. Konfliktsituationen aus psycholog. Perspektive.

Werke: Süße Schwere des Lebens (R., 1937, dt. 1948), Aus Feuer und Luft bin ich (R., 1939, dt. 1940), Att vinna hela världen (R., 1943), Sprung im Glas (R., 1948, dt. 1952).

Thorild, Thomas [schwed. ˈtuːrild], eigtl. Th. Thorén, * Svarteborg (Bohuslän) 18. April 1759, † Greifswald 1. Okt. 1808, schwed. Schriftsteller. – Studierte Jura in Lund und Uppsala, hielt sich 1788–90 in England auf; setzte sich für die Frz. Revolution und die Aufhebung aller Standesprivilegien ein und wurde 1792 des Landes verwiesen. Ab 1795 Bibliothekar und Prof. für schwed. Literatur in Greifswald (das damals schwedisch war). Als Hauptvertreter des schwed. Sturm und Drangs wandte sich Th. – beeinflußt von J.-J. Rousseau, Goethe und der dt. Frühromantik – gegen den formalen Zwang des frz. Klassizismus (u. a. gegen J. H. Kellgren) und polemisierte gegen engstirnige Kritik (›En critik öfver critiker‹, Abh., 1791/92).

Weitere Werke: Passionerna (Ged., 1781), Om upplysningens princip (Essay, 1793), Rätt eller alla samhällens eviga lag (Essay, 1794). **Ausgabe:** Th. Th. Samlade skrifter. Stockholm 1932. Auf mehrere Bde. ber. (bisher 23 Bde. erschienen). **Literatur:** ARVIDSON, S. Å.: Th. och den franska revolutionen. Stockholm 1938. – FRIDHOLM, R.: Th. och antiken. Göteborg 1940. – CASSIRER, E.: Th.s Stellung in der Geistesgesch. des 18. Jh. Stockholm 1941.

Thorláksson, Guðbrandur, isländ.
Bischof, † Þorláksson, Guðbrandur.

Thoroddsen, Jón Þórðarson [isländ.
'θɔːrɔdsɛn], * Reykhólar 5. Okt. 1818,
† Leirá 8. März 1868, isländ. Schriftsteller. – Schuf mit der Schilderung aus dem
Volksleben ›Jüngling und Mädchen‹
(1850, dt. 1884) den ersten neuisländ. Roman. Auch Th.s weitere Romane, die stilistisch von den Sagas beeinflußt sind,
zeichnen sich durch sichere Wiedergabe
von Personen und Milieu aus.

Weitere Werke: Þjóðólfur Jónsson og faðir hans
(= Þjóðólfur Jónsson und sein Vater, E., 1864),
Kvæði (= Gedichte, 1871, 1919), Maður og
kona (= Mann und Frau, R., hg. 1876).
Ausgabe: J. Þ. Th. Skáldsögur. Hg. v. S. J. POR-
STEINSSON. Reykjavík 1942. 2 Bde.
Literatur: POESTION, J. C.: Isländ. Dichter der
Neuzeit. Lpz. 1897. S. 401.

Thorsteinsson, Steingrímur [isländ.
'θɔrstɛinsɔn], * Arnarstapi (Snæfellsnes-
sýsla) 19. Mai 1831, † Reykjavík 21. Aug.
1913, isländ. Dichter. – Studierte klass.
Philologie und Jura in Kopenhagen,
Lehrer ebd., später in Reykjavík. Schrieb
romant. Lyrik, patriot. Lieder und satir.
Epigramme; als Übersetzer (u. a. ›Tausendundeine Nacht‹, Goethe, Schiller,
H. Heine, Shakespeare und Lord Byron)
ist er ein bed. Mittler der Weltliteratur
für Island. Seine gesammelten Gedichte,
›Ljóðmæli‹, erschienen 1881.

Literatur: POESTION, J. C.: Isländ. Dichter der
Neuzeit. Lpz. 1897. S. 447.

Thorup, Kirsten [dän. 'toːˀrob], * Gel-
sted (Fünen) 9. Febr. 1942, dän. Schriftstellerin. – In den frühen Gedichtbänden
beschreibt sie mit kühler Distanz die
Fremdheit des einzelnen, sein Eingeschlossensein in sich selbst; auch in den
späteren realist. Romanen stehen die
Frage nach der Identität des Menschen
und sein Wunsch nach Befreiung und
Selbstverwirklichung im Vordergrund.
Mit großem Einfühlungsvermögen schildert sie schwache, unterdrückte Menschen.

Werke: Indeni – udenfor (Ged., 1967), Love
freom Trieste (Ged., 1969), Baby (R., 1973),
Lille Jonna (R., 1977), Den lange sommer (R.,
1979), Himmel und Hölle (R., 2 Bde., 1982, dt.
1986), Romantica (Dr., 1983), Den yderste
grænse (R., 2 Bde., 1987).

Thorwald, Jürgen, eigtl. Heinz Bon-
gartz, * Solingen 28. Okt. 1915, dt.

Schriftsteller. – Verfasser von zahlreichen Sachbüchern, wiss. und dokumentar. Abhandlungen. Seine Themen
nimmt er aus den Bereichen der Kriminalistik und ihrer Entwicklung, der Medizin und ihrer Geschichte (›Das Jh. der
Chirurgen‹, 1956; ›Das Weltreich der
Chirurgen‹, 1957; zus. 1965 u. d. T. ›Die
Geschichte der Chirurgie‹) sowie der
Zeitgeschichte (›Es begann an der
Weichsel‹, 1949; ›Das Ende an der Elbe‹,
1950; zus. 1962 u. d. T. ›Die große
Flucht‹).

Weitere Werke: Das Jh. der Detektive (Sachb.,
1964), Die Stunde der Detektive (Sachb., 1966;
zus. 1973 u. d. T. Die gnadenlose Jagd), Die Patienten (Sachb., 1971), Das Gewürz. Die Saga
der Juden in Amerika (Sachb., 1978), Der Mann
auf dem Kliff (R., 1980), Die Monteverdi-Mis-
sion (R., 1982), Tödliche Umarmung (R., 1984),
Im zerbrechl. Haus der Seele. Macht und Ohnmacht der Gehirnchirurgen (Sachb., 1986), Der
geplagte Mann. Die Prostata-Geschichte und
Geschichten (1994).

Thoursie, Ragnar [David] [schwed.
'tʊrsi], * Katrineholm (Prov. Söderman-
land) 30. Sept. 1919, schwed. Journalist
und Schriftsteller. – T.s bislang beiden
einzigen Gedichtsammlungen sind geprägt von Selbstkritik und Nüchternheit
der Sprache. Die Sammlung ›Emaljögat‹
(1945), deren Symbole ihre Wurzeln oft
in Kindheitserinnerungen des Autors haben, ist z. T. von verzweifelter Stimmung
geprägt und trägt deutlich eskapist.
Züge; ›Nya sidor och dagsljus‹ (1952) ist
demgegenüber eher gesellschaftskritisch
eingestellt und verfolgt das Programm einer Poetisierung des Alltags und einer
noch stärkeren Konzentration auf das
Wesentliche. Trotz des geringen Um-
fangs seines Werks hatte T. erhebl. Einfluß auf die nachfolgende Lyrikergeneration.

Weitere Werke: Kulissbygget – Tyskland mel-
lan Molotov och Marshall (Sachb., 1948; mit
E. Kötting).

Thrasolt, Ernst, eigtl. Joseph Matthias Tressel, * Beurig (heute zu Saar-
burg) 12. Mai 1878, † Berlin 20. Jan. 1945,
dt. Schriftsteller. – Kath. Geistlicher,
1919 in der ›Ostseedivision‹ von R. Graf
von der Goltz, ab 1920 Waisenhauspfar-
rer in Berlin-Weißensee. Vertreter der
kath. Erneuerungsbewegung, als Pazifist
von der Gestapo verfolgt. Schrieb pan-

theistisch-religiöse Lyrik im impressionist. Stil, auch Prosa.

Werke: De profundis (Ged., 1908), Witterungen der Seele (Ged., 1911), Behaal meech liew (Ged., 1922), Mönche und Nonnen (Legenden, 1922), Gottlieder eines Gläubigen (Ged., 1923), Die Witwe (E., 1925), Carl Sonenschein (Biogr., 1930).

Threnos [griech.], Gattung des antiken griech. Chorliedes; ursprünglich die dichter. Totenklage in der Tragödie, dann die chor. Klagegedichte z. B. des Simonides von Keos, der als Begründer des kunstmäßig ausgebildeten Th. gilt, oder Pindars; in diesen Gedichten, die beim Begräbnis oder Totenmahl vorgetragen wurden, wird die Klage um den Verstorbenen mit dem Lobpreis seiner Tugenden verbunden.

Thriller [engl. 'θrɪlə] ↑ Kriminalliteratur.

Thukydides (tl.: Thoukydídēs), * Athen zwischen 460 und 455, † um 400, athen. Geschichtsschreiber. – Th. wurde verbannt, nachdem er als Stratege vor Amphipolis 424 erfolglos gegen Brasidas war; die Rückkehr nach Athen nach Aufhebung der Verbannung (404) ist ungewiß. In seiner Monographie über den Peloponnesischen Krieg (erhalten 8 Bücher bis 411; Fortsetzung durch Xenophon und Theopompos) sah Th. als Aufgabe die exakte Ermittlung der Fakten, ihre objektive Beschreibung sowie die Darstellung historisch wirksamer, vornehmlich in der menschl. Natur liegender Kräfte und ihrer Gesetzmäßigkeit als zeitlos gültiges Modell der ›Physiologie und Pathologie der Macht‹ (A. Lesky). Dies bedeutete für ihn Unterscheidung und genaue Analyse von tieferer Ursache und äußeren Anlässen, Verzicht auf Publikumswirksamkeit und auf Einzelheiten zugunsten allgemeiner Zusammenhänge politisch-militär. Geschichte, die hier erstmals vorrangig wurde. Damit steht Th. in Perspektive wie Methode im Gegensatz zu seinen Vorgängern und kann als Begründer der wissenschaftlichen polit. Geschichtsschreibung betrachtet werden. Das für ihn Wichtige, Problematische und Grundsätzliche legte er in Exkursen, Proömien, im Dialog und in Reden dar (Kernstücke sind die Gefallenenrede des Perikles als Würdigung athen. Demokratie im Perikleischen Zeitalter und der Melierdialog als Formulierung des Macht-Recht-Problems). Forschungsmethode und Komposition sind von der Sophistik beeinflußt; die Darstellung ist gedrängt, die Sprache archaisierend und reich an Anakoluthen und Parenthesen.

Ausgaben: Th. Historiae. Hg. v. H. S. JONES u. J. E. POWELL. Oxford Neuausg. 1979–80. – Th. Gesch. des Peloponnes. Krieges. Dt. Übers. u. Einl. v. G. P. LANDMANN. Unveränderter Nachdr. der Ausg. Zü. u. Mchn. 1976. Mchn. ³1981.
Literatur: SCHADEWALDT, W.: Die Geschichtsschreibung des Th. Bln. 1929. Nachdr. Zü. u.a. 1971. – PATZER, H.: Das Problem der Geschichtsschreibung des Th. u. die thukydideische Frage. Bln. 1937. Nachdr. Bonn 1962. – STAHL, H. P.: Die Stellung des Menschen im geschichtl. Prozeß. Mchn. 1966. – FINLEY, J. H.: Three essays on Thucydides. Cambridge (Mass.) 1967. – ADCOCK, F. E.: Thucydides and his history. Hamden (Conn.) Neuaufl. 1973. – SCHADEWALDT, W.: Die Anfänge der Geschichtsschreibung bei den Griechen. Ffm. 1982. – Th. Hg. v. H. HERTER. Darmst. Sonderausg. 1984.

Thümmel, Moritz August von, * Schönefeld (heute zu Leipzig) 27. Mai 1738, † Coburg 26. Okt. 1817, dt. Schriftsteller. – Jurist, in hohen Regierungsämtern tätig; unternahm ausgedehnte Reisen; pflegte die Kavaliersdichtung des Rokoko, betonte bes. das Ironische und Erotische; schrieb seinen Beitrag zur komisch-heroischen Epik, ›Wilhelmine. Oder der vermählte Pedant‹ (1764), entgegen der Tradition der Versepik in Prosa; seine Beschreibung der ›Reise in die mittägl. Provinzen von Frankreich im Jahre 1785 bis 1786‹ (10 Bde., 1791–1805) nach dem Vorbild L. Sternes vereinigt aufklärer. und empfindsame Züge; schrieb auch Verserzählungen nach dem Vorbild Ch. M. Wielands sowie Übersetzungen aus dem Französischen.

Ausgabe: M. A. v. Th. Sämmtl. Werke. Lpz. 1811–19. 7 Bde.
Literatur: HELDMANN, H.: M. A. v. Th. Sein Leben, sein Werk, seine Zeit. Tl. 1: 1738–1783. Neustadt a. d. Aisch 1964 (m.n.e.). – SAUDER, G.: Der reisende Epikureer. Studien zu M. A. v. Th.s Roman ›Reise in die mittägl. Provinzen von Frankreich‹. Hdbg. 1968.

Thurber, James [Grover] [engl. 'θəːbə], * Columbus (Ohio) 8. Dez. 1894, † New

York 2. Nov. 1961, amerikan. Schriftsteller und Zeichner. – Studierte an der Ohio State University; im 1. Weltkrieg im Dienst des Außenministeriums in Paris; 1927–33 Mitarbeiter der Zeitschrift ›The New Yorker‹, für die er humorist. und satir. Beiträge, meist über die häusl. Verhältnisse der amerikan. Mittelklasse, schrieb und Karikaturen seiner eigenen und anderer Werke malte, die die Basis seiner zahlreichen populären Bücher bildeten; schrieb später auch Fabeln und Märchen für Kinder sowie erfolgreich aufgeführte Komödien.

Werke: Warum denn Liebe? (1929, dt. 1953; mit E. B. White), Man hat's nicht leicht (Autobiogr., 1933, dt. 1949), The male animal (Dr., 1940; mit E. Nugent), Männer, Frauen und Hunde (1943, dt. 1944), Rette sich, wer kann (1945, dt. 1948), Achtung, Selbstschüsse (dt. Ausw., 1950), So spricht der Hund (1955, dt. 1958), Die 13 Uhren (Märchen, 1955, dt. 1967), 75 Fabeln für Zeitgenossen (1956, dt. 1967), Das geheimnisvolle O (1957, dt. 1966), A Thurber carnival (Dr., 1957), The years with Ross (Biogr. des Hg. von ›The New Yorker‹, 1959), Der Hund, der die Leute biß (dt. Ausw., 1972). **Literatur:** J. Th. A bibliography. Hg. v. E. T. BOWDEN. Columbus (Ohio) 1969. – BLACK, S. A.: J. Th. His masquerades. Den Haag u. a. 1970. Neuaufl. 1975. – HOLMES, CH. S.: The clocks of Columbus. The literary career of J. Th. New York 1972. – Th. A collection of critical essays. Hg. v. CH. S. HOLMES. Englewood Cliffs (N. J.) 1974. – BERNSTEIN, B.: Th. New York 1975. – TOBIAS, R. C.: The art of J. Th. Athens (Ohio) ³1979.

Thüring von Ringoltingen, * um 1415, † Bern 1483, spätmittelalterl. Prosaschriftsteller. – Stammte aus der Familie der Zigerli von Ringoltingen aus dem Berner Oberland, die Ende des 14. Jh. in die Berner Aristokratie aufgestiegen war; 1435 Mitglied des Großen Rats, zwischen 1458 und 1467 viermal Schultheiß, übertrug 1456 den Versroman ›Melusine‹ des provenzal. Troubadours Couldrette (1403) in dt. Prosa. Die Geschichte, in der der Aufstieg der Familie Lusignan-Partenay durch die Heirat mit der Fee Melusine erzählt wird, spiegelt das Standesbewußtsein des Aufsteigers Th. v. Ringoltingen. Die Fabel von der Heirat eines Menschen mit einem Elementarwesen war sehr erfolgreich: 15 Handschriften, Drucke von 1474 bis ins 18. Jh., Neufassungen im 19. Jh. von L. Tieck,

F. Grillparzer (Libretto), C. Brentano (›Der arme Raimondin‹) bezeugen dies. **Ausgaben:** Th. v. R. Melusine. Hg. v. KARIN SCHNEIDER. Bln. 1958. – Th. v. R. Melusine. Hg. v. H.-G. ROLOFF. Stg. 1969. **Literatur:** MÜLLER, J. D.: ›Melusine‹ in Bern. In: Literatur, Publikum, histor. Kontext. Hg. v. G. KAISER. Bern u. a. 1977. – RUH, K.: Die ›Melusine‹ des Th. v. R. Mchn. 1985.

Thwaite, Anthony [engl. θwεɪt], * Chester 23. Juni 1930, engl. Lyriker. – Nach dem Studium in Oxford Schriftsteller- und Lehrtätigkeiten in verschiedenen Ländern. Zu seiner vielseitigen Lyrik (›Poems 1953–1988‹, 1989) gehört der Versuch, die Form des dramatischen Monologs wiederzubeleben (›Victorian voices‹, Ged., 1980); verfaßte auch krit. Arbeiten zur engl. Gegenwartsdichtung.

Tian, Pseudonym der dt. Schriftstellerin Karoline von ↑ Günderode.

tibetische Literatur, das Tibetische gehört zur tibetobirman. Gruppe der tibetochin. Sprachen. Seine Literatur beginnt mit der Schaffung der tibet. Schrift durch Thon-mi Sambhota im 7. Jahrhundert. Seitdem wurden buddhist. Werke aus dem Indischen und Chinesischen übersetzt, die im 14. Jh. im ›Kandschur‹ und ›Tandschur‹ zusammengestellt wurden. Zu den frühesten Werken gehören die grammat. Traktate Thon-mi Sambhotas und die nach chin. Muster verfaßten Annalen von Tunhwang über die Zeit von 650 bis 747. Die einzelnen Sekten des Lamaismus entwickelten eine umfangreiche scholast. Literatur. Um religiösen Schriften besondere Autorität zu verleihen, wurden sie als ›gTer-ma‹ (= Schatzwerke) eines Buddha oder Heiligen ›gefunden‹. Bei den rNying-ma-pas (= die Alten) wurden viele Schatzwerke dem aus Indien nach Tibet gekommenen Tantriker Padmasambhava zugeschrieben. Verfasser buddhist. Chroniken waren u. a. Bu-ston (* 1290, † 1364), Tāranātha (um 1600), der 5. Dalai-Lama, Sum-pa mkhan-po (18. Jahrhundert). Die sog. ›blauen Annalen‹ (deb-ther-sngon-po) erschienen 1746. Die Lamas verfaßten auch Werke über Medizin, Mathematik, Geographie u. a. Wissenschaften. Zahlreich sind Biographien. Sie sind z. T. Erlösungslegenden (rNam-thar), z. B. über Nāropa (* 1016, † 1100) und ↑ Milarepa. Naturlyrik findet sich in den ›mGurbum‹ (= Hunderttausend Gesänge) des Milarepa. Zur Bon-Religion gehören Zaubersprüche, Beschwörungen und Texte über den mythischen Stifter gŠen-rab. Die systematisierte Form des Bon schuf sich nach dem Vorbild des Lamaismus einen eigenen Kandschur und Tandschur. Zur Volksliteratur zählen Lieder, Märchen und Sagen (↑Gesar-Epos). Das Schauspiel entwickelte sich aus Maskentänzen ('Čham). Beliebt sind indisch-buddistische Stoffe, auch Ereignisse der tibetische Geschichte dienen als Vorlage.

Der Umfang der t. L. ist im Verhältnis zur Einwohnerzahl beispiellos groß gewesen. Nach 1960 wurden durch Nachdrucke und Mikrofilme große tibet. Textsammlungen zugänglich. Zur tibet. Exilliteratur heute gehören exeget. Schriften sowie die Autobiographien des 14. Dalai-Lama (* 1935) und seines Bruders Norbu (* 1922).

Literatur: SCHULEMANN, G.: Gesch. der Dalai-Lamas. Lpz. 1958 (mit Bibliogr.). – HOFFMANN, H.: Die Lit.en der Welt. Hg. v. W. VON EINSIEDEL. Zü. 1964. Nachdr. Herrsching 1981. S. 1239. – Verz. der oriental. Hss. in Deutschland. Bd. 11: TAUBE, M., u. a.: Tibet. Hss. u. Blockdrucke. Wsb. 1966 ff. (bisher 9 Tle.). – VOSTRIKOV, A. I.: Tibetan historical literature. Kalkutta 1970. – HOFFMANN, H.: Tibet. A handbook. Bloomington (Ind.) [2]1986 (mit Bibliogr.).

Tibull (Albius Tibullus), * um 50, † um 17 v. Chr., röm. Elegiendichter. – Aus begüterter Ritterfamilie; bedeutendstes Mitglied des Dichterkreises um Messalla Corvinus (* 64 v. Chr., † 13 n. Chr.); mit Horaz befreundet. Um 26 v. Chr. veröffentlichte T. das erste, zehn Stücke umfassende Elegienbuch mit der Geliebten ›Delia‹ im Mittelpunkt; wohl noch zu Lebzeiten des Dichters folgte Buch 2 (sechs Elegien), das von der Bindung an ›Nemesis‹ beherrscht wird. Die Überlieferung schreibt T. fälschlich noch ein weiteres Buch (oder, mit anderer Einteilung, zwei weitere Bücher) zu; das Werk enthält sechs Gedichte eines Lygdamus, einen Panegyrikus auf Messalla sowie zwei Zyklen, die um Sulpicia, eine Nichte Messallas, kreisen (der zweite Zyklus stammt von Sulpicia selbst). Seiner Geliebten verfallen zu sein, ist bei T.

in geringerem Maße beherrschendes Thema als etwa bei Properz; in beiden Sammlungen finden sich auch Festgedichte, drei Stücke des 1. Buches sind der Knabenliebe gewidmet. T. läßt durchweg eine krit. Einstellung gegenüber seiner Zeit und der Weltstadt Rom erkennen: Ablehnung des Krieges, Distanz von Staat und Politik, Sehnsucht nach Geborgenheit in einfachen ländlichen Verhältnissen. Die träumerisch-assoziative Folge der Gedanken verleiht seinen sprachlich und metrisch sorgsam gefeilten Elegien eine unverwechselbare Stimmung.

Ausgabe: T. Gedichte. Lat. u. dt. Hg. v. R. HELM. Bln. [4]1979.
Literatur: KREFELD, H.: Liebe, Landleben u. Krieg bei T. Düss. 1954. – WIMMEL, W.: Der frühe T. Mchn. 1968. – WIMMEL, W.: T. u. Delia. Wsb. 1976–83. 2 Bde. – BALL, R. J.: Tibullus the elegist. Gött. 1983.

Tichonow (tl.: Tichonov), Nikolai Semjonowitsch [russ. 'tixɐnɐf], * Petersburg 4. Dez. 1896, † Moskau 8. Febr. 1979, russ.-sowjet. Schriftsteller. – Abgeordneter den Obersten Sowjets; gehörte den Serapionsbrüdern an; repräsentativer Lyriker der Sowjetunion, stand bes. anfangs unter dem Einfluß der Akmeisten. Seine Gedichte sind durch Klarheit, Präzision und Bildhaftigkeit des Ausdrucks gekennzeichnet. Bevorzugte Themen auch seiner Versepik sind Krieg und Revolution. Seine Erzählungen tragen häufig phantast. Züge, seine Neigung zum Exotischen verraten die ›Erzählungen aus Pakistan‹ (dt. Ausw. 1952). In dt. Übersetzung erschienen außerdem ›Gedichte‹ (dt. Ausw. 1950) und ›Wie Diamanten fallen die Sterne. Balladen‹ (russ. und dt. 1977).

Weitere Werke: Krasnye na Arakse (= Die Roten am Araxes, Poem, 1925), Kirov s nami (= Kirow mit uns, Poem, 1941).
Ausgabe: N. S. Tichonov. Sobranie sočinenij. Moskau 1973–76. 7 Bde.
Literatur: NORMAN, D. E. K.: The early prose of N. S. Tixonov. Diss. University of Colorado Boulder 1974. – MORŠČICHINA, A. S.: N. S. Tichonov. Leningrad 1975 (Bibliogr.). – ŠOŠIN, V. A.: Poèt romantičeskogo podviga. Očerk tvorčestva N. S. Tichonova. Leningrad [2]1978.

Þiðreks saga ['tiːðrɛks] (Thidrekssaga), altwestnord. Erzählung über den Sagenhelden Dietrich von Bern (Þiðrekr), entstanden in der Mitte des 13. Jh. in Norwegen. Die Quellen dieser umfangreichen Kompilation waren Lieder und Sagen, die vermutlich Hansekaufleute nach Norden gebracht hatten. Diese Überlieferung ordnete der Sammler der ›Þ. s.‹ zu einer stoffreichen Biographie des Helden, die Þiðreks Vorfahren, seine Jugend, seine zahlreichen Kämpfe, sein Exil bei Attila und die Rückgewinnung seines Reiches umfaßt. Nach einer Handschrift der ›Þ. s.‹, die kurz vor 1450 nach Schweden kam, schrieb ein unbekannter Verfasser eine schwed. ›Sagan om Didrik af Bern‹, die auf die frühe schwed. Geschichtsschreibung einen bed. Einfluß ausübte. Auch die frühe nord. Balladendichtung bezieht Stoffe aus der ›Þiðreks saga‹.

Ausgaben: Sagan om Didrik af Bern. Nach einer schwed. Hs. hg. v. G. O. HYLTÉN-CAVALLIUS. Stockholm 1850–54. 3 Hefte. – Þiðriks Saga af Bern. Hg. v. H. BERTELSEN. Kopenhagen 1905–11. 2 Bde. – Die Gesch. Thidreks v. Bern. Dt. Übers. v. F. ERICHSEN. Düss. u. Köln. ²1967. Literatur: KRALIK, D. VON: Die Überlieferung u. Entstehung der Thidrekssaga. Halle/Saale 1931. – WISNIEWSKI, R.: Mittelalterl. Dietrichdichtung. Stg. 1986. S. 22 u. S. 69. – REICHERT, H.: Heldensage u. Rekonstruktion. Unterss. zur Thidrekssaga. Wien 1992.

Ludwig Tieck

Tieck, Ludwig, Pseudonyme Peter Lebrecht, Gottlieb Färber, * Berlin 31. Mai 1773, † ebd. 28. April 1853, dt. Schriftsteller. – Sohn eines Seilermeisters; 1782–92 Besuch des Friedrichswerderschen Gymnasiums in Berlin (mit W. H. Wackenroder als Mitschüler). Umgang mit Kunst und Künstlern im Haus des Kapellmeisters J. F. Reichardt, des-

sen Nichte Amalie Alberti T. 1798 heiratete. 1792–95 Studium der Theologie, Geschichte und Literatur an den Universitäten Halle, Göttingen und Erlangen. 1794–98 in Berlin, danach in Jena, wo er mit den Brüdern A. W. und F. Schlegel, Novalis, C. Brentano, F. W. J. von Schelling und J. G. Fichte verkehrte. 1800/01 wieder in Berlin, 1801/02 in Dresden. Von 1802 bis 1818 lebte T. meist auf Gut Ziebingen bei Frankfurt/Oder, aber auch in München (1804/05, 1808–10), Rom und Florenz (1805/06), Wien (1808), Prag (1813) und London (1817). 1803 Begegnung mit der Tochter seines Ziebinger Gastgebers, Henriette von Finckenstein, die seine Förderin und Freundin wurde. Mit ihr und seiner Familie (im Jahr 1799 Geburt der Tochter Dorothea) kehrte er nach Auflösung des Ziebinger Kreises nach Dresden zurück. Dort ab 1825 Hofrat und Dramaturg am Hoftheater; seine Wohnung wurde zum Mittelpunkt des literar. Lebens. 1842 siedelte er auf Einladung König Friedrich Wilhelms IV. nach Potsdam über, wo er Berater des Hoftheaters wurde; seine Inszenierung etwa des ›Sommernachtstraums‹ 1843 leitete eine Erneuerung der Shakespeare-Darstellung auf dt. Bühnen ein. Gegen Ende seines Lebens vereinsamt und in dürftiger materieller Lage, schwer leidend (ein mit dauernden Schmerzen verbundener Gelenkrheumatismus quälte ihn seit seiner Jugend). – Bereits in der Schulzeit Entdeckung und begeisterte Lektüre Shakespeares; ›Sommernacht‹ heißt dann auch die erste erhaltene Dichtung T.s (1789), der rasch weitere dramat. und dichter. Versuche folgten. 1791 Mitarbeit an den ›Genie- und Schauerromanen‹ Friedrich Eberhard Rambachs (* 1767, † 1826), eines seiner Lehrer am Gymnasium. Während des Studiums im mit Wackenroder gemeinsam verbrachten Sommersemester 1793 an der Universität Erlangen Wanderungen durch Franken; Entdeckung alter dt. Kunst (Dürer) und Stadtkultur (Nürnberg), der italien. Renaissance (Besuch der Galerie auf Schloß Pommersfelden), v. a. aber der freien Natur, welche für die beiden in der Großstadt aufgewachsenen Freunde ein ganz neues Erlebnis war. Ihre Eindrücke schlugen sich in den hauptsächlich von

Wackenroder verfaßten und die Frühromantik entscheidend prägenden ›Herzensergießungen eines kunstliebenden Klosterbruders‹ (1796/97) nieder, ebenso später in den ›Phantasien über die Kunst‹ (1799 von T. herausgegeben). 1794 literar. Mitarbeit an Rambachs ›Archiv der Zeit und ihres Geschmacks‹, 1795–97 an den von F. Nicolai herausgegebenen ›Straußfedern‹, einer auf moralisierende Unterhaltung, ›Bearbeitungen‹ gängiger engl. und frz. Vorlagen ausgerichteten literar. Sammlung, deren Redaktion T. auch später besorgte. Er selbst veröffentlichte dort 13 Erzählungen, darunter ›Fermer, der Geniale‹, ›Der Naturfreund‹, ›Die gelehrte Gesellschaft‹ (sämtl. 1797); noch im Stil der Spätaufklärung geschrieben, begründeten sie die moderne soziale Satire. Gleichzeitiger Abschluß des Briefromans ›Die Geschichte des Herrn William Lovell‹ (3 Bde., 1795/96), der Geschichte eines jungen Mannes, den Lebensunzufriedenheit, Selbstzweifel und das Gefühl der (auch polit.) Ohnmacht zu Zynismus und ins Verbrechen treiben. Unter dem programmat. Titel ›Volksmährchen‹ (3 Bde., 1797) gab T. modellhafte Texte der frühen Romantik heraus: Die Volksbucherzählung ›Liebesgeschichte der schönen Magelone‹, deren Lieder Brahms vertonte, die Komödie ›Der gestiefelte Kater‹, in der F. Schlegels Prinzip der romant. Ironie im Formen moderner Episierung realisiert wird, aber auch sog. Kunstmärchen wie ›Der blonde Eckbert‹. T.s Konzept einer mobilen künstler. Imagination, gewonnen aus der Analyse Shakespearescher Dramen, verbindet sich im Künstlerroman ›Franz Sternbalds Wanderungen‹ (2 Bde., 1798) mit der Kunstbegeisterung des früh verstorbenen Freundes Wackenroder und macht die Figur des vagabundierenden Malerpoeten zum Muster romant. Welterfahrung. Alle Dichtungsgattungen und den Kanon romant. Motive verband T. in dem Lustspiel ›Kaiser Octavianus‹ (1804). Den Anstoß für die Sammlung und Erschließung mittelalterl. Literatur gab die Anthologie und Übersetzung ›Minnelieder aus dem Schwäb. Zeitalter‹ (1803), zu der Ph. O. Runge den Buchschmuck schuf. Der an-

gebl. Weltfremdheit der Romantik widerspricht u. a. die frührealist. Novelle ›Liebeszauber‹ (1811), wo Traumschau und Realitätserfahrung miteinander verfugt sind. Folgenreich war die Begegnung mit dem Philosophen K. W. F. Solger, dessen Ironiebegriff T.s Einfall vom novellist. Wendepunkt bestimmte, der mit einer unerwarteten, aber natürl. Umkehrung der Geschichte eine Dialektik von Wunder und Alltäglichkeit bewirken will. Einige frühe, in der Hauptsache aber spätere Arbeiten faßte T. im ›Phantasus‹ (3 Bde., 1812–16) zusammen, dessen Rahmen eine Form des szen. Erzählens zeigt, die in den Novellen und Romanen der Spätzeit dominiert. T.s Wendung zur histor. Novelle war Folge der Rezeption W. Scotts, aber in der Novelle ›Der Aufruhr in den Cevennen‹ (1826) gelangte er zu einer eigenen krit. Form, die die Mehrdeutigkeit von Faktum und Geschehen erkennbar macht. Hauptwerk seines Lebens sollte nach T.s Wunsch ein Buch über Shakespeare sein. Studien dazu sind greifbar in nachgelassenen Notizen, in einigen Novellen sowie in den ›Krit. Schriften‹ (4 Bde., 1848–52), die gegen das Theater der totalen Illusion eine Bühne der heiteren und iron. Distanz stellen. T. setzte das von A. W. von Schlegel begründete Unternehmen der Shakespeare-Übersetzung unter Mitarbeit seiner Tochter Dorothea T. (* 1799, † 1841) und W. H. Graf Baudissins fort (›Schlegel-T.-Übersetzung‹). T. war der produktivste und wandlungsfähigste Autor der frühromant. Generation. Er hat die Gattungen der Märchennovelle und des Künstlerromans entworfen, die romant. Stimmungslyrik geschaffen, das Prinzip der romant. Ironie realisiert und die Formen der zeitkrit. und histor. Novelle entwickelt. Dem romant. Konzept der Weltliteratur diente auch T.s geniale und epochemachende Übersetzung des ›Don Quijote‹ (4 Bde., 1799–1801). Für das Theater sammelte er altdt. und altengl. Stücke. Den früh verstorbenen Freunden Wackenroder und Novalis setzte er ein Denkmal mit ersten Werkausgaben, aber auch für H. von Kleist, J. M. R. Lenz u. a. besorgte er Editionen, die den Rang dieser Dichter bezeugen.

Ausgaben: L. T. Gedichte. Dresden 1821–23. 3 Bde. Nachdr. Hdbg. 1967. – L. T. Schrr. Bln. 1828–54. Nachdr. 1966. 28 Bde. – L. T. Nachgelassene Schrr. Hg. v. R. KÖPKE. Lpz. 1855. 2 Bde. Nachdr. Bln. u. New York 1974. – L. T. Werke in 4 Bden. Hg. v. M. THALMANN. Mchn. u. Darmst. 1963–66. – Letters to and from L. T. and his circle. Hg. v. P. MATENKO u. a. Chapel Hill (N. C.) 1967. – L. T. Werke in 1 Bd. Hg. v. P. PLETT. Hdbg. 1967. – L. T. u. die Brüder Schlegel. Briefe. Hg. v. E. LOHNER. Mchn. 1972. – L. T. Werke in 4 Bden. Hg. v. M. THALMANN. Darmst. 1978. – L. T. Schrr. Ffm. 1985 ff. Auf 12 Bde. berechnet.
Literatur: ZEYDEL, E. H.: L. T., the German romanticist. Princeton (N. J.) 1935. Nachdr. Hildesheim u. New York 1971. – MINDER, R.: Un poète romantique allemand, L. T. (1773–1853). Paris 1936. – THALMANN, M.: L. T., der romant. Weltmann aus Berlin. Bern u. Mchn. 1955. – THALMANN, M.: L. T., ›der Heilige von Dresden‹. Bln. 1960. – L. T. Hg. v. W. SEGEBRECHT. Darmst. 1976. – KERN, J. P.: L. T. Dichter einer Krise. Hdbg. 1977. – L. T. König der Romantik. Das Leben des Dichters L. T. in Briefen, Selbstzeugnissen u. Berr. Bearb. v. K. GÜNZEL. Tüb. 1981. – PAULIN, R.: L. T. Stg. 1986. – KLETT, D. A.: L. T. An annotated guide to research. New York 1993. – ZYBURA, M.: L. T. als Übersetzer u. Herausgeber. Hdbg. 1994.

Tieck, Sophie, dt. Schriftstellerin, ↑ Bernhardi, Sophie.

Tiedge, Christoph August, * Gardelegen 14. Dez. 1752, † Dresden 8. März 1841, dt. Dichter. – Jurastudium, Hauslehrer, befreundet mit J. W. L. Gleim, Erzieher; Reisebegleiter und Lebensgefährte der Gräfin Elisabeth von der Recke. Verfasser von Episteln, volkstüml. Gedichten und v. a. des zu seiner Zeit vielgelesenen, von Schiller und I. Kant beeinflußten Lehrgedichts ›Urania ...‹ (1801), das von Gott, Unsterblichkeit und Freiheit handelt.
Ausgabe: Ch. A. T. Ges. Werke. Hg. v. A. G. EBERHARD. Halle/Saale 1823–29. 8 Bde.

Tiefbohrer, Immanuel, Pseudonym des dt. Dramatikers Hanns Freiherr von ↑ Gumppenberg.

Tierdichtung, Sammelbegriff für literar. Werke, in denen Tiere im Mittelpunkt stehen. Unter Beibehaltung der tier. Erscheinungsform werden ihnen meist menschl. Charakterzüge verliehen, wobei die aus didaktisch-satir. Motiven beabsichtigte Widerspiegelung menschl. Verhältnisse und Verhaltensweisen augenfällig ist. T. ist bei nahezu allen Völkern anzutreffen. Am häufigsten begegnet sie in ep. Form (Tiermärchen, Tiersage, Tierfabel, Tierepos). Im **Tiermärchen** wird bes. gern das Motiv der dankbaren und hilfreichen Tiere gestaltet. Aitiolog. **Tiersagen** versuchen, die Eigentümlichkeit der Tiere, die Tiersprache oder die Erschaffung der Tiere zu erklären. Populärste Form der T. ist die **Tierfabel,** die bereits im alten Indien und in Ägypten verbreitet war. Im antiken Griechenland prägten v. a. die stark belehrend wirkenden Fabeln Äsops (6. Jh. v. Chr.) die Gattung. Äsops Fabeln wurden im Lateinischen von Phaedrus und später u. a. von Gregor von Tours (* 538, † 594) aufgenommen und weiterentwikkelt. Der griech. ›Physiólogos‹ (entst. vermutlich im 2. Jh., dt. u. d. T. ›Der Physiologus‹, 1921) schließlich, ein Sammelbuch mit 48 kurzen Erzählungen über wirkl. oder phantast. Tiere, die eine Ausdeutung im christl. Sinne erfahren, beeinflußte nachhaltig die mittelalterl. ↑ Bestiarien. – Ältestes bekanntes **Tierepos** ist die fälschlicherweise Homer zugeschriebene ›Batrachomyomachia‹ (= Froschmäusekrieg, 3. oder 6./5. Jh. v. Chr.), eine Parodie auf das griech. Heldenepos, wie überhaupt die meisten Tierepen eine satirisch-parodist. Note haben. Das erste mittelalterl. Tierepos war die im 10. oder 11. Jh. entstandene satir. ›Ecbasis cuiusdam captivi per tropologiam‹ (dt. 1858, 1964 u. d. T. ›Die Flucht eines Gefangenen‹). Der Fuchs Renart (Reineke, Reinhart) wurde dann zur zentralen Figur der traditionsreichsten T., des anonymen altfrz. ›Roman de Renart‹ (entst. zw. 1175 und 1250, dt. 1965). Auf ihm beruhen u. a. das erste deutschsprachige Tierepos ›Reinhart Fuchs‹ (1180) des Elsässers Heinrich der Glichesaere und der ostfläm. ›Reinaert‹ (1250). Die satir. Tendenz der 3. Fassung dieses Werkes durch Hinrek van Alkmar (›Reinaerde‹, gedr. um 1487), auf der die mittelniederdt. Übertragung ›Reynke de Vos‹ (1498) beruht, bestimmte die weitere Überlieferung. Ihr u. a. verpflichtet ist auch Goethes Hexameterepos ›Reineke Fuchs‹ (1794) verpflichtet. – Die Tierfabel erlebte im 17. Jh. bei J. de La Fontaine in Frankreich, später in Deutschland bei Autoren wie J. W. L. Gleim, Ch. F. Gellert, G. E. Lessing oder

J. G. Herder eine neue Blütezeit. Die Tradition der T. setzt sich fort in Werken wie E. T. A. Hoffmanns Romanfragment ›Die Lebens-Ansichten des Katers Murr ...‹ (1819–21), H. Heines Versepos ›Atta Troll‹ (1847) oder G. Orwells Roman ›Farm der Tiere‹ (1945, dt. 1946). – Als besonderer Zweig der T. entwickelten sich seit dem 19. Jh. der **Tierroman** bzw. die **Tiererzählung**, in denen das Tier erstmals in seinem Eigenleben und seinen Umweltbedingungen dargestellt wird (z. B. von M. Maeterlinck, H. Löns, M. Kyber, S. Fleuron, E. Th. Seton, B. M. K. Berg). Trotzdem entstanden auch jetzt noch T.en, die menschliche Züge auf Tiere übertrugen oder von Mitleid und dem Gefühl der Verwandtschaft mit dem Tier geprägt sind (u. a. R. Kipling, ›Die Dschungelbücher‹, 1894/95, dt. 1950, erstmals dt. 1898/99; J. London, ›Wolfsblut‹, 1905, dt. 1912; W. Bonsels, ›Die Biene Maja und ihre Abenteuer‹, 1912). – Eine Sonderform der T. stellen schließlich solche Werke dar, in denen ein Tierschicksal eng verknüpft ist mit dem Schicksal eines Menschen (z. B. H. Melville, ›Moby Dick oder Der weiße Wal‹, 1851, dt. 1927; M. von Ebner-Eschenbach, ›Krambambuli‹, 1883; Th. Mann, ›Herr und Hund‹, 1919; E. Hemingway, ›Der alte Mann und das Meer‹, 1952, dt. 1952; u. a.).

Literatur: SELLS, A. L.: Animal poetry in French and English literature and the Greek tradition. Bloomington (Ind.) 1955. – JAUSS, H. R.: Unterss. zur mittelalterl. T. Tüb. 1959. – FLINN, J.: Le Roman de Renart dans la littérature française et dans les littératures étrangères au moyen âge. Paris 1963. – Das Tier in der Dichtung. Hg. u. eingel. v. U. SCHWAB. Hdbg. 1970.

Tiger, Theobald, Pseudonym des dt. Journalisten und Schriftstellers Kurt † Tucholsky.

Tikkanen, Henrik, * Helsinki 9. Sept. 1924, † Espoo 19. Mai 1984, schwedischsprachiger finn. Schriftsteller. – Nach einer großen Zahl von Jugendbüchern und bebilderten Reiseberichten sowie Hör- und Fernsehspielen sorgte T. für einen literarisch-gesellschaftl. Skandal durch die Veröffentlichung einer Familientrilogie ›Brändövägen 8 Brändö Tel. 35‹, ›Bävervägen 11 Hertonäs Tel. 78035‹ und ›Mariegatan 26, Kronohagen‹ (1975–77),

in der er seine eigene Verwandtschaft und weitere Mitglieder finnlandschwed. Aristokratie schonungslos namentlich bloßstellt. Aphorist. Stil und sarkast. Humor zeichnen seine kriegsgegner. Glossen und Zeichnungsunterschriften (›Henrikit‹, 1981) wie auch viele seiner Romane aus (›Hjältarna är döda‹, 1961; ›Ödlorna‹, 1965; ›30-åriga kriget‹, 1977; ›Efter hjältedöden‹, 1979).

Tikkanen, Märta, * Helsinki 3. April 1935, schwedischsprachige finn. Schriftstellerin. – Neben autobiograph. Erfahrungen an der Seite ihres alkoholkranken Mannes Henrik T. und als Mutter eines behinderten Kindes gestaltet M. T. die Rolle der Frau und ruft zum Kampf gegen überkommene Verhaltensmuster auf. Werke: Nu imorgon (R., 1970), Ingenmansland (R., 1972), Vem bryr sig om Doris Mihailov (R., 1974), Wie vergewaltige ich einen Mann? (R., 1975, dt. 1980), Die Liebesgeschichte des Jahrhunderts (Ged., 1978, dt. 1981), Der Schatten, unter dem du lebst (Ged., 1981, dt. 1985), Aifos heißt Sofia (R., 1982, dt. 1983), Ein Traum von Männern, nein, von Wölfen (R., 1986, dt. 1987), Der große Fänger (R., 1989, dt. 1989), Arnaía – Ins Meer geworfen (R., 1992, dt. 1993).

Tilburg Clark, Walter van [engl. ˈtɪlbəːg ˈklɑːk], amerikan. Schriftsteller, † Clark, Walter van Tilburg.

Tilbury, Gervasius von, engl. Rechtsgelehrter und Geschichtsschreiber, † Gervasius von Tilbury.

Tillier, Claude [frz. tiˈlje], * Clamecy (Nièvre) 10. April 1801, † Nevers 18. Okt. 1844, frz. Schriftsteller. – Volksschullehrer; verlor seine Stelle wegen eines oppositionellen Zeitungsartikels, für den er eine Gefängnisstrafe erhielt; war von da an Journalist; Verfasser zahlreicher, oft sehr sarkast., fortschrittlich-liberaler Pamphlete; verdankt seinen Nachruhm seinem zunächst bes. in Deutschland und England bekanntgewordenen humoristisch-satir. Roman ›Mein Onkel Benjamin‹ (1843, dt. 1866), der sein gesellschaftskrit. Ideengut v. a. aus dem 18. Jh. bezieht.

Ausgaben: C. T. Œuvres. Hg. v. F. PYAT. Nevers 1846. 4 Bde. – C. T., pamphlétaire et romancier clamecycois. Hg. v. M. GUÉRIN. Nevers 1905. Literatur: MAPLE, H. L.: C. T. Genf u. Paris 1957.

Tilschová, Anna Marie [tschech. ˈtilʃova:], * Prag 11. Nov. 1873, † Dobříš

18. Juni 1957, tschech. Schriftstellerin. – Redakteurin; schrieb realist. Romane (›Haldy‹ [= Halden], 1927) und Erzählungen mit sozialkrit. Tendenz über das verfallende Prager Bürgertum.

Ausgabe: A. M. T. Sebrané spisy. Prag 1955 ff. 8 Bde.

Timaios von Tauromenion (tl.: Timaios), * etwa 350, † etwa 254, griech. Geschichtsschreiber. – Durch Agathokles vertrieben (um 315?), verfaßte er in Athen eine Geschichte des griech. Westens (etwa 38 Bücher, bis zum Tod des Agathokles; nur Fragmente erhalten) mit geograph., ethnograph., lokal- und kulturhistor. Abhandlungen und einem Anhang über die Zeit des Pyrrhus; ferner ein chronolog. Werk über die Olympionikenlisten, mit dem er die Grundlage für die Olympiadenrechnung schuf. Als Geschichtsschreiber auch der röm. Geschichte forderte er die Kritik des Polybius heraus.

Times Literary Supplement, The [engl. ðə 'taɪmz 'lɪtrərɪ 'sʌplɪmənt], engl. Wochenzeitschrift; 1902 zunächst als Literaturbeilage zur ›Times‹ gegründet, seit 1914 selbständiges und inzwischen renommiertes Organ für (bis 1974 anonym, seitdem signiert veröffentlichte) Buchbesprechungen und Kontroversen aus allen Gebieten der Literatur und der Geisteswissenschaften.

Timm, Uwe, * Hamburg 30. März 1940, dt. Schriftsteller. – Studierte Philosophie und Germanistik in München und Paris; seit 1971 freier Schriftsteller. Vertritt in seinen [Entwicklungs]romanen einen zeitkrit., polit. Realismus, u.a. ›Heißer Sommer‹ (1974), ›Morenga‹ (1978), ›Kerbels Flucht‹ (1980), ›Der Mann auf dem Hochrad‹ (1984), ›Der Schlangenbaum‹ (1986); schreibt auch Hörspiele, Drehbücher und Gedichte (›Widersprüche‹, 1971); Mit-Hg. der ›Literar. Hefte‹.

Weitere Werke: Rennschwein Rudi Rüssel (Kinderb., 1989), Vogel, friß die Feige nicht. Röm. Aufzeichnungen (1989), Kopfjäger (R., 1991), Die Entdeckung der Currywurst (Nov., 1993), Erzählen und kein Ende. Versuche zu einer Ästhetik des Alltags (1993).

Timmermans, Felix [niederl. 'tɪmərmɑns], * Lier bei Antwerpen 5. Juli 1886, † ebd. 24. Jan. 1947, fläm. Schriftsteller. –

Besuchte die Realschule und die Malerakademie in Lier, wo er fast sein ganzes Leben verbrachte. Debütierte mit pessimist. Novellen (›Schemeringen van den dood‹, 1910), entwickelte sich dann aber schnell zu einem der bedeutendsten Vertreter der fläm. Heimatkunst, der in farbenfrohen, bilderreichen, von gütigem Humor und naiver Frömmigkeit durchzogenen Romanen und Erzählungen teils derb-realistisch, teils idealisierend und mit Neigung zur Idylle ein Bild des Lebens in Brabant gestaltete; schrieb auch volkstüml. Dramen und Lyrik sowie biograph. Romane. T. illustrierte seine Werke größtenteils selbst.

Felix
Timmermans

Weitere Werke: Pallieter (R., 1916, dt. 1921), Das Jesuskind in Flandern (Legende, 1918, dt. 1919), Die sehr schönen Stunden von Jungfer Symforosa, dem Beginchen (E., 1918, dt. 1920), Uit mijn rommelkas (Autobiogr., 1922), Der Pfarrer vom blühenden Weinberg (E., 1923, dt. 1927), Das Licht in der Laterne (En., 1924, dt. 1926), Pieter Bruegel (R., 1928, dt. 1928), Franziskus (E., 1932, dt. 1932), Bauernpsalm (R., 1935, dt. 1936), Minneke Pus (Skizzen, 1942, dt. 1950), Adagio (Ged., 1947, dt. 1949), Adriaan Brouwer (R., hg. 1948, dt. 1950).

Literatur: JACOBS, K.: F. T. Düss. 1949. – VERBIST, B.: F. T. Schilder met het woord, verteller met het penseel. Zo heb ik U begrepen. Lier 1953. – WESTERLINCK, A.: De innerlijke T. Antwerpen 1957. – F. T. Ein Verz. seiner Bücher. Mit einem Beitr. v. E. GRISAR. In: Dichter u. Denker unserer Zeit. Hg. v. F. HÜSER. Heft 19. Do. 1960. – VERCAMMEN, L.: F. T. De mens, het werk. Hasselt 1971 (mit Bibliogr.). – REMOORTERE, J. VAN: F. T. Mens, schrijver, schilder, tekenaar. Antwerpen 1972. – CEULAER, J. DE: F. T. Nimwegen u. Brügge 1978.

Timon von Phleius (tl.: Timōn), * Phleius um 320, † Chalkis um 230,

griech. Philosoph und Dichter. – Vertreter der älteren Skepsis, Schüler des Pyrrhon von Elis (* um 360, † um 270), den er im Dialog ›Pýthōn‹ ehrt. In seinem Hauptwerk, den ›Silloi‹ (3 Bücher), hexametr. Spottgedichte in der Tradition des Xenophanes, unterzieht T. u. a. die dogmat. Philosophie und ihre Vertreter einer schonungslosen Kritik.
Literatur: PAULY-WISSOWA Reihe 2, 12, 1937. Nachdr. 1958. S. 1301.

Timoneda, Juan de [span. timo'neða], * Valencia um 1520, † ebd. im Sept. 1583, span. Dichter. – Wechselte vom Gerber in die Berufe des Schauspielers, Drukkers, Buchhändlers und Verlegers, der neben Editionen und Bearbeitungen zeitgenöss. Schriftsteller auch eigene Werke, v. a. Dramen und Prosa, veröffentlichte. ›Sobremesa y alivio de caminantes‹ (En., 1563) ist ein Versuch, Herkunft und Bedeutung von Redensarten anekdotisch unterhaltend zu erklären. In ›El patrañuelo‹ (1567) gab er eine Umsetzung italienischer Novellen in spanische Verhältnisse, wobei die Fiktion gegenüber der Realität die Oberhand behält. T.s volksnaher Ton sicherte ihm einen nachhaltigen Erfolg.
Weitere Werke: Anfitrión (Dr., 1559), Buen aviso y portacuentos (En., 1564), La rosa de romances (Ged., 1573).
Ausgabe: J. de T. Obras. Hg. v. E. JULÍA MARTÍNEZ. Madrid 1947–48. 3 Bde.
Literatur: REYNOLDS, J. J.: J. T. Boston (Mass.) 1975.

Timotheos von Milet (tl.: Timótheos), * um 450, † um 360, griech. Dichter. – Schrieb v. a. Dithyramben und Nomoi (↑ Nomos) im ›neuen‹, effektvollen Stil. Von großer Bedeutung ist ein 1902 gefundenes Papyrusfragment (das älteste bekannte griech. Buch; 4. Jh. v. Chr.) eines Nomos mit dem Titel ›Pérsai‹ (= Die Perser; dargestellt wird die Seeschlacht von Salamis), der durch dramat. Lebendigkeit gekennzeichnet ist; er enthält auch eine Rechtfertigung des Dichters wegen musikal. Neuerungen (u. a. Einführung der elfsaitigen Kithara).
Ausgabe: Timotheus Milesius. Die Perser. Hg. v. U. VON WILAMOWITZ-MOELLENDORFF. Lpz. 1903. Nachdr. Hildesheim 1973.

Timrava [slowak. 'tjimrava], eigtl. Božena Slančíková, * Polichno 2. Okt. 1867,

† Lučenec 27. Nov. 1951, slowak. Schriftstellerin. – Behandelte in realist. Erzählungen Partner- bzw. Eheprobleme im dörfl. und kleinstädt. Milieu; befaßte sich mit moral., sozialen, wirtschaftl. und polit. Fragen; auch Dramen.
Werke: Vel'ké št'astie (= Das große Glück, Nov., 1906), Ťapákovci (= Die Ťapáks, E., 1914), Hrdinovia (= Helden, Nov., 1918).
Ausgabe: T. Zobrané spisy. Preßburg 1955–59. 7 Bde.

Timrod, Henry [engl. 'tımrɔd], * Charleston (S. C.) 8. Dez. 1828, † Columbia (S. C.) 7. Okt. 1867, amerikan. Lyriker. – Studierte am Franklin College (heute University of Georgia) in Athens; begründete, u. a. zus. mit W. G. Simms, die Zeitschrift ›Russell's Magazine‹, in der seine ersten Gedichte erschienen. Seine Lyrik stellt seine Identifikation mit dem Süden und seinen Beitrag zum Bürgerkrieg, an dem er wegen Krankheit nicht teilnehmen konnte, dar. ›The Magnolia cemetery ode‹ auf die gefallenen Soldaten trug ihm den Titel eines ›laureate of the Confederacy‹ ein.
Ausgaben: H. T. The poems. Hg. v. P. H. HAYNE. New York 1873. Nachdr. New York 1972. – The collected poems of H. T. Hg. v. E. W. PARKS u. A. W. PARKS. Athens (Ga.) 1965. – The uncollected poems of H. T. Hg. v. G. A. CARDWELL. Athens (Ga.) ²1967. – The essays of H. T. Hg. v. E. W. PARKS. Athens (Ga.) ²1967.

Tindale, William [engl. tındl], engl. Bibelübersetzer, ↑ Tyndale, William.

Ting Ling (Ding Ling) [chin. dıŋlıŋ], eigtl. Chiang Pien-chih, * Linli (Hunan) 12. Okt. 1904, † Peking 4. März 1986, chin. Schriftstellerin. – Frühe Werke wie ›Das Tagebuch der Sophia‹ (1928, dt. 1980) oder Aufzeichnungen über eine Schanghaier Prostituierte spiegeln Loslösung aus traditioneller Gebundenheit und emanzipator. Bestrebungen wider. Nach Hinwendung zur kommunist. Partei schrieb sie seit den 30er Jahren v. a. Romane über die ›revolutionäre Umgestaltung‹ auf dem Lande, wurde dennoch 1957–75 verbannt und inhaftiert, 1979 rehabilitiert; beschrieb in ihrem letzten bed. Werk, ›Tu Wan-hsiang‹ (1978), Betrachtungen einer Frau in der wechselhaften Geschichte der VR China.
Literatur: Literature of the People's Republic of China. Hg. v. K.-Y. HSU u. TING WANG. Bloomington (Ind.) 1980.

Tintenfisch, seit 1968 von M. Krüger und Klaus Wagenbach (* 1930) herausgegebenes Jahrbuch für Gegenwartsliteratur; neben Neudrucken von Gegenwartsautoren bringt T. v. a. Nachdrucke aus literar. Zeitschriften. Jeder Band enthält eine Bibliographie der Bücher deutschsprachiger Autoren, die während eines Jahres erschienen sind.

Tipiṭaka ↑ Tripiṭaka.

Tirade [frz., eigtl. = länger anhaltendes Ziehen (zu frz. tirer = ziehen)], **1.** wortreiche, meist nichtssagende Äußerung, Wortschwall. **2.** gelegentlich (unscharfe) Bez. für die Laissenstrophe (↑ Laisse). **3.** im Theaterjargon des 17. Jh. längere, effektvolle, atemtechnisch schwierige Redepartie im Drama.

Tirolstrophe, siebenzeilige Strophenform (zwei Reimpaare und eine Waisenterzine) der mhd. Literatur; belegt durch die fragmentar. Dichtung ›Tirol und Fridebrant‹ (13. Jh.); wohl eine Weiterentwicklung der ↑ Morolfstrophe.

Tirso de Molina [span. 'tirso ðe mo-'lina], eigtl. Gabriel Téllez, * Madrid vielleicht 9. März 1584 (1571?), † Soria 12. März 1648, span. Dichter. – Ab 1601 Angehöriger des Mercedarierordens; viele Reisen, u. a. nach Galicien, Portugal und Haiti; zuletzt Prior in Soria. Erzähler (›Cigarrales de Toledo‹, Sammlung von Novellen, Stücken, Gedichten, 1621) und bed. Dramatiker in der Nachfolge von Lope F. de Vega Carpio; schrieb etwa 400 Stücke (86 erhalten), die sich durch witzige Dialogführung und psychologisch-subtile Charakterisierung der Gestalten, v. a. der Frauen, auszeichnen; bei einigen Werken wird die Verfasserschaft T. de M.s angezweifelt. T. de M. dramatisierte als erster den Don-Juan-Stoff in ›El burlador de Sevilla y convidado de piedra‹ (1630, dt. 1805 u. d. T. ›Don Juan, der Wüstling‹); bekannt wurde er v. a. als Autor von Intrigenkomödien, wie ›Don Gil von den grünen Hosen‹ (1635, dt. 1841); daneben verfaßte er auch histor. (›La prudencia en la mujer‹, 1634) und religiöse Stücke (u. a. ›Der Kleinmütige‹, 1635, dt. 1953, 1900 u. d. T. ›Ohne Gottvertrauen kein Heil‹) sowie eine Geschichte seines Ordens (1639).

Ausgabe: Gabriel Téllez. Obras dramáticas completas. Krit. Ausg. Hg. v. B. DE LOS RIOS. Madrid 1946–59. 3 Bde. **Literatur:** METTMANN, W.: Studien zum religiösen Theater T. de M.s. Köln 1954. – NOUGUÉ, A.: L'œuvre en prose de T. de M. Toulouse 1962. – MAUREL, S.: L'univers dramatique de T. de M. Poitiers 1971. – ROGERS, D.: T. de M. El burlador de Sevilla. London 1977. – WILSON, M.: T. de M. Boston (Mass.) 1977. – POESSE, W.: An annotated, analytical bibliography of T. de M. studies 1627–1977. Columbia (Mo.) 1979. – HUGHES, A. N.: Religious imagery in the theatre of T. de M. Macon (Ga.) 1984. – T. de M., vida y obra. Hg. v. J. M. SOLÁ-SOLÉ. Madrid 1987. – FERNÁNDEZ, X. A.: Las comedias de T. de M. Estudios y métodos de crítica textual. Kassel 1991. 3 Bde.

Tirumurai (= Heiliges Buch), Sammlung älterer, an Schiwa gerichteter religiöser Literatur der Tamilen. Redigiert im 14. Jh., vereint das T. Texte, die zwischen dem 5. und 12. Jh. entstanden sind; zu den ältesten gehören die der Dichterin Kāraikkāl Ammaiyār, am bedeutendsten ist Māṇikkavācakar (9. Jh.) mit seinem ›Tiruvācakam‹ (= [Sammlung] heiliger Worte) und das im 12. Jh. verfaßte ›Periyapurāṇam‹ (= Das große Purāṇa) des Cēkkilār.

Tiruvalluvar, Tamildichter des 6. Jahrhunderts. – Angesehenster Vertreter der Spruchdichtung unter den Tamilen; Autor des ›Tirukkural‹ (= Die heiligen Distichen; entst. um 500), einer in drei Abschnitte zerfallenden Sammlung von 1 330 Zweizeilern, die folgenden Themen gewidmet sind: 1. Tugend, Recht, Moral; 2. ›Materielles‹, d. h. Königtum, Staatsführung, Ehre, Reichtum usw.; 3. Liebe. Die Sprüche, die auch schlichtere Weisheiten enthalten, werden wegen ihres Wohlklangs und ihrer oft pointierten Formulierungen bis heute gern zitiert. **Literatur:** POPE, G. U.: The sacred kural of T.-Nayanar. London u. New York 1886. – MAHARAJAN, S.: T. Neu-Delhi ²1982.

Tischzuchten, in hohen und späten MA dichterisch gestaltete Lehrschriften über das rechte Verhalten bei den Mahlzeiten; spezif. Gattung der ↑ Anstandsliteratur. Ursprünglich an ein höf. Publikum adressiert, richteten sich die T. im ausgehenden MA vorwiegend an das Bürgertum und erlangten dadurch weite Verbreitung. Die ältesten T. waren lat. Werke aus dem klösterl. Bereich, die erste volkssprachige höf. Tischzucht wird dem Minnesänger Tannhäuser zugeschrieben. – ↑auch grobianische Dichtung.

Literatur: POHNERT, L.: Kritik u. Metrik v. Wolframs Titurel. Prag 1908. Nachdr. Hildesheim 1974. – Höf. T. Hg. v. TH. P. THORNTON. Bln. 1957.

Tišma, Aleksandar [serbokroat. 'tiʃma], *Horgoš 16. Jan. 1924, serb. Schriftsteller. – Floh vor den Nationalsozialisten nach Budapest. Seine Erzählwerke führen die Zeit des 2. Weltkriegs vor Augen: den Krieg der Deutschen und Ungarn gegen die Serben.

Werke: Der Gebrauch des Menschen (R., 1976, dt. 1991), Die Schule der Gottlosigkeit (En., 1978, dt. 1993), Das Buch Blam (1980, dt. 1995).

Titel [lat.], Überschrift, Aufschrift, Name eines Werkes der Literatur, der Musik oder der bildenden Kunst (Roman, Drama, Gedicht, wiss. Publikation, Oper, Gemälde u. a.). In der Neuzeit ist der vom Autor und vom Verlag gewählte T. ein fester, juristisch geschützter Bestandteil eines Werkes; die Bez. T. wird auch im Sinne von ↑Titelblatt verwendet.

Titelausgabe, textlich unveränderte Ausgabe eines Werkes mit geändertem Titelblatt (oft veranstaltet, um den Abverkauf einer Restauflage zu fördern); nur mit Zustimmung des Autors gestattet.

Titelblatt (Titel), Bestandteil des Buches als erstes oder, bei vorgeschaltetem Schmutztitel, zweites Blatt; enthält bibliograph. Angaben wie Titel, Untertitel, Verfasser- bzw. Herausgebername, Auflage, Verlag, Erscheinungsort und Druckjahr. Die Rückseite des T.s verzeichnet drucktechn. Angaben wie Druckerei, Buchbinderei, ISBN. In der Frühzeit des Buchdrucks besaßen Bücher (nach dem Vorbild der Handschriften) keine Titelblätter; die ersten vollständigen Titelblätter kamen um 1500 auf.

Titelei, die dem Textbeginn eines Druckwerks vorangehenden Seiten mit Schmutztitel, Titelblatt, Vor- und Geleitwort, Inhalts- und Abbildungsverzeichnis und ggf. Widmungsblatt; wird für die T. eigens ein separater Bogen verwendet, spricht man von **Titelbogen;** dieser wird oft gesondert paginiert (meist röm. Ziffern).

Titelgeschichte, Titel derjenigen Erzählung, nach der in einem Sammelband von Erzählungen der gesamte Band benannt ist.

Titelgestalt, Gestalt eines literar. Werkes, Films o. ä., deren Name mit dem Titel des Werks identisch ist.

Titelrolle, in einem Drama, Film o. ä. die Rolle der ↑Titelgestalt.

Titelschutz, der rechtl. Schutz der Titel von Werken der Literatur, Wiss. und Kunst. Der T. ist in der BR Deutschland Bestandteil des Gesetzes gegen unlauteren Wettbewerb, der bestimmt, daß derjenige, der einen Namen u. ä. mißbräuchlich benutzt, zur Unterlassung in Anspruch genommen werden kann sowie dem Verletzten zum Schadenersatz verpflichtet ist.

Titinius, röm. Komödiendichter des 3./2. oder der 1. Hälfte des 2. Jh. v. Chr. – Gehört zu den Hauptvertretern der Togata; der starke Einfluß von Plautus läßt sich selbst in den Fragmenten (etwa 180 Verse) nachweisen.

Titlonym [griech.], Sonderform des ↑Pseudonyms: Statt des Verfassernamens wird ein anderer Buchtitel desselben Autors angegeben (gelegentlich auch sein Beruf), z. B. ›Die Rückkehr. Vom Verfasser der Briefe eines Verstorbenen‹ (= H. Fürst von Pückler-Muskau).

Titurelstrophe, Strophenform der mhd. ep. Literatur, zuerst in den ›Titurel‹-Fragmenten Wolframs von Eschenbach (um 1200), weiterentwickelt im ›Jüngeren Titurel‹ Albrechts (um 1270). Wolframs Strophe ist paarweise gereimt und besteht aus drei Langzeilen zu acht bzw. zweimal zehn Hebungen sowie einer an dritter Stelle eingeschobenen sechshebigen zäsurlosen Zeile. Im ›Jüngeren Titurel‹ treten (in den ersten beiden Versen regelmäßig) Zäsurreime auf; die Anfänge der zäsurierten Zeilen enden meist klingend, gelegentlich auch mit voller Kadenz.

Literatur: WOLF, W.: Zur Verskunst der Jüngeren T. In: Festschr. f. Franz Rolf Schröder. Hg. v. W. RASCH. Hdbg. 1959.

Titz (Titius), Johann Peter, *Liegnitz 10. Jan. 1619, †Danzig 7. Sept. 1689, dt. Dichter. – Verfasser von Nachdichtungen und von zwei Versnovellen. Mit seinen Gelegenheitsgedichten und Liedern steht T. dem Königsberger Dichterkreis nahe. Seine Poetik ›Zwey Bücher Von der Kunst Hochdeutsche Verse und Lieder zu machen‹ (1642) ist zur Quelle weiterer Poetiken geworden.

Tjuttschew (tl.: Tjutčev), Fjodor Iwanowitsch [russ. 'tjuttʃıf], *Owstug (Gebiet Brjansk) 5. Dez. 1803, †Zarskoje Selo (Puschkin) 27. Juli 1873, russ. Lyriker. – Diplomat in München (1822–37) und Turin (1837–39); blieb noch bis 1844 privat im Ausland; 1848 Übernahme des Zensoramtes. Bedeutsam für T.s Werk wurden seine persönl. Beziehungen zu dt. Dichtern (u.a. H. Heine) sowie die Kenntnis der Philosophie F. W. J. von Schellings. T. stand den Slawophilen nahe. Außer geschichtsphilosoph. Gedichten schrieb er v.a. formal vollendete und gefühlsstarke Liebeslyrik, Gedanken- und später zunehmend Naturlyrik. T. übersetzte u.a. Goethe, Schiller und Heine. Bekannt wurde er durch die Herausgabe seiner Gedichte durch I. Turgenjew (1854). In seiner Zeit blieb T. mit seiner differenzierten und nur selten Zeitproblemen gewidmeten Dichtung ein Außenseiter. In deutscher Übersetzung liegen ausgewählte Gedichte vor (1861, 1905, 1934) sowie polit. Aufsätze ›Rußland und der Westen‹ (dt. 1992).
Ausgabe: F. I. Tjutčev. Sočinenija. Moskau 1984. 2 Bde.
Literatur: SCHULZE, ALMUT: Tjutčevs Kurzlyrik. Mchn. 1968. – KOROLEVA, I. A.: F. I. Tjutčev. Bibliografičeskij ukazatel' proizvedenij F. I. Tjutčeva i literatury o žizni i dejatel'nosti. 1818–1973. Moskau 1978. – GRIGOR'EVA, A.: Slovo o poèzii Tjutčeva. Moskau 1980. – CONANT, R.: The political poetry and ideology of F. I. Tiutchev. Ann Arbor (Mich.) 1983.

Tlučhoř, Alois [tschech. 'tlutʃhorʃ], österr. Schriftsteller, ↑Sonnleitner, A. Th.

Tmesis [griech. = Zerschneidung], Trennung eines zusammengesetzten Wortes, wobei andere Satzglieder dazwischengeschoben werden, z. B.: obschon ich ... ›ob ich schon wanderte‹ (Psalm 23, 4; Luther-Übersetzung); als grammat. Norm auch bei Präfixen, die ursprüngl. Ortsadverbien waren, z. B. anfangen – ich fange an.

Tobino, Mario, *Viareggio 16. Jan. 1910, †Agrigent 11. Dez. 1991, italien.

Schriftsteller. – War nach Tätigkeit als Psychiater in Bologna, Ancona und Görz 1940–42 Soldat in Libyen, nach seiner Rückkehr in der Widerstandsbewegung; 1948–80 Direktor der psychiatr. Klinik in Magliano bei Lucca; schrieb in klarer, sachl. Prosa v.a. Berichte und Romane; thematisch knüpfte er an eigene Erlebnisse an: Widerstand gegen den Faschismus, Nordafrikafeldzug (›Die italien. Wüste‹, R., 1951, dt. 1994), Erfahrungen als Psychiater.
Weitere Werke: Poesia (Ged., 1934), Amicizia (Ged., 1939), Veleno e amore (Ged., 1942), Il figlio del farmacista (R., 1942), La gelosia del marinaio (En., 1942), Doppeltes Spiel (R., 1950, dt. 1981), L'angelo del Liponard (R., 1951), Die Frauen von Magliano oder Die Freiheit im Irrenhaus (R., 1953, dt. 1955), Signora Maria (Erinnerungen, 1956, dt. 1957), Medusa (R., 1962, dt. 1967), Une giornata con Dufenne (R., 1967), Per le antiche scale (En., 1972), Verlorene Liebe (R., 1979, dt. 1980), Gli ultimi giorni di Magliano (R., 1982), Zita dei fiori (Ged. und Prosa, 1986).
Ausgabe: M. T. Opere. Mailand ¹⁻⁴1962–66. 5 Bde.
Literatur: DEL BECCARO, F.: T. Florenz 1967. – GRILLANDI, M.: Invito alla lettura di M. T. Mailand 1975.

tocharische Literatur, die in den beiden Dialekten des Tocharischen, einer wohl vor 1000 untergegangenen indogerman. Sprache in Ost-Turkestan, von den Pseudo-›Tocharern‹, einem unbekannten Volk, abgefaßte Literatur v. a. aus dem 6. bis 8. Jh. n. Chr., die in zahlreichen, oft auch zweisprachigen Handschriften bzw. Handschriftenfragmenten erhalten, aber zu einem beträchtl. Teil noch nicht ediert ist; vornehmlich handelt es sich um (oft metr.) Übersetzungen, z. T. Nachdichtungen von (im Original meist verlorener) buddhist. Sanskritliteratur der Sarvāstivādin-Schule; zahlreich sind Buddhageschichten und Dramen überliefert; an originaltochar. Zeugnissen sind zu nennen: Klosterabrechnungen, Geschäftsbriefe, Karawanenpässe, Eigentumsmarken, Wand- und Bildbeischriften, Schreiberkolophone, das Fragment eines Liebesgedichtes und einige manichäische Texte.
Ausgaben: Tochar. Sprachreste. Hg. v. E. SIEG u. W. SIEGELING. Bd. 1: Die Texte. Bln. 1921. 1 Bd. in 2 Tlen. – Fragments de textes koutchéens. Udanavarga ... Übers. u. hg. v. S. LÉVI. Paris

1933. 2 Tle. – SIEG, E.: Übers. aus dem Tocharischen. Bln. 1944–52. 2 Tle. – Fragments de textes koutchéens de médecine et de magie. Text in Sanskrit u. Tibetisch. Frz. Übers. u. Glossar. v. J. FILLIOZAT. Paris 1948. – Tochar. Sprachreste. Sprache B. Hg. v. E. SIEG u. W. SIEGELING. Neu bearb. v. W. THOMAS. Gött. ¹⁻²1953–83. 2 Bde. – THOMAS, W.: Bilinguale Udānavarga-Texte der Slg. Hoernle. Wsb. 1971.

Todorow (tl.: Todorov), Petko Jurdanow [bulgar. 'tɔdorof], * Elena 8. Okt. 1879, † Château-d'Oex (Waadt) 27. Febr. 1916, bulgar. Schriftsteller. – Studierte u. a. in Leipzig; Freundschaft mit P. P. Slaweikow, der auf T.s Dichtung Einfluß nahm und zu volkstüml. Gestaltung anregte. T.s anfangs sozialkrit. dramat., ep. und lyr. Dichtung wurde zunehmend von nuancenreichem realist. Stil geprägt; Neigung zur Idylle, etwa in der Sammlung ›Skizzen und Idyllen‹ (1908, dt. 1919).
Weiteres Werk: Pärvite (= Die Ersten, Dr., 1907).
Literatur: GEORGIEV, L.: P. J. Todorov. Sofia 1963.

Toepffer, Rodolphe [frz. tœp'fɛːr] (R. Töpffer), * Genf 31. Jan. 1799, † ebd. 8. Juni 1846, schweizer. Schriftsteller und Zeichner. – War ab 1832 Prof. für Ästhetik an der Genfer Kunstakademie; ab 1842 Hg. des ›Courrier de Genève‹; schrieb in frz. Sprache volkstüml. humorist. Erzählungen und Romane, in denen er mit gutmütiger Ironie kleine menschl. Schwächen schilderte, sowie Reisebilder, die er selbst illustrierte, und humorvolle Bildergeschichten, die als Vorläufer der ↑ Comics gelten.
Werke: Die Bibliothek meines Oheims (En., 1832, dt. 1847), Das Pfarrhaus (R., 2 Bde., 1839, dt. 1847), Genfer Novellen (2 Bde., 1841, dt. 1847), Reisen im Zickzack (En., 2 Bde., 1843 bis 1854, dt. 1912), Rosa und Gertrud oder die Geprüften (R., 1845, dt. 1847).
Ausgaben: R. Töpffer. Sämtl. Werke. Hg. v. C. T. HEYNE. Lpz. 1847. 4 Bde. – R. Töpffers kom. Bilderromane. Darmst. 1975. 2 Bde.
Literatur: GAGNEBIN, M.: R. Töpffer. Neuenburg 1947. – GALLATI, E.: R. Töpffer u. die deutschsprachige Kultur. Bonn 1976. – ↑ auch Comics.

Toesca, Maurice [frz. tɔɛs'ka], * Confolens (Charente) 25. Mai 1904, frz. Schriftsteller. – Verfasser humorvoller, jedoch vorwiegend skeptisch-ironisch gefärbter Romane und Novellen, bes. um das Verhältnis der Geschlechter; auch Essays, Biographien und Reiseberichte.

Werke: Les scorpionnes (R., 1947), Le scandale (R., 1950), Simone, ou le bonheur conjugal (R., 1952), L'expérience amoureuse (R., 1954), Paris, un jour d'avril (R., 1956), Ich liebe die Tiere. Kleine Tiergeschichten (dt. Ausw. 1963), Les passions déchaînées (R., 1963), Le plus grand amour de George Sand (Essay, 1965), Le réquisitoire (R., 1968), Alfred de Musset ou L'amour de la mort (Biogr., 1970), Le cirque de famille (Nov.n, 1974), Mes pensées et les vôtres (Essay, 1976), Les bobines (Dr., 1977), Un héros de notre temps (R., 1978), Le prix de la douleur (R., 1981), Le lycée de mon père (Erinnerungen, 1981), Lamartine ou L'amour de la vie (Biogr., 1983).

Togata (Fabula togata) [lat.], Gattung der röm. ↑ Komödie; im 2. Jh. v. Chr. aufgekommene und bis in Sullas Zeit reichende eigenständige Gestaltung römisch-italischer Stoffe in röm. Milieu und röm. Tracht, wohl als literar. Gegenströmung zur Hellenisierung des geistigen Lebens dieser Zeit (↑ Palliata). Wichtigste Vertreter: Titinius, L. Afranius, T. Quinctius Atta. Insgesamt sind etwa 70 Titel und 650 Verse überliefert.
Literatur: Die röm. Komödie, Plautus u. Terenz. Hg. v. E. LEFÈVRE. Darmst. 1973.

Tô Hu'u [vietnames. to hịụ], eigtl. Nguyên-Kim-Thành, * Phu-Lai (Prov. Thù'a-Thiêh) 4. Okt. 1920, vietnames. Lyriker. – Als aktives Mitglied der kommunist. Partei Vietnams (seit 1937) wegen seines Widerstandes gegen die frz. Kolonialherrschaft 1939 verhaftet, gelang ihm nach mehrjährigem Gefängnisaufenthalt (1939–42) die Flucht; gilt als bedeutendster lebender Dichter Vietnams. Seine von revolutionärem Geist beseelten Gedichte verbinden in formal vollendeter Weise und gelungener Synthese das Traditionsgut der klass. Literatur mit der Volkspoesie.
Werke: Viêt Bǎc (= Nord-Vietnam, Ged., 1954), Tù' ây (= Seit jener Zeit, Ged., 1959), Gió lông (= Sturm, Ged., 1961), Ra trân (= Aufbruch in den Krieg, Ged., 1972).

Tokarewa (tl.: Tokareva), Wiktorija Samoilowna [russ. 'tokarıvɛ], * Leningrad (heute Petersburg) 20. Nov. 1937, russ. Schriftstellerin. – Realist. Erzählerin des Alltags.
Werke: Zickzack der Liebe (En., dt. Ausw. 1987), Und raus bist du (En., dt. Ausw. 1987), Mara (E., 1989, dt. 1991), Happy-End (E., dt. 1991), Lebenskünstler u. a. Erzählungen (dt. 1992), Sag ich's oder sag ich's nicht? (En., dt. Ausw. 1993), Sentimentale Reise (En., dt. 1993).

Tolentino de Almeida, Nicolau [portugies. tulen'tinu ðə al'mɐjðɐ], * Lissabon 9. Sept. 1740, † ebd. 22. Juni 1811, portugies. Dichter. – Ab 1767 Prof. für Rhetorik und Poetik in Lissabon, später auch Inhaber von Staatsämtern; trat mit Sonetten, Oden, Liras und Episteln sowie mit humorvollen Satiren auf das Bürgertum Lissabons hervor.
Werke: Obras poéticas (3 Bde., 1801–28), Sátiras e epístolas (hg. 1888).

Tolkāppiyam, Name der frühesten Grammatik und Poetik des Tamil, des ältesten erhaltenen Werks der Tamil-Literatur überhaupt; das Werk, dessen Autor unbekannt ist, ist vielleicht im 1. Jh. v. Chr. entstanden; Schlußredaktion wohl im 5. Jh.; die etwa 1 600 Aphorismen sind in drei Bücher eingeteilt: 1. Phonetik und Morphologie; 2. Morphologie, Morphosyntax und Semantik; 3. Regeln zu Form und Inhalt von Dichtung sowie die Metrik. Trotz offensichtl. Einflüsse der Sanskritgrammatiker ist das T. eine durchaus eigenständige, von der Sprachstruktur des Tamil bestimmte Leistung. Die Poetik war für die Sangam-Literatur (↑ indische Literaturen) maßgebend.
Literatur: ILAKKUVANAR, S.: Tholkāppiyam in English with critical studies. Madurai 1963. – SCHARFE, H.: Grammatical literature. Wsb. 1977.

Tolkien, John Ronald Reuel [engl. 'tɔlki:n], * Bloemfontein (Südafrika) 3. Jan. 1892, † Bournemouth 2. Sept. 1973, engl. Schriftsteller und Philologe. – War u. a. 1925–59 Prof. für german. Philologie in Oxford; Mythenforscher, Spezialist für angelsächs. und altnord. Kultur. Als Romanautor v. a. bekannt durch die Trilogie ›Der Herr der Ringe‹ (Bd. 1: ›Die Gefährten‹, 1954, dt. 1969; Bd. 2: ›Die zwei Türme‹, 1954, dt. 1970; Bd. 3: ›Die Rückkehr des Königs‹, 1955, dt. 1970), für die er die u. a. von ›Hobbits‹ bevölkerte, keltisch-german. Phantasiewelt ›Mittelerde‹ schuf. Innerhalb des mytholog. Systems dieses auch sprachlich erfindungsreichen Werkes ist der Kampf zwischen Gut und Böse zentrales Thema.
Weitere Werke: Der kleine Hobbit (E., 1937, dt. 1967), Die Ungeheuer und ihre Kritiker (Aufsätze, 1958, dt. 1987), Die Abenteuer des Tom

John Ronald
Reuel Tolkien

Bombadil u. a. Gedichte aus dem Roten Buch (1962, dt. 1984), Fabelhafte Geschichten (dt. Ausw. 1975), Die Briefe vom Weihnachtsmann (hg. 1976, dt. 1977), Das Silmarillion (En., hg. 1977, dt. 1978), Nachrichten aus Mittelerde (En., hg. 1980, dt. 1983), Herr Glück (E., hg. 1982, engl. u. dt. 1982), Das Buch der Verschollenen Geschichten (2 Tle., hg. 1983/84, dt. 1987).
Literatur: T. New critical perspectives. Hg. v. N. D. ISAACS u. R. A. ZIMBARDO. Lexington (Ky.) 1981. – LOBDELL, J.: England and always. T.'s world of the rings. Grand Rapids (Mich.) 1981. – WEST, R. C.: T. criticism. An annotated checklist. Kent (Ohio) 1981. – SHIPPEY, T. A.: The road to Middle-earth. London 1982. – STRACHEY, B.: Frodos Reisen. Der Atlas zu J. R. R. T.s ›Herr der Ringe‹. Dt. Übers. Stg. 1982. – JOHNSON, J.: J. R. R. T., six decades of criticism. London 1986. – CARPENTER, H.: J. R. R. T., eine Biogr. Dt. Übers. Mchn. 1991.

Tollens, Hendrik, eigtl. Henricus Franciscus Caroluszoon T. [niederl. 'tɔləns], * Rotterdam 24. Sept. 1780, † Rijswijk 21. Okt. 1856, niederl. Schriftsteller. – Farbenhändler; einer der populärsten niederl. Dichter der ersten Hälfte des 19. Jh.; schrieb Dramen und Gedichte. Seine Lyrik ist einfach, oft anspruchslos; von ihm stammt das nat. Volkslied ›Wien Neêrlandsch bloed‹.
Weitere Werke: Proeve van sentimenteele geschriften en gedichten (1800), Minnezangen en idyllen (3 Bde., 1800–05), Die Holländer auf Nova Zembla (Epos, 1819, dt. 1850).
Literatur: HUYGENS, G. W.: H. T. De dichter van de burgerij. Rotterdam u. Den Haag 1972.

Tøller, Ernst, * Samotschin (heute Szamocin, Woiwodschaft Piła) 1. Dez. 1893, † New York 22. Mai 1939, dt. Dramatiker. – Studierte in Grenoble Jura, nach schwerer Kriegsverletzung setzte er das Studium in München und Heidelberg fort; Mitglied der USPD, Freund K. Eisners, nach dessen Tod 1919 Vorsitzender der bayr. Arbeiter-, Bauern- und Soldatenräte; nach dem Sturz der Räterepublik wurde er zu fünf Jahren Festungshaft verurteilt; 1933 emigrierte er. T. schrieb Essays, Reden und Manifeste, v. a. aber expressionist. Dramen, von denen ein großer Teil während der Haftzeit entstand. Er war einer der Hauptvertreter des politisch-agitator. Theaters der Weimarer Zeit. Vielfach abgewandeltes Hauptthema ist der um eine neue Sozialordnung ringende Mensch. T.s Sozialismus war aus seiner während des Krieges gewonnenen pazifist. Haltung erwachsen, die in seinen Antikriegsstücken zum Ausdruck kommt. In seinen letzten Veröffentlichungen offenbart sich der Übergang von einer revolutionär-emotionalen Grundhaltung zu selbstüberwindender Geduld und zu histor. Betrachtung; machte sich auch als Lyriker und Erzähler einen Namen.

Ernst Toller

Werke: Die Wandlung (Dr., 1919), Gedichte der Gefangenen (1921), Masse Mensch (Dr., 1921), Die Maschinenstürmer (Dr., 1922), Der entfesselte Wotan (Kom., 1923), Hinkemann (Dr., 1922), Das Schwalbenbuch (Ged., 1924), Vormorgen (Ged., 1924), Hoppla, wir leben! (Dr., 1927), Feuer aus den Kesseln (Dr., 1930), Quer durch (Reisebilder und Reden, 1930), Die blinde Göttin (Schsp., 1933), Eine Jugend in Deutschland (Autobiogr., 1933), Briefe aus dem Gefängnis (1935), Pastor Hall (Dr., 1939). **Ausgaben:** E. T. Ausgew. Schrr. Zusammengestellt v. I. SCHÜTZE. Bln. 1959. – E. T. Ges. Werke. Hg. v. J. M. SPALEK u. W. FRÜHWALD. Mchn. 1–21978–83. 5 Bde. – E. T. Prosa, Briefe, Dramen, Gedichte. Vorwort v. K. HILLER. Rbk. Neuaufl. 1979.

Literatur: MALOOF, K. K.: Mensch u. Masse. Gedanken zur Problematik des Humanen in E. T.s Werk. Diss. University of Washington Seattle 1965. – SPALEK, J. M.: E. T. and his critics. A bibliography. Charlottesville (Va.) 1968. – BÜTOW, TH.: Der Konflikt zwischen Revolution u. Pazifismus im Werk E. T.s. Hamb. 1975. – Der Fall T. Kommentar u. Materialien. Hg. v. J. SPALEK u. W. FRÜHWALD. Mchn. 1979. – EICHENLAUB, R.: E. T. et l'expressionisme politique. Paris 1980. – Zu E. T. Drama u. Engagement. Hg. v. J. HERMAND. Stg. 1981. – HAAR, C. TER: E. T. Appell oder Resignation? Mchn. 21982. – ROTHE, W.: E. T. Rbk. 1983. – DOVE, R.: E. T. Ein Leben in Deutschland. Dt. Übers. Gött. 1993. – OSTERMAIER, A.: Zw. zwei Feuern. T.-Topographie. Essen 1993. – GRUNOW-ERDMANN, C.: Die Dramen E. T.s im Kontext ihrer Zeit. Hdbg. 1994.

Tolstaja, Tatjana Nikititschna [russ. tal'staja], * Leningrad (heute Petersburg) 3. Mai 1951, russ. Schriftstellerin. – Enkelin von A. N. Tolstoi; veröffentlicht seit 1983 pointierte Geschichten aus dem russ. Alltag, der jedoch, z. T. unter Verwendung der Erzähltechnik des Skas, nicht objektiv, sondern aus der Sicht ihrer Gestalten (Sonderlingen und Träumern, deren Phantasien an der Realität zerbrechen) geschildert wird.
Werke: Na zolotom kryl'ce sideli ... (= Da saßen auf der goldenen Treppe ..., En., 1987), Stelldichein mit einem Vogel (En., dt. Ausw. 1989), Sonja (En., dt. Ausw. 1991), Und es fiel ein Feuer vom Himmel (En., dt. Ausw. 1992).

Tolstoi (tl.: Tolstoj), Alexei Konstantinowitsch Graf [russ. tal'stɔj], * Petersburg 5. Sept. 1817, † Krasny Rog (Gebiet Brjansk) 10. Okt. 1875, russ. Schriftsteller. – Aus alter Adelsfamilie; Vetter von Lew Nikolajewitsch T.; Verfechter des L'art pour l'art; bed. Lyriker, bes. Balladendichter. Viele seiner Gedichte (dt. Ausw. 1881 und 1895) wurden vertont; schrieb den eindrucksvollen histor. Roman ›Fürst Serebräny‹ (1863, dt. 2 Bde.; 1882, 1941 u. d. T. ›Der silberne Fürst‹); als Dramatiker bekannt durch ›Don Juan‹ (Dr., 1862, dt. 1863), bes. aber durch die Trilogie der Zarendramen ›Der Tod Iwan des Schrecklichen‹ (1866, dt. 1903), ›Zar Fjodor‹ (1868, dt. 1908) und ›Zar Boris‹ (1870, dt. 1909). – ↑auch Kosma Prutkow.
Weiteres Werk: Das Bild (autobiograph. Vers-E., 1874, dt. 1919).
Ausgabe: A. K. Tolstoj. Sobranie sočinenij. Moskau 1980. 4 Bde.

Literatur: STRZIGA, D.: A. K. Tolstoj (1817–1875). Geschichtl. Dichtungen u. Geschichtsbild. Diss. Mainz 1971 [Masch.]. – DALTON, M.: A. K. Tolstoy. New York 1972.

Tolstoi (tl.: Tolstoj), Alexei Nikolajewitsch [Graf] [russ. tal'stɔj], * Nikolajewsk (Pugatschow, Gebiet Saratow) 10. Jan. 1883, † Moskau 23. Febr. 1945, russ.-sowjet. Schriftsteller. – Aus alter Adelsfamilie; 1918–23 Emigration; schrieb nach Anschluß an die kommunist. Bewegung meist politisch-tendenziöse Werke. Den Untergang der vorrevolutionären russ. Oberschicht und die Revolutionswirren stellte er u.a. in der Trilogie ›Der Leidensweg‹ (R., 1920–41, dt. vollständig 1946/47) dar. Bes. bekannt wurde der auf umfassenden Quellenstudien beruhende unvollendete histor. Roman ›Peter der Erste‹ (3 Bücher, 1929–45, dt. 3 Bde., 1949, Bd. 1 dt. 1931 u.d.T. ›Peter der Große‹); schrieb auch utop. Romane (›Aëlita‹, 1923, dt. 1924; ›Das Geheimnis der infraroten Strahlen‹, 1925–27, dt. 1927, 1957 u.d.T. ›Geheimnisvolle Strahlen‹), Gedichte, Dramen und Novellen. Sein Stil steht in der Tradition der großen russ. Realisten des 19. Jahrhunderts.

Weitere Werke: Nikitas Kindheit (E., 1922, dt. 1949), Brot (R., 1937, dt. 1939), Iwan der Vierte (Dr., 2 Tle., 1942/43, dt. 1946).

Ausgaben: A. N. T. Ges. Werke in Einzel-Bden. Dt. Übers. Bln. u. Weimar 1979 ff. – A. N. Tolstoj. Sobranie sočinenij. Moskau 1982 ff. Auf 10 Bde. berechnet (bisher 8 Bde. erschienen).

Literatur: JÜNGER, H.: A. Tolstoj. Bln. 1969. – TYRRAS, N. S.: Historical and ideological aspects of the prose and dramatic works of A. N. T. Diss. University of British Columbia Vancouver 1978. – ČARNYJ, M. B.: Put' A. Tolstogo. Moskau ²1981.

Tolstoi (tl.: Tolstoj), Lew (Leo) Nikolajewitsch Graf [russ. tal'stɔj], * Jasnaja Poljana 9. Sept. 1828, † Astapowo (Gebiet Lipezk) 20. Nov. 1910, russ. Schriftsteller. – Sohn eines Gutsbesitzers von altem Adel; studierte oriental. Sprachen und Jura in Kasan (1844–47); 1851–53 im Kaukasus, Offizier; 1854/55 Teilnahme am Krimkrieg; 1857 Europareise; lebte 1858/59 auf dem Lande, Beginn seiner prakt. Tätigkeit als Pädagoge in Jasnaja Poljana; 1860/61 zweite Auslandsreise. 1862 heiratete er Sofja Andrejewna Bers (* 1844, † 1919) und lebte nun ganz auf Jasnaja Poljana. Durch seine Schrif-

ten kam es zu Spannungen mit der russ. orthodoxen Kirche, die ihn 1901 ausschloß. Im Nov. 1910 verließ T. seine Familie, um in der Einsamkeit zu leben; auf der Reise starb er.

Lew Nikolajewitsch Graf Tolstoi

T. fand den Zugang zur Literatur durch Tagebuchaufzeichnungen, in denen er sich, stark introspektiv, laufend Rechenschaft über sich ablegte. 1852 erschien sein autobiograph. Werk ›Detstvo‹ (= Kindheit), 1854 folgte ›Otročestvo‹ (= Knabenjahre) und 1857 ›Junost'‹ (= Jugend), alle drei erschienen dt. 1890 u.d.T. ›Aus meinem Leben‹. Über seine Teilnahme am Krimkrieg berichtete er in ›Sewastopol‹ (3 En., 1855/56, dt. 1887) und ›Zwei Husaren‹ (E., 1856, dt. 1888), die ihm zu literar. Ansehen verhalfen. In T., der von J.-J. Rousseau stark beeinflußt wurde, mischten sich die gegensätzlichsten Elemente. Ständig auf der Suche nach dem Sinn des Daseins, der absoluten Wahrheit, voller schonungsloser Kritik an der Gesellschaft, an der Zivilisation, die nur einer bestimmten Klasse dient, an jegl. Autorität (Staat und Kirche), voller Abscheu gegen Ästhetizismus, geprägt von Vitalität und sinnenfroh dem Irdischen verhaftet – hierin ein Gegenpol zu F. M. Dostojewski –, dabei jedoch von rigorosem moral. Pathos, Nächstenliebe als höchstes Gebot setzend, Ideen des Urchristentums zugeneigt, der Lehre von der Gewaltlosigkeit ergeben, die ihn später immer stärker zu anarchist. Gedanken führte, vermochte er in poetisch vollendeten Erzählwerken und bed. Dramen ein eindringl. Bild der komplizierten psych. Struktur des Menschen zu geben, den er in seiner gesellschaftl. Abhängigkeit und seelisch-leibl. Vielschichtigkeit realistisch erfaßte. Treffende und nuancenreiche Darstellung des Äußeren entspricht einer adäquaten subtilen Gestaltung des Seelenlebens der handelnden Personen, die er meisterhaft charakterisiert, wobei er den inneren Monolog, Parallelhandlungen und weitausgreifende mehrschichtige Komposition verwendet. Aus dem ursprüngl. Plan, einen Roman über die Dekabristen zu schreiben, entstand der großangelegte histor. und geschichtsphilosoph. Roman ›Krieg und Frieden‹ (6 Bde., 1868/69, dt. 4 Bde., 1885), der vor dem Hintergrund der Napoleon. Kriege u. a. T.s These von der Absurdität des Glaubens an die Macht der die Geschichte beeinflussenden Persönlichkeit gestaltet. Der Eheroman ›Anna Karenina‹ (1878, dt. 1885) ist eine eindrucksvolle Schilderung der Jahre um 1870. T. hat als Dramatiker gleiche Bedeutung wie als Epiker, v. a. mit dem Drama ›Die Macht der Finsternis‹ (1886, dt. 1890). Seine Wirkung auf die gesamte realist. und naturalist. Kunst der Folgezeit ist kaum abschätzbar.

Weitere Werke: Der Morgen eines Gutsbesitzers (E., 1856, dt. 1887), Drei Tode (Nov., 1859, dt. 1888), Familienglück (R., 1859, dt. 1882), Polikuschka (Nov., 1863, dt. 1888), Die Kosaken (Nov., 1863, dt. 1885), Volkserzählungen (1881–86, dt. 1920), Meine Beichte (Bekenntnisschrift, 1884, dt. 1901, erstmals dt. 1886), Worin besteht mein Glaube? (Schrift, 1884, dt. 1885), Der Leinwandmesser (E., 1885, dt. 1887), Der Tod des Iwan Iljitsch (E., 1886, dt. 1887), Die Kreutzersonate (E., dt. 1890, russ. 1891), Pater Sergius (E., entst. 1890–98, hg. 1912, dt. 1914), Herr und Knecht (E., 1895, dt. 1895), Und das Licht leuchtet in der Finsternis (Dr., entst. 1896–1900, hg. 1911, dt. 1912), Chadschi Murat (E., entst. 1896–1904, hg. 1912, dt. 1912), Auferstehung (R., 1899, dt. 1899), Der lebende Leichnam (Dr., entst. 1900, hg. 1911, dt. 1911).
Ausgaben: L. N. T. Sämtl. Werke. Dt. Übers. Hg. v. R. LÖWENFELD. Lpz. u. Jena 1901–11. 33 Bde. in 3 Serien. – L. N. Tolstoj. Polnoe sobranie sočinenij. Moskau u. Leningrad 1928–58. 90 Bde. Reg.-Bd. Moskau 1964. – L. N. T. Gesamtausg. der dichter. Werke in Einzelausgg. Dt. Übers. Bln. 1928. 14 Bde. in 2 Reihen (Neuausg. der Erzählungen: Zü. 1985. 6 Bde.). – L. N. T. [Das ep. Gesamtwerk]. Dt. Übers. Mchn. ¹⁻¹⁶1961–84. 8 Bde. – L. N. T. Ges. Werke. Dt. Übers. Hg. v. E. DIECKMANN u. G. DUDEK. Bln. ¹⁻⁴1968–84. 20 Bde. – L. N. Tolstoj. Sobranie sočinenij. Moskau Neuaufl. 1978–85. 22 Bde. – L. N. Tolstoj. Sämtl. Erzählungen. Dt. Übers. Ffm. ²1982. 8 Bde. – L. N. Tolstoj. Die Romane. Dt. Übers. Ffm. 1984. 10 Bde.
Literatur: ÈJCHENBAUM, B. M.: L. Tolstoj. Leningrad u. Moskau 1928–31. 2 Bde. – Bibliografija literatury o L. N. Tolstom. 1917–1973. Hg. v. N. G. ŠELJAPINA u. a. Moskau 1960–78. 4 Bde. – HAMBURGER, K.: T. Gött. ²1963. – DOERNE, M.: Tolstoj u. Dostojewskij. Gött. 1969. – SIMMONS, E. J.: Tolstoy. London u. Boston (Mass.) 1973. – BRAUN, M.: Tolstoj. Gött. 1978. – EGAN, D. R./EGAN, M. A.: L. Tolstoy. An annotated bibliography of English-language sources to 1978. Metuchen (N. J.) 1979. – CHRAPČENKO, M. B.: L. Tolstoj kak chudožnik. Moskau 1980. – SCHKLOWSKI, V.: L. T. Dt. Übers. Wien 1981. – LETTENBAUER, W.: Tolstoj. Mchn. 1984. – CITATI, P.: L. T. Dt. Übers. Rbk. 1988. – LAVRIN, J.: L. T. Rbk. 53.–55. Tsd. 1994. – ROLLAND, R.: Das Leben T.s. Dt. Übers. Neuausg. Zü. 1994. – WIDL, R.: Licht u. Finsternis im Leben des L. T. Mühlacker 1994.

Toman, Josef, * Prag 6. April 1899, † ebd. 27. Jan. 1977, tschech. Schriftsteller. – 1923–45 im Verlag des Künstlervereins ›Mánes‹, 1945–53 im Informationsministerium; schrieb Prosa (›Don Juan‹, R., 1944, dt. 1957; ›Sokrates‹, R., 1975, dt. 1978), Dramen, Hörspiele und Filmszenarien (z. T. mit seiner Frau Miroslava Tomanová [* 1906]) über histor. und soziale Themen.
Literatur: POLÁK, J.: J. T. – M. T.ová. Prag 1978.

Toman, Karel, eigtl. Antonín Bernášek, * Kokovice 25. Febr. 1877, † Prag 12. Juni 1946, tschech. Lyriker. – Stand zunächst unter dem Einfluß der tschech. Dekadenz. Pessimismus und anarchist. Gedanken sprechen aus seiner frühen Dichtung. Später fand er in einer melodiösen, gefühlvollen Erlebnislyrik, die von seiner Liebe zur Heimat und zu den Menschen erfüllt ist, seinen eigenen Stil.
Werke: Měsíce (= Monate, Ged., 1918), Stoletý kalendář (= Hundertjähriger Kalender, Ged., 1926).
Ausgabe: K. T. Dílo. Prag 1956–57. 2 Bde.

Tomasi di Lampedusa, Giuseppe, eigtl. G. Tomasi, Fürst von Lampedusa, * Palermo 23. Dez. 1896, † Rom 23. Juli 1957, italien. Schriftsteller. – In seinem einzigen, erst postum veröffentlichten Roman ›Der Leopard‹ (hg. 1958, dt. 1959; Premio Strega 1959; verfilmt von L. Visconti, 1963) stellt T. di L. die Geschichte des Niedergangs einer sizilian. Adelsfamilie zur Zeit Garibaldis dar; das

Werk, in dem sich Autobiographisches mit Elementen des histor. Romans verbindet, hatte einen außergewöhnl. Erfolg.

Weitere Werke: Die Sirene (En., hg. 1961, dt. 1961), Stendhal. Reflexionen eines Bewunderers (Essay, hg. 1977, dt. 1990), Shakespeare (Essay, hg. 1990, dt. 1994). **Literatur:** SALVESTRONI, S.: T. di L. Neuausg. Florenz 1979. – BUZZI, G.: Invito alla lettura di G. T. di L. Mailand ⁷1991. – GILMOUR, D.: The last leopard. A life of G. di L. Neudr. London 1991.

Tomáš ze Štítného [tschech. 'tɔma:ʃ zɛ 'ʃtji:tnɛ:hɔ], tschech. Schriftsteller, †Štítný, Tomáš.

Tomeo, Javier, *Quicena (Prov. Huesca) 9. Sept. 1932, span. Schriftsteller. – In seinen z. T. aufs äußerste verknappten Erzählungen (›Historias mínimas‹, 1988) und kurzen, handlungsarmen Romanen thematisiert er anhand skurriler Außenseitergestalten in surrealen Welten die unaufhebbare Einsamkeit des Individuums in der modernen Gesellschaft. Die Werke kreisen um das grundsätzl. Scheitern jeder menschl. Kommunikation, ob sie nun politisch inspiriert sind (›Der Marquis schreibt einen unerhörten Brief‹, 1979, dt. 1984), erotisch (›Der Löwenjäger‹, 1987, dt. 1988) oder technisch (›Die Taubenstadt‹, 1989, dt. 1991).

Weitere Werke: Mütter und Söhne (R., 1985, dt. 1986; auch dramatisiert, dt. EA 1992), Der Mensch von innen und andere Katastrophen. Geschichten und Monologe (dt. Ausw. 1989), Das umstrittene Testament des Gaston de Puyparlier (R., 1990, dt. 1992), Zoopathologie (Prosastücke, 1993, dt. 1994), La agonía de Proserpina (R., 1993).

Tomizza, Fulvio, *Giurizzani (bei Materada di Umago, heute zu Umag, Kroatien) 26. Jan. 1935, italien. Schriftsteller. – Lebt seit 1955 (als seine Heimat jugoslawisch wurde) in Triest. Gehört zu den bed. zeitgenöss. italian. Romanciers. Stellt vor dem Hintergrund seiner Heimat Istrien Probleme und Möglichkeiten des Zusammenlebens in einer durch Sprache und soziale Stellung geteilten Welt dar. Erhielt 1979 den Österr. Staatspreis für europ. Literatur.

Werke: Materada (R., 1960, dt. 1993), La ragazza di Petrovia (R., 1963), Il bosco di acacie (R., 1966), L'albero dei sogni (R., 1969; Premio Viareggio 1969), La torre capovolta (R., 1971),

Eine bessere Welt (R., 1977, dt. 1979; Premio Strega 1977), Triestiner Freundschaft (R., 1980, dt. 1981), Der Prozeß der Maria Janis (R., 1981, dt. 1985), Das Böse kommt vom Norden (histor. R., 1984, dt. 1987), Das Liebespaar aus der Via Rossetti (R., 1986, dt. 1989), Guando Dio uscì di chiesa (R., 1987), Die venezian. Erbin (R., 1989, dt. 1991), I rapporti colpevoli (R., 1992). **Literatur:** KANDUTH, E.: F. T. In: Krit. Lex. der roman. Gegenwartsliteraturen. Hg. v. W.-D. LANGE. Losebl. Tüb. 1984 ff.

Tomlinson, Charles [engl. 'tɔmlɪnsn], *Stoke-on-Trent 8. Jan. 1927, engl. Lyriker. – War während des Studiums in Cambridge Schüler von D. Davie; lehrte 1957–92 (ab 1982 Prof.) engl. Literatur an der Univ. Bristol; mehrere Gastprofessuren in den USA; betätigt sich auch als Maler. Seine von W. Stevens, M. Moore u. a. beeinflußte Lyrik, zuerst ›Relations and contraries‹ (Ged., 1951), ›Seeing is believing‹ (Ged., 1958) u. a., konzentriert sich auf den Akt des Sehens, auf die präzise Wahrnehmung der Phänomene der Umwelt, ihrer Beziehung zueinander und zum Menschen. T. ist auch als Übersetzer (A. Machado y Ruiz, F. I. Tjuttschew) und Literaturkritiker hervorgetreten.

Weitere Werke: A peopled landscape (Ged., 1963), Selected poems 1951–1974 (Ged., 1978), The shaft (Ged., 1978), The flood (Ged., 1981), Translations (Ged., 1983), Notes from New York (Ged., 1985), Gedichte (engl. und dt. Ausw. 1985), Eden (Ged. u. Zeichnungen, 1985), Collected poems (Ged., 1985), The return (Ged., 1987), Annunciations (Ged., 1989), The door in the wall (Ged., 1992). **Literatur:** BRIAN, J.: The world as event. The poetry of Ch. T. Montreal 1989. – MEYER, MICHAEL: Struktur, Funktion u. Vermittlung der Wahrnehmung in Ch. T.s Lyrik. Ffm. 1990.

Tomlinson, Henry Major [engl. 'tɔmlɪnsn], *London 21. Juni 1873, †ebd. 5. Febr. 1958, engl. Schriftsteller. – Journalist; ausgedehnte Reisen, u. a. nach Südamerika und in den Fernen Osten; im 1. Weltkrieg Frontberichterstatter; Autor von exot. Reisebüchern und Seeromanen; wie der Reisebericht ›The sea and the jungle‹ (1912) ist auch sein zweites bed. Werk, der Kriegsroman ›All your yesterdays‹ (1930), stark autobiographisch bestimmt.

Weitere Werke: The snows of Helicon (R., 1933), The turn of the tide (R., 1945), Malay waters (Reiseber., 1950), The face of the earth (Reiseber., 1950).

Tommaseo, Niccolò, * Šibenik 9. Okt. 1802, † Florenz 1. Mai 1874, italien. Schriftsteller. – Unruhiges Leben (1832–40 im Exil in Frankreich) infolge seines Widerstandes gegen die österr. Herrschaft in Italien; nach der Erhebung vom März 1848 vorübergehend Unterrichtsminister der provisor. Regierung der Republik Venedig; floh 1849 nach Korfu (dort bis 1854). Seine polit., pädagog., literarhistor. und literar. Arbeiten verraten den leidenschaftl. Patrioten. T. besaß ein ausgeprägtes Sprachempfinden und eine glänzende Bildung. Er verfaßte Gedichte, Romane und Novellen; Sammler italien., slaw. und griech. Volkslieder; u. a. Hg. eines Kommentars zur ›Divina Commedia‹ (1837) und eines ›Dizionario della lingua italiana‹ (8 Bde., 1861–79; mit Bernardo Bellini [* 1792, † 1876]). Seine Briefe sind aufschlußreich für das Verständnis des 19. Jahrhunderts.

Weitere Werke: Confessioni (Ged., 1836), Treue und Schönheit (R., 1840, dt. 1845), Poesie (Ged., 1872), Diario intimo (Tageb., hg. 1938).

Ausgaben: N. T. Opere. Hg. v. M. CATAUDELLA. Neapel 1969. – Prose narrative di N. T. Hg. v. M. CATAUDELLA. Mailand 1975.

Literatur: DEBENEDETTI, G.: N. T. Mailand 1973. – PUPPO, M.: T. prosatore. Rom ²1975. – N. T. nel centenario della morte. Hg. v. V. BRANCA u. G. PETROCCHI. Florenz 1977. – PUPPO, M.: Poetica e poesia di N. T. Rom 1980.

Tommaso da Celano [italien. tom'ma:zo datt∫e'la:no] (dt. Thomas von Celano), * Celano um 1190, † Tagliacozzo (Prov. L'Aquila) um 1260, italien. Hagiograph. – Franziskaner ab etwa 1215, 1221–27 als Missionar für den Orden am Mittel- und Niederrhein tätig. Von Gregor IX. mit der Sammlung der Legenden um Franz von Assisi beauftragt, verfaßte er 1228 die ›Vita beati Francisci‹ (sog. ›Vita prima‹) und 1246/47 auf Befehl des Ordensgenerals das ›Memoriale in desiderio animae de gestis et verbis sanctissimi patris nostri Francisci‹ (›Vita secunda‹), dazu 1250–53 den ergänzenden ›Tractatus de miraculis‹. T. gilt als Verfasser der ältesten Legende der hl. Klara; seine Autorschaft der Sequenz ›Dies irae, dies illa‹ ist umstritten.

Literatur: CASOLINI, F.: Profilo di fra T. da C. Rom 1960.

Ton, im Minnesang, in der Sangspruchdichtung, im Meistersang und in der stroph. Epik die Einheit von Strophenform und Melodie, ein ›Strophenmodell‹, das sowohl den Verlauf der Melodie, ihre Gliederung und ihre rhythm. Struktur als auch die metr. Gestalt des vertonten Textes umfaßt. Das mhd. Wort *dôn* geht auf zwei Wurzeln zurück: auf ahd. *tuni* (= Geräusch) und auf lat. *tonus* (= Saite, Ton). Die Lehnwortbedeutung setzte sich mit dem höf. Minnesang durch. Die Meistersinger übernahmen den Begriff, sie beschränkten sich in ihren Liedern und Spruchgedichten zunächst auf die Verwendung von Tönen, die ihrer Vorstellung nach auf die ›zwölf alten Meister‹ zurückgingen; seit dem ausgehenden 15. Jh. (H. Folz) sahen sie in der Erfindung neuer Töne, mit z. T. recht phantasiereichen T.benennungen, eine ihrer wichtigsten Aufgaben. Diese Erfindung wurde Voraussetzung für die Erlangung der Meisterwürde.

Literatur: Die Töne der Meistersinger. Hg. v. H. BRUNNER. Göpp. 1980.

Toole, John Kennedy [engl. tu:l], * New Orleans (La.) 1937, † Biloxi (Miss.) 26. März 1969, amerikan. Schriftsteller. – Studierte an der Tulane und Columbia University; beging Selbstmord, weil er keinen Verleger für seinen Roman ›A confederacy of dunces‹ fand, eine kom. Satire auf die verderbte Gesellschaft von New Orleans sowie implizit des ganzen Landes. Von der Mutter um Lektüre des Manuskripts gebetene W. Percy ermöglichte schließlich die Veröffentlichung des Romans (1980, dt. 1982 u. d. T. ›Ignaz oder die Verschwörung der Idioten‹), der mit dem Pulitzerpreis ausgezeichnet wurde.

Toomer, Jean [Nathan Eugene] [engl. 'tu:mə], * Washington (D.C.) 26. Dez. 1894, † Bucks County (Pa.) 30. März 1967, amerikan. Schriftsteller. – Prägender Einfluß durch seinen Großvater P. B. S. Pinchback, einen in der Wiederaufbauphase nach dem Sezessionskrieg bed. Politiker in Louisiana; entdeckte während der einjährigen Lehrtätigkeit an einer Landschule in Sparta (Ga.) sein mit dem Süden verbundenes afroamerikan. Erbe, mit dem er sich in seinen Lyrik und Prosa mischenden Schriften zu identifizieren versuchte. Sein von der Kritik gepriesenes Werk ›Zuckerrohr‹ (1923, dt.

1985) übte auf die Vertreter der Harlem Renaissance bei der Suche nach einer eigenständigen afroamerikan. Ästhetik großen Einfluß aus. Seine späteren, z. T. unvollendeten und unveröffentlichten Werke spiegeln die in Paris (1924) genossene myst. Schulung in Form von Aphorismen (›Essentials‹, 1931), autobiograph. Selbstdefinitionen (›Remember and return‹) und dramat. Experimenten (›Natalie Mann‹, 1922; ›The sacred factory‹, 1927).
Ausgabe: The wayward and the seeking. A collection of writings by J. T. Hg. v. D. T. TURNER. Washington (D. C.) 1980.
Literatur: CHRISTIAN, B.: Spirit bloom in Harlem. The search for a black aesthetic during the Harlem Renaissance. The poetry of Claude MacKay, Countee Cullen, and J. T. Diss. Columbia University New York 1970. – TURNER, D. T.: In a minor chord. Three Afro-American writers and their search for identity. Carbondale (Ill.) 1971. – BENSON, B. J./DILLARD, M. M.: J. T. Boston (Mass.) 1980. – McKAY, N. Y.: J. T., artist. Chapel Hill (N. C.) 1984. – KERMAN, C. E./ELDRIDGE, K.: The lives of J. T. A hunger for wholeness. Baton Rouge (La.) 1987.

Toonder, Marten, * Rotterdam 2. Mai 1912, niederl. Schriftsteller. – Verfasser von Comics. Seine knapp 200 Zeichengeschichten mit den zentralen Figuren Tom Poes und Heer Bommel entwickelten sich von Darstellungen für Kinder zu Erzählungen für Erwachsene. Sie sind mit Satire auf die niederl. Gesellschaft gespickt. Mehrere Bonmots seiner Figuren sind sprichwörtlich geworden.
Werke: Als je begrijpt wat ik bedoel (1967), Geld speelt geen rol (1968), Een heer moet alles alleen doen (1969), Vroeger was de aarde plat (Autobiogr., 1992).
Ausgaben: M. T. Ausfäller. Die erste Geschichte von Ollie B. Bommel. Dt. Übers. Bern u. a. 1989. – M. T. Die Überdirektoren. Die zweite Geschichte von Ollie B. Bommel. Dt. Übers. Bern u. a. 1989.
Literatur: BERGE, D. TEN: De stripkunst van M. T. Mijdrecht 1976.

Topelius, Zacharias (Zachris), * Kuddnäs (Verw.-Geb. Vaasa) 14. Jan. 1818, † Helsinki 12. März 1898, schwedischsprachiger finn. Schriftsteller. – Ab 1854 Prof. für Geschichte. Noch heute gelesen wird sein Zyklus ›Erzählungen und Abenteuer eines alten finnländ. Feldscherers‹ (5 Tle., 1853–67, dt. Teilausg., 3 Bde., 1855), in dem Finnlands Anteil an der schwed. Geschichte von

Gustav II. Adolf bis zu Gustav III. dargestellt ist; schrieb auch spätromant. Lyrik sowie Kindererzählungen, Sagen und Märchen.
Weitere Werke: Ljungblommor (Ged., 3 Bde., 1845–54), Die Herzogin von Finnland (E., 1850, dt. 1885), Regina von Emmeritz (Dr., 1854), Läsning för barn (En. und Märchen, 8 Bde., 1865–96; dt. Ausw. 1885 u. d. T. Märchen und Erzählungen für Kinder ...), Vinterkvällar (Nov.n, 3 Bde., 1880–97; dt. Ausw. 1885–87 u. d. T. Aus hohem Norden).
Ausgabe: Z. T. Samlade skrifter. Stockholm 1899–1907. 34 Bde.

Töpffer, Rodolphe, schweizer. Schriftsteller und Zeichner, ↑ Toepffer, Rodolphe.

Topik [griech.], in der Antike Lehre von den ›Topoi‹ (↑ Topos).

Topîrceanu, George [rumän. topir-'tʃeanu], * Bukarest 21. März 1886, † Jassy 7. Mai 1937, rumän. Schriftsteller. – Philosophiestudium; Redakteur, zeitweise Theaterdirektor in Jassy; schrieb neoklassizistische Balladen und witzig-pointierte, realistisch-humorvolle Parodien über Alltagsthemen.
Werke: Parodii originale (= Originelle Parodien, Ged., 1916), Balade vesele şi triste (= Heitere und traurige Balladen, Ged., 1920), Migdale amare (= Bittermandeln, Ged., 1929), lyrisches, satirisches (Ged., dt. Ausw. 1970).
Ausgaben: G. T. Opere alese. Hg. v. A. SANDULESCU. Bukarest 1959. 2 Bde. – G. T. Scrieri. Hg. v. A. SANDULESCU. Bukarest 1983. 2 Bde.
Literatur: HANDOCA, M.: Pe urmele lui G. T. Bukarest 1983.

Topol, Josef, * Poříčí an der Sazawa 1. April 1935, tschech. Schriftsteller. – 1967–72 Dramaturg und Regisseur; danach wegen bürgerrechtl. Aktivitäten ohne angemessene Arbeit; seit 1955 Verfasser von Dramen.
Werke: Fastnachtsende (Dr., 1963, dt. 1965), Die Katze auf dem Gleis (Einakter, 1966, dt. 1966), Eine Stunde Liebe. Ein Traum im Spiel (Einakter, 1968, dt. 1969), Dvě noci s dívkou ... (= Zwei Nächte mit einem Mädchen, Dr., UA 1972), Sbohem, Sokrate! (= Lebe wohl, Sokrates!, Dr., 1977), Hlasy ptáků (= Stimmen der Vögel, Dr., 1989).

Topos [griech.] (Mrz. Topoi), in der antiken Rhetorik ›Ort‹ (Locus), ›Gemeinplatz‹ im Sinn eines anerkannten Begriffs, einer allgemein bekannten Vorstellung, die in die Rede eingeflochten werden sollten. In der neueren Sprach-

und Literaturwiss. bedeutet T. eine formelhafte Wendung oder ein festes Bild, die bzw. das in der literar. Tradition fortlebt. – Die moderne T.forschung wurde von E. R. Curtius begründet (›Europäische Literatur und lateinisches Mittelalter‹, 1948, [11]1993), der aufzeigte, in welch starkem Maße als Originalschöpfungen verstandene Aussagen und Bilder einzelner Autoren der abendländ. Literatur Topoi sein können, ›feste Denk- oder Ausdrucksschemata‹, die in der Mehrzahl aus der antiken Literatur stammen, über die mittellat. Literatur in die verschiedenen volkssprachl. Literaturen eindrangen und sich bis zur Barockzeit hielten. Bekanntes Beispiel eines T. ist der ↑ Locus amoenus, der nach seiner antiken u. mittelalterl. Verwendung noch in der ↑ Schäferdichtung von der Renaissance bis zum Rokoko eine bedeutende Rolle spielte. – Der ahistor. Charakter der T.forschung als Methode schränkt ihren literaturwiss. Gebrauch seit den 1970er Jahren zunehmend ein, auch wenn die Frage nach der jeweiligen Funktion des T. im Textzusammenhang weiterhin eine gewisse Bedeutung für die Interpretation behalten dürfte.

Literatur: T.forschung. Eine Dokumentation. Hg. v. P. JEHN. Ffm. 1972. – T.forschung. Hg. v. M. L. BAEUMER. Darmst. 1973. – BORNSCHEUER, L.: Topik. Zur Struktur der gesellschaftl. Einbildungskraft. Ffm. 1976. – MÜLLER, WOLFGANG G.: Topik des Stilbegriffs. Darmst. 1981. – Toward a definition of topos. Hg. v. L. HUNTER. Basingstoke 1991.

Topsøe, Vilhelm [Christian] [dän. 'tɔbsø:], * Skælskør (Seeland) 5. Okt. 1840, † Skodsborg bei Kopenhagen 11. Juli 1881, dän. Schriftsteller. – Vollzog unter dem Einfluß von G. Brandes den Stilwandel vom poet. Realismus zum Naturalismus und wirkte mit seinen Prosawerken u. a. auf H. J. Bang und O. Hansson ein.

Werke: Fra Schweitz og Frankrig (Essay, 1871), Fra Amerika (Essay, 1872), Jason med det gyldne skind (R., 1875), Nutidsbilleder (R., 1878), Fra Studiebogen (Nov.n, 1879).
Ausgabe: V. T. Udvalgte skrifter. Hg. v. V. ANDERSEN u. H. TOPSØE-JENSEN. Kopenhagen 1923–24. 2 Bde.
Literatur: ANDERSEN, V.: V. Topsoe. Et bidrag til den danske realismes historie. Kopenhagen 1922. – WENTZEL, K.: Fortolkning og skæbne. Kopenhagen 1970. S. 100.

Friedrich
Torberg

Torberg, Friedrich, eigtl. F. Kantor-Berg, * Wien 16. Sept. 1908, † ebd. 10. Nov. 1979, österr. Schriftsteller und Publizist. – Studium der Philosophie in Prag; emigrierte 1938 (Schweiz, Frankreich, über Spanien und Portugal in die USA), kehrte 1951 nach Wien zurück, wo er 1954–65 die kulturpolit. Zeitschrift ›Forum‹ herausgab. Schrieb Romane, Erzählungen, Feuilletons, krit. Glossen und Parodien über aktuelle Probleme, v. a. über jüd. Schicksale; auch Gedichte und Drehbücher; erhielt 1979 den Großen österr. Staatspreis.

Werke: Der Schüler Gerber hat absolviert (R., 1930), Die Mannschaft (R., 1935), Abschied (R., 1937), Mein ist die Rache (E., 1943), Hier bin ich, mein Vater (R., 1948), Die zweite Begegnung (R., 1950), Das fünfte Rad am Thespiskarren (Theaterkritiken, 2 Bde., 1966/67), Golems Wiederkehr und andere Erzählungen (1968), Süßkind von Trimberg (R., 1972), Die Tante Jolesch oder der Untergang des Abendlandes in Anekdoten (1975), Auch das war Wien (R., hg. 1984), Der letzte Ritt des Jockeys Matteo (Nov., hg. 1985), Auch Nichtraucher müssen sterben (Essays u. a., hg. 1985).
Ausgaben: F. T. Ges. Werke in Einzelausgg. Mchn. u. Wien [1-3]1962–77. 8 Bde. in 9 Bden. – F. T. Apropos. Nachgelassenes, Kritisches, Bleibendes. Mchn. 1982. 2 Bde. – F. T. Pegasus im Joch. Briefwechsel mit Verlegern und Redakteuren. Mchn. 1983.
Literatur: HACKEL, F. H.: Zur Sprachkunst F. T.s. Ffm. 1984. – Und Lächeln ist das Erbteil meines Stammes. Erinnerung an F. T. Hg. v. D. AXMANN. Wien 1988.

Þórðarson, Þórbergur [isländ. 'θouɾðaɾsɔn], * Hala (Distrikt Skaftafell) 12. März 1889, † Reykjavík 12. Nov. 1974, isländ. Schriftsteller. – Bauernsohn, zunächst Seemann, studierte Philologie und wurde Lehrer; wegen radikaler polit. Haltung entlassen, freier Schriftsteller; bedeutendster Wegbereiter der modernen Literatur in Island; in seinem bahnbrechenden ersten Prosawerk ›Bréf til Láru‹ (= Brief an Laura, 1924) setzt er sich mit den geistigen Strömungen im Island seiner Zeit, mit dem Kapitalismus und den Kirchen kritisch auseinander; schrieb auch Gedichte, die die isländ. Neuromantik parodieren und moderne Alternativen aufzeigen wollen.

Weitere Werke: Hálfir skósólar (= Halbe Schuhsohlen, Ged., 1915), Spaks manns spjarir (= Eines klugen Mannes Kleidung, Ged., 1916), Hvítir hrafnar (= Weiße Raben, Ged., 1922), Rauða hættan (= Die rote Gefahr, Ber., 1935), Íslenzkur aðall (= Isländ. Adel, Autobiogr., 1938), Ofvitinn (= Der Allzuweise, Autobiogr., 2 Bde., Ævisaga Árna prófasts Þórarinssonar (= Lebensgeschichte des Propstes Árni Þórarinsson, Biogr., 4 Bde., 1945–50), Sálmurinn um blómið (= Der Psalm von der Blume, R., 1954/55).

Torga, Miguel, eigtl. Adolfo Correia da Rocha, * São Martinho de Anta 12. Aug. 1907, † Coimbra 17. Jan. 1995, portugies. Schriftsteller. – Wuchs in Portugal und Brasilien auf, war Arzt in Coimbra; expressionistisch-ekstat. Lyriker (bes. in seinen Anfängen), hervorgegangen aus dem modernistischen Presença-Kreis; veröffentlichte Gedichtbände, Romane, Erzählungen, Tiergeschichten (›Tiere‹, 1940, dt. 1989), Dramen und Tagebücher (›Diário‹, 16 Bde., 1941–93).

Weitere Werke: Abismo (Ged., 1932), O outro livro de Job (Ged., 1936), Die Erschaffung der Welt (R., 6 Tle., 1937–81, dt. 1991), Montanha (En., 1941, ³1962 u. d. T. Contos da montanha), Neue Erzählungen aus dem Gebirge (1944, dt. 1990), Lamentação (Ged., 1942), Senhor Ventura (R., 1943, dt. 1992), Weinlese (R., 1945, umgearbeitet 1954, dt. 1958), Penas do purgatório (Ged., 1954), Orfeu rebelde (Ged., 1958), Poemas ibéricos (Ged., 1965), Fogo preso (E., 1976), Findlinge (En., dt. Ausw. 1993).

Literatur: MELO, J. DE: M. T. Lissabon 1960. – CRABBÉ ROCHA, C.: O espaço autobiográfico em M. T. Coimbra 1977. – KARIMI, K.-H.: M. T. In: Krit. Lex. der roman. Gegenwartsliteraturen. Hg. v. W.-D. LANGE. Losebl. Tüb. 1984 ff. (1994). – ARAUJO, D.: M. T.: Orphée rebelle. Monaco 1989.

Þorláksson, Guðbrandur [isländ. 'θɔrlauksɔn], * 1541 oder 1542, † Hólar 20. Juli 1627, isländ. Bischof. – Studierte

in Kopenhagen, 1567 Pfarrer, ab 1571 Bischof in Hólar. Setzte sich für die Durchführung der Reformation in Island ein und veröffentlichte 1584 die erste vollständige isländische Bibelübersetzung. Schrieb auch eine Sammlung erbaulicher Gedichte (›Visnabok‹ [= Buch mit Gedichten], 1612), stellte die genaue geographische Lage Islands fest und erarbeitete die erste brauchbare Landkarte der Insel.
Literatur: POESTION, J. C.: Isländ. Dichter der Neuzeit. Lpz. 1897. S. 79.

Tormay, Cécile [ungar. 'tormɔi], * Budapest 8. Okt. 1876, † Mátraháza 2. April 1937, ungar. Schriftstellerin. – Stammte aus einer Adelsfamilie; war im 1. Weltkrieg Rotkreuzschwester; gründete die Vereinigung Ungar. Frauen und die Zeitschrift ›Napkelet‹. 1935 gehörte sie dem Völkerbundskommission für geistige Zusammenarbeit an. Sie schrieb vielgelesene histor. Romane und Novellen.
Werke: Menschen unter Steinen (R., 1911, dt. 1912), Das alte Haus (R., 1914, dt. 1917).
Literatur: HANKISS, J.: T. C. Budapest 1939.

Tornada [provenzal. = Rückkehr], Geleitstrophe der altprovenzal. ↑ Canso, die in Silbenzahl, Reimschema und Melodie den Schlußteil der jeweils vorausgegangenen Strophe (2–4 Verse) wieder aufnimmt. In der T. wird allgemein die Adressatin unter einem Geheimnamen (provenzal. ›senhal‹) angesprochen; manche T.s wenden sich auch an Hörer, Gönner oder den Spielmann, der das im Frage stehende Lied vortragen soll. – ↑ auch Envoi.
Literatur: MÖLK, U.: Deux remarques sur la t. In: Metrica 3 (1982), S. 3.

Törne, Volker von, * Quedlinburg 14. März 1934, † Münster 30. Dez. 1980, dt. Schriftsteller. – Sohn eines SS-Offiziers; studierte Politik- und Sozialwiss.; war ab 1963 Mitarbeiter der ›Aktion Sühnezeichen‹, in deren Auftrag er zahlreiche Auslandsreisen unternahm. Sein literar. Werk zeichnet sich durch formale und stoffl. Vielfalt aus. Wesentl. Merkmal ist die ethisch-moral. Grundhaltung, die sein Werk durchzieht; inhaltlich setzte er sich mit Problemen der Nachkriegs- und Wohlstandsgesellschaft auseinander und trat für eine Versöhnung und Verständigung der Völker ein.

Werke: Fersengeld (Ged., 1962), Nachrichten über den Leviathan (Prosa, 1964), Wolfspelz (Ged., 1968), Der Affe will nicht die Freiheit (Prosa, 1971), Rezepte für Friedenszeiten (Ged., 1973), Lagebericht (Ged., 1976), Kopfüberhals (Ged., 1979), Halsüberkopf (Ged., 1980), Zwischen Geschichte und Zukunft (Aufsätze, Reden, Ged., hg. 1981), Flieg nicht fort, mein weißer Rabe (Lieder, 1981), Im Lande Vogelfrei. Gesammelte Gedichte (hg. 1981).

Torre, Guillermo de, * Madrid 27. Aug. 1900, † Buenos Aires 14. Jan. 1971, span.-argentin. Schriftsteller. – Schwager von J. L. Borges; 1927–32 und ab 1937 in Argentinien; einflußreicher Literaturkritiker und Lyriker, mit seinem ›Manifiesto vertical ultraísta‹ (1920) und dem Gedichtband ›Hélices‹ (1923) Wegbereiter des Ultraismo; daneben zahlreiche vorwiegend literar- und kunsthistor. Essays, u. a. ›Literaturas europeas de vanguardia‹ (1925), ›Itinerario de la nueva pintura española‹ (1931), ›Problemática de la literatura‹ (1951), ›Ultraísmo, existencialismo y objetivismo en la literatura‹ (1968), ›Nuevas direcciones de la crítica literaria‹ (1970).

Torrente Ballester, Gonzalo [span. tɔ'rrɛnte βaʎes'tɛr], * El Ferrol del Caudillo (Galizien) 13. Juni 1910, span. Schriftsteller und Literarhistoriker. – Lehrtätigkeit u. a. in Santiago de Compostela und Madrid, 1966–70 an der State University of New York in Albany. Verfaßte zunächst experimentelle, von der Psychoanalyse beeinflußte Theaterstücke, u. a. ›El viaje del joven Tobías‹ (1938), ›El casamiento engañoso‹ (1941) und ›El retorno de Ulises‹ (1946). Trat auch als Kritiker v. a. der zeitgenöss. span. Literatur und als Literarhistoriker hervor. Seine Romane fanden erst spät Beachtung. Als sein Hauptwerk gilt die Romantrilogie ›Licht und Schatten‹ (1957–62, dt. 1991). Die drei späteren Romane ›La saga/fuga de J. B.‹ (1972), ›Fragmentos de apocalipsis‹ (1977) und ›Die Insel der Hyazinthen‹ (1980, dt. 1995) weisen als gemeinsame Züge die Suche des Autors nach Selbsterkenntnis, die Verbindung zwischen Literatur und Realität und die Tendenz zur Parodie auf. T. B. erhielt u. a. 1985 den Premio Miguel de Cervantes.
Weitere Werke: Javier Mariño (R., 1943), Don Juan (R., 1963, dt. 1993), Ensayos críticos (Essays, 1982), La princesa durmiente va a la escuela (R., 1983), Crónica del rey pasmado (R., 1989).
Literatur: Homenaje a G. T. B. Salamanca 1981. – PÉREZ, J.: G. T. B. Boston (Mass.) 1984.

Torres Bodet, Jaime [span. 'tɔrrɛz βo-'ðɛt], * Mexiko 17. April 1902, † ebd. 13. Mai 1974, mex. Schriftsteller. – War u. a. Diplomat, Prof. für Romanistik und Kunstgeschichte, 1948–52 Präsident der UNESCO und 1958–64 mex. Erziehungsminister. Einer der bedeutendsten Lyriker seines Landes unter dem Einfluß von Modernismo, Ultraismo und Surrealismus; auch Verfasser von psychologisch nuancierten Romanen sowie Essays.
Werke: Fervor (Ged., 1918), El corazón delirante (Ged., 1922), Margarita de niebla (R., 1927), La educación sentimental (R., 1929), Sonetos (1949), Fronteras (Ged., 1954), Sin tregua (Ged., 1957), Trébol de cuatro hojas (Ged., 1958), Poesía (Ged., 1965), Memorias: Equinoccio (Memoiren, 1974).
Ausgabe: J. T. B. Obra poética. Mexiko 1967. 2 Bde.
Literatur: CARBALLO, E.: J. T. B. y su obra. Mexiko 1968.

Torres Naharro, Bartolomé de [span. 'tɔrrɛz na'arrɔ], * Torre de Miguel Sesmero (Prov. Badajoz) um 1480(?), † um 1524(?), span. Dramatiker. – Soldat, wurde nach einem Schiffbruch von alger. Piraten entführt, später jedoch freigekauft; trat in Italien in den geistl. Stand; zuletzt vermutlich wieder in Spanien. Wegbereiter des Dramas des 16. und 17. Jh.; seine acht Stücke erschienen zus. mit einem Vorwort über das Drama, der ältesten Dramentheorie des span. Theaters, sowie Episteln, Satiren und Romanzen 1517 u. d. T. ›Propalladia‹.
Literatur: LIHANI, J.: B. de T. N. Boston (Mass.) 1979.

Torres Villarroel, Diego de [span. 'tɔrrɛz βiʎarro'ɛl], * Salamanca 1693, † ebd. 19. Juni 1770, span. Schriftsteller. – Wurde nach bewegtem Leben 1726 Prof. der Mathematik, 1745 Geistlicher. Schrieb außer wiss. Werken burleske, witzige und satir. Dichtungen nach dem Vorbild F. Gómez de Quevedo y Villegas. Sein Hauptwerk ist der freimütige, z. T. autobiographische Schelmenroman ›Vida, ascendencia, nacimiento, crianza y aventuras del doctor don D. de T. V.‹ (6 Tle., 1743–58).

Literatur: KLEINHAUS, S.: Von der ›novela picaresca‹ zur bürgerl. Autobiographie. Studien zur ›Vida‹ des T. V. Meisenheim 1975.

Törring, Josef August Graf von, *München 1. Dez. 1753, †ebd. 9. April 1826, dt. Dramatiker. – Vertreter des Ritterdramas; den Stoff für das Drama ›Kaspar der Thorringer‹ (1785) entnahm er der Geschichte seiner Vorfahren. Sehr erfolgreich war sein Sturm-und-Drang-Drama ›Agnes Bernauerinn‹ (1780), das F. Hebbel zu einem Drama über den gleichen Stoff anregte.

Torsi, Tristan [frz. tɔr'si], Pseudonym des frz.-dt. Schriftstellers Yvan ↑Goll.

Þorsteinsson, Indriði Guðmundur [isländ. 'θɔrsteịnsɔn], *Gilhagi (Skagafjörður) 18. April 1926, isländ. Schriftsteller. – Bereits der gegen die amerikan. Militärbasis in Keflavík gerichtete Erstlingsroman ›Sjötíu og níu af stöðinni‹ (= 79 abfahren, 1955) erweckte großes Aufsehen und wurde verfilmt. Ebenfalls verfilmt wurde der Roman ›Herbst über Island‹ (1963, dt. 1966), der sich wie der 1967 erschienene Roman ›Þjófur í paradís‹ (= Ein Dieb im Paradies) mit dem Problem der Landflucht und dem Zerbrechen der überkommenen Gesellschaftsstruktur auseinandersetzt.

Weitere Werke: Sæluvíka (= Glückliche Woche, En., 1951), Þeir sem guðirnir elska (= Die die Götter lieben, En., 1958), Mannþing (= Zusammenkunft, En., 1965), Norðan við stríð (= Nördlich vom Krieg, R., 1971), Dagbók um veginn (= Tagebuch vom Weg, Ged., 1973).

Tosefta [hebr. = Hinzufügung], Sammlung früher rabbin. Überlieferungen außerhalb der ↑Mischna; wie die Mischna in ›Ordnungen‹ und ›Traktate‹ eingeteilt, doch umfangreicher, obwohl vier Traktate fehlen. Die Klärung des Verhältnisses zur Mischna ist bis heute offen (teils finden sich Überschneidungen, teils große Unterschiede) und wird dadurch erschwert, daß mit gegenseitiger Beeinflussung zu rechnen ist. Als Bearbeiter gilt nach der Tradition Chijja Bar Abba (um 200 n. Chr.), doch ist die Endredaktion mit Sicherheit später anzusetzen.

Totenbuch,
1. ein in den Sekten des Lamaismus in verschiedenen Versionen vorhandener Text (tibet. ›Bar-do gros-thol‹ [= Erlösung aus dem Zwischenzustand durch Hören]), der einem Verstorbenen ins Ohr geflüstert wird, um ihn in dem bis zu 49 Tagen dauernden Zwischenzustand (›Bardo‹) zwischen Tod und Wiedergeburt zu leiten, ihm eine bessere Wiedergeburt zu ermöglichen oder sogar zum Nirwana zu verhelfen.

Ausgaben: Il Libro tibetano dei morti. Italien. Übers. u. hg. v. G. TUCCI. Mailand 1949. – Das tibet. Buch der Toten. Hg. v. E. K. DARGYAY u. L. DARGYAY. Mchn. ³1981. – Das T. der Tibeter. Hg. v. F. FREMANTLE u. CH. TRUNGPA. Dt. Übers. v. S. SCHUHMACHER. Köln ⁷1984. – Das tibetan. T. Hg. v. W. Y. EVANS-WENTZ. Dt. Übers. Olten u. Freib. ¹⁸1985.

2. ägypt. Sammlung von Sprüchen (›Kapiteln‹), die dem Verstorbenen im Jenseits von Nutzen sein sollen, allerlei Gefahren (Dämonen, Feuersee, Totengericht) zu überwinden. Das T. wurde auf Papyrus geschrieben und dem Toten ins Grab mitgegeben; es ist seit etwa 1500 v. Chr. bekannt. Aufwendigere Handschriften sind mit Vignetten illustriert. Bekannt sind mehrere hundert Exemplare.

Ausgaben: Älteste Texte des Todtenbuchs nach Sarkophagen des altägypt. Reichs im Berliner Museum. Hg. v. R. LEPSIUS. Osnabrück 1972. – The Book of the Dead; or, Going forth by day. Engl. Übers. v. G. ALLEN. Chicago (Ill.) 1974. – Das T. der Ägypter. Eingeleitet, übers. u. erläutert v. E. HORNUNG. Mchn. u. Zü. 1979. **Literatur:** Le livre des morts des anciens Egyptiens. Frz. Übers. Einl. u. Kommentar v. P. BARGUET. Paris 1967. – RÖSSLER-KÖHLER, U.: Kapitel 17 des ägypt. T.s. Wsb. 1979.

Totengespräche, in Prosa verfaßte fiktive Gespräche zwischen histor. oder mytholog. Figuren im Totenreich, in denen in satir. Form Menschheits- und Zeitkritik geübt wird. Zur Gattung der T. zählen im strengen Sinne nur jene satir. Dialoge, die sich an den ersten T.n der europ. Literatur orientieren, an Lukians von Samosata ›Nekrikoi diálogoi‹ (um 165 n. Chr.). Die Wirkung des Lukian. Gattung begann im Humanismus, doch wurde die Gattung des T.s zu einem europ. Ereignis erst seit ihrer Erneuerung u. a. durch B. Le Bovier de Fontenelles ›Gespräche im Elysium‹ (1683, dt. 1948), durch die Monatsschrift ›Gespräche im Reiche der Todten‹ von David Faßmann (*1685, †1744; 1718–39) und durch die Lukian-Übersetzungen von

J. Ch. Gottsched (1745) und Ch. M. Wieland (1788/89). Wieland verfaßte selbst Werke dieser Gattung, u. a. ›Neue Götter-Gespräche‹ (1791), Goethe benutzte sie in seiner gegen Wieland gerichteten satir. Farce ›Götter, Helden und Wieland‹ (1774); im 20. Jh. u. a. durch F. Mauthner (›T.‹, 1906) und P. Ernst (›Erdachte Gespräche‹, 1921) vertreten.

Literatur: EGILSRUD, J. S.: Le ›dialogue des morts‹ dans les littératures française, allemande et anglaise (1644–1789). Paris 1934. – ↑ auch Fontenelle, Bernard Le Bovier de.

Totenklage, Gedicht, das Trauer um einen Toten, Trost und Totenpreis zum Inhalt hat. T.n finden sich in allen Kulturen als vorliterar., aus dem Mythos erwachsene Kultlieder (z. B. das altgerman. Totenlied); T.n sind vielfach auch integrierte Bestandteile des ↑ Epos (z. B. die T. der Trojaner um Hektor in Homers ›Ilias‹). Als eigenständige Ausprägung erscheint die T. in den ›Klageliedern Jeremias‹, in der antiken Chorlyrik als ↑ Threnos, ↑ Nänie, als kunstmäßig ausgeformtes ↑ Epikedeion, in der antiken Tragödie als ↑ Kommos. Häufige Form der T. ist seit der klass. Zeit die ↑ Elegie.

Totenlied, aus literar. Zeugnissen (z. B. ›Beowulf‹) erschlossene frühgerman. rituelle [Chor]gesänge auf einen Toten (meist einen Fürsten), Verbindung von Klage- und Preislied; auch Bez. für die balladenhafte Totenbeschwörung in der ›Edda‹.

Totentanz, den T. gibt es in den verschiedensten Kulturen und den verschiedensten Zeiten; in Europa im 15. und 16. Jh. weit verbreitete gemalte oder graph. Darstellung eines Reigens, in dem Menschen jeden Alters und Standes von je einem Toten tanzend fortgeführt werden. Zu der Entstehung der um 1400 erstmals in Frankreich auftretenden Totentänze hat wohl neben dem Volksglauben an den nächtl. Tanz der Toten auch die Legende von den drei Lebenden und den drei Toten geführt. Neben dem Memento-mori-Gedanken spielte als Ausgangspunkt die Ständesatire eine wesentl. Rolle. In einer Holzschnittfolge H. Holbeins d. J. (1522–26) erscheint der personifizierte Tod den Menschen in Einzelbildern. Diese ebenfalls als T. bezeichnete Form hat sich bis in die Gegenwart erhalten (HAP Grieshaber ›T. von Basel‹, 1966). – T.dichtungen in Monologen, später in Dialogen, sind seit der Mitte des 14. Jh. bekannt, z. B. der sog. ›Oberdt. T.‹ in lat. Hexametern und seine erweiterte, im 15. Jh. in Handschriften, Blockbüchern und auf T.gemälden weit verbreitete dt. Übersetzung in Dialogen (entst. 1350/60, wahrscheinlich in Würzburg). Am Beginn der frz. T.dichtungen steht das Gedicht ›La danse de macabré‹ (1376) des Jehan Le Fevre. Der T.gedanke taucht auch im Volkslied und im geistl. Spiel auf, im Volksspiel wirkt er bis ins 20. Jh. weiter.

Literatur: COSACCHI, S.: Makabertanz. Der T. in Kunst, Poesie u. Brauchtum des MA. Meisenheim 1965. – Danza general de la muerte. Hg. v. H. BERMEJO HURTADO. Bahia Blanca 1966. – SAUGNIEUX, J.: Les danses macabres de France et d'Espagne et leurs prolongements littéraires. Paris u. a. 1972. – ROSENFELD, H.: Der mittelalterl. T. Köln u. Graz ³1974. – HAMMERSTEIN, R.: Tanz u. Musik des Todes. Die mittelalterl. Totentänze u. ihr Nachleben. Bern u. Mchn. 1980. – Totentänze aus 6 Jh. Ausst.-Kat. Hg. v. R. H. SCHMITZ. Ratingen 1982. – HEIDELBACH, N.: Kleiner dicker T. Köln 1984. – HUIZINGA, J.: Herbst des MA. Studien über Lebens- u. Geistesformen des 14. u. 15. Jh. in Frankreich u. in den Niederlanden. Neuausg. Stg. 1987.

Tóth, Árpád [ungar. to:t], * Arad 14. April 1886, † Budapest 7. Nov. 1928, ungar. Dichter. – Journalist; sensibler, individualist. Lyriker, anfangs von der Dekadenz, von den frz. Symbolisten und auch von E. Ady beeinflußt; gegen Ende seines Lebens wurde seine Lyrik klarer und einfacher in der Form; meisterhafte Übersetzungen; in dt. Sprache erschien 1986 ›Abendlicher Strahlenglanz‹ (Gedichtauswahl).

Ausgabe: Á. T. Összes művei. Hg. v. L. KARDOS. Budapest 1964–73. 5 Bde.
Literatur: KARDOS, L.: T. Á. Budapest ²1965. – MAKAY, G.: T. Á. Budapest 1967.

Totius, Pseudonym des afrikaansen Lyrikers Jacob Daniel ↑ Du Toit.

Tottel's Miscellany [engl. 'tɔtlz mɪ'sɛlənɪ], von Richard Tottel († 1594) und Nicolas Grimald (* 1519, † 1562) herausgegebene bed. Anthologie (veröffentlicht 1557 u. d. T. ›Songes and sonettes‹) mit Gedichten u. a. von H. Howard Earl of Surrey und Sir Thomas Wyatt; trug wesentlich zur Popularisierung höf. engl. Lyrik des 16. Jh. bei und wurde zum Vorbild zahlreicher weiterer elisabethan. Gedichtanthologien.

Ausgabe: T. M. (1557–1587). Hg. v. H. E. ROLLINS. Cambridge (Mass.) ²1965. 2 Bde.

Toulet, Paul-Jean [frz. tu'lε], * Pau 5. Juni 1867, † Guéthary (Pyrénées-Atlantiques) 6. Sept. 1920, frz. Schriftsteller. – Kreol. Herkunft; kam 1898 nach Paris; u. a. Mitarbeiter der Zeitung ›La Vie Parisienne‹; besang in liedartigen Vierzeilern von metrisch und stilistisch geschliffener Virtuosität spielerisch und phantasievoll, aber auch geistreich-ironisch Alltagsthemen; bed. v. a. ›Les contrerimes‹ (Ged., 1921), ein typ. Zeugnis der † École fantaisiste. Schrieb auch Romane, Erzählungen, Essays, Maximen (›Les trois impostures‹, hg. 1922).

Weitere Werke: Monsieur de Paur, homme public (R., 1898), La jeune fille verte (E., 1920). **Literatur:** WALZER, P.-O.: P.-J. T. L'œuvre, l'écrivain. Paris 1949. – MARTINEAU, H.: La vie de P.-J. T. Paris 1957–58. 5 Bde. – ARANJO, D.: P.-J. T. Pau 1981. 2 Bde. – Présence de P.-J. T. Hg. v. M. BULTEAU. Paris 1985.

Tour du Pin, Patrice de La, frz. Lyriker, † La Tour du Pin, Patrice de.

Tourgée, Albion W[inegar] [engl. tʊə-'ʒeɪ], * Williamsfield (Ohio) 2. Mai 1838, † Bordeaux 21. Mai 1905, amerikan. Schriftsteller. – Im Bürgerkrieg verwundet; trat als Anwalt und Politiker in North Carolina für die Reform des Südens ein, was ihm den Ruf eines ›carpetbaggers‹ einbrachte, d. h. eines Nordstaatlers, der im Süden seine eigenen polit. und finanziellen Ziele verfolgt. Seine Romane vertreten diese Ideologie, zeigen aber gleichzeitig seine eindeutige Stellungnahme für die Sache der Schwarzen gegen die Aktionen des Ku-Klux-Klan (›The invisible empire‹, entst. 1880, hg. 1961). 1879 kehrte er nach New York zurück, wo er 1882–84 die republikan. Zeitschrift ›The Continent‹ herausgab; 1897–1905 Generalkonsul in Bordeaux.

Weitere Werke: Toinette (R., 1874, 1881 u. d. T. A royal gentleman), Figs and thistles (R., 1879), A fool's errand (R., 1879, hg. 1961), Bricks without straw (R., 1880), Hot plowshares (R., 1883). **Literatur:** GROSS, TH. L.: A. W. T. New York 1963. – OLSEN, O. H.: Carpetbagger's crusade. The life of A. W. T. Baltimore (Md.) 1965.

Tourneur (Turnour, Turner), Cyril [engl. 'tə:nə], * 1575 (?), † Kinsale (Irland) 28. Febr. 1626, engl. Dichter und Dramatiker. – Über sein Leben ist wenig bekannt; war 1625 als Sekretär von Sir Edward Cecil am erfolglosen Überfall auf Cadiz beteiligt. Zu seinen Dichtungen gehört die allegor. Zeitklage ›The transformed metamorphosis‹ (1600). Die ihm (nicht unumstritten) zugeschriebene ›Tragödie der Rächer‹ (Dr., 1607, dt. EA 1972) sowie ›The atheist's tragedy‹ (Dr., 1611) setzen die Tradition der elisabethan. Rachetragödie fort, deren Leidenschafts- und Greueldarstellungen sie in moralisch-didakt. Absicht übersteigern und problematisieren.

Ausgaben: C. T. Works. Hg. v. A. NICOLL. London 1930. Nachdr. New York 1963. – The plays of C. T. Hg. v. G. PARFITT. Cambridge 1978. **Literatur:** MURRAY, P. B.: A study of C. T. Philadelphia (Pa.) 1964. – SCHUMAN, S.: C. T. Boston (Mass.) 1977.

Tournier, Michel [frz. tur'nje], * Paris 19. Dez. 1924, frz. Schriftsteller. – Studierte in Paris und Tübingen; war u. a. Verlagslektor, Rundfunkjournalist und Übersetzer. Gab in seinem Roman ›Freitag oder Im Schoße des Pazifik‹ (1967, dt. 1968) eine neue, iron. Version des Robinsonstoffes; setzte sich in seinem während des 2. Weltkriegs in Ostpreußen spielenden symbol. Roman ›Der Erlkönig‹ (1970, dt. 1972; Prix Goncourt 1970) unter Rückgriff auf alte Mythen mit der dt. Zeitgeschichte auseinander und befaßte sich in seinen späteren Werken kritisch und distanziert mit Aspekten der Vergangenheitsbewältigung und der zeitgenöss. Gesellschaftsproblematik in Frankreich. Seit 1972 ist T. Mitglied der Académie Goncourt.

Michel
Tournier

Weitere Werke: Freitag und Robinson im Bann der wilden Insel (Jugendb., 1971, dt. 1973), Zwillingssterne (R., 1975, dt. 1977), Der Wind Paraklet (Essay, 1977, dt. 1979), Die Familie Adam (En., 1978, dt. 1981), Die Schlüssel und das Schloß. Texte zu Bildern (1979, dt. 1980), Kaspar, Melchior & Balthasar (R., 1980, dt. 1983), Le vol du vampire. Notes de lecture (Literaturkritik, 1981), Gilles & Jeanne (E., 1983, dt. 1985), Der Goldtropfen (R., 1985, dt. 1987), Petites proses (Prosa, 1987), Das Liebesmahl. Novellen einer Nacht (1989, dt. 1990), Von Abel bis Zwilling. Ein Lexikon des Lebens (Essays, dt. Ausw. 1992), Le pied de la lettre (Essay, 1994). **Literatur:** JEFFRESS, L. C. B.: The novels of M. T. Diss. University of Oregon Ann Arbor (Mich.) 1981. – RÖHRBEIN, CH.: M. T. In: Krit. Lex. zur fremdsprachigen Gegenwartsliteratur. Hg. v. H. L. ARNOLD. Losebl. 1983 ff. – CLOONAN, W.: M. T. Boston (Mass.) 1985. – KOSTER, S.: M. T. Paris 1985. – KLETTKE, C.: Der postmoderne Mythenroman M. T.s am Beispiel des ›Roi des Aulnes‹. Bonn 1991.

Toussaint, Anna Louise, niederl. Schriftstellerin, ↑ Bosboom-Toussaint, Anna Louise Geertruida.

Toussaint, Jean-Philippe [frz. tu'sɛ̃], * Brüssel 29. Nov. 1957, belg. Schriftsteller. – Verfasser von Romanen, die um Banalitäten des Alltags kreisen und ein Gefühl von Sinnlosigkeit und Indifferenz evozieren. Ohne inneren Anteilnahme schildert er Begebenheiten, die in zirkelhaften Bewegungen befangen bleiben und den Leser ins Leere laufen lassen. Kommunikationslosigkeit und Gefühlskälte der Protagonisten deuten eine Kritik an den Lebensbedingungen des modernen Menschen an.
Werke: Das Badezimmer (R., 1985, dt. 1987), Monsieur (R., 1986, dt. 1989), Der Photoapparat (R., 1988, dt. 1991), Der Köder (R., 1991, dt. 1993). **Literatur:** JACOBS, H. C.: J.-Ph. T. In: Krit. Lex. der roman. Gegenwartsliteraturen. Hg. v. W.-D. LANGE. Losebl. Tüb. 1984 ff. (1991).

Toussaint van Boelaere, F. V. [frz. tu'sɛ̃, niederl. vɑn 'bula:rɔ], eigtl. Fernand Victor Toussaint, * Anderlecht 19. Febr. 1875, † Brüssel 30. April 1947, fläm. Schriftsteller. – Schrieb überwiegend Novellen, die von einer überlegten Erzählweise und sprachl. Raffinement zeugen und z. T. durch surrealist. bzw. magisch-realist. Züge gekennzeichnet sind.
Werke: Landelijk minnespel (Nov., 1910), Een legende van Onze-Lieve-Vrouw van Halle (Nov., 1911), Petrusken's einde (Nov., 1917), De Peruviaansche reis (Nov., 1925), De doode die zich niet verhing (Nov., 1937). **Literatur:** ROEMANS, R.: F. V. T. v. B. Brüssel 1935.

Tovote, Heinz [to'vo:tə], * Hannover 12. April 1864, † Berlin 14. Febr. 1946, dt. Schriftsteller. – Studierte Philosophie, Literatur und neue Sprachen; lebte als freier Schriftsteller meist in Berlin; zuerst vorwiegend betont erot. Liebesgeschichten mit sozialem Anstrich aus dem Berliner Milieu; v. a. der Roman ›Im Liebesrausch‹ (1890) erinnert an G. de Maupassant; sein späteres Werk zählt zur Unterhaltungsliteratur.
Weitere Werke: Fallobst (En., 1890), Frühlingssturm (R., 1892), Das Ende vom Liede (R., 1894), Frau Agna (R., 1901), Die Scheu vor der Liebe (R., 1921).

Tozzi, Federigo, * Siena 1. Jan. 1883, † Rom 21. März 1920, italien. Schriftsteller. – Eisenbahnbeamter; ab 1913 Journalist, zeitlebens Autodidakt. Anfangs, v. a. in seiner Lyrik (›La zampogna verde‹, 1911; ›La città della vergine‹, 1913), stark von G. D'Annunzio beeinflußt; schrieb später psychologisch-realist. [autobiograph.] Romane und Novellen, in denen die Schilderung armer, vom Schicksal benachteiligter Menschen an F. M. Dostojewski erinnert.
Weitere Werke: Eine Geliebte (En., 1919, dt. 1990), Mit geschlossenen Augen (autobiograph. R., 1919, dt. 1988), Giovani (Nov.n, 1920), Drei Kreuze (R., hg. 1920, dt. 1986), Das Gehöft (R., hg. 1921, dt. 1984), Ricordi di un impiegato (autobiograph. E., hg. 1927). **Ausgaben:** Opere di F. T. Hg. v. G. TOZZI. Florenz ¹⁻²1961–84. 7 Tle. – F. T. Opere. Hg. v. M. MARCHI. Mailand ³1993. **Literatur:** RIGHI, L.: F. T. Scrittore toscano. Fiesole 1974. – VOZA, P.: La narrativa di F. T. Bari 1974. – SAVOCA, G.: Introduzione ai romanzi di F. T. Catania 1977. – F. T. tra provincia ed Europa. Hg. v. P. VOZA. Bari 1983.

Traat, Mats, * Arula 23. Nov. 1936, estn. Schriftsteller. – Wurde bekannt durch eine kraftvolle Lyrik, um die ein weiter Themenhorizont unterschiedlich in Stil, Sprache und Darstellungsart gefüllt wird; in der seit den 70er Jahren im Vordergrund stehenden Prosa hat T. einfühlsam v. a. das Leben der Landbevölkerung behandelt. Dt. liegt ›Inger oder das Jahr auf der Insel‹ (R., 1975, dt. 1976) vor.

Weiteres Werk: Üksi rändan (= Allein wandere ich, R., 1985).
Ausgabe: M. T. Valitud teosed. Reval 1985. 3 Bde.

Traduktionym [lat.; griech.], Grenzfall des Pseudonyms: Der Verfassername wird in eine andere Sprache übersetzt, z. B. Corvinus (W. Raabe); bes. in der Zeit des Humanismus und des Barock sind Gräzisierungen und Latinisierungen häufig, z. B. Ph. Melanchthon (Ph. Schwarzerd[t]), A. Gryphius (A. Greif).

Tragikomödie [von lat. tragicomoedia], dramat. Gattung, in der sich trag. und kom. Elemente wechselseitig durchdringen, häufig zur Darstellung eines Geschehens, das sich im Grenzbereich zwischen Komik und Tragik bewegt, so daß jederzeit das Komische ins Tragische umschlagen kann, oder in dem das Tragische durch die tragisch gebrochene Komik noch vertieft wird. Die Grenzen der T. zur satir. ↑ Komödie, zum ↑ Rührstück, zum ↑ weinerlichen Lustspiel und v. a. zur ↑ Groteske sind fließend. Erst in der Renaissance wurde die T. als besondere Gattung, d. h. nicht lediglich als Mischung heterogener Elemente unter Aufhebung der ↑ Ständeklausel, theoretisch begründet. Sie galt dann u. a. als ›Tragödie mit glückl. Schluß‹ (G. Giraldi), v. a. aber, im von G. B. Guarini (›Compendio della poesia tragicomica‹, 1601) definierten Sinn, als Ausgleich der Extreme trag. und kom. Wirkung. Im Gefolge Guarinis (›Il pastor fido‹, 1590, dt. 1619 u. d. T. ›Der treue Schäfer‹) und T. Tassos (›Aminta‹, 1580, dt. 1742) entstanden bis Ende des 17. Jh. zahlreiche tragikom. Schäferdramen sowie romaneske T.n in Frankreich u. a. von R. Garnier, J. de Rotrou, G. de Scudéry, P. Corneille (›Der Cid‹, 1637, dt. 1650), in England u. a. von F. Beaumont, J. Fletcher, J. Marston, Ph. Massinger. Auch etl. Dramen Shakespeares (›Maß für Maß‹, entst. um 1604, gedr. 1623, dt. 1763), P. Calderón de la Barcas (›Das Leben ist Traum‹, 1636, dt. 1812) oder Molières (›Tartuffe‹, 1669, dt. 1752) können als T.n gelten. – Die dt. klassizist. Poetik von M. Opitz bis J. Ch. Gottsched lehnte die T. als ›Bastardgattung‹ ab. Erst seit dem Ende des 18. Jh. beschäftigte man sich wieder intensiver theoretisch mit ihr (J. M. R. Lenz, A. W.

Schlegel, V. Hugo, G. B. Shaw u. a.). In der neueren Literatur wird die T. im Sinne eines intensivierenden Zusammenfallens von Tragik und Komik und in der Annäherung an die Groteske, als eine dem modernen Bewußtsein adäquate dramat. Form empfunden. Bedeutende Vertreter: u. a. A. P. Tschechow (›Der Kirschgarten‹, 1904, dt. 1912), H. Ibsen (›Die Wildente‹, 1884, dt. 1888), G. Hauptmann (›Die Ratten‹, 1911), später F. Dürrenmatt (›Der Besuch der alten Dame. Eine tragische Komödie‹, 1956), M. Frisch (›Herr Biedermann und die Brandstifter‹, Hsp. 1956, Dr. 1958), ferner S. Beckett, E. Ionesco, B. Behan, H. Pinter, T. Stoppard, W. Hildesheimer, Th. Bernhard.

Literatur: DÜRRENMATT, F.: Theaterprobleme. Zü. 1955. – GUTHKE, K. S.: Gesch. u. Poetik der dt. T. Gött. 1961. – HERRICK, M. T.: Tragicomedy. Urbana (Ill.) ²1962. – GUTHKE, K. S.: Die moderne T. Theorie u. Gestalt. Dt. Übers. Gött. 1968. – GUICHEMERRE, R.: La tragicomédie. Paris 1981. – HIRST, D. L.: Tragicomedy. London 1984. – DUTTON, R.: Modern tragicomedy and the British tradition. Brighton 1986. – Renaissance tragicomedy. Hg. v. N. KLEIN MAGUIRE. New York 1987. – ORR, J.: Tragicomedy and contemporary culture. Basingstoke 1991.

Tragödie [aus lat. tragoedia, von griech. tragōdía = tragisches Drama, Trauerspiel, eigtl. = Bocksgesang], neben der ↑ Komödie die wichtigste Gattung des europ. ↑ Dramas; in einem engeren Sinne die griech. (att.) T., die bei wechselnder Interpretation, die weitere Entwicklung des Dramas wesentlich beeinflußt hat.

Ursprung und Frühgeschichte der *griech. (att.)* T. lassen sich aufgrund der wenigen und teilweise problemat. Zeugnisse (Herodot; Aristoteles, ›Poetik‹; Vasenmalerei), zu denen noch der etymolog. Befund und die Ergebnisse der archäolog. Untersuchung kommen, nur in Umrissen rekonstruieren. Danach weisen die Anfänge der T. auf prähistor. Kulte, auf rituelle Begehungen als Böcke (griech. trágoi) verkleideter (theriomorpher [= tiergestaltiger]) Chöre; dies erklärt auch den Begriff ›Tragödie‹. Die eigentl. Anfänge der T. liegen im Dionysoskult. Ihre Vorform ist das dionys. Oratorium des ↑ Dithyrambus, eine chor. Aufführung zu Ehren des Dionysos, gesungen und getanzt von einem (wohl nicht mehr böckisch) vermummten und maskierten ↑ Chor, der von einem Chorführer angeführt wurde (↑ auch Maske). Der zunächst improvisierte Dithyrambus wurde früh literarisiert, zuerst wohl um 600 v. Chr. durch Arion aus Methymna in Korinth; seine Leistung war (vermutlich) die Bindung der Aufführung an einen festen poet. Text. Gleichzeitig vollzog sich ein inhaltl. Wandel – an die Stelle der Taten und Leiden des Dionysos traten Stoffe aus der Heroensage. Die kunstmäßige Gestaltung und die Aufnahme ep. Stoffe entfremdeten den Dithyrambus zugleich dem eigentlich Kultischen. Der Ausbau dieses formal und inhaltlich gewandelten (literarisierten und episierten) Oratoriums zur T. erfolgte in der 2. Hälfte des 6. Jh. in Athen z. Z. des Peisistratos. Hier wurde, vermutlich von Thespis, der Schauspieler (↑ Protagonist) in die T. eingeführt. Damit ergab sich als Urstruktur der T. die Folge von Einzugslied (↑ Parodos) und Standlied (↑ Stasimon) des Chores, Auftritt (↑ Epeisodion) und ↑ Botenbericht des Schauspielers, Wechselgesang (↑ Amoibaion) zwischen Chor und Schauspieler und Auszugslied (↑ Exodos). Die Einführung eines zweiten Schauspielers (↑ Deuteragonist) durch Aischylos ermöglichte schließlich den Dialog, der in der weiteren Entwicklungsgeschichte zu einem Strukturmerkmal des Dramas überhaupt werden sollte. Weitere dramaturg. Möglichkeiten (v. a. im Hinblick auf die Handlungsführung) schuf Sophokles durch die Einführung eines dritten Schauspielers (↑ Tritagonist). Neben die T. trat seit der 2. Hälfte des 6. Jh. das ↑ Satyrspiel; es wurde jedoch im Laufe des 5. Jh. denselben Literarisierungstendenzen unterworfen wie die Tragödie. – Die klass. T. des 5. Jh. entnahm ihre Stoffe der ep. Tradition (Heroenmythos; auch ↑ Mythos, ↑ Epos); nur selten fanden [zeit]geschichtl. Themen Eingang in die T. (Aischylos, ›Perser‹, 472 v. Chr.). Traditionelle Bauelemente waren das gesungene und getanzte Chorlied (Embolimon) und die gesprochene und gespielte Szene (Epeisodion); innerhalb der Epeisodia wurde zwischen ↑ Monolog und ↑ Dialog, zwischen längeren geschlossenen Rede-

abschnitten und zeilenweise aufgeteilten dramat. Wechselreden (↑ Stichomythie) unterschieden. Häufig waren auch Wechselgesänge zwischen Chor und Schauspieler[n] (Amoibaia) und vom Schauspieler gesungene arienartige ↑ Monodien. Dem Parodos des Chores konnte ein von Schauspielern gesprochener monolog. oder dialog. ↑ Prolog vorausgehen. – Die innere Struktur der T. ist durch das **Tragische** bestimmt: Nach der ›Poetik‹ des Aristoteles führt die in ihren Grundzügen überlieferte Handlung (mýthos) der T. dem Zuschauer eine Wandlung zum Unglück vor, die sich an einem durchschnittl. (›mittleren‹) Menschen vollzieht. Den Umschlag in seinem Geschick muß der Held wegen seiner ›hamartía‹ erleiden, eines Fehlers nicht moral., sondern intellektueller Art: die hybride Verkennung einer Situation, die zu einem verhängnisvollen Versagen führt, wobei sich eine Wandlung von Nichtwissen (griech. ágnoia) zur Erkenntnis (griech. gnôsis) der tatsächl. Lage vollzieht. Der Zuschauer ist an diesem trag. Geschehen beteiligt durch ›Schauder‹ und ›Jammer‹ (griech. phóbos und éleos) und durch die daraus entspringende ↑ Katharsis. – Die Aufführungen der T. fanden im Rahmen der Großen (städt.) Dionysien statt; sie waren als Wettbewerb (↑ Agon) angelegt, an dem sich jährlich drei Dichter beteiligen durften, von denen jeder, mit Sicherheit seit Aischylos, eine Tetralogie aus drei T.n und einem Satyrspiel zur Aufführung bringen mußte. Daneben fanden auch an den ↑ Lenäen seit etwa 440 v. Chr. T.naufführungen statt. – Von den zahlreichen T.n des 5. Jh. v. Chr. sind lediglich die von alexandrin. Philologen des 3. Jh. (Aristophanes von Byzanz [* um 257, † um 180]) besorgten Auswahlausgaben der drei ›großen Tragiker‹ Aischylos, Sophokles und Euripides überliefert. Von den Vorgängern und Zeitgenossen des Aischylos sind namentlich bekannt Thespis und Choirilos von Samos, Pratinas von Phleius und Phrynichos, von den ›kleinen Tragikern‹ des 5. Jh. Ion von Chios und Agathon. In den überlieferten Werken von Aischylos, Sophokles und Euripides läßt sich eine zunehmende Verschiebung in der Auffassung des Tragi-

schen feststellen. Während bei Aischylos der Akzent auf der Aufhebung menschl. Tragik im immer wieder neu hergestellten Sinnzusammenhang der Weltordnung liegt, kann der Mensch bei Sophokles den Sinn seines Leidens, das dennoch als Wille der Götter akzeptiert wird, meist nicht mehr begreifen. Bei Euripides ist das trag. Geschehen sinnentleertes Spiel der ›týchē‹ (= Zufall), das den Menschen, von den Göttern verlassen, auf sich selbst verweist. Die *röm. T.*, 240 v. Chr. durch Senatsbeschluß eingeführt, war stofflich und formal von hellenist. Vorbildern abhängig, v. a. von Euripides; daneben wurden Sophokles und Aischylos nachgeahmt. Der Stoff entstammte im wesentlichen dem trojan. Sagenkreis, auch Themen der nat. Geschichte wurden behandelt (Sonderform der ↑ Praetexta). Das musikal. Element nahm durch Vertonung von Sprechpartien zu, der Einfluß der Rhetorik war erheblich, typisch war auch die Vorliebe für theatral. Effekte. Die Stücke wurden als ›Ludi Graeci‹ (griech. Spiele) im Rahmen der großen öffentl. Feste, aber auch anläßlich außergewöhnl. Ereignisse (Triumph, feierl. Leichenbegängnisse) aufgeführt. Sie galten als Teile des röm. Staatskultes und wurden durch die Ädilen organisiert. Am Agon waren im Unterschied zur att. T. nicht die Dichter, sondern die Schauspieler und Regisseure beteiligt. Begründer der röm. T. sind L. Livius Andronicus und G. Naevius, deren Werke; wie auch die der jüngeren Autoren Qu. Ennius, L. Accius und M. Pacuvius und der Tragiker der augusteischen Zeit (Varius Rufus, Pomponius Secundus [1. Hälfte des 1. Jh. n. Chr.]), nur in einzelnen Zitaten erhalten sind. Überliefert sind dagegen neun T.n Senecas d. J. und, als einzige Praetexta, die wohl fälschlich Seneca zugeschriebene ›Octavia‹.
Die *neuzeitl. T.* setzte mit dem Humanismus ein. Ihre ersten Formen fand sie im lat. ↑ Humanistendrama, im italien., frz. und engl. **Drama der Renaissance,** im dt. ↑ Schuldrama des 16. Jh., im lat. ↑ Jesuitendrama, in der frz. ↑ Haute tragédie des 17. Jh. und im schles. Kunstdrama des dt. Barock. Die aristotel. Deutung der T. wurde zwar übernommen, jedoch auf-

grund von Mißverständnissen teilweise uminterpretiert, z. B. wurden ↑ Ständeklausel und ↑ Fallhöhe aus der ›Poetik‹ des Aristoteles als Strukturelemente der T. abgeleitet. Die wirkästhet. Dreiheit von ›phóbos‹, ›éleos‹ und Katharsis wurde im Sinne pädagog. Abschreckung bzw. einer Erziehung zum stoischen Ideal der Ataraxie (= Unerschütterlichkeit) umgedeutet. Diese Entwicklung gipfelte im **barocken Trauerspiel.** – Eine Sonderstellung nehmen T.n Shakespeares ein, in denen Tragisches und Komisches oft eine Synthese eingeht (z. B. ›König Lear‹, entst. um 1605, gedr. 1608, dt. 1762); in Frankreich griff P. Corneille nicht nur in theoret. Schriften die Tyrannei der Ständeklausel an, sondern v. a. mit seiner Tragikomödie ›Der Cid‹ (1637, dt. 1811, erstmals dt. 1650). Im 18. Jh. durchbrach G. E. Lessing unter dem Einfluß des engl. Dramatikers G. Lillo und unter dem der kunsttheoret. Schriften D. Diderots mit dem **bürgerlichen Trauerspiel** den strengen Regelkanon (Blankvers, Mißachtung der Ständeklausel, Neudeutung des Aristoteles). Das Hauptinteresse wandte sich v. a. dem Problem des Tragischen zu, das im Konflikt von Individuum und Gesellschaft, Freiheit und Notwendigkeit, Ich und Welt, Mensch und Gott seinen Ausdruck findet, einem Konflikt, der nur in der trag. Vernichtung des Individuums aufhebbar wird. Als vorherrschende Dramengattung trat die T. ein letztes Mal in der frz. (Corneille, J. Racine) und dt. (Goethe, Schiller) Klassik auf, wobei im Umkreis der Romantik die T. ›Penthesilea‹ (erschienen 1808, UA 1876) von H. von Kleist als vereinzelte Ausnahme anzuführen ist.
Seit F. Nietzsches Abhandlung über die ›Geburt der T. aus dem Geist der Musik‹ (1872) gab es Versuche, die archaischen (G. Hauptmanns ›Atridentetralogie‹, 1941–48) und kult. (C. Orff) Elemente der T. wieder zu beleben. Für das Bewußtsein des 20. Jh. scheint jedoch die T. nicht mehr möglich (nach K. Jaspers schon seit F. Hebbel). Die Komödie bzw. Tragikomödie gilt heute als die Möglichkeit des Dramas, die Synthese von Tragischem und Komischem, v. a. auch in seinen absurden, grotesken Erscheinungen,

zu verkörpern; in diesem Sinne erklärte u. a. F. Dürrenmatt, die Komödie sei ›die einzig mögl. dramat. Form, heute das Tragische auszusagen‹.

Literatur: SCHERER, J.: La dramaturgie classique en France. Paris 1950. Nachdr. Paris 1991. – MANDEL, O.: A definition of tragedy. New York 1961. Nachdr. Washington (D. C.) 1982. – WILLIAMS, R.: Modern tragedy. Stanford (Calif.) u. London 1966. Nachdr. Stanford (Calif.) 1987. – DOMENACH, J.-M.: Le retour du tragique. Paris 1967. – WILLIAMS, R.: Modern tragedy. Stanford (Calif.) 1967. – Die Bauformen der griech. T. Hg. v. W. JENS. Mchn. 1971. – Tragik u. T. Hg. v. V. SANDER. Darmst. 1971. – GEORGE, D. E. R.: Dt. T.ntheorien vom MA bis zu Lessing. Dt. Übers. Mchn. 1972. – LESKY, A.: Die trag. Dichtung der Hellenen. Gött. ³1972. – KRÜGER, M.: Wandlungen des Tragischen. Stg. 1973. – OMESCO, I.: La métamorphose de la tragédie. Paris 1978. – SCHWARZ, A.: From Buchner to Beckett. Dramatic theory and the modes of tragic drama. Athens (Ohio) 1978. – STEINER, G.: Der Tod der T. Dt. Übers. Ffm. Neuaufl. 1981. – MISRA, K. S.: Modern tragedies and Aristotle's theory. Delhi u. Atlantic Higlands (N. J.) 1983. – WIESE, B. VON: Die dt. T. v. Lessing bis Hebbel. Mchn. Neuaufl. 1983. – KOMMERELL, M.: Lessing u. Aristoteles. Ffm. ⁵1984. – LATACZ, J.: Einf. in die griech. T. Gött. 1993. – MEIER, ALBERT: Die Dramaturgie der Bewunderung. Unterss. zur polit.-klassizist. T. des 18. Jh. Ffm. 1993. – ALT, P.-A.: T. der Aufklärung. Eine Einf. Tüb. u. Basel 1994.

Traherne, Thomas [engl. trəˈhəːn], * Hereford 1637, □ Teddington bei London 10. Okt. 1674, engl. Dichter. – Sohn eines Schuhmachers; nach dem Studium in Oxford ab 1660 Geistlicher; zuletzt Kaplan des Lordsiegelbewahrers. Seine erst um 1900 handschriftlich entdeckten Gedichte (u. a. ›Poems of felicity‹, hg. 1910) und das klangvolle Prosawerk ›Centuries of meditation‹ (hg. 1908), eine die Glückseligkeit des Kindheitserlebnisses hervorhebende spirituelle Autobiographie, sind von bibl. und neuplaton. Ideen inspirierte mystisch-visionäre Meditationen.

Ausgabe: T. Centuries, poems and thanksgivings. Hg. v. H. M. MARGOLIOUTH. Oxford 1958. Nachdr. 1965. 2 Bde.

Literatur: IREDALE, Q.: Th. T. Folcroft (Pa.) 1935. Darby (Pa.) 1980. – SALTER, K. W.: Th. T. Mystic and poet. London 1964. – STEWART, S.: The expanded voice. The art of T. San Marino (Calif.) 1970. – DAY, M. M.: Th. T. Boston (Mass.) 1982. – DOWELL, G.: Enjoying the world. The rediscovery of Th. T. London 1990.

Trajanow (tl.: Trajanov), Teodor Wassilew [bulgar. traˈjanof], * Pasardschik 30. Jan. 1882, † Sofia 15. Jan. 1945, bulgar. Lyriker. – Studierte Naturwiss.; einer der bedeutendsten Vertreter des bulgar. Symbolismus, dessen Verskunst sich formaler und ästhet. Vollendung nähert.

Werke: Regina mortua (Ged., 1908), Chimni i baladi (= Hymnen und Balladen, 1912), Bälgarski baladi (= Bulgar. Balladen, 1921), Osvobodenijat čovek (= Der befreite Mensch, Ged., 1929), Panteon (Ged., 1934).

Ausgaben: T. V. Trajanov. Izbrani stichotvorenija. Sofia 1966. – T. V. Trajanov. Izbrani tvorbi. Sofia 1981.

Trakl, Georg [...kəl], * Salzburg 3. Febr. 1887, † Krakau 3. Nov. 1914, österr. Lyriker. – Nach dem Abgang vom Gymnasium Apotheker. 1914 bei Kriegsausbruch eingezogen, erlebte er als Sanitätsfähnrich die Schlacht bei Gródek, unter deren Eindruck er zusammenbrach. Starb im Krakauer Lazarett an einer Überdosis Kokain. T. war schon früh, seit etwa 1906, starker Drogenkonsument gewesen; sein ruheloser, depressiver Charakter mit einem Hang zur Selbstzerstörung und zu Depersonalisationszuständen bestimmten den Grundton seiner Dichtung mit. Seine Freunde u. a. Erhard Buschbeck (* 1889, † 1960) und Ludwig von Ficker (* 1880, † 1967) förderten entscheidend sein Werk. Verbindung hatte er mit K. Kraus, O. Kokoschka, P. Altenberg, E. Lasker-Schüler und Th. Däubler. Er führte ein unstetes Leben und hatte eine problemat. (inzestuöse?) Beziehung zu seiner Schwester Grete, die er zum Drogengenuß verführte. Neben G. Heym, E. Stadler und F. Werfel ist T. einer der bedeutendsten Frühexpressionisten dt. Sprache. Ähnlich Heym und Stadler lag auch sein literarar. Beginn im Symbolismus, zumal er im eigentl. Sinne ›nur‹ Lyriker war; auch seine Prosadichtungen sind keine Erzählprosa, sondern lyrisch-hymn. Art. Man darf sie in die Nähe Ch. Baudelaires und A. Rimbauds stellen, ebenso seine Gedichte in ihrer Affinität zu Verfall, Untergang und Verwesung; nicht zufällig sind seine immer wiederkehrenden Motive Herbst, Dämmerung und Nacht. Seine schwer zu entschlüsselnden Verse beschwören apokalypt. Bilder, sprechen

Georg Trakl

von Schuld, Verzweiflung, Tod und Dämonen. In der Frühzeit schrieb T. überwiegend in überlieferten Gedichtformen wie die frz. Symbolisten (Quatrain, Terzine, Sonett). Erst in seinen letzten Lebensjahren ging er zu individuellen hymn. Formen über, reimlosen freien Rhythmen von merkwürdiger Faszinationskraft, bis hin zum ›Zeilenstil‹, bei dem die Reihenfolge der Verszeilen beliebig austauschbar ist. In diesen Werken ist die Welt visionär gesehen: Gestalten in dunklen Schattenträumen mit wenig Konturen, Tiere in phantastisch-surrealen Repräsentationen, überall die Wirklichkeit verfremdende, düstere, kalte Farben, so daß man oft an expressionist. Bilder oder Skulpturen erinnert wird. Persönl. Erfahrung wird in T.s Dichtungen zum Ausdruck einer Epoche. Die Sprachkunst, in der er seinen Ausdruck sucht, überzeugt durch Reichtum der Metaphorik und der diese bedingenden dichterischen Phantasie.

Werke: Gedichte (1913), Sebastian im Traum (Ged., hg. 1915), Der Herbst des Einsamen (Ged., hg. 1920), Gesang des Abgeschiedenen (Ged., hg. 1933), Aus goldenem Kelch (Ged., hg. 1939), Offenbarung und Untergang (Prosadichtungen, hg. 1947).
Ausgaben: G. T. Ges. Werke. Hg. v. W. SCHNEDITZ. Salzburg ¹⁻¹²1949–65. 3 Bde. – G. T. Dichtungen u. Briefe. Hg. v. W. KILLY u. H. SZKLENAR. Salzburg 1969. 2 Bde. – G. T. Die dichter. Werk. Hg. v. F. KUR. Mchn. ²1973. – G. T. Werke, Entwürfe, Briefe. Hg. v. H.-G. KEMPER u. F. R. MAX. Stg. 1984. Nachdr. 1986.
Literatur: RITZER, W.: T.-Bibliogr. Salzburg 1956. – CIERPKA, H.: Interpretationstypen der T.-Lit. Eine krit. Betrachtung der wiss. Arbb. über das Werk G. T.s. Diss. Bln. 1961. – RÖL-

LEKE, H.: Die Stadt bei Stadler, Heym u. T. Bln. 1966. – Erinnerung an G. T. Zeugnisse u. Briefe. Darmst. ³1966. – KILLY, W.: Über G. T. Gött. ³1967. – WETZEL, H.: Konkordanz zu den Dichtungen G. T.s. Salzburg 1971. – GORGÉ, W.: Auftreten u. Richtung des Dekadenzmotivs im Werk G. T.s. Bern u. Ffm. 1973. – SAAS, CH.: G. T. Stg. 1974. – GUMTAU, H.: G. T. Bln. 1975. – FÜHMANN, F.: Der Sturz des Engels. Erfahrungen mit Dichtung. Hamb. ²1982. – RITZER, W.: Neue T.-Bibliogr. Salzburg 1983. – RUSCH, G./SCHMIDT, SIEGFRIED J.: Das Voraussetzungssystem G. T.s. Brsw. 1983. – ZUBERBÜHLER, J.: ›Der Tränen mächtige Bilder‹. G. T.s Lyrik im literar. u. gesellschaftl. Kontext seiner Zeit. Bonn 1984. – BASIL, O.: G. T. Rbk. 52.–54. Tsd. 1985. – Antworten auf G. T. Hg. v. A. FINCK u. a. Salzburg 1992. – WEICHSELBAUM, H.: G. T. Eine Biogr. Salzburg 1994. – KAWOHL, B.: G. T. Melancholie des Abends. Eine Analyse. Wetzlar 1995. – ↑ auch Stadler, Ernst.

Traktat [lat.], Abhandlung über religiöse, moral., wiss. Themen in Prosa. Im engeren Sinn im Deutschen eine Form der ↑ Erbauungsliteratur, auch Bez. für Flugschrift, Streitschrift.

Tralow, Johannes ['tra:lo], Pseudonym Hanns Low, * Lübeck 2. Aug. 1882, † Berlin (Ost) 27. Febr. 1968, dt. Schriftsteller. – Journalist, Verlagsdirektor in Berlin und Regisseur an verschiedenen dt. Bühnen. 1951–61 geschäftsführender Präsident des ›Dt. P.E.N.-Zentrums Ost und West‹; lebte lange in Gauting bei München, zuletzt in Berlin. T. schrieb anfangs klassizist. Versdramen, später v. a. histor. Romane. Als sein Hauptwerk gilt die ›Osman. Romantetralogie‹: ›Roxelane‹ (1942), ›Irene von Trapezunt‹ (1947), ›Malchatun‹ (1951), ›Der Eunuch‹ (1956).
Weitere Werke: Das Gastmahl zu Pavia (Dr., 1910), Kain, der Heiland (R., 1911), Peter Fehrs Modelle (Dr., 1912), König Neuhoff (R., 1929), Gewalt aus der Erde (R., 1933, 1947 u. d. T. Cromwell), Aufstand der Männer (R., 1953), Kepler und der Kaiser (R., 1961), Mohammed (R., 1967).

Tramin, Peter von, eigtl. Peter [Richard Oswald] [Freiherr von] Tschugguel [zu Tramin], * Wien 9. Mai 1932, † ebd. 14. Juli 1981, österr. Schriftsteller. – Studium der Rechts- und Wirtschaftswissenschaften in Wien, danach Bankkaufmann und Übersetzer. Wurde 1963 bekannt durch den in Wien spielenden, autobiographisch gefärbten Entwicklungsroman ›Die Herren Söhne‹, der ebenso wie seine phantastisch-grotesken Erzählungen im literarischen Umfeld von F. von Herzmanovsky-Orlando sowie von H. von Doderer steht.

Weitere Werke: Divertimento (E., 1963), Die Tür im Fenster (R., 1967), Taschen voller Geld (En., 1970).

Tranchirer, Raoul [...ˈʃiːrər], Pseudonym des dt. Schriftstellers Ror ↑Wolf.

Trancoso, Gonçalo Fernandes [portugies. trɐŋˈkozu], *Trancoso um 1520, †Lissabon vor 1596, portugies. Schriftsteller. – Über sein Leben und seinen Beruf ist nichts bekannt. Einer der frühesten Novellisten der portugies. Literatur. Schrieb z. T. nach italien. Vorbildern, jedoch in einem eigenen spontanen Stil und in volkstüml. Sprache die populäre Sammlung ›Contos e histórias de proveito e exemplo‹ (3 Tle. in 2 Bden., 1575 bis 1596, vollständige Ausg. 1608).

Ausgabe: G. F. T. Contos e histórias de proveito e exemplo. Lissabon 1974.
Literatur: FINAZZI-AGRO, E.: A novelística portuguesa do século XVI. Lissabon 1978.

Tranovský, Juraj [slowak. ˈtranɔu̯ski:], latin. Georgius Tranoscius, *Teschen 27. März 1592, †Liptovský Mikuláš 29. Mai 1637, slowak. luther. Reformator und Kirchenlieddichter schles. Herkunft. – Ab 1629 Geistlicher; v. a. bed. wegen seiner Oden und Gebete und seines bis heute benutzten Gesangbuchs ›Cithara sanctorum‹ (1636); schrieb in lat. und tschech. Sprache.

Tranquilli, Secondo [italien. traŋˈkuilli], italien. Schriftsteller, ↑Silone, Ignazio.

Tranströmer, Tomas [Göran] [schwed. ˌtrɑːnstrœmər], *Stockholm 15. April 1931, schwed. Lyriker. – Gilt, auch internat. gesehen, als einer der bedeutendsten schwed. Lyriker der Gegenwart. T.s Lyrik, die vom Ausdruck her meist kühl und asketisch wirkt, verwendet eine reiche und komprimierte Bildsprache. Als einen ihrer themat. Anknüpfungspunkte hat sie die Musik (F. Schubert), und nicht selten kommt in ihr eine unterschwellige Religiosität zum Ausdruck. Auch der Gebrauch der sprachl. Mittel ist sehr musikalisch, wobei T. nicht selten unauffällig auf antike Versmaße zurückgreift. In den späteren

Gedichtsammlungen macht sich eine Tendenz zum Prosagedicht und zur Behandlung auch eher gesellschaftlich orientierter Themen bemerkbar.

Werke: 17 dikter (Ged., 1954), Hemligheter på vägen (Ged., 1958), Den halvfärdiga himlen (Ged., 1962), Klanger och spår (Ged., 1966), Gedichte (dt. Ausw. 1969), Gedichte (1981; enthält die Ged. Nachtsicht [1970], Pfade [1973], Ostseen [1974], Die Wahrheitsbarriere [1978], PS [1980]), Der wilde Marktplatz (Ged., 1983, dt. 1985), Für Lebende und Tote (Ged., 1989, dt. 1993), Schmetterlingsmuseum. Fünf autobiograph. Texte (dt. 1992), Der Mond und die Eiszeit (Ged., dt. 1992).
Literatur: ESPMARK, K.: Resans formler. En studie T. Ts. poesi. Stockholm 1983.

Transzendentalismus [lat.], eine allgemein von etwa 1836 bis 1860 datierte philosophisch-literar. Bewegung in den USA; verband die dt. Transzendentalphilosophie (I. Kant, J. G. Fichte, F. W. J. Schelling, F. D. E. Schleiermacher), v. a. in der Vermittlung über die englischen Schriftsteller S. T. Coleridge, Th. Carlyle und W. Wordsworth, mit ostasiat. Philosophien und myst. Vorstellungen zu einer ästhet. Weltanschauung. Auf der Basis der humanistisch orientierten Religion des Unitarismus (W. E. Channing) machte der T. die schöpfer. Intuition des Individuums sowie seine Eingebundenheit in eine pantheist. Natur und in die transindividuelle Vorstellung der ›oversoul‹ (R. W. Emerson, H. D. Thoreau) zur Quelle der Erkenntnis und (auch nat.) Selbstbestimmung. Mitglieder dieser losen, zur amerikan. Romantik gehörenden Bewegung (u. a. A. B. Alcott, Channing, Theodore Parker [*1810, †1860], M. Fuller, G. Ripley, Elizabeth Palmer Peabody [*1804, †1894], Thoreau, N. Hawthorne, J. Very) trafen sich im sog. ›Transcendental Club‹ anfangs bei Emerson in Concord, dann bei Peabody in Boston zu gemeinsamen Diskussionsrunden. Publikationsorgan des T. war die zw. 1840 und 1844 von Fuller unter Mitwirkung von Ripley herausgegebene Zs. ›The Dial‹. Ideen des T. wurden auch Grundlage der kommunitäre Lebensformen praktizierenden Siedlungen ↑Brook Farm bei West Roxbury (Mass.; 1841–47) und Fruitlands in Harvard (1844/45), die von Ripley und Alcott gegr. und in Hawthornes ›Blithedale‹ (1852, dt. 1852) sowie L. M. Alcotts ›Transcendental wild oats‹ (1876) fiktional verarbeitet wurden.

Literatur: Transcendentalism and its legacy. Hg. v. M. SIMON u. TH. H. PARSONS. Ann Arbor (Mich.) ²1967. – The Transcendentalists. A review of research and criticism. Hg. v. J. MYERSON. New York 1984. – American transcendentalists. Hg. v. J. MYERSON. New York 1988.

Trapassi, Pietro Antonio Domenico Bonaventura, italien. Dichter, ↑ Metastasio, Pietro.

Trauerspiel, dt. Übersetzung von ›Tragödie‹, erstmals im 17. Jh., dann v. a. im 18. Jh. (↑ bürgerliches Trauerspiel).

Traumbücher, Aufzeichnungen über die Bedeutung von Träumen. Im MA und später verbreitete T. stammen teilweise aus griechisch-orientale. Tradition; interessante kulturgeschichtl. Dokumente, z. B. die ›Oneirokritiká‹ des Artemidoros von Ephesus. T. wurden auch häufig zur Feststellung der Glückszahl benutzt.

Literatur: FUCHS, F.: Von der Zukunftsschau zum Seelenspiegel. Eine Studie zur Traumauffassung u. Traumdeutung am Beispiel der deutschsprachigen T. Aachen 1987.

Traun, Julius von der, eigtl. Alexander Julius Schindler, * Wien 26. Sept. 1818, † ebd. 16. März 1885, österr. Schriftsteller. – 1850–54 im Staatsdienst, 1861 Reichsratsabgeordneter in Wien. Schrieb Gedichte, Romane, Erzählungen, Skizzen, Dramen und Reisebücher; Spätwerk mit antikonfessioneller, liberaler Tendenz.

Werke: Südfrüchte (Nov.n, 2 Bde., 1848), Der Schelm von Bergen (E., 1879), Goldschmiedkinder (R., 1880), Oberst Lumpus (R., hg. 1888). **Literatur:** HAIDER, S.: Alexander J. Schindler als Reiseschriftsteller. Diss. Wien 1950.

Trausti, Jón [island. 'trœ̈ysti], eigtl. Guðmundur Magnússon, * Rif (Melrakkaslétta) 12. Febr. 1873, † Reykjavík 18. Nov. 1918, island. Schriftsteller. – Entstammte einer einfachen Familie; Autodidakt; begann mit Romanen um aktuelle Fragen, wandte sich jedoch dann mehr histor. Themen und der Volksüberlieferung zu; geschickter Charakterschilderer; war Wegbereiter des modernen island. Romans.

Werke: Halla (R., 1906), Leysing (= Schneeschmelze, R., 1907), Heiðarbýlið (= Der Hochlandhof, R., 4 Bde., 1908–11), Borgir (= Städte, R., 1909), Smásögur (= Kurzgeschichten, En.,

2 Bde., 1909–12), Sögur frá Skaftárelda (= Geschichten vom Skaftá-Feuer, En., 2 Bde., 1912/13), Góðir stofnar (= Gute Stämme, R., 2 Bde., 1914/15). **Ausgabe:** J. T. Ritsafn. Einleitung v. S. EINARSSON. Reykjavík 1939–46. 8 Bde.

Traven, B., * Chicago (Ill.) (?) 3. Mai 1890 (?), † Mexiko 26. März 1969, deutschsprachiger Schriftsteller. – Starb unter dem Namen **T. Torsvan Croves.** Geburtsdatum und -ort sind umstritten; umfangreichen Recherchen 1977/78 hat der brit. Fernsehjournalist W. Wyatt nachzuweisen versucht, daß T. ursprünglich Otto Feige hieß, am 23. Febr. 1882 in Schwiebus (Mark Brandenburg) geboren wurde, und zwar als unehel. Kind der Arbeiterin Hormina Wienecke, legitimiert durch spätere Heirat. Aussagen der Witwe T.s bzw. T.s selbst (einen Tag vor seinem Tod) stimmen mit den Forschungen von R. Recknagel überein, wonach T. unter dem Pseudonym **Ret Marut** 1908–15 in Deutschland Schauspieler und Regisseur war und 1917–21 die ab 1919 verbotene sozialistisch-anarchist. Zeitschrift ›Der Ziegelbrenner‹ herausgab (T.s Vater war nach Wyatt Ziegelbrenner). T. nannte sich auch **Richard Maurhut.** Sein Kampf gegen Militarismus, Imperialismus, Bürgertum und Kirche soll ihn in Verbindung zur Münchner Räterepublik (Vorsitzender eines Revolutionstribunals zur Sozialisierung der Presse?) gebracht haben. Angeblich gelang ihm nach der Verhaftung 1919 die Flucht nach Mexiko (Ankunft in Tampico 1923 oder 1924?). 1951 wurde er in Mexiko als **Hal Croves** eingebürgert. – T. schrieb erfolgreiche sozialkrit. Romane und Erzählungen, die durch schonungslose Offenheit der Darstellung und oft krasse Sprache gekennzeichnet sind; leidenschaftl. Protest gegen Unmenschlichkeit und Gewalttätigkeit; seine Werke enden häufig mit der Resignation seiner Helden; Neigung zu Pessimismus; zum Erfolg seines zuerst in dt. Sprache erschienenen Werks trugen spannende Erzählweise und exot. Elemente bei. Seine Bücher wurden in über 30 Sprachen übersetzt; viele Romane wurden verfilmt.

Werke: Das Totenschiff (R., 1926), Der Schatz der Sierra Madre (R., 1927), Die Brücke im

Dschungel (R., 1929), Die weiße Rose (R., 1929), Die Baumwollpflücker (R., 1931), Regierung (R., 1931), Der Karren (R., 1931), Der Marsch ins Reich der Caoba (R., 1933), Die Troza (R., 1936), Die Rebellion der Gehenkten (R., 1936), Ein General kommt aus dem Dschungel (R., 1940), Der dritte Gast (En., 1958), Aslan Norval (R., 1960), Erzählungen (2 Bde., hg. 1968).
Ausgabe: B. T. Werkausg. Hg. v. E. PÄSSLER. Ffm. u. Zü. 1983. 15 Bde.
Literatur: CHANKIN, D. O.: Anonymity and death. The fiction of B. T. University Park (Pa.) 1975. – Das B. T.-Buch. Hg. v. J. BECK u. a. Rbk. 1976. – HEIDEMANN, G.: Postlagernd Tampico. Die abenteuerl. Suche nach B. T. Mchn. 1977. – RECKNAGEL, R.: B. T. Beitr. zur Biogr. Neuausg. Bln. 1977. Nachdr. Ffm. 1983. – RICHTER, A.: ›Der Ziegelbrenner‹. Das individualanarchist. Kampforgan des frühen B. T. Bonn 1977. – WYATT, W.: B. T. Dt. Übers. Hamb. 1982. – HETMANN, F.: Der Mann, der sich verbarg. Nachforschungen über B. T. Stg. 1983. – POGORZELSKI, W.: Aufklärung im Spätwerk B. T.s Ffm. 1985. – GUTHKE, K. S.: B. T. – Biogr. eines Rätsels. Neuausg. Zü. 1990. – ZOGBAUM, H.: B. T. A vision of Mexico. Wilmington (Del.) 1992. – EIGENHEER, M.: B. T.s Kulturkritik in den frühen Romanen. Bern 1993. – HOHNSCHOPP, C.: Rebellierende Tote. Tod u. Emanzipationsprozeß im Werk B. T.s. Paderborn 1993. – MEZO, R. E.: A study of B. T.'s fiction. San Francisco (Calif.) 1993.

B. Traven

Travers, Ben [engl. 'trævəz], * London 12. Nov. 1886, † ebd. 18. Dez. 1980, engl. Schriftsteller. – Wurde durch die einfallsreichen und pikanten Farcen bekannt, die er 1925–33 für das Londoner Aldwych Theatre schrieb, darunter ›A cockoo in the nest‹ (1925), ›Rookery nook‹ (1926), ›Thark‹ (1927), ›Plunder‹ (1928). Noch in hohem Alter erwies er sich in ›Spät ins Bett‹ (1976, dt. 1977) als

Meister dieses Genres. T. verfaßte auch Romane, Filmdrehbücher und die Autobiographien ›Vale of laughter‹ (1957) und ›A-sitting on a gate‹ (1978).

Travers, Pamela [Lyndon] [engl. 'trævəz], * in Queensland (Australien) 1906, engl. Jugendschriftstellerin austral. Herkunft. – Ir. Abstammung; lebt seit 1923 in England; Verfasserin der erfolgreichen, phantastisch-humorvollen Kinderbuchserie über die Abenteuer der Kinder der Familie Banks mit ihrem Kindermädchen Mary Poppins (›Mary Poppins‹, 1934, dt. 1952, 1935 u. d. T. ›Jungfer Putzig‹, verfilmt 1964; ›Mary Poppins kommt wieder‹, 1935, dt. 1953; ›Mary Poppins öffnet die Tür‹, 1943, dt. 1954; ›Mary Poppins im Park‹, 1952, dt. 1955; ›Mary Poppins von A bis Z‹, 1963, dt. 1964); auch Reisebücher.
Weitere Werke: Friend monkey (1971), About Sleeping Beauty (1975), Two pairs of shoes (1980).

Travestie [aus engl. travesty, eigtl. = Umkleidung], literar. Genre, das die Verspottung eines bekannten literar. Werkes (häufig auch mit allgemeiner gesellschafts- und zeitkrit. Tendenz) durch Wiedergabe seines Inhalts in grob veränderter Stillage intendiert. Der kom. Effekt beruht auf dem Mißverhältnis von altem Inhalt und neuer Stilebene. Die T. ist in mancherlei Hinsicht der † Parodie verwandt, bes. bei reinen Literatur-T.n gibt es fließende Übergänge (z. B. P. Scarron, ›Le Virgile travesti‹, 7 Bücher, 1648–53; A. Blumauer, ›Die Abentheuer des frommen Helden Aeneas ...‹, 1782).
Literatur: KARRER, W.: Parodie, T., Pastiche. Mchn. 1977.

Traz, Robert de [frz. trɑ], * Paris 14. Mai 1884, † Nizza 9. Jan. 1951, schweizer. Schriftsteller. – War 1920 Mitbegründer und neben J. Chenevière bis 1930 Leiter der ›Revue de Genève‹. Schrieb in frz. Sprache Reisebilder, literaturkrit. Arbeiten sowie psycholog. Romane und Novellen; wandte sich später auch sozialkrit. Fragen zu.
Werke: Au temps de la jeunesse (R., 1908), Les désirs du cœur (R., 1912), Im Dienst der Waffen (En., 1913, dt. 1916), Brautzeit (R., 1922, dt. 1925), L'écorché (R., 1927), Schatten und Licht (R., 1942, dt. 1943), Die geheime Wunde (R., 1944, dt. 1946), Témoin (Essays, hg. 1952).

Trębitsch, Siegfried, * Wien 21. Dez. 1869, † Zürich 3. Juni 1956, österr. Schriftsteller. – Arbeitete für verschiedene Zeitungen und Zeitschriften; lebte in London, später in der Schweiz. T. veröffentlichte Romane, Novellen, Schauspiele, Komödien und auch Gedichtbände. Übersetzte frz. und engl. Literatur, u. a. das dramat. Werk von G. B. Shaw, mit dem er befreundet war.

Werke: Genesung (R., 1902), Das Haus am Abhang (R., 1906), Ein Muttersohn (Dr., 1911), Mord im Nebel (R., 1931), Heimkehr zum Ich (R., 1936), Die Heimkehr des Diomedes (R., 1949), Chronik eines Lebens (Autobiogr., 1951).

Třebízský, Beiname des tschech. Schriftstellers Václav † Beneš Třebízský.

Trediakowski (tl.: Trediakovskij), Wassili Kirillowitsch [russ. trıdia'kɔfskij], * Astrachan 5. März 1703, † Petersburg 17. Aug. 1768, russ. Dichter und Philologe. – Nach Studien in Moskau und im westl. Ausland, v. a. in Paris, 1745–59 Prof. an der Akademie der Wiss. in Petersburg; einer der ersten russ. Kenner der frz. Literatur; bemüht um die theoret. Grundlegung des russ. Klassizismus; vertrat unter dem Einfluß von M. Opitz und der russ. Volksdichtung die Theorie, ein syllabisch-ton. System der Metrik müsse die der russ. Sprache unangemessene rein syllab. Metrik ablösen (bed. die Abhandlung ›Novyj i kratkij sposob k složeniju rossijskich stichov‹ [= Neue und kurze Anleitung zur Verfertigung russ. Verse], 1735); verwendete als erster russ. Dichter den Hexameter; schrieb (1750–53) das philosophische Poem ›Feoptija‹ (gedr. 1963).

Ausgabe: V. K. Trediakovskij. Izbrannye proizvedenija. Moskau u. Leningrad 1963.
Literatur: BREITSCHUH, W.: Die Feoptija V. K. Trediakovskijs. Mchn. 1979. – ROSENBERG, K.: Between ancients and moderns. V. K. Trediakovskij on the theory of language and literature. Diss. Yale University New Haven (Conn.) 1980.

Treece, Henry [engl. tri:s], * Wednesbury (Staffordshire) 1912, † Barton-on-Humber (Lincolnshire) 10. Juni 1966, engl. Schriftsteller. – Lehrer; war 1938 Mitbegründer des New Apocalypse Movement und Mit-Hg. der drei Anthologien dieser Bewegung, die sich gegen die polit. und soziale Dichtung der 30er Jahre richtete. Vertrat die Idee einer literar. Erneuerung aus Mythos und Imagi-

nation. Seine neuromant. lyr., ep. und dramat. Dichtung bietet oft Neugestaltungen alter Sagenstoffe; auch histor. Romane, Dramen und zahlreiche Jugendbücher (›Der Kinder-Kreuzzug‹, 1958, dt. 1960).

Weitere Werke: The black seasons (Ged., 1945), The haunted garden (Ged., 1947), The exiles (Ged., 1952), The rebels (R., 1953), Hounds of the king (R., 1955), Carnival king (Dr., 1955), The great captains (R., 1956), The golden strangers (R., 1956), Viking's dawn (R., 1956), Red queen, white queen (R., 1958), Viking's sunset (R., 1960), The green man (R., 1966).

Trefulka, Jan, * Brünn 15. Mai 1929, tschech. Schriftsteller. – Literaturkritiker; nach 1969 Publikationsverbot; schreibt Erzählungen und Romane, in denen er gegen falschen Optimismus Stellung bezieht und Probleme in der sozialist. Gesellschaft aufdeckt.

Werke: Der verliebte Narr (R., Toronto 1978, dt. 1979), Zločin pozdvižení (= Das Verbrechen der Rebellion, R., Köln 1978), Velká stavba (= Der große Bau, Nov., 1982), Unbesiegbare Verlierer (R., 1988, dt. 1988).

Tremain, Rose [engl. trı'meın], geb. Thomson, * London 2. Aug. 1943, engl. Schriftstellerin. – Studierte an der University of East Anglia, u. a. bei Angus Wilson; Lehr- und Verlagstätigkeit; seit 1980 freie Schriftstellerin. Ihre formal flexiblen Romane handeln von Altern und Einsamkeit (›Sadler's birthday‹, 1976), von sozialen Verflechtungen (›Letter to Sister Benedicta‹, 1979), von Liebe, Liebesverlust und Mitleid, was in ›Restoration‹ (R., 1989, dt. 1991 u. d. T. ›Des Königs Narr‹) in ein imaginatives Geschichtsbild von der Zeit des engl. Königs Karl II. eingelassen ist. Schreibt auch Hör- und Fernsehspiele.

Weitere Werke: The cupboard (R., 1982), The colonel's daughter and other stories (En., 1984), The swimming pool season (R., 1985), Sacred country (R., 1992, dt. 1994 u. d. T. Die Umwandlung), Evangelista's fan and other stories (En., 1994).

Trembecki, Stanisław [poln. trɛm'bɛtski], * Jastrzębniki (?) bei Sandomierz 8. Mai 1739 (?), † Tulczyn (Podolien) 12. Dez. 1812, poln. Dichter. – Stammte aus dem niederen Adel; bereiste Europa. In Paris kam er mit frz. Kultur und Kunst und mit den frz. Enzyklopädisten in Berührung. T. wurde 1773 Kammerherr bei

König Stanislaus II. August, lebte später beim Grafen Potocki in Tulczyń. Er unterstützte mit seinen panegyr. Gedichten die Politik des Königs; schrieb pseudoklassizist. satir. Gedichte und Epigramme; übersetzte u. a. Voltaire.

Werk: Sofiówka (= Der Sophienhain, Verspoem, 1806). **Ausgaben:** S. T. Pisma wszystkie. Warschau 1953. 2 Bde. – S. T. Poezje wybrane. Warschau 1978.

Tremblay, Michel [frz. trã'blɛ], * Montreal 25. Juni 1942, kanad. Schriftsteller. – Als Graphiker und Drucker ausgebildet. Bekanntester kanad. Dramatiker frz. Sprache. Sein erstes Stück ›Le train‹ gewann 1964 einen Wettbewerb von Radio-Canada, ›Schwesterherzchen‹ (1972, dt. 1987) brachte den künstler. Durchbruch. Die im hoffnungslosen Milieu des Plateau Mont-Royal (einem Teil Montreals) spielenden Stücke ragen heraus, v. a. ›À toi pour toujours, ta Marie-Lou‹ (1971) und ›Damnée Manon, sacrée Sandra‹ (1977). Auch im erzähler. Schaffen sind die Plateau-Mont-Royal-Chroniken hervorzuheben: ›La grosse femme d'à côté est enceinte‹ (R., 1978), ›Thérèse et Pierrette à l'école des Saints-Anges‹ (R., 1980) und ›La duchesse et le roturier‹ (R., 1982). Transvestitentum, Homosexualität, männl. Ineffizienz, oft metaphorisch verstanden oder als symbol. Spiegelung der Situation Quebecs, sind wichtige Themen. Ins bürgerl. Milieu begibt T. sich mit ›L'impromptu d'Outremont‹ (Dr., 1980).

Weitere Werke: Contes pour buveurs attardés (En., 1966), La Duchesse de Langeais (Dr., 1970), Demain matin, Montréal m'attend (Musical, 1972), Hosanna (Dr., 1973), Bonjour, là, bonjour (Dr., 1974), Les héros de mon enfance (Dr., 1976), Les anciennes odeurs (Dr., 1981), Albertine en cinq temps (Dr., 1984), Des nouvelles d'Édouard (R., 1984), Le cœur découvert (R., 1986), Le cœur éclaté (R., 1993). **Literatur:** M. T. In: Voix et images 7 (1982). – USMIANI, R.: M. T. Vancouver 1982. – PLOCHER, H.: M. T. In: Krit. Lex. der roman. Gegenwartsliteraturen. Hg. v. W.-D. LANGE. Losebl. Tüb. 1984 ff. – Le monde de M. T. Hg. v. G. DAVID u. P. LAVOIE. Montreal 1993.

Trenjow (tl.: Trenev), Konstantin Andrejewitsch [russ. trɪ'njɔf], * Romaschowo (Gouv. Charkow) 2. Juni 1876, † Moskau 19. Mai 1945, russ.-sowjet. Dramatiker. – Sohn eines Bauern; stu-

dierte Archäologie, später Agronomie; Lehrer. T. begann mit Stücken unter dem Einfluß seines Freundes M. Gorki; bekannt v. a. durch Erzählungen; widmete sich nach 1917 fast ausschließlich und mit Erfolg der Bühnendichtung. Sein Hauptwerk ist das propagandist., mehrfach umgearbeitete Drama ›Ljubov' Jarovaja‹ (1926).

Ausgabe: K. A. Trenev. P'esy, stat'i, reči. Moskau 1980.

Trentini, Albert von, * Bozen 10. Okt. 1878, † Wien 18. Okt. 1933, österr. Schriftsteller. – Studierte Jura in Wien, war Beamter im österr. Verwaltungsdienst, später Sektionschef im Innenministerium in Wien. Neuromant. Erzähler, behandelte Themen aus dem heimatl. Grenzland; schrieb über Liebe und Ehe, psych. und religiöse Probleme. In einigen seiner Prosawerke klingt ein gemäßigter Expressionismus an.

Werke: Der große Frühling (R., 1908), Sieg der Jungfrau (R., 1910), Comtesse Tralala (R., 1911), Der letzte Sommer (R., 1913), Candida (R., 1916), Ehetag (R., 1920), Goethe. Der Roman von seiner Erweckung (1923), Der Webstuhl (R., 1927).

Tresić Pavičić, Ante [serbokroat. ˌtrɛːsitɕ 'pavitʃitɕ], * Vrbanj (Hvar) 10. Juli 1867, † Split 27. Okt. 1949, kroat. Schriftsteller und Diplomat. – Studierte in Wien; Gesandter in Madrid und Washington. Sein frühes Schaffen steht noch der Romantik nahe, später wird der Einfluß des Klassizismus deutlich, auf den er v. a. in Sprache und Form zurückgriff; verfaßte Gedichte, Erzählwerke, histor. Dramen, Essays und Reisebeschreibungen.

Werke: Katarina Zrinjska (Dr., 1899), Finis reipublicae (Dr., 1902), Sutonski soneti (Ged., 1904), Katon Utički (Dr., 1911).

Tressel, Joseph Matthias, dt. Schriftsteller, ↑ Thrasolt, Ernst.

Tretjakow (tl.: Tret'jakov), Sergei Michailowitsch [russ. trɪtjɪ'kɔf], * Kuldiga (Lettland) 20. Juni 1892, † 9. Aug. 1939 (in Haft), russ.-sowjet. Schriftsteller. – Wurde 1937 verhaftet; 1956 rehabilitiert; Vertreter des Egofuturismus und der literar. Gruppe ↑ LEF; Mitarbeiter von S. Eisenstein und W. Mejerchold. Viele seiner Werke, bes. das Theaterstück ›Brülle China!‹ (1926, dt. 1929), gehören zum literarisch Bedeutendsten der sowjet. Agitationsdichtung.

Weitere Werke: Hörst du, Moskau (Stück, 1924, dt. 1972), Den Schi-Chua (R., 1930, dt. 1932), Feld-Herren (R., 1930, dt. 1931), Tausendundein Arbeitstag (Prosa, 1934, dt. 1935), Ich will ein Kind haben! (Stück, dt. UA 1980). **Ausgaben:** S. M. Tret'jakov. Die Arbeit des Schriftstellers. Aufsätze, Reportagen, Porträts. Dt. Übers. Rbk. 1972. – S. T. Gesichter der Avantgarde. Porträts – Essays – Briefe. Dt. Übers. Bln. u. Weimar 1985. **Literatur:** MIERAU, F.: Erfindung u. Korrektur. T.s Ästhetik der Operativität. Bln. 1976.

Treuge, Lothar, *Culmsee (heute Chełmża) 10. Nov. 1877, † Berlin 12. Okt. 1920, dt. Lyriker. – Dem Kreis um S. George nahestehender Lyriker, dessen Gedichtzyklen ›Elegien des Jahres‹, ›Die Tempel gen Mittag‹ und ›Sonette‹ ab 1901 in den ›Blättern für die Kunst‹ erschienen.

Weitere Werke: Huldigungen (Ged., 1908), Aus den Erlebnissen eines Lieblings der Grazien (1912). **Ausgabe:** L. T. 1877–1920. Werk u. Nachlaß. Einl. u. ausgew. v. K. KLUNCKER. Amsterdam ²1971.

Trevisan, Dalton [brasilian. trevi'zẽ], *Curitiba 14. Juni 1925, brasilian. Schriftsteller. – Behandelt in seinen außerordentlich verdichteten, oft sarkastisch-hintergründigen Erzählungen den privaten bzw. intimen Alltag der unteren Mittelklasse in einer brasilian. Provinzstadt.

Werke: Novelas nada exemplares (En., 1959), Cemitério de elefantes (En., 1964), A morte na praça (En., 1964), O vampiro de Curitiba (En., 1965), Desastres do amor (En., 1968), A guerra conjugal (En., 1969, dt. Ausw. 1980 u. d. T. Ehekrieg), O rei da terra (En., 1972), O pássaro de cinco asas (En., 1974), A face no coração (En., 1975), Abismo de rosas (En., 1976), Crimes de paixão (En., 1978), Essas malditas mulheres (En., 1982), Meu querido assassino (En., 1983).

Trevor, William [engl. 'trɛvə], eigtl. W. T. Cox, *Mitchelstown (Gft. Cork) 24. Mai 1928, ir. Schriftsteller. – War Geschichts- und Kunstlehrer, Bildhauer und Werbetexter. Schildert in seinen Romanen und Erzählungen mit z. T. sardon. Humor Einsamkeit und Desillusionierung exzentr. Charaktere häufig innerhalb geschlossener Gruppen, z. B. bei einem Klassentreffen (›Altherrentag‹, R., 1964, dt. 1965), in Pensionen (›The boarding house‹, R., 1965; ›Mrs. Eckdorf

in O'Neill's Hotel‹, R., 1969) oder im Krankenhaus (›Elizabeth alone‹, R., 1973).

Weitere Werke: Miss Gomez and the brethren (R., 1971), The children of Dynmouth (R., 1976), Other people's worlds (R., 1980), The stories (En., 1983), Toren des Glücks (R., 1983, dt. 1985), The news from Ireland and other stories (En., 1985), Nights at the Alexandra (R., 1987), The silence in the garden (R., 1988), Turgenjews Schatten (R., 1991, dt. 1993), Collected stories (En., 1992), Excursions in the real world (R., 1993), Felicia's journey (R., 1994). **Literatur:** SCHIRMER, G. A.: W. T. A study of his fiction. London 1990.

Trevoux, Daniel [frz. trə'vu, tre'vu], Pseudonym des frz. Schriftstellers Jean ↑ Tardieu.

Triade [griech. = Dreizahl, Dreiheit], in der griech. Dichtung eine Einheit von drei Strophen, von denen die beiden ersten (Strophe und Antistrophe) das gleiche metr. Schema aufweisen, während die dritte (Epode) im metr. Schema abweicht. Strophenschema: AAB; verwendet u. a. in der ↑ pindarischen Ode. Dasselbe Schema findet sich auch in der dt. Literatur, z. B. in der ↑ Meistersangstrophe.

Triana, José [span. 'triana], *Sibanicú (Camagüey) 14. Jan. 1931, kuban. Dramatiker. – Lebte 1955–59 in Spanien, danach in Havanna, seit 1980 in Paris. Einer der bed. Theaterschriftsteller Kubas. Die wesentl. Konstante seiner auf die ›Esperpentos‹ von R. M. del Valle-Inclán und das absurde Theater (v. a. S. Beckett) zurückgehenden Stücke ist der Zusammenhang von Kommunikationslosigkeit, Einsamkeit und unterschwelliger Gewalttätigkeit.

Werke: El incidente cotidiano (Dr., 1956), La casa de las brujas (Dr., 1957), Medea en el espejo (Dr., 1962), El parque de la fraternidad (Dr., 1962), La muerte del ñeque (Dr., 1964), Die Nacht der Mörder (Dr., 1965, dt. 1969). **Literatur:** LA CAMPA, R. V. DE: J. T. Ritualización de la sociedad cubana. Minneapolis (Minn.) 1979.

Tribrachys [griech.], in der antiken Metrik ein Versfuß mit drei Kürzen, die meist dadurch entstehen, daß die Länge eines Jambus oder Trochäus in zwei Kürzen aufgelöst wird.

Trier Mørch, Dea [dän. 'triːˀər 'mœrg], *Kopenhagen 9. Dez. 1941, dän.

Schriftstellerin und Malerin. – Studierte Malerei an der Kunstakademie in Kopenhagen; Mitbegründerin des Künstlerkollektivs Røde mor; wurde v. a. mit dem Roman ›Winterkinder‹ (1976, dt. 1979), einem Bericht über Frauen auf einer Entbindungsstation, als Schriftstellerin bekannt. Ihre Solidarität mit der Arbeiterklasse und ihr polit. Engagement sind tragende Elemente ihrer mit eigenen Graphiken illustrierten Romane, in denen sie das tägl. Leben beschreibt.
Weitere Werke: Kastanienallee (R., 1978, dt. 1982), Den indre by (R., 1980), Abendstern (R., 1982, dt. 1984), Die Morgengabe (R., 1984, dt. 1986).

Trifković, Kosta [serbokroat. ...vitɕ], * Novi Sad 20. Okt. 1843, † ebd. 19. Febr. 1875, serb. Schriftsteller. – Rechtsanwalt; schrieb v. a. realist. Komödien über Liebesglück und -leid seiner kleinbürgerl. Zeitgenossen, über menschl. Unzulänglichkeiten und Machenschaften. Vier Lustspiele erschienen dt. 1904 (›Der frz.-preuß. Krieg‹, 1872; ›Ich gratuliere‹, 1872; ›Große Wahl schafft große Qual‹, 1873; ›Ein Liebesbrief‹, 1874).

Trifonow (tl.: Trifonov), Juri Walentinowitsch [russ. 'trifɐnɐf], * Moskau 28. Aug. 1925, † ebd. 28. März 1981, russ.-sowjet. Schriftsteller. – Verlor seinen Vater († 1938) durch staatl. Willkür; Verfasser bed. Romane und Erzählungen mit psychologisch vertiefter aktueller und histor. Thematik.
Werke: Studenten (R., 1950, dt. 1952), Durst (R., 1963, dt. 1965), Der Tausch (Nov., 1969, dt. 1974), Zwischenbilanz (Nov., 1970, dt. 1974), Langer Abschied (Nov., 1971, dt. 1976), Die Zeit der Ungeduld (R., 1973, dt. 1975), Das andere Leben (R., 1975, dt. 1976), Das Haus an der Moskwa (R., 1976, dt. 1977), Starik (R., 1979, dt. 1979), Das umgestürzte Haus (autobiograph. Reise-En., 1981, dt. 1989), Zeit und Ort (R., postum 1981, dt. 1982), Večnye temy (= Ewige Themen, Erzählprosa, hg. 1984), Das Verschwinden (R., hg. 1987, dt. 1989), Beskonečnye igry (= Endlose Spiele, En. u. Essays, hg. 1989), Dnevniki, pis'ma, vospominanija (= Tagebücher, Briefe, Erinnerungen, hg. 1990).
Ausgaben: J. T. Ausgew. Werke. Dt. Übers. Bln. 1983. 4 Bde. – J. V. Trifonov. Sobranie sočinenij. Moskau 1985–87. 4 Bde.
Literatur: J. Trifonov. 1925–1981 gg. Moskau 1986 (Bibliogr.).

Trigo, Felipe [span. 'triɣo], * Villanueva de la Serena (Prov. Badajoz)

13. Febr. 1864, † Madrid 2. Sept. 1916, span. Schriftsteller. – Ursprünglich Militärarzt. Erfolgreicher, wegen Tendenz zur Darstellung des Sexuellen jedoch seinerzeit stark umstrittener Verfasser naturalist. Romane.
Werke: Las ingenuas (R., 1901), La sed de amar (R., 1902), Sor Demonio (R., 1905), Del frio al fuego (R., 1906), La clave (R., 1907), Las Evas del paraíso (R., 1910), El médico rural (R., 1912), Murió de un beso (R., hg. 1925).

Trikolon [griech.], dreigliedriger Ausdruck, häufig als ↑ Klimax, oder ein Satzgefüge aus drei gereihten Kola (↑ Kolon). In der griechisch-röm. Kunstprosa und Lyrik (v. a. bei Horaz) häufig verwendetes Stilmittel; bes. beliebt als Stilfigur in der Lyrik des Barock (›Laß Leben, Leib und Kraft noch etwas blühn‹, J. Ch. Günther, ›An Gott um Hülfe‹); auch noch in späterer Zeit bis ins 19. Jh. als lyrischmusikal. Mittel verwendet (›Und wiegen und tanzen und singen dich ein‹, Goethe, ›Erlkönig‹; ›Lust und Leid und Liebesklagen‹, J. von Eichendorff, ›Die Nacht‹). Das Grundmuster findet sich auch außerhalb der Lyrik als rhythmischprägnante Formel, z. B. in Buchtiteln (Goethes Literaturparodie ›Götter, Helden und Wieland‹, 1774; in neuerer Zeit etwa von C. W. Cerams Sachbuch ›Götter, Gräber und Gelehrte‹, 1949) oder anderen plakativen Formulierungen (z. B. das Fernsehmagazin ›Titel, Thesen, Temperamente‹).

Trilling, Lionel [engl. 'trılıŋ], * New York 4. Juli 1905, † ebd. 5. Nov. 1975, amerikan. Kritiker. – Aus orthodox-jüd. Familie; Literaturstudium und Professur an der Columbia University; Hg. der Zeitschriften ›The Kenyon Review‹ und ›The Partisan Review‹. Einer der bedeutendsten amerikan. Literaturkritiker, der, beeinflußt von K. Marx und bes. S. Freud, Literatur im kulturellen Zusammenhang sieht und ihre moral. Dimension hervorhebt. Neben Studien zu Freud, zur modernen Kultur und zum polit. Liberalismus galt sein Interesse v. a. der engl. Literatur des 19. Jh.; schrieb auch einen Roman (›The middle of the journey‹, 1947) und Kurzgeschichten (›Of this time, of that place‹, hg. 1979).

Weitere Werke: Matthew Arnold (1939), E. M. Forster (1943), The liberal imagination (1950), The opposing self (1955), Freud and the crisis of our culture (1955), A gathering of fugitives (1956), Beyond culture (1965), Das Ende der Aufrichtigkeit (1972, dt. 1980), Mind in the modern world (1973), The last decade. Essays and reviews 1965–75 (hg. 1979), Prefaces to the experience of literature (hg. 1979), Speaking of literature and society (hg. 1980).
Ausgabe: The works of L. T. Oxford 1980ff. (bisher 11 Bde. erschienen).
Literatur: Art, politics, and will. Essays in honor of L. T. Hg. v. Q. ANDERSON u. a. New York 1977. – BOYERS, R.: L. T. Negative capability and the wisdom of avoidance. Columbia (Mo.) 1977. – CHACE, W. M.: L. T. Criticism and politics. Stanford (Calif.) 1980. – FRENCH, PH.: Three honest men. E. Wilson, R. Leavis, L. T. Manchester 1980. – SHOBEN, J. E.: L. T. New York 1982. – KRUPNIK, M.: L. T. and cultural criticism in America. Evanston (Ill.) 1986.

Trilogie [griech.], literar. Werk, das aus drei einzelnen, selbständigen Teilen besteht, die aber so aufeinander bezogen sind, daß sie ein zusammenhängendes Ganzes bilden, u. a. Schillers Dramen-T. ›Wallenstein‹ (›Wallensteins Lager‹, ›Die Piccolomini‹, ›Wallensteins Tod‹, 1800), F. Hebbels Dramen-T. ›Die Nibelungen‹ (›Der gehörnte Siegfried‹, ›Siegfrieds Tod‹, ›Kriemhilds Rache‹, 1862) oder z. B. die Roman-T. von M. Sperber ›Wie eine Träne im Ozean‹ (›Der verbrannte Dornbusch‹, frz. 1949, dt. 1950; ›Tiefer als der Abgrund‹, frz. 1949, dt. [als Teil der Gesamtausg.] 1961; ›Die verlorene Bucht‹, frz. 1953, dt. 1955), H. Brochs ›Die Schlafwandler‹ (›Pasenow oder die Romantik‹, 1931; ›Esch oder die Anarchie‹, 1931; ›Huguenau oder die Sachlichkeit‹, 1932; zus. 1931–32) und M. Á. Asturias ›Bananentrilogie‹ (›Sturm‹, 1950, dt. 1965; ›Der grüne Papst‹, 1954, dt. 1968; ›Die Augen der Begrabenen‹, 1960, dt. 1969). – In der griech. Antike erforderte die Aufführungspraxis der att. Tragödie eine Tragödientrilogie. – ↑ auch Tetralogie.

Trilussa, eigtl. Carlo Alberto Salustri, * Rom 26. Okt. 1871, † ebd. 21. Dez. 1950, italien. Schriftsteller. – Journalist; einer der bedeutendsten modernen Dialektdichter und Satiriker; zeichnete in röm. Mundart das Leben der italien. Hauptstadt in Fabeln und Epigrammen nach. Kennzeichen seiner gesellschaftskrit.

Verse und seiner polit. Kritik (v. a. am Faschismus) ist die epigrammat. Kürze.
Werke: Favole romanesche (1900), Ommini e bestie (1908), Lupi e agnelli (1919), La gente (1922), Lo specchio e altre poesie (1938), Acqua e vino (1944), Le favole (hg. 1951, dt. Ausw. 1952 u. d. T. Die bekehrte Schlange und 27 andere Fabeln, 1962 u. d. T. Der erste Haifisch u. a. Fabeln).
Literatur: D'ARRIGO, G.: T. Il tempo, i luoghi, l'opera. Rom 1968. – PARATORE, E.: T. Nel centenario della nascita. Rom 1972. – MARIANI, G.: Storia di un poeta. Rom 1974. – GUARDA, G.: T. e la libertà. Mailand 1976.

Trimberg, Hugo von, mhd. Schriftsteller, ↑ Hugo von Trimberg.

Trimberg, Süßkind von, mhd. Sangspruchdichter, ↑ Süßkind von Trimberg.

Trimeter [griech.], in der antiken Metrik ein aus drei Metren bestehender Vers. Am häufigsten ist der jamb. T.: ᴗ–ᴗ–|ᴗ–ᴗ–|ᴗ–ᴗ–, z. B. ›Beátus ille quí procúl negótiis‹ (Horaz, Epode 2,1). Zäsurstellen sind die ↑ Penthemimeres und, seltener, die ↑ Hephthemimeres. Der in seiner Wirkung prosanahe jamb. T. findet sich in der griech. Dichtung seit Archilochos von Paros, der ihn v. a. in Schmähgedichten bevorzugte; in der att. Tragödie ist er ebenso wie im Satyrspiel und in der Komödie das Grundmetrum der dramat. Rhesis (↑ Sprechvers). In der röm. Dichtung setzte sich der jamb. T. seit dem 1. Jh. v. Chr. durch; Horaz verwendete ihn in seinen ›Epoden‹ (1–11), in den Tragödien Senecas d. J. war er der Vers der Dialoge. Auch die christl. Hymnendichtung griff auf den jamb. T. zurück. – Varianten und Sonderformen des jamb. T.s sind: 1. der T. purus, ein aus ›reinen Jamben‹ gebildeter T.: |ᴗ–|ᴗ–|ᴗ–|ᴗ–|ᴗ–|ᴗ–|; 2. der um eine Silbe verkürzte katalektische jambische T. mit regelmäßiger Hephthemimeres: |ᴗ–ᴗ–|ᴗ–||–|ᴗ–=|; 3. der ↑ Choliambus oder ↑ Hinkjambus. – Dt. Nachbildungen des jamb. T.s haben sich nur selten durchsetzen können; sie finden sich im Drama bei Schiller und vereinzelt bei epigonalen Dramatikern des 19. Jh. (E. Geibel), in der Lyrik u. a. bei A. W. Schlegel, E. Mörike und A. von Platen.

Trindade Coelho, José Francisco de [portugies. trin'daðə 'kuɐʎu], * Mogadouro (Trás-os-Montes) 18. Juni 1861,

† Lissabon 9. Juni 1908, portugies. Schriftsteller. – War Rechtsanwalt, später Staatsanwalt und Redakteur bzw. Mitarbeiter mehrerer Zeitungen und Zeitschriften. Seine z. T. von J. V. Fialho de Almeida beeinflußten Erzählungen (u. a. ›Os meus amores‹, 1891) zeigen ihn als vorzügl. Stilisten und ausgezeichneten Schilderer von Land und Leuten seiner Heimat Trás-os-Montes; auch Verfasser sozialer, polit. und pädagog. Schriften.

Literatur: FERNANDES, R.: Ensaio sobre a obra de T. C. Lissabon 1961.

Trinklied, seit der Antike (Skolion; Horaz) gepflegter Liedtyp, in dem das Trinken oder bestimmte Getränke, v. a. der Wein, gepriesen werden. Im MA waren T.er ein wichtiger Bestandteil der ↑ Vagantendichtung; einen letzten Höhepunkt erlebten sie in der ↑ Anakreontik in der Verbindung von Liebe und Wein. Danach gehörten T.er v. a. zum Themenkreis student. Verbindungen.

Triolet, Elsa [frz. triɔ'lɛ], eigtl. E. Brik, * Moskau 25. Sept. 1896, † Saint-Arnoulten-Yvelines 16. Juni 1970, frz. Schriftstellerin russ. Herkunft. – Schwester von Lilja Brik, der Lebensgefährtin von W. W. Majakowski; ∞ mit L. Aragon. Schrieb zuerst in russischer, später in frz. Sprache. Überzeugte Kommunistin, von M. Gorki gefördert; gehörte während des 2. Weltkriegs zur Résistance. Vertrat den sozialist. Realismus, verfaßte gesellschaftskrit. Romane, Novellen und Essays. Ihre Novelle ›Die Liebenden von Avignon‹ (1943, dt. 1949) gehört zu den besten literar. Werken der frz. Widerstandsbewegung.

Weitere Werke: Majakowski (Essay, 1939, dt. 1957), Das Ende hat seinen Preis. Erzählungen aus der Résistance (1945, dt. 1983; Prix Goncourt 1945), Das rote Pferd (R., 1953, dt. 1957), L'âge de nylon (R.-Trilogie; Bd. 1: Rosen auf Kredit, 1959, dt. 1962; Bd. 2: Luna Park, 1961; Bd. 3: L'âme, 1963), Das große Nimmermehr (R., 1965, dt. 1971), Le rossignol se tait à l'aube (R., 1970).

Ausgabe ↑ Aragon, Louis.

Literatur: ARAGON, L.: Et des chansons pour Madeleine. In: Europe (1971), Sondernummer 506 (mit Bibliogr.). – ERELLE, B. R.: E. T. In: Krit. Lex. der roman. Gegenwartsliteraturen. Hg. v. W.-D. LANGE. Losebl. Tüb. 1984 ff. (1989). – MACKINNON, L.: The lives of E. T. London 1992. – HÖRNER, W.: Das Romanwerk

E. T.s. Essen 1993. – DESANTI, D.: Les clés d'Elsa, Aragon, T., Romanvrai. Neuausg. Paris 1994.

Triolett [lat.-frz.], frz. Gedichtform; in der Terminologie der frz. Dichtung seit dem Ende des 15. Jh. Bez. für ein ↑ Rondeau aus acht Versen mit zwei Reimklängen, von denen Vers eins als Vers vier und die Verse eins und zwei als Schlußverse sieben und acht wiederholt werden (Reimschema: ABaAabAB). In der frz. Lyrik seit dem 13. Jh. (Adenet le Roi); im 19. Jh. griffen Th. de Banville, A. Daudet u. a. das T. wieder auf. Dt. Nachbildungen finden sich im 18. Jh. bei den Anakreontikern, im 19. Jh. bei A. von Platen, F. Rückert, A. von Chamisso und E. Geibel.

Trionfi [italien. = Triumphzüge], **1.** didakt. Gedichte, meist in Terzinen, nach Dantes dichterischer Vision des Triumphzuges der Beatrice (›Divina Commedia‹, Purgatorio). Ihre Struktur wird bestimmt durch die Beschreibung eines (meist allegor.) Triumphzuges, z. B. F. Petrarcas Dichtung ›Die Triumphe‹ (begonnen vermutlich 1352, gedr. 1470, dt. 1578), die von einzigartiger Wirkung auf ihre Zeit war und zahlreiche Nachahmer fand. **2.** die in Szene gesetzten T. der europ. Renaissance, festl. Einzüge fürstl. Persönlichkeiten, Gesandtschaften u. a. in eine Stadt, ferner Umzüge zu festl. Anlässen. T. waren Nachbildungen der histor. Triumphzüge röm. Feldherren, angereichert mit Elementen volkstüml. [Karnevals- und] Maskenzüge (↑ Maskenspiel), kirchl. Prozessionen und v. a. mit den zeittyp. mytholog., symbol., allegor., emblemat. Requisiten. Als Mittel der Repräsentation und Selbstbestätigung entfalteten die T. ungeheuren Schauprunk. Finanziell getragen wurden die T. vom Bürgertum und Adel gemeinsam oder im Wettbewerb. Im Barock wurden sie alleinige Angelegenheit der Höfe und mehr und mehr eine *Form des höf. Theaters,* ein Element des ↑ Festspiels. Die literarisch und szenisch aufgeführten T. beeinflußten auch die bildende Kunst, wurden beliebte Vorbilder für Freskenzyklen, Gemälde, Buchillustrationen.

Literatur: WEISBACH, W.: T. Bln. 1919.

Triphiodoros (tl.: Triphiódōros; Try-phiodoros), griech. Epiker des 4. oder 5. Jh. n. Chr. aus Ägypten. – Von seinen Werken ist nur das Epyllion ›Ilíou hálōsis‹ (= Einnahme Ilions) in 691 Hexametern erhalten.

Ausgabe ↑Oppianos.

Tripiṭaka [sanskr. = Dreikorb] (Tipiṭaka, Pāli-Kanon), kanon. buddhist. Textbuch in Pāli, einer mittelindoar. Sprache, das die echte Lehre Buddhas, gleich nach seinem Tod niedergeschrieben, wiedergeben soll; jetzige Fassung wahrscheinlich aus dem 2./1. Jh. v. Chr.; das T. zerfällt nach der gebräuchlichsten Einteilung in drei Gruppen: ›**Vinayapiṭaka**‹ (= Korb der Disziplin), die Sammlung der Ordensregeln für die buddhist. Mönche, ›**Suttapiṭaka**‹ (= Korb der Lehrvorträge), die Sammlung der Lehrreden Buddhas, und ›**Abhidhammapiṭaka**‹ (= Korb der Lehrentscheidungen), die Sammlung der metaphysisch-systemat. Schriften; spätere Versuche, weitere Sammlungen hinzuzufügen, konnten sich nicht durchsetzen. Von den genannten Teilen ist das ›Suttapiṭaka‹ am wertvollsten, da es der Fülle des Materials wegen viel zur Kenntnis der Persönlichkeit und Lehre Buddhas beiträgt. Darüber hinaus enthält es literarisch wertvolle Beiträge, u. a. Heiligenlegenden, Lieder der Mönche und Nonnen, die Beispiele bester religiöser Lyrik geben, während die beiden anderen Hauptteile trockene dogmat. Abhandlungen bringen, die an Aufzählungen und Wiederholungen reich sind; einige Teile wurden auch ins Deutsche übersetzt.

Literatur: NORMAN, K. R.: Pāli literature. Wsb. 1983. – GRÖNBOLD, G.: Der buddhist. Kanon. Eine Bibliogr. Wsb. 1984.

Tripodie [griech.], in der griechisch-röm. Metrik eine rhythm. Einheit aus drei Versfüßen.

Trissino, Gian Giorgio, * Vicenza 8. Juli 1478, † Rom 8. Dez. 1550, italien. Dichter und Humanist. – Stand lange im Dienst des Vatikans; forderte im Sinne des Humanismus eine Rückbesinnung auf die griech. Literaturtradition; schuf mit ›Sophonisbe‹ (1524, dt. 1888) die erste Tragödie der neueren Literatur, die streng nach den aristotel. Regeln gebaut ist; versuchte mit seinem nach klass. Vorbild verfaßten Epos in reimlosen Elfsilblern ›La Italia liberata da Gotthi‹ (begonnen 1527, veröffentlicht in 3 Bden. 1547/ 1548) ein Musterbeispiel zu liefern; bed. als Philologe mit seinen Schriften zur Poetik (›Sei divisioni della poetica‹, 1529), zur Orthographie u. a. Fragen, bes. zur Normierung der italien. Schriftsprache (›Il castellano‹, Dialog, 1529).

Ausgaben: G. G. T. Tutte le opere. Hg. v. S. MATTEI. Verona 1729. 2 Bde. – G. G. T. Scritti scelti. Hg. v. A. SCARPA. Vicenza 1950.
Literatur: PALUMBO, P.: Giangiorgio T. In: Letteratura italiana. I minori. Bd. 2. Mailand 1962. S. 873 (mit Bibliogr.). – Convegno di studi su Giangiorgio T. Vicenza 31 marzo – 1 aprile 1979. Hg. v. N. POZZA. Vicenza 1980.

Tristan L'Hermite [frz. tristɛr'mit], eigtl. François L'Hermite, * Schloß Soliers (Calvados) 1601, † Paris 7. Sept. 1655, frz. Schriftsteller. – Page Heinrichs von Bourbon, kam auf der Flucht nach einem Duell in viele europ. Länder; über seine abenteuerl. Jugend berichtet er in dem realist., zeitgeschichtlich wertvollen Roman ›Le page disgracié‹ (1643). Seine Gedichte im preziösen Stil der Zeit verraten echtes Naturgefühl. Mit seinen Dramen wird T. L'H. als Vorläufer J. Racines angesehen. 1649 wurde er Mitglied der Académie française.

Weitere Werke: Les plaintes d'Acante (Ged., 1633), La Mariane (Dr., 1638), Les amours de Tristan (Ged., 1638), La lyre du sieur Tristan (Ged., 1641), La folie du sage (Dr., 1642), La mort de Sénèque (Dr., 1645), Les vers héroïques (Ged., 1648).
Ausgaben: T. L'H. Poésies. Ausgew. u. mit Anmerkungen versehen v. PH. A. WADSWORTH. Paris 1962. – T. L'H. Théâtre complet. Krit. hg. v. C. ABRAHAM u. a. Alabama 1975. – The religious poetry of T. L'H. A critical edition. Hg. v. R. A. GJELSTEEN. Diss. University of California 1977.
Literatur: CARRIAT, A.: Tristan ou L'éloge d'un poète. Limoges 1955. – Cahiers T. L'H. Paris 1 (1979)ff. – ABRAHAM, C. K.: T. L'H. Boston (Mass.) 1980. – MAUBON, C.: Désir et écriture mélancholiques. Lectures du ›Page disgracié‹ de T. Genf 1981.

Tristichon [griech.], Dreizeiler; Versgruppe, Gedicht oder Strophe von drei Zeilen.

Tritagonist [griech.], dritter Schauspieler auf der altgriech. Bühne, im Gegensatz zum ↑Deuteragonisten und ↑Protagonisten.

Trithemimeres [griech.], in der antiken Metrik die Zäsur nach dem dritten
halben Fuß eines Verses, meist mit der
↑ Hephthemimeres verbunden, u.a. im
daktyl. Hexameter.

Trivialliteratur, der Begriff ›T.‹ leitet
sich von lat. ›trivium‹ (= Kreuzweg,
Dreiweg) her; ›trivial‹ wäre also das, was
auf öffentl. Straße verhandelt, was von
jedermann gesprochen wird, was allen
geläufig ist. ›Trivium‹ bezeichnet aber
auch die literarisch-grammat. Teile der
↑ Artes liberales, die als Propädeutikum
für das schwierigere Quadrivium galten;
entsprechend verweist die Bez. ›trivial‹
auch auf etwas Einfaches, Unkomplizier-
tes, trägt dabei aber nicht von vornherein
einen abwertenden Akzent. Gerade deswegen läßt er sich als Bez. für eine Literatur verwenden, die nicht einfach unter
ästhet. Kriterien abqualifiziert, sondern
in ihren Kommunikationszusammen-
hängen gesehen werden sollte. Gleichwohl steht ›T.‹ auf der Rangskala eines
Dreischichtenmodells literar. Qualität
für die unterste Ebene; die Abgrenzung
gegenüber dem Begriff ↑ Unterhaltungsliteratur, der in diesem Modell die mittlere Ebene bezeichnet (›Dichtung‹ oder
›Hochliteratur‹ bezeichnen die obere
Ebene), ist freilich äußerst problematisch. Es stellt sich die Frage, inwieweit
rigide Einteilungen der Literatur nach
ästhet. Kategorien überhaupt brauchbar
sind und ob nicht einer Betrachtungs-
weise, die sich um die abwägende Erkenntnis der Wechselbeziehungen der
Literatur und ihrer Funktionszusammen-
hänge in bestimmten histor. Zeiträumen
bemüht und davon auch ihre Werturteile
bestimmen läßt, der Vorrang gebührt.
Wenn auch die Entstehungsbedingungen
der massenhaft verbreiteten T. im 18. Jh.
liegen, ist grundsätzlich von deren Vorhandensein zu allen Zeiten literar. Produktion auszugehen. Mit der zunehmen-
den Lesefähigkeit des Publikums, zunächst insbes. der Städter und hier auch
der Frauen, wuchs im Jh. der Aufklärung
auch das Bedürfnis nach Lektüre. Zuerst
kamen diesem Bedürfnis die periodisch
erscheinenden Druckschriften entgegen,
zu denen in Deutschland die ↑ moralischen Wochenschriften gehörten. Das intensive, erbaul. Lesen verwandelte sich

allmählich in ein extensives. Von den gebildeten Vertretern der Aufklärung, die
an moraldidakt. Breitenwirkung interes-
siert waren und die Zeitschriften als
wichtige Vermittlungsorgane betrachte-
ten, wurde diese Art zu lesen gefördert.
Gleichzeitig entstand als Reaktion auf
die Lesefähigkeit der literar. Markt. Vollzog sich bis dahin das Buchgeschäft auf
eigens dafür eingerichteten Messen, so
richteten die Verleger nun Kommissions-
buchhandlungen ein, die den Kunden
kontinuierlich mit Neuerscheinungen
bedienen konnten. Das vermehrte Buch-
angebot wiederum stärkte die Nachfrage.
Entsprechend änderte sich die Rolle des
Schriftstellers. Er konnte sich nun zunehmend aus Rücksichtnahmen lösen, die er
als Inhaber staatl. oder kirchl. Ämter zu
wahren hatte, mußte sich aber gleichzeitig, wollte er wirtschaftlich überleben,
dem Geschmack des Publikums anpassen. Diese Anpassung hat sich im Laufe
des 19. und 20. Jh. bis zur Unterwerfung
verstärkt. Die Redaktionen heutiger
Heftromanverlage geben ihren Autoren
strikte Schreibanweisungen und bestehen
hen auf der Einhaltung von Tabukatalo-
gen. – Der Geschmack des Publikums,
der zur Entstehungszeit der T. im 18. Jh.
die Nachfrage bestimmte, war von einem
starken Verlangen nach Innerlichkeit geprägt. Man hat dieses Verlangen immer
wieder als Reaktion gerade auch der
wirtschaftlich und geistig führenden
Schicht des Bürgertums auf den Zwang
zu vernunftgemäßem Verhalten bzw. zur
Affektunterdrückung unter der absolutist. Willkürherrschaft erklärt, andererseits in ihm auch die Kompensation
polit. Einflußlosigkeit gesehen. Das Bedürfnis nach Darstellung intensiver Ge-
fühlsäußerungen führte nun zwar keineswegs ausschließlich zu trivialen Buch-
erzeugnissen (obwohl gerade zum Zeitpunkt der Entstehung trivialer Literatur
die Abgrenzungsfrage äußerst prekär
ist – und ja auch Autoren wie Schiller,
H. von Kleist, E. T. A. Hoffmann durchaus von dieser Literatur affiziert waren),
aber es begünstigte die Ausbildung literar. Techniken, die sich als außerordentlich publikumswirksam und marktge-
recht erwiesen. Dazu gehören: die *Typi-
sierung der Figuren,* die es erleichtert,

eigene (unerfüllte) Wünsche in ein Identifikationsobjekt zu projizieren, die Signalfunktion bestimmter immer wiederkehrender Erscheinungsbilder und Gesten, die bipolare Anordnung von Personen und Personengruppen, die eine schnelle gefühlsmäßige Orientierung ermöglicht, die aktionist. Handlungsführung, die die Reflexion zurückdrängt, die Rolle des Zufalls und das Happy-End, das für die dargestellten Schicksalsschläge, Verfolgungen, Demütigungen entschädigt, sowie die floskelhafte Sprache, die leichte Verständlichkeit und hohes Lesetempo garantiert. Inwieweit die sog. Volkspoesie, Märchen, Sage, Schwank, Kalendergeschichte usw., also literar. Formen, die hpts. in der Landbevölkerung mündlich tradiert wurden, dabei Einfluß genommen hat, muß als noch ungeklärt gelten. Daß sich die genannten literar. Techniken bis heute erhalten haben und nur immer unverstellter eingesetzt werden, weist darauf hin, daß die Bedürfnislage des Publikums relativ konstant geblieben ist, auch wenn sich die Ursachen dafür verschoben haben. Der Zwang zur emotionalen Selbstdisziplinierung, der den Wunsch nach eskapist. Lektüre hervorruft, geht heute stärker als von der polit. Machtlosigkeit von der mit der Industrialisierung verbundenen Arbeitsteilung und der Selbstentfremdung als ihrer Folge aus (G. Giesenfeld). Die Gemütsbewegungen, die die T. erzeugt, sind sog. ›Kompensationsemotionen‹ (H. Plaul). Die durch sie hervorgerufene Spannung wirkt gegen die fade Alltäglichkeit, der glückl. Ausgang eines Konflikts gegen erlittenes Unrecht und Perspektivelosigkeit, der vermittelte Schauer gegen den das Leben beherrschenden Intellektualismus, die Überdimensionierung der Helden gegen eigene Abhängigkeiten (P. Nusser).

Die geschichtl. Entwicklung der T. war von diesen Kompensationsbedürfnissen bestimmt. Schon im 18. Jh. und zunehmend im 19. Jh. bildeten sich (übrigens stark von der engl. Literatur beeinflußte) Muster heraus, aus denen die Genres hervorgingen, die bis in die Gegenwart hinein bestehen und je nach aktuellen Anlässen größere oder geringere Popularität besitzen. – Die empfindsam-sentimentalen Schriften eines J. M. Miller (›Siegwart. Eine Klostergeschichte‹, 1776) oder eines A. H. J. Lafontaine (›Die Gewalt der Liebe, in Erzählungen‹, 1791–94), um nur die erfolgreichsten dt. Autoren zu nennen, münden in den allein den privaten Lebensbereich herausstellenden **Familien- und Liebesroman** einer E. Marlitt und einer H. Courths-Mahler und finden ihren Niederschlag noch in den Frauenschicksals-Heftromanen der Gegenwart. Auch die im 19. Jh. sich entfaltende **Heimatliteratur** (bes. **Heimatroman**) mit L. Ganghofer und P. Rosegger als ihren erfolgreichsten, noch heute gelesenen Vertretern läßt sich mit Einschränkungen dieser Gruppe der T. zuordnen. – Ein zweites literar. Muster entstand mit der heroisierend-pathet. T.; die **Räuberromane** eines H. D. Zschokke (›Abällino, der große Bandit‹, 1794), eines Ch. A. Vulpius (›Rinaldo Rinaldini, der Räuberhauptmann‹, 1798) waren voller Freiheitspathos und Gesellschaftskritik. Von ihnen führt eine direkte Linie zu der im 19. Jh. sich unter dem Einfluß J. F. Coopers entwickelnden **Indianer- und Wildwestliteratur** und zum exot. Abenteuerroman eines F. Gerstäcker und K. May. – Als Reaktion auf den Rationalismus bildete sich als ein drittes literar. Muster die von der ↑Gothic novel (H. Walpole, A. Radcliffe) beeinflußte **Schauerliteratur** aus. Von den dt. Autoren sind v. a. Cajetan Tschink ([* 1763, † 1813], ›Geschichte eines Geistersehers‹, 1790–93) und Ch. H. Spieß (›Das Petermännchen‹, 1791–92) zu nennen. Sofern all das, was im Leser Grauen und Irritationen erzeugt, am Ende rational erklärt wird, gehört auch die **Verbrechens-** und die **Kriminalliteratur** in diese Gruppe. Wo der Reizeffekt des Grauens sich verselbständigt und dämon. Mächte allenfalls auf Zeit und nur mit phys. Gewalt oder mag. Kräften hinabgezwungen werden, endet die Entwicklung in dem gegenwärtig wieder aufblühenden Horrorgenre **(Horrorliteratur)**, das zunehmend mit sadist. Motiven angereichert wird. Eine Sonderstellung nimmt die **Science-fiction** ein, in die Motive der älteren Reiseliteratur und der utop. Literatur einfließen, die aber, insofern sie alternative Welten und degenerierte oder sogar künstl. Menschen beschreibt, der Schauerliteratur zumindest nahesteht. – Bereits im 19. Jh. hat es auch eine **erot. T.** gegeben, etwa die ›Kleinen Erzählungen‹ (1827) von Christian August Fischer (* 1771, † 1829), alias C. Althing. Und schließlich ist die **kom. T.** zu erwähnen, die im wesentlichen auf dem Volksschwank basiert. Sie lebt vornehmlich auf dem Theater, was darin begründet ist, daß das Lachen im Kollektiv an Stärke zunimmt.

Keineswegs ist der Roman die alleinige Gattung der T., wenn sicherlich auch ihre wichtigste. Bis in die 90er Jahre des 18. Jh. dominierte die Publikation neuer Schauspiele, standen die Rührstücke A. W. Ifflands (z. B. ›Die Jäger‹, 1785) und A. von Kotzebues (z. B. ›Menschenhaß und Reue‹, 1789) an der Spitze des Interesses. Ab 1800 stieg die Romanproduktion sprunghaft an und drängte das Bühnenstück beiseite, das gleichwohl als ›bürgerl. Lachtheater‹ (V. Klotz) und Boulevardstück bis heute beliebt ist und als Fernsehschwank hohe Einschaltquoten erreicht. Vom Ende des 19. Jh. an wurde der Roman zunehmend von einer kürzeren Prosaform abgelöst, die sich auch als Erzählung bezeichnen läßt. Die Herkunft und Entwicklung der trivialen Lyrik, die im 20. Jh. bes. in der Form des Schlagers eine durch Schallplatte, Funk und Fernsehen geförderte Verbreitung erfährt (D. Kayser), läßt von allen Gattungen der T. bisher die meisten Fragen offen.

Die riesige Verbreitung der T. im 19. und insbes. im 20. Jh. hat ihre Ursache nicht nur in den Bedürfnissen des Publikums, sondern auch in den Formen ihres Vertriebs und ihrer Vermittlung. Schon Ende des 18. Jh. entschlossen sich Buchhändler, Literatur gegen geringes Entgelt auch zum Verleih anzubieten. Aus diesen Initiativen erwuchs die gewerbl. Leihbibliothek, die bes. in den Städten florierte und vom Kleinbürgertum genutzt wurde. Die Landbevölkerung dagegen war weitgehend auf den Kolporteur (R. Schenda) angewiesen, der die Leser außerhalb des Geschäfts auf öffentl. Plätzen, in Wirtshäusern, in Wohnungen aufsuchte und zum Kauf von Druckschriften anregte. Der sog. **Kolportageroman,** der in Fort-

setzungen erschien und in einzelnen Lieferungen vertrieben wurde, richtete sich im Umfang ganz nach der Kaufbereitschaft des Publikums und konnte entsprechend schnell beendet oder in die Länge gezogen werden. In der zweiten Hälfte des 19. Jh. setzte sich schließlich das Romanheft als Vertriebsgattung durch, das eine kurze übersichtl. Handlung jeweils zum Abschluß bringt. Seine billige Distribution (meist an Kiosken) und sein entsprechend geringer Preis fördern den Umsatz. Um die Lesemotivation, die bei den Fortsetzungsromanen kontinuierlich wirkt, immer neu zu schaffen, entwickeln die Produzenten und Autoren der Heftromane eine Fülle sensationeller Motive. Das Handlungsschema des Thrillers beispielsweise (↑ Kriminalliteratur) erklärt sich weitgehend aus ökonom. Zwang. Heftromane kommen heute allein in der BR Deutschland wöchentlich in etwa 6 Millionen Exemplaren auf den Markt und finden etwa 6 Leser pro Heft. Sie stellen somit auch einen sozialen Faktor dar, dessen Reichweite nicht zu unterschätzen ist. Welche tatsächl. Wirkungen allerdings von dieser Literatur ausgehen, ist eine nach wie vor umstrittene Frage.

Literatur: GREINER, M.: Die Entstehung der modernen Unterhaltungslit. Studien zum Trivialroman des 18. Jh. Rbk. 1964. – T. Aufss. Hg. v. G. SCHMIDT-HENKEL u. a. Bln. 1964. – FOLTIN, H. F.: Die minderwertige Prosalit. In: Dt. Vjschr. f. Literaturwiss. u. Geistesgesch. 39 (1965). – KREUZER, H.: T. als Forschungsproblem. In: Dt. Vjschr. f. Literaturwiss. u. Geistesgesch. 41 (1967). – GIESENFELD, G.: Method. Vorüberlegungen zum Umgang mit nicht anerkannter Lit. In: Diskussion Deutsch 1/2 (1970/71), S. 314. – KAYSER, D.: Schlager, das Lied als Ware. Unterss. zu einer Kategorie der Illusionsindustrie. Stg. 1975. – SCHEMME, W.: T. u. literar. Wertung. Stg. 1975. – Studien zur T. Hg. v. H. O. BURGER. Ffm. ²1976. – T. Hg. v. A. RUCKTÄSCHL u. H. D. ZIMMERMANN. Mchn. 1976. – SEESSLEN, G./KLING, B.: Unterhaltung. Lexikon zur populären Lit. Rbk. 1977. 2 Bde. – KLOTZ, V.: Bürgerl. Lachtheater. Mchn. 1980. – NUSSER, P.: Romane für die Unterschicht. Groschenhefte u. ihre Leser. Stg. ⁵1981. – FETZER, G.: T.forsch. In: Wirkendes Wort 32 (1982), H. 4. – Erfahrung u. Ideologie. Studien zur massenhaft verbreiteten Lit. Hg. v. J. SCHUTTE. Bln. 1983. – ECO, U.: Apokalyptiker u. Integrierte. Zur krit. Kritik der Massenkultur. Dt. Übers. Ffm. 1984. – PLAUL, H.: Illustrierte Gesch. der T. Hildesheim 1984. – Neuschäfer, H.-J., u. a.: Der frz. Feuilletonroman. Die Entstehung der Serienlit. im Medium der Tageszeitung. Darmst. 1986. – Schenda, R.: Volk ohne Buch. Studien zur Sozialgesch. der populären Lesestoffe 1770–1910. Ffm. ³1988. – Hartmann, H./ Hartmann, R.: Populäre Romane u. Dramen im 18. Jh. Obertshausen 1991.

Trivium [lat. = Dreiweg] ↑ Artes liberales.

Triwolis (tl.: Trivolis), Michail, altruss. Schriftsteller griech. Herkunft, ↑ Maxim Grek.

Trobador [provenzal.] ↑ Troubadour.

Trocchi, Alexander [engl. 'trɔkɪ], * Glasgow 30. Juli 1925, † 15. April 1984, schottischer Schriftsteller. – Auch Maler und Bildhauer; lebte zeitweise in Paris und New York. Mit der Beatbewegung und deren Plädoyer für Drogenexperimente assoziiert; war Hg. der avantgardist. Zeitschrift ›Merlin‹ und Mitinitiator des nonkonformist. Kulturprojekts ›Sigma‹; schrieb pornograph. Bücher unter dem Pseudonym **Frances Lengel**; wurde durch den aus Notizen, Dialogpassagen und Rückblenden zusammengesetzten Roman über die Drogenszene ›Kains Buch‹ (1960, dt. 1967) bekannt.

Trochäus [griech. zu trochaîos = laufend, schnell] (Choreios, Choreus), antiker Versfuß der Form: – ‿ ; als metr. Einheit gilt v. a. im Griechischen in der Regel nicht der einzelne Versfuß, sondern das Metrum – ‿ – ‿ (↑ auch Dipodie). Wichtigste antike Versmaße, die nach trochäischen Dipodien gemessen werden, sind der trochäische ↑ Tetrameter und seine (seltene) komisch-satir. Variante, der trochäische Hinktetrameter. Dagegen werden die freien Nachbildungen griech. trochäischer Sprechverse in der älteren lat. Dichtung nach Füßen gemessen; dies gilt v. a. für den trochäischen ↑ Septenar (sieben volle Füße und ein katalekt. Fuß). In den akzentuierenden Versen (↑ akzentuierendes Versprinzip) der dt., engl. u. a. Dichtung gilt als T. die Folge einer betonten und einer unbetonten Silbe (x́ x); trochäische Verse sind also alternierende Verse ohne Eingangssenkung (x́ x x́ x x́ x x́ ...). Wichtige trochäische Verse der dt. Dichtung sind: die Nachbildungen griechisch-röm. trochäi-

scher Verse, v. a. des trochäischen Tetrameters; die vierhebigen **span.** Trochäen, dt. Nachbildungen der achtsilbigen Verse der span. Dichtung als Versmaß der Romanzendichtung (C. Brentano, H. Heine), teilweise auch des Dramas (F. Grillparzer) sowie der **serb.** Trochäen, stets reim- und zäsurlose trochäische Fünfheber, die von J. G. Herder und Goethe durch die Nachbildung serb. Volksballaden in die dt. Dichtung eingeführt wurden.
Literatur ↑ Metrik.

Troelstra, Pieter Jelles [niederl. 'trulstra], * Leeuwarden 20. April 1860, † Den Haag 12. Mai 1930, westfries. Schriftsteller. – 1897–1925 Mitglied der Zweiten Kammer in den Niederlanden für die ›Sociaal-Democratische Arbeiderspartij‹; unter dem Namen **Pieter Jelles** schrieb er Liebeslyrik, polit. Lieder und Erzählungen.
Werk: Samle Fersen (hg. 1981).

Trogus, Pompeius, römischer Geschichtsschreiber, ↑ Pompeius Trogus.

Trojan, Johannes, * Danzig 14. Aug. 1837, † Rostock 23. Nov. 1915, dt. Schriftsteller. – Journalist; als Chefredakteur (1886–1909) beim Berliner ›Kladderadatsch‹ erwies er sich als scharfer polit. Satiriker. Schrieb Erzählungen, Lyrik, v. a. Kinder- und Jugendverse, Humoresken und Studien über die Pflanzenwelt Deutschlands.
Werke: Scherzgedichte (1883), Von drinnen und draußen (Ged., 1888), Für gewöhnl. Leute (Ged. und Prosa, 1893), Von einem zum andern (En., 1893), Hundert Kinderlieder (1899), Berliner Bilder. Hundert Momentaufnahmen (Skizzen, 1903), Erinnerungen (1912).

Trojaromane, die Belagerung und der Fall Trojas waren einer der beliebtesten Erzählstoffe der Spätantike und des MA. Um die bei Homer zusammengefaßten Erzählungen rankten sich seit der Antike T., die Vorgeschichte, andere Motivierungen des Geschehens oder spätere Schicksale der Helden behandeln, z. B. Vergils ›Aeneis‹. Bes. durch diese wuchs dem Stoff Bedeutung zu, da abendländ. Völker, wie z. B. die Franken oder Briten, Herrschergeschlechter oder ganz allgemein die Ritter ihre Herkunft von Troja bzw. Äneas herleiteten. – Die spätantiken und mittelalterl. T. basieren jedoch nicht mehr auf der ›Ilias‹ des Homer, sondern v. a. auf zwei anonymen Prosaerzählungen: auf dem griech. angebl. Augenzeugenbericht des Diktys von Kreta, der in der lat. Übersetzung des L. Septimius (4. Jh.) u. d. T. ›Ephemeris belli Troiani‹ überliefert ist und als die älteste erhaltene Fassung eines Trojaromans gilt, sowie auf dem ebenfalls angeblich von einem Augenzeugen, Dares Phrygius, stammenden Bericht, der gleichfalls erst in einer anonymen lat. Übersetzung des 5. Jh. (›Historia de excidio Troiae‹) erhalten ist. Dem MA galt die Version des Dares Phrygius als eines der bedeutendsten Geschichtswerke; sie wurde die Hauptquelle aller weiteren Bearbeitungen. Während im byzantin. Raum die Tradition der T. ungebrochen seit der Antike fortwirkte, setzte im abendländ. MA das Interesse an diesem Stoff erst wieder im 12. Jh. mit der Herausbildung des Ritterstandes und der damit verbundenen Zuwendung zu weltl. Erzählstoffen ein. Das bedeutendste mlat. Versepos ist die ›Daretis frigii Ylias‹ von Josephus Iscanus, einem engl. Kleriker aus Exeter (Ende des 12. Jh.). Für die volkssprachl. Umsetzung des Trojastoffes wurde der altfrz. ›Roman de Troie‹ des Benoît de Sainte-Maure (entst. um 1170) traditionsbildend. Benoîts Trojaroman wurde ein großer literar. Erfolg und Grundlage für dt., italien., span. und griech. Trojaromane. Die mlat. lehrhaft-moral. Prosaversion ›Historia destructionis Troiae‹ (entst. 1287) des Guido delle Colonne übertraf an Bedeutung noch den Roman Benoîts; sie wurde in fast alle europ. Sprachen übersetzt und bes. seit dem 14. Jh. Quelle weiterer Bearbeitungen. Auf der Grundlage des altfrz. Trojaromans Benoîts entstand Ende des 12. Jh. der erste erhaltene mhd. Trojaroman, Herbort von Fritzlars ›Liet von Troje‹. Auf Benoît u. a. Quellen geht auch der umfangreichste mhd. Trojaroman, der ›Trojanerkrieg‹ Konrads von Würzburg (um 1280), zurück. Der dritte mhd. Trojaroman ist der sog. ›Göttweiger Trojanerkrieg‹ vom Anfang des 14. Jahrhunderts. Im Spät-MA entstanden wieder Prosabearbeitungen nach Konrad von Würzburg und Guido delle Colonne, so u. a. von Hans Mair aus Nördlingen (1392) und

Ulrich Füetrer (im ›Buch der Abenteuer‹, entst. zw. 1473 und 1478). Nachbildungen des Stoffes auf der wechselnden Basis spätantiken, frz. und mlat. Quellenmaterials finden sich auch im Altnordischen (›Trojumannasaga‹, um 1200), im Niederländischen (›Het prieel van Troyen‹ von Segher Dieregotgaf, 1. Hälfte des 13. Jh., und die ›Historie van Troyen‹ von Jacob van Maerlant, entst. um 1260), im Mittelenglischen (u. a. ›The Troy book‹ von J. Lydgate, entst. 1412–20) und im Italienischen (›Istorietta Troiana‹, anonymer Prosaroman, 14. Jh.). Auch bulgar. und russ. Fassungen, z. T. aus der byzantin. Tradition, sind aus dem 14. und 15. Jh. bezeugt. Mit der Wiederentdeckung Homers in der Renaissance (erste Ausgabe 1488) endet die Tradition der Trojaromane.

Literatur: DUNGER, H.: Die Sage vom trojan. Kriege in den Bearbeitungen des MA u. ihren antiken Quellen. Lpz. 1869. – GREIF, W.: Die mittelalterl. Bearbeitungen der Trojanersage. Marburg 1886. – SCHNEIDER, KARIN: Der Trojan. Krieg im späten MA. Dt. T. des 15. Jh. Bln. 1968. – KNAPP, G. P.: Hector u. Achill, die Rezeption des Trojastoffes im dt. MA. Bern u. Ffm. 1974.

Troki, Isaak Ben Abraham, * Troki (Gouv. Wilna) 1533 (1525?), † ebd. 1594 (1585?), litauischer karäischer Schriftsteller. – Bed. Karäer (jüd. Sekte, die als Grundlage des Glaubens nur die Bücher des AT anerkennt) mit profunder Kenntnis der christl. (lat. und poln.) polemischantijüd. Literatur, die ihn zu seiner berühmten Apologie des Judentums ›Ḥizzuq haĕmūnā‹ (= Stärkung des Glaubens, hg. 1705) veranlaßte, die schon 1691 aufgrund einer fehlerhaften Handschrift (mit lat. Übersetzung) erschienen war und in dieser Version sowohl den christl. Gegnern des Judentums als auch den freidenker. Gegnern des Christentums (v. a. den antiklerikalen frz. Enzyklopädisten des 18. Jh.) als Quelle diente.

Troll, Thaddäus, eigtl. Hans Bayer, * Stuttgart 18. März 1914, † ebd. 5. Juli 1980, dt. Schriftsteller. – Verfasser von heiteren Erzählungen und Romanen, Feuilletons, Essays, Theaterkritiken, Hörspielen und Satiren sowie Städtebüchern über Stuttgart, Ulm, Wangen, Urach, Murrhardt.

Werke: Theater von hinten (Kritiken, 1955), Sehnsucht nach Nebudistan (R., 1956, 1969 u. d. T. Hilfe, die Eltern kommen), Herrl. Aussichten (R., 1959), Deutschland, deine Schwaben (satir. Skizzen, 1967), Preisend mit viel schönen Reden (Skizzen, 1972), Der Entaklemmer (Lsp., 1976; nach Molière), O Heimatland (Ged., 1976), Der himml. Computer (En., 1978), Der Tafelspitz (E., 1979), Wie Gotthelf Grieshaber die Brezel erfand (E., hg. 1985).

Anthony Trollope (Ölgemälde von Samuel Laurence, 1865)

Trollope, Anthony [engl. ˈtrɔləp], * London 24. April 1815, † Saint Marylebone (heute zu London) 6. Dez. 1882, engl. Schriftsteller. – Sohn von Frances T.; war Postbeamter, 1841–59 in Irland, 1859–67 in England; dann freier Schriftsteller. Seine ›Barsetshire-Romane‹ sind humorvoll-iron. Chroniken des provinziellen Lebens, v. a. des Klerus in der fiktiven südengl. Bischofsstadt Barchester (›Septimus Harding, Vorsteher des Spitals zu Barchester‹, 1855, dt. 1984; ›Barchester towers‹, 3 Bde., 1857; ›Doktor Torne‹, 3 Bde., 1858, dt. 1954; ›Das Pfarrhaus Framley‹, 3 Bde., 1861, dt. 6 Bde., 1864; ›The small house at Allington‹, 2 Bde., 1864; ›The last chronicle of Barset‹, 2 Bde., 1867). Die polit. ›Palliser Romane‹ schildern die Machtkämpfe der viktorian. Führungsschicht (›Can you forgive her?‹, 2 Bde., 1864; ›Phineas Finn, the Irish member‹, 2 Bde., 1869; ›The Eustace diamonds‹, 3 Bde., 1873; ›Phineas Redux‹, 2 Bde., 1874; ›Der Premierminister‹, 4 Bde., 1876, dt. 1991; ›The Duke's children‹, 3 Bde., 1880). In seiner Autobiographie (›Autobiography‹, 2 Bde., hg. 1883) beschreibt T. u. a. seine fast fabrikmäßige schriftsteller. Produktion (47 Romane).

Ausgaben: The Oxford T. Crown edition. Hg. v. M. Sadleir u. F. Page. Oxford 1948–54. 15 Bde. – The letters of A. T. Hg. v. N. J. Hall u. N. Burgis. Stanford (Calif.) 1983. 2 Bde. – The Trollope Society edition of the novels of A. T. Hg. v. D. Skilton. London 1989 ff. Auf zahlr. Bde. berechnet. – A. T. The complete short stories. Hg. v. B. Breyer. London 1990–91. 5 Bde. **Literatur:** Pope Hennessy, J.: A. T. London 1971 (mit Bibliogr.). – Snow, C. P.: T. His life and art. New York 1975. – Mcmaster, J.: T.'s Palliser novels. Theme and pattern. London 1978. – The T. critics. Hg. v. N. J. Hall. Totowa (N. J.) 1981. – Herbert, Ch.: T. and comic pleasure. Chicago (Ill.) 1987. – Gerould, W. G./Gerould, J. Th.: A guide to T. Neudr. Princeton (N. J.) 1988. – Glenndinning, V.: T. London 1992. – Hall, N. J.: T. A biography. Oxford 1993.

Trollope, Frances [engl. ˈtrɔləp], geb. Milton, * Stapleton bei Bristol 10. März 1780, † Florenz 6. Okt. 1863, engl. Schriftstellerin. – Mutter von Anthony T., Tochter eines Geistlichen; emigrierte mit ihrem Mann nach Amerika; kehrte nach dessen Tod nach England zurück; lebte zuletzt in Florenz; schrieb nach 1832 zahlreiche Romane und Reisebücher. **Werke:** The refugee in America (R., 1832), Leben und Sitte in Nordamerika (2 Bde., 1832, dt. 1835), Der Vikar von Wrexhill (R., 1837, dt. 1837), The widow Barnaby (R., 1838). **Literatur:** Ellis, L. A.: F. T.'s America. New York 1993.

Troparion [griech.], in der byzantin. Kirche ein kurzes hymn. Kirchenlied alten Ursprungs (5. Jh.), das sich in abschließender Gebetsform auf das Tagesfest des gefeierten Ereignisses oder Heiligen bezieht und in verschiedenen Tonarten im Abend-, Morgen- und Tagesgottesdienst sowie bei der Liturgiefeier gesungen wird.

Tropen [griech.] (Einzahl Trope oder Tropus), in der ↑ Rhetorik zusammenfassender Begriff, der die sprachl. Ausdrucksmittel der uneigentl. Rede bezeichnet. T. betreffen das Einzelwort, das nicht im eigentl. Sinne, sondern in einem übertragenen gebraucht wird, z. B. ›Blüte‹ für ›Jugend‹.

Tropus [lat. tropus, von griech. trópos = Art und Weise, Sinnesart; Tonart (eigtl. = Wendung)], **1.** in der Rhetorik ↑ Tropen. **2.** in der Liturgie des MA die textl. oder textl. und musikal. Erweiterung eines li-

turg. Gesanges durch vorangestellte, ein-
geschaltete oder angehängte Zusätze. Als
Eigenform des T. gilt, wenigstens in ihren
Anfängen, die ↑ Sequenz. Die Entstehung
des T. wird in der 1. Hälfte des 9. Jh. in
westfränk. Klöstern angenommen. Aus-
gangspunkt für den deutschsprachigen
Raum war das Kloster Sankt Gallen
(Mönch Tutilo). Durch Einführung von
Vers und Reim wurde der T. zu einem
eigenen Zweig mittelalterl. Dichtung.
Aus dem dialogisierenden Ostertropus
›Quem queritis in sepulchro‹ ging das
↑ Osterspiel und damit das mittelalterl.
↑ geistliche Spiel hervor.

Literatur: HUSMANN, H.: Tropen- u. Sequenzen-
Hss. Mchn. 1964. – Monumenta monodica me-
dii aevi. Bd. 3: Introitus – Tropen. I: Das Reper-
toire der südfrz. Tropare des 10. u. 11. Jh. Hg. v.
G. WEISS. Kassel 1970. – Research on tropes.
Proceedings of a symposion ... Hg. v. G. IVER-
SEN. Stockholm 1983.

Tröst, Sven [schwed. trœst], Pseudonym des schwed. Dichters Carl Graf
↑ Snoilsky.

Trostbüchlein, bes. in Spät-MA und
Pietismus verbreitetes literar. Genre
(Traktate, Dialoge, Briefe, auch Gedichte), das im Unterschied zur philosophisch ausgerichteten antiken ↑ Consolatio in religiös-erbaul. oder theolog. Sinne
im Unglück (v. a. bei Todesfällen) Trost
spenden oder auch nur allgemein in
christl. Geist aufrichten sollte. – ↑ auch
Erbauungsliteratur, ↑ Ars moriendi.

Literatur: MOOS, P. VON: Consolatio. Studien
zur mlat. Trostlit. ... Mchn. 1971–72. 4 Bde. –
FRANZ, G.: Huberinus, Rhegius, Holbein. Bibliograph. u. druckgeschichtl. Unters. der ver-
breitetsten Trost- u. Erbauungsschrr. des 16. Jh.
Nieuwkoop 1973.

Trotzig, Birgitta [schwed. ˌtrɔtsig],
* Göteborg 11. Sept. 1929, schwed.
Schriftstellerin. – Konvertierte zum Ka-
tholizismus, der auch thematisch ihr
Werk durchdringt, in dem das Ausge-
setztsein des Menschen in einer lieblosen
Welt eine zentrale Stellung einnimmt.

Werke: Ur de älskandes liv (Nov.n, 1951), Bilder (Ged., 1954), Die Ausgesetzten (R., 1957, dt.
1967), Ett landskap (Tagebuch, 1959), En berät-
telse från kusten (R., 1961), Levande och döda
(En., 1964), Sveket (E., 1966), Ordgränser (Ged.,
1968), Die Krankheit (R., 1972, dt. 1993), I
kejsarens tid (Märchen, 1975), Jaget och världen (Essays, 1977), Anima (Ged., 1982), Moor-
königs Tochter (R., 1985, dt. 1990).

Troubadour ['truːbaduːr, trubaˈduːr;
zu provenzal. trobar (er)finden, vielleicht
zu vulgärlat. tropare statt spätlat. contropare = bildlich sprechen und griech.-lat.
tropus = rhetorische Figur] (provenzal.:
Trobador), provenzal. Dichter-Sänger
des 12. und 13. Jh.; die T.s schufen Texte
und Weisen ihrer Lieder und trugen sie
meist selbst vor. Überliefert sind Texte
von rund 460 T.s, darunter 25 Italiener,
15 Katalanen und etwa 20 weibl. Autoren. Daneben gibt es zahlreiche anonym
überlieferte Texte. Die im Unterschied
zum mhd. T.minnesang sehr reiche handschriftl. Überlieferung setzte nach der
Mitte des 13. Jh. ein. Erhalten sind knapp
100 Handschriften. Eine Prachthand-
schrift ist der ›Chansonnier du roi‹
(13. Jh.) mit reichem figürl. Initialen-
schmuck und Melodienaufzeichnungen.
In den Handschriften finden sich auch
(meist stilisierte) Lebensläufe der T.s
(Vidas) und Angaben zur Deutung der
Lieder (›razos‹). Die Sprache ist die
(südfrz.) Langue d'oc. Die Hauptorte der
T.kunst lagen im westl. und mittleren
Südfrankreich, in den Grafschaften Poi-
tou, Toulouse, im Herzogtum Aquitanien
und im Gebiet der heutigen Provence
(Orange, Aix-en-Provence, Marseille). –
Als ältester T. gilt Wilhelm IX., Herzog
von Aquitanien. Die zweite Generation
der T.s wird vertreten durch Jaufré Ru-
del, Cercamon (1. Hälfte des 12. Jh.) und
Marcabru. Aus der dritten Generation
ragen Bernart de Ventadour und Peire
d'Alvernha heraus. In der vierten Generation sind Giraut de Borneil, Bertran de
Born, Peire Vidal, Gaucelm Faidit, Ar-
naut Daniel und Folquet de Marseille zu
nennen. Im 13. Jh. wird die T.dichtung
v. a. durch Peire Cardenal, den Nordita-
liener Sordello und Uc de Saint-Circ
(† nach 1253) repräsentiert. Einer der
letzten namhaften T.s war Guiraut Ri-
quier de Narbonne. Gegen Ende des
13. Jh. ging die Liedkunst von Berufs-
dichtern, Spielleuten und adligen Dilettanten in die Hände von Bürgern und
Studenten über, vergleichbar dem Übergang des mhd. Minnesangs in den ↑ Meistersang. – Die T.s stammten aus allen
Ständen: aus dem Hochadel, dem Ministerialenstand, dem Klerus, dem Bürgertum und der Unterschicht. Sie entwickel-

ten für diese europ. Laienkunst, die sich im gesungenen Lied verwirklichte, eine Reihe von kennzeichnenden Gattungen: Im Zentrum stand die ↑ Canso, die ↑ Kanzone. Von den rund 2 600 erhaltenen Liedern sind 40 % Kanzonen. Mit etwa 20 % ist das ↑ Sirventes vertreten. Weiter beliebt waren die ↑ Tenzone und das ↑ Partimen, daneben ↑ Descort, Estampida (altfrz. Tanzlied des 13./14. Jh.), ↑ Dansa, Pastoreta (↑ Pastorelle), Retroencha (↑ Rotrouenge), Joc partit (↑ Jeu parti), ↑ Cobla, ↑ Planh, ↑ Alba, nur im 13. Jh. und nur vereinzelt die ↑ Balada. Die T.lyrik ist formal hochartifiziell, da sich die Originalität des T.s wesentlich in der kunstvollen Aufbereitung relativ stereotyper Inhalte äußert. Sie bedienten sich dazu dreier verschiedener Stile, deren letzte beiden wohl identisch sind: der leichtverständl. Stil (›trobar leu‹), der reiche, ausgeschmückte Stil (›trobar ric‹) und der hermetische, dunkle Stil (›trobar clus‹). In der zentralen Gattung, der Canso, bildete sich eine bes. Form stilisierter Frauenverehrung heraus, die Anbetung einer unerreichbaren höf. Herrin. Die mit Naturbildern angereicherte T.lyrik war keine einfache Liebeslyrik, sondern in den Bildrahmen der feudalhöf. Dienstideologie eingespannte sublimierte Erotik (›fin amors‹) mit spiritualisierter Minneauffassung und ethischmoral. Implikationen; sie war stärker als der mhd. Minnesang weltzugewandt. Für ihre Entstehung werden verschiedene Quellen genannt: u. a. die arab. Lyrik sowie lat. und mlat. Lyrik (H. Brinkmann); keines der genannten Vorbilder reicht aber zur Erklärung der Entstehung dieser eigenartigen Lyrik aus, es gibt kein als alleinige Basis ausreichendes Vorbild. Neben literar. werden auch soziale und sozialpsycholog. Erklärungen erwogen (Einbettung in die feudale Gesellschaftsordnung und Kompensation mangelnden Sozialprestiges der Aufsteiger im Ministerialenstand [E. Köhler, E. Wechssler]). Die Idee der Entrückung der besungenen Dame in unerreichbare Höhe findet ihre Fortsetzung im ↑ Dolce stil nuovo. Die Formen der T.kunst sind in der Dichtungsgrammatik und Poetik der ↑ ›Leys d'amors‹ kodifiziert. Die Lieder der T.s bilden einen wichtigen

Zweig der weltl. einstimmigen Musik des MA; sie wurden allgemein von einem Instrument begleitet. Von 264 erhaltenen Melodien sind 26 anonym, während die übrigen mit den Namen von 44 T.s verbunden sind. Ihre Tonalität ist, von einzelnen klaren Dur-Stücken abgesehen, die der Kirchentonarten. Auch im musikal. Bereich beeinflußte die Kunst der T. Nordfrankreich sowie – über Sizilien – Mittelitalien und den Dolce stil nuovo.

Ausgaben: Die großen Trobadors. Dt. Nachdichtung v. R. Borchardt. Mchn. 1924. – Jeanroy, A.: Anthologie der t.s, XIIᵉ et XIIIᵉ siècles. Paris 1927. – Appel, C.: Provenzal. Chrestomathie. Mit Abriß der Formenlehre u. Glossar. Lpz. ⁶1930. – Lommatzsch, E.: Leben u. Lieder der provenzal. T.s. Bln. 1957–59. 2 Bde. (mit Bibliogr.). – Mittelalterl. Lyrik Frankreichs I. Lieder der Trobadors. Hg. v. D. Rieger. Stg. 1980. – Die Trobadors. Leben u. Lieder. Dt. Nachdichtung v. F. Wellner. Hg. v. H. G. Tuchel. Bremen ³1986. – Trobairitz. Der Beitrag der Frau in der altokzitan. höf. Lyrik. Edition des Gesamtkorpus. Hg. v. A. Rieger. Tüb. 1991.

Literatur: Diez, F.: Leben u. Werke der T.s. Neubearb. v. K. Bartsch. Lpz. ²1882. Nachdr. 1965. – Wechssler, E.: Das Kulturproblem des Minnesangs. Halle/Saale 1909. – Brinkmann, H.: Gesch. der lat. Liebesdichtung im MA. Halle/Saale 1925. – Gennrich, F.: Grundr. einer Formenlehre des mittelalterl. Liedes ... Halle/Saale 1932. – Pillet, A./Carstens, H.: Bibliogr. der T.s. Halle/Saale 1933. – Jeanroy, A.: La poésie lyrique des t.s. Toulouse 1935. 2 Bde. – Frings, Th.: Minnesinger u. T.s. Bln. 1949. – Hoeppfner, E.: Les t.s dans leur vie et dans leurs œuvres. Paris 1955. – Bezzola, R. R.: Les origines et la formation de la littérature courtoise en occident (500–1200). Paris 1958–67. 3 Bde. in 5 Bden. – Zingerle, H.: Tonalität u. Melodieführung in den Klauseln der T.s- u. Trouvèreslieder. Tutzing u. Mchn. 1958. – Köhler, E.: Trobadorlyrik u. höf. Roman. Bln. 1962. – Boutière, J./Schutz, A.-H.: Biogr. des t.s. Paris 1964. – Der provenzal. Minnesang. Hg. v. R. Baehr. Darmst. 1967. – Marrou, H.-J.: Les t.s. Paris 1971. – Werf, H. van der: The chansons of the troubadours and trouvères. A study of the melodies and their relation to the poems. Utrecht 1972. – Rieger, D.: Gattungen u. Gattungsbezeichnungen der Trobadorlyrik. Unterss. zum altprovenzal. Sirventes. Tüb. 1976. – Raupach, Manfred/Raupach, Maria: Französierte T.lyrik. Zur Überlieferung provenzal. Lieder in frz. Hss. Tüb. 1979. – Rieger, D.: Die altprovenzal. Lyrik. In: Lyrik des MA. Bd. 1: Probleme u. Interpretationen. Hg. v. H. Bergner. Stg. 1983. S. 197. – Falvy, Z.: Mediterranean culture and troubadour music. Budapest 1986. – STÄDTLER, K.: Altprovenzal. Frauendichtung (1150–1250). Hdbg. 1990. – VAN VLECK, A. E.: Memory and re-creation in troubadour lyric. Berkeley (Calif.) 1991.

Trouvère [tru'vɛ:r; altfrz. troveor, zu frz. trouver = finden, erfinden, wahrscheinlich zu vulgärlat. tropare statt spätlat. contropare = bildlich sprechen und griechisch-lat. tropus = rhetor. Figur], mittelalterl. frz. Dichter-Sänger. Seit etwa 1160 verbreiteten die T.s das literar. und musikal. Schaffen der südfrz. Troubadours, möglicherweise auf Anregung der Marie de Champagne, in den altfrz. Dialekten des Anglonormannischen, Champagnischen und Pikardischen. Dabei integrierten sie allerdings in ihre z. T. noch formorientierteren, stereotyperen und dadurch vielfach rationaler wirkenden Adaptationen stärker als die Provenzalen volkstümlich-lokales Liedgut (›refrains‹) und bes. seit dem 13. Jh. auch ebensolche Melodien. Die mit Guiot de Provins, Huon d'Oisy (✝ 1190), Chrétien de Troyes und Hélinand de Froidmont einsetzende T.lyrik erweiterten ihren zunächst nur höfisch-aristokrat. Ausdruck in der Folgezeit durch Adam de la Halle, Blondel de Nesle, Colin Muset, Gace Brulé u. a. um ein städtisch-bürgerl. Form- und Inhaltsregister. Von den bisher erfaßten 2130 T.dichtungen sind rund 1450 mit einstimmigen Melodien überliefert.

Literatur: DRAGONETTI, R.: La technique poétique des trouvères dans la chanson courtoise. Contribution à l'étude de la rhétorique médiévale. Brügge 1960. – GUIETTE, R.: D'une poésie formelle en France au moyen âge. Paris 1972. – WERF, H. VAN DER: The chansons of the troubadours and t.s. A study of the melodies and their relation to the poems. Utrecht 1972. – ZUMTHOR, P.: Essai de poétique médiévale. Paris 1972. – DRONKE, P.: Die Lyrik des MA. Eine Einf. Mchn. 1973. – WOLFZETTEL, F.: Die mittelalterl. Lyrik Nordfrankreichs. In: Lyrik des MA. Bd. 1: Probleme u. Interpretationen. Hg. v. H. BERGNER. Stg. 1983. S. 391. – DOSS-QUINBY, E.: The lyrics of the t.s. A research guide (1970–1990). New York u. a. 1994.

Troyat, Henri [frz. trwa'ja], eigtl. Lew Tarassow, * Moskau 1. Nov. 1911, frz. Schriftsteller russ. Herkunft. – Kam 1920 nach Paris; schrieb außer psychologisch überzeugenden, teilweise autobiograph. Romanen über histor. und familienge-schichtl. Themen v. a. aus dem Lebensbereich des russ. und frz. Bürgertums auch Dramen, Reiseberichte und Biographien. Seit 1959 Mitglied der Académie française.

Werke: Die Giftspinne (R., 1938, dt. 1950; Prix Goncourt 1938), Dostojewsky (Essay, 1940, dt. 1964), Tant que la terre durera (R.-Trilogie, 1947–50; Bd. 1: Solange die Welt besteht, 1947, dt. 1952; Bd. 2: Le sac et la cendre, 1948; Bd. 3: Fremde auf Erden, 1950, dt. 1953), Puschkin (Biogr., 1956, dt. gekürzt 1959), La lumière des justes (R.-Zyklus, 1959–63; Bd. 1: Die Brüder vom roten Mohn, 1959, dt. 1960; Bd. 2: Die Herrin von Kaschtanowka, 1960, dt. 1961; Bd. 3: Der Ruhm der Besiegten, 1961, dt. 1962; Bd. 4: Die Damen von Sibirien, 1962, dt. 1963; Bd. 5: Sophie ou la fin des combats, 1963), Tolstoi (Biogr., 1965, dt. 1966), Gogol (Biogr., 1971), Der Architekt des Zaren (R., 1976, dt. 1977), Die große Katharina (Biogr., 1977, dt. 1980), Peter der Große (Biogr., 1979, dt. 1981), Iwan der Schreckliche (Biogr., 1982, dt. 1987), La dérision (R., 1983), Tschechow. Leben und Werk (Biogr., 1984, dt. 1987), Le bruit solitaire du cœur (R., 1985), Gorki (Biogr., 1986, dt. 1987), Le troisième bonheur (R., 1987), Toute ma vie sera mensonge (R., 1988), Flaubert (Biogr., 1988), Der Sommer in Petersburg (R., 1989, dt. 1991), Zar Alexander II. (Biogr., 1990, dt. 1991), Nikolaus II. Der letzte Zar (Biogr., 1991, dt. 1992), Le marchand de masques (R., 1994).

Literatur: HEWITT, N.: H. T. Boston (Mass.) 1984.

Troyes, Chrétien de, altfrz. Dichter, ✝ Chrétien de Troyes.

Trubar, Primož (Primus Truber), Pseudonym Philopatridus Illyricus, * Rašcica 9. (?) Juni 1508, ✝ Derendingen (heute zu Tübingen) 28. Juni 1586, slowen. Schriftsteller. – Studierte Theologie, war Prediger und bemühte sich um die Ausbreitung der Reformation unter den Slowenen; floh 1547 vor der Gegenreformation und wirkte als Prediger an verschiedenen dt. Orten. T. gab in Tübingen 1550 (oder 1551) einen Katechismus und ein Abecedarium, die ersten gedruckten Bücher in slowen. Sprache, heraus und übersetzte das NT (gedr. ab 1557, Gesamtausg. 1582) sowie andere kirchl. Schriften ins Slowenische; gilt mit J. Dalmatin und A. Bohorič als einer der Schöpfer der slowen. Schriftsprache.

Literatur: RUPEL, M.: Primus Truber. Dt. Übers. Mchn. 1965.

Trueba y de la Quintana, Antonio de [span. 'trueβa i ðe la kin'tana], * Mon-

tellano (Prov. Vizcaya) 24. Dez. 1819,
† Bilbao 10. März 1889, span. Dichter. –
Einer der volkstümlichsten span. Dichter
seiner Zeit, dessen einfache Lieder, gesammelt im ›Libro de los cantares‹
(1851), bes. seine bask. Heimat verherrlichen; auch Verfasser volkstüml. Erzählungen (›Cuentos de color de rosa‹, 1859;
›Cuentos campesinos‹, 1860) und histor.
Romane.

Trumbull, John [engl. 'trʌmbəl], * Wa-
tertown (Conn.) 13. April 1750, † Detroit
(Mich.) 11. Mai 1831, amerikan. Schriftsteller. – Formulierte mit seiner Graduie-
rungsrede an der Yale University (1767)
das Credo der sog. Connecticut Wits
(↑ Hartford Wits), die sich um eine Liberalisierung der Studiengänge bemühten,
die strenge Anwendung neoklass. Verslehre ablehnten und eine Hinwendung zu
amerikan. Themen in der Literatur forderten (›An essay on the uses and ad-
vantages of the fine arts‹, 1770, mit dem
abschließenden Gedicht ›Prospect of the
future glory of America‹), was auch Gegenstand einer Satire auf die College-
erziehung ist (›The progress of dulness‹,
3 Tle., 1772–73). Nach dem Jurastudium
bei John Adams in Boston (Mass.), der
ihn zur Abfassung des patriot. Gedichts
›An elegy on the times‹ (1774) ermutigte,
war T. als Anwalt und Richter in New
Haven (Conn.) tätig (1774–1825). Seine
politisch revolutionäre Haltung, die die
von S. Butlers ›Hudibras‹ beeinflußte
antibrit. Satire ›M'Fingal‹ (1782) bestimmte, wurde später in der Zusammenarbeit mit den konservativ föderalist. gesinnten Vertretern der Connecticut Wits
bei der Abfassung von ›The Anarchiad‹
(1786/87), einer Satire auf den demokrat. Liberalismus, sowie ›The echo‹
(1791–1805) abgeschwächt.

Literatur: COWIE, A.: J. T. Connecticut wit.
Chapel Hill (N. C.) 1936. – HOWARD, L.: The
Connecticut Wits. Chicago (Ill.) 1943. – GIMME-
STAD, V. E.: J. T. New York 1974.

Tryphiodoros, griech. Dichter, ↑ Triphiodoros.

Ts'ao Chan (Cao Zhan) [chin. tsaʊ-
dʒan], auch Ts'ao Hsüeh-ch'in (Cao Xueqin), * Nanking 1715, † bei Peking
12. Febr. 1763 oder 1. Febr. 1764, chin.
Schriftsteller. – Das ›Hung-lou meng‹
(= Traum der Roten Kammer, 1792 mit

einer Erweiterung um 40 Kapitel von
Kao E [* um 1750, † 1820], in 120 Kapiteln erschienen) trägt autobiograph.
Züge. Schon zu Lebzeiten des Autors
kursierten in Abschriften unterschiedl.
Versionen. Das Werk schildert Blüte und
Niedergang einer Aristokratenfamilie in
einer Zeit gesellschaftl. Auflösung. Fein-
fühlige Verhaltensskizzen, bes. über die
weibl. Hauptpersonen, machten es zu einem die chin. Jugend bewegenden Werk.
Nicht zu Unrecht gilt es als Kritik an der
chin. Gesellschaft unter der Mandschu-
Dynastie.

Ausgaben: Tsao Hsüe Kin. Der Traum der Roten Kammer. Dt. Übers. v. F. KUHN. Lpz.
1932. – A dream of red mansions. Engl. Übers.
v. H.-Y. YANG u. G. YANG. Peking 1978.
Literatur: WU, S.-C.: On the red chamber
dream. Oxford 1961. – KNOERLE, J.: The dream
of the red chamber. A critical study. Bloomington (Ind.) 1972.

Ts'ao Chih (Cao Zhi) [chin. tsaʊdʒi],
* 192, † 232, chin. Dichter. – Gehört neben seinem Vater Ts'ao Ts'ao und seinem
kaiserl. Bruder Ts'ao P'i zu den bedeutendsten Dichtern seiner Zeit. Die Feind-
schaft zu seinem Bruder, der ihn von öffentl. Wirken fernhielt, spiegelt sich in
vielen Gedichten und Prosagedichten wider und äußert sich als Klage über die
schlechte Regierung; war ein früher Meister der emotional bewegten Shih-›Gedichte‹ (↑ chinesische Literatur).

Ts'ao Hsüeh-ch'in (Cao Xueqin)
[chin. tsaʊçɥetɕin], chin. Schriftsteller,
↑ Ts'ao Chan.

Ts'ao Yü (Cao Yu) [chin. tsaʊ-y], eigtl.
Wan Chiapao, * Tschien-tschiang (Hu-
peh) 24. Sept. 1910, chin. Dramatiker. –
In der traditionellen chin. Literatur be-
wandert sowie an klass. und modernen
europ. Dramen geschult, wurde er einer
der bedeutendsten chin. Dramatiker.
Stücke wie ›Sonnenaufgang‹ (1936, dt.
1981), ›Pei-ching jen‹ (= Pekingmensch,
1941) und ›Gewitter‹ (1936, dt. 1980) gestalten gesellschaftl. Probleme mit starker Ausdruckskraft und in geschliffener
Sprache; neuen Stücken zu Tagesthemen
fehlt die frühere Kraft.

Ausgabe: T. Yü. In: Moderne Stücke aus China.
Dt. Übers. v. B. EBERSTEIN. Ffm. 1980.
Literatur: HU, J. Y. H.: Ts'ao Yü. New York
1972. – EBERSTEIN, B.: Das chin. Theater im
20. Jh. Wsb. 1983.

Tschaadajew (tl.: Čaadaev), Pjotr Jakowlewitsch [russ. tʃɪa'dajɪf], * Moskau 7. Juni 1794, † ebd. 26. April 1856, russ. Publizist, Kultur- und Religionsphilosoph. – Orientiert an den frz. Traditionalisten J. de Maistre und L. G. A. de Bonald sowie an F. W. J. von Schelling, baut T. seine Philosophie auf der Identität des ›göttl. Idealen‹ und des ›geschichtl. Realen‹ auf. Mit den ›Philosoph. Briefen‹ (verfaßt in frz. Sprache 1829–31 [Brief 1 russ. 1836, Brief 1, 6 und 7 frz. 1862, frz. und russ. 1913/1914, Brief 2–5 und 8 russ. 1935], dt. 1921 und 1954) wurde T. zum Begründer einer russ. Geschichtsphilosophie. T.s scharfe Kritik an Rußland, seine Geschichtsphilosophie und die Auseinandersetzung mit S. S. Uwarows ›Volkstumsideologie‹ haben das geschichtl. und polit. Denken im Rußland des 19. Jh. entscheidend bestimmt und zur scharfen Trennung zwischen ↑ Westlern und ↑ Slawophilen geführt.
Weiteres Werk: Apologie eines Irrsinnigen (Schrift, frz. 1836, russ. 1906, dt. 1921).
Ausgabe: P. J. Čaadaev. Sočinenija i pis'ma. Moskau 1913–14. 2 Bde. Nachdr. Hildesheim 1972.
Literatur: MCNALLY, R. T.: Chaadayev and his friends. Tallahassee (Fla.) 1971.

Tschakowski (tl.: Čakovskij), Alexandr Borissowitsch [russ. tʃɪ'kɔfskij], * Petersburg 26. Aug. 1913, † Moskau 17. Febr. 1994, russ. Schriftsteller. – In seinen Romanen Vertreter des strengen sozialist. Realismus; schrieb u. a. ›Es war in Leningrad‹ (R., 1944, dt. 1960), ›Friedliche Tage‹ (R., 1947, dt. 1950), ›Bei uns ist schon Morgen‹ (R., 1949, dt. 1950), ›Licht eines fernen Sterns‹ (R., 1962, dt. 1963), ›Die Blockade‹ (R., 5 Bücher, 1968–75, dt. 3 Bde. 1975–77), ›Der Sieg‹ (R., 3 Bücher, 1979–82, dt. 1981–84), ›Unvollendetes Porträt‹ (R., 1984, dt. 1985); ›Njurnbergskie prizraki‹ (= Nürnberger Phantome, R., 2 Tle., 1987–89).
Literatur: KOZLOV, I. T.: A. Čakovskij. Moskau Neuaufl. 1983.

Tschapygin (tl.: Čapygin), Alexei Pawlowitsch [russ. tʃɪ'pɨgin], * Bolschoi Ugol (Gebiet Archangelsk) 17. Okt. 1870, † Leningrad (heute Petersburg) 21. Okt. 1937, russ.-sowjet. Schriftsteller. – Schrieb Erzählungen über das nordruss.

Bauernleben sowie histor. Romane im schwerverständl. Stil des 17. Jh., darunter ›Stepan Rasin‹ (3 Tle., 1926/27, dt. 1953).
Weiteres Werk: Belyj skit (= Die weiße Klause, R., 1914).
Ausgabe: A. P. Čapygin. Sobranie sočinenij. Leningrad 1967–69. 5 Bde.
Literatur: SEMENOV, V. S.: A. Čapygin. Moskau 1974.

Tscharọt (tl.: Čarot), Michas, eigtl. M. Sjamjonawitsch Kudselka, * Rudensk (Gebiet Minsk) 7. Nov. 1896, † 14. Dez. 1938, weißruss. Schriftsteller. – Politisch aktiv; verfaßte vorwiegend Gedichte, Verserzählungen (›Belarus' lapcjužnaja‹ [= Die Weißrussen mit ihren Bastschuhen], 1924), Erzählungen und Dramen; Opfer der stalinist. Säuberungen.
Literatur: JAROŠ, M. R.: M. Čarot. Minsk 1963.

Tschastuschki (tl.: Častuški) [russ. tʃɪs'tuʃki], kurze, meist vierzeilige Gedichte in der Art der Schnaderhüpfl; Form der russ. städt. Volksdichtung; vielfach satir. Inhalts.

Tschatschọt (tl.: Čačot), Jan, * bei Nowogrudok 17. Juli 1796, † 23. Aug. 1847, weißruss. Dichter. – Befreundet mit A. Mickiewicz; Vertreter eines weißruss. Nationalismus; bed. Folklorist; schrieb im Stil der weißruss. Volksdichtung, auch in poln. Sprache.

Tschawtschawạdse (tl.: Čavčavadze), Ilja Grigorjewitsch, * Kwareli 27. Okt. 1837, † bei Tiflis 12. Sept. 1907, georg. Dichter. – Stammte aus einer fürstl. Gutsbesitzerfamilie; 1857–61 Studium in Petersburg; wurde mit A. R. Zereteli Haupt der Schriftstellervereinigung Tergdaleulni (= Die aus dem Terek getrunken haben), deren Mitglieder von den liberalen und sozialen Ideen des Rußlands der 60er Jahre beeinflußt waren; kulturpolit. Tätigkeit gegen das Analphabetentum in Georgien; 1877 bis 1902 Hg. der Zeitschrift (später Zeitung) ›Iveria‹; wurde ermordet. In seiner Grundhaltung von N. G. Tschernyschewski beeinflußt, schrieb der vielseitige Dichter lyr. Gedichte, Versepen und Erzählungen. T. gilt als einer der Schöpfer der neugeorg. Literatursprache.
Ausgabe: Txzuchlebata sruli k'rebuli. Hg. v. I. CAUC'AVADZE. Tiflis 1951–61. 10 Bde.

tschẹchische Literatur, die Literatur in tschech. Sprache. – Den Beginn eines slaw. Übersetzungsschrifttums im böhmisch-mähr. Gebiet dokumentieren die im Zusammenhang mit der mähr. Mission der beiden griech. ›Slawenlehrer‹ ↑ Kyrillos und Methodios entstandenen fragmentar. kirchenslaw. Denkmäler tschech. Redaktion (ältestes Kirchenlied ›Hospodine, pomiluj ny‹ [= Herr, erbarme dich unser], 11. Jh. [?], und Wenzelslied ›Svatý Václave‹ [= Hl. Wenzel], 12. oder 13. Jh., aufgezeichnet im 14. Jh.), deren Spuren v. a. in späteren kroat. und russ. Abschriften erhalten sind (Wenzelslegende) und die mit dem Untergang des Großmähr. Reiches und dem Sieg der westlich-lat. Mission in den Hintergrund gedrängt wurden.

Die **alttschech.** Literatur setzte in ausgebildeter, den Anforderungen höf. Verskunst geschliffen entsprechender alttschech. Sprache **Anfang des 14. Jh.** ein. Neben Verslegendenfragmenten nach Motiven der ↑ ›Legenda aurea‹ sind bes. hervorzuheben die teilweise erhaltene ›Alexandreis‹ (Anfang des 14. Jh.), eine freie Nachdichtung des Alexanderepos von Walther von Châtillon, und die (bis 1314 reichende) ↑ ›Dalimilchronik‹, eine histor. Reimchronik, teilweise nach der lat. ›Chronik von Böhmen‹ (entst. 1119/22–25, hg. 1607, dt. 1885) des ↑ Cosmas von Prag mit konservativer, auch deutschfeindl. Tendenz. Die Regierungszeit Karls IV. (1346–78) bewirkte eine weitere Steigerung des Kulturschaffens (Gründung der Prager Univ. 1348) und eine Ausweitung der literar. Tätigkeit (Prokop- und Katharinenlegende, auch Übersetzungen: ›Tristan und Isolde‹, ›Herzog Ernst‹, Trojaroman). S. ↑ Flaška z Pardubic geißelte gegen Ende des 14. Jh. Verweltlichung und Sittenverfall in seinem in Form eines Tierparlaments dargestellten Fürstenspiegel ›Nová rada‹ (= Neuer Rat, 1394) und in seiner Standeslehre ›Rada otce synovi‹ (= Rat des Vaters an den Sohn). Aus dem Anfang des **15. Jh.** stammt als bedeutendste Prosaleistung in alttschech. Sprache das Streitgespräch ›Tkadleček‹ (= Das Weberlein), das sich am ›Ackermann aus Böhmen‹ des ↑ Johannes von Tepl orientiert, vom Ende des 14. Jh. das laientheolog. Werk des T. Štítný mit vorweggenommenen Reformgedanken des 15. Jh.

Die tschech. reformatorische Bewegung kulminierte im 15. Jh. in der Person und dem folgenreichen Werk des J. Hus, dessen Hauptwerk ›De ecclesia‹ (1413) zwar lateinisch geschrieben ist, der seine Ideen jedoch in tschech. Predigten und Erbauungsschriften unter dem Volk mit Erfolg verbreitete. Von großer, über den tschech. Bereich ausstrahlender Bedeutung ist auch seine Orthographiereform (1406 oder 1412). Die geistigen Grundlagen der Böhm. Brüder schuf mit seinem laientheolog. Werk P. Chelčický. Sein Hauptwerk ist der Traktat ›Das Netz des Glaubens‹ (entst. zw. 1433 und 1440, gedr. 1521, dt. 1924), eine aus der Ethik des Urchristentums verstandene Soziallehre mit reformer. Ansätzen für das tägl. Leben.

Die zweite Hälfte des 15. Jh. und das **16. Jh.** zeigen eine starke Hinwendung zu humanist. Gedankengut und nlat. Dichtung (B. von Hasenstein und ↑ Lobkowitz), nach deren Vorbild auch die tschech. Schriftsprache durch Übersetzungen und Nachdichtungen gepflegt wurde (V. K. ze Všehrd und Zikmund Hrubý z Jelení [* 1497, † 1554]). Der Buchdruck (seit etwa 1470) ermöglichte die Verbreitung von Volksbüchern auch für die niederen Schichten, großen Einfluß übte die ›Kronika česká‹ (= Tschech. Chronik, 1541) des Václav Hájek z Libočan († 1553) aus. Auf Anregung des Bischofs der Böhm. Brüderunität, J. Blahoslav, der selbst das NT übersetzte, entstand 1579–93 die sprach- und kulturgeschichtlich bedeutendste Übersetzungsleistung der Brüder, die sog. ↑ ›Kralitzer Bibel‹, deren Sprachform über zwei Jahrhunderte und bis in das Gebiet des Slowakischen hinein als Vorbild diente. Vers und Prosa des ausgehenden 16. Jh. zeigen zeitbezogene und moralisierende Thematik. Nach dem um die Verbreitung des tschech. Schrifttums bes. besorgten Drucker und Verleger Daniel Adam z Veleslavína (* 1546, † 1599) wird diese Zeit auch ›Doba Veleslavínova‹ (= Zeitalter Veleslavíns) genannt.

Das **17. und 18. Jh.** – die Zeit zwischen der Schlacht am Weißen Berg (1620), der Gegenreformation (1555 bis 1648) und dem Beginn der nat. Wiedergeburt ab etwa 1780 – bedeuten für die Entwicklung der t. L. eine Periode der literar. Stagnation, nat. Isolierung und Selbstentfremdung, in der insbes. dt. Sprach-, Literatur- und Kultureinfluß vorherrschte. Die hervorragenden Vertreter t. L. und Kultur emigrierten (böhm. Exulanten), setzten sich vom Ausland her für Tschechentum und vaterländ. Literatur ein, so der Brüderbischof und auch im europ. Rahmen bedeutsame Pädagoge und Enzyklopädist J. A. Comenius, dessen barocke Allegorie ›Das Labyrinth der Welt und das Paradies des Herzens‹ (1631, dt. 1908) eine große literar. Leistung darstellt, und Pavel Stránský (* 1583, † 1657) mit Schriften zur Verteidigung von tschech. Sprache und tschech. Volkstum (›Respublica Bohemiae‹, 1634). Unter den die Gegenreformation tragenden Jesuiten ragt B. Balbín mit einer lat. verfaßten Verteidigungsschrift der tschech. Sprache (hg. 1775) hervor, die durch Václav Jan Rosas (* 1620, † 1689) lat. geschriebene Grammatik (›Čechořečnost seu Grammatica linguae Bohemicae‹, 1672) ergänzt wurde.

Die **neuere tschech. Literatur** wurzelt in der nat. Wiedergeburt (›obrození‹) des Tschechentums, das sich nach der Aufhebung des Jesuitenordens (1773) und der Leibeigenschaft (1781; durch Joseph II.) unter dem Einfluß insbes. der Herderschen Ideen sowie der Frz. Revolution der drohenden Selbstentfremdung und Germanisierung entzog und sich unter der Führung von Gelehrten wie Gelasius Dobner (* 1719, † 1790), František Martin Pelcl (* 1734, † 1801) und v. a. J. Dobrovský auf die Werte der eigenen Sprache und Kultur besann. Dobrovskýs ›Geschichte der böhm. Sprache und Litteratur‹ (1792) sowie sein ›Ausführl. Lehrgebäude der böhm. Sprache‹ (1809) und sein ›Dt.-böhm. Wörterbuch‹ (2 Bde., 1821) schufen die Grundlagen der modernen neutschech. Sprache, an die J. Jungmann mit poetolog. (›Slovesnost‹ [= Poetik], 1820) und umfangreichen lexikolog. Arbeiten, mit seinem fünfbändigen tschechisch-dt. Wörterbuch (1834–39), anknüpfte. Die t. L. dieser Zeit orientierte sich inhaltlich v. a. an dt. anakreont. Vorbildern, die übersetzt und nachgeahmt wurden (A. J. Puchma-

jer). – Den ersten dichter. Höhepunkt der tschech. **Romantik** bildet die visionär verklärte Versdichtung ›Slávy dcera‹ (= Die Tochter der Slawa, 1824, erweitert 1832, dt. Ausw. 1856), die der Slowake J. Kollár tschechisch schrieb und deren Sonette nat. Sendungsbewußtsein in symbolhafthistor. Gewand zeigen. Großen Einfluß übte auch Kollárs 1837 geprägte, panslawistisch verstandene ›slawische Wechselseitigkeit‹ aus. – Neben F. L. Čelakovský, der slaw. Volkslieder sammelte und nachahmte, neben den einflußreichen, erst Ende des Jh. endgültig als Fälschungen entlarvten alttschech. Handschriften V. Hankas (↑ ›Königinhofer Handschrift‹ und ›Grünberger Handschrift‹), neben den Historikern und Altertumskundlern František Palacký (* 1798, † 1876) und P. J. Šafárik, die als Vertreter einer romantisierenden Altertumskunde grundlegende Werke schufen, ragt bes. der Vers- und Prosadichter K. H. Mácha hervor, dessen von Lord Byron beeinflußtes lyr. Versepos ›Mai‹ (1836, dt. 1844) zusammen mit Prosafragmenten den zweiten Höhepunkt der tschech. Romantik bildet. Das moderne tschech. Drama begründeten in Prag V. K. Klicpera und J. K. Tyl, der sich bes. histor. Stoffen annahm.

Die **zweite Hälfte des 19. Jh.** (nach der Revolution von 1848) begann mit den Balladen und Legenden von K. J. Erben, dessen Sammlung ›Der Blumenstrauß‹ (1853, dt. 1900) romant. Themen aufgreift, und mit dem sehr populär gewordenen Roman ›Großmutter‹ (1855, dt. 1885) der B. Němcová, der bereits Züge des beginnenden Realismus aufweist, wie sie auch K. Havlíček Borovský in seinen polit. Satiren zeigt. – In den 60er bis 80er Jahren gruppierten sich die literar. Strömungen um drei Zeitschriften als Zentren: Die Máj-Bewegung mit J. Neruda als Hauptvertreter, der durch seine humoristisch-realist. und hintergründig farbigen ›Kleinseitner Geschichten‹ (1878, dt. 1885), weitere Erzählungen, Feuilletons und bed. Lyrik die t. L. bereicherte; daneben der Lyriker und Erzähler V. Hálek, der Lyriker A. Heyduk, die Erzählerin K. Světlá. Nat. Akzente setzte die Ruch-Gruppe, insbes. ihr Führer S. Čech mit Lyrik und histor. Verserzäh-

lungen in pathetisch-deklamator. Stil. Im Banne der Geschichte und unter dem Zwang, das Tschechentum immer wieder historisch ›beweisen‹ zu müssen, stehen die Schriftsteller V. Beneš Třebízský und v. a. A. Jirásek, der neben material- und umfangreichen histor. Romanen auch histor. Dramen verfaßte. Gegenspieler Jiráseks ist Z. Winter mit psychologisch vertieften histor. Novellen, daneben Vertreter des romantisch-nat. bis realistisch Mißstände bloßlegenden Dorfromans (J. Holeček, K. V. Rais, T. Nováková). Den Übergang vom Ruch zum Lumír zeigt das lyr. Werk von J. V. Sládek, doch sind die Hauptvertreter der ›Lumír‹-Bewegung J. Zeyer und J. Vrchlický. Zeyer führte in seinem neuromant. Gesamtwerk aus Lyrik, Prosa und Drama neben histor. tschech. v. a. europ. histor. und zeitgenöss. Themen ein und nahm auch symbolist. Gedankengut und Gestaltungstechniken der ›Moderne‹ auf. Von Vrchlickýs sehr umfangreichem, an der Weltliteratur orientiertem Werk sind bes. seine formenreiche und feinsinnige Landschaftslyrik und sein Lustspiel ›Noc na Karlštejně‹ (= Die Nacht auf Karlstein, 1885) von bleibendem Wert. Virtuoser noch in ihrer Klangschönheit ist die Lyrik von J. Kvapil und Jaromír Borecký (* 1869, † 1951), deren Gestaltungsmittel und Formenreichtum die t. L. an die Strömungen der zeitgenöss. europ. ›Moderne‹ anschloß. Ihren Gegenpol findet diese Richtung in dem von Tomáš Garrigue Masaryk (* 1850, † 1937) in den 80er Jahren verfochtenen ›krit. Realismus‹, der den tschech. sozialkrit. Gesellschaftsroman nach dem Vorbild der russ. und engl. Realisten fordert, doch fand er außer in J. Herben, den Brüdern A. Mrštík und V. Mrštík sowie in K. M. Čapek-Chod kaum Anhänger, die überzeugen können.
Die **tschech. Moderne** formte sich unter dem Einfluß bes. des frz. Symbolismus unter der krit. Führung von F. X. Šalda in den 1890er Jahren und erreichte ihren Höhepunkt in der bilderreichen, sprachgewandten, individualisierten Lyrik von O. Březina, A. Sova und P. Bezruč, die auch soziale Themen nicht ausspart (Bezruč, ›Die schles. Lieder‹, ersch. ab 1899, vollständig 1928, dt. 1917), dane-

ben auch J. S. Machar, J. Hora und S. K. Neumann unter anderem mit Lyrik des proletar. Großstadtelends, F. Gellner mit Groteske und Parodie. Vielfältiger noch und artistischer sind J. Karásek ze Lvovic und der jung verstorbene K. Hlaváček als Vertreter der Dekadenz, daneben die ›Vitalisten‹ F. Šrámek und F. Langer. Mit starker Betonung religiöser Thematik bildete sich als Gegenpol eine ›kath. Moderne‹, der die Lyriker V. Dyk, J. Deml, J. Durych, J. Zahradníček angehören.
Um die marxistisch-proletar. Dichtergruppe des Devětsil gruppierte sich die die **20er und 30er Jahre** bestimmende literar. Avantgardebewegung des ↑ Poetismus, dessen Hauptvertreter in programmat. Schriften und Lyrik K. Teige, J. Wolker, V. Nezval, K. Biebl, J. Seifert sind. Das Ziel des Poetismus ist die künstler. Gesamtbefreiung des Menschen und das sprachlich-formale, wertfreie Experiment unter Einschluß surrealist. und dadaist. Versuche, wie sich auch im Prosawerk von J. Mahen zeigt. – Die bedeutendsten Erzähler dieser Jahre, die auf eine breite Leserschicht wirken, sind J. Hašek mit seinem weltberühmten Roman ›Die Abenteuer des braven Soldaten Schwejk während des Weltkrieges‹ (unvollendet, 4 Bde., 1920–23, dt. 1926/27) und K. Čapek, der neben meisterhaften, von tiefer Humanität geprägten Prosadichtungen (Erzählung, Fabel, Parabel, Roman) auch gleichnishafte, ausdrucksstarke Dramen und zeitkrit. Essays verfaßte; bed. auch I. Olbracht mit realistisch-psycholog. Erzählwerken. Gesellschaftsromane mit zeitkrit. und allgemeinmenschl. Thematik schrieben R. Svobodová, B. Benešová, A. M. Tilschová, Arbeiterromane auch M. Majerová und M. Pujmanová. Das Drama fand in J. Hilbert, Jaroslav Maria (* 1870, † 1942), Stanislav Lom (* 1883, † 1967), aber auch in Šalda, Šrámek, Langer seine Hauptvertreter.
Die **Zeit der dt. Okkupation** erstickte nahezu alles literar. Schaffen und Publizieren in der Tschechoslowakei. **Nach dem 2. Weltkrieg** erzwangen die polit. Ereignisse eine Ausrichtung der t. L. nach den Normen des sozialist. Realismus, denen sich eine Reihe von Schriftstellern anpaßte (u. a. J. Drda, M. Majerová, I. Ol-

bracht, M. Pujmanová); andere emigrierten (I. Blatný, J. Čep u. a.). So herrschten in den 50er Jahren ideologisch bestimmter Produktionsroman und sozialist. Programmlyrik vor. Erst Ende der 50er Jahre bis zum Höhe- und Wendepunkt 1968 konnten sich Lyrik (F. Hrubín, J. Skácel, Ivan Skála [* 1922], M. Kundera [später bedeutende Prosa], Oldřich Mikulášek (* 1910), V. Závada, M. Uhde, J. Gruša [auch Erzähler] u. a.) und Prosa (B. Hrabal, I. Klíma, L. Fuks, V. Linhartová, V. Páral, M. V. Kratochvil, V. Kaplický, J. Otčenášek, L. Vaculík), aber auch das Drama, insbes. P. Kohouts und V. Havels Theaterstücke, in Teilbereichen vom polit. Druck befreien. **Die sowjet. Invasion im Aug. 1968** beendete die Phase der relativen Liberalisierung des literar. Schaffens: Die Literatur wurde einer rigorosen polit. Zensur unterworfen und ideologisch gleichgeschaltet, die literar. Presse liquidiert, der Schriftstellerverband aufgelöst und neu gegründet; die literar. Führer des Prager Frühlings wurden verfolgt, z. T. in die Emigration getrieben, viele Autoren erhielten Publikationsverbot. Dies alles führte zu einer weitgehenden Spaltung der t. L. in die offiziell gebilligte Literatur, die Untergrund- und die Exilliteratur. Den Autoren, die weiterhin verlegt wurden (z. B. Skála, Fuks, Páral) oder die wieder in den Literaturbetrieb zurückkehrten (z. B. Hrabal, J. Šotola, Seifert, Skácel, Mikulášek), stand eine große Zahl entgegen, die sich zur Emigration entschlossen, u. a. J. Škvorecký, A. Lustig, Kundera, Gruša, Kohout, M. Nápravník, I. Diviš. Die in der Tschechoslowakei verbliebenen Autoren, die offiziell nicht publizieren durften, u. a. Havel, M. Uhde, Klíma, J. Trefulka, A. Kliment, Milan Šimečka (* 1930, † 1990), Vaculík, Karol Sidon (* 1942), K. Pecka, veröffentlichten in Exil- und Samisdatverlagen.

Ein wichtiges Anliegen war die Verarbeitung der persönl. Erfahrung mit dem staatl. Machtapparat, u. a. in den Werken von Vaculík, Eva Kantůrková (* 1940), Šimečka, Kohout, Klíma, Havel, und die Beschreibung der ›Deformation‹ der Menschen unter den Bedingungen des totalitären Regimes, u. a. bei Pecka,

Klíma, Eda Kriseová (* 1940), Petr Kabeš (* 1941), Kliment und Uhde. Bevorzugt, weil relativ unverfänglich, wurden auch histor. Themen behandelt, u. a. von Norbert Frýd (* 1913, † 1976), Miloš Václav Kratochvil (* 1904, † 1988) und Václav Erben (* 1930). Daneben entstanden Science-fiction-Romane von Josef Nesvadba (* 1926), Jaroslav Veis (* 1946), Ludvík Souček (* 1926, † 1978) und Zdeněk Volný (* 1946). Einige der im Ausland lebenden Autoren begannen mit der Zeit, in der Landessprache zu schreiben (L. Aškenazy, O. Filip, G. Laub), andere, wie Kundera, wuchsen thematisch über die Tschechoslowakei hinaus. Jaroslav Vejvoda (* 1940), Sylvie Richterová (* 1945), Škvorecký, Diviš u. a. setzten sich mit dem Leben in der Emigration auseinander.

Nach der ›sanften Revolution‹ vom Nov. 1989 kam es auch im Literaturbetrieb zur Öffnung: Bisher verbotene Autoren werden veröffentlicht, gezwungenermaßen ignorierte und vergessene Autoren und ganze Richtungen werden wiederentdeckt. Nun gelt es darum, die Parameter für eine neue Bewertung der t. L. zu finden. Das Zurechtfinden unter den geänderten Verhältnissen und die literar. Verarbeitung der jüngsten Vergangenheit und der Gegenwart werden wohl noch einige Zeit auf sich warten lassen, insbesondere, da einige Leitfiguren wie Skácel, Seifert und Mikulášek nicht mehr leben und andere wie Havel, Uhde, Gruša und Eda Kriseová stark durch ihre polit. Aktivitäten in Anspruch genommen sind.

Literatur: Literaturgeschichten: NOVÁK, A.: Die t. L. In: Hdb. der Literaturwiss. Hg. v. O. WALZEL. Potsdam 1931. – NOVÁK, D. V./NOVÁK, A.: Přehledná dějiny literatury české ... Olmütz [4]1936–39. – NOVÁK, A.: Stručné dějiny literatury české. Prag [4]1946. – Dějiny české literatury. Hg. v. J. MUKAŘOVSKÝ. Prag 1959–61. 3 Bde. – VLČEK, J.: Dějiny české literatury. Prag [5]1960. 3 Bde. – MÜHLBERGER, J.: Tschech. Literaturgesch. Mchn. 1970. – HRABÁK, J., u. a.: Průvodce po dějinách české literatury. Prag [3]1984. – MĚŠŤAN, A.: Gesch. der t. L. im 19. u. 20. Jh. Köln 1984. – SCHAMSCHULA, W.: Gesch. der t. L. Köln 1990 ff. Auf mehrere Bde. berechnet. – **Einzeldarstellungen:** VAŠICA, J.: České literární baroko. Prag 1938. – VODIČKA, F.: Počátky krásné prózy novočeské. Prag 1948. – STROHSOVÁ, E.: Zrození moderny. Prag 1963. –

ВНУ

Čeští spisovatelé z přelomu 19. a 20. století. Prag 1972. – KUNSTMANN, H.: Tschech. Erzählkunst im 20. Jh. Köln 1974. – BAUMANN, WINFRIED: Die Lit. des MA in Böhmen. Wien 1978. – TRENSKY, P. I.: Czech drama since World War II. White Plains (N.Y.) 1978. – RIPELLINO, A. M.: Storia della poesia ceca contemporanea. Rom ²1981. – TICHÁ, Z.: Cesta starší české literatury. Prag 1984. – Lit. der ČSSR. 1945–1980. Bearb. v. Š. VLAŠÍN u. a. Bln. 1985. – Zur t. L. 1945–1985. Hg. v. W. KASACK. Bln. 1990. – BOCK, I.: Die Spaltung u. ihre Folgen. Einige Tendenzen der t. L. 1969–1989. Bln. 1993. – **Nachschlagewerke:** KUNC, J.: Slovník soudobých českých spisovatelů. Prag 1945–46. 2 Tle. – KUNC, J.: Slovník českých spisovatelů beletristů. 1945–1956. Prag 1957. – Slovník českých spisovatelů. Prag 1964. – Čeští spisovatelé 19. století. Prag 1971. – ŠŤASTNÝ, R.: Čeští spisovatelé deseti století. Prag 1974. – BURIÁNEK, F.: Česká literatura první poloviny XX. století. Prag 1981. – Slovník českých spisovatelů. Pokus o rekonstrukci dějin české literatury 1948–1979. Toronto 1982. – Lex. české literatury. Red.: V. FORST. Prag 1985 ff. 4 Bde. (bisher 1 Bd. erschienen). – Slovník české literatury 1970–1981. Red. V. FORST. Prag 1985. – Slovník českých spisovatelů 20 století. Hg. v. M. BLAHYNKA. Prag 1986. – **Bibliographien:** KÜNZEL, F. P.: Überss. aus dem Tschech. u. dem Slowak. ins Dt. nach 1945. Mchn. 1969. – ŠEFLOVÁ, L.: Bibliografie literatury vydané českými a slovenskými autory v zahraničí. Köln u. Paris 1978. – NEZDAŘIL, L.: Česká poezie v německých překladech. Prag 1985.

Tschechow (tl.: Čechov), Anton Pawlowitsch [russ. 'tʃɛxəf], * Taganrog 29. Jan. 1860, † Badenweiler 15. Juli 1904, russ. Schriftsteller. – Arzt; Mitarbeiter von Zeitungen und Zeitschriften (publizierte anfänglich unter dem Pseudonym A. Tschechonte). Reisen führten ihn nach Sachalin (1890) – dort Besuch der Strafkolonie (›Sachalin. Rußlands Schrekkensinsel‹, Schrift, 1895, dt. 1931) – und Westeuropa; Zusammenarbeit mit dem Moskauer Künstlertheater; Bekanntschaft, 1901 Ehe mit der Schauspielerin Olga L. Knipper (* 1868, † 1959); starb während einer Kurreise in den Schwarzwald an Lungentuberkulose.
T. wandelte sich vom Humoristen zum Gestalter zeitnaher Themen und Stoffe, insbes. der Dekadenz des Kleinbürgertums, dessen Mißstände er unbestechlich beschreibt, dabei zunehmende Neigung zu Resignation und Melancholie vieler seiner Hauptfiguren. In seiner Erzähldichtung bevorzugte er Kleinformen, nur

Anton Pawlowitsch Tschechow

wenige Werke, etwa ›Die Steppe‹ (1888, dt. 1940), erreichen annähernd den Umfang kleiner Romane. Er vertrat das Kunstprinzip der unrhetor. Einfachheit und der skizzenhaften Kürze bei äußerster sprachl. Klarheit. Handlungsarm wie die Kurzgeschichten sind T.s impressionist. Dramen, die, undramatisch im Sinne des bis dahin verwendeten Bühnenstils und vom Autor fast ausschließlich ›Komödien‹ genannt, v. a. auf die Schilderung von Stimmungen und Milieu – bei entlarvenden Tendenzen – ausgerichtet sind; daher kommt der symbol. Gebärde, den opt. und akust. Symbolen erhöhte Bedeutung zu. – T. schließt in der russ. Literatur des 19. Jh. den krit. Realismus ab, nimmt stilistisch Züge des Impressionismus und Symbolismus auf und verweist bes. durch seine Gestaltung der ›positiven‹, auf eine bessere Zukunft hoffenden Figuren das 20. Jahrhundert. Die russisch-sowjet. Literatur und Literaturkritik akzeptierte ihn nach anfängl. Zögern; T.s stilist. Verfahren fanden zahlreiche Nachfolger; er gilt heute als einer der größten russ. Erzähler.
Weitere Werke: Der Tod des Beamten (E., 1883, dt. 1924), Der Dicke und der Dünne (E., 1883, dt. 1924), Gram (E., 1886, dt. 1890), Wanjka (E., 1886, dt. 1890), Der Bär (Kom., 1888, dt. 1903), Iwanow (Dr., 1889, dt. 1919), Eine langweilige Geschichte (Nov., 1889, dt. 1919, 1902 u. d. T. Schatten des Todes), Der Heiratsantrag (Posse, 1889, dt. 1903), Duell (Nov., 1891, dt. 1897), Meine Frau (E., 1892, dt. 1926), Krankensaal Nr. 6 (E., 1892, dt. 1946, erstmals dt. 1903), Ariadna (E., 1895, dt. 1897), Die Möwe (Dr., 1896, dt. 1902), Mein Leben (E., 1896, dt. 1958, 1897 u. d. T. Zum Irrsinn), Onkel Wanja (Dr., 1897, dt. 1902), Die Bauern (E., 1897, dt. 1902), Der

Tschechow 139

Mann im Futteral (E., 1898, dt. 1926), Die Dame mit dem Hündchen (E., 1899, dt. 1946), In der Schlucht (E., 1900, dt. 1904), Drei Schwestern (Dr., 1901, dt. 1902), Der Kirschgarten (Dr., 1904, dt. 1912).

Ausgaben: A. Tschechoff. Ges. Werke. Dt. Übers. Lpz. u. Jena 1900–04. 5 Bde. – A. T. Werke. Hg. u. übers. v. J. VON GUENTHER. Hamb. u. Mchn. 1963. 3 Bde. – A. T. Ges. Werke in 6 Einzelbden. Dt. Übers. Hg. v. G. DICK u. W. DÜWEL. Mchn. [1–2]1969–77. – A. Čechov. Das dramat. Werk. Hg. u. übers. v. P. URBAN. Zü. 1973–80. 8 Bde. – A. P. Čechov. Polnoe sobranie sočinenij i pisem. Moskau 1974–83. 30 Bde. – A. Čechov. Das erzählende Werk. Dt. Übers. Hg. v. P. URBAN. Neuausg. Zü. 1980. 10 Bde. – A. Čechov. Tagebb., Notizbb. Hg. u. übers. v. P. URBAN. Zü. 1983. – A. Čechov. Briefe. Hg. u. übers. v. P. URBAN. Zü. 1983. 5 Bde.

Literatur: BICILLI, P. M.: A. P. Čechov. Dt. Übers. Mchn. 1966. – DLUGOSCH, I.: A. P. Čechov u. das Theater des Absurden. Mchn. 1977. – OŠAROVA, T. V.: Bibliografija literatury o Čechove. I. 1960 jubilejnyj god. Saratov 1979. – MAGARSHAK, D.: Chekhov, the dramatist. London 1980. – Čechov-Chronik. Daten zu Leben und Werk. Hg. v. P. URBAN. Zü. 1981. – BERDNIKOW, G. P.: A. T. Dt. Übers. Bln. 1985. – WOLFFHEIM, E.: A. Čechov. Rbk. 10.–12. Tsd. 1985. – HIELSCHER, K.: T. Zü. 1987. – TROYAT, H.: T. Dt. Übers. Stg. 1987. – A. Čechov. Sein Leben in Bildern. Hg. v. P. URBAN. Zü. 1987. – LEITHOLD, F.-J.: Studien zu A. P. Čechovs Drama ›Die Möwe‹. Mchn. 1989.

Tscheremschyna (tl.: Čeremšyna), Marko [ukrain. tʃɛrɛm'ʃena], eigtl. Iwan Jurijowytsch Semanjuk, * Kobaki (Gebiet Iwano-Frankowsk) 13. Juni 1874, † Snjatin (Gebiet Iwano-Frankowsk) 25. April 1927, ukrain. Schriftsteller. – Rechtsanwalt; bed. Novellist mit ukrain. Dorfthematik; auch modernist. lyr. Gedichte in Prosa.

Ausgabe: M. Čeremšyna. Tvory. Kiew 1978.

Tschernichowski (tl.: Černichovskij), Saul, auch Czernichowski, * Michailowka (Krim) 28. Aug. 1875, † Jerusalem 14. Okt. 1943, hebr. Schriftsteller. – War Arzt in Rußland; lebte während der 20er Jahre in Berlin, dann, nach kurzem Aufenthalt in den USA, seit Anfang der 30er Jahre in Tel Aviv. Begann mit russ. Gedichten, nach schwierigem Übergang beherrschte er die künstler. Möglichkeiten der modernen hebr. Sprache; bed. Dichter von Sonetten, Natur- und Liebeslyrik; zu seinem umfangreichen Werk gehören ferner einfache, humorvolle

Idyllen aus der Welt der Krimjuden, Balladen mit mittelalterl. Stoffen sowie Erzählungen und Gedichte für Kinder; bed. Übersetzer (Homer, Sophokles, Goethe, ›Kalevala‹ usw.).

Literatur: Enc. Jud. Bd. 15, 1972, S. 877.

Tscherning, Andreas, * Bunzlau 18. Nov. 1611, † Rostock 27. Sept. 1659, dt. Dichter. – Sohn eines Handwerkers, floh nach Görlitz, um Rekatholisierungsmaßnahmen zu entgehen. Literaturstudium in Rostock, einige Zeit Privatlehrer in Breslau, 1644 in Rostock Prof. der Poetik. T. schrieb nach dem Vorbild von M. Opitz, mit dem er verwandt war, barocke Lyrik und eine Poetik sowie Fabeln; außerdem dt.-lat. Übersetzungen aus dem Arabischen.

Werke: Dt. und lat. Gedichte (2 Bde., 1634), Lob des Weingottes (Ged., 1634), Deutscher Getichte Früling (Ged., 1642).

Tschernyschewski (tl.: Černyševskij), Nikolai Gawrilowitsch [russ. tʃirni'ʃefskij], * Saratow 24. Juli 1828, † ebd. 29. Okt. 1889, russ. Publizist. – Studierte (nach dem Besuch des Priesterseminars Saratow) 1846–50 an der historisch-philolog. Fakultät der Univ. Petersburg, wo er die Ideen des frz. utop. Sozialismus kennenlernte; seine Magisterdissertation ›Die ästhet. Beziehungen der Kunst zur Wirklichkeit‹ (1855, dt. 1954) wurde vom Kultusministerium abgelehnt; Redakteur der Zeitschrift ↑›Sowremennik‹; 1862 als Anhänger des Sozialismus verhaftet, 1864–83 nach Sibirien verbannt. T. begründete, von W. G. Belinskis krit. Anschauungen und vom Vulgärmaterialismus ausgehend, eine rationalistisch-utilitarist. Ästhetik, die die Pflege einer realist., zweckgebundenen Kunst anstrebte; hatte als bedeutender Theoretiker des Nihilismus v. a. in den 60er Jahren des 19. Jh. großen Einfluß. In dem seinerzeit vielgelesenen Roman ›Was tun?‹ (1863, dt. 1883) behandelt T. tendenziös sozialistische Probleme.

Ausgaben: N. G. Černyševskij. Polnoe sobranie sočinenij. Moskau 1939–53. 16 Bde. Nachdr. Nendeln 1971. – N. G. T. Ausgew. philosoph. Schrr. Dt. Übers. Moskau 1953.

Literatur: BELTSCHIKOW, N. F.: Tschernyschewskij. Dt. Übers. Bln. 1948. – BROWN, RICHARD L.: Chernyshevskii, Dostoevskii, and the Peredvizhniki. Diss. Ohio University 1980. – ↑ auch Karawelow, Ljuben Stoitschew.

Tschętji minęi [slaw.] (Minei tschetji), in den slaw. Ostkirchen Sammlungen von Heiligengeschichten für jeden Tag des Kirchenjahres; in Rußland ab dem 11.Jh., insbes. die ›Velikie Minei-Čet'i‹ (= Große Monatslektionen, 12 Bde., 1552) unter der Leitung des Metropoliten Makari von Moskau. Die T. m. entsprechen etwa dem Martyrologium der lat. Kirche.

Tschikamatsu Monsaemon (tl.: Chikamatsu Monzaemon) [jap. tʃiˈka‚matsu monzaemon, tʃiˈkamatsu monza‚emon], eigtl. Sugimori Nobumori, *in der Präfektur Fukui 1653, †Osaka 22. Nov. 1724, jap. Dramatiker. – Entstammte einer Samuraifamilie; Meister des Puppenspiels (↑Bunraku), dessen dramat. Struktur er nachhaltig beeinflußte. Er schuf rund 160 romantisch-histor. (›jidai-mono‹) und bürgerl. (›sewamono‹) Schauspiele, die seine meisterhafte Beherrschung der jap. Sprache zeigen. Dt. erschien die Liebestragödie ›Der Tod als Herzenskünder zu Sonezaki‹ (UA 1703, dt. 1926 in: ›Jap. Dramen‹).
Ausgabe: T. M. Major plays. Übers. v. D. KEENE. New York 1961.

Tschilingirow (tl.: Čilingirov), Stilijan [bulgar. tʃiliŋˈgirof], *Schumen 26. Okt. 1881, †Sofia 23. Nov. 1962, bulgar. Schriftsteller. – Schrieb Gedichte, Erzählungen, Romane (bes. über die Handwerker z. Z. der Befreiung 1878), Dramen, auch Reisebeschreibungen; bed. sind sein Versroman ›Vlado Bulatov‹ (1922) sowie die kulturhistor. Abhandlung ›Bălgarski čitališta predi Osvoboždenieto‹ (= Bulgar. Lesehallen vor der Befreiung, 1930).

Tschintulow (tl.: Čintulov), Dobri [bulgar. ˈtʃintulof], *Sliwen Sept. 1822 (1823?), †ebd. 8. April 1886, bulgar. Lyriker. – Verfaßte intime Lyrik, die er teilweise selbst vertonte, sowie patriot. Gedichte, die heute noch als Volkslieder lebendig sind.
Ausgabe: D. Čintulov. Stichotvorenija. Sofia [11]1975.

Tschirikow (tl.: Čirikov), Jewgeni Nikolajewitsch [russ. ˈtʃirikɐf], *Kasan 5. Aug. 1864, †Prag 18. Jan. 1932, russ. Schriftsteller. – Ab 1920 Emigration; schrieb (z. T. autobiograph.) Romane so-

wie Erzählungen, auch Dramen. Themen nahm er aus dem Leben der Intelligenz in der Provinz. Dt. erschienen das Drama ›Die Juden‹ (1904, dt. 1904) und ›Erzählungen‹ (dt. Ausw. 1906).

Tschokusenwakaschu (tl.: Chokusen-wakashū) [jap. tʃoˈkusenwaka‚ʃuː = auf kaiserl. Befehl ausgewählte Gedichtsammlungen], Sammelbez. für 21 zwischen dem 10. und 15.Jh. kompilierte offizielle Waka-Anthologien, deren berühmteste und älteste das von Ki no Tsurajuki herausgegebene ›Kokin wakashū‹ (auch ›Kokin-shū = Gedichte aus alter und neuer Zeit, 913/914) ist.

Tschopikaschwįli (tl.: Čopikašvili), Alexandr Michailowitsch, georg. Schriftsteller, ↑Kasbegi, Alexandr Michailowitsch.

Tschorbadschiski (tl.: Čorbadžijski), Dimitar Christow [bulgar. tʃorba-ˈdʒijski], bulgar. Schriftsteller, ↑Tschudomir.

Tschorny (tl.: Čorny) [weißruss. ˈtʃɔrnɨ], Kusma, eigtl. Mikalai Karlawitsch Ramanoŭski, *Borki bei Minsk 24. Juni 1900, †Minsk 22. Nov. 1944, weißruss.-sowjet. Schriftsteller. – T. gilt als einer der Begründer des weißruss. sozialpsycholog. Romans auf der Grundlage des sozialist. Realismus. Er neigt zum Patriotisch-Monumentalen; schrieb auch kleinere Erzählungen und meist satir. Feuilletons, trat als Dramatiker hervor; Schilderer der Mentalität der weißruss. Bauern.
Werke: Bac'kaŭščyna (= Vaterland, R., 1931), Trècjae pakalenne (= Die dritte Generation, R., 1935).
Ausgabe: K. Čorny. Zbor tvoraŭ. Minsk 1972–75. 8 Bde.

Tschubak (tl.: Čubak), Sadegh [pers. tʃuˈbæk], *Buschir 1916, pers. Schriftsteller. – Verfaßte Novellen (u. a. ›Antarī ke lūṭiaš morde būd‹ [= Der Affe, dessen Herr gestorben war], 1949), Romane (›Tangsīr‹, 1963) und meist kurze dramat. Werke. Beeinflußt von S. Hedajat, schildert er meist das Verhalten und die seel. Struktur einfacher Leute. Seine Sprache ist reich an umgangssprachl. Elementen.

Tschuchonzew (tl.: Čuchoncev), Oleg Grigorjewitsch [russ. tʃuˈxɔntsɨf],

*Pawlowski Posad (Gebiet Moskau) 8. März 1938, russ. Lyriker. – Seine (zeitweilig angegriffenen) Gedichte verraten Menschlichkeit, Religiosität, ein Gespür für das Gültige.

Werke: Iz trech tetradej (= Aus drei Heften, Ged., 1976), Sluchovoe okno (= Das Dachfenster, Ged., 1983), Stichotvorenija (= Gedichte, 1989).

Tschudomịr (tl.: Čudomir), eigtl. Dimitar Christow Tschorbadschiski, *Turija (Verw.-Geb. Stara Sagora) 1. April 1890, †Sofia 26. Dez. 1967, bulgar. Schriftsteller. – Meister der kurzen humorist. und satir. Erzählung (›Ne säm ot tjach‹ [= Ich gehöre nicht zu denen], Humoresken, 1935; ›Das Begräbnis u. a. heitere Geschichten‹, dt. Ausw. 1962); auch bildender Künstler.

Ausgabe: Čudomir. Säčinenija. Sofia 1969–70. 3 Bde.

Tschukowskaja (tl.: Čukovskaja), Lidija Kornejewna [russ. tʃuˈkɔfskɛjɐ], *Helsinki 24. März (?) 1907, russ. Schriftstellerin. – Tochter von K. I. Tschukowski; schilderte die Schrecken der Stalinzeit; Eintreten für die Menschenrechte; neben Erzählwerken auch Schriften, Kritiken, Gedichte; 1974 Ausschluß aus dem Schriftstellerverband.

Werke: Ein leeres Haus (R., Paris 1965, dt. 1967), Untertauchen (R., Paris 1972, dt. 1975), Zapiski ob Anne Achmatovoj (2 Bde., Paris 1976–80, dt. u. d. T. Aufzeichnungen über Anna Achmatowa, Bd. 1 1987), Process isključenija (= Der Prozeß des Ausschlusses, Paris 1979), Pamjati detstva (= Kindheitserinnerungen, New York 1983).

Tschukowski (tl.: Čukovskij) [russ. tʃuˈkɔfskij], Kornei Iwanowitsch, eigtl. Nikolai Wassiljewitsch Korneitschukow, *Petersburg 31. März 1882, †Moskau 28. Okt. 1969, russ.-sowjet. Kinderbuchautor und Literarhistoriker. – Begann als Journalist mit literaturkrit. Arbeiten; wandte sich später insbes. der Kinderliteratur zu. Er widmete sich der Erforschung der Kindersprache, deren Ergebnisse er in seinen Versmärchen berücksichtigte, so z. B. in den Märchen ›Wasch dich rein‹ (1923, dt. 1934) und ›Die Fliege Sisesum‹ (1924, dt. 1936). T. übersetzte auch Kinderliteratur und v. a. Werke der amerikan. und engl. Literatur; bed. seine Forschungen über N. A. Nekrassow (1952). 1979 Herausgabe von

›Čukokkala: rukopisnyj (= handschriftl.) al'manach K. Čukovskogo‹.

Ausgabe: K. I. Čukovskij. Sobranie sočinenij. Moskau 1965–69. 6 Bde.

Tschumạndrin (tl.: Čumandrin), Michail Fjodorowitsch, *Tula 1905, ✕ in Finnland 4. Febr. 1940, russ.-sowjet. Schriftsteller. – Arbeiter; später Redakteur; führend in der Leningrader proletar. Schriftstellervereinigung; Vertreter der sowjet. Arbeiterdichtung; wurde trotz seiner sozialist. Themenstellung als Vertreter kleinbürgerl. Gedanken angegriffen; konnte sich durch öffentl. Selbstkritik und Denunziation retten. Am bekanntesten ist sein Roman ›Konfitürenfabrik Rabléwerke‹ (1928, dt. 1930).

Tsereteli ↑ Zereteli.

Tsongkhapa (bCong-k'a-pa), *im Bezirk Tsong-k'a (Ost-Tibet) 1357, †im Kloster Galdan (Zentraltibet) 1419, tibet. Philosoph und Reformator des Lamaismus. – Gründete die Sekte der dGe-lugspas, an deren Spitze später die Dalai-Lamas standen (wegen der gelben statt roten Mütze auch ›gelbe Kirche‹ genannt). Unter seinen 316 Schriften finden sich Kommentare zum ›Kandschur‹ (bes. zur Ordenszucht). Seine Hauptwerke sind ›sNgags-rim ch'en-mo‹ (= Der große Stufenweg des geheimen Mantras, 1405), in dem er den Tantrismus kritisch behandelt, und das ›Byang-chub lam-rim‹ (= Der große Stufenweg zur Erleuchtung, 1403).

Tsuboutschi (tl.: Tsubouchi), Schojo [jap. tsuˈboˌutʃi], eigtl. Tsuboutschi Juso, *Ota bei Gifu 22. Mai 1859, †Atami (Schisuoka) 28. Febr. 1935, jap. Schriftsteller. – War Dozent für europ. Geschichte und engl. Literatur; schuf eine jap. Gesamtübersetzung der Werke Shakespeares. Seine literar. Arbeiten stehen unter dem Einfluß des europ. Realismus und Naturalismus; gab sowohl dem modernen jap. Theater als auch dem Roman wesentl. Impulse. Seine romantheoret. Schrift ›Shosetsu shinzui‹ (= Das Wesen des Romans, 1885/86, engl. u. d. T. ›The essence of the novel‹, 1956/1957) galt als bahnbrechend; der Vermittler zwischen westl. und östl. Vorstellungswelt; schrieb erzählende und dramat. Dichtungen, v. a. aber literaturkrit.

Essays. In dt. Übersetzung liegt vor: ›Ein Blatt vom Kiri Baum‹ (Dr., 1894/95, dt. 1937, in: ›Das jap. Theater‹).

Tuchman, Barbara [engl. 'tʌtʃmən], geb. **B.** Wertheim, * New York 30. Jan. 1912, † Greenwich (Conn.) 6. Febr. 1989, amerikan. Journalistin und Historikerin. – War 1936–38 Kriegsberichterstatterin in Spanien, im 2. Weltkrieg in London. Erhielt 1963 den Pulitzerpreis in der Kategorie ›Non-fiction‹ für ihre histor. Darstellungen ›August 1914‹ (1962, dt. 1964) und 1972 für ›Sand gegen den Wind – Amerika und China 1911–1945‹ (1971, dt. 1973).
Weitere Werke: Bibel und Schwert (1956, dt. 1983), Der stolze Turm (1966, dt. 1969), Der ferne Spiegel (1978, dt. 1980), In Geschichte denken. Essays (1981, dt. 1982), Die Torheit der Regierenden. Von Troja bis Vietnam (1982, dt. 1986), Der erste Salut (1988, dt. 1988).

Tucholsky, Kurt [...ki], Pseudonyme Kaspar Hauser, Peter Panter, Theobald Tiger, Ignaz Wrobel, * Berlin 9. Jan. 1890, † Göteborg 21. Dez. 1935, dt. Journalist und Schriftsteller. – Nach Jurastudium, Teilnahme am 1. Weltkrieg und kurzem Bankvolontariat Mitarbeiter der Zeitschrift ›Schaubühne‹ (später ›Weltbühne‹), die er nach S. Jacobsohns Tod 1926 zeitweilig herausgab; nach und nach von C. von Ossietzky entlastet, dann abgelöst; lebte bereits ab 1924 größtenteils im Ausland, ab 1929 ständig in Schweden; 1933 aus Deutschland ausgebürgert und verfemt. Gequält und geschwächt von einer Krankheit und deprimiert von den polit. Verhältnissen in Deutschland nahm er sich am 21. Dez. 1935 das Leben. – T. war Satiriker mit Vorliebe für Kleinformen der Prosa und der Versdichtung; oft formbestimmender Einfluß des Kabarettistischen. Mit Beginn der 20er Jahre entwickelte sich unter seinem Einfluß die ›Weltbühne‹, ursprünglich eine reine Theaterzeitschrift, zu einem Organ der linken Intellektuellen. Hier versuchte er die positiven Seiten, v. a. die demokrat. Verfassung der Weimarer Republik zu verteidigen, indem er in satir. Artikeln und Gedichten ihre Schwächen anprangerte: Nationalismus, Militarismus, Korruption in der Justiz und im Pressewesen, die geistige Unbeweglichkeit des Berufsbeamtentums.

Die Zeitkritik des radikalen Pazifisten T. basierte auf aufklärer. Ideen; inhaltlich lassen sich Einflüsse von G. Ch. Lichtenberg, formal von H. Heine nachweisen. T. schrieb außer desillusionierend sarkast. und bitter iron. Werken auch (z. T. auf Wunsch seines Verlegers) heiter beschwingte Skizzen, häufig aus dem Berlin der 20er Jahre.

Kurt
Tucholsky

Werke: Rheinsberg. Ein Bilderbuch für Verliebte (1912), Der Zeitsparer (Grotesken, 1914), Fromme Gesänge (1919), Träumereien an preuß. Kaminen (1920), Ein Pyrenäenbuch (Reiseber., 1927), Mit 5 PS (1928), Deutschland, Deutschland über alles. Ein Bilderbuch 1929; mit J. Heartfield), Das Lächeln der Mona Lisa (1929), Lerne lachen ohne zu weinen (1931), Schloß Gripsholm (R., 1931).
Ausgaben: K. T. Ausgew. Briefe. Rbk. 1962. – K. T. Ein Leseb. f. unsere Zeit. Hg. v. W. VICTOR. u. Weimar [9]1970. – K. T. Briefe an seine Katholikin. 1929–1931. Rbk. [3]1970. – K. T. Ges. Werke. Hg. v. M. GEROLD-TUCHOLSKY u. F. J. RADDATZ. Neuausg. Rbk. 1975–89. 10 Bde. u. Erg.-Bd.). – K. T. Briefe aus dem Schweigen. 1932–1935. Hg. v. M. GEROLD-TUCHOLSKY u. G. HUONKER. Rbk. 1977 (Tb.-Ausg. Rbk. 1984). – K. T. Die Q-Tagebücher 1934–35. Hg. v. M. GEROLD-TUCHOLSKY u. G. HUONKER, Rbk. 1978. – K. T. Unser ungelebtes Leben. Briefe an Mary. Hg. v. F. J. RADDATZ. Rbk. 9.–13. Tsd. 1982. – K. T. Ges. Gedichte. Hg. v. M. GEROLD-TUCHOLSKY. Rbk. 1983. – K. T. Ausgew. Werke. Bearb. v. F. J. RADDATZ. Neuausg. Rbk. 1994. 2 Bde.
Literatur: POOR, H. L.: K. T. and the ordeal of Germany, 1914–1935. New York 1968. – K. T. 7 Beitrr. zu Werk u. Wirkung. Hg. v. I. ACKERMANN. Mchn. 1981. – PRESCHER, H.: K. T. Bln. [2]1982. – GRENVILLE, B. P.: K. T. Dt. Übers. Mchn. 1983. – KING, W. J.: K. T. als polit. Publizist. Ffm. u. a. 1983. – K. T. Hg. v. H. L. ARNOLD. Mchn. u. a. [2]1985. – HEEP, M.: K. T. Biograph. Annäherungen. Rbk. 1993. – RADDATZ, F. J.: T.,

ein Pseudonym. Rbk. 1993. – SCHULZ, KLAUS-PETER: K. T. Rbk. 143.–145. Tsd. 1993. – BEMMANN, H.: K. T. Neuausg. Ffm. u. a. 1994. – K. T. 1890–1935. Ein Lebensbild. Hg. v. R. VON SOLDENHOFF. Neuausg. Whm. 1994.

Tucić, Srđan [serbokroat. 'tutsitɕ], * Požega 9. Febr. 1873, † New York 2. Sept. 1940, kroat. Dramatiker. – Theaterleiter in Osijek und Zagreb, Direktor am bulgar. Nationaltheater (1902); verließ am Vorabend des Krieges 1914 sein Land. T. schrieb neben Erzählungen und Gedichten v. a. naturalist. Dramen mit sozialer Tendenz, die den Einfluß L. N. Tolstois und G. Hauptmanns zeigen. Später kam er zu einem romant. Mystizismus.
Werk: Das letzte Kapitel (Dr., 1899, dt. nacherzählt von A. Roda Roda 1919).

Tuckerman, Frederick Goddard [engl. 'tʌkəmən], * Boston (Mass.) 4. Febr. 1821, † Greenfield (Mass.) 9. Mai 1873, amerikan. Lyriker. – War 1844–47 als Anwalt tätig; lebte danach zurückgezogen und widmete sich der Astronomie, Botanik und Literatur. Seine romant. ›Poems‹ (1860), die bei seinen Zeitgenossen R. W. Emerson, H. W. Longfellow und A. Tennyson auf positive Kritik stießen, fanden erst nach ihrer Wiederentdeckung durch W. Bynner (›The sonnets of F. G. T.‹, hg. 1931) entsprechende Würdigung.
Ausgabe: The complete poems of F. G. T. Hg. v. N. S. MOMADAY. London u. New York 1965.
Literatur: GOLDEN, S. A.: F. G. T. New York 1966. – LYNCH, TH. P.: Quick fire for frost. A study of the poetry of F. G. T. Diss. Columbia University New York 1972.

Tudertinus, Jacobus, italien. Dichter, † Iacopone da Todi.

Tudscharow (tl.: Tudžarov), Christo Pawlow [bulgar. tu'dʒarof], bulgar. Lyriker, † Jassenow, Christo.

Tuffolina [italien. tuffo'li:na], Pseudonym der italien. Schriftstellerin und Journalistin Matilde † Serao.

Tu Fu (Du Fu) [chin. dufu], * Tuling (Schensi) 712, † Leiyang (Hunan) 770, chin. Dichter. – Er gilt neben Li Po, mit dem er freundschaftlich verbunden war, als Chinas bedeutendster Dichter. Meist in bescheidenen Umständen lebend, widmete er viele seiner erhaltenen knapp 1 500 Gedichte den sozialen und politi-

schen Nöten des Volkes, v. a. der Unbill des Krieges. Ihre formale Strenge und natürliche Sprache beeinflußten z. B. Po Chü-i, Han Yü, Wang An-shih und Huang T'ing-chien.
Ausgabe: Tu Fu. Gedichte. Dt. Übers. v. E. VON ZACH. Hg. v. R. HIGHTOWER. Cambridge (Mass.) 1952. 2 Bde.
Literatur: HUNG, W.: Tu Fu, China's greatest poet. Cambridge (Mass.) 1952. – DAVIS, A. R.: Tu Fu. New York 1971.

Tügel, Ludwig, * Hamburg 16. Sept. 1889, † Ludwigsburg 25. Jan. 1972, dt. Schriftsteller. – War u. a. Kaufmann, lebte seit 1928 als freier Schriftsteller in Ludwigsburg. Nach expressionist. Anfängen begann T. mit der Erzählung ›Die Treue‹ (1932) die Reihe der vielschichtigen realist., an W. Raabe erinnernden Prosawerke, die für ihn kennzeichnend sind.
Weitere Werke: Der Wiedergänger (R., 1929), Sankt Blehk oder Die große Veränderung (R., 1934), Pferdemusik (R., 1935), Lerke (E., 1937), Die Charoniade (R., 1951, 1961 u. d. T. Auf dem Strom des Lebens), Die Dinge hinter den Dingen (En., 1959), Ein ewiges Feuer (R., 1963).

Tügel, Tetjus, eigtl. Otto T., * Hamburg 18. Nov. 1892, † Bremervörde 23. Okt. 1973, dt. Schriftsteller und Maler. – Bruder von Ludwig T.; lebte lange in Worpswede. Verfasser von Romanen, Novellen und Gedichten. Stellte in seinen Werken v. a. das Leben der Bauern und die niederdt. Landschaft dar.
Werke: Nicht nur wir (Ged., 1921), Lamm im Wolfspelz (R., 1941), Gold im Nebel (R., 1944), Ödlandfrauen (Nov.n, 1947), Der Teufel der schönen Frauen (Nov.n, 1949), Ein Herz kommt um (R., 1951), Ungestüm und still geworden (Ged., 1965).

Tuglas, Friedebert, eigtl. F. Mihkelson, * Ahja (Kreis Dorpat) 2. März 1886, † Reval 15. April 1971, estn. Schriftsteller. – Führender Prosaist der Noor-Eesti-(Jung-Estland-)Gruppe, der in Weiterentwicklung des krit. Realismus früh zu einem neuen, eigenen Stil fand; verarbeitete in seinem Schaffen, das v. a. stilistisch hervorragende Novellen umfaßt, verschiedene literar. Strömungen; wirkte zwischen den Weltkriegen auch als Herausgeber, Kritiker und Literaturhistoriker auf das estn. literar. Leben; Verfasser von Reisebüchern und Erinnerungen; auch Übersetzer.

Werke: Saatus (= Schicksal, Nov.n, 1917), Teekond Hispaania (= Reise nach Spanien, Reiseber., 1918; dt. in: Wo einst Karthago stand, 1968), Der goldene Reifen (Nov.n, 1936, dt. 1961), Illimar (R., 1937, dt. 1959).

Tukarām, * in der Nähe von Dehu bei Puna um 1608, † 24. Febr. 1649, ind. Dichter. – Bed. Marāthī- und Hindī-Dichter; gehörte der Śūdra-Kaste der Gemüsehändler an, entsagte nach dem frühen Tod der Eltern und der Ehefrau dem weltl. Leben und besang in Tausenden von Abhangas (Lieder mit Binnenreim) und Kīrtans (mit Hymnengesang verbundene Predigten) die Liebe zwischen Krischna und den Hirtenmädchen (›gopī‹) und wurde so zum populärsten Dichter der Bhaktibewegung Südindiens, die die Liebe zu einem persönl. Gott als Weg zur Erlösung über den durch Erkenntnis stellt.
Literatur: T. Les psaumes du pèlerin. Hg. v. G. A. DELEURY. Paris 1956. – LOKHANDE, A.: Tukarama, his person and religion. Ffm. u. a. 1976.

Tukulti-Ninurta-Epos, nur fragmentarisch erhaltenes histor. Epos in akkad. Sprache von mindestens 700 Zeilen über den siegreichen Babylon-Feldzug des assyr. Königs Tukulti-Ninurta I. (1233–1197), verfaßt aus einseitig assyr. Sicht, wohl zur Rechtfertigung des harten militär. Vorgehens gegen Babylon, das als Ausführung des Götterzorns gegen dessen König Kaschtiliasch IV. dargestellt wird.
Literatur: LAMBERT, W. G.: Three unpublished fragments of the T.-N. epic. In: Arch. f. Orientforsch. 13 (1939–41), S. 38.

Tullin, Christian Braunmann [norweg. tʉ'liːn], * Christiania (heute Oslo) 6. Sept. 1728, † ebd. 21. Jan. 1765, norweg. Schriftsteller. – T.s Rokokolyrik weist auf kontinentale Vorlagen hin; sein Hauptwerk, das Gedicht ›En maji-dag‹ (1758), führte die Naturdarstellung in die dän.-norweg. Lyrik ein.
Ausgabe: Ch. B. T.s samtlige skrifter. Oslo Neuaufl. 1972–76. 3 Bde.
Literatur: NORENG, H.: Ch. B. T., kultur og natur i en norsk klassikers verk. Oslo 1951.

Tulsīdās, * Raipur (Distrikt Banda) 1532, † Benares (heute Varanasi) 27. Juli 1623, ind. Dichter. – Die in Althindī verfaßten Werke des T. sind v. a. der Rāmaverehrung gewidmet. Seinem Hauptwerk ›Rāmcaritmānas‹ (= See des Lebens-

laufs des Rāma) ist eine Nachdichtung des ›Rāmāyana‹, die v. a. sittl. Handeln im Rahmen eines orthodoxen Hinduismus propagiert. Sein Werk war wichtig im Kulturkampf gegen den Islam.
Ausgaben: T. Rāmcaritmānas. Ein ind. Gedicht vom Erdenwandel Gottes aus dem 16. Jh. Der hl. See der Taten Rāmas. Dt. Übers. u. hg. v. P. GAEFFKE. Stg. 1975. – Complete works of Gosvami Tulsidas. Übers. v. S. P. BAHADUR. Varanasi 1978 ff.

Tumanjan, Owanes [Tadewossowitsch], * Dsech (im heutigen Rayon Tumanjan) 19. Febr. 1869, † Moskau 23. März 1923, armen. Schriftsteller. – Gilt als einer der bedeutendsten armen. Dichter; schrieb Gedichte und Poeme, auch Legenden, Märchen und Fabeln. Die Themen seiner Werke stammen v. a. aus dem armen. Bauernleben; wirkte auch als Publizist und setzte sich für die kulturelle, bes. literar. Entwicklung Armeniens ein.
Ausgabe: Jowhannes Thovmanean. Das Taubenkloster. Essays; Gedichte u. Verslegenden; Poeme; Prosa. Dt. Übers. Hg. v. E. ERB. Bln. 1972.
Literatur: INGLISIAN, V.: Die armen. Lit. In: Hdb. der Orientalistik. Abt. 1, Bd. 7. Leiden 1963. S. 247.

Tumas, Juozas [litauisch 'tʊmas], litauischer Schriftsteller, † Vaižgantas.

Tumler, Franz [Ernest Aubert], * Gries bei Bozen 16. Jan. 1912, österr. Schriftsteller. – Lyriker und Erzähler, lebt seit den 1950er Jahren v. a. in Berlin. In mehrschichtigen Erzählverfahren setzt sich T. einfühlsam mit allgemein menschl. Problemen auseinander, wobei Weltbezogenheit, Themen mit politischaktuellem Bezug (u. a. Südtirol) mit individuellem Erleben verknüpft werden. Auch Landschaftsbücher.
Werke: Das Tal von Lausa und Duron (E., 1935), Die Wanderung zum Strom (E., 1937), Anruf (Ged., 1941), Der alte Herr Lorenz (R., 1949), Ein Schloß in Österreich (R., 1953), Der Schritt hinüber (R., 1956), Der Mantel (R., 1959), Aufschreibung aus Trient (R., 1965), Welche Sprache ich lernte (Ged., 1970), Das Land Südtirol. Menschen, Landschaft, Geschichte (1971), Sätze vom Donau (Prosa, 1972), Pia Faller (E., 1973), Landschaften und Erzählungen (Ausw., 1974), Das Zerteilen der Zeit (Ged., 1989).
Literatur: BURGER, W.: Heimatsuche. Südtirol im Werk F. T.s Ffm. u. a. 1989. – HUBER, L.: Die

Architektur des Textes. Das Verhältnis von Raum- zu Sprachkonstrukten in F. T.s Prosa. Ffm. u. a. 1994.

Tu Mu (Du Mu) [chin. dumu], * Wannien (Schensi) 803, † 852, chin. Dichter. – Er heißt der ›kleine Tu‹, neben dem großen Tu Fu, gilt aber neben Li Shang-yin (* 813, † 858) und Li Ho (* 790, † 816) als bedeutendster Vertreter der Lyrik der Spät-T'ang-Zeit. In manierist., sensibler Sprache schildert er die Lustbarkeiten, aber auch seine Einsamkeit auf der Welt.
Literatur: KUBIN, W.: Das lyr. Werk des Tu Mu. Versuch einer Deutung. Wsb. 1976.

Tung Chung-shu (Dong Zhongshu) [chin. dʊŋdʒʊŋʃu], * etwa 179, † 93, chin. Philosoph und Staatsmann. – Als Minister des Han-Kaisers Wu (regierte 140–87) beeinflußte er dessen Reformpolitik. Sein ›Ch'un-ch'iu fan-lu‹ (= Üppiger Tau zum Frühling und Herbst) ist dem Titel nach eine Art Kommentar zum ›Ch'un-ch'iu‹ des Konfuzius. Durch synkretist. Verschmelzung konfuzian. mit anderen Lehren schuf es die Voraussetzung dafür, daß Kaiser Wu den Konfuzianismus zur Staatsideologie machen konnte.
Literatur: FRANKE, O.: Studien zur Gesch. des konfuzian. Dogmas u. der chin. Staatsreligion. Hamb. 1920.

Tunnel über der Spree, Berliner gesellig-literar. Zirkel, 1827 von M. G. Saphir gegr.; bestand bis 1897. Dem Kreis gehörten u. a. die Maler und Zeichner Theodor Hosemann und Adolph Menzel, der Kunsthistoriker und Schriftsteller Franz Theodor Kugler sowie Th. Fontane, Th. Storm, P. Heyse, Ch. F. Scherenberg, M. von Strachwitz, E. Geibel, F. Dahn und H. Seidel an.
Literatur: BEHREND, F.: Gesch. des T.s ü. d. S. Bln. 1938. – KRUEGER, J.: Neues vom T. ü. d. S. In: Marginalien 7 (1960).

Tunström, Göran [schwed. ˌtʊnstrœm], * Karlstad (Värmland) 14. Mai 1937, schwed. Schriftsteller. – Der värmländ. Dichtertradition, v. a. S. Lagerlöf, verbunden, schreibt T. eine visionäre, phantasievolle und psychologisch einfühlsame Prosa; bed. auch als Lyriker. Menschl. Leid, die Relativität der Zeit und die Identitätsproblematik sind Themen seiner Dichtung.
Werke: Inringning (Ged., 1958), Två vindar (Ged., 1960), Karantän (R., 1961), Maskrosbol-

len (R., 1962), Familjeliv (R., 1964), Om förtröstan (Ged., 1965), Samtal med marken (Ged., 1969), De heliga geograferna (R., 1973), Guddöttrarna (R., 1975), Prästungen (autobiogr. R., 1976), Ökenbrevet (R., 1979), Sorgesånger (Ged., 1980), Solveigs Vermächtnis (R., 1983, dt. 1989), Indien – en vinterresa (Reise-E., 1984), Der Dieb (R., 1986, dt. 1991), Chang Eng (Dr., 1987).

Tuohy, Frank, eigtl. John Francis T. [engl. 'tuːɪ], * Uckfield (Sussex) 2. Mai 1925, engl. Schriftsteller. – Schildert in Romanen und Erzählungen Phänomene der Isolation und Entfremdung durch das Aufeinandertreffen verschiedener Kulturen, aber auch innerhalb einer homogenen Gesellschaft. Hierzu wählt er Schauplätze seines eigenen Lebens als Universitätsdozent u. a. in Finnland (1947/48), Brasilien (1950–56), Polen (1958–60), Japan (1964–67) und den USA (1970/71, 1976, 1980); auch Verfasser einer Reisebeschreibung (›Portugal‹, 1968, dt. 1970) sowie einer Biographie von W. B. Yeats (1976).
Weitere Werke: The animal game (R., 1957), The warm nights of January (R., 1960), The ice saints (R., 1964), Fingers in the door (En., 1970), The collected stories (En., 1984).

Tuptalo, Danylo Sawytsch, russ. Kleriker und Schriftsteller ukrain. Herkunft, ↑ Dmitri Rostowski.

Tupý, Karel Eugen [tschech. 'tupiː], tschech. Lyriker, ↑ Jablonský, Boleslav.

Turèll, Dan [dän. tu'rɛl], * Kopenhagen 19. März 1946, dän. Schriftsteller. – Veröffentlichte 1966 den Lyrikband ›Vibrationer‹, hatte den eigentl. Durchbruch mit dem erzählenden Gedicht ›Vangede billeder‹ (1975), in dem er das Arbeitermilieu einer Kopenhagener Vorstadt, in der er seine Jugend verbrachte, beschreibt. In den späten 60er Jahren Teilnehmer an vielen Aktionen am Rande der Studentenunruhen. Der Traum von Freiheit und die Ablehnung jegl. Autorität bestimmen sein Werk, das zugleich von amerikan. Schriftstellern der ↑ Beat generation und vom Buddhismus beeinflußt ist.
Weitere Werke: Områder af skiftende tæthed og tomhed (Ged., 1970), Karma cowboy (Ged., 1974), Drive-in digte (Ged., 1976), 3-D digte (Ged., 1977), Mord im Dunkeln (R., 1981, dt. 1991), Mord på Malta (R., 1982).
Literatur: HØJRIS, R.: D. T., samtale og introduktion. Kopenhagen 1977.

Turgenjew, Iwan [Sergejewitsch], russ. Iwan Sergejewitsch Turgenew (tl.: Turgenev) [russ. tur'gjenɪf], * Orel 9. Nov. 1818, † Bougival bei Paris 3. Sept. 1883, russ. Schriftsteller. – Aus einer Adelsfamilie; nach Studien in Rußland (Philologie) 1838–41 Studium in Berlin; dort Bekanntschaft mit der Philosophie G. W. F. Hegels; 1842–44 im Staatsdienst; lebte ab 1856 vorwiegend in Deutschland (Baden-Baden) und Frankreich; Begleiter der Sängerin Pauline Viardot-Garcia; enge Verbindungen v. a. zu frz. Dichtern, so zu G. Flaubert; bevorzugte, nachdem er mit Gedichten und Verserzählungen im Stil der Romantik keinen Erfolg hatte, eine lyr. Prosa. Seine dramat. Werke aus der Zeit 1843–51 hatten auf der Bühne überwiegend keine bleibende Wirkung. T. ist v. a. im westl. Ausland am bekanntesten als Erzähler des Realismus. In den sprachlich meisterhaft verdichteten ›Aufzeichnungen eines Jägers‹ (2 Bde., 1852, dt. 1854/55), skizzenartige Erzählungen über das Leben der Bauern, verbunden mit Naturschilderungen, und in fast allen Romanen sind die sozialen und polit. Probleme der Zeit enthalten. T. ist Meister der Darstellung passiver Charaktere, versagender Fortschrittler, skept. ›Nihilisten‹, ›überflüssiger‹ Intellektueller, denen der Antrieb zum Handeln fehlt (›Väter und Söhne‹, R., 1862, dt. 1869); weniger gelungen sind die aktiven Helden; hervorragende Charakterisierung bes. der weibl. Gestalten. Die Landschaftsschilderung ist für T. oft ein bed. Kompositionselement. Die Kritik zieht häufig T.s Novellistik wegen ihrer stilist. Geschlossenheit (›Assja‹, 1858, dt. 1869; ›Das Lied der triumphierenden Liebe‹, 1881, dt. 1884) seinem Romanwerk vor; im Alter zunehmende Einwirkung des Schopenhauerschen Pessimismus, bes. in seinen kunstvoll stilisierten, emotionalen und didakt. ›Senilia. Dichtungen in Prosa‹ (1882, dt. 1883). T.s vielfältiges Erzählwerk bildet mit Tolstois und Dostojewskis Romanen den Höhepunkt der russ. realist. Literatur des 19. Jahrhunderts.

Weitere Werke: Andrej Kolossow (Nov., 1844, dt. 1884), Mumu (E., 1854, dt. 1864), Zwei Freunde (Nov., 1854, dt. 1884), Ein stiller Winkel (Nov., 1854, dt. 1920), Ein Monat auf dem Lande (Kom., 1855, dt. 1943), Rudin (R., 1856, dt. 1869), Das adelige Nest (R., 1859, dt. 1862), Am Vorabend (R., 1860, dt. 1910, 1871 u. d. T. Helene), Erste Liebe (E., 1860, dt. 1864), Dunst (R., 1867, dt. 1868), Ein König Lear der Steppe (Nov., 1870, dt. 1871), Frühlingswogen (Nov., 1872, dt. 1872), Die Uhr (E., 1876, dt. 1878), Neuland (R., 1877, dt. 1877), Klara Militsch (Nov., 1883, dt. 1883).

Ausgaben: I. S. Turgenev. Polnoe sobranie sočinenij i pisem. Moskau u. Leningrad 1960–68. 28 Bde. – I. S. T. [Werke in 3 Bden.]. Dt. Übers. Mchn. ¹⁻⁵1967–87. – I. S. Turgenev. Sobranie sočinenij. Moskau 1975–79. 12 Bde. – I. S. T. [Ges. Werke]. Dt. Übers. Bln. u. a. Neuaufl. 1979–85. 10 Bde. – I. S. Turgenev. Polnoe sobranie sočinenij i pisem. Moskau ²1980 ff. 30 Bde. – I. S. T. Das erzähler. Werk. Dt. Übers. Mchn. 1983. 4 Bde. – Gustave Flaubert u. I. Turgenev. Briefwechsel 1863–1880. Dt. Übers. Hg. v. P. URBAN. Bln. 1989.

Literatur: MAUROIS, A.: Tourguéniev. Paris Neuaufl. 1952. – BRANG, P.: I. S. Turgenev. Wsb. 1977. – SCHAPIRO, L.: Turgenev. Oxford 1978. – KOSCHMAL, W.: Das poet. System der Dramen I. S. Turgenevs. Mchn. 1983. – KOSCHMAL, W.: Vom Realismus zum Symbolismus. Zu Genese u. Morphologie der Symbolsprache in den späten Werken I. S. Turgenevs. Amsterdam 1984. – KOTTMANN, H.: I. Turgenevs Bühnenwerk. Bern u. a. 1984.

Iwan Turgenjew

Türheim, Ulrich von, mhd. Epiker, † Ulrich von Türheim.

türkische Literatur, als t. L. im engeren Sinn gilt die Literatur in türk. Sprache in Anatolien und der europ. Türkei einschließlich Zyperns und der türkisch beeinflußten Balkangebiete. Ihre zeitl. Definition reicht vom Rum-Seldschukischen über das Altosmanische (13. bis 15. Jh.), Mittelosmanische (15. Jh.) und das Hoch- und Spätosmanische (16./17.

und 17.–20.Jh.) bis zur Gegenwartssprache der türk. Republik.

Belege existieren seit dem **13. Jahrhundert** in Gestalt von histor. Aufzeichnungen sowie Verarbeitungen alter Epenstoffe. Der Derwischdichtung kommt eine bes. Rolle zu. Einer der ersten nachweisbaren Dichter war Sultan Veled (* 1226, † 1312), Sohn von Dschalal od-Din Rumi. Schon vor der Eroberung Konstantinopels war der Mystiker Yunus Emre von Bedeutung; er ist bis heute ein Vorbild für alle türk. Dichter, die sich der starken Überfremdung durch arabisch-pers. Elemente widersetzen. Außerdem weist er eine auffallende Nähe zu modernsten Tendenzen auf, zumal er, unter Betonung des Volkstümlichen, dem Schematismus der klass. Hochliteratur – kennzeichnend für die ›hochosman.‹ Periode des 16./17.Jh. – fernstand.

In **altosman.** Zeit war die Hof- und Gelehrtendichtung einflußreich, die sich auf regionale Zentren wie Bursa, Germiyan und Konya konzentrierte. Adaptationen gesamtislam. Epenstoffe wie ›H̱usraw u Šīrīn‹, ›Laylā u Maǧnūn‹ durch bed. Lokaldichter wie T. I. Ahmedî, Faẖri und Y. S. Şeyhî (beide 14./15.Jh.), die z. T. erheblich von dem Perser Nesami abweichen, bilden den Grundstock der osman. Kunstliteratur. Von den gleichen Stoffen existieren Versionen, die z. T. schriftlich variiert, oft aber nur mündlich tradiert sind. Die eigentl. altosman. Literatur endete mit dem 15. Jahrhundert. Noch heute populäres Werk dieser Zeit ist eine Vita des Propheten Mohammed von Süleyman Çelebi.

In der **mittelosman. Literatur** kommt den Chronisten und Reichsannalisten bes. Bedeutung zu. Unter diesen Autoren war v. a. Evliyā Çelebi berühmt geworden, der in seinem alle Maßstäbe sprengenden zehnbändigen ›Seyāẖatnāme‹ (= Reisebuch, gedr. 1898–1938, dt. Teil-Übers. 1957 u. d. T. ›Im Reiche des Goldenen Apfels‹) Daten zur Volks- und Völkerkunde, Zeitgeschichte und Geographie beitrug, wobei er auch Erfundenes darunter mischte. Von großer Bedeutung ist auch das ›Humāyūnnāme‹ (= Kaiserbuch, in zahlreichen Handschriften verbreitet) des ‘Alī Çelebi († 1543 oder 1544), das den Stoff des altind. Fabelbuchs ›Kalila und Dimna‹ behandelt. Die Chronisten Ibrahim Peçevi (* 1574, † 1649?) und Mustafa Naima (* 1655, † 1716) hielten sich mehr an die Fakten. Bei diesen Prosaisten bestand weniger als bei den Vertretern der Lyrik (bed. im 16.Jh. v. a. Muhammad Ibn Sulaiman Fuz̄ūlī und Mahmut Abdülbaki), der führenden Literaturgattung bis gegen Ende des 19.Jh., ein Sprachproblem. In der Lyrik fand sich eine Vermischung arabisch-pers. und türk. Elemente, die das Verständnis sehr erschwerte, die aber, als artifizielles Instrument bewußt eingesetzt, mit zusätzl. Wort- und Metaphernspielen einer hochrangigen künstler. Virtuosität diente, die nur dem Gebildeten verständlich war. Die breiten Volksschichten und ihre Sprache blieben von dieser Wortkunst ausgeschlossen. Daher führte die Volksliteratur mit Märchen, Gesängen, Rätseln und Sprichwörtern ein Eigenleben und wies bis zum 20.Jh. kaum eine Verbindung zur Lyrik auf.

Um die **Mitte des 19. Jahrhunderts** kam es zu einer entscheidenden Zäsur im Einklang mit der polit. Entwicklung. Liberale Tendenzen in der Türkei selbst begünstigten ebenso wie die Aktivitäten der Exilierten in Westeuropa den Einfluß westl. Literatur. Übersetzungen v. a. aus der frz. Schule des Naturalismus wurden von den gebildeten Kreisen begierig aufgenommen. In dieser Übergangszeit veröffentlichte allein Ahmet Midhat etwa 200 Prosawerke (fast durchweg Adaptationen aus dem Französischen), während Ibrahim Şinasi sich schon vorher der Einbürgerung europ. Theaterliteratur widmete, was allerdings auf Schwierigkeiten stieß, weil die islam. Tradition der Theatergattung als solcher entgegenstand.

Erst im **20. Jahrhundert** kamen europ. Einflüsse in allen literar. Gattungen voll zur Geltung. So brachte Ömer Seyfeddin das Genre der Kurzgeschichte naturalist. Gepräges ein und wirkt damit bis heute fort. In der Zeit der türk. Republik war eine sehr rege literar. Auseinandersetzung zu registrieren, die auch mit der umstrittenen Frage der ›Sprachreform‹ in Zusammenhang stand.

Der Freiheitskampf unter Kemal Atatürk war auch für die t. L. eine Phase von bes. Bedeutung. In dieser Zeit wurden die ersten bedeutenderen Literaturwerke der Moderne geschaffen, als deren Autoren v. a. die Feministin und Politikerin Halide Edib Adıvar sowie Yakub Kadri Karaosmanoğlu und Reşat Nuri Güntekin zu nennen sind. Noch während der Zeit Atatürks brachte Sabahattin Ali eine völlig neue Tendenz ins Spiel: eine Sozialkritik ohne jede Aggressivität, die nur durch die Schilderung von Lebenssituationen und Ereignissen wirkte. Er brachte als Schüler des russ. und dt. Naturalismus und Realismus den dramat. Konflikt und die unromantisch-holzschnitthafte Lebenssicht unterprivilegierter Menschen in die t. L. ein. Was Sabahattin Ali auf dem Gebiet der Prosa leistete, leistete Nazim Hikmet in der Lyrik und Dramatik. Als Marxist in der Türkei zu Lebzeiten verfemt, gilt er heute als der bedeutendste moderne Dichter türk. Sprache. Sein Werk reicht von der Verherrlichung alter türk. Volkshelden über verhaltene Liebespoesie bis zum histor. Epos. Bed. ist. v. a. seine dramat. Neubearbeitung des alten islam. Stoffes von Ferhad und Schirin (›Legende von der Liebe‹, russ. 1952, türk. 1954, dt. 1962). Die etwas jüngeren Lyriker M. C. Anday, O. Rifat und v. a. O. V. Kanık gehen im Formalen ähnl. Wege, ohne Hikmet im Inhalt zu gleichen. Sie sind Vertreter der sog. Garip-Bewegung (der ›fremdartigen Dichtung‹), die die Versachlichung und Vereinfachung der türk. Literatur zum Ziel hatte.

Nach dem **2. Weltkrieg** machte sich, v. a. seit etwa 1950, ein deutl. Pluralismus geltend. Einige zuvor verbotene Autoren gelangten zu verspäteter Anerkennung, v. a. die Erzähler K. Tahir und Orhan Kemal. Als Prosaisten haben sich seit den 50er Jahren v. a. Yaşar Kemal und Fakir Baykurt mit Themen, die um das dörfl. Leben in Anatolien kreisen, einen Namen gemacht. Beachtung finden Erzählerinnen wie L. Erbil, S. Füruzan und v. a. A. Ağaoğlu mit ihrem nicht nur auf Frauenthemen bezogenen Werk. Formal neue Wege beschritt E. Öz in seinen Reportageromanen. Sehr populär ist der satir. Erzähler A. Nesin. Mit den Romanen Orhan Pamuks (* 1952) tritt die t. L. in die Postmoderne ein, z. B. ›Die weiße Festung‹ (1985, dt. 1990) mit interessanten histor. Perspektiven auf die türk. Gegenwart. Bed. neuere Lyriker sind Fazıl Hüsnü Dağlarca, Ahmet Arif, E. Cansever, Gülten Akın und Hilmi Yavuz (* 1936) mit sehr unterschiedl. poet. Konzepten. – Seit Ende der 60er Jahre entwickelte sich in Westeuropa, bes. in der BR Deutschland, eine türk. Arbeitsmigrantenliteratur mit einschlägiger Thematik. Als ihr bedeutendster Vertreter kann der Lyriker und Erzähler A. Ören gelten; er (zum Teil) wie andere, z. B. der Satiriker Şinasi Dikmen (* 1945), schreiben bereits in dt. Sprache.

Ausgaben: Die Pforte des Glücks u. a. türk. Erzählungen. Ausgew. u. bearb. v. H. W. BRANDS. Tüb. u. Basel ^{2}1969. – Moderne türk. Lyrik. Eine Anthologie. Hg. u. dt. Übers. v. Y. PAZARKAYA. u. a. Tüb. u. Basel 1971. – Türk. Volksmärchen. Hg. v. P. N. BORATAV. Dt. Übers. Mchn. 1990. – Türk. Märchen. Hg. u. übers. v. O. SPIES. Mchn. 21.–22. Tsd. 1991. – Türk. Erzählungen des 20. Jh. Hg. v. P. KAPPERT u. a. Ffm. 1992.

Literatur: GIBB, E. J. W.: A history of Ottoman poetry. London u. Leiden 1900–09. 6 Bde. Nachdr. London 1958–67. – BABINGER, F.: Die Geschichtsschreiber der Osmanen u. ihre Werke. Lpz. 1927. – SPIES, O.: Die türk. Prosalit. der Gegenwart. Lpz. 1943. – BJÖRKMAN, W.: Die altosman. Lit. In: Philologiae Turcicae Fundamenta. Hg. v. J. DENY u. a. Bd. 2. Wsb. 1964. S. 402. – KAPPERT, P.: T. L. In: Südosteuropa-Hb. Bd. 4: Türkei. Gött. 1985. S. 622. – Über das Leben in Bitterland. Bibliogr. zur türk. Deutschland-Lit. u. zur t. L. in Deutschland. Bearb. v. W. RIEMANN. Wsb. 1990. – ÖZTÜRK, A. O.: Das türk. Volkslied als sprachl. Kunstwerk. Bern u. a. 1994.

turkmenische Literatur, die t. L. hat sich in ihrer Entwicklung lange an der Differenzierung nach Stämmen und Teilstämmen orientiert. In der **Volksdichtung** gibt es noch klar verbindende Züge, v. a. bei den islamisch geprägten romant. Epen,. die auch in turksprachigen Nachbargebieten (Aserbaidschan, Türkei) ähnlich vorkommen. Von der Stammesdichtung geprägt sind auch die Anfänge einer **Kunstliteratur** im 18. Jh. mit dem turkmen. ›Klassiker‹ Machtumkuli. Im 19. Jh. bringen Dichter wie Kemine (* 1770, † 1840) und Mollanepes (* 1810, † 1862) zeitkrit. Momente ins Spiel. In der sowjet. Zeit sind u. a. der in seinem

Hauptwerk die Gegensätze zwischen alten und neuen Lebensformen schildernde Erzähler Berdy M. Kerbabajew (* 1894, † 1974), der Initiator der Theaterdichtung Ata Kauschutow (* 1903, † 1953) und der Lyriker Aman Kekilow (* 1912, † 1974) hervorgetreten, ferner der Prosaschriftsteller Beki Seitäkow (* 1914).

Literatur: Philologiae Turcicae Fundamenta. Hg. v. J. DENY u. a. Bd. 2. Wsb. 1965.

Turkologie [türk.; griech.], Wiss. von Sprache, Literatur und Kultur der Turkvölker. Als frühestes Zeugnis gilt der 1073 abgeschlossene ›Dīwān Luḡāt At-Turk‹ des Mahmud Al Kaschghari (11. Jh.), ein Werk in arab. Sprache über den Wortschatz der Turksprachen. Seit dem 15. Jh. veranlaßte das Vorrücken der Türken in Südosteuropa das Abendland, sich für ›Ritus und Bräuche der Türken‹ (Hans Schiltberger [* 1380, † um 1440], ›De ritu et moribus Turcarum‹, gedr. um 1473) zu interessieren. Die sprachl. Forschung setzte im 17. Jh. ein (Hieronymus Megiser [* um 1553, † 1618], André Du Ryer [* 1580, † 1660]) und erreichte durch François Meninski (* 1623, † 1698) ihren ersten Höhepunkt. Das erste abendländ. Gesamtwerk über die türk. Literatur ist J. Frhr. von Hammer-Purgstalls ›Geschichte der Osman. Dichtkunst bis auf unsere Zeit‹ (4 Bde., 1836–38). Der mit dem Osman. Reich zusammenhängende Zweig der T. (**Osmanistik**) hat in den Universitäten seinen festen Platz z. T. auch innerhalb der Islamforschung erhalten. Die Türken außerhalb des Osman. Reichs und ihre Sprachen wurden, nachdem Ende des 18./Anfang des 19. Jh. die Finnougristik und die Indogermanistik aufgeblüht waren, in die linguist. Studien über inner- und ostasiat. Sprachen einbezogen (Abel Rémusat [* 1788, † 1832], Walter Schott [* 1807, † 1889]). Otto von Böhtlingk (* 1815, † 1904), Armin Vámbéry (* 1832, † 1913) und Wilhelm Radloff (* 1837, † 1918) schufen die Grundlagen für die moderne T., die sich nach der Entzifferung der Orchoninschriften (1893) durch Vilhelm Thomsen (* 1842, † 1927) und der Veröffentlichung uigur. Handschriftenfunde aus Ostturkestan (seit 1904) zu einem selbständigen Fach entwickelte, für das

bes. Johannes W. M. J. Bang-Kaup (* 1869, † 1934) die wiss. Normen schuf. Zur weiteren Entfaltung der T. in den letzten Jahrzehnten haben v. a. die neuen Schriftsprachen und Literaturen der Turkvölker in der ehem. UdSSR und die wachsende Beteiligung von Angehörigen aller Turkvölker beigetragen.

Türlin, Heinrich von dem, mhd. Epiker, ↑ Heinrich von dem Türlin.

Türlin, Ulrich von dem, mhd. Dichter, ↑ Ulrich von dem Türlin.

Turn, Reinbot von, mhd. Dichter, ↑ Reinbot von Dürne.

Turner, Frederick Jackson [engl. 'tə:nə], * Portage (Wis.) 14. Nov. 1861, † San Marino (Calif.) 14. März 1932, amerikan. Historiker. – Professuren an der Wisconsin sowie an der Harvard University. Sein Vortrag ›The significance of the frontier in American history‹ vor der American Historical Association 1893 in Chicago, in dem er in Abkehrung von der europäischen Tradition das amerikanische Wesen aus der Präsenz der ›frontier‹ im Westward Movement, d. h. der individuellen Behauptung im Kampf zwischen Zivilisation und Wildnis, erklärte, war sehr einflußreich für die Interpretation der amerikanischen Kultur.

Werke: The character and influence of the Indian trade in Wisconsin (1891), Die Grenze. Ihre Bedeutung in der amerikan. Geschichte (1920, dt. 1948), The significance of sections in American history (1932; Pulitzerpreis 1933), The United States, 1830–1850. The nations and its sections (hg. 1935).

Ausgabe: F. J. T.'s legacy. Unpublished writings in American history. Hg. v. W. R. JACOBS. San Marino (Calif.) 1965.

Literatur: HOFSTADTER, R.: T. and the sociology of the frontier. New York 1968. – The historical world of F. J. T. With selections from his correspondence. Hg. v. W. R. JACOBS. New Haven (Conn.) 1968. – BILLINGTON, R. A.: F. J. T. Historian, scholar, teacher. New York 1973. – BENNET, J. D.: F. J. T. Boston (Mass.) 1975.

Turner, Georg, Pseudonym des dt. Dramatikers Hans José ↑ Rehfisch.

Turner, Walter James [Redfern] [engl. 'tə:nə], * Melbourne 13. Okt. 1889, † London 18. Nov. 1946, engl. Schriftsteller austral. Herkunft. – Kam nach Bergbaustudien in Melbourne nach Großbritannien, wo er – nach weiteren Studien in München und Wien – als Journalist, bes. als

Musik- und Theaterkritiker Erfolg hatte. Schrieb außerdem Musikerbiographien und vorwiegend exot. Lyrik sowie zeitkrit., sarkastisch-satir. Romane, oft in allegor. Form.

Werke: The dark fire (Ged., 1918), The man who ate the Popomack (R., 1922), Landscape of Cytherea (Ged., 1923), The duchess of Popocatepetl (R., 1939), Fables, parables and plots (Ged., 1943).
Literatur: McKenna, W.: W. J. T., poet and music critic. Gerrards Cross 1990.

Turoldus [tu'rɔldʊs, frz. tyrɔl'dys], hinter diesem Namen, der in der letzten Zeile der Oxforder Handschrift des ↑›Rolandsliedes‹ (um 1075–1100) erwähnt wird, vermutet man entweder den Verfasser oder den Schreiber des Textes, vielleicht verbirgt sich hinter ihm sogar der Autor einer verschollenen Vorlage.

Turowski, Kirill, altruss. Kirchendichter des Kiewer Reichs, ↑ Kirill Turowski.

Turrini, Peter, * Sankt Margarethen im Lavanttal (heute zu Wolfsberg) 26. Sept. 1944, österr. Schriftsteller. – Verfasser provozierender gesellschaftskrit. Volksstücke, in denen er – unter teilweisem Einsatz von Dialekt, bes. des Wiener Vorstadtidioms – Brutalität, Intoleranz und Korruption der modernen Gesellschaft entlarvt. Wurde v.a. bekannt als Autor (gemeinsam mit W. Pevny) des sechsteiligen Fernsehspiels ›Alpensaga‹ (1976–80, gedr. 3 Bde., 1980), in dem die Autoren ohne falsche Dorfidylle vor dem Hintergrund histor. Schlüsselereignisse die Geschichte eines österr. Dorfes in der ersten Hälfte des 20. Jh. beschreiben.

Peter Turrini

Weitere Werke: Rozznjogd (Dr., Dialektfassung 1967, UA 1971), Sauschlachten (Dr., 1971), Erlebnisse in der Mundhöhle (R., 1972), Der tollste Tag (Dr., 1973; nach P. A. C. de Beaumarchais), Kindsmord (Dr., 1973), Der Dorfschullehrer (Fsp., 1975; mit W. Pevny), Turrini-Lesebuch. Stücke, Pamphlete, Filme, Reaktionen etc. (2 Bde., 1978–83), Josef und Maria (Dr., 1980), Ein paar Schritte zurück (Ged., 1980), Die Bürger (Dr., UA 1982), Campiello (Dr., UA 1982; nach C. Goldoni), Es ist ein gutes Land (Essays, 1986), Der Minderleister (Dr., 1988), Mein Österreich. Reden, Polemiken, Aufsätze (1988), Arbeitersaga (Fernsehserie, bisher 3 Tle., Erstsendung 1988–90, gedr. 1988–89), Tod und Teufel (Dr., 1990), Alpenglühen (Dr., 1992), Grillparzer im Pornoladen (Dr., UA 1993), Im Namen der Liebe (Ged., 1993).

Turtiainen, Arvo, * Helsinki 16. Sept. 1904, † ebd. 8. Okt. 1980, finn. Schriftsteller. – Eine kraftvolle Sprache kennzeichnet seine klassenkämpfer. Gedichte, daneben schrieb er ausdrucksvolle Liebeslyrik; übte auf die nachfolgende Generation starken Einfluß aus. Zahlreiche seiner Gedichte sind in Übersetzung in dt. Anthologien erschienen, u.a. in ›Der Ruf des Menschen‹ (1953) und ›Finnische Gedichte‹ (1956).

Weitere Werke: Muutos (= Veränderung, Ged., 1936), Palasin kotiin (= Ich kehrte zurück nach Haus, Ged., 1944), Ihminen N:o 503/42 (= Der Mensch Nr. 503/42, Autobiogr., 1946), Minä rakastan (= Ich liebe, Ged., 1955).

Tusquets, Esther [span. 'tuskets], * Barcelona 30. Aug. 1936, span. Schriftstellerin und Verlegerin. – Beschäftigt sich in ihren Romanen mit den Problemen der Frauen ihrer Generation, die in einer histor. und sozialen Umbruchphase den Weg in ein selbstbestimmtes, Konventionen sprengendes Leben suchen. Sprachlich wie kompositorisch suggestiv behandelt sie dabei die Mutter-Tochter-Beziehung sowie als mögl. Lebensentwurf die gleichgeschlechtl. Liebe und reflektiert behutsam die Fremdbestimmung der Frau in einer männlich geprägten Welt.

Werke: Aller Sommer Meer (R., 1978, dt. 1981), Die Liebe ein einsames Spiel (R., 1979, dt. 1982), Varada tras el último naufragio (R., 1980), Siete miradas en un mismo paisaje (En., 1981), Para no volver (R., 1985).

Tutilo (Tuotilo), * um 850, † Sankt Gallen 24. April 913(?), Mönch in Sankt Gallen. – Vielseitige künstler. und literar. Tätigkeit zwischen 895 und 912; bekannt

als Baumeister, Goldschmied, Elfenbein-
schnitzer, Schreiber, Komponist und erster namentlich genannter Verfasser dt.
und lat. Tropen in Prosa.

Literatur: MANTUANI, J.: Tuotilo u. die Elfen-
beinschnitzerei am ›Evangelium Longum‹ zu
St. Gallen. Straßburg 1900. – RÜSCH, E. G.:
Tuotilo. Mönch u. Künstler. Beitr. zur Kenntnis
seiner Persönlichkeit. Sankt Gallen 1953.

Tutuola, Amos [engl. tʊtʊ'oʊlə],
* Abeokuta 1920, nigerian. Schriftsteller. – Schreibt in engl. Sprache; seine
Thematik, oft der abenteuerl. Weg des
Protagonisten durch die Welt der Geister, entnimmt er der Folklore der Yo-
ruba (deren Stamm er selbst angehört),
versetzt sie mit Requisiten aus der technisierten Welt und ordnet sie phantasievoll
zu romanhaften Gebilden. Das international überraschend erfolgreiche Werk
des Autodidakten T. (mit nur sechsjähri-
ger Schulausbildung) nimmt aufgrund
seiner unorthodoxen Sprache, seines
idiosynkrat. Stils und seiner außergewöhnl. Stoffwahl eine Sonderstellung innerhalb der westafrikan. Literatur ein.

Werke: Der Palmweintrinker (E., 1952, dt.
1955), Mein Leben im Busch der Geister (E.,
1954, dt. 1991), Simbi and the satyr of the dark
jungle (E., 1954, dt. 1991), The brave African
huntress (E., 1958), Feather woman of the
jungle (E., 1962), Ajaiyi and his inherited poverty (E., 1962), The witch herbalist of the remote
town (E., 1981), Poverty the father of wretched-
ness. An assault and conspiracy (Prosa, 1985),
Pauper, brawler and slanderer (R., 1987), The
village witch doctor and other stories (Kurzgeschichten, 1990).
Literatur: H. COLLINS: A. T. New York 1969. –
BÖTTCHER, K.-H.: Tradition u. Modernität bei
A. T. u. Chinua Achebe. Bonn 1974. – Critical
perspectives on A. T. Hg. v. B. LINDFORS. Washington (D.C.) 1975. – DUSSUTOUR-HAMMER,
M.: A. T. Tradition orale et écriture du conte.
Paris 1976.

Tuuri, Antti, * Kauhava bei Vaasa
1. Okt. 1944, finn. Schriftsteller. – Har
1980–82 Vorsitzender des finn. Schriftstellerverbandes; exakt beobachtender
Erzähler in klarer Sprache. Seine Figuren
sind meist analysierende, experimentie-
rende Glieder einer technisierten Welt,
die nicht ohne Humor geschildert werden.

Werke: Vuosi elämästä (= Ein Jahr aus dem
Leben, Nov.n, 1975), Joki virtaa läpi kaupungin
(= Ein Fluß fließt durch die Stadt, R., 1977),
Der steinigste Ort (En., 1980, dt. 1984), Pohjan-

maa (= Österbottnien, R., 1982), Winterkrieg
(R., 1984, dt. 1992), Fünfzehn Meter nach links
(R., 1985, dt. 1991), Ameriikan raitti (= Auf
nach Amerika, R., 1986).

Tuwhare, Hone [engl. 'tuːfɑːrɛɪ],
* Kaikohe (Neuseeland) 21. Okt. 1922,
neuseeländ. Maori-Dichter. – Erster
Maori-Dichter, dessen Gedichte auf
Englisch weite Anerkennung fanden.
Seine Anthologie ›No ordinary sun‹
(1964) gehörte mit ihren vielen Auflagen
zu den am meisten gelesenen Lyrik-
sammlungen Neuseelands in den 60er
Jahren. Beeinflußt vom Werk und der
Persönlichkeit R. A. K. Masons, verbin-
det T. in seinen Gedichten traditionelle
Maori-Verskunst mit knapper, teilweise
melancholisch-europ. Bildlichkeit, klarer
Sprache und variationsreichem Stro-
phenbau und Metrum.

Weitere Werke: Come rain hail (Ged., 1970),
Sapwood and milk (Ged., 1972), Something
nothing (Ged., 1974), Selected works (Ausw.,
1980), Year of the dog – poems new and se-
lected (Ged., 1982), On Ilka Moor B'aht 'dt
(Stück, UA 1985), Was wirklicher ist als sterben
(Ged., dt. Ausw. 1985), Mihi. Collected poems
(Ged., 1987).

Tywim, Julian, * Łódź 13. Sept. 1894,
† Zakopane 27. Dez. 1953, poln. Schriftsteller. – Erhielt während des Jurastu-
diums in Warschau erste Anregungen zu
dichter. Schaffen; wurde einer der Gründer und führenden Dichter der futurist.
Gruppe, die sich um die Zeitschrift ›Skamander‹ sammelte; 1939 Emigration, ab
1942 in New York, 1946 Rückkehr;
1947–50 Theaterleiter. T. gab der poln.
Versdichtung durch Betonung des Musi-
kalischen und Rhythmischen neuen
Reiz. Sein Werk zeigt seine Neigung zu
formalen und sprachl. Experimenten
(u. a. Neologismen); lyr. Empfindsamkeit wird oft durch Ironie abgelöst. T.
stellte die Probleme des Großstadtlebens
im Gedicht dar (›Siódma jesień‹ [= Der
siebte Herbst], Ged., 1922), war aber
auch als Versepiker, Satiriker und Kinderbuchautor von Bedeutung. Er übersetzte u. a. das altruss. ›Igorlied‹, A. S.
Puschkin, russ. symbolist. Dichter und
W. W. Majakowski; schrieb auch freie
Nachdichtungen.

Ausgaben: J. T. Dzieła. Warschau 1955–64.
5 Bde. – J. T. Pisma zebrane. Wiersze. Warschau
1986. 2 Bde.

Literatur: GŁOWIŃSKI, M.: Poetyka T.a a polska tradycja literacka. Warschau 1962. – SAWICKA, J.: ›Filozofia słowa‹ J. T.a. Breslau 1974.

Tvardovskij, Aleksandr Trifonovič, russ.-sowjet. Schriftsteller, ↑ Twardowski, Alexandr Trifonowitsch.

Twain, Mark, amerikan. Schriftsteller, ↑ Mark Twain.

Twardowski (tl.: Tvardovskij), Alexandr Trifonowitsch, * Sagorje (Gebiet Smolensk) 21. Juni 1910, † Krasnaja Pachra bei Moskau 18. Dez. 1971, russ.-sowjet. Schriftsteller. – Journalist; im 2. Weltkrieg Kriegsberichterstatter; 1950 bis 1954 und 1958–70 Chefredakteur der einflußreichen literar. Zeitschrift ›Nowy Mir‹; förderte zahlreiche jüngere Schriftsteller (u. a. A. I. Solschenizyn); pflegte das ep. Volkspoem, das Einflüsse der Volksdichtung, so auch Elemente der städt. Volksgedichte (Tschastuschki) aufweist; schrieb lyr. Gedichte und Erzählungen im Sinne des sozialist. Realismus. In der Nachstalinzeit setzte er sich zunehmend mit der Vergangenheit auseinander.

Werke: Das Wunderland Murawia (Poem, 1936, dt. 1954), Wassili Tjorkin (Ged., vollständig 1946, dt. 1966), Terkin na tom svete (= Tjorkin in der Unterwelt, satir. Poem, 1963), Gedichte dieser Jahre: 1959–1967 (russ. und dt. 1975).
Ausgaben: A. Twardowskij. Heimat u. Fremde [Ausgew. Werke]. Dt. Übers. Mchn. u. Wien 1972. – A. T. Tvardovskij. Sobranie sočinenij. Moskau 1976–78. 6 Bde. – A. T. Prosa. Über Lit. Dt. Übers. Bln. 1985.
Literatur: Allein der Wahrheit verpflichtet. A. T. als Dichter u. Literaturmäzen. Hg. v. R. HOTZ. Bern 1972. – SAFONOV, S. G. H.: A. Tvardovskij. Diss. University of Colorado at

Alexandr
Trifonowitsch
Twardowski

Boulder u. a. 1973. – MAKEDONOV, A.: Tvorčeskij put' Tvardovskogo. Moskau 1981.

Twardowski, Jan [poln. tfar'dɔfski], * Warschau 1. Juni 1915, poln. Schriftsteller. – Kath. Priester in Warschau. Seine Gedichte (seit 1935; zuletzt u. a. ›Niebieskie okulary‹ [= Die himml. Brille], 1980) und Parabeln haben religiösen Charakter. In dt. Sprache erschienen seine Geschichten ›Fröhlich auf dem Weg zu Gott‹ (1980).

Twardowski, Samuel ze Skrzypny [poln. tfar'dɔfski], * Lutynia bei Jarocin vor 1600, † Zalesie (Großpolen) 1661, poln. Dichter. – Adliger Abstammung; 1622/23 in der Türkei. T. beschrieb die verschiedenen Feldzüge König Wladislaws IV. (Wasa) in ep. Dichtungen. In seinem Hauptwerk, ›Wojna domowa ...‹ (= Bürgerkrieg, Epos, vollständige Ausg. in 4 Büchern 1681), schilderte er die Kriege von Johann II. Kasimir (Wasa); daneben u. a. lyr. Dichtungen, Satiren und Oden.
Weitere Werke: Dafnis ... (dramat. Idylle, 1638), Nadobna Paskwalina (= Die schöne Pasqualina, Versromanze, 1655).
Literatur: KACZMAREK, M.: Epicki kształt poematów historycznych S. T.ego. Breslau 1972.

Tweedsmuir, John Buchan, Baron [engl. 'twi:dzmjʊə], schott. Schriftsteller, ↑ Buchan, John, 1. Baron Tweedsmuir.

Twinger von Königshofen, Jakob, * 1346, † Straßburg 27. Dez. 1420, elsäss. Chronist. – 1382 zum Priester geweiht; schrieb zunächst die ›Cronica de diversis collecta‹, dann ab 1386 die ‹Deutsche Chronik›, die mit der Welt- und Heilsgeschichte beginnt, und in Weiterführung der älteren Chronik des Fritsche Closener († 1373) die Kaiser- und Papstgeschichte sowie die Straßburger Bistums- und Stadtgeschichte berichtet. Diese Chronik war Vorbild für zahlreiche Städtechroniken im dt. Südwesten in ihrer Integration von ereignisreichen Detaildarstellungen in einen großen Rahmen.
Ausgaben: J. T. v. K. Die älteste teutsche so wol allg. als insonderheit Elsass. u. Strassburg. Chronicke ... Hg. v. D. J. SCHILTERN. Straßburg 1698. – Chronik des J. T. v. K. Hg. v. C. VON HEGEL. In: Die Chroniken der dt. Städte vom 14. bis ins 16. Jh. Bd. 8 u. Bd. 9. Lpz. 1870/71.

Tyard, Pontus de [frz. tja:r] (Thiard), * Bissy-sur-Fley (Saône-et-Loire) 1521,

† Bragny-sur-Saône 23. Sept. 1605, frz. Dichter. – War apostol. Protonotar, Kanonikus in Mâcon, Beichtvater Heinrichs III. und ab 1578 Bischof von Chalon-sur-Saône, zog sich 1589 ins Privatleben zurück. Lyriker der Pléiade, schrieb zunächst unter dem Einfluß des Neuplatonismus und Petrarkismus von M. Scève, mit dem er befreundet war, dann nach dem Vorbild P. de Ronsards Gedichte; verfaßte später v. a. theolog. und philosoph. Werke im Sinne des Neuplatonismus.

Werke: Les erreurs amoureuses (Ged., 3 Bde., 1549–53), Odes (1552), Les œuvres poétiques (1573), Discours philosophiques (1587). **Ausgabe:** P. de T. Œuvres poétiques complètes. Einl. u. Anmerkungen v. J. C. LAPP. Paris 1966. **Literatur:** BARIDON, S. F.: P. de T., 1521–1605. Mailand 1953. – HALL, K. M.: P. de T. and his ›Discours philosophiques‹. London 1963. – CARRON, J.-C.: Discours de l'errance amoureuse. Une lecture du canzoniere de P. de T. Paris 1986.

Tyčyna, Pavlo Hryhorovyč, ukrain.-sowjet. Dichter, ↑ Tytschyna, Pawlo Hryhorowytsch.

Tyl, Josef Kajetán [tschech. til], * Kutná Hora 4. Febr. 1808, † Pilsen 11. Juli 1856, tschech. Dramatiker. – Verfaßte Ritterspiele, Possen, histor. Dramen, bürgerl. Rührstücke sowie bed. Märchenspiele und patriot. Erzählungen. Das Lied ›Kde domov můj?‹ (= Wo ist meine Heimat?) aus seiner Posse ›Fidlovačka‹ (1834) wurde zur tschech. Nationalhymne (vertont von F. Škroup); auch Übersetzer. Dt. liegen u. a. vor: ›Rosina Ruthard‹ (E., 1839, dt. 1957) und ›Der Dudelsackpfeifer von Strakonitz‹ (Märchenspiel, 1847, dt. 1956).

Weitere Werke: Paličova dcera (= Die Tochter des Brandstifters, Dr., 1847), Tvrdohlavá žena (= Das hartköpfige Weib, Stück, UA 1849, gedr. 1863). **Ausgabe:** J. K. T. Spisy. Prag 1952 ff. 24 Bde. **Literatur:** OTRUBA, M./KAČER, M.: Tvůrčí cesta J. K. T.a. Prag 1961.

Tyler, Anne [engl. 'taɪlə], * Minneapolis (Minn.) 25. Okt. 1941, amerikan. Schriftstellerin. – Studierte an der Duke University in Durham (N. C.) und an der Columbia University in New York. Die meist in ihrem Wohnsitz Baltimore (Md.) oder kleineren Städten des Südens spielenden Romane behandeln die Themen der menschl. Einsamkeit und der Kommunikationsschwierigkeiten anhand familiärer Bindungen und Liebesbeziehungen; schreibt auch Kurzgeschichten.

Werke: If morning ever comes (R., 1964), The tin can tree (R., 1965), A slipping-down life (R., 1970), The clock winder (R., 1972), Segeln mit den Sternen (R., 1974, dt. 1990), Caleb oder das Glück aus den Karten (R., 1976, dt. 1977, 1980 u. d. T. Das Glück aus den Karten), Nur nicht stehen bleiben (R., 1977, dt. 1981), Mister Morgan und die Puppenspielerin (R., 1980, dt. 1994), Dinner im Heimweh-Restaurant (R., 1982, dt. 1985), Die Touren des Mr. Leary (R., 1985, dt. 1987, 1989 u. d. T. Die Reisen des Mr. Leary), Atemübungen (R., 1988, dt. 1989; Pulitzerpreis 1989), Fast ein Heiliger (R., 1991, dt. 1992), Tumble tower (R., 1993), Kleine Abschiede (R., 1995, dt. 1995). **Literatur:** STRAKE-BEHRENDT, G.: Die Romane A. T.s. Ffm. u. a. 1990.

Tyler, Royall [engl. 'taɪlə], eigtl. William Clark T., * Boston (Mass.) 18. Juli 1757, † Brattleboro (Vt.) 26. Aug. 1826, amerikan. Schriftsteller. – Autor der ersten von einem gebürtigen Amerikaner verfaßten und von Berufsschauspielern aufgeführten Komödie, des von R. B. Sheridan beeinflußten Stücks ›The contrast‹ (1790), das die Qualitäten der jungen amerikan. Nation der fremden Kultur Englands gegenüberstellt. In vielen weiteren lyr., ep. (u. a. in dem pikaresken Roman ›The Algerine captive‹, 1797) und dramat. Werken zeigt sich T.s starke satir. Neigung.

Literatur: TANSELLE, G. TH.: R. T. Cambridge (Mass.) 1967. – CARSON, A./CARSON, H. L.: R. T. Boston (Mass.) 1979.

Tynan, Katherine [engl. 'taɪnən], * Clondalkin (Dublin) 23. Jan. 1861, † London 2. April 1931, ir. Journalistin und Schriftstellerin. – Gehörte dank vielseitiger literar. Beziehungen zu den führenden Vertretern der kelt. Renaissance. Sie schrieb kath. geprägte Lyrik (›Collected poems‹, 1930). Ihre über 100 Romane haben geringen künstler. Wert; dagegen sind ihre Memoiren (›The middle years‹, 1916; ›The years of the shadow‹, 1919; ›The wandering years‹, 1922; ›Memories‹, 1924) aufschlußreiche Dokumente ihrer Zeit.

Literatur: ROSE, M. G.: K. T. Lewisburg (Pa.) 1974.

Tyndale (Tindale), William [engl. tɪndl], * Gft. Gloucester 1490/91 (1484?),

† Vilvoorde bei Brüssel 6. Okt. 1536, engl. luther. Theologe und Bibelübersetzer. – Studierte in Oxford und Cambridge; bewunderte Erasmus; 1521 (?) Priesterweihe; floh 1524 nach Deutschland; besuchte Luther in Wittenberg; übersetzte (1525–34) in enger Anlehnung an Luther das NT ins Englische und vertrieb reformator. Schriften nach England; seine Schriften wurden verbrannt, er selbst kam als Ketzer auf den Scheiterhaufen. Seine Übersetzung ging (nach Fertigstellung und Überarbeitung durch Miles Coverdale [* 1488, † 1568]) in die 1611 von Jakob I. herausgegebene ›Authorized version‹ der engl. Bibelübersetzung ein.

Ausgabe: T.'s New Testament. Hg. v. D. DA-NIELL. New Haven (Conn.) u. London 1989.
Literatur: MOZLEY, J. F.: W. T. London 1937.

Tynjanow (tl.: Tynjanov), Juri Nikolajewitsch [russ. tɪˈnjanɐf], * Reschiza (Gouv. Witebsk) 18. Okt. 1894, † Moskau 20. Dez. 1943, russ.-sowjet. Schriftsteller. – Bed. Vertreter des russ. ↑ Formalismus und eines der führenden Mitglieder der formalist. Gruppe ↑ Opojas; verfaßte neben theoret. Arbeiten zur Literatur (›Über literar. Evolution‹, 1927, dt. 1967) v. a. Romane mit literarhistor. Thematik. Zu T.s Hauptwerken gehören die biograph. Romane ›Wilhelm Küchelbecker‹ (1925, dt. 1929), ›Smert' Vazir-Muchtara‹ (= Der Tod des Wasir-Muchtar, 1929), eine Darstellung A. S. Gribojedows, und ›Puschkin‹ (3 Tle. [unvollendet], 1935 bis 1943, dt. 1963) sowie die satir. histor. Novelle ›Sekondeleutnant Saber‹ (1928, dt. 1948).

Ausgabe: J. N. Tynjanov. Sočinenija. Moskau u. Leningrad 1959. 3 Bde.
Literatur: ROSENGRANT, S. G. F.: The theoretical criticism of J. N. Tynjanov. Diss. Stanford University 1976. – KAVERIN, V.: J. Tynjanov. Žizn' i rabota. In: Zvezda (1987).

Tynni, Aale [finn. 'tynni], * Kolpino (finn. Kolppana; Ingermanland) 3. Okt. 1913, finn. Lyrikerin. – Studierte in Helsinki, besuchte Paris und Irland; gehört zu den bedeutendsten Vertretern der modernen Lyrik; stil- und formsicher, elegante Sprache; später Neigung zu schwerverständl. Metaphorik. Bes. verdient gemacht hat sich durch die Übersetzung der ›Edda‹ (1981/82) sowie einer umfangreichen Anthologie abend-

länd. Lyrik (›Tuhat laulujen vuotta‹ [= Tausend Jahre der Lieder], 1957–74). Eine Auswahl ihrer Lyrik ist in Finnisch-Deutsch in ›Still wie Licht in windloser Gegend; Lyrik aus Finnland‹ (1985) erschienen.

Weitere Werke: Vesilintu (= Wasservogel, Ged., 1940), Lähde ja matkamies (= Die Quelle und der Wanderer, Ged., 1943), Soiva metsä (= Der klingende Wald, Ged., 1947), Maailmanteatteri (= Welttheater, Ged., 1961), Balladeja ja romansseja (= Balladen und Romanzen, 1967), Kootut runot (= Gesammelte Gedichte, 1977).

Typenkomödie, älteste Form der Komödie, deren kom. Wirkung nicht auf der Darstellung eines einmaligen Charakters (↑ Charakterkomödie) beruht, sondern auf dem Vorführen bestimmter Figuren mit zugespitzten, typ. oder allgemeinmenschl. Eigenschaften; T.n sind u. a. die ↑ Atellane und die ↑ Commedia dell'arte; auch bestimmte Komödien Molières verwenden Elemente der T. (›Der Geizige‹, UA 1668, gedr. 1682, dt. 1670; ›Tartuffe‹, 1669, dt. 1752).

Typographie [griech.], ursprünglich das Druckverfahren mit gegossenen Metallettern, dann auch Bez. für andere Hoch-, Tief- und Flachdruckverfahren und die Autotypie; heute die Gestaltung eines Druckwerks nach ästhet. Gesichtspunkten, wie Wahl der Schrifttypen, Anordnung des Satzes, Bestimmung des Verhältnisses von Schriftspiegel und Rändern u. a.

Typos (Typus, Typ) [griech.], in der Bibelexegese Bez. für alttestamentl. Personen oder Vorgänge, denen vorbildhafte Bedeutung für Personen oder Ereignisse des NT zugesprochen wird.

Typus [griech. = Schlag, Abdruck, Form, Vorbild], bes. im Drama bestimmte Gestalt mit unveränderl. ›typ.‹ Kennzeichen, deren [Charakter]zeichnung (meist auch ihre Funktion in der Handlung) festliegt; vertreten u. a. in ↑ Typenkomödie (der geizige oder lüsterne Alte, der Parasit, Bramarbas, der jugendl. Liebhaber usw.) und im realist. Roman H. de Balzacs, in neuerer Zeit v. a. im expressionist. Drama (Typen als Ideenträger; fehlende Namen- und Standesangabe; die Figuren werden als ›der Sohn‹, ›der Mann‹ usw. bezeichnet).

Tyrmand, Leopold [poln. 'tirmant], * Warschau 16. Mai 1920, † Fort Myers (Fla.) 19. März 1985, poln. Schriftsteller. – Studierte (1939) Architektur in Paris; arbeitete im 2. Weltkrieg gegen die dt., auch die sowjet. Okkupation; in Haft; 1944/45 im norweg. Untergrund; 1946 Rückkehr nach Polen; ab 1966 in den USA, wo er auch englisch publizierte; schrieb Romane, die sich durch gute Charaktergestaltung auszeichnen; Einfluß der amerikan. Prosa; auch Essays und bed. journalist. Tätigkeit.

Werke: Der Böse (R., 1955, dt. 1958), Filip (R., 1961), Ein Hotel in Darlowo (R., dt. 1962, poln. 1975 u. d. T. Siedem dalekich rejsów [= Sieben weite Fahrten]), Notebooks of a dilettante (1970), Dziennik 1954 (= Tagebuch 1954, London 1980, 2. Aufl. Warschau 1981), The ugly beautiful people (Essays, 1985).

Tyrtaios (tl.: Tyrtaĩos), griech. Lyriker des 7. Jh. v. Chr. – Herkunft umstritten (Milesier? Spartaner?); begeisterte die im 2. Messenischen Krieg hartbedrängten Spartaner durch seine kraftvollen Elegien; von kleinen Fragmenten abgesehen, sind vier Elegien erhalten, die in leidenschaftl. Aufrufen zum Kampf das Standhalten bis zum Tode verherrlichen und die ruhmreiche Vergangenheit in der Stunde der Gefahr heraufbeschwören.

Literatur: JAEGER, W.: T. über die wahre Aretē. Bln. 1932. – SNELL, B.: T. u. die Sprache des Epos. Gött. 1969.

Tytschyna (tl.: Tyčyna), Pawlo Hryhorowytsch [ukrain. te'tʃena], * Peski (Gebiet Tschernigow) 27. Jan. 1891, † Kiew 16. Sept. 1967, ukrain.-sowjet. Dichter. – Sohn eines Dorfgeistlichen; 1944–48 Kultusminister, 1953–59 Vorsitzender des Obersten Sowjets der Ukrain. SSR; auch Abgeordneter des Obersten Sowjets der UdSSR; begann mit polit. Dichtung, die durch pantheist. Elemente und nationalist. Tendenzen geprägt war und daher auf Ablehnung stieß. Spätere Gedichte kamen der Parteidoktrin entgegen; meisterhafter Übersetzer, Mitautor der ukrainisch-sowjet. Hymne.

Literatur: TEL'NJUK, S. V.: P. Tyčina. Moskau 1974.

Tzara, Tristan [frz. tsa'ra], eigtl. Samuel Rosenstock, * Moineşti 16. April 1896, † Paris 25. Dez. 1963, frz. Schriftsteller rumän. Herkunft. – Mitbegründer des Dadaismus in Zürich; ab 1917 Hg.

der Zeitschrift ›Dada‹; ab 1920 in Paris. Protestierte gegen die Gesetze der Logik, der Moral, der Gesellschaft. Nach Demonstrationen künstler. Freiheit mit einer keinem Gesetz unterworfenen Sprache wandte sich T. dem Surrealismus zu, den er in seinem Spätwerk mit marxist. Gedanken zu verbinden suchte. ›L'antitête‹ (Essay, 1933) enthält seine Kunsttheorie.

Tristan Tzara

Weitere Werke: La première aventure céleste de M. Antipyrine (Ged., 1916), Vingt-cinq poèmes (Ged., 1918), Cinéma calendrier du cœur abstrait (Ged., 1920), Le cœur à gaz (Dr., 1922), De nos oiseaux (Ged., 1923), Mouchoir de nuages (Dr., 1925), L'homme approximatif (Ged., 1931), Où boivent les loups (Ged., 1932), Grains et issues (Prosa und Lyrik, 1935), Terre sur terre (Ged., 1946), Le surréalisme et l'après-guerre (Essay, 1947), La face intérieure (Ged., 1953), À haute flamme (Ged., 1955), La rose et le chien (Ged., 1958), De la coupe aux lèvres (Ged., 1961), Vigies (Ged., 1962).

Ausgabe: T. T. Œuvres complètes. Bearb. u. hg. v. H. BÉHAR. Paris 1975–91. 6 Bde. – T. T. Die frühen Gedichte. Übers. u. hg. v. O. PASTIOR. Mchn. 1984.

Literatur: Bibliogr. des œuvres de T. T. 1916–1950. Paris 1951. – T. T. Hg. v. R. LACÔTE. Paris 1960. – CAWS, M. A.: The poetry of dada and surrealism. Aragon, Breton, T., Éluard and Desnos. Princeton (N. J.) 1970. – PETERSON, E.: T. T. Dada and surrational theorist. New Brunswick (N. J.) 1971. – T. T. Sondernummer der Zeitschrift ›Europe‹ 555/556 (Juli/Aug. 1975). – TISON-BRAUN, M.: T. T., inventeur de l'homme nouveau. Paris 1977. – KÜMMERLE, I.: T. T. Dramat. Experimente zw. 1916 u. 1940. Lampertheim 1978.

Tzetzes (tl.: Tzétzēs), Ioannes, byzantin. Dichter, ↑ Ioannes Tzetzes.

Tz'u [chin.], chin. Gedichtform, ↑ chinesische Literatur.

U

Überbrettl, Name des 1899 gegründeten und 1901 von E. von Wolzogen eröffneten ›Bunten Theaters‹ in Berlin; als erstes deutschsprachiges Kabarett wirkte das Ü. mit Chansons, Parodien, Pantomimen, Rezitationen u. a. bahnbrechend auf die weitere Entwicklung von ↑ Kabarett und literar. Varieté; existierte bis 1903.

Literatur: WOLZOGEN, E. VON: Wie ich mich ums Leben brachte. Brsw. 1922.

übergehender Reim (überschlagender Reim), Reimbindung zwischen dem letzten Wort eines Verses und dem Anfangswort des folgenden, z. B. Gottfried von Neifen, ›nû hat aber diu liebe heide/ beide ...‹; eine Sonderform des Schlagreims (↑ Reim).

Übersetzung, Wiedergabe eines Textes in einer anderen Sprache, gelegentlich eingeengt auf die Bedeutung: möglichst wortgetreue Wiedergabe in engem Anschluß an das Original, während eine freiere, auf die Erfassung des Sinns eines Textes ausgerichtete und den sprachl. und stilist. Besonderheiten der Zielsprache Rechnung tragende Übersetzung als **Übertragung,** eine Nachschöpfung nicht nur des Gehalts, sondern auch der Form eines Originals (häufig bei literar. Texten) als **Nachdichtung** bezeichnet wird.

Ü.en aus zeitgenöss. Sprachen, aus älteren Sprachen (Griechisch, Latein) oder aus älteren Sprachstufen (Althochdeutsch, Mittelhochdeutsch) und nicht allgemein verständl. Mundarten (Plattdeutsch) haben zu allen Zeiten wesentl. Einflüsse auf die Entwicklung von Sprache und Literatur ausgeübt oder gar erst zur Ausbildung einer eigenständigen Literatur geführt. So setzt am Anfang der röm. Literatur die Rezeption der griechischen. Die german. Literatur bildete sich in der Aneignung lat. Schrifttums heraus; dabei führte in der ahd. Literatur der Weg von der Ü. einzelner Wörter, den ↑ Glossen, über ↑ Interlinearversionen zur Wiedergabe zusammenhängender Texte. Die mhd. Lyrik und Epik rezipierte frz. Vorbilder in freien Nachdichtungen (Heinrich von Veldeke, Hartmann von Aue). M. Luthers Bibelübersetzung (1522–34) war von entscheidendem Einfluß auf die Entstehung der nhd. Schriftsprache. Im 17. Jh. wurden Ü.en aus dem Französischen und Italienischen v. a. von den ↑ Sprachgesellschaften gefördert. In der Folgezeit betätigten sich neben vielen anderen auch Ch. M. Wieland, Goethe, J. G. Herder, Schiller, J. Ch. F. Hölderlin, L. Tieck, A. W. Schlegel und E. Mörike als Übersetzer, im 20. Jh. u. a. S. George, R. M. Rilke, R. Borchardt, H. M. Enzensberger. – An literarisch anspruchsvollen Ü.en von Werken der Weltliteratur läßt sich sehr gut der Wandel des literar. Geschmacks ablesen, so z. B. an den Homerübersetzungen von J. Ch. Gottsched, Ch. M. Wieland, G. A. Bürger, J. H. Voß, Thassilo von Scheffer (* 1873, † 1951), R. A. Schröder, W. Schadewaldt und W. Jens oder auch an den zahlreichen Übersetzungen der Werke Shakespeares. An diesen Beispielen wird aber auch die Problematik einer jeden, bes. aber der literar. Ü. deutlich; sie besteht nicht nur darin, daß Wörter in zwei Sprachen unterschiedl. Bedeutungsfelder abdecken und unterschiedl. Bedeutungsschwerpunkte haben, sondern auch in der angemessenen Wiedergabe von Stilnuancen (z. B. Stilhöhe, mundartl. Färbung, Wortspiele, Archaismen usw.) und in der Verdeutlichung von Sachverhalten, die dem Kulturkreis der Zielsprache fremd sind, sowie ganz bes. in der Vermittlung der in den Elementen der dichter. Struktur (Metrum, Rhythmus, Reim, Metaphorik usw.) enthaltenen Aussage- und Ausdruckswerte. Eine Ü. deckt dieses mehrschichtige Spektrum, in dem jede sprachl. Äußerung zu sehen ist, oft nur in Teilbereichen ab. Je höher das sprachl. Niveau eines Originaltextes ist, desto komplizierter ist seine Wiedergabe in der Zielsprache. Der Struktur eines literar. Werkes gerecht zu werden, setzt ein kongeniales Einfühlungs- und Sprachvermögen (in der Original- und in der Zielsprache) voraus.

Die Deutsche Akademie für Sprache und Dichtung hat für herausragende Übersetzungsleistungen einen gesonderten Preis ausgesetzt. Seit 1954 sind die Übersetzer im Verband dt. Übersetzer literar. und wiss. Werke e. V. organisiert. – Eine Sonderform der Ü. ist die Neutextung (Synchronisation) von Kino- und Fernsehfilmen.

Literatur: NIDA, E. A.: Towards a science of translating. Atlantic Highlands (N. J.) 1964. – LEVÝ, J.: Die literar. Ü. Dt. Übers. Ffm. 1969. – Das Problem des Übersetzens. Hg. v. H. J. STÖRIG. Darmst. ²1969. – STEINER, G.: After Babel. Aspects of language and translation. Oxford 1975. – STEIN, D.: Theoret. Grundll. der Übersetzungswiss. Tüb. 1980. – NEWMARK, P.: Approaches to translation. Oxford u. New York 1981. – APEL, F.: Literar. Ü. Stg. 1983. – KOLLER, W.: Einf. in die Übersetzungswiss. Hdbg. ²1983. – STOLZE, R.: Grundll. der Textübersetzung. Hdbg. ²1985. – STOLZE, R.: Übersetzungstheorien. Eine Einf. Tüb. 1994.

Uberti, Fazio degli, eigtl. Bonifazio degli U., * Pisa zwischen 1305 und 1310, † Verona (?) nach 1368, italien. Dichter. – Aus ghibellin. (1267 aus Florenz verbannter) Familie; schrieb Liebesgedichte in der Art des Dolce stil nuovo, polit. Gedichte sowie ein unvollendetes geograph. Lehrgedicht in Terzinen, ›Il dittamondo‹ (größtenteils entst. zw. 1350 und 1360), die Beschreibung einer fiktiven Reise durch die damals bekannten Erdteile.

Ausgabe: F. d. U. ›Il dittamondo‹ e le rime. Hg. v. G. CORSI. Bari 1952. 2 Bde.
Literatur: SAPEGNO, N.: Poeti minori del Trecento. Mailand u. Neapel 1952. – GOFFIS, C. F.: F. d. U. In: Enciclopedia Dantesca. Bd. 5. Rom 1976.

Überzwerch, Wendelin, eigtl. Karl Fuß, * Memmingen 25. Nov. 1893, † Wilhelmsdorf bei Ravensburg 5. März 1962, dt. Schriftsteller. – War Bibliothekar, später freier Schriftsteller. Schrieb humorvolle Kurzgeschichten, Erzählungen und Gedichte, z. T. in schwäb. Mundart; bekannt durch seine Schüttelreimsammlungen.

Werke: Aus dem Ärmel geschüttelt (Ged., 1935), Das Viergestirn (R., 1950), Uff guat schwäbisch (Ged., 1951), Einsteigen ... Türen schließen! (Ged., 1955), Gaisburger Marsch (Ged., Prosa, 1962).

Udall, Nicholas [engl. 'juːdəl] (Woodall, Uvedale), * in der Grafschaft Hampshire um 1505, □ London 23. Dez. 1556, engl. Dramatiker. – War 1534–41 Schulleiter von Eton und ab 1555 von Westminster. Sein Schuldrama ›Ralph Roister Doister‹ (entst. um 1553, gedr. um 1566) gilt als die erste engl. Komödie nach dem klass. Muster des Terenz. Möglicherweise verfaßte er noch weitere, anonym überlieferte Stücke, u. a. die Moralität ›Respublica‹ (UA 1553); Übersetzer u. a. von Erasmus von Rotterdam.

Literatur: EDGERTON, W. L.: N. U. New York 1965.

Udschaili, Al (tl.: Al-Uġaylī), Abd As Salam, * Rakka (Syrien) 31. Juli 1918, syr. Schriftsteller. – Schrieb Erzählungen, die sich auf einfallsreiche und humorvolle Weise mit der Sozialkritik beschäftigen; Teilübersetzung in europ. Sprachen (dt. in: ›Arab. Erkundungen‹, 1971).

Werke: Bint as-sāhira[h] (= Die Tochter der Hexe, E., 1948), Al-Layālī wan-nuǧūm (= Nächte und Sterne, Ged., 1951), Al-Ḫail wan-nisā' (= Pferde und Frauen, E., 1965), Hikāyāt maǧanīn (= Geschichten von Verrückten, E., 1972).

Uechtritz, Friedrich von ['yç...], * Görlitz 12. Sept. 1800, † ebd. 15. Febr. 1875, dt. Schriftsteller. – 1833–58 Landgerichtsrat in Düsseldorf; befreundet u. a. mit Adam Müller (* 1779, † 1829), L. Tieck, Ch. D. Grabbe und H. Heine. Kritik an seinen histor., an Shakespeare, Schiller und Tieck orientierten Dramen bewirkte, daß U. sich ab 1851 als Romancier konservativ-gläubigen, pietistisch-introvertierten Themen zuwandte.

Werke: Rom und Otto III. (Dr., 1823), Alexander und Darius (Dr., 1827), Das Ehrenschwert (Dr., 1827), Albrecht Holm (R., 7 Bde., 1851–53), Eleazar (R., 3 Bde., 1867).

Ueda Akinari, * Naniwa (Osaka) 1734, † Kioto 27. Juni 1809, jap. Schriftsteller. – Gelehrter; beschäftigte sich mit jap. Sprache und Literatur, Chinesisch und Medizin. Neben wiss. Werken stehen v. a. die Erzählungssammlungen ›Ugetsu-monogatari‹ (= Geschichten beim regenverhangenen Mond, entst. 1768, hg. 1776, frz. 1956 u. d. T. ›Contes de plaie et de lune‹, dt. 1980 u. d. T. ›Unter dem Regenmond‹) und ›Erzählungen beim Frühlingsregen‹ (1808, dt. 1990). U. A. wählte die Stoffe v. a. aus chin. Sammlungen und siedelte seine realistisch geschriebenen Erzählungen gern in einer Traum- und Geisterwelt an; galt als Klassiker der jap. Gespenstergeschichten.

Literatur: WORMIT, H.: Studien zu U. A. Das Ugetsu-Monogatari u. seine Beeinflussung durch chin. Werke. Marburg 1973.

ugaritische Literatur, in Ugaritisch, der zu den semit. Sprachen von Ugarit gehörenden Sprache im 2. Jt. v. Chr. (überliefert auf Tontafeln mit alphabet. Keilschrift) sind religiöse Texte überliefert, z. B. die Mythenzyklen um El und Aschera, Baal und Anath, um Baals Konflikt mit dem Meergott Jam und dem Todesgott Mot sowie Legenden; sie sind als älteste Quellen der altkanaanäischen Religion wichtig für die alttestamentl. Forschung. Daneben sind auch diplomat. Korrespondenz, Literatur- und Schulwerke (auch mehrsprachige Wortlisten) der babylon. Tradition überliefert, diese vorwiegend in akkad., z. T. in churrit. Sprache.

Ausgaben: GORDON, C. H.: Ugaritic textbook. Rom 1965. – Die keilalphabet. Texte aus Ugarit. Hg. v. M. DIETRICH. Kevelaer u. Neukirchen-Vluyn 1976. – DIETRICH, M./LORETZ, O.: Keilalphabet. Omina. Beschwörungen u. Weihinschrr. aus Ugarit u. Ras Ibn Hani. Neukirchen-Vluyn 1985.

Uhde, Milan [tschech. 'u:dɛ], * Brünn 28. Juli 1936, tschech. Schriftsteller. – Redakteur; nach 1968 Publikationsverbot; seit 1990 Kultusminister der Tschech. Republik; schrieb Gedichte, dann auch Hörspiele und Theaterstücke (›Hanba Angličanům!: Dvě komedie z Velké Britanie a Irska‹ [= Pfui den Engländern!: Zwei Komödien aus Großbritannien und Irland], 1987), Satiren und Erzählungen. Gegenstand seiner Kritik ist die verwaltete, unpersönl. staatl. Macht.

Uhland, Ludwig, * Tübingen 26. April 1787, † ebd. 13. Nov. 1862, dt. Dichter. –

Ludwig Uhland (Ausschnitt aus einem zeitgenössischen Ölgemälde von Carl Jäger)

1801–08 Studium der Rechtswissenschaft und Philologie in Tübingen, bevorzugte Beschäftigung mit mittelalterl. dt. und frz. Literatur (1810/11 Handschriftstudium in Paris). 1811 Anwalt in Tübingen, 1812–14 Sekretär im Justizministerium in Stuttgart; danach dort Anwalt. 1819–39 liberaler Abgeordneter im württemberg. Landtag; 1829 Prof. für Germanistik in Tübingen, legte das Amt jedoch 1832 aus polit. Gründen (Verbot gleichzeitiger Ausübung seines polit. Mandats) nieder. 1848 als Vertreter des demokrat. Flügels in die Frankfurter Nationalversammlung gewählt, 1849 in das Stuttgarter Rumpfparlament; zog sich nach dessen Auflösung 1850 als Privatgelehrter nach Tübingen zurück. Als Dichter bedeutendster Vertreter und Vollender der sog. schwäb. Romantik. 1815 Veröffentlichung seiner ›Gedichte‹, die wegen ihrer gepflegten Sprache und fast klass. Formglätte, zugleich aber auch ihrer Schlichtheit und Volkstümlichkeit großen Erfolg hatten (zu Lebzeiten U.s 42 Auflagen); vielfach wurden sie vertont. Bekannt wurden v. a. seine anschaul., nicht selten humorvollen Balladen und Romanzen, deren Stoffe er meist der Sage und der Geschichte entnahm (›Roland‹, ›Des Sängers Fluch‹, ›Graf Eberhard der Rauschbart‹, ›Bertran de Born‹). War für U. schon eine Poesie für sich, abgewendet vom Volk, unannehmbar, so sah er das literar. Leben insgesamt eingebettet in das Leben der Nation: Aus dieser Sicht ergab sich für ihn kein Widerspruch zwischen Dichtung und Politik. Darüber hinaus war er ein

Prosaschriftsteller hohen Ranges, der insbes. Wesentliches als Germanist leistete (Erforschung neuer Bereiche in der Literatur des Mittelalters). Weniger bedeutend sind seine Dramen (›Ernst, Herzog von Schwaben‹, 1817; ›Ludwig der Baier‹, 1819).

Weitere Werke: Walther von der Vogelweide, ein altdt. Dichter (1822), Sagenforschungen (1836), Alte hoch- und niederdt. Volkslieder (2 Bde., 1844/45, ³1893 in 4 Bden.; Hg.).
Ausgaben: L. U. Gedichte. Hg. v. ERICH SCHMIDT u. J. HARTMANN. Stg. 1898. 2 Bde. – L. U. Briefwechsel. Hg. v. J. HARTMANN. Stg. 1911–16. 4 Tle. – L. U. Dichtungen, Briefe, Reden. Hg. v. W. SCHEFFLER. Stg. 1963. – L. U. Werke. Hg. v. H.-R. SCHWAB. Ffm. 1983. 2 Bde. – L. U. Werke. Hg. v. H. FRÖSCHLE u. W. SCHEFFLER. Mchn. 1985. 4 Bde.
Literatur: SCHNEIDER, HERMANN: U. Leben, Dichtung, Forschung. Bln. 1920. – BURGER, H. O.: Schwäb. Romantik. Studie zur Charakteristik des U.kreises. Stg. 1928. – THOMKE, H.: Zeitbewußtsein u. Geschichtsauffassung im Werke U.s. Bern 1962. – FRÖSCHLE, H.: L. U. und die Romantik. Köln 1973. – L. U. Dichter-Politiker-Gelehrter. Hg. v. H. BAUSINGER. Tüb. 1988. – DOERKSEN, V. G.: L. U. and the critics. Columbia (S. C.) 1994. – ↑auch Kerner, Justinus.

Uhse, Bodo, * Rastatt 12. März 1904, † Berlin (Ost) 2. Juli 1963, dt. Schriftsteller. – Offizierssohn, Anschluß an die NSDAP; ab 1930 Mitglied der KPD, emigrierte 1933 nach Frankreich, nahm am Span. Bürgerkrieg teil, ging 1940 nach Mexiko, kehrte 1948 nach Berlin (Ost) zurück; 1949–57 Chefredakteur der Zeitschrift ›Der Aufbau‹; 1963 Chefredakteur von ›Sinn und Form‹. Mitverfasser von Drehbüchern und Fernsehspielen, Verfasser von Reportagen, Essays und Romanen.

Werke: Söldner und Soldat (R., 1935), Leutnant Bertram (R., 1943), Wir Söhne (R., 1948), Die Patrioten (R., Bd. 1 1954, Bd. 2 als Fragment hg. 1965), Tagebuch aus China (1956), Mex. Erzählungen (1957), Sonntagsträumerei in der Alameda (E., 1961).
Ausgaben: B. U. Ges. Werke in Einzelausg. Hg. v. G. CASPAR. Bln. 1974–83. 6 Bde. – B. U. Sonntagsträumerei in der Alameda u. a. Erzählungen. Nachwort v. G. CASPAR. Ffm. 1979.

Ujejski, Kornel [poln. u'jɛjski], * Beremiany (Podolien) 12. Sept. 1823, † Pawłów 19. Sept. 1897, poln. Dichter. – Stammte aus einer Landadelsfamilie, 1847/48 Aufenthalt in Paris, wurde dann Gutsbesitzer; sympathisierte mit den Aufständischen (1846/1863); 1877/78 Abgeordneter des österr. Reichsrates. In seinem Werk stark der Romantik verpflichtet, verband er nat. und religiöse Thematik. Seine Dichtung ›Skargi Jeremiego‹ (= Jeremias Klagen, 1847), die er aus Anlaß des galiz. Bauernaufstandes (1846) schrieb, gehört zu den Schätzen der poln. Dichtung; auch formschöne lyr. Gedichte.

Weitere Werke: Bibl. Melodien (Dichtung, 1852, dt. 1889), Worte zu Chopin (Dichtung, entst. 1857–60, gedr. 1866, dt. 1893).
Ausgabe: K. U. Wybór poezji. Warschau 1975.

Ujević, Tin (Augustin) [serbokroat. ˌuːjɛʋitɕ], * Vrgorac 5. Juli 1891, † Zagreb 12. Nov. 1955, kroat. Lyriker und Essayist. – 1913–19 in Paris. Seine subjektive, bildhafte Dichtung wurzelt im Symbolismus. U. wurde von allen literar. Strömungen seiner Zeit berührt. Er bevorzugte aktuelle soziale und polit. Themen. In der späteren Dichtung klingt häufig Resignation an; schrieb auch metaphys. Lyrik, ferner kulturkrit. Essays.

Werk: Lelek sebra (= Klage eines Unfreien, Ged., 1920).
Ausgabe: T. U. Sabrana djela. Zagreb 1963–67. 17 Bde.
Literatur: PAVLETIĆ, V.: U. u raju svoga pakla. Zagreb 1978.

Ujvari, Liesl, * Preßburg 10. Okt. 1939, österr. Schriftstellerin. – Studium der Slawistik, althebr. Literatur und Kunstgeschichte in Wien und Zürich. Lebt seit 1972 als freie Schriftstellerin in Wien. U. löst das Gedicht als verdichteten Ausdruck persönlicher Gefühle auf und führt es auf sprachliche Verhaltensmuster zurück.

Werke: Zwettl, Gmünd, Scheibbs (Hsp., Ursendung 1974, mit B. Hell), sicher & gut (experimentelle Poesie, 1977), Fotoroman Bisamberg (1981), rosen, zugaben (Ged., 1983), Schöne Stunden (R., 1984), Tiere im Text (R., 1991), Hoffnungsvolle Ungeheuer (Prosa, 1993).

ukrainische Literatur, die Literatur in ukrain. Sprache. – Die **älteste ukrainische Literatur** bis zum Untergang des Kiewer Reiches im 13. Jh. ist im wesentl. identisch mit der entsprechenden altruss. bzw. (genauer) altostslaw. Literatur (↑russische Literatur). Erst die Herausbildung eigener sprachl. Systeme des Ukrainischen, Russischen und Weißrussischen ab dem **13./14. Jahrhundert** er-

möglichte – neben dem vorherrschenden Kirchenslawischen – eine im engeren Sinne ukrainischsprachige bzw. russischsprachige Literatur, deren wesentl. nationalsprachige Komponenten jedoch erst im späten 18. Jh. hinzutraten. Die Entwicklung der u. L. ist in bes. deutl. Maße mit dem politisch-histor. Schicksal der Ukraine verbunden, die vom 13. bis 16. Jh. zum litauischen, ab 1569 zum poln. und ab 1654 zum russ. Staat gehörte und keine dauerhafte staatl. Eigenständigkeit erlangen konnte.
Die **ältere ukrainische Literatur des 14.–16. Jahrhunderts** ist v. a. eine kirchenslawisch-ukrain. Übersetzungs- und Chronikliteratur.
Im 17. Jahrhundert entwickelte sich in der Ukraine durch die Gründung der Kiewer Geistl. Akademie (1632) und unter dem mächtigen Einfluß der poln. Barockkultur eine mehrsprachige (lat., poln. und ukrainisch-kirchenslaw.) Barockliteratur: herald. Dichtung, Panegyrika, geistl. Lieder, Predigten, polem. Traktate, Schuldramen und Barockpoetiken, die im 18. Jh. bis nach Serbien gelangten. Der bedeutendste Vertreter der ukrain. **Barockkultur** ist der Philosoph (und Dichter) Hryhori S. Skoworoda (* 1722, † 1794).
Die **neuere ukrainische Literatur** begann im Zuge nat. Bewußtwerdung **Ende des 18. Jahrhunderts** mit der klassizist. ›Äneis‹-Travestie (1798, vollständig hg. 1842) von I. P. Kotljarewsky, der sich der ukrain. Volkssprache bediente und damit die Entstehung der modernen ukrain. Schrift- und Literatursprache grundlegend förderte. Ihm folgten der Balladen- und Fabeldichter Petro Petrowytsch Hulak-Artemowsky (* 1790, † 1865) und der Novellist H. F. Kwitka-Osnowjanenko. In den 30er und 40er Jahren des **19. Jahrhunderts** bildeten sich nationalromant. Dichtergruppen um die kulturellen Zentren Kiew, Lemberg, Charkow; Autoren sind Amwrossi Lukjanowytsch Metlynsky (* 1814, † 1870), M. I. Kostomarow, Markijan Semenowytsch Schaschkewytsch (* 1811, † 1843). Alle überragt der bedeutendste ukrain. Dichter T. H. Schewtschenko, dessen Gesamtwerk aus Lyrik, Epik und Drama Elemente der Volksdichtung, des Brauchtums, der Bi-

bel und der zeitgenöss. russ. sowie westeurop. Romantik aufnahm und vereinte und zum künstler. Kristallisationspunkt der nationalukrain. Unabhängigkeitsbestrebungen wurde. Die offizielle russ. Reaktion auf diese nationalukrain. Bewegung war ab 1845 eine noch strengere Zensur mit wiederholtem Druckverbot für ukrainischsprachige Publikationen (1863, 1866, 1876–1906, 1914–17) und eine verschärfte Russifizierungspolitik, so daß die junge u. L. in ihrer weiteren formalen und inhaltl. Entwicklung und Ausweitung sehr stark behindert wurde. Lediglich P. O. Kulisch ragt mit Romanen, Novellen, Dramen und Lyrik, aber auch Übersetzungen aus dieser düsteren Zeit heraus. Allein in der Westukraine, die mit ihrem kulturellen Zentrum Lemberg zu Österreich gehörte, konnte sich die u. L. freier entfalten. Unter Beibehaltung folkloristisch-ethnograph. Themen gelang die Einbeziehung realist. Thematik und Stilistik, teilweise bis zu sozialen Fragestellungen, so bei dem Volkstümler und Schriftsteller Iwan Semenowytsch Netschui-Lewyzky (* 1838, † 1918) mit krit. Darstellung der ukrain. Intelligenz und programmat. Schriften zum ukrain. Realismus, bei dem Erzähler Panas Myrny (* 1849, † 1920) mit psychologisch vertieften Romanen und bei dem gelehrten Schriftsteller und Übersetzer B. D. Hrintschenko mit sozialer Thematik in Erzählungen, Dramen, Gedichten. Die wohl bedeutendste Vertreterin der Dorferzählung ist M. Wowtschok. Alle Zeitgenossen überragt indes der Westukrainer I. J. Franko, dessen publizist., wiss. und dichter. Werk die zweite Hälfte des 19. Jh. prägt. Um die Wende zum **20. Jahrhundert** zeigten sich in der u. L. auch modernist. Strömungen, die ihre stoffl. Basis jedoch weitgehend in der ukrain. Problematik behalten, so bei L. Ukrajinka und dem bed. Kritiker M. M. Kozjubynsky mit impressionist. Novellen und Lyrik und bei den Symbolisten O. Oles mit musikal., liedhafter Lyrik.
Die **ukrainische Literatur nach 1917:** Erneute, z. T. vielversprechende modernist. Ansätze zeigte die u. L. in der Versdichtung nach 1917. Hervorzuheben sind der Symbolist P. H. Tytschyna und der Futurist M. W. Semenko, die Impressionisten

Hryhori M. Kossynka (*1899, †1934), Mychailo Iwtschenko (*1890, †1939), Walerjan Petrowytsch Pidmohylny (*1901, †1941), Jewhen Pawlowytsch Pluschnyk (*1898, †1936) und die Kiewer Neoklassizisten mit dem bed. M. T. Rylsky und Mykola K. Serow (*1890, †1941?), dazu der Dramatiker Mykola H. Kulisch (*1892, †1942). Unter stalinist. Verfolgungen kamen zahlreiche ukrain. Schriftsteller ums Leben (Semenko, Kossynka, Pidmohylny, Serow, Kulisch u. a.), verstummten (Iwtschenko) oder paßten sich der offiziellen Literaturdoktrin des sozialist. Realismus an (Tytschyna, Rylsky u. a.).

Vor diesem Hintergrund formierte sich **nach dem 2. Weltkrieg** im Zuge der sowjet. ›Tauwetter‹-Periode der 50er Jahre eine neue Schriftstellergeneration, die das literar. Leben der Ukraine bis in die 60er und 70er Jahre bestimmte. Als **Dramatiker** (auch Erzähler) der (Vor- und) Nachkriegszeit machte sich O. J. Kornitschuk einen Namen. In der **Lyrik** dominierte die reflexive, philosophisch ausgerichtete und psychologisch motivierte Poesie (Balladen, Poeme): A. S. Malyschko, Dmytro W. Pawlytschko (*1929), Wassyl A. Symonenko (*1935, †1963), L. W. Kostenko, Witali O. Korotytsch (*1936), M. P. Baschan sowie Iwan F. Dratsch (*1936), der experimentelle Wege beschritt. Innerhalb der unterdrückten u. L., zu der u. a. der Dichter Ihor Kalynez (*1939) gehört, ragt die Lyrik von W. S. Stus heraus. Die ukrain. Poesie der Gegenwart zeigt thematisch ihre Verwurzelung in der Tradition (Heimat, Patriotismus), ihr Grundton wird durch Pathos und innere Dramatik bestimmt. Diese Merkmale gelten auch für die **Nachkriegsprosa** (Kriegsromane, folklorist. Themen). Neben philosoph. Reflexion und psycholog. Motivation in der Prosa der 60er und 70er Jahre ist die Herausbildung von Individualstilen das markanteste Merkmal: Dazu zählen der lyrisch-philosoph. Stil von O. T. Hontschar, die iron. Brechungen in der reflexiven Erzählweise von Pawlo A. Zahrebelny (*1924), der metaphor., an der Folklore orientierte Stil von Mychailo P. Stelmach (*1912, †1983), die ›Dorfprosa‹ von Hryhori M. Tjutjunnyk

(*1920, †1961), die psychologisierende und lyrisch intonierte Schreibweise Jewhen P. Huzalos (*1937).

Der Reaktorunfall von Tschernobyl (1986), der auch literarisch verarbeitet wurde (Dratsch; Wolodymyr Jaworiwskyj, *1942; Mykola Olijnyk, *1923), trug erheblich dazu bei, einen Besinnungsprozeß auszulösen. Damit geht eine Vielfalt von literar. Strömungen einher, die ästhet. Werte und hermet. Abgeschlossenheit ebenso umfaßt wie Mythologie und Diesseitsbezogenheit, v. a. Jurij Andruchowytsch (*1960), Wassyl Herasymjuk (*1956), Wassyl Holoborodko (*1946), Ihor Rymaruk (*1958) und Mykola Worobjow (*1941).

Der eigentl. Durchbruch zur kulturellen Wiedergeburt gelang jedoch erst Ende der 80er Jahre, wobei das Organ des ukrain. Schriftstellerverbandes ›Literaturna Ukrajina‹ führend war. Diese Wochenzeitung publizierte eine Rehabilitierungsrubrik und machte auf diese Weise mit dem Schaffen totgeschwiegener, umgekommener und exilierter Autoren bekannt. Neben den Verfemten der Breschnew-Ära waren dies auch ältere Autoren wie der Sozialist Wolodymyr Wynnytschenko (*1880, †1951) oder der Avantgardist Mykola Chwylowyj (*1897, †1933). – Auch die Literaturwissenschaft wurde von der nat. und kulturellen Renaissance erfaßt und erfuhr eine generelle Umorientierung: Arbeiten, deren Verfasser für eine eigenständige ukrain. Literaturgeschichte eingetreten waren und deshalb als ›Volksfeinde‹ galten, werden jetzt zugänglich gemacht (M. Hruschewskyj, D. Tschižewskij u. a.). – Seit 1988 engagieren sich die ukrain. Schriftsteller vielseitig im Prozeß der ukrain. Wiedergeburt. Sie haben eine Gesellschaft der ukrain. Sprache gegründet, nehmen sich ökolog. Probleme an und haben die demokrat. Bewegung ›Ruch‹ ins Leben gerufen.

Die u. L. der *Emigration* nach dem 2. Weltkrieg weist bed. Lyriker, u. a. Mychailo K. Orest-Serow (*1902, †1963), T. S. Osmatschka, Wassyl Barka (*1908), und Erzähler auf, wie Wiktor P. Petrow-Domontowytsch (*1894, †1969), Dokija K. Humenna (*1904), W. K. Tschaplenko (*1900) und I. W. Katschurowsky (*1918).

Literatur: VOZNJAK, M.: Istorija ukraïns'koï literatury. Lemberg 1920–24. 3 Bde. Nachdr. Den Haag 1970. Teilweise dt. u.d.T.: Gesch. der u. L. Bd. 2: 16.–18.Jh. Gießen 1975. – HRUŠEVS'KYJ, M.: Istorija ukraïns'koï literatury. Kiew 1923–27. 5 Bde. Nachdr. New York 1959–60. – Istorija ukraïns'koï literatury. Kiew 1954–59. 2 Bde. – LUCKYJ, G. S. N.: Literary politics in the Soviet Ukraine 1917–1934. New York 1956. – Ukraïns'ki pys'mennyky. Kiew 1960–65. 5 Bde. – Istorija ukraïns'koï literatury. Hg. v. B. BURJAK u.a. Kiew 1968–71. 8 Bde. – ČYŽEVS'KYJ, D.: A history of Ukrainian literature. Engl. Übers. Littleton (Colo.) 1975. – GOLUBEVA, Z. S.: Novi grani žanru. Sučasnyj ukraïns'kyj radjans'kyj roman. Kiew 1978. – KOVAL', V. K., u.a.: Pys'mennyky Radjans'koï Ukraïny. Kiew 1981.

Ukrajinka (tl.: Ukraïnka), Lessja, eigtl. Laryssa Petriwna Kossatsch-Kwitka, * Nowograd-Wolynski 25. Febr. 1871, † Surami (Georgien) 1. Aug. 1913, ukrain. Schriftstellerin. – Verfasserin von lyr., ep. und dramat. Dichtungen; begann mit nat., der Folklore verpflichteten Werken, wandte sich dann zunehmend elegisch gestimmter, impressionist. Liebes- und Naturlyrik zu; pflegte auch die histor. Dichtung und schuf bed. Beiträge zur ukrain. Neuromantik; übersetzte u.a. H. Heine.

Werke: Davnja kazka (= Ein altes Märchen, Vers-E., 1893), V domu raboty, v kraïni nevoli (= Im Arbeitshaus, im Land der Knechtschaft, dramat. Dialog, 1906), Das Waldlied (Dr., 1911, dt. 1947), Orhija (= Die Orgie, dramat. Poem, 1913).

Ausgaben: L. Ukraïnka. Tvory. Kiew 1963–65. 10 Bde. – L. Ukraïnka. Tvory. Kiew 1981–82. 4 Bde.

Literatur: L. Ukraïnka 1871–1971. Philadelphia (Pa.) 1979–80.

Ulfilas (Ulfila, Gulfilas, Wulfila), * um 311, † Konstantinopel (heute Istanbul) [?] 383, westgot. arian. Bischof. – Stammte mütterlicherseits aus einer von den Goten verschleppten kappadok. Familie, sein Vater war Gote; 341 wurde er von Eusebius von Nikomedia zum Bischof für die Goten geweiht. Nach der Verfolgung durch Athanarich (348) zog er sich mit anderen got. Christen hinter die Reichsgrenze zurück, wirkte weiter als Missionsbischof und weltl. Führer (Primas). Theologisch gehörte er zu den gemäßigten Arianern. Seine bedeutendste Leistung war eine Bibelübersetzung ins Gotische (begonnen um 369), die

durch Übertragung bibl. Begriffe und bibl. Umwelt in das german. Empfinden den Germanen die christl. Lehre nahebrachte, ohne ihren Gehalt zu ändern. Sie ist teilweise im Codex argenteus, einer Handschrift aus dem 6. Jh., in der Universitätsbibliothek in Uppsala erhalten.

Literatur: STREUBING, H.: Miszellen zur got. Bibelübers. In: Zs. f. Kirchengesch. 64 (1952/53), S. 164. – HAENDLER, G.: Wulfila u. Ambrosius. Stg. 1961. – GÖTTI, E.: Die got. Bewegungsverben. Ein Beitr. zur Erforschung der got. Wortschatzes mit einem Ausblick auf Wulfilas Übersetzungstechnik. Bln. 1974.

Ulitz, Arnold, * Breslau 11. April 1888, † Tettnang 12. Jan. 1971, dt. Schriftsteller. – War Studienrat in Breslau, lebte ab 1945 in Tettnang. Schrieb zunächst expressionist. Romane, Novellen und Gedichte, dann Kindernovellen und -romane; im Spätwerk schildert er seine oberschles. Heimat. Auch Lyrik und Hörspiele.

Werke: Der Arme und das Abenteuer (Ged., 1916), Die Narrenkarosse (Nov.n, 1916), Ararat (R., 1920), Die Bärin (R., 1922), Der Lotse (Ged., 1924), Das Testament (R., 1924), Christine Munk (R., 1926), Aufruhr der Kinder (R., 1929), Worbs (R., 1930), Eroberer (R., 1934), Hochzeit! Hochzeit! (E., 1940), Die Reise nach Kunzendorf (E., 1942), Das Teufelsrad (En., 1949), Der wunderbare Sommer (R., 1950).

Ullikummi-Lied, ein in hethit. Sprache überlieferter churrit. Mythos aus dem Kreis der ↑ Kumarbi-Mythen: der gestürzte Götterkönig Kumarbi zeugt, um sich an seinem Nachfolger Teschub zu rächen, mit einem Felsen den Ullikummi, einen tauben und blinden Steindämon, der, von Unterweltsgöttinnen auf einem Felsriesen im Meer großgezogen, riesig bis an den Himmel heranwächst. Die bedrohten Götter, Sonnengott und Teschub, aber auch die Liebreize der Scha(w)uschga (Schawuschka) von Ninive, vermögen gegen ihn ebensowenig wie die vereinigte Götterstreitmacht, bis die alten (babylon.) Götter Ea und Enlil raten, Ullikummi mit einer Sichel von seiner Felsbasis zu trennen, wie es wohl im (nicht erhaltenen) Ende des Lieds auch geschieht. Motive des U.-L.s finden sich in der antiken Typhonüberlieferung und kaukas. Traditionen wieder.

Literatur: GÜTERBOCK, H. G.: The song of Ullikummi. In: Journal of cuneiform studies 5

(1951), S. 135, 6 (1952), S. 8. – HAAS, V.: Hethitische Berggötter u. hurrit. Steindämonen. Mainz 1982. S. 148.

Ullman, Gustaf [schwed. „ʋlman], *Göteborg 12. Juni 1881, † Stockholm 20. Jan. 1945, schwed. Schriftsteller. – Schildert in seiner Lyrik die Landschaft der Westküste; seine Erzählwerke behandeln die Lebensauffassung der Jugend. Werke: Västkust (Ged., 1903), Caprifol (Ged., 1905), En flickas ära (R., 1909), Collberg junior (R., 1925), Den farliga gåvan (R., 1930), Syster Beda (R., 1933).

Ullmann, Regina, *Sankt Gallen 14. Dez. 1884, † München 6. Jan. 1961, schweizer. Schriftstellerin. – Gärtnerin und Wachsgießerin; lebte lange in und bei München, ab 1938 wieder in Sankt Gallen; konvertierte 1911 zum Katholizismus; in München Bekanntschaft mit H. Carossa, I. Seidel, K. Wolfskehl, R. Schickele, Th. Mann, R. M. Rilke u. a. Ihre einfachen Erzählungen und Gedichte sind sinnlich-poet. Spiegelung der kleinen und stillen Dinge und Abbild eines eng umgrenzten Lebenskreises. Werke: Feldpredigt (Dr., 1907), Von der Erde des Lebens (Prosadichtungen, 1910), Gedichte (1919), Die Landstraße (En., 1921), Vom Brot der Stillen (En., 2 Bde., 1932), Der Engelskranz (En., 1942), Erinnerungen an Rilke (1945), Schwarze Kerze (En., 1954). Ausgaben: R. U. Ges. Werke. Zusammengestellt v. R. U. u. E. DELP. Eins. u. a. 1960. 2 Bde. Neu hg. v. F. KEMP u. d. T. Erzählungen, Prosastücke, Gedichte. Mchn. 1978. 2 Bde. – R. U. Ausgew. Erzählungen. Hg. v. F. KEMP. Ffm. 1979. Literatur: DELP, E.: R. U. Eine Biographie der Dichterin. Eins. u. a. 1962. – LÜCK, A.: R. U. Eine Personalbibliogr. Hamb. 1962.

Ulrich von dem Türlin ['ty:rli:n], mhd. Dichter der 2. Hälfte des 13.Jh. aus Kärnten. – Gehörte mit Heinrich von Freiberg und Ulrich von Etzenbach zu den Prager Hofdichtern; verfaßte zwischen 1261 und 1269 eine Ottokar II. gewidmete Vorgeschichte (›Arabel‹) zum unvollendeten Epos ›Willehalm‹ von Wolfram von Eschenbach, in der er Jugend, Gefangenschaft, Befreiung und Hochzeit des Helden schildert. Das Werk wurde mit dem ›Willehalm‹ und der Fortsetzung Ulrichs von Türheim zusammen überliefert, fand in dieser Form Eingang in Weltchroniken (Heinrich von Mügeln) und wurde im 15.Jh. zu einer einheitl. Prosa umgeformt.

Ausgaben: U. v. d. T. ›Willehalm‹. Hg. v. S. SINGER. Lpz. 1895. – U. v. d. T. Hg. v. W. SCHRÖDER. Bln. u. New York 1981. Literatur: SCHRÖDER, W.: Arabel-Studien. Mainz 1982–84. 3 Bde. – ↑ auch Ulrich von Türheim.

Ulrich von Etzenbach (Eschenbach), mhd. Epiker der 2. Hälfte des 13.Jh., wahrscheinlich aus Nordböhmen. – Bürgerl. Herkunft; Vertreter der höf. Großerzählung des 13.Jh. am Prager Königshof; schrieb drei Epen: ›Alexander‹ (1271–86), eine Darstellung der Taten Alexanders des Großen auf der Basis der ›Alexandreis‹ (um 1180) des Walther von Châtillon, für Ottokar II. und dann Wenzel II., ›Wilhelm von Wenden‹ (um 1289/ 1290), einen höf. Legendenroman mit Minne- und Orientabenteuern für König Wenzel II. und seine Gemahlin Guta mit deutl. Bezug auf die Mäzene, und eine neue, höf. Fassung des ›Herzog Ernst‹ (sog. ›Herzog Ernst D‹, 1280er Jahre).

Ausgaben: U. v. E. Herzog Ernst. In: Altdt. Gedichte des MA. Hg. v. F. H. VON DER HAGEN u. J. G. BÜSCHING. Bd. 1. Bln. 1818. – U. v. Eschenbach. Alexander. Hg. u. W. TOISCHER. Stg. u. Tüb. 1888. Nachdr. Hildesheim u. New York 1974. – U. v. E. Wilhelm von Wenden. Krit. hg. v. H.-F. ROSENFELD. Bln. 1957. Literatur: KOHLMAYER, R.: U. v. E. Wilhelm von Wenden. Meisenheim 1974. – MEDERT, C.: Der ›Alexander‹ U. s. v. E. Gött. 1989. – ↑ auch Herzog Ernst.

Ulrich von Gutenburg, † vor 1220, mhd. Dichter. – Vermutlich identisch mit dem adligen Namensträger von Burg Guttenberg (westlich von Dörrenbach [Landkreis Südl. Weinstraße]), der zwischen 1172 und 1186 in der Umgebung Friedrichs I. und Heinrichs VI. bezeugt ist; dichtete nach dem Vorbild Friedrichs von Hausen in virtuos gehandhabter Sprach- und Reimkunst Minnestrophen und einen Minneleich, den ersten dieser Kunstform in der dt. Literatur.

Ausgabe: U. v. G. In: Des Minnesangs Frühling. Hg. v. H. MOSER u. H. TERVOOREN. Bd. 1. Stg. ³⁷1982.

Ulrich von Lichtenstein (Liechtenstein), *Lichtenstein (Steiermark) um 1200, † 1275 oder 1276, mhd. Dichter. – Stammte aus steir. Ministerialengeschlecht; seit den 40er Jahren des 13.Jh. Inhaber hoher Verwaltungsstellen in der Steiermark; öffentl. und private Ereignisse aus seinem Leben, verbunden mit

Motiven aus höf. Romanen, Trouba-
dourviten und 58 Minneliedern, gingen
in seine paargereimte Icherzählung
›Frauendienst‹ (1255) ein, die erste der
dt. Literatur. Wie in seinem minnetheo-
ret. Disput ›Frauenbuch‹ (1257) verfolgte
er unterhaltende und gesellschaftsdidakt.
Ziele. Die geschilderten Turnierfahrten
(als Frau Venus, Artusfahrt) gehören zur
späten zeittyp. Tendenz des Nachspie-
lens literar. Modelle als Standesbestäti-
gung. In den Minneliedern und seinem
Leich zeigt U. sich als formgewandter
Gestalter eines an der literar. Tradition
(v. a. Walther von der Vogelweide) geschulten Minneideals.
Ausgaben: U. v. Liechtenstein. Frauendienst.
Hg. v. R. BECHSTEIN. Lpz. 1888. 2 Bde. – U. v. L.
In: Dt. Liederdichter des 13. Jh. Hg. v. C. VON
KRAUS. Tüb. ²1978.
Literatur: PETERS, U.: Frauendienst. Unterss. zu
U. v. L. u. zum Wirklichkeitsgehalt der Minne-
dichtung. Göppingen 1971.

Ulrich von Singenberg, mhd. Lyriker
des frühen 13. Jahrhunderts. – Aus Thurgauer Ministerialengeschlecht, urkundlich bezeugt zwischen 1209 und 1228.
Truchseß des Klosters Sankt Gallen. In
seinen 34 Liedern folgt U. als Minnesänger und Dichter moralisch-didakt. Sangsprüche dem Vorbild Walthers von der
Vogelweide.
Ausgabe: Die Schweizer Minnesänger. Hg. v.
K. BARTSCH. Frauenfeld 1886. Nachdr. Darmst.
1964.

Ulrich von Türheim, mhd. Epiker der
1. Hälfte des 13. Jahrhunderts. – Aus einem im Augsburger Raum anässigen Ministerialengeschlecht; schrieb im Auftrag
des Schenken Konrad von Winterstetten,
der zum Kreis König Heinrichs VII. gehörte, eine 3 700 Verse umfassende Fortsetzung (um 1235) zum Tristan-Roman
Gottfrieds von Straßburg auf der Basis
des ›Tristrant‹ von Eilhart von Oberg,
ohne Gottfrieds Niveau der Problemati-
sierung zu erreichen. Anspruchsvoller ist
die Fortsetzung des ›Willehalm‹ von
Wolfram von Eschenbach, das zwischen
1240 und 1250 entstandene Epos ›Rennewart‹ (36 500 Verse). Nur in Fragmenten
erhalten ist seine Bearbeitung des höf.
Romans ›Cligès‹ von Chrétien de Troyes.
Ausgaben: U. v. T. Rennewart. Hg. v. A. HÜB-
NER. Bln. ²1964. – U. v. T. Tristan. Hg. v.
TH. KERTH. Tüb. 1979.

Literatur: WILDERMUTH, R.: U. v. Th. u. Ulrich
von dem Türlin als stilist. Nachahmer Wolframs
von Eschenbach. Diss. Tüb. 1952 [Masch.]. –
GRUBMÜLLER, K.: Probleme einer Fortsetzung.
In: Zs. f. dt. Altertum 114 (1985).

Ulrich von Winterstetten, * um 1225,
† nach 1280, mhd. Lyriker. – Aus schwäb.
Ministerialengeschlecht; ab 1258 als Ka-
noniker, ab 1280 als Domherr in Augsburg bezeugt; U.s fünf Leiche zeigen ihn
als formalist. Baukünstler; seine 40 Minnelieder demonstrieren die souverän-vir-
tuose Beherrschung des Formalen und
der traditionellen Motivik, daneben finden sich Einflüsse Neidharts. An der
Wirkung der Lieder als Gesellschafts-
kunst dürfte die (nur zu einem Leich erhaltene) Musik wesentl. Anteil gehabt
haben.
Ausgabe: U. v. W. In: Dt. Liederdichter des
13. Jh. Hg. v. C. VON KRAUS. Tüb. ²1978.
Literatur: KUHN, H.: Minnesangs Wende. Tüb.
²1967. – STREICHER, G.: Minnesangs Refrain.
Göppingen 1984.

Ulrich von Zatzikhoven, mhd. Epiker
des 12./13. Jahrhunderts. – Vermutlich
mit dem 1214 in Lommis im Thurgau
urkundlich bezeugten Leutpriester identisch; sein nach 1194 entstandener Versroman ›Lanzelet‹ ist die Übertragung
einer nicht erhaltenen anglonormann.
Vorlage. Er steht am Anfang einer Ty-
penreihe, die den unproblemat. Aufstieg
des arthurischen Helden zum Herrscher
thematisiert und eine Verbindung von
dynast. und Eignungsprinzip bei der
Herrschaftsbestimmung vertritt. Die Lie-
besabenteuer des Helden spiegeln die
höf. Vervollkommnung auf der Basis herkömml. adliger Verhaltensweisen.
Ausgabe: U. v. Z. Lanzelet. Hg. v. K. A. HAHN.
Ffm. 1845. Nachdr. mit Bibliogr. Bln. 1965.
Literatur: RUH, K.: Der ›Lanzelot‹ U.s v. Z. In:
Dt. Lit. des späten MA. Hg. v. W. HARMS. Bln.
1975. – SCHMIDT, KLAUS M.: Begriffsglossar u.
Index zu U. s. v. Z. Lanzelet. Tüb. 1993.

Ulsterzyklus [engl. ˈʌlstə] ↑ irische Literatur.

Ultraismo [lat.-span.], literar. Bewegung in Spanien und Lateinamerika
(1919 bis etwa 1922), die z. T. als Reaktion (gegen formalen Ästhetizismus), z. T.
als Fortführung des ↑ Modernismo, eine
Erneuerung der Lyrik durch die Reduk-
tion auf eine auch die moderne Technik
umgreifende Metaphern- und Bilder-

sprache vertrat. Hauptvertreter des mit dem Creacionismo verwandten U. waren G. de Torre, Xavier Bóveda (* 1898), César A. Comet, Pedro García Cabrera (* 1906) u. a. Durch J. L. Borges' anders geartetes Werk, das mit dem U. in Verbindung gebracht wurde, hat die Bewegung ein nicht durchweg gerechtfertigtes Renommee gewonnen. J. Ortega y Gassets Essay ›La deshumanización del arte‹ (1925) richtet sich auch gegen den Ultraismo.

Literatur: PEÑA, M. DE LA: El ultraísmo en España. Ávila 1925. Bd. 1. (m. n. e.). – VIDELA, G.: El ultraísmo. Madrid ²1971.

'Umar Ḥayyām, pers. Gelehrter und Dichter, ↑ Omar Chaijam.

Ụmar Ịbn Ạbi Rabịa (tl.: 'Umar Ibn Abī Rabī‛a[h]), * um 644, † 712, arab. Dichter. – Gilt als bester Vertreter der städt. Liebespoesie; sein Diwan (1. Ausg. 1901–09 in 4 Tlen. von P. Schwarz) enthält fast ausschließlich Ghasele; bes. beeindruckend ist die Vielfalt und Musikalität seiner Metren sowie die Lebendigkeit der Dialoge.

Literatur: SEZGIN, F.: Gesch. der arab. Poesie. Bd. 2. Leiden 1975. S. 415.

Ụmar Ịbn Al Fạrid, arab. Dichter, ↑ Ibn Al Farid, Umar.

umarmender Reim ↑ Reim.

Ụmru Al Kạis (tl.: Umru' Al-Qays) (Amrilkais, Amru Al Kais, Imru Al Kais), † Ankara um 540 n. Chr., altarab. Dichter. – Bedeutendster Dichter der vorislam. Zeit. Eines seiner Gedichte gehört zur Sammlung ›Al Muallakat‹. Sein Diwan wurde von F. Rückert in Auswahl ins Deutsche übersetzt (1843, erweitert 1924).

umschließender Reim ↑ Reim.

Umschreibung ↑ Periphrase.

Unamuno y Jugo, Miguel de [span. una'muno i 'xuɣo], * Bilbao 29. Sept. 1864, † Salamanca 31. Dez. 1936, span. Schriftsteller und Philosoph. – Ab 1891 Prof. für Griechisch in Salamanca. 1901–14 Rektor dieser Univ.; wegen Gegnerschaft zum Regime Primo de Riveras 1924 nach Fuerteventura (Kanar. Inseln) verbannt, im gleichen Jahr jedoch amnestiert; bis 1930 im freiwilligen Exil in Frankreich; 1931–34 Prof. für span. Sprachgeschichte (bis 1936 Rektor) in Salamanca. Universale Persönlichkeit spezifisch span. Prägung; politisch liberal und gegen jeden Dogmatismus; führender Vertreter der ↑ Generation von 98. Vorwiegend Essayist, aber auch Lyriker, Romancier und Dramatiker. Im Mittelpunkt seines bes. von Søren Kierkegaard und dem religiösen Pragmatismus William James' beeinflußten vitalistisch-skeptizist. Denkens, v. a. dargestellt in seinem philosoph. Hauptwerk ›Das trag. Lebensgefühl‹ (12 Essays, 1913, dt. 1925), stehen Überlegungen zur Unsterblichkeit, die U. y J. als ein dem Menschen immanentes Bedürfnis empfindet. Er sieht dies im Zusammenhang mit dem Problem des Dualismus von Leib und Seele bzw. Leben und Glauben einerseits sowie Ratio und moderner Wiss. andererseits, die sich in einem dauernden, unauflösl. Konflikt befinden. Seinen symbolisch-allegor. Ausdruck findet dieses ›trag. Lebensgefühl‹ v. a. in seinen Romanen und Dramen. Als Lyriker lehnte er die Poésie pure ab; in seiner Bekenntnis- und Gedankendichtung behandelte er auch histor. und polit. Themen.

Miguel
de Unamuno
y Jugo

Weitere Werke: En torno al casticismo (Essay, 1895), Frieden im Krieg (R., 1897, dt. 1929), Das Leben Don Quijotes und Sanchos (Essay, 1905, dt. 2 Tle., 1926), Poesías (Ged., 1907), Nebel (R., 1914, dt. 1926), Abel Sánchez (R., 1917, dt. 1925), El Cristo de Velázquez (Ged., 1920), Tante Tula (R., 1921, dt. 1927), Die Agonie des Christentums (Essay, 1925, dt. 1928), El otro (Dr., 1932), San Manuel der Gute (R., 1933, dt. 1961), El hermano Juan o el mundo es teatro (Dr., 1934).

Ausgaben: M. de U. y J. Ges. Werke. Dt. Übers. Hg. v. O. BUEK. Wien 1933. 4 Bde. – M. de U. y

J. Obras completas. Hg. v. M. G. Blanco. Madrid [2]1959–61. 10 Bde.

Literatur: Granjel, L. S.: M. de U. Ein Lebensbild. Dt. Übers. Stg. 1962. – Schürr, F.: M. de U. Der Dichterphilosoph des trag. Lebensgefühls. Bern u. Mchn. 1962. – Lacy, A.: M. de U. The rhetoric of existence. Den Haag 1967. – Salcedo, E.: Vida de Don Miguel. Salamanca [2]1970. – Nozick, M.: M. de U. New York 1971. – Martínez Cruzado, R. F.: Die Vernunft-Herz-Problematik bei U. Ein Versuch der Rekonstruktion aus wiss. Sicht. Ffm. u. Bern 1982. – Elizalde, I.: M. de U. y su novelística. Irún 1983. – Nicholas, R. L.: U. narrador. Madrid 1987.

Unanimismus [zu lat. una anima = eine Seele], zu Beginn des 20. Jh. von J. Romains (>La vie unanime‹, 1908) unter dem Einfluß des ersten Theoretikers der Massenpsychologie, G. Le Bon, und der Theorien É. Durkheims in Frankreich ausgelöste philosophisch-ästhet. Bewegung, die von der Vorstellung ausging, daß der Kosmos beseelt sei und sich v. a. in der Gruppenseele manifestiere, d. h. in einem kollektiven Bewußtsein und in kollektiven emotionalen Kräften, die das Individuum als Teil des beseelten Kollektivs tragen. Einflüsse des U. finden sich v. a. bei G. Duhamel, Ch. Vildrac, René Arcos (* 1880, † 1959) sowie L. Durtain.

Literatur: Cuisenier, A.: Jules Romains et l'unanimisme. Paris 1935–54. 3 Bde. – Gläser, E.: Denkform u. Gemeinschaft bei J. Romains. Bln. 1938. Neudr. Nendeln 1967. – Walker, E. H.: Jules Romains and unanimism. The distant crowd. Diss. Duke University Durham (N. C.) 1972. – ↑ auch Romains, Jules.

Under, Marie, * Reval 27. März 1883, † Stockholm 25. Sept. 1980, estn. Dichterin. – Floh 1944 nach Schweden; ausgehend von seinerzeit als neuartig und gewagt empfundener Liebes- und Naturlyrik formte sie später Zeit- und Sozialprobleme in Versen von eindringl. Symbolstruktur; im Alter Gedankenlyrik. In dt. Übersetzung erschien 1949 die Gedichtsammlung ›Stimme aus dem Schatten‹.

Underground [engl. ˈʌndəgraʊnd = Untergrund], avantgardist. künstler. Protestbewegungen gegen das künstler. Establishment.

Undset, Sigrid [norweg. ˈɵnsɛt], * Kalundborg (Seeland) 20. Mai 1882, † Lillehammer 10. Juni 1949, norweg. Schriftstellerin. – Verlebte ihre Jugend in Oslo, verlor früh ihren Vater, einen Archäologen, und mußte ihren Lebensunterhalt durch Büroarbeit verdienen; Italienreise aufgrund eines Stipendiums; heiratete 1912 den Maler A. C. Svarstad (* 1869, † 1943); 1925 Scheidung; Konversion zum Katholizismus; 1940 emigrierte sie in die USA, 1945 kehrte sie nach Norwegen zurück. Begann mit Gegenwartsromanen und -novellen, die meist moderne Frauenschicksale zum Gegenstand haben (›Fru Martha Oulie‹, R., 1907; ›Ein Fremder‹, Nov.n, 1908, dt. 1936; ›Jenny‹, R., 1911, dt. 1921; ›Frühling‹, Nov.n, 1914, dt. 1926; ›Harriet Waage‹, R., 1917, dt. 1931), wandte sich aber dann großangelegten Romanen aus der norweg. Vergangenheit zu, die ihr Weltruhm einbrachten; ihre bedeutendsten Werke sind die beiden im MA spielenden, stilistisch an den altisländ. Sagas geschulten Romane ›Kristin Lavranstochter‹ (Trilogie, 1920–22, dt. 3 Bde., 1926/27) und ›Olav Audunssohn‹ (2 Bde., 1925–27, dt. 4 Bde., 1928/29). Im Spätwerk, bes. nach ihrem Übertritt zum Katholizismus, schildert sie Menschen in der Spannung zwischen Diesseitigkeit und Gottgebundenheit. 1928 erhielt sie den Nobelpreis für Literatur.

Sigrid Undset

Weitere Werke: Frau Hjelde (R., 1917, dt. 1930), Splitter und Zauberspiegel (R., 1917, dt. 1917), Et kvindesynspunkt (Essays, 1919), Gymnadenia (R., 1929, dt. 1929), Der brennende Busch (R., 1930, dt. 1931), Ida Elisabeth (R., 1932, dt. 1934), Das getreue Eheweib (R., 1936, dt. 1938), Madame Dorothe (R., 1939, dt. 1948), Glückl. Zeiten (Bericht, 1943, dt. 1957), Katharina Benincasa (Monogr., hg. 1951, dt. 1953), Artikler og taler fra krigtiden (hg. 1952).

Ausgaben: S. U. Romaner og fortellinger fra nutiden. Oslo 1949. 10 Bde. – S. U. Artikler og essays om litteratur. Oslo 1986.
Literatur: FLASKAMP, CH.: S. U. Versuch der Deutung ihres Werkes. Bln. 1934. – BALDUS, A.: S. U. Leben u. Werk. Speyer 1951. – WINSNES, A. H.: S. U. A study in Christian realism. Engl. Übers. New York 1953. – PACKNESS, I.: S. U. bibliografi. Oslo 1963. – BAYERSCHMIDT, C. F.: S. U. New York 1970. – KRANE, B.: S. U. Oslo 1970. – KVINGE, A. B.: S. U.s ›Jenny‹. Oslo 1981.

Ungar, Hermann, * Boskovice (Südmähr. Gebiet) 20. April 1893, † Prag 28. Okt. 1929, Schriftsteller. – Studierte Jura; war Angestellter bei einer Prager Bank; ab 1920 im diplomat. Dienst, ab 1921 Presseattaché der tschechoslowak. Gesandtschaft in Berlin; 1928 Rückkehr nach Prag. In seinem literar. Werk, Erzählungen, Dramen und Romane, verbindet er die psychologisch genaue Beschreibung extremer bis abstoßender Verhaltensweisen mit in distanzierter Sprache vorgebrachter Kritik an der bürgerl. Moral.
Werke: Knaben und Mörder (En., 1920), Die Verstümmelten (R., 1923), Die Klasse (R., 1927). Der rote General (Dr., 1928), Die Gartenlaube (Kom., hg. 1930), Colberts Reise (En., hg. 1930).
Ausgabe: H. U. Die Romane. Neuausg. Stg. 1993.
Literatur: SUDHOFF, D.: H. U. Leben, Werk, Wirkung. Wzb. 1990.

Ungaretti, Giuseppe, * Alexandria (Ägypten) 10. Febr. 1888, † Mailand 1. Juni 1970, italien. Lyriker. – Lebte bis 1912 in Ägypten; studierte 1912–14 in Paris, wo er u. a. mit G. Apollinaire und Pablo Picasso Freundschaft schloß; 1915–18 Teilnahme am 1. Weltkrieg; dann Journalist; 1936–42 Prof. für italien. Literatur in São Paulo (Brasilien), 1942–59 Prof. für neuere italien. Literatur in Rom. Ausgehend vom frz. Symbolismus und italien. Futurismus, wurde er Begründer und maßgebender Vertreter des Hermetismus; die teilweise extreme, an S. Mallarmé erinnernde Dunkelheit seines konzentrierten, vielfach fragmentarisch wirkenden Stils ist v. a. die Folge eines konsequenten Bemühens um den mag. Eigenwert des Wortes. Schrieb auch Prosa; übersetzte u. a. Shakespeare, J. Racine.
Werke: Il porto sepolto (Ged., 1916), La guerra (Ged., 1919), Freude der Schiffbrüche (Ged.,

Giuseppe
Ungaretti

1919, dt. 1977, 1990 u. d. T. Die Heiterkeit), Sentimento del tempo (Ged., 1933), Il dolore (Ged., 1947), Das verheißene Land (Ged., 1950, dt. 1968), Un grido e paesaggi (Ged., 1952), Notizen des Alten (Ged., 1960, italien. und dt. 1967, 1968 u. d. T. Das Merkbuch des Alten), Il deserto e dopo (Reiseb., 1961, dt. Teilausg. 1963 u. d. T. Reisebilder), Morte delle stagioni (Ged., 1967), Dialogo (Ged., 1968).
Ausgaben: G. U. Vita d'un uomo (Opere). Mailand 1942–65. 12 Bde. – G. U. Gedichte. Italien. u. dt. Übertragung u. Nachwort v. I. BACHMANN. Ffm. ³1966. – G. U. Vita d'un uomo. Tutte le poesie. Hg. v. L. PICCIONI. Mailand ¹⁰1982. – G. U. Die späten Gedichte. Italien. u. dt. Übertragungen u. Nachwort v. M. MARSCHALL VON BIEBERSTEIN. Mchn. u. Zü. 1974. – Ich suche ein unschuldiges Land. Ges. Gedichte. Italien. u. dt. Ausw., Übers. u. Nachwort v. M. MARSCHALL VON BIEBERSTEIN. Mchn. 1988. – G. U. Ein Menschenleben. Hg. v. A. BAADER u. a. Mchn. 1991 ff. Auf 6 Bde. berechnet.
Literatur: PICCIONI, L.: Vita di un poeta: G. U. Mailand 1970. – MARSCHALL VON BIEBERSTEIN, M.: G. U. In: Italien. Lit. der Gegenwart in Einzeldarst. Hg. v. J. HÖSLE u. W. EITEL. Stg. 1974. S. 1. – OSSOLA, C.: G. U. Mailand 1975. Neuausg. 1982. – CAMBON, G.: La poesia di U. Turin 1976. – JONES, F. J.: G. U. Poet and critic. Edinburgh 1977. – DEL SERRA, M.: G. U. Florenz 1977. – BARONI, G.: G. U. Introduzione e guida allo studio dell'opera ungarettiana. Storia e antologia della critica. Florenz 1980. – PICCIONI, L.: Ungarettiana. Florenz 1980. – G. U. e la cultura romana. Hg. v. R. TORDI. Rom 1983. – PETRUCCIANI, M.: Il condizionale di Didone. Studi su U. Neapel 1985. – MAURO, W.: Vita di G. U. Mailand 1990.

ungarische Literatur, als schriftlich fixierte Literatur in ungar. Sprache ist sie seit dem **Mittelalter** bekannt. Sie war zunächst Übersetzungsliteratur aus dem Lateinischen für den kirchl. Gebrauch. Der älteste erhaltene, mit unverkennbar literar. Anspruch geschaffene Text ist das Gedicht ›Ómagyar Mária-siralom‹ (= Altungar. Marienklage, um 1300). Seitdem hat die u. L. in allen Entwicklungsphasen ihr höchstes Niveau in den poet. Gattungen erreicht. Neben der ungarischsprachigen Literatur gab es bis zum Ende der Renaissance eine beachtl. **lat. Literatur.** Außer Legenden und religiöser Dichtung sind die Chroniken wichtig (Ende des 13. Jh. u. a. die ›Gesta Hungarorum‹ des Simon von Kézai [† nach 1283]). Als humanist., lat. dichtender Poet erlangte Janus Pannonius Weltruhm.

Die **Reformation** verhalf der nat. Sprache auch in der Literatur zum endgültigen Durchbruch. Neben der reformator. gewann die politisch-aktuelle Literatur (z. B. Schriften gegen die Türkenbesetzung) zunehmend an Bedeutung. Die bekanntesten literar. Vorkämpfer der Reformation waren die Prosaschriftsteller Dévai (eigtl. Bíró Mátyás; * um 1500, † 1545 [?]), Peter Melius (* um 1536, † 1572), Gáspár Heltai († 1574) und der auch in weltl. Gattungen erfolgreiche Péter Bornemisza (* 1535, † 1584) sowie die Liederdichter András Batizi (* um 1510, † um 1546) und András Szkhárosi Horvát († um 1549). Parallel zur Reformationsdichtung entwickelte sich die weltl. histor. Epik, bes. in Form der sog. Historiengesänge. Ihr bedeutendster Vertreter war Sebestyén Tinódi Lantos (* zw. 1505 und 1510, † 1556).

Den Höhepunkt der ungar. **Renaissancedichtung** brachte das Werk des hochgebildeten B. Balassi. Während seines unruhigen Lebens entstand ein vorwiegend aus Liebes- und religiösen Gedichten bestehendes Werk von europ. Rang. Aus der Zeit der Spätrenaissance verdienen sein Schüler János Rimay (* um 1570, † 1631) und der meisterhafte Übersetzer A. Szenczi Molnár Erwähnung.

Die Epoche des **Barock** ist durch die Türkenkriege und Religionskämpfe gekennzeichnet. Als glänzendster Stilist der Zeit ging der Führer der Gegenreformation, Kardinal P. Pázmány, in die ungar. Literaturgeschichte ein. Der namhafteste Vertreter der prot. Prosa war Péter Alvinczi (* um 1570, † 1634). M. Zrínyi, Feldherr, Staatsmann und Dichter,

wurde v. a. durch das Heldenepos ›Obsidio Szigetiana‹ (1651, dt. 1944 u. d. T. ›Der Fall von Sziget‹), aber auch durch mehrere Prosaschriften bekannt. Ein Meister der höf. Dichtung war I. Gyöngyösi. Als neue wichtige Gattung entwikkelte sich die Memoirenliteratur; ihre besten Vertreter waren die Aristokraten János Kemény (* 1607, † 1662), Miklós Bethlen (* 1642, † 1716) und Franz II. Rákóczi (* 1676, † 1735) sowie sein Sekretär K. Mikes.

Nach dem Stagnieren in der ersten Hälfte des 18. Jh. erhielt die u. L. von der Aufklärung und den Ideen der Frz. Revolution neue Impulse. Zur vorherrschenden Stilrichtung wurde der **Klassizismus,** die Literatur selbst zum wichtigsten Mittel der Spracherneuerung. Man begann das Literaturleben zu organisieren. Bed. war eine Schriftstellergruppe unter den ungar. Leibgardisten Maria Theresias in Wien; als ihr wichtigster Vertreter galt G. Bessenyei. Um den ehem. Mitverschwörer in der Organisation der ungar. Jakobiner, F. Kazinczy, versammelte sich der Mehrzahl der Literaten im angehenden 19. Jahrhundert. Er machte sich als Organisator, Übersetzer, Kritiker und Sprachpfleger, weniger als origineller Autor verdient. Bed. Dichter der Zeit waren der einstige Jakobiner J. Batsányi, D. Berzsenyi, M. Csokonai Vitéz und der Führer einer konservativen Gruppierung, S. Kisfaludy. Durch ep. Werke wurden Mihály Fazekas (* 1766, † 1828) und József Gvadányi (* 1725, † 1801) bekannt. Hervorragende Prosaisten waren A. Dugonics und József Kármán (* 1769, † 1795).

Die Epoche der ungar. **Romantik** fiel mit einer Zeit polit. Reformbestrebungen zusammen. Es waren wiederum Dichter, wie der Verfasser der ungar. Nationalhymne, F. Kölcsey, und die überragende Persönlichkeit des M. Vörösmarty, deren Werke aus der Geschichte der u. L. nicht wegzudenken sind. K. Kisfaludy hatte v. a. als Bühnenautor Erfolg. J. Katona ist Verfasser des bedeutendsten nat. Dramas ›Bánk bán‹ (1821, dt. 1858). In den erzählenden Prosa sind die histor. Romane des M. Jósika hervorzuheben. Ihren Höhepunkt erreichte die u. L. des 19. Jh. jedoch im Schaffen der nun nachfolgenden demokratisch gesinnten Generation. Ihren besten Dichtern, S. Petőfi, dem ›Dichter der Freiheit und der Liebe‹, sowie J. Arany, dem ›nat. Klassiker‹, gelang es, einer allgemein verständl. Literatur mit volkstüml. Helden und in volkstüml. Stil weltliterar. Rang und Glanz zu verleihen. In der Prosaliteratur begann eine vielversprechende Entwicklung, an der die Romanciers Z. Baron Kemény, J. von Eötvös und M. Jókai entscheidenden Anteil hatten. Nach dem erfolglosen Freiheitskampf von 1848/49 schuf der Einzelgänger I. Madách das großartige dramat. Gedicht ›Die Tragödie des Menschen‹ (1861, dt. 1865).

Das letzte Drittel des 19. Jh. stand im Zeichen des sich entfaltenden **Realismus.** Der markanteste Erzähler war K. Mikszáth, weiter sind S. Bródy, G. Gárdonyi und István Tömörkény (* 1866, † 1917) zu erwähnen. In der Lyrik schufen J. Vajda, G. Reviczky und Jenő Komjáthy (* 1858, † 1895) Bleibendes.

Die großen Stilrevolutionen des **20. Jahrhunderts** hinterließen in der u. L. nachhaltige Spuren. Der Bahnbrecher der neuen ungar. Lyrik, E. Ady, empfing in Paris die entscheidenden Impulse. Wieder in Ungarn, wurde er zum führenden **Modernisten** des Kreises um die Zeitschrift ›Nyugat‹ (= Abendland) und blieb bis heute das Idol der heranwachsenden Dichtergenerationen. Seit ihm orientierte sich die ungar. Lyrik vorwiegend an frz. Vorbildern. Weitere bed. Lyriker des ›Nyugat‹-Kreises waren M. Babits, D. Kosztolányi, G. Juhász, Á. Tóth und M. Füst. Babits, Kosztolányi und Füst sind auch als Prosaiker bedeutend. Der führende Erzähler der ersten ›Nyugat‹-Generation war Z. Móricz. Seine Wirkung in der ungar. Prosa ist mit der Adys in der Lyrik vergleichbar. Erwähnung verdienen außerdem die Erzähler G. Krúdy, M. Kaffka, F. Móra und F. Karinthy. Nach dem Erschütterungen des 1. Weltkrieges setzte ein vielschichtiger Prozeß der Neuorientierung ein. Alle europ. Stiltendenzen fanden ihre ungar. Vertreter. Während die Lyrik mit den westl. Strömungen Schritt hielt, blieb die Prosa realistischer und traditionsgebundener als die übrige europ. Literatur. Die Bindung der Literatur an Politik und öffentl. Leben blieb stark. Aus der Bewegung der **Populisten,** einer aus Schriftstellern und Politikern bestehenden Gruppierung, die im Bauerntum den Garanten des nat. Fortschritts sah, gingen vorwiegend Prosaschriftsteller hervor, u. a. P. Veres, Pál Szabó (* 1893, † 1970), János Kodolányi (* 1899, † 1968), Á. Tamási, aber auch Lyriker wie József Erdélyi (* 1896, † 1978), István Sinka (* 1897, † 1969) und Pál Gulyás (* 1899, † 1944). Sie sahen in D. Szabó ihren wichtigsten Vorläufer. Die hervorragenden Repräsentanten der **bürgerl. Strömungen** sind in der Prosa F. Herczeg und die beiden nach dem 2. Weltkrieg emigrierten Autoren L. Zilahy und S. Márai. Als Meister des Unterhaltungsromans machten sich Z. Harsányi und Sándor Hunyady (* 1890, † 1942) einen Namen, als Bühnenautoren bes. F. Molnár und Endre Illés (* 1902, † 1985). Unter den Vertretern der urbanen, **humanistisch-intellektuellen Lyrik** sind József Fodor (* 1898, † 1973), M. Radnóti, L. Szabó sowie I. Vas, György Rónay (* 1913, † 1978) und der größte Formkünstler der Gegenwartsdichtung, S. Weöres, die bedeutendsten. Die hervorragendste Persönlichkeit der **sozialistischen Literatur,** neben Ady die zweite zentrale Figur der modernen ungarischen Dichtkunst, ist der Lyriker A. József. Ebenfalls der Arbeiterbewegung stehen die Romanciers T. Déry, L. Nagy, der Novellist A. E. Gelléri und der vielseitige L. Kassák nahe. In der Emigration wirkten bis 1945 die Kommunisten Béla Illés (* 1895, † 1974) und G. Háy. Die **nach 1945** erfolgte Eingliederung Ungarns in das von der Sowjetunion geführte Staatensystem samt ihren politisch-gesellschaftl. Folgen veränderte die u. L. grundlegend. Einer bis 1948 andauernden, allen zeitgenöss. Geistesströmungen noch offenen Übergangsperiode folgte eine Zeit der stalinist. Restriktionen. Die nach den Ereignissen im Spätherbst 1956 einsetzende Konsolidierung brachte dann einen beachtl. Freiheitsraum für das literar. Schaffen. Befreit von den Schablonen des früher obligator. ›sozialist. Realismus‹, ist für die heutige u. L., v. a. für die erzähler. Prosa, die Suche nach neuen Formen und Aussagen kennzeichnend.

Die Lyrik zeichnet sich durch Experimentierfreudigkeit in der Form und durch die Tendenz aus, in der Aussage das spezifisch Nationale mit allgemein Humanem zu verschmelzen. Die Werke von G. Apollinaire, P. Éluard und F. García Lorca haben sie tiefgehend beeinflußt. Der von den besonderen osteurop. Verhältnissen geprägte Typus des ›nat. Dichters‹ lebt in ihr weiter. Hervorragende Vertreter dieses Typus sind der Lyriker, Erzähler und Dramatiker G. Illyés und der Romancier, Dramatiker und Essayist L. Németh. Beide standen früher der Populistenbewegung nahe. Aus der Reihe der jüngeren, nach 1945 bekanntgewordenen Autoren seien hervorgehoben die Prosaiker J. Balázs, P. Esterházy, E. Fejes, E. Galgóczi, G. Hernádi, Á. Kertész, G. Konrád, I. Mándy, M. Mészöly, G. Moldova, I. Örkény, G. Ottlik, F. Sánta und M. Szabó sowie die Lyriker S. Csoóri, F. Juhász, L. Nagy, Ágnes Nemes Nagy (* 1922, † 1991) und J. Pilinszky. Der zunächst experimentierfreudige P. Nádas griff auf stilist. Vorbilder (u. a. M. Proust und Th. Mann) zurück, z. B. in seinem ›Buch der Erinnerung‹ (1986, dt. 1991). Eigene Wege geht L. Krasznahorkai, der die Erfahrungen Ostmitteleuropas mit den Totalitarismen des 20. Jh. in seinen Romanen zu ebenso düsteren wie eigenwillig verschlüsselten, visionären Bildern komprimiert. Das literar. Schaffen in ungar. Sprache ist auch außerhalb Ungarns lebendig. Wichtigster Autor dieser Literatur ist der Siebenbürger Prosaschriftsteller A. Sütő.

Literatur: Gesamtdarstellungen: FARKAS, J. VON: Die Entwicklung der u. L. Bln. 1934. – KLANICZAY, T., u. a.: Gesch. der u. L. Budapest 1963. – A magyar irodalom története. Hg. v. I. SŐTÉR u. a. Budapest 1964–66. 6 Bde. – SZERB, A.: Ungar. Literaturgesch. Dt. Übers. Youngstown (Ohio) 1975. 2 Bde. – KLANICZAY, T., u. a.: Hdb. der u. L. Budapest 1977. – A history of Hungarian literature. Hg. v. T. KLANICZAY. Budapest 1983. – CZIGÁNY, L.: The Oxford history of Hungarian literature. Nachdr. Oxford 1986. – Hungarian literature. Hg. v. E. MOLNÀR BASA. Whitestone (N. Y.) 1993. – **Einzelgebiete:** FARKAS, J. VON: Die ungar. Romantik. Bln. 1931. – FARKAS, J. VON: Der ungar. Vormärz. Bln. 1943. – LENGYEL, B.: A mai magyar lira. Budapest 1948. – KARDOS, T.: A magyarországi humanizmus kora. Budapest 1955. – CUSHING, G. F.: Hungarian prose and verse. London 1956. – SŐTÉR, I.: Romantika és realizmus. Budapest 1956. – HORVÁTH, J.: A reformáció jegyében. Budapest [2]1957. – KOMLÓS, A.: A magyar költészet Petőfitől Adyig. Budapest 1959. – KLANICZAY, T.: Reneszánsz és barokk. Budapest 1961. – GERÉZDI, R.: A magyar világi lira kezdetei. Budapest 1962. – SIVIRSKY, A.: Die u. L. der Gegenwart. Dt. Übers. Bern u. Mchn. 1962. – WALDAPFEL, J.: A magyar irodalom a felvilágosodás korában. Budapest [3]1963. – Littérature hongroise – littérature européenne. Hg. v. I. SŐTÉR u. O. SŰPEK. Budapest 1964. – JANCSÓ, E.: A felvilágosodástól a romantikáig. Bukarest 1966. – KARÁTSON, A.: Le symbolisme en Hongrie. Paris 1969. – Studien zur Gesch. der dt.-ungar. literar. Beziehungen. Dt. Übers. Hg. v. L. MAGON u. a. Bln. 1969. – MEZEI, J.: A magyar regény. Budapest 1973. – BORBÁNDI, G.: Der ungar. Populismus. Mainz 1976. – ›Wir stürmen in die Revolution‹. Studien zur Gesch. der ungar. sozialist. Lit. Hg. v. M. SZABOLCSI. Dt. Übers. Budapest 1977. – FRANK, K.: Die Aufnahme der u. L. in der Bundesrepublik von 1945 bis 1970. Budapest 1977. – Vom Besten der alten u. L. Hg. v. T. KLANICZAY. Budapest 1978. – POMOGÁTS, B.: Az újabb magyar irodalom 1945–81. Budapest 1982. – SZABOLCSI, M., u. a.: Lit. Ungarns 1945 bis 1980. Einzeldarstt. Bln. 1984. – ›Kakanien‹. Aufss. zur österr. u. u. L., Kunst u. Kultur um die Jahrhundertwende. Hg. v. E. THURNHER u. a. Budapest 1991. – DALOS, G.: Vom Propheten zum Produzenten. Zum Rollenwandel der Literaten in Ungarn u. Osteuropa. Wien 1992. – **Bibliographien:** TEZLA, A.: An introductory bibliography to the study of Hungarian literature. Cambridge (Mass.) 1964. – A magyar irodalomtörténet bibliográfiája. Hg. v. K. VARGHA. Budapest 1972 ff. (bisher 3 Bde. erschienen). – Hungary's literature in translation. Hg. v. M. FAJCSEK. Budapest 1975. – Hungaria litterata, Europae filia. Dt. Edition. Hg. v. G. KURUCZ. Budapest 1986.

Ungern-Sternberg, Alexander Freiherr von, Pseudonym Alexander von Sternberg, *Gut Noistfer bei Reval 22. April 1806, † Dannenwalde bei Stargard 24. Aug. 1868, dt. Schriftsteller. – Studierte Jura, Philosophie und Literatur; unternahm zahlreiche Reisen. Schrieb neben histor. und gesellschaftskrit. Romanen und Novellen spannende Unterhaltungsliteratur.

Werke: Die Zerrissenen (Nov., 1832), Galathee (R., 1836), Diane (R., 3 Bde., 1842), Die gelbe Gräfin (R., 2 Bde., 1848), Braune Märchen (En., 1850), Elisabeth Charlotte, Herzogin von Orléans (R., 3 Bde., 1861).

Unico Aretino, L' [italien. 'lu:niko are'ti:no], italien. Dichter, † Accolti, Bernardo.

Universalpoesie, von Novalis und F. Schlegel entworfener Begriff (absolute, progressive U.), der die romant. Idee von der Universalität der Kunst programmatisch zusammenfaßt. Die Idee der U. wurde in der Auseinandersetzung mit der Wissenschaftslehre des niederländ. Philosophen Frans Hemsterhuis (* 1721, † 1790) und Johann Gottlieb Fichtes (* 1762, † 1814) entwickelt, die die produktive, dichter. Einbildungskraft als ›höheres‹ Erkenntnisvermögen begreift, das die untsichtbaren Seiten der Welt in ihrem unendl. Beziehungsreichtum zu erfassen vermag (Einbildungskraft als transzendentale Operation des Bewußtseins). Die Analogie ist der Schlüsselbegriff der romantisch-universalen Weltsicht (Koexistenz aller Künste und Wirklichkeitsbereiche): Die Welt setzt sich als organ. Ganzes aus einzelnen, analogen Gesetzen folgenden Teilen zusammen, die, arithmet. oder geometr. Operationen vergleichbar, in andere Zusammenhänge transzendiert werden können, ›so wie wir selbst eine qualitative Potenzreihe sind‹ (Novalis). Die Welt *romantisieren* bedeutet, die Dinge transzendierend zu *poetisieren,* d. h. mit dem ›Zauberstab der Analogie‹ (Novalis) zu berühren. Die Analogie wird als schöpfer. Prinzip begriffen, das die Kunst als Produzentin künstler., erfundener Welten begründet. Den Gedanken, im Roman sei ›geometr. Progression‹ (Novalis), fixiert Schlegel u. a. in einer arithmet. Unendlichkeitsformel, mit der die Idee des *absoluten Romans* entworfen wird. Dieser Begriff bezeichnet nicht die einzelne literar. Gattung des Romans, sondern die Kunst als offene Struktur (dem nichtlinearen, Zeit aufhebenden, mehrstimmigen Kompositionsprinzip der Musik oder der diskontinuierl. räuml. Struktur der Malerei entsprechend) auf der Suche nach dem ›ursprüngl. Sinn‹ des Universums, das symbolisch als Roman oder Buch bezeichnet wird (›wir leben in einem kolossalen ... Roman‹, Schlegel). Die romant. Kunst, Bücher zu schreiben, sei noch nicht erfunden, sie sei ›aber auf dem Punkt, erfunden zu werden‹, schreibt Novalis. Der Punkt ist das Fragment oder das Fragment der Fragmente, die er als Bücher in Rezeptform bezeichnet, als Schritt auf dem Wege, sich dem absolut Unbekannten auf der Suche nach dem ›Entwurf der Welt‹ zu nähern (↑ Romantik). Als Idee der Welt entwickelte Novalis die Ästhetik des Zufalls: ›Alle Zufälle unseres Lebens sind Materialien, aus denen wir machen können, was wir wollen ... jeder Vorfall wäre ... – erstes Glied einer unendl. Reihe – Anfang eines unendl. Romans.‹ Das bedeutet die Auflösung der Logik des Diskurses in der Kombinations- und Variationsfertigkeit der Imagination und romant. ↑ Ironie. Imagination und Ironie sind transzendierende Erkenntniskräfte, schaffen ›künstl. Natur‹ (Schlegel), Kunst. – Die Idee des absoluten Buches wurde im 19. Jh. von S. Mallarmé mit Wirkung auf die Vertreter der ↑ absoluten Dichtung wieder aufgegriffen. Dabei hat sich das Fragment im Unterschied zum ↑ Gesamtkunstwerk als produktivere ästhet. Struktur erwiesen (u. a. F. Kafka, J. Joyce, M. Butor, C. E. Gadda).

University Wits [engl. ju:nı'və:sıtı 'wıts], Bez. für akademisch gebildete engl. Schriftsteller, die zwischen 1585 und 1592 Theaterstücke für öffentl. Bühnen schrieben und damit die künstler. Entwicklung des elisabethan. Dramas nachhaltig beeinflußten. Zu den U. W. gehörten u. a. Th. Kyd, Ch. Marlowe, J. Lyly, R. Greene, G. Peele.

unreiner Reim ↑ Reim.

Unruh, Friedrich Franz von, * Berlin 16. April 1893, † Merzhausen bei Freiburg im Breisgau 16. Mai 1986, dt. Schriftsteller. – Bruder von Fritz von U.; Offizier, nach dem 1. Weltkrieg Studium der Philosophie, Geschichte und Naturwiss.; 1924–32 Journalist, dann freier Schriftsteller. Unter dem Eindruck des Kriegsgeschehens Kampf für den Frieden (›Stufen der Lebensgestaltung‹, Essays, 1928). Mit der Schrift ›National-Sozialismus‹ (1931) warnte er vor der neuen polit. Bewegung. Später wandte er sich v. a. der Novelle, zeitkrit. Schriften und biographisch-histor. Darstellungen zu.

Weitere Werke: Die Heimkehr (Nov., 1938), Die Sohnesmutter (E., 1946), Nach langen Jahren (E., 1951), Tresckow (Nov., 1952), Das Wagnis (Nov.n, 1955), Wo aber Gefahr ist (Erinnerungen, 1965), Ehe die Stunde schlug (Erinnerungen, 1967), Die Nacht von Mantua (E., 1968), Der Besuch (En., 1971), Tilman Riemenschneider (E., 1972), Klage um Deutschland (Essays, 1973), Schlußbericht (Essay, 1974), Die unerhörte Begebenheit (Essay, 1976), Der Teufel im Ruhestand (E., 1977), Jahrtausendwende (Essay, 1983), Freundliche Fügungen (1984).

Unruh, Fritz von, * Koblenz 10. Mai 1885, † Diez 28. Nov. 1970, dt. Schriftsteller. – Bruder von Friedrich Franz von U. Aus alter schles. Adels- und Offiziersfamilie; Offizier im 1. Weltkrieg; das Kriegserlebnis ließ ihn zum Pazifisten werden; 1932 Emigration über Italien nach Frankreich (dort 1940 interniert), schließlich in die USA; nach mehrmaliger Rückkehr in die Heimat und erneuter Emigration verlor er 1962 in den USA durch eine Flutkatastrophe seinen Besitz und ließ sich dann auf dem Familienhof Oranien in Diez nieder. Seine Erstlingsdramen, die Probleme des Gewissens und des militär. Gehorsams behandelten, erregten während des Kaiserreichs Mißfallen (Aufführungsverbote). Seine bedeutendsten Frühwerke zeigen die Tendenz zu Lakonismen und ekstat. Sprachformung nach expressionist. Vorbild; das Drama ›Ein Geschlecht‹ (1917) und die Erzählung ›Opfergang‹ (1919) gelten als bed. Werke des Expressionismus. U. propagierte mit rhetor. Geschick seine Ideale der Völkerversöhnung und der Menschlichkeit, er wendete sich gegen jede Gewaltherrschaft (›Platz‹, Trag., 1920). Im Spätwerk Übergang zu einem weniger rhetor. und mehr sachl. Stil.

Weitere Werke: Offiziere (Dr., 1911), Louis Ferdinand Prinz von Preußen (Dr., 1913), Stürme (Schsp., 1922), Bonaparte (Schsp., 1927), Phaea (Kom., 1930), Der nie verlor (R., engl. 1947, dt. 1948), Rede an die Deutschen (1948), Die Heilige (R., 1952), Fürchtet nichts (R., 1952), Mächtig seid ihr nicht in Waffen (Reden, 1957), Der Sohn des Generals (R., 1957), Im Hause des Prinzen (autobiograph. R., 1967), Odysseus auf Ogygia (Schsp., 1968), Kaserne und Sphinx (R., 1969).
Ausgabe: F. v. U. Sämtl. Werke. Hg. v. H. M. EL-STER u. B. ROLLKA. Bln. 1977 ff. Auf 20 Bde. berechnet.
Literatur: F. v. U., Rebell u. Verkünder. Hg. v. F. RASCHER. Hann. 1960. – GÖTZ, I.: Tradition u. Utopie in den Dramen F. v. U.s. Bonn 1975. – F. v. U. Hg. v. W. SCHREIBER. Ausst.-Kat. Koblenz 1985.

Fritz von Unruh

Unsinnspoesie ↑ Nonsensverse.

unterbrochener Reim, regelmäßiger Wechsel zwischen nicht reimenden und reimenden Versen; Schema: abcb; findet sich bes. im Volkslied und in der Volksballade.

Untergrundliteratur (Subliteratur), 1. grundsätzlich jede Literatur, deren Verfasser aus polit., ideolog. Gründen in den Untergrund gehen müssen, die illegal erscheinen muß und illegal vertrieben wird (z. B. ↑ Samisdat-Literatur). 2. Sammelbegriff für unterschiedl. literar. Strömungen und Formen, die seit etwa 1960, ausgehend von den USA, Teil einer zur offiziellen kulturellen und polit. Szene kontroversen Subkultur sind. Wie die gesamte Subkultur mußte sich auch die U. für ihre kulturellen Tabuzertrümmerungen, u. a. in Agitations-Comics und Quasipornographie, mit Hilfe neuentdeckter oder weiterentwickelter Techniken geeignete Distributionsapparate und Umschlagplätze schaffen (z. B. Kleinstverlage, ›fringe theatre‹, ›off-off-theatre‹ [↑ Off-Off-Broadway], ↑ Straßentheater, ↑ Happening, ↑ Multimediaveranstaltungen, Clubs), auch neue Formen des Zusammenlebens (Kommunen u. a.), mit deren Hilfe sie v. a. die Trennung von Leben und Kunst aufzuheben versuchte und radikalen Pazifismus, ungestörte Entfaltung der eigenen Persönlichkeit und gewaltlose Anarchie propagierte. Da die U. über ein gefühlsmäßig betontes, ideologisch vages polit. Engagement meist kaum hinauskam, fand sie sich bereits Ende der 60er Jahre beinahe vollständig kommerzialisiert und ins offizielle Kulturleben weitgehend integriert, während sich die offizielle Literatur, soweit sich die U. nicht selbst etablierte (↑ Beat generation, ↑ Popliteratur), Elemente und Formen der U., speziell in den Medien, aneignete und nutzbar machte. Eine genaue Zuordnung deutschsprachiger Schriftsteller zur U. ist nur mit Einschränkungen und z. T. nur für Einzelwerke möglich, etwa bei R. D. Brinkmann, Jürgen Ploog (* 1935), Carl Weissner (* 1940), bedingt auch bei P. O. Chotjewitz oder Dieter Roth.

Literatur: SCHÜTT, P.: Agitation durch Aktion. U. In: Protestfibel. Hg. v. R.-U. KAISER. Bern u. a. 1968.

Unterhaltungsliteratur, in einem Dreischichtenmodell literar. Qualität bezeichnet der Begriff der U. in der Literaturwiss. die mittlere Qualitätsebene, während ›Dichtung‹ bzw. ›Hochliteratur‹ für die obere, ↑ Trivialliteratur für die untere Ebene steht. So einleuchtend es ist, mit einem derartigen Modell die Dichotomie von ›guter‹ und ›schlechter‹ Literatur in Frage zu stellen, so problematisch sind die Versuche der Abgrenzung der U. nach beiden Seiten hin, wo doch Wechselbeziehungen (etwa in der Benutzung gleicher Stoffe und Motive) unübersehbar und gleitende Übergänge unter ästhet. Gesichtspunkten die Regel sind. Fällt die Abgrenzung gegenüber der Dichtung noch relativ leicht, weil U. nur in seltenen Fällen neue Wahrnehmungs- und Erkenntnismöglichkeiten der Realität erschließt, vielmehr fast immer die gängigen Sichtweisen des Publikums bzw. den gesellschaftlich anerkannten Normenhorizont bestätigt, so sind die Abgrenzungsversuche gegenüber der Trivialliteratur um so unbefriedigender. Als inhaltsbezogenes Argument wird vorgebracht, daß die U. psych. und soziale Probleme und die damit verbundenen Konflikte realistischer aufgreift als die Trivialliteratur; aber dieses Argument wäre hinsichtlich der Konfliktlösungsstrategien der Unterhaltungs- und Trivialliteratur zu prüfen. Auch die Behauptung, U. habe gegenüber der Trivialliteratur ein höheres sprachl. Niveau, hat wenig Aussagekraft. Am erwägenswertesten dürfte ein die kommunikative Funktion von Literatur berücksichtigendes

Argument sein, demzufolge triviale Literatur im Gegensatz zur U. den Leser mit Vorurteilen überhäuft und das Spiel der Unterhaltung in Indoktrination verkehrt. Doch sollte hierüber nicht vergessen werden, welche affirmativen Wirkungen auch von der U. ausgehen. Angesichts der Schwierigkeit von Abgrenzungen mag es, solange man sich voreiliger Wertungen enthält, plausibler erscheinen, nur noch von U. oder Literatur zur Unterhaltung zu sprechen, wenn man nichtdichter. Texte meint. Aus dem gleichen Grund und im gleichen Sinn läßt sich freilich auch der inzwischen allgemein akzeptierte Begriff Trivialliteratur verwenden. Und ebenso mag man an der Trias der Begriffe festhalten, solange man sich der fließenden Übergänge literar. Qualität bewußt bleibt. – Zu Geschichte, Produktions- und Rezeptionsbedingungen ↑ Trivialliteratur.

Literatur: LANGENBUCHER, W. R.: Der aktuelle Unterhaltungsroman. Bonn ²1974. – NEUSCHÄFER, H.-J.: Populärromane im 19. Jh. Von Dumas bis Zola. Mchn. 1976. – U. Zu ihrer Theorie und Verteidigung. Hg. v. J. HIENGER. Gött. 1976. – BÜRGER, C.: Textanalyse als Ideologiekritik. Zur Rezeption zeitgenöss. U. Ffm. 1980. – NUSSER, P.: Entwurf einer Theorie der U. In: Sprache im techn. Zeitalter (1982), H. 81. – SCHEERER, TH. M.: Studien zum sentimentalen Unterhaltungsroman in Spanien. Pedro Mata, Alberto Insúa u. José María Carretero. Hdbg. 1983. – NEUSCHÄFER, H.-J./FRITZ-EL AHMAD, D./WALTER, K.-P.: Der frz. Feuilletonroman. Darmst. 1986.

Unterhaltungszeitschriften, Zeitschriften, die weniger das Informations- oder Bildungsinteresse der Leser ansprechen als deren Interesse an Unterhaltung, auch an Sensation. U. zielen meist auf ein möglichst breites Publikum. Sie gewannen als vergleichsweise billiger Lesestoff im 19. Jh. mit der Zunahme des lesekundigen Publikums an Bedeutung. Der Typ der Familienzeitschrift war hpts. in der 2. Hälfte des 19. Jh. erfolgreich, er wurde von den illustrierten Wochenzeitungen abgelöst. In ihrer Unterhaltungsfunktion konkurrieren U. mit den Medien Film, Hörfunk und Fernsehen.

Untertitel, Titel, der den eigentl. Titel (Haupttitel) eines Buches, Aufsatzes o. ä. erläutert oder ergänzt.

Upanischaden [sanskr. tl.: Upani-
ṣad = die bewirkende Kraft (hinter der
Welt)], philosophisch-theolog. Abhandlungen des Brahmanismus in Prosa und
Versen, im Anschluß an die Veden. Die
älteren, im spätved. Sanskrit verfaßten U.
wie die ›Bṛhadāraṇyaka-U.‹ und die
›Chandogya-U.‹ (beide hg. und dt. von
O. von Böhtlingk, 1889) bilden oft Teile
von Brāhmaṇas oder Āraṇyakas und sind
vermutlich 800–600 v. Chr. entstanden.
Zusammen mit den mittleren und den
jüngeren, spätmittelalterl. U. ergibt sich
die traditionelle Zahl von 108 Upanischaden. Im Mittelpunkt der U. steht das
Nachdenken über den Ursprung der
Welt, den Geburtenkreislauf (Saṃsāra),
das Wirken des Karma (vom eigenen
Handeln bestimmtes Schicksal) und die
Erlösung. Dabei werden Leben und Ster-
ben dem Kreislauf des Wassers vom
Himmel zur Erde verglichen. Andere
Spekulationen sehen im Atem die wich-
tigste Lebenskraft oder entwickeln aus
der Lehre vom alles durchdringenden
Feuer ein System, in dem die Erkenntnis
der Einheit des individuellen Ātman
(Weltseele) mit dem Brahma zur Erlö-
sung führt. Aus einer weiterführenden
Umdeutung dieser Gedanken geht die
Philosophie des Vedānta (↑ auch Śaṅ-
kara) hervor.
Ausgaben: DEUSSEN, P.: Sechzig Upanishads
des Veda. Bielefeld 1980. – Upanishaden. Hg. u.
Übers. v. A. HILLEBRANDT. Köln 39. Tsd. 1984.
Literatur: RUBEN, W.: Die Philosophen der U.
Bern 1947. – FRAUWALLNER, E.: Gesch. der ind.
Philosophie. Bd. 1. Salzburg 1953. – HANE-
FELD, E.: Philosoph. Haupttexte der älteren
Upanisaden. Wsb. 1976.

Updike, John [Hoyer] [engl. ˈʌpdaɪk],
* Shillington (Pa.) 18. März 1932, amerikan. Schriftsteller. – Studierte u. a. an der
Harvard University und an der Ruskin
School of Drawing and Fine Arts in Oxford; 1955–57 Mitarbeiter der Zeitschrift
›The New Yorker‹. In seinen zahlreichen
erfolgreichen Romanen und Erzählungen befaßt sich U. in traditionellem,
meist realist., gesellschaftskrit. bis satir.
Erzählstil mit dem Verfall christl. Werte
in der von ihm als nachchristl. Zeit ge-
sehenen amerikan. Gegenwart und bes.
im Alltagsleben des Mittelstandes. Die
›Rabbit‹-Romane ›Hasenherz‹ (1960, dt.

John Updike

1962), ›Unter dem Astronautenmond‹
(1971, dt. 1973), ›Bessere Verhältnisse‹
(1981, dt. 1983; Pulitzerpreis 1982) und
›Rabbit in Ruhe‹ (1990, dt. 1992) zeigen
die Entwicklung des amerikan. ›Jedermann‹ Harry Angstrom von der Schulzeit über eine gescheiterte Ehe zum erfolgreichen Autoverkäufer und dann bis
zum Ruhestand. Religion (›Der Sonn-
tagsmonat‹, R., 1975, dt. 1976) und Aberglaube (›Die Hexen von Eastwick‹, R.,
1984, dt. 1984, verfilmt 1987), Sexualität
und zwischenmenschl. Beziehungen
(›Auf der Farm‹, R., 1965, dt. 1969; ›Ehe-
paare‹, R., 1968, dt. 1969; ›Heirate mich‹,
R., 1976, dt. 1978) sind U.s beherr-
schende Themen; schreibt auch Gedichte, Dramen, Kindergeschichten und
Essays.
Weitere Werke: Das Fest am Abend (R., 1959,
dt. 1961), Verse (Ged., 1965), Glücklicher war
ich nie (En., dt. Ausw. 1966), Midpoint and
other poems (Ged., 1969), Werben um die eigene Frau (En., dt. Ausw. 1971), Seventy poems
(Ged., 1972), Buchanan dying (Dr., 1974), Der
Coup (R., 1978, dt. 1981), Der weite Weg zu
zweit (En., 1979, dt. 1982), Problems (En., 1979),
Bech is back (R., 1982, dt. 1984 [zus. mit Bech,
R., 1970] u. d. T. Henry Bech), The beloved (En.,
1982), Amerikaner und andere Menschen (Essays, 1983, dt. 1987), Jester's dozen (Ged., 1984),
Facing nature (Ged., 1985), Gedichte (dt. Ausw.
1986), Das Gottesprogramm (R., 1986, dt. 1988),
Der verwaiste Swimmingpool (En., dt. Ausw.
1987), Spring doch! (En., 1987, dt. 1990), S. (R.,
1988, dt. 1989), Selbst-Bewußtsein. Erinnerungen (1989, dt. 1990), Vermischtes (Essays, 1991,
dt. 1995), Erinnerungen an die Zeit unter
Ford (R., 1992, dt. 1994), Collected poems,
1953–1993 (Ged., 1993), Brazil (R., 1994).
Literatur: MARKLE, J. B.: Fighters and lovers.
Theme in the novels of J. U. New York 1973. –

VARGO, E. P.: Rainstorms and fire. Ritual in the novels of J. U. U. Port Washington (N. Y.) u. London 1973. – GEARHART, E. A.: J. U. A comprehensive bibliography with selected annotations. Norwood (Pa.) 1978. Nachdr. Folcroft (Pa.) 1980. – J. U. A collection of critical essays. Hg. v. D. THORBURN u. H. EILAND. Englewood Cliffs (N. J.) 1979. – UPHAUS, S. H.: J. U. New York 1980. – VAUGHAN, PH. H.: J. U.'s images of America. Reseda (Calif.) 1981. – Critical essays on J. U. Hg. v. W. R. MACNAUGHTON. Boston (Mass.) 1982. – TALLENT, E.: Married men and magic tricks. J. U.'s erotic heroes. Berkeley (Calif.) 1982. – DETWEILER, R.: J. U. Verbesserte Aufl. Boston (Mass.) 1984. – GREINER, D. J.: J. U.'s novels. Athens (Ohio) ²1985. – NEWMAN, J.: J. U. New York u. a. 1988.

U Pon Nya ['u: ˌpɔn 'nja:], * 1807, † 1866, birman. Dramatiker. – Gehört mit U Kyin U zu den bedeutendsten Vertretern des klass. birman. Theaters; setzte in seinen Werken wie ›Kōthala‹, ›Wizaya‹ und ›Wethāndayā‹ (= Geschichte vom Prinzen Vessantara) künstler. Maßstäbe für das birman. Theater, insbes. das Volkstheater. In Abkehr vom früheren romantisierenden Stil mit effektvollen mag. Elementen agieren seine handelnden Personen nunmehr in einer realen Welt, in der sie nach buddhist. Lehre den schicksalhaften Auswirkungen des von ihnen selbstverschuldeten Karmas (vom eigenen Handeln bestimmtes Schicksal) zu stellen haben.
Literatur: LUCE, G. H./MAUNG BA KYA: A dictionary of Burmese authors. In: Journal of the Burma Research Society 10 (1920), S. 146. – HTIN AUNG, U.: Burmese drama. London u. a. 1956. – KAROW, O.: Das birman. Theater (Ausstellungskatalog: ›Ich werde deinen Schatten essen. Das Theater des Fernen Ostens‹). Akademie der Künste. Bln. 1985. S. 67.

Uppdal, Kristofer Oliver [norweg. ˈʉpdɑːl], * Beitstad (Nord-Trøndelag) 19. Febr. 1878, † Oppdal 26. Dez. 1961, norweg. Schriftsteller. – Arbeiter, später Journalist; mit der Arbeiterbewegung verbunden, setzte U. sich v. a. mit dem Problem der aus der ländl. Welt in den industriellen Arbeitsprozeß eingereihten Menschen auseinander (Romanzyklus ›Dansen gjenom skuggeheimen‹, 10 Bde., 1911–24); auch Lyrik und Essays.
Weitere Werke: Kvæde (Ged., 1905), Ung song (Ged., 1905), Villfuglar (Ged., 1909), Ved Akerselva (R., 1910), Snørim (Ged., 1915), Andedrag (Essays, 1918), Fjellskjeringa (R., 1924), Kulten (Ged., 3 Bde., 1947).

Literatur: PEDERSEN, J.: K. U. En norsk arbejderdigter. Kopenhagen 1949. – YSTAD, V.: Kosmiske perspektiver i U.s lyrikk. Oslo 1974.

Upward, Edward [Falaise] [engl. ˈʌpwəd], * Romford (Essex) 9. Sept. 1903, engl. Schriftsteller. – Als Student in Cambridge mit Ch. Isherwood befreundet, mit dem er die Phantasiewelt ›Mortmere‹ schuf (Isherwoods Roman ›Lions and shadows‹, 1938, sowie U.s ›The railway accident and other stories‹, En., 1969). U.s Romane sind von seiner marxist. Überzeugung geprägt (›Journey to the border‹, 1938; Trilogie ›The spiral ascent‹, 1977: Bd. 1: ›In the thirties‹, 1962; Bd. 2: ›Rotten elements‹, 1969; Bd. 3: ›No home but the struggle‹, 1977).

Uranis (tl.: Ouranēs), Kostas, eigtl. Konstantinos Nearchos, * Leonidion (Arkadien) 1890, † Athen 12. Juli 1953, neugriech. Lyriker und Erzähler. – Lange Zeit als Diplomat im Ausland tätig; drückt in seiner pessimist. Lyrik die Sehnsucht nach fremden Welten aus; verfaßte auch stilistisch faszinierende Reisebücher.
Werke: San oneira (= Wie Träume, Ged., 1907), Spleen (Ged., 1912), Nostalgies (= Sehnsüchte, Ged., 1920), Sol y sombra (Reiseber., 1934), Sina, to theobadiston oros (= Sina, der gottbetretene Berg, Reiseber., 1944), Achilleus Paraschos (Monogr., 1944), Glaukoi dromoi (= Leuchtende Wege, Reiseber., 1947), Taxidia stēn Hellada (= Reisen in Griechenland, Reiseber., 1949).
Ausgabe: K. Ouranēs. Poiēmata. Athen 1953. Literatur: MARKAKIS, P.: K. Ouranēs. Bd. 1: Bibliogr. 1908–61. Athen 1962. – CHARIS, P.: K. Ouranēs. Athen 1963.

Uraufführung † Aufführung.

Urausgabe, erste Ausgabe eines schriftsteller. Werks. Spätere Ausgaben können von der U. abweichen.

Urban, Milo, * Rabčice (Mittelslowak. Gebiet) 24. Aug. 1904, † Preßburg 10. März 1982, slowak. Schriftsteller. – Beamter; gehörte zur christlich-nat. Gruppe um die Zeitschrift ›Vatra‹; dem Faschismus zuneigend; Zeitschriftenredakteur; schrieb v. a. Novellen und Romane, in denen er soziale und moral. Probleme der Dorfbewohner behandelt und urwüchsige, triebhafte bäuerl. Typen zeichnet.
Werke: Die lebende Peitsche (R., 1927, dt. 1931), Hmly na úsvite (= Nebel in der Dämme-

rung, R., 1930), V osídlach (= In der Schlinge, R., 1940), Zhasnuté svetlá (= Verlösche Lichter, R., 1957), Kto seje vietor (= Wer Wind säht, R.-Chronik, 1964).

Urdu-Literatur ↑indische Literaturen.

Urfassung ↑Originalausgabe.

Urfé, Honoré d' [frz. yr'fe], * Marseille 11. Febr. 1568 (1567 ?), † Villefranche (Alpes-Maritimes) 1. Juni 1625, frz. Dichter. – Offizier; war während der Religionskriege Parteigänger der Liga; lebte nach dem Sieg Heinrichs IV. am Hof von Savoyen; schrieb neben einigen Dichtungen (u. a. ›Épîtres morales‹, 1598) in Anlehnung an span. und italien. Vorbilder, v. a. an J. de Montemayors Roman ›Diana‹, den umfangreichen Schäferroman ›L'Astrée‹ (5 Tle., 1607–27, die letzten Teile von d'U.s Sekretär Balthazar Baro [* 1600, † 1650] hg. bzw. vollendet, dt. 1619 in 2 Tln. u. d. T. ›Von der Lieb Astreae und Celadonis‹). Die aristokrat. Handlungsträger treten im Schäfergewand auf und widmen sich v. a. einer stilvollen Konversation über die Liebe; Schauplatz ist das Ufer des Flüßchens Lignon im Forez, Zeit der Handlung ist das 5. Jh. n. Chr. Das von den Zeitgenossen hochgeschätzte Werk bildet den Höhepunkt der frz. Schäferdichtung und brachte seinem Verfasser europ. Ruhm ein.

Honoré d'Urfé (Kupferstich von Pieter de Bailliu nach einem zeitgenössischen Gemälde von Anthonis van Dyck)

Literatur: Colloque commémoratif du quatrième centenaire de la naissance d'H. d'U. Montbrison 1970. – GAUME, M.: Les inspirations et les sources de l'œuvre d'H. d'U. Saint-Étienne 1977. – GREGORIO, L. A.: The character under the mask. Disguise and identity in ›L'Astrée‹. Diss. University of Pennsylvania

Philadelphia (Pa.) 1980. – BONNET, J.: La symbolique de L'Astrée. Saint-Étienne ²1982. – HOROWITZ, L. K.: H. d'U. Boston (Mass.) 1984.

Urheberrecht, in subjektiver Hinsicht das dem Urheber (Autor, Verfasser) eines Werkes der Literatur, Wiss. oder Kunst zustehende, gegen jedermann wirkende (absolute) Recht an seiner geistigen Schöpfung, in objektivem Sinn das im wesentlichen im Gesetz über U. und verwandte Schutzrechte (U.sgesetz) von 1965 (Novellierung 1985) geregelte Sonderrecht, das die den U.sschutz betreffenden Bestimmungen zusammenfaßt.

Bei der grenzüberschreitenden Wirkung geistiger Schöpfungen ist das internat. U. von bes. Bedeutung. Das Fundament bildet die 1886 abgeschlossene Berner Übereinkunft, die für die BR Deutschland seit 1966 in Kraft ist. Da dieser Berner Union aber große Kulturnationen fernblieben, kam 1952 auf Betreiben der UNESCO das umfassende **Welturheberrechtsabkommen** zustande, dem auch die USA und die Staaten der GUS angehören. Weithin erreichtes Ziel dieser Abkommen ist es, dem Urheber, der einem anderen Mitgliedsländern den gleichen U.sschutz zu sichern wie deren eigenen Staatsangehörigen (Prinzip der Inländerbehandlung). Eine international wichtige Sonderregelung enthält das Copyright in den USA.

Zu den geschützten Werken gehören v. a. die sog. **Sprachwerke.** Dieser Begriff umfaßt Reden und Vorträge einschl. Interviews, ferner literar. und wiss. Schriftwerke. Der Urheberschutz erstreckt sich auch auf Zeichnungen, Pläne, Karten, Tabellen und plast. Darstellungen. Geschützt sind ferner die Werke der Musik, der Pantomime und der Tanzkunst (Choreographie). Zu den geschützten Werken der bildenden Kunst gehören auch Baukunst und Kunstgewerbe (Modeschöpfungen). Selbständig geschützte Werke sind außerdem Photographien und sonstige Lichtbildwerke sowie Film- und Fernsehwerke, teilweise auch Computerprogramme. Voraussetzung des Schutzes ist in allen Fällen, daß eine selbständige geistige Schöpfung vorliegt. Gewisse wichtige Leistungen im kulturellen Bereich werden geschützt, obwohl keine selbständige geistige Schöpfung vorliegt. Ein solches **Leistungsschutzrecht** steht insbes. dem ausübenden Künstler zu, aber auch z. B. Theater- und Konzertveranstaltern, Schallplatten- und Tonbandherstellern.

Der Schutz des **geistigen Eigentums** sichert die ideellen und materiellen Interessen des Urhebers. Zu den ideellen Interessen gehört der Anspruch des Urhebers auf allgemeine Anerkennung seiner Urheberschaft am Werk sowie das sog. **Veröffentlichungsrecht,** wonach er allein darüber bestimmt, ob, wann und in welcher Form sein Werk der Öffentlichkeit zugänglich gemacht wird. Auch kann er jede Entstellung seines Werkes durch Einspruch verhindern. Im Mittelpunkt der materiellen Interessen des Urhebers steht sein alleiniges **Verwertungsrecht** am Werk in Form der Vervielfältigung, Verbreitung, Aufführung und Ausstellung. Vervielfältigung ist auch die Übertragung des Werkes auf Bild- oder Tonträger (Tonbänder, Kassetten). Bei Verwertung des Werks in unkörperl. Form (z. B. Rundfunksendung) beschränkt sich das Recht des Autors auf die öffentl. Wiedergabe des Werkes, so daß dessen Wiedergabe im privaten Kreis (z. B. Vorlesen) frei ist. Das Recht der öffentl. Wiedergabe des Werks umfaßt neben dem Senderecht insbes. das Aufführungs- und Vorführungsrecht sowie die Wiedergabe durch Bild- und Tonträger (Verfilmungsrecht). Das Verwertungsrecht des Autors erstreckt sich ebenfalls auf Bearbeitungen oder Umgestaltungen des Werkes (z. B. Übersetzungen, Verfilmungen). Von der rechtlich abhängigen Bearbeitung zu unterscheiden ist die geistig unabhängige (sog. ›freie Benutzung‹) eines Werkes, zu der die Zustimmung des Schöpfers des Originalwerks nicht erforderlich ist.

Das U. schützt nicht die rein abstrakte Idee, sondern nur solche schöpfer. Gedanken, die bereits feste Gestalt angenommen haben und sinnlich wahrnehmbar geworden sind. Deshalb kommt dem **Original** eines Werkes rechtl. Bedeutung zu. Dem Urheber verbleibt, auch wenn er das Original aus der Hand gibt, stets das Recht des Zugangs zum Original. Der bildende Künstler besitzt außerdem das

sog. **Folgerecht,** d. h. eine 5%ige Beteiligung am Erlös, den später ein Kunsthändler oder sonstiger Vermittler beim Weiterverkauf des Werkes erzielt. Dem Folgerecht des bildenden Künstlers entspricht die sog. **Bestsellerklausel,** wonach ein Autor vom Verleger seines Werkes nachträglich eine angemessene Beteiligung am Ertrag des Werkes verlangen kann, wenn das ursprünglich vereinbarte Honorar in grobem Mißverhältnis zum tatsächl. Ertrag steht.

Ein Urheber ist vielfach weder willens noch in der Lage, seine Rechte selbst auszuwerten. Hier greift die Vermittlungsfunktion des Verlegers ein, dem der Autor durch den Verlagsvertrag sein Werk gegen ein zu vereinbarendes Honorar zur Vervielfältigung und Verbreitung überläßt. Will der Autor dem Vermittler nicht das ganze, sondern nur ein begrenztes Werknutzungsrecht überlassen, so räumt er ihm statt des umfassenden Verlagsrechts eine begrenzte Nutzungserlaubnis, die sog. **Lizenz,** ein. Neben den Verlegern sind als Helfer und Vermittler bei der Verwertung von U.en v. a. die sog. Verwertungsgesellschaften tätig.

Die **Schranken** des U.s ergeben sich aus der Sozialbindung des Eigentums. Die wohl wichtigste Schranke ist die zeitl. Begrenzung. Nach dem Ablauf einer Schutzdauer von 70 Jahren, gerechnet vom Ende des Todesjahres des Urhebers, wird sein Werk gemeinfrei. Eine verkürzte Schutzdauer von 25 Jahren gilt u. a. für Werke der Photographie, für das Leistungsschutzrecht des ausübenden Künstlers und für Funksendungen. Zwar ist das U. als solches nicht übertragbar, dagegen ist seine Vererbung unbeschränkt möglich.

Eine weitere Einschränkung muß sich das Ausschließlichkeitsrecht des Urhebers im Interesse der allgemeinen Informationsfreiheit gefallen lassen. Bei öffentl. Reden und Vorträgen, insbes. im Parlament und vor Gericht, besteht weitgehende Wiedergabefreiheit. Auch sind Presse, Film und Funk bei der Bild- und Tonberichterstattung über Tagesereignisse von einer Rücksichtnahme auf etwaige U.e befreit. – Zugunsten der Erziehung und Bildung können bei Schulbüchern und sonstigen Sammlungen für den Schul- und Kirchengebrauch Entnahmen aus geschützten Werken ohne Zustimmung des Autors gemacht werden. Privilegiert sind Konzerte und Aufführungen in Schulen und Kirchen (**Aufführungsfreiheit**). Bedeutsam ist auch die Wiedergabefreiheit von Werken (Denkmälern, Bauwerken) auf öffentl. Straßen und Plätzen. Dem Interesse der Wiss. trägt das Prinzip der **Zitierfreiheit** Rechnung. Bei allen Zitaten ist stets eine deutl. Quellenangabe erforderlich. Das Ausschließlichkeitsrecht des Urhebers muß dem Interesse der Allgemeinheit auch bei der Anfertigung von Photokopien und bei der sog. Tonbandüberspielung weichen, sofern derartige Entnahmen nur zum eigenen bzw. persönl. Gebrauch erfolgen. – Schließlich findet das U. seine Schranke am Recht der durch das Werk des Autors betroffenen Persönlichkeit. Geschütztes **Persönlichkeitsrecht** ist insbes. das Recht am eigenen Bild bzw. am Lebensbild. Unzulässig ist die ungenehmigte Anfertigung und Verbreitung eines Personenbildnisses oder der unerlaubte Eingriff in ein fremdes Lebensbild (**Schlüsselroman**). Eine begrenzte Ausnahme besteht bei Bildnissen aus dem ›Bereich der Zeitgeschichte‹. Soweit die Rechte des Urhebers reichen, sind sie durch einen umfassenden zivil- und strafrechtl. Schutz gesichert. Die Verletzung geschützter U.e gilt als unerlaubte Handlung im Sinne des bürgerl. Rechts mit den sich daraus ergebenden Rechtsfolgen (Ansprüche auf Unterlassung, Beseitigung und Schadenersatz). Der Urheber kann materiellen und immateriellen Schadenersatz verlangen. Zusätzlich gewährt das U. Ansprüche auf Auskunfterteilung und Rechnungslegung sowie auf Vernichtung widerrechtlich hergestellter Vervielfältigungsstücke und der dazu benutzten Herstellungseinrichtungen (z. B. Druckplatten, Matrizen). In den USA genießen unveröffentlichte Werke ohne Förmlichkeiten Urheberschutz, veröffentlichte Werke (aufgrund der Copyright Act 1978) dagegen nur, wenn sie den Vermerk **Copyright** tragen und mindestens ein Exemplar beim Copyright Office hinterlegt ist. Die Schutzdauer beträgt 28 Jahre; sie kann um weitere 47 Jahre verlängert werden. Nach der brit. Copyright Act von 1956 wird das Copyright ohne Förmlichkeiten (wie Registrierung) für die Dauer von bis zu 50 Jahren nach dem Tod des Urhebers geschützt.

Literatur: DELP, L.: Der Verlagsvertrag. Mchn. ⁶1994. – NORDEMANN, W., u. a.: U. Kommentar zum U.sgesetz u. zum U.swahrnehmungsgesetz mit den Texten des U.sgesetze der früheren DDR, Österreichs u. der Schweiz. Stg. u. a. ⁸1994. – Urheber- u. Verlagsrecht. Bearb. v. H.-P. HILLIG. Mchn. ⁶1994.

Uris, Leon [Marcel] [engl. ˈjʊərɪs], * Baltimore (Md.) 3. Aug. 1924, amerikan. Schriftsteller. – Schreibt zeitgeschichtl. polit. Romane; bes. bekannt wurde der mit Elementen der Reportage versehene Roman ›Exodus‹ (1958, dt. 1959), der eine Darstellung der Entstehung des Staates Israel einbezieht.
Weitere Werke: Schlachtruf oder Urlaub bis zum Wecken (R., 1953, dt. 1955), Die Berge standen auf (R., 1955, dt. 1963), Mila 18 (R., 1961, dt. 1961), Armageddon (R., 1964, dt. 1965), Topas (R., 1967, dt. 1967), QB VII. Ein Prozeß erregt die Welt (R., 1970, dt. 1970), Irland, schreckl. Schönheit (Photo-Ber., 1975, dt. 1976; zus. mit seiner Frau Jill U.), Trinity (R., 1976, dt. 1976), Jerusalem, Lied der Lieder (Photo-Ber., 1981, dt. 1981; zus. mit seiner Frau Jill U.), Haddsch. Eine arab. Passion (R., 1984, dt. 1984), Mitla Pass (R., 1988, dt. 1989).

Ur-Klagen, zwei sumer. Klagelieder um die von den Göttern beschlossene Zerstörung der Stadt Ur (im südl. Babylonien) und das Ende des Reichs der 3. Dynastie von Ur (etwa 1949 v. Chr.). Die erst etwas später schriftlich überlieferten Dichtungen, gerichtet an den Stadtgott Nanna und seine Gemahlin Ningal, verbinden myth. und histor. Berichte mit der Klage um den von den Göttern verlassenen Tempel und Städte und mit der Bitte um erneuten Segen.
Literatur: PRITCHARD, J. B.: Ancient Near-Eastern texts, relating to the Old Testament. Princeton (N. J.) ³1969. S. 611.

Urondo, Francisco, * Santa Fe 1930, † (im Kampf gegen die Militärdiktatur) in der Provinz Mendoza 17. Juni 1976, argentin. Schriftsteller. – War v. a. Lyriker, der mit seinen ›Breves‹ (Ged., 1959) in Argentinien gegen die ›poesía coloquial‹ bzw. ›antipoesía‹ in anderen Ländern Lateinamerikas die Tradition einer unrhetor., umgangssprachl. Dichtung

einleitete. Seine Gedichte erschienen gesammelt u. d. T. ›Todos los poemas‹
(1972).
Weitere Werke: Todo eso (En., 1966), Al tacto
(En., 1967), La patria fusilada (Essay, 1973).

Urschrift, allg. das erste schriftl. Festhalten einer geistigen Schöpfung; in der
Textphilologie die auf den Verfasser
selbst zurückgehende erste (Urfassung)
oder von ihm selbst überarbeitete oder
redigierte (Redaktion) Niederschrift eines Textes, im Gegensatz zur oft nicht
authent. oder autorisierten Abschrift.

uruguayische Literatur [ˈʊrugvaɪ-...,
uruˈgvaːi-...], sie begann im Zeichen des
span. **Neoklassizismus,** mit Juan Francisco Martínez (18./19. Jh.), dem Verfasser der dramat. Allegorie ›La lealtad nos
acendra a Buenos Aires vengada‹ (um
1808) und Francisco Acuña de Figueroa
(* 1791, † 1862), dem Dichter der uruguay. Nationalhymne, der v. a. wegen
seiner Satiren und Epigramme berühmt
wurde. Ausgangspunkt der fruchtbaren
Tradition der Gaucholiteratur waren die
›Diálogos‹ von Bartolomé Hidalgo
(* 1788, † 1822). Durch die vor der Diktatur J. M. Rosas' geflüchteten argentin.
Autoren verbreitete sich europäisch beeinflußtes **romant.** Gedankengut. Bed.
war v. a. J. Zorrilla de San Martín, Autor
des indianist. Versepos ›Tabaré‹ (1886,
dt. 1911). Als romant. Prosaschriftsteller
ragte E. Acevedo Díaz hervor. Eine **realist.,** gelegentlich zum Naturalismus ten-
dierende Durchdringung v. a. des ländl.
Lebensbereichs zeichnet die Romane
und Erzählungen von Javier de Viana
und C. Reyles aus. Der **Modernismo** fand
in J. Herrera y Reissig einen seiner großen Repräsentanten. Bed. Lyrikerinnen
der modernist. Richtung waren María
Eugenia Vaz Ferreira (* 1875, † 1924) und
D. Agustini. Als Essayisten gewannen
der Kulturkritiker J. E. Rodó und der
Philosoph Carlos Vaz Ferreira (* 1873,
† 1958) kontinentale Bedeutung. In gleicher Weise wurden die sozialkritisch-rea-
list. Theaterstücke von F. Sánchez und
die teils dramatisch-realist., teils hallu-
zinatorisch-phantast. Erzählungen von
H. Quiroga bestimmend für die Literatur
ganz Lateinamerikas. Die **Reaktion auf
den Modernismo** setzte in der Lyrik ein
mit den pantheist. Hymnen von C. Sabat

Ercasty und den sinnlich-vitalen Gedichten von J. de Ibarbourou. Schon in den
sozialkrit. Romanen und Erzählungen
von E. Amorim, bes. jedoch bei Juan José
Morosoli (* 1899, † 1957), Francisco
Espínola (* 1901, † 1973) und F. Hernán-
dez erfolgte der Wandel zu einer modernen, psychologisierenden Erzählkunst.
In den Romanen und Erzählungen von
J. C. Onetti, C. Martínez Moreno und
M. Benedetti, den wichtigsten zeitgenöss.
Autoren, wird der Zustand einer perma-
nenten Staatskrise durch Übertragung
auf alptraumhafte Fiktionen oder fru-
strierte, von Entfremdung und Einsamkeit bedrohte Gestalten indirekt reflektiert. In der Lyrik begann mit Líber Falco
(* 1906, † 1955) die Zuwendung zu einer
unrhetorisch-schlichten, transparenten
Diktion. Diese Richtung führte zur ›An-
tipoesie‹ von M. Benedetti und zu den
subtilen, selbstkrit. Reflexionen von Idea
Vilariño (* 1920) und Circe Maia
(* 1932). Die bereits 1972, verstärkt **nach
dem Militärputsch von 1973** einsetzende
Verfolgung von Künstlern und Schriftstellern, die auch apolit. Autoren wie
J. C. Onetti nach Gefängnishaft ins Exil
zwang, brachte das außerordentlich
fruchtbare Kulturleben Uruguays bis zur
Wiederherstellung der Demokratie (1985)
zum Erliegen. Zu den namhaftesten jüngeren Prosaautoren, die fast ausnahmslos viele Jahre im Exil gelebt haben, gehören Jorge Onetti (* 1931), Sylvia Lago
(* 1934), E. Galeano, C. Peri Rossi,
Enrique Estrázulas (* 1942); zu den
Lyrikern u. a. Washington Benavides
(* 1930), Saúl Ibargoyen Islas (* 1930),
Hugo Achúgar Ferrari (* 1944).

Literatur: ROXLO, C.: Historia crítica de la lite-
ratura uruguaya. Montevideo 1912–16. 7 Bde. –
BENEDETTI, M.: Literatura uruguaya siglo XX.
Montevideo 1963. – BOLLO, S.: Literatura uruguaya, 1807–1965. Montevideo 1965. 2 Bde. –
RODRÍGUEZ MONEGAL, E.: Literatura uruguaya
del medio siglo. Montevideo 1966. – ENGLE-
KIRK, J. E./RAMOS, M. M.: La narrativa uruguaya. Estudio crítico bibliográfico. Berkeley
(Calif.) 1967. – ZUM FELDE, A.: Proceso intelec-
tual del Uruguay. Montevideo ³1967. 3 Bde. –
Capítulo oriental. La historia de la literatura
uruguaya. Montevideo 1968–69. 45 Hefte. –
RELA, W.: Historia del teatro uruguayo,
1808–1968. Montevideo 1969. – RAMA, A.: Los
gauchipolíticos rioplatenses. Literatura y sociedad. Buenos Aires 1976. – RELA, W.: Dicciona-

rio de escritores uruguayos. Montevideo 1986. – Diccionario de literatura uruguaya. Hg. v. F. OREGGIONI. Montevideo 1987–91. 3 Bde.

Ury, Else ['uːri], * Berlin 1. Nov. 1877, am 12. Jan. 1943 (Deportation in das KZ Auschwitz) für tot erklärt, dt. Schriftstellerin. – Schrieb Märchen und v. a. Mädchenbücher; 1935 wurde sie als Jüdin aus dem Reichsverband dt. Schriftsteller ausgeschlossen; bes. erfolgreich war ihre humorvolle, aber einem konservativen Mädchenbild verpflichtete Serie ›Nesthäkchen‹ (10 Bde., 1918–25).
Weitere Werke: Studierte Mädel (R., 1906), Professors Zwillinge (4 Bde., 1927–30).
Literatur: BRENTZEL, M.: Nesthäkchen kommt ins KZ. Eine Annäherung an E. U. Zü. ²1993.

Urzidil, Johannes ['ʊrtsidıl], * Prag 3. Febr. 1896, † Rom 2. Nov. 1970, österr. Schriftsteller. – War 1921–32 Pressebeirat der dt. Gesandtschaft in Prag; befreundet u. a. mit F. Kafka und F. Werfel; Mitarbeiter an der Literaturzeitschrift ›Das Silberboot‹; emigrierte 1939 nach Großbritannien, lebte ab 1941 in New York; u. a. Mitarbeiter des Rundfunksenders ›Voice of America‹. Schrieb nach Anfängen mit expressionist. Lyrik v. a. Romane und Erzählungen, in denen eine starke Bindung an seine böhm. Heimat zum Ausdruck kommt (›Prager Triptychon‹, En., 1960), sowie Essays (›Goethe in Böhmen‹, 1932, erweitert 1962) und Übersetzungen aus dem Englischen. 1964 erhielt er den Großen österr. Staatspreis.
Weitere Werke: Sturz der Verdammten (Ged., 1919), Die Stimme (Ged., 1930), Der Trauermantel (E., 1945), Die verlorene Geliebte (En., 1956), Das große Halleluja (R., 1959), Das Elefantenblatt (En., 1962), Da geht Kafka (Essays, 1965), Die erbeuteten Frauen (En., 1966), Bist du es, Ronald? (En., 1968), Väterliches aus Prag und Handwerkliches aus New York (Autobiogr., 1969), Die letzte Tombola (En., hg. 1971), Bekenntnisse eines Pedanten (En. und Essays, hg. 1972).
Literatur: TRAPP, G.: Die Prosa J. U.s. Zum Verständnis eines literar. Werdeganges vom Expressionismus zur Gegenwart. Bern 1967. – HERREN, P.: Beharren u. Verwandeln. Eine Analyse von Grundzügen im Erzählwerk J. U.s. Bern 1981. – J. U. und der Prager Kreis. Vortr. des röm. J.-U.-Symposions 1984. Hg. v. J. LACHINGER u. a. Linz 1986.

Uşaklıgil, Halit Ziya, türk. Schriftsteller, † Halit Ziya Uşaklıgil.

USA-Literatur, die Literatur der USA ist durch Transformation und Innovation europ. Kulturgutes bestimmt. Das Zusammenwirken der beiden Kompositionsprinzipien wurde zur Basis einer sich ständig beschleunigenden Entwicklung, die schneller als bei vergleichbaren Nationalliteraturen von provinziellen Anfängen zu internat. Rang führte. Stufen dieser Entwicklung waren eine koloniale, eine nat., eine prämoderne, eine moderne und eine postmoderne Phase.
Koloniale Phase (1607–1763): Die durch Abenteuergeist im Kampf mit Spanien um die Vormachtstellung entdeckten Gebiete wurden ab 1620 v. a. im Norden zum Refugium für politisch und religiös Verfolgte. Erste literar. Reaktionen der Siedler und Abenteurer befaßten sich mit der neuen Umgebung sowie mit den Kontakten zu den indian. Stämmen von Virginia über Neuengland bis nach Delaware. Von großem histor. Wert ist die von W. Bradford verfaßte Geschichte der Plymouth Plantation, der ersten von den Pilgervätern gegründeten Kolonie Neuenglands. Literarisch am bedeutendsten sind die Schriften der Puritaner der Massachusetts Bay Colony (gegr. 1630 von J. Winthrop) um Boston, die analog zur Bibel ein Modell für das Neue Jerusalem sein sollte. Religiöse Einstellung und kirchl. Hierarchie, deren strikte Einhaltung zu Intoleranz und auch zur Verbannung Andersdenkender führte, bestimmten das ganze Leben. Sie förderten sowohl persönl. Literaturformen wie Tagebuch und autobiograph. Selbsterforschung (Th. Shepard, die Mather-Familie, J. Woolman) als auch Traktate und Predigten und die an die Metaphysical poets erinnernde Dichtung an A. Bradstreet, M. Wigglesworth und bes. E. Taylor. Cotton Mathers (* 1663, † 1728) Schriften, v. a. die im Stil eines christl. Epos gehaltene Kirchengeschichte Neuenglands ›Magnalia Christi Americana‹ (1702), geben das beste Bild dieser Zeit, deuten aber auch bereits eine Verweltlichung des Lebens an.
Nat. Konstitutionsphase (1763–1850): B. Franklins ›Autobiographie‹ (4 Tle., entst. 1771–90, frz. [unvollständig] 1791, vollständig gedr. 1868, dt. 1954, erstmals dt. 1792) dokumentiert den Übergang

von der puritanistisch orientierten Kolonialzeit über den Unabhängigkeitskrieg zur pragmat. Haltung eines neuen Bürgertums, das die individuelle Verwirklichung in den Dienst der amerikan. Nation stellte. Die Pamphlete Thomas Paines (* 1737, † 1809) sowie die polit. Schriften Thomas Jeffersons (* 1743, † 1826) und John Adams (* 1735, † 1826) wurden zur Grundlage der Unabhängigkeit der Vereinigten Staaten und ihrer demokrat. Staatsform, die sich an die frz. und schott. Aufklärungsphilosophie anlehnte. Erste *Romane,* wie Ch. B. Browns Schauerroman ›Wieland oder die Verwandlung‹ (1798, dt. 1973) imitierten engl. Muster, gaben ihnen aber einen amerikanischen Rahmen. M. G. J. de Crèvecœurs Beschreibungen beeinflußten das roman. Amerikabild der Europäer. Reiseberichte und die naturwiss. Schriften William Bartrams (* 1739, † 1823), Alexander Wilsons (* 1766, † 1813) und John James Audubons (* 1785, † 1851) stellten amerikan. Naturwunder dar. F. Hopkinson und Ph. M. Freneau gaben der revolutionären Zeit *lyr.* Ausdruck in polit. Satiren, Elegien, Natur-, Lehr- und Reisegedichten. Ende des Jh. forderten die † Hartford Wits eine eigenständige amerikan. Dichtung. Wegen der puritan. Abneigung gegen das Theater begann das *Drama* erst mit R. Tyler und W. Dunlap, als Adaptationen engl. Vorbilder. Die Literatur war von dem Bestreben bestimmt, das demokrat. Amerika zu manifestieren. So entwickelte J. F. Cooper in seinen ›Lederstrumpf‹-Erzählungen das Konzept der ›Frontier‹, der stetig nach Westen vorstoßenden Grenze weißer Besiedlung, an der die Auseinandersetzung mit den Indianern stattfand. J. P. Kennedy und W. G. Simms ergänzten und korrigierten die von Cooper geprägte romant. ›Frontier‹-Ideologie.

Auch die Bewegung des neuengl. Transzendentalismus (1836–60) betonte das amerikan. Wagnis einer demokrat. Nation. In Anknüpfung an die Transzendentalphilosophie I. Kants und den dt. Idealismus stellte diese Bewegung eine Weiterentwicklung des Puritanismus auf intellektueller Ebene und eine bed. Spielart der amerikan. Romantik dar. W. E.

Channing, Theodore Parker (*1810, † 1860), Frederic Henry Hedge (* 1805, † 1890), M. Fuller, G. Ripley und v. a. R. W. Emerson verbanden Religion und Natur zu einer pantheistisch-romant. Einstellung, die im Vertrauen auf die eigene Eingebung und Selbstverwirklichung die moral. Mission der Nation implizit formulierte. H. D. Thoreau setzte diese Ideen durch sein Experiment ›Walden‹ (1854, dt. 1897) in die sich auch als Widerstand gegen die Staatsgewalt äußernde Tat um.

Prämoderne (1850–1917): Das optimist. Konzept der Transzendentalisten wurde in der daraus entstehenden ersten Blütezeit der amerikan. Literatur durch den Einbruch des Bösen und durch metaphys. Zweifel (eine weitere Spielart der amerikan. Romantik) in Frage gestellt. Im *Roman* griff N. Hawthorne auf die puritan. Geschichte zurück, um symbolisch die Verschuldung des Menschen sowie der Nation zu zeigen. H. Melville, der mit ›Moby Dick‹ (1851, dt. 1927) eine Art Nationalepos schuf, weitete das menschl. Verhängnis auf den Kosmos aus und nahm die existentielle Problematik des Menschen vorweg. In E. A. Poes *Kurzgeschichten,* die eine eigenständige amerikanischer Literaturgattung begründeten, wurde das Unheimliche der menschl. Natur losgelöst von jegl. moral. Frage. Ihre Rezeption sowie die seiner Gedichte und poetolog. Aufsätze durch Ch. Baudelaire beeinflußten entscheidend die Entwicklung des frz. Symbolismus und der Moderne. Den Ausgangspunkt für das Entstehen der modernen amerikan. *Lyrik* stellt das Werk W. Whitmans dar, der das Thema der Einheit von Körper und Seele und der demokrat. Verbrüderung zu einem romant. Gesamtkonzept verband.

Die Zäsur des Bürgerkrieges erschütterte den Fortschrittsglauben. Neue wiss. Erkenntnisse, die Eroberung des Westens sowie die Industrialisierung schufen neue sozioökonom. Verhältnisse. Aufgrund der rücksichtslosen wirtschaftl. Expansion waren die gesellschaftl. Konflikte vorprogrammiert, die in der lebensnahen Wiedergabe der Situation der Schwarzen (H. Beecher Stowe, F. Douglass), der kaliforn. Goldgräbersiedlungen

(B. Harte) und dem Auftreten regionaler Aspekte (M. E. Freeman, S. O. Jewett, G. W. Cable, H. Garland, Harold Frederic [* 1856, † 1898]) Eingang in den realist. *Roman* fanden. W. D. Howells und Mark Twain machten die Beschreibung menschl. Schwächen zur Grundlage einer an moral. Kriterien orientierten Gesellschaftskritik. Naturalist. Einflüsse zeigen sich bei A. G. Bierce und S. Crane, die beide das Walten einer unausweichl. Schicksalsmacht in Extremsituationen wie dem amerikan. Bürgerkrieg darstellten. Th. Dreiser erkannte die Determiniertheit des Menschen in seinen Erbanlagen und dem Milieu. Sozialkrit. Schriftsteller sowie die sog. ↑ Muckrakkers zeigten die gesellschaftl. Mißstände auf. Sie sahen einen Ausweg z. B. in utop. Staatsformen (E. Bellamy), sozialist. Revolution (U. Sinclair), Sozialreform (Henry George [* 1839, † 1897], R. Herrick, L. Steffens, B. Tarkington, W. Churchill, D. G. Phillips) und in der Frauenemanzipation (Ch. P. Gilman). F. Norris und J. London verbanden ihre naturalist. Schilderungen mit romant. Zügen bzw. mit autobiograph. Abenteuern und polit. Aktion.

Die *Lyrik* der Zeit vor und nach dem Bürgerkrieg umfaßte die formalen Experimente von S. Lanier, die humanitären Ideen J. G. Whittiers, die neuromant. Dichtung H. W. Longfellows und die polit. Gedichte J. R. Lowells. Die bedeutendste Dichterin war E. Dickinson, deren religiöse, metaphys. Gedichte v. a. den Tod thematisierten, während sie formal bereits moderne Verskunst vorwegnahmen.

Das amerik. *Theater* dieser Zeit war von Melodramatik beherrscht. D. Boucicault zeigte Adaptationen europ. und amerikan. Stoffe, D. Belasco Bühnenstücke im Lokalkolorit des Westens. Durch den Einfluß H. Ibsens wurde das Drama allmählich psychologischer und ernsthafter (J. A. Herne, B. Howard, C. W. Fitch, W. V. Moody). Gleichzeitig entstanden eigenständige Theaterformen, wie Minstrelshow (↑ Minstrel) und Vaudeville. – Den Übergang zur Moderne leistete der zwischen Europa und den USA stehende Henry James mit kosmopolit. Themen und der Verwendung des psycholog.

Realismus. E. Wharton, W. Cather und E. Glasgow verwendeten James' Romantechnik zur Zeichnung regionaler Sitten- und emanzipator. Frauenbilder.

Moderne (1917–1950): Die durch die Teilnahme am 1. Weltkrieg erlangte internat. Geltung der USA zeigte sich auch in der Literatur. Die Erschütterung aller Werte erforderte eine Neuorientierung, die durch Kulturaustausch mit Europa erfolgte (u. a. E. Pound, T. S. Eliot, G. Stein). Im *Roman* wurde die sozialkrit. Komponente durch die Darstellung grotesker Gestalten (Sh. Anderson) oder die satir. Spiegelung der Bourgeoisie (S. Lewis) modernisiert. In den 20er Jahren setzte eine Konzentration auf die existentielle Befindlichkeit des Menschen ein, die F. S. Fitzgerald am ›Jazz age‹, E. Hemingway an der Desillusionierung der Nachkriegszeit, W. Faulkner an der Desintegration der Südstaatenkultur, Th. Wolfe an der Sehnsucht nach Alleinheit und H. Miller an der Sexualität festmachte. Die Komplexität moderner Existenz fand ihre Entsprechung in der Überlagerung verschiedener Zeitebenen (Faulkner), in der Montagetechnik (J. Dos Passos) und in der vorbildhaften Verräumlichung von Zeitsequenzen in G. Steins ›portrait narration‹. Für die Radikalisierung der Sozialproblematik in den 30er Jahren, der sog. ›roten Dekade‹, stehen stellvertretend die entwurzelten, dem Schicksal unterworfenen Menschen bei J. Steinbeck, J. Th. Farrell, E. Caldwell und R. Wright. Eine Radikalisierung der grotesken und absurden Weltsicht zeigte sich in der Pervertierung des ›American dream‹ (N. West) und in der Verschärfung des existentiellen Konflikts in den Kriegsromanen von J. Jones, N. Mailer und J. Hawkes kurz vor und nach dem 2. Weltkrieg. Aus dieser Haltung entstanden die zur grotesken Welt verkommenen Bilder der Südstaatenkultur (C. McCullers, F. O'Connor, A. Tate, R. P. Warren) und der schwarzen Existenz (R. W. Ellison). Die weitere Entwicklung eine feminist. Frauenliteratur zeigt sich v. a. in den Werken von D. Barnes, E. Ferber, D. Parker, J. West und A. Nin.

In der *Lyrik* begann die Moderne mit Pounds 1912 begründeter Bewegung des

↑Imagismus, die im poet. Bild sowohl einen intellektuellen Gehalt als auch eine emotionale Einstellung sah, sowie mit der Zeitschrift ›Poetry‹ (hg. v. H. Monroe), in der zunächst imagist. Gedichte von H. Doolittle, A. Lowell, J. G. Fletcher und C. P. Aiken, später aber Gedichte aller bed. Lyriker erschienen. Dieser z. T. esoter. Dichtung, die H. Crane und W. Stevens durch eigene symbolist. Entwürfe und amerikan. Schauplätze ergänzten, standen traditionelle Formen in V. Lindsays Gesellschaftskritik, C. Sandburgs krit. Lobpreis Amerikas, in R. L. Frosts Zuflucht zur Natur Neuenglands und in E. A. Robinsons Versepen gegenüber. Mit radikalen Sprach- und Formelementen experimentierten E. E. Cummings, M. Moore sowie, in der Bewegung des Objektivismus, W. C. Williams und L. Zukofsky. Weitere bed. Lyriker sind R. Jeffers, E. St. V. Millay, S. V. Benét, William Rose Benét (* 1886, † 1950), R. Jarrell, D. Schwartz, die Vertreter des ↑New criticism, K. Shapiro, D. Ignatow, S. Kunitz, Th. Roethke, L. Riding und R. Wilbur. Die *afroamerikan. Literatur* trat in den 20er und 30er Jahren in der Harlem Renaissance v. a. auf dem Gebiet der Lyrik und des Dramas hervor. Ausgehend von den Spirituals und den Rhythmen des Blues, gestützt auf neue Studien (W. E. B. Du Bois), entwickelte sich eine selbständige, auf die Identifikation mit der Rasse zielende Poesie bei P. L. Dunbar, J. W. Johnson, C. Cullen, L. Hughes, C. McKay, J. Toomer und Margaret Walker (*1915).

Auf dem Gebiet des *Dramas* begann eine Neuorientierung mit der Aufführung moderner europ. Stücke durch avantgardist. Schauspieltruppen wie die von S. Glaspell mitbegründeten Provincetown Players (1915–29). Die Rezeption des expressionist. und symbolist. Dramas in George Pierce Bakers (* 1866, † 1935) ›47 Workshop‹ an der Harvard University förderte Talente wie E. O'Neill, der im Rückgriff auf antike Mythen, die er mit der puritan. Vergangenheit Neuenglands und der Freudschen Psychologie koppelte, und durch die Darstellung der unter der Oberfläche verborgenen Realitätsschichten europ. Theaterformen weiterentwickelte. In seiner amerikan. Version des ep. Theaters unterstreicht Th. Wilder den Gedanken der Verbrüderung und die Lösung des menschl. Dilemmas durch die Demokratie. Die politisch engagierten Dramatiker E. Rice, J. H. Lawson, R. Sherwood, C. Odets, A. Maltz, S. Kingsley, I. Shaw thematisierten, u. a. in dem von F. D. Roosevelt lancierten ›Federal Theatre Project‹, sozialrevolutionäre Lösungen. Versdramen und komödienhafte Gesellschaftsstücke nahmen an Bedeutung ab. An ihre Stelle traten Musicals, die bes. in Zusammenarbeit von O. Hammerstein und R. Rogers entstanden. Der Aufbruch der Familienstruktur und damit die Brüchigkeit der amerikan. Gesellschaft wurde in der Folge zum beherrschenden Thema des amerikan. Dramas. Psycholog. Charakteranalyse und schonungslose Offenlegung des verderbl. Glaubens an den ›American dream‹ verband A. Miller mit sozial-eth. Engagement für die Darstellung der Mittelklasse, L. Hellman mit polit. Aussage angesichts des dt. Faschismus und des Niederganges der Aristokratie der Südstaaten, T. Williams mit Mitgefühl für die gescheiterten Existenzen des Südens. Er bemühte sich mit seiner Konzeption des ›plastic theatre‹, durch akust. und visuelle Eindrücke zusätzl. Bedeutungsdimensionen einzuschalten, die die postmodernen Theaterexperimente möglich machten. E. Albee schuf mit seinen Stücken eine amerikanische Version des absurden Theaters, L. Hughes, R. Wright, J. Baldwin und L. Hansberry erlangten als Vertreter des afroamerikan. Theaters Bedeutung.

Postmoderne (seit 1950): Die amerikan. Literatur der Gegenwart ist von der allmähl. Ablösung modernist. Ideen durch eine Subjektivität und Handlungslogik negierende Kultur gekennzeichnet, die im Spannungsfeld zwischen sozialkrit. Intention, experimenteller Innovation und existentieller Erneuerung steht. In der *Lyrik* zeigt sich der Übergang vom formorientierten Modernismus zum postmodernen Spiel bei den als Avantgarde begriffenen Vertretern der drei Zentren der 50er und 60er Jahre: New York (F. O'Hara, K. Koch, W. S. Merwin, J. Ashbery), Black Mountain (Ch. Olson, R. Creeley, R. Duncan), San Francisco

(A. Ginsberg, K. Rexroth, J. Wieners, G. Sh. Snyder, G. Corso). Unter dem Eindruck der Bürgerrechts- und Anti-Vietnam-Bewegung wurde Lyrik zum Mittel polit. und sozialen Protests (R. Lowell, R. Bly, D. Levertov, G. Paley) sowie ethn. Identifikation (L. Jones, G. Brooks, S. Ortiz, G. R. Vizenor, A. Lorde, J. Rothenberg). E. Bishop, J. Merrill und bes. Ashbery bestimmten die 70er Jahre. Sie beleuchteten die Dichterexistenz wie R. Lowell, A. Sexton, D. Wakoski, W. D. Snodgrass und A. Goldbarth in ihrer Bekenntnislyrik. Der durch diese Selbstfindung eingeleitete konservative Trend setzte sich bei der jüngeren Generation (Frank Bidart [* 1940], R. Pinsky, L. Glück, A. R. Ammons und D. Smith) fort und verdrängte den Einfluß der Avantgarde. Die Welt der Frau und ihre Stellung in der Gesellschaft wurde zum dominanten Thema bei den Schriftstellerinnen E. Jong, S. Plath und A. Rich. Neue Impulse gehen von ethn. Autorinnen wie den Afroamerikanerinnen R. Dove, Sonia Sanchez (* 1934), den Chicanas Sandra Cisneros (* 1943), Lorna Dee Cervantes (* 1954) sowie der Indianerin Joy Harjo (* 1951) aus. Postmoderne Elemente prägen die ›Language poetry‹.

Im *Drama* verlief die Entwicklung vom polit. Engagement über Formexperimente zu den subjektiven Visionen eines poet. Theaters, wobei private Kleinbühnen (↑Off-Broadway) mit den kommerziellen Interessen der Broadway-Bühnen konkurrierten. Polit. Intentionen verfolgten v. a. L. Jones, E. Bullins, Ch. Fuller, Hansberry und L. Valdes. D. Rabe schilderte die Auswirkungen des Vietnamkrieges auf die persönl. Situation, L. Wilson die heuchler. Moral, D. Mamet die Verdinglichung zwischenmenschl. Beziehungen. A. L. Kopit, S. Shepard und J.-C. Van Itallie untermahlen diese Kritik mit myth. und anti-realist. Elementen. Formal radikal-innovativ, praktizierten die avantgardist. Theaterensembles (↑Off-Off-Broadway) die Aufhebung der Grenze zwischen Theater und Leben (u. a. ›Bread and Puppet Theatre‹), die zu Gesamtkunstwerken wie J. Gelbers ›Konnex‹ (1960, dt. 1963; Living Theatre), ›Paradise now!‹ (1968; Living

Theatre) sowie u. a. dem Rockmusical ›Hair‹ (1968; G. McDermott) führten. Die vollkommene Auflösung von Figuren und Handlung schließlich war die Voraussetzung für R. Foremans, L. Breuers und R. Wilsons ›Theatre of images‹, in dem die stat. Fixierung verbaler Vorgänge von einer neuen Wirklichkeit kündet.

Der *Roman*, das wichtigste literar. Medium der Gegenwart, nutzt sowohl traditionelle Erzählweisen als auch deren parodist. Infragestellung. Konventionell bieten Autoren wie S. Bellow, I. B. Singer, B. Malamud und Ph. Roth existentiell-humanist. Anliegen dar und schildern andere histor. Epochen sowie den amerikan. Alltag (M. McCarthy, W. Percy, J. D. Salinger, K. Vonnegut, J. Purdy, G. Vidal, E. L. Doctorow, J. Updike, T. Robbins, J. C. Oates, J. Irving). Bei den Afroamerikanern I. Reed und Clarence Major (* 1936), den Indianern N. S. Momaday und L. M. Silko sowie dem Chicano R. A. Anaya verbindet sich das Thema der Identitätssuche mit phantast. Elementen. Die parodist. Auseinandersetzung mit Krieg, Gewalt, Drogen und Sex als universellen Phänomenen (J. Kerouac, W. S. Burroughs, H. Selby, V. Nabokov, J. Hawkes, J. Heller, W. Styron, J. N. Kosinski, W. Abish, R. Coover, Th. Pynchon) zus. mit der oft autobiograph. Thematisierung der eigenen Schriftstellersituation sowie der Unmöglichkeit des Erzählens angesichts des Verlusts von Subjektivität und log. Handlungszusammenhängen (J. Barth, D. Barthelme, W. Gaddis, W. H. Gass, R. Federman, S. Katz, G. Sorrentino, R. Sukenick) werden zu den beherrschenden Themen der postmodernen Fiktion. Die Erneuerung ›realist.‹ Prosa als Lust am Erzählen (J. Hawkes, N. Mailer, S. Elkin) oder als narrative Affirmation des Lebens, die schon im ↑›New journalism‹ (J. Hersey, T. Capote, T. Wolfe) problematisierten fiktionalen Charakter der Realität nicht verkennt (J. Barth, J. Gardner Jr.), hat schließlich eine neorealist. Tendenz im Roman der 80er Jahre eingeleitet, in dem postmoderne Techniken mit realen Anliegen der Zeit verbunden werden (P. Auster, R. Carver, R. Ford, Jay McInerney [* 1955], T. Wolfe).

Gleichzeitig bildete sich in den 70er und 80er Jahren eine feminist. Schreibweise heraus, die traditionelle Kulturwerte mit phantast. Elementen zur Lösung von Gegenwartsproblemen verbindet (so die Afroamerikanerinnen T. Morrison und A. Walker, die Jüdin C. Ozick und die Südstaaten-Autorinnen E. Welty und A. Tyler), polit. Engagement zur Verbesserung der Mann-Frau-Beziehung einsetzt (R. Adler, J. Didion, E. Hardwick, S. Sontag), für die Aufwertung der Frau in der Gesellschaft eintritt (E. Jong, K. Millett, T. Olsen) sowie radikale utop. Visionen zur Veränderung der bestehenden Rollenverhältnisse entwirft (U. Le Guin, M. Piercy, J. Russ). Neuerdings sind v. a. Schriftstellerinnen hervorgetreten, deren bikulturelle Existenz neue Dimensionen eröffnet, so die Indianerinnen Linda Hogan (* 1947) und L. Erdrich sowie Amerikanerinnen mex. bzw. asiat. Herkunft wie S. Cisneros und Amy Tan (* 1952).

Literatur: Bibliographien: Annual bibliography of English language and literature. London 1921 ff. – Annual bibliography. In: PMLA. Publications of the Modern Language Association of America. Jg. 37 ff. New York 1922–69. Seit 1970: MLA international bibliography of books and articles on the modern languages and literatures. – MUMMENDEY, R.: Die schöne Lit. der Vereinigten Staaten von Amerika in dt. Übersetzungen. Eine Bibliogr. Bonn 1961. – NILON, CH. H.: Bibliography of bibliographies in American literature. New York 1970. – **Nachschlagewerke:** Contemporary authors. Detroit (Mich.) 1962 ff. (bisher 119 Bde. erschienen). – SCHÖNE, A.: Abriß der amerikan. Literaturgesch. in Tabellen. Wsb. 1967. – KARRER, W./KREUTZER, E.: Daten der engl. u. amerikan. Lit. von 1700 bis zur Gegenwart. Mchn. [1-2]1973–80. 2 Bde. – Twentieth century authors. A biographical dictionary of modern literature. Hg. v. S. J. KUNITZ u. H. HAYCRAFT. New York [7]1973. Suppl.-Bd. 1. Ebd. [4]1967. – Dictionary of literary biography. Detroit (Mich.) 1978 ff. (bisher 55 Bde. erschienen). – The Oxford companion to American literature. Hg. v. J. D. HART. New York [5]1983. – BORDMAN, G.: The Oxford companion to American theatre. New York 1984. – COLONNESE, T./OWENS, L.: American Indian novelists. An annotated critical bibliography. New York 1985. – HART, J. D.: The concise Oxford companion to American literature. New York 1986. – Annals of American literature 1602–1983. Hg. v. R. M. LUDWIG u. C. A. NAULT JR. New York 1986. – The Cambridge handbook of American literature. Hg. v. J. SALZ-

MAN. Cambridge 1986. – HORNUNG, A.: Lex. amerikan. Lit. Mhm. 1992. – **Gesamtdarstellungen:** PARRINGTON, V. L.: Main currents in American thought. An interpretation of American literature from the beginnings to 1920. New York 1927–1930. 3 Bde. Neuaufl. 1954–58. – Literaturgesch. der Vereinigten Staaten. Hg. v. R. E. SPILLER u. a. Dt. Übers. Mainz 1959. – CUNLIFFE, M.: Amerikan. Literaturgesch. Dt. Übers. Mchn. 1961. Engl. Neuaufl. Harmondsworth [3]1968. – HAAS, R.: Amerikan. Literaturgesch. Hdbg. 1972–74. 2 Bde. – OSTENDORF, B.: Black literature in White America. Brighton (Sussex) u. a. 1982. – Studies in American Indian literature. Critical essays and course designs. Hg. v. P. G. ALLEN. New York 1983. – SCHIRMER, W. F.: Gesch. der engl. u. amerikan. Lit. Von den Anfängen bis zur Gegenwart. Hg. v. A. ESCH u. a. Tüb. [6]1983. 2 Bde. – Die amerikan. Lit. bis zum Ende des 19. Jh. Hg. v. H. BREINIG. Tüb. 1985. – The history of Southern literature. Hg. v. L. D. RUBIN u. a. Baton Rouge (La.) 1985. – RULAND, R./BRADBURY, M.: From puritanism to postmodernism. Neuausg. New York u. a. 1992. – **Einzelne Gattungen:** CHASE, R.: The American novel and its tradition. New York 1957. Neudr. 1978. – PEARCE, R. H.: The continuity of American poetry. Princeton (N.J.) 1961. Nachdr. 1975. – CHRISTADLER, M.: Der amerikan. Essay 1720–1820. Hdbg. 1968. – American drama bibliography. A checklist of publications in English. Hg. v. P. M. RYAN. Fort Wayne (Ind.) 1969. – FREESE, P./JÄGER, D./KRUSE, H.: Die amerikan. Short Story. Ein Überblick. Neumünster 1971. – Die amerikan. Lyrik von Edgar Allan Poe bis Wallace Stevens. Hg. v. M. CHRISTADLER. Darmst. 1972. – Die amerikan. Kurzgeschichte. Hg. v. K. H. GÖLLER u. G. HOFFMANN. Düss. 1972. – Das amerikan. Drama von den Anfängen bis zur Gegenwart. Hg. v. H. ITSCHERT. Darmst. 1972. – Der amerikan. Roman. Von den Anfängen bis zur Gegenwart. Hg. v. H.-J. LANG. Düss. 1972. – VOSS, A.: The American short story. Norman (Okla.) 1973. – WILSON, G. B.: Three hundred years of American drama and theatre, from ›Ye bare and ye cubb‹ to ›Hair‹. Englewood Cliffs (N.J.) 1973. – Die amerikan. Lyrik. Von der Kolonialzeit bis zur Gegenwart. Hg. v. K. LUBBERS. Düss. 1974. – STAUFFER, D. B.: A short history of American poetry. New York 1974. – MORDDEN, E.: The American theatre. New York 1981. – WOLTER, J.: Die Suche nach nat. Identität. Entwicklungstendenzen des amerikan. Dramas vor dem Bürgerkrieg. Bonn 1983. – Das amerikan. Drama. Hg. v. G. HOFFMANN. Bern u. Mchn. 1984. – Amerikan. Lyrik. Perspektiven u. Interpretationen. Hg. v. R. HAAS u. E. LOHNER. Bln. 1987. – **Koloniale Phase:** MILLER, P.: The New England mind. From colony to province. Cambridge (Mass.) 1953. – MILLER, P.: The New England mind. The seventeenth century. Cambridge (Mass.) [2]1954. – Major writers of early American literature. Hg. v. E. H. EMERSON. Madison (Wis.) 1972. – ZIFF, L.: Puritanism in America. New culture in a new world. New York 1973. – DAVIS, R. B.: Intellectual life in the colonial South, 1585–1763. Knoxville (Tenn.) 1978. 3 Bde. – ALDRIGE, A. O.: Early American literature. A comparatist approach. Princeton (N. J.) 1982. – GALINSKY, H.: Gesch. amerikan. Kolonialliteratur. Darmst. 1991. Auf 5 Bde. berechnet. – **Nat. Konstitutionsphase:** TYLER, M. C.: The literary history of the American Revolution, 1763–1783. New York 1897. Neudr. 1970. 2 Bde. in 1 Bd. – FUSSELL, E. S.: Frontier. American literature and the American West. Princeton (N. J.) 1965. – GRIMSTED, D.: Melodrama unveiled. American theater and culture 1800–1850. Chicago (Ill.) 1968. – ELLIOTT, E.: Revolutionary writers. Literature and authority in the New Republic, 1725–1810. New York 1982. – ZIFF, L.: Writing in the new nation. New Haven (Conn.) 1991. – **Prämoderne:** LAWRENCE, D. H.: Studies in classic American literature. New York 1923. Neuausg. Garden City (N. Y.) 1953. – BROOKS, VAN W.: Das Erwachen Amerikas. Dt. Übers. Mchn. 1947. – BROOKS, VAN W.: Die Blüte Neuenglands. Longfellow, Emerson u. ihre Zeit. Dt. Übers. Mchn. 1948. – MATTHIESSEN, F. O.: Amerikan. Renaissance. Kunst u. Ausdruck im Zeitalter Emersons u. Whitmans. Dt. Übers. Wsb. 1948. – PIZER, D.: Realism and naturalism in nineteenth-century American literature. Carbondale (Ill.) 1966. Revidierte Ausg. 1984. – MARTIN, J.: Harvests of change. American literature, 1865–1914. Englewood Cliffs (N. J.) 1967. – AARON, D.: The unwritten war. American writers and the Civil War. New York 1973. – FEIDELSON, CH.: Symbolism and American literature. Chicago (Ill.) ⁹1976. – RIDGELY, J. V.: Nineteenth-century Southern literature. Lexington (Ky.) 1980. – ZIFF, L.: Literary democracy. The declaration of cultural independence in America. New York 1981. – HUTCHINSON, S.: The American scene. Essays on nineteenth century American literature. Basingstoke u. a. 1991. – **Moderne:** KAZIN, A.: On native grounds. An interpretation of modern American prose literature. New York 1942. – CLURMAN, H.: The fervent years. The story of the Group theatre and the thirties. New York 1945. Neudr. 1975. – GREGORY, H./ZATURENSKA, M.: A history of American poetry, 1900–1940. New York 1946. – GEISMAR, M.: The last of the provincials. The American novel, 1915–1925. Boston (Mass.) 1947. Nachdr. 1959. – WILSON, E.: The shores of light. A literary chronicle of the twenties and thirties. New York 1952. – KRUTCH, J. W.: The American drama since 1918. New York. Neuausg. 1957. – COWLEY, M.: Exile's return. A literary odyssey of the 1920's. New York u. London ³1961. – KENNER, H.: The Pound era. London 1972. – KENNER, H.: A homemade world. The American modernist writers. New York 1975. – PER-KINS, D.: History of modern poetry from the 1890's to the high modernist mode. Bd. 1: From the 1890's to Pound, Eliot and Yeats. Cambridge (Mass.) u. a. 1976. Auf mehrere Bde. berechnet. – KLEIN, M.: Foreigners. The making of American literature, 1900–1940. Chicago (Ill.) 1981. – BIGSBY, C. W. E.: A critical introduction to 20ᵗʰ century American drama. Cambridge 1982–85. 3 Bde. – American realism. New essays. Hg. v. E. J. SUNDQUIST. Baltimore (Md.) 1982. – BRADBURY, M.: The modern American novel. Oxford 1983. Neuausg. 1984. – Modern American poetry. Hg. v. R. W. BUTTERFIELD. London u. Totowa (N. J.) 1984. – WEST, J. L. W., III: American authors and the literary marketplace since 1900. Philadelphia (Pa.) 1988. – **Postmoderne:** TANNER, T.: City of words. American fiction 1950–1970. London u. New York 1971. – HASSAN, I.: Die moderne amerikan. Lit. Dt. Übers. Stg. 1974. – Die amerikan. Lit. der Gegenwart. Aspekte u. Tendenzen. Hg. v. H. BUNGERT. Stg. 1977. – DICKSTEIN, M.: Gates of Eden. American culture in the sixties. New York 1977. – BERTHOFF, W.: A literature without qualities. American writing since 1945. Berkeley (Calif.) 1979. – Harvard guide to contemporary American writing. Hg. v. D. HOFFMAN. Cambridge (Mass.) 1979. – MAZZARO, J.: Postmodern American poetry. Urbana (Ill.) 1980. – KARL, F. R.: American fictions 1940–1980. A comprehensive history of critical evaluation. New York 1983. – Black women writers (1950–1980). Hg. v. M. EVANS. Garden City (N. Y.) 1984. – Contemporary American women writers. Narrative strategies. Hg. v. C. RAINWATER u. W. J. SCHEICK. Lexington (Ky.) 1985. – HALLBERG, R. VON: American poetry and culture 1945–1980. Cambridge (Mass.) 1985. – SÁNCHEZ, M. E.: Contemporary Chicano poetry. A critical approach to an emerging literature. Berkeley (Calif.) 1985. – Contemporary poets. Hg. v. H. BLOOM u. D. BROMWICH. New York 1986. – Contemporary Chicano fiction. A critical survey. Hg. v. V. E. LATTIN. Binghamton (N. Y.) 1986. – Der amerikan. Roman nach 1945. Hg. v. A. HELLER. Darmst. 1987. – Der zeitgenöss. amerikan. Roman. Von der Moderne zur Postmoderne. Hg. v. G. HOFFMANN. Mchn. 1988. 3 Bde. – Poststrukturalismus–Dekonstruktivismus–Postmoderne. Hg. v. K. W. HEMPFER. Stg. 1992.

usbekische Literatur,

sie entwikkelte sich aus teils volkstümlich-traditionellen, teils höf. Vorläufern seit der 2. Hälfte des 19. Jh., wurde jedoch erst in sowjet. Zeit unter diesem Namen bekannt. Ein Teil der Hofliteratur im turkestan. Khanaten konnte noch im 19. Jh. als ›spättschagataiisch‹ gelten. Zur Entwicklung moderner literar. Vorstellungen und Inhalte trugen die Aufklärungsdichter Furkat (* 1858, † 1909) und Muchammad A. Mukimi (* 1851, † 1903) bei, die z. T. die Errungenschaften des beginnenden techn. Zeitalters in Gedichten preisen. Einige Modernisten, z. B. A. Fitrat (* 1886, † 1937), galten zunächst als ›fortschrittlich-demokrat.‹ Wegbereiter der neuen Sowjetliteratur, wurden aber im Zuge des verschärften ideolog. Drucks als ›bourgeoise Nationalisten‹ verfolgt. Unter den Gegenwartsautoren finden sich auch Vertreter der neuentwickelten dramat. Gattung und zahlreiche Romanciers (Kamil Jaschen [* 1909], Aibek, Askad Muchtar [* 1920] u. a.). Neben Themen aus dem Alltagsleben gehören histor. Themen zu den bevorzugten Inhalten.

Literatur: Die usbek. u. die neuuigur. Lit. In: Philologiae Turcicae Fundamenta. Bd. 2. Wsb. 1965. S. 700.

Usigli, Rodolfo [span. u'siɣli], * Mexiko 17. Nov. 1905, † ebd. 18. Juni 1979, mex. Schriftsteller. – Gilt als einer der bed. Dramatiker der modernen mex. Literatur, auch Essayist und Romancier.

Werke: Medio tono (Kom., 1938), Conversación desesperada (Ged., 1938), Corona de sombra (Dr., 1943), El gesticulador (Kom., 1944), Ensayo de un crimen (R., 1944), La mujer no hace milagros (Kom., 1949), Jano es una muchacha (Dr., 1952), Corona de fuego (Dr., 1960), Corona de luz (Dr., 1965), Anatomía del teatro (Essay, 1967).

Ausgabe: R. U. Teatro completo. Mexiko 1963. Nachdr. 1979. 3 Bde.

Literatur: WYATT, J. L.: La obra dramática de R. U. Mexiko 1950.

Usinger, Fritz, * Friedberg 5. März 1895, † ebd. 9. Dez. 1982, dt. Schriftsteller. – Studierte Germanistik und Romanistik sowie Philosophie; bis 1949 Lehrer, danach freier Schriftsteller. Sensibler, traditionsverbundener Lyriker, der über die ird. Grenzen hinaus die Kosmologie theoretisch einbezieht; auch Verfasser bed. Essays und Übersetzer frz. Lyrik (S. Mallarmé, P. Valéry); umfangreiche Herausgebertätigkeit. 1946 erhielt er den Georg-Büchner-Preis.

Werke: Der ewige Kampf (Ged., 1918), Große Elegie (1920), Ird. Gedicht (1927), Das Wort (Ged., 1931), Die Geheimnisse (Ged., 1937), Der Morgenstern (Ged., 1958), Tellurische und planetar. Dichtung (Essay, 1963), Tellurium (Essays, 1967), Canopus (Ged., 1968), Dichtung als Information (Essays, 1970), Der Planet (Ged., 1972), Galaxis (Ged., 1975), Himml. Heimkehr (Ged., 1976), Gesänge jenseits des Glücks (Ged., 1977), Atlas (Ged., 1979), Alphabet-Gedichte (1980), Das Sichtbare und das Unsichtbare (Essays, 1980).

Ausgabe: F. U. Werke. Hg. v. S. HAGEN. Waldkirch 1984–88. 6 Bde.

Literatur: BÄUMER, G.: Der Dichter F. U. Stg. 1947. – HAGEN, S.: F. U. Endlichkeit u. Unendlichkeit. Bonn ²1973. – Die Götter lesen nicht. F. U. zum 80. Geburtstag am 5. März 1975. Hg. v. S. HAGEN. Bonn 1975. – BARKER, CH. R.: Das dichter. Weltbild F. U.s. Dt. Übers. Merzhausen 1978.

Fritz Usinger

Uskoković, Milutin [serbokroat. ˌuskɔkɔvitɕ], * Užice 4. Juni 1884, † Kuršumlija 14. Okt. 1915 (Selbstmord), serb. Schriftsteller. – Studierte in Belgrad und Genf Jura; hinterließ gut aufgebaute und stilistisch vollendete Novellen und Romane (›Došljaci‹ [= Die Ankömmlinge], 1910), in denen er das serb. Gesellschaftsleben der Großstadt, v. a. in den intellektuellen Kreisen, gestaltete.

Literatur: IVANOVIĆ, R. V.: M. U. Belgrad 1968.

Uslar Pietri, Arturo [span. uz'lar 'pjetri], * Caracas 16. Mai 1906, venezolan. Schriftsteller. – Diplomat und Politiker; gehörte zu den Avantgardisten um die 1928 gegründeten Zeitschriften ›Válvula‹, ›Fantoches‹, ›Élite‹; erprobte als einer der ersten Prosaautoren Venezuelas in den Erzählungen ›Barrabás y otros cuentos‹ (1928) neue Erzähltechniken. Sein Roman ›Die roten Lanzen‹ (1931, dt. 1932) behandelt in farbiger Bildhaftigkeit die Epoche des Unabhängigkeitskrieges in Venezuela; die dämon. Gestalt des Conquistadors Lope de Aguirre ist der Protagonist seines zweiten Romans ›Rauch über El Dorado‹ (1947, dt. 1966).

Weitere Werke: Letras y hombres de Venezuela (Essays, 1948, ³1974), Chúo Gil y Las tejedoras (Dramen, 1960), Estación de máscaras (R., 1964), Manoa, 1932–1972 (Ged., 1972), Oficio de difuntos (R., 1976), Los ganadores (En., 1980), La isla de Robinson (R., 1981), La visita en el tiempo (R., 1990).
Literatur: VIVAS, J. L.: La cuentística de A. U. P. Caracas 1963. – MILIANI, D.: U. P., renovador del cuento venezolano. Caracas 1969. – KRAMER, R.: A. U. P. In: Lateinamerikan. Lit. der Gegenwart in Einzeldarstt. Hg. v. W. EITEL. Stg. 1978. S. 512. – El valor humano de A. U. P. Hg. v. T. POLANCO ALCÁNTARA. Caracas 1984.

Uspenski (tl.: Uspenskij), Gleb Iwanowitsch [russ. us'pjɛnskij], *Tula 25. Okt. 1843, †Strelna bei Petersburg 6. April 1902, russ. Schriftsteller. – U., dessen eigentl. literar. Schaffen geringen Umfang hat, trat auch mit ökonom. und sozialen Arbeiten hervor. Er beschäftigte sich im Geist der Narodniki mit Problemen des Arbeiter- und Bauerntums. Kennzeichnend für sein Werk sind die Skizzen ›Die Straße der Verlorenen‹ (1866, dt. 1958), ›Der Ruin‹ (1869–71, dt. 1953), ›Neue Zeiten, neue Sorgen‹ (1873–78, dt. 1952) und ›Vlast' zemli‹ (= Die Macht der Erde, 1882).
Ausgabe: G. I. Uspenskij. Sobranie sočinenij. Moskau 1955–57. 9 Bde.
Literatur: WEILAND, J.: Der umgangssprachl. Dialog in den Skizzen G. I. Uspenskijs. Diss. Mchn. 1971 [Masch.]. – BEL'ČIKOV, J. A.: G. Uspenskij. Moskau 1979.

Ųsteri, Johann Martin, *Zürich 12. April 1763, †Rapperswil 29. Juli 1827, schweizer. Dichter. – Kaufmannssohn, später im väterl. Geschäft, unternahm 1783/84 eine Reise durch Deutschland, die Niederlande und Frankreich, auf der er Goethe, F. G. Klopstock und M. Claudius kennenlernte. Er schrieb idyll. Erzählungen und Gedichte, meist in Zürcher Mundart. Sein Lied ›Freut euch des Lebens‹ (1793) wurde volkstümlich; bekannt ist auch die Mundartidylle ›De Vikari‹ (entst. um 1810, hg. 1831).
Literatur: NÄGELI, A.: J. M. U. (1763–1827). Zü. 1907. – KORRODI, E.: Schweizer Biedermeier. Ausgew. Geschichten. Hg. v. D. HESS u. R. TOEPFFER. Bln. 1936.

Ustinov, Sir (seit 1990) Peter [Alexander] [engl. 'ʊstɪnɔf], eigtl. Petrus Alexandrus von U., *London 16. April 1921, engl. Schriftsteller russisch-frz. Abstammung. – Vielseitig als Autor und Schau-

Sir Peter Ustinov

spieler sowie als Regisseur und Produzent für Bühne, Film und Fernsehen tätig. Wiederkehrendes Thema seiner geistvoll unterhaltsamen, häufig im militär. oder diplomat. Milieu angesiedelten Dramen ist der Nationalitäten- oder Generationskonflikt; schrieb auch Romane und Erzählungen.
Werke: House of regrets (Dr., 1943), Die Liebe der vier Obersten (Kom., 1951, dt. 1969), The moment of truth (Dr., 1953), Romanoff und Julia (Dr., 1956, dt. 1956), Der Verlierer (R., 1960, dt. 1961), Endspurt (Dr., 1962, dt. 1963), Das Leben in meiner Hand (Dr., 1963, dt. 1966), Halb auf dem Baum (Kom., 1967, dt. 1978), Krumnagel (R., 1971, dt. 1971), Ach du meine Güte. Unordentl. Memoiren (1977, dt. 1978, 1990 u.d. T. Ich und Ich), Abgehört (Kom., 1981, dt. EA 1982), Mein Rußland. Eine Geschichte des Landes meiner Väter und Vorväter (1983, dt. 1983), Beethovens Zehnte (Kom., 1985, dt. 1985), Der Intrigant (En., 1989, dt. 1990), Der alte Mann und Mr. Smith (R., 1990, dt. 1991).
Literatur: WILLANS, G.: P. U. London 1957. – USTINOV, N. B.: Klop and the U. family. London u. New York 1973. – WARWICK, CH.: The universal U. London 1990.

Üstün, Nevzat [türk. ys'tyn], *Konstantinopel (heute Istanbul) 1924, †Istanbul 8. Nov. 1979, türk. Schriftsteller. – Mehrere Auslandsaufenthalte, u. a. in Frankreich. Veröffentlichte seit 1946 Lyrik und Erzählungen, in denen das Engagement für soziale Themen den Vorrang vor formalen literar. Problemen hat.
Werke: Yaşadığımız devre dair şiirler (= Gedichte über die Zeit, in der wir leben, 1951), Beklenen sabah (= Erwarteter Morgen, Ged., 1978).

Uta-awase [jap. u'taa,wase = Gedichtvergleich], literar. Gedichtwettstreit im vormodernen Japan, bei dem sich seit der höf. Zeit (9./10. Jh.) zwei, in ›links‹ und ›rechts‹ eingeteilte Gruppen im dichter. Wettkampf mit vorbereiteten oder improvisierten Kurzgedichten über vorgegebene Themen maßen.

Utopie [zu griech. ou = nicht und griech. tópos = Ort], ein dem Kunstwort ›Utopia‹ im Titel von Th. Mores Staatsroman ›De optimo statu reipublicae deque nova insula Utopia‹ (1516, dt. 1922 u. d. T. ›Utopia‹, erstmals dt. 1612) nachgebildeter Begriff, der die literar. Darstellung idealer Gesellschaften und Staatsverfassungen eines räumlich und/oder zeitlich entrückten Ortes (z. B. das Land ›Nirgendwo‹), oft in Form fiktiver Reiseberichte, bezeichnet.
Als Kritik und Verneinung gesellschaftl. Verhältnisse ist utop. Denken eng mit der Entwicklungsgeschichte des menschl. Selbstbewußtseins verbunden. Je nach dem histor. Entwicklungsstadium der Gesellschaft kann es vorwiegend myth., religiöse und spekulative Züge annehmen. Utop. Entwürfe sind häufig nur durch die Diesseitigkeit der entworfenen Gegenwelten von Chiliasmus und Eschatologie zu unterscheiden. Nach Anfängen im 12. und 13. Jh. nimmt das christlich-abendländ. Denken die U. im Zeitalter der religiösen Krise wieder auf. Religiös-polit. Bewegungen (Hussiten-, Täuferbewegung) führten vom theolog. Chiliasmus in die Sozialutopie. Sowohl die Kritik der Verhältnisse als auch der Gedanke, die ursprüngl. Gleichheit im Naturzustand auch im Gesellschaftszustand herzustellen, ließen sich in der Form der U. politisch gefahrlos entwikkeln. Einflußreiches Vorbild für die humanist. U., die sich im utop. Staatsroman artikuliert, war v. a. der Idealstaat in Platons ›Politeía‹.
In der Aufklärung beschränkte die Philosophie das utop. Denken auf den Entwurf des rational als möglich Vorstellbaren. Utop. Denken findet sich auch in den normativen und/oder revolutionären Schriften des Anarchismus, im Saint-Simonismus, bei A. Comte und im histor. Materialismus, die ihre Prognosen aus histor. Gesetzmäßigkeiten abzuleiten beanspruchten und den wiss. Charakter ihrer Aussagen betonten. Im Denken der

Gegenwart tritt die U. auf zweierlei Weise in Erscheinung: als negative oder Gegen-U., die nicht die Vorwegnahme größerer Freiheit, sondern deren drohenden Verlust durch Perfektion von Technik und Wiss. mit den Mitteln der klass. U. beschreibt, sowie als positiv formulierte Sozial-U., z. B. bei E. Bloch, oder in der utop. Kritik der modernen Welt durch H. Marcuse.
Bevorzugte Gattung der *literar. U.* ist der **utop. Roman**, in dem meist ein als ›ideal‹ angesehenes Gegenbild der sozialen, polit. und wirtschaftl. Verhältnisse der Epoche des Verfassers entworfen wird. Die örtlich oder zeitlich entrückten Schauplätze sollen dabei einerseits die Existenz solcher idealer Gemeinwesen wahrscheinlich erscheinen lassen, andererseits die Kritik der Autoren kaschieren bzw. mildern und sie vor Nachstellungen durch die staatl. Machthaber schützen. Als Begründer der literar. U. gilt Platon, die eigentl. Blütezeit setzte jedoch mit dem Roman von Th. More ein, dem bis ins 20. Jh. zahlreiche U.n folgten. Wie Mores ›Utopia‹ enthält auch ›Der Sonnenstaat‹ (entst. 1602, lat. 1623, dt. 1900, erstmals dt. 1789) von T. Campanella ›kommunist.‹ Züge; bei J. V. Andreäs ›Rei publicae christianopolitanae descriptio‹ (1619) steht die prot.-pietist. Glaubenswelt Pate. In ›Neu-Atlantis‹ (hg. 1627, dt. 1890) rückt F. Bacon erstmals die Naturforschung ins Zentrum der literar. Utopie. Die späteren U.n variieren einzelne Motive ihrer Vorgänger bzw. verschmelzen sie mit zeitgenöss. populären Romanformen. Von den ↑ Robinsonaden angeregt zeigt sich J. G. Schnabel (›Wunderl. Fata einiger Seefahrer‹, 4 Bde., 1731–43; 1828 neu hg. u. d. T. ›Die Insel Felsenburg‹). J. Swifts Roman ›Gullivers sämtl. Reisen‹ (4 Tle., 1726, revidiert 1735, dt. 1788) verbindet u. a. schärfste polit. Satire und utop. Gedankengut. Das Schwinden unerforschter Territorien auf der Erde erforderte neue utop. Schauplätze (bei wenig differierenden gesellschaftstheoret. Konzepten): Die außerird. Räume und das Erdinnere wurden [teilweise wieder]entdeckt (S. de Cyrano de Bergerac, L. von Holberg, J. Verne). Die daraus resultierenden Reiseprobleme wurden im Laufe des 18. und

19. Jh. zunehmend mit technisch-natur-wiss. Hilfsmitteln bewältigt, denen man im Zeitalter der industriellen Revolution uneingeschränktes Vertrauen entgegenbrachte. In den techn. Errungenschaften sahen Autoren wie É. Cabet, E. Bellamy u. a. den Weg zur Beseitigung sozialer Probleme. Auch die literar. U.n, die radikaler als ihre Vorgänger die Gleichheit der Menschen verkündeten, gründeten auf dem naturwiss. Fortschritt: L. S. Merciers Zukunftsroman ›Das Jahr 2440. Ein Traum aller Träume‹ (1771, dt. 1772) wie auch Alexander A. Bogdanows (* 1873, † 1928) Roman ›Der rote Stern‹ (1908, dt. 1972). Die immer größer werdende Betonung des techn. Aspekts führte in der Literatur mehr oder weniger zur Ablösung der U. durch die ↑Science-fiction.

Ungehemmter Fortschrittsglaube und Optimismus riefen Gegenreaktionen hervor, die sich literarisch als ›Anti-U.n‹ niederschlugen. Dezidiert machten E. G. Bulwer-Lytton (›Das Geschlecht der Zukunft‹, 1871, dt. 1874), S. Butler (›Ergindwon oder Jenseits der Berge‹, 1872, dt. 1879), William Morris (›Kunde von Nirgendwo‹, 1890, dt. 1900) u. a. Front gegen die Hypertrophie von Naturwiss. und Technik, die totale Industrialisierung und die daraus resultierende Vermassung unter diktator. Herrschaft. Aus neuerer und neuester Zeit sind zu nennen: J. I. Samjatin (›Wir‹, frz. 1924, russ. Kurzfassung 1927, vollständig russ. 1952, dt. 1958), A. Huxley (›Schöne neue Welt‹, 1932, dt. 1953, erstmals dt. 1932), G. Orwell (›1984‹, 1949, dt. 1950), W. Jens (›Nein. Die Welt der Angeklagten‹, 1950), S. Lem (›Der futurolog. Kongreß. Aus Ijon Tichys Erinnerungen‹, 1972, dt. 1974). Die Skepsis gegenüber modernen Entwicklungen schlägt um in tiefen Pessimismus z. B. in Erzählungen, die die Situationen nach einem mögl. atomaren Schlag schildern (A. Schmidt, ›Schwarze Spiegel‹, 1951, ›Kaff auch Mare Crisium‹, 1960; J. Rehn, ›Die Kinder des Saturn‹, 1959; C. Amery, ›Der Untergang der Stadt Passau‹, 1975). Letztlich negativ enden auch die utop. Entwürfe von H. Hesse (›Das Glasperlenspiel‹, 1943), F. Werfel (›Stern der Ungeborenen‹, hg. 1946), E. Jünger (›Heliopolis‹, 1949). In der amerikan. Lit. ist seit den 70er Jahren eine Wiederbelebung der positiven U. zu beobachten, v. a. feminist. und ökolog. Gesellschaftsvisionen, z. B. U. K. Le Guin (›Planet der Habenichtse‹, 1974, dt. 1976), J. Russ (›Planet der Frauen‹, 1975, dt. 1979), S. R. Delany (›Triton‹, 1976, dt. 1981).

Literatur: Walsh, Ch.: From Utopia to Nightmare. Westport (Conn.) 1962. Nachdr. ebd. 1975. – Servier, J.: Der Traum von der großen Harmonie. Eine Gesch. der U. Dt. Übers. Mchn. 1971. – U. Begriff u. Phänomen des Utopischen. Hg. v. A. Neusüss. Nw. u. Bln. ²1972. – Winter, M.: Compendium Utopiarum. Typologie u. Bibliogr. literar. U.n. Stg. 1978. – Hermand, J.: Orte, irgendwo. Formen utop. Denkens. Königstein i. Ts. 1981. – Biesterfeld, W.: Die literar. U. Stg. ²1982. – U.forschung. Interdisziplinäre Studien zur neuzeitl. U. Hg. v. W. Vosskamp. Stg. 1982. 3 Bde. – Literar. U. von Morus bis zur Gegenwart. Hg. v. K. L. Berghahn u. H. U. Seeber. Königstein i. Ts. 1983. – Bloch, R. N.: Bibliogr. der utop. u. phantast. Lit. 1750–1950. Gießen 1984. – Boerner, K. H.: Auf der Suche nach dem ird. Paradies. Zur Ikonographie der geograph. U. Ffm. 1984. – Die U. in der angloamerikan. Lit. Hg. v. H. Heuermann u. B.-P. Lange. Düss. 1984. – Kuon, P.: Utop. Entwurf u. fiktionale Vermittlung. Studien zum Gattungswandel der literar. U. Zw. Humanismus u. Frühaufklärung. Diss. Tüb. 1985. – Bibliograph. Lex. der utop.-phantast. Lit. Hg. v. J. Körber. Losebl. Meitingen 1987 ff.

ut pictura poesis [lat. = wie ein Bild (sei) das Gedicht], in Anlehnung an die Mimesistheorie des Aristoteles (↑Mimesis) zur programmat. Formel erhobenes Zitat aus der Poetik des Horaz, das von der Spätantike bis ins 18. Jh. hinein dahingehend mißverstanden wurde, daß Dichtung und Malerei denselben Strukturgesetzen unterworfen seien. Unter der Formel ›ut p. p.‹ tendierte insbes. die Dichtung zum beschreibenden poet. Gemälde (Nürnberger Dichterkreis, Figurengedicht, Gemäldegedicht). In Auseinandersetzung mit der nach diesem Prinzip beschreibenden zeitgenöss. dt. Literatur, v. a. auch mit J. J. Winckelmann, versuchte G. E. Lessing in seiner kunsttheoret. Schrift ›Laokoon: oder Über die Grenzen der Mahlerei und Poesie‹ (1766) eine doppelte Grenzziehung zwischen beiden Künsten: einmal hinsichtlich ihrer materialen Beschaffenheit (Stein/Farbe gegen das Wort), zum anderen in ihrer Relation zu Raum und Zeit.

Literatur: BUCH, H. C.: Ut p. p. Die Beschreibungslit. u. ihre Kritiker v. Lessing bis Lukács. Mchn. 1972. – GUILLERM, J.-P.: Les peintures invisibles. L'héritage pictural et les textes en France et en Angleterre 1870–1914. Lille 1982. 2 Bde. – KRANZ, G.: Meisterwerke in Bildgedichten. Ffm. u. Bern 1986. – FAUST, W. M.: Bilder werden Worte. Zum Verhältnis v. bildender Kunst u. Lit. vom Kubismus bis zur Gegenwart. Neuausg. Köln 1987.

Uvedale, Nicholas [engl. ˈjuːvdɛɪl], engl. Dramatiker, ↑ Udall, Nicholas.

Uys, Pieter Dirk [afrikaans œ̈ys], * Kapstadt 1945, südafrikan. Dramatiker. – Sein politisch explosives Werk, das vor keinem noch so kontroversen Thema zurückschreckt, genießt in Südafrika Seltenheitswert; mit sprachl. Brillanz und ›schwarzem‹ Humor inszeniert er ›weiße‹ Tragödien; sein Humor trifft stets den innersten Kern des patriot. Charakters, den er in der Figur der skandalösen Politikersgattin ›Evita Bezuidenhout‹ personifiziert hat. U. schreibt in ›deurmekaar‹, einer Mischung aus Afrikaans und Englisch, die dem tatsächl. südafrikan. Sprachverhalten entspricht.

Werke: Paradise is closing down (Dr., 1978), God's forgotten (Dr., 1981), Selle ou storie (Dr., 1983), Farce about Uys (Satire, 1983), Total onslaught (Dr., 1984), No one's died laughing (Satire, 1986).

Uz, Johann Peter, * Ansbach 3. Okt. 1720, † ebd. 12. Mai 1796, dt. Dichter. – Sohn eines Goldschmieds; studierte 1739–43 Jura und Philosophie in Halle, wo er sich den Anakreontikern J. W. L. Gleim und J. N. Götz anschloß; schlug die Justizlaufbahn ein und wurde 1763 Assessor beim kaiserl. Landgericht in Nürnberg, 1790 Landgerichtsdirektor, 1796 Geheimer Justizrat. Typ. Anakreontiker, dessen heitere, gesellig-graziöse Lyrik, ohne die bürgerl. Tugendvorstellungen zu verletzen, Wein, Liebe, Freundschaft und einen heiteren, harmon. Lebensgenuß preist; neben seinen Gedichten machten ihn bes. sein von A. Popes Epos ›Der Lockenraub‹ beeinflußtes kom. Epos ›Der Sieg des Liebesgottes‹ (1753) bekannt. Nach seiner anakreont. Periode wandte er sich dem ernsten Odenstil zu (›Theodicee‹, 1768, poet. Reflexionen über den Theodizeegedanken Leibniz'). Er betätigte sich auch als Übersetzer von Anakreon (gemeinsam mit Götz) und Horaz.

Weitere Werke: Lyr. Gedichte (1749), Lyr. u. a. Gedichte (1755), Versuch über die Kunst stets fröhlich zu sein (Ged., 1760).

Ausgaben: J. P. Uz. Sämmtl. poet. Werke. Lpz. 1768. 2 Bde. – J. P. Uz. Sämtl. poet. Werke. Hg. v. A. SAUER. Stg. 1890. Nachdr. Nendeln 1968. **Literatur:** KHAESER, P.: J. P. Uz. Ein Lebensbild. Erlangen 1973. – ZELTNER, H. R.: J. P. Uz. Von der lyr. Muse zur Dichtkunst. Diss. Zü. 1973. – WARDE, N. E.: J. P. Uz and German anacreonticism. Ffm. u. a. 1978.

V

Vaa, Aslaug [norweg. vo:], * Vinje (Telemark) 25. Aug. 1889, † Oslo 28. Nov. 1965, norweg. Schriftstellerin. – Schrieb gegenständl. Lyrik in reflektiertem Volkston und introvertierte modernist. Dramen.
Werke: Nord i leite (Ged., 1934), Skuggen og strendan (Ged., 1935), Villarkonn (Ged., 1936), Steinguden (Dr., 1938), På vegakanten (Ged., 1939), Tjugendagen (Dr., 1947), Skjenkavsveinens visur (Ged., 1954), Bustader (Ged., 1963), Honningfuglen og leoparden (Dr., 1965).

Vaara, Elina [finn. 'vɑːrɑ], eigtl. Kerttu Elin Vehmas, * Tampere 29. Mai 1903, † Helsinki 26. Dez. 1980, finn. Lyrikerin. – Bevorzugte in ihrer Dichtung frauliche Themen, ihre Lyrik ist ausdrucksstark und musikalisch; schrieb auch Balladen und zahlreiche Kinderbücher; übersetzte u. a. Aischylos, Dante, Sophokles und F. Petrarca.
Werke: Hopeaviulu (= Silbergeige, Ged., 1928), Pilven varjo (= Schatten der Wolke, Ged., 1930), Yön ja autingon kehät (= Die Ringe der Nacht und der Sonne, Ged., 1937), Ritarineito ja kääpiö (= Das Ritterfräulein und der Zwerg, Märchen, 1943).

Vaarandi, Debora, * Võru 1. Okt. 1916, estn. Lyrikerin. – Journalistin, seit 1946 freischaffend tätig; begleitete zunächst mit ihrer Dichtung Kriegsgeschehen und Aufbau der Sowjetordnung; fand ab Mitte der 50er Jahre zu individueller Dichtung mit subjektiven, fein nuancierten Tönen, expressiven Bildern und häufigem Wechsel der Motive; auch bedeutend als Übersetzerin.
Werke: Unistaja aknal (= Der Träumer am Fenster, Ged., 1959), Rannalageda leib (= Das Brot der Küstenebene, Ged., 1965), Tuule valges (= Im Licht des Windes, Ged., 1977).
Ausgabe: D. V. Teosed. Reval 1980–81. 4 Bde.

Văcărescu, Ienăchiță [rumän. vəkə-'resku], * um 1740, † Bukarest 21. Juli 1797, rumän. Schriftsteller. – Entstammte einem alten Bojarengeschlecht;

humanistisch gebildet, stand im Dienst walach. Fürsten, u. a. in diplomat. Missionen. Einer der Begründer der rumän. Literatur, Verfasser einer rumän. Grammatik (1787) und einer aufschlußreichen Geschichte der Osmanenherrschaft, die dem Werk des D. Cantemir nahesteht; schrieb auch Gedichte, die von der Volksdichtung beeinflußt sind.
Literatur: CÎRSTOIU, C.: I. V. Viața și opera. Bukarest 1974.

Vachek, Emil [tschech. 'vaxɛk], * Königgrätz 2. Febr. 1889, † Prag 1. Mai 1964, tschech. Schriftsteller. – Journalist, Prosaist und Dramatiker. In (naturalist.) Romanen zeichnete V. die bürgerl. Gesellschaft; satir. und humorist. Schilderung der Prager Randgebiete; Verfasser von Kriminalromanen, mit denen er der tschechischen Kriminalliteratur künstlerisches Niveau gab.

Vācietis, Ojārs [lett. 'vaːtsiɛtis], * Trapene 13. Nov. 1933, † Riga 28. Nov. 1983, lett.-sowjet. Lyriker. – Die romant. Aufbruchstimmung der ersten Lyrikbände wird abgelöst durch publizistich-polem. Züge und philosoph. Durchdringung der Realität, so in dem Band ›Elpa‹ (= Der Atem, 1966, darin das programmat. Poem ›Einšteiniāna‹ über den Kampf des schöpfer. Geistes gegen Borniertheit). Probleme des Menschseins überhaupt finden in z. T. verschlüsselten Texten einen immer reiferen Ausdruck.
Weitere Werke: Tāļu ceļu vējš (= Der Wind weiter Wege, Ged., 1956), Viņu adrese – taiga (= Ihre Adresse – die Taiga, Ged., 1966), Visāda garuma stundas (= Stunden verschiedener Länge, Ged., 1974), Antracīts (= Anthrazit, Ged., 1978), Stilleben mit Schlange, Baum und Kind (Ged., dt. Ausw. 1979), Si minors (= h-moll, Ged., 1982).

Vaculík, Ludvík [tschech. 'vatsuliːk], * Brumov (Südmähr. Gebiet) 23. Juli 1926, tschech. Schriftsteller. – Gilt als einer der bedeutendsten zeitgenöss. tschech. Schriftsteller; Hauptvertreter des ›Prager Frühlings‹, den er in seinem Roman ›Das Beil‹ (1966, dt. 1971) argumentativ-kritisch vorbereitete und in seinem weltbekannt gewordenen ›Manifest der 2000 Worte‹ 1968 programmatisch verteidigte; nach 1968 Berufs- und Publikationsverbot; Hg. von Sammelbänden, die sich u. a. dem Feuilleton widmen.

Weitere Werke: Die Meerschweinchen (R., dt. 1971, tschech. Toronto 1977), Tagträume (Prosa, dt. 1981, tschech. Toronto 1983), Milí spolužáci! (= Liebe Mitschüler!, Sammlung, 2 Bde., 1986), Ach Stifter (2 Texte, dt. u. tschech. 1991; mit Peter Becker).

Vademekum (Vademecum) [lat. = geh mit mir!], Bez. für ein Nachschlagewerk, das als Leitfaden bzw. Ratgeber auf dem im jeweiligen Titel angegebenen Gebiet benutzt werden kann.

Vadianus (Vadian), Joachim [v...], eigtl. J. von Watt, * Sankt Gallen 29. Nov. 1483 oder 30. Dez. 1484, † ebd. 6. April 1551, schweizer. Humanist. – Aus angesehener Familie; studierte seit 1502 in Wien Geistes- und Naturwissenschaften, erwarb den medizin. Doktorgrad und war nach K. Celtis' Tod führender Wiener Humanist; 1514 von Maximilian I. zum Dichter gekrönt; Prof. für Poetik in Wien; 1518 Rückkehr nach Sankt Gallen, dort Arzt und 1526 Bürgermeister; Freund U. Zwinglis, setzte die Reformation in Sankt Gallen durch. Seine Dichtungen treten hinter seinen literaturtheoret. und editor. Arbeiten zurück; verfaßte u. a. eine Chronik der Äbte des Klosters Sankt Gallen; seine literarhistor. Vorlesungen sind u. d. T. ›De poetica et carminis ratione‹ (1518) gesammelt.

Ausgabe: J. V. Lat. Reden. Dt. Übers. Hg. v. M. GABATHULER. St. Gallen 1953.

Literatur: NÄF, W.: V. u. seine Stadt St. Gallen. St. Gallen 1944–57. 2 Bde. – Vadian-Studien. Hg. v. W. NÄF. St. Gallen. 1955 ff.

Vagabundenroman ↑ Landstreicherroman.

Vagantendichtung, umstrittene Bez. für weltl. lyr. Dichtung v. a. des 12. und 13. Jh., bes. für mittellat. Lyrik verschiedenster Gattungen wie Trink-, Spiel-, Buhl-, Liebes- und Tanzlieder, Bettel- und Scheltlieder, Parodien, Satiren und Schwänke. Sie wurde wohl nur z. T. von den sogenannten Vaganten ge-

schaffen, einer schwer zu erfassenden Schicht der ↑ Fahrenden im Hoch-MA, die als Studierende oder nach dem Abschluß ihrer Studien durch die Lande zogen und ihr Auskommen bei dem Teil der Bevölkerung suchten, der des Lateinischen mächtig war. Als Autoren dieser meist anonym überlieferten Dichtung kommen durchaus auch Vertreter der höheren Geistlichkeit in Frage. Teilweise betrachtet man die V. sogar als Ergebnisse der lat. Schulpoesie, als Übungsstücke nach antiken Vorbildern (Ovid, Horaz, Vergil), die im Rahmen der schul. Ausbildung entstanden. – Die gesamte V. ist von einer gemeinsamen Grundeinstellung beherrscht: unbekümmerter Lebensgenuß, eine von Skrupeln unbeschwerte Daseinsfreude und eine scharfe, satir. Opposition gegen Autoritäten jeder Art, bes. gegen kirchl. und weltl. Würdenträger. So gesteht der Sprecher der Vagantenbeichte des Archipoeta (aus der Handschrift der ›Carmina Burana‹, in der ein Großteil der Lieder gesammelt ist), er sei aus leichtem Stoff gemacht, gleiche einem Blatt, mit dem die Winde spielen, denke mehr an sein Vergnügen als an sein Seelenheil und könne sich den Verlockungen der Venus, des Würfelspiels und des Wirtshauses nicht entziehen. Damit sind zugleich die Hauptthemen der V. genannt, die formal durch einen naturzugewandten, witzigen und anspielungsreichen Stil mit gelegentl. volkssprachl. (altfrz. bzw. mhd.) Einsprengseln und durch eine Fülle verschiedener Vers- und Strophenformen gekennzeichnet ist. Die in den ›Carmina Burana‹ häufig verwendete sogenannte **Vagantenstrophe** besteht aus vier paarweise gereimten **Vagantenzeilen** (siebenhebigen trochäischen Langzeilen mit einer Zäsur nach der vierten Hebung), z. B. ›Méum ést própósitúm‖in tabérna móri‹ (aus der Vagantenbeichte des Archipoeta). In der Regel wurden die Lieder gesungen vorgetragen, die Tanz- und Chorlieder enthalten einen Refrain; die Melodien sind bis auf schwer deutbare Neumenaufzeichnungen meist verloren. Einige der anonymen Texte werden u. a. Hugo von Orléans, Walther von Châtillon und dem Archipoeta, der im Umkreis von Kaiser Barbarossas Kanzler Rainald von Dassel anzusiedeln sein dürfte, zugeschrieben.

Literatur: SÜSSMILCH, H.: Die lat. Vagantenpoesie des 12. u. 13. Jh. als Kulturerscheinung. Lpz. 1917. Nachdr. Hildesheim 1972. – RABY, F. J. E.: A history of secular Latin poetry in the Middle Ages. Oxford ²1957. 2 Bde. – Mlat. Dichtung. Ausgew. Beitrr. zu ihrer Erforschung. Hg. v. K. LANGOSCH. Darmst. 1969. – ↑auch Carmina Burana.

Vagantenlied, im engeren Sinne die Gattung innerhalb der ↑Vagantendichtung, die unmittelbar mit dem ungebundenen Leben und Treiben der Vaganten zusammenhängt, also Bettel-, Spiel-, Trink- und Tanzlieder.

Vagantenstrophe ↑Vagantendichtung.

Vagantenzeile ↑Vagantendichtung.

Vagif, aserbaidschan. Dichter und Staatsmann, ↑Wakif.

Vaičiulaitis, Antanas [litauisch vaitʃjʊ'laːjtɪs], * Didieji Šalviai bei Vilkaviškis 23. Juni 1906, litauischer Schriftsteller. – Emigrierte 1941 in die USA, Lektor für frz. Sprache und Literatur an der Univ. Scranton. Pantheist; in seinen Erzählungen (u. a. ›Vakaras sargo namely‹ [= Der Abend im Wächterhaus], 1932; ›Pelkių takas‹ [= Der Sumpfpfad], 1939; ›Gluosnių daina‹ [= Das Lied der Weiden], 1966) zeichnet er sich als liebevoller Detailschilderer in meisterhaft einfacher, klarer Sprache aus; betätigte sich auch als Kritiker, Literarhistoriker und Übersetzer.

Vailland, Roger [frz. va'jɑ̃], * Acy-enMultien (Oise) 16. Okt. 1907, † Meillonnas (Ain) 12. Mai 1965, frz. Schriftsteller. – Mitbegründer der surrealist. Zeitschrift ›Le Grand Jeu‹; Journalist, Kriegsberichterstatter, Mitglied der Résistance; 1952–56 Mitglied der KP. Verfasser realist., in der literar. Tradition u. a. von P. A. F. Choderlos de Laclos und Stendhal stehender Romane meist marxist. Tendenz mit oft erot. Thematik. Wurde bekannt durch den Roman ›Seltsames Spiel‹ (1945, dt. 1964), in dem er in iron. und fast reportagehafter Darstellung den Kampf gegen die dt. Besatzung schildert. Sein in Süditalien spielender sozialkrit. Roman ›Hart auf hart‹ (1957, dt. 1958), der mitleidslos die Macht des Stärkeren über den Schwächeren dar-

stellt, wurde 1957 mit dem Prix Goncourt ausgezeichnet. Schrieb auch Essays, Dramen und Filmdrehbücher.

Weitere Werke: Esquisse pour un portrait du vrai libertin (Essay, 1946), Héloïse et Abélard (Dr., 1947), Les mauvais coups (R., 1948), Le colonel Foster plaidera coupable (Dr., 1951), Un jeune homme seul (R., 1952), Laclos par luimême (Essay, 1953), Die junge Frau Amable (R., 1954, dt. 1958), 325.000 Francs (R., 1955, dt. 1957), Das Liebesfest (R., 1960, dt. 1961), Le regard froid (Essays, 1963), La truite (R., 1964), Écrits intimes (Tageb., hg. 1968), Le Saint Empire (Essay, hg. 1979).
Ausgabe: R. V. Œuvres complètes. Hg. v. J. RECANATI. Lausanne 1967. 14 Bde.
Literatur: RECANATI, J.: V. Esquisse pour la psychanalyse d'un libertin. Paris 1971. – PICARD, M.: Libertinage et tragique dans l'œuvre de R. V. Paris 1972. – FLOWER, J. E.: R. V. The man and his masks. London 1975. – MACNATT, J. A.: The novels of R. V. The amateur and the professional. New York 1986.

Vaižgantas [litauisch 'vaiʒgantas], eigtl. Juozas Tumas, * Maleišiai bei Rokiškis 8. Sept. 1869, † Kaunas 29. April 1933, litauischer Schriftsteller. – Geistlicher; Landtagsabgeordneter, 1922–27 Dozent in Kaunas. Steht zwischen Romantik und Realismus; Hauptthema seiner Erzählungen und Romane (u. a. ›Pragiedruliai‹ [= Lichtstrahlen], R. 3 Bde., 1918–20), in denen er u. a. soziale Probleme behandelt, ist der Kampf des litauischen Volkes um seine kulturelle Eigenständigkeit.

Vajda, János [ungar. 'vɔjdɔ], * Pest (heute zu Budapest) 7. Mai 1827, † Budapest 17. Jan. 1897, ungar. Lyriker und Publizist. – Gehörte zum Kreis um S. Petőfi, nahm 1848/49 am ungar. Freiheitskampf teil. Bekämpfte in den 50er Jahren mit seiner Dichtung die Herrschaft der Habsburger. Pessimismus und Weltverachtung durchziehen nicht nur seine philosoph. Gedichte, sondern auch die leidenschaftl. Liebeslyrik (u. a. ›Gina emléke‹ [= Ginas Andenken], 1855). Als Höhepunkt seines Schaffens ist die Gedankenlyrik der 70er Jahre anzusehen.
Literatur: KOMLÓS, A.: V. J. Budapest 1954.

Valbert, G. [frz. val'bɛːr], Pseudonym des frz. Schriftstellers Victor ↑Cherbuliez.

Valbuena, Bernardo de [span. bal-'βuena], span. Dichter, ↑Balbuena, Bernardo de.

7*

Valdelomar, Abraham [span. baldelo'mar], *Ica 27. April 1888, †Ayacucho 3. Nov. 1919, peruan. Schriftsteller. – Journalist; 1913/14 Diplomat in Rom. Schrieb Gedichte und Erzählungen, die sich zunächst an Formen und Motiven des Modernismo sowie des dekadenten Ästhetizismus O. Wildes und G. D'Annunzios orientierten; wandte sich dann der nat. Realität zu.
Werke: La ciudad muerta (En., 1911), La ciudad de los tísicos (En., 1911), El caballero Carmelo (En., 1918), Obra poética (Ged., 1918).
Ausgabe: A. V. Obras. Hg. v. W. PINTO GAMBOA. Lima 1979.
Literatur: ÁNGELES CABALLERO, C. A.: V. Vida y obra. Ica 1964.

Valdés, Alfonso de [span. bal'des], *Cuenca um 1490, †Wien 3.(?) Okt. 1532, span. Schriftsteller. – Bruder von Juan de V.; ab 1526 einflußreicher Sekretär Karls V., den er u. a. nach Augsburg und Bologna begleitete; enge Verbindung zu Erasmus von Rotterdam, mit dem er seit 1525 im Briefwechsel stand; starb an der Pest. Verfasser zweier Dialoge, die eine Apologie der Politik Karls V. enthalten: ›Diálogo de Lactancio y un arcediano‹ (1528) und ›Diálogo de Mercurio y Carón‹ (1528, gleichzeitig eine Zeitsatire im Stil Lukians).

Valdés, Armando Palacio [span. bal'des], span. Schriftsteller, †Palacio Valdés, Armando.

Valdés, Juan de [span. bal'des], *Cuenca um 1500 (um 1490?), †Neapel im Mai 1541, span. Schriftsteller und Humanist. – Ging 1531 nach Italien, wo er u. a. in kaiserl. Diensten war (Neapel); stand, wie sein Bruder Alfonso, in Verbindung mit Erasmus von Rotterdam und gilt als einer der ersten span. Anhänger der Reformation. V. schrieb eine der bedeutendsten frühen Abhandlungen über die Geschichte der span. Sprache: ›Diálogo de la lengua‹ (entst. 1535, hg. 1737), ferner einen ›Diálogo de doctrina cristiana‹ unter dem Einfluß des Erasmus (1529) und die beiden Schriften ›Alfabeto cristiano‹ (hg. 1546) und ›Hundertundzehn göttl. Betrachtungen‹ (hg. 1550, dt. 1870).
Ausgaben: V.'s two catechisms. Hg. v. J. C. NIETO. Lawrence (Kans.) 1981. – J. de V. Diálogo de la lengua. Hg. v. C. BARBOLANI. Madrid 1982.

Literatur: CIONE, E.: J. de V. La sua vita e il suo pensiero religioso. Neapel ²1963. – NIETO, J. C.: J. de V. and the origins of the Spanish and Italian reformation. Genf 1970. – VOIGT, B.: J. de V. u. Bermúdez de Pedraza. Zwei span. Sprachgeschichtsschreiber. Bonn 1980.

Valdés, Juan Meléndez [span. bal'des], span. Dichter, †Meléndez Valdés, Juan.

Valdez, Luis [Miguel] [engl. 'vɑːldɛs], *26. Juni 1940, amerikan. Dramatiker. – Begründer des Teatro Campesino (1965; †Straßentheater); macht die ärml. Landarbeiterexistenz der zwischen der mex. und der amerikan. Kultur lebenden Chicanos in Kalifornien und seine Tätigkeit als Gewerkschaftsorganisator zur Grundlage seiner polit., meist in span. Sprache aufgeführten Stücke.
Werke: The two faces of the boss (Dr., UA 1965), The fifth season (Dr., UA 1966), The sellouts (Dr., UA 1967), The conquest of Mexico (Dr., UA 1968), The shrunken head of Pancho Villa (Dr., UA 1968), Private soldier (Dr., UA 1970), Dark root of a scream (Dr., UA 1971), Zoot suit (Dr., UA 1978).

Válek, Miroslav [slowak. 'vaːljɛk], *Trnava 17. Juli 1927, †Preßburg 27. Jan. 1991, slowak. Schriftsteller. – 1969–88 Minister für Kultur in der Slowakei; knüpfte in seinem lyr. Werk (›Gedichte‹, dt. Ausw. 1969) an Poetismus und Surrealismus an; auch Prägung durch den Sozialismus; Verfasser von Kindergedichten; publizist. Tätigkeit; Übersetzer u. a. russ., frz. und poln. Poesie.

Valencia, Guillermo [span. ba'lensi̯a], *Popayán 20. Okt. 1873, †ebd. 8. Juli (?) 1943, kolumbian. Dichter. – Aufenthalt in Paris (Bekanntschaft u. a. mit O. Wilde) und in Deutschland (Bekanntschaft mit F. Nietzsche); übersetzte S. George. In V.s Dichtung finden sich neben heim. Einflüssen europ. Merkmale (des Symbolismus, der Parnassiens und der Romantik).
Werke: Ritos (Ged., 1899), Poemas (Ged., 1917).
Ausgabe: G. V. Obras poéticas completas. Vorwort v. B. SANÍN CANO. Madrid ³1955.
Literatur: KARSEN, S.: G. V., Colombian poet, 1873–1943. New York 1951. – ECHEVERRI, O.: G. V. Estudio y antología. Madrid 1965.

Valente, José Ángel [span. ba'lente], *Orense 25. April 1929, span. Lyriker. – Literaturwissenschaftl. Studium in Santiago de Compostela und Madrid, 1955–58 Lektor für Spanisch an der Univ. Oxford; lebte in Genf und Paris, heute in Almería. In seiner Lyrik thematisiert er die sozialen Probleme seines Landes und existentielle Erfahrungen wie Verlust, Exil oder Tod. Er übersetzte auch Lyrik von G. M. Hopkins, K. P. Kavafis und E. Montale. Seine 1955–70 entstandenen literar. Essays faßte er unter dem Titel ›Las palabras de la tribu‹ (1971) zusammen.

Weitere Werke: A modo de esperanza (Ged., 1955), Poemas a Lázaro (Ged., 1960), Sobre el lugar del canto (Ged., 1963), La memoria y los signos (Ged., 1966), Breve son (Ged., 1968), Presentación y memorial para un monumento (Ged., 1970), El inocente (Ged., 1970), Punto cero (Ged., 1972), El fin de la edad de plata (Ged., 1973), Tres lecciones de tinieblas (Ged., 1980), Noventa y nueve poemas (Ged., 1981), Mandorla (Ged., 1982), Los ojos deseados (Ged., 1990), Variaciones sobre el pájaro y la red (Essay, 1991), No amanece el cantor (Ged., 1992).

Valentin, Karl ['falɛnti:n], eigtl. Valentin Ludwig Fey, * München 4. Juni 1882, † ebd. 9. Febr. 1948, dt. Komiker und Schriftsteller. – Schreinerlehre; hatte großen Erfolg als Kabarettist in München; zahlreiche Gastspielreisen (Wien, Zürich, Berlin). Verfaßte Couplets, Monologe und kurze, [grotesk]-kom. Szenen von abstrakter, absurder Logik, z. T. von beißender Ironie, die er zusammen mit der Schauspielerin Liesl Karlstadt (* 1892, † 1960) aufführte. Einfluß auf die Jugendarbeiten B. Brechts. V. trat ab 1912 auch in Filmen auf (mehr als 50, darunter fünf abendfüllende; meist Verfilmungen seiner Bühnenauftritte), in Kurzfilmen (u. a. ›Orchesterprobe‹, 1933; ›Der Firmling‹, 1934) und in dem Film ›Die verkaufte Braut‹ (1932), und besprach zahlreiche Schallplatten.

Ausgabe: K. V. Ges. Werke. Mchn. u. Zü. ²1983. 4 Bde.

Literatur: Schwimmer, H.: K. V. Eine Analyse seines Werkes. Mchn. 1977. – K. V. Eine Biogr. Hamb. 1982. – Seegers, A.: Komik bei K. V. Köln 1983. – Zeyringer, K.: Die Komik K. V.s. Ffm. u. a. 1984. – K. V. Volkssänger? DADAist? Hg. v. W. Till. Mchn. 1985. – Glasmeier, M.: K. V. Mchn. 1987. – Schulte: K. V. Rbk. 23.–30.Tsd. 1987. – K. V. Eine Bildbiogr. Bearb. v. M. Biskupek. Lpz. 1993.

Valentin, Thomas ['va:lɛnti:n], * Weilburg 13. Jan. 1922, † Lippstadt 22. Dez. 1980, dt. Schriftsteller. – War 1947–62 Lehrer und Dozent, 1964–66 Chefdramaturg in Bremen, dann freier Schriftsteller; setzt sich in seinen eindringlich gestalteten gesellschaftskrit. Romanen und Dramen mit Gegenwartsproblemen auseinander; so behandelt er in dem Roman ›Die Unberatenen‹ (1963; Dr., 1965; verfilmt 1969 u. d. T. ›Ich bin ein Elefant, Madame‹) die Verständigungsschwierigkeiten zwischen Lehrern und Schülern; auch Fernsehspiele, Erzählungen, Lyrik, Kinderbücher.

Weitere Werke: Hölle für Kinder (R., 1961), Die Fahndung (R., 1962), Nachtzüge (En., 1964), Natura morta (R., 1967), Jugend einer Studienrätin (En., Ged., Fsp., 1974), Grabbes letzter Sommer (R., 1980), Niemandslicht. Gedichte 1953–80 (1980), Schnee vom Ätna. Sizilian. Geschichten (hg. 1981).

Valera y Alcalá Galiano, Juan [span. ba'lera i alka'la ɣa'li̯ano], * Cabra (Prov. Córdoba) 18. Okt. 1824, † Madrid 18. April 1905, span. Schriftsteller. – Ab 1846 Diplomat, u. a. in Italien, Südamerika, Deutschland, Rußland; 1861 Mitglied der Span. Akademie; 1865–67 Bevollmächtigter beim Dt. Bund, nach 1868 zweimal Leiter des öffentl. Unterrichtswesens, 1881–95 Gesandter in Lissabon, Washington, Brüssel und Wien. Als Gelehrter und Essayist v. a. durch geistvolle Kritiken (u. a. ›Estudios críticos sobra literatura, política y costumbres‹, 1864) und eine vorzügl. ›Faust‹-Übersetzung bekannt; gilt außerdem als Schöpfer des modernen span. Romans; zu seinen bedeutendsten Werken in dieser Gattung gehören neben dem psychologisch-realist. Roman ›Pepita Jiménez‹ (1874, dt. 1882) ›Die Illusionen des Doctor Faustino‹ (1875, dt. 1885), ›El comendador Mendoza‹ (1877), ›Doña Luz‹ (1879) und ›Juanita la Larga‹ (1895, dt. 1898); verfaßte auch Märchen (u. a. ›Der grüne Vogel‹, 1887, dt. 1895).

Ausgabe: J. V. y A. G. Obras completas. Hg. v. L. Araujo Costa. Madrid ²⁻⁵1949–68. 3 Bde.

Literatur: Bravo-Villasante, C.: Biografía de Don J. Valera. Barcelona 1959. – Bermejo Marcos, M.: Don J. Valera. Crítico literario. Madrid 1968. – Coster, C. C. de: Juan Valera. New York 1974. – López Jiménez, L.: El naturalismo en España. Valera frente a Zola. Madrid 1977. –

Juan Valera
y Alcalá
Galiano
(zeitgenös-
sischer
Holzstich)

WHISTON, J.: Valera's ›Pepita Jiménez‹. London 1977. – GARCÍA CRUZ, A.: Ideología y vivencias en la obra de Don Juan Valera. Salamanca 1978. – PORLÁN, R.: La Andalucía de Valera. Sevilla 1980.

Valeri, Diego, * Piove di Sacco (Prov. Padua) 25. Jan. 1887, † Rom 27. Nov. 1976, italien. Schriftsteller. – Prof. für frz. Literatur an der Univ. Padua und Präsident der Accademia di belle arti in Venedig; sensibler Lyriker, der in melod., von P. Verlaine, G. Pascoli und den Crepuscolari beeinflußten Versen bes. die Schönheiten Venedigs besang, die auch Gegenstand seiner ›Fantasie veneziane‹ (1934) in Prosa sind; verfaßte daneben Kinderbücher sowie Übersetzungen frz. und dt. Literatur.

Weitere Werke: Il campanellino (Ged., 1928), Scherzo e finale (Ged., 1937), Tempo che muore (Ged., 1942), Terzo tempo (Ged., 1950), Il flauto a due canni (Ged., 1958), Poesie 1910–1960 (Ged., 1969), Verità di uno (Ged., 1970).

Valerius, Adrianus (Adriaan) [niederl. vaˈleːrivs], * Middelburg (?) um 1575, † Veere 27. Jan. 1625, niederl. Dichter und Komponist. – War Notar, Schöffe und Gemeinderat in Veere; ab 1598 Rederijker. V. wurde als Verfasser des Werks ›Nederlandtsche gedenck-clanck‹ (hg. 1626), einer Geschichte der ersten Zeit des Unabhängigkeitskrieges, das auch 76 Lieder enthält, berühmt; wichtige Quelle für das altniederl. Volkslied.

Ausgabe: Adriaen V. Nederlandtsche gedenck-clanck. Haarlem 1626. Nachdr., hg. v. P. J. MEERTENS u. a., Amsterdam u. Antwerpen ³1947.

Valerius Cato, Publius, * um 95 v. Chr., röm. Philologe und Dichter. – Er übertrug die Theorie und Praxis der hellenist. Dichtung (bes. des Kallimachos) nach Rom und wies hiermit den Neoterikern die Richtung. Von seinen Werken (Epyllion ›Diana‹ [Dictynna], Gedichtsammlung ›Lydia‹, grammat. Schriften) ist nichts erhalten.

Valerius Flaccus, Gaius, † vor 95 n. Chr., röm. Epiker. – Die unvollendeten ›Argonautica‹ (8 Bücher), sein einziges Werk, schildern die Sage von der Argonautenfahrt und der Liebe Medeas zu Iason; sie repräsentieren neben den einschlägigen Werken des Publius Papinius Statius das myth. Epos der Nachklassik. Im Unterschied zu Apollonios von Rhodos bemühte sich V. F. um intensive psychologische Deutung des Stoffes.

Ausgabe: V. F. Lat. u. engl. Hg. v. J. H. MOZLEY. Cambridge (Mass.) 1963.
Literatur: STRAND, J.: Notes on V. F.' Argonautica. Göteborg 1972. – ADAMIETZ, J.: Zur Komposition der Argonautica des V. F. Mchn. 1976. – STADLER, H.: V. F., Argonautica VII. Ein Komm. Hildesheim u. a. 1993.

Valerius Maximus, röm. Schriftsteller der 1. Hälfte des 1. Jh. n. Chr. – Veröffentlichte um 31 n. Chr. ›Facta et dicta memorabilia‹ (= Denkwürdige Taten und Aussprüche), eine dem Kaiser Tiberius gewidmete Sammlung histor., röm. und außerröm. Beispiele (9 Bücher), die nach sachl. Gesichtspunkten geordnet ist (Religion, polit. Institutionen, Tugenden, Laster u. a.). Das Werk sollte dem Redner Material für seine Argumentation an die Hand geben; als Quellen dienten wohl ältere Exempelsammlungen sowie Cicero, Marcus Terentius Varro, Livius u. a.

Ausgaben: V. M. Slg. merkwürdiger Reden. Dt. Übers. u. hg. v. F. HOFFMANN. Stg. 1828–29. 5 Tle. – Valerii Maximi factorum et dictorum memorabilium libri IX ... Hg. v. C. KEMPF. Lpz. 1888. Nachdr. Stg. 1982.
Literatur: KLOTZ, A.: Studien zu V. M. u. den Exempla. Mchn. 1942. – GUERRINI, R.: Studi su Valerio Massimo. Pisa 1981.

Valéry, Paul Ambroise [frz. valeˈri], * Sète (Hérault) 30. Okt. 1871, † Paris 20. Juli 1945, frz. Schriftsteller. – Kors.-italien. Abstammung; Jurastudium in Montpellier; freundete sich dort mit P. Louÿs an, der ihn 1890 mit A. Gide und 1891 mit S. Mallarmé bekannt machte; letzterer wurde für seine geistige Ent-

Paul
Ambroise
Valéry

künstler. Bewußtseins gewidmet; in seinen kulturphilosoph. Schriften übte er Zeitkritik. Im weiteren Sinne erscheint das Gesamtwerk V.s als eine Apotheose des autonomen menschl. Intellekts.

Weitere Werke: Charmes (Ged., 1922), Eupalinos oder Über die Architektur (Dialog, 1923, dt. 1927), Variété (Prosa, 5 Bde., 1924–44, dt. Ausw. 1956 u. d. T. Die Krise des Geistes), Rhumbs (Aphorismen, 1926), Autres rhumbs (Aphorismen, 1927), Stendhal (Essay, 1927, dt. 1929), Littérature (Aphorismen, 1929), Regards sur le monde actuel (Prosa, 1931), Rede zu Ehren Goethes (1932, dt. 1947), Über Kunst (Prosa, 1934, dt. 1959), Analecta (Prosa, 1935), Erinnerungen an Degas (Prosa, 1938, dt. 1940, 1951 u. d. T. Tanz, Zeichnung und Degas), Zur Theorie der Dichtkunst. Aufsätze und Vorträge (1938, dt. 1961), Tel quel (Aphorismen, 2 Bde., 1941–43, dt. Ausw. 1959 u. d. T. Windstriche), Mein Faust (zwei dramat. Skizzen, hg. 1945, dt. 1948), Souvenirs poétiques (hg. 1946), Essais et témoignages (hg. 1946).
Ausgaben: P. V. Œuvres. Paris 1931–50. 12 Bde. – P. V. Œuvres. Hg. v. J. HYTIER. Paris 1957–60. 2 Bde. – P. V. Cahiers. Hg. v. J. ROBINSON-VALÉRY. Paris 1973–74. 2 Bde. – P. V. Cahiers 1894–1914. Hg. v. N. CELEYRETTE-PIETRI u. J. ROBINSON-VALÉRY. Paris 1987 ff. Auf mehrere Bde. berechnet. – P. V. Cahiers/Hefte. Hg. v. H. KÖHLER u. J. SCHMIDT-RADEFELDT. Ffm. [1-2]1988–93. 6 Bde. – P. V. Werke. Hg. v. J. SCHMIDT-RADEFELDT. Frankf./M. Ffm. 1989 ff. Auf 7 Bde. berechnet (bisher 5 Bde. erschienen).
Literatur: BLÜHER, K. A.: Strategie des Geistes. P. V.s ›Faust‹. Ffm. 1960. – Entretiens sur V. Hg. v. E. NOULET. Paris 1968. – HYTIER, J.: La poétique de P. V. Paris [2]1970. – SCHMIDT-RADEFELDT, J.: P. V. linguiste dans les ›Cahiers‹. Paris 1970. – Les critiques de notre temps et V. Hg. v. J. BELLEMIN-NOËL. Paris 1971. – LÖWITH, K. P.: V., Grundzüge seines philosoph. Denkens. Gött. 1971. – HARTH, H./POLLMANN, L.: P. V. Ffm. 1972. – LAURENTI, H.: P. V. et le théâtre. Paris 1973. – Cahiers P. V. Hg. v. der Association des Amis de P. V. Paris 1 (1975) ff. – KÖHLER, H.: P. V. Dichtung u. Erkenntnis. Das lyr. Werk im Lichte der Tagebücher. Bonn 1976. – P. V. Hg. v. J. SCHMIDT-RADEFELDT. Darmst. 1978. – GOTH, M.: Rilke u. V. Aspekte ihrer Poetik. Bern 1981. – OSTER, D.: Monsieur V. Paris 1981. – CROW, C. M.: P. V. and the poetry of voice. Cambridge 1982. – JALLAT, J.: Introduction aux figures valéryennes. Pisa 1982. – STIMPSON, B.: P. V. and music. A study of the techniques of composition in V.'s poetry. Cambridge 1984. – SCHMIDT-RADEFELDT, J.: P. V. In: Frz. Lit. des 20. Jh. Gestalten u. Tendenzen. Hg. v. W.-D. LANGE. Bonn 1986. S. 163. – Forschungen zu P. V. – Recherches Valéryennes. Kiel 1988 ff. – JARRETY, M.: P. V. Paris 1992. – Funktionen des Geistes. P. V. u. die Wissenschaften.

wicklung maßgebend; ab 1894 ständig in Paris, wo er an den Dienstagsempfängen bei Mallarmé teilnahm. Ab 1896 war V. bei einer Presseagentur in London tätig, ab 1897 Beamter im Kriegsministerium in Paris, ab 1900 bei der Agence Havas. 1925 wurde er Mitglied der Académie française. Ab 1937 Prof. der Poetik am Collège de France. – V. begann in den 1890er Jahren mit symbolist. Lyrik (gesammelt in ›Album de vers anciens‹, 1920) und veröffentlichte u. a. den Essay ›Introduction à la méthode de Léonardo da Vinci‹ (1895, 1919 überarbeitete Neuausg. [zus. mit ›Note et digressions‹], 1933 erweitert um einen dritten Essay, dt. 1960 u. d. T. ›Leonardo. Drei Essays‹) sowie ›La soirée avec Monsieur Teste‹ (R.-Fragment, 1896, 1926 mit drei weiteren Stücken als Prosazyklus u. d. T. ›Monsieur Teste‹, 1946 erweitert hg., dt. 1927 u. d. T. ›Herr Teste‹). Erst nach 20jähriger, vornehmlich philosoph. und mathemat. Studien gewidmeter Pause wandte er sich wieder der Dichtung zu. Kennzeichnend für den von klassizist. Formenstrenge getragenen und in äußerster geistiger Selbstdisziplin zu einer Poésie pure sublimierten Symbolismus V.scher Prägung sind die Dichtungen ›Die junge Parze‹ (1917, dt. von P. Celan 1960), ›Palme‹ (1919), ›Der Friedhof am Meer‹ (1920, dt. von E. R. Curtius, 1927 von R. M. Rilke) und ›Ébauche d'un serpent‹ (1922). Hauptgegenstand seiner schwer zugänglichen intellektuellen Lyrik ist der dichter. Schaffensprozeß. Zahlreiche Essays sind dem Problem der Dichtung, der Analyse des

Hg. v. J. ROBINSON-VALÉRY. Dt. Übers. Ffm. 1993. – KLUBACH, W.: P. V. The search for intelligence. New York u. a. 1993.

Valla, Lorenzo, auch L. della Valle, *Rom 1407, †ebd. 1. Aug. 1457, italien. Humanist. – War 1431–33 Lehrer der Rhetorik an der Univ. Pavia; 1435–47 am königl. Hof in Neapel; ab 1448 in Rom, 1455 apostol. Sekretär. Übersetzer der ›Ilias‹, des Herodot und des Thukydides; vertrat in seiner Schrift ›De voluptate‹ (entst. 1431), in der 2. Bearbeitung u. d. T. ›De voluptate ac de vero bono‹ (entst. 1432, gedr. 1483) und in der Schrift ›De libro arbitrio‹ (um 1433) im Ggs. zur Scholastik eine epikureisch gefärbte Lebensauffassung; als Philologe bekämpfte er in ›Elegantiarum latinae linguae libri sex‹ (entst. 1435–44, hg. 1471) die unklass. Latinität, und als Begründer einer philologisch-histor. Quellenkritik wies er in der polem. Schrift ›De falso credita et ementita Constantini donatione declamatio‹ (entst. 1440, hg. von U. von Hutten, 1520) die Konstantinische Schenkung als Fälschung nach.
Ausgaben: L. V. Opera omnia. Hg. v. E. GARIN. Turin 1962. 2 Bde. – L. V. De libro arbitrio/Über den freien Willen. Zweisprachige Ausg. Übers. u. eingel. v. E. KESSLER. Mchn. 1979. – L. V. Über die Begierden. Dt. Übers. Hg. v. F. CAROTTA. Ffm. 1983.
Literatur: GAETA, F.: L. V. Filologia e storia nell'umanesimo italiano. Neapel 1955. – CAMPOREALE, S. I.: L. V. Umanesimo e teologia. Florenz 1972. – GERL, H.-B.: Rhetorik als Philosophie. L. V. Mchn. 1974. – SETZ, W.: Lorenz V.s Schrift gegen die Konstantin. Schenkung. Tüb. 1975. – FERLAUTO, F.: Il testo di Tucidide e la traduzione latina di L. V. Palermo 1979.

Valle-Inclán, Ramón María del [span. 'baʎeiŋ'klan], *Villanueva de Arosa (Prov. Pontevedra) 28. Okt. 1866, †Santiago de Compostela 5. Jan. 1936, span. Schriftsteller. – 1892 in Mexiko, ab 1895 Journalist in Madrid, lebte hier als Bohemien; 1910 erneut in Südamerika als Leiter einer Theatergruppe, 1931 Direktor der Kunstakademie in Rom, zwischendurch in Madrid; zuletzt wieder in Galicien. Interessanter Vertreter der span. Fin-de-siècle-Literatur (Modernismo), der in seinen Romanen und Dramen insbes. Menschen seiner Heimat und aus Madrid darstellte. Gelangte v. a. in seinen sozialkritisch-satir. Theater-

stücken, Schauerpossen, sog. Esperpentos, zu einer grotesken Verzerrung der Realität (›Wunderworte, Glanz der Böhème. Zwei Theaterstücke‹, 1920, dt. 1983; ›Karneval der Krieger. Drei Schauerpossen‹, 1930, dt. 1982). Auch Lyriker.
Weitere Werke: Sonatas (4 Romane, 1902–05; Bd. 1: Sonata de otoño, 1902; Bd. 2: Sommersonate, 1903, dt. 1958; Bd. 3: Frühlingssonate, 1904, dt. 1980; Bd. 4: Wintersonate, 1905, dt. 1985), Barbar. Komödien (3 Dramen, 1907–22, dt. 1984), Der Karlistenkrieg (R.-Trilogie, 1908/ 1909, dt. 1981), La pipa de Kif (Ged., 1919), Divinas palabras (Tragikom., 1920), Tyrann Banderas (R., 1926, dt. 1961), El ruedo ibérico (R.-Trilogie, 1927/28).
Ausgabe: R. del V.-I. Obras completas. Madrid ³1954. 2 Bde.
Literatur: RUBIA BARCIA, J.: A bibliography and iconography of V. Inclan, 1866–1936. Berkeley (Calif.) 1960. – SENDER, R. J.: V. I. y la dificultad de la tragedia. Madrid 1965. – DÍAZ-PLAJA, G.: Las estéticas de V. I. Madrid 1965. – FERNÁNDEZ ALMAGRO, M.: Vida y literatura de V.-I. Madrid ²1966. – LIMA, R.: An annotated bibliography of R. del V.-I. University Park (Pa.) 1972. – LIMA, R.: R. del V.-I. New York 1972. – PÉREZ, M. E.: V.-I., su ambigüedad modernista. Madrid 1977. – LAVAUD, E.: V.-I., du journal au roman (1888–1915). Paris 1979. – LYON, J.: The theatre of V.-I. Cambridge 1983. – R. del V.-I. (1866–1936). Hg. v. H. WENTZLAFF-EGGEBERT. Tüb. 1988. – BERNHOFER, M.: V.-I. u. die span. Kultur im Silbernen Zeitalter. Darmst. 1992.

Vallejo, Antonio Buero, span. Dramatiker, †Buero Vallejo, Antonio.

Vallejo, César [span. ba'jɛxo], *Santiago de Chuco 16. März 1892, †Paris 15. April 1938, peruan. Schriftsteller. – Lehrer; lebte ab 1923 in Frankreich und Spanien; engagierte sich im Span. Bürgerkrieg für die Republik. Gilt als einer der bedeutendsten peruan. Lyriker. Anfangs vom modernist. und surrealist. Autoren beeinflußt, zeigt V.s Werk auch realist. Züge; er gestaltete Daseinsverzweiflung und Auflehnung gegen das mitleidslose Leben, das er selbst kennengelernt hatte.
Werke: Los heraldos negros (Ged., 1918), Trilce (Ged., 1922), Wolfram für die Yankees (R., 1931, dt. 1961), Poemas humanos (Ged., hg. 1939), Gedichte (span. und dt. Ausw. 1963).
Ausgabe: Obras completas de C. V. Lima 1973/ 1974. 3 Bde.
Literatur: FRANCO, J.: C. V. The dialectics of poetry and silence. Cambridge u. a. 1976. – ARÉVALO, G. A.: C. V. Poesía en la historia. Bo-

gotá 1977. – C. V. Actas del Coloquio Internacional, FU Berlin. Hg. v. G. BEUTLER u. A. LOSADA. Tüb. 1981. – FLORES, A.: C. V. Síntesis biográfica, bibliografía e índice de poemas. Mexiko 1982. – PIXIS, CH.: Bibliografía de la crítica vallejiana. Mchn. 1990.

Vallès, Jules [frz. va'lɛs], *Le Puy 11. Juni 1832, †Paris 14. Febr. 1885, frz. Schriftsteller. – 1871 Mitglied der Pariser Kommune, leitete die Zeitung ›Le cri du peuple‹; 1872 in Abwesenheit zum Tode verurteilt, bis 1880 im Exil in Großbritannien. Kämpfte in seinen Schriften und Romanen, die stilistisch zwischen Realismus und Naturalismus stehen, für den Sozialismus, gegen die bürgerl. Gesellschaft, gegen Krieg und Tyrannei; autobiographisch beeinflußt ist die sozialkrit. Romantrilogie ›Jacques Vingtras. Geschichte eines Insurgenten‹ (1879–86, dt. 1951, erstmals dt. in Auszügen 1895).
Weitere Werke: Die Abwegigen (Porträts, 1866, dt. 1946), Le tableau de Paris (Slg., hg. 1932). **Ausgabe:** J. V. Œuvres. Hg. v. R. BELLET. Paris 1975 ff. (bisher 2 Bde. erschienen). **Literatur:** BANCQUART, M.-C.: J. V. Paris 1971 (mit Bibliogr.). – MÜNSTER, A.: Das Thema der Revolte im Werk v. J. V. Mchn. 1974. – BELLET, R.: J. V., journalist, du Second Empire, de la Commune de Paris et de la IIIᵉ République, 1857–1885. Lille 1976. – COGNY, P.: V. et son temps. Paris 1980. – BONNEFIS, PH.: J. V. Du bon usage de la lame et de l'aiguille. Lausanne 1983. – FRIGOT, G.: J. V. Bibliographie. Paris 1985. – GALLO, M.: J. V. ou la révolte d'une vie. Paris 1988.

Vallotton, Benjamin [frz. valɔ'tõ], *Gryon (Waadt) 10. Jan. 1877, †Sanarysur-Mer (Var) 19. Mai 1962, schweizer. Schriftsteller. – Verfasser beliebter humorvoller Romane in frz. Sprache, in denen er, bisweilen leicht moralisierend, volkstüml. Typen zeichnet und lebendig darstellt.
Werke: Monsieur Potterat se marie (R., 1906), Familie Profit (R., 1909, dt. 1916), Polizeikommissär Potterat (R., 1915, dt. 1920), Suspects (R., 1930), Der Blitz schlägt ins Haus (R., 1943, dt. 1947), La terre que j'aime (R., 1958), Rude étape (Erinnerungen, 1961).

Vālmiki […'mi:ki], myth. Weiser, gilt den Indern als ›Urdichter‹ (›ādikavi‹) und Verfasser des ↑Rāmāyaṇa.

Valmore, Marceline, frz. Lyrikerin, ↑Desbordes-Valmore, Marceline.

Valmy, Alfred de [frz. val'mi], dt. Schriftsteller, ↑Stinde, Julius.

Vāmana ['va:...], Theoretiker der ind. Poetik des 8./9. Jh. aus Kaschmir. – Legte, Daṇḍin weiterführend, in seinem ›Kāvyālaṁkāra‹ (= Schmuckmittel des Kunstgedichts) eine Theorie dar, nach der die Vollendung der sprachl. Form das Ziel der Dichtung ist.

Vámoš, Gejza [slowak. 'va:mɔʃ], *Dévabánya (Ungarn) 22. Dez. 1901, †Muriaé (Brasilien) 18. März 1956, slowak. Schriftsteller. – Arzt; mußte 1939 als Jude emigrieren; schöpfte seine Themen u. a. aus dem ärztl. Milieu; Verfasser von pessimist., auch humorist. Novellen und Romanen (›Odlomená haluz‹ [= Der abgebrochene Ast], 1934).
Literatur: OKÁLI, D.: Burič G. V. Preßburg 1971.

Vampilov, Aleksandr Valentinovič, russ.-sowjet. Dramatiker, ↑Wampilow, Alexandr Walentinowitsch.

Vampir, Hanns Heinz, Pseudonym des dt. Schriftstellers Hans ↑Reimann.

Vampirroman [vam'pi:r, 'vampi:r], spezif. Genre des ↑Schauerromans und zugleich letzter Ausläufer der ↑Gothic novel. Der V. knüpft an Vorstellungen des südslaw., rumän. und griech. Volksglaubens an, nach denen Verstorbene nachts unverwest ihren Gräbern entsteigen, um Lebenden das Blut auszusaugen. Diese ›untoten Toten‹ setzen die Menschen in Angst und Schrecken. Das V.motiv wurde seit dem Ende des 18. Jh. in den verschiedenen literar. Gattungen entwickelt. Eine erste literar. Gestaltung findet sich in Goethes Ballade ›Die Braut von Korinth‹ (1797). Ausgehend von England, setzte sich zu Beginn des 19. Jh. die Prosaform durch (z. B. John William Polidori [* 1795, † 1821], ›The Vampyre‹, 1819; J. Sh. Le Fanu, ›Carmilla‹, 1872, dt. 1968). Als bekanntestes Beispiel dieser Gattung ist B. Stokers Roman ›Dracula‹ (1897, dt. 1908) zu nennen, der in zahlreichen Bearbeitungen und Nachahmungen, v. a. in Verfilmungen, ein breites Publikum fand.
Literatur: Von denen Vampiren oder Menschensaugern. Dichtungen und Dokumente. Hg. v. D. STURM u. K. VÖLKER. Mchn. ³1973.

Van Bruggen, Jochem, südafrikan. Schriftsteller, ↑Bruggen, Jochem van.

Vanbrugh, Sir (seit 1714) John [engl. 'vænbrə, væn'bru:] (Vanbrough, Van-

burgh), ≈ London 24. Jan. 1664, † ebd.
26. März 1726, engl. Dramatiker und Architekt fläm. Abstammung. – Hielt sich zeitweise in Frankreich auf, wurde dort 1690 als Spion verhaftet. In London schrieb er Sittenkomödién im witzig-pikanten Stil der Restaurationszeit, z. T. nach frz. Vorbildern; bes. Beifall fanden ›Der Rückfall, oder die Tugend in Gefahr‹ (1697, dt. 1750), ›The provok'd wife‹ (1697), ›The confederacy‹ (1705) und ›Der aufgebrachte Ehemann‹ (hg. 1728, vollendet von C. Cibber, dt. 1748). Als Architekt errichtete V. bedeutende Bauten des engl. Barock, u. a. Blenheim Palace (1705–22).
Ausgabe: Sir J. V. The complete works. Hg. v. B. Dobrée und G. Webb. London 1927–28. 4 Bde.
Literatur: Dametz, M.: J. V.s Leben u. Werke. Wien u. Lpz. 1898. Nachdr. New York 1964. – Whistler, L.: Sir J. V., architect and dramatist, 1664–1726. London 1938. Nachdr. 1978. – Harris, B.: Sir J. V. London 1967. – McCormick, F.: Sir J. V. A reference guide. New York 1992.

Vančura, Antonín [tschech. 'vantʃura], tschech. Schriftsteller, ↑ Mahen, Jiří.

Vančura, Vladislav [tschech. 'vantʃura], * Háj bei Opava 26. Juni 1891, † Prag 1. Juni 1942 (von den Nationalsozialisten erschossen), tschech. Schriftsteller. – Arzt; gehört zu den bedeutendsten tschech. Prosaschriftstellern zwischen den beiden Weltkriegen. Nach ersten Erzählungen wurde er mit dem Roman eines Gottsuchers, ›Der Bäcker Jan Marhoul‹ (1924, dt. 1937), bekannt. In seinen Romanen zeigt er Sympathie für jede Art von Außenseitertum; behandelte Antikriegsstoffe (›Pole orná a válečná‹ [= Acker- und Schlachtfelder], 1925), aktuelle nat. und auch histor. Themen. Vom Expressionismus ausgehend, liebte und formale und stilist. Experimente. Seine Sprache ist reich an Metaphern und Archaismen. Als Dramatiker war V. weniger erfolgreich.
Weitere Werke: Die Räuberbraut Marketa Lazarova (R., 1931, dt. 1937, 1962 u. d. T. Räuberballade, 1966 u. d. T. Marketa und Miklas; Das Ende der alten Zeiten (R., 1934, dt. 1935), Rodina Horvatova (= Familie Horvat, R., 1938).
Ausgabe: V. V. Spisy. Prag 1951–61. 16 Bde.
Literatur: Kožmín, Z.: Styl Vančurovy prózy. Brünn 1968.

Van den Heever, Christian Maurits, südafrikan. Schriftsteller, ↑ Heever, Christian Maurits van den.

Van den Heever, Toon, südafrikan. Schriftsteller, ↑ Heever, Toon van den.

Van den vos Reynaerde ↑ Reinaert.

Van der Meersch, Maxence [frz. vādɛr'mɛrʃ], eigtl. M. Vandermeersch, * Roubais 4. Mai 1907, † Le Touquet-Paris-Plage 14. Jan. 1951, frz. Schriftsteller. – Jurist und Redakteur in Lille; Verfasser naturalist. Romane und Erzählungen, die meist im nordfrz. Industriegebiet spielen; bes. erfolgreich war der Ärzteroman ›Leib und Seele‹ (1943, dt. 1949); vertrat zunächst marxist., später christl. Sozialideen.
Weitere Werke: Das Haus in den Dünen (R., 1932, dt. 1948, 1952 u. d. T. Die dunklen Wege), Sein Vermächtnis (R., 1936, dt. 1946; Prix Goncourt 1936), Drama um Direktor Bramberger (R., 1937, dt. 1949), Die Sünde der Welt (R., 1941, dt. 1948), Die kleine Heilige (R., 1947, dt. 1954), Das reine Herz (R., 1948, dt. 1956).
Literatur: Jans, A.: À la rencontre de M. van d. M., romancier de la pitié et de l'amour. Brüssel u. Paris 1946. – Bailey, W. W.: M. V. d. M. The man and his works. Diss. University of Virginia Charlottesville 1961.

Van der Post, Laurens (Jan), südafrikan. Schriftsteller, ↑ Post, Laurens van der.

Van Doren, Mark [Albert] [engl. væn 'dɔːrən], * Hope (Ill.) 13. Juni 1894, † Torrington (Conn.) 10. Dez. 1972, amerikan. Schriftsteller und Kritiker. – Publizistisch tätig, ab 1942 Prof. für Englisch an der Columbia University; schrieb der Tradition verpflichtete, intellektbetonte Lyrik, ferner Romane und Short stories und trat als Autor krit. Darstellungen, u. a. über H. D. Thoreau (1916), Shakespeare (1939, Nachdr. 1982) und N. Hawthorne (1949), sowie als Hg. bed. Anthologien hervor.
Weitere Werke: Spring thunder (Ged., 1924), A winter diary (Ged., 1935), The country year (Ged., 1946), Autobiography (1958), Morning worship (Ged., 1960), Collected and new poems, 1924–1963 (Ged., 1963), Narrative poems (Ged., 1964), That shining place (Ged., 1969), Good morning. Last poems (Ged., hg. 1973).
Ausgaben: M. V. D. Collected stories. New York 1962–68. 3 Bde. – Essays of M. V. D., 1924–1972. Hg. v. W. Claire. Westport (Conn.) 1980.

Van Druten, John William [engl. væn 'dru:tn], * London 1. Juni 1901, † New York 19. Dez. 1957, amerikan. Schriftsteller niederl.-engl. Herkunft. – Wanderte 1925 nach den USA aus und wurde freier Schriftsteller, ab 1944 amerikan. Staatsbürger; schrieb erfolgreiche Romane und Komödien in realist. Darstellungsweise, vorzugsweise über zwischenmenschl. Probleme; verfaßte auch Drehbücher.

Werke: Young Woodley (Dr., 1928; R., 1929), Meine beste Freundin (Dr., 1941, dt. 1957), So war Mama (Schsp., 1945, dt. EA 1947, auch u. d. T. Die Unvergeßliche), Ich bin eine Kamera (Schsp., 1952, dt. 1953; nach dem Roman ›Leb' wohl, Berlin‹ von Ch. Isherwood), Im Strom der frühen Jahre (R., 1955, dt. 1956).

Van Itallie, Jean-Claude [engl. væn 'ɪtəlɪ], * Brüssel 25. Mai 1936, amerikan. Dramatiker belg. Abstammung. – Kam 1940 in die USA (1952 amerikan. Staatsbürger); lehrt seit 1978 an der Princeton University. Verwendet in seinen experimentellen und sozialkrit. Stücken groteske, absurde sowie myth. Darstellungsmittel, um ein Leben und Kunst verbindendes Theater zu schaffen, das z. T. die therapeut. Wirkung religiös-ritueller Zeremonien evozieren und zur Veränderung der Wirklichkeit beitragen soll. Poetisch-metaphor. Bilder bestimmen die frühen Stücke ›War‹ (UA 1963), ›The hunter and the bird‹ (UA 1964), kabarettist. Sketche und Karikaturen die Dramen ›Almost like being‹ (UA 1964), ›I'm really here‹ (UA 1964), Kritik an der sozialen Wirklichkeit, der Scheinwelt des Fernsehens sowie der menschl. Entfremdung die Dramentrilogie ›America hurrah‹ (›Interview‹, ›TV‹, ›Motel‹, 1967), der Mythos des Paradieses im Kontrast mit der Ermordung John F. Kennedys und Martin Luther Kings sein anspruchvollstes Drama ›Die Schlange. Ein Ritual‹ (1968, dt. 1973). In den 70er Jahren schuf V. I. v. a. Adaptationen bekannter Dramen aus Antike und Moderne; auch Drehbücher für Film und Fernsehen.

Weitere Werke: War and four other plays (Dramen, 1967), Seven short and very short plays (Dramen, 1975), Bag lady (Dr., 1980), The Tibetan book of the dead, or, How not to do it again (Dr., 1983), The traveller (Dr., 1986).

Literatur: LAHR, J.: Up against the fourth wall. New York 1970.

Vansittart, Peter [engl. væn'sɪtəd], * Bedford 27. Aug. 1920, engl. Schriftsteller. – Lehrer; schreibt v. a. experimentelle histor. Romane (›Pastimes of a red summer‹, 1969; ›Green knights, black angels‹, 1969; ›Worlds and underworlds‹, 1974; ›Lancelot‹, 1978); daneben auch Schilderungen des zeitgenöss. Lebens (›Landlord‹, R., 1970; ›Quintet‹, R., 1976).

Weitere Werke: The death of Robin Hood (R., 1981), Three six seven (R., 1983), Aspects of feeling (R., 1986), Parsival (R., 1988), The wall (R., 1990), A choice of murder (R., 1992).

Vansová, Terézia [slowak. 'vansɔva:], * Zvolenská Slatina 18. April 1857, † Banská Bystrica 10. Okt. 1942, slowak. Schriftstellerin. – Ab 1898 Hg. der ersten slowak. Frauenzeitschrift; verfaßte moralisch geprägte, sentimentale und romantische Erzählungen und Romane (›Sirota Podhradských‹ [= Die Waise der Podhradský], 1889) über das Leben der Frau; auch dokumentar. biograph. Prosa und realist. Reisebeschreibungen. Einige ihrer Werke wurden zu Klassikern der slowak. Kinderliteratur.

Ausgabe: T. V. Zobrané spisy. Liptovský Mikuláš 1941–47. 8 Bde.

Van Vechten, Carl [engl. væn 'vɛktɪn], * Cedar Rapids (Iowa) 17. Juni 1880, † New York 21. Dez. 1964, amerikan. Schriftsteller. – Förderte die moderne experimentelle Literatur, v. a. G. Stein, deren nachgelassene Werke er herausgab. Schrieb in den 20er Jahren sieben z. T. autobiograph. Romane, in denen er den Geist und die Dekadenz des ›Jazz Age‹ in New York (›Peter Whiffle‹, 1922; ›The blind bow-boy‹, 1923; ›Firecrackers‹, 1925; ›Parties‹, 1930), die Scheinwelt Hollywoods (›Spider boy‹, 1928), das Iowa seiner Jugend (›The tatooed countess‹, 1924) sowie die Errungenschaften der afroamerikan. Kultur in Harlem (›Nigger heaven‹, 1926) darstellte.

Literatur: LUEDERS, E.: C. V. V. New York 1965. – KELLNER, B.: A bibliography of the work of C. V. V. Westport (Conn.) 1980.

Vapcarov, Nikola Jonkov, bulgar. Lyriker, † Wapzarow, Nikola Jonkow.

Varè, Daniele [italien. va'rɛ], * Rom 12. Jan. 1880, † ebd. 27. Febr. 1956, italien. Schriftsteller. – Als Diplomat in verschiedenen Weltstädten (London,

Kopenhagen, Peking u. a.). Verfasser geistreicher und amüsanter Unterhaltungsliteratur über Begegnungen und Erlebnisse im diplomat. Berufsleben. Bes. erfolgreich waren seine Romantrilogie aus China ›Der Schneider himml. Hosen‹ (1936, dt. 1938), ›Das Tor der glückl. Sperlinge‹ (1938, dt. 1938), ›Der Tempel der kostbaren Weisheit‹ (1940, dt. 1940); schrieb in italien. und engl. Sprache.

Weitere Werke: Der lachende Diplomat (Erinnerungen, 1938, dt. 1938), Daniele in der Diplomatengrube (Erinnerungen, 1949, dt. 1955), Schatten von Rialto (R., 1956, dt. 1956).

Varende, Jean Mallard, Vicomte de La [frz. va'rã:d], frz. Schriftsteller, ↑ La Varende, Jean Mallard, Vicomte de.

Vargas Llosa, Mario [span. 'barɣaz 'josa], * Arequipa 28. März 1936, peruan. Schriftsteller. – Journalist, ging 1959 nach Europa, lebte u. a. in Madrid, Paris und als Dozent für lateinamerikan. Literatur in London; 1976–79 Präsident des internat. PEN-Clubs. 1990 unterlegener Kandidat für die peruan. Präsidentschaft; seit Juli 1993 span. Staatsbürger, seit 1994 Mitglied der Span. Akademie. Übt in seinen vielschichtigen, oft brutalrealist. Romanen, die jedoch auch lyr. Stilelemente enthalten und in denen er meisterhaft moderne Erzähltechniken verwendet, schonungslos Kritik an der Gesellschaft Perus. Veröffentlichte auch Erzählungen und Essays. Er erhielt mehrere Literaturpreise, u. a. 1985 den Paris-Ritz-Hemingway-Preis, 1994 den Premio Miguel de Cervantes und 1995 den Jerusalem-Preis.

Werke: Die Stadt und die Hunde (R., 1962, dt. 1966), Das grüne Haus (R., 1965, dt. 1968), Die andere Seite des Lebens (R., 1969, dt. 1976, auch u. d. T. Gespräch in der Kathedrale), Der Hauptmann und sein Frauenbataillon (R., 1973, dt. 1974), Die ewige Orgie. Flaubert und ›Madame Bovary‹ (Essay, 1975, dt. 1980), Tante Julia und der Lohnschreiber (R., 1977, dt. 1979), Der Krieg am Ende der Welt (R., 1981, dt. 1982), Contra viento y marea (Essays, 3 Bde., 1983–90, dt. Ausw. 1988 u. d. T. Gegen Wind und Wetter), Maytas Geschichte (R., 1984, dt. 1986), La chunga (R., 1986), Wer hat Palomino Molero umgebracht? (R., 1986, dt. 1988), Der Geschichtenerzähler (R., 1987, dt. 1990), Lob der Stiefmutter (R., 1988, dt. 1989), El pez en el agua (Memoiren, 1993).

Literatur: LUCHTING, W. A.: M. V. Ll., desarticulador de realidades. Bogotá 1978. – PEREIRA,

A. G.: La concepción literaria de M. V. Ll. Mexiko 1981. – OVIEDO, J. M.: M. V. Ll. La invención de una realidad. Barcelona ²1982. – LEWIS, M. A.: From Lima to Leticia. The Peruvian novels of M. V. Ll. Lanham 1983. – WILLIAMS, R. L.: M. V. L. New York 1986. – SCHEERER, TH. M.: M. V. L. Leben u. Werk. Eine Einf. Ffm. 1991.

Mario Vargas Llosa

Vargas Vila, José María [span. 'barɣaz 'βila], * Bogotá 23. Juli 1860, † Barcelona 23. Mai 1933, kolumbian. Schriftsteller. – Trat als Essayist, Lyriker, Romancier, Erzähler und Theaterautor hervor. Kämpfte in seinen stilistisch brillanten polit. Schriften gegen die antidemokrat. Kräfte Lateinamerikas und den Imperialismus der USA. Unbedeutender sind seine zahlreichen Romane mit zumeist melodramat. Handlung.

Werke: Aura o las violetas (R., 1886), Los providenciales (Essay, 1892), Flor de fango (R., 1895), Die Neunte Symphonie (R., 1928, dt. 1933, 1956 u. d. T. Die Liebessymphonie).

Ausgabe: J. M. V. V. Obras completas. Barcelona 1919–28. 55 Bde.

Literatur: BESSEIRO, V. L.: Un hombre libre. V. V. Su vida, su obra. Buenos Aires 1924. – GIORDANO, A.: V. V. Su vida y su pensamiento. Buenos Aires 1946.

Variante [lat.], in der ↑ Textkritik die Abweichungen im Text zweier oder mehrerer Fassungen eines literar. Werks (↑ Lesart).

Variation [lat. = Veränderung], Wiederholung eines Begriffes oder Gedankens in anderer sprachl. oder grammat. Form, meist durch bestimmte rhetor. Figuren (z. B. ↑ Parallelismus, ↑ Permutation, ↑ Amplifikation). Kennzeichnendes Stilmittel der altgerman. ep. Stabreimdichtung; in der ags. und in der altnord.

edd. Dichtung wird die V.stechnik z. T. mit ↑ Kenning und ↑ Heiti durchgeführt.

Väring, Astrid [schwed. ‚væ:riŋ], geb. Glas, * Umeå 15. Dez. 1892, † Bromma 22. März 1978, schwed. Schriftstellerin. – Lehrerin, Journalistin; schrieb v. a. Romane und Erzählungen, in denen sie neben kulturhistor. Material aus der nordschwed. Provinz Västerbotten auch soziale Probleme der Gegenwart gestaltete.
Werke: I rang med husets katt (R., 1924), Harte Jahre (R., 1926, dt. 1929), Das Wintermoor (R., 1927, dt. 1929), Marja (E., 1928, dt. 1930), Släkten (R.-Tetralogie, 1934–39), Katinka (R., 1942), Du skall icke dräpa (R., 1946), Trollkona (R., 1956).

Varius Rufus, Lucius, * um 70, † um 15 v. Chr., röm. Dichter. – Mitglied des Kreises um Maecenas, mit Vergil (dessen ›Aeneis‹ er herausgab) und Horaz befreundet. Sein Lehrgedicht ›De morte‹ (= Über den Tod) suchte nach epikureischer Lehre die Todesfurcht zu bekämpfen; seine Tragödie ›Thyestes‹, 29 v. Chr. bei der Siegesfeier nach der Schlacht von Actium aufgeführt, wurde als eine den Stücken der griech. Tragiker ebenbürtige Leistung bewundert; wenige Zitate erhalten.

Varnalis (tl.: Barnalēs), Kostas, * Pyrgos (Bulgarien) 14. Febr. 1884, † Athen 16. Dez. 1974, neugriech. Lyriker, Erzähler und Literaturkritiker. – Studierte klass. Philologie in Athen und Paris. Tätigkeit im höheren Schuldienst und an der pädagog. Akademie; trat als Vorkämpfer der linksengagierten Literatur in Griechenland auf. Sowohl durch seine Lyrik als auch durch sein literatur- und sozialkrit. Werk setzte er Maßstäbe; auch Übersetzungen antiker Klassiker.
Werke: Kerēthres (= Waben, Ged., 1905), To phōs pu kaiei (= Das brennende Licht, Ged., 1922), Laos tōn munuchōn (= Volk von Eunuchen, Prosa, 1923), Ho Solōmos chōris metaphysikē (= Solomos ohne Metaphysik, Essay, 1925), Sklaboi poliorkēmenoi (= Belagerte Sklaven, Ged., 1927), Hē apologia tu Sokratē (= Die Apologie des Sokrates, Essay, 1931), To hēmerologio tes Pēnelopēs (= Das Tagebuch der Penelope, Prosa, 1947, dt. 1975), Anthrōpoi (zōntanoi anthrōpoi – alēthinoi anthrōpoi) (= Menschen [Lebende Menschen – wahre Menschen], Prosa 1947, ²1958), Eklogē (= Auswahl, Ged. 1954), Diktatores (= Diktatoren, Prosa, 1956), Poiētika (= Dichtung, Ged., 1956), Peza (= Prosa, 1956), Solōmika (= Über

Solomos, Essays, 1957), Aisthētika – Kritika (= Ästhetisches – Kritisches, Essays, 1958), Eleutheros kosmos (= Freie Welt, Ged., 1965), Attalos III. (Dr., 1972), Orgē lau (= Zorn des Volkes, Ged., 1975).
Literatur: PAPAIONU, M. M.: K. V. Athen 1958.

Varnhagen von Ense, Karl August ['farnha:gən], * Düsseldorf 21. Febr. 1785, † Berlin 10. Okt. 1858, dt. Schriftsteller. – Sohn eines Arztes; studierte Medizin und Philosophie bei J. G. Fichte und A. W. Schlegel in Berlin, wandte sich aber früh der Literatur zu; 1804–06 mit A. von Chamisso Hg. des ›Musenalmanachs‹, 1809 als Offizier im österr. Heer in der Schlacht bei Wagram verwundet; trat später in preuß. diplomat. Dienste, begleitete 1814 den Staatskanzler K. A. von Hardenberg zum Wiener Kongreß und 1815 nach Paris, 1815–19 Ministerresident in Karlsruhe. V. v. E. lebte danach meist in Berlin, wo er mit seiner Frau Rahel Mittelpunkt eines literar. Salons war; als Schriftsteller ging er von Erzählungen und Gedichten bald ganz zur Geschichtsschreibung und literar. Kritik über; seine fünfbändigen ›Biograph. Denkmale‹ (5 Bde., 1824–30) beschreiben u. a. histor. Persönlichkeiten; als Literaturkritiker unterstützte er das Junge Deutschland; zeitgeschichtlich wertvoll sind auch seine ›Tagebücher‹ (15 Bde., hg. 1861–1905) und sein umfangreicher Briefwechsel u. a. mit A. von Humboldt, Metternich, H. Heine, B. von Arnim, Chamisso, Th. Carlyle.

Karl August Varnhagen von Ense (Holzschnitt von Hugo Bürkner aus dem Jahr 1854)

Ausgaben: K. A. V. v. E. Journal einer Revolution. Tagesbll. 1848/49. Nördlingen 1986. – K. A. V. v. E. Werke. Hg. v. K. FEILCHENFELDT. Ffm. 1987–94. 5 Bde.

Literatur: PICKETT, T. H.: The unseasonable democrat: K. A. V. v. E. Bonn 1985. – WIEDENMANN, U.: K. A. V. v. E. Stg. u. a. 1994.

Varnhagen von Ense, Rahel ['farnha:gən], geb. Levin, * Berlin 26. Mai 1771, † ebd. 7. März 1833, dt. Schriftstellerin. – Tochter eines jüd. Kaufmanns; trat zum Christentum über und nahm die Vornamen Antonie Friederike an, wurde aber zeitlebens weiter Rahel genannt. Heiratete 1814 Karl August V. v. E.; wurde bekannt durch ihren Salon in Berlin, der ein bed. Mittelpunkt eines großen Kreises von Philosophen, Literaten und Künstlern war; ihre kulturgeschichtlich interessanten Briefe und Aufzeichnungen ›Rahel. Ein Buch des Andenkens für ihre Freunde‹ (1833) und ›Galerie von Bildnissen aus Rahel's Umgang und Briefwechsel‹ (2 Tle., hg. 1836) kennzeichnen sie auch als eine der ersten Vorkämpferinnen der Frauenbewegung.

Rahel Varnhagen von Ense (Bleistiftzeichnung von Wilhelm Hensel aus dem Jahr 1822)

Ausgaben: R. V. im Umgang mit ihren Freunden. Briefe 1793–1833. Hg. v. F. KEMP. Mchn. 1967. – R. V. u. ihre Zeit. Briefe 1800–1833. Hg. v. F. KEMP. Mchn. 1968. – R. V. Ges. Werke. Hg. v. K. FEILCHENFELD u. a. Mchn. 1983. 10 Bde. – Rahels erste Liebe. Rahel Levin u. Karl Graf von Finckenstein in ihren Briefen. Hg. u. erläutert v. G. DE BRUYN. Ffm. 1986.
Literatur: ARENDT, H.: R. V. Mchn. 9 1992. – STERN, C.: Der Text meines Herzens. Das Leben der R. V. Rbk. 1994.

Värnlund, Rudolf, * Stockholm 6. Febr. 1900, † Österskär (Uppland) 16. Febr. 1945, schwed. Schriftsteller. – Gestaltet in Romanen, Erzählungen und Dramen v. a. soziale und eth. Fragen seiner Zeit; Themen und Motive vieler seiner Werke stammen aus dem proletar. Großstadtmilieu.

Werke: Döda människor (E., 1924), Vandrare till intet (R., 1926), Det druckna kvarteret (R., 1929), Den heliga familjen (Dr., 1932), Ledaren (Dr., 1935), Hedningarna som icke hava lagen (R., 1936).
Literatur: BLOM, T.: R. V. Stockholm 1947. – NORDMARK, D.: Samhället på scenen. En studie i R. V.s drama Den heliga familjen dess litterära och sociala förutsättningar. Mit einer dt. Zusammenfassung. Umeå 1978.

Varona, Enrique José [span. ba'rona], * Puerto Príncipe (heute Camagüey) 13. April 1849, † Havanna 19. Nov. 1933, kuban. Schriftsteller und Philosoph. – Prof. in Havanna; 1912–16 Vizepräsident der Republik. Gab ab 1885 die einflußreiche Kulturzeitschrift ›Revista Cubana‹ heraus. Vertrat in seinen philosoph. und literaturkrit. Essays eine auf Gedanken H. Taines und Herbert Spencers (* 1820, † 1903) aufbauende historisch-materialist. Anschauung, die das lateinamerikan. Selbstverständnis wesentlich mitbestimmte. Schrieb außerdem Gedichte (›Poesías‹, 1878; ›Poemitas en prosa‹, 1921).
Weiteres Werk: Conferencias filosóficas (3 Bde., 1880–89).
Literatur: FERRER CANALES, J.: V., escritor. Mexiko 1952. – ALBA-BUFFILL, E.: E. J. V. Crítica y creación literaria. Madrid u. Miami (Fla.) 1976.

Varro, Marcus Terentius, genannt Reatinus (nach Reate, heute Rieti, wo er Landbesitz hatte), * 116, † 27, röm. Gelehrter und Schriftsteller. – Schüler des Philologen Aelius Stilo Praeconinus und des Philosophen Antiochos von Askalon; Ämterlaufbahn bis zur Prätur; im Bürgerkrieg Anhänger des Pompeius; nach der Schlacht bei Pharsalos (48 v. Chr.) von Caesar begnadigt. Nach Caesars Ermordung von Antonius geächtet (entging 43 der Exekution). – V. war der vielseitigste und fruchtbarste Gelehrte der röm. Republik. Ein von Hieronymus angefertigtes, unvollständiges Schriftenverzeichnis nennt 39 Titel mit insgesamt 490 Büchern; 24 weitere Werke sind aus anderen Quellen bekannt. Im Mittelpunkt dieses reichen Schaffens stand die Vergangenheit Roms, die V. (wie Livius) in romant. Verklärung darstellte. Die Enzyklopädie ›Antiquitates rerum humanarum et divinarum‹ (= Profane und sakrale Altertümer; 41 Bücher) behandelte die röm.

Staats- und Kultaltertümer. Die 25 Bücher ›De lingua Latina‹ (= Über die lat. Sprache) enthielten hauptsächlich genet. Betrachtungen über die lat. Sprache. Die ›Disciplinarum libri IX‹ (= Neun Bücher Grundwissenschaften) brachten eine knappe Übersicht über die Artes liberales; sie wurden das Vorbild der spätantiken Enzyklopädien (des Martianus Capella u. a.) und haben so den mittelalterl. Fächerkanon maßgeblich beeinflußt. Weitere Werke galten philosoph. Einzelfragen sowie der röm. Literatur; 150 ›Saturae Menippeae‹ (= Menippeische Satiren; benannt nach ↑ Menippos von Gadara) übten phantasiereich und drastisch Zivilisations- und Gesellschaftskritik. Von V.s gigant. Werk sind außer Fragmenten nur Buch 5–10 (mit Lücken) von ›De lingua Latina‹ sowie die ›Res rusticae‹ (= Von der Landwirtschaft), ein landwirtschaftl. Lehrbuch in Dialogform (3 Bücher), erhalten. Seine Bedeutung läßt sich indes noch an seiner Wirkung ablesen: Er gehörte zu den geistigen Wegbereitern des von Augustus erneuerten röm. Staates; er diente den Schriftstellern der folgenden Jahrhunderte, zumal der Spätantike (Macrobius, Augustinus), als Hauptgewährsmann für die altröm. Kultur.

Ausgaben: M. T. V. Rerum rusticarum libri 3. Hg. v. G. GOETZ. Lpz. ²1929. – M. T. V. De lingua latina. Lat. u. engl. Hg. v. R. G. KENT. London 1958. 2 Bde. – Varron. Satires Ménippées. Kommentar u. hg. v. J.-P. CÈBE. Lat. u. frz. Rom 1972 ff. (bisher 6 Bde. erschienen). **Literatur:** BOISSIER, G.: Étude sur la vie et les ouvrages de M. T. Varron. Paris 1861. – COLLART, J.: Varron, grammairien latin. Paris 1954. – Varron. Six exposés et discussions. Hg. v. Ch. O. BRINK u. a. Vandœuvres – Genf 3.–8. Sept. 1962. Vandœuvres u. Genf 1963. – DELLA CORTE, F.: Varrone il terzo gran lume romano. Florenz ²1970. – Atti del Congresso internazionale di studi Varroniani. Rieti 1976. 2 Bde.

Varro, Publius Terentius, genannt Atacinus, * Atax (Gallia Narbonensis) 82 v. Chr., röm. Dichter. – Verfaßte Epen (›Bellum Sequanicum‹ [= Der Sequanerkrieg], wahrscheinlich über Caesars Kampf gegen Ariovist; ›Argonautae‹ [= Die Argonauten], eine Nachdichtung des Epos ›Argonautiká‹ von Apollonios von Rhodos), das geographische Lehrgedicht ›Chorographia‹ (= Länderbeschrei-

bung) u. a.; von seinen Werken ist fast nichts erhalten.

Vartio, Marja-Liisa [finn. 'vɑrtiɔ], *Sääminki 11. Sept. 1924, †Savonlinna 17. Juni 1966, finn. Schriftstellerin. – ∞ mit P. Haavikko; ihre Lyrik der 50er Jahre ist von Traumbildern und Visionen durchdrungen (u. a. ›Häät‹ [= Hochzeit], 1952; ›Seppele‹ [= Kranz], 1953); die sich dann anschließende Prosa ist durch größere Schlichtheit und gezügelten Ausdruck gekennzeichnet; einige ihrer Gedichte sind in dt. Übersetzung in Anthologien erschienen, u. a. in ›Finn. Lyrik aus hundert Jahren‹ (1973).

Weitere Werke: Se on sitten kevät (= Das also ist Frühling, R., 1957), Mies kuin mies, tyttö kuin tyttö (= Jeder Mann, jedes Mädchen, R., 1958), Kaikki naiset näkevät unia (= Alle Frauen haben Träume, R., 1960), Hänen olivat linnut (= Die Vögel gehörten ihm, R., 1967).

Varuschan, Daniel, * Brdnik (Osttürkei) 1884, †bei Istanbul 26. Aug. 1915, armen. Schriftsteller. – Studierte in Gent, war Lehrer in armen. Schulen in der Türkei, wurde ermordet; einer der bedeutendsten westarmen. Lyriker. In der Gedichtsammlung ›Das Herz der Rasse‹ (1909) behandelt er die Schicksalsschläge seines Volkes, im ›Hirten‹ gibt V. einen Rückblick auf die wehrhafte Vergangenheit seines Großvaters. Die ›Die heidn. Lieder‹ (1912) thematisieren die altarmen. Götterwelt. ›Das Lied des Brotes‹ (1921, frz. 1959 u. d. T. ›Le chant du pain‹) stellt die Entstehung des Brotes und schließlich seine eucharist. Verwandlung dar.

Ausgabe: D. V. Pis'ma. Jerewan 1985. **Literatur:** MISSAKIAN, B.: Au jardin des Muses de la littérature arménienne. Venedig 1961. – INGLISIAN, V.: Die armen. Lit. In: Hdb. der Orientalistik, Abt. 1, Bd. 7. Leiden 1963. S. 235.

Vas, István [ungar. vɔʃ] * Budapest 24. Sept. 1910, †ebd. 16. Dez. 1991, ungar. Lyriker und Essayist. – Vertreter der urbanen, humanistisch-intellektuellen Richtung der modernen ungar. Literatur. Sein Werk erhält durch die nüchterne, gegenstandsgebundene Sprache, die ›Poesie des Alltags‹, eine unverwechselbare Note. Neben zahlreichen Gedichtbänden verfaßte er auch Essaybände über weltliterar. Themen sowie autobiograph. Romane; auch Übersetzer aus der frz., engl. und dt. Literatur.

Ausgabe: I. V. Rhapsodie in einem herbstl. Garten. Dt. Auswahl. Hg. v. P. KÁRPÁTI. Bln. 1986.
Literatur: FENYŐ, I.: V. I. Budapest 1976.

Vasalis, Margaretha [niederl. vɑ-'zɑːlɪs], eigtl. M. Droogleever Fortuyn-Leenmans, * Den Haag 13. Febr. 1909, niederl. Schriftstellerin. – Ärztin (Psychiater); Intelligenz und Phantasie prägen ihre in eleganter, natürl. Sprache geschriebene Lyrik, die die Spannung im Verhältnis des Menschen zu seiner Umgebung thematisiert.
Werke: Parken en woestijnen (Ged., 1940), Onweer (Nov., 1940), De vogel Phoenix (Ged., 1947), Vergezichten en gezichten (Ged., 1954), Kunstenaar en verzet (Ged., 1958).
Literatur: PERRE, R. VAN DE: M. V. Nimwegen u. Brügge 1980. – Ik heb mezelf nog van geen ding bevrijd. Een bundel opstellen over de poëzie van M. V. Hg. v. D. KROON. Den Haag 1983.

Vasari, Giorgio, * Arezzo 30. Juli 1511, † Florenz 27. Juni 1574, italien. Maler, Baumeister und Kunstschriftsteller. – Tätig v. a. in Florenz, Rom, Venedig; ab 1554/55 in Florenz. Die Tafelbilder und Dekorationsmalereien (Rom, Cancelleria, 1546; Florenz, Palazzo Vecchio, 1555–58 und 1563–71) zeigen formal eine große Abhängigkeit von zeitgenöss. Vorbildern. Seine Bauten (u. a. Uffizien in Florenz) sind Beispiele für die Architekturformen des Manierismus. Der Weltruf V.s gründet sich auf seine Künstlerbiographien (›Le vite de' più eccellenti architetti, pittori et sculptori italiani ...‹, 1. Ausg. 1550, 2. erweiterte Ausg. 1568, dt. in 6 Bden. 1832–43 u. d. T. ›Leben der ausgezeichnetsten Maler, Bildhauer und Baumeister, von Cimabue bis zum Jahr 1567‹), in denen er Lebensbeschreibungen von italien. Malern, Bildhauern und Architekten vom 13. Jh. bis in seine Zeit hinein gibt. Die sachverständigen, anekdotenreichen Aufzeichnungen enthalten so viele wichtige Nachrichten über Werke und Daten einzelner Künstler, daß sie noch heute – trotz kritischerer Bewertung – die wichtigste Quelle für die Kunstgeschichtsforschung über diese Epoche darstellen.
Ausgabe: Der literar. Nachlaß G. V.s. Hg. v. K. FREY u. H.-W. FREY. Mchn. 1923–40. 3 Bde.
Literatur: Il V. storiografo e artista. Atti del Congresso internazionale ... Arezzo–Florenz 1974. Florenz 1976. – BOASE, T. S. R.: G. V. The man and the book. Princeton (N. J.) 1979. –

RICCÒ, L.: V. scrittore. La prima edizione del libro delle ›Vite‹. Rom 1979. – Principi, letterati e artisti nelle carte de G. V. Katalog der Ausstellung Arezzo 26. Sept.–29. Nov. 1981. Florenz 1981. – G. V. Tra decorazione ambientale e storiografia artistica. Hg. v. G. C. GARFAGNINI. Florenz 1985.

Vasconcelos, Jorge Ferreira de [portugies. vɐʃkõ'sɛluʃ], portugies. Dramatiker, ↑ Ferreira de Vasconcelos, Jorge.

Vasconcelos, José [span. baskɔn'selɔs], * Oaxaca de Juárez 27. Febr. 1882, † Mexiko 30. Juni 1959, mex. Schriftsteller und Politiker. – Rechtsanwalt; nahm an F. Maderos und Pancho Villas Seite aktiv an der Revolution teil; u. a. 1921–24 Minister für Erziehung und Kultur. Konfrontiert in seinen soziolog., kulturphilosoph. und histor. Essays, v. a. ›La raza cósmica‹ (1925) und ›Indología‹ (1926), die kulturellen und humanitären Werte Lateinamerikas mit angelsächs. Kapitalismus und Zivilisation. Ein wichtiges histor. Dokument und zugleich sprachl. Kunstwerk stellt seine fünfbändige Autobiographie dar (›Ulises criollo‹, 1935; ›La tormenta‹, 1936; ›El desastre‹, 1938; ›El proconsulado‹, 1939; ›La llama‹, 1959).
Literatur: DeBEER, G.: J. V. and his world. New York 1966. – ROBLES, M.: Entre el podery las letras. V.: en sus memorias. Mexiko 1989.

Vašek, Vladimír [tschech. 'vaʃɛk], tschech. Lyriker, ↑ Bezruč, Petr.

Vasilev, Orlin, bulgar. Schriftsteller, ↑ Wassilew, Orlin.

Vasil'ev, Boris L'vovič, russ. Schriftsteller, ↑ Wassiljew, Boris Lwowitsch.

Vasilevskaja, Vanda L'vovna, poln. Schriftstellerin, ↑ Wasilewska, Wanda.

Vassilikọs (tl.: Bassilikos), Vassilis, * Kavala 18. Nov. 1933, neugriech. Erzähler. – Studierte Jura in Saloniki und Regie in New York; führte in jungen Jahren neue Prosaströmungen ein; behielt auch später das kämpfer. Element und die kompromißlose Offenheit bei; lebte zur Zeit der Militärjunta im Exil (Paris, London, Rom); bes. bekannt wurde er durch die Verfilmung seines Romans ›Z‹ (1966, dt. 1968) unter dem Titel ›Z, die Anklage eines polit. Mordes‹.
Weitere Werke: Ta poiēmata (= Gedichte, 1948–50), To silo (= Silo, R., 1950), Hē diēgesē tu Jasona (= Jasons Erzählung, E., 1953), Stē

phylakē tōn Philippōn (= Im Gefängnis von Philippi, Dr., 1953), Psēphides (= Mosaiksteinchen, 1955), To phyllo, to pēgadi, t' angeliasma (= Das Blatt, der Brunnen, das Engelwerden, R., 1961, dt. u. d. T. ›Griech. Trilogie‹, 1966), Mythologia tēs Amerikēs (= Mythologie Amerikas, Reiseber., 1964), Hoi phōtographies (= Die Photographien, R., 1964, dt. 1972), Mesa stē nychta tēs Asphaleias (= In der Nacht der Sicherheitspolizei, Ged., 1967), Laka-Suli (Ged., 1968), Pascha stus Gargalianus (= Ostern in Gargaliani, Prosa, 1968), Hypothēkes Pap – Pat (= Vermächtnis Pap(adopulos) – Pat(takos), Prosa, 1968), Bella Ciao (Ged., 1970), To psarotupheko (= Die Harpune, Nov.n, 1971), Hē doloktonia (= Der Meuchelmord, R., 1971), Hēlie mu, Artaxerxē mu (= Meine Liebe, liebster Artaxerxes, Ged., 1971), Kapheneion Emigrec (= Cafè Emigrec, Prosa, 1971), To magnētophōno (= Das Tonband, En., 2 Bde., 1971/72), Fifty-fifty (En., 1972), Se gnōrizō apo tēn kopsē ... (= Ich erkenne dich an der Schwertschneide ..., En., 1972), Hē dikē tōn hex (= Der Prozeß der Sechs, Prosa, 1973), Ho monarchēs (= Der Monarch, R., 1973), To hēmerologio tu Z (= Das Tagebuch von Z, R., 1974), Glaukos Krassakis (R., 3 Bde., 1974/75), Anamnēseis apo ton Cheirōna (= Erinnerungen an Chiron, En., 1975), To nero (= Das Wasser, R., 1977), Hoi Rembetes (= Die Rebeten, En., 1977), Hē phloga tēs agapēs (= Die Flamme der Liebe, R., 1978), To brachioli (= Das Armband, R., 1979), To gramma tēs agapēs (= Der Liebesbrief, R., 1979), Mathēma anatomias (= Anatomiestunde, R., 1980), Ho tromeros mēnas Augustos (= Der schreckl. Monat August, Trag., 1980), K. (R., 1992).
Literatur: DIMTSIA, S.: Die Trilogie von V. V. ›To phyllo, to pēgadi, t'angeliasma‹. Erzählstrukturen u. Aussage. Amsterdam u. Bochum 1983.

Vasyl'čenko, Stepan Vasyl'ovyč, ukrainisch-sowjetischer Schriftsteller, ↑ Wassyltschenko, Stepan Wassyljowytsch.

Vaszary, Gábor von [ungar. 'vɔsɔri], * Budapest 7. Juni 1897, † Lugano 22. Mai 1985, ungar. Schriftsteller. – Lebte seit 1961 in der Schweiz. Erfolgreicher ironisch-humorist. Romancier, in dessen geschickt gebauten, flüssig erzählten Romanen eine aus Leichtsinn, Lebensfreude, Melancholie und Romantik gemischte Stimmung vorherrscht; schrieb auch in dt. Sprache.
Werke: Monpti (R., 1934, dt. 1936), Sie (R., 1935, dt. 1938), Wenn man Freunde hat (R., 1940, dt. 1942), Mit 17 beginnt das Leben (R., 1943, dt. 1955), Heirate mich, Chéri (R., 1956), Kuki (R., 1963), Das Feigenblatt. Erlesene Plaudereien über die Liebe (1984).

Väterbuch (Buch der Väter), Ende des 13. Jh. entstandene, dem Verfasser des ›Passionals‹ zugeschriebene mhd. Legendensammlung (über 41 000 Verse) über das Leben der ersten christl. Mönche und Einsiedler; geht im wesentl. auf die ›Legenda aurea‹ des Jacobus a Voragine zurück. Vergleichbare Zusammenstellungen sind auch im Rahmen anderer volkssprachl. Literaturen des MA überliefert.
Ausgabe: Das Buch der Väter. Hg. v. K. REISSENBERGER. Bln. 1914.

Vatsyāyan, Saccidānand Hīrānand [vats'ja:jan], genannt Ajñeya, anglisiert Agyeya, * Kasiya 7. März 1911, † Neu-Delhi 4. April 1987, ind. Dichter. – V., der in Hindī Gedichte, Romane (u. a. ›Apne, apne ajñabi‹, 1961, engl. Übers. 1967 u. d. T. ›To each his stranger‹) und Essays zur Literaturtheorie verfaßte, versuchte ind. Geisteswelt mit der westl., individualist. Denkweise zu verbinden. Seine Stärke liegt in der Sprachbehandlung und der Selbstreflexion vor dem Hintergrund sozialer und polit. Themen.
Ausgaben: Selected poems from Agyeya. Engl. Übers. Hg. v. V., S. u. L. NATHAN. New York 1969. – More poems by Agyeya. Engl. Übers. Hg. v. V., S. u. L. NATHAN. New York 1969. – Ajneya: Unterwegs zum Fluß. Übers. u. hg. v. L. LUTZE u. R. KIMMIG. Freib. 1986.

Vātsyāyana Mallanāga [vats'ja:jana mala'na:ga], Verfasser des ↑ ›Kāmasūtra‹.

Vaudeville [vodə'vi:l; frz.], seit dem 15. Jh. Bez. umstrittenen Ursprungs für ein populäres Lied in Frankreich, dessen kompositor. Besonderheit im 16. Jh. auch für das prot. Kirchenlied modellbildend wurde. Seit etwa 1640 Lieder und Liedeinlagen in den Stegreifstücken der italien. Komödianten in Paris, dann auch die Stücke selbst. Das V. war zwischen etwa 1700 und 1750 die Hauptform des frz. Singspiels und wurde v. a. als Zeitkritik und Satire auf dem Pariser Jahrmarktstheater (Théâtre de la foire) gepflegt. Um 1765 wurde es von der Opéracomique weitgehend verdrängt, wobei man nun statt einer Zusammenstellung vorhandener populärer Lieder die Neukomposition für das jeweilige Stück bevorzugte. Die V.-Komödie (Comédie-V.) erlebte ihre Glanzzeit in der 2. Hälfte des 19. Jh. in Frankreich, v. a. durch E. Labiche, der rund 100 V.s schrieb, u. a. ›Der Florentinerhut‹ (1851, dt. nach 1856). – V. hießen auch die in der Opéra-comique am Schluß übl. stroph. Rundgesänge auf populäre Melodien; dies wurde u. a. von Mozart im Singspiel ›Die Entführung aus dem Serail‹ (1782) übernommen. – V. war schließlich in den USA seit 1865 eine Gattung und zugleich eine Institution des unterhaltenden Musiktheaters mit Musik, Tanz, Akrobatik und Zirkusnummern.

Literatur: MATTHES, L.: V. Unterss. zu Gesch. u. literatursystemat. Ort einer Erfolgsgattung. Hdbg. 1983. – GIDEL, H.: Le v. Paris 1986.

Vaugelas, Claude Favre, Baron de Pérouges, Seigneur de [frz. vo'ʒlɑ], * Meximieux (Ain) 6. Jan. 1585, † Paris 26. Febr. 1650, frz. Grammatiker. – 1634 Mitglied der Académie française; wurde 1635 mit der Planung des Wörterbuchs der Akademie betraut; mit seinen ›Remarques sur la langue française‹ (1647 in Auszügen, vollständig hg. 1738) übte er außerordentl. Einfluß auf die Autoren und den allgemeinen Sprachgebrauch seiner Zeit aus.

Ausgabe: C. V. Remarques sur la langue française. Hg. v. J. STREICHER. Paris Neuaufl. 1934.
Literatur: Commentaires sur les ›Remarques ...‹ de V. Hg. v. J. STREICHER. Paris 1936. 2 Bde. – BLOCHWITZ, W.: V.' Leistung f. die frz. Literatur. In: Beitrr. zur Roman. Philologie 7 (1969), S. 101. – AYRES, W. M.: V. and the development of the French language. Theory and practice. Diss. Oxford 1983.

Vaughan, Henry [engl. vɔːn], * Newton-by-Usk (Brecknockshire, Wales) 17. April 1622, † ebd. 23. April 1695, walisisch-engl. Dichter. – Kämpfte im Bürgerkrieg für die Royalisten; ab 1655 Landarzt in Wales. Nach frühen weltl. Gedichten schrieb er, in der Nachfolge von G. Herbert und unter dem Einfluß der von seinem Zwillingsbruder Thomas V. († 1666) betriebenen hermet. Philosophie, mystisch-meditative und visionäre Lyrik (bes. ›Silex scintillans‹, 1650), die im Irdischen die okkulte Entsprechung des Ewigen sieht und die ihn zu einem Hauptvertreter der ↑ Metaphysical poets machte.

Weitere Werke: Poems, with the tenth satire of Junvenal Englished (Ged., 1646), Olor Iscanus (Ged., 1651), The mount of olives (Prosa, 1652), Thalia rediviva (Ged., 1678).

Ausgaben: H. V. Works. Hg. v. L. C. MARTIN. Oxford ²1957. 2 Bde. – H. V. Works. Hg. v. A. RUDRUM. Harmondsworth 1976.
Literatur: HUTCHINSON, F. E.: H. V. London 1947. Korrigierter Neudr. Oxford 1962. – FRIEDENREICH, K.: H. V. Boston (Mass.) 1978. – RUDRUM, A.: H. V. Cardiff 1981. – POST, J. F. S.: H. V. The unfolding vision. Princeton (N. J.) 1982.

Vauquelin de La Fresnaye, Jean [frz. voklɛ̃dlafrɛ'nɛ], * La Fresnaye-au-Sauvage (Orne) 1536 (1535?), † Caen 1606, frz. Schriftsteller. – Bekleidete nach dem Jurastudium verschiedene hohe öffentl. Ämter. Bewunderer P. de Ronsards; begann mit bukol. Gedichten im Stil der Pléiade, schrieb dann auch Satiren; auf Geheiß Heinrichs III. entstand zwischen 1574 und 1605 sein ›Art poétique‹ (gedr. 1605), eine Versschule nach den Regeln der Pléiade, deren extremen Ansichten, v. a. ihrer Ablehnung der mittelalterl. Dichtung, V. de La F. jedoch nicht folgte.

Ausgabe: J. V. de la F. Les diverses poésies. Hg. v. J. TRAVERS. Caen 1869–72. 3 Bde.

Vauthier, Jean [frz. vo'tje], * Grâce-Berleur (heute zu Grâce-Hollogne, Prov. Lüttich) 20. Sept. 1910, † Paris 5. Mai 1992, frz. Dramatiker. – Studierte an der Kunsthochschule von Bordeaux, Zeichner, dann Schriftsteller; sein Drama ›Kapitän Bada‹ (1952, dt. 1961) steht am Beginn der Ära des neuen Theaters in Frankreich. V. behandelte mit Vorliebe in seinen ›Antistücken‹ den Schaffensprozeß des Dichters; später z. T. vom elisabethan. Drama beeinflußt; Bearbeitungen von Shakespeare-Stücken; schrieb auch Hörspiele. Erhielt 1984 den Grand prix du théâtre der Académie française.

Weitere Werke: L'impromptu d'Arras (Dr., 1951), Die neue Mandragora (Dr., 1953, dt. EA 1963), Le tramway (Dr., 1954), Fortissimo (Dr., 1955, dt. 1961), Verwandlung (Dr., 1958, dt. 1961), Der Träumer (Dr., 1960, dt. 1961), Les abysses (Dr., 1963), Le sang (Dr., 1970), Le massacre à Paris (Dr., 1972; nach Ch. Marlowe), Ton nom dans le feu des nuées, Élisabeth (Dr., 1976).
Literatur: ABIRACHED, R.: J. V. Paris 1973.

Vauvenargues, Luc de Clapiers, Marquis de [frz. vov'narg], * Aix-en-Provence 6. Aug. 1715, † Paris 28. Mai 1747, frz. Schriftsteller. – Offizier; mußte nach Teilnahme an den Feldzügen in Italien (1734) und Böhmen 28jährig aus Gesundheitsgründen seinen Abschied vom Militär nehmen; führte von da an, belastet von Krankheiten und Vermögensschwierigkeiten, ein zurückgezogenes Leben; ab 1745 in Paris, Freundschaft mit Voltaire. Sein wenig umfangreiches Werk, das zu Lebzeiten des Autors nur mäßigen Beifall fand, umfaßt hpts. aphorismenartige Reflexionen über die Natur des Menschen und ist Ausdruck einer stoischen, Vernunft und Verstand argwöhnisch gegenüberstehenden, im ganzen jedoch optimist. und tief moral. Weltanschauung. V. gilt als einer der größten frz. Moralisten mit nachhaltigem Einfluß auf F. Nietzsche.

Werke: Einleitung zur Kenntnis des menschl. Geistes (1746, dt. 1815), Betrachtungen und Maximen (1746, im Anhang zu: Einleitung zur Kenntnis des menschl. Geistes, dt. 1906).
Ausgaben: V. Große Gedanken entspringen im Herzen. Dt. Übers. Hg. v. W. Kraus. Wien u. Stg. 1954. – Œuvres complètes de V. Hg. v. H. Bonnier. Paris 1968. 2 Bde.
Literatur: Rabow, H.: Die zehn Schaffensjahre des V. 1737–1747. Bln. 1932. Nachdr. Nendeln 1967. – Durand, L.: De C., marquis de V., et son temps. Cavaillon 1970. – Fine, P. M.: V. and La Rochefoucauld. Diss. Columbia University New York 1972. – Lainey, Y.: Les valeurs morales dans les écrits de V. Paris 1975.

Važa-Pšavela ↑ Wascha-Pschawela.

Vazov, Ivan Minčov, bulgar. Schriftsteller, ↑ Wasow, Iwan Mintschow.

Veda [sanskr. = Wissen], ältere Literatur des Hinduismus. Die Texte teilen sich in vier Gruppen, die zu den Schulen des ›Rgveda‹, des ›Yajurveda‹, des ›Sāmaveda‹ und des ›Atharvaveda‹ gehören (↑ auch indische Literaturen). Früheste Lieder könnten bis ins 12. Jh. v. Chr. zu datieren sein. Fast alle der ältesten Texte, die in den sog. Sammlungen (›samhitā‹) zusammengefaßt sind, fanden einst Verwendung bei liturg. Anlässen. Die zu rezitierenden oder zu singenden Verse (›mantra‹) oder Sprüche (›yajus‹) wurden in den ›Brāhmaṇas‹ und ›Āraṇyakas‹ teils erweitert, teils erklärt. Die höchste Form der Exegese bilden die alten ›Upanischaden‹, die den V. beschließen und teils aus dem 6. Jh. v. Chr. stammen. Der V. ist heute noch ein Fundament des Hinduismus, auch wenn sich schon in vorchristl. Zeit viele Gruppen davon abgewandt haben, v. a. weil er in

einer archaischen Sprache zwar in jahrelangem Mühen auswendig zu lernen ist, aber sich häufig dem Verständnis entzieht. Die zum V. gehörenden Opfer werden von spezialisierten Brahmanen immer noch, wenn auch in großen Abständen, vollzogen. Sie erhöhen die gesamte Stellung des Opferherrn und sollten ihm nach dem Tod ein Weiterleben unter den Göttern ermöglichen.

Literatur: Bergaigne, A. H.: La religion vedique d'après les hymnes du Rig-V. Paris 1878–97. 4 Bde. – Keith, A. B.: The religion and philosophy of the V. and Upanishads. London u. Cambridge (Mass.) 1925. 2 Bde. – Hillebrandt, A.: Ved. Mythologie. Breslau ²1927–29. 2 Bde. – Dandekar, R. N.: Vedic bibliography. Bombay 1946–85. 4 Bde. – Tsuji, N.: Existent Yajurveda literature. Tokio 1970. – Gonda, J.: Vedic literature. Wsb. 1975. – Oldenburg, H.: Religion des V. Essen 1983.

vedische Literatur ↑ indische Literaturen.

Veen, Adriaan van der [niederl. ve:n], * Venray 16. Dez. 1916, niederl. Schriftsteller. – Redakteur; zunächst stark vom Surrealismus beeinflußt; beschäftigt sich immer wieder mit dem Verhältnis des einzelnen zur Gesellschaft; seine späteren großen Romane zeigen starken Einfluß amerikan. Autoren.

Werke: Geld speelt de groote rol (En., 1938), Wij hebben vleugels (R., 1946), Het wilde feest (R., 1952), De man met de zilveren hoed (R., 1957), Doen alsof (R., 1960), En idealist (R., 1965), Kom mij niet te na (R., 1968), Vriendelijke vreemdeling (R., 1969), Blijf niet zitten waar je zit (R., 1972), In liefdesnaam (R., 1975), Niet meer bang zijn (R., 1980), Zwijgen of spreken (R., 1983).

Vega, Garcilaso de la [span. 'beɣa], span. Dichter, ↑ Garcilaso de la Vega.

Vega, Ventura de la [span. 'beɣa], eigtl. Buenaventura José María Vega y Cárdenas, * Buenos Aires 14. Juli 1807, † Madrid 29. Nov. 1865, span. Schriftsteller. – Sekretär und Lehrer Isabellas II.; klassizist. Lyriker und Dramatiker, der v. a. mit seiner Komödie ›El hombre de mundo‹ (1845) sehr erfolgreich war; Bühnenwirksamkeit, gefällige Verstechnik und subtile Charakterzeichnung kennzeichnen seine Komödien und Singspiele, die oft eine moralische Tendenz aufweisen.

Weitere Werke: Don Quijote de la Mancha en Sierra Morena (Kom., 1832), Don Fernando de

Antequera (Dr., 1847), La muerte de César (Trag., 1863), Obras poéticas (Ged., hg. 1866).

Vega Carpio, Lope Félix de [span. 'beɣa 'karpi̯o] (Lope de Vega), * Madrid 25. Nov. 1562, † ebd. 27. Aug. 1635, span. Dichter. – Aus einfachen Verhältnissen; soll schon mit 12 Jahren Komödien geschrieben haben; studierte in Madrid und Alcalá de Henares; wurde wegen einer Liebesaffäre 1588 aus Madrid verbannt; heiratete 1588 zum erstenmal; nahm an der Expedition der Armada gegen England teil; lebte nach seiner Rückkehr 1589 in Valencia; 1590 Sekretär des Herzogs von Alba; ab 1596 wieder in Madrid; 1595 Tod seiner Frau; als Reisebegleiter in Italien; 1598 zweite Heirat und weitere Liebesaffären; nach dem Tod seiner zweiten Frau 1614 zum Priester geweiht; 1627 zum Johanniterritter ernannt. – V. C. war als bed. Lyriker und Begründer des nat. span. Theaters von außerordentl. Volkstümlichkeit. Neben Romanzen, Eklogen, Kanzonen, Sonetten u. a. stehen erzählende Werke wie der weitgehend autobiograph. Roman ›Dorothea‹ (1632, dt. 1828), Schäferromane, Verserzählungen u. a. Seine Hauptleistung liegt jedoch auf dem Gebiet des Dramas, v. a. in der Erfindung einer ausgeglichenen, spannungsreichen Handlung, deren bewegende Kräfte Ehre, Treue, Hingabe an das Königtum, span.-kath. Glaube und leidenschaftl. Liebe sind. Die Charaktere sind der Handlung untergeordnet, die Grenzen zwischen Rationalem und Irrationalem verwischt, der Handlungsablauf wird immer wieder durch unmittelbares Eingreifen übernatürl. Mächte beeinflußt. Typisch für V. C. ist die kom. Figur des Gracioso, der den Helden parodiert. Die Definition seiner Theaterpraxis gab V. C. in seiner Abhandlung ›Arte nuevo de hacer comedias en este tiempo‹ (1609), die für das span. Drama des 17. Jh. verbindlich wurde: Einteilung in drei Akte, Wechsel metr. Formen in Anpassung an den Inhalt (z. B. Zehnzeiler für Klagen, Sonette für Monologe, Redondillas für Liebesszenen), Freiheit vom Zwang der drei Einheiten, Mischung des Tragischen und Komischen, Sprachnuancierung nach Alter und Stand. Von den angeblich 1 500 Dramen des V. C. sind nur etwa 450 er-

Lope Félix de Vega Carpio (Kupferstich von Jean de Courbes aus dem Jahr 1630)

halten: u. a. histor., religiöse, mytholog. Schauspiele, Komödien, die in adliger Gesellschaft spielenden Mantel-und-Degen-Stücke, Heiligenleben, Autos sacramentales.

Weitere Werke: Arkadien (Schäferroman, 1598, dt. 1827), La Dragontea (Epos, 1598), Der Richter von Zalamea (Dr., 1600, dt. 1887), El peregrino en su patria (R., 1604), Die Jüdin von Toledo (Dr., 1617, dt. 1920), Finea oder die kluge Närrin (Kom., 1617, dt. 1935), Loderndes Dorf (Dr., 1619, dt. 1960, 1935 u. d. T. Das brennende Dorf), Der Ritter vom Mirakel (Kom., 1621, dt. 1961), Der Ritter von Olmedo (Dr., ersch. zw. 1625 und 1630, dt. 1960), Der beste Richter ist der König (Schsp., 1635, dt. 1824), Die schlaue Susanne (Kom., hg. 1635, dt. 1941).

Ausgaben: L. de Vega. Obras. Hg. v. M. MENÉNDEZ Y PELAYO. Madrid 1890–1913. 15 Bde. Nachdr. Madrid 1963–72. 33 Bde. – L. de Vega. Obras dramáticas escogidas. Hg. u. bearb. v. E. J. MARTÍNEZ. Madrid 1934–36. 6 Bde. – L. de Vega. Ausgew. Werke. Dt. Nachdichtung. Emsdetten 1960–75. 9 Bde. – L. de Vega. Lírica. Hg. v. J. M. BLECUA. Madrid 1981.

Literatur: RENNERT, H. A.: The life of L. de Vega (1562–1635). Glasgow u. Philadelphia (Pa.) 1904. Nachdr. New York 1937. – VOSSLER, K.: L. de Vega u. sein Zeitalter. Mchn. ²1947. – MENÉNDEZ Y PELAYO, M.: Estudios sobre el teatro de L. de Vega. Hg. v. E. SÁNCHEZ REYES. Santander ²1949. 6 Bde. – ENTRAMBASAGUAS Y PEÑA, J. DE: Estudios sobre L. de Vega. Madrid ¹⁻²1958–67. 3 Bde. – LAPLANE, G.: L. de Vega, 1562–1635. Paris 1963. – ZAMORA VICENTE, A.: L. de Vega. Su vida y su obra. Madrid ²1969. – FERNÁNDEZ GÓMEZ, C.: Vocabulario completo de L. de Vega. Madrid 1971. 3 Bde. – L. de Vega. Hg. v. E. MÜLLER-BOCHAT. Darmst. 1975. – DRAKE, D. B./MADRIGAL, J. A.: Studies in the Spanish Golden Age. Cervantes y L. de Vega. Miami (Fla.) 1978. – FRIES, F. R.: L. de Vega. Ffm. ²1979. – YOUNG, R. A.: La figura del rey y la institución real en la comedia lopesca. Madrid 1979. – L. de Vega y los orígenes del teatro español. Hg. v. M. Criado de Val. Actas del 1⁰ congreso internacional sobre L. de Vega. Madrid 1981. – Rodríguez Baltanás, E. J.: ›Fuente Ovejuna‹ de L. de Vega. Barcelona 1984.

Vegesack, Clara (Klara) von ['fe:...], schwed.-dt. Schriftstellerin, † Nordström, Clara.

Vegesack, Siegfried von ['fe:...], * Gut Blumbergshof bei Valmiera (Livland) 20. März 1888, † Burg Weißenstein bei Regen 26. Jan. 1974, dt. Schriftsteller. – Aus balt. Adel; seit 1918 in Bayern ansässig; Geschichtsstudium; 1934–38 in der Emigration (zuerst in Schweden, später in Südamerika); hatte bes. Erfolg mit balt. Erzählungen und Romanen (›Balt. Trilogie‹: ›Blumbergshof‹, 1933; ›Herren ohne Heer‹, 1934; ›Totentanz im Livland‹, 1935; 1936 in 1 Bd. u. d. T. ›Die balt. Tragödie‹); verfaßte Gedichtbände und Kinderbücher; auch Dramatiker, Hörspielautor, Übersetzer.

Weitere Werke: Das fressende Haus (R., 1932), Das Kritzelbuch (Ged., En., 1939), Kleine Hausapotheke (Ged., En., 1944), Das Unverlierbare (Ged., 1947), Der letzte Akt (R., 1957), Tanja (En., 1959), Als Dolmetscher im Osten (Erinnerungen, 1965), Die Überfahrt (R., 1967). **Literatur:** Baumer, F.: S. von V. Heimat im Grenzenlosen. Eine Lebensbeschreibung. Heilbronn ²1988.

Veghe, Johannes ['fe:gǝ], * Münster (Westf.) um 1430, † ebd. 21. Sept. 1504, niederdt. geistl. Schriftsteller. – Trat in Münster den Brüdern vom gemeinsamen Leben bei, 1475 Rektor des Brüderhauses ›zum Springborn‹ in Münster. Führender Vertreter der Devotio moderna, der Humanismus und Mystik in seiner Haltung verband. Verfaßte allegor. Traktate und Predigten in meisterhafter und anschaul. Sprache.

Ausgaben: J. V. Lectulus noster floridus. Unser Blumenbettchen. Hg. v. H. Rademacher. Hiltrup 1938. – J. V. Wyngaerden der Seele. Aszetisch-myst. Schrift aus dem 15. Jh. Niederdt. Hg. v. H. Rademacher. Hiltrup 1940. **Literatur:** Junge, H.: J. V. Sprache, Stil, Persönlichkeit. Diss. Hamb. 1955 [Masch.].

Vehmas, Kerttu Elin [finn. 'vɛhmɑs], finn. Lyrikerin, † Vaara, Elina.

Veigelsberg, Hugó ['faɪ...], ungar. Schriftsteller, † Ignotus.

Veillon-Preis [frz. vɛ'jõ] (Charles-V.-P.), 1947 von dem schweizer. Indu-

striellen Charles Veillon (* 1900, † 1971) gestifteter internat. Literaturpreis, der seitdem jährlich an einen Roman in frz. Sprache, seit 1948 auch an einen Roman in italien. und seit 1953 zusätzlich an einen Roman in dt. Sprache verliehen wird; seit 1975 wird ein Europa-Essay-Preis verliehen.

Velatus, L., Pseudonym des dt. Philosophen und Schriftstellers Kurd † Laßwitz.

Velde, Anton van de [niederl. 'vɛldǝ], * Antwerpen 8. Juli 1895, † Schoten 21. Juni 1983, fläm. Schriftsteller und Kritiker. – Als Regisseur der fläm. Volksbühne ›Vlaamsch Volxtoneel‹ und Verfasser technisch moderner, expressionist. Schauspiele mit lyrisch-symbol. Haltung wurde er zum Erneuerer des fläm. Theaters nach dem 1. Weltkrieg. Aufsehen erregte sein nationales religiöses Drama ›Tijl I‹ (1925) über den fläm. Freiheitskampf; verfaßte auch erfolgreiche Kinderbücher und Romane.

Weitere Werke: De zonderlinge gast (Dr., 1924), Christoffel (Dr., 1924), Tijl II (Dr., 1930), Faust junior (Trag., 1932), Das Herz kämpft (R., 1936, dt. 1938), Fünf Musiker – ein Liebespaar (R., 1942, dt. 1943), Gott und das Gewürm (R., 1947, dt. 1951), Der Tag hat 24 Stunden (R., 1950, dt. 1953).

Veldeke, Heinrich von, † Heinrich von Veldeke.

Vélez de Guevara, Luis [span. 'beleθ ðe ɣe'βaɾa], * Écija im Juli 1579, † Madrid 10. Nov. 1644, span. Dichter. – Kämpfte als Soldat 1600–03 in Italien und Afrika; danach am Hof von Valladolid, 1605 in Madrid; starb verarmt. Verfasser des satir. Schelmenromans ›El diablo cojuelo‹ (1641), der durch die Bearbeitung von A. R. Lesage (›Der hinkende Teufel‹, 1707, dt. 1711) berühmt wurde; als Dramatiker in der Nachfolge Lope F. de Vega Carpios; seinen von über 400 Stükken sind nur rund 80 erhalten. Zu den bekanntesten gehören: ›Más pesa el rey que la sangre‹, ›Reinar después de morir‹ (über Inês de Castro) und ›La luna de la Sierra‹.

Literatur: Spencer, F. E./Schevill, R.: The dramatic works of L. V. de G. Berkeley (Calif.) 1937. – Holtz, U.: Der hinkende Teufel v. Guevara u. Lesage. Wuppertal-Elberfeld 1970. – Peale, C. G.: La anatomía de ‚El diablo cojuelo'. Deslindes del género anatomístico. Chapel Hill (N. C.) 1978.

Veličkov, Konstantin, bulgar. Schriftsteller und Politiker, ↑ Welitschkow, Konstantin.

Velleius Paterculus, Gaius (?), * um 20 v. Chr., ↑ nach 30 n. Chr., röm. Geschichtsschreiber. – Offizier, nahm u. a. ab 4 n. Chr. an den Feldzügen des Tiberius in Germanien und Pannonien teil. Er verfaßte ein Kompendium der röm. Geschichte bis 30 n. Chr. (2 Bücher; Buch 1 größtenteils verloren).
Ausgabe: C. V. P. Ex Historiae Romanae libris duobus quae supersunt. Hg. v. K. STEGMANN VON PRITZWALD. Neudr. Stg. 1965.
Literatur: KUNTZE, C.: Zur Darst. des Kaisers Tiberius u. seiner Zeit bei V. P. Ffm. u. a. 1984.

Vel'tman, Aleksandr Fomič, russ. Schriftsteller, ↑ Weltman, Alexandr Fomitsch.

Venantius Fortunatus (V. Honorius Clementianus F.), * bei Treviso um 530, ↑ Poitiers um 600, lat. christl. Dichter. – Unternahm Reisen nach Gallien und Germanien, Hofdichter am merowing. Hof, etwa ab 567 bei der hl. Radegunde in Poitiers, 599/600 dort Bischof. Sein literar. Werk lehnt sich formal an die Antike (v. a. Vergil) an. V. F. verfaßte Hymnen (›Pange, lingua‹, ›Vexilla regis prodeunt‹ u. a.), Elegien, Epigramme, Gelegenheitsgedichte, die ein lebendiges Bild der Zeit geben, lehrhafte Prosastücke und Heiligenviten.
Ausgabe: V. Honorius Clementianus F. Opera. Hg. v. F. LEO u. B. KRUSCH. In: Monumenta Germaniae historica. Scriptores. Auctores antiquissimi. Bd. 4. Bln. 1881–85. 2 Tle. Nachdr. Mchn. u. a. 1981. 2 Bde.
Literatur: TARDI, D.: Fortunat. Paris 1927. – BLOMGREN, S.: Studia Fortunatiana. Uppsala 1933–34. 2 Bde. – DRONKE, P.: Medieval Latin and the rise of European love-lyric. Oxford ²1968. 2 Bde.

Venesis (tl.: Benezēs), Elias, eigtl. Elias Mellos, * Ayvale (Anatolien) 4. März 1904, ↑ Athen 3. Aug. 1973, neugriech. Schriftsteller. – Verbrachte eine glückl. Kindheit im sagenumwobenen äol. Land an der kleinasiat. Küste und auf Lesbos; Verhaftung und Deportation als Folge der Niederlage der griech. Streitkräfte in Kleinasien, konnte nach 14 Monaten fliehen, siedelte später nach Athen um; 1925–57 Bankbeamter. V.

wurde schon 1928 durch seinen Roman ›Manolēs Lekas‹ bekannt. Mit seinem Antikriegsbuch ›To numero‹ (= Nummer 31328, 1931, dt. 1969) rückte er in die vorderste Linie der Autoren der 30er Jahre; wurde 1957 Mitglied der Athener Akademie. V.' Schilderung des Schicksals hilfloser, z. T. schwer geprüfter Menschen erreicht durch die lyrisch nuancierte Sprache vielfach myth. Dimensionen. Auch in seinen Erzählungen vom unsagbaren Leid seiner Helden ruft er immer wieder zu menschl. Verhalten auf.
Weitere Werke: Galēnē (= Ruhe, R., 1939, dt. 1963 u. d. T. Friede in att. Bucht), Aigaio (= Ägäis, En., 1941), Aiolikē gē (= Äolische Erde, E., 1943, dt. 1949), Anemoi (= Winde, En., 1944), Hōra polemu (= Stunde des Krieges, En., 1946), Exodos (= Exodus, Chronik, 1950), Archiepiskopos Damaskēnos (= Erzbischof Damaskinos, Biogr., 1952), Nikēmenoi (= Besiegte, En., 1953), Die Boten der Versöhnung (En., dt. 1958), Archipelagos (= Archipel, En., 1969), Ephtalu (En., 1972).
Literatur: KARANIKAS, A./KARANIKAS, H.: E. V. New York 1969.

Venevitinov, Dmitrij Vladimirovič, russ. · Lyriker, ↑ Wenewitinow, Dmitri Wladimirowitsch.

venezolanische Literatur, die Franziskaner Pedro de Aguado (↑ nach 1589) und Pedro Simón (* um 1574, ↑ 1630) gelten als früheste Chronisten Venezuelas. Der erste kreol. Historiograph war José de Oviedo y Baños (* 1671, ↑ 1738), Verfasser der barock stilisierten ›Historia de la conquista y población de la provincia de Venezuela‹ (1723). Unter dem Einfluß der europ. Aufklärung formulierte sich die Kritik an der span. Kolonialherrschaft. Die literarisch überragende Gestalt der Epoche der Freiheitskämpfe bis zum Beginn der Konsolidierung der Republik war A. Bello. Wie die Lyriker Fermín Toro (* 1807, ↑ 1865) und Rafael María Baralt (* 1810, ↑ 1860) blieb Bello dem Klassizismus verpflichtet, die Thematik einiger seiner Gedichte verweist jedoch auf ein neues Amerikabild. Den Übergang zur **Romantik** bezeichnet die subjektive, gefühlsbetonte Prosa der historisch-biograph. Essays von Juan Vicente González (* 1811, ↑ 1866). Aus der Gruppe der romant. Lyriker haben allein José Antonio Maitín (* 1804, ↑ 1874) mit seinen Naturschilderungen und Elegien und der bereits der Spätromantik angehörende J. A. Pérez Bonalde breitere Anerkennung gefunden. In der erzählenden Prosa herrschte seit der Romantik die Tendenz zur realist. Schilderung des Volkslebens vor, von der noch die Romane von Gonzalo Picón Febres (* 1860, † 1918) und Manuel Vicente Romero García (* 1865, † 1917) geprägt sind. Der **Modernismo** manifestierte sich v. a. in der nuancenreichen, preziösen Prosa der Romane von M. Díaz Rodríguez und der Erzählungen von Pedro Emilio Coll (* 1872, † 1947). Aus dem **Naturalismus** hingegen erwuchsen die zeitsatir. Romane von R. Blanco Fombona. Im Rahmen der allgemeinen Reaktion auf den Modernismo suchten die Mitglieder der sog. Generation von 1918 europ. Normen mit nat. Themen zu verbinden. Der bekannteste Lyriker dieser Gruppe war Andrés Eloy Blanco (* 1897, † 1955). R. Gallegos gab mit seinen z. T. lyrisch-realist. Romanen ein komplexes Bild des Landes. J. R. Pocaterra kritisierte aggressiv-ironisch die durch jahrzehntelange Diktatur korrumpierte bürgerl. Gesellschaft. T. de la Parra schilderte mit Proustscher Sensibilität die Dekadenz der Oberschicht. Mit der Rückkehr zahlreicher Emigranten nach dem Tod des Diktators J. V. Gómez (1935) setzten sich in starkem Maße **avantgardist. Tendenzen** (Ultraismo, Surrealismus u. a.) durch. Organ der Neuerer war die Zeitschrift ›Viernes‹, zu deren wichtigsten Mitarbeitern die Lyriker Ángel Miguel Queremel (* 1899, † 1939), José Ramón Heredia (* 1900, † 1948), Pablo Rojas Guardia (* 1909), Vicente Gerbasi (* 1913, † 1992) gehörten. Auch die Prosaschriftsteller experimentierten mit neuen Erzähltechniken; sie machten fast ausnahmslos die Strukturen der venezolan. Gesellschaft in ihrer geschichtl. Entwicklung sichtbar. Hervorzuheben sind Julio Garmendia (* 1898, † 1977), A. Arráiz, R. Díaz Sánchez, A. Uslar Pietri, M. Otero Silva, Guillermo Meneses (* 1911, † 1979). Die Verwendung von Umgangssprache und die Zuwendung zur Gestaltung der Alltagswelt und Probleme des modernen Caracas, die in den **späten 50er Jahren** – z. B. bei S. Garmendia – einsetzten, sind auch noch die

Merkmale der Literatur der Gegenwart. Zu den namhaftesten jüngeren Prosaautoren zählen: Adriano González León (* 1931), José Balza (* 1939), Luis Britto García (* 1940), Laura Antillano (* 1950). Die Tendenz der Verinnerlichung, die v. a. die Lyrik von Rafael Cadenas (* 1930), Silva Estrada (* 1933), Luis Alberto Crespo (* 1941) u. a. prägt, wird von jüngeren Lyrikern wie Rafael Arráiz Lucca (* 1959) zugunsten einer objektivist. Darstellungsweise abgelöst.

Literatur: USLAR PIETRI, A.: Letras y hombres de Venezuela. Caracas Neuaufl. 1958. – MEDINA, J. R.: Una visión de la literatura venezolana contemporánea. Santiago de Chile 1962. – AZPARREN GIMÉNEZ, L.: El teatro venezolano y otros teatros. Caracas 1978. – BECCO, H. J.: Fuentes para el estudio de la literatura venezolana. Caracas 1978. 2 Bde. – MEDINA, J. R.: Ochenta años de literatura venezolana (1900–1980). Caracas 1980. – LISCANO, J.: Panorama de la literatura venezolana actual. Caracas 1984. – VERA, E.: Flor y canto: 25 años de poesía venezolaná (1958–1983). Caracas 1985. – DÍAZ SEIJAS, P.: Historia y antología de la literatura venezolana. Caracas ^{5}1986. 2 Bde. – Diccionario general de la literatura venezolana. Hg. vom Instituto de Investigaciones Literarias Gonzalo Picón Febres. Mérida ^{2}1987. 2 Tle. – ARAUJO, O.: Narrativa venezolana contemporánea. Neuausg. Caracas 1988.

Vennberg, Karl Gunnar [schwed. ˌvɛnbærj], * Blädinge (Småland) 11. April 1910, schwed. Lyriker. – Einer der bedeutendsten Vertreter der schwed. Literatur der 40er Jahre (›40-tal‹). Die Gedichte dieser Zeit sind geprägt von tiefem Mißtrauen gegen herrschende Ideologien und jegl. Art von Metaphysik. Nach einem versöhnlicheren Zwischenspiel (1949) setzte V. seine bittere Zeitkritik fort, auch wenn seine Lyrik jetzt stärker nach innen gekehrt erscheint und Form und Bildsprache konzentrierter und dunkler wirken als vorher. Von 1960 an strebte er eine Synthese der verschiedenen Strömungen seiner Lyrik an, wobei iron. Skepsis und gleichzeitige, bisweilen religiös gefärbte Sehnsucht nach Versöhnung der Gegensätze deren herausragende Merkmale bleiben. Dies gilt größtenteils auch für die analyt., reflektor. Gedichte der Spätzeit. V., der sich immer stark politisch engagiert hat, ist auch als Übersetzer (F. Kafka, T. S. Eliot), Literaturkritiker und Essayist bedeutsam.

Werke: Hymn och hunger (Ged., 1937), Halmfackla (Ged., 1944), Tideräkning (Ged., 1945), Fiskefärd (Ged., 1949), Gatukorsning (Ged., 1952), Vårövning (Ged., 1953), Synfält (Ged., 1954), Vid det röda trädet (Ged., 1955), Tillskrift (Ged., 1960), Poesie (Ged., dt. Ausw. 1965), Sju ord på tunnelbanan (Ged., 1971), Vägen till Spånga Folkan (Ged., 1976), Visa solen ditt ansikte (Ged., 1978), Från ö till ö (Ged., 1979), Bilder I – XXVI (Ged., 1981), Dikter kring noll (Ged., 1983), Ein Gedicht ohne Gesellschaft (schwed. u. dt. 1986), På mitt samvete (Essays, 1987).
Ausgabe: K. V. Ein Gedicht ohne Gesellschaft. Schwedisch u. Dt. Hg. u. übersetzt v. A. CARLSSON. Eisingen 1986.
Literatur: LAGERLÖF, K. E.: Den unge K. V. Stockholm 1967.

Ventadorn, Bernart von [frz. vãta-'dɔrn], provenzal. Troubadour, † Bernart de Ventadour.

Verband deutscher Schriftsteller e. V. † Schriftstellerverbände.

Verbeeck, René [niederl. vər'be:k], * Wilsele 18. April 1904, † Mortsel 13. Nov. 1979, fläm. Dichter. – Gehörte zur Gruppe der christlich-humanistischen Expressionisten. Unter dem Einfluß H. Marsmans, dem er später eine Studie widmete (›De dichter H. Marsman‹, 1959), schrieb er seit den 30er Jahren vitalist. Liebeslyrik. Zwischen diesen beiden Polen bewegen sich auch seine späteren Gedichte.
Weitere Werke: De donkere bloei (Ged., 1930), De minnaars (Ged., 1935), De dwaze bruid (Ged., 1937), Tussen twee werelden (Ged., 1940), Van Eros tot Requiem (Ged., 1964), De zomer staat hoog en rijp (Ged., 1965), Het uur van de wesp (Ged., 1967), Van de zalige knoop van man en vrouw (Ged., 1971), Het meisje van Rochehaut (Ged., 1977).
Literatur: VREE, P. DE: R. V. Antwerpen 1974.

Vercammen, Jan [niederl. vər'kamə], * Temse 7. Nov. 1906, † Brügge 5. Aug. 1984, fläm. Dichter. – Während seine ersten Werke dem christlich-humanist. Expressionismus angehören, vollzog sich dann ein Wandel zu einem sozialist. Humanismus. Die Musikalität seiner Verse wird in seinen späteren Werken bisweilen zugunsten eines auffälligen Funktionalstils aufgegeben.
Werke: Eksode (Ged., 1929), Reven (Ged., 1931), Het doode kindje Eric (Ged., 1936), Volubile (Ged., 1939), De parelvisscher (Ged., 1946), Verbroken zegel (Ged., 1952), Tussen twee woestijnen (Ged., 1958), Het huis ten einde

(Ged., 1971), Verzamelde gedichten (1976), Ontgraven graan (Ged., 1984).
Literatur: DEMEDTS, A.: J. V. Antwerpen u. Amsterdam 1977.

Vercors [frz. vɛr'kɔ:r], eigtl. Jean Bruller, * Paris 26. Febr. 1902, † ebd. 10. Juni 1991, frz. Schriftsteller. – Elektroingenieur, Graphiker, ab 1942 Schriftsteller; Mitbegründer des Résistance-Verlags ›Les Éditions de Minuit‹; wurde bekannt durch die Erzählung aus der Zeit der dt. Besatzung ›Das Schweigen des Meeres‹ (1942, dt. 1945), die das dt.-frz. Verhältnis behandelt; schrieb neben weiteren von engagiertem Humanismus getragenen Novellen und Romanen auch Essays und Dramen.
Weitere Werke: La marche à l'étoile (R., 1943), Le songe (Nov., 1945), Waffen der Nacht (En., 1946, dt. 1949), Das Geheimnis der Tropis (R., 1952, dt. 1958), Sylva oder Wie der Geist über die Füchsin kam (R., 1961, dt. 1963), Zoo oder Der menschenfreundl. Mörder (Kom., 1964, dt. 1964), Le fer et le velours (Dr., 1969), Kielwasser (R., 1972, dt. 1977), Comme un frère (R., 1973), Ce que je crois (Essay, 1975), Les chevaux du temps (R., 1977), Cent ans d'histoire de France, 1862–1962 (3 Bde., 1981–84), Anne Boleyn (Essay, 1985, dt. 1986), Le tigre d'Anvers (R., 1986).
Literatur: KONSTANTINOVIĆ, R. D.: V., écrivain et dessinateur. Paris 1969.

Verdaguer i Santaló, Jacint [katalan. bərðə'ɣɛr i səntə'lo], * Folgarolas (Prov. Barcelona) 17. Mai 1845, † Vallvidrera (Prov. Barcelona) 10. Juni 1902, katalan. Dichter. – Priester, zeitweise Schiffskaplan; wurde v. a. bekannt durch sein Epos ›Atlantis‹ (1877, dt. 1897) über den Untergang des sagenhaften Atlantis; schrieb auch Heiligenlegenden und v. a. religiöse Lyrik; großartige Naturschilderungen, Bilderreichtum und Phantasie zeichnen seine Dichtung aus.
Weitere Werke: Der Traum des hl. Johannes (Dichtung, 1887, dt. 1909), Blumen vom Kalvarienberg (Ged., 1896, dt. 1904).
Literatur: ARBÓ, S. J.: La vida trágica de mosén J. V. Barcelona 1970. – CARNER, A.: La verdad sobre la vida y la tragedia de V. Barcelona 1971.

Verde, José Joaquim Cesário [portugies. 'verðə], * Lissabon 25. Febr. 1855, † ebd. 19. Juli 1886, portugies. Lyriker. – Philologiestudium; Kaufmann. Führte nach romantisch-parnass. Anfängen auch unter dem Einfluß Ch. Baudelaires realist. Stilelemente und Themen (Poetisierung des großstädt. Alltags, Sozialkritik) in die portugies. Dichtung des 19. Jh. ein. Sein Werk erschien postum (›O livro de C. V.‹, 1887).

Ausgaben: J. J. C. V. Poesie. Hg. v. P. Ceccucci. Perugia 1982. – J. J. C. V. Obra completa. Hg. v. J. Serrão. Neuausg. Lissabon 1988. **Literatur:** Serrão, J.: C. V. Lissabon ²1961. – Macedo, H.: Nós, uma leitura de C. V. Lissabon 1975.

Veres, Péter [ungar. 'vɛrɛʃ], * Balmazújváros 6. Jan. 1897, † Budapest 17. April 1970, ungar. Schriftsteller. – Stammte aus einer besitzlosen Kleinbauernfamilie, war selbst längere Zeit landwirtschaftl. Arbeiter. Als sozialkrit. Autor wurde er, ein Autodidakt, bereits in den 30er Jahren bekannt. Nach 1945 nahm er aktiv am polit. Leben, z. T. in hohen Funktionen, teil, bewahrte sich jedoch seine dichter. Identität. Das zentrale Thema seiner meist autobiograph. Werke ist das Leben des ostungar. Bauerntums und Agrarproletariats.

Werke: Számadás (= Rechenschaft, R., 1937), Die Knechte des Herrn Csatáry (En., 1951, dt. 1952), An der Strecke (E., 1951, dt. 1954), A Balogh család története (= Die Geschichte der Familie Balogh, R.-Trilogie, 1951–61; dt. Bd. 1 1954 u. d. T. Knechtschaft, Bd. 2 1958 u. d. T. Die Liebe der Armen). **Literatur:** Bata, I.: V. P. alkotásai és vallomásai tükrében. Budapest 1977.

Veresaev, Vikentij Vikent'evič, russ.-sowjet. Schriftsteller, ↑ Weressajew, Wikenti Wikentjewitsch.

Verfremdung, Begriff, der allgemein die Thematisierung der grundlegenden Distanz der künstler. poet. Realität zur Alltagsrealität bezeichnet. Er dient in der Literaturwiss. zur Kennzeichnung literar. Strömungen, in denen diese Distanz künstlerisch gesetzt wird: vom hochrhetor. ↑ Asianismus der Antike über den ↑ Manierismus, das ↑ Wiener Volkstheater bis zur modernen Lyrik oder zum ↑ absurden Theater. Im russ. ↑ Formalismus erscheint die V. (›ostranenije‹) als die überhaupt charakterist. Methode der Kunst. In B. Brechts Theorie vom ↑ epischen Theater soll der Schock des Nicht-Verstehens zum wirkl. Verstehen führen (V. als Negation der Negation). **Literatur:** V. in der Literatur. Hg. v. H. Helmers. Darmst. 1984. – Dunz, Ch.: Erzähltechnik u. V. Bern u. a. 1995.

Verfremdungseffekt (V-Effekt), Begriff, den B. Brecht in den 1930er Jahren zur Charakterisierung der dramaturg. Mittel der ↑ Verfremdung in seine Theorie vom ↑ epischen Theater einführte. Brecht verstand den V. als dramat. Möglichkeit der Dialektik, die der Aufdeckung gesellschaftl. Widersprüche dienen sollte. **Literatur** ↑ episches Theater.

Verga, Giovanni [italien. 'verga], * Aci bei Catania 31. Aug. 1840, † Catania 27. Jan. 1922, italien. Schriftsteller. – Studierte Jura in Catania, dann Schriftsteller und Journalist; lebte ab 1865 in Florenz, ab 1872 in Mailand, wo er zur ↑ Scapigliatura in Verbindung trat, zuletzt wieder (ab 1894) zurückgezogen in Sizilien. Hauptvertreter des Verismus, der italien. Spielart des europ. Naturalismus. Begann mit historisch-patriotischen Romanen (›I carbonari della montagna‹, 4 Bde., 1862), schrieb später z. T. autobiograph., psychologisch-realist. Romane, darunter ›Una peccatrice‹ (1866), sowie Novellen aus dem sizilian. Landleben (›Sicilian. Dorfgeschichten‹, 1880, dt. 1895; ›Sizilian. Novellen‹, 1883, dt. 1954), darunter ›Cavalleria rusticana‹, die von V. 1884 dramatisiert wurde und P. Mascagni als Opernlibretto diente. Von dem auf fünf Bände angelegten naturalist. Romanzyklus ›I vinti‹ sind nur ›Die Malavoglia‹ (1881, dt. 1945, 1940 u. d. T. ›Die Fischer‹) und ›Mastro-Don Gesualdo‹ (1889, dt. 1960, 1894 u. d. T. ›Meister Motta‹) erschienen.

Weitere Werke: Nedda (E., 1874), Ihr Gatte (R., 1882, dt. 1884), Der letzte Tag (En., dt. Ausw. 1987).

Giovanni
Verga

Ausgaben: G. V. Meisternovellen. Dt. Übers. Zü. 1955. – G. V. Opere. Hg. v. L. RUSSO. Mailand 1955. – G. V. Tutte le novelle. Hg. v. C. RICCARDI. Mailand 1979. – G. V. Tutto il teatro. Einf. v. N. TEDESCO. Mailand 1980. – G. V. Tutti i romanzi. Hg. v. E. GHIDETTI. Florenz 1983. 3 Bde. – G. V. Novelle. Hg. v. R. FEDI. Mailand 1986.
Literatur: CAPPELLANI, N.: V. Europeo. Florenz 1940–54. 3 Bde. – HEMPEL, W.: G. V.s Roman ›I Malavoglia‹ u. die Wiederholung als erzählte. Kunstmittel. Köln 1959. – SCARAMUCCI, I.: Introduzione a V. Brescia 1959. – VITI, G.: V. verista. Florenz 1961. – RAYA, G.: Bibliografia verghiana (1840–1971). Rom 1972. – LUPERINI, R.: V. e le strutture narrative del realismo. Rom 1976. – RAGONESE, G.: Interpretazione del V. Rom ²1977. – CECCHETTI, G.: G. V. Boston (Mass.) 1978. – BARBERI SQUAROTTI, G.: G. V. Le finzioni dietro il verismo. Palermo 1982. – BONGHI, G.: Guida all'analisi delle novelle di V. Foggia 1982. – BORSELLINO, N.: Storia di V. Rom u. Bari 1982. – MAZZACURATI, G.: G. V. Neapel 1985. – METER, H.: Figur u. Erzählauffassung im verist. Roman. Studien zu V., de Roberto u. Capuana vor dem Hintergrund der frz. Realisten u. Naturalisten. Ffm. 1986. – RAYA, G.: Vita di G. V. Rom 1990. – GHERARDUCCI, I./GHIDETTI, E.: Guida alla lettura di V. Florenz 1994.

Vergil

Vergil (Publius Vergilius Maro), * Andes (heute Pietole) bei Mantua 15. Okt. 70, † Brundisium (heute Brindisi) 21. Sept. 19 v. Chr., röm. Dichter. – Aus bäuerl. Milieu, erhielt V. eine sorgfältige Ausbildung, die ihn wohl auf die polit. Laufbahn vorbereiten sollte. In Rom, wo er Rhetorik studierte, regten ihn die Neoteriker zu ersten dichter. Versuchen an; in Neapel beschäftigte er sich mit der Philosophie Epikurs. Im Rahmen der Landkonfiskationen Oktavians zur Versorgung der Veteranen nach der Schlacht bei Philippi (42) verlor V.s Familie ihren Landbesitz, doch einflußreiche Freunde, darunter Asinius Pollio und C. Cornelius Gallus, sorgten für die Rückerstattung oder eine Entschädigung. Seither brachte V. Oktavian-Augustus besondere Verehrung entgegen. Etwa im Jahre 39 bildete sich der Dichterkreis um Maecenas, dem V. bis zum Ende seines Lebens angehörte. Die reifen Schaffensjahre verbrachte er meist zurückgezogen in Neapel oder auf Sizilien. Er erkrankte während einer Griechenlandreise und starb kurz nach der Rückkehr.

Die Jugendgedichte, d. h. einzelne Stücke der Sammlung ›Catalepton‹ (= etwa: Feingedrechselte Kleinigkeiten) zeigen V. als Anhänger Catulls. Alle übrigen in der sog. ›Appendix Vergiliana‹ vereinigten Dichtungen, darunter Meisterwerke wie das ›Moretum‹ (= Der Kräuterkloß) und die ›Copa‹ (= Die Schankwirtin), stammen, obwohl sie unter V.s Namen überliefert sind, von unbekannten zeitgenöss. oder späteren Autoren. Mit den zehn Hirtengedichten (›Bucolica‹, auch ›Eclogae‹ genannt, entst. 42–39) knüpfte V. an Theokrits Idyllen an; er schuf indes – statt wirklichkeitsnaher Schilderungen – eine eigentüml. Traum- oder Geistwelt, ein künstl. Reich der Harmonie, in das die feindl. röm. Gegenwart (der Bürgerkrieg, die Konfiskationen) sowie Reflexionen über den eigenen dichter. Weg verwoben sind. Die vierte Ekloge, eine dunkle Prophetie, die ein neues Zeitalter des Friedens verheißt, wurde in der christl. Tradition als Ankündigung des Heilands gedeutet.

Die ›Georgica‹, ein überaus kunstvoll komponiertes landwirtschaftl. Lehrgedicht in vier Büchern (entst. 39–29), sind durch ihren existenzdeutenden Anspruch der altgriech. Epik (bes. Hesiod) sowie Lukrez und durch ihren geschliffenen Stil der didakt. Poesie des Hellenismus verpflichtet. Sie stellen in je einem Buch den Ackerbau, die Baum-, die Vieh- und die Bienenzucht dar. Sie geben nur vor, nach Art eines Leitfadens fachmänn. Ratschläge zu erteilen; in Wahrheit wollen sie einem intellektuellen städt. Publikum das schwere, mühevolle Dasein der italischen Bauern und die

Ordnung der ländl. Welt begreiflich machen.

Der ›Aeneis‹, einem nat. Heldenepos in zwölf Büchern, fehlt die letzte Ausfeilung: Sie wurde gegen den Wunsch des sterbenden V. auf Weisung des Augustus von Varius Rufus veröffentlicht. Das äußere Geschehen hat trotz der größeren Konzentration homer. Zuschnitt: Die Irrfahrten der ersten Werkhälfte entsprechen der ›Odyssee‹, die Kämpfe der zweiten der ›Ilias‹. V.s Werk unterscheidet sich jedoch durch seinen Symbolgehalt von seinem griech. Vorbild. Denn die Handlung mit Aeneas, der allen inneren und äußeren Widerständen zum Trotz den göttl. Auftrag vollzieht, ist auf zweifache Weise transparent: Der Held hat archetyp. Bedeutung, er ist ein ideales Paradigma für den Römer schlechthin und zumal für Augustus; seine Tat aber, die Ansiedlung der überlebenden Trojaner in Latium, hat den Grund für den röm. Staat, für das von Augustus neugeordnete Weltreich gelegt. Der Mythos dient somit als Gewand für den Versuch, die Gegenwart historisch-politisch zu deuten; er ist Chiffre für das röm. Sendungsbewußtsein im Kulminationspunkt der nat. Geschichte.

V., der sofort zum Schulautor wurde, war, solange Europa unter der geistigen Vorherrschaft der lat. Sprache und Literatur stand – von der röm. Kaiserzeit bis zum Barock –, fester Besitz aller Gebildeten und höchster Maßstab für große Dichtung. Die Epik des 1. Jh. n. Chr. (Lukan, Publius Papinius Statius u. a.) entfaltete sich in ständiger Auseinandersetzung mit der ›Aeneis‹. Die Spätantike legte durch ihre V.-Handschriften und V.-Kommentare (Aelius Donatus, Servius u. a.) den Grund für die weitere Entwicklung. Den Heiden galt der Dichter damals als universale Quelle des Wissens, als Inbegriff der eigenen kulturellen Tradition (Macrobius); die Christen (Iuvencus, Prudentius Clemens, Avitus [5./6. Jh.], Venantius Fortunatus [6. Jh.] u. a.) bedienten sich v. a. seiner Formensprache, als sie die bibl. und hagiograph. Dichtung, zwei fundamentale Gattungen der christl. Ära, begründeten. Die volkstüml. Überlieferung des Mittelalters machte V. zum Zauberer, um den sich

allerlei Wundererzählungen rankten. Die literar., sei es lat., sei es volkssprachl. V.-Rezeption ist in ihren Ausmaßen schwer überschaubar; sie erlebte in karoling. Zeit, im Hoch- und Spätmittelalter (Dante) und während der italien. Renaissance (T. Tasso) ihre wichtigsten Höhepunkte. Erst die engl. Präromantik, der Sturm und Drang und die dt. Klassik erkannten dem ›Vater des Abendlandes‹ (Th. Haecker) zugunsten Homers die bisherige Vorrangstellung ab.

Ausgaben: V. Georgica. Hg. v. W. RICHTER. Mchn. 1957. – Appendix Vergiliana. Hg. v. W. V. CLAUSEN u. a. Oxford 1966. – V. Bucolica, Georgica, Aeneis. Dt. Übers. v. R. A. SCHRÖDER. Mchn. 1976. – The Aeneid of Virgil. Hg. v. R. D. WILLIAMS. New York 1980. 2 Bde. – V. Landleben. Bucolica, Georgica, Catalepton u. Viten. Lat. u. dt. Hg. v. J. GÖTTE u. a. Mchn. [4]1981. – V. Aeneis. Lat. u. dt. Hg. v. J. u. M. GÖTTE. Mchn. [6]1983. – Publius Vergilius Maro. Aeneis. Buch 6. Lat. u. dt. Hg. v. E. NORDEN. Stg. [8]1984. – P. Vergilius M. Aeneis. 1. u. 2. Buch. Lat.-dt. Hg. v. E. u. G. BINDER. Stg. 1994.

Literatur: Allgemeines: OTIS, B.: Virgil, a study in civilized poetry. Oxford 1964. – PERRET, J.: Virgile. Paris Neuaufl. 1965. – KLINGNER, F.: V. Bucolica, Georgica, Aeneis. Mchn. 1967. – HAECKER, TH.: Werke. Bd. 5: V., Vater des Abendlandes. Mchn. 1967. – NORDEN, E.: Die Geburt des Kindes. Gesch. einer religiösen Idee. Lpz. 1924. Nachdr. Darmst. u. Stg. 1969. – SCHMIDT, ERNST A.: Poet. Reflexion. V.s Bukolik. Mchn. 1972. – PÖSCHL, V.: Die Dichtkunst Virgils. Bild u. Symbol in der Äneis. Bln. u. New York [3]1977. – Wege zu V. Hg. v. H. OPPERMANN. Darmst. Neuaufl. 1981. – HEINZE, R.: Virgils ep. Technik. Stg. [7]1982. – RIEKS, R.: V. – klass. Vermächtnis u. aktuelle Herausforderung. In: Universitas 6 (1984), S. 663. – GRIMAL, P.: V. Mchn. u. Zü. 1987. – FARRON, S.: V.'s Aeneid. Leiden u. a. 1993. – GARRISON, D. H.: The language of Virgil. Neuausg. New York 1993. – GIEBEL, M.: V. Rbk. 13.–15. Tsd. 1994. – **Wirkungsgeschichte:** ZABUGHIN, V.: Vergilio nel rinascimento italiano da Dante a Torquato Tasso. Bologna 1921–23. 2 Bde. – LOHMEYER, H.: V. im dt. Geistesleben bis auf Notker III. Bln. 1930. Nachdr. Nendeln 1967. – SPARGO, J. W.: Virgil the necromancer. Studies in Virgilian legends. Cambridge (Mass.) 1934. – COMPARETTI, D.: Virgilio nel medio evo. Hg. v. G. PASQUALI. Florenz Neuausg. 1937–41. 2 Bde. – TERVARENT, G. DE: Présence de Virgile dans l'art. Brüssel 1967. – 2000 Jahre V. Hg. v. V. PÖSCHL. Wsb. 1983.

Vergleich, rhetor. Figur zur Steigerung der Anschaulichkeit einer Aussage. Zumeist mit Hilfe von Vergleichswörtern (so – wie) wird zwischen zwei Wirklichkeitsbereichen, die in einem Punkt, dem sog. Tertium comparationis, eine Übereinstimmung aufweisen müssen, eine verdeutlichende Beziehung hergestellt. Damit kann eine Erweiterung der Bedeutung einer Aussage erreicht werden, eine Möglichkeit, die sich bes. die Lyrik und die Epik zunutze machen. So dienen der V.e ›sein Gesicht leuchtete wie die Sonne‹ oder ›und Träume schlagen so die Augen auf/wie kleine Kinder unter Kirschenbäumen‹ (H. von Hofmannsthal, ›Terzinen über Vergänglichkeit‹, 1894) oder ›rauscht die Erde wie in Träumen‹ (J. von Eichendorff, ›Der Abend‹) nicht nur der Veranschaulichung von Eigenschaften oder Vorgängen, sie eröffnen auch neue Dimensionen einer Aussage. Wird ein V. – bes. im Epos – breiter ausgeführt, so spricht man von einem ↑Gleichnis, während eine ↑Parabel als selbständig ausgemalter V. zu verstehen ist.

Literatur: MACCALL, M. H.: Ancient rhetorical concepts of simile and comparism. Diss. Harvard University Cambridge (Mass.) 1965.

vergleichende Literaturwissenschaft (komparative Literaturwissenschaft, Komparatistik), eine Spezialdisziplin der Literaturwiss., deren Aufgabenfeld im Vergleich der einzelnen Nationalliteraturen im Rahmen der Weltliteratur liegt. Erforscht werden die Wechselbeziehungen, Gemeinsamkeiten und Unterschiede zwischen den Nationalliteraturen. Außerdem widmet sich die v. L. u. a. der Stoff- und Motivgeschichte, der Ermittlung von Einflüssen und Nachwirkungen in Einzeldichtungen und bei bestimmten Dichtern, sie beschäftigt sich mit der Form- und Gattungsgeschichte, mit Epochenparallelen und internat. Strömungen, mit internat. Literaturkritik und mit Fragen der ↑Rezeption. – V. L. findet sich seit der Antike z. B. bei der Rezeption der griech. Literatur durch die Römer. Ansätze zu einer Systematisierung und methodolog. Grundlegung wurden durch die Romantiker entwickelt. – Lehrstühle für v. L. wurden erst nach dem 2. Weltkrieg eingerichtet.

Literatur: KAISER, G. R.: Einf. in die v. L. Darmst. 1980. – V. L. Theorie u. Praxis. Hg. v. M. SCHMELING. Wsb. 1981. – ZIMA, P. V.: Komparatistik. Einf. in die v. L. Tüb. 1992. – Internat. Forsch. zur allg. u. v. L. Amsterdam 1993 ff. (Schrr.-Reihe).

Verhaeren, Émile [frz. vɛraˈrɛn, niederl. vərˈhaːrə], * Sint-Amands (Antwerpen) 21. Mai 1855, † Rouen 27. Nov. 1916 (Eisenbahnunglück), belg. Dichter. – Jurastudium in Löwen; 1881 Anwalt in Brüssel, wandte sich bald ganz der Literatur und Kunstkritik zu; Mitbegründer der Bewegung um die Zeitschrift ›La Jeune Belgique‹; lebte abwechselnd in Belgien und Frankreich. Gilt als der bedeutendste französischsprachige belg. Lyriker. Er begann mit derben, realist. Gedichten über seine fläm. Heimat (›Les Flamandes‹, 1883) und Versen in der Art der Parnassiens; ihnen folgten, als Ausdruck einer schweren inneren Krise, Sammlungen sensibler, z. T. halluzinator. symbolist. Gedichte: ›Les soirs‹ (1888), ›Les débâcles‹ (1888), ›Les flambeaux noirs‹ (1890), ›Les apparus dans mes chemins‹ (1891). Wurde nach seiner Hinwendung zur Gegenwart und zum Sozialismus mit von W. Whitman beeinflußten Gedichten in hymnisch-pathetischen freien Versen (Vers libres) zum lebensbejahenden ›Sänger des Maschinenzeitalters‹ (›Les villes tentaculaires‹, 1895, dt. Ausw. 1911 u. d. T. ›Die Großstadt lauert‹; ›Les forces tumultueuses‹, 1902). V. war auch Dramatiker und Kunstkritiker. Er setzte sich bes. für Frieden und Völkerfreundschaft ein und war mit S. Zweig befreundet.

Émile
Verhaeren

Weitere Werke: Les moines (Ged., 1886), Die geträumten Dörfer (Ged., 1895, dt. 1911), Die Stunden (Ged.-Trilogie, 1896–1911, dt. 1912), Die Morgenröte (Dr., 1898, dt. 1925), Die Gesichter des Lebens (Ged., 1899, dt. 1911), Das Kloster (Dr., 1900, dt. 1910), Philipp II. (Dr., 1901, dt. 1910), Toute la Flandre (Ged., 5 Bde., 1904–11), Rembrandt (Schrift, 1905, dt. 1912), Die hohen Rhythmen (Ged., 1910, dt. 1912), Rubens (Schrift, 1910, dt. 1913), Les flammes hautes (Ged., hg. 1917).

Ausgaben: É. V. Œuvres. Paris 1912–30. 3 Bde. Nachdr. Genf 1977. – É. V. Ausgew. Gedichte. Nachdichtung v. S. ZWEIG. Lpz. ³1923.
Literatur: JONES, P. M.: É. V. A study in the development of his art and ideas. Cardiff u. London 1926 (mit Bibliogr.). Nachdr. London 1957. – CHRISTOPHE, L.: É. V. Paris 1955. – KALINOWSKA, S. I.: Les motifs décadents dans les poèmes de V. Krakau 1967. – NACHTERGAELE, V.: Le monde imaginaire dans la trilogie des ›Soirs‹ d'É. V. Löwen 1976. – TSAN-HACQUARD, L.: Le sentiment de la vie dans l'œuvre de V. Diss. Paris-IV 1981. – JOSEFSON, E.-K.: La vision citadine et sociale dans l'œuvre d'É. V. Lund 1982. – É. V. Poète, dramaturge, critique. Colloque international à l'Université de Cologne le 28 et 29 oct. 1983. Hg. v. P.-E. KNABE u. R. TROUSSON. Brüssel 1984. – MAIGNON, CH.: É. V., critique d'art. Paris 1984. – ZWEIG, S.: É. V. Neuausg. Ffm. 1984.

Verhulst, Raf(ael) [niederl. vər'hylst], * Wommelgem 7. Febr. 1866, † Vaals 24. März 1941, fläm. Schriftsteller. – Journalist, führender Aktivist im 1. Weltkrieg, emigrierte später nach Deutschland; verfaßte Gedichte und Dramen in traditionellem Stil sowie Volksromane.

Werke: Langs groene hagen (Ged., 1899), Jezus de Nazarener (Dr., 1904), Telamon en Myrtalee (Dr., 1909), Reinaert de vos (Dr., 1904, als Libretto, 1909).

Verismus [zu lat. verus = wahr, wirklich], Bez. für die ungeschminkte Wiedergabe einer harten, häßl. und brutalen Wirklichkeit in ep. und dramat. Literatur, in der bildenden Kunst, in der Photographie und im Film. Beabsichtigt ist zumeist eine soziale Anklage. Verist. Tendenzen finden sich v. a. im zeitgenöss. Film (R. W. Fassbinder) und in den neuen gesellschaftskrit. Volksstücken (z. B. F. X. Kroetz u. a.). – In der italien. Literatur wird die dem Naturalismus entsprechende Stilrichtung als **Verismo** bezeichnet. Hauptvertreter waren G. Verga und L. Capuana. Nach dem 2. Weltkrieg knüpfte die italien. ↑Neorealismus an die naturalist. (verist.) Tendenzen an.

Literatur: ULIVI, A.: La letteratura verista. Turin 1972. – SPINAZZOLA, V.: Verismo e positivismo. Mailand 1977. – METER, H.: Figur u. Erzählauffassung im verist. Roman. Ffm. 1986. – CLE-

RICI, L.: Invito a conoscere il verismo. Mailand 1989.

Veríssimo, Érico Lopes [brasilian. ve'risimu], * Cruz Alta (Rio Grande do Sul) 17. Dez. 1905, † Pôrto Alegre 28. Nov. 1975, brasilian. Schriftsteller. – Schildert, beeinflußt von der angloamerikan. Literatur (A. Huxley, S. Maugham), in seinen Romanen v. a. die soziale und kulturelle Entwicklung seiner Heimat; schrieb auch Biographien, Reiseberichte, Essays und beliebte Kinderbücher.

Werke: O tempo e o vento (R.-Trilogie; Bd. 1: Die Zeit und der Wind, 1949, dt. 1953; Bd. 2: Das Bildnis des Rodrigo Cambará, 1951, dt. 1955; Bd. 3: O arquipélago, 1962), Nacht (R., 1954, dt. 1956), Mexiko. Land der Gegensätze (Reisebeschreibungen, 1957, dt. 1958), Seine Exzellenz, der Botschafter (R., 1965, dt. 1967), O prisioneiro (R., 1967), Incidente em Antares (R., 1971), Solo de clarineta (Autobiogr., 2 Bde., 1973–76).

Literatur: LOUREIRO CHAVES, F.: E. V. Realismo e sociedade. Pôrto Alegre 1976. – FRESNOT, D.: O pensamento político de E. V. Rio de Janeiro 1977. – FURLAN, O. A.: Estética e crítica social em ,Incidente em Antares'. Florianópolis 1977.

verkehrte Welt, seit der Antike bezeugtes Motiv der ↑Lügendichtung, wonach reale Verhältnisse auf den Kopf gestellt werden, z. B.: Wasser brennt und wird mit Stroh gelöscht, Wagen ziehen Ochsen, Hasen schießen auf Jäger, Stiere kalben.

Literatur: KENNER, H.: Das Phänomen der v.n W. in der griechisch-röm. Antike. Klagenfurt u. Bonn 1970.

Verlag ↑Buchhandel.

Verlagsrecht ↑Buchhandel.

Verlaine, Paul [frz. vɛr'lɛn], * Metz 30. März 1844, † Paris 8. Jan. 1896, frz. Dichter. – Sohn eines Offiziers, kam 1851 mit den Eltern nach Paris, wurde Verwaltungsbeamter; heiratete 1870 Mathilde Mauté (* 1853, † 1914); 1871–73 in enger Beziehung zu A. Rimbaud, unstetes Wanderleben in Nordfrankreich, Großbritannien und Belgien mit Rimbaud, den er in Brüssel im Verlauf einer Auseinandersetzung durch einen Schuß an der Hand verletzte; die dafür verhängte zweijährige Gefängnisstrafe verbüßte er 1873–75 im Gefängnis von Mons; hier Rückkehr zu christl. Frömmigkeit (dort entstanden einige der Gedichte der Sammlung ›Sagesse‹, 1881);

Paul Verlaine

nach der Entlassung Versuch einer Rückkehr ins bürgerl. Leben; 1874 Scheidung;
1875, 1876/77 und 1879 Lehrer in Großbritannien. – V. ist einer der bedeutendsten Lyriker des frühen Symbolismus,
von großem Einfluß auf die gesamte moderne Dichtung. Seine ersten Verssamm-
lungen (nach Beiträgen zu der Anthologie ›Le Parnasse contemporain‹, 1866),
die ›Saturn. Gedichte‹ (1866, dt. 1912)
und die die Welt A. Watteaus spiegeln-
den ›Galanten Feste‹ (1869, dt. 1912),
stehen noch ganz im Zeichen der Parnassiens; erst unter dem Einfluß Rimbauds
fand er seinen eigenen Stil, den er später
in dem programmat. Gedicht ›L'art
poétique‹ (entst. 1874, veröffentlicht in
›Jadis et naguère‹, Ged.-Sammlung,
1885, dt. Ausw. 1922 u.d.T. ›Einst und
jüngst‹) im symbolist. Sinne präzisierte;
Hauptforderung: Befreiung vom starren
Reim- und Regelzwang, doch ohne Verzicht auf den Reim (V. lehnte das Prosagedicht ab), Sichtbarmachung der [seel.]
Zwischentöne (›nuance, pas la couleur‹)
und Betonung der Musikalität der Sprache.
Weitere Werke: Das gute Lied (Ged., 1870, dt.
1922), Romances sans paroles (Ged., 1874, dt.
Ausw. 1922 u.d.T. Lieder ohne Worte), Les
poètes maudits (literar. Studien, 1884), Amour
(Ged., 1888), Parallèlement (Ged., 1889),
Frauen (Ged., 1890, dt. 1919), Dédicaces (Ged.,
1891), Bonheur (Ged., 1891), Meine Spitäler
(Prosaschrift, 1891, dt. 1919), Meine Gefäng-
nisse (Prosaschrift, 1893, dt. 1914), Beichte
(Prosaschrift, 1895, dt. 1921), Chair (Ged.,
1896), Invectives (Ged., 1896).
Ausgaben: P. V. Ges. Werke in 2 Bden. Dt.
Übers. Hg. v. S. ZWEIG. Lpz. 1922. – P. V.
Œuvres complètes. Neuausg. Paris 1946–53.

5 Bde. – P. V. Œuvres poétiques complètes. Hg.
v. Y.-G. LE DANTEC u. J. BOREL. Paris Neuaufl.
1962. – P. V. Œuvres en prose complètes. Hg. v.
J. BOREL. Paris 1972. – P. V. Poet. Werke. Mit einem Nachw. v. M. STARKE. Dt. u. frz. Lpz.
1977. – P. V. Gedichte. Übers. u. hg. v. H. HIN-
DERBERGER. Frz. u. dt. Hdbg. ⁵1992.
Literatur: ADAM, A.: V., l'homme et l'œuvre. Paris 1953. Neuausg. 1966. – CUÉNOT, C.: Le style
de P. V. Paris 1963. 2 Bde. – BORNECQUE, J.-H.:
V. par lui-même. Paris 1966. – RICHER, J.: P. V.
Dt. Übers. Nw. 1968. – ZAYED, G.: La formation
littéraire de V. Paris ²1970. – STEPHAN, PH.: P. V.
and the decadence 1882–90. Manchester
1974. – VIAL, A.: V. et les siens, heures retrou-
vées. Paris 1975. – Cahiers des Amis de P. V. Pa-
ris 1 (1979) ff. – Album V. Iconographie choisie
et commentée par P. PETITFILS. Paris 1981. –
CORNULIER, B. DE: Théorie du vers. Rimbaud,
V., Mallarmé. Paris 1982. – DELAHAYE, E.:
Études biographiques. Genf u.a. 1982. – ROBI-
CHEZ, J.: V. entre Rimbaud et Dieu. Des ›Romances sans paroles‹ à ›Sagesse‹. Paris 1982. –
MOUROT, V.: V. Nancy 1988. – PETITFILS, P.: V.
Neuausg. Paris 1994.

Verleger, Unternehmer oder Unter-
nehmensvertreter, der einen Verlag für
Bücher, Zeitschriften und/oder Zeitungen u.ä. betreibt oder leitet. – ↑Buch-
handel.

verlorene Generation ↑Lost generation.

Vermeylen, August [niederl. vər-
'mɛilə], * Brüssel 12. Mai 1872, † Uccle
bei Brüssel 10. Dez. 1945, fläm. Schriftsteller und Kunsthistoriker. – War
1901–23 Prof. in Brüssel, 1923–40 in
Gent; geistiger Führer der fläm. Literatur
in der 1. Hälfte des 20. Jh.; 1893 Mitbegründer der Zeitschrift ›Van Nu en
Straks‹, die für die Befreiung der fläm.
Literatur aus dem Regionalismus eintrat;
schrieb v.a. klassisch gewordene Essays
(u.a. ›Verzamelde opstellen‹, 2 Bde.,
1904/05; ›Beschouwingen‹, 1942); als
Sinnbild des eigenen Volkes diente im
Ahasver in der symbol. Erzählung ›Der
ewige Jude‹ (1906, dt. 1917).
Weitere Werke: Van Gezelle tot Timmermans
(Schr., 1923), Twee vrienden (R., 1943).
Ausgabe: A. V. Verzameld werk. Brüssel
1951–55. 6 Bde.
Literatur: ROEMANS, R.: Het werk van Prof. Dr.
A. V. Analytische bibliografie. Amsterdam
1953. – WESTERLINCK, A.: De wereldbeschou-
wing van A. V. Antwerpen 1958. – VENSTER-
MANS, J.: A. V. Brügge 1965.

Verne, Jules [frz. vɛrn], * Nantes
8. Febr. 1828, † Amiens 24. März 1905,

frz. Schriftsteller. – Studierte Jura in Paris, interessierte sich jedoch mehr für das Theater, für das er bald Opernlibretti und Dramen zu schreiben begann; wurde Börsenmakler und begann 1863 in regelmäßiger Folge utopisch-halbwiss. Abenteuer- und Zukunftsromane zu veröffentlichen, die am Beginn der Sciencefiction stehen und zu den meistübersetzten Werken der frz. Literatur gehören (z. T. auch dramatisiert und verfilmt), u. a. ›Fünf Wochen im Ballon‹ (1863, dt. um 1875), ›Reise nach dem Mittelpunkt der Erde‹ (1864, dt. um 1875), ›Von der Erde zum Mond‹ (1865, dt. 1873), ›Reise um den Mond‹ (1869, dt. 1874), ›20 000 Meilen unter'm Meer‹ (1870, dt. 2 Bde., 1875), ›Reise um die Erde in 80 Tagen‹ (1873, dt. 1875). 1991 wurde ein früher Roman V.s wiederentdeckt und 1994 u. d. T. ›Paris au XXᵉ siècle‹ veröffentlicht.

Jules Verne

Weitere Werke: Die Kinder des Kapitän Grant (R., 1867, dt. 1880), Die geheimnisvolle Insel (R., 1870, dt. 3 Bde., um 1880), Der Kurier des Zaren (R., 2 Bde., 1876, dt. 1936, 1880 u. d. T. Der Courier des Czar). **Ausgaben:** J. V. Bekannte u. unbekannte Welten. Abenteuerl. Reisen. Dt. Übers. Wien 1873–1911. 98 Bde. – Les œuvres de J. V. Lausanne 1965–68. 25 Bde. – J. V. Werke. Dt. Übers. Bearb. v. JOACHIM FISCHER u. L. BAIER. Ffm. 1966–69. 20 Bde. **Literatur:** FRANK, B.: J. V. et ses voyages. Paris 1966. – Bull. de la Société J. V. N. S. Paris 1 (1967) ff. – JULES-VERNE, J.: J. V. Paris 1973. – COSTELLO, P.: J. V., Erfinder der Science fiction. Dt. Übers. Aalen 1979. – PROUTOU, G.: Le grand roman de J. V. Sa vie. Paris 1979. – CHESNEAUX, J.: J. V., une lecture politique. Paris 1982. – OSTWALD, T.: J. V. Leben u. Werk. Brsw. ²1982. – VIERNE, S.: J. V. (une vie, une œuvre, une époque). Paris 1986. – WOLFZETTEL, F.: J. V. Eine Einf. Mchn. u. Zü. 1988.

Vernichtung des Menschengeschlechts (Buch von der Himmelskuh, Kuhbuch), moderne Bez. für einen titellosen Text, der zuerst im Grab des Tutanchamun (1350 v. Chr.), später auch in den Königsgräbern der 19. Dynastie (1305–1196) bezeugt ist. Zum Text gehört das Bild der kuhgestaltigen Himmelsgöttin Nut. Der Text und das Bild geben einen Mythos wieder, der die ägypt. Fassung der Sintfluterzählung darstellt: Der Sonnengott Re ist alt geworden, und die Menschen nutzen seine Schwäche aus; sie ›ersinnen Anschläge‹ (Sündenfall). Auf den Rat der Götter hin sendet er das Sonnenauge als Göttin Hathor gegen die rebell. Menschen aus und läßt einen Teil von ihnen töten. Einen Rest bewahrt er vor der Vernichtung, indem er die Göttin durch [blut]rot gefärbtes Bier in Trunkenheit versetzt. Doch Re ist des Regierens auf Erden müde und entfernt sich auf dem Rücken der Himmelskuh zum Himmel. Als die Menschen am nächsten Tag erwachen, sehen sie, daß der Gott nicht mehr unter ihnen weilt. Der zweite Teil schildert, durchsetzt mit aitiolog. Wortspielen, die Verfügungen, die Re im Himmel trifft. **Literatur:** HORNUNG, E.: Der ägypt. Mythos von der Himmelskuh. Gött. u. Frib. 1982.

Verriest, Hugo Nestor [niederl. vər-'rist], * Deerlijk 25. Nov. 1840, † Ingooigem (heute zu Anzegem) 28. Okt. 1922, fläm. Schriftsteller. – Priester; bed. Figur in der literar. Flämischen Bewegung; bekannter Redner; schrieb romantisch-impressionist. Gedichte, Skizzen und Biographien. **Werke:** Regenboog uit andere kleuren (En., 1900), Twintig Vlaamsche koppen (Biographien, 3 Bde., 1901), Op wandel (En., 1903), Voordrachten (R., 1904). **Literatur:** RIDDER, A. DE: Pastoor H. V., biographische studie. Amsterdam 1908. – PILLECIJN, F. DE: H. V. Tielt 1926. – DEMEDTS, A.: H. V., de levenwekker. Roeselare 1945.

Vers, metrisch gegliederte Zeile einer Dichtung in gebundener Rede, die einen bestimmten Rhythmus aufweist; die Struktur des V.es kann je nach den phonet. Voraussetzungen der zugrundeliegenden Sprache (↑ Metrik) als Minimum durch die bloße Silbenzahl, durch die Zahl der betonten Silben bei freier Umgebung, durch die geregelte Abfolge qualitativ unterschiedener Silbentypen (lang – kurz, betont – unbetont) definiert werden. Zusätzl. Strukturmerkmale sind auf eine oder mehrere Positionen fixierte Pausen (↑ Zäsur), die den V. in häufig gegensätzlich profilierte rhythm. Einheiten teilen. Endsignal des V.es ist die Pause (am Zeilenende), die durch Klangsignale (↑ Reim, ↑ Assonanz, ↑ Kadenz) verstärkt werden kann. Durch die Zäsuren sind metr. und syntakt. Struktur auf Parallelität hin angelegt, die auch durchbrochen werden kann (↑ Enjambement). Extreme sind einerseits der ↑ Zeilenstil, andererseits die völlige Verwischung der V.struktur. Je nach Organisationsgrad genügt also zur Beschreibung der V.struktur die Angabe der Silben (z. B. ↑ Endecasillabo), eventuell mit fester Zäsur (↑ Alexandriner, ↑ Vers commun) bzw. der Takte und Kadenzen (d. h. die Zahl der betonten Silben, um die sich die unbetonten gruppieren, teilweise mit Besonderheiten in den Schlußtakten) oder der ↑ Versfüße als Grundeinheiten eines Schemas der Silbenabfolge (u. a. jamb. ↑ Trimeter, ↑ Hexameter, ↑ Blankvers).

Die *Geschichte des V.es* beginnt in Europa mit dem griech. V., der auf der musikal. Organisation der Silbendauer basiert (↑ quantitierendes Versprinzip, ↑ Mora). Die Nachfolgesprachen des Lateinischen geben, da sie das Gefühl für die Quantität verlieren, die Unterscheidung von Silbentypen im wesentlichen auf und gelangen zum ↑ silbenzählenden Versprinzip. Die german. Sprachen zeigen von Anfang an das ↑ akzentuierende Versprinzip, wobei die Zahl der Hebungen fest, die der Senkungen frei ist. Grundriß scheint allgemein der Viertakter (↑ Vierheber) zu sein. Bewahrt in Volks- und Kirchenlied, bilden diese alten Bauformen einen bis in die neueste V.geschichte reichenden Impuls. Der roman. Einfluß drängt in german. Sprachen schon früh auf feste Silbenzahlen, so daß der alternierende V., endgültig mit der Opitzschen Reform (1624), die Oberhand gewinnt. Seit dem 17. Jh. läßt sich ein direkter Einfluß des antiken V.baus (wobei Hebung für Länge steht) beob-

achten, dessen originellstes Produkt die sog. ↑ freien Rhythmen darstellen. Im letzten Drittel des 18. Jh. ist die breiteste metr. Vielfalt erreicht: Neben den dominierenden alternierenden Metren stehen das neu belebte Lied, die Nachahmung antiker V.e (Hexameter, Distichon, Odenmaße) und die freien Rhythmen. Einiges davon, inbes. das Lied, wird in der Folge bis zur Erschöpfung variiert, bei anderen gelingt bis ins 20. Jh. durch sehr persönl. Diktion eine Erweiterung der rhythm. und expressiven Möglichkeiten.

Literatur ↑ Metrik.

Vers blancs [frz. vɛr'blã; eigtl. = weiße Verse], frz. Bez. für reimlose Verse (Blankverse).

Versbrechung, Form der ↑ Brechung: syntakt. Überschreiten der Versgrenze (↑ Enjambement); begegnet seit der altengl., altsächs. und altnord. Stabreimdichtung. – ↑ auch Reimbrechung.

Verschaeve, Cyriel [niederl. vər-'sxa:və], *Ardooie (Westflandern) 30. April 1874, † Hall in Tirol 8. Nov. 1949, fläm. Schriftsteller. – Priester; aktiv im radikalen Flügel der Flämischen Bewegung; schloß sich Ende des 2. Weltkrieges der zurückgehenden dt. Besatzung an, lebte dann in Österreich; schrieb barock-rhetor. Lyrik, Dramen und Prosawerke (Biographien und Essays). In seinem dramat. Werk behandelt er histor. und bibl. Stoffe.

Werke: Meersinfonien (Ged., 1911, dt. 1936), Jakob von Artevelde (Dr., 1911, dt. 1939), Judas (Dr., 1917), Uren van bewondering voor grote kunstwerken (Essays, 6 Bde., 1920–22), Maria Magdalena (Dr., 1928), Rubens (Biogr., dt. 1938).
Ausgabe: C. V. Verzameld werk. Hg. v. K. ELEBAERS u. a. Brügge 1954–61. 8 Bde.
Literatur: VANSINA, D.: V. getuigt. Brügge Neuausg. 1956. – VILSEN, L.: C. V. Brügge 1962.

verschränkter Reim, Bez. für drei Reime, die in Kreuzstellung zueinander stehen: abc abc oder abc bac.

Vers commun [frz. vɛrkɔ'mœ̃ = gewöhnl. Vers], jamb. gereimter Zehn- oder Elfsilbler (männl. bzw. weibl. Reim) mit fester Zäsur nach der vierten Silbe. In Frankreich beliebtester Vers der ↑ Chanson de geste und der höf. Lyrik; im 16./

17. Jh. vom ↑Alexandriner verdrängt. In Deutschland bürgerte sich der V. c. nach Versuchen im 16. Jh. seit M. Opitz ein; nach der Mitte des 18. Jh. findet er sich kaum mehr. Freiere Adaptionen: der italien. ↑Endecasillabo und das engl. ↑Heroic couplet.

Versdrama, Drama, das im Unterschied zu dem seit dem Ende des 19. Jh. vorherrschenden Prosadrama in Versen verfaßt ist (z. B. G. Hauptmann, ›Die versunkene Glocke‹, 1897; H. von Hofmannsthal, ›Der Abenteurer und die Sängerin‹, 1899; F. Werfel, ›Die Troerinnen‹, 1915). Im 20. Jh. gewann das V. wieder an Bedeutung, so u. a. bei M. Maeterlinck, G. D'Annunzio, W. B. Yeats, Ch. Fry, R. F. H. Duncan und v. a T. S. Eliot (›Mord im Dom‹, 1935, dt. 1946).
Literatur: DONOGHUE, D.: The third voice. Princeton (N. J.) ²1966.

Versenkbühne ↑Bühne.

Verserzählung, narrative Kurzform in gebundener Sprache. – Für große Zeiträume einer poetologisch normativ geregelten Literaturgeschichte diente die Prosa der Sachinformation des Lesers oder seiner religiösen bzw. moralischdidakt. Unterweisung, während die grundsätzlich höherrangig eingestuften Texte in gebundener Sprache seinem Bedürfnis nach Schönheit und Zerstreuung entgegenkamen, dabei jedoch die Forderung Horaz' nach der Verbindung von Nutzen und Erfreuen erfüllen sollten; auf dieser Prämisse fußt auch die sog. ↑Lehrdichtung. Ausnahmen von dieser Regel wie der spätantike Roman oder die Prosafassungen der mittelalterl. Heldenepen und höf. Romane, aus denen schließlich das Genre der Ritterromane hervorging, stießen bei kunstsinnigen Zeitgenossen auf wenig Gegenliebe. Überhaupt läßt sich die Geschichte der nachantiken Prosafiktion (Erzählung, Novelle, Roman) als bis in das 18. Jh. hinein geführte Auseinandersetzung mit dieser ästhet. Doktrin beschreiben. Vor ihrem Hintergrund sind demzufolge auch Historie und Entwicklung der V. als Gattung zu sehen, die, von den mnemotechn. Aspekten des mündl. Vortrages einmal abgesehen, zunächst aus der Ab-

sicht entstand, der dichtungstheoret. Ablehnung aufgrund formaler Kriterien zu entgehen. In der Neuzeit distanzierte sich die V. von dem als vulgär empfundenen Genre prosaischen Erzählens durch die Rückbesinnung auf klassizist. Kriterien oder durch den hohen Klang balladesk pathet. Darstellung. – Die literaturgeschichtl. Belege für die V. reichen vom antiken ↑Epyllion über die höf. und nicht-höf. Kurzfiktionen des roman. und german. MA (u. a. ↑Bispel, ↑Exempel, ↑Fabliau, ↑Lai), der spätmittelalterl. und frühneuzeitl. ↑Ballade und ↑Romanze oder den Dichtungen J. de La Fontaines bis hin zu Ch. M. Wielands ›Oberon‹ (1780). Die europ. Romantik und Nachromantik hat sich vielfach der V. als Ausdrucksmedium bedient, so in England z. B. Lord Byron (›Ritter Harolds Pilgerfahrt‹, 1812–18, dt. 1836), in Frankreich A. de Musset (u. a. ›Namouna‹, 1833), in Portugal J. B. da Silva Leitão de Almeida Garrett (›Camões‹, 1825, dt. 1890 u. d. T. ›Camoens‹), in Rußland A. S. Puschkin und in Deutschland N. Lenau, E. Mörike, A. von Droste-Hülshoff sowie H. Heine und P. Heyse; als bes. Exemplar der Gattung V. im 19. Jh. gilt C. F. Meyers ›Huttens letzte Tage‹ (1871).
Literatur: BECKER, PH. A.: Der gepaarte Achtsilber in der frz. Dichtung. Lpz. 1934. – KLOPSCH, P.: Prosa u. Vers in der mlat. Lit. In: Mlat. Jb. 3 (1966). S. 9. – ANGER, A.: Literar. Rokoko. Stg. ²1968. – HERDMANN, U.: Die Südl. Poeme A. S. Puškins. Ihr Verhältnis zu Lord Byrons Oriental Tales. Hildesheim 1982. – Reallex. der dt. Literaturgesch. Begr. v. P. MERKER u. W. STAMMLER. Bd. 4. Hg. v. K. KANZOG u. A. MASSER. Bln. ²1984. S. 699. – ↑auch Poetik, ↑Prosa, ↑Roman.

Versfuß (auch ↑Metrum), nach Klangmerkmalen (meist Quantität oder Akzent) geordnete Silbenabfolge (lange und kurze bzw. betonte und unbetonte Silben in charakterist. Reihung); kleinste Einheit des metr. Schemas eines Verses, der als Kombination gleich- oder verschiedenartiger Versfüße aufgefaßt wird, z. B. ↑Hexameter = Vers aus sechs daktyl. Versfüßen.

Vershofen, Wilhelm ['fɛrshoːfən], *Bonn 25. Dez. 1878, †Tiefenbach (heute zu Oberstdorf) 30. April 1960, dt. Schriftsteller und Wirtschaftswissenschafter. – Kaufmannslehre; Lehrer, dann in leitender Stellung in Wirtschaftsverbänden; 1923 Prof. für Wirtschaftswissenschaft. Gründete 1912 den ›Bund der Werkleute auf Haus Nyland‹ (↑ Nylandgruppe) zusammen mit J. Kneip und J. Winckler. Verfaßte v.a. Romane aus der Wirtschafts- und Industriewelt (›Der Fenriswolf‹, R., 1914), ferner philosoph. Werke sowie Fachbücher.

Weitere Werke: Wir drei (Ged., 1904; mit J. Kneip und A. J. Winckler), Swennenbrügge. Schicksal einer Landschaft (R., 1928), Poggeburg (R., 1934), Das silberne Nixchen (E., 1951), Der große Webstuhl (Epos, 1954).

Versifikation [lat.], Umformung in Verse; Versbildung.

Version [frz., zu lat. vertere = drehen, wenden], eine von mehreren mögl. Formulierungen des gleichen Sachverhaltes, u. a. als Übersetzung (↑ auch Interlinearversion), ↑ Lesart (↑ auch Textkritik).

Versi sciolti [ˈʃɔlti; italien. = ungebundene Verse], in der italien. Literatur reimlose isometr. Verse, meist in Form eines ↑ Endecasillabo. Schon im 13.Jh. nachweisbar, im 16.Jh. in der Manier der Antikenrezeption bes. in Übersetzungen (z. B. A. Caro, ›L'Eneide‹, hg. 1581), auch im Drama (u. a. G. G. Trissino, ›Sophonisbe‹, 1524, dt. 1888) und Epos als Ersatz für den ↑ Hexameter verwendet, waren die V. s. im 18.Jh. beliebt und wurden insbes. durch V. Alfieri zum Standardmetrum der Tragödie. – Die den symbolist., auch rhythmisch freien ↑ Vers libres nachgebildeten Verse werden als ›versi liberi‹ bezeichnet.

Verslehre, Lehre vom ↑ Vers und seinen Gesetzmäßigkeiten (↑ Metrik).

Vers libre [frz. vɛrˈlibr = freier Vers], **1.** im 17.Jh. in Frankreich entwickelter metr., reimender Vers von beliebiger Silbenzahl und mit freier Hiat- und Zäsurgestaltung. Im 17. und 18.Jh. beliebt in Lyrik, Drama und erzählender Dichtung; auch in Deutschland nachgeahmt (↑ freie Verse). **2.** bes. von den Symbolisten entwickelter Vers, der sich ohne Zwänge durch Prosodie und Metrik den Eigenbewegungen des dichter. Wortes adäquat anpassen soll. Im Unterschied zu den V. l. s des 17./ 18. Jh. sind die symbolist. V. l. s beliebige Reihungen freirhythm., metrisch ungebundener Verse verschiedenster Länge ohne Reimbindung oder geregelte Abschnittsgliederung (in die auch traditionelle Verse, Reime, Assonanzen usw. beliebig eingeführt werden können). V. l. s finden sich bei A. Rimbaud, theoretisch fundiert und programmatisch praktiziert wurden sie seit 1886 v. a. von G. Kahn, J. Laforgue, J. Moréas, F. Viélé-Griffin, z. T. gefördert durch ähnl. Versuche W. Whitmans. Die symbolist. V. l. s beeinflußten nachhaltig die Verssprache der europ. und angloamerikan. Lyrik.

Literatur: BECKER, PH. A.: Zur Gesch. der v. l. s in der neufrz. Poesie. Halle/Saale 1888. – KAHN, G.: Le v. l. Paris 1912. – VERDIER, S. R.: Étude du v. l. dans l'œuvre de ses créateurs (J. Laforgue, G. Kahn). Diss. Toulouse-II 1981. – SCOTT, C.: V. l. The emergence of free verse in France; 1886–1914. Oxford 1990.

Versmaß ↑ Metrum.

Vers mesurés [frz. vɛrməzyˈre = gemessene Verse (in der Art der Antike)], in der frz. Poesie des ausgehenden 16.Jh. von J. A. de Baïf initiierte reimlose Versgestaltung mit der antikem Beispiel folgenden Unterscheidung von Längen (betonte Silben) und Kürzen (unbetonte Silben). Diese rhythm. Gestaltung wurde von Komponisten übernommen, u. a. von Orlando di Lasso (* um 1532, † 1594). Die musikal. Bühnenkunst Frankreichs im 17.Jh., die einen Anschluß an die griech. Antike suchte, ist v. a. im Rezitativ von den V. m. beeinflußt.

Versnovelle ↑ Verserzählung.

Versus [lat.], im MA Begriff mit vielfacher Bedeutung, der zunächst v. a. im Bereich der Liturgie für einen als Gebets- oder Gesangstext gebrauchten ↑ Vers aus der Bibel verwendet wurde (so etwa V. des Graduale, Alleluja, Tractus, der Offiziumsresponsorien). In frühmittelalterl. liturg. Büchern werden mitunter auch die Antiphonen der Psalmen als V. bezeichnet. Um 900 erfolgte eine Ausweitung der Bedeutung von V. auf eine liturg. (Hymnus) oder geistl. Dichtung (Tropus, Conductus, liturg. Drama).

Versus rapportati [lat.; italien. = zurückgetragene, im Sinne von ›rückbezogene‹ Verse], mittellat. sprachspieler., seit der griech. Spätantike belegte Dichtungsform mit verschränkten Aufzählungen in den einzelnen Verszeilen, deren Reiz auf dem Unterschied zwischen dem sich beim Hören und dem beim Lesen ergebenden Sinn beruht, wobei der Sinn erst mit der Auflösung der Wortkombinationen verständlich wird. Die V. r. wurden bes. auch im Manierismus und Barock gepflegt.

Versus rhopalicus [lat.] ↑ Keulenvers.

Verwey, Albert [niederl. vər'wɛi̯], *Amsterdam 15. Mai 1865, † Noordwijk aan Zee 8. März 1937, niederl. Schriftsteller. – Erneuerer der niederl. Dichtung aus romantisch-klassizist. Erbe. Als Führer der Tachtigers vertrat er eine hohe Auffassung von der Berufung des Dichters, darin seinem Freund S. George verwandt. Die Gedichtsammlung ›Aarde‹ (1896) brachte von Baruch Spinoza beeinflußte pantheist. Gedanken. Mit der Gründung der Zeitschrift ›De Beweging‹ (1905–19) wandte sich V. von der ästhetisch-subjektivist. Hauptströmung ab; zunehmende Neigung zu wiss. und krit. Arbeit. 1924–35 Prof. für niederl. Literatur in Leiden.

Weitere Werke: Persephone en andere gedichten (1885), Het brandende braambosch (Ged., 1899), Mein Verhältnis zu S. George (Prosa, 1934, dt. 1936).
Ausgaben: A. V. Proza. Amsterdam 1921–23. 10 Bde. – A. V. Oorspronkelijk dichtwerk 1882 tot 1937. Amsterdam 1938. 2 Bde.
Literatur: UYLDERT, M.: Uit het leven van A. V. Amsterdam 1948–59. 3 Bde. – PANNWITZ, R.: A. V. u. Stefan George. Zu V.'s 100. Geburtstag. Hdbg. 1965. – KAMERBEEK, J.: A. V. en het nieuwe classicisme. Groningen 1966.

Very, Jones [engl. 'vɛri], *Salem (Mass.) 28. Aug. 1813, † ebd. 8. Mai 1880, amerikan. Lyriker. – Zeitweise als Pastor tätig; lebte zurückgezogen bei seiner Schwester Lydia V. (*1823, †1901), die Naturgedichte schrieb. Durch seine Bekanntschaft mit R. W. Emerson und den Transzendentalisten wandelte sich seine unitar. Überzeugung in religiöse Visionen, die einerseits als Ausdruck einer Geisteskrankheit gesehen wurden, andererseits aber die Grundlage seiner myst., oft mit der Dichtung der Metaphysical poets verglichenen Gedichte bildeten; daneben auch literaturkrit. Essays.
Werke: Essays and poems (1839), Poems (hg. 1883), Poems and essays (hg. 1886).

Ausgaben: J. V. Essays and poems. Hg. v. R. W. EMERSON. Boston (Mass.) 1839. Nachdr. New York 1972. – J. V. Poems and essays. Hg. v. J. F. CLARKE u. A. BARTOL. Boston (Mass.) 1886.
Literatur: DERINGER, L.: Die Rhetorik in der Sonettkunst von J. V. Ffm. u. a. 1983.

Vesaas, Halldis Moren [norweg. 've:so:s], *Trysil 18. Nov. 1907, norweg. Schriftstellerin. – War seit 1934 ∞ mit Tarjei V.; verfaßte formbewußte unkomplizierte Lyrik in reflektiertem Volkston; wurde auch durch Kinder- und Jugendbücher sowie Übersetzungen klass. europ. Literatur ins Nynorsk bekannt.
Werke: Strender (Ged., 1933), Du mußt es tun (Kinderb., 1935, dt. 1940), Lykkelege hender (Ged., 1936), Treet (Ged., 1947), Im frühen Lenz (Jugendb., 1949, dt. 1958), I ein annan skog (Ged., 1955), Sett og levd (Essays, 1967), I midtbøs bakkar (Erinnerungen, 1974), Båten om dagen (Erinnerungen, 1976).

Vesaas, Tarjei [norweg. 've:so:s], *Vinje (Telemark) 20. Aug. 1897, † Oslo 15. März 1970, norweg. Schriftsteller. – Bauernsohn; gilt als einer der bedeutendsten modernen Romanciers und Hörspielautoren Norwegens; schrieb in Nynorsk. Seine Themen entstammen dem bäuerl. Milieu sowie der Welt der Kinder und Jugendlichen. V. stand anfangs unter dem Einfluß von K. Hamsuns und S. Lagerlöfs realist. Darstellung; sein dann zunehmend symbol. Stil erinnert stellenweise an F. Kafka. V. macht die reale Welt transparent, schildert seel. Vorgänge mit feinster Nuancierung. Meisterhaft sind v. a. die Romane ›Nachtwache‹ (1940, dt. 1964), ›Das Eis-Schloß‹ (1963, dt. 1966) und ›Drei Menschen‹ (1966, dt. 1967); auch Lyriker und Dramatiker.

Tarjei Vesaas

Weitere Werke: Die schwarzen Pferde (R., 1928, dt. 1936), Eine Frau ruft heim (R., 1935, dt. 1937), Wächter seines Lebens (R., 1938, dt. 1939), Johann Tander (R., 1946, dt. 1960), Der Wind weht, wie er will (Nov.n, 1952, dt. 1953), Die Vögel (R., 1957, dt. 1961), Regen im Haar (En., 1959, dt. 1961), Boot am Abend (R., 1968, dt. 1970).
Literatur: SKREDE, R.: T. V. Oslo 1947. – VOLD, J. E.: T. V. Oslo 1964. – BAUMGARTNER, W.: T. V. Eine ästhet. Biogr. Neumünster 1977.

Veselinović, Janko [M.] [serbokroat. vɛsɛˌliːnɔvitɕ], * Crnobarski Salaš 1. Mai 1862, † Glogovac 14. Juni 1905, serb. Schriftsteller. – Dorfschullehrer, lebte ab 1893 in Belgrad; arbeitete für mehrere Zeitschriften. V. schrieb Novellen und Romane, in denen er das Leben auf dem Dorf in der Natürlichkeit der bäuerl. Erzählweise, oft idealisierend, beschreibt. Später erweiterte sich sein Themenkreis durch das Erlebnis der Großstadt um polit. und soziale Problematik. Er schrieb den vielgelesenen histor. Roman ›Hajduk Stanko‹ (1896) über die Erhebung gegen die Türken; Bühnenautor.
Weiteres Werk: Seljanka (= Die Bäuerin, R., 1893).
Literatur: BAUDISCH, G.: Das patriarchale Dorf im Erzählwerk v. J. M. V. Mchn. 1969.

Veselyj, Artem, russ.-sowjet. Schriftsteller, † Wessjoly, Artjom.

Vesper, Bernward, * Frankfurt/Oder 1. Aug. 1938, † Hamburg 15./16. Mai 1971, dt. Schriftsteller. – Sohn von Will V.; studierte Germanistik in Tübingen, hatte Kontakte zur linken Radikalenszene (Bekanntschaft mit G. Ensslin). Seit 1969 arbeitete er an seiner Lebensgeschichte ›Die Reise‹ (als Fragment hg. 1977), in der er seinen Weg aus einem konservativen, nationalsozialist. Elternhaus in die Drogen- und Terrorszene beschreibt. V. nahm sich in einer Hamburger psychiatr. Klinik das Leben.

Vesper, Guntram, * Frohburg (Landkreis Geithain) 28. Mai 1941, dt. Schriftsteller. – Kam 1957 in die BR Deutschland; lebt als freier Schriftsteller in Göttingen. Verfasser knapper Situationslyrik (›Fahrplan‹, 1964) und gesellschaftskrit. Prosa (›Kriegerdenkmal ganz hinten‹, 1970; ›Nördlich der Liebe und südlich des Hasses‹, 1979). Schreibt auch Hörspiele, Radioessays und beschäftigt sich

mit der Sozial- und Kriminalgeschichte des 19. Jahrhunderts.
Weitere Werke: Am Horizont die Eiszeit (Ged., 1963), Je elementarer der Tod desto höher die Geschwindigkeit (Ged., 1974), Die Illusion des Unglücks (Ged., 1980), Die Inseln im Landmeer (Ged., 1982, erweitert 1984), Landeinwärts (Prosa, Ged., 1984), Frohburg (Ged., 1985), Laterna magica (E., 1985), Dunkelkammer (En., 1987), Niedersachsen. In: Elf Länder. Ein Land (Essay, 1987), Leuchtfeuer auf dem Festland (Ged., 1989), Ich hörte den Namen Jessenin (Ged., 1990), Sächs. Land. Orte der Erinnerung (1991), Ein Winter am Anfang (E., 1991), Oblomowtag (Prosa, 1992), Birlibi u. a. Gedichte (1992), Lichtversuche Dunkelkammer (Prosa, 1992).

Vesper, Will, * Barmen (heute zu Wuppertal) 11. Okt. 1882, † Gut Triangel bei Gifhorn 14. März 1962, dt. Schriftsteller. – Studium der Germanistik und Geschichte; Verlagsberater; ab etwa 1911 freier Schriftsteller; nach Teilnahme am 1. Weltkrieg Feuilletonchef der ›Dt. Allgemeinen Zeitung‹, 1923–43 Hg. der Zeitschrift ›Die schöne Literatur‹. In seinen humorist. und literar. Erzählungen und Romanen blieb die real, z. T. nationalsozialist. Grundhaltung stets dominant. Daneben Edition mittelalterl. Dichtungen, Bearbeitungen, Übersetzungen, Jugend- und Reisebücher, Dramen, lyr. Versuche, die keiner literar. Zeitströmung unmittelbar verpflichtet sind. V. gehört zu den Repräsentanten der Literatur im Nationalsozialismus, die die Autoren im Exil verhöhnt und bekämpft, dem ›Führer‹ jedoch in einer großen Zahl von Gedichten gehuldigt haben.
Werke: Tristan und Isolde (R., 1911), Vom großen Krieg 1914/15 (1915), Martin Luthers Jugendjahre (1918), Die Wanderung des Herrn Ulrich von Hutten (R., 1922), Der Heilige und der Papst (Nov., 1928), Kranz des Lebens (Ged., 1934), Rufe in die Zeit (Ged., 1937), Seltsame Flöte (En., 1958), Letzte Ernte (En., Ged., hg. 1962).

Vestdijk, Simon [niederl. 'vɛzddɛik], * Harlingen 17. Okt. 1898, † Utrecht 23. März 1971, niederl. Schriftsteller. – War Schiffsarzt, später freier Schriftsteller. Sein umfangreiches Werk besteht aus autobiograph. Gesellschafts- und breitangelegten histor. Romanen, Novellen, die sein starkes psycholog. Interesse verraten, sowie aus überwiegend problemat. intellektueller Lyrik. F. M. Dostojewski,

M. Proust und W. Faulkner haben auf V.s Schaffen gewirkt; war auch Kritiker, Essayist und Übersetzer.

Werke: Das fünfte Siegel (R., 1937, dt. 1939), Die Fahrt nach Jamaica (R., 1940, dt. 1941), Aktaion unter den Sternen (R., 1941, dt. 1942), Irische Nächte (R., 1944, dt. 1944), Der Arzt und das leichte Mädchen (R., 1951, dt. 1953), Betrügst du mich ... (R., 1952, dt. 1954), Het verboden bacchanaal (R., 1969). **Ausgabe:** S. V. Verzamelde gedichten. Hg. v. M. HARTKAMP. Amsterdam 1971. 3 Bde. **Literatur:** VRIES, TH. DE: Hernomen konfrontatie met S. V. Amsterdam 1968. – GOVAART, TH.: S. V. Utrecht ³1971.

Vetranović   Čavčić (Vetranić), Mavro (eigtl. Nikola) [serbokroat. ‚vɛtranɔvitɕ ᾽tʃaftʃitɕ], * Ragusa (Dubrovnik) 1482 (oder später), † ebd. 1576, ragusan. (kroat.) Schriftsteller. – Sohn eines Kaufmanns; ab 1507 Benediktiner; hochgebildeter Vertreter der ragusan. Renaissanceliteratur; schrieb zunächst Liebes-, später religiöse und patriot. Lyrik; u. a. auch Satiren, Epen und Dramen (›Posvetilište Abramovo‹ [= Das Opfer Abrahams], hg. 1872).

Vetus Syra [lat.], Name der ältesten syr. Bibelübersetzung, die nur sehr fragmentarisch überliefert ist. Zu ihr gehört das Evangelium der Getrennten, das im ›Codex Curetonianus‹ (sy^c) und ›Sinaiticus‹ (sy^s), allerdings nicht vollständig, erhalten ist, jedoch läßt sich auch für die Apostelgeschichte und die Paulusbriefe ihr Vorhandensein erschließen. Im Gegensatz zur früheren Meinung, die in der V. S. ein Zeugnis für den angeblichen westl. Text sehen wollte, setzt man sie heute erst nach der Entstehung der großen griech. Texttypen an. **Literatur:** ALAND, K./ALAND, B.: Der Text des Neuen Testaments. Stg. 1982. S. 199.

Veuillot, Louis François [frz. vœ'jo], * Boynes (Loiret) 11. Okt. 1813, † Paris 7. März 1883, frz. Schriftsteller. – Journalist, ab 1848 Chefredakteur der kath. Zeitschrift ›L'Univers‹; seine rhetorisch meisterhaften Pamphlete und polem. Schriften sind gekennzeichnet durch leidenschaftl. Parteinahme für den Ultramontanismus und heftige Ablehnung jeder Form von Liberalismus; schrieb auch religiöse und histor. Romane und Erzählungen sowie kulturgeschichtl. und literaturkrit. Aufsätze.

Werke: Les nattes (R., 1844), Corbin et d'Aubecourt (R., 1850), Mélanges religieux, historiques et littéraires (Aufss., 6 Bde., 1856–76), Études sur V. Hugo (Studie, hg. 1885). **Ausgabe:** L. F. V. Œuvres complètes. Paris 1924–37. 39 Bde. **Literatur:** CHRISTOPHE, L.: L. V. Paris 1967. – LE ROUX, B.: L. V., un homme, un combat. Paris 1984. – L. V. en son temps. Hg. v. Y. MARCHESSON. Paris 1984.

Vežinov, Pavel, bulgar. Schriftsteller, ↑ Weschinow, Pawel.

Vialar, Paul [frz. vja'la:r], * Saint-Denis 18. Sept. 1898, frz. Schriftsteller. – Stellt in seinen realist. Romanen v. a. die moderne frz. Gesellschaft dar (›La mort est un commencement‹, R.-Zyklus, 8 Bde., 1946–51, Bd. 1 dt. 1949 u. d. T. ›Der Tanz der Lemuren‹); schrieb auch Tier- und Jagdgeschichten, Essays, Lyrik und Dramen.

Weitere Werke: Die Seerose (R., 1939, dt. 1953, 1980 u. d. T. Fracht für Konstanza), Die große Meute (R., 1943, dt. 1951), Der silberne Sporn (R., 1951, dt. 1952), La chasse aux hommes (R.-Zyklus, 10 Bde., 1952–53, Bd. 1 und 2 dt. 1960 u. d. T. Madame de Viborne), Chronique française du XXe siècle (R.-Zyklus, 10 Bde., 1955–61), Achter Stock, s'il vous plaît (R., 1957, dt. 1960), Le roman des oiseaux et bêtes de chasse (1964), Le triangle de fer (R., 1976), Flucht aus der grünen Hölle (R., 1976, dt. 1977), Rien que la vérité (R., 1980), L'homme du fleuve (R., 1981), L'enfant parmi les hommes (Erinnerungen, 1990).

Vian, Boris [frz. vjã], * Ville-d'Avray 10. März 1920, † Paris 23. Juni 1959, frz. Schriftsteller. – Ingenieur, dann freier Schriftsteller, Schauspieler, Chansonnier, Jazzmusiker; veröffentlichte anfangs unter dem Pseudonym Vernon Sullivan drei nach dem Muster amerikan. Kriminalromane verfaßte Romane; schrieb dann, beeinflußt vom Surrealismus und Existentialismus, phantastischgroteske Romane und Novellen, außerdem Gedichte und Chansons sowie Theaterstücke, die in der Nähe E. Ionescos und S. Becketts stehen.

Werke: Ich werde auf eure Gräber spucken (R., 1946, dt. 1979; Dr., 1948), Chloé (R., 1947, dt. 1964, 1977 u. d. T. Die Gischt der Tage), Herbst in Peking (R., 1947, dt. 1965), Die Ameisen (En., 1947, dt. 1968), Der Herzausreißer (R., 1953, dt. 1966), Die Reichsgründer oder Das Schmürz (Dr., 1961, dt. 1961 in: Frz. Theater der Avantgarde), Le loup-garou (Nov.n, hg. 1970), Der Deserteur (Chansons, Satiren, En., dt. Ausw. 1978), Le ratichon baigneur (Nov.n, hg. 1981).

Ausgaben: B. V. Théâtre. Vorwort v. F. BILLET-
DOUX. Paris 1965. – B. V. Théâtre inédit. Einge-
richtet v. N. ARNAUD. Paris 1970.
Literatur: B. V. Colloque du Centre Culturel In-
ternat. de Cerisy-la-Salle. Hg. v. N. ARNAUD u.
H. BAUDIN. Paris 1977. 2 Bde. – DICKHOFF, H.:
Die Welt des B. V. Ffm. u. Bern 1977. – AR-
NAUD, N.: Les vies parallèles de B. V. Paris Neu-
aufl. 1981. – BIRGANDER, P.: B. V. romancier.
Études des techniques narratives. Lund 1981. –
BEAUVARLET, G.: B. V. Portrait d'une bricoleur.
Paris 1982. – HÉCHICHE, A.: La violence dans les
romans de B. V. Paris 1986. – LAPPRAND, M.:
B. V., la vie contre. Biographie critique. Ottawa
1993. – PESTUREAU, G.: Dictionnaire des per-
sonnages de V. Neuausg. Paris 1993.

Viana, Javier de [span. 'bi̯ana], * Ca-
nelones 5. Aug. 1868, † La Paz (Dep. Ca-
nelones) 5. Okt. 1926, uruguay. Schriftsteller. – Journalist und Politiker; lebte
1904–18 im Exil in Buenos Aires, danach
Abgeordneter; behandelt in seinen Ro-
manen und Erzählungen den Prozeß der
Marginalisierung und Entwurzelung der
Gauchos Uruguays.
Werke: Campo (En., 1896), Gaucha (R., 1899),
Gurí (R., 1901), Macachines (En., 1910), Leña
seca (En., 1911), Yuyos (R., 1912), Cardos (R.,
1919), De la misma lonja (En., 1920), Del campo
y de la ciudad (En., 1921).
Ausgabe: J. de V. Selección de cuentos. Hg. v.
A. S. VISCA. Montevideo 1965. 2 Bde.
Literatur: FREIRE, T. J.: J. de V., modernista.
Montevideo 1958.

Viau, Théophile de [frz. vjo], * Clairac
(Lot-et-Garonne) zwischen März und
Mai 1590, † Paris 25. Sept. 1626, frz.
Schriftsteller. – Aus einer Hugenottenfa-
milie, abenteuerl. Jugend, ab 1615 Hausdichter adliger Familien; wurde wegen
Veröffentlichung der Sammlung ›Le Parnasse satirique‹ (1623), einer Sammlung
antireligiöser Gedichte, zum Tod auf
dem Scheiterhaufen verurteilt, siechte in
zweijähriger Haft dahin und starb kurz
nach der Entlassung. Von F. de Malher-
bes formalen und verstechn. Vorschriften
unbeeinflußter, eigenständiger Dichter;
schrieb außer persönlich empfundenen
Naturgedichten die preziöse Tragödie
›Pyrame et Thisbé‹ (1623) im italien. Me-
taphernstil.
Ausgabe: Th. de V. Œuvres complètes. Krit. hg.
v. G. SABA. Rom 1978–84. 3 Bde.
Literatur: ADAM, A.: Th. de V. et la libre pensée
française en 1620. Paris 1935. Nachdr. Genf
1966. – MÜLLER, GERHARD: Unters. des poet.
Stils Th.s de V. Mchn. 1968. – MEYER-MINNE-
MANN, K.: Die Tradition der klass. Satire in
Frankreich. Themen u. Motive in den Verssati-
ren Th.s de V. Bad Homburg v. d. H. u. a. 1969. –
GAUDIANI, C.: The cabaret poetry of V. Tüb.
1981.

Viaud, Julien [frz. vjo] ↑ Loti, Pierre.

Vicente, Gil [portugies. vi'sentə],
* Lissabon (?) um 1465, † ebd. (?) um
1536, portugies. Dichter. – Über seine
Herkunft und sein Leben ist wenig
bekannt, wahrscheinlich war er Goldschmied; war Dichter, Schauspieler und
Musiker am Hof; gilt als Begründer des
portugies. Dramas und bedeutendster
portugies. Dichter neben L. Vaz de Camões, häufig mit Plautus verglichen. Sein
erstes Spiel, ›Monólogo do Vaqueiro‹,
wurde 1502 zur Feier der Geburt des späteren Königs Johann III. aufgeführt, seitdem dichtete er zu allen größeren Jahres-
und Hoffesten dramat. Spiele mit selbst-
komponierten Gesangs- und Tanzeinlagen; die Datierung seiner Werke ist
schwierig; seine über 40, z. T. verloren-
gegangenen Dramen – Autos, in denen der
Einfluß der frz. und lat. Mysterien sichtbar ist, Komödien, Tragikomödien und
rund 10 Farcen, die als seine besten
Werke gelten – sind portugiesisch, spanisch oder in einer portugiesisch-span.
Mischsprache mit mundartl. Elementen
geschrieben und verbinden Volkstümlichkeit mit Renaissancegeist und Einflüssen des Humanismus.
Weitere Werke: Der Indienfahrer (Farce, UA
1509, hg. 1562, dt. 1871), Trilogia das barcas
(drei geistl. Spiele: Die Fahrt zur Hölle, UA
1517, hg. 1562, dt. 1940; Das Fegefeuer, UA
1518, hg. 1562, dt. 1940; Die Erlösung, UA
1519, hg. 1562, dt. 1940), Das Spiel von der
Seele (geistl. Spiel, UA 1518, hg. 1562, dt. 1940),
Don Duardos (Tragikom., entst. um 1522, hg.
1562, dt. 1868), Inês Pereira (Farce, UA 1523,
hg. 1562, dt. 1871), Auto da história de Deus
(geistl. Spiel, UA 1527, hg. 1562), Lusitania
(Farce, UA 1532, hg. 1562, dt. 1871, 1940 u. d. T.
Jedermann und Niemand).
Ausgaben: G. V. Obras completas. Hg. v.
M. BRAGA. Lissabon ³1953–59. 5 Bde. – Compi-
lação (normalisierte Ausg. der Copilaçam de to-
dalas obras de G. V. Hg. v. L. VICENTE. Lissabon
1562). Hg. v. M. L. CARVALHÃO BUESCU. Lissa-
bon 1984. 2 Bde.
Literatur: Recherches sur les œuvres de G. V.
Hg. v. I. S. RÉVAH. Lissabon 1951. – TEYSSIER,
P.: La langue de G. V. Paris 1959. – KEATES, L.:
The court theatre of G. V. Lissabon 1962. – SA-
RAIVA, A. J.: G. V. e o fim do teatro medieval.

Lissabon ²1965. – MILLER, N.: O elemento pastoril no teatro de G. V. Porto 1970. – HAMILTON-FARIA, H.: The farces of G. V. A study in the stylistics of satire. Madrid 1976. – SARAIVA, J. H.: Testemunho social e condenação de G. V. Lissabon 1976. – RECKERT, S.: G. V., espíritu y letra. Madrid 1977. – STATHATOS, C. C.: A G. V. Bibliography (1940–75). London 1980. – TEYSSIER, P.: G. V. – o autor e a obra. Lissabon 1982. – GARAY, R. P.: G. V. and the development of the comedia. Chapel Hill (N. C.) 1988.

Vico, Giovanni Battista (Giambattista), * Neapel 23. Juni 1668, † ebd. 23. Jan. 1744, italien. Geschichts- und Rechtsphilosoph. – Wurde 1697 Prof. der Rhetorik in Neapel, 1735 Historiograph König Karls von Neapel. Begründer der Völkerpsychologie und der neuzeitlichen spekulativen Geschichtsphilosophie; Wegbereiter des Historismus; gilt zudem als Systematiker der Geisteswissenschaften. V. setzt gegen den an Mathematik und Physik orientierten naturalist. Rationalismus R. Descartes' in ›De antiquissima Italorum sapientia ...‹ (1710) den erkenntnistheoret. Grundsatz: ›Nur das kann erkannt werden, was einer selbst hervorgebracht hat‹. Deshalb ist eine universale Erkenntnis nur Gott möglich, der in seiner Schöpfung alles geschaffen hat; da die Geschichte andererseits das ist, was der Mensch in der Welt geschaffen hat, ist die Geschichte sein vornehmliches Erkenntnisobjekt. Ausgehend von diesem Grundsatz, entdeckt V. in seinem Werk ›Von dem einen Anfang und dem einen Ende alles Rechts‹ (1720, dt. 1854, 1950 u. d. T. ›Von dem einen Ursprung und Ziel allen Rechtes‹) nicht nur die Geschichtlichkeit des Rechts, sondern entwickelt das für die gesamte Menschheitsgeschichte als gültig erachtete geschichtsphilosoph. Modell der gesetzmäßigen Wiederkehr je eines theokrat., heroischen und menschl. Zeitalters in einem Zyklus von Aufstieg, Verfall und ständiger Wiederkehr (›corso e ricorso‹). V. beeinflußte J. G. Herder, Goethe und die gesamteurop. Geschichtsphilosophie.

Weitere Werke: Vom Wesen und Weg der geistigen Bildung (lat. 1709, lat. und dt. 1947, Nachdr. 1984), Die neue Wiss. über die gemeinschaftl. Natur der Völker (1725, dt. 1822).
Ausgaben: G. B. V. Opere. Hg. v. R. PARENTI. Neapel 1972. 2 Bde. – Opere di Giambattista V. Hg. v. G. G. VISCONTI. Neapel 1982 ff. Auf mehrere Bde. berechnet. – Giambattista V. Autobiografia, Poesie, Scienza nuova. Hg. v. P. SOCCIO. Mailand 1983.
Literatur: VAUGHAN, F.: The political philosophy of Giambattista V. Den Haag 1972 (mit Bibliogr.). – POMPA, L.: V. A study of the new science. London u. New York 1975 (mit Bibliogr.). – VIECHTBAUER, H.: Transzendentale Einsicht u. Theorie der Gesch. Überlegungen zu G. B. V.s ›Liber metaphysicus‹. Mchn. 1977. – MONTANO, R.: G. B. V. Neapel 1980. – SCHMIDT, RICHARD W.: Die Geschichtsphilosophie G. B. V.s. Wzb. 1982. – MANDLEWITSCH, D.: Die Menschen machen die Gesch. Das Verständnis des Polit. in der Scienza nuova v. G. B. V. Duisburg u. Köln 1983. – BURKE, P.: V. Philosoph, Historiker, Denker einer neuen Wiss. Dt. Übers. Neuausg. Ffm. 1990.

Vida, Marco Girolamo [italien. 'vi:da], * Cremona 1485, † Alba 27. Sept. 1566, nlat. Dichter. – 1532 Bischof von Alba im Herzogtum Montferrat. Sein erfolgreichstes Werk ist das Versepos ›Jesus Christus‹ (1535, dt. 1811), eine im Aufbau auf Vergil zurückgehende Darstellung des Lebens und der Leiden Christi; außerdem verfaßte er eine lehrhafte Dichtung über den Seidenbau (›Die Seidenraupe‹, 1527, dt. 1864) und eine scherzhaft myth. Erzählung über das Schachspiel (›Der im Schachspiel vom Merkur überwundene Apoll‹, 1527, dt. 1754, 1830 u. d. T. ›Vom Schachspiel‹); sein Werk ›De arte poetica‹ (= Über die Dichtkunst, 3 Bde., 1527) war nicht nur von großer Wirkung auf die späteren nlat. Dichter, sondern trug auch wesentlich mit zur Herausbildung der Theorie der klass. Tragödie in Frankreich bei.

Literatur: SALVATORE, N.: L'arte poetica di M. G. V. Foligno 1912. – DI CESARE, M. A.: V.'s Christiad and Vergilian epic. New York 1964. – DI CESARE, M. A.: Biblioteca Vidiana. A bibliography of M. G. V. Florenz 1974.

Vida [lat.-provenzal. = Leben], kurzer, oft fiktiver Lebenslauf eines † Troubadours in Prosa, in den meisten Handschriften der jeweiligen Liedersammlung vorangestellt.
Ausgabe: BOUTIÈRE, J./SCHUTZ, A. H.: Biographies des troubadours. Paris ²1964.

Vidaković, Milovan [serbokroat. 'vida:kɔvitɕ], * Nemenikuće bei Belgrad 1780, † Budapest 28. Okt. 1841, serb. Schriftsteller. – Privatlehrer; 1817–24 Gymnasiallehrer in Novi Sad; verfaßte vielgelesene legendenartige ep. Gedichte und moralisierend-didaktische Romane; schrieb slawenoserbisch; Gegner von V. S. Karadžić.

Literatur: KAŠIĆ, J.: Jezik M. V.a. Novi Sad 1968.

Vidal, Gore [engl. vi:'dɑ:l], * West Point (N. Y.) 3. Okt. 1925, amerikan. Schriftsteller. – Verwertete in seinem ersten Roman ›Williwaw‹ (1946) seine Kriegserfahrungen; veröffentlichte danach in rascher Folge zahlreiche, z. T. im Stil E. Hemingways geschriebene gesellschaftskrit. Romane (unter dem Pseudonym Edgar Box Kriminalromane), ferner Kurzgeschichten, Lyrik und zeitkritisch-polit. Dramen, u. a. ›Der beste Mann‹ (1960, dt. 1962) über die Methoden bei der Wahl des amerikan. Präsidentschaftskandidaten; auch Essays, Drehbücher und Theaterkritiken. Am bedeutendsten sind die das öffentl. Leben aus histor. Perspektive beleuchtende Romantrilogie ›Nacht über Washington‹ (1967, dt. 1971), ›Burr‹ (1973, dt. 1975), ›1876‹ (1976, dt. 1978), die groteske Persiflage auf die Filmwelt Hollywoods (›Myra Breckinridge‹, 1968, dt. 1969; ›Die Sirene von Babylon‹, 1974, dt. 1976), der histor. Roman ›Ich, Cyrus, Enkel des Zarathustra‹ (1981, dt. 1986) sowie das fiktionalisierte Porträt des Präsidenten A. Lincoln (›Lincoln‹, 1984, dt. 1985).

Gore Vidal

Weitere Werke: Geschlossener Kreis (R., 1948, dt. 1986), The season of comfort (R., 1949), Messias (R., 1954, dt. 1977), Besuch auf einem kleinen Planeten (Dr., 1957, dt. 1958), Julian (R., 1964, dt. 1965), Betrachtungen auf einem sinkenden Schiff (Essays, 1969, dt. 1971), An evening with Richard Nixon (Dr., 1972), Amer-ican plastics. Über Politik und Literatur (Essays, 1977, dt. 1986), Kalki (R., 1978, dt. 1980), The second American revolution (Essays, 1982), Duluth wie Dallas (R., 1983, dt. 1984), Empire (R., 1987, dt. 1989), Hollywood (R., 1990, dt. 1991), Golgotha live (R., 1992, dt. 1993), United States. Essays, 1952–1992 (1993).

Literatur: DICK, B. F.: The apostate angel. A critical study of G. V. New York 1974. – STANTON, R. J.: G. V. A primary and secondary bibliography. Boston (Mass.) 1980. – KIERNAN, R. F.: G. V. New York 1982.

Vidạl, Peire, provenzal. Troubadour, ↑ Peire Vidal.

Vidmar, Josip [slowen. 'vidma:r], * Ljubljana 14. Okt. 1895, † ebd. 12. April 1992, slowen. Schriftsteller. – Dramaturg des Slowen. Nationaltheaters in Ljubljana (1934–42); ab 1945 Prof. (Theorie des Dramas; Literatur); einer der bedeutendsten slowen. Literatur- und Kulturkritiker, der auf das slowen. Kulturleben stark einwirkte. Zu seinen essayist. Hauptwerken gehören: ›Kulturni problemi slovenstva‹ (= Die kulturellen Probleme des Slowenentums, 1932), ›Literarne kritike‹ (= Literar. Kritiken, 1951); schrieb u. a. über I. Cankar (1969).

Weiteres Werk: Moji savremenici (= Meine Zeitgenossen, 1981).

Vidrić, Vladimir [serbokroat. 'vidritɛ], * Zagreb 30. April 1875, † Stenjevec bei Zagreb 29. Sept. 1909, kroat. Lyriker. – Studierte in Prag, Zagreb und Wien Rechtswiss.; Vertreter der kroat. Moderne; starb in geistiger Umnachtung. V. brachte nicht nur formal ein neues Element in die kroat. Dichtung, er griff auch soziale und polit. Probleme auf. Starkes persönl. Erleben, Bilderreichtum und Ausdruckskraft sind charakteristisch für seine sinnenfreudige Dichtung.

Ausgabe: V. V. Sabrane pjesme. Zagreb 1969.
Literatur: FRANGEŠ, I.: Matoš, V., Krleža. Zagreb 1974.

Vidūṣaka [vi'du:ʃaka], kom. Person des klass. ind. Dramas (↑ auch indisches Theater). Der V. ist ein Prākrit sprechender Brahmane, der sich Gelehrsamkeit, die er nicht besitzt, anmaßt. Er führt unsinnige, oft schlüpfrige Reden und liebt Speise und Trank, ist aber zugleich ein treuer Freund des Helden. Vorgestellt wird er als buckliger, kahlköpfiger Zwerg mit vorstehenden Zähnen.

Literatur: BHAT, G. K.: The V. Ahmedabad 1959. – KUIPER, F. B. J.: Varuṇa and V. On the origin of the Sanskrit drama. Amsterdam 1979.

Vidyāpati, Bisaibaras Ṭhākura [vi-'dja:pati], * Bisaphī (Distrikt Darbhaṅgā) um 1370, † Bājitapur 1448, ind. Dichter. – Ratgeber und Beamter des Oinabara-Königs Śivasiṃha von Mithilā bis zu dessen Tod 1406; schuf über 1 000 Lieder in Maithilī (einem Dialekt des Neuindoarischen), die im Sinne der Bhakti-Bewegung die Gottesliebe am Beispiel Krischnas und Rādhās verherrlichen. Mit dem Maithilī-Gedicht ›Kirtilatā‹ und dem Sanskritwerk ›Puruṣaparīkṣā‹ verfaßte er auch Chroniken der Oinabara-Dynastie.

Ausgaben: The test of a man, being the Purushaparīkshā of Vidyāpati Ṭhakkura. Engl. Übers. v. G. A. GRIERSON. London 1935. – Love Songs of V. Engl. Übers v. D. BHATTACHARYA. Hg. v. W. ARCHER. London 1963.

Viebahn, Fred ['fi:...], * Gummersbach 16. April 1947, dt. Schriftsteller. – Lebt seit 1981 als freier Schriftsteller in den USA, ∞ mit der amerikan. Lyrikerin R. Dove. Erzählt in seinen flüssig geschriebenen Romanen meist in Ich-Form das Leben und das gesellschaftspolit. Umfeld seiner oft eigenwilligen und eigenständigen Hauptfiguren; benutzt dabei eine rüde wie auch empfindsame Sprache.

Werke: Der Ausbruchsversuch (E., 1967), Erfahrungen (En., 1968), Knopflochgesinnung (Ged., 1968), Die schwarzen Tauben oder Gitarren schießen nicht (R., 1969), Das Haus Che oder Jahre des Aufruhrs (R., 1973), Larissa oder Die Liebe zum Sozialismus (R., 1976), Die Fesseln der Freiheit (R., 1979).

Viebig, Clara ['fi:bɪç], * Trier 17. Juli 1860, † Berlin 31. Juli 1952, dt. Schriftstellerin. – Gesangsstudium; ab 1896 ∞ mit dem Verlagsbuchhändler F. Th. Cohn, lebte nach 1945 in dürftigen Verhältnissen in Berlin. Ihre ersten nachnaturalist. Novellen ›Kinder der Eifel‹ (1897) sowie der Roman ›Das Weiberdorf‹ (1900) erregten großes Aufsehen. In späteren Prosawerken verbindet sie gehobene Unterhaltung mit Sozialkritik, Milieustudium und der Beziehung von Mensch und Landschaft; auch Darstellung von Frauenschicksalen (›Die mit den tausend Kindern‹, R., 1929). Die bürgerlich-humanist. Haltung bestimmt

Clara Viebig

auch das weniger erfolgreiche dramat. Werk. Psycholog. Interessen bleiben der Theorie des Naturalismus (Einfluß É. Zolas) verbunden.

Weitere Werke: Vor Tau und Tag (Nov.n, 1898), Die Wacht am Rhein (R., 1902), Das tägl. Brot (R., 1902), Das schlafende Heer (R., 1904), Einer Mutter Sohn (R., 1906), Das Kreuz im Venn (R., 1908), Die vor den Toren (R., 1910), Das Eisen im Feuer (R., 1913), Das rote Meer (R., 1920), Die Passion (R., 1926), Prinzen, Prälaten und Sansculotten (R., 1931), Insel der Hoffnung (R., 1933), Der Vielgeliebte und die Vielgehaßte (R., 1935).

Ausgaben: C. V. Ausgew. Werke. Stg. 1922. 8 Bde. – C. V. Berliner Novellen. Bln. 1952. – C. V. Das Miseräbelchen u. a. Erzählungen. Hg. v. B. JENTZSCH. Olten u. Freib. 1981.

Literatur: MICHALSKA, U.: C. V. Versuch einer Monogr. Posen 1968. – DURAND, M.: Les romans berlinois de C. V. (1860–1952). Bern u. a. 1993.

Vie de Saint Alexis [frz. vidsɛtalɛk-'si] ↑ Alexiuslied.

Vieira, António [portugies. 'viɐirɐ], * Lissabon 6. Febr. 1608, † Bahia (heute Salvador, Brasilien) 18. Juli 1697, portugies. geistl. Schriftsteller. – Kam 1614 nach Brasilien; ab 1623 Jesuit; 1641–52 Hofprediger in Lissabon, 1652 wieder in Brasilien; wegen seines Eintretens für die Indianer 1661–69 nach Portugal verbannt; lebte 1669–75 in Rom und kehrte 1681 endgültig nach Brasilien zurück. Missionar und entschiedener Gegner der Sklaverei; seine Predigten gelten als Meisterwerke der portugies. Prosa des 17. Jahrhunderts.

Ausgaben: A. V. Obras escolhidas. Hg. v. A. SÉRGIO u. H. CIDADE. Lissabon 1951–54. 12 Bde. – A. V.s Pestpredigt. Krit. Text u. Komm. v. H. W. WITTSCHIER. Münster 1973. –

História do futuro (Livro anteprimeiro). Krit. Ausg. v. J. VAN DEN BESSELAAR. Münster 1976. 2 Bde. – A. V. Die Predigt des hl. Antonius an die Fische. Dt. Übers. Neuausg. Zü. 1994. **Literatur:** ACEVEDO, J. L. DE: História de A. V. Lissabon ²1931. 2 Bde. – BOXER, C. R.: A great Luso-Brazilian figure. Padre A. V. London 1967. – BURGARTH, J.: Die Negation im Werk von Padre A. V. Münster 1977.

Vieira, Luandino [portugies. 'viɐirɐ], eigtl. José Vieira Mateus da Graça, * Lagoa de Furadouro (Portugal) 4. Mai 1935, angolan. Schriftsteller. – Als Kind Auswanderung nach Angola; aus polit. Gründen 1963 zu 14 Jahren Gefängnis verurteilt, 1972 entlassen. Schreibt Erzählungen und Romane in portugies. Sprache, die er durch Kimbundu-Ausdrücke und Neologismen, die die angolan. Kultur reflektieren, verändert; schildert das Alltagsleben in den ›Musseques‹ (Vororte von Luanda) und den Kampf des angolan. Volkes für die Unabhängigkeit.
Werke: A cidade e a infância (En., 1957), Luanda (E., 1963), Das wahre Leben des Domingos Xavier. Und: Großmutter Xixi und ihr Enkel Zeca Santos (2 En., 1974, dt. 1981), Nós, os do Makulusu (R., 1974), No antigamente na vida (En., 1974), Vidas novas (En., 1975), Macandumba (E., 1978), João Vêncio: Os seus amores (R., 1979), Lourentinho, dona Antónia de Sousa Neto e eu (E., 1981).
Literatur: BURNESS, D.: Fire. Six writers from Angola, Mozambique and Cape Verde. Washington (D.C.) 1977. S. 1.

Viélé-Griffin, Francis [frz. vjelegri-'fɛ̃], * Norfolk (Va.) 26. Mai 1864, † Bergerac (Dordogne) 12. Nov. 1937, frz. Dichter amerikan. Herkunft. – Gehörte zum engen Kreis um S. Mallarmé; Vertreter des Symbolismus, in dessen Werk die dekadente Note durch Diesseitsbejahung aufgehoben ist. Neben schlichter, liedhafter Landschaftsdichtung seiner frühen Schaffensperiode steht religiös gefärbte Lyrik; in der Behandlung antiker und altnord. Stoffe eigenständig.
Werke: Les cygnes (Ged., 1887), La clarté de la vie (Ged., 1897), La voix d'Ionie (Ged., 1914), Le domaine royal (Ged., 1923).
Literatur: SCALAMANDRÉ, R.: F. V.-G. e il platonismo. Storia e miti di un poeta simbolista. Rom 1981.

Vienuolis, Antanas [litauisch viɛ'nuʌlis], eigtl. A. Žukauskas, * Užuožeriai bei Anykščiai 7. April 1882, † Anykščiai 17. Aug. 1957, litauischer Schriftsteller. –

Studierte Pharmazie; nahm an der russ. Revolution von 1905 teil, wurde in den Kaukasus verbannt, kehrte 1918 nach Litauen zurück. V. begann im Kaukasus zu schreiben: realist. Erzählungen, Romane, Dramen und Reisebilder. Themen sind u. a. das Leben im Kaukasus und Probleme seiner Gegenwart im litauischen bürgerl. Staat.
Werke: Intelligentų palata (= Intelligenzstation, E., 1921), Kryžkelès (= Kreuzwege, R., 1932), Ausgespielt (R., 1952, dt. 1955).

Viereck, Peter [Robert Edwin] [engl. 'vɪrɛk], * New York 5. Aug. 1916, amerikan. Schriftsteller. – Prof. für Geschichte am Mount Holyoke College (Mass.); bed. konservativer Essayist mit krit. Einstellung zum modernen Massenstaat, zum Rechts- und Linksradikalismus; als Lyriker anfangs dem Experiment zugeneigt, tendierte V. später zu einem formstrengen, doch surrealist. Neoklassizismus.
Werke: Terror and decorum (Ged., 1948; Pulitzerpreis 1949), Conservatism revisited (Essay, 1949, Neuaufl. 1980), Strike through the mask! (Ged., 1950), The first morning (Ged., 1952), The persimmon tree (Ged., 1956), The tree witch (Vers-Dr., 1961), New and selected poems 1932–1967 (Ged., 1967), Archer in the marrow (ep. Ged., 1987).

Vierheber, Vers mit vier † Hebungen (bzw. vier † Takten), entweder mit freier Füllung der Senkungen oder alternierendem Wechsel von Hebung und † Senkung; Basisvers der † akzentuierenden Dichtung.

Viertel, Berthold ['fɪrtəl], * Wien 28. Juni 1885, † ebd. 24. Sept. 1953, österr. Regisseur und Schriftsteller. – Studium der Philosophie und Geschichte; Mitarbeiter führender literar. Zeitschriften (u. a. der ›Fackel‹ von K. Kraus); Mitbegründer (1912) und Dramaturg (bis 1914) der Wiener ›Volksbühne‹; Bühnen- und Filmregisseur u. a. in Dresden, Berlin, London und Hollywood (ab 1938); nach dem 2. Weltkrieg Rückkehr nach Österreich, bed. Inszenierungen in Zürich, Wien, Berlin, Salzburg. Lyriker, Dramatiker und Erzähler; war auch als Übersetzer tätig; als Regisseur gehörte V. zu den richtungweisenden Persönlichkeiten des expressionist. Theaters.
Werke: Die Spur (Ged., 1913), Karl Kraus (Essay, 1921), Die schöne Seele (Kom., 1925),

Das Gnadenbrot (R., 1927), Die Bahn (Ged., 1931), Fürchte dich nicht! (Ged., 1941), Der Lebenslauf (Ged., 1946).

Ausgaben: B. V. Dichtungen u. Dokumente. Hg. v. E. GINSBERG. Mchn. 1956. – B. V. Schrr. zum Theater. Hg. v. G. HEIDENREICH. Mchn. 1970 (mit Bibliogr.). – B. V. Daß ich in dieser Sprache schreibe. Ges. Gedichte. Hg. v. G. FETZER. Mchn. 1981.

Literatur: B. V. Zur 80. Wiederkehr seines Geburtstages. Mchn. 1965. – B. V. Regisseur u. Dichter (1885–1953). Bearb. v. F. PFÄFFLIN. In: Nachr. aus dem Kösel-Verlag. Hg. v. H. WILD. Mchn. 1969. – JANSEN, I.: B. V. Leben u. künstler. Arbeit im Exil. New York u. a. 1992.

Vierzeiler, Strophe aus vier Verszeilen. Häufigste Form ist der regelmäßig gebaute, isometr. (↑ Isometrie) vierhebige (bzw. achtsilbige) V. mit Paar- oder Kreuzreim (↑ Reim) als Strophe v. a. volkstüml. Dichtung und der an volkstüml. Formen orientierten Lyrik der Romantik:

›Schläft ein Lied in allen Dingen,
Die da träumen fort und fort.
Und die Welt hebt an zu singen,
Triffst du nur das Zauberwort.‹
(J. von Eichendorff, ›Wünschelrute‹).

Der unregelmäßig gebaute (heterometr.) V. besteht aus Vier- und Dreihebern, häufiges Reimschema ist abab, bes. abcd, die sogenannte ↑ Chevy-Chase-Strophe.

Viesèr, Dolores [vi'ze:r], eigtl. Wilhelmine Maria Aichbichler, geb. Wieser, * Hüttenberg (Kärnten) 18. Sept. 1904, österr. Schriftstellerin. – Schreibt Romane und Erzählungen mit Themen aus Geschichte und Gegenwart ihrer Heimat.

Werke: Das Singerlein (R., 1928), Der Gurnitzer (R., 1931), Hemma von Gurk (R., 1938), An der Eisenwurzen (En., 1948), Aelia, eine Frau aus Rom (R., 1952), Licht im Fenster (R., 1953), Der Bänderhut (R., 1956), Kleiner Bruder (R., 1964), Nachtquartier (R., 1972), Katzen in Venedig (Nov., 1976), Der Märtyrer und Lilotte (R., 1977).

Vieth von Goḷssenau, Arnold Friedrich [fi:t], dt. Schriftsteller, ↑ Renn, Ludwig.

vietnamesische Literatur, der während der über tausendjährigen Herrschaft des chin. Kaiserreiches in den nördl. Provinzen des heutigen Vietnam (111 v. Chr. – 10. Jh. n. Chr.) stattfindende Sinisierungsprozeß der politisch führenden Oberschicht hatte zur Folge, daß die chin. Sprache in Wort und Schrift als amtl. Verwaltungs- und Literatursprache übernommen wurde, wobei das Vietnamesische selbst das Medium der Umgangssprache blieb. Von Angehörigen des buddhist. Klerus, wie z. B. dem Mönch Van-Hanh Tiên-su' († 1018), stammten die ältesten Belege der sinovietnames. Literatur, d. h. in chin. Sprache und Schrift abgefaßte buddhist. Lehrgedichte. Der König und die Hofgesellschaft beschäftigten sich mit der Literatur Chinas in allen ihren Gattungen und übten sich im Dichterwettstreit. So wurde unter Kaiser Lê Thanh Tông (1460–97) der späten Lê-Dynastie (1428–1788) die von ihm geleitete Dichterakademie ›Tao-Ðan‹ (= Altar der Literatur) ins Leben gerufen. Im Zuge der nat. Selbstbesinnung erwachte nach dem Ende der chin. Oberherrschaft aber auch das Interesse an der Dichtkunst in vietnames. Sprache. In einem im 13. Jh. geschaffenen Schriftsystem (›Nôm‹), in dem die vietnames. Laute passend wiedergegeben werden, wurde die älteste rein vietnamesische Gedichtsammlung ›Hông-Ðu'c quôc-âm thi-tâp‹ (= Gesammelte Gedichte der Regierungsperiode Hông-Ðu'c [1470–98] in der Landessprache) von der Akademie zusammengestellt. Die sich an chin. Vorbilder anlehnende Historiographie fand in bed. Geschichtswerken und Annalen ihren Niederschlag, so z. B. in ›Ðai-Viêt su'-ky‹ (= Annalen von Groß-Viêt, 1272) von Lê-Vän-Hu'u, ›An-nam chilu'o'c‹ (= Abriß der Geschichte von Annam, 1377) von Lê-Täc, ›Ðai-Viêt su'-ky toan-thu'‹ (= Vollständige Annalen von Groß-Viêt, 1479) von Ngô-Si-Liên und schließlich in dem 1884 publizierten umfassenden Standardwerk ›Khâm-ðinh Viêt-su' thông-giam cu'o'ng-muc‹ (= Auf kaiserl. Befehl verfaßte Texte und Kommentare des allgemeinen Spiegels der Geschichte von Viêt). Einen Überblick über die mannigfachen Aspekte der Feudalgesellschaft und ihre Kultur während der autoritären Monarchie vermitteln zahlreiche wiss. Werke (u. a. geograph., medizin. Schriften, Gesetzestexte, Enzyklopädien).

Neben der nur einer dünnen Oberschicht verständl. chin. Literatur existierte seit ältester Zeit eine weithin unbeachtete mündlich tradierte **Volksliteratur** (Liebeslieder, Wechsel- und Arbeitsgesänge der Bauern und Fischer, Mythen, Sagen, Märchen und Sprichwörter). Überliefert sind (und nur in chin. Übersetzung) ›Viêt-điên u-linh-tâp‹ (= Sammlung von Erzählungen über die unsichtbaren Mächte des Landes) von Ly-Tê-Xuyên (14.Jh.) und die anonyme Zusammenstellung von alten vietnames. Mythen- und Wundergeschichten ›Linh-Nam trich-quai‹ (= Erzählungen über die außergewöhnl. Wesen von Linh-Nam, Mitte des 15.Jahrhunderts). Mit der Erfindung der ›Nôm‹-Schrift eröffnete sich der vietnames. Nationalliteratur ein weites Feld. In der ›Nôm‹-Schrift wurden Werke unterschiedl. Genres aufgezeichnet, u.a. ein in Gedichtform abgefaßter Abwehrzauber zur Vertreibung von Krokodilen (13.Jh.) und versifizierte Tierfabeln (14.Jh.), außerdem die bereits erwähnte Gedichtsammlung der Periode Hông-Đu'c. Eine spezifisch vietnames. Literaturgattung innerhalb des ›Nôm‹-Schrifttums bildete der **Versroman** (›truyên‹). Wenngleich dieser seine Sujets der volkstüml. chin. Romanliteratur entlehnte, so enfaltete sich in ihm der dichter. Genius der Vietnamesen, die, aus der Quelle der Volksliteratur schöpfend, in Wortwahl und Versmaß frei vom Manierismus überlebter chin. Formen, Werke von unvergleichl. Zauber und höchstem literar. Niveau schufen. Von den klass. Versromanen sind zu nennen: ›Hoa-Tiên‹ (= Das geblümte Papier) von Nguyên-Huy-Tu' (* 1743, † 1790), ›Luc-Vân-Tiên‹ von Nguyên-Đinh-Chiêu (* 1822, † 1888) sowie ›Phan-Trân‹ (= Die Erzählung von Phan und Trân) und ›Nhi-Dô-mai‹ (= Die wieder erblühenden Pflaumenbäume), beides anonyme Werke. Unbestrittener Höhepunkt der ›Nôm‹-Literatur ist der Roman ›Truyên Thuy-Kiêu‹ (= Die Geschichte von Thuy-Kiêu, auch bekannt u.d.T. ›Kim-Vân-Kiêu‹, dt. 1964 u.d.T. ›Das Mädchen Kiêu‹) von Nguyên-Du, das von Vietnamesen aller Gesellschaftsschichten geliebte und immer wieder zitierte Nationalepos, ein Meisterwerk der Weltliteratur. Der Ruhm dieses Dichtwerkes beruht ebenso auf seiner unnachahml. Versmelodie wie auf seiner ergreifenden Darstellung des unverschuldeten trag. Schicksals des Mädchens Thuy-Kiêu. Mit ihrer gesellschaftskrit. Poesie kämpfte die Dichterin Hô-Xuân-Hu'o'ng gegen die Rechtlosigkeit und Unterdrückung der Frau. Ähnlich, wenn auch weniger offen, äußert sich Nguyên-Gia-Thiêu in seinem Langgedicht ›Cung-oán ngâm-khúc‹ (= Klage der Palastdame). Dieses Werk gehört zu einer weiteren beliebten Literaturgattung, der **Elegie** (›ngâm-khúc‹). Vorsichtige Sozialkritik und Ächtung des Krieges sind die Themen der von der Dichterin Đoan-Thi-Điêm nach chin. Vorlage geschriebenen Elegie ›Chinh-phu ngâm-khúc‹ (= Klage einer Kriegersfrau).

Die **moderne vietnames. Literatur** setzte ein mit der Einführung der von kath. Missionaren des 17.Jh. entwickelten Buchstabenschrift (›Quôc-ngu‹) und der Anerkennung des Vietnamesischen als offizielle Landes- und Literatursprache. Sie diente den Vorkämpfern der ›Quôc-ngu'‹-Bewegung, Petrus Tru'o'ng-Vinh-Ky (* 1837, † 1898), Paulus Huynh-Tinh-Cua (* 1836, † 1907), Pham-Quynh (* 1892, † 1945) u.a., als Mittel einer umfassenden Volksbildung, aber auch als Instrument antikolonialist. und sozialrevolutionärer Propaganda, wie in den Schriften von Phan-Bôi-Châu (* 1867, † 1940), Phan-Châu-Trinh' (* 1872, † 1920) und Ho Chi Minh (* 1890, † 1969). Mit dem durch Frankreich vermittelten westl. Ideengut, insbes. mit der europ. Literatur, setzten sich die Angehörigen der Vereinigung ›Tu'-lu'c văn-đoan‹ (= Unabhängige Literatengruppe) auseinander. Die zentrale Thematik in der Dichtung und Romanliteratur bis in die Zeit des Vietnamkrieges gilt der Bewältigung brennender sozialer und polit. Probleme Vietnams, ebenso in der Volksrepublik Vietnam der Nachkriegszeit, wenn auch die nationalistisch verbrämte Propaganda des Sozialismus nunmehr im Vordergrund steht. Als Vorkämpfer dieser ›engagierten polit. Poesie und Prosa‹ gelten Schriftsteller wie Tu-Mo' (* 1900, † 1976), Tô-Hu'u, Trân-Hiêu-Minh (* 1921), Anh-Đu'c (* 1935), Phan-Tu (* 1930), Nam Cao, Nguyên-Cong-Hoan (* 1903, † 1977), Lê-Anh-Xuân (* 1940, † 1968). Seit den 1980er

Jahren bekam die V. L. durch Schriftsteller wie Le Luu (* 1942), Ma Van Khang (* 1936), Nguyen Huy Thiep (* 1950), Duong Thu Huong (* 1947) u. a. neue Impulse. Besondere Merkmale ihrer Werke sind die krit. Auseinandersetzung mit der eigenen Geschichte, die Widersprüchlichkeit und Verschiedenheit der literar. Figuren sowie das Ausbrechen aus der Enge der rein vietnames. Themen.

Ausgaben: Nächte auf dem Marsch. Lyrik u. Prosa aus Vietnam. Dt. Übers. v. M. BRETSCHNEIDER u. a. Bln. 1968. – Märchen aus Vietnam. Hg. u. Übers. v. O. KAROW. Düss. u. Köln 1972. – VÕ PHAN THANH GIAO-TRINH: Ca-dao: Vietnamese popular songs. Brüssel 1975. – Der Uhrmacher v. Dien Bien Phu. Vietnames. Erzähler. Hg. v. A. u. K. MÖCKEL. Mchn. 1977. – Ca Dao Vietnam. A bilingual anthology of Vietnamese folk poetry. Übers. u. hg. v. J. BALABAN. Greensboro (N. C.) 1980.

Literatur: TRÂN-CƯ' U-CHÂN: Les grandes poétesses du Viet-Nam. Saigon 1950. – TRÂN-CƯ' U-CHÂN: Essais sur la littérature vietnamienne. Saigon 1950. – TRÂN-VAN-TUNG: Deux mille ans de poésie vietnamienne. Paris 1965. – DƯ'O'NG-DINH-KHUÊ: La littérature populaire vietnamienne. Saigon 1968. – DURAND, M. M./NGUYÊN TRÂN-HUÂN: Introduction à la littérature vietnamienne. Paris 1969. – BUI-XUÂN-BAO: Le roman vietnamien contemporain. Saigon 1972. – Heritage of Vietnamese poetry. Hg. v. HUYNH SANH THÔNG. New Haven (Conn.) 1979. – DURAND, M./HUAN, N. T.: An introduction to Vietnamese literature. New York 1985. – LIES, U.: Literaturakademie der 28 Sterne. Der vietnames. Roman. 1000 Jahre Literaturtradition in Gesch. u. Theorie. Unkel/Rhein 1991.

Víga-Glúmr ['vi:gaglu:mər], isländ. Skalde, ↑Glúmr Eyjólfsson.

Vignix, Hugues [frz. vi'ɲiks], Pseudonym des frz. Schriftstellers Henri [François Joseph] de ↑Régnier.

Vigny, Alfred Comte de [frz. vi'ɲi], * Schloß Loches (Indre-et-Loire) 27. März 1797, † Paris 17. Sept. 1863, frz. Dichter. – Aus monarchistisch gesinnter adliger Soldatenfamilie; trat trotz schwächl. Konstitution nach dem Sturz Napoleons in das königl. Heer ein, das er jedoch 1827 wieder verließ; verbrachte die letzten 20 Jahre seines Lebens zurückgezogen auf seinem Landsitz Le Maine-Giraud (Angoumois) und in Paris; 1845 Mitglied der Académie française. Sensibler und reflektierender

Alfred Comte de Vigny (Ausschnitt aus einer zeitgenössischen Lithographie von Achille Devéria)

Dichter der frz. Romantik, dessen Werk weitgehend von einem aristokrat. und stoischen Pessimismus geprägt ist; typisch für das zeitgenöss. Lebensgefühl war sein erfolgreiches Drama ›Chatterton‹ (1835, dt. 1850), das das Schicksal des verkannten engl. Dichters behandelt und ihn zum Typ des romant., vom Schicksal verfolgten Genies stilisiert; als Lyriker veröffentlichte V. u. a. ›Poèmes antiques et modernes‹ (1826), als Epiker u. a. den histor. Roman ›Cinq-Mars‹ (1826, dt. 1829) nach dem Vorbild W. Scotts und Novellen (›Soldatenschicksal‹, 1835, dt. 1878, 1957 u. d. T. ›Glanz und Elend des Militärs‹).

Weitere Werke: Éloa ou la chute d'un ange (Ged., 1824), Die Marschallin von Ancre (Dr., 1831, dt. 1837), Stello (R., 1832, dt. 1832), Les destinées (Ged., hg. 1864, dt. 1878 u. d. T. Ausgewählte Gedichte), Le journal d'un poète (Aufzeichnungen, hg. 1867), Daphné (R.-Fragment, begonnen 1837, hg. 1912).

Ausgaben: A. de V. Mémoires inédits. Hg. v. J. SANGNIER. Paris 1958. – A. de V. Œuvres complètes. Mit einem Vorwort u. Anmerkungen v. P. VIALLANEIX. Paris 1965. – A. de V. Œuvres complètes. Hg. v. F. GERMAIN u. A. JARRY. Paris 1986 ff. Auf 3 Bde. berechnet.

Literatur: LAUVRIÈRE, E.: A. de V., sa vie et son œuvre. Neuausg. Paris 1946. 2 Bde. – GERMAIN, F.: L'imagination d'A. de V. Neuaufl. Paris 1962. – LA SALLE, B. L. S. DE: A. de V. Paris 1963. – EIGELDINGER, M.: A. de V. Paris 1965 (mit Bibliogr.). – Bulletin de l'Association des Amis d'A. de V. Paris 1968 ff. – FLOTTES, P.: V. et sa fortune littéraire. Bordeaux 1970. – SAINT-GÉRAND, J. P.: Les Destinées d'un style. Essai sur les poèmes philosophiques de V. Paris 1979. – BUSS, P.: V.: Chatterton. London 1984. – WREN, K.: V: Les Destinées. London 1985. – CASANOVA, N.: A. de V. Sous le masque de fer. Paris 1990.

Viita, Lauri [finn. 'vi:ta], *Pirkkala 17. Aug. 1916, † Helsinki 22. Dez. 1965, finn. Schriftsteller. – Bed. Vertreter der Nachkriegsliteratur in Finnland; bereits sein Erstling ›Betonimylläri‹ (= Betonmüller, Ged., 1947) rüttelte durch die Eigenständigkeit und fremdartige Tiefe des Ausdrucks auf. Der bed., stark autobiograph. Roman ›Ein einsamer Weiser ist immer ein Narr‹ (1950, dt. 1964) schildert exemplarisch den harten Existenzkampf einer Arbeiterfamilie. Einige seiner Gedichte sind in dt. Übersetzung in Anthologien erschienen, u. a. in ›Panorama moderner Lyrik‹ (1960 und 1962) und ›Finnische Lyrik aus hundert Jahren‹ (1973).

Vik, Bjørg [norweg. vi:k], *Oslo 11. Sept. 1935, norweg. Schriftstellerin. – Hatte mit ihren Novellen, Romanen und dem sehr erfolgreichen Schauspiel ›Fünf Frauen‹ (1974, dt. 1975) maßgebl. Einfluß auf die feminist. Bewegung und die neueste Frauenliteratur in Norwegen. Ihr Hauptthema ist die Darstellung zwischenmenschl. Beziehungen; schrieb auch bedeutende Hörspiele.
Weitere Werke: Søndag ettermiddag (En., 1963), Det grådige hjerte (En., 1968), Gråt, elskede mann (R., 1970), Das Frauenaquarium (En., 1972, dt. 1979), Fisch im Netz (En., 1975, dt. 1979), Sorgenfri (Schsp., 1978), Snart er det høst (En., 1982), En gjenglemt petunia (En., 1985), Små nøkler store rom (R., 1988), Reisen til Venezia (Kom., 1992).

Viková-Kunětická, Božena [tschech. 'vikova:'kunjɛtjitska:], *Pardubice 30. Juli 1862, † Libočany 18. März 1934, tschech. Schriftstellerin. – Feministin; erste tschech. Abgeordnete im Reichsrat; Verfasserin von Erzählungen und Romanen über die Frau in Familie und Gesellschaft; auch Dramen.

Viksten, [Isak] Albert [schwed. ˌvi:kste:n], *Graninge (Ångermanland) 8. April 1889, † ebd. 23. Juni 1969, schwed. Schriftsteller. – Journalist; Arbeiterdichter, der in seinen Romanen und Erzählungen meist aus eigener Erfahrung vom Leben der bäuerl. Bevölkerung berichtet und sich humorvoll-skeptisch zum Leben in der Stadt äußert; schrieb auch Reiseberichte, Essays und Gedichte.
Werke: Hårda män (Ged., 1926), Eisbär steuerbord (Reiseber., 1942, dt. 1943), Sie suchten

neues Land (R., 1947, dt. 1959), Die Bärin G. (E., 1959, dt. 1959), Mitt liv, ett äventyr (Memoiren, hg. 1971).

Vilallonga, José Luis de [span. bila-'ʎɔŋga], eigtl. J. L. de V., Marqués de Castellvell y de Castellmeya, *Madrid 20. Jan. 1920, span.-frz. Schriftsteller und Journalist. – Lebte nach dem Span. Bürgerkrieg in Argentinien, seit 1950 in Frankreich; schreibt meist in frz. Sprache; seine realistisch-zeitkrit. Romane behandeln v. a. das Leben im heutigen Spanien.
Werke: Les ramblas finissent à la mer (R., span. 1950, frz. 1952), Les gens de bien (R., 1955; Dr., 1957), Ein Mann allein (R., 1959, dt. 1959), Allegro barbaro (R., 1967, dt. 1969), Tod am Vormittag. Eine span. Tragödie (R., 1971, dt. 1972), Gold-Gotha. Meine Begegnungen mit Reichtum, Macht und Schönheit (1972, dt. 1972), Furia (R., 1974), Solo (R., 1976), Les gangrènes de l'honneur (R., 1978), Juan Carlos. Die autorisierte Biographie (1993, dt. 1993).

Vilde (Wilde), Eduard, *Pudivere 4. März 1865, † Reval 26. Dez. 1933, estn. Schriftsteller. – Journalist; lebte 1905–17 im Exil (Deutschland, Dänemark, USA); 1919/20 Gesandter in Berlin, danach freier Schriftsteller. Hatte anfangs mit spannender Unterhaltungsliteratur Erfolg; stand später unter dem Einfluß des Naturalismus. Am erfolgreichsten waren seine histor. Romane, die soziale Probleme seiner Heimat im 19. Jh. oder psycholog. Themen einbeziehen und mit denen er einen bed. Beitrag zur realist. estn. Literatur leistete; schrieb auch Reisebilder, polit. Abhandlungen und Dramen. Deutsch liegt ›Aufruhr in Machtra‹ (R., 1902, dt. 1952) vor.
Ausgabe: E. V. Kogutud teosed. Tartu 1923–35. 33 Bde.

Vildrac, Charles [frz. vil'drak], eigtl. Ch. Messager, *Paris 22. Nov. 1882, † Saint-Tropez 25. Juni 1971, frz. Schriftsteller. – Gründete 1906 mit G. Duhamel, der später sein Schwager wurde, u. a. die Gruppe der Unanimisten in der ›Abbaye‹ von Créteil; trat zuerst mit Gedichten (›Images et mirages‹, 1908; ›Le livre de l'amour‹, 1910) und mit ›Notes sur la technique poétique‹ (1911; mit G. Duhamel) hervor; versuchte in seinen Dramen (am bekanntesten wurde ›Le paquebot Tenacity‹, 1920) in alltägl. Situationen des Arbeiter- und Kleinbürgerlebens den wirkl. Menschen zu zeigen; schrieb auch Kinderbücher und autobiograph. Werke (›Enfance‹, 1945; ›Pages de journal, 1922–1966‹, 1968).

Weitere Werke: Chants du désespéré (Ged., 1920), Madame Béliard (Dr., 1925), La brouille (Dr., 1930), Dommages de guerre (Dr., 1961). **Ausgabe:** Ch. V. Théâtre. Paris ³⁻¹⁴1948–56. 2 Bde.
Literatur: Ch. V. Textausw., Bibliogr., Portraits, Faksimiles v. G. BOUQUET u. P. MENANTEAU. Paris 1959. – ARNOLD, J.: V. poète. In: Le Cerf-Volant 116 (1982), S. 4. – Ch. V. Testimonianze e studi. Hg. v. C. AVELINE. Rom u. Paris 1983.

Vilenkin, Nikolaj Maksimovič, russ. Schriftsteller, † Minski, Nikolai Maximowitsch.

Vilhjálmsson, Thor [isländ. ˈvɪlhjaʊlmsɔn], *Edinburgh 12. Aug. 1925, isländ. Schriftsteller. – Sein Frühwerk ist geprägt von der Erfahrung der Kriegs- und Nachkriegszeit. Die stark vom frz. Existentialismus beeinflußten Erzählungen ›Maðurinn er alltaf einn‹ (= Der Mensch ist stets allein, 1950), ›Dagar mannsins‹ (= Tage des Menschen, 1954) und ›Andlit í spegli dropans‹ (= Gesicht im Spiegel des Tropfens, 1957) trugen wesentlich zum Durchbruch des Modernismus in der isländ. Prosa bei. Mit den beiden Romanen ›Fljótt fljótt sagði fuglinn‹ (= Schnell, schnell, sagte der Vogel, 1968) und ›Óp bjöllunnar‹ (= Der Ruf der Glocke, 1970) gelang ihm eine Auflösung der traditionellen Romanform.

Weitere Werke: Folda, þrjár skýrslur (= Folda, drei Erzählungen, 1972), Fiskur í sjó, fugl úr beini (= Fisch im Meer, Vogel aus Knochen, En., 1974), Das Graumoos glüht (R., 1986, dt. 1990).

Viljanen, Lauri Sakari, *Kaarina 6. Sept. 1900, † Helsinki 29. Sept. 1984, finn. Literarhistoriker und Lyriker. – 1949–54 Prof. für Literaturgeschichte in Turku, seit 1954 in Helsinki; veröffentlichte Arbeiten u.a. über V.A. Koskenniemi (1935), J.L. Runeberg (2 Bde., 1944–48), A. Kivi (1953) und H. Ibsen (1962); der Lyriker V. behandelte meist allgemeingültige Themen; auch Übersetzer (u.a. H. von Kleist, T.S. Eliot) und Kritiker.

Weitere Werke: Auringon purjeet (= Die Segel der Sonne, Ged., 1924), Tähtikeinu (= Sternenschaukel, Ged., 1926), Merkkivaloja (Essays,

1929), Seitsemän elegiaa (= Sieben Elegien, Ged., 1957), Lyyrillinen minä (= Das lyr. Ich, Essays, 1959).

Villaespesa, Francisco [span. biˈʎaes-ˈpesa], *Laujar de Andarax (Prov. Almería) 14. Okt. 1877, † Madrid 9. April 1936, span. Schriftsteller. – Mitglied der Madrider Literatenboheme; machte als Leiter einer Schauspieltruppe größere Reisen nach Südamerika; führender Vertreter des span. Modernismo; Lyriker, Dramatiker und Romancier; in seiner Neigung zum Romantischen J. Zorrilla y Moral nahestehend, aber auch von G. D'Annunzio beeinflußt.

Werke: Intimidades (Ged., 1898), La musa enferma (Ged., 1901), Tristitiae rerum (Ged., 1906), El jardín de las quimeras (Ged., 1909), El alcázar de las perlas (Dr., 1911), El rey Galaor (Trag., 1913), Sonetos espirituales (Ged., 1917). **Ausgaben:** F. V. Teatro escogido. Madrid 1951. – F. V. Novelas completas. Madrid 1952. – F. V. Poesías completas. Hg. v. F. DE MENDIZÁBAL. Madrid 1954. 2 Bde.
Literatur: CORTES, E.: El teatro de V. Madrid 1971. – JIMÉNEZ MARTOS, L.: V. Madrid 1978.

Villancico [span. biˈʎanˈθiko; zu mlat. villanus = Bauer], span. Liedform, die Ende des 15. Jh. wahrscheinlich aus mittelalterl., vom arab. ›zéjel‹ inspirierten Refrainformen († auch Tanzlied) hervorging. Der zunächst weltl., vulgärsprachige V. mit stilisiertem volkstüml. Inhalt war meist drei- oder vierstimmig homophon gesetzt, mit dem Formaufbau:

Text:	a A	b b b A
Musik:	α β	δ δ α β
	Estribillo	Copla

oder

Text:	a B B	cd cd d B B
Musik:	α β δ	δε δε δ β δ
	Estribillo	Copla

Neben der mehrstimmigen vokalen Form gab es den V. im 16. Jh. auch als Sololied mit Vihuelabegleitung sowie bis ins 18. Jh. als geistl. volkssprachiges Lied. – Im 17./18. Jh. bezeichnete V. eine bei hohen kirchl. Festen aufgeführte Kantate (auf eine kurze solist. Einleitung folgen ein vielstimmiger Chorsatz [Estribillo], dann solist. Stücke mit Generalbaß [Copla] und die Wiederholung des Estribillo); im heutigen Sprachgebrauch ist V. ein volkstüml. Weihnachtslied.

Literatur: LE GENTIL, P.: Le virelai et le v. Le problème des origines arabes. Paris 1954. – SÁNCHEZ ROMERALO, A.: El V. Madrid 1969.

Villanelle (Villanella) [lat.-italien.], im 16. Jh. in Italien (Neapel) aufgekommene mehrstimmige Liedform. Die Texte beschreiben in einfacher, dann auch auf volkstüml. Einfachheit hin stilisierter Weise Lebensbereiche und Daseinsäußerungen bäuerlich-ländl. Lebens. Die Textform ist nicht festgelegt, doch werden meist Elf- oder Siebensilbler zu einer achtzeiligen Strophe mit dem Reimschema ab ab ab cc verbunden, v. a. im 16. und frühen 17. Jh. erweitert durch eine jedem Verspaar angehängte Refrainzeile. Der zunächst dreistimmige homophone Satz zeichnet sich durch volksliedhafte Melodik, einfache Harmonik und parallele Intervallführung (Quinten) als Nachahmung volksmusikal. Singens aus. Nach dem Erscheinen erster gedruckter Ausgaben in Venedig (ab 1537) breitete sich die V. in ganz Italien aus. Die bald einsetzende musikal. Angleichung an das Madrigal (u. a. in den vierstimmigen V.n von A. Willaert, 1545) führte Ende des 16. Jh. zur Herausbildung der Kanzonette (Chorlied mit Tanzcharakter). In Frankreich und England bezeichnet V. v. a. seit dem 19. Jh. eine lyr. Form, bei der die 1. und 3. Zeile der ersten Strophe in den folgenden abwechselnd wiederholt wird (Schema $A_1bA_2abA_1abA_2...aaA_1A_2$), u. a. bei Ch. M. Leconte de Lisle und D. Thomas.
Literatur: EINSTEIN, A.: The Italian madrigal. Princeton (N. J.) 1949. 3 Bde. Neudr. 1971. – GALANTI, B. M.: Le v. alla napolitana. Florenz 1954.

Villaurrutia, Xavier [span. bijau'rrutia], * Mexiko 27. März 1903, † ebd. 25. Dez. 1950, mex. Schriftsteller. – Prof. für Literatur und Theaterwiss.; gehörte zur Schriftstellergruppe um die avantgardist. Zeitschrift ›Contemporáneos‹ (1928–31). Seine Lyrik entwickelte sich von der spieler. Ironie seines Frühwerks ›Reflejos‹ (1926) über die intellektuell durchdrungene Todesmystik von ›Nostalgia de la muerte‹ (1938) zur bekenntnishaften Emotionalität von ›Canto a la primavera‹ (1948). Als Theaterautor ist er mit erfolgreichen subtil psychologisierenden Dramen sowie burlesken Einaktern und Komödien hervorgetreten; auch Romane.
Weitere Werke: Dama de corazones (Dr., 1928), La hiedra (Kom., 1941), La mujer legítima (Kom., 1943, UA 1947), Invitación a la muerte (Dr., 1944, UA 1947).
Ausgaben: X. V. Poesía y teatro completos. Vorwort v. A. CHUMACERO. Mexiko 1953. – X. V. Obras. Vorwort v. A. CHUMACERO. Mexiko 1966.
Literatur: DAUSTER, F.: X. V. New York 1971. – MORNETTA, E. L.: La poesía de X. V. Mexiko 1976.

Villehardouin, Geoffroi de [frz. vilaar'dwɛ̃], * Villehardouin (Aube) um 1150, † in Thrakien nach 1212, altfrz. Geschichtsschreiber. – Marschall des Grafen Thibaut de Champagne; war 1201 Gesandter der frz. Kreuzfahrer in Venedig, Teilnehmer des 4. Kreuzzuges, beteiligte sich 1204 an der Erstürmung Konstantinopels und wurde 1205 Marschall des Lat. Kaiserreichs; Lehensherr in Thrakien. Seine in altfrz. Sprache abgefaßte Prosachronik ›Die Eroberung von Konstantinopel durch die Kreuzfahrer im Jahre 1204‹ (2 Bde., hg. 1938/1939, dt. 1915), eines der hervorragendsten Geschichtswerke des MA, enthält Geschichte und Rechtfertigung des 4. Kreuzzugs und ist auch literarisch von hohem Wert.
Ausgabe: G. de V. La conquête de Constantinople. Hg. v. E. FARAL. Paris ²1961. 2 Bde.
Literatur: LONGNON, J.: Recherches sur la vie de Geoffroy de V. Paris 1939. – BEER, J.-M. A.: V. Epic historian. Genf 1968. – DUFOURNET, J.: Les écrivains de la quatrième croisade. V. et Clari. Paris 1973. 2 Bde. – LONGNON, J.: Les compagnons de V. Recherches sur les croisés de la quatrième croisade. Genf u. Paris 1978.

Villers, Alexander von [frz. vi'lɛːr], * Moskau 12. April 1812, † Wien 16. Febr. 1880, dt. Diplomat und Schriftsteller. – Sohn eines frz. Emigranten; Buchdrucker, u. a. in Leipzig und Paris, studierte später in Jena und Leipzig; ab 1843 Diplomat in sächs. Staatsdiensten, zuletzt Legationsrat. V., den seine Aufgaben nach Paris, Berlin und Wien führten, war ein hochgebildeter Lebenskünstler, der seine reichen Lebenserfahrungen in mehrmals veröffentlichten ›klass.‹ Briefen (›Briefe eines Unbekannten‹, hg. 1881) festgehalten hat.

Villiers de L'Isle-Adam, Philippe Auguste Graf von [frz. viljedlila'dã],

*Saint-Brieuc 7. Nov. 1838, †Paris 18. Aug. 1889, frz. Dichter. – Aus altem breton. Adel, kam verarmt nach Paris und schloß sich dort den Kreisen um S. Mallarmé und Ch. Baudelaire an; schrieb neben Gedichten, Einaktern (›La révolte‹, 1870; ›L'évasion‹, 1887) und dem Ideendrama ›Axel‹ (hg. 1890, dt. 1914) v.a. phantast. Erzählungen (›Grausame Geschichten‹, 1883, dt. 1904; ›Nouveaux contes cruels‹, 1888), den idealistisch verklärten Roman ›Akédysséril‹ (1885), den Zukunftsroman ›Die Eva der Zukunft‹ (1886, dt. 1920, 1909 u.d.T. ›Edisons Weib der Zukunft‹) und ›Tribulat Bonhomet‹ (1887, dt. 1910), eine Satire auf das Spießertum. Beeinflußt von E. T. A. Hoffmann, R. Wagner, E. A. Poe und G. W. F. Hegel, war er mit seiner durch Ironie und Satire, Neigung zum Übersinnlichen und Geheimnisvollen und einen glänzenden Stil gekennzeichneten Erzählkunst ein Meister der frz. Novellistik; Aristokrat und Katholik, lehnte die Erscheinungen des Massenzeitalters und die Demokratie ab.
Ausgaben: V. de L'I.-A. Ges. Werke. Dt. Übers. Hg. v. H. H. EWERS. Mchn. ¹⁻³1909–20. 7 Bde. – V. de L'I.-A. Œuvres complètes. Paris 1922–31. 11 Bde. Nachdr. Genf 1970. 6 Bde. – V. de L'I.-A. Œuvres. Hg. v. J. H. BORNECQUE. Paris 1957. – V. de L'I.-A. Œuvres complètes. Hg. v. A. W. RAITT u. P. G. CASTEX. Paris 1986. 2 Bde.
Literatur: RAITT, A. W.: V. de L'I.-A. et le mouvement symboliste. Paris 1965. – GOURÉVITCH, J.-P.: V. de L'I.-A. Paris 1971 (mit Bibliogr.). – CONROY, W. T.: V. de L'I.-A. Boston (Mass.) 1978. – HEREDIA, E.: La dramaturgie de V. de L'I.-A. Diss. University of California Los Angeles 1978. – RAITT, A. W.: The life of V. de L'I.-A. Oxford 1981. – DECOTTIGNIES, J.: V., le taciturne. Lille 1983.

Villon, François [frz. vi'jõ], eigtl. F. de Montcorbier oder F. des Loges, *Paris um 1431, †nach dem 5. Jan. 1463, frz. Dichter. – Aus bescheidenen Verhältnissen, genannt nach seinem Gönner, dem Kaplan Guillaume de V., der ihn an der Sorbonne studieren ließ; 1452 Magister artium; floh 1455 wegen eines an einem Priester im Streit verübten Totschlags aus Paris; in der Provinz Mitglied einer Diebesbande (›La Coquille‹); 1461 und 1462 erneut im Gefängnis; 1463 in Paris zum Galgen verurteilt, zu 10jähriger Verbannung aus Paris begnadigt, dann verschol-

len. V.s Werk ist Ausklang der mittelalterl. Dichtung in der traditionellen Balladenform und zugleich deren gedankl. Überwindung; sein Hauptwerk ist das bekenntnishafte Gedicht ›Le grand testament‹ (2023 Verse, entst. 1461, gedr. 1489, dt. 1907 u.d.T. ›Das große Testament‹), daneben stehen ›Le lais‹ oder ›Le petit testament‹ (320 Verse, entst. 1456, gedr. 1489, dt. 1907 u.d.T. ›Das kleine Testament‹), das über sein Vagabundenleben Auskunft gibt, und eine Reihe kleinerer Gedichte, meist Balladen, z.T. im Gaunerjargon; derb-zyn. Witz wechselt ab mit tiefer Empfindung und erschütternder Aufrichtigkeit; Motive seiner Dichtung sind Tod und Vergänglichkeit, Liebe und Haß; seine unmittelbare natürlich-volkstüml. Art und die bis dahin ungekannte Kraft des Ausdrucks lassen V. als den ersten großen frz. Lyriker im modernen Sinne erscheinen; Teile aus seinen Balladen wurden u.a. von B. Brecht in die ›Dreigroschenoper‹ übernommen.
Ausgaben: F. V. Dichtungen. Frz. u. dt. Mit Einl. u. Anmerkungen hg. v. M. LÖPELMANN. Stg. ⁴1951. – F. V. Œuvres. Hg. v. A. LONGNON u. L. FOULET. Paris ⁴1964. – Die lasterhaften Balladen u. Lieder des F. V. Nachdichtung v. P. ZECH. Mchn. ¹⁴1979. – F. V. Sämtl. Dichtungen. Frz. u. dt. Hg. v. W. KÜCHLER. Neu bearb. v. M. L. BULST. Hdbg. ⁴1982.
Literatur: CHAMPION, P.: F. V., sa vie et son temps. Paris ²1967. 2 Bde. – KUHN, D.: La poétique de F. V. Paris 1967. – LE GENTIL, P.: V. Paris 1967. – GUIRAUD, P.: Le jargon de V. ou le Gai savoir de la Coquille. Paris 1968. – HABECK, F.: F. V. oder die Legende eines Rebellen. Wien u.a. 1969. – GUIRAUD, P.: Le Testament de V. Paris 1970. – SICILIANO, I.: Mésaventures posthumes de Maître F. V. Paris 1973. – BROCKMEIER, P.: F. V. Stg. 1977. – PINKERNELL, G.: F. V.s Lais. Versuch einer Gesamtdeutung. Hdbg. 1979. – DEMAROLLE, P.: Le vocabulaire de V. Étude de langue et de style. Dijon 1980. – DUFOURNET, J.: Nouvelles recherches sur V. Paris 1980. – FAVIER, J.: F. V. Paris 1982. – VERTONE, T.: Rythme, dualité et création poétique dans l'œuvre de F. V. Rom 1983. – STURM, R.: F. V., Bibliogr. u. Materialien: 1489–1988. Mchn. u.a. 1990. 2 Bde.

Vilmorin, Louise Levêque de [frz. vilmɔ'rɛ̃], *Verrières-le-Buisson bei Paris 4. April 1902, †ebd. 26. Dez. 1969, frz. Schriftstellerin. – Befreundet mit A. de Saint-Exupéry und A. Malraux; verfaßte vielgelesene, z.T. verfilmte Romane und

Erzählungen, bes. psycholog. Liebesromane; als Lyrikerin G. Apollinaire und J. Cocteau nahestehend.

Werke: La fin des Villavide (R., 1937), Fiançailles pour rire (Ged., 1939), Julietta (R., 1951, dt. 1953), Madame de ... (R., 1951, dt. 1953), Belles Amours (R., 1954, dt. 1955), Weh dem, der liebt (R., 1955, dt. 1956), La lettre dans un taxi (R., 1958), Le violon (R., 1960), L'heure maliciôse (R., 1967), Carnets (Tageb., hg. 1970), Solitude, ô mon éléphant (Ged., hg. 1972).
Literatur: VILMORIN, A. DE: Essai sur L. de V. Vorwort v. J. COCTEAU. Paris 1962 (mit Bibliogr.). – BOTHOREL, J.: Louise ou la vie de L. de V. Paris 1993.

Viñas, David [span. 'biɲas], * Buenos Aires 28. Juli 1929, argentin. Schriftsteller. – Gilt als profiliertester Vertreter der modernen marxistisch engagierten Literatur Argentiniens. Lebte 1976–83 im Exil. Behandelt in seinen Essays, Romanen und Theaterstücken die sozialen und ökonom. Strukturwandlungen sowie histor. und polit. Krisensituationen seines Landes.
Werke: Cayó sobre su rostro (R., 1955), Los años despiadados (R., 1956), Los dueños de la tierra (R., 1959), Las malas costumbres (En., 1963), Literatura argentina y realidad política (Essay, 1964), Los hombres de a caballo (R., 1968), Cosas concretas (R., 1969), Teatro (Dramen, 1974), Cuerpo a cuerpo (R., 1979), Anarquistas en América Latina (Essay, 1983).
Literatur: FAJARDO, D.: La novelística de D. V. Diss. University of Kansas 1981. – TALDI, J. C.: Borges y V., literatura e ideología. Madrid 1983.

Vinaver, Stanislav [serbokroat. vi-'naʋɛr], * Šabac 1. März 1891, † Niška Banja 1. Aug. 1955, serb. Schriftsteller. – Studierte Mathematik und Musik in Paris; 1919–41 Journalist in Belgrad; dann bis 1945 in dt. Arbeitslagern; Lyriker (ab 1911), Erzähler, Kritiker und Essayist, der zahlreiche modernist. Strömungen verarbeitete; bed. v. a. seine Lyriksammlung ›Evropska noć‹ (= Europ. Nacht, 1952) und seine sprachkrit. Abhandlungen (›Jezik naš nasušni‹ [= Unsere Alltagssprache], 1952; ›Nadgramatika‹ [= Übergrammatik], hg. 1963).
Weiteres Werk: Pantologija novije srpske pelengirike (= Pantologie der neuen serb. Pelengyrik, Parodien, 1920; Ergänzungen 1922 und 1938).
Literatur: ZORIĆ, P.: S. V. kao književni kritičar. Belgrad 1976.

Vinayapiṭaka [Pāli = Korb der Ordenszucht], erster Teil des ↑›Tripiṭaka‹,

in dem die Regeln für das Verhalten der buddhist. Mönche und Nonnen niedergelegt sind.

Vincent de Beauvais [frz. vɛ̃sãdbo'vɛ], frz. Pädagoge, ↑Vinzenz von Beauvais.

Vineta, Ludolf, Pseudonym des dt. Schriftstellers Ludolf ↑Winberg.

Vinje, Aasmund Olafsson, * Vinje (Telemark) 6. April 1818, † Gran (Hadeland) 30. Juli 1870, norweg. Schriftsteller. – War Hütejunge; wurde Lehrer, studierte Jura; Journalist und Redakteur der eigenen Zeitschrift ›Dølen‹ (1858 bis 1860). V.s Dichtung zeigt die Züge der Übergangszeit, in der sie entstand. Der Romantik gehören Gedichte nat. Inhalts an, die Eigenart V.s kommt jedoch erst in der an H. Heine erinnernden Reiseschilderung ›Ferdaminni fraa Sumaren 1860‹ (1861) zur Geltung; auch Naturlyriker; schrieb ab 1858 in Landsmål.
Weitere Werke: Diktsamling (Ged., 1864), Storegut (Ged., 1866), Bretland og Britarne (Essay, 1867).
Ausgabe: A. O. V. Skrifter i samling. Hg. v. O. MIDTTUN. Oslo ²1942–48. 5 Bde.
Literatur: SKARD, S.: A. O. V. og antikken. Oslo 1938. – BERGSGÅRD, A.: A. V. Oslo 1940. – MIDTTUN, O.: A. O. V. Oslo 1960.

Vinkenoog, Simon [niederl. 'vɪŋkəno:x], * Amsterdam 18. Juli 1928, niederl. Schriftsteller. – Wurde bekannt durch seine Anthologie der experimentierenden Nachkriegsgeneration ›Atonaal‹ (1951). Seine Gedichte, Erzählungen und literar. Kollagen sind repräsentativ für die Unruhe in der niederl. Literatur der letzten Jahrzehnte.
Werke: Wondkoorts (Ged., 1950), Wij helden (E., 1957), Het verhaal van Karel Appel (Biogr., 1963), Liefde (E., 1965), Wonder boven wonder (Ged., 1972), Mij best. Gedichten 1971–1975 (Ged., 1976), Voeten in de aarde en bergen verzetten (Prosa, 1982), Op het eerste gehoor (Ged., 1988).

Vinogradov, Anatolij Kornelievič, russ. Schriftsteller, ↑Winogradow, Anatoli Kornelijewitsch.

Vinokurov, Evgenij Michajlovič, russ. Lyriker, ↑Winokurow, Jewgeni Michailowitsch.

Vintler, Hans von ['fɪntlər], * 2. Hälfte des 14.Jh., † 1419, mhd. Dichter. – Aus einer adligen Bozner Familie; Gesandter Herzog Friedrichs von Tirol in Venedig.

Er schrieb (auf der seiner Familie gehörenden Burg Runkelstein bei Bozen) das didakt. Reimpaargedicht ›Die pluemen der tugent‹, in dem – in Anlehnung an die Tugendlehre ›Fiori di virtù‹ von Fra Tommaso Gozzadini (13./14.Jh.) – Tugenden und Laster an Beispielen aus Sage und Geschichte aufgezeigt werden.

Vinzenz von Beauvais ['vɪntsɛnts, frz. bo've] (Vincent de B.), *zwischen 1184 und 1194, † Beauvais um 1264, frz. Pädagoge. – Dominikaner; von König Ludwig IX. zum Leiter der Studien und zum erzieher. Berater für den königl. Hof in der Abtei Royaumont ernannt; ab etwa 1260 vermutlich wieder in Beauvais; sein dreiteiliges ›Speculum maius‹ (erstmals gedr. 1474) ist die erste und umfassendste Enzyklopädie des MA, eine Zusammenfassung des scholast. Wissens und der damals bekannten Natur- und Weltgeschichte (bis 1250); verfaßte ferner um 1247–49 ein Werk über Erziehungsmethoden für den Adelsstand (›De eruditione filiorum nobilium‹).
Literatur: MacCarthy, J. M.: Humanistic emphasis in the educational thought of Vincent of Beauvais. Leiden u. Köln 1976.

Virelai [frz. vir'lɛ; zu frz. virer = sich drehen und †Lai] (auch: Chanson baladée), frz. Liedform des 13. bis 15.Jh., eine Variante des †Tanzlieds mit †Refrain. Das V. beginnt mit einem vierzeiligen, später auch nur einzeiligen Refrain; es folgt eine dreiteilige Strophe, deren 3. Teil dem Refrain formal und musikalisch entspricht, Schema:

Text: ABBA cd cd abba ABBA
Musik: α   β β   α   α

Meist folgen zwei weitere Strophen dieser Art. Vers- und Reimformen sind frei. Ein V. aus nur einer Strophe wird als ›Bergerette‹ bezeichnet. Das V. begegnet einstimmig (Guillaume de Machault) oder im Kantilenensatz (ähnlich Ballade und Rondeau). Die bedeutendsten Verfasser von V.s waren im 14. und 15.Jh. Guillaume de Machault, J. Froissart, E. Deschamps und Christine de Pisan. Verwandte Formen sind die Rotrouenge, die provenzal. Balada und Dansa, die italien. Ballata und Lauda, das engl. Carol und der span. Villancico.

Virginal, mhd. Heldenepos aus der Mitte des 13.Jh.; im Mittelpunkt zahlreicher Abenteuer von Zwergen, Riesen und Drachen steht die Befreiung der Zwergenkönigin V. durch Dietrich von Bern und dessen Waffenmeister Hildebrand; verschiedene Fassungen nach demselben Original liegen vor in: ›Dietrich und seine Gesellen‹, ›Dietrichs erste Ausfahrt‹ und ›Dietrichs Drachenkämpfe‹.
Literatur: GLANZ, H.: Reimwörterb. zur V. Diss. Wien 1952 [Masch.]. – KUHN, H.: V. In: KUHN: Dichtung u. Welt im MA. Stg. ²1969. – HEINZLE, J.: Mhd. Dietrichepik. Mchn. 1978.

Virta, Nikolaj Evgen'evič, russ.-sowjet. Schriftsteller, †Wirta, Nikolai Jewgenjewitsch.

Virza, Edvarts [lett. 'vɪrza], eigtl. E. Lieknis, *Salgales Rāceņi (Semgallen) 27. Dez. 1883, †Riga 1. März 1940, lett. Schriftsteller. – Ab 1922 Redakteur, 1934 Tätigkeit im Bildungsministerium. Begann als Übersetzer É. Verhaerens; in seiner Lyrik behandelt er politisch-nat. und erot. Themen; sein wichtigstes Prosawerk ist der Roman ›Die Himmelsleiter‹ (1933, dt. 1935), in dem der Jahreszyklus auf einem lett. Bauernhof und die ewige Ordnung in der Natur in einer an heidn. Überlieferung und die Bibel anknüpfenden Sprache geschildert werden.
Weitere Werke: Biķeris (= Der Becher, Ged., 1907), Dieviškīgās rotalasl (= Die göttl. Spiele, Ged., 1919), Laikmets un lira (= Das Zeitalter und die Lyra, Ged., 1923), Kārlis Ulmanis (Essay, 1935).

Vischer, Friedrich Theodor von (seit 1870) ['fɪʃər], *Ludwigsburg 30. Juni 1807, †Gmunden 14. Sept. 1887, dt. Schriftsteller und Philosoph. – Sohn eines Pfarrers; Freundschaft mit E. Mörike und dem ev. Theologen D. F. Strauß; kurze Zeit Vikar, Privatdozent für Philosophie und Ästhetik, 1837 Prof. in Tübingen; 1848 liberaler Abgeordneter in der Frankfurter Nationalversammlung, 1855 Prof. am Zürcher, 1866–77 am Stuttgarter Polytechnikum. V., ein streitbarer, wortgewaltiger Publizist, übte eine große Wirkung auf seine Zeit aus. Als Philosoph und Ästhetiker baute er auf der Hegelschen Philosophie auf und steht im Übergang zum poet. und psycholog. Realismus. Von literarhistor. Bedeutung sind seine ›Krit. Gänge‹ (2 Bde., 1844; Neue Folgen, 6 Bde., 1860–73), in denen er seine Einsichten z. B. über Shakespeare und F. Hebbel veröffentlichte. V. schrieb anonym die ›Epigramme aus Baden-Baden‹ (1868), unter dem Pseudonym Deutobold Symbolizetti Allegoriowitsch Mystifizinsky die Parodie ›Faust. Der Tragödie dritter Theil‹ (1862); der Mensch im Kampf mit der Tücke des Objekts ist das Thema des durch meisterhafte Charakterisierung ausgezeichneten grotesken Romans ›Auch Einer‹ (1879); die Gedichte erschienen gesammelt u. d. T. ›Lyrische Gänge‹ (1882).

Weitere Werke: Über das Erhabene und Komische (Abhandlung, 1837), Ästhetik oder Wissenschaft des Schönen (3 Tle., 1846–57). **Ausgaben:** F. Th. V. Dichterische Werke. Lpz. 1917. 5 Bde. – F. Th. V. Ausgew. Werke. Hg. v. Th. Kappstein. Lpz. 1920. 8 Tle. in 3 Bden. **Literatur:** Glockner, H.: F. Th. V. u. das 19. Jh. Bln. 1931. – Schlawe, F.: F. Th. V. Stg. 1959. – Göbel, W.: F. Th. V. Grundzüge seiner Metaphysik u. Ästhetik. Wzb. 1983. – F. Th. V. 1807–1887. Bearb. v. H. Schlaffer u. a. Ausst.-Kat. Marbach 1987.

Vischer, Melchior ['fɪʃər], eigtl. Emil Fischer, * Teplice 7. Jan. 1895, † Berlin 21. April 1975, dt. Schriftsteller. – Studierte Germanistik, Philosophie und Mathematik in Prag; im 1. Weltkrieg Soldat, später Theaterarbeit u. a. in Würzburg, Bamberg und 1924–27 in Baden-Baden; lebte danach meist in Berlin. Schrieb v. a. Romane, Erzählungen und Theaterstücke, z. T. zusammen mit seiner Frau Eva V., geb. German. Sein unter dem Eindruck des 1. Weltkriegs geschriebener Roman ›Sekunde durch Hirn‹ (1920) gilt als beispielhaft für die Literatur des Dadaismus.

Weitere Werke: Der Teemeister (R., 1922), Der Hase (E., 1922), Fußballspieler und Indianer (Schsp., 1924), Chaplin (Schsp., 1924), Kind einer Kameradschaftsehe (R., 1931), Jan Hus. Sein Leben und seine Zeit (2 Bde., 1940).

Visnapuu, Henrik, * Leebiku bei Valga 2. Jan. 1890, † New York 3. April 1951, estn. Schriftsteller. – Lehrer, Philosophiestudium, freier Schriftsteller, Redakteur; ab 1944 in Deutschland, emigrierte 1949 in die USA. Bed. Lyriker der Siuru-Dichtergruppe; schrieb Liebes- und Naturlyrik sowie kraftvolle patriot. Gedichte; angeregt vom Symbolismus

experimentierte er mit Klang und Form; auch Übersetzer, Literaturkritiker und -theoretiker.

Ausgabe: H. V. Kogutud luuletused. Stockholm 1964–65. 2 Bde.

Višnevskij, Vsevolod Vital'evič, russ.-sowjet. Dramatiker, ↑ Wischnewski, Wsewolod Witaljewitsch.

Visscher, Roemer [niederl. 'vɪsər], * Amsterdam 1547, ⬚ ebd. 19. Febr. 1620, niederl. Dichter. – Übergangsfigur zwischen Rederijkerskunst und Renaissance. Sein spät (1614) erschienener Band ›Brabbeling‹ enthält kurze, sorglos-heitere Gedichte. Sein Hauptwerk, ›Sinnepoppen‹ (1614), eine Art Sittenspiegel, ist für die Entwicklung der niederl. Emblemliteratur wichtig. V.s Haus fungierte in der Anfangszeit des niederl. ›Goldenen Jh.‹ als Treffpunkt der bedeutendsten Dichter und Künstler.

visuelle Dichtung ↑ experimentelle Dichtung.

Vita [lat. = Leben] (Mrz. Viten), Lebensbeschreibung, ↑ Biographie; bes. Abriß der Lebensdaten (Curriculum vitae), v. a. Titel der antiken und mittelalterl. Biographie. Historisch nicht immer zuverlässig, folgt sie einem von den Peripatetikern entwickelten Schema der Reihung exemplar., der philosoph. Ethik entnommenen Tugenden, dem z. T. auch überlieferte Daten zugeordnet werden und bei dem auch mit Irrtümern, anekdot. Ausschmückungen und systemat. Fälschungen zu rechnen ist. Die rhetor. Ausgestaltung machte die antike V. zur mittelalterl. Schullektüre geeignet. – Die Viten der Antike galten zunächst Philosophen und Schriftstellern (Sophisten-Viten). Der Begriff ›V.‹ erscheint erstmals in Cornelius Nepos' Werk ›De viris illustribus‹ (um 35/34, erstmals dt. 1952), traditionsbildend wurden die ›Bíoi parállēloi‹, Paralleldarstellungen griech. und röm. Feldherren und Staatsmänner von Plutarch, und die Kaiserbiographien des Sueton ›De vita Caesarum‹ (um 120 n. Chr., erstmals dt. 1536). Nach dem antiken Schema entwickelte das MA die panegyr. Fürsten-V. und die stark legendarisch und exemplarisch ausgerichtete Heiligen- und Märtyrer-V., z. B. die ›V. Sancti Martini‹ von Sulpicius Severus (um 400), die ›V. Benedicti‹ Gregors des Großen (6. Jh.), die anonyme ›V. Altmanni episcopi Pataviensis‹ (um 1130, mit einer Notiz über den frühmhd. Dichter Ezzo [↑ Ezzolied]), die Fürstenviten ›V. Caroli magni‹ (von Einhard; um 830) oder Kaiser Karls IV. (1378). Seit dem Spät-MA entstanden auch wieder Künstlerviten, wie ›Das Leben Dantes‹ (entst. um 1360, gedr. 1477, dt. 1909) von G. Boccaccio oder ›Leben der ausgezeichnetsten Maler, Bildhauer und Baumeister ...‹ (1550, erweitert 1568, dt. 6 Bde., 1832–43) von G. Vasari.

Vital, Chajim, * Safed (heute Zefat) 1543, † Damaskus 1620, jüd. Kabbalist. – Gehörte mit seinem Lehrer Isaak [Ben Salomon] Luria, dessen mündlich überlieferte Lehren er im ›Sefẹr ʿeẓ ḥayyîm‹ (= Buch des Lebensbaums, erstmals gedr. 1784) zusammenfaßte, zu den Hauptvertretern des Zentrums der Kabbalistik im Palästina des 16. Jh. (Safed). Sein autobiograph. Werk ›Sefẹr haḥezyônôṯ‹ (= Buch der Offenbarungen) trug mit zur phantasiereichen Legendenbildung um sein Leben bei.

Vitezović, Pavao Ritter [serbokroat. ˈvitɛːzɔvitɕ], eigtl. P. Ritter (= serbokroat. vitez), * Senj 7. Jan. 1652, † Wien 20. Jan. 1713, kroat. Schriftsteller und Historiograph. – Verleger; Geschichtsschreiber Kaiser Leopolds I.; schrieb in lat. Sprache u. a. über kroat. Geschichte und die erste wiss. Geschichte Serbiens (›Serbia illustrata‹). In kroat. Sprache verherrlichte er die Verteidigung der Festung Sziget (›Odiljenje sigetsko‹, 1684), verfaßte Erbauungsliteratur und Gelegenheitsgedichte. Von ihm stammt u. a. auch das ›Lexicon latino-illyricum‹, das – wie ein großer Teil seiner Werke – ungedruckt blieb.

Vitrac, Roger [frz. viˈtrak], * Pinsac (Lot) 17. Nov. 1899, † Paris 22. Jan. 1952, frz. Dramatiker. – War 1922–25 in Paris Mitglied der Surrealistengruppe; gründete 1927 mit A. Artaud das ›Théâtre Alfred Jarry‹; Vertreter eines vom Surrealismus geprägten Theaters unter dem Einfluß A. Jarrys, Vorläufer des sog. absurden Theaters; schrieb sketchartige, satirisch-groteske Farcen, in denen er die Hohlheit bürgerl. Lebensformen zu entlarven suchte; auch Essays und Lyrik.

Werke: Victor oder Die Kinder an der Macht (Dr., 1930, dt. 1964 in: Theater heute), Der Coup von Trafalgar (Dr., 1935, dt. 1971), Le camelot (Dr., 1938), Les demoiselles du large (Dr., 1938), Le loup-garou (Dr., 1946).
Ausgaben: R. V. Théâtre. Paris 1946–64. 4 Bde. – R. V. Poésies complètes. Hg. v. H. BÉHAR. Paris 1964.
Literatur: BÉHAR, H.: R. V. Un réprouvé du surréalisme. Paris 1966. – VILSHÖVER, K.-D.: Die Entwicklung der dramat. Gestaltung im Theater R. V.s. Genf 1976. – GRIMM, J.: R. V. Ein Vorläufer des Theaters des Absurden. Mchn. 1977. – BÉHAR, H.: V., théâtre ouvert sur le rêve. Paris u. a. 1981.

Vittorini, Elio, * Syrakus 23. Juli 1908, † Mailand 13. Febr. 1966, italien. Schriftsteller. – Journalist, gehörte dem Widerstandsbewegung an (bis 1951) der KP Italiens an. Beeinflußt von amerikan. Autoren (E. Hemingway, W. Faulkner, J. Steinbeck u. a.), brach V. mit den traditionellen italien. Prosastil und wurde mit eigenen Werken, Übersetzungen aus dem Englischen und der Herausgabe einer Anthologie amerikan. Literatur (›Americana‹, 1942) zu einem der Mitbegründer des italien. Neorealismus. In seinen Werken, v. a. in seinem besten Roman ›Tränen im Wein‹ (1941, dt. 1943, 1948 u. d. T. ›Gespräch in Sizilien‹), verbinden sich sozialkrit. Tendenz und realist. Darstellungsweise mit symbolhaftem, lyrischrhapsod. Stil.

Elio Vittorini

Weitere Werke: Il brigantino del Papa (R., entst. 1927/28, hg. 1985), Sardegna come una infanzia. Sardinien, ein Land der Kindheit (1936, italien. und dt. 1986), Der Mensch N 2 (R., 1945, dt. 1946, 1963 u. d. T. Dennoch Menschen), Im Schatten des Elefanten (E., 1947, dt. 1949), Die rote Nelke (R., 1948, dt. 1951), Die Frauen von Messina (R., 1949, erweitert 1964, dt. 1965), Die

Garibaldina (En., 1956, dt. 1960), Erica und ihre Geschwister (E., 1956, dt. 1984), Offenes Tagebuch 1929–1959 (1957, dt. 1959), Le città del mondo (R.-Fragment, hg. 1969).
Ausgaben: E. V. Le opere narrative. Hg. v. M. CORTI u. R. RODONDI. Mailand 1974. Nachdr. ³1982. 2 Bde. – E. V. Opere. Turin 1980. 10 Bde.
Literatur: BRIOSI, S.: V. Florenz 1970. – PAUTASSO, S.: Guida a V. Mailand 1977. – POTTER, J. H.: E. V. Boston (Mass.) 1979. – PANICALI, A.: Il romanzo del lavoro. Saggio su E. V. Lecce 1982. – LO DICO, O.: E. V. Rom 1984. – RODONDI, R.: Il presente vince sempre. 3 studi su V. Palermo 1985. – MAREK, H.: E. V. u. die moderne europ. Erzählkunst (1926–1939). Hdbg. 1990. – PANICALI, A.: E. V. Mailand 1994. – ↑ auch Moravia, Alberto.

Vivanco Bergamín, Luis Felipe [span. bi'βaŋko βerya'min], * San Lorenzo de El Escorial (Prov. Madrid) 22. Aug. 1907, † Madrid 21. Nov. 1975, span. Lyriker. – Architekt; schrieb Gedichte unter dem Einfluß der klass. span. Lyrik, thematisch von der Mystik beeinflußt; behandelt in schlichter Sprache die Natur und den Alltag einfacher Menschen.
Werke: Cantos de primavera (Ged., 1936), Tiempo de dolor (Ged., 1940), Memoria de la plata (Ged., 1958), Lecciones para el hijo (Ged., 1961), Los caminos (Ged., 1974).
Ausgabe: L. F. V. B. Antología poética. Hg. v. J. M. VALVERDE. Madrid 1976.
Literatur: Sonderteil L. F. V. B. In: Cuadernos hispanoamericanos 104, 311 (1976).

Vivanti, Annie, * London 2. Febr. 1868, † Turin 20. Febr. 1942, italien. Schriftstellerin. – Tochter eines Italieners und einer Deutschen; befreundet mit G. Carducci; veröffentlichte die Gedichtsammlung ›Lirica‹ (1890, mit einem Vorwort von G. Carducci), den im Artistenmilieu spielenden Roman ›Marion, artista de caffè concerto‹ (1891), ihr bestes Werk, sowie – nach zwanzigjähriger Pause – zahlreiche erfolgreiche Romane und Erzählungen mit autobiographischen Zügen, voll Spannung und Phantasie; V. verfaßte auch Dramen.
Weitere Werke: The devourers (R., engl. 1910, 1911 von ihr selbst ins Italienische übersetzt u. d. T. I divoratori), Vae victis (R., 1918), Zingaresca (En., 1918), Mea culpa (R., 1927).
Literatur: BROSIO, V.: Tre ritratti segreti: A. V., Filippo De Pisis, Alex Ceslas Rzewuski. Turin 1983.

Vizenor, Gerald Robert [engl. 'vaɪzənə], * Minneapolis (Minn.) 22. Okt.

1934, amerikan. Schriftsteller. – Ojibwa-Indianer, Angehöriger des Chippewa-Stammes in Minnesota; Prof. für American Indian Studies an der University of Minnesota. Evoziert in seinen Gedichten (meist in Haiku-Form) und Erzählungen die Naturverbundenheit und Mythen seines Stammes; ist auch als Hg. von Anthologien indian. Literatur und Literaturkritik hervorgetreten.
Werke: Born in the wind (Ged., 1960), The old park sleepers (Ged., 1961), South of the painted stone (Ged., 1963), Seventeen chirps (Ged., 1964), Escorts to white earth, 1868–1968. 100 year reservation (1968; Hg.), Darkness in Saint Louis Bearhart (R., 1973), Anishinabe Nagomon. Songs of the Ojibwa (1974; Hg.), Anishinabe Adisokan. Stories of the Ojibwa (1974; Hg.), Growing up in Minnesota (autobiogr. En., 1976), Earthdivers. Tribal narratives on mixed descent (En., 1981), The people named the Chippewa. Narrative histories (1984), Touchwood. A collection of Ojibway prose (1987; Hg.), The trickster of liberty (R., 1988), The heirs of Columbus (R., 1991), Dead voices (R., 1992).
Literatur: VELIE, A. R.: Four American Indian masters: N. S. Momaday, J. Welch, L. M. Silko and G. V. Norman (Okla.) 1982.

Vjazemskij, Petr Andreevič, russ. Lyriker, ↑ Wjasemski, Pjotr Andrejewitsch.

Vladimir Vsevolodovič Monomach, Großfürst von Kiew, ↑ Wladimir [Wsewolodowitsch] Monomach.

Vladimov, Georgij Nikolaevič, russ. Schriftsteller, ↑ Wladimow, Georgi Nikolajewitsch.

Vlajkov, Todor Genčov, bulgar. Schriftsteller, ↑ Wlaikow, Todor Gentschow.

Vlierden, Bernard Frans van [niederl. 'vli:rdə], fläm. Schriftsteller, ↑ Kemp, Bernard.

Voce, La [ital. 'vo:tʃe], italien. Kulturzeitschrift, erschien zunächst wöchentlich, dann (ab 1914) vierzehntägig von Dez. 1908 bis Dez. 1916 in Florenz, gegr. und hg. von G. Prezzolini, zwischenzeitlich (1912) hg. v. G. Papini, ab Dez. 1914 von Giuseppe De Robertis (* 1888, † 1963). Anfänglich getragen von der Idee prakt. Teilnahme der Intellektuellen am öffentl. Leben des Landes, wurden in ihr ebenso politisch-soziale, ökonom. sowie philosoph. und literar. Themen behandelt. Eine einheitl. Grundtendenz läßt sich nicht ausmachen, die Zeitschrift war vielmehr ein repräsentatives Diskussionsforum, in dem die jeweiligen Mitarbeiter ihre verschiedenen Anschauungen geltend machten. Ihre bes. Bedeutung liegt darin, daß sie ihre Leser mit den zeitgenöss. literar. und philosoph. Tendenzen Italiens und mit den Avantgardeströmungen der gesamteurop. Kultur bekannt machte.

Ausgaben: ›La V.‹ (1908–1914). Hg. v. A. RO-MANÒ. Turin 1960. – ›Lacerba‹, ›La V.‹ (1914–1916). Hg. v. G. SCALIA. Turin 1961. – ›La V.‹ (1908–16). Hg. v. G. FERRATA. Rom 1961. – Indice della ›V.‹ e di ›Lacerba‹. Hg. v. E. FAL-QUI. Florenz 1966. – ›La V.‹ 1914–16. Mailand u. New York. Nachdr. 1969.
Literatur: MARTINI, C.: ›La V.‹. Storia e bibliografia. Pisa 1956. – PREZZOLINI, G.: Il tempo della ›V.‹. Mailand 1960. – ›L'Unità‹, ›La V.‹ politica (1915). Hg. v. F. GOLZIO u. A. GUERRA. Turin 1962. – Amendola e ›La V.‹. Hg. v. G. PREZZOLINI. Florenz 1974. – Mussolini e ›La V.‹. Hg. v. E. GENTILE. Florenz 1976.

Vodnik, Anton [slowen. 'voːdnik], * Podutik bei Ljubljana 28. Mai 1901, † Ljubljana 2. Okt. 1965, slowen. Lyriker. – Vertreter der kath. expressionist. Poesie; veröffentlichte 1922–64 sieben Gedichtsammlungen mit metaphernreicher, harmon. Lyrik. Am bedeutendsten ist sein Lyrikband ›Glas tišine‹ (= Stimme der Stille, 1959).

Vodnik, Valentin [slowen. 'voːdnik], * Zgornja Šiška bei Ljubljana 3. Febr. 1758, † Ljubljana 8. Jan. 1819, slowen. Schriftsteller. – Kath. Pfarrer, dann Gymnasiallehrer, Schulleiter; gab Lehrbücher, belehrende Kalender und 1797 die erste slowen. Zeitschrift, ›Lublanske novize‹ (1797–1800), heraus; sein dt.-slowen.-lat. Wörterbuch blieb unveröffentlicht; machte sich um die Volksbildung verdient. V. schrieb auch romant. Gedichte, die seine Liebe zur Heimat und zum Slawentum zeigen.

Ausgabe: V. V. Izbrane pesmi. Ljubljana 1958.

Vogau, Boris Andreevič, russ.-sowjet. Schriftsteller, ↑ Pilnjak, Boris Andrejewitsch.

Vogel, Traugott, * Zürich 27. Febr. 1894, † ebd. 31. Jan. 1975, schweiz. Schriftsteller. – Studierte Germanistik, war Lehrer in Zürich; Verfasser von Romanen, Erzählungen (auch in Mundart), Hörspielen, Jugendbüchern und Spielen;

nahm in seinen Werken häufig zu Zeitfragen Stellung.

Werke: Unsereiner (R., 1924), Ich liebe, du liebst (R., 1926), Der blinde Seher (R., 1930), Der Engelkrieg (En., 1939), Regine im Garten (En., 1940), Anna Foor (R., 1944), Schuld am Glück (En., 1951), Der rote Findling (Jugend-R., 1955), Flucht ins Leben (En., 1961), Die verlorene Einfalt (R., 1965).

Vogelaar, Jacq. Firmin [niederl. 'voːxəlaːr], eigtl. Frans Broers, * Tilburg 2. Sept. 1944, niederl. Schriftsteller. – Nach einem Gedichtband (›Parterre, en van glas‹, 1965) schrieb er zahlreiche Romane, Novellen und Essays. In seinen erzählenden Texten kombiniert er verschiedene Textsorten, in denen die Personen unterschiedl. Rollen spielen; in seinen späteren Werken wächst die Komplexität und Mehrdeutigkeit.

Weitere Werke: Anatomie van een glasachtig lichaam (R., 1966), Vijand gevraagd (R., 1967), Gedaanteverandering of 'n metaforiese muizeval (R., 1968), Kritieken en kommentaren (Essays, 1974), Raadsels van het rund (R., 1978), Alle vlees (En., 1980), Oriëntaties (Essays, 1983), Terugschrijven (Essays, 1987), Speelruimte (Essays, 1991), De dood als meisje van acht (R., 1991).

Vogelaere, Heinrich der ['foːgələːrə], mhd. Epiker, ↑ Heinrich der Vogelaere.

Vogelweide, Walther von der, mhd. Dichter, ↑ Walther von der Vogelweide.

Vogl, Johann Nepomuk, * Wien 7. Febr. 1802, † ebd. 16. Nov. 1866, österr. Schriftsteller. – War 1819–59 Beamter der niederösterr. Landstände; Spätromantiker; bekannt v. a. als Lyriker und Balladendichter (einige Balladen von C. Loewe vertont), daneben Erzähler und Dramatiker; Hg. von Taschenbüchern, Almanachen u. a.

Werke: Balladen und Romanzen (3 Bde., 1835–41), Novellen (1837), Domsagen (1845), Dt. Lieder (1845), Schnadahüpfel'n (1850), Schenken- und Kellersagen (1858), Aus dem alten Wien (1865).

Vogler, Heinrich der, mhd. Epiker, ↑ Heinrich der Vogelaere.

Vogt, Nils Collett [norweg. fukt], * Christiania (heute Oslo) 24. Sept. 1864, † ebd. 23. Dez. 1937, norweg. Schriftsteller. – Aus bürgerl. Familie, studierte Jura, war später Journalist; ausgedehnte Reisen; sozialkrit., nationalpolit. und der Natur verpflichteter Lyriker; in seinen autobiographisch bestimmten Romanen Kritiker des Bürgertums; auch Dramatiker.

Werke: Digte (Ged., 1887), Familiens sorg (R., 1889), Fra vår til høst (Ged., 1894), Harriet Blich (R., 1902, dt. 1903), Fra gutt til mann (Memoiren, 1932), Oplevelser (Memoiren, 1934).

Vogt, Walter, * Zürich 31. Juli 1927, † Muri bei Bern 29. Sept. 1988, schweizer. Schriftsteller. – Zuerst Röntgenarzt, dann Psychiater; veröffentlichte 1965 ›wahrscheinl. und unwahrscheinl. Geschichten‹ u. d. T. ›Husten‹ und fand mit dem Roman ›Wüthrich. Selbstgespräch eines sterbenden Arztes‹ (1966) allgemeine Beachtung. Ärzte, Psychiater, Patienten und Krankenhäuser waren seine bevorzugten Themenkreise, die er satirisch-ironisch wie sarkastisch-respektlos, mit Neigung zum Grotesken, behandelte. In den neueren Werken erreichte V. eine Gesamtschau der Vielfalt der Natur; Krankheit, Altern und Tod werden als Stufen in einem schöpfungsgeschichtl. Prozeß begriffen.

Weitere Werke: Melancholie (R., 1967), Der Vogel auf dem Tisch (E., 1968), Der Wiesbadener Kongreß (R., 1972), Klartext (Ged., 1973), Der Irre und sein Arzt (En., 1974), Schizogorsk (R., 1977), Booms Ende (En., 1979), Vergessen und Erinnern (R., 1980), Altern (R., 1981), Metamorphosen (En., 1984), Maskenzwang (En., 1985), Der Garten der Frau des Mannes, der Noah hieß (En., 1987), Schock und Alltag (Tageb.-R., hg. 1992), Das Fort am Meer (R., hg. 1993).

Ausgabe: W. V. Werkausg. Hg. v. D. WALTER u. a. Zü. u. a. 1991 ff. Auf 10 Bde. berechnet (bisher 7 Bde. erschienen).

Vogüé, Eugène Melchior Vicomte de [frz. vɔˈgɥe], * Nizza 24. Febr. 1848, † Paris 24. März 1910, frz. Schriftsteller. – Diplomat; Mitglied der Abgeordnetenkammer (1893–98); wandte sich dann ganz der Literatur zu. Gegner des Naturalismus; trug v. a. mit seiner Abhandlung ›Le roman russe‹ (1886) entscheidend dazu bei, die russ. Literatur des 19. Jh. in Frankreich bekanntzumachen. Verfaßte auch Reisebeschreibungen, Erinnerungen, idealist. Romane (›Jean d'Agrève‹, 1886; ›Les morts qui parlent‹, 1899) und Erzählungen (›Wintermärchen‹, 1885, dt. 1888). Wurde 1888 Mitglied der Académie française.

Literatur: RÖHL, M.: Le roman russe de V. Stockholm 1976.

Voiculescu, Vasile [rumän. voiˈku-'lesku], * Pîrscov (Buzău) 9. Dez. 1884, † Bukarest 27. April 1963, rumän. Schriftsteller. – Prof. für Medizin; künstler. Leiter des Bukarester Rundfunks; nach 1945 polit. Haft und Zwangsarbeit. Gilt mit religiös-traditionalist. Lyrik in schlichter, rustikaler Symbolsprache, phantastischmag. Erzählungen (u. a. ›Mag. Liebe‹, dt. Ausw. 1970) sowie Romanen und Dramen als einer der bedeutendsten rumän. Dichter seiner Zeit.

Ausgaben: V. V. Povestiri. Hg. v. IOVA. Bukarest 1982. 2 Bde. – V. V. Poezii. Hg. v. L. GRĂSOIU. Bukarest 1983. 2 Bde.
Literatur: GRĂSOIU, L.: Poezia lui V. V. Klausenburg. 1977. – ZAHARIA-FILIPAŞ, E.: Introducere in opera lui V. V. Bukarest 1980. – BRAGA, M.: V. V., studiu critic. Klausenburg 1983.

Voigt-Diederichs, Helene ['foːkt], * Gut Marienhof (Gemeinde Thumby, Kreis Rendsburg-Eckernförde) 26. Mai 1875, † Jena 3. Dez. 1961, dt. Schriftstellerin. – 1898–1911 ∞ mit dem Verleger E. Diederichs, lebte nach größeren Reisen in Braunschweig, ab 1931 in Jena. Volksleben und Menschen Schleswig-Holsteins stehen im Mittelpunkt ihrer herb-realist., psychologisch fundierten Romane und Erzählungen; schrieb auch Gedichte und Reiseberichte.

Werke: Schleswig-Holsteiner Landleute (En., 1898), Unterstrom (Ged., 1901), Dreiviertel Stund vor Tag (R., 1905), Vorfrühling (Nov.n, 1906), Aus Kinderland (En., 1907), Auf Marienhoff (Erinnerungen, 1925), Schleswig-Holsteiner Blut (En., 1926), Ring um Roderich (R., 1929), Die Bernsteinkette (En., 1951), Waage des Lebens (R., 1952).

Voisenon, Claude Henri de Fuzée, Abbé de [frz. vwaˈznõ], * Schloß Voisenon bei Melun 8. Juli 1708, † ebd. 22. Nov. 1775, frz. Schriftsteller. – War u. a. Generalvikar bei seinem Onkel, dem Bischof von Boulogne; befreundet mit Voltaire; schrieb zahlreiche Komödien (›L'heureuse ressemblance‹, 1738; ›Les mariages assortis‹, 1744; ›La coquette fixée‹, 1746), eine Oper (›L'Amour et Psyché‹, 1762) sowie geistreiche erot. Erzählungen (›Le sultan Misapouf et la princesse Grisemine‹, 1746). Wurde 1762 Mitglied der Académie française.

Ausgaben: C. H. de V. Œuvres complettes. Paris 1781. 5 Bde. – C. H. de V. Romans et contes. Paris Neuaufl. 1818. 3 Bde.

Voisin, André [frz. vwa'zɛ̃], Pseudonym des frz. Schriftstellers André ↑Spire.

Voiture, Vincent [frz. vwa'ty:r], *Amiens 24. Febr. 1598, †Paris 24. (25.?) Mai 1648, frz. Schriftsteller. – Hervorragende Erziehung, Jurastudium, trat 1627 in den Dienst des Herzogs von Orléans, 1639 Haushofmeister des frz. Königs; Mitglied der Académie française seit ihrer Gründung (1634); starb an den Folgen eines Duells. Verkehrte im Kreis um die Marquise de Rambouillet; Vertreter der galanten Salondichtung; bed. als Verfasser stilistisch glänzender Briefe (hg. 1650), die wegen ihres anmutig-eleganten Ausdrucks für die frz. Prosa vorbildlich wurden.
Ausgaben: V. V. Lettres. Mit einer Einf. v. M. BRION. Paris 1969. Ausg. Hg. v. H. LAFAY. Paris u. a. 1971. 2 Bde.
Literatur: MAGNE, É.: V. et l'hôtel du Rambouillet. Paris 1929–30. 2 Bde. – PRETINA, M. J.: V. V., creation and reality. A study of his prose. New Haven (Conn.) 1967. – ↑auch Rambouillet, Catherine de Vivonne, Marquise de.

Vojnikov, Dobri Popov, bulgar. Schriftsteller, ↑Woinikow, Dobri Popow.

Vojnović, Ivo Graf [serbokroat. ˌvɔjnɔ'vitɕ], *Dubrovnik 9. Okt. 1857, †Belgrad 30. Aug. 1929, kroat. Schriftsteller. – Richter und Verwaltungsbeamter; Dramaturg in Zagreb; knüpfte an die Tradition der ragusan. Dichtung an. Nach ersten realist. Erzählungen gewannen der Symbolismus u. a. literar. Zeitströmungen Einfluß auf sein Werk. V. schrieb psychologisch durchgeformte Novellen und Dramen mit nationaler Thematik über allgemein menschliche Probleme. Bedeutendste Dichtung ist die ›Dubrovačka trilogija‹ (= Dubrovniker Trilogie, Dr., 1903) über den Niedergang des einst mächtigen Ragusa (heute Dubrovnik).
Weitere Werke: Ekvinocij (= Äquinoktium, Dr., 1895), Maškerate ispod kuplja (= Maskentreiben im Dachgeschoß, Dr., 1922).
Ausgabe: I. V. Sabrana diela. Belgrad 1939–41. 3 Bde.
Literatur: WATZL, L.: I. V. als symbolist. Dichter. Diss. Graz 1950 [Masch.]. – JOVANOVIĆ, R. V.: I. V. Belgrad 1974.

Vojnović, Vladimir Nikolaevič, russ. Schriftsteller, ↑Woinowitsch, Wladimir Nikolajewitsch.

Volcacius Sedigitus, röm. Dichter vom Ende des 2. Jh. v. Chr. – Verfasser eines literaturgeschichtlich-dichtungstheoret. Lehrgedichts, von dem einige Zitate in Varros Schrift ›De poetis‹ (= Über die Dichter) erhalten sind; V. S. suchte, u. a. nach hellenist. Muster, einen Kanon von zehn röm. Komödiendichtern aufzustellen.

Vold, Jan Erik, *Oslo 18. Okt. 1939, norweg. Schriftsteller. – Lebt als freier Schriftsteller in Oslo; gilt seit der Mitbegründung der tonangebenden modernist. Profil-Gruppe (↑norwegische Literatur) als führender norweg. Lyriker der Gegenwart; schreibt konkrete Lyrik, experimentelle Prosa und Essays; auch Übersetzer. Dt. liegt vor: ›Von Zimmer zu Zimmer. Sad and crazy‹ (Kurzprosa, 1967, dt. 1968).
Weitere Werke: Mellom speil og speil (Ged., 1965), Blikket (Ged., 1966), Kykelipi (Ged., 1969), Spor, snø (Ged., 1970), Entusiastiske essays (1976), Cirkel, Cirkel. Das Buch von Prinz Adrians Reise (Ged., 1979, dt. 1988), Her, Her i denne verden (Essays, 1984), Sorgen, sangen, veien (Ged., 1987), En som het Akel Ek (Ged., 1988), Elg (Ged., 1989).

Volder van de Voldersgraft, Willem de [niederl. 'vɔldər van də 'vɔldərsxrɑft], niederl. Humanist und Dramatiker, ↑Gnaphaeus, Guilhelmus.

Voljanskaja, Galina Evgen'evna, russ.-sowjet. Schriftstellerin, ↑Nikolajewa, Galina Jewgenjewna.

Volkmann, Richard von ['fɔlk...], Pseudonym Richard Leander, *Leipzig 17. Aug. 1830, †Jena 28. Nov. 1889, dt. Erzähler und Lyriker. – Prof. und Direktor der chirurg. Klinik in Halle/Saale und Generalarzt der preuß. Armee; bed. Verdienste um die Entwicklung der antisept. Wundbehandlung. Schrieb neben medizin. Arbeiten stimmungsvolle und phantasiereiche Märchenbücher und Gedichte.
Werke: Träumereien an frz. Kaminen (Märchen, 1871), Gedichte (1877), Kleine Geschichten (1884), Alte und neue Troubadurlieder (1889).
Ausgabe: Richard Leanders Sämtl. Werke. Lpz. 1899.
Literatur: DEBRUNNER, H.: R. v. V. Bln. 1932.

Volksausgabe, meist in hoher Auflage erscheinende, von der Ausstattung her einfache und daher preisgünstige

Ausgabe eines schon erschienenen Werkes; im 18. Jh. durch G. J. Göschen eingeführt.

Volksballade ↑ Ballade.

Volksbuch, von J. Görres eingeführter Begriff der Vorromantik zunächst v. a. für Prosaauflösungen mittelalterl. Epen; später auch für populäre Druckerzeugnisse und Novellensammlungen der Renaissance. In der Romantik ordnete man dem V. Werke des 15. und 16. Jh. zu: ›Melusine‹, ›Magalone‹, ›Herzog Ernst‹, ›Wigalois‹, ›Hug Schapler‹, ›Faust‹, ›Genovefa‹, auch Schwankserien wie ›Eulenspiegel‹ und die ›Schildbürger‹. Ohne genaue Festlegung korrespondiert der Begriff V. mit anderen europ. Bezeichnungen, die ähnliche literar. Gattungen umschreiben (›Livre populaire‹, ›Livre du colportage‹, ›Chapbooks‹, ›Livres bleus‹ und ›Pliegos de cordel‹); dabei klingt einmal stärker die Funktion, einmal der Vertrieb, einmal die äußerl. Ausführung an. Für R. Benz sind die Volksbücher ›der Anteil des Volks an der schriftlich fixierten Dichtung‹, für R. Beitl kann man mit V. ›im weiteren Sinn jede in Prosa verfaßte Druckschrift bezeichnen, die wegen ihres spannenden Inhalts und ihrer volkstüml. Sprache geeignet ist, das Lesebedürfnis weitester Volkskreise zu befriedigen‹. Beide Ansätze sind zu einseitig und gehen zu sehr von dt. Verhältnissen aus. Sie lassen einerseits außer Betracht, daß das V. lange Zeit – an der Peripherie Europas bis ins 20. Jh. herein – mehr als Vorlesestoff als zum stillen Lesen gedacht war, die Überbetonung der Prosa übersieht andererseits, daß zahlreiche Stoffe mehr durch gereimte oder dramatisierte Fassungen populär geworden sind (in Deutschland etwa durch Hans Sachs). Die Bühne, bes. Puppen- und Marionettenspiel, hatten starken Nachhall mit Stoffen, die dem V. entnommen waren. Im Verlauf seiner Geschichte erlebte das V. einen starken Funktionswandel: Aus dem Kreis einer vornehmlich adeligen Gesellschaft (im 15. Jh.) wanderte es übers Bürgertum (16. Jh.) zur urbanen Unterschicht und in den bäuerl. Raum, wo es in vielen Ländern Europas und der Neuen Welt heimisch wurde. In Deutschland versuchten

Volksbuch. Titelblatt der Straßburger Ausgabe der Sammlung von Schwänken um Till Eulenspiegel (1515)

Ch. von Schmid, K. Simrock, G. Schwab und Gotthard Oswald Marbach (* 1810, † 1890) im 19. Jh. und Herbert Kranz (* 1891, † 1973) im 20. Jh. das V. zur Jugendliteratur umzuformen; in anderen Ländern wurden die Texte trivialisierend umstilisiert und als Billigdrucke auf den Markt gebracht. Mit der Handpresse auf schlechtem Papier hergestellte Ausgaben reichen in Südamerika bis in die Gegenwart, und Volksbücher wie ›Robert der Teufel‹ oder ›Bertold‹ wurden in Portugal bis vor kurzem an Limonadenständen vertrieben. In roman. und anglophonen Ländern gibt es auch eine Verbreitung des V.s als Photoroman.

Ausgaben: Buch der Liebe. Hg. v. J. G. BÜSCHING u. F. H. VON DER HAGEN. Bln. 1809. – SCHWAB, G.: Buch der schönsten Geschichten u. Sagen ... Stg. 1836. 2 Tle. – Die dt. Volksbücher. Hg. v. K. SIMROCK. Bln. u. Ffm. 1839–66. 54 Hefte. – Die Dt. Volksbücher. Hg. v. R. BENZ. Jena 1924. 6 Tle. Teilweise Nachdr. Hdbg. 1956. – Die dt. Volksbücher. Hg. v. G. BOLLENBIRG u. K. RIHA. Ffm. 1978. 3 Bde. – Roman. Volksbücher. Hg. u. Übers. v. F. KARLINGER u. I. LACKNER. Darmst. 1978. – Dt. Volksbücher. Hg. v. P. SUCHSLAND. Bln. ⁴1982. 3 Bde.

Literatur: BENZ, R.: Gesch. u. Ästhetik des dt. V.es. Jena ²1924. – HEITZ, P./RITTER, F. J.: Versuch einer Zusammenstellung der dt. Volksbücher des 15. u. 16. Jh. Straßburg 1924. – MACKENSEN, L.: Die dt. Volksbücher. Lpz. 1927. – BEITL, R.: Dt. Volkskunde. Bln. 1933. – SIMONESCU, D.: Le roman populaire dans la littérature roumaine médiévale. Bukarest 1965. – MELZER, H.: Trivialisierungstendenzen im V. Hildesheim u. New York 1972. – SCHMITT, ANNELIESE: Die dt. Volksbücher. Diss. Humboldt-Univ. Bln. 1973. 2 Tle. – KREUTZER, H. J.: Der Mythos vom V. Stg. 1977. – SCHIFFERMÜLLER, I.: Die Erneuerung des V.s in den 60er Jahren. Diss. Innsb. 1980. – WUNDERLICH, W.: Wunderseltsame Geschichten. Interpretationen zu Schildbürgern u. Lalebuch. Göppingen 1983. – LUYTEN, J. M.: O que é literatura popular. São Paulo ²1984. – SCHENDA, R.: Volk ohne Buch. Studien zur Sozialgesch. der populären Lesestoffe 1770–1910. Ffm. ³1988.

Volksbücherei, gleichbedeutend mit ↑ öffentliche Bücherei.

Volksbühne, als bes. Bereich der Arbeitervereine gegründete Theaterbesucherorganisation, die gegen einen niedrigen einheitl. Betrag ihren Mitgliedern einen regelmäßigen Theaterbesuch ermöglichen wollte. Die erste V. war die Freie V. (1890 in Berlin gegr.), 1892 Abspaltung der Neuen Freien V., die 1914 ihr eigenes, aus freiwilligen Beiträgen der Arbeiter finanziertes Theater am Bülowplatz eröffnete; 1919 Zusammenschluß beider Vereine zur Volksbühne e. V. E. Piscators Bemühungen um ein revolutionäres Theater in der V. führten zu Konflikten mit dem Vereinsvorstand und zu seiner Entlassung 1927. – Nach dem 1. Weltkrieg Gründung weiterer V.n, die sich 1920 im Verband der deutschen Volksbühnen-Vereine e. V. zusammenschlossen. 1962 Eröffnung eines eigenen Theaters des Vereins Freie V. in Berlin (West), das bis 1966 von E. Piscator geleitet wurde.

Literatur: SCHWERD, A.: Zw. Sozialdemokratie u. Kommunismus. Zur Gesch. der V. von 1918–1933. Wsb. 1975. – Freie V. Berlin 1890–1990. Beitrr. zur Gesch. der V.bewegung in Berlin. Hg. v. D. PFORTE. Bln. 1990.

Volksdichtung (Volkspoesie), auf J. G. Herder zurückgehender und v. a. von der Romantik getragener Sammelbegriff für anonyme, mündlich tradierte Texte, u. a. Volkslieder, Volksmärchen, Volkssagen, Volksbücher. – ↑ auch Volkslied.

Volksepos, ältere Bez. für das ↑ Epos, insbes. für das ↑ Heldenepos, z. B. Homers ›Ilias‹ (8. Jh. v. Chr., dt. 1793), den altengl. ›Beowulf‹ (1. schriftl. Fassung um 1000, dt. 1840), das altfrz. ›Rolandslied‹ (11. Jh., dt. 1839/40), den altspan. ›Cantar de mío Cid‹ (um 1140, dt. 1850) oder das mhd. ›Nibelungenlied‹ (um 1200).

Volkserzählung, Sammelbegriff für ep. Formen der Volksdichtung, v. a. Sagen, Märchen und Schwänke, die durch mündl. Überlieferung verbreitet werden.

Literatur: SCHMIDT, LEOPOLD: Die V. Märchen, Sage, Legende, Schwank. Bln. 1963. – Das Bild der Welt in der V. Hg. v. L. PETZOLD u. a. Ffm. u. a. 1993.

Volkslied, Liedgut der Unterklassen (Bauern, Handwerker, Arbeiter), das im wesentlichen den allgemeinen Entstehungs-, Gebrauchs-, Verbreitungs- und Überlieferungsbedingungen der Volksmusik unterliegt. Schon durch die nationalsprachl. Texte, aber auch aufgrund spezif., durch Tradition und Sprache geprägter musikal. Wendungen hat das V. trotz internat. Gleichheit vieler Themen und Motive sowie Ähnlichkeit von Formungsprinzipien einen stark nat. Charakter.

J. G. Herder prägte 1773 als Lehnübersetzung des engl. ›popular song‹ das Wort ›V.‹ als Sammelbegriff, der von G. A. Bürger, F. Nicolai, J. H. Voß, Goethe u. a. aufgegriffen und durchgesetzt wurde. Er ersetzte die bis dahin gebräuchl. Begriffe wie Bauerngesang, Gassenhauer, Straßenlied, Bergreihen, Reuterliedlein u. a., bezeichnete also weniger eine neue Sache als vielmehr eine neue Wertung jener literarisch-musikal. Gattungen, die als Gegenposition der zeittyp. Gelehrten- und Individualpoesie (bes. der antikisierenden Anakreontik) verstanden wurden. Herder sah in den V.ern die ›bedeutendsten Grundgesänge einer Nation‹, in denen natur- und vernunftgemäße ethische und ästhetische Werte eine allgemeinverbindliche Gestalt angenommen hätten. Die romant. Auffassung von der anonym-kollektiven Produktion durch einen schöpfer. Volksgeist ist heute widerlegt. Entscheidend ist nicht die Kollektivität der Produktion – viele Lieder haben einen namentlich bekannten Verfasser –, sondern die der Verbreitung, die mit einer aktiven Aneignung, Überlieferung und Umformung (Umsingen, Zersingen) einhergeht. Auf diese Weise ›volksläufig‹ wurden zahlreiche ursprüngl. Kunstlieder, u.a. ›Der Mond ist aufgegangen‹ (M. Claudius), ›Ich weiß nicht, was soll es bedeuten‹ (H. Heine). Gleiches vollzog sich aber auch beim städt. Volkslied, etwa beim Gassenhauer, oder beim Arbeiterlied (während Arbeiterhymnen wie z.B. die ›Internationale‹ dadurch charakterisiert sind, daß Text und Melodie nicht verändert werden). Auch schlagerartige Musik (v.a. Typen des Stimmungs-, Trink-, Karnevalslieds) kann folklorisiert werden, etwa durch spontan entstehende Umtextierungen oft parodist. Art.

Auf die verborgene Weitergabe des V.s, die in vielen Formen der volkssprachl. Lyrik des MA erkennbar ist (↑Alba, ↑Cantiga, ↑Frauenstrophe), folgt seit dem 13.Jh. die schriftl. Überlieferung in Liederbüchern (↑Cancioneiro, ↑Chansonnier). Dem 15.Jh. gehören Sammlungen wie die Liederbücher von Hohenfurt, Wienhausen, Rostock, das Lochamer Liederbuch (entst. 1452/53), das Schedelsche Liederbuch (entst. 1460–62), das Glogauer Liederbuch (entst. um 1480) und das Liederbuch der Clara Hätzlerin an. Im 16.Jh. wurden dann V.er durch mehrstimmige Bearbeitungen (H. Isaac, C. Othmayr, L. Senfl, G. Rhau, G. Forster, M. Franck u.a.) für die stadtbürgerl. Kunstpflege übernommen. Daneben entstanden in dieser Zeit, v.a. auf Flugblättern, Einblattdrucken, neue oder veränderte Volkslieder. Geistl. Lieder beider Konfessionen erschienen seit der Reformation in großer Zahl in Gesangbüchern. Als indirekte Quelle für V.er sind auch Lauten- und Orgeltabulaturen zu nennen. Was heute zum V. gerechnet wird, ist weithin durch die großen Sammlungen des 19.Jh. entschieden worden, v.a. die von A. von Arnim und C. Brentano (›Des Knaben Wunderhorn‹, 3 Bde., 1806–08), F. K. von Erlach (›Die V.er der Deutschen‹, 5 Bde., 1834–36), L. Uhland (›Alte hoch- und niederdt. V.er‹, 2 Bde., 1844/45) sowie von L. Erk und F. M. Böhme (›Dt. Liederhort‹, 3 Bde., 1893/94), wobei diese Sammlun-

gen weithin durch eine romant. Verklärung des V.s geprägt sind und sowohl derb-erot. wie politisch-realitätsbezogene Lieder als ›unanständig‹ ausgeschieden wurden.

Ein verengtes und gerade in Deutschland konservativ-ideologisch aufgeladenes Bild bestimmte auch die V.pflege in Schule, Kirchen und Vereinen sowie die Wiederbelebung in der musikal. Jugendbewegung (›Wandervogel‹) nach 1900. Hpts. seit 1945 aber weitet sich, auch in Auseinandersetzung mit internat. Ausprägungen von V. und V.forschung der Blick, der die wirkl. Fülle von Themen und Inhalten, textl. und musikal. Mitteln sowie Trägerschichten erfaßt. – In den letzten Jahren zeichnet sich eine u.a. durch die angloamerikan. Folksong-Bewegung und die Aneignung der internat. Folklore vermittelte Renaissance des dt. V.s ab, die auch bisher vernachlässigte rebellisch-demokrat. Traditionen wieder zum Vorschein bringt.

Literatur: DESSAUER, R.: Das Zersingen. Ein Beitr. zur Psychologie des dt. V.es. Bln. 1928. – STROBACH, H.: Bauernklagen. Unterss. zum sozialkrit. dt. V. Bln. 1964. – DANCKERT, W.: Das V. im Abendland. Bern u. Mchn. 1966. – KLUSEN, E.: V., Fund u. Erfindung. Köln 1969. – DANCKERT, W.: Das europ. V. Bonn ²1970. – Hdb. des V.es. Hg. v. R. W. BREDNICH u.a. Mchn. 1973–75. 2 Bde. – HIRSCH, S.: Das V. im späten MA. Bln. 1978. – SUPPAN, W.: V. Seine Slg. u. Erforschung. Stg. ²1978. – GANSBERG, I.: V.er-Sammlungen u. histor. Kontext. Kontinuität über zwei Jh.? Ffm. u.a. 1986. – DEUTSCH, W. u.a.: Das V. in Österreich. Ein gattungsgeschichtl. Hdb. Wien 1993.

Volksmärchen ↑Märchen.

Volkspoesie ↑Volksdichtung.

Volkssage ↑Sage.

Volksschauspiel, Sammelbegriff für Theaterstücke, die, im Unterschied zum ↑Volksstück, von Laienorganisationen mit großem Personenaufwand (z.T. auch Ausstattungsaufwand) aufgeführt und meist auch verfaßt werden. V.e waren seit dem MA verbreitet (z.B. ↑Mysterienspiele, ↑Osterspiele; auch ↑Fastnachtsspiele) und fanden ihre Fortsetzung im Barock (z.B. ↑Jesuitendrama). Die barocke Tradition des Volkstheaters wurde in den ↑Passionsspielen Süddeutschlands (Oberammergauer Passionsspiel) fortgesetzt. Neben den Stoffen, die mit den religiösen oder weltl. Festtagen zusammenhängen, brachte das V. auch vorzugsweise Stoffe aus der erzählenden Literatur, u. a. aus Märchen, Volksbüchern, Heiligenlegenden auf die Bühne. Bes. im 19. Jh. erfaßte eine neue Welle des Laienspiels vorwiegend den ländl. Bereich (↑ Bauerntheater).

Literatur: SCHMIDT, LEOPOLD: Das dt. V. Ein Hdb. Bln. 1962.

Volksstück, im süddt.-österr. Raum, v. a. in Wien, seit Beginn des 18. Jh. von professionellen Schauspieltruppen teils auf Wanderbühnen, teils an festen Vorstadtbühnen aufgeführtes volkstüml. Theaterstück. Das V. benutzte barocke Bühnentradition in Technik, Inhalt (Schema der ↑ Haupt- und Staatsaktionen), Darbietungsformen (Formenwelt der italien. und frz. Oper, des Singspiels und des Balletts), schöpfte aus dem gleichzeitigen europ. Volkstheater, v. a. der ↑ Commedia dell'arte und dem ↑ Vaudeville, und integrierte Märchenhaftes (Zauber- und Feenkomödie). In seinen Hauptvertretern J. A. Stranitzky, Gottfried Prehauser (* 1699, † 1769), Ph. Hafner, J. A. Gleich, A. Bäuerle und schließlich im 19. Jh. v. a. F. Raimund und J. Nestroy entwickelte das V. eine Verbindung von Realismus, Sprachwitz, Satire, Zeit- und Gesellschaftskritik mit Sentiment, Skurrilem und Phantastischem. Das süddt. V. faszinierte durch seine Integration literar., theatral. und volkstüml., sogar banaler Elemente. So diente es immer als Modell, wo ein vitales Volkstheater aus sozialen, polit. oder künstler. Motiven angestrebt wurde; dies galt für so unterschiedl. Autoren wie u. a. G. Hauptmann, L. Anzengruber, L. Thoma, H. von Hofmannsthal. Da Gesellschafts-, Charakter- und Sprachkritik immer zum V. gehören, mußte das moderne V. von Ö. von Horváth, B. Brecht, M. Fleißer, H. Lautensack, F. X. Kroetz, P. Turrini, W. Bauer, W. Deichsel, M. Sperr u. a. hier nur an alte Traditionen anknüpfen, um Klischees des kleinbürgerl. Alltags anzuprangern.

Literatur: WEIGL, E.: Die Münchner Volkstheater im 19. Jh. 1817–1900. Mchn. 1961. – Das österr. V. Hg. vom Inst. f. Österreichkunde. Wien 1971. – Theater u. Gesellschaft. Das V. im 19. u. 20. Jh. Hg. v. J. HEIN. Düss. 1973. –

SCHMITZ, THOMAS: Das V. Stg. 1990. – Das zeitgenöss. dt.-sprachige V. Hg. v. U. HASSEL u. H. HERZMANN. Tüb. 1992. – JONES, C. N.: Negation and utopia. The German V. from Raimund to Kroetz. New York u. a. 1993. – On the contemporary Austrian V. San Bernardino (Calif.) 1993.

Volkstheater   ↑ Volksschauspiel, ↑ Volksstück.

Vollmer, Walter ['fɔlmər], * Westrich (heute zu Dortmund) 2. Juli 1903, † Arnsberg 17. Febr. 1965, dt. Schriftsteller. – Zunächst Bergmann; studierte später u. a. Philologie und Theologie, arbeitete als Journalist, nach 1933 freier Schriftsteller. Schrieb vorwiegend humorvolle Schilderungen vom Leben der kleinen Landleute, der Arbeiter und v. a. der Bergleute des westfäl. Industriereviers.

Werke: Das Rufen im Schacht (E., 1926), Flug in die Sterne (R., 1929), Die Ziege Sonja (R., 1933), Land an der Ruhr (Betrachtungen, 1935), Die Schenke zur ewigen Liebe (R., 1935), Die Pöttersleute (R., 1940), Johannisfest auf Siebenplaneten (E., 1950), Weltreise zur fröhl. Morgensonne (E., 1950), Westfäl. Städtebilder (Betrachtungen, 1963).

Vollmoeller, Karl Gustav, * Stuttgart 7. Mai 1878, † Los Angeles (Calif.) 18. Okt. 1948, dt. Schriftsteller. – Auto- und Flugzeugkonstrukteur, Pionier des Films; lebte in verschiedenen europ. Hauptstädten; Verbindung zum George-Kreis; verfaßte neuromant. Dramen, oft mit histor. Themen. Wurde durch die von M. Reinhardt 1914 im Zirkus Busch in Berlin inszenierte Pantomime ›Das Mirakel‹ (1912) internat. bekannt, ebenso durch seine Mitarbeit am Drehbuch zu dem Film ›Der blaue Engel‹; Übersetzungen, v. a. aus dem Italienischen.

Weitere Werke: Parcival. Die frühen Gärten (Ged., 1903), Wieland (Dr., 1911), Die Geliebte (Nov., 1919), La Paiva (Dr., 1931).

Vollreim ↑ Reim.

Volodin, Aleksandr Moiseevič, russ. Dramatiker, ↑ Wolodin, Alexandr Moissejewitsch.

Volosevič, Georgij Nikolaevič, russ. Schriftsteller, ↑ Wladimow, Georgi Nikolajewitsch.

Vološin, Maksimilian Aleksandrovič, russ. Lyriker, ↑ Woloschin, Maximilian Alexandrowitsch.

Volponi, Paolo [ital. vol'po:ni], * Urbino 6. Febr. 1924, † Ancona 23. Aug.

1994, italien. Schriftsteller. – Rechtsanwalt; war u. a. 1956–71 Leiter der Sozialabteilung der Firma Olivetti in Ivrea; begann mit Gedichten; schilderte dann in seinen erfolgreichen Romanen ›Ich, der Unterzeichnete‹ (1962, dt. 1964) und ›Die Weltmaschine‹ (1965, dt. 1966; Premio Strega 1965) den vergebl. Kampf des Individuums um Selbstbehauptung in einer technisierten Welt.

Weitere Werke: Il ramarro (Ged., 1948), L'antica moneta (Ged., 1955), Le porte dell'Appennino (Ged., 1960), Corporale (Ged., 1974), Il sipario ducale (R., 1975), Il pianeta irritabile (R., 1978), Der Speerwerfer (R., 1981, dt. 1988), Ich seh dich unter den Arkaden (R., 1991, dt. 1994; Premio Strega 1991).
Literatur: FERRETTI, G. C.: P. V. Florenz 1972. – BALDISE, E.: Invito alla lettura di P. V. Mailand 1982.

Völsunga saga [altisländ. = Die Geschichte von den Völsungen], altisländ. Heldenroman, bed. Fornaldar saga (↑ Fornaldar sögur), deren älteste Handschrift um 1400 auf Island entstand; die ursprüngl. Fassung gehört wohl der Mitte oder der 2. Hälfte des 13. Jh. an. Die V. s. behandelt die Geschichte der Völsungen (Wälsungen), eines Heldengeschlechts der Vorzeit, das auf Sigi, den Sohn Odins, zurückgeht, schildert aber im wesentl. das Schicksal Sigurds des Drachentöters. Stoffmäßig besteht weitgehend Übereinstimmung mit den eddischen Heldenliedern (↑ ›Edda‹), teilweise auch mit der ↑ ›Þiðreks saga‹, doch bleibt Eigenständiges, so daß als Vorlage eine der ›Edda‹ ähnl. Sammlung von Heldenliedern zu vermuten ist, die der Verfasser in die zeitgemäßere Form der Prosa überführte.

Ausgabe: Vǫlsunga saga ok Ragnars saga loðbrókar. Hg. v. M. OLSEN. Kopenhagen 1906–08. 3 Hefte. – Isländ. Heldenromane. Übertragen v. P. HERRMANN. Düss. u. Köln. Neuausg. 1966. S. 39.
Literatur: WIESELGREN, P.: Quellenstudien zur V. s. Tartu 1935. – FINCH, R. G.: The treatment of poetic sources by the compiler of Vǫlsunga saga. In: Saga-Book of the Viking Society for Northern Research 16 (1962–65), S. 315. – VRIES, J. DE: Altnord. Literaturgesch. Bd. 2. Bln. ²1967. S. 467.

Voltaire [frz. vɔl'tɛːr], eigtl. François Marie Arouet, * Paris 21. Nov. 1694, † ebd. 30. Mai 1778, frz. Schriftsteller und Philosoph. – Sohn eines wohlhabenden Notars; besuchte 1704–11 das Jesuitenkolleg Louis-le-Grand; brach das Rechtsstudium ab, um sich der Literatur zu widmen; 1717/18 wegen einer ihm fälschlich zugeschriebenen Satire elf Monate in der Bastille; nach dem Erfolg der Tragödie ›Oedipus‹ (1719, dt. 1748) Karriere als erfolgreicher Hofdichter; mußte 1726 wegen einer persönl. Fehde mit dem Chevalier de Rohan Frankreich verlassen und ging (bis 1729) nach Großbritannien. Als das Pariser Parlament seine ›Lettres philosophiques‹ (entst. 1726 bis 1729), in denen V. die polit. und geistigen Verhältnisse Großbritanniens als einen Zusammenhang darlegte und den frz. Zuständen gegenüberstellte, verurteilte und verbrannte, floh V. nach Lothringen. 15 Jahre (bis 1748) verbrachte er dort auf Schloß Cirey mit der Marquise du Châtelet und erarbeitete seine naturwissenschaftlich-mathemat. und historisch-polit. Grundlagen, zus. mit der Marquise kommentierte er I. Newton, G. W. Leibniz und Ch. Wolff; es entstanden u. a. die ›Elemente der Philosophie Newtons‹ (1738, dt. 1741). V. arbeitete an der ersten Fassung seiner Darstellung ›Die Zeiten Ludwigs XIV.‹ (1752, dt. 1752) sowie an dem ›Versuch einer allgemeinen Weltgeschichte‹ (1756, dt. 3 Bde., 1760–62), der die moderne Geschichtsschreibung begründete; er verfaßte auch Theaterstücke und Erzählungen. 1745 Ernennung zum Historiographen Frankreichs; 1746 Aufnahme in die Académie française. 1750 nahm V. die Einladung Friedrichs II., des Großen, nach Potsdam an, das er nach einem Streit mit dem preuß. König 1753 wieder verließ.

In seinem Schloß ›Les Délices‹ am Genfer See, wo V. sich 1755 niedergelassen hatte, entstand der Roman ›Candide oder Die beste Welt‹ (1759, dt. 1776); Mitarbeit an der ›Encyclopédie‹ D. Diderots und J. Le Rond d'Alemberts; 1758 machte er das Gut Ferney bei Genf auf frz. Boden zu seinem Alterssitz. In den folgenden Jahren entstanden mehr als 400 Veröffentlichungen, darunter Kommentare zum Theater P. Corneilles (1764), die Geschichte des Pariser Parlaments (1769), außerordentlich einflußreiche Kommentare zu C. B. Beccarias Traktat über das Strafrecht und zahllose polit. Pamphlete. Eine Vielzahl wiss. Artikel, in denen V. seine Auffassung zu gesellschaftspolit. und philosoph. Problemen seiner Zeit darstellte, ist in seinem ›Dictionnaire philosophique portatif‹ (1764) zusammengestellt, der einen erhebl. Anteil an der Verbreitung der Philosophie der Aufklärung hatte. Seine Religionskritik war neben seinen öffentlich-polit. Aktivitäten Teil seines Kampfes gegen Ungerechtigkeit und Unvernunft. Sein Einsatz in vielen Fällen von Justizirrtum trug V. den Beinamen eines Freundes der Unglücklichen ein.

Voltaire

V. ist weder Autor eines großen Buches noch einer neuen Theorie. Seine Größe wird nur in der Gesamtheit des Werkes sichtbar, und erst der Zusammenhang von Leben und Werk zeigt, weshalb er als vollkommene Verkörperung des 18. Jh. gilt, das Frankreich häufig mit seinem Namen kennzeichnet (›siècle de V.‹). V. war voller Widersprüche: maßlos, ehrgeizig, eitel, kalt, berechnend in seiner Habgier, zugleich aber bewogen ihn Gerechtigkeitsliebe und Mitleid, sein Wissen und seine einmalige Beherrschung der literar. Formen in den Dienst einer praktisch-polit. Philosophie zu stellen, die das Leben der Menschen durch die Beseitigung der Unvernunft in allen Gestalten leichter machen will. Die entscheidenden Impulse erhielt seine Philosophie durch die engl. Philosophie, durch P. Gassendi und P. Bayle und die Praxis der liberal regierten bürgerlich-liberalen Gesellschaft Großbritanniens vor dem Aufbruch in die industrielle Revolution. Erkenntnistheoretisch übernahm V. (in seinen ›Lettres philosophiques‹, 1734) den Sensualismus J. Lockes. Trotz seiner Ablehnung der kath. Kirche blieb V. Theist, für den die Gesetzmäßigkeit des Universums den Schluß auf Gott als höchste Intelligenz zuläßt.

V. kämpfte gegen Metaphysik, Obskurantismus, Mystizismus und Dogmatismus als Urheber von Fanatismus und Intoleranz. Größer als in der Philosophie ist V.s Eigenständigkeit in der Methodologie der Geschichtsschreibung, die er zu einer Wiss. machte. Mit dem ›Essai sur les mœurs‹ (1756) setzte V. der theolog. Universalgeschichte J. B. Bossuets die ›Geschichtsphilosophie‹ (als Begriff erst-

mals bei V.) entgegen. V. gilt heute v. a. als brillanter Schriftsteller, glänzender Erzähler und Dramatiker, als Kritiker, der mit geistvoller Ironie den Angegriffenen der Lächerlichkeit preisgibt, und als Schöpfer klassizist. Versdichtungen. Die Ziele, für die er sich einsetzte, sind die eines liberalen Bürgertums, das die Menschenrechte, die formale Freiheit und die Gleichheit aller Menschen vor einem allgemeinen Gesetz gegen den feudalen Absolutismus vertritt.

Weitere Werke: Der Heldengesang auf Heinrich IV. (Epos, 1723, dt. 1751, 1761 u. d. T. Henriade), Hérode et Mariamne (Dr., 1725), Brutus (Dr., 1730, dt. 1754), Geschichte Karls XII., König von Schweden (Biogr., 1731, dt. 1733), Zayre (Dr., 1733, dt. 1776), Der Tod Cäsars (Trag., 1736, dt. 1737), Alzire oder die Americaner (Dr., 1736, dt. 1739), Der verlorene Sohn (Dr., 1736, dt. 1747), Mahomet, der Lügen-Prophet (Dr., 1742, dt. 1749), Merope (Dr., 1744, dt. 1754), Zadig, eine neue morgenländ. Geschichte (E., 1747, dt. 1749), Mikromegas (E., 1752, dt. 1752), Poème sur le désastre de Lisbonne (Ged., 1756), Die Geschichte des russ. Reiches unter der Regierung Peters d. Gr. (2 Tle., 1759–63, dt. 1761–63), Das Mädchen von Orléans (Epos, endgültige Ausg. 1762, dt. 1783, erstmals dt. 1762), Abhandlung über die Religionsduldung (1763, dt. 1765), Das Naturkind (E., 1767, dt. 1777), Die Prinzessin von Babylon (E., 1768, dt. 1769).

Ausgaben: F. M. A. de V. Sämtl. Schrr. Dt. Übers. Bln. 1783–97. 29 Bde. – V. Œuvres complètes (Kehler Ausg.). Hg. v. P. A. CARON DE BEAUMARCHAIS. Kehl 1785–89. 92 Bde. – V. Œuvres complètes. Paris 1877–85. 52 Bde. – V. Correspondance. Hg. v. TH. BESTERMAN. Genf u. Paris 1953–65. 107 Bde. – V. Correspondance. Hg. v. TH. BESTERMAN. Paris 1964–93. 13 Bde. – V. Sämtl. Romane u. Erzählungen. Dt. Übers. Neuausg. Darmst. 1989.

Literatur: DESNOIRESTERRES, G.: V. et la société au 18ᵉ siècle. Paris ²1871–76. 8 Bde. – BRAN-

DES, G.: V. Dt. Übers. Bln. ³1923. 2 Bde. – LAN-
SON, G.: V. Paris ⁸1932. Neuausg. 1946. –
MÖNCH, W.: V. u. Friedrich d. Gr. Das Drama
einer denkwürdigen Freundschaft. Eine Studie
zur Lit., Politik u. Philosophie des 18. Jh. Stg. u.
Bln. 1943. – Studies on V. and the eighteenth
century. Hg. v. TH. BESTERMAN. Jg. 1. Genf (jetzt
Oxford) (1955) ff. – POMEAU, R.: La religion de
V. Paris 1956. – BRUMFITT, J. H.: V. historian.
London 1958. Nachdr. 1970. – GAY, P.: V.'s pol-
itics. The poet as realist. Princeton (N. J.)
1959. – VROOMAN, J.: V.'s theatre. Genf 1970. –
BESTERMAN, TH.: V. Dt. Übers. Mchn. 1971. –
NOYES, A.: V. Dt. Übers. Mchn. Neuaufl.
1976. – V. Hg. v. H. BAADER. Darmst. 1980. –
BERGNER, T.: V. Leben u. Werk eines streitbaren
Denkers. Bln. ³1981. – HEUVEL, J. VAN DEN: V. et
ses contes. Paris ³1982. – Album V. Iconographie. Ausgew. u. hg. v. J. VAN DEN HEUVEL
(Album Pléiade). Paris 1983. – BADER-MOL-
NAR, M.: L'idée d'humanité dans l'œuvre de V.
jusqu'en 1750. Zü. 1983. – ORIEUX, J.: Das Leben des V. Dt. Übers. Neuausg. Ffm. 1985.
2 Bde. – AYER, A. J.: V. Eine intellektuelle Biogr.
Dt. Übers. Neuausg. Whm. 1994. – CONDORCET,
M.-J.-A.-N. DE CARITAT DE: Vie de V. Paris
1994. – POMEAU, R.: V. Dt. Übers. Ffm. u. a.
1994.

Völuspá [altisländ. = Der Seherin
Gedicht], Lied aus der ↑ ›Edda‹. Die
mehrfachen Überlieferungen (u. a. im
›Codex regius‹ der ›Edda‹ und in der
›Jüngeren Edda‹) differieren nach der
Zahl der Strophen und ihrer Anordnung,
so daß die ursprüngl. Dichtung nicht
zweifelsfrei herzustellen ist. Die V. ist
im wesentl. als ein Monolog angelegt,
vorgetragen von einer mit außermenschl.
Wissen begabten Seherin (Völva). Sie beginnt ihre visionäre Schau mit der Auf-
forderung zur Ruhe, um in Odins Auftrag das Geschick der Götter von der Ur-
zeit bis in die ferne Zukunft zu verkün-
den: von der Zeit des Riesen Ymir an, als
es weder Erde noch Himmel gab, über
die Zeit, als die Erde geschaffen wurde
und das Übel, der Krieg, unter die Götter
kam, Baldr unschuldig den Tod erlitt, bis
in die Zukunft, in der sich das Götter-
schicksal erfüllt und die Welt in einem
kosm. Ereignis untergeht. Dann steigt
wieder Land aus den Fluten, Baldr kehrt
zurück und die goldenen Zeiten kehren
wieder.
Die von Bild zu Bild eilende Sprache des
Dichters bewegt sich oft in Andeutun-
gen, die dem heutigen Interpreten dunkel
bleiben. Wenn hier auch heidn. Vorstellungen und Mythen eingehen, so scheint
das Weltbild des Dichters in seiner Gesamtheit doch ohne christl. Einfluß un-
denkbar zu sein: der drohende, durch
das Böse bedingte Weltuntergang und
die Wiederkehr einer neuen besseren
Welt erinnern stark an christl. eschato-
log. Gedankengut. Doch ist es kaum
möglich, die Bestandteile in dieser zu einer Einheit verschmolzenen Vision zu
sondern. Es liegt nahe, die Entstehungszeit des Liedes, das der Redaktor der
›Edda‹ an den Anfang seiner Sammlung
setzte, in die religiös bewegte Zeit der
ersten Christianisierung des Nordens zu
setzen.

Ausgaben: Eddadigte. Hg. v. J. HELGASON. Bd.
1: Völuspá, Hávamál. Kopenhagen ²1955. –
Die Edda. Übers. v. F. GENZMER. Eingel. v.
K. SCHIER. Köln ⁵1984. S. 26.
Literatur: SVEINSSON, E. Ó.: Islenzkar bók-
menntir í fornöld. Bd. 1. Reykjavik 1962.
S. 321. – VRIES, J. DE: Altnord. Literaturgesch.
Bd. 1. Bln. ²1964. S. 60. – NORDAL, S.: V. Dt.
Übers. Darmst. 1980.

Voňavka, Václav [tschech. 'vonjafka],
tschech. Schriftsteller, ↑ Řezáč, Václav.

Vondel, Joost van den [niederl. 'von-
dəl], * Köln 17. Nov. 1587, † Amsterdam
5. Febr. 1679, niederl. Dichter. – Seine
Eltern emigrierten als Mennoniten aus
den südl. Niederlanden nach Köln und
später nach Amsterdam; V. übernahm
dort das Strumpf- und Seidenwarenge-
schäft des Vaters, widmete sich daneben
der Wiss. und Literatur; um 1641 wurde
er kath.; nach wirtschaftl. Verlusten
mußte er 1658 einen bescheidenen Buch-
halterposten bei einem Pfandhaus annehmen; 1668 wurde er pensioniert. V.
schrieb Gedichte, Satiren und Dramen

Joost van
den Vondel
(Ausschnitt
aus einem
zeitgenös-
sischen
Kupferstich
von Cornelius
Visscher)

mit bibl., histor. und antiken Stoffen. Sein Werk ist von europ. Bedeutung, er gilt als ein Meister des Barock und hat v.a. das dt. Barocktrauerspiel entscheidend beeinflußt. Seine Stärke lag unzweifelhaft beim klass. Trauerspiel, und hier, entsprechend seiner lyr. Begabung, weniger in der Zeichnung der Charaktere und der Darstellung der Vorgänge als in den lyr. Chören. In seiner Lyrik besang V. in formal vollendeten, erhabenen und gefühlvollen Versen sein Land, den Rhein, den Tod seiner Lieben; in polit. Satiren griff er bes. den Fanatismus der Kalvinisten an. Außerdem schrieb V. viele Gelegenheitsgedichte. Seine bedeutendsten Dramen sind: ›Palamedes‹ (1625), ›Gijsbrecht van Aemstel‹ (1637, dt. 1867), ›De maeghden‹ (1639), ›Gebroeders‹ (1640; dt. von A. Gryphius 1662 u.d.T. ›Gibeoniter‹), ›Joseph in Dothan‹ (1640), ›Joseph in Egypten‹ (1640), ›Maria Stuart‹ (1646, dt. 1673), ›Die Löwendaler‹ (1647, dt. 1938) und ›Lucifer‹ (1654, dt. 1868), ein Weltschöpfungsspiel, in dem er schon vor J. Milton mit großartiger visionärer Kraft das Urbild des Weltenzwiespalts konzipierte.

Weitere Werke: Poëzy (Ged., 1647), Jeptha (Dr., 1659, dt. 1869), Adam in ballingschap (Dr., 1664).
Ausgabe: De werken van V. Hg. v. J. F. M. Sterck. Amsterdam 1927–37. 10 Bde.
Literatur: Baumgartner, A.: J. v. d. V., sein Leben u. seine Werke. Freib. 1882. – Noë, J.: J. v. d. V. Brüssel 1955. – Smit, W. A. P.: Van Pascha tot Noah. Zwolle 1956–62. 3 Bde. – Johannessen, K. L.: Zwischen Himmel u. Erde; eine Studie über J. v. V.s bibl. Imagerie. – Oslo 1963. – Smit, W. A. P./Brachin, P.: V., 1587–1679. Paris 1964. – Rens, L.: Het priester-koningconflict in V.s drama. Hasselt 1965. – Pater Maximilianus: V.studies. Terheijden 1968. – Visies op V.: na 300 jaar. Hg. v. S. F. Witstein u. E. K. Grootes. Den Haag 1979.

von den Brincken, Gertrud, dt.-balt. Schriftstellerin, ↑ Brincken, Gertrud von den.

von der Grün, Max, dt. Schriftsteller, ↑ Grün, Max von der.

Vonnegut, Kurt [engl. ˈvɔnɪgʌt], * Indianapolis (Ind.) 11. Nov. 1922, amerikan. Schriftsteller. – War nach dem Studium der Biochemie an der Cornell University, Ithaca (N. Y.), 1942–45 Soldat, erlebte 1945 die Zerstörung Dres-

dens als Kriegsgefangener. Sein Roman ›Schlachthof 5 oder Der Kinderkreuzzug‹ (1969, dt. 1970), der auf diesem Erlebnis basiert, machte ihn bekannt. In seinen zeitkrit. satir. Romanen und Erzählungen, in denen sich Elemente der Science-fiction mit schwarzem Humor verbinden, wendet er sich gegen Krieg, Gewalt, Rassenhaß, polit. Korruption und soziale Ungerechtigkeit; auch Dramen und Essays.

Kurt Vonnegut

Weitere Werke: Das höll. System (R., 1952, dt. 1964), Die Sirenen des Titan (R., 1959, dt. 1979), Mother night (R., 1961), Katzenwiege oder Die Unverantwortlichkeit der Kernphysiker (R., 1963, dt. 1978), Gott segne Sie, Mr. Rosewater (R., 1965, dt. 1968), Geh zurück zu deiner lieben Frau und deinem Sohn (En., 1968, dt. 1971), Frühstück für starke Männer (R., 1973, dt. 1974), Slapstick oder nie wieder einsam (R., 1976, dt. 1977), Galgenvogel (R., 1979, dt. 1980), Sun moon star (Kindergeschichten, 1980), Palm Sunday (autobiograph. Collage, 1981), Zielwasser (R., 1982, dt. 1987), Galápagos (R., 1985, dt. 1987), Blaubart (R., 1987, dt. 1989), Hokus Pokus oder wohin so eilig? (R., 1990, dt. 1992), Dann lieber gleich tot (Autobiogr., 1991, dt. 1993), Das Nudelwerk. Reden, Reportagen, kurze Texte. 1965–1980 (dt. Ausw. 1992), Timequake (R., 1993).
Literatur: Giannone, R.: V. A preface to his novels. Port Washington (N. Y.) 1977. – Lundquist, J.: K. V. New York 1977. – Klinkowitz, J.: K. V. London u. a. 1982. – Pieratt, A. B., u.a.: K. V. A comprehensive bibliography. Hamden (Conn.) 1987. – Critical essays on K. V. Hg. v. R. Merrill. Boston (Mass.) 1990. – Morse, D. E.: K. V. San Bernardino (Calif.) 1992.

Voorde, Urbain van de [niederl. ˈvoːrdə], eigtl. Urbanus Pieter Maria van de V., * Blankenberge 27. Okt. 1893, † Löwen 16. Juli 1966, fläm. Schriftsteller. –

Anfangs Lehrer, später Feuilletonredakteur; schrieb unter dem Pseudonym Sirius gefürchtete Literaturkritiken; verfaßte höchst eigenwillige Gedankenlyrik, wobei er jedoch an konservativen Formen festhielt.

Werke: De haard der ziel (Ged., 1921), Diepere krachten (Ged., 1924), Gezelle's eros (Essay, 1930), Eros Thanatos (Ged., 1943), De gelieven (Ged., 1951), Metamorfosen (Ged., 1956).

Vorabdruck, Veröffentlichung eines literar. Werkes in einer Zeitung bzw. Zeitschrift vor der Publikation in Buchform.

Vorauer Handschrift ['fo:rauər], Codex 276 des Stiftes Vorau (Ost-Steiermark), eine Sammelhandschrift aus dem letzten Viertel des 12. Jh., von Propst Bernhard (1185–1202) veranlaßt. Zwischen die weltl. Teile (›Kaiserchronik‹, ›Alexanderlied‹, lat. ›Gesta Friderici‹) sind zahlreiche geistl. Texte eingebettet (›Vorauer Bücher Moses‹; ›Leben Lesu‹, ›Antichrist‹ und ›Jüngstes Gericht‹ der Frau Ava; ›Ezzolied‹), die ein anschaul. Bild von der Geschichtsauffassung der Zeit als Welt- und Heilsgeschichte liefern.

Ausgaben: Die Kaiserchronik des regulierten Chorherrenstiftes Vorau in der Steiermark. Faksimileausg. Graz 1953. – Die dt. Gedichte der V. H. Faksimileausg. des Chorherrenstiftes Vorau unter Mitwirkung v. K. K. POLHEIM. Graz 1958. **Literatur:** FANK, P.: Die V. H. Graz 1967.

Vorausdeutung, ein Gestaltungsprinzip ep., dramat. und auch film. Texte: der allwissende Erzähler deutet mehr oder weniger direkt später eintretende Ereignisse und Vorgänge an. Durch die V. wird die zeitl. Abfolge des dargestellten Geschehens unterbrochen, was zur Erhöhung der Spannung beitragen kann.

Vordtriede, Werner, * Bielefeld 18. März 1915, † İzmir 25. Sept. 1985, dt. Literaturwissenschaftler und Schriftsteller. – Emigrierte 1933 in die Schweiz, später nach England, dann nach Amerika (Lehrtätigkeit an mehreren Univ.); 1962 Prof. in München. Kennzeichnend für seine literar. Arbeiten sind sprachl. Gedankenspiele, die Erschaffung neuer Welten mittels der Sprache der Poesie sowie literarisch-philosoph. Anspielungen, die seine Texte durchziehen. In seinen literaturwiss. Arbeiten beschäftigte er sich v. a. mit den dt. Romantikern (u. a. ›Novalis und die frz. Symbolisten‹, 1963), mit H. Heine, H. von Hofmannsthal, S. George u. a.; auch Übersetzungen, Herausgebertätigkeit.

Weitere Werke: Das verlassene Haus. Tagebuch aus dem amerikan. Exil (1975), Geheimnisse an der Lummer (R., 1979), Der Innenseiter (R., 1981), Ulrichs Ulrich oder Vorbereitung zum Untergang (R., 1982).
Literatur: Weimar am Pazifik. Literar. Wege zwischen den Kontinenten Festschrift f. W. V. zum 70. Geburtstag. Hg. v. D. BROCHMEYER u. T. HEIMERAN. Tüb. 1985.

Vorǫnca, Ilarie, eigtl. Eduard Marcus, * Brăila 31. Dez. 1903, † Paris 6. April 1946, rumän. Lyriker. – Jurastudium in Bukarest und Paris, Hg. literar. Zeitschriften; emigrierte 1933 nach Frankreich, schloß sich der Widerstandsbewegung an; beging nach Rückkehr in die Heimat Selbstmord. Schrieb zuerst in rumän., später in frz. Sprache; wandte sich mit symbolist. Gedichten gegen Gewalt und soziale Mißstände.

Werke: Colomba (Ged., 1927), Permis de séjour (Ged., 1936), La poésie commune (Ged., 1936), La joie est pour l'homme (Ged., 1936), Beauté de ce monde (Ged., 1939), Souvenirs de la planète terre (Ged., 1945), Contre solitude (Ged., 1946).
Literatur: MESTAS, J.-P.: Présence d'I. V. In: Cahiers Roumains d'Études littéraires 1 (1982), S. 118.

Vörösmarty, Mihály [ungar. 'vørøʃmɔrti], * Kápolnásnyék 1. Dez. 1800, † Pest (heute zu Budapest) 19. Nov. 1855, ungar. Dichter. – Aus verarmter Adelsfamilie; Erzieher, studierte Philosophie und Rechtswissenschaft; Beamter, seit 1828 Redakteur, später auch Abgeordneter; nahm am Freiheitskampf teil. Begann mit dem romant. nationalen Epos ›Zalans Flucht‹ (1825, dt. 1900); erreichte den künstler. Höhepunkt mit ›Csongor und Tünde‹ (1831, dt. 1904), einem romant. Märchenspiel. V.s Gedichte sind von Patriotismus erfüllt: ›Szózat‹ (1837) wurde zu einer Art Nationalhymne. V. schrieb auch kleinere ep. Gedichte, Balladen und Romanzen, daneben Epigramme; ahmte das Drama der frz. Romantik nach; auch Übersetzer und Theaterkritiker.

Ausgaben: V. M. összes művei. Hg. v. K. HORVATH u. D. TÓTH. Budapest 1960–65. 18 Bde. –

Wenn einst die Nacht sich erschöpft. Gedichte u. dramat. Lyrik. Nachdichtung von F. FÜH-MANN. Bln. 1982. – V. M. Gedichte. Hg. v. I. KE-RÉKGYÓRTÓ. Budapest 1984. – V. M. Csongor u. Tünde. Übers. v. F. FÜHMANN. Bln. 1985.
Literatur: TÓTH, D.: V. M. Budapest ²1974.

Vorpostler (russ. Napostowzy; tl.: Napostovcy), russ. Schriftstellergruppe der 20er Jahre um die Zeitschriften ›Na postu‹ (= Auf Posten, 1923–25) und ›Oktjabr‹ (= Oktober, 1924 ff.; danach auch **Oktobergruppe** genannt). Die V. lehnten alle nichtproletar. (darunter auch M. Gorki und W. W. Majakowski) und klass. Literatur ab; sie forderten eine vollständige ideolog. Kontrolle aller Druckerzeugnisse. Vertreter waren u. a. A. I. Besymenski, A. A. Fadejew, D. A. Furmanow, J. N. Libedinski, A. S. Serafimowitsch.

Vorromantik, Sammelbegriff für die verschiedensten Strömungen des 18. Jh. (↑ Pietismus, ↑ Empfindsamkeit, ↑ Sturm und Drang, teilweise auch Rokoko), die als Gegenpol zu der Dominanz der rationalist. Strömungen der ↑ Aufklärung den Boden für die romant. Literatur vorbereiteten.

Vorspiel, Szene, Szenenfolge, gelegentlich auch ein einaktiges Stück als Eröffnungsteil eines Dramas (einer Oper, eines Films usw.); es gehört thematisch und funktional als Vorbereitung des Zuschauers eng zum folgenden Stück und enthält z. B. die Vorgeschichte des dramat. Geschehens (R. Wagner, ›Das Rheingold‹, 1854), eine Charakterisierung des Milieus (B. Brecht/K. Weill, V. zu ›Die Dreigroschenoper‹, 1929) oder des Haupthelden (Schiller, ›Wallensteins Lager‹, 1800), die Bedingungen der Haupthandlung (Goethe, ›Faust I‹, 1808; V. auf dem Theater), eine Rahmenhandlung oder Verstehenshinweise (Brecht, ›Der kaukas. Kreidekreis‹, 1949).

Vorspruch, svw. ↑ Prolog.

Vortizismus (Vorticism) [zu lat. vortex = Wirbel], kurzlebige literar. Bewegung in England um W. Lewis und seine Zeitschrift ›Blast, review of the great English vortex‹ (2 Nummern, 1914/15) mit einem gegen die epigonale Romantik gerichteten Erneuerungsprogramm, das versuchte, Tendenzen der modernen Malerei, insbes. des Kubismus und Futuris-

mus, für die Literatur fruchtbar zu machen. Personell z. T. identisch mit dem nachhaltiger wirkenden ↑ Imagismus (Th. E. Hulme, E. Pound, T. S. Eliot).

Vos, Jan [niederl. vɔs], * Amsterdam 1610, □ ebd. 11. Juli 1667, niederl. Dichter. – Bed. Figur im Amsterdamer Theaterleben des ›Goldenen Jahrhunderts‹; schrieb erfolgreiche ›romant.‹, mit Handlung vollgepfropfte Dramen, in denen er sich nicht an die klass. Anforderungen hielt, ›Aran en Titus‹ (Trag., 1641), ›Medea‹ (Trag., 1667), ›Klucht van Oene‹ (Lsp., 1642); auch Erzählwerke.
Ausgabe: J. V. Toneelwerken. Hg. v. W. J. C. BUITENDIJK. Assen 1975.

Voskovec, Jiří [tschech. 'vɔskɔvɛts], tschech. Schauspieler und Dramatiker, ↑ Werich, Jan.

Vosmaer, Carel [niederl. 'vɔsmɑːr], * Den Haag 20. März 1826, † Territet bei Montreux 12. Juni 1888, niederl. Schriftsteller. – Schrieb als Redakteur der Zeitschrift ›De Nederlandsche Spectator‹ unter dem Pseudonym Flanor Essays über sehr verschiedene Themen, ›Vlugmaren‹, die 1879–81 in 3 Bänden gedruckt wurden. Bekannt sind seine Homer-Übersetzungen (›Ilias‹, 1879/80; ›Odyssee‹, 1888); schrieb auch einen Künstlerroman, ›Amazone‹ (1880); schuf der jungen ›Tachtiger‹-Generation Publikationsmöglichkeiten.
Weitere Werke: Vogels van diverse pluimage (Ged. und Prosa, 3 Bde., 1872–76), Nanno (Idylle, 1883).
Literatur: BASTET, F. L.: Mr. C. V. Den Haag 1967.

Voß, Johann Heinrich [fɔs], * Sommerstorf (heute zu Grabowhöfe, Landkreis Waren) 20. Febr. 1751, † Heidelberg 29. März 1826, dt. Dichter. – Entstammte einer ehem. leibeigenen Familie, daher zeitlebens ein Gegner des Absolutismus; 1766–69 Besuch des Gymnasiums in Neubrandenburg, 1769–72 Hauslehrer in Ankershagen, dann Studium der Theologie, alter Sprachen und Philosophie in Göttingen; Bekanntschaft mit H. Ch. Boie, L. Ch. H. Hölty und M. Claudius, 1772 Mitbegründer des ›Göttinger Hains‹; 1775 als Hg. des ›Göttinger Musenalmanachs‹ in Wandsbek, wo er 1777 Boies Schwester Erne-

260 Voß

stine heiratete. 1778 Rektor in Otterndorf, dann in Eutin (Kontakt zu F. L. Graf zu Stolberg-Stolberg), 1802–05 Privatgelehrter in Jena, ab 1805 in Heidelberg. Im Alter ein engstirniger Verfechter eines starren Klassizismus; heftige Angriffe gegen die Heidelberger Romantiker und Goethes Sonettendichtung. Begann als Dichter unter dem Einfluß F. G. Klopstocks und J. G. Herders, dann Idylliker und Epiker. Seine z. T. in niederdt. Mundart geschriebenen Idyllen verbinden inniges Naturgefühl, breitangelegte Landschaftsschilderungen und behaglich ausgemalte Szenen des bürgerl. Daseins mit gelehrter Bildung und aufgeklärtem Protestantismus; die Hauptleistung von V. besteht jedoch in den Nachdichtungen griech. und röm. Autoren wie Homer, Ovid, Vergil, Horaz, Hesiod und Aristophanes, womit er seiner Zeit ein neues Verhältnis zur Antike erschloß; formstrenger Metriker.

Johann Heinrich Voß

Werke: Homers Odyssee (1781; Übers.), Luise (Idylle, 1795), Verwandlungen nach P. Ovidius Naso (Übers., 2 Bde., 1798), Idyllen (1801; darin u. a.: Der siebzigste Geburtstag). **Ausgaben:** J. H. V. Sämtl. Gedichte. Königsberg (Pr) 1802. 6 Bde. Nachdr. Bern 1969. – J. H. V. Sämtl. poet. Werke. Neue Ausg. Lpz. 1850. 5 Bde. (mit Biogr.). – J. H. V. Werke in einem Bd. Bearb. v. H. VOEGT. Bln. u. Weimar 1966. – J. H. V. Briefe an Goeckingk: 1775–1786. Hg. v. G. HAY. Mchn. 1976. **Literatur:** HERBST, W.: J. H. V. Lpz. 1872–76. 3 Bde. Nachdr. Bern 1970. – SCHNEIDER, H. J. E.: Bürgerl. Idylle. Studien zu einer literar. Gattung des 18. Jh. am Beispiel v. J. H. V. Diss. Bonn 1975. – HAHN, CH. D.: J. H. V. Leben u. Werk. Husum 1977. – HÄNTZSCHEL, G.: J. H. V. Seine Homer-Übersetzung als sprachschöpfer. Lei-

stung. Mchn. 1977. – LANGENFELD, K.: J. H. V. Mensch, Dichter, Übersetzer. Eutin 1990.

Voß, Julius von [fɔs], * Brandenburg/Havel 24. Aug. 1768, † Berlin 1. Nov. 1832, dt. Schriftsteller. – 1782–98 in der preuß. Armee; bereiste Italien, Frankreich und Schweden, lebte meist in Berlin. V. schrieb v. a. geistreiche Zeit- und Sittenromane über die Berliner Gesellschaft von weniger literar. als kulturhistor. Bedeutung; auch Lustspiele aus dem Berliner Kleinbürgermilieu.
Werke: Lustspiele (9 Bde., 1807–18), Die Maitresse (R., 1808), Faust (Trag., 1823), Neuere Lustspiele (7 Bde., 1823–27), Die Schildbürger (R., 1823), Das Mädchenduell (R., 1826).

Voß, Richard [fɔs], * Neu Grape bei Pyritz 2. Sept. 1851, † Berchtesgaden 10. Juni 1918, dt. Schriftsteller. – Studium der Philosophie in Jena, lebte danach als freier Schriftsteller in Frascati bei Rom und in Berchtesgaden. 1884–88 Bibliothekar der Wartburg, nach einem Aufenthalt in einer Nervenheilanstalt wieder in Frascati und Berchtesgaden. Zu seiner Zeit sehr beliebter Autor von leidenschaftlich-phantasievollen, sentimentalen Unterhaltungsromanen und Sittenstücken; v. a. mit dem Roman ›Zwei Menschen‹ (1911) war er erfolgreich; auch Trauerspiele.
Weitere Werke: Luigia Sanfelice (Trag., 1882), Schuldig! (Dr., 1892), Alpentragödie (R., 1909), Das Haus der Grimani (R., 1917), Aus einem phantast. Leben (Erinnerungen, hg. 1920).

Vossische Zeitung [f...], Berliner Tageszeitung mit wechselnden Titeln ab 1617; nach dem Familiennamen der Besitzer 1751–95 meist als ›V. Z.‹ bezeichnet; ab 1910/11 unter dem offiziellen Titel ›V. Z.‹; linksliberal orientiert. Nach dem Berufsverbot für viele Redakteure 1933 stellte sie 1934 ihr Erscheinen ein. Bekannte Mitarbeiter waren u. a. G. E. Lessing und Th. Fontane.

Vovčok, Marko, ukrain. Schriftstellerin, ↑Wowtschok, Marko.

Voznesenskaja, Julija, russ. Schriftstellerin, ↑Wosnessenskaja, Julija.

Voznesenskij, Andrej Andreevič, russ. Lyriker, ↑Wosnessenski, Andrei Andrejewitsch.

Vraz, Stanko [slowen. vra:z], eigtl. Jakob Frass, * Cerovec (Slowenien) 30. Juni 1810, † Zagreb 24. Mai 1851, slowen.-

kroat. Schriftsteller. – Schrieb anfangs slowenisch, später, unter dem Einfluß von L. Gaj, kroatisch; in beiden Sprachen schuf er Bedeutendes; 1842/43 Mit-Hg., 1847–50 Hg. der Sammelbände ›Kolo‹ (= Reigen, 1842–53), für die er scharfe Literaturkritiken schrieb. V. war bestrebt, die kroat. Dichtung aus ihrer nat. Enge herauszuführen und auf ein europ. Niveau zu bringen. Er verfaßte empfindsame Gefühlslyrik und bereicherte die kroat. Dichtung um neue Stoffe und Formen; gab 1839 eine bedeutende Sammlung slowenischer Volkslieder heraus.

Werk: Đulabije (= Rosenäpfel, Ged., kroat. 1840).
Ausgabe: S. V. Pjesnička djela. Zagreb 1953–55. 3 Bde.

Vrchlický, Jaroslav [tschechisch ˈvr̥xlitski:], eigtl. Emil Frída, * Louny 17. Febr. 1853, † Domažlice 9. Sept. 1912, tschech. Dichter. – Ab 1893 Prof. für Literatur an der Univ. Prag. V., der zu den bedeutendsten tschech. Dichtern zählt, vereinigte umfassende Bildung mit großer Formbegabung; v. a. durch seine zahlreichen Übersetzungen (Dante, F. Petrarca, P. Calderón de la Barca, Molière, V. Hugo, Ch. Baudelaire, P. B. Shelley, Goethe, Schiller u. a.) und seine Lyrik erhielt die tschech. Literatur Anschluß an die literar. Entwicklung Europas. Die Stoffe für sein umfangreiches Werk (Dramen, lyr. und ep. Dichtungen, Novellen, Essays) fand er in allen Kulturkreisen und Epochen. In dem Zyklus ep. Dichtungen ›Zlomky epopeje‹ (= Bruchstücke einer Epopöe) suchte V., angeregt von V. Hugos Epos ›Die Weltlegende‹, die Entwicklung der ganzen Menschheit darzustellen. Hierzu gehören ›Geist und Welt‹ (1878, dt. 1927), ›Mythy‹ (2 Tle., 1879/80), ›Hilarion‹ (1882), ›Sfinx‹ (1883), ›Alte Mären‹ (1884, dt. 1933), ›Perspektivy‹ (1884), ›Twardowski‹ (1885), ›Selské balady‹ (= Dorfballaden, 1885, dt. Ausw. 1886 in: ›Gedichte‹), ›Zlomky epopeje‹ (1886), ›Das Erbe des Tantalus‹ (1888, dt. 1929), ›Fresky a gobeliny‹ (= Fresken und Gobeline, 1891), ›Brevíř moderního člověka‹ (= Brevier des modernen Menschen, 1892), ›Nové zlomky epopeje‹ (= Neue Bruchstücke einer Epopöe,

1895), ›Bar Kochba‹ (1897, dt. 1899), ›Bozi a lidé‹ (= Götter und Menschen, 1899), ›Votivní desky‹ (= Votivtafeln, 1902), ›Episody‹ (= Episoden, 1904), ›Das Lied von Vineta‹ (1906, dt. 1934).

Weitere Werke: Eklogen und Lieder (1880, dt. 1936), Noc na Karlštejně (= Die Nacht auf Karlstein, Kom., 1885), Hippodamia (Dr. in 3 Tlen., 1890/91, dt. 1892), Episches und Lyrisches (dt. Ausw. 1894).
Ausgaben: J. V. Souborné vydání básnických spisů. Prag 1895–1913. 65 Bde. – J. V. Básnické dílo. Prag 1949–63. 20 Bde.
Literatur: SOUČKOVÁ, M.: The parnassian, J. V. Den Haag 1964.

Vrettąkos (tl.: Brettakos), Nikiforos, * Krokeä bei Sparta 1. Jan. 1912, † Plumitsa 4. Aug. 1991, neugriech. Lyriker. – Kam mit 17 Jahren (nach dem Abitur) nach Athen, wo er mit seinem ersten Lyrikband ›Katō apo skies kai phōta‹ (= Unter Schatten und Licht, 1929) die Aufmerksamkeit der Kritik auf sich lenkte. Menschlichkeit und Liebe, die allen Geschöpfen der Welt gilt, kennzeichnen seine Lyrik. Er besang die Welt schlicht und zugleich in einer Bildersprache voller suggestiver Kraft; war Mitglied der Athener Akademie.

Weitere Werke: Hoi grimatses tu anthrōpu (= Die Grimassen des Menschen, Ged., 1935), To agrimi (= Der Naturjunge, Prosa, 1945), Ston Robert Oppenheimer (= An Robert Oppenheimer, Ged., 1954), Ta poiēmata 1929–1951 (= Die Gedichte 1929–1951, 1955), Ho chronos kai to potami (= Die Zeit und der Fluß, Ged., 1957), Basilikē drys (= Königliche Eiche, Ged., 1958), Nikos Kasantzakis (Essay, 1960), Autobiographia (= Autobiogr., Ged., 1961, dt. 1972), Brosta sto idio potami (= Vor dem gleichen Fluß, Prosa, 1972), Ōdē ston hēlio (= Ode an die Sonne, Ged., 1974), Diamartyria (= Protest, Ged., 1974), To potami Bues (= Der Fluß Bues, Ged., 1975), Leturgia katō apo tēn Akropolē (= Liturgie unter der Akropolis, Oratorium, 1981), Ho diakekrimenos planētēs (= Der ausgezeichnete Planet, Ged., 1983), Dyo anthrōpoi milun gia tēn eirēnē tu kosmu (= Zwei Menschen reden über den Frieden der Welt, Prosa, 1983), Ekkremēs dōrea (= Unvollendete Begabung, Ged., 1986).
Ausgabe: N. V. Ho doiporia 1929–1970. Athen 1972. 3 Bde.
Literatur: N. V. Meletes gia to ergo tu. Hg. v. R. V. u. a. Athen 1976. – TSANOS GALLO, M.: N. V. Poesie scelte. Palermo 1976. – STAPHYLAS, M.: N. V. Athen 1983.

Vrîdanc [ˈfriːdaŋk], mittelhochdt. Spruchdichter, ↑ Freidank.

Vries, Hendrik de [niederl. vris], *Groningen 17. Aug. 1896, †Haren 18. Nov. 1989, niederl. Dichter. – Kam auf häufigen Reisen nach Spanien mit der span. Dichtung in Berührung; übersetzte span. Volkslieder. Seine formal traditionellen, rhetor. Gedichte, von span. Poesie beeinflußt, sind in einem romantisch-makabren Phantasiereich angesiedelt; war auch als Maler und Zeichner tätig.

Werke: De nacht (Ged., 1920), Vlamrood (Ged., 1922), Lofzangen (Ged., 1923), Silenen (Ged., 1928), Spaanse volksliederen (Übers., 1931), Stormfakkels (Ged., 1932), Coplas (Ged., 1935), Nergal (Ged., 1937), Atlantische balladen (Ged., 1937), Geïmprovisered bouquet (Ged., 1937), Romantische rhapsodie (Ged., 1937), Slingerpaden (Ged., 1945), Toovertuin (Ged., 1946), Vers tegen vers (Essays, 2 Bde. 1949–51), Gitaarfantasieën (Ged., 1955), Groninger symphonie (Ged., 1958), Keur uit vroegere versen, 1916–46 (Ged., 1962), Goyescos (Ged., 1971). **Literatur:** H. de V., vijftig jaar. Mit Beitrr. v. G. J. Geers u. a. Bussum 1946.

Vries, Theun de [niederl. vris], eigtl. Theunis Uilke de V., *Veenwouden (Friesland) 26. April 1907, niederl. Schriftsteller. – Journalist, Bibliothekar, während des 2. Weltkrieges Redakteur eines illegalen Blattes; kam ins KZ; nach dem Krieg freier Schriftsteller. Gehörte zunächst der ›vitalistischen‹ Gruppe an; wandte sich später einer objektiveren Darstellungsform zu. Schrieb Gedichte, Romane mit starker sozialkritischer Tendenz, Geschichts- und Heimatromane sowie Hörspiele.

Werke: Westersche nachten (Ged., 1930), Rembrandt (R., 1931, dt. 1934), Stiefmutter Erde (R., 1936, dt. 1938), Das Glücksrad (R., 1938, dt. 1942), Die Freiheit geht im roten Kleide (R., 1945, dt. 1947), Schlag die Wölfe, Hirte (R., 1946, dt. 1957), De dood (Ged., 1948), Das Mädchen mit dem roten Haar (R., 1956, dt. 1960), Meesters en vrienden (Autobiogr., 1962), Die drei Leben des Melchior Hintham (R., 1964, dt. 1966), Hernomen konfrontatie met S. Vestdijk (Memoiren, 1968), Baruch de Spinoza in Selbstzeugnissen und Bilddokumenten (dt. 1970), De man met de twee levens (R., 1972), De vrouweneter (R., 1976), De blinde Venus (R., 1980), 77 korte gedichten (1984), Vliegende vissen (Ged., 1985), De première (R., 1990), Sint-Petersburg (R., 1992).

Vriesland, Victor Emanuel van [niederl. 'vrislɑnt], *Haarlem 27. Okt. 1892, †Amsterdam 29. Okt. 1974, niederl.

Schriftsteller. – Journalist, Kritiker und Essayist; nahm lange im literar. Leben der Niederlande eine zentrale Stelle ein. Mitglied der Gruppe De Beweging. Seine Dichtung (teilweise frz.) hat einen ausgeprägten myst. und intellektuellen Charakter; bed. als Hg. und Übersetzer.

Werke: De cultureele noodtoestand van het Joodsche volk (Essay, 1915), De verloren zoon (Dr., 1925), Het afscheid van de wereld in drie dagen (R., 1926), Herhalingsoefeningen (Ged., 1935), Drievoudig verweer (Ged., 1949), Ondoordacht (Ged., 1965), Bijbedoelingen (Ged., 1972).

Vring, Georg von der [frɪŋ], *Brake (Unterweser) 30. Dez. 1889, †München 1. März 1968, dt. Schriftsteller. – 1919–28 Zeichenlehrer in Jever, lebte dann als freier Schriftsteller meist in Süddeutschland; neben liedhafter Liebes- und Naturlyrik (›Bilderbuch für eine junge Mutter‹, 1938; ›Verse für Minette‹, 1947; ›Der Schwan‹, 1961) und Romanen (auch Kriminal-, Abenteuer- und Unterhaltungsromane) schrieb er Kriegsbücher (›Soldat Suhren‹, R., 1927; ›Camp Lafayette‹, R., 1929) sowie Hörspiele; auch Übersetzungen (G. de Maupassant, P. Verlaine, engl. Lyrik).

Weitere Werke: Der Wettlauf mit der Rose (R., 1932), Schwarzer Jäger Johanna (R., 1934), Die Spur im Hafen (Kriminal-R., 1936), Der Büchsenspanner des Herzogs (R., 1937), Der Goldhelm oder ... (R., 1938), Die kaukas. Flöte (R., 1939), Magda Gött (R., 1948), Die Wege tausendundein (autobiograph. R., 1955), Der Mann am Fenster (Ged., 1964), Gesang im Schnee (Ged., 1967).

Ausgabe: G. v. d. V. Gedichte u. Lieder. Hg. v. B. Bondy u. R. Goldschmit. Mchn. 1979. **Literatur:** Aden, J.: Die Lyrik G. v. d. V.s. Ffm. u. a. 1993.

Vroman, Leo [niederl. 'vro:mɑn], *Gouda 10. April 1915, niederl. Schriftsteller. – Biologe, lebt in den USA; schreibt virtuose, überraschend spielerisch-kreative Poesie, deren vielfach variiertes Hauptthema das Wunder des Lebens ist. Auch Erzählungen und Theaterstücke.

Werke: Gedichten (1946), Tineke (E., 1948), Snippers (En., 1958), Twee gedichten (1961), 126 gedichten (1964), Het Carnarium (Prosa, 1973), 262 gedichten (1974), Huis en tuin (Ged., 1979), Nieuwsgierig (Ged., 1980), Gedichten 1946–1984 (1985), Fractaal (Ged., 1986), Dierbare ondeelbaarheid (Ged., 1989), Neembaar (Ged., 1991).

Všehrd, Viktorin Kornel ze [tschech. 'fʃɛhr̩t], * Chrudim 1460(?), † Prag 21. Sept. 1520, tschech. Humanist. – Aus wohlhabender utraquist. (gemäßigthussit.) Familie, studierte in Prag Rechtswiss., Beamter am Landgericht, Schreiber der Landtafeln und später Prokurator. V. schrieb anfangs (bis 1493) lateinisch, setzte sich dann für die Pflege der Muttersprache ein. Er übersetzte Ioannes Chrysostomos ins Tschechische. Auf ihn geht die Kodifizierung des böhmischen Privatrechts zurück (1499; wichtiges alttschechisches Sprachdenkmal).

Vučetić, Šime [serbokroat. 'vutʃɛtitɕ], * Vela Luka auf Korčula 21. März 1909, † Zagreb 28. Juli 1987, kroat. Schriftsteller. – Dorfschullehrer in Dalmatien; im 2. Weltkrieg Partisan; Bibliothekar. Veröffentlichte mediterran inspirierte, sprachlich anspruchsvolle Lyrik (›Ljubav i čovjek‹ [= Die Liebe und der Mensch], 1955; ›Rude na ogledalu‹ [= Locken im Spiegel], 1960; ›Putnik‹ [= Der Reisende], 1964), Essays, Kritiken, Studien (›Krležino književno djelo‹ [= Das literar. Werk Krležas], 1958) sowie den Überblick ›Hrvatska književnost 1914–1941‹ (= Die kroat. Literatur 1914–1941, 1960).

Vũ-Hoàng-Chưo'ng [vietnames. vu huaŋ tʃuəŋ], * Nam Ðinh 1916, † 1976, vietnames. Lyriker. – Die in seinem Hauptwerk, dem Gedichtband ›Tâm-Tình ngưò'i-đẹp‹ (= Das Herz der Schönen, 1961), behandelten Sujets betreffen die existentiellen Probleme des Menschen wie Liebe und Tod, aber auch die ungewisse Zukunft einer von Technik und Kriegen bedrohten Welt; in dt. Übersetzung erschien die Gedichtauswahl ›Die achtundzwanzig Sterne‹ (dt. 1966).

Vulpius, Christian August, * Weimar 23. Jan. 1762, † ebd. 26. Juni 1827, dt. Schriftsteller. – Bruder der Christiane von ↑Goethe; 1788–90 Privatsekretär und Privatgelehrter; durch Goethes Vermittlung ab 1797 Theater- und Bibliothekssekretär in Weimar, Großherzogl. Rat. Erfolgreicher Verfasser von literarisch unbed. Ritter- und Schauerromanen, die zu seiner Zeit viel gelesen wurden. In ›Rinaldo Rinaldini, der Räuber-

hauptmann, ...‹ (3 Bde., 1797) schuf er das Vorbild des edlen Räubers; auch Bühnenstücke und volkstüml. Lieder. Weitere Werke: Abentheuer des Ritters Palmendos (R., 1784), Gabrino (R., 2 Bde., 1785), Die Männer der Republik (Lsp., 1788), Die Rose (E., 1791), Majolino (R., 2 Bde., 1796), Fernando Fernandini (R., 3 Bde., 1799), Orlando Orlandini, der wunderbare Abentheurer (R., 2 Bde., 1802), Lucindora, die Zauberin (E., 1810).

Vulpius, Christiane ↑Goethe, Christiane von.

Vvedenskij, Aleksandr Ivanovič, russ.-sowjet. Schriftsteller, ↑Wwedenski, Alexandr Iwanowitsch.

Vydūnas, W[ilhelm] St[orost] [litauisch vi:'du:nas], eigtl. Wilhelm Storost, litauisch Vilius oder Vilhelmas Storosta, * Jonaičiai (Landkreis Heydekrug) 22. März 1868, † Detmold 20. Febr. 1953, litauischer Schriftsteller und Philosoph. – Studierte in Greifswald und Berlin, wo er 1917–19 Dozent für litauische Sprache war. Als Lehrer in Tilsit ab 1892 entwickelte er eine rege Tätigkeit als Herausgeber von Zeitschriften und in Vereinen zur Hebung des Bildungsniveaus der ostpreuß. Litauer; 1944 Flucht in den Westen; schrieb Mysterienspiele und Dramen, in denen er seine von der Theosophie geprägte Weltanschauung ausdrückte und moral. und nat. Besinnung predigte, z. B. in der Trilogie: ›Amžina ugnis‹ (= Das ewige Feuer, 1913), sowie histor. und philolog. Werke in dt. Sprache.

Vynnyčenko, Volodymyr Kyrylovyč, ukrain. Schriftsteller und Politiker, ↑Wynnytschenko, Wolodymyr Kyrylowytsch.

Vyšens'kyj, Ivan, ukrain. Schriftsteller, ↑Wyschensky, Iwan.

Vyskočil, Ivan [tschech. 'viskɔtʃil], * Prag 27. April 1929, tschech. Schriftsteller. – Psychologe und Pädagoge; arbeitete als Theaterleiter, Regisseur und Schauspieler; Erzähler, Dramatiker und Hörspielautor, in dessen Werk Psychologisches, Existentielles und Absurdes Eingang gefunden haben.
Werke: Knochen (En., 1966, dt. 1967), Bei-Spiele (En., 1967, dt. 1969), Malý alenáš (E., 1990).

Vysockij, Vladimir Semenovič, russ.-sowjet. Lyriker, ↑Wyssozki, Wladimir Semjonowitsch.

W

Wace [frz. vas] (Robert W.), * auf Jersey um 1100, † Caen (?) um 1174, anglonormann. Dichter. – Kanonikus in Bayeux; erster namentlich bekannter Dichter der frz. Literatur, bed. für die Entwicklung der frz. Sprache; schrieb Heiligenleben (u. a. ›La vie de Saint Nicolas‹, ›La vie de Sainte Marguerite‹) sowie zwei Reimchroniken, von denen ›Le roman de Brut‹ (beendet 1155) – nach der Chronik ›Historia regum Britanniae‹ des Geoffrey of Monmouth – in über 15 000 Versen die Geschichte Britanniens erzählt. Erstmals in der frz. Literatur wird darin von König Artus' Tafelrunde berichtet. ›Le roman de Rou‹ (begonnen 1160; unvollendet) in 11 480 Versen gibt eine Darstellung der Geschichte der normann. Herzöge bis 1106.

Ausgaben: W. Le roman de Brut. Hg. v. I. AR-NOLD. Paris 1962. 2 Bde. – W. Le roman de Rou. Hg. v. A. J. HOLDEN. Paris 1970–74. 3 Bde.
Literatur: BECKER, PH. A.: Die Normannenchroniken: W. u. seine Bearbeiter. In: Zs. f. roman. Philologie 63 (1943), S. 481. – KELLER, H.-E.: Étude descriptive sur le vocabulaire de W. Bln. 1953. – HOLMES, U. T.: Norman literature and W. In: Medieval secular literature; four essays. Hg. v. W. MATTHEWS. Berkeley (Calif.) ²1967. – BENNETT, M.: Poetry as history? The Roman de Rou of W. as a source for the Norman conquest. In: Anglo-Norman Studies 5 (1982), S. 21.

Wackenroder, Wilhelm Heinrich, * Berlin 13. Juli 1773, † ebd. 13. Febr. 1798, dt. Schriftsteller. – Vom Vater erzwungenes Studium der Rechtswissenschaften, ungeliebter Beruf als preuß. Staatsbeamter (1796 Kammergerichtsassessor in Berlin). Freund L. Tiecks, mit dem er während des Sommers 1793 von Erlangen aus, wo beide studierten, Wanderungen durch Franken mit Besichtigungen der Städte Nürnberg und Bamberg und der Galerie auf Schloß Pommersfelden unternahm und sich für altdt.

Baukunst, die Malerei insbesondere A. Dürers, der Renaissance (Raffael), für die Natur begeisterte. In Zusammenarbeit mit Tieck (und von diesem herausgeben) entstanden die ›Herzensergießungen eines kunstliebenden Klosterbruders‹ (1796). Diese Künstlerlegenden, Aufsätze, Verse und literar. Prosa haben die dt. Romantik in ihrem Frühstadium wesentlich beeinflußt. Die Novelle ›Das merkwürdige musikal. Leben des Tonkünstlers Joseph Berglinger‹ entwirft das erste differenzierte Porträt des romant. Charakters, das ausstrahlte bis hin zu Th. Mann und H. Hesse. Kunst hatte für W. eine der Religion nahestehende, verklärende Funktion, worin sich nicht zuletzt der Protest gegen prosaische Sachzwänge ausdrückt. Dabei jedoch auch Eintreten für Toleranz und künstler. Vielseitigkeit im Sinn der Aufklärung. Seine weiteren Schriften (u. a. Reisebriefe) zeigen W. zudem als scharf beobachtenden, krit., humorvollen Autor, der ebenso über verschiedene Aspekte der Technik, der Landwirtschaft, des Bergbaus wie über Lebensgewohnheiten, Landschaften und Gesellschaften angemessen zu berichten weiß.

Ausgaben: W. H. W. Werke u. Briefe. Hg. v. L. SCHNEIDER. Bln. 1938. Erweiterter Neudr. Hdbg. 1967 (mit Bibliogr.). – W. H. W. Sämtl. Schrr. Hg. v. K. O. CONRADY. Rbk. 1968. – W. H. W. Werke u. Briefe. Hg. v. GERDA HEINRICH. Mchn. u. Wien 1984.
Literatur: KAHNT, R.: Die unterschiedl. Bedeutung der bildenden Kunst und der Musik bei W. H. W. Marburg 1969. – LITTLEJOHNS, R.: W.-Studien. Ffm. u. a. 1987. – KÖHLER, R.: Poet. Text u. Kunstbegriff bei W. H. W. Ffm. u. a. 1990. – KEMPER, D.: Sprache der Dichtung. W. H. W. im Kontext der Spätaufklärung. Stg. u. a. 1993.

Wackernagel, Ilse, dt. Dichterin, ↑ Stach, Ilse von.

Wadman, Anne Sijbe, * Langweer (Gemeinde Doniawerstal, Prov. Friesland) 30. Nov. 1919, westfries. Schriftsteller. – Bedeutendster Vertreter der fries. Literatur nach 1945; veröffentlichte neben Essays und Kritiken (›Kritysk konfoai‹, 1952; ›It kritysk kerwei‹, 1990) auch Lyrik (›Op koart front‹, 1945; ›Fan tsien wâllen‹, 1945) sowie Novellen (›In ûnbetelle rekken‹, 1992); bed. ist v. a. sein Beitrag zur Erneuerung des fries. Romans (›Hoe moat dat nou Marijke?‹, 1960; ›De oerwinning fan Bjins Houtsma‹, 1962; ›De smearlappen‹, 1963; ›Kûgels foar in labbekak‹, 1964; ›By de duvel to bycht‹, 1966; ›It rammeljen fan de pels‹, 1970; ›De feestgangers‹, 1971; ›As in lyts baeske‹, 1973; ›Yn Adams harnas‹, 1982; ›Tinke oan âlde tiden‹, 1985; ›In bolle yn 'e reak‹, 1986; ›De frou yn 'e flesse‹, 1988; ›Fjoer út in dôve hurd‹, 1991). W. ist Herausgeber der Sammlung ›Frieslands dichters‹ (1949).

Waechter, Friedrich Karl ['vεçtər], *Danzig 3. Nov. 1937, dt. Karikaturist und Schriftsteller. – W. wurde bekannt durch satir. Zeichnungen für ›Pardon‹, ›Titanic‹ und das ›Zeitmagazin‹. W. paraphrasiert häufig konventionelle Denkweisen, Bild- und Sprachformen zu heiter-iron. Äußerungen und kombiniert geschickt Text mit Zeichnungen, comicartigen Passagen und Photos; auch Autor von Theaterstücken. Bes. erfolgreich sind seine illustrierten Kinderbücher, in denen er ein pädagog. Konzept lustvollspieler. Selbsterfahrung und -bestätigung für Kinder verfolgt und sich oft kritisch gegen die Erwachsenen wendet. Für sein Buch ›Wir können noch viel zusammen machen‹ (1973) erhielt er 1975 den Dt. Jugendbuchpreis.

Weitere Werke: Die Wahrheit über Arnold Hau (1966; mit F. W. Bernstein und R. Gernhardt), Der Anti-Struwwelpeter (1970), Die Kronenklauer (1972), Opa Huckes Mitmach-Kabinett (1976), Die Bauern im Brunnen (1978), Wahrscheinlich guckt wieder kein Schwein (1978), Die Reise (1980), Es lebe die Freihei ... (1981), Männer auf verlorenem Posten (1983), Nur den Kopf nicht hängen lassen (1984), Glückl. Stunde (1986), Mich wundert, daß ich fröhlich bin (1991), Die letzten Dinge (1992).

Wagenbühne ↑ Bühne.

Wagenfeld, Karl, *Lüdinghausen 5. April 1869, †Münster 19. Dez. 1939, dt. Schriftsteller. – Lehrer in Recklinghau-

sen und Münster; verfaßte Bauerntragödien, religiöse Lyrik und Epik sowie Mysterienspiele in niederdt. (westfäl.) Mundart.

Werke: 'n Öhm ... (En., 1905), 'ne Göpps vull (E., 1909), Un buten singt de Nachtigall (En., 1911), Daud un Düwel (Versdichtung, 1912), Dat Gewitter (Dr., 1912), Jans Baunenkamps Höllenfahrt (E., 1917), Luzifer (Dr., 1920), Schützenfest (Volksstück, 1922), Das Bilderbuch vom Münsterland (1939). **Ausgabe:** K. W. Ges. Werke. Münster [1–2]1956–83. 3 Bde.

Wagenseil, Christian Jakob, *Kaufbeuren 23. Nov. 1756, †Augsburg 8. Jan. 1839, dt. Schriftsteller. – Ab 1817 Regierungsrat in Augsburg; Hg. des ›Magazins von und für Schwaben‹ (1788 ff.), eines ›Litterar. Almanachs‹ (6 Bde., 1827–32) sowie eines ›Unterhaltungsbuchs für Freunde der Geschichte und Litteratur‹ (2 Bde., 1837/38); verfaßte auch Dramen und Erzählungen im Zeitgeschmack.

Weitere Werke: Ehrlichkeit und Liebe (Dr., 1779), Schildheim (R., 2 Bde., 1779). **Literatur:** SCHMID, HANSHEINRICH: Ch. J. W., 1756–1839. Kempten 1959.

Waggerl, Karl Heinrich, *Badgastein 10. Dez. 1897, †Wagrain (Salzburg) 4. Dez. 1973, österr. Schriftsteller. – Lehrer, dann Kunsthandwerker und freier Schriftsteller; seine bäuerl. Herkunft bestimmte sein Schaffen, das in Romanen, Erzählungen und Lyrik das einfache, beständige, der Natur und ihren kleinen Dingen zugewandte Leben oft humorvoll fabulierend schildert.

Werke: Brot (R., 1930), Schweres Blut (R., 1931), Das Jahr des Herrn (R., 1933), Mütter (R., 1935), Wagrainer Tagebuch (1936), Fröhl. Armut (En., 1948), Heiteres Herbarium (Ged., 1950), Und es begab sich ... (En., 1953), Die grünen Freunde (En., 1955), Liebe Dinge (Miniaturen, 1956), Der Leibsorger (E., 1958), Die Traumschachtel (Märchen, 1962), Ein Mensch wie ich (Autobiogr., 1963), Blick in die Werkstatt (1967), Kraut und Unkraut (En., 1968), Wagrainer Bilderbuch (Skizzen, 1973). **Ausgabe:** K. H. W. Sämtl. Werke. Salzburg [5–15]1965–73. 4 Bde. **Literatur:** TREIBER, H. P.: Die Romankunst K. H. W.s. Diss. Wien 1973 [Masch.]. – SCHINKE, G.: K. H. W. Mensch u. Werk. Mchn. 1985. – AMANN, O.: Das andere Gesicht. Studien zur frühen Erzählprosa von K. H. W. Innsb. 1986.

Wagif, aserbaidschan. Dichter und Staatsmann, ↑Wakif.

Wagner, Christian, * Warmbronn (heute zu Leonberg) 5. Aug. 1835, † ebd. 15. Febr. 1918, dt. Schriftsteller. – Lebte als Bauer in Warmbronn. Aus seinen Gedichten spricht seine Überzeugung von der Allbeseeltheit der Natur; in schlichten, bilderreichen Versen von starker Ausdruckskraft sprach sich W. für eine Schonung alles Lebendigen aus; seine Vorstellungen über Natur, Ökologie und Pazifismus zeigen erstaunl. Aktualität; in seinem Glauben an Seelenwanderung und Wiedergeburt zeigt er Anklänge an ind. Vorstellungen.

Werke: Sonntagsgänge (Ged., Märchen, 1884), Weihegeschenke (Ged., 1893), Neuer Glaube (Ged., 1894), Neue Dichtungen (1897), Ein Blumenstrauß (Ged., 1906), Späte Garben (Ged., 1909), Eigenbrötler (Erinnerungen, 1915). **Ausgaben:** Ch. W. Gedichte. Hg. v. H. HESSE. Neuausg. Ffm. 1980. – Ch. W. Gedichte. Hg. v. U. KEICHER. Stg. [2]1981. – Ch. W. Weihegeschenke. Kirchheim unter Teck 1981. **Literatur:** HEPFER, H./PFÄFFLIN, F.: Der Dichter Ch. W. Marbach 1983. – Es gibt Sonnen genug. Geburtstagsbuch für Ch. W. Hg. v. H. HEPFER u. a. Kirchheim unter Teck 1985.

Wagner, Heinrich Leopold, * Straßburg 19. Febr. 1747, † Frankfurt am Main 4. März 1779, dt. Dramatiker. – Studierte Rechtswiss. in Straßburg, wo er mit Goethe befreundet war; 1773 Hofmeister in Saarbrücken, später Advokat in Frankfurt am Main; dort Entwicklung zum Sturm-und-Drang-Dramatiker. W.s Werke sind durch z. T. gute Charakterisierung der handelnden Personen gekennzeichnet, bleiben jedoch infolge naturalistisch-greller Effekte häufig zu sehr oberflächlich und auf Bühnenwirksamkeit angelegt; bes. bekannt wurde die das Gretchenmotiv von Goethes ›Faust‹ drastisch gestaltende Tragödie ›Die Kindsmörderin‹ (1776), ein gegen den Adel gerichtetes Tendenzstück aus der Welt der Kleinbürger.

Weitere Werke: Vermischte Gedichte (1774), Die Reue nach der That (Dr., 1775), Leben und Tod Sebastian Silligs (R., 1776).

Wagner, Johann Ernst, * Roßdorf 2. Febr. 1769, † Meiningen 25. Febr. 1812, dt. Schriftsteller. – Jurastudium; wurde durch Vermittlung Jean Pauls Kabinettssekretär des Herzogs von Sachsen-Meiningen. Geistreicher, formgewandter Erzähler; sein Roman ›Willibald's Ansich-

ten des Lebens‹ (2 Bde., 1809) ist von Jean Paul und Goethes ›Wilhelm Meister‹ beeinflußt; auch Lustspielautor.

Weitere Werke: Der Triumph der Liebe (Lsp., 1801), Die reisenden Maler (R., 2 Bde., 1806), Isidora (R., 1812).

Wagner, [Wilhelm] Richard, * Leipzig 22. Mai 1813, † Venedig 13. Febr. 1883, dt. Komponist, Musiktheoretiker, Dichter. – Jugend in Dresden, Eisleben und Leipzig. Frühe künstler. Eindrücke durch die Musik W. A. Mozarts, L. van Beethovens, C. M. von Webers, die Dichtungen Shakespeares und E. T. A. Hoffmanns. 1833 prakt. Theatertätigkeit als Chordirigent in Würzburg, danach in verschiedenen Städten Anstellungen als Musikdirektor. 1836 Heirat mit der Schauspielerin Minna Planer. 1839 Verlust der Anstellung in Riga, Flucht vor den Gläubigern über England nach Paris. Nach der Annahme der Oper ›Rienzi‹ durch die Dresdner Hofoper 1842 Rückkehr nach Dresden; der Erfolg (1842 Uraufführung der Oper ›Rienzi‹, 1843 des ›Fliegenden Holländers‹) führte zur Ernennung zum Königl. Sächs. Hofkapellmeister (1845 Uraufführung des ›Tannhäuser‹). Wegen der Beteiligung am Dresdner Maiaufstand wurde W. nach dessen Scheitern 1849 steckbrieflich gesucht; mit Hilfe F. Liszts gelang die Flucht in die Schweiz. 1857 ›Asyl‹ bei Otto und Mathilde Wesendonck bei Zürich. Die aus W.s Neigungen zu seiner Gastgeberin erwachsenen Spannungen zwischen den Familien führten 1858 zur Aufgabe des Zürcher Domizils. Unruhige Jahre in Venedig, Luzern, Paris u. a. Städten. In bedrängender materieller Not 1864 Berufung durch den bayr. König Ludwig II. nach München, der ihn mit der Vollendung des ›Rings der Nibelungen‹ beauftragte und ihm ein Gehalt aussetzte. 1865 schon mußte W. auf Druck des Kabinett- und Hofsekretariats München wieder verlassen, ohne jedoch die Gunst des Königs zu verlieren. 1866 ließ er sich in Tribschen bei Luzern nieder, wo er bis 1872 seinen ständigen Wohnsitz hatte. 1870 Trauung mit Cosima, der Tochter F. Liszts, nach deren Scheidung von H. von Bülow (Minna, von der W. seit 1858 getrennt lebte, war 1866 gestorben). Häufige Besuche

F. Nietzsches. 1872 Übersiedelung nach Bayreuth, wo am 22. Mai der Grundstein für das Festspielhaus gelegt wurde; 1876 erste Festspiele mit der Uraufführung des ›Rings‹. 1882 ging W. aus gesundheitl. Gründen nach Venedig, wo er 1883 seinem chron. Herzleiden erlag. Als Verfasser zahlreicher musiktheoret. Schriften, Essays, Libretti berührte W., der Musiker, auch literar. Gebiet. Ohnehin wollte er ursprünglich Schriftsteller werden: Frühe Übersetzungen aus der ›Odyssee‹, ein (unvollendetes) ep. Gedicht sind verschollen. 1828 beendete er das Trauerspiel ›Leubald und Adelaide‹; der Wunsch, es auch zu vertonen, führte ihn zum Kompositionsunterricht und zur Musik überhaupt. Künftig sind sämtl. musikdramat. Werke mit eigenen Textdichtungen versehen, wobei sich W. wiederum literar. Vorlagen bediente. Stoffe der mittelalterl. Literatur, umfangreiche literar. und histor. Studien (formale Anlehnungen an altgerman. Stabreimdichtung) sowie gesellschaftskrit. Ideen im Zusammenhang mit der Revolution von 1848/49 prägten die Tetralogie des ›Rings‹ (abgeschlossen zwischen 1869 und 1874). In der Mitte der fünfziger Jahre auch Einfluß zeitgenöss. Psychologie und Philosophie (A. Schopenhauer). Daneben stets Ansätze zu eigenständigen dichter. Arbeiten, so im Gedicht ›Die Not‹ (1849) oder der Schauspielskizze ›Luther‹ (1868). Seine Erinnerungen faßte er in ›Mein Leben‹ (1865–80) zusammen, eine erste autobiograph. Skizze stammt bereits aus dem Jahr 1842/43. An theoret. Schriften ist ›Das Kunstwerk der Zukunft‹ (1849) hervorzuheben, wo eine künftige dramat. Kunst (für die W. die Bezeichnung ›Oper‹ vermeidet) als Wiederannäherung der getrennten Künste Dichtung, Musik, Mimik propagiert wird; ein der Romantik nahestehendes Konzept, bei dem W. zusätzlich Probleme des eigenen Schaffens mit dem Ideal des griech. Dramas und Gedanken aus Schriften von P. J. Proudhon und L. Feuerbach verband. Aus diesem programmat. Ansatz entwickelten sich alle weiteren Werke W.s bis hin zur Ausarbeitung der Dichtung ›Parsifal‹ (1877, Abschluß der Komposition 1882). In diesem ›Weltabschiedswerk‹ ergänzte er das

Musikdrama mit Zügen des Oratoriums und des Mysterienspiels. Sein Werk hatte größte Wirkung auf zeitgenöss. und nachfolgende Generationen; seine Leitmotivtechnik und sein Entwurf eines Gesamtkunstwerkes beeinflußten die Literaturen Europas sowie Nord- und Südamerikas.

Weitere Werke: Ein dt. Musiker in Paris (1840/ 1841), Die Nibelungen (1848), Der Nibelungenmythus (1848), Die Kunst und die Revolution (1849), Das Judentum in der Musik (1850), Oper und Drama (3 Tle., 1852), Eine Mitteilung an meine Freunde (1851), Über Franz Liszts Symphon. Dichtungen (1857), ›Zukunftsmusik‹ (1861), Dt. Kunst und dt. Politik (1868), Beethoven (1870), Religion und Kunst (1880), Das braune Buch. Tagebuchaufzeichnungen 1865–82 (hg. 1975).

Ausgaben: R. W. Ges. Schrr. u. Dichtungen. Lpz. 1887–88. 10 Bde. Nachdr. Hildesheim 1976. – R. W. Sämtl. Briefe. Hg. im Auftrage des R.-W.-Familienarch. Bayreuth v. G. STROBEL u. W. WOLF. Lpz. 1967 ff. Auf 15 Bde. berechnet. – R. W. Sämtl. Werke. Hg. v. C. DAHLHAUS. Mainz 1970 ff. Auf 40 Bde. berechnet. – R. W. Ausgew. Schriften. Hg. v. D. MACK. Mit einem Essay von E. BLOCH. Ffm. 1974. – R. W. Schriften. Ein Schlüssel zu Leben, Werk u. Zeit. Hg. v. E. VOSS. Ffm. 1978. – R. W. Dichtungen und Schrr. Jubiläumsausg. in 10 Bden. Hg. v. D. BORCHMEYER. Ffm. 1982. – R. W. Mein Denken. Ausw. aus seinen Schrr. v. M. GREGOR-DELLIN. Mchn. 1982. – R. W. Briefe. Ausgew. v. H. KESTING. Mchn. 1983.

Literatur: KOPPEN, E.: Dekadenter Wagnerismus. Studien zur europ. Lit. des Fin de siècle. Bln. u. a. 1973. – ADORNO, TH. W.: Versuch über W. Neuausg. Ffm. 1974. – TAYLOR, R. J.: R. W. His life, art and thought. London 1979. – BORCHMEYER, D.: Das Theater R. W.s. Stg. 1982. – WAGNER, C.: Tagebücher. Hg. v. M. GREGOR-DELLIN u. D. MACK. Mchn. ²1982. 4 Bde. – R. W. Ein dt. Ärgernis. Hg. v. K. UMBACH. Rbk. 1982. – WESTERNHAGEN, C. VON: W. Freib. u. Zü. ²1982. – R. W. Dokumentarbiogr. Hg. v. E. VOSS. Neuausg. Mchn. 1983. – WAPNEWSKI, P.: R. W. Die Szene u. ihr Meister. Mchn. ²1983. – Der Hang zum Gesamtkunstwerk. Europ. Utopien seit 1800. Ausstellungskat. Aarau u. Ffm. 1983. – MANN, TH.: W. u. unsere Zeit. Hg. v. E. MANN. Ffm. ²1986. – W.-Hdb. Hg. v. P. WAPNEWSKI u. ULRICH MÜLLER. Stg. 1986. – DAHLHAUS, C.: R. W.s Musikdramen. Neuausg. Mchn. 1988. – GREGOR-DELLIN, M.: R. W. Sein Leben, sein Werk, sein Jh. Mchn. ²1989. – MAYER, HANS: R. W. Rbk. 126.– 128. Tsd. 1994.

Wagner, Richard, * Lowrin (bei Temesvar) 10. April 1952, rumäniendt. Schriftsteller. – Lehrer und Journalist, dann freier Schriftsteller. W. leitete ab 1972 die ›Aktionsgruppe Banat‹, eine Vereinigung rumäniendt. Autoren, die 1975 von staatl. Seite zerschlagen wurde. 1987 siedelte er zus. mit seiner Frau Herta Müller in die BR Deutschland über.

Werke: Klartext (Ged., 1973), Die Invasion der Uhren (Ged., 1977), Der Anfang einer Geschichte (Prosa, 1980), Hotel California (Ged., 2 Bde., 1980/81), Rostregen (Ged., 1986), Anna und die Uhren (Kinderb., 1987), Ausreiseantrag (E., 1988), Begrüßungsgeld (E., 1989), Die Muren von Wien (R., 1990), Schwarze Kreide (Ged., 1991), Sonderweg Rumänien (Bericht, 1991), Der Himmel von New York im Museum von Amsterdam (En., 1992), Völker ohne Signale. Zum Epochenbruch in Osteuropa (1992), Mythendämmerung. Einwürfe eines Mitteleuropäers (1993), Giancarlos Koffer (Prosa, 1993), Heiße Maroni (Ged., 1993), Der Mann, der Erdrutsche sammelte (Geschichten, 1994).

Wägner, Elin, * Lund 16. Mai 1882, † Lilla Björka (Närke) 7. Jan. 1949, schwed. Schriftstellerin. – Journalistin; konsequente pazifist. Einstellung; beschäftigte sich als Vorkämpferin der Frauenbewegung in ihren ersten Romanen v. a. mit den Problemen der Frau in der modernen Industriegesellschaft; in ihren späteren Prosaarbeiten (kulturhistor. Romane, realist. Bauernromane u. a.) griff sie häufig ethisch-religiöse Fragestellungen auf. Zu W.s wichtigsten Werken gehört auch die große Biographie über Selma Lagerlöf (2 Bde., 1942/1943); ab 1944 Mitglied der Schwed. Akademie.

Weitere Werke: Die Liga der Kontorfräulein (R., 1908, dt. 1910), Schreibliesel (R., 1910, dt. 1914), Kämpfende Frauen (R., 1915, dt. 1918), Släkten Jerneploogs framgång (R., 1916), Asa-Hanna (R., 1918), Das Drehkreuz (R., 1935, dt. 1948).
Ausgabe: E. W. Valda skrifter. Hg. v. H. AHLE-NIUS. Stockholm 1950–54. 14 Bde.
Literatur: AHLENIUS, H.: E. W. Stockholm 1936. – MARTINSON, H.: E. W. Stockholm 1949.

Wahlöö, Per [schwed. ˌvɑːlœː], * Lund 5. Aug. 1926, † ebd. 23. Juni 1975, schwed. Schriftsteller. – W. schrieb eine Reihe zunächst wenig beachteter gesellschaftskrit. Kriminalromane mit Schauplätzen wie Spanien und Südamerika, bevor er gemeinsam mit seiner Frau Maj ↑ Sjöwall den zehnteiligen Kriminalromanzyklus ›Roman über ein Verbrechen‹ verfaßte.

Weitere Werke: Foul Play (R., 1959, dt. 1982), Wind und Regen (R., 1961, dt. 1983), Das Lastauto (R., 1962, dt. 1969), Libertad! (R., 1963, dt. 1980), Det växer inga rosor på Odenplan (Nov., 1964), Die Generale (R., 1965, dt. 1981), Unternehmen Stahlsprung (R., 1968, dt. 1980), Mord im 31. Stock (R., 1974, dt. 1980).

wahre Jacob, Der, 1879 in Hamburg gegründetes erfolgreichstes satir. Unterhaltungsblatt der Sozialdemokratie. 1881–84 verboten, 1923 aus finanziellen Gründen eingestellt; 1927 wiedergegründet, 1933 verboten.

Wahrmund von der Tannen, Gesellschaftsname des dt. Lyrikers Jesaias ↑ Rompler von Löwenhalt.

Waiblinger, Wilhelm Friedrich, * Heilbronn 21. Nov. 1804, † Rom 17. Jan. 1830, dt. Schriftsteller. – Studierte ev. Theologie im Tübinger Stift, wo er u. a. mit J. Ch. F. Hölderlin, E. Mörike und G. Schwab befreundet war. Nach Reisen nach Italien schließlich Übersiedlung nach Rom; dort freier Schriftsteller, Bekanntschaft mit A. von Platen; starb im Elend. Hochbegabter Lyriker, virtuoser Nachbildner antiker und klass. Formen unter dem Einfluß Lord Byrons; lyr. Sprache bestimmt auch seine Dramen.
Werke: Lieder der Griechen (Ged., 1823), Phaeton (R., 2 Tle., 1823), Anna Bullen, Königin von England (Trag., 1829), Taschenbuch aus Italien und Griechenland (1829–30), Friedrich Hölderlin's Leben ... (Biogr., hg. 1831).
Ausgabe: W. W. Werke u. Briefe. Hg. v. H. KÖNIGER. Stg. 1980–86. 5 Bde.
Literatur: THOMPSON, L. S.: W. W. in Italy. Chapel Hill (N. C.) 1953. Nachdr. 1966. – STORZ, G.: W. W. In: STORZ: Schwäb. Romantik. Stg. u. a. 1967.

Wain, John [Barrington] [engl. wɛɪn], * Stoke-on-Trent 14. März 1925, † Oxford 24. Mai 1994, engl. Schriftsteller. – Studium in Oxford, 1949–55 Dozent für engl. Literatur in Reading, dann freier Schriftsteller; 1973–78 Prof. für Dichtkunst in Oxford. – W. wurde bekannt durch neopikareske, realistisch-satir. Romane um antiheroische Außenseiterfiguren und deren Schwierigkeiten des Überlebens im Konformismus der modernen Gesellschaft, u. a. ›Hurry on down‹ (R., 1953), ›Blick auf morgen‹ (R., 1955, dt. 1958), ›Liebhaber und Machthaber‹ (R., 1958, dt. 1965) und ›Jeremy und der Jazz‹ (R., 1962, dt. 1964), deretwegen er anfangs den Angry young men zugerechnet wurde; die Helden späterer Romane sind sensibler und aktiver gezeichnet. Mit der akadem. Umwelt befaßt sich die Oxford-Trilogie ›Where the rivers meet‹ (R., 1988), ›Comedies‹ (R., 1990) und ›Hungry generations‹ (R., 1994). Als Lyriker (›Poems 1949–1979‹, 1981) begann W. im antiromantisch-nüchternen Stil des Movement, fand aber auch zu experimentelleren Formen. Er schrieb außerdem Kurzgeschichten, das Drama ›Frank‹ (1982) und literaturkrit. Bücher, u.a. über Shakespeare (1964, revidiert 1979), A. Bennett (1967) und S. Johnson (1975, revidiert 1980).

Weitere Werke: A travelling woman (R., 1959), Sprightly running (Autobiogr., 1962), Roter Mond über Soho (R., 1965, dt. 1967), Der kleinere Himmel (R., 1967, dt. 1968), A winter in the hills (R., 1970), The life guard (Kurzgeschichten, 1971), The shape of Feny (Ged., 1972), The pardoner's tale (R., 1978), Young shoulders (R., 1982), Dear shadows (Autobiogr., 1986), Open country (Ged., 1987).

Literatur: SALWAK, D.: J. W. Boston (Mass.) 1981. – SCHWEND, J.: J. W. Hdbg. 1984. – GERARD, D. E.: J. W. A bibliography. London 1987.

Waise, reimlose Zeile innerhalb einer gereimten Strophe; Bez. aus der Meistersingerterminologie.

Wajang ↑ Wayang.

Waka [jap. = jap. Gedicht], bezeichnet zunächst die gesamte jap. Lyrik in Unterscheidung zur chin. Lyrik; wird dann speziell für die Gattung des 31silbigen (5 Verszeilen zu 5:7:5, 7:7 Silben) Tanka-Kurzgedichts (**Tanka**) gebraucht, das seit der ersten monumentalen Gedichtssammlung ›Manioschu‹ (8. Jh.) über alle offiziellen Anthologien (›Tschokusenwakaschu‹) bis in die heutige Zeit, in der über 300 Waka- bzw. Tanka-Clubs mit fast ebensovielen Zeitschriften und mit über 6000 (Amateur-)Dichtern diese Gedichtform pflegen, seinen Platz in der lyr. Szene Japans behaupten konnte.

Literatur: BENL, O.: Die Entwicklung der jap. Poetik bis zum 16. Jh. Hamb. 1951. – BROWER, R. H./MINER, E.: Japanese court poetry. Stanford (Calif.) 1961. – MAY, K.: Die Erneuerung der Tanka-Poesie in der Meiji-Zeit (1868–1912) u. die Lyrik Yosano Akikos. Wsb. 1975.

Wakefield Master [engl. 'wɛɪkfiːld 'mɑːstə], engl. Dramatiker der 1. Hälfte

des 15. Jh. – Anonymer, vermutlich geistl. Verfasser von sechs Mysterienspielen des sog. ›Towneley-Zyklus‹, die bibl. Episoden durch kräftige Volkssprache und mit dramat. Gespür verlebendigen, darunter das ›Second shepherds' play‹, das die Weihnachtsgeschichte mit einer Schafsdiebfarce und zeitgeschichtl. Anspielungen verbindet.

Ausgabe: The Wakefield pageants in the Towneley cycle. Hg. v. A. C. CAWLEY. Manchester 1958. Nachdr. 1975.

Wakif (tl.: Wāqif; russ. Wagif, tl.: Vagif), Molla-Panach, * Salachly um 1717, † Schuscha 1797, aserbaidschan. Dichter und Staatsmann. – Stammte aus bäuerl. Familie, war Lehrer (daher der Titel Molla), vielseitig gebildet, beherrschte Arabisch und Persisch; wurde Wesir im Khanat Karabach. Als Dichter brachte W. die Versform der Aschugen (Volkssänger) zu einem Höhepunkt und machte sie zur führenden Form der aserbaidschan. Dichtung; schrieb v. a. Liebesgedichte; seine Sprache ist klangvoll, reich an Metaphern und Reimen.

Wakoski, Diane [engl. wə'kɔskɪ], * Whittier (Calif.) 3. Aug. 1937, amerikan. Lyrikerin. – Lehrtätigkeit an verschiedenen Universitäten, seit 1976 als Dichterin an der Michigan State University. In ihrem umfangreichen Werk, das teils der New Yorker Dichtungsschule, teils der Bekenntnislyrik zugerechnet wird, thematisiert W. in Anlehnung an W. Stevens die dichter. Imagination und entwirft in meist langen, narrativen Gedichten eine private, dem Selbstverständnis der Frau im amerikan. Alltag gerecht werdende Mythologie.

Werke: Coins and coffins (Ged., 1962), The George Washington poems (Ged., 1967), Inside the blood factory (Ged., 1968), Love, you big fat snail (Ged., 1970), The motorcycle betrayal poems (Ged., 1971), Abalone (Ged., 1974), Creating a personal mythology (Essays, 1975), Cap of darkness (Ged., 1980), Toward a new poetry (Essays, 1980), The magician's feastletters (Ged., 1982), The collected greed. Parts 1–13 (Ged., 1984), The rings of Saturn (Ged., 1986), Emerald ice. Selected poems 1962–1987 (Ged., 1988), Jason the sailor (R., 1993).

Walahfrid Strabo, * in Schwaben 808 oder 809, † 18. Aug. 849, dt. Benediktiner und Dichter. – Mönch des Klosters Reichenau; 826–829 Studien bei Hrabanus Maurus in Fulda; 829 Hofmeister des späteren Kaisers Karl II., des Kahlen, in Aachen; 838 von Ludwig I., dem Frommen, zum Abt von Reichenau ernannt; mußte als Anhänger der Kaiserfamilie vor Ludwig dem Deutschen fliehen, kehrte 841 als Abt zurück. Er ertrank auf einer Gesandtschaftsfahrt in der Loire. Sein dichter. Werk (in klass. Form ohne Reim) umfaßt u. a. Briefgedichte, eine Visio seines Lehrers Wetti (die erste in mittellat. Sprache), eine Gedichtsammlung über Blumen und Pflanzen (›De cultura hortorum‹ oder ›Hortulus‹); ferner Viten der Hl. Gallus und Otmar, sowie eine Neuausgabe der Karlsvita Einhards, exeget. Werke (an der ihm lange zugeschriebenen ›Glossa ordinaria‹ hat er nur geringen Anteil) und ein liturgisch-archäolog. Handbuch. Trotz seiner gelegentl. Kritik an Karl dem Großen gilt W. S. als ein bed. später Vertreter der karoling. Renaissance.

Ausgaben: W. S. Hortulus. Hg. v. W. NÄF u. M. GABATHULER. St. Gallen ²1957. – W. S. Visio Wettini. Hg. v. H. KNITTEL. Sigmaringen 1985. **Literatur:** KLÜPPEL, TH.: Reichenauer Hagiographie zw. W. u. Berno. Sigmaringen 1980. – STOFFLER, H.-D.: Der Hortulus des W. S. Sigmaringen ³1989.

Walcott, Derek [Alton] [engl. ˈwɔːlkət], *Castries (Saint Lucia) 23. Jan. 1930, karib. Schriftsteller. – Studium in Jamaica und New York; 1959–76 Leiter des von ihm gegründeten Little Theatre Workshop in Trinidad; seit 1981 Lehrtätigkeit an der Boston University (USA); Gastprofessuren an den Universitäten Columbia und Harvard. Seine sensible, melodiöse, bildhaft-visionäre Dichtung ist zwar an europ. Traditionen orientiert, schöpft aber aus karib. Volksgut und kennt dessen afrikan. Wurzeln; in zunehmender Symbiose formuliert W. die multikulturell bestimmte karib. Identitätserfahrung, die er in der Dichtung ›Another life‹ (1973) auch autobiographisch reflektiert. Seine gesammelte Lyrik erschien als ›Collected poems 1948–1984‹ (1986, dt. 1993 u. d. T. ›Erzählungen von den Inseln‹). Das Epos ›Omeros‹ (1990) deutet Mythen Homers und Dantes von der Warte der Neuen Welt. Für das Theater schrieb W. hauptsächlich Versdramen; auch in ihnen ist die heim. Identi-

tätssuche ein nach westl. (B. Brecht) und fernöstl. Vorbildern gestaltetes Thema, oft unter Einbezug musikal. Elemente, bes. in dem Meisterwerk ›Der Traum auf dem Affenberg‹ (Dr., 1970, dt. 1993); starke Beachtung fanden auch ›The joker of Seville‹ (Dr., UA 1971, gedr. 1978; nach Tirso de Molina) und ›O Babylon‹ (Dr., UA 1976, gedr. 1978) über den Kulturkonflikt einer Sekte in Jamaica. W. gilt heute als Hauptanreger einer eigenständig karib. Literatur. 1992 erhielt er den Nobelpreis für Literatur.

Weitere Werke: 25 poems (Ged., 1948), Epitaph for the young (Ged., 1949), Henri Christophe (Dr., 1949), The sea at Dauphin (Dr., 1954), Ti-Jean and his brothers (Dr., UA 1958, gedr. 1970), Drums and colours (Dr., UA 1958), Malcochon (Dr., UA 1959, gedr. 1966), The castaway (Ged., 1965), Franklin (Dr., UA 1969), The gulf (Ged., 1969), Sea grapes (Ged., 1976), Remembrance (Dr., UA 1977, gedr. 1980), Das Königreich des Sternapfels (Ged., 1979, dt. 1989), Pantomime (Dr., 1980), The isle is full of noises (Dr., UA 1982), The fortunate traveller (Ged., 1980), Beef, no chicken (Dr., UA 1982, gedr. 1986), Midsummer (Ged., 1984), The last carnival (Dr., 1986), The Arkansas testament (Ged., 1987), Steel (Dr., UA 1991). **Literatur:** The art of D. W. Hg. v. S. BROWN. Chester Springs (Pa.) 1991. – TERADA, R.: D. W.'s poetry. Boston (Mass.) 1992. – HAMNER, R. D.: D. W. Neuausg. New York 1993. – KING, B.: D. W. and West Indian drama. Oxford 1995.

Waldau, Max, eigtl. Richard Georg Spiller von Hauenschild, *Breslau 24. März 1825, †Tscheidt (Oberschlesien) 20. Jan. 1855, dt. Schriftsteller. – Schrieb vorwiegend humoristisch-sarkast. Romane und Erzählungen in der Art Jean Pauls.

Werke: Ein Elfenmärchen (1847), Blätter im Winde (Ged., 1847), Kanzonen (Ged., 1848), Aus der Junkerwelt (R., 2 Bde., 1850), Aimin, der Jongleur (R., 5 Bde., 1852), Rahab. Ein Frauenbild aus der Bibel (Dichtung, 1855). **Literatur:** SCHUMACHER, K.: M. W. Bln. 1925. Nachdr. Nendeln 1967.

Waldeck, Heinrich Suso, eigtl. Augustin Popp, *Wscherau bei Pilsen 3. Okt. 1873, †Sankt Veit im Mühlkreis 4. Sept. 1943, österr. Schriftsteller. – Wurde 1895 Redemptorist, nach der Priesterweihe Weltgeistlicher, später Religionslehrer und Seelsorger in Wien; erhielt 1937 den Großen Staatspreis für Literatur; lebte ab 1939 zurückgezogen. Seine Lyrik, von

G. Trakl beeinflußt, gestaltet in knapper und prägnanter Sprache ein dämon. Naturgefühl, das auch alles Negative in den Kosmos einbezieht; schrieb auch religiöse Lieder, v.a. Mariengedichte, und Erzählungen.

Werke: Die Antlitzgedichte (1927), Lumpen und Liebende (R., 1930), Hildemichel (En., 1933), Die milde Stunde (Ged., 1933), Marguerite (En., hg. 1947), Balladen (hg. 1948).

Ausgabe: H. S. W. Ges. Werke. Hg. v. F. S. BRENNER. Innsbr. u. Wien 1948.

Literatur: SCHIFFKORN, A.: H. S. W. Zeugnis eines Lebens. Linz 1980.

Walden, Heinrich, Pseudonym des österr. Schriftstellers Joseph Alois ↑ Gleich.

Herwarth
Walden

Walden, Herwarth, eigtl. Georg Levin, * Berlin 16. Sept. 1878, † Saratow 31. Okt. 1941, dt. Schriftsteller und Kunstkritiker. – Sohn eines Arztes, floh als Jugendlicher nach Florenz, studierte Musikwiss.; 1903–12 ∞ mit E. Lasker-Schüler; gründete 1904 den Berliner Verein für Kunst und begann mit der Förderung unbekannter Autoren, die heute zur Weltliteratur zählen (H. und Th. Mann, R. M. Rilke, F. Wedekind, A. Holz u. a.). Nach einer Zeit als Redakteur gründete W. 1910 den Verlag und die avantgardist. Zeitschrift ›Der ↑ Sturm‹, die bis 1932 erschien. In dieser ›Kampfzeitschrift für moderne Kunst‹ setzte sich W. für die neuen Richtungen Futurismus, Expressionismus, Kubismus und deren Künstler ein, die er entdeckte und förderte. Von 1912 an veranstaltete W. dann ›Sturm-Kunstausstellungen‹ von europ. Rang; 1917 gründete er mit L. Schreyer die Sturm-Bühne (↑ auch Sturmkreis);

1931 (1932?) ging W. als Lehrer an das Fremdspracheninstitut nach Moskau, wo er 1941 verhaftet wurde (vermutlich wegen seiner Hinwendung zum Bolschewismus). In dieser Zeit edierte W. Literaturtexte für Schulen, Essays, musik- und kunsthistor. Schriften, in denen es ihm um die Freisetzung künstler. Individualität ging.

Werke: Kunstkritiker und Kunstmaler (Essays, 1916), Das Buch der Menschenliebe (R., 1916), Sünde (Dr., 1918), Letzte Liebe (Dr., 1918), Die Härte der Weltenliebe (R., 1918), Unter den Sinnen (R., 1919), Im Geschweig der Liebe (Ged., 1925).

Literatur: WALDEN, N.: H. W. ein Lebensbild. Bln. u. Mainz 1963. – BRÜHL, G.: H. W. u. ›Der Sturm‹. Neuausg. Köln 1983. – H. W. 1878–1941. Wegbereiter der Moderne. Hg. v. F. MÜLHAUPT. Bln. 1991.

Wälder, literar. Sammelwerke, ↑ Silvae.

Waldinger, Ernst, * Wien 16. Okt. 1896, † New York 1. Febr. 1970, österr. Lyriker. – Studierte Germanistik, Geschichte und Kunstgeschichte. Emigrierte 1938 in die USA; ab 1947 Prof. in Saratoga Springs (N. Y.). Sprachlich K. Kraus verpflichtet, erstrebte er ähnl. Ziele wie J. Weinheber, mit dem er eine Zeitlang in Verbindung stand; seine Gedichte sind vom Erlebnis der niederösterr. Landschaft geprägt, die auch seine in Amerika entstandene Lyrik entscheidend mitbestimmte.

Werke: Die Kuppel (Ged., 1934), Der Gemmenschneider (Ged., 1937), Die kühlen Bauernstuben (Ged., 1946), Glück und Geduld (Ged., 1952), Zwischen Hudson und Donau (Ged., 1958), Ich kann mit meinem Menschenbruder sprechen (Ged., 1965).

Waldis, Burkhard, * Allendorf (heute Bad Sooden-Allendorf) um 1490, † Abterode (heute zu Meißner, Werra-Meißner Kreis) 1556, dt. Dichter. – Zunächst Franziskaner in Riga, kehrte von einer Romfahrt als überzeugter Anhänger Luthers zurück, heiratete und lebte als Zinngießer in Riga; geriet in die Gefangenschaft des Dt. Ordens, studierte nach seiner Freilassung in Wittenberg und wurde ev. Pfarrer in Abterode. Setzte sich in polemisch-satir. Schriften für die Lehre Luthers ein; das vom Humanismus beeinflußte, in niederdt. Sprache 1527 uraufgeführte Fastnachtsspiel ›Vam

Verlorn Szon‹ vertritt Luthers Lehre von der Rechtfertigung allein durch den Glauben; zahlreiche Streitgedichte. Bed. ist seine Fabelsammlung ›Esopus‹ (1548), die die belehrende und moralisierende Literatur der Zeit auf einen Höhepunkt führte und auf Georg Rollenhagen, F. von Hagedorn, Ch. F. Gellert und J. F. W. Zachariae großen Einfluß ausgeübt hat.

Waldmann, Dieter, * Greifswald 20. Mai 1926, † Bühlertal (Landkreis Rastatt) 5. Dez. 1971, dt. Dramatiker. – Studium der Germanistik und Romanistik; war lange Zeit in Argentinien, wo er v. a. als Handwerker tätig war; ab 1966 Chefdramaturg beim Südwestfunk in Baden-Baden. Bemühte sich erfolgreich mit sprachlich und szenisch unkonventionellen Mitteln in der Nachfolge der Commedia dell'arte um eine Verbindung von Traumwelt und Realität in Dramen und Hörspielen, die gesellschaftl. Probleme kritisch thematisieren.

Werke: Der blaue Elefant (Dr., UA 1959), Von Bergamo bis morgen früh (Kom., UA 1960), Atlantis (Kom., 1963), Die Schwätzer (Kom., UA 1965), Dreht euch nicht um, der Golem geht 'rum (Fsp., Ursendung 1971).

Walewein [niederl. 'wa:ləwɛin], bedeutendster von Penninc und Pieter Vostaert im 13. Jh. verfaßter mittelniederl. Artusroman; Thema ist die Suche nach einem fliegenden Schachbrett durch den Ritter W., die zu einer wohlstrukturierten Abenteuerkette führt. Die Existenz einer frz. Quelle wird im Prolog verneint; das Werk ist wohl ursprünglich niederländisch.

Ausgaben: Roman van W. Hg. v. W. J. A. JONCK-BLOET. Leiden 1848. 2 Bde. – De jeeste van W. en het schaakbord. Hg. v. G. A. VAN ES. Zwolle 1957. 2 Bde. – Roman van W. Hg. v. G. A. VAN Es. Culemborg 1976.
Literatur: DRAAK, A. M. E.: Onderzoekingen over de roman van W. Haarlem 1936. 2. Ausg. mit Ergg. Groningen u. a. 1975. – BESA-MUSCA, B.: W., Moriaen en de Ridder metter mouwen. Hilversum 1993.

walisische Literatur (kymrische Literatur), die Literatur in walis. Sprache, die zur britann. Gruppe der kelt. Sprachen gehört.
Frühe Epoche (550–1100): Zeit der ›cynfeirdd‹ (= frühe Dichter); die ältesten Zeugnisse der w. L. sind hpts. in fünf Handschriften erhalten, die alle erst aus späterer Zeit stammen: die sog. ›Vier alten Bücher von Wales‹, nämlich ›The black book of Carmarthen‹ (um 1200), ›The book of Aneirin‹ (um 1250), ›The book of Taliesin‹ (um 1275) und ›The red book of Hergest‹ (um 1400); dazu ›The white book of Rhydderch‹ (um 1300–25). Die in diesen Handschriften überlieferten Dichtungen werden traditionell vier Dichtern zugeschrieben: Aneirin, Taliesin, Myrddin und Llywarch Hen. Aneirin, Verfasser des nur in Bruchstücken erhaltenen heroischen Gedichts ›Y Gododdin‹, und Taliesin stammten aus dem Norden des damaligen Britannisch sprechenden Gebiets (dem heutigen Nordengland/ Südschottland). Sie sind für das 6./7. Jh. historisch bezeugt, nahmen aber später sagenhafte Züge an. Myrddin (Merlin) und Llywarch Hen sind reine Sagengestalten. Die Verfasser der ihnen zugeschriebenen Gedichte sind nicht bekannt.
Mittlere Epoche (1100–1350): Zeit der ›gogynfeirdd‹ (= ziemlich frühe Dichter); dies ist die große Zeit der bard. Hofdichtung. Im Dienste der Landesfürsten stehend, verfaßten die Barden hpts. Lob- und Klagelieder, die zu Instrumentalbegleitung vorgetragen wurden. Die Sprache dieser Lieder war archaisch, ornamental und von großer formaler Strenge. Sie war nur der gebildeten Oberschicht verständlich. Bedeutendstes Erzeugnis der walis. Prosa im MA nach den Gesetzestexten von Hywel (Howel) Dda (1. Hälfte des 10. Jh.) ist die als ↑›Mabinogion‹ bezeichnete Sammlung von elf anonymen Erzählungen mit mythologisch-sagenhaftem Inhalt (11.–13. Jahrhundert).
Neuere Epoche (1350–1750): Die Eroberung von Wales durch die Engländer unter Eduard I. beeinträchtigte das soziale Ansehen des walis. Adels und des von ihm abhängigen Bardenstandes. Die Barden standen von nun an im Dienste des Landadels (›beirdd yr uchelwyr‹ = Dichter des Landadels). Als Wegbereiter der modernen walis. Poesie gilt Dafydd ap Gwilym. Bed. Zeitgenossen und Nachfolger Dafydds waren Iolo Goch (* um 1320, † um 1398), Siôn Cent († um 1430), Dafydd Nanmor (* um 1420, † um

1490) und Guto'r Glyn (* um 1430, † 1493). Um die Mitte des 15. Jh. gewann erneut die Autorität die klass. Bardenschule die Oberhand. Durch die von den Engländern geförderte Emigration des walis. Adels nach England und die Unterdrückung der walis. Sprache ließ die literar. Aktivität in Wales immer mehr nach, bis die Organisation der Barden im 17. Jh. schließlich vollständig zusammenbrach. Eine neue Dichterschule orientierte sich an den Themen und Metren der Volkspoesie (›pennillion‹). Die im Zusammenhang mit Reformation und Gegenreformation entstandene religiöse Prosa sowie bes. die Übersetzung der Bibel ins Walisische (1588) durch William Morgan (* um 1545, † 1604) schufen die sprachl. Grundlagen für eine moderne Prosa.

Moderne Epoche (1750 bis heute): Um die Mitte des 18. Jh. setzte eine Erneuerungsbewegung in der w. L. ein. Der Traditionalist Goronwy Owen (* 1723, † 1769) knüpfte an die klass. Bardenschule an. Die Aktivitäten seiner Nachfolger führten u. a. zur Wiederbelebung der † Eisteddfods. W. Williams (Williams Pantycelyn) und seine Nachfolger verwendeten die freien Metren der Volksdichtung hpts. für von der methodist. Erweckungsbewegung inspirierte religiöse Hymnen. Hauptvertreter einer etwas späteren, mehr weltlich orientierten Naturlyrik ist Ceiriog (J. C. Hughes). Auch die Prosa erlebte einen neuen Aufschwung, u. a. in den polit. Schriften von Samuel Roberts (* 1800, † 1885) und den Romanen von D. Owen. Eine zweite Erneuerungsbewegung setzte gegen Ende des 19. Jh. im Zusammenhang mit der Gründung der Univ. von Wales (1893) ein. Zu den Initiatoren gehörten O. M. Edwards und John Morris-Jones (* 1864, † 1929). Seit 1900 erfuhren alle literar. Gattungen einen bed. Aufschwung. Hauptvertreter waren Th. Gwynn Jones, W. J. Gruffydd, R. W. Parry, David Gwenallt Jones (* 1899, † 1968), Waldo Williams (* 1904, † 1971) und Bobi Jones (* 1929) auf dem Gebiet der Lyrik, David John Williams (* 1885, † 1970), K. Roberts, Tegla Davies (* 1880, † 1967) und Rowland Hughes (* 1903, † 1949) auf dem Gebiet der Prosa, J. Gwilym Jones (* 1904) und

Saunders Lewis (* 1893, † 1985) auf dem Gebiet des Dramas. Daneben hat sich eine anglo-walis. Literatur entwickelt.

Literatur: PARRY, TH.: A history of Welsh literature. Engl. Übers. Oxford 1955. – Aneirin. The Gododdin. Hg. v. K. H. JACKSON. Edinburgh 1969. – JARMAN, A. O. H.: The cynfeirdd. Early Welsh poets and poetry. Cardiff 1981. – LAMBERT, P.-Y.: Les littératures celtiques. Paris 1981. – The Oxford companion to the literature of Wales. London 1985.

Alice Walker

Walker, Alice [engl. 'wɔːkə], * Eatonton (Ga.) 9. Febr. 1944, amerikan. Schriftstellerin. – Dozentin u. a. an der Yale University. – Beeinflußt von Z. N. Hurston, behandelt W. das Schicksal der unter der Gewalt und Brutalität des schwarzen Mannes physisch wie psychisch leidenden Frau, indirekt verursacht durch das ungerechte Teilpachtsystem des agrar. Südens (›Das dritte Leben des Grange Copeland‹, R., 1970, dt. 1988), durch die polit. Realität revolutionärer Aktionen in der Bürgerrechtsbewegung (›Meridian‹, R., 1976, dt. 1984) sowie durch die radikale Auflösung der Familie (›Die Farbe Lila‹, R., 1982, dt. 1984; Pulitzerpreis 1983). Die eher autobiograph. Gedichte behandeln die polit. Ereignisse der 60er Jahre, W.s Aufenthalt in Afrika (›Once‹, 1968), ihre Kindheit in Georgia und das Leben im Norden (›Revolutionary petunias‹, 1973).

Weitere Werke: Roselily (En., 1973, dt. 1986), Freu dich nicht zu früh! (En., 1981, dt. 1987), Auf der Suche nach den Gärten unserer Mütter (Essays, 1983, dt. 1987), Horses make a landscape look more beautiful (Ged., 1984), Im Tempel meines Herzens (R., 1989, dt. 1990), Sie hüten das Geheimnis des Glücks (R., 1992, dt. 1993).

Literatur: A. W. Hg. v. H. BLOOM. New York 1989. – A. W. Critical perspectives, past and present. Hg. v. H. L. GATES u. a. New York 1993.

Wall, Bengt Verner, * Boden (Norrbotten) 23. Jan. 1916, schwed. Schriftsteller. – Psycholog. Analyse, moral. Problematik, Engagement und tiefes Mitgefühl mit den leidenden Menschen, oft kombiniert mit scharfer Kritik an polit., gesellschaftl. und techn. Fehlentwicklungen kennzeichnen seine Werke; schreibt auch Opernlibretti.

Werke: De profundis (Nov.n, 1947), Vännen Patrik (R., 1948), Det inåtvända leendet (Ged. und Aphorismen, 1949), Ur djupen (Dr., 1950), Trädgårdsmästaren och döden (Nov.n, 1956), Desertören (Schsp., 1963), Rapport från Zenotien (R., 1972), Gyllene jord (Dr., 1978), Sommaren med Maria (R., 1982), Noveller vid gränsen (1983), Den svarta vanen (R., 1984), Ascartes (R., 1985).

Wallace, [Richard Horatio] Edgar [engl. 'wɔlıs], * Greenwich (heute zu London) 1. April 1875, † Los Angeles-Hollywood 10. Febr. 1932, engl. Schriftsteller. – Soldat (u. a. im Burenkrieg), dann Journalist in Südafrika und England, schließlich freier Schriftsteller. Seine zahlreichen Kriminalromane und -erzählungen hatten der spannenden, allerdings oft schemat. und ungenügend motivierten Handlung, jedoch auch ihrer Mischung aus Realismus und Phantastik wegen ungewöhnl. Erfolg (zahlreiche Verfilmungen); der Roman ›Der Hexer‹ (1925, dt. 1927; auch Dr.) gilt als klass. Werk der Kriminalliteratur; schrieb auch Afrikaromane und Dramen.

Edgar
Wallace

Weitere Werke: Sanders (R., 1911, dt. 1926), Der rote Kreis (R., 1922, dt. 1927), Der grüne Bogenschütze (R., 1923, dt. 1926), Die toten Augen von London (R., 1926, dt. 1929), Der Zinker (R., 1927, dt. 1928).

Literatur: LANE, M.: E. W. Das Leben eines Phänomens. Dt. Übers. Hamb. 1966. – LOFTS, W./ADLER, D.: The British bibliography of E. W. London 1969. – WATSON, C.: Snobbery with violence. London 1971.

Wallace, Lew[is] [engl. 'wɔlıs], * Brookville (Ind.) 10. April 1827, † Crawfordsville (Ind.) 15. Febr. 1905, amerikan. Schriftsteller. – Erfolgreiche militär. Karriere (im Mexikan. Krieg und im Bürgerkrieg, zuletzt Generalmajor), Rechtsanwalt, 1878–81 Gouverneur von New Mexico, 1881–85 Botschafter in Istanbul. Wurde berühmt als Autor des histor. Romans ›Ben Hur‹ (1880, dt. 1887) aus der frühchristl. Zeit.

Weitere Werke: The fair god (R., 1873), The boyhood of Christ (R., 1888), Der Prinz von Indien (R., 1893, dt. 2 Bde., 1894), An autobiography (hg. 1906).

Literatur: McKEE, J.: Ben Hur W. The life of General L. W. Berkeley (Calif.) 1947. – MORSBERGER, R. E./MORSBERGER, K. M.: Lew W., militant romantic. New York 1980.

Wallant, Edward Lewis [engl. 'wɔlənt], * New Haven (Conn.) 19. Okt. 1926, † Norwalk (Conn.) 5. Dez. 1962, amerikan. Schriftsteller. – Schrieb Romane, die, aufbauend auf seiner jüd. Abstammung, das Leiden der Juden im Holocaust (›The pawnbroker‹, 1961) und die Einsamkeit jüd. Immigranten in den USA (›The human season‹, 1960) eindringlich schildern.

Weitere Werke: The tenants of Moonbloom (R., 1963), The children at the gate (R., 1964).

Literatur: GALLOWAY, D.: E. L. W. Boston (Mass.) 1979.

Walldorf, Hans, Pseudonym des dt. Schriftstellers Erich † Loest.

Wallenberg, Jacob [schwed. ˌvalənbærj], * Viby (Östergötland) 5. März 1746, † Mönsterås (Småland) 25. Aug. 1778, schwed. Schriftsteller. – Schiffspfarrer; Reisen nach Asien, zuletzt Pfarrer in Mönsterås. Bekannt v. a. durch seine Reiseberichte, die sich durch lebendige Frische, Humor und z. T. auch realistische Derbheit auszeichnen (›Das Muttersöhnchen auf der Galeere‹, 2 Bde., hg. 1781, dt. 1782); das Drama ›Susanna‹ (1778, dt. 1783) wurde erst nach seinem Tod ein großer Erfolg.

Ausgabe: J. W. Samlade skrifter. Hg. v. N. AFZELIUS. Stockholm 1928–41. 2 Bde.

Waller, Edmund [englisch 'wɔlə], * Coleshill (Buckingham) 3. März 1606, † Beaconsfield 21. Okt. 1687, engl. Dichter. – Aus alter, reicher Familie; war bereits mit 16 Jahren Mitglied des Parlaments; in polit. und persönl. Dingen Opportunist; lebte wegen Teilnahme an einer royalist. Verschwörung zeitweise in der Verbannung in Paris. W. schrieb außer schmeichler. Panegyrik an die jeweiligen Gönner liedhafte Lyrik in einfachen kleinen Formen, verzichtete aber weitgehend auf subjektiven Gefühlsausdruck (›Poems‹, 1645, 1686, hg. 1690); er zählt zu den Vorbereitern des engl. Klassizismus.

Literatur: ALLISON, A. W.: Toward an Augustan poetic. E. W.'s ›reform‹ of English poetry. Lexington (Ky.) 1962. – CHERNAIK, W. L.: The poetry of limitation. A study of E. W. New Haven (Conn.) 1968.

Wallin, Johan Olof, * Stora Tuna (Dalarna) 15. Okt. 1779, † Uppsala 30. Juni 1839, schwed. Lyriker. – War Pfarrer in verschiedenen Gemeinden; 1810 Mitglied der Schwed. Akademie; 1837 Erzbischof von Uppsala. Sein literar. Werk steht am Übergang vom Gustavianischen Klassizismus zur Romantik. Als Herausgeber des reformierten Gesangbuches von 1819 schrieb W. zahlreiche Choräle, die die schwed. Kirchenpraxis noch heute prägen.

Weitere Werke: Witterhetsförsök (Ged., 1821), Predigten und Reden bei feierl. Gelegenheiten (3 Bde., 1825–31, dt. 1835), Der Engel des Todes (Ged., hg. 1840, dt. 1886).

Ausgaben: J. O. Vallin. Samlade vitterhetsarbeten. Hg. v. S. A. HOLLANDER. Stockholm ⁵1863–64. 3 Bde. – J. O. W. Dikter. Hg. v. E. LIEDGREN u. a. Stockholm 1955–63. 3 Bde. in 6 Tlen.

Literatur: LIEDGREN, E.: W.s läroår som psalmdiktare 1806–12. Uppsala 1916. – ANDREÆ, D.: J. O. W. Stockholm 1956.

Wallisch, Friedrich, * Mährisch-Weißkirchen 31. Mai 1890, † Wien 7. Febr. 1969, österr. Schriftsteller. – Arzt; zeitweilig Journalist und alban. Generalkonsul; schrieb Lyrik, Erzählungen, Novellen, Romane, Dramen und histor. Schriften sowie philatelist. Fachliteratur. Von bes. Interesse sind seine breitangelegten realist. Romane, handlungsreich und sprachlich elegant.

Werke: Narrenspiegel der Liebe (En., 1918), Das verborgene Feuer (4 Einakter, 1918), Ge-

nius Lump (R., 1922), Die Gewalt (R., 1925), Die Rosenburse (Nov.n, 1944), Das Prantnerhaus (R., 1953), Der König (R., 1954), Die Geschichten vom weißen Kadi (En., 1961), Himmelblaues Wiedersehen (Tiergeschichten, 1966).

Wallkampf, Hans Kaltneker von, österr. Schriftsteller, † Kaltneker, Hans.

Wallquist, Einar, * Dals-Långed (Dalsland) 5. Jan. 1896, † Arjeplog 21. Dez. 1985, schwed. Schriftsteller. – War 40 Jahre lang bis 1962 Arzt in Lappland. In seinen oft humorvollen, von sozialem Verantwortungsgefühl geprägten Erzählungen berichtete er von seinen Erlebnissen in der lappländ. Wildmark, wobei Landschaft und Menschen einfühlsam geschildert werden.

Werke: Der Lappendoktor (R., 1935, dt. 1938), Der Lappendoktor und seine Nachbarn (Nov., 1943, dt. 1946), Arzt im hohen Norden. Ein Tag im Leben des Lappendoktors (R., 1955, dt. 1958), Die schwere Wanderung (R., 1967, dt. 1969).

Wallraff, Günter, * Burscheid 1. Okt. 1942, dt. Schriftsteller. – Bis 1961 Buchhändler, 1963–66 Fabrikarbeiter, 1966/67 Redakteur. W. trat mit Reportagen v. a. aus der Arbeitswelt hervor: ›Wir brauchen Dich‹ (1966, 1970 u. d. T. ›Industriereportagen‹), ›13 unerwünschte Reportagen‹ (1969), ›Ihr da oben, wir da unten‹ (1973; mit B. Engelmann). Aufsehen erregten seine Protestaktionen in Athen gegen die griech. Militärjunta 1974 (daraufhin Haft) sowie seine ungewöhnl. Methoden der Recherche – das Verbergen seiner Identität –, um gesellschaftl. ›Geheimbereiche‹ auszuleuchten. Einen ungewöhnl. Erfolg, sowohl was die Auflagenzahlen als auch was die Resonanz in der Bevölkerung betrifft, hatte er mit seinem Buch ›Ganz unten‹ (1985), in dem er, an seine ›Industriereportagen‹ anknüpfend, von seinen Erfahrungen in der Rolle des Türken ›Ali‹ in dt. Betrieben und Industrieunternehmen berichtet.

Weitere Werke: Was wollt ihr denn, ihr lebt ja noch. Chronik einer Industrieansiedlung (1973; mit J. Hagen), Unser Faschismus nebenan (1975; Hg., mit E. Spoo), Der Aufmacher. Der Mann, der bei ›Bild‹ Hans Esser war (1977), Bericht zur Gesinnungslage des Staatsschutzes (1977; Die unheiml. Republik (1982; mit H. Hannover), Nicaragua von innen (1983), Befehlsverweigerung (1984), Predigt von unten

Günter
Wallraff

(1986), Akteneinsicht (1987), Mein Tagebuch aus der Bundeswehr (1992).
Literatur: DITHMAR, R.: G. W.s Industriereportagen. Kronberg i. Ts. 1973. – In Sachen G. W. Hg. v. CH. LINDER. Köln 1975. – HAHN, U./ TÖTEBERG, M.: G. W. Mchn. 1979.

Walpole, Horace [engl. ˈwɔːlpoʊl], 4. Earl of Orford, eigtl. Horatio W., * London 24. Sept. 1717, † ebd. 2. März 1797, engl. Schriftsteller. – Sohn des Politikers Robert W. (* 1676, † 1745); Ausbildung in Eton und Cambridge; unternahm 1739–41 mit Th. Gray, dessen Lyrik er schätzte, eine Studienreise auf den Kontinent; hatte mehrere gewinnbringende öffentl. Posten, war mehrfach Parlamentsmitglied. Zu seinem umfangreichen literar. Werk gehören der Roman ›Schloß Otranto‹ (1765, dt. 1768), der eine Welle von Schauerromanen (↑Gothic novel) auslöste, die Tragödie ›The mysterious mother‹ (1768), histor. und kunstgeschichtl. Arbeiten (v. a. ›Anecdotes of painting in England‹, 4 Bde., 1762–71) sowie eine ausgedehnte, literarisch ambitionierte, kulturgeschichtlich aufschlußreiche Korrespondenz.
Weitere Werke: Historic doubts on the life and reign of Richard the Third (histor. Abh., 1768), Memoirs of the last ten years of the reign of George II (Memoiren, 2 Bde., hg. 1822), Memoirs of the reign of King George III (Memoiren, 4 Bde., hg. 1845).
Ausgabe: The Yale edition of H. W.'s correspondence. Hg. v. W. S. LEWIS u. a. New Haven (Conn.) [1–3]1937–83. 48 Bde.
Literatur: KETTON-CREMER, R. W.: H. W. A biography. London 1940. Nachdr. Darby (Pa.) 1979. – LEWIS, W. S.: Rescuing H. W. New Haven (Conn.) 1978. – SABOR, P.: H. W. A refer-

ence guide. Boston (Mass.) 1984. – MILLER, N.: Strawberry Hill. H. W. u. die Ästhetik der schönen Unregelmäßigkeit. Mchn. 1986.

Walpole, Sir (seit 1937) Hugh [Seymour] [engl. ˈwɔːlpoʊl], * Auckland (Neuseeland) 13. März 1884, † London 1. Juni 1941, engl. Schriftsteller. – Stellte in zahlreichen Romanen, in denen sich realist. und romant. Stilzüge verbinden, das Generationenproblem in verschiedenen Erscheinungsarten dar. Hauptwerke sind die teils autobiograph. Trilogie ›Jeremy‹ (R., 1919, dt. 1930), ›Jeremy und sein Hund‹ (R., 1923, dt. 1930) und ›Jeremy auf der Schule‹ (R., 1927, dt. 1931), zugleich Jugendbuch und Darstellung des viktorian. England, sowie die ›Herries-Saga‹ (4 Bde., 1930–33, dt. 4 Bde., 1937–39), ein kulturhistor. Familienroman.
Weitere Werke: Isabel und der Lehrer Perrin (R., 1911, dt. 1954), Der Reiter auf dem Löwen (R., 1913, dt. 1930), Und der Wald stand still (R., 1916, dt. 1953), Der grüne Spiegel (R., 1917, dt. 1950), Die Kathedrale (R., 1922, dt. 1952), Bildnis eines Rothaarigen (R., 1925, dt. 1927), Der Turm am Meer (R., 1939, dt. 1948), Die Lustgärten Gottes (R., 1940, dt. 1942), Ein Leben ohne Licht (R., 1941, dt. 1944), Der Mörder und sein Opfer (R., 1942, dt. 1946).
Literatur: HART-DAVIS, R.: H. W. New York 1962. – STEELE, E.: H. W. New York 1972.

Walschap, Gerard [niederl. ˈwalsxap], * Londerzeel bei Brüssel 9. Juli 1898, † Antwerpen 25. Okt. 1989, fläm. Schriftsteller. – Zunächst Vertreter des kath.-humanist. Expressionismus; wandte sich dann dem Leben des fläm. Bauern- und Bürgertums mit seinen psych. Konflikten (v. a. Zwiespalt zwischen Glauben und Sinnlichkeit) zu, mit einer auffälligen Wendung zu einem sehr direkten Stil. Diese als psychologisch-kath. Werke intendierten Romane (ab ›Die Sünde der Adelaide‹, 1929, dt. 1933) führten zu einem Konflikt mit der Kirche und zu einer Wendung zu einem agnost. Humanismus. In ›Jan Houtekiet‹ (R., 1939, dt. 1941) verherrlichte er eine vitalist. Lebenshaltung. In ›Zwart en wit‹ (R., 1948) und ›Aufruhr in Kongo‹ (R., 1953, dt. 1956) behandelte er aktuelle Fragen (Kollaboration und Widerstand, koloniale Probleme). Seine essayist. Werke (u. a. ›Vaarwel dan!‹, 1940; ›Salut en merci‹, 1955; ›Muziek voor twee stemmen‹, 1963) nehmen eine zentrale Stelle im Kampf gegen die religiöse und kulturelle Bevormundung Flanderns ein.

Weitere Werke: Flandrische Erde (En., 1930, dt. 1939), Eric (R., 1931), Carla (R., 1933), Heirat (R., 1933, dt. 1934), Das Herrchen (R., 1934, dt. 1943), Der Mann, der Gutes wollte (R., 1936, dt. 1938), Das Kind (R., 1939, dt. 1939), Denise (R., 1942, dt. 1949), Schwester Virgilia (R., 1951, dt. 1951), Het avondmaal (R., 1968), Het Oramproject (R., 1975), Autobiografie van mijn vader (R., 1989).
Literatur: BRANDT CORSTIUS, J. CH.: G. W. Brüssel 1960. – WESTERLINCK, A.: Gesprekken met G. W. Hasselt 1969–70. 2 Bde. – VLIERDEN, B. F. VAN: G. W. Nimwegen u. Brügge 1978.

Walser, Johanna, * Ulm 3. April 1957, dt. Schriftstellerin. – Tochter von Martin W.; nach ihrem ersten Prosaband ›Vor dem Leben stehend‹ (1982) erschien 1986 die Erzählung ›Die Unterwerfung‹. Gemeinsam ist den beiden Werken der in poet. Bildern beschriebene Versuch der Weltbewältigung und der Identitätsfindung.
Weiteres Werk: Wetterleuchten (En., 1991).

Walser, Martin, * Wasserburg (Bodensee) 24. März 1927, dt. Schriftsteller. – Studium der Literaturwiss., Philosophie und Geschichte in Regensburg und Tübingen; 1949–57 Rundfunk- und Fernsehregisseur beim Südd. Rundfunk, seit 1957 freier Schriftsteller. Engere und weitere Heimat spiegeln sich auf mannigfache Weise in seinem Werk, so bietet Stuttgart den Rahmen zu den Wohlstandsgesellschaft und unbewältigte Vergangenheit ironisch behandelnden Romanen ›Ehen in Philippsburg‹ (1957) und ›Halbzeit‹ (1960), so spielt W.s Novelle ›Ein fliehendes Pferd‹ (1978) am Bodensee. In derart provinziellem Raum agieren W.s Antihelden, überwiegend Versager, wie Anselm Kristlein in der R.-Trilogie ›Halbzeit‹, ›Das Einhorn‹ (1966) und ›Der Sturz‹ (1973), Gallistl in ›Die Gallistl'sche Krankheit‹ (R., 1972), Helmut Halm in ›Das fliehende Pferd‹. Oft schildert W. Ehe- und Beziehungsprobleme, in denen er den Zustand der Gesellschaft widergespiegelt sieht. Sein ständiges Thema ist der Konflikt des sich verwirklichen wollenden Individuums in der bürgerl. Gesellschaft, die zwar auf der Leistungsfähigkeit des einzelnen aufbaut, ihn aber um ihrer eigenen Erhal-

tung willen an seiner ganzheitl. Entfaltung hindert, bis er jeden Versuch von selbst aufgibt (›Seelenarbeit‹, R., 1979). Immer wieder stark beachtet wird W.s seit ›Halbzeit‹ stets komplexer werdende Sprache, eine Heterogenstes aufnehmende Sprachvielfalt mit häufigen Brechungen und Wechsel der Stillagen. Neben der dominierenden Erzählprosa verfaßte W. Hörspiele und zahlreiche gesellschaftskritisch bis politisch ambitionierte Theaterstücke, u.a. ›Eiche und Angora‹ (1962, revidierte Fassung 1963), ›Die Zimmerschlacht‹ (1967), ›Ein Kinderspiel‹ (1970), ›Aus dem Wortschatz unserer Kämpfe‹ (1971), ›Das Sauspiel‹ (1975) und ›Die Ohrfeige‹ (1986); auch [literatur]polit. Essays, ›Heimatkunde‹ (1968) und ›Wie und wovon handelt Literatur‹ (1973). Er erhielt neben vielen anderen Preisen 1981 den Georg-Büchner-Preis.

Martin Walser

Weitere Werke: Lügengeschichten (1964), Überlebensgroß Herr Krott (Dr., 1964), Der schwarze Schwan (Dr., 1964), Jenseits der Liebe (R., 1976), Das Schwanenhaus (R., 1980), Brief an Lord Liszt (R., 1982), Liebeserklärungen (Reden, Aufsätze, 1983), Meßmers Gedanken (Prosa, 1985), Brandung (R., 1985), Gesammelte Geschichten (1985), Heilige Brocken (Aufsätze, Prosa, Ged., 1986), Dorle und Wolf (Nov., 1987), Jagd (R., 1988), Über Deutschland reden (Essays, 1988), Nero läßt grüßen oder Selbstporträt des Künstlers als Kaiser. Ein Melodram. Alexander und Annette. Ein innerer Monolog (1989), Die Verteidigung der Kindheit (R., 1991), Tassilo (Hsp., 6 Tle., 1991; verfilmt), Das Sofa (Stück, veröffentlicht 1992, UA 1994), Ohne einander (R., 1993), Vormittag eines Schriftstellers (Essays, 1994).
Literatur: Über M. W. Hg. v. TH. BECKERMANN. Ffm. 1970. – PEZOLD, K.: M. W. Seine schrift-

steller. Entwicklung. Bln. 1971. – WAINE, A.: M.
W. Mchn. 1980. – Über M. W. Hg. v. K. SI-
BLEWSKI. Ffm. 1981. – M. W. Hg. v. H. L. AR-
NOLD. Mchn. ²1983. – MATHÄS, A.: Der kalte
Krieg in der dt. Literaturkritik. Der Fall M. W.
New York u. a. 1992. – Leseerfahrungen mit
M. W. Hg. v. H. DOANE. Mchn. 1994. – New crit-
ical perspectives on M. W. Hg. v. F. PHILIPP. Co-
lumbia (S. C.) 1994. – REICH-RANICKI, M.: M. W.
Zü. 1994. – ↑auch Delius, F. C.

Walser, Robert, * Biel (BE) 15. April
1878, † Herisau 25. Dez. 1956, schweizer.
Schriftsteller. – Sohn eines Buchbinders;
war nach dem erfolglosen Versuch,
Schauspieler zu werden, im Bank- und
Versicherungswesen tätig, dazwischen
schriftsteller. Arbeiten; 1898 erste Ge-
dichtpublikationen; lebte 1905–13 bei
seinem Bruder, dem Maler Karl W., als
freier Schriftsteller in Berlin; Bekanntschaft mit F. Wedekind, R. A. Schröder,
O. J. Bierbaum; schwere künstler. und
persönl. Krisen bedingten eine Rückkehr
nach Biel; 1921 Archivar in Bern; wegen
nervl. Zerrüttung und Selbstmordversu-
chen 1929 Einlieferung in eine Nervenheilanstalt; ab 1933 bis an sein Lebens-
ende in der Nervenklinik Herisau. Lyriker und Erzähler, dessen Werk erst nach
dem 2. Weltkrieg neu entdeckt wurde;
gilt als Vorläufer F. Kafkas. Charakteristisch für sein autobiographisches, realistische und phantastische Elemente ver-
einigendes Gesamtwerk sind Darstellungen von Individuen, die sehr sensibel
und genau das Alltägliche, die Banalitäten, das vermeintlich Kleine aufnehmen
können; es sind oft Außenseiter der Gesellschaft, denen die Eingliederung in die
bürgerl. Ordnung nicht gelingt. Analyt.
Beobachtungsgabe, die Vorliebe zu
Wortspielen und iron. Züge mischen sich
bei W. mit heiter-skurriler Versonnen-
heit, hinter der sich das Wissen um Ab-
gründiges und tiefer Pessimismus verbergen. Die manieristisch stilisierte Naivität
schließt in seiner meisterhaften Kurzprosa (u. a. Szenen, Skizzen, Parabeln,
Betrachtungen; über 1000 Prosastücke
erhalten) das Paradoxe und Phantastische mit ein. Die moralisch integren Helden seiner drei großen Romane ›Geschwister Tanner‹ (1907), ›Der Gehülfe‹
(1908) und ›Jakob von Gunten‹ (1909)
werden mit der abgestumpften, kommer-
zialisierten Gesellschaft konfrontiert. –

Robert
Walser

Da an die 300 Texte als verschollen gelten und vieles lange als nicht entzifferbar
erschien, ist eine Edition des Gesamtwer-
kes von W. äußerst schwierig. Als bed.
editor. Leistung gilt die Entzifferung und
Herausgabe der ›Mikrogramme‹ mit
Texten (Prosa, Gedichte, dramat. Szenen
sowie der ›Räuber‹-Roman) aus dem
Jahr 1924/25, die W. in einer nur etwa 2
mm hohen, zusätzlich durch Abkürzun-
gen in ihrer Lesbarkeit beeinträchtigten
Sütterlinschrift verfaßt hat (›Aus dem
Bleistiftgebiet – Mikrogramme 1924/25‹,
3 Bde., hg. 1985/86).

Weitere Werke: Fritz Kocher's Aufsätze (E.,
1904), Gedichte (1909), Kleine Dichtungen
(En., 1914), Kleine Prosa (1917), Der Spazier-
gang (E., 1917), Die Rose (Essays, 1925), Ge-
dichte (1944).
Ausgaben: R. W. Dichtungen in Prosa. Hg. v.
C. SEELIG. Genf u. a. 1953–61. 5 Bde. – R. W.
Das Gesamtwerk. Hg. v. J. GREVEN. Genf
1966–75. 12 Bde. Verbesserter Nachdr. Ffm.
1978. – R. W. Sämtl. Werke in Einzelausg. Hg.
v. J. GREVEN. Ffm. 1985–86. 20 Bde. – R. W. Die
Gedichte. Zü. u. Ffm. 1986.
Literatur: MÄCHLER, R.: Das Leben R. W.s.
Eine dokumentar. Biogr. Genf 1966. Nachdr.
Ffm. ²1978. – STREBEL, F. K.: Das Ironische in
R. W.s Prosa. Bad Homburg v. d. H. u. a. 1971. –
HOLDEREGGER, H.: R. W. Eine Persönlichkeits-
analyse ... Bln. 1973. – GRENZ, D.: Die Romane
R. W.s. Mchn. 1974. – BINDER, TH.: Zu R. W.s
frühen Gedichten. Bonn 1976. – R. W. Hg. v.
H. L. ARNOLD. Mchn. ³1978. – Über R. W. Hg. v.
K. KERR. Ffm. 1978–79. 3 Bde. – R. W. Leben u.
Werk in Daten u. Bildern. Hg. v. E. FRÖHLICH u.
P. HAMM. Ffm. 1980. – R. W. Hg. v. E. PULVER.
Bern 1984. – AMANN, J.: R. W. Mchn. 1985. –
SCHMIDT-HELLERAU, C.: Der Grenzgänger. Zur
Psycho-Logik im Werk R. W.s. Zü. 1986. –
FUCHS, A.: Dramaturgie des Narrentums. Das
Komische in der Prosa R. W.s. Mchn. 1993. –

SAUVAT, C.: Vergessene Weiten. Biogr. zu R. W. Dt. Übers. Köln 1993. – VILLWOCK, P.: Räuber W. Wzb. 1993.

Walsh, Maurice [engl. wɔ:lʃ], * Ballydonoghue (Kerry) 2. Mai 1879, † Dublin 18. Febr. 1964, ir. Schriftsteller. – Farmersohn; zeitweilig Beamter. Schrieb unterhaltende Abenteuer- und Detektivgeschichten, meist vor dem Hintergrund der schott. und ir. Landschaft; auch Werke aus der Zeit des ir. Freiheitskampfes.

Werke: Der Schlüssel über dem Tor (R., 1926, dt. 1954), The small dark man (R., 1929), Green rushes (En., 1935), Thomasheen James (R., 1941), Castle Gillian (R., 1948), Trouble in the glen (R., 1950), Danger under the moon (R., 1956), The smart fellow (R., 1964).

Waltari, Mika [Toimi], * Helsinki 19. Sept. 1908, † ebd. 26. Aug. 1979, finn. Schriftsteller. – War Journalist und Übersetzer, seit 1938 freier Schriftsteller; 1957 Mitglied der Finn. Akademie. W., der bekannteste und produktivste zeitgenöss. finn. Schriftsteller, begann in jungen Jahren mit Lyrik; dann wandte er sich der Erzählkunst zu und schrieb großangelegte histor. Romane, von denen ›Sinuhe, der Ägypter‹ (1945, dt. 1958) ein Welterfolg wurde; durch intensive histor. Studien gelang ihm die getreue Erfassung des Milieus; auch Dramen, Erzählungen und Kriminalromane; meistübersetzter finn. Schriftsteller.

Mika Waltari

Weitere Werke: Sinun ristisi juureen (= Zu deinem Kreuze, Ged., 1927), Suuri illusioni (= Die große Illusion, R., 1928), Ein Fremdling kam auf den Hof (R., 1937, dt. 1938), Karin Magnustochter (R., 1942, dt. 1943), Die Königin des Kaiserballs (R., 1944, dt. 1949), Michael der Finne (R., 1948, dt. 1952), Der Renegat des Sultans (R., 1949, dt. 1953), Der dunkle Engel (R., 1952, dt. 1954), Turms, der Unsterbliche (R., 1955, dt. 1956), Die weiße Taube (R., 1958, dt. 1959), In diesem Zeichen (R., 1959, dt. 1961), Minutus der Römer (R., 1964, dt. 1965), Kirjailijan muistelmia (= Erinnerungen eines Schriftstellers, hg. 1981), Nuori Johannes (= Der junge Johannes, R., hg. 1981, auch u. d. T. Johannes Angelos).

Walter, Judith [frz. val'tɛ:r], Pseudonym der frz. Schriftstellerin Judith † Gautier.

Walter, Otto F[riedrich], * Aarau 5. Juni 1928, † Solothurn 24. Sept. 1994, schweizer. Schriftsteller. – Bruder von Silja W.; war 1956–67 Lektor im von seinem Vater gegründeten Verlag in Olten, 1967–73 Verlagsleiter in Darmstadt, lebte dann wieder als freier Schriftsteller in der Schweiz. Verfasser realist. Romane, die sich durch sensible Charakterisierung auszeichnen und in denen er, am Beispiel einzelner Schicksale, die Gefährdung menschl. Beziehungen darstellte. Die Intention, mittels Sprache zur Wahrheit zu gelangen, durchzieht seine differenziert gestalteten Romane und Erzählungen. Setzt sich kritisch-nüchtern mit den Problemen der heutigen Gesellschaft auseinander. Auch Verfasser von Dramen.

Werke: Der Stumme (R., 1959), Herr Tourel (R., 1962), Elio oder Eine fröhliche Gesellschaft (Dr., 1965), Die ersten Unruhen (R., 1972), Die Verwilderung (R., 1977), Wie Beton zu Gras wird. Fast eine Liebesgeschichte (1979), Das Staunen der Schlafwandler am Ende der Nacht (R., 1983), Zeit des Fasans (R., 1988), Die verlorene Geschichte (E., 1993).
Literatur: SCHILD-DÜRR, E.: O. F. W. Sperrzone u. Wunschland. Eine Werkbiogr. Bern 1992.

Walter, Silja, * Rickenbach bei Olten 23. April 1919, schweizer. Schriftstellerin. – Schwester von Otto F. W.; Benediktinerin im Kloster Fahr bei Zürich; schreibt eigenwillige, liedhaft-musikal. Lyrik (›Gedichte‹, 1950). Versucht in ihren Volksspielen, Erzählungen, Romanen und lyr. Meditationen, religiöse Themen zeitgemäß zu behandeln.

Weitere Werke: Wettinger Sternsingerspiel (1955), Sie warten auf die Stadt (E., 1963), Die Schleuse oder Abteien aus Glas (R., 1972), Die Weihnachtsgeschichte (1983), Die Feuertaube. Neue Gedichte (1985), Dein Geheimnis will ich von den Dächern singen (Meditationen, 1985), Komm meine Taube (Meditationen, 1986), Die

Patriarchenfrau (Meditationen, 1987), Feuerturm (Mysterienspiel, 1987), Der Wolkenbaum (Erinnerungen, 1991), Das Wort ist Brot geworden. Kommunionpsalter (1992). **Literatur:** RÖTHLISBERGER, M.: S. W.s Zeugnis. Bonn 1977.

Waltharius (W. manu fortis [mlat. = Walther mit der starken Hand]) (Waltharilied), lat. hexametr. Epos in 1456 Versen, überliefert vom 11. bis 15. Jh., lat. Bearbeitung eines german. Stoffes. Die Verbindung des Textes mit Ekkehart I. von Sankt Gallen (um 930), für den als Schulübung ein Gedicht über W. genannt wird, ist ebenso umstritten wie die Beziehung auf einen Geraldus, von dem in einigen Handschriften ein Dedikationsprolog erhalten ist. Datierungen des wohl im oberrhein. Raum entstandenen Gedichts schwanken zwischen 9. und 10. Jh.; stoffl. Grundlage der Dichtung ist ein german. Heldenlied, das sich aus den altengl. ›Waldere‹-Fragmenten, Anspielungen in mhd. Heldenromanen, dem mhd. Waltherepos (Fragment des 13. Jh.) und Auszügen in der Chronik von Novalese (11. Jh.) erschließen läßt: Walther von Aquitanien, Blutsbruder Hagens, flieht mit Hiltgund von Burgund, die mit ihm von Kindheit an verlobt ist, aus hunn. Geiselhaft vom Hof Attilas. Beim Durchzug durch das Frankenreich wird Walther von König Gunther, der es auf dessen mitgeführten Hunnenschatz abgesehen hat, zum Kampf gestellt. In elf Einzelkämpfen besiegt Walther in den Vogesen die Mannen des Königs und trifft zuletzt auf Gunther und Hagen, der dadurch in trag. Konflikte zwischen Freundesliebe, Verwandtenrache und Vasallenpflicht gerät. Der Kampf endet im Epos jedoch versöhnlich. Der geistl. Verfasser hat den german. Helden Walther zum Wunschbild des neuen christl. Kämpfers umgeformt. Seine Komposition, ep. Technik und Personengestaltung deuten auf eine für seine Zeit ungewöhnl. Aneignung röm. Epik.
Ausgaben: W. In: Monumenta Germaniae Historica. Poetae latini medii aevi. Bd. 6. Hg. v. K. STRECKER. Weimar 1951. Nachdr. Mchn. 1978. – Das Waltharilied u. die Waldere-Bruchstücke. Übertragen, eingel. u. erl. v. F. GENZMER. Stg. 1953. Nachdr. 1972.
Literatur: W. u. Walthersage. Hg. v. E. E. PLOSS. Hildesheim 1969 (mit Bibliogr.). – LAN-

GOSCH, K.: W. Die Dichtung u. die Forsch. Darmst. 1973. – ÖNNERFORS, A.: Die Verfasserschaft des W.-Epos aus sprachl. Sicht. Opladen 1979. – Konkordanz zum W.-Epos. Hg. v. H. E. STIENE. Ffm. u. a. 1982. – MILLET, V.: W., Gaiferos. Über den Ursprung der Walthersage ... Ffm. u. a. 1992.

Walther von Châtillon [ʃɑti'jõ] (Gautier de Ch., G. de Lille), latin. Gualterus de Insulis, *Lille um 1135, † Amiens (?) um 1200, mlat. Dichter. – Lehrer in Paris, Leiter der Domschule von Laon, stand dann im Dienste Heinrichs II. von England; später Lehrer in Châtillon, danach Jurastudium in Bologna; zuletzt Domherr in Amiens. W. gehört zu den bedeutendsten Dichtern des MA, die sich weltl. Stoffen zuwandten; bekannt wurde v. a. sein mlat. Epos über Alexander den Großen ›Alexandreis‹ in 10 Büchern (verfaßt um 1180); daneben kleinere Dichtungen religiösen und histor., z. T. auch satir. und erot. Inhalts.
Ausgaben: Walter v. Chatillon. Moral.-satir. Gedichte aus dt., engl., frz. u. italien. Hss. Hg. v. K. STRECKER. Hdbg. 1929. – Walter v. Chatillon. Die Gedichte. Hg. v. K. STRECKER. Bln. ²1963. – Galteri de Castellione. Alexandreis. Hg. v. M. L. COLKER. Padua 1978.
Literatur: CHRISTENSEN, H.: Das Alexanderlied Walters v. Ch. Halle/Saale 1905. – HEGENER, E.: Studien zur ›zweiten Sprache‹ in der religiösen Lyrik des 12. Jh.: Adam von Sankt Victor, Walter v. Ch. Ratingen u. a. 1971.

Walther von der Vogelweide, *um 1170, † 1230 (1233?) mhd. Dichter. – Seine Herkunft und Abstammung sind nicht mit Sicherheit nachweisbar; er ist wahrscheinlich in Würzburg begraben. Sein sozialer Status als fahrender Dichter aus niederem Adel und seine Lebensumstände sind weitgehend aus Spruchstrophen erschließbar; urkundlich wird er nur 1203 in den Reiserechnungen Wolfgers von Erla (Bischof von Passau, später Patriarch von Aquileja) erwähnt. W. begann seine literar. Laufbahn am Hof der Babenberger, wo er wahrscheinlich durch Reinmar den Alten Anregungen empfing und eine literar. Auseinandersetzung mit diesem begann, die sich in einer Reihe aufeinander bezogener Lieder niederschlug und sowohl in der gegensätzl. Minneauffassung beider wie im Ringen W.s um eine Position als babenberg. Hofdichter gründete. Nach dem Tod Herzog Friedrichs I. zog W. 1198 an den Hof Philipps von Schwaben, dessen Krönung und legitime Stellung an der Reichsspitze er während des Thronstreits mit dem Welfen Otto IV. in mehreren Spruchstrophen (›Reichston‹ u. a.) propagierte. Zeitweise schloß er sich Landgraf Hermann von Thüringen an, distanzierte sich von Philipp, wandte sich Otto IV. zu, den er in drei Kaiserstrophen pries; später ging er zu dem Staufer Friedrich II. über; außerdem stand er in Beziehung zu den Höfen Markgraf Dietrichs von Meißen, Herzog Bernhards von Kärnten, Herzog Heinrichs von Mödling, Graf Dietrichs von Katzenelnbogen, Erzbischof Engelberts von Köln. Sein Leben lang war W. um seine Existenzsicherung bemüht, die er v. a. in einem kleinen Grundbesitz erstrebte und schließlich durch ein Lehen von Friedrich II. wohl bei Würzburg erhielt. W.s durchgängige Parteinahme für eine starke Reichsspitze bei Wechsel der Herrscher und Geschlechter erklärt sich aus der Einschätzung der Zentralgewalt als Garant für eine Ordnung, die auch den kleinen Lehnsträgern wirtschaftl. Sicherheit gewährte. W.s propagierte Reichsidee und sein ökonom. Eigeninteresse greifen ineinander; anscheinender Opportunismus hat eine konstante ideolog. Grundlage, die allerdings durch den Prozeß der Territorialisierung zu Beginn des 13. Jh. historisch nicht mehr tragfähig war. Im Sinne der stauf. Kaiseridee polemisierte W. in allen Lebensphasen scharf gegen die weltl. Herrschaftsansprüche des Papsttums und verwies die Kirche auf den geistl. Wirkungsbereich, wobei er wiederholt den besitzlosen, institutionell ungebundenen Eremiten als ideales Sprachrohr benutzte. In den Kreuzzugsunternehmen sah W. zunächst die Möglichkeit übernat. Machterweises des römisch-dt. Kaisertums, später – in der literar. Attitüde religiöser Resignation – ein Mittel zur Erlösung aus illusionärer Weltverfallenheit (sog. ›Alterselegie‹). W.s Teilnahme an einem Kreuzzug ist fraglich. Trotz Abhängigkeit von Auftraggebern und Brotherren prägt sich bei W. erstmals in der deutschsprachigen Literatur ein starkes geistiges und künstler. Selbstbewußtsein aus, z. B. in der Selbstinszenierung des Dichters als weltüberschauender Seher, Gottesbote und Verfasser zornig-unversöhnl. Sangspruchdichtung, die er in rhetor. Brillanz und virtuoser Pointierung zu unübertroffener Höhe steigerte. Auch allgemein didakt. und religiöse Themen werden in einzelnen Strophen behandelt. Höhepunkt von W.s religiöser Lyrik sind der Leich und das ›Palästinalied‹. Neben rund 140 Sangspruchstrophen stehen etwa 72 mehrstrophige Lieder, überwiegend von der Minnethematik beherrscht, in denen sich W. als vielseitiger Formkünstler erweist und, von traditionellen Vorbildern (Reinmar) ausgehend und verschiedene literar. Anregungen (Vagantendichtung, Pastorelle) aufnehmend, das gesellschaftl. Phänomen der Minne unter vielfältigen (eth., soziolog.) Aspekten darstellt und diskutiert. Lieder unerfüllten Minnewerbens, die Forderung gegenseitiger Zuneigung, erot. Erfüllung und wiederum ethisierender Verehrung der Dame sind nicht in einer chronolog. Abfolge zu denken, sondern artikulieren verschiedene literar. und minneideolog. Positionen. Problematisch ist die zur Erfassung seiner Minnelyrik geläufig gewordene Terminologie der ›hohen‹ und ›niederen‹ Minne. Die Zeitgenossen schätzten W. gleichermaßen als Minnedichter (Gottfried von Straßburg) und bestätigten die Wirkung seiner polit. Sprüche (Thomasin von Circlaere); für die Meistersinger war er einer der zwölf verehrten Meister. Nach der Wiederentdeckung der dichter. Qualitäten seiner Texte im 17. und 18. Jh. wurde er im 19. Jh. als patriot. biedermeierl. Sänger gesehen, bestimmt durch das W.-Bild L. Uhlands. Konrad Burdach (* 1859, † 1936) versuchte 1900 eine Entmythologisierung, doch legte er W. zu einseitig als Propagandisten der stauf. Kanzlei fest. Die Stilisierung zum held. Volkssänger im Nationalsozialismus ist einer historisch und soziologisch differenzierten Beurteilung der Dichterpersönlichkeit gewichen.

Ausgaben: Die Gedichte W.s v. d. V. Hg. v. K. Lachmann u. H. Kuhn. Bln. [13]1965. – W. v. d. V. Die Lieder. Neu hg. v. F. Maurer. Tüb. [3–4]1969–74. 2 Bde. – W. v. d. V. Die gesamte Überlieferung der Texte u. Melodien. Hg. v. H. Brunner u. a. Göppingen 1977 (mit Bibliogr.). – W. v. d. V. Gedichte. Übers. v. P. WAPNEWSKI. Ffm. [7]1977. – W. v. d. V. In dieser Welt geht's wundersam [sämtl. Gedichte]. Hg. u. Übers. v. H. WITT. Mchn. 1984.

Literatur: UHLAND, L.: W. v. d. V. In: UHLAND. Werke. Hg. v. HERMANN FISCHER. Tl. 6. Stg. 1892. Nachdr. Darmst. 1977. – BURDACH, K.: W. v. d. V. Lpz. 1900. – KRAUS, C. VON: W. v. d. V. Unterss. Bln. [2]1966. – KUHN, H.: W. v. d. V. u. Deutschland. In: Nationalismus in Germanistik u. Dichtung. Hg. v. B. VON WIESE u. R. HENSS. Bln. 1967. S. 113. – HEGER, H.: Das Lebenszeugnis W.s v. d. V. Wien 1970. – W. v. d. V. Mit Beitrr. v. K. LACHMANN u. a. Hg. v. W. BEYSCHLAG. Darmst. 1971. – HALBACH, K. H.: W. v. d. V. Stg. [3]1973 (mit Bibliogr. 1965–72). – HAHN, G.: Zum sozialen Gehalt von W.s Minnesang. In: Medium aevum deutsch. Tüb. 1979. – FRIEDERICHS, H. F.: W. v. d. V. Neustadt a. d. Aisch [2]1979. – KUHN, H.: Minnelieder W.s v. d. V. Tüb. 1982. – HAHN, G.: W. v. d. V. Eine Einf. Mchn. u. Zü. [2]1989. – RUMP, H.-U.: W. v. d. V. Rbk. 31.–33. Tsd. 1989. – EXNER, W.: Der v. d. V. Bemerkungen zur W.-Forsch. Bad Wildungen 1991. – NOLTE, TH.: W. v. d. V. Höf. Idealität u. konkrete Erfahrung. Stg. 1991. – OBERMEIER, S.: W. v. d. V. Der Spielmann des Reiches. Rbk. 1992. – NIX, M.: Unterss. zur Funktion polit. Spruchdichtung. W.s v. d. V. Göppingen 1993.

Walther von Klingen, *um 1215, † Basel 1. März 1286, mhd. Dichter. – Stammte aus einem Thurgauer Freiherrengengeschlecht; stand in engem Verhältnis zu Rudolf von Habsburg; acht formal vollendete Lieder stehen in der Tradition Gottfrieds von Neifen und Konrads von Würzburg.

Ausgabe: Die Schweizer Minnesänger. Hg. v. K. BARTSCH. Frauenfeld 1886. Nachdr. Darmst. 1964.

Waltherstrophe, Strophenform der mhd. Epik, benannt nach ihrem Vorkommen in dem fragmentarisch überlieferten Gedicht ›Walther und Hildegunde‹ (1. Hälfte des 13. Jh.); Abkömmling der † Nibelungenstrophe, unterscheidet sich von dieser lediglich im Anvers der vierten Langzeile, der zu einem klingenden Sechstakter erweitert ist.

Walton, Izaak [engl. ˈwɔːltən], *Stafford 9. Aug. 1593, † Winchester 15. Dez. 1683, engl. Schriftsteller. – Sohn eines Bauern; war Händler in London; lebte ab 1643 in Winchester; befreundet mit den bedeutendsten Anglikanern, v. a. mit J. Donne. W. verdankt seinen Nachruhm bes. der idyll. Darstellung der Freuden

ländl. Lebens in dem in Dialogen gestalteten Werk ›Der vollkommene Angler‹ (1653, dt. 1859); ferner schrieb er stilistisch interessante Biographien, u. a. von Donne (1640) und G. Herbert (1670), deren Leben er in leichtem Plauderton schildert.

Ausgabe: I. W. The complete angler. Hg. v. G. KEYNES. London 1929.
Literatur: BOTTRALL, M.: I. W. London u. New York 1955. – COOPER, J. R.: The art of The compleat angler. Durham (N. C.) 1968. – COSTA, F.: L'œuvre d.'I. W. 1593–1683. Montreal u. a. 1973.

Wampilow (tl.: Vampilov), Alexandr Walentinowitsch [russ. vamˈpilɐf], *Kutulik (Gebiet Irkutsk) 19. Aug. 1937, † 17. Aug. 1972 (ertrunken im Baikalsee), russ.-sowjet. Dramatiker. – Verband moral. Probleme mit kom. Situationen des Alltags; psycholog. Einfühlsamkeit. Eine dt. Ausgabe seiner ›Stücke‹ (u. a. mit ›Provinzanekdoten‹, 1970/71; ›Die Entenjagd‹, 1970; ›Letzten Sommer in Tschulimsk‹, 1972) erschien 1976; auch Erzählungen.

Weitere Werke: Bilet na Ust'-Ilim (= Fahrschein nach Ust-Ilim, Publizistik, hg. 1979), Belye goroda (= Weiße Städte, En., Prosa, hg. 1979).
Ausgabe: A. V. Vampilov. Izbrannoe. Moskau 1984.
Literatur: TENDITNIK, N. S.: A. Vampilov. Nowossibirsk 1979. – BERNHARDT, J. E.: A. Vampilov. The five plays. Diss. Pittsburgh (Pa.) 1980.

Wander, Maxie, *Wien 3. Jan. 1933, † Berlin (Ost) 20. Nov. 1977, dt. Schriftstellerin. – Siedelte 1958 zusammen mit ihrem Mann, dem ebenfalls in Wien geborenen Schriftsteller Fred Wander (*1917) in die DDR über; wurde bekannt durch ihre Frauenprotokolle ›Guten Morgen, du Schöne‹ (1977), die die Problematik der Rolle der Frau in der Gesellschaft der DDR wie in der BR Deutschland gleichermaßen trafen, sowie durch das authent., nach ihrem Tod von ihrem Mann zusammengestellte Krebserfahrungsbuch ›Tagebücher und Briefe‹ (hg. 1979; in der BR Deutschland 1980 u. d. T. ›Leben wär' eine prima Alternative‹).

Wanderbühne, Theatertruppe, die im allgemeinen kein eigenes Haus besitzt und an verschiedenen Orten Vorstellungen gibt. Die für die Entwicklung der

Schauspielkunst, v. a. des Berufsschauspielertums, wichtigsten W.n waren die der ↑englischen Komödianten und der ↑niederländischen Komödianten.

Wang An-shih (Wang Anshi) [chin. ʋaŋanʃi], * Lin-ch'uan (Provinz Kiangsi) 18. Dez. 1021, †in der Provinz Kiangsu Mitte Mai/Mitte Juni 1086, chin. Staatsmann und Literat. – Nachdem er 1058 mit der berühmten ›10 000-Worte-Throneingabe‹ eine Reform des erstarrten Staatswesens gefordert hatte, setzte er diese – Reichskanzler zwischen 1069 und 1076 – durch, um die Lasten des Volkes zu mindern. Er gilt als größter Reformer des alten China, obwohl seine Maßnahmen nach seiner Demission rückgängig gemacht wurden. Einer seiner konservativen Gegner war Su Shih. Seine Gedichte, v. a. aber seine Prosatexte, gehören zu den schönsten ihrer Zeit.
Literatur: WILLIAMSON, H. R.: Wang An-shih. A chinese statesman and educationalist of the Sung dynasty. London 1935–37. 2 Bde. – LIU, J. T. C.: Reform in Sung China. Cambridge (Mass.) 1959. – MESKILL, J. T.: Wang An-shih. Practical reformer? Boston (Mass.) 1963.

Wang Ch'ung (Wang Chong) [chin. ʋaŋtʃʊŋ], * Shang-yü (Tschekiang) 27, † um 100, chin. Philosoph. – Setzt sich in den 85 Essays seines ›Lun-heng‹ (= Abwägung der Erörterungen) kritisch mit den philosoph. Überlieferungen des alten China auseinander und zieht die Gültigkeit ihrer Aussagen in Zweifel. Von der chin. Tradition deswegen mißachtet, wurde er im 20. Jh. als erster chin. Skeptiker, Agnostiker, Empiriker, Rationalist, Dialektiker u. ä. gefeiert.
Ausgabe: Wang Ch'ung. Lun-hen. Tl. 1. Philosophical essays. Engl. Übers. v. A. FORKE. New York ²1962. 2 Bde.

Wangen, J. P., dt. Schriftsteller, ↑Picard, Jacob.

Wangenheim, Gustav von, * Wiesbaden 18. Febr. 1895, † Berlin (Ost) 5. Aug. 1975, dt. Schriftsteller. – Im Ersten Weltkrieg Soldat, danach Mitglied der USPD, ab 1922 der KPD; lebte nach 1945 als Schriftsteller, Regisseur und Drehbuchautor in der DDR. Arbeitete u. a. als Schauspieler, schrieb Sprechchöre und Szenen für das Arbeitertheater sowie eine große Zahl proletarisch-revolutionärer Lehrstücke. 1931 gründete er

das linke Schauspielerkollektiv ›Truppe 31‹.
Werke: Chor der Arbeit (1924), Die Mausefalle (Kom., UA 1931), Wer ist der Dümmste (Kom., UA 1932), Die Maus in der Falle (Kom., 1947), Du bist der Richtige (Kom., 1950), Mit der Zeit werden wir fertig. Studentenkomödie (1958), Fährmann, wohin (En., Nov.n, 1961), Im Kampf geschrieben (Dr., Prosa, Lyrik, 1962).

Wang Fu-chih (Wang Fuzhi) [chin. ʋaŋfudʒi], * Heng-yang (Hunan) 1619, † 1692, chin. Gelehrter. – Trug neben Denkern wie Li Chih (* 1527, † 1602), Ku Yen-wu (* 1613, † 1682), Huang Tsunghsi (* 1610, † 1695) durch philosoph., philolog. und histor. Werke zur Erneuerung des im Neokonfuzianismus des Chu Hsi erstarrten chin. Denkens bei. Er war ein philosoph. Gegner von Wang Yangming.
Literatur: VIERHELLER, E.: Nation u. Elite im Denken v. Wang Fu-chih. Hamb. u. a. 1968.

Wang Meng (Wang Meng) [chin. ʋaŋmɘŋ], * Peking 15. Okt. 1934, chin. Schriftsteller. – Bald nach seinen literar. Anfängen in den 50er Jahren als ›Rechtselement‹ verbannt, veröffentlichte er erst seit 1976. Seither kritisiert er in Erzählungen und Prosaskizzen Erscheinungsformen des öffentl. Lebens, wobei er neue literar. Formen und Techniken erprobt. 1986 übernahm er das Amt des Kulturministers, von dem er nach der Unterdrückung der Demokratiebewegung im Juni 1989 zurücktrat.
Werke: Rare Gabe Torheit (R., 1987, dt. 1994), Ein Schmetterlingstraum (En., dt. 1988).
Ausgaben: W. M. Das Auge der Nacht. Erzählungen. Dt. Übers. Zü. 1987. – W. M. Lauter Fürsprecher u. a. Geschichten. Dt. Übers. Bochum 1989.

Wang Shih-fu (Wang Shifu) [chin. ʋaŋʃifu], *um 1200, † 1280, chin. Dramatiker. – Sein bekanntestes Stück, ›Hsihsiang chi‹ (= Westzimmer), entnimmt seinen Stoff einer Novelle des T'ang-Dichters Yüan Chen (* 779, † 831) über das Recht zur freien Gattenwahl. Kuan Han-ch'ing fügte einen Schluß mit Happy-End an. Auch weitere von den 14 Stücken Wang Shih-fus wenden sich gegen konfuzianische Konventionen.
Ausgaben: The romance of the western chamber. A chinese play written in the thirteenth century. Übers. v. S. I. HSIUNG. London 1935. – Das Westzimmer. Ein chin. Singspiel aus dem 13. Jh. Dt. Übers. v. V. HUNDHAUSEN. Lpz. 1978.

Wang Wei (Wang Wei) [chin. ɥaŋuɛi], * Taiyüan (Schansi) um 700, † um 760, chin. Literat und Maler. – Lebte nach wechselvoller Amtslaufbahn in der Zurückgezogenheit seines Landsitzes buddhist. Betrachtungen. Von seinen über 400 überlieferten Gedichten sind viele zarte Naturdichtungen. Seine subtilen Landschaftsgemälde wurden ebenfalls stilbildend für die chin. Kunst.
Ausgaben: YU, P.: The world of Wang Wei's poetry. Diss. Stanford University Palo Alto 1976. – Wang Wei. Jenseits der weißen Wolken. Hg. u. Übers. v. S. SCHUHMACHER. Mchn. ²1989. – Laughing lost in the mountains. Poems of Wang Wei. Übers. v. T. BARNSTONE u. a. Hanover (N. H.) 1991.

Wang Yang-ming (Wang Yangming) [chin. ɥaŋiaŋmɪŋ], eigtl. Wang Shou-jen, * Yü-yao (Tschekiang) 1472, † 1528, chin. Philosoph und Staatsmann. – Seine Lehre vom ›intuitiven Wissen‹ und der Identität von ›Vernunftprinzip‹ und ›Geist‹ stand im Gegensatz zu dem Neokonfuzianismus des Chu Hsi. Schon zu Lebzeiten von Schülern umgeben, wurde seine Lehre zunächst heftig bekämpft, beeinflußte jedoch nachhaltig die Philosophie späterer Jahrhunderte.
Ausgabe: The philosophical letters of Wang Yang-ming. Übers. u. Anm. v. J. CHING. Columbia (S. C.) 1973.
Literatur: HENKE, F. G.: The philosophy of Wang Yang-ming. Engl. Übers. London u. Chicago (Ill.) 1916.

Wańkowicz, Melchior [poln. vaiŋ'kɔvitʃ], * Kałużyce bei Minsk 10. Jan. 1892, † Warschau 10. Sept. 1974, poln. Schriftsteller. – Studierte Jura in Krakau und Warschau; zwischen den Kriegen Journalist und Verleger; 1939–58 in der Emigration, ab 1949 in den USA; schrieb literar. Reportagen (›Na tropach Smętka‹ [= Auf den Spuren des Smętek], 1936), Romane und Erzählungen, Reiseerinnerungen und Feuilletons; erzielte in Polen große Wirkung.
Literatur: KURZYNA, M.: O M. Wańkowiczu, nie wszystko. Warschau ²1977.

Wappendichtung † Heroldsdichtung.

Wapzarow (tl.: Vapcarov), Nikola Jonkow [bulgar. vap'tsarof], * Bansko 28. Dez. 1909, † Sofia 23. Juli 1942, bulgar. Lyriker. – Arbeiter, Maschinentech-

niker; als Kommunist verfolgt; z. Z. der dt. Besatzung hingerichtet; bedeutendster sozialrevolutionärer Lyriker Bulgariens neben Ch. Smirnenski; von Ch. Botew, P. K. Jaworow und W. W. Majakowski beeinflußter aggressiver Dichter; Kinderbuchautor und Dramatiker.
Werke: Motorni pesni (= Motorenlieder, Ged., 1940), Gedichte (dt. Ausw. 1952).
Ausgabe: N. Vapcarov. Săčinenija. Sofia 1969.
Literatur: VAPCAROVA, B.: N. Vapcarov. Sofia 1978.

Wāqif, Molla-Panah, aserbaidschan. Dichter und Staatsmann, † Wakif, Molla-Panach.

Warburton, Thomas, * Vaasa 4. März 1918, schwedischsprachiger finn. Schriftsteller. – Begann als antimilitarist. Lyriker des passiven Widerstandes mit dem Band ›Du, människa‹ (1942), in dem auch Übersetzungen von B. Brecht enthalten sind. Als Fortsetzung dazu erschienen ›Bröd av lera‹ (1945), ›Slagruta‹ (1953), ›Kort parlör‹ (1966), ›Fällas eller falla‹ (1975). V. a. machte er sich einen Namen als virtuoser Übersetzer (u. a. ›Ulysses‹ von J. Joyce); bed. seine Literaturgeschichte ›Åttio år finlandssvensk litteratur‹ (1984).

Ward, Artemus [engl. wɔːd], amerikan. Humorist, † Browne, Charles Farrar.

Ward, Mary Augusta [engl. wɔːd], geb. Arnold, bekannt als Mrs. Humphry W., * Hobart (Tasmanien) 11. Juni 1851, † London 24. März 1920, engl. Schriftstellerin. – Studierte in Oxford, Gegnerin der Frauenemanzipation; war dennoch in öffentl. Ämtern tätig. Schrieb populäre, tendenziöse, kulturgeschichtlich interessante Romane, darunter ›Robert Elsmere‹ (1888, dt. 1889), ›Marcella‹ (1894, dt. 1896), ›George Tressady‹ (1896, dt. 1890) und ›Helbeck of Bannisdale‹ (1898) sowie die Autobiographie ›A writer's recollections‹ (2 Bde., 1918).
Literatur: SMITH, E. M. G.: Mrs. Humphry W. Boston (Mass.) 1980. – SUTHERLAND, J.: Mrs. Humphry W., eminent Victorian, pre-eminent Edwardian. Oxford 1990.

Ward, Nathaniel [englisch wɔːd], * Haverhill (Suffolk) 1578, † Shenfield (Essex) im Okt. 1652, engl. Schriftsteller. – Lebte zeitweise in Massachusetts, wo er das erste Rechtsbuch der amerikan. Geschichte schrieb. W. wurde bes. durch seine Satire ›The simple cobler of Aggawam in America‹ (1647) bekannt, in der er sich gegen die religiösen Eiferer wandte.

Warner, Charles Dudley [engl. 'wɔːnə], * Plainfield (Mass.) 12. Sept. 1829, † Hartford (Conn.) 20. Okt. 1900, amerikan. Schriftsteller. – Jurist, dann Journalist; ab 1861 Hg. der Zs. ›Hartford Courant‹. Der seine dort abgedruckten Essays (›My summer in a garden‹, 1870; ›Backlog studies‹, 1873; ›The relation of literature to life‹, 1896) und Reisebeschreibungen (›My winter on the Nile‹, 1876; ›In the Levant‹, 1877) kennzeichnende Humor bestimmt auch sein bekanntestes Werk, das zus. mit Mark Twain verfaßte satir. Sittenbild ›Das vergoldete Zeitalter‹ (R., 1873, dt. 1876). In der späteren Romantrilogie überwiegt ein moralisierender Ton (›A little journey in the world‹, 1889; ›The golden house‹, 1895; ›That fortune‹, 1899).

Ausgabe: The complete writings of Ch. D. W. Hg. v. TH. R. LOUNSBURY. Hartford (Conn.) 1904.

Warner, Marina [engl. 'wɔːnə], * London 9. Nov. 1946, engl. Schriftstellerin. – Ihre Romane stellen Verflechtungen zwischen Geschichte und Gegenwart sowie zwischen auseinanderliegenden Kulturen dar, etwa des heutigen England mit dem histor. China in ›In a dark wood‹ (R., 1977) oder mit der Karibik zur Zeit der Kolonisation in dem von Shakespeares ›Der Sturm‹ inspirierten ›Indigo oder die Vermessung der Wasser‹ (R., 1992, dt. 1994). In die Erzählwerke fließen auch W.s kulturgeschichtl. Studien ein; diese befassen sich v. a. mit Mythen und Bildern der Weiblichkeit, so in Arbeiten über den Marienkult (›Maria. Geburt, Triumph, Niedergang – Rückkehr eines Mythos?‹, 1976, dt. 1982) und Johanna von Orléans (›Joan of Arc. The image of female heroism‹, 1981) sowie in der Studie ›In weibl. Gestalt. Die Verkörperung des Wahren, Guten und Schönen‹ (1985, dt. 1989).

Weitere Werke: The skating party (R., 1982), Der verlorene Vater (R., 1988, dt. 1990), Mermaids in the basement (En., 1993), Richard Wentworth (Studie, 1993), From the beast to the blonde (Studie, 1994).

Warner, Rex [Ernest] [engl. 'wɔːnə], * Birmingham 9. März 1905, † Walling-

ford (Oxfordshire) 24. Juni 1986, engl. Schriftsteller. – Studierte Altphilologie in Oxford; war dann Lehrer in Ägypten und England, 1962–74 Prof. an amerikan. Universitäten. Als Lyriker (›Poems‹, 1937, revidiert 1945 u. d. T. ›Poems and contradictions‹) stand er in den 30er Jahren den engagierten Dichtern um W. H. Auden und C. Day-Lewis nahe. Bedeutender, wenn auch ohne unmittelbare literarische Resonanz, waren seine von F. Kafka beeinflußten expressionistisch-allegor. Romane ›Die Wildgansjagd‹ (1937, dt. 1949) und v. a. ›Der Flugplatz‹ (1941, dt. 1946). Später gestaltete er antike Stoffe, u. a. in den Caesar-Romanen ›Die tugendhafte Republik‹ (1958, dt. 1959) und ›Der Imperator‹ (1960, dt. 1962, beide dt. 1967 u. d. T. ›Julius Caesar‹). W. veröffentlichte auch Essays und Übersetzungen von Werken der griech. und lat. Literatur.

Weitere Werke: The professor (R., 1938), Wenn keine andere Stimme spricht (R., 1943, dt. 1948), Men of stones (R., 1949), Pericles the Athenian (R., 1963), The converts (R., 1967), Men of Athens (Studie, 1972).

Literatur: The achievement of R. W. Hg. v. A. L. MCLEOD. Sidney 1965. – A garland for R. W. Hg. v. A. L. MCLEOD. Mysore 1985.

Warner, Sylvia Townsend [engl. 'wɔːnə], * Harrow (Middlesex) 6. Dez. 1893, † Maiden Newton (Dorset) 1. Mai 1978, engl. Schriftstellerin. – Schrieb v. a. Kurzgeschichten und Romane, in denen sich Alltags- und Phantasiewelt verbinden, z. B. ›Lolly Willowes oder der liebevolle Jägersmann‹ (R., 1926, dt. 1980), ›Mr. Fortune's maggot‹ (R., 1927), ›The true heart‹ (R., 1929) und ›Die fünf schwarzen Schwäne und andere Elfengeschichten‹ (En., 1977, dt. 1981). Ihr sozialist. Engagement wird bes. deutlich in ›Summer will show‹ (R., 1936), ›After the death of Don Juan‹ (R., 1938), ›A garland of straw and other stories‹ (En., 1943) und ›The corner that held them‹ (R., 1948). W. trat auch als Lyrikerin (z. T. in Zusammenarbeit mit ihrem Lebensgefährten Valentine Ackland; ›Collected poems‹, hg. 1982), Literaturkritikerin (›T. H. White‹, Biogr., 1967) und Herausgeberin (›Tudor church music‹, 10 Bde., 1922–29) sowie als Übersetzerin aus dem Französischen hervor.

Literatur: HARMAN, C.: S. T. W. A biography. London 1989.

Warren, Mercy Otis [engl. 'wɔrın], * Barnstable (Mass.) 14. Sept. 1728, † Plymouth (Mass.) 19. Okt. 1814, amerikan. Schriftstellerin. – Stand über ihren Bruder James Otis und ihren Mann James Warren, die bed. polit. Ämter in der Kolonialverwaltung innehatten, mit polit. Führern der Revolutionszeit, u. a. John Adams, in Verbindung. Wurde als Autorin satir. polit. Dramen (›The adulateur‹, 1773; ›The group‹, 1775), dramat. Gedichte (›Poems dramatic and miscellaneous‹, 1790) sowie der zeitgeschichtl. Darstellung ›History of the rise, progress and termination of the American Revolution‹ (3 Bde., 1805) bekannt.

Ausgabe: The plays and poems of M. O. W. Hg. v. B. FRANKLIN. Boston 1773–1790. Nachdr. New York 1980.

Warren, Robert Penn [engl. 'wɔrın], * Guthrie (Ky.) 24. April 1905, † Stratton (Vt.) 15. Sept. 1989, amerikan. Schriftsteller. – Prof. für Englisch u. a. an den Univ. Vanderbilt (1931–34), Louisiana (1934–42), Minnesota (1942–50) und Yale (1950–73). W., einer der führenden Vertreter der regionalist. Dichtung des amerikan. Südens und der ›Southern Renaissance‹, fand durch sein Studium bei J..C. Ransom in Vanderbilt Zugang zur literar. Gruppe der Southern Agrarians oder ↑ Fugitives und zu ihrer Zeitschrift ›The Fugitive‹; Gründer und Hg. von ›The Southern Review‹ (1935–42). Seine Romane behandeln im Rückgriff auf histor. und aktuelle Stoffe des Südens das Verhängnis menschl. Schwächen wie Macht- und Geldgier, bes. in ›Des Königs Troß‹ (1946, dt. 1949, 1951 u. d. T. ›Der Gouverneur‹, Pulitzerpreis 1947, Dr. 1960, dt. 1957). In den seit den 50er Jahren verfaßten Gedichten wandte sich W. neben Naturschilderungen metaphys. Reflexionen über die Schuld des Menschen und seine moral. Verantwortung zu. Seine oft mit R. Frost verglichene Dichtung brachte ihm 1986 die Ehrung als erster Poet laureate der USA ein. W., einer der bed. Literaturkritiker des ↑ New criticism, gab zus. mit C. Brooks wichtige Interpretationsbände heraus (›Understanding poetry‹, 1938; ›Understanding fiction‹, 1943), verfaßte biograph., histor.

und soziolog. Studien, schrieb Kinderbücher, Kurzgeschichten und Dramen.

Weitere Werke: Thirty-six poems (Ged., 1935), Night rider (R., 1939), Alle Wünsche dieser Welt (R., 1943, dt. 1959), The circus in the attic (En., 1947), World enough and time (R., 1950), Brother to dragons (Vers-E., 1953, revidiert 1979), Amantha (R., 1955, dt. 1957), Promises (Ged., 1957; Pulitzerpreis 1958), Ausgewählte Essays (1958, dt. 1961), Audubon. A vision (Ged., 1969), Meet me in the green glen (R., 1971), A place to come to (R., 1977), Now and then. Poems 1976–1978 (Ged., 1978, Pulitzerpreis 1979), Being here. Poetry 1977–1980 (Ged., 1980), Rumor verified (Ged., 1981), New and selected poems 1925–1985 (Ged., 1985), Portrait of a father (Biogr., 1988), New and selected essays (1989).

Literatur: BROOKS, C.: The hidden God. New Haven (Conn.) 1963. – GUTTENBERG, B.: Web of being. The novels of R. P. W. Nashville (Tenn.) 1975. – STRANDBERG, V. H.: The poetic vision of R. P. W. Lexington (Ky.) 1977. – R. P. W. A collection of critical essays. Hg. v. R. GRAY. Englewood Cliffs (N. J.) 1980. – BOHNER, CH. H.: R. P. W. New York Neuaufl. Boston (Mass.) 1981. – Critical essays on R. P. W. Hg. v. W. B. CLARK. Boston (Mass.) 1981. – JUSTUS, J. H.: The achievement of R. P. W. Baton Rouge (La.) 1981. – A Southern renaissence man. Views of R. P. W. Hg. v. W. B. EDGAR. Baton Rouge (La.) 1984. – SNIPES, K.: R. P. W. New York 1984.

Wartburgkrieg (Sängerkrieg auf der Wartburg), um 1255/65 in Thüringen entstandene Sammlung mehrerer ursprünglich selbständiger Gedichte in verschiedenen Strophenformen; am wichtigsten das ›Fürstenlob‹, repräsentatives Rollenspiel eines angebl. Sängerwettstreits am Hof Hermanns I. von Thüringen zu Anfang des 13. Jh., bei dem Heinrich von Ofterdingen im Preise seines Fürsten dem Tugendhaften Schreiber vor einem Schiedsgericht bedeutender Sänger (Walther von der Vogelweide, Wolfram von Eschenbach) unterliegt, ferner das ›Rätselspiel‹ (›Urrätselspiel‹, um 1239), in dem Klingsor (literar. Gestalt aus dem ›Parzival‹) und Wolfram von Eschenbach gegeneinander antreten; Wolfram siegt als inspirierter Laiendichter über den Gelehrten. Die kürzeren Stücke enthalten Zeitkritik, Morallehre und Herrenpreis. Der W. ist späthöf. Repräsentationsdichtung zur Vergegenwärtigung der Blütezeit, er steht in der stilist. Tradition Wolframs von Eschenbach, die in Thüringen unter Heinrich III. von Meißen wiederbelebt wurde (Albrechts ›Jüngerer Titurel‹). Die Figur Heinrichs von Ofterdingen wurde von Novalis aufgegriffen. R. Wagner nahm im ›Tannhäuser‹ das Motiv des Sängerstreits auf.

Ausgabe: Der W. Krit. hg. v. T. A. ROMPELMANN. Amsterdam 1940.
Literatur: KROGMANN, W.: Studium zum W. In: Zs. f. dt. Philologie 80 (1961), S. 62. – MERTENS, V.: L'Éloge princier (Fürstenlob) du Tournoi des poètes à la Wartburg (Wartburgkrieg). In: Musique, littérature et société. Hg.v. D. BUSCHINGER u. A. CRÉPIN. Amiens u. Paris 1980. – BAYER, H.: Meister Klinger u. Heinrich v. Ofterdingen. In: Mittellat. Jb. 17 (1982).

Warton, Joseph [engl. ˈwɔːtn], * Dunsfold (Surrey) 22. April 1722, † Wickham (Hampshire) 23. Febr. 1800, engl. Schriftsteller. – Bruder von Thomas W.; hatte verschiedene geistl. Ämter inne. Vor allem bes. als Kritiker hervorragt, gilt v. a. mit seinen Essays als einer der bedeutendsten Wegbereiter der engl. Romantik und deren Naturdichtung; Kritiker (›An essay on the genius and writings of Pope‹, 2 Bde., 1757–82) und Hg. (1797) A. Popes; auch Übersetzer.

Literatur: GOSSE, E. W.: Two pioneers of romanticism. J. and Thomas W. London 1915. – PITTOCK, J.: The ascendency of taste. The achievement of Joseph and Th. W. London 1973. – VANCE, J. A.: Joseph and Th. W. Boston (Mass.) 1983. – VANCE, J. A.: Joseph and Th. W. W. An annotated bibliography. New York 1983.

Warton, Thomas [engl. wɔːtn], d. J., * Basingstoke (Hampshire) 9. Jan. 1728, † Oxford 21. Mai 1790, engl. Schriftsteller. – Bruder von Joseph W.; war 1757–67 Prof. für Poetik und ab 1785 für Alte Geschichte in Oxford; 1785 Poet laureate. Wurde v. a. durch seine literaturkrit. Schriften (›The history of English poetry from the close of the 11th to the commencement of the 18th century‹, 3 Bde., 1774–81, mit der er das Interesse für die mittelalterl. Dichtung weckte) wie auch durch seine Aufdeckung von Th. Chattertons Fälschungen bekannt.

Weitere Werke: The pleasure of melancholy (Dichtung, 1747), Observations on the Faerie Queene of Spenser (Studie, 1754), Poems (1777).
Literatur: RINAKER, C.: Th. W. Urbana (Ill.) 1916. Nachdr. New York u. London 1967. – † auch Warton, Joseph.

Wascha-Pschawela (tl.: Važa-Pšavela) [russ. ˈvaʒɐ-pʃaˈvjɛlɐ] (Phschawela),

eigtl. Luka Rasikaschwili, * Tschargali 14. Juli 1861, † Tiflis 27. Juli 1915, georg. Dichter. – War nach dem Besuch eines geistl. Seminars zunächst Lehrer, studierte dann in Petersburg Jura (1883); aktiver Revolutionär; lebte ab 1884 als Bauer und Lehrer (1896) in Georgien; schrieb im pschawischen Dialekt; veröffentlichte Prosadichtungen, Dramen und ethnograph. Skizzen, bes. aber Versepen vor dem Hintergrund archaischer chewsurischer Lebensart, die z. T. an die Tradition des von S. Rustaweli um 1200 überlieferten Nationalepos ›Der Mann im Tigerfelle‹ (erstmals gedr. 1712, dt. 1889) anknüpfen. Beispiele: ›Aluda Ketelauri‹ (1888, russ. 1939), ›Stumarmaspindzeli‹ (= Gast und Gastgeber, 1893, russ. 1935), ›Gvelis mčameli‹ (= Der Schlangenesser, 1901, russ. 1934); sein Hauptthema ist der Konflikt des einzelnen mit den Normen der Gesellschaft; wählte oft historische Stoffe; verfaßte auch literaturkritische Studien.

Ausgaben: Važa Pšavela. Sočinenija. Russ. Übers. Moskau 1958. 2 Bde. – Georg. Poesie aus acht Jahrhunderten. Dt. Nachdichtung v. A. ENDLER u. R. KIRSCH. Bln. ²1974.

Waser, Maria, geb. Krebs, * Herzogenbuchsee (Bern) 15. Okt. 1878, †Zürich 19. Jan. 1939, schweizer. Schriftstellerin. – Studierte Geschichte und Germanistik; heiratete den Archäologen Otto W. (* 1870, † 1952), mit dem zus. sie 1904–19 die Kulturzeitschrift ›Die Schweiz‹ herausgab; schrieb neben Lyrik und biograph. Werken v. a. Romane über Frauen.

Werke: Die Geschichte der Anna Waser (R., 1913), Von der Liebe und vom Tod (Nov.n, 1920), Wir Narren von gestern (R., 1922), Wende (R., 1929), Land unter Sternen (R., 1930), Begegnung am Abend (Biogr., 1933), Sinnbild des Lebens (Autobiogr., 1936), Vom Traum ins Licht (Ged., 1939).
Literatur: M. W. zum Gedächtnis. Stg. 1939. – KÜFFER, G.: M. W. Bern 1971.

Washington, Booker T[aliaferro] [engl. ˈwɔʃɪntən], * Hale's Ford (Franklin County, Va.) 5. April 1856, † Tuskegee (Ala.) 14. Nov. 1915, amerikan. Pädagoge und Schriftsteller. – Als Sklave geboren, nach der Befreiung Berufsausbildung am Hampton Institute (Va.); erlangte durch die Gründung (1881) und Leitung des Tuskegee Institute, einer v. a. auf Vermittlung prakt. Fertigkeiten ausgerichteten Schule für Schwarze, die zum College ausgebaut wurde, pädagog. und durch seine öffentl. Auftritte polit. Ruhm. Die literar. Bedeutung W.s beruht auf seinen meist autobiograph., die Geschichte der Afroamerikaner von der Sklaverei zur Befreiung darstellenden Abhandlungen. Seine Autobiographie ›Ich war ein Sklave‹ (1901, dt. 1958) gibt ein klass. Beispiel für den Aufstieg der Schwarzen.

Weitere Werke: The future of the Negro (1899), Sowing and reaping (1900), Character building (1902), Working with the hands (1904), Frederick Douglass (Biogr., 1906), The story of the Negro (1909), My larger education (1911), The man farthest down (1912).
Ausgaben: Selected speeches of B. T. W. Hg. v. E. D. WASHINGTON. Garden City (N. Y.) 1932. – The B. T. W. papers. Hg. v. L. R. HARLAN. Urbana (Ill.). 1972–84. 13 Bde.
Literatur: STOKES, A. P.: Tuskegee Institute. The first fifty years. Tuskegee (Ala.) 1931. – KERSCHGENS, E.: Das gespaltene Ich. 100 Jahre afroamerikan. Autobiographie. Strukturunterss. zu den Autobiographien von Frederick Douglass, B. T. W. u. W. E. B. Du Bois. Ffm. u. a. 1980.

Wasilewska, Wanda [poln. vaɕi-'lɛfska], russ. W. Lwowna Wassilewskaja, * Krakau 21. Jan. 1905, † Kiew 29. Juli 1964, poln. Schriftstellerin. – Gymnasiallehrerin; Journalistin; ging 1939 nach Lemberg, erhielt die sowjet. Staatsbürgerschaft, ab 1941 in der Roten Armee, Mitorganisatorin der poln. Truppen in der UdSSR; heiratete O. J. Kornitschuk. Ihre polnisch verfaßten Werke erschienen ab 1940 zuerst in russ. Sprache; nach gesellschaftskrit. Reportagen anklagende Romane und Novellen gegen die Not des Land- und Stadtproletariats; schrieb über ihre Erlebnisse in der UdSSR und über die jüngste poln. Vergangenheit.

Werke: Magda (R., 1935, dt. 1957), Boden im Joch (R., 1938, dt. 1951), Lied über den Wassern (R.-Trilogie, 1940–51, poln. 1940–52, dt. 2 Bde., 1956), Regenbogen über dem Dnjepr (R., 1942, dt. 1945), Einfach Liebe (R., 1944, dt. 1956).
Ausgabe: W. W. Pisma zebrane. Warschau 1955–56. 4 Bde.
Literatur: SYZDEK, E.: W. W. (1905–1964). Warschau 1979.

Wasow (tl.: Vazov), Iwan Mintschow [bulgar. 'vazof], * Sopot (heute Wasowgrad) 9. Juli 1850, † Sofia 22. Sept. 1921, bulgar. Schriftsteller. – Emigrierte 1876/1877; danach erfolgreiche, nur von einem kurzen Exil in Rußland (1887–89) unterbrochene polit. Laufbahn; 1897–99 Kultusminister; gilt als einer der bedeutendsten bulgar. Dichter. Seine Romane, darunter sein von V. Hugo und L. N. Tolstoi beeinflußtes Hauptwerk ›Unter dem Joch‹ (3 Bde., 1889/90, dt. 1918), stellen meist Stoffe aus der Zeit des Freiheitskampfes realistisch dar und bieten genaue, oft humorvolle Schilderungen bulgar. Volkslebens. Seine Lyrik stand unter dem Einfluß der bulgar. Volksdichtung. Als Vermittler westeurop. Gedankenguts schuf W. neue Grundlagen für die weitere Entwicklung der bulgar. Literatur; Übersetzer.

Weitere Werke: Epopeja na zabravenite (= Epopöe der Vergessenen, Balladen, 1883), Polja i gori (= Felder und Wälder, Ged., 1884), Službogonci (= Postenjäger, Kom., 1903), Swetoslaw Terter (R., 1907, dt. 1953), Ivan Aleksandär (R., 1907), Borislaw (Dr., 1909, dt. 1912), Die Bulgarin u. a. Novellen (dt. Ausw. 1909), Erzählungen und Novellen (dt. Ausw. 1917, u. a. mit: Der alte Jotzo schaut aus, 1901).
Ausgabe: I. M. Vazov. Säbrani säčinenija. Sofia 1974–79. 22 Bde.
Literatur: GESEMANN, W.: Die Romankunst I. Vazovs. Mchn. 1966. – CANEVA, M. G.: I. Vazov. Sofia ²1983.

Wassermann, Jakob, * Fürth 10. März 1873, † Altaussee 1. Jan. 1934, dt. Schriftsteller. – In verschiedenen Berufen tätig; dann freier Schriftsteller; Redakteur beim ›Simplicissimus‹; lebte ab 1898 meist in oder um Wien. Freundschaften mit H. von Hofmannsthal, A. Schnitzler, Th. Mann. In den 20er und 30er Jahren einer der meistgelesenen Autoren Deutschlands, was die Literaturkritik u. a. als Anlaß zu negativen Urteilen nahm. Das Engagement W.s für Gerechtigkeit, gegen Gleichgültigkeit und ›Trägheit des Herzens‹ wurde von den Nationalsozialisten als ›jüdisch‹ denunziert. In seinen literaturtheoret. Schriften, z. B. ›Die Kunst der Erzählung‹ (1904), erweist sich W. als großer Kenner der europ. Romantradition, der er sich mit seiner Stilkunst und dem krit. Engagement im Gesellschaftlichen verpflichtet fühlte. Kritik an der bürgerl. Justiz übte er in der ›Maurizius‹- bzw. ›Andergast‹-Trilogie ›Der Fall Maurizius‹ (1928), ›Etzel Andergast‹ (1931) und ›Joseph Kerkhovens dritte Existenz‹ (1934).

Weitere Werke: Melusine (R., 1896), Die Juden von Zirndorf (R., 1897), Die Geschichte der jungen Renate Fuchs (R., 1900), Der Moloch (R., 1903), Alexander in Babylon (R., 1905), Caspar Hauser oder Die Trägheit des Herzens (R., 1908), Der Mann von 40 Jahren (R., 1913), Das Gänsemännchen (R., 1915), Christian Wahnschaffe (R., 2 Bde., 1919), Mein Weg als Deutscher und Jude (1921), Der Geist des Pilgers (En., 1923; darin u. a. Das Gold von Caxamalca), Lebensdienst. Gesammelte Studien, Erfahrungen und Reden (1928), Selbstbetrachtungen (1933), Tagebuch aus dem Winkel (Prosa, hg. 1935), Olivia (R., hg. 1937).
Ausgaben: J. W. Ges. Werke. Bln. [1-112]1924–35. 11 Bde. – J. W. Ges. Werke. Zü. 1944–48. 7 Bde. – J. W. Bekenntnisse u. Begegnungen. Hg. v. P. STÖCKLEIN. Bamberg 1950. – J. W. Deutscher u. Jude. Reden u. Schrr. 1904–33. Hg. v. D. RODEWALD. Hdbg. 1984.
Literatur: SCHNETZLER, K.: Der Fall Maurizius. J. W.s Kunst des Erzählens. Bern 1968. – GARRIN, S. H.: The concept of justice in J. W.'s trilogy. Bern u. Ffm. 1979. – J. W. 1873–1934. Hg. v. D. RODEWALD. Bonn 1984. – KÖSTER, R.: J. W. Bln. 1994. – NEUBAUER, M.: J. W. Ein Schriftsteller im Urteil seiner Zeitgenossen. Ffm. u. a. 1994.

Wassilew (tl.: Vasilev), Orlin, eigtl. Christo Petkow W., * Wranjak 4. Dez. 1904, † Sofia 2. April 1977, bulgar. Schriftsteller. – Wurde im Geist rationalist. und sozialist. Ideen erzogen; ab 1924 Mitglied der KP; 1923–25 Lehrer; u. a. als Redakteur tätig; kämpfte gegen Faschismus und Krieg. W. schrieb außer Dramen und Essays Romane um das Problem des sozialistischen Aufbaus sowie Bücher für Kinder und Jugendliche und trat als Übersetzer, u. a. von Werken A. A. Fadejews, hervor.
Ausgabe: O. Vasilev. Izbrani proizvedenija. Sofia 1974 ff. 6 Bde.
Literatur: ČOLOV, P.: O. Vasilev. Biobibliografski očerk. Sofia 1975.

Wassilewskaja (tl.: Vasilevskaja), Wanda Lwowna [russ. vɐsi'lʲɛfskɐjɐ], polnische Schriftstellerin, ↑ Wasilewska, Wanda.

Wassiljew (tl.: Vasil'ev), Boris Lwowitsch [russ. va'silʲif], * Smolensk 21. Mai 1924, russ. Schriftsteller. – Beliebter Verfasser von Stücken, Romanen und Erzählungen, der auch für Film (›Morgen war Krieg‹, 1987) und Fernsehen arbeitet; Schauplätze sind u. a. der Krieg, das Dorf.
Werke: Im Morgengrauen ist es noch still ... (R., 1969, dt. 1977), Schießt nicht auf weiße

Schwäne (R., 1973, dt. 1976), Die Wege der Oleksins (R., 1977–80, dt. 1983), Letjat moi koni ... (= Es fliegen meine Pferde, En., 1984), Neopalimaja kupina (= Der unversengte Dornbusch, Nov., 1986), Schlangestehen (E., 1988, dt. 1990), I byl večer, i bylo utro (= Und es war Abend, und es war Morgen, R.e, En., 1989), Kaplja za kaplej (= Tropfen auf Tropfen, E., 1991).

Wassing, [Karl] Åke, * Simtuna (Uppland) 18. Juni 1919, † Stockholm 18. Aug. 1972, schwed. Schriftsteller. – Wuchs in einem Armenhaus auf, ging zur See und trat als Schauspieler sowie als Liedersänger auf; literar. Durchbruch mit dem vierteiligen autobiograph. Romanzyklus, mit dem er an die realist. Erzähltradition der Arbeiterdichtung der 30er Jahre anknüpft, ›Die Spuren der Kindheit‹ (1958, dt. 1965), ›Slottet i dalen‹ (1960), ›Grimman‹ (1963), ›Die Freistatt im Walde‹ (1965, dt. 1968).
Literatur: FUNCK, E.: Berättaren från fattighuset Å. W. och hans roman Dödgrävarens pojke. Uppsala 1980.

Wassmo, Herbjørg [norweg. 'vasmu], * Myre (Vesterålinseln) 6. Dez. 1942, norweg. Schriftstellerin. – Mit der tabubrechenden ›Tora‹-Trilogie (›Das Haus mit der blinden Glasveranda‹, 1981, dt. 1984; ›Der stumme Raum‹, 1983, dt. 1985; ›Gefühlloser Himmel‹, 1986, dt. 1987) gelang ihr der schriftsteller. Durchbruch auch außerhalb des skand. Sprachraumes. W. beschreibt darin die Kindheits- und Jugendjahre eines Mädchens, dessen Mutter Norwegerin ist und dessen Vater ein dt. Besatzungssoldat im Zweiten Weltkrieg war.
Weitere Werke: Vingeslag (Ged., 1976), Flofid (Ged., 1977), Veien å gå (R., 1984), Das Buch Dina (R., 1989, dt. 1992), Sohn des Glücks (R., 1992, dt. 1994).

Wassyltschenko (tl.: Vasyl'čenko), Stepan Wassyljowytsch [ukrain. vaˈseljtʃɛnkɔ], eigtl. S. W. Panassenko, * Itschnja (Gouv. Tschernigow) 8. Jan. 1879, † Kiew 11. Aug. 1932, ukrain.-sowjet. Schriftsteller. – Schrieb stofflich und formal von der Folklore beeinflußte Erzählungen in impressionist. Stil; Neigung zu humorist. Gestaltung. In der Art der Verwendung des Phantastischen erinnert W. an Gogol und E. T. A. Hoffmann.
Ausgabe: S. V. Vasyl'čenko. Tvory. Kiew 1974. 3 Bde.

Wast, Hugo [span. ǫast], eigtl. Gustavo Martínez Zuviría, * Córdoba (Argentinien) 22. Okt. 1883, † Buenos Aires 28. März 1962, argentin. Schriftsteller. − War 1931−54 Direktor der Nationalbibliothek in Buenos Aires, 1943/44 auch Unterrichtsminister; einer der populärsten argentin. Schriftsteller seiner Zeit, dessen Romane auch über Argentinien hinaus einen außerordentlich breiten Leserkreis gefunden haben.
Werke: Das Rabenhaus (R., 1916, dt. 1930), Die Unerbittliche (R., 1923, dt. 1929), In der Steinwüste (R., 1925, dt. 1928), Lucía Miranda (R., 1929, dt. 1949), Der Pfad der Lamas (R., 1930, dt. 1963).
Ausgabe: Obras completas de H. W. Madrid 1956−57. 2 Bde.
Literatur: MORENO, J. C.: G. Martínez Zuviría. Buenos Aires 1962.

Wästberg, Per [schwed. ˌvɛstbærj], * Stockholm 20. Nov. 1933, schwed. Schriftsteller. − War 1979−86 Präsident des internat. P. E. N. Debütierte früh mit einer Novellensammlung über Kindheits- und Jugenderlebnisse. In seinen sozialkritischen Romanen wird die Suche nach Freiheit und Unabhängigkeit hinter der Scheinwelt materieller Werte reflektiert. Daneben gilt W. als engagierter Herausgeber afrikanischer Literatur.
Werke: Pojke med såpbubblor (Nov.n, 1949), Halva kungariket (R., 1955), Arvtagaren (R., 1958), Förbjudet område (Ber., 1960), Auf der schwarzen Liste (Ber., 1960, dt. 1963), Vattenslottet (R., 1968), Gelöste Liebe (R., 1969, dt. 1973), Jordmånen (R., 1972), Bekanta i familjen (Nov.n, 1972), En avlägsen likhet (Ged., 1983), Eldens skugga (R., 1986).

Wąt, Aleksander, * Warschau 1. Mai 1900, † Paris 29. Juli 1967, poln. Schriftsteller. − Gehörte zur Warschauer Avantgarde, Redakteur literar. Zeitungen, im 2. Weltkrieg in der Sowjetunion inhaftiert; ab 1946 in Warschau, ab 1963 in der Emigration in Frankreich; Mitbegründer des poln. Futurismus, schrieb Prosa und Gedichte (u. a. ›Wiersze‹ [= Verse], 1957); übersetzte F. M. Dostojewski, L. N. Tolstoi, I. Turgenjew, J. Roth, H. Mann u. a.
Ausgabe: A. W. Pisma wybrane. London 1985−86. 2 Bde.

Waterhouse, Keith [Spencer] [engl. ˈwɔ:təhaʊs], * Leeds 6. Febr. 1929, engl. Schriftsteller. − Journalist, u. a. Kolumnist für ›Daily mirror‹ und Mitarbeiter von ›Punch‹. Autor realist., meist humorist. Romane über unheroische Außenseiter, v. a. ›Billy, der Lügner‹ (R., 1959, dt. 1964), die Geschichte eines jungen Mannes, der die Lebensroutine durch Flucht in Phantasien zu kompensieren versucht; das Buch wurde erfolgreich dramatisiert (1960), verfilmt (1963) und als Musical bearbeitet (1974); es erhielt mit ›Billy liar on the moon‹ (R., 1975) eine Fortsetzung. W. schrieb auch zahlreiche Dramen (stets zus. mit W. Hall) sowie Hör- und Fernsehspiele, Filmskripts und Kinderbücher.
Weitere Werke: There is a happy land (R., 1957), Celebration (Dr., 1961), All things bright and beautiful (Dr., 1963), Jubb (R., 1963), Say who you are (Dr., 1966), The bucket shop (R., 1968; auch u. d. T. Everything must go, 1969), Office life (R., 1978), Whoops-a-daisy (Dr., 1978), Maggie Muggins (R., 1981), In the mood (R., 1983), Thinks (R., 1984), The collected letters of a nobody (R., 1986), Our song (R., 1988), Bimbo (R., 1990), Jeffrey Bernard is unwell (Dr., 1991), Unsweet charity (R., 1991).

Waterhouse, Peter [engl. ˈwɔ:təhaʊs], * Berlin 24. März 1956, dt. Schriftsteller. − Aufgewachsen in der BR Deutschland und in Österreich; Studium in Wien und Los Angeles (Calif.). In Poesie wie in Prosa formt W. Sprach-Räume, meist in freien Assoziationsfolgen aus Gedanken, Lauten und Wörtern, die aus dem Schweigen geformt zu sein scheinen. Eine fast surreale Welt entsteht so; zugleich werden aber auch Dinge und Wesen des Alltags verfremdet, erscheinen in neuer Sicht, sind befreit von ihren übl. Zwängen und Bindungen.
Werke: Menz (Ged., 1984), Besitzlosigkeit Verzögerung Schweigen Anarchie (Prosa, 1985), passim (Ged., 1986), Das Klarfeld-Gedicht (1988), Sprache, Tod, Nacht, aussen. Gedicht, Roman (1989), Kieselsteinplan für die unsichtbare Universität (Ged., 1990), Blumen (Ged., 1993), Verloren ohne Rettung (Prosa, 1993).

Watkins, Vernon Phillips [engl. ˈwɔtkınz], * Maesteg 27. Juni 1906, † Seattle (Wash.) 8. Okt. 1967, walis. Lyriker. − Stellte in seinen von W. B. Yeats beeinflußten Gedichten meist Natur und Folklore seiner südwalis. Heimat dar; Hg. der von seinem Freund D. Thomas an ihn gerichteten Briefe (1957).
Werke: The ballad of the Mari Lwyd and other poems (Ged., 1941), The lamp and the veil (Yeats-Biogr., 1945), The death bell (Ged.,

1954), Cypress and acacia (Ged., 1959), Affinities (Ged., 1962), Fidelities (Ged., hg. 1968), The collected poems (Ged., hg. 1987).

Watson, Ian [engl. wɔtsn], * North Shields 20. April 1943, engl. Schriftsteller. – Dozent in Daressalam, Tokio und Birmingham; seit 1976 freier Schriftsteller; wurde mit Romanen wie ›Der programmierte Wal‹ (1976, dt. 1977) und ›Botschafter von den Sternen‹ (1977, dt. 1981) zu einem der bedeutendsten Science-fiction-Autoren der jüngeren Generation.

Weitere Werke: The embedding (R., 1973), Das Marskoma (R., 1977, dt. 1980), The very slow time machine (E., 1979), Die Himmelspyramide (R., 1979, dt. 1983), Die Gärten des Meisters (R., 1980, dt. 1983), Todesjäger (R., 1981, dt. 1985), Tschechows Reise (R., 1983, dt. 1986), Das Buch vom Fluß (R., 1984, dt. 1987), Das Buch vom Sein (R., 1985, dt. 1987), Queenmagic, Kingmagic (R., 1986), Die Macht des Bösen (R., 1987, dt. 1990), Meat (R., 1988), Whores of Babylon (R., 1988), Die Fliegen der Erinnerung (R., 1990, dt. 1991), Miracle visitors (R., 1990), Stalin's teardrops (En., 1991).

Watson, John [engl. wɔtsn], Pseudonym Ian Maclaren, * Manningtree (Essex) 3. Nov. 1850, † Mount Pleasant (Iowa) 6. Mai 1907, schott. Schriftsteller. – Presbyterian. Geistlicher, ab 1880 in Liverpool; sehr aktiv im öffentl. Leben, u. a. Mitbegründer der Univ. Liverpool. W. wurde als Erzähler durch seine empfindsam-idyll. Schilderungen des schott. Landlebens bekannt.

Werke: Beim wilden Rosenbusch (En., 1894, dt. 1901), The days of Auld Langsyne (Skizzen, 1895), Afterwards and other stories (Kurzgeschichten, 1898).

Watson, Thomas [engl. wɔtsn], * London um 1557, □ ebd. 26. Sept. 1592, engl. Dichter. – War nach Jurastudium und Parisaufenthalt eine in Londoner Literatenkreisen der Elisabethan. Zeit angesehene Persönlichkeit. Er schrieb die petrarkist. Sonettzyklen ›Hecatompathia, or A passionate centurie of love‹ (1582) und ›The teares of fancie‹ (postum 1593), adaptierte italien. Madrigale (die von W. Byrd vertont wurden) und fertigte lat. und engl. Übersetzungen von Werken Sophokles' und T. Tassos.

Ausgabe: Th. W. Poems. Hg. v. E. ARBER. London 1870.

Watson, Sir (seit 1917) William [engl. wɔtsn], * Burley-in-Wharfedale (York-

shire) 2. Aug. 1858, † Rottingdean (Sussex) 11. Aug. 1935, engl. Lyriker. – Schrieb, an A. Tennyson geschult und um harmon. Glätte bemüht, formal konservative Lyrik; bed. v. a. als Epigrammatiker. Mehrfach geehrt, jedoch nicht zum Poet laureate ernannt, weil er ein Gegner der Empirepolitik war.

Werke: Wordsworth's grave, and other poems (Ged., 1890), Lachrymae musarum (Ged., 1892), The purple east (Ged., 1896), For England (Ged., 1904), The man who saw (Ged., 1917), I was an English poet (Autobiogr., hg. 1941).
Ausgabe: The poems of Sir W. W. 1878–1935. London Neuausg. 1936.
Literatur: NELSON, J. G.: Sir W. W. New York 1966. – WILSON, J. M.: I was an English poet. A critical biography of Sir W. W. London 1981.

Watt, Joachim von, schweizer. Humanist, † Vadinus, Joachim.

Watts, Isaac [engl. wɔts], * Southampton 17. Juli 1675, † Stoke Newington (heute zu London) 25. Nov. 1748, engl. Dichter. – Nonkonformist. Geistlicher in London; Verfasser theolog. Schriften und eines Lehrbuchs der Logik, wurde jedoch v. a. als Schöpfer des Kirchenlieds bekannt; manche seiner ›Hymns and spiritual songs‹ (1707) sind populär geblieben.

Weitere Werke: Horae lyricae. Poems chiefly of the lyric kind (Ged., 1706), Divine songs attempted in easy language for the use of children (Ged., 1715).
Literatur: ROUTLEY, E.: I. W. London 1961. – ESCOTT, H.: I. W., hymnographer. London 1962.

Watts-Dunton, [Walter] Theodore [engl. 'wɔts-'dʌntən], * Saint Ives (bei Huntingdon) 12. Okt. 1832, † Putney (heute zu London) 6. Juni 1914, engl. Schriftsteller. – War nach seiner Ausbildung in Cambridge als Rechtsanwalt und Publizist tätig. W.-D., einer der bedeutendsten Literaturkritiker seiner Zeit, stand den Präraffaeliten nahe; war mit D. G. Rossetti und A. Ch. Swinburne befreundet; seine dichter. Werke spiegeln sein Interesse für Zigeunerfolklore.

Werke: The coming of love and other poems (Ged., 1898), Aylwin (R., 1898).
Literatur: HAKE, T./COMPTON-RICKETT, A.: The life and letters of Th. W.-D. London 1916. 2 Bde.

Watwat (tl.: Waṭwāṭ), Raschidoddin Mohammad al-Omari [pers. væt'vɑːt], * um 1087/88, † 1182 oder 1183, pers.

Dichter. – Wegen seines kleinen Wuchses und haarlosen Kopfes ›Watwat‹ (= Fledermaus) genannt; berühmter Panegyriker; verwendete in seinen Gedichten meisterhaft-raffinierte rhetor. Künsteleien; sein Diwan umfaßt etwa 15000 Verse, bed. ist seine rhetor. Abhandlung ›Hadā'iqu's-sihr‹ (= Die Gärten der Magie); in dt. Übersetzung erschienen 1837 ›Alis hundert Sprüche‹.
Literatur: RYPKA, J., u. a.: Iran. Literaturgesch. Dt. Übers. Hg. v. H. F. J. JUNKER. Lpz. 1959. S. 193.

Watzlik, Hans, * Unterhaid (Südböhm. Gebiet) 16. Dez. 1879, † Gut Tremmelhausen bei Regensburg 24. Nov. 1948, dt. Schriftsteller. – War zunächst Lehrer, ab 1921 freier Schriftsteller in Böhmen; kam 1945 als Vertriebener nach Bayern. Schrieb meist heimatverbundene, phantasievolle Erzählwerke aus dem Böhmerwald.
Werke: Der Alp (R., 1914), O Böhmen! (R., 1917), Zu neuen Sternen (Ged., 1919, erweitert 1922), Böhmerwaldsagen (1921), Ums Herrgottswort (R., 1926), Das Glück von Dürrnstauden (R., 1927), Das Fräulein von Rauchenegg (R., 1929), Der Rückzug der Dreihundert (R., 1936), Der Meister von Regensburg (R., 1939), Hinterwäldler (E., 1941), Ein Stegreifsommer (R., 1944), Der Verwunschene (R., hg. 1957).

Waugh, Alec [engl. wɔː], eigtl. Alexander Raban W., * London 8. Juli 1898, † Tampa (Fla.) 3. Sept. 1981, engl. Schriftsteller. – Bruder von Evelyn W.; verfaßte gewandt geschriebene, unterhaltsame sowie pessimistisch-zeitkrit. Romane, Reiseberichte und autobiograph. Werke.
Werke: The loom of youth (R., 1917), Wheels within wheels (R., 1933), Unclouded summer (R., 1948), Insel in der Sonne (Reiseber., 1956, dt. 1956), Öl ins Feuer (R., 1960, dt. 1961), Vulkan Westindien (Studie, 1964, dt. 1967), My brother Evelyn and other profiles (1967), Ein Spion in der Familie (R., 1970, dt. 1972), The fatal gift (R., 1973), The best wine last (Autobiogr., 1978).

Waugh, Evelyn [Arthur St. John] [engl. wɔː], * London 28. Okt. 1903, † Taunton (Somerset) 10. April 1966, engl. Schriftsteller. – Sohn eines Verlegers, Bruder von Alec W.; studierte Geschichte in Oxford, dann Malerei an der Kunstakademie London; war zeitweilig Lehrer; konvertierte 1930 zum Katholizismus; unternahm, meist als Pressekor-respondent, weite Reisen; nahm am 2. Weltkrieg im Mittelmeergebiet teil. W. trat zunächst mit einer Studie über D. G. Rossetti (1928) hervor. Erfolg hatte er mit komisch-satir. Romanen wie ›Auf der schiefen Ebene‹ (1928, dt. 1953) und ›... aber das Fleisch ist schwach‹ (1930, dt. 1951), die die Dekadenz der zeitgenöss. höheren Gesellschaft zynisch karikieren. Später wandte er sich zunehmend einer ernsteren, das religiöse Element betonenden Gestaltungsweise zu, bes. in ›Wiedersehen mit Brideshead‹ (R., 1945, dt. 1947), ohne jedoch auf Sarkasmus und Zynismus als Stilmittel zu verzichten; seine Neigung zur Groteske zeigt sich in ›Tod in Hollywood‹ (R., 1948, dt. 1950), einer Satire über Auswüchse des amerikan. Bestattungswesens, und in dem freimütig autobiograph. Roman ›Gilbert Pinfolds Höllenfahrt‹ (1957, dt. 1958). W. schrieb auch journalist. Reisebücher und die Autobiographie ›A little learning‹ (1964). Er hinterließ aufschlußreiche Tagebücher (›The diaries‹, hg. 1976) und Briefe (›The letters of E. W.‹, hg. 1980).

Evelyn Waugh

Weitere Werke: Schwarzes Unheil (R., 1932, dt. 1938, 1954 u. d. T. Schwarze Majestät), Eine Handvoll Staub (R., 1934, dt. 1936), Saat im Sturm (Biogr., 1935, dt. 1938, 1954 u. d. T. Edmund Campion, Jesuit und Blutzeuge), Die große Meldung (R., 1938, dt. 1953, 1984 u. d. T. Der Knüller), Mit Glanz und Gloria (R., 1942, dt. 1987), Helena (R., 1950, dt. 1951), Ohne Furcht und Tadel (R.-Trilogie; Bd. 1: Men and arms, 1952; Bd. 2: Officers and gentlemen, 1955; Bd. 3: Unconditional surrender, 1961, 1965 u. d. T. Sword of honour; zus. 1965, dt. 1979), Und neues Leben blüht aus den Ruinen

(E., 1953, dt. 1955), Lust und Laster (R., 1960, dt. 1984).

Literatur: CARENS, J. F.: The satiric art of E. W. Seattle (Wash.) u. London 1967. – E. W. and his world. Hg. v. D. PRYCE-JONES. Boston (Mass.) 1973. – SYKES, CH.: E. W. London 1975. – LANE, C. W.: E. W. Boston (Mass.) 1981. – A bibliography of E. W. Hg. v. R. M. DAVIS u.a. Troy (N. Y.) 1985. – STANNARD, M.: E. W. London 1986. – McDONNELL, J.: E. W. Basingstoke 1988.

Wayang (Wajang) [indones.], seit dem 8. Jh. n. Chr. auf Java und später auch auf Bali bekanntes Theaterspiel, das in den Formen des **W. purva** (Schattenspiel mit Puppen, die aus gefärbtem Büffelleder geschnitten sind; der Dalang führt die Puppen, spricht, kommentiert und dirigiert), des **W. golek** (Spiel mit vollplast., bemalten Figuren) und des **W. wong** (anstelle der Figuren treten Tänzer auf) vorkommt. Dargestellt werden meist Themen aus dem ind. Kulturkreis (z. B. die Epen ›Rāmāyaṇa‹ und ›Mahābhārata‹).

Ważyk, Adam [poln. 'vaʒik], * Warschau 17. Nov. 1905, † ebd. 13. Aug. 1982, poln. Schriftsteller. – Gehörte zur ›Krakauer Avantgarde‹, neigte in seinen frühen Werken zu literar. Experimenten, bevorzugte ungewöhnl. Reime und eine raffinierte Form. Nach surrealist. Erzählwerken schrieb er schlichte Kriegsgedichte. In seiner Dichtung nach dem Krieg pflegte er den poetischen Realismus; v. a. beschäftigte ihn der Aufbau Polens.

Werke: Semafory (Ged., 1924), Oczy i usta (= Augen und Mund, Ged., 1926), Mity rodzinne (= Familienmythen, R., 1938), Ein Gedicht für Erwachsene (Ged., 1956, dt. 1957), Episode (R., 1961, dt. 1961), Gra i doświadczenie (= Spiel und Experiment, Essays, 1974), Zdarzenia (= Ereignisse, Ged., 1977).
Ausgabe: A. W. Poezje wybrane. Warschau 1973.

Webb, Mary [Gladys] [engl. wɛb], geb. Meredith, * Leighton (Salop) 25. März 1881, † Saint Leonards-on-Sea (Sussex) 8. Okt. 1927, engl. Schriftstellerin. – Bereits in jugendl. Alter von Krankheit gezeichnet. Ihre Romane beeindrucken durch genaue Beobachtung von Menschen und Natur, Brauchtum und Legenden im ländl. Shropshire. Das Interesse an psycholog. und myst. Phänomenen schlägt sich auch in ihrer Lyrik nieder.

Werke: Der goldene Pfeil (R., 1916, dt. 1951), Heim zur Erde (R., 1917, dt. 1943), Das Haus im Dormerwald (R., 1920, dt. 1945), Die Geschichte von der Liebe der Prudence Sarn (R., 1924, dt. 1930, 1970 u.d.T. Die Liebe der Prudence Sarn), Über die Hügel und in die Ferne (R.-Fragment, hg. 1956), Collected prose and poems (hg. 1977).
Ausgabe: The collected works of M. W. London 1928–29. 7 Bde.
Literatur: BYFORD-JONES, W.: The Shropshire haunts of M. W. Shrewsbury 1948. – COLES, G. M.: The flower of light. A biography of M. W. London 1978. – DICKINS, G.: M. W. Shrewsbury 1981.

Weber, Annemarie, Pseudonym Katja Hennig, * Berlin 8. Juni 1918, † ebd. 15. Jan. 1991, dt. Schriftstellerin. – Neben Essays, Kritiken und Kurzgeschichten veröffentlichte W. zahlreiche autobiograph. Erzählwerke, deren Handlungen im Kriegs- und Nachkriegsdeutschland angesiedelt sind (›Westend‹, R., 1961; ›Rosa oder Armut schändet‹, R., 1978); auch Übersetzungen.

Weitere Werke: Korso (R., 1961), Roter Winter (R., 1969), Sitte und Sünde. Satiren (1978), Immer auf dem Sofa. Das familiäre Glück vom Biedermeier bis heute (1982).

Weber, Friedrich Wilhelm, * Alhausen (Gemeinde Bad Driburg [Westf.]) 25. Dez. 1813, † Nieheim (Landkreis Höxter) 5. April 1894, dt. Lyriker und Epiker. – War prakt. Arzt in Bad Driburg und Kurarzt in Bad Lippspringe; 1861 Zentrumsabgeordneter im preuß. Abgeordnetenhaus; Hauptwerk seines epigonalen lyr. und ep. Schaffens ist das Versepos ›Dreizehnlinden‹ (1878), eine christlich und patriotisch gesinnte Darstellung der Bekehrung der Sachsen zum Christentum (seinerzeit ein überaus erfolgreiches Buch). W. war auch Übersetzer, v. a. von Werken A. Lord Tennysons, Th. Moores, E. Tegnérs und A. G. Oehlenschlägers.
Literatur: F. W. W. Arzt – Politiker – Dichter. Paderborn 1994.

Weber, Karl Julius, * Langenburg (Landkreis Schwäbisch Hall) 16. April 1767, † Kupferzell (Hohenlohekreis) 20. Juli 1832, dt. Schriftsteller. – War Hofrat, dann Privatgelehrter, 1820–24 Abgeordneter in der württemberg. Ständekammer; von der frz. Aufklärung beeinflußter Verfasser vielgelesener skept., antiromant. Werke, die auf die Verhältnisse im Deutschland seiner Zeit satirisch-krit. Bezug nehmen; bed. Feuilletonist.

Werke: Deutschland oder Briefe eines in Deutschland reisenden Deutschen (4 Bde., 1826–28), Demokritos, oder Hinterlassene Briefe eines lachenden Philosophen (12 Bde., 1832–40). **Literatur:** LUDWIG, ERNST: Die ästhet. Anschauungen in W.s ›Demokrit‹. Gießen 1927.

Webster, John [engl. 'wɛbstə], *London(?) um 1580, †um 1625, engl. Dramatiker. – Über sein Leben ist fast nichts bekannt. War an mehreren Dramen zus. mit Th. Dekker, Th. Heywood u. a. als Mitautor beteiligt. Selbständig verfaßte er, neben der Tragikomödie ›The devil's law case‹ (entst. um 1610, gedr. 1623), die Tragödien ›Der weiße Teufel‹ (1612, dt. 1881) und ›Die Herzogin von Amalfi‹ (entst. um 1614, gedr. 1623, dt. 1858), die an zeitgeschichtl. Mordfällen in virtuoser Dramaturgie und facettenreicher poet. Sprache Extremfälle der Leidenschaft und der Bewährung darstellen.

Ausgabe: J.W. The complete works. Hg. v. F. L. LUCAS. London 1927. 4 Bde. Nachdr. Staten Island (N. Y.) 1966. **Literatur:** BOGARD, T.: The tragic satire of J. W. Berkeley (Calif.) 1955. Nachdr. New York 1965. – LAGARDE, F.: J. W. Toulouse 1968. 2 Bde. – BERRY, R.: The art of J. W. Oxford 1972. – BRADBROOK, M. C.: J. W. London 1980. – SCHUMAN, S.: J. W. A reference guide. Boston (Mass.) 1985.

Webster, Noah [engl. 'wɛbstə], *West Hartford (Conn.) 16. Okt. 1758, †New Haven (Conn.) 28. Mai 1843, amerikan. Lexikograph. – Studierte in Yale; zeitweise als Jurist und Lehrer tätig. Das erste der für seine Schulkinder geschriebenen drei Lehrbücher der engl. Sprache (›A grammatical institute of the English language‹, 1783–1785, Faksimile-Nachdr. 1980) erschien bald u. d. T. ›The American spelling book‹ und dokumentierte die sprachl. Unabhängigkeit der jungen amerikan. Nation. Unterstützt von B. Franklin setzte er die Reform der engl. Sprache mit ›Dissertations on the English language‹ (1789) und ›Compendious dictionary of the English language‹ (1806) fort, die zu dem Standardwerk ›An American dictionary of the English language‹ (2 Bde., 1828) führte. Dieses nach der Übernahme durch die Brüder George (*1803, †1880) und Charles Mer-

riam (*1806, †1887) laufend neu bearbeitete Lexikon ist auch heute noch als ›Webster‹ das maßgebl. Nachschlagewerk für den amerikan. Sprachgebrauch. **Literatur:** Notes on the life of N. W. Hg. v. E. E. FORD u. E. E. F. SKEEL. New York 1912. Nachdr. 1971. 2 Bde. – WARFEL, H. R.: N. W. schoolmaster to America. New York 1936. Nachdr. 1967. – MORGAN, J. S.: N. W. New York 1975. – MOSS, R. J.: N. W. Boston (Mass.) 1984.

Wechsel, im dt. Minnesang (v. a. in der 2. Hälfte des 12. Jh.) Kombination einer ↑Frauenstrophe und einer Mannesstrophe, wobei die Rollenfiguren nicht miteinander (dialogisch), sondern übereinander sprechen und ihre Gefühle und Gedanken monologisch äußern. Die zweistrophige Grundform kann durch weitere Strophen angereichert werden, auch durch Anrede einer dritten Person, z. B. eines Boten.

Wechselgesang, Gesang in dialog. Form, als Wechsel von Frage und Antwort, Rede und Gegenrede usw. Er findet sich seit dem griech. Drama. Verbreitet in der Volksdichtung, z. B. im Volkslied, Weihnachtslied u. a., häufig in der Liebesdichtung. Frühe bed. Ausprägungen waren die roman. und german. Spielarten des ↑Tageliedes, aber auch die verschiedenen Formen des mittelalterl. ↑Streitgedichtes (↑auch Altercatio, ↑Partimen, ↑Tenzone). Als Höhepunkt der Entwicklung gilt der W. von Hatem und Suleika in Goethes Gedichtzyklus ›Westöstl. Divan‹ (1819). Mit den Abklingen der Romantik trat die W. in den Hintergrund. **Literatur:** LANGEN, A.: Dialog. Spiel. Formen u. Wandlungen des W.s in der dt. Dichtung 1600–1900. Hdbg. 1966.

Wechselreim ↑Reim.

Wechsler, Benjamin [frz. vɛks'lɛːr], frz. Schriftsteller rumän. Herkunft, ↑Fondane, Benjamin.

Wȩckherlin, Georg Rudolf […li:n], *Stuttgart 15. Sept. 1584, †London 13. Febr. 1653, dt. Lyriker. – Sohn eines Hofbeamten, studierte Rechtswissenschaft in Tübingen; Reisen durch Deutschland, nach Frankreich und England, Sekretär und Hofrat in Stuttgart; 1620 Sekretär der Kanzlei Friedrichs V. von der Pfalz in London, Unterstaatssekretär, dann Parlamentssekretär in

London (sein Nachfolger unter Cromwell war J. Milton, dem er noch einige Zeit assistierte). Frühbarocker Lyriker, formal von der Dichtung der frz. Renaissance beeinflußt; schrieb Gelegenheitsgedichte und pathet. Gesellschaftslieder (›Oden und Gesänge‹, 2 Bde., 1618/19; ›Gaistl. und weltl. Gedichte‹, 1641); in seinem Bemühen um eine Neugestaltung der dt. Poesie war W. ein Vorläufer von Opitz.
Literatur: WAGENKNECHT, CH.: W. u. Opitz. Mchn. 1971.

Weckherlin, Wilhelm Ludwig [...li:n], dt. Schriftsteller, ↑ Wekhrlin, Wilhelm Ludwig.

Weckmann, André, * Steinburg (Dep. Bas-Rhin) 30. Nov. 1924, elsäss. Schriftsteller. – Studierte Germanistik in Straßburg, arbeitet als Deutschlehrer ebd.; schreibt in frz. und dt. Sprache sowie in der alemann. Mundart des Elsaß. Setzt sich in seinen Erzählungen, Gedichten und Romanen mit der Situation im Elsaß auseinander und kämpft gegen die Selbstentfremdung auf sprachl. und kulturellem Gebiet, ohne deswegen einer rückwärtsgerichteten Deutschtümelei das Wort zu reden. Engagierter Mitarbeiter der elsäss. Ökologiebewegung; Mit-Hg. der Zeitschrift ›Allmende‹.
Werke: Les nuits de Fastov (Bericht, 1968), Sechs Briefe aus Berlin (1969), Geschichten aus Soranien (1973), Fonse ou l'éducation alsacienne (Prosa, 1975), Schang d sunn schint schun lang (Ged., 1975), Haxchissdrumerum (Ged., 1976), Die Fahrt nach Whyl (Bericht, 1977), Fremdi getter (Ged., 1978), Wie die Würfel fallen (R., 1981), Bluddi hand (Ged., 1983), Landluft (Ged., 1983), Odile oder das mag. Dreieck (R., 1985), Elsassischi Grammatik oder ein Versuch, die Sprache auszuloten (Ged., 1989), Die Kultur des Zusammenlebens. Variationen zu einem schwierigen Thema (1992).

Weda ↑ Veda.

Weddase Marjam (tl.: Wedasē Mareyam) [amhar. wəddase marjam = Lobpreis Marias], äthiop. Marienoffizium in sieben Lesungen (Gesängen) für die sieben Wochentage, die auf die kopt. (heute nur bohairisch erhaltenen) Theotokien zurückgehen. Der Stoff der Lesungen dürfte eher aus syr. denn aus griech. Quelle stammen. Das ›W. M.‹ wurde wahrscheinlich in der Periode des Abunā Abba ↑ Sälama aus einer arab. Zwischen-

übersetzung ins Gees übertragen und hat seitdem einen festen Platz in der äthiop. Liturgie wie in der Glaubensüberzeugung des christl. Äthiopien.
Literatur: Kleines Wörterb. des Christl. Orients. Hg. v. J. ASSFALG u. P. KRÜGER. Wsb. 1975. S. 361.

Weddase wä-genai läemmä Adonai (tl.: Wedasē wä-genay la-'emä 'Ādonay) [amhar. wəddase wegənaj lɛəmmɛ adonaj = Lobpreis und demütige Danksagung an die Mutter des Herrn], auch ›Ankäsä berhan‹ (= Pforte des Lichts) genanntes äthiop. Marienoffizium für den Sonntag, das inhaltlich eine Paraphrase der Sonntagslesung des ↑ ›Weddase Marjam‹ ist. Eine poet. Bearbeitung der Prosafassung wurde (nach einer Handschrift in der Österr. Nationalbibliothek) von A. Grohmann ediert.
Literatur: Kleines Wörterb. des Christl. Orients. Hg. v. J. ASSFALG u. P. KRÜGER. Wsb. 1975. S. 362.

Wedekind, Frank, * Hannover 24. Juli 1864, † München 9. März 1918, dt. Schriftsteller. – Jugendjahre in der Schweiz, nach (abgebrochenem) Jurastudium 1886/87 Reklamechef der Firma Maggi, Journalist, dann Zirkussekretär, Mitarbeiter des ›Simplicissimus‹, Dramaturg in München, Schauspieler in eigenen Stücken; 1899/1900 Festungshaft wegen Majestätsbeleidigung; 1901/02 Lautensänger und Rezitator im Kabarett ›Die Elf Scharfrichter‹, ab 1902 in E. von Wolzogens ›Überbrettl‹; freier Schriftsteller in Zürich, Paris, später meist in München; 1905–08 Mitglied des Dt. Theaters in Berlin. Aufführungen seiner Stücke wurden durch Verbote seitens der Zensur sehr erschwert. Seine geistreichen, witzigen Dramen sind gegen die Erstarrung des Bürgertums, bes. gegen dessen konventionelle Moral, gegen alle Behinderung eines freien, auch sexuell betonten Lebens gerichtet; die Auseinandersetzung zwischen ›Geist und Fleisch‹ wird provozierend in einem nur scheinbar realist., in Wirklichkeit doch allegor., symbol. und groteske Züge den Expressionismus bereits vorwegnehmenden Stil gestaltet; bed. Wirkung auf die Weiterentwicklung des Dramas in der dt. Literatur; auch seine Erzählwerke waren von emanzipator. Tendenz bestimmt. In seiner Lyrik, satir. Balladen, Chansons

Frank
Wedekind

u. a., greift er ebenfalls das Spießbürgertum an und trägt zur Erneuerung der traditionellen Genres entscheidend bei.

Werke: Frühlings Erwachen (Dr., 1891), Der Erdgeist (Dr., 1895, 1903 u. d. T. Lulu, Fortsetzung 1903 u. d. T. Die Büchse der Pandora), Die Fürstin Russalka (En., 1897; darin u. a. Der Brand von Egliswyl), Der Kammersänger (Dr., 1899), Der Liebestrank (Schwank, 1899), Marquis von Keith (Lsp., 1901), König Nicolo oder So ist das Leben (Dr. 1902), Mine-Haha (R.-Fragment, 1903), Hidalla (Schsp., 1904, auch u. d. T. Karl Hetmann, der Zwergriese), Die vier Jahreszeiten (Ged., 1905), Totentanz (3 Szenen, 1906), Musik (Dr., 1908), Oaha (Schsp., 1908, 1916 u. d. T. Till Eulenspiegel), Der Stein der Weisen (Schsp., 1909), Die Zensur (Dr., 1909), Schloß Wetterstein (Dr., 1910), Franziska (Dr., 1912), Bismarck (Dr., 1916), Herakles (Dr., 1917), Lautenlieder (hg. 1920). **Ausgaben:** F. W. Ges. Werke. Hg. v. A. KUTSCHER u. R. FRIEDENTHAL. Mchn. u. Bln. 1912–19. 8 Bde. – F. W. Werke. Hg. u. eingel. v. M. HAHN. Bln. u. Weimar 1969. 3 Bde. – F. W. Stücke. Mchn. u. Wien 1970. – F. W. Die Liebe auf den ersten Blick u. a. Erzählungen. Bearb. v. H. PUKNUS. Mchn. u. Wien 1971. TB.-Ausg. Mchn. 1984. – F. W. Ich hab meine Tante geschlachtet. Lautenlieder u. ›Simplicissimus‹-Gedichte. Hg. v. M. HAHN. Ffm. 1982. – F. W. Die Tagebücher. Hg. v. G. HAY. Ffm. 1986. **Literatur:** KUTSCHER, A.: W. Leben u. Werk. Mchn. 1964. – VÖLKER, K.: F. W. Velber 1965. – ROTHE, F.: F. W.s Dramen. Stg. 1968. – WITZKE, G.: Das ep. Theater W.s u. Brechts. Diss. Tüb. 1972. – BEST, A.: F. W. London 1975. – FRIEDMANN, J.: F. W.s Dramen nach 1900. Stg. 1975. – IRMER, H. J.: Der Theaterdichter F. W. Bln. 1975. – WAGENER, H.: F. W. Bln. 1979. – GALLATI, A.: Individuum u. Gesellschaft in F. W.s Drama. Diss. Zü. 1981. – SCHRÖDER-ZEBRALLE, J.: F. W.s religiöser Sensualismus. Die Vereinigung von Kirche u. Freudenhaus? Ffm. 1985. – VINÇON, H.: F. W. Stg. 1986. –

F. W.s Maggi-Zeit. Hg. v. H. VINÇON. Darmst. 1992. – KWANGSUN KIM: Die Lieder in F. W.s Dramen. Ffm. u. a. 1993. – PICKERODT, G.: F. W. Ffm. ³1993. – SEEHAUS, G.: F. W. Rbk. 26.–28. Tsd. 1993.

Weems, Mason Locke [engl. wi:mz], * auf ›Marshes Seat‹ bei Herring Bay, Anne Arundel County (Md.) 11. Okt. 1759, † Beaufort (S. C.) 23. Mai 1825, amerikan. Schriftsteller. – War mit den Gründervätern der amerikan. Nation, u. a. J. Adams, B. Franklin, G. Washington, bekannt; bemühte sich in seinem Amt als episkopal. Geistlicher um die Verbreitung anspruchsvoller Literatur. Als Schriftsteller wurde W. durch seine fiktionalisierten Biographien, v. a. die Lebensbeschreibung George Washingtons (um 1800, dt. 1850) und seine moral. Traktate bekannt.
Ausgabe: M. L.W., his works and ways. Hg. v. P. L. FORD u. E. E. F. SKEEL. New York 1929. 3 Bde.

Weerth, Georg, * Detmold 17. Febr. 1822, † Havanna (Kuba) 30. Juli 1856, dt. Schriftsteller und Publizist. – Sohn eines Generalsuperintendenten; Kaufmannslehre, ab 1843 in einem engl. Textilunternehmen tätig, mit F. Engels und K. Marx befreundet, 1848/49 Feuilletonredakteur der von Marx geleiteten ›Neuen Rhein. Zeitung‹ in Köln; wurde wegen seiner dort veröffentlichten Satire auf das preuß. Junkertum ›Leben und Thaten des berühmten Ritters Schnapphahnski‹ (Buchausg. 1849) zu 3 Monaten Gefängnis verurteilt; ausgedehnte Geschäftsreisen, zuletzt in Westindien; von Engels als ›erster und bedeutendster Dichter des dt. Proletariats‹ bezeichnet; schrieb teils volksliedhaft-heitere, teils gesellschaftskrit. Lyrik sowie die in der ›Neuen Rhein. Zeitung‹ 1845–48 veröffentlichten satir. ›Humorist. Skizzen aus dem dt. Handelsleben‹ (Buchausg. 1949).
Weiteres Werk: Skizzen aus dem sozialen und polit. Leben der Briten (entst. 1843–48, Teilausg. 1954 u. d. T. Engl. Reisen).
Literatur: G. W. (1822–1856). Hg. v. M. VOGT u. a. Bielefeld 1993.

Węgierski, Tomasz Kajetan [poln. vɛŋˈgjɛrski], * Sliwno (?) bei Biała Podlaska 1756, † Marseille 11. April 1787, poln. Dichter. – Verließ 1779 Polen, bereiste u. a. die USA; Autor des heroisch-kom. Poems in sechs Gesängen ›Organy‹

(1784; freie Bearbeitung des kom. Epos ›Le lutrin‹, 1674–83, von N. Boileau-Despréaux); Verfasser scharfer, z. T. polit. Pasquillen; auch Lyrik, Fabeln, (frz.) Reisebriefe (Reisetagebuch); übersetzte (z. T. frei) Voltaire, J.-J. Rousseau und Montesquieu.

Ausgabe: T. K. W. Wiersze wybrane. Warschau 1974.

Wegner, Armin T[heophil], Pseudonym Johannes Selbdritt, * Elberfeld (heute zu Wuppertal) 16. Okt. 1886, † Rom 17. Mai 1978, dt. Schriftsteller. – Studierte Jura; im 1. Weltkrieg als Sanitäter in Polen und Bagdad, wo er die Vertreibung der Armenier miterlebte; 1919 Gründungsmitglied des ›Bundes der Kriegsdienstgegner‹; journalist. Tätigkeit, unternahm viele Reisen; 1928 Mitglied der KPD; 1921–39 ∞ mit L. Landau. Wegen seines Protestes gegen die Judenverfolgung (Brief an A. Hitler vom 11. April 1933: ›Ich beschwöre Sie, wahren Sie die Würde des dt. Volkes‹, gedr. 1968) 1933/34 in Gefängnissen und im KZ; danach Emigration über London nach Italien; 1938 in Jerusalem, ab 1941 wieder (unter falschem Namen) in Italien, wo er seitdem lebte. In seiner frühen Lyrik vom Expressionismus beeinflußt, schrieb W. außerdem Erzählungen, Romane, Reisebücher, Hörspiele sowie Essays, Aufrufe und Manifeste, in denen er sich leidenschaftlich für Gerechtigkeit und Freiheit einsetzte.

Werke: Zwischen zwei Städten (Ged., 1909), Das Antlitz der Städte (Ged., 1917), Im Hause der Glückseligkeit. Aufzeichnungen aus der Türkei (1920), Das Geständnis (R., 1922), Die Straße mit den tausend Zielen (Ged., 1924), Moni (R., 1929), Maschinen im Märchenland (Reiseb., 1932), Die Silberspur (Reiseb., 1952), Fällst du, umarme auch die Erde (Ged. und Prosa, 1974).

Ausgaben: A. T. W. Odyssee einer Seele. Ausgew. Werke. Hg. v. R. STECKEL. Wuppertal 1976. – A. T. W. Am Kreuzweg der Welten. Lyrik, Prosa, Briefe, Autobiographisches. Hg. v. R. GREUNER. Bln. 1982.

Literatur: WERNICKE-ROTHMAYER, J.: A. T. W. Gesellschaftserfahrung u. literar. Werk. Ffm. u. a. 1982. – WICKISCH, R. M. G.: A. T. W. Ein Dichter gegen die Macht. Grundlinien einer Biogr. Wuppertal 1982. – ROONEY, M.: Leben u. Werk A. T. W.s (1886–1978). Ffm. 1984.

weiblicher Reim, zweisilbiger, aus einer Hebungs- und einer Senkungssilbe bestehender Reim: klingen–singen. – Ggs. † männlicher Reim.

Weigand, Wilhelm, * Gissigheim (Gemeinde Königheim, Main-Tauber-Kreis) 13. März 1862, † München 20. Dez. 1949, dt. Schriftsteller. – Studierte in Brüssel, Paris und Berlin, lebte ab 1889 in München. Zwischen Neuromantik und Realismus stehender Erzähler, Lyriker und Dramatiker; auch Essayist und Übersetzer.

Werke: Der Frankenthaler (R., 1889), Sommer (Ged., 1894), Der zwiefache Eros (En., 1896), Florian Geyer (Dr., 1901), Der Abbé Galiani (Essay, 1908, erweitert 1948), Stendhal und Balzac (Essays, 1911), Die Löffelstelze (R., 1919), Der graue Bote (En., 1924), Die ewige Scholle (R., 1927), Die Fahrt zur Liebesinsel (R., 1928), Die Gärten Gottes (R., 1930), Helmhausen (R., 1938), Welt und Weg. Aus meinem Leben (1940), Der Ruf am Morgen (R., 1941).

Weigel, Hans, * Wien 29. Mai 1908, † Maria Enzersdorf am Gebirge 12. Aug. 1991, österr. Schriftsteller. – War Kabarettist in Wien, lebte 1938–45 in der Schweiz, später wieder in Wien; geistreich-amüsanter Dramatiker, Erzähler, Kritiker und Feuilletonist; auch Übersetzer (Molière) und Bearbeiter dramat. Werke (J. Nestroy); Förderer junger österr. Schriftsteller (u. a. Hg. der Anthologie ›Stimmen der Gegenwart‹, 1951–54). Mit seiner Sprachkritik sah er sich in der Nachfolge von K. Kraus.

Weitere Werke: Barabbas (Dr., 1946), Der grüne Stern (R., 1946), O du mein Österreich (1956), Flucht vor der Größe (Essays, 1960), Lern dieses Volk der Hirten kennen (1962), Karl Kraus oder Die Macht der Ohnmacht (1968), Götterfunke mit Fehlzündung (Essays, 1971), Die Leiden der jungen Wörter. Ein Antiwörterbuch (1974), Der exakte Schwindel oder Der Untergang des Abendlands durch Zahlen und Ziffern (1977), Das Land der Deutschen mit der Seele suchend (1978), ad absurdum. Satiren, Attacken, Parodien aus drei Jahrzehnten (1981), Nach wie vor Wörter. Literar. Zustimmungen, Ablehnungen, Irrtümer (1985), Man kann nicht ruhig darüber reden. Umkreisung eines fatalen Themas (1986), Die tausend Todsünden (1988), Das Abendbuch (Erinnerungen, 1989), Das Scheuklappensyndrom (Erlebnisbericht, 1990).

Weigle, Fritz, dt. Schriftsteller und Zeichner, † Bernstein, F.

Weihnachtsspiel, Typus des mittelalterl. † geistlichen Spiels, das sich, ähnlich wie das nur wenig ältere Osterspiel, aus dem Tropus und der szen. darstellen-

den Erweiterung der Festtagsliturgie entwickelte. Die drei vom Evangelium vor-
gegebenen Haupthandlungen der Weih-
nachtsliturgie – Engelsverkündigung,
Hirtenprozession, Anbetung des Kindes
in der Krippe – wurden durch Zusätze
aus der bibl. Geschichte erweitert, z. B.
durch ein Prophetenspiel als Prolog, ein
Dreikönigs- oder Magierspiel, ein Spiel
vom Kindermord in Bethlehem. Wurden
die einzelnen Szenen seit dem 11. oder
frühen 12. Jh. zu den entsprechenden
Festtagen aufgeführt, so findet sich ein
die ganze Weihnachtsgeschichte umfassendes W. in lat. Fassung erstmals in der
›Benediktbeurer Handschrift‹ des 13.
Jahrhunderts. Das erste volkssprachl. dt.
W. ist das ›Sankt Galler Spiel von der
Kindheit Jesu‹ (Ende des 13. Jh.), das
szenenreichste und liturgisch am wenig-
sten gebundene W. stammt aus Hessen
(›W. von Friedberg‹, spätes 15. Jh.); um-
fängl. W.e sind auch aus Tirol überlie-
fert. In volkstüml. Überlieferung leben
bis heute Einzelszenen wie Krippenspiel,
Hirten- und Dreikönigsprozessionen
fort.
Literatur: Das Drama des MA. Hg. v. R. FRO-
NING. Stg. 1891. Nachdr. Darmst. 1964. –
SCHMIDT, LEOPOLD: Formprobleme der dt. W.e.
Emsdetten 1937. – MUSUMARRA, C.: La sacra
rappresentazione della natività nella tradizione
italiana. Florenz 1957. – Oberuferer u. a. süddt.
W.e des 16. u. 17. Jh., deren Spielbezirk, Darstellungsweise u. Kostümierung. Bearb. v. K. E.
FÜRST. Fürstenfeldbruck 1981.

Weil, Grete, * Rottach-Egern 18. Juli
1906, dt. Schriftstellerin. – Emigrierte
1935 als Jüdin in die Niederlande, wo sie
1943 untertauchte; 1947 Rückkehr nach
Deutschland; lebt in München. Thema
ihrer (z. T. autobiograph.) Romane und
Erzählungen ist das jüd. Schicksal; auch
Libretti und Übersetzungen.
Werke: Ans Ende der Welt (Nov., 1949), Tram-
halte Beethovenstraat (R., 1963), Meine Schwester Antigone (R., 1980), Generationen (R.,
1983), Der Brautpreis (R., 1988), Spätfolgen
(En., 1992).

Weil, Jiří [tschech. vajl], * Praskolesy
bei Hořovice 6. Aug. 1900, † Prag 13. Dez.
1959, tschech. Schriftsteller. – Journalist;
Mitglied avantgardist. Gruppen, u. a. des
›Devětsil‹; gab 1932 eine Sammlung
sowjet. revolutionärer Lyrik heraus;
1933–35 in der Sowjetunion; lebte

1942–45 in der Illegalität; 1946–49 als
Redakteur und 1950–58 am Prager
Staatl. jüd. Museum tätig. W.s Prosa-
schaffen umfaßt Reportagen, Erzählungen (›Barvy‹ [= Farben], 1946; ›Mír‹
[= Frieden], 1949) und Romane (›Moskau – die Grenze‹, 1937, dt. 1992; ›Makanna, otec divů‹ [= Makanna, Vater der
Wunder], 1946; ›Leben mit dem Stern‹,
1949, dt. 1973; ›Mendelssohn auf dem
Dach‹, hg. 1960, dt. 1992); es ist thematisch zeitgebunden und beeinflußte die
moderne tschech. Erzählkunst; bed.
auch seine Übersetzungen russ. Literatur
(W. W. Majakowski, B. L. Pasternak,
M. Gorki u. a.).

Weimarer Ausgabe ↑ Sophienaus-
gabe.

Weimarer Klassik, von der Zusammenarbeit Schillers und Goethes geprägte Richtung der ↑ deutschen Literatur. In der älteren Literaturwiss. auch
Epochenbez. für die Zeit zwischen Sturm
und Drang und Romantik.

Weiner, Richard, * Písek 6. Nov.
1884, † Prag 3. Jan. 1937, tschech. Schriftsteller. – Pariser Korrespondent der Zeitschrift ›Lidové noviny‹. Seine Prosa
(›Der leere Stuhl‹, En., 1919, Neuausg.
1964, dt. 1968; ›Spiel im Ernst‹, R., 1933,
dt. 1987) und seine Gedichte sind Analysen der Ohnmacht und Gespaltenheit des
modernen, durch den Krieg aus der Bahn
geworfenen Menschen.
Weitere Werke: Der gleichgültige Zuschauer
(En., 1917, dt. 1992), Der Bader. Eine Poetik
(hg. 1974, dt. 1991).
Literatur: CHALUPECKÝ, J.: R. W. Prag 1947.

weinerliches Lustspiel, Lustspiel-
typ z. Z. der dt. Aufklärung, in dem die
kom. Elemente zugunsten der empfind-
samen zurückgedrängt wurden. Die Bez.
›w. L.‹ stammt von G. E. Lessing nach
dem frz. Ausdruck ↑ ›Comédie larmoy-
ante‹, dessen spött. Nebenton er durch
die dt. Übersetzung ›weinerlich‹ beibe-
halten wollte; die Befürworter der Gattung bezeichneten sie als ›rührendes
Lustspiel‹, so z. B. Ch. F. Gellert, ihr
Theoretiker und wichtigster Vertreter
(›Die Betschwester‹, 1745; ›Die zärtl.
Schwestern‹, 1747), daneben u. a. J. E.
Schlegel, Ch. F. Weiße; in England u. a.
R. Steele ›Rührende‹ Elemente enthält

auch das erste dt. ↑bürgerliche Trauerspiel, Lessings ›Miß Sara Sampson‹ (1755), ebenso wie sein engl. Vorbild, G. Lillos ›Der Kaufmann von London oder Begebenheiten George Barnwells‹ (1731, dt. 1755).

Weinert, Erich, * Magdeburg 4. Aug. 1890, † Berlin (Ost) 20. April 1953, dt. Schriftsteller. – Sohn eines Ingenieurs; zunächst Schlosser, dann Zeichenlehrer; Teilnahme am 1. Weltkrieg; 1921 Rezitator und Hausdichter des Kabaretts ›Retorte‹; Mitarbeiter kommunist. Zeitschriften; reiste 1930 in die UdSSR; 1933 ging er ins Exil in die Schweiz, nach Frankreich und in die UdSSR, Teilnahme am Span. Bürgerkrieg, erneut in der UdSSR; 1946 Rückkehr nach Berlin (Ost). Schrieb engagierte, oft propagandist. Lyrik und Prosa gegen Militarismus, Restauration, Nationalismus und Faschismus; auch Übersetzungen und Nachdichtungen.
Werke: Der Gottesgnadenhecht u. a. Abfälle (Ged., 1923), Affentheater (Ged., 1925), Polit. Gedichte (1928), Deutschland (Ged., 1936), Rot Front (Ged., 1936), Gegen den wahren Feind (Ged., 1944), Rufe in die Nacht (Ged., 1947), Das Zwischenspiel (Ged., 1950), Camaradas. Ein Spanienbuch (1951), Memento Stalingrad. Ein Frontnotizbuch (1951).
Ausgaben: E. W. Ges. Werke. Hg. v. L. WEINERT u. a. Bln. ¹⁻²1955–60. 9 Bde. – E. W. Ges. Gedichte. Hg. v. der Akad. der Künste der DDR. Bln. u. Weimar 1970–76. 6 Bde.
Literatur: PREUSS, W.: E. W. Bildbiogr. Bln. ⁶1970. – POSDZECH, D.: Das lyr. Werk E. W.s. Bln. 1973. – PREUSS, W.: E. W. Leben u. Werk. Bln. ⁹1987.

Weingartner Liederhandschrift
↑Stuttgarter Liederhandschrift.

Weinheber, Josef, * Wien 9. März 1892, † Kirchstetten (Niederösterreich) 8. April 1945, österr. Schriftsteller. – Schwere Jugend durch den frühen Tod der Eltern, sechs Jahre Erziehung im Waisenhaus; mühsame autodidakt. Bildung; ab 1911 im österr. Postdienst, zuletzt Inspektor im Post- und Telegraphendienst; ab 1932 freier Schriftsteller; nahm beim Vorrücken der Roten Armee eine Überdosis Schlaftabletten. Ausgeprägtes Formbewußtsein, sprachl. Kultur, künstler. Technik bestimmen seine gedankl. Oden- und Hymnendichtung, die er in antiken Strophen ebenso virtuos

gestaltete wie in den roman. Formen Sonett und Terzine; daneben sind die Mannigfaltigkeit oriental. Reim- und Versfügungen, volksliedhaft schlichte musikal. Lyrik sowie Kalenderverse und Mundartgedichte in seinem reichen dichter. Werk zu finden, in dem er die mag. Gewalt des Wortes und der Form oft über den substantiellen Gehalt stellte. W. schrieb auch autobiographisch bestimmte Romane sowie Essays. Vorübergehend Anlehnung an nationalsozialist. Ideen, die er später ablehnte.

Josef
Weinheber

Werke: Der einsame Mensch (Ged., 1920), Von beiden Ufern (Ged., 1923), Das Waisenhaus (autobiograph. R., 1925), Boot in der Bucht (Ged., 1926), Adel und Untergang (Ged., 1934), Wien wörtlich (Ged., 1935), Späte Krone (Ged., 1936), O Mensch, gib acht (Ged., 1937), Zwischen Göttern und Dämonen (Ged., 1938), Kammermusik (Ged., 1939), Hier ist das Wort (Ged., hg. 1947), Über die Dichtkunst (Schr., hg. 1949).
Ausgabe: J. W. Sämtl. Werke. Hg. v. J. NADLER u. H. WEINHEBER. Neu bearb. v. J. JENACZEK. Salzburg Neuausg. 1980. 5 Bde.
Literatur: NADLER, J.: J. W. Gesch. seines Lebens u. seiner Dichtung. Salzburg 1952. – BERGHOLZ, H.: J. W. Bibliogr. Bad Bocklet u. a. 1953. – FELDNER, F.: J. W. Salzburg u. Stg. 1965. – KRANNER, E.: Als er noch lebte. Erinnerungen an J. W. Krems an der Donau 1967. – J. W. (1892–1945). Bearb. v. S. GESSLER. Sankt Pölten 1992.

Weinrich, Franz Johannes, Pseudonym Heinrich Lerse, * Hannover 7. Aug. 1897, † Ettenheim 24. Dez. 1978, dt. Schriftsteller. – Gehörte zum Bund kath. Expressionisten Der weiße Reiter; schrieb vorwiegend Mysterien- und Legendenspiele für kirchl. Anlässe sowie religiöse Erzählwerke, Lyrik, Biographien und Hörspiele.

Werke: Mittag im Tal (Ged., 1924), Die Meerfahrt (E., 1926), Die hl. Elisabeth von Thüringen (Biogr., 1930), Der Kinderkreuzzug. Chor. Spiel (1931), Die Löwengrube (R., 1932), Der Reichsapfel (Ged., 1934), Die Marter unseres Herrn (Dichtung, 1935), Der Schatz im Berg (R., 1954), Der Jüngling neben uns (R., 1961), Die Hochzeit von Kana (Dichtung, 1976).

Weinstein, Nathan Wallenstein [engl. 'waınstaın], amerikan. Schriftsteller, ↑ West, Nathanael.

Weise, Christian, * Zittau 30. April 1642, † ebd. 21. Okt. 1708, dt. Dichter. – Studierte in Leipzig; wurde 1668 Sekretär des Administrators des Erzbistums Magdeburg, Graf Leiningen, in Halle; war ab 1670 Prof. der Eloquenz und Poesie am Gymnasium in Weißenfels, ab 1678 Rektor des Zittauer Gymnasiums. Bed. war W. v. a. als Schuldramatiker und Komödiendichter, der für seine rund 60 witzigen und bühnenwirksamen Stücke (erhalten sind 15), mit denen er die Schüler zu ›polit.‹, d. h. weltmänn. Verhalten erziehen wollte, bibl., histor. und literar. Stoffe verwendete. Mit seinen Werken steht W. an der Wende vom Barock zur Aufklärung und zu einer bürgerlich-didakt. Dichtung, die v. a. seine satir. Romane bestimmte. Er schrieb auch glatte Gelegenheitsgedichte sowie eine Reihe von Lehrbüchern, v. a. zur Rhetorik.

Werke: Ueberflüssige Gedanken der grünenden Jugend (Ged., 2 Bde., 1668–74), Die drey Hauptverderber in Deutschland (R., 1671), Die drey ärgsten Ertz-Narren in der gantzen Welt (R., 1672), Die drey Klügsten Leute in der gantzen Welt (R., 1675), Der polit. Näscher (R., 1676), Bäurische Machiavellus (Kom., 1681), Trauer-Spiel von dem Neapolitanischen Haupt-Rebellen Masaniello (Trag., 1683).

Ausgabe: Ch. W. Sämtl. Werke. Hg. v. J. D. LINDBERG. Bln. 1971 ff. Auf 25 Bde. berechnet (bisher 9 Bde. erschienen).

Literatur: EGGERT, W.: Ch. W. u. seine Bühne. Bln. 1935. – WICH, J.: Studien zu den Dramen Ch. W.s. Diss. Erlangen-Nbg. 1962. – HORN, H. A.: Ch. W. als Erneuerer des dt. Gymnasiums im Zeitalter des Barock. Whm. 1966. – Ch. W. – Dichter, Gelehrter, Pädagoge. Hg. v. P. BEHNKE u. a. Bern u. a. 1994.

Weisenborn, Günther, Pseudonyme Eberhard Foerster, Christian Munk, * Velbert 10. Juli 1902, † Berlin (West)

Günther
Weisenborn

26. März 1969, dt. Dramatiker und Erzähler. – Studierte Germanistik in Bonn, 1928 Dramaturg in Berlin (nach der erfolgreichen Aufführung seines ersten Dramas, ›U-Boot S 4‹, 1928); enge Kontakte zu E. Piscator und B. Brecht. Ging 1930 nach Argentinien; ab 1931 als freier Schriftsteller wieder in Berlin. Als 1933 seine Werke von den Nationalsozialisten verboten und verbrannt wurden, schrieb W. unter Pseudonymen u. a. ›Die Neuberin‹ (Dr., 1935). Emigrierte 1936 in die USA, wo er als Journalist in New York arbeitete; Ende 1937 Rückkehr nach Berlin, Widerstandstätigkeit in der Roten Kapelle, 1942 verhaftet und bis 1945 im Zuchthaus; danach Bürgermeister von Luckau. Gründete mit K. M. Martin das Hebbel-Theater in Berlin, 1945–47 Mit-Hg. der Zeitschrift ›Ulenspiegel‹, 1951–54 Chefdramaturg der Hamburger Kammerspiele. 1961 Vortragsreisen in die UdSSR, nach China und Indien. – W. übte sowohl vor als auch nach der Zeit des Nationalsozialismus scharfe Kritik am Zustand der Gesellschaft von seinem sozialist. Standpunkt aus. Er beschäftigte sich v. a. mit traditionellen wie experimentellen Formen des zeitgenöss. Dramas und gründete die ›ortlose Dramaturgie‹. Bes. Wirkung erlangten sein Drama ›Die Illegalen‹ (1946), seine Erinnerungen ›Memorial‹ (1948) und sein auf einer Materialsammlung Ricarda Huchs beruhender Bericht über den antifaschist. Widerstand ›Der lautlose Aufstand‹ (1953).

Weitere Werke: Barbaren (R., 1931), Das Mädchen von Fanö (R., 1935), Eine Furie (R., 1937),

Ballade vom Eulenspiegel ... (Dr., 1949), Drei ehrenwerte Herren (Kom., 1953), Dramat. Balladen (1955), Auf Sand gebaut (R., 1956), Das verlorene Gesicht (Schsp., 1956), Göttinger Kantate (Szene, 1958), Fünfzehn Schnüre Geld (Dr., 1959), Am Yangtse steht ein Riese auf (Reisebericht, 1961), Der Verfolger (R., 1961), Der gespaltene Horizont. Niederschriften eines Außenseiters (1964), Das Glück der Konkubinen (Dr., UA 1965), Die Clowns von Avignon. Klopfzeichen (2 Stücke, hg. 1982).

Ausgaben: G. W. Theater. Mchn. u. a. 1964–67. 4 Bde. – G. W. u. J. Weisenborn. Einmal laß mich traurig sein. Briefe, Lieder, Kassiber 1942–43. Zü. 1984.

Literatur: HUDER, W.: Partisan der Menschlichkeit. Über G. W. In: Welt u. Wort 25 (1970), S. 45. – BRAUER, I./KAYSER, W.: G. W. Hamb. 1971 (mit Bibliogr.).

Weisheitsliteratur, Literaturgattung des AT, die aber auch im Alten Orient – bes. in Ägypten und Mesopotamien – vorkommt. Im Mittelpunkt steht der Mensch als Mensch, weniger der gläubige Israelit; erst in nachexil. Zeit richtet sich das Augenmerk unter Betonung des Religiösen auf das Studium der Thora; zur W. des AT zählen die Bücher Hiob, Sprüche und Prediger (Kohelet), außerhalb des hebr. Kanons die Bibel (†Apokryphen) v. a. das Buch der Weisheit und Jesus Sirach.

Weiskopf, Franz Carl, Pseudonyme Peter Buk, F. W. L. Kovacs, * Prag 3. April 1900, † Berlin 14. Sept. 1955, dt. Schriftsteller. – Nach dem Studium der Germanistik und Geschichte in Prag zunächst journalist. Tätigkeit; 1921 Eintritt in die KP der ČSR; 1928 Übersiedlung nach Berlin. W.s Werk zeichnet sich durch entschlossene sozialist. Positionen aus; wesentl. Merkmal ist der gesellschaftl. Entscheidungsprozeß des Individuums in histor. Umbruchsituationen. Diese Thematik gestaltet W. in Gedichten, Nachdichtungen und insbes. Romanen. Auch Reiseberichte, v. a. ›Umsteigen ins 21. Jh.‹ (1927), die Fotoreportage (zus. mit E. Glaeser) ›Der Staat ohne Arbeitslose ... 250 Bilder aus Sowjetrußland‹ (1931) und Anekdoten (›Die Stärkeren. Episoden aus einem unterird. Krieg‹, 1934; ›Die Unbesiegbaren‹, 1945; ›Elend und Größe unserer Tage‹, 1950; ›Das Anekdotenbuch‹, 1954). Unvollendet blieb sein Hauptwerk, die Romantrilogie ›Kinder ihrer Zeit‹: ›Ab-

schied vom Frieden‹ (1946 engl. u. d. T. ›Twilight on Danube‹, dt. 1950), ›Kinder ihrer Zeit‹ (1948 engl. u. d. T. ›Children of their time‹, dt. 1951, ab 1955 u. d. T. ›Inmitten des Stromes‹) und das 1958 entstandene Fragment ›Welt in Wehen‹ (hg. 1960). 1952 übersiedelte W., nach diplomat. Aufgaben im Dienste der ČSR u. a. in Washington und Peking, in die DDR; dort war er v. a. publizistisch tätig, u. a. als Chefredakteur der Zeitschrift ›Neue Dt. Literatur‹.

Weitere Werke: Es geht eine Trommel (Ged., 1923), Der Traum des Friseurs Cimbura (Nov.n, 1930), Das Slawenlied (R., 1931), Die Versuchung (R., 1937, 1954 u. d. T. Lizzy oder die Versuchung), Gesang der gelben Erde. Nachdichtungen aus dem Chinesischen (1951), Verteidigung der dt. Sprache (Abh., 1955).

Ausgabe: F. C. W. Ges. Werke. Hg. v. G. WEISKOPF u. S. HERMLIN. Bln. 1960. 8 Bde.

Literatur: TILLE, H.: Die Kunst der Charakterisierung im ep. Schaffen F. C. W.s. Diss. Halle/ Saale 1968 [Masch.]. – HIEBEL, I.: F. C. W. Schriftsteller u. Kritiker. Bln. u. Weimar 1974. – GALLMEISTER, P.: Die histor. Romane von F. C. W. Abschied vom Frieden u. Inmitten des Stroms. Ffm. u. a. 1983.

Weisl, Alexandrine Martina, österr. Schriftstellerin, † Wied, Martina.

Weismantel, Leo, * Obersinn (Landkreis Main-Spessart) 10. Juni 1888, † Rodalben 16. Sept. 1964, dt. Schriftsteller. – War Studienrat in Würzburg, dann Journalist; 1928 gründete er in Marktbreit die ›Schule der Volkschaft‹, eine pädagog. Forschungs- und Lehranstalt (1935 aufgelöst); 1939 und 1944 in Gestapohaft, nach dem 2. Weltkrieg bis 1951 wieder Lehrtätigkeit, zuletzt als Prof. für Kunstgeschichte am Pädagog. Institut Fulda. Begann als Erzähler und Dramatiker in stark expressionistisch getönter Sprache. Kath.-religiöse Grundhaltung sowie volkserzieher. und kulturpädagog. Bestrebungen prägen sein literar. Werk; er schrieb Romane (u. a. Künstlerromane), Mysterien- und Festspiele, kulturpolit. und pädagog. Arbeiten.

Werke: Mari Madlen (R., 1918), Das unheilige Haus (R., 1922), Das Spiel vom Blute Luzifers (Dr., 1922), Der närr. Freier (R., 1924), Die Geschichte des Richters von Orb (E., 1927), Vom Sterben und Untergang eines Volkes (R.-Trilogie: Das alte Dorf, 1928; Das Sterben in den Gassen, 1933; Die Geschichte des Hauses Herkommer, 1932), Rebellen in Herrgotts Namen

(R., 1932), Dill Riemenschneider (R., 1936), Jahre des Werdens (Autobiogr., 1940), Mathis-Nithart-Roman (Trilogie, 1940–43), Der Wahn der Marietta di Bernardis (E., 1940), Albrecht Dürer (R., 2 Bde., 1950).
Literatur: L. W. Leben u. Werk. Beitrr. v. L. FLAB-LICHTENBERG u. a. Bln. u. Köln 1948. – GERTH, F.: L. W. Bln. 1968. – ›Aber die Schleichenden, die mag Gott nicht‹. Der Dichter u. Volkserzieher L. W. Bearb. v. W. WAGNER u. a. Ffm. u. a. 1988. – KÜPPERS, R.: Der Pädagoge L. W. u. seine ›Schule der Volkschaft‹. Ffm. u. a. 1992.

Weiß, Ernst, * Brünn 28. Aug. 1882 (nicht 1884), † Paris 15. Juni 1940, österr. Schriftsteller. – Studierte Medizin in Prag und Wien, bis 1920 Tätigkeit als Arzt u. a. in Wien und Berlin; lebte danach als freier Schriftsteller in München, ab 1923 in Berlin. 1933 Emigration nach Prag, 1934 nach Paris; beging beim Herannahen der dt. Truppen Selbstmord. Dramatiker und Erzähler, der in seinen Frühwerken Anklänge an den Expressionismus zeigt; oft schilderte er Ausnahmesituationen am Rande der gesellschaftl. Existenz, ihn interessierten Verbrechen, Sucht, Krankheit, Liebe, Haß, psycholog. Probleme (Vater-Sohn-Beziehung). Später reflektierte er soziale, histor. und polit. Entwicklungen. Die Mitautorschaft bei dem Roman seiner Lebensgefährtin R. Sanzara, ›Das verlorene Kind‹ (1926), ist umstritten. Auch Übersetzungen, v. a. aus dem Französischen.
Werke: Die Galeere (R., 1913), Der Kampf (R., 1916, 1919 u. d. T. Franziska), Tiere in Ketten (R., 1918), Mensch gegen Mensch (R., 1919), Stern der Dämonen (R., 1920), Tanja (Dr., 1920), Nahar (R., 1922), Die Feuerprobe (R., 1923), Olympia (Tragikomödie, 1923), Daniel (E., 1924), Männer in der Nacht (R., 1925), Boëtius von Orlamünde (R., 1928), Dämonenzug (En., 1928), Der Gefängnisarzt oder die Vaterlosen (R., 1934), Der arme Verschwender (R., 1936), Der Verführer (R., 1938), Der Augenzeuge (R., hg. 1963, auch u. d. T. Ich – der Augenzeuge).
Ausgaben: E. W. Der zweite Augenzeuge u. a. ausgew. Werke Hg. v. K.-P. HINZE. Wsb. 1978. – E. W. Ges. Werke. Hg. v. P. ENGEL u. V. MICHELS. Ffm. 1982. 16 Bde.
Literatur: Weiß-Bll. Hg. v. P. ENGEL. Hamb. 1 (1973)–6/7 (1978); N. F. 1 (1983)ff. – HINZE, K.-P.: E. W. Bibliogr. ... Hamb. 1977. – E. W. Hg. v. H. L. ARNOLD. Mchn. 1982. – E. W. Hg. v. P. ENGEL. Ffm. 1982. – HAAS, E.: Der Dichter von der traurigen Gestalt. Zu Leben u. Werk von E. W. Ffm. 1986. – MIELKE, R.: Das Böse als

Krankheit. Entwurf einer neuen Ethik im Werk von E. W. Ffm. u. a. 1986. – E. W. Seelenanalytiker u. Erzähler von europ. Rang. Hg. v. P. ENGEL u. a. Bern u. a. 1992. – PAZI, M.: E. W. Schicksal u. Werk eines jüd. mitteleurop. Autors in der 1. Hälfte des 20. Jh. Ffm. u. a. 1993.

Weiß, Karl, österr. Schriftsteller, † Karlweis, C.

Weiß, Konrad, * Rauhenbretzingen (heute zu Michelbach an der Bilz, Landkreis Schwäbisch Hall) 1. Mai 1880, † München 4. Jan. 1940, dt. Schriftsteller. – Studierte kath. Theologie, Kunstgeschichte und Germanistik; war 1905–20 Redakteur der Zeitschrift ›Hochland‹, ab 1920 Kunstkritiker der ›Münchner Neuesten Nachrichten‹; u. a. befreundet mit H. von Hofmannsthal, R. Borchardt, Th. Haecker. Die Heilsgeschichte des Menschen und die Behandlung geschichtsphilosoph. Themen in betont kath. Sicht stehen im Mittelpunkt seiner dunklen, schwer zugängl. myst. Gedichte. Schrieb auch Dramen und Essays.
Werke: Tantum dic verbo (Ged., 1919), Die cumäische Sibylle (Ged., 1921), Die kleine Schöpfung (Ged., 1926), Die Löwin (Prosadichtungen, 1928), Tantalus (Prosadichtung, 1928), Zum geschichtl. Gethsemane (Essays, 1929), Das Herz des Wortes (Ged., 1929), Das kaiserl. Liebesgespräch (Dr., 1934), Konradin von Hohenstaufen (Trag., 1938), Das Sinnreich der Erde (Ged., 1939).
Ausgabe: K. W. Dichtungen u. Schrr. Hg. v. F. KEMP. Bd. 1. Mchn. 1961 [m.n.e.].
Literatur: MÜLLER, CARL FRANZ: K. W. Dichter u. Denker des ›Geschichtl. Gethsemane‹. Frib. 1965. – VERBEECK, L.: K. W. Weltbild u. Dichtung. Tüb. 1970. – HOLL, H. P.: Bild u. Wort. Studien zu K. W. Bln. 1979.

Weiss, Jan [tschech. vajs], * Jilemnice (Ostböhmen) 10. Mai 1892, † Prag 7. März 1972, tschech. Schriftsteller. – Gilt mit K. Čapek als Schöpfer des modernen psychologisch-phantast. Romans in der tschech. Literatur. In seinen Erzählungen und Romanen – so in seinem Hauptwerk ›Dům o tisíci patrech‹ (= Das Haus der tausend Stockwerke, R., 1929) – vermischen sich Traum und Wirklichkeit zu oft alptraumhafter Phantastik.

Weiss, Peter, * Nowawes (heute Potsdam-Babelsberg) 8. Nov. 1916, † Stockholm 10. Mai 1982, dt. Schriftsteller. – Emigrierte 1934 über England in die

Tschechoslowakei (Studium der Malerei in Prag), 1939 über die Schweiz nach Schweden. Seit 1945 schwed. Staatsbürger; lebte in Stockholm. Maler und Regisseur experimenteller und sozialkrit. Filme, schrieb W. zunächst in schwed. Sprache. Er besuchte 1947 im Auftrag der Zeitung ›Stockholms Tidningen‹ das besiegte Deutschland, doch seine Reportagen gerieten zu meditierenden Prosagedichten, die der Zeitung zu wenig journalistisch waren (Buchausgabe u. d. T. ›De besegrade‹, 1948, dt. Übers. ›Die Besiegten‹, 1985). Auch die in schwed. Sprache geschriebenen Prosastücke ›Fran ö till ö‹ (1947, dt. Übers. ›Von Insel zu Insel‹, 1984) hatten in Schweden keinen Erfolg, und der letzte Versuch, sich in der schwed. Sprache als Schriftsteller zu etablieren und damit die sprachl. Heimatlosigkeit des Exils zu überwinden, war der Roman ›Duellen‹ (1953, dt. ›Duell‹, 1972). Erst seit 1960 gab es Veröffentlichungen in dt. Verlagen, zunächst die bereits 1952 entstandene experimentelle Prosa ›Der Schatten des Körpers des Kutschers‹ (1960), ferner die autobiograph. Erzählung ›Abschied von den Eltern‹ (1961), schließlich das politisch engagierte, komödiant. Urformen verwendende Theaterstück ›Die Verfolgung und Ermordung Jean Paul Marats, dargestellt durch die Schauspielgruppe des Hospizes zu Charenton unter Anleitung des Herrn de Sade‹ (1964, revidierte Fassung 1965). Damit sind zugleich die drei Tendenzen genannt, die das literar. Werk von W. durchziehen und bestimmen: das experimentelle Erproben der Sprache (›Das Gespräch der drei Gehenden‹, E., 1963), der autobiograph. Zug (›Fluchtpunkt‹, R., 1962) und ein polit. Engagement, das W. nach Auseinandersetzung mit dem Nationalsozialismus (›Die Ermittlung. Oratorium in 11 Gesängen‹, 1965) zeitweilig zu einem parteiischen Marxisten-Leninisten werden ließ (z. B. der umfangreiche Vietnam-Komplex des Werkes in den Jahren 1966–68, u. a. ›Diskurs über die Vorgeschichte und den Verlauf des lang andauernden Befreiungskrieges in Viet Nam ...‹, Dr., 1968). Ab 1970 befragen die Stücke (›Trotzki im Exil‹, 1970; ›Hölderlin‹, 1971) auch die Radikalität dieser Position, das Verhält-

Peter Weiss

nis des polit. Dichters, seiner ästhet. Möglichkeiten zur polit. Wirklichkeit und Praxis, und knüpfen wie der Roman ›Die Ästhetik des Widerstands‹ (3 Bde., 1975–81) an die autobiograph. Tendenz der frühen Arbeiten an, in den Plastik- und Bildbeschreibungen der ›Ästhetik des Widerstands‹ zugleich an das experimentelle Erproben der Sprache. Dieser Roman, den W. erst kurz vor seinem Tod fertigstellen konnte, stellt ein sowohl künstler. wie polit. Resümee seines Lebens in Form einer mit vielen histor. Fakten erzählten Pseudo-Autobiographie dar. In ihm begründet W. seine Hinwendung zum Sozialismus, weil er darin eine Form ganzheitl. menschl. Lebens verwirklicht sieht, und erklärt die Poetologie seiner Werke.

Zur Gesamteinschätzung des Werkes sind stets auch das Ausgangsmotiv der Befreiung von bürgerl. Zwängen, die Emigration, die auch sprachl. Exilsituation des Schriftstellers zu bedenken, nicht zuletzt die Tatsache, daß die dt. Sprache, in der W. veröffentlichte, ihm gleichsam zu einer fremden Sprache geworden war, die er sich als Ausdrucksmittel immer neu erarbeiten mußte. Als Maler, Zeichner und Collagenkünstler blieb W. bis zu der schwed. Retrospektive seines Gesamtwerks 1976 fast unbekannt, sieht man von den Illustrationen seiner Bücher ab. Er entwickelte in den späten 30er Jahren, ermutigt von H. Hesse, einen persönlich geprägten mag. Realismus mit expressiven und visionären Zügen. Eines seiner Hauptwerke ist der Collagenzyklus ›Abschied von den Eltern‹ zur gleichnamigen Erzählung. W. erhielt neben anderen schwed. und dt. Literaturpreisen 1982 den Georg-Büchner-Preis.

Weitere Werke: Nacht mit Gästen. Eine Moritat (1966), Gesang vom Lusitan. Popanz (Dr., 1967, in: Theater heute), Wie dem Herrn Mockinpott das Leiden ausgetrieben wird (Dr., 1968, in: Theater heute), Der Prozeß (Dr., 1975, nach F. Kafka, in: Theater heute), Der Fremde (E., 1980, erschienen unter dem Pseudonym Sinclair, erstmals als Privatdruck 1948 u. d. T. Der Vogelfreie), Notizbücher 1960–1980 (4 Bde., 1981/82). **Ausgaben:** P. W. Rapporte. Ffm. 1968–71. 2 Bde. – P. W. Dramen. Ffm. 1968. 2 Bde. – P. W. Stücke. Ffm. 1976–77. 2 Bde. – P. W. In Gegensätzen denken. Ein Leseb. Hg. v. R. GERLACH u. M. RICHTER. Ffm. 1986. **Literatur:** DURZAK, M.: Dürrenmatt, Frisch, W. Stg. 1972. – Über P. W. Hg. v. V. CANARIS. Ffm. 1973. – HAIDUK, M.: Der Dramatiker P. W. Bln. ²1977. – Der Maler P. W. Hg. v. P. SPIELMANN. Ausst.-Kat. Bochum 1980. – Die ›Ästhetik des Widerstands‹ lesen. Über P. W. Hg. v. K.-H. GÖTZE u. K. SCHERPE. Bln. 1981. – SCHMITZ, I.: Dokumentartheater bei P. W. Ffm. u. a. 1981. – VORMWEG, H.: P. W. Mchn. 1981. – P. W. Hg. v. H. L. ARNOLD. Mchn. ²1982. – COHEN, R.: P. W. in seiner Zeit. Leben u. Werk. Stg. 1992. – HANENBERG, P.: P. W. Bln. 1993. – VOGT, J.: P. W. Rbk. 11.–13. Tsd. 1993. – Widerstand wahrnehmen. Dokumente eines Dialogs mit P. W. Hg. v. J.-F. DWARS u. a. Köln 1993. – HOWALD, S.: P. W. zur Einf. Hamb. 1994. – P. W. Neue Fragen an alte Texte. Hg. v. I. HEIDELBERGER-LEONARD. Opladen 1994.

Weiße, Christian Felix, * Annaberg-Buchholz 28. Jan. 1726, † Stötteritz (heute zu Leipzig) 16. Dez. 1804, dt. Schriftsteller. – Sohn eines Gymnasialdirektors, studierte Philologie und Theologie in Leipzig, wo er u. a. G. E. Lessing, Ch. F. Gellert, G. W. Rabener und die Neuberin kennenlernte; 1759 lebte er in Paris, 1761 wurde er Kreissteuereinnehmer in Leipzig und erbte das Rittergut Stötteritz. W. begann als anakreont. Lyriker, schrieb dann v. a. rührende Rokokospiele (›Der Teufel ist los‹, 1752; ›Die Freundschaft auf die Probe‹, 1767) und Tragödien (›Die Befreiung von Theben‹, 1764), die großen Erfolg hatten. Beliebt waren seine belehrende Zeitschrift ›Der Kinderfreund‹ (24 Bde., 1775–84) und seine Jugendbücher. Außerdem war er Hg. der ›Bibliothek der schönen Wissenschaften und der freyen Künste‹ (1757–1806, ab 1765 u. d. T. ›Neue Bibliothek ...‹).

Weitere Werke: Kleine Lieder für Kinder (2 Bde., 1766–71), Armut und Tugend (Dr., 1772), Kleine lyr. Gedichte (3 Bde., 1772), Trauerspiele (5 Bde., 1776–80), Lustspiele (3 Bde., 1783), Selbstbiographie (1806). **Literatur:** HURRELMANN, B.: Jugendlit. u. Bürgerlichkeit. Soziale Erziehung in der Jugendlit. der Aufklärung am Beispiel v. Ch. F. W.s ›Kinderfreund‹ 1776–1782. Paderborn 1974.

Weißenborn, Theodor, * Düsseldorf 22. Juli 1933, dt. Schriftsteller. – Zunächst Kunststudium, nach Abbruch Studium der Germanistik, Romanistik und Philosophie, dann der Psychologie und Psychiatrie; lebt als freier Schriftsteller in der Eifel. Beabsichtigt mit seinen Kurzgeschichten (u. a. ›Eine befleckte Empfängnis‹, 1969; ›Der Sprung ins Ungewisse‹, 1975) und Hörspielen (›Ein Zeugnis humanist. Reife‹, 1971) eine ›permanente Verunsicherung des chronisch an Verdrängung leidenden öffentl. und privaten Bewußtseins‹.

Weitere Werke: Außer Rufweite (R., 1964), Das Liebe-Haß-Spiel (En., 1973), Sprache als Waffe (Prosa, 1976), Gesang zu zweien in der Nacht. Texte gegen die Gewalt (1977), Als wie ein Rauch im Wind (R., 1979), Das Haus der Hänflinge (En., 1980), Gespenster im Abraum (En., 1983), Kopf ab zum Gebet. Satiren, Grotesken, Parodien (1984), Das steinerne Meer (En., 1986), Alchimie. Sprüche und Widersprüche (1987), Opfer einer Verschwörung (Prosa, 1988), Der Sündenhund (Hsp., 1989; En., 1990), Blasphemie (Texte, 1992), Hieronymus im Gehäus (R., 1992), Die Wohltaten des Regens (R., 1994).

Weißenburg, Otfrid von, ahd. Dichter, ↑ Otfrid von Weißenburg.

Weißkunig ↑ Maximilian I., Röm. König.

weißrussische Literatur (beloruss. Literatur), die Literatur in weißruss. Sprache. – Das histor. Schicksal des bäuerl. weißruss. Volkes ist durch die spannungsvolle Lage zwischen litauischen, poln. und russ. Macht- und Kulturinteressen gekennzeichnet. Eine weißruss. Nationalliteratur entstand erst gegen Ende des 19. Jahrhunderts.

Weißruss. Sprachmerkmale tauchen in Texten des **13./14. Jh.** auf. Aus dem **14./15. Jh.** datiert religiöse Übersetzungsliteratur (Predigten, Legenden, Apokryphen); später Ansätze einer Annalistik. Im **16. Jh.** entstanden die Bibelübersetzung (1517–19) des F. Skaryna, der in

Wilna eine weißruss. Druckerei einrichtete, das weißruss. Evangelium (um 1570) von Wassil M. Zjapinski (* um 1540, † um 1604) und der Katechismus von Symon Budny (* 1530, † 1593). Daneben begegnen die Anfänge einer Versdichtung (Andrei Rymscha [* um 1550, † nach 1595]), Memoirenliteratur (Fjodar Jeŭlaschoŭski [* 1546, † 1604]) und im **17. Jh.** auch satir. Literatur. Hauptvertreter der w. L. des 17. Jh. ist der junge ↑ Simeon Polozki als Dichter und Dramatiker. Im 17. und **18. Jh.** finden sich trotz Verbots der weißruss. Sprache in Schule und öffentl. Einrichtungen (1696) weißruss. literarische Elemente v. a. in Interludien und Intermedien.

Bedeutender als die ältere weißruss. Kunstdichtung ist die außerordentlich reiche weißruss. **Volksdichtung** mit Liedern, Rätseln, Märchen, Sprüchen, aber ohne ep. Großformen.

Eine weißruss. Nationalliteratur auf der Grundlage der Volksdialekte entstand nach vereinzelten romant. Anfängen in der 1. Hälfte des **19. Jh.** (Wikenzi P. Rawinski [* 1786, † um 1855], Jan Barschtscheŭski [* 1794 oder 1790?, † 1851], Jan Tschatschot (* 1796, † 1847]) und trotz des Druckverbots weißruss. Bücher (etwa 1867 bis etwa 1906) in der 2. Hälfte des 19. Jahrhunderts. Wichtiger Vertreter dieser Periode ist F. K. Bahuschewitsch mit realist. Versdichtungen über das bäuerl. Leben und der berühmten Volksliedersammlung ›Dudka belaruskaja‹ (= Weißruss. Flöte, 1891); daneben die Lyriker J. Lutschyna und Zjotka (eigtl. Alaisa S. Paschkewitsch [* 1876, † 1916]).

20. Jh.: Mit den revolutionären Ereignissen der Jahre 1905–07 verschaffte sich die weißruss. Nationalbewegung einen größeren Freiraum und fand in den beiden größten weißruss. Dichtern J. Kupala und J. Kolas ihre bedeutendsten Vertreter, die in Gedichten, Dramen, Erzählungen und Romanen das weißruss. bäuerl. Leben patriotisch gestalteten. Ihnen schloß sich M. A. Bahdanowitsch mit meisterhafter Lyrik an, die auch westeurop. Elemente aufnahm, thematisch jedoch unverwechselbar weißrussisch blieb. Gedichte und Erzählungen schrieben auch S. Bjadulja und Albert

F. Paulowitsch (* 1875, † 1951). Die Literatur der Zeit **zwischen den beiden Weltkriegen** verarbeitete v. a. die Ereignisse der Oktoberrevolution und des Bürgerkriegs. Bed. ist der Dramatiker K. K. Krapiwa. Der sozialist. Realismus wurde zur literar. Doktrin. Mit Erzählungen und Romanen traten K. Tschorny, Michas Lynkoŭ (* 1899, † 1975), als Lyriker Pilip S. Pestrak (* 1903, † 1978), P. Broŭka, P. Hlebka hervor. Die **40er und 50er Jahre** zeigen im Sinne der Ideologie in lyr. und erzählenden Werken Auseinandersetzungen mit dem 2. Weltkrieg und der Nachkriegszeit, so v. a. bei M. Tank, Anatol S. Wjaljuhin (* 1923), Aljaxei W. Pyssin (* 1920), Mikola Aŭramtschyk (* 1920) mit Lyrik, Iwan P. Schamjakin (* 1921), Iwan P. Melesch (* 1921, † 1976), Aljaxei M. Kulakoŭski (* 1913) mit Prosa. Histor. und Revolutionsthematik griffen in den **60er Jahren** die Romane von Uladsimir S. Karatkewitsch (* 1930, † 1984), Arkads D. Tscharnyschewitsch (* 1912, † 1967), Mikola Loban (* 1911, † 1984), I. P. Melesch auf. In den 60er Jahren beginnend, gehört W. U. Bykaŭ noch in den 80er Jahren zu den bed. Prosaisten. Er, der sich mit dem Thema des Krieges befaßt, übersetzte seine Werke zum großen Teil selbst ins Russische. – Unter dem erdrückenden russ. Sprach- und Kultureinfluß ging der Leserkreis der w. L. zurück, so daß viele Werke nur in Zeitschriften und Sammlungen erschienen.

Mit dem Zerfall der Sowjetunion setzte eine Wiederbesinnung auf eine weißruss. Eigenständigkeit ein, die mit der – sich v. a. in der Publizistik abspielenden – Abrechnung mit der Vergangenheit Hand in Hand geht. So erschienen 1990/91 Berichte über ihre Erlebnisse in sowjet. Lagern von Laryssa Henijusch (* 1910, † 1983), die 1948 in Prag verhaftet worden war, und Sjarhej Hrachoŭski (* 1913).

Literatur: KARSKIJ, E. F.: Gesch. der weißruss. Volksdichtung u. Lit. Dt. Übers. Bln. 1926. – ADAMOVICH, A.: Opposition to sovietization in Belorussian literature (1917–1957). Mchn. 1958. – Historyja belaruskaj saveckaj litaratury. Minsk 1965–66. 2 Bde. – Pis'menniki saveckaj Belarusi. Minsk 1970. – Istorija belorusskoj sovetskoj literatury. Minsk 1977. – Istorija belorusskoj dooktjabr'skoj literatury. Minsk 1977. –

McMILLIN, A. B.: Die Lit. der Weißrussen. A history of Byelorussian literature. Gießen 1977. – Historyja belaruskaj litaratury XIX – pačatak XX st. Red.: M. A. LAZARUK u. A. A. SEMJANOVIČ. Minsk 1981. – Historyja belaruskaha teatra. Red.: U. I. NJAFED. Minsk 1883–87. 3 Bde. – Weißruss. Anthologie. Ein Leseb. zur w. L. (mit dt. Übers.). Hg. v. F. NEUREITER. Mchn. 1983. – Die junge Eiche. Klass. beloruss. Erzählungen. Hg. v. N. RANDOW. Dt. Übers. Lpz. 1987. – SAKALOUSKI, U.: Belaruskaja literatura u. GDR. Minsk 1988. – HARECKI, M.: Historyja belaruskaj literatury. Minsk 1992.

Weitbrecht, Karl, Pseudonym Gerhard Sigfrid, * Neuhengstett (heute zu Althengstett, Landkreis Calw) 8. Dez. 1847, † Stuttgart 10. Juni 1904, dt. Schriftsteller. – Ab 1893 Prof. für Literatur, Rhetorik und Ästhetik an der TH Stuttgart; trat als Lyriker, Erzähler und Dramatiker hervor; mit seinem Bruder Richard W. verfaßte er auch Geschichten in schwäb. Mundart.
Werke: Was der Mond bescheint (Ged., 1873), Geschichta-n aus-m Schwoba'land (En., 1877; mit Richard W.), Schiller in seinen Dramen (Abhandlung, 1897), Gesammelte Gedichte (1903).

Weitbrecht, Richard, * Heumaden (heute zu Stuttgart) 20. Febr. 1851, † Heidelberg 31. Mai 1911, dt. Schriftsteller. – Bruder von Karl W.; war Pfarrer; trat vorwiegend als Mundarterzähler hervor; auch histor., Volks- und Jugendschriften.
Werke: Geschichta-n aus-m Schwoba'land (En., 1877; mit Karl W.), Neue Schwobagschichta (En., 6 Hefte, 1893–99), Der Lentzisser und sein Bub (E., 1905), Bohlinger Leute (R., 1910).

Wekhrlin (Weckherlin), Wilhelm Ludwig ['vɛkərli:n], * Botnang (heute zu Stuttgart) 7. Juli 1739, † Ansbach 24. Nov. 1792, dt. Schriftsteller. – Studierte Rechtswissenschaft in Tübingen, war Schreiber in Ludwigsburg, Hofmeister in Straßburg; wegen seines an den frz. Enzyklopädisten orientierten Journalismus aus Wien, später auch aus Augsburg ausgewiesen, lebte in Nördlingen, später in Ansbach. Geistreich fabulierender Satiriker und Publizist der Aufklärung.
Werke: Anselmus Rabiosus' Reise durch Ober-Deutschland (Schr., 1778), Das graue Ungeheuer (Essays, 12 Bde., 1784–87).
Literatur: MÜLLER, KARLA: W. L. W. 1739 bis 1792. Leben, Werk, Wirkung. Jena 1989.

Welch, [Maurice] Denton [engl. wɛltʃ], * Shanghai 29. März 1915, † Middle Orchard bei Borough Green (Gft. Kent) 30. Dez. 1948, engl. Schriftsteller. – Nach einem Unfall Teilinvalidität; Verfasser autobiographisch gefärbter Romane und Erzählungen.
Werke: Jungfernreise (R., 1943, dt. 1947), Freuden der Jugend (R., 1944, dt. 1982), Brave and cruel, and other stories (postum 1949), A voice through a cloud (R.-Fragment, postum 1950), Journals (hg. 1952).
Literatur: DE LA NOY, M.: D. W. The making of a writer. Harmondsworth u. New York 1984.

Welch, James [engl. wɛltʃ], * Browning (Mont.) 18. Nov. 1940, amerikan. Schriftsteller. – Blackfoot- und Gros-Ventre-Indianer, wurde in der Blackfoot- und Fort-Belknap-Reservation erzogen; Studium an den Universitäten von Minnesota und Montana. W. behandelt in seinen Gedichten (›Riding the earthboy 40‹, 1971, Neuaufl. 1975) und Romanen die Problematik der indian. Existenz in der weißen amerikan. Gegenwartskultur. Während in ›Winter im Blut‹ (R., 1974, dt. 1977) eine Rückgewinnung der indian. Identität durch die Verankerung in der Familien- und Stammesgeschichte noch möglich ist, scheitert der Held in ›The death of Jim Loney‹ (R., 1979) an der Unvereinbarkeit beider Welten. ›Fools crow‹ (R., 1986) ist die fiktionale Verarbeitung der Stammesgeschichte der Blackfoot-Indianer.
Weiteres Werk: The Indian lawyer (R., 1990).
Literatur: VELIE, A.: Four Indian literary masters. Norman (Okla.) 1982. – WILD, P.: J. W. Boise (Id.) 1983. – J. W. Hg. v. R. E. McFARLAND. Lewiston (Id.) 1986.

Weldon, Fay [engl. 'wɛldən], geb. Birkinshaw, * Alvechurch (Worcestershire) 22. Sept. 1933, engl. Schriftstellerin. – Befaßt sich in ihren Romanen und Erzählungen unter dem Einfluß der feminist. Bewegung, z. T. spielerisch-witzig, mit Problemen der Frau. W.s Sinn für geschickte Dialogführung zeigt sich auch in Werken für Bühne und Fernsehen.
Werke: Frau im Speck (R., 1967, dt. 1991), Hier unten bei den Frauen (R., 1971, dt. 1992), Trio in Twinsets (R., 1975, dt. 1991), Du wirst noch an mich denken (R., 1976, dt. 1990), Words of advice (R., 1977, dt. 1990 u. d. T. Kleine Schwestern), Die Decke des Glücks (R., 1979, dt. 1983), Das Haus auf dem Lande (R., 1980, dt. 1984), Das Kind des Präsidenten (R., 1982, dt. 1987), Die Teufelin (R., 1983, dt. 1987), Briefe an Alice oder Wenn du erstmals Jane Austen

liest (Essay, 1984, dt. 1987), The shrapnell academy (R., 1986, dt. 1991 u.d.T. Oben bei den Männern), The heart of the country (R., 1987, dt. 1989 u.d.T. Kein Wunder, daß Harry sündigte), Herzenswünsche (R., 1987, dt. 1988), Lebensregeln (R., 1987, dt. 1988), Leader of the band (R., 1987, dt. 1991 u.d.T. Sterndame), Die Klone der Joanna May (R., 1989, dt. 1990), Darcys Utopia (R., 1990, dt. 1992), Der Mond über Minneapolis (En., 1991, dt. 1994), Die Kraft der Liebe (R., 1992, dt. 1992), Growing rich (R., 1992, dt. 1993 u.d.T. Teufels Weib), Affliction (R., 1993).

Welhaven, Johan Sebastian [Cammermeyer] [norweg. ˈvɛlhaːvən], * Bergen 22. Dez. 1807, † Kristiania (heute Oslo) 21. Okt. 1873, norweg. Lyriker. – Studierte Theologie, ab 1828 freier Schriftsteller, 1846–68 Prof. für Philosophie in Oslo; Anhänger der dän. Romantik, Gegner H. A. Wergelands; schrieb zahlreiche Naturgedichte, Liebesgedichte und, unter dem Einfluß Schillers sowie der Volksballadendichtung, romant. Balladen mit nat. Thematik; viele seiner Gedichte wurden ins Deutsche übersetzt (›Ausgewählte Gedichte‹, dt. 1884).

Weitere Werke: Norges dæmring (Ged., 1834), Digte (Ged., 1839), Nyere digte (Ged., 1844), Halvhundrede digte (Ged., 1848), En digtsamling (Ged., 1860).

Ausgabe: J. S. W. Samlede Digterverker. Oslo ⁴1943. 3 Bde.

Literatur: HAUGE, I.: Tanker og tro i W.s poesi. Oslo 1955. – SAUGSTAD, P.: J. S. W. En idealenes vokter. Oslo 1967.

Welitschkow (tl.: Veličkov), Konstantin [bulgar. vɛ'litʃkof], * Pasardschik 1855, † Grenoble 3. Nov. 1907, bulgar. Schriftsteller und Politiker. – Beteiligte sich in den 1870er Jahren am Kampf gegen die Türken; 1884 und 1894 Kultusminister; emigrierte mehrmals, u.a. nach Italien; 1896 Gründer der bulgar. Kunstakademie; gab mit I. M. Wasow eine bulgar. Chrestomathie (2 Bde., 1885) heraus; verfaßte romantisch-eleg. Sonette, Dramen, Erinnerungsprosa, Essays und Reiseskizzen; u.a. Übersetzer von Dantes ›Inferno‹ (1906).

Weiteres Werk: Im Kerker (Erinnerungen, 2 Tle., 1894–99, dt. 1967 in: Bulgaren der alten Zeit).

Ausgabe: K. Veličkov. Izbrani proizvedenija. Sofia 1966. 2 Bde.

Welk, Ehm, Pseudonym Thomas Trimm, * Biesenbrow (Landkreis Angermünde) 29. Aug. 1884, † Bad Doberan 19. Dez. 1966, dt. Schriftsteller. – Journalist, ausgedehnte Reisen, ab 1934 zeitweilig im KZ Oranienburg und Schreibverbot, lebte dann in Mecklenburg. Sein volkstüml. erzähler. Werk ist z.T. durch sozialist. Thematik gekennzeichnet; auch Tiergeschichten, Theaterstücke und Drehbücher.

Werke: Gewitter über Gotland (Schsp., 1926), Kreuzabnahme (Trag., 1927), Die Heiden von Kummerow (R., 1937), Die Lebensuhr des Gottlieb Grambauer (R., 1938), Die Gerechten von Kummerow (R., 1943), Der Nachtmann (R., 1950), Mein Land, das ferne leuchtet (R., 1952), Im Morgennebel (R., 1953), Mufato. Das ist das Ding, das durch den Wind geht (En., 1955), Der Hammer will gehandhabt sein (En., 1958), Der wackere Kühnemann aus Puttelfingen (R., 1959).

Ausgabe: E. W. Werke in Einzelausgg. Rostock ¹⁻²³1964–76. 8 Bde.

Literatur: KRULL, E.: Auf der Suche nach Orplid. Studie zum Romanschaffen E. W.s. Bln. 1959. – E. W. zum 80. Geburtstag. Rostock 1964. – REICH, K.: Stationen eines Lebens. Rostock 1976.

Dieter
Wellershoff

Wellershoff, Dieter, * Neuß 3. Nov. 1925, dt. Schriftsteller. – Studierte Germanistik, Psychologie und Kunstgeschichte in Bonn. 1952–59 Redakteurs- und Rundfunktätigkeit, 1959–70 Verlagslektor (bis 1981 Außenmitarbeiter), seitdem freier Schriftsteller, lebt in Köln. Autor von Hörspielen (für das Hörspiel ›Der Minotaurus‹, Ursendung 1960, erhielt er den Hörspielpreis der Kriegsblinden 1960), Romanen, Fernsehspielen (›Glücksucher‹, 4 Drehbücher, 1979) sowie engagierter Literaturkritiker und -theoretiker. Mit seinen Essaybänden ›Literatur und Veränderung‹ (1969), ›Literatur und Lustprinzip‹ (1973), ›Die Auflösung des Kunstbegriffs‹ (1976) und ›Das Verschwinden im Bild‹ (1980) hat er wichtige Beiträge zur Reflexion über die Bedingungen und Möglichkeiten von Dichtkunst geliefert. Ausgehend von der Auseinandersetzung mit G. Benn (›Gottfried Benn, Phänotyp dieser Stunde‹, 1958, Neuausg. 1986) und verschiedenen Literaturströmungen, wurde W. zum Begründer der ›Kölner Schule‹ und Verfechter eines ›neuen Realismus‹, einer u. a. vom frz. Nouveau roman und vom Film angeregten Darstellung krisenhafter Situationen. W. schrieb Romane und Erzählungen über Menschen der Wettbewerbsgesellschaft, die in die Falle ihrer eigenen Phantasien gehen. Hg. der Werke G. Benns (4 Bde., 1959–61). Erhielt 1988 den Heinrich-Böll-Preis.

Weitere Werke: Am ungenauen Ort (Hsp.e, 1960), Anni Nabels Boxschau (Dr., 1962), Der Gleichgültige (Essays, 1963), Bau einer Laube (Hsp., 1965), Ein schöner Tag (R., 1966), Die Schattengrenze (R., 1969), Das Schreien der Katze im Sack (Hsp.e, 1970), Einladung an alle (R., 1972), Die Schönheit des Schimpansen (R., 1977), Die Sirene (Nov., 1980), Die Wahrheit der Literatur. 7 Gespräche (1980), Der Sieger nimmt alles (R., 1983), Die Arbeit des Lebens (autobiograph. Texte, 1985), Die Körper und die Träume (En., 1986), Wahrnehmung und Phantasie (Essays, 1987), Der schöne Mann u. a. Erzählungen (1988), Der Roman und die Erfahrbarkeit der Welt (1988), Pan und die Engel. Ansichten von Köln (Prosa, 1990), Blick auf einen fernen Berg (Autobiogr., 1991), Das geordnete Chaos (Essays, 1992), Angesichts der Gegenwart. Texte zur Zeitgeschichte (1993).

Literatur: VOLLMUTH, E. H.: D. W. Romanproduktion u. anthropolog. Literaturtheorie. Mchn. 1979. – HELMREICH, H.: D. W. Mchn. 1982. – D. W. Hg. v. H. L. ARNOLD. Mchn. 1985. – D. W. Studien zu seinem Werk. Hg. v. M. DURZAK. Köln 1990. – BÜGNER, T.: Lebenssimulationen. Zur Literaturtheorie u. fiktionalen Praxis von D. W. Wsb. 1993. – HAPPEKOTTE, B.: D. W. – rezipiert u. isoliert. Studien zur Wirkungsgesch. Ffm. u. a. 1995.

Wellmann, Margot, ↑ Scharpenberg, Margot.

Wells, H[erbert] G[eorge] [engl. wɛlz], * Bromley (heute zu London) 21. Sept. 1866, † London 13. Aug. 1946, engl. Schriftsteller. – Wuchs in ärml. Verhältnissen auf; weitgehend autodidaktisch gebildet; ein Stipendium ermöglichte ihm naturwissenschaftl. Studien als

H. G. Wells

Schüler des Darwinisten Th. H. Huxley; dann Journalist und freier Schriftsteller; ab 1903 Mitglied der sozialist. Fabian Society, die für Wirtschaftsdemokratie und Gesellschaftsreform eintrat, verließ sie aber einige Jahre später nach Auseinandersetzungen, u. a. mit seinem Freund G. B. Shaw; trat, zeitlebens um Verwirklichung seiner idealist. polit. Pläne bemüht, u. a. mit Lenin, F. D. Roosevelt und Stalin in Verbindung und war auch als Präsident des PEN-Clubs politisch tätig. Mit ›Die Zeitmaschine‹ (1895, dt. 1904) und weiteren Wissenschaftsphantasien hatte W. großen Einfluß auf die Entwicklung der ↑ Science-fiction. Seit 1900 schrieb er auch realist., im Kleinbürgermilieu angesiedelte Romane wie ›Kipps‹ (1905). Bed. für die Entwicklung des engl. Romans wurde seine Debatte mit H. James, in der W. für die Verwendung der Gattung als Ausdrucksmittel sozialer und polit. Ideen eintrat. Diese Forderung verwirklichte er in seinen Utopien wie ›Jenseits des Sirius‹ (1905, dt. 1911). Unter dem Eindruck der Ereignisse des 2. Weltkriegs verlor W. seinen Glauben an die Realisierbarkeit eines utop. Weltstaates, was in seinem letzten Werk ›Der Geist am Ende seiner Möglichkeiten‹ (Studie, 1945, dt. 1946) deutlich wird. Großen Erfolg hatte W. auch mit seiner Weltgeschichte ›An outline of history‹ (1920).

Weitere Werke: Dr. Moreaus Insel (R., 1896, dt. 1904), Der Unsichtbare (R., 1897, dt. 1911), Der Krieg der Welten (R., 1898, dt. 1901; Hörspielfassung von O. Welles, 1938), Wenn der Schläfer erwacht (R., 1899, dt. 1906), Die ersten Menschen im Mond (R., 1901, dt. 1905), Die Riesen kommen (R., 1904, dt. 1904), Mr. Polly steigt aus (R., 1910, dt. 1993), The new Machiavelli (R., 1911), Menschen, Göttern gleich (R., 1923, dt. 1927), Die Welt des William Clissold (R., 1926, dt. 1927), Der Diktator (R., 1930, dt. 1931), Experiment in autobiography (2 Bde., 1934). **Ausgaben:** H. G. W. Works. The Atlantic edition. London 1924–27. 28 Bde. – H. G. W. Ges. Werke in Einzelausgg. Dt. Übers. Wien 1927–33. 9 Bde. – H. G. W. The complete short stories. London 1966. **Literatur:** KAGARLITSKI, J.: The life and thought of H. G. W. Engl. Übers. London u. New York 1966. – HUGHES, D.: The man who invented tomorrow. London 1968. – VERNIER, J.-P.: H. G. W. et son temps. Paris 1971. – MACKENZIE, N. I./MACKENZIE, J.: The time traveller. The life of H. G. W. London 1973. – HILLEGAS, M. R.: The future as nightmare. H. G. W. and the antiutopians. Carbondale (Ill.) 1974. – PARRINDER, P.: H. G. W. Edinburgh 1977. – MCCONNELL, F. D.: The science fiction of H. G. W. Oxford 1981. – BATCHELOR, J.: H. G. W. Cambridge 1985. – SMITH, D.: Desperately mortal. H. G. W. A biography. New Haven (Conn.) u. London 1986. – HAMMOND, J. R.: H. G. W. and the modern novel. New York 1988. – COREN, M.: The invisible man. The life and liberties of H. G. W. London 1993.

Welsh, Renate [vɛlʃ], * Wien 22. Dez. 1937, österr. Kinder- und Jugendbuchautorin. – Mit ihrer 1973 erschienenen Erzählung ›Ülkü, das fremde Mädchen‹, der Geschichte eines Gastarbeiterkindes, wird ihr Anliegen deutlich, Jugendlichen bei der Lösung ihrer Schwierigkeiten mit der Umwelt behilflich zu sein. Für ihren Roman ›Johanna‹ (1979) erhielt sie den Dt. Jugendliteraturpreis 1980. **Weitere Werke:** Das Seifenkistenrennen (1973), Einmal sechzehn und nie wieder (1975), Zwischenwände (1978), Wörterputzer und andere Erzählungen (1982), Paul und der Baßgeigenpaul (1983), Julie auf dem Fußballplatz (1984), Eine Hand zum Anfassen (1985), Das Leben leben (1986), Drachenflügel (1988), Melanie Miraculi. Eine Kindergeschichte (1990), ... denn Toto ist groß und ist stark (1991), Eine Krone aus Papier (Kinder-R., 1992), Das Haus in den Bäumen (Kinderb., 1993), Sonst bist du dran! (Kinderb., 1994), Das Lufthaus (R., 1994).

Welskopf-Henrich, Liselotte, eigtl. Elisabeth Charlotte Welskopf, geb. Henrich, * München 15. Sept. 1901, † Berlin (Ost) 16. Juni 1979, dt. Historikerin und Jugendschriftstellerin. – Studierte Geschichte, Ökonomie und Philosophie, lebte nach 1945 in Berlin (Ost); wurde 1960 Prof. für Alte Geschichte an der Humboldt-Universität; veröffentlichte u. a. ›Die Produktionsverhältnisse im Alten Orient und in der griechisch-röm. Antike‹ (1957), ›Probleme der Muse im Alten Hellas‹ (1962), ›Hellen. Polis‹ (4 Bde., 1974; Hg.); als Jugendbuchautorin wurde sie v. a. durch ihre wissenschaftlich fundierten Indianerbücher bekannt (›Die Söhne der großen Bärin‹, 6 Bde., 1951–67; ›Nacht über der Prärie‹, 1966).

Weltbühne, Die, 1918 aus der von S. Jacobsohn begründeten Theaterzeitschrift ›Die Schaubühne‹ hervorgegangene Wochenschrift für Politik/Kunst/ Wirtschaft‹; 1926 hg. von K. Tucholsky, 1927–33 (1933 Verbot) von C. von Ossietzky. In der Emigration erschien 1933–39 in Prag, Zürich und Paris unter William S. Schlamm (* 1904, † 1978) und (ab 1934) Hermann Budzislawski (* 1901, † 1978) ›Die Neue Weltbühne‹. Ab 1946 als ›D. W.‹ neu hg. von Maud von Ossietzky (* 1888, † 1974) in Berlin (Ost); ihr Erscheinen wurde 1993 eingestellt. ›D. W.‹ der Weimarer Zeit setzte sich für die Republik ein und bekämpfte die nat. Rechte.

Weltchronik (Universalchronik), Gattung der mittelalterl. Geschichtsschreibung bzw. Geschichtsdichtung, die die gesamte aus literar. Vorlagen erreichbare Weltgeschichte darstellt. Sie geht dabei meist von einem fiktiven Schöpfungsdatum (oder auch z. B. der Geburt Abrahams) aus, das auf der Grundlage der im AT überlieferten Generationenfolge der Urväter errechnet wurde. Der bibl. bzw. kirchl. Geschichte wurde dann die Geschichte der heidn. Völker und der röm. Kaiserzeit parallel zugeordnet. Auf diese Weise sollte eine chronologisch widerspruchsfreie Zusammenfassung des gesamten bekannten histor. Materials erreicht werden. Der Chronist trägt für die älteren Zeiten den Stoff aus den verschiedensten Quellen zusammen (Kompilation); für seine eigene Zeit und die unmittelbare Vergangenheit kann sein Werk großen direkten Quellenwert haben, gleichzeitig verengt sich jedoch der Gesichtskreis des Autors auf seine Volks- und Kirchengeschichte. Die Konzeption ist grundsätzlich heilsgeschichtlich; soweit sie in den histor.

Rahmen paßten, wurden jedoch auch Inhalte antiker Allgemeinbildung – u. U. in Exkursen – aufgenommen. Die gewaltige Stoffülle konnte nach verschiedenen Prinzipien gegliedert werden: Der Geschichtsablauf wurde dargestellt als Aufeinanderfolge der vier Weltreiche (nach Orosius) oder in der Abfolge der sechs Weltalter (lat. aetates mundi [nach ↑ Augustinus]), die zu den sechs Schöpfungstagen in Beziehung gesetzt wurden und im übrigen mit den menschl. Altersstufen verglichen werden konnten. Die Inkarnation Christi wurde erst seit Beda Venerabilis in der Geschichtsschreibung allgemein übl. Gliederungsprinzip. Vorbildhaft für die mittelalterl. Weltchronistik wurden Eusebios von Caesarea und Hieronymus, Isidor von Sevilla sowie Beda. Die Verfasser sind in der Regel namentlich bekannt (u. a. Regino von Prüm [†915], Otto von Freising); im späteren MA erschienen auch volkssprachl. W.en (Sächs. W.) bzw. volkssprachl. Übersetzungen (Schedelsche Weltchronik). – ↑ auch Chronik.

Literatur: KRÜGER, K. H.: Die Universalchroniken. Turnhout 1976. – HEUSLER, M.: Das Ende der Gesch. in der mittelalterl. Weltchronistik. Köln u. Wien 1980.

Welter, Nikolaus, * Mersch 2. Jan. 1871, † Luxemburg 13. Juli 1951, luxemburg. Schriftsteller und Literarhistoriker. – Gymnasiallehrer, 1918–21 Unterrichtsminister; schrieb Dramen, Gedichte und Erzählungen mit Stoffen aus seiner Heimat sowie Arbeiten zur frz. und luxemburg. Literaturgeschichte.

Werke: Frederi Mistral, der Dichter der Provence (Biogr., 1899), Griselinde (Dr., 1901), Frühlichter (Ged., 1903), Die Söhne des Oeslings (Dr., 1904), Geschichte der frz. Literatur (1909), In Staub und Gluten (Ged., 1909), Das Luxemburgische und sein Schrifttum (1914), Im Werden und Wachsen (E., 1926), Mundartl. und hochdt. Dichtung in Luxemburg (1929).

Literatur: HEINEN, N.: N. W. der Dichter der Heimat. Luxemburg 1952.

Weltgerichtsspiel, Form des mittelalterl. ↑ geistlichen Spiels, in dem das nach christl. Vorstellung am Ende der Zeit stattfindende Jüngste Gericht dargestellt wurde.

Welti, Albert Jakob, * Höngg (heute zu Zürich) 11. Okt. 1894, † Amriswil (Thurgau) 5. Dez. 1965, schweizer.

Schriftsteller. – Kunststudien u. a. in Düsseldorf und München, dann freier Schriftsteller und Maler; Erzähler, Dramatiker und Hörspielautor, schrieb z. T. im Dialekt.

Werke: Servet in Genf (Dr., 1931), Der Vertrag mit dem Teufel (Lsp., 1935), Wenn Puritaner jung sind (R., 1941), Martha und die Niemandssöhne (R., 1948), Die kühle Jungfrau Hannyvonne (R., 1954), Der Dolch der Lukretia (R., 1958), Bild des Vaters (Erinnerungen, 1962).

Weltliteratur,
1. Kanon der nach den jeweiligen ästhet. Normen als überzeitlich und allgemeingültig angesehenen literar. Werke der verschiedenen Nationalliteraturen.
2. von Goethe geprägter Begriff, mit dem er eine Funktionsform der Literatur bezeichnete: Nationalliteratur werde zur W., insofern sie über die für ihn selbstverständl. Forderung gegenseitigen Kennenlernens und Bezugnehmens hinaus die großen Aufgaben einer gemeinsamen Welt, d. h. das naturwissenschaftl., gesellschaftl. und histor. Wissen der Zeit, umfassend und erhellend darzustellen vermöge. Goethe erwartete die Epoche der W. (Gespräch mit J. P. Eckermann am 31. Jan. 1827: ›Ich sehe immer mehr, daß die Poesie ein Gemeingut der Menschheit ist ... Nationalliteratur will jetzt nicht viel besagen. W. ist an der Zeit‹).

Literatur: BODMER, M.: Variationen zum Thema W. Ffm. 1956. – STRICH, F.: Goethe u. die W. Bern ²1957. – Die Literaturen der Welt in ihrer schriftl. u. mündl. Überlieferung. Hg. v. W. VON EINSIEDEL. Zü. 1964. – SCHRIMPF, H. J.: Goethes Begriff der W. Stg. 1968. – KONSTANTINOVIĆ, Z.: Weltliteratur. Strukturen, Modelle, Systeme. Freib. u. a. 1979. – WILHELM, G.: Synchronopse der W. Werke u. Autoren aus allen Epochen im zeitl. Nebeneinander. Düss. u. Wien 1983. – MÜHLMANN, W. E.: Pfade in die W. Königstein i. Ts. 1984.

Weltman (tl.: Vel'tman), Alexandr Fomitsch [russ. 'vjeljtmɐn], * Petersburg 30. Juli 1800, † Moskau 23. Jan. 1870, russ. Schriftsteller. – Ab 1817 Topograph des Heers; ab 1852 Direktor der Rüstkammer; schrieb außer histor. und archäolog. Studien vielgelesene, jedoch bald vergessene Romane, die Einflüsse L. Sternes und Jean Pauls aufweisen.

Werke: Kaščej Bessmertnyj (= Kaschtschei der Unsterbliche, R., 3 Tle., 1833), Priključenija, počerpnutye iz morja žitejskogo (= Abenteuer,

aus dem Meer des Lebens geschöpft, R.-Tetralogie, 1846–63).
Ausgabe: A. F. Vel'tman. Povesti i rasskazy. Moskau 1979.

Weltschmerz, von Jean Paul in ›Selina, oder über die Unsterblichkeit der Seele‹ (2 Bde., hg. 1827) geprägter Begriff für ein pessimist. Lebensgefühl, das aus der Diskrepanz zwischen seelischen Bedürfnissen und Wünschen und einer als kalt und abweisend erfahrenen Wirklichkeit erwächst und zu einer inneren Zerrissenheit oder auch zu melanchol. Resignation führt. Symptome dieses Lebensgefühls traten im Zeitalter der ↑ Empfindsamkeit auf (Goethe, ›Die Leiden des jungen Werthers‹, Roman, 1774) und in der Romantik (den Typ des ›Zerrissenen‹ verkörperten C. Brentanos Godwi in seinem Roman ›Godwi‹, 1801, und Jean Pauls Roquairol in seinem Roman ›Titan‹, 1800–03). Zu einer in ganz Europa verbreiteten Erscheinung wurde der W. in der ersten Hälfte des 19. Jahrhunderts. Hauptvertreter waren in England Lord Byron (in dessen Nachfolge der ›Byronismus‹ entstand, eine von Kulturmüdigkeit und Nihilismus geprägte Strömung), in Frankreich (›mal du siècle‹) A. de Musset, in Italien G. Leopardi, in Deutschland H. Heine und insbes. Ch. D. Grabbe, A. von Platen und N. Lenau, dessen Ruhelosigkeit und innere Zerrissenheit sich v. a. in seiner Lyrik (Wald- und Schilflieder) widerspiegelt.
Literatur: ROSE, W.: From Goethe to Byron. The development of ›W.‹ ... London u. New York 1924. – MARTENS, W.: Bild u. Motiv im W. Köln u. a. 1957. – SAGNES, G.: L'ennui dans la littérature française de Flaubert à Laforgue. Paris 1969. – HOF, W.: Pessimistisch-nihilist. Strömungen in der dt. Lit. vom Sturm u. Drang bis zum Jungen Deutschland. Tüb. 1970. – KÖHLER, E.: Der literar. Zufall, das Mögliche u. die Notwendigkeit. Mchn. 1973. – KUHN, R.: The demon of noontide. Ennui in Western literature. Princeton (N.J.) 1976.

Welttheater (Theatrum mundi), Vorstellung von der Welt als einem Theater, auf dem die Menschen (vor Gott) ihre Rollen spielen: je nach der philosoph. oder theolog. Auffassung als Marionetten oder mit der Freiheit der Improvisation innerhalb der ihnen auferlegten Rollen. Diese Vorstellung erscheint als Vergleich oder Metapher seit der Antike

(Platon, Horaz, Seneca d. J.) und im Urchristentum (Augustinus); sie wird seit dem 12. Jh. v. a. durch den ›Policraticus‹ (entst. 1159, hg. 1909) des Johannes von Salisbury (* um 1115, † 1180) ein bis in die Barockzeit weitverbreiteter literar. Topos (›scena vitae‹, ›mimus vitae‹, ›theatrum mundi‹), so z. B. bei M. Luther (Geschichte = Puppenspiel Gottes), P. de Ronsard, Shakespeare, bei M. de Cervantes Saavedra, B. Gracián y Morales und P. Calderón de la Barca, der das W. erstmals auch zum Gegenstand eines Theaterstückes (↑ Auto sacramental) macht (›Das große W.‹, entst. um 1635[?], gedr. 1675, dt. 1846): Unter der Regie der Frau Welt agieren die einzelnen Rollenträger, bis sie der Tod von der Bühne abruft und Gott ihr Spiel beurteilt. Die moderne Nachdichtung durch H. von Hofmannsthal (›Das Salzburger große W.‹, 1922) verschiebt den theozentr. Aspekt ins Sozial-Ethische. In pessimist. Literatur findet sich die Auffassung des W.s als Unternehmen eines gleichgültigen, gelangweilten oder bankrotten Gottes (H. Heine).
Literatur: MELCHINGER, S.: Modernes W. Hamb. ²1957. – KARNICK, M.: Rollenspiel u. W. Unters. an Dramen Calderóns, Schillers, Strindbergs, Becketts u. Horváths. Mchn. 1980. – Theatrum Mundi. Götter, Gott u. Spielleiter im Drama v. der Antike bis zur Gegenwart. Hg. v. F. LINK u. G. NIGGL. Bln. 1981. – RISCHBIETER, H./MELCHINGER, S.: W. Brsw. ³1985. – W., Mysterienspiel, Rituelles Theater. Hg. v. P. CSOBÁDI u. a. Anif 1992.

Welturheberrechtsabkommen (Abk. WUA), am 6. Sept. 1952 in Genf geschlossenes Abkommen zum Schutz des ↑ Urheberrechts mit weltweiter Geltung, in Paris am 24. Juli 1971 revidiert.

Welty, Eudora [engl. ˈwɛltɪ], * Jackson (Miss.) 13. April 1909, amerikan. Schriftstellerin. – Schreibt in eindrucksvollem, knappem Stil Kurzgeschichten und Romane v. a. aus ihrer Heimat Mississippi über die Siedlungsgeschichte zwischen Zivilisation und Wildnis (›Der Räuberbräutigam‹, R., 1942, dt. 1987; als Musical von A. Uhry [* 1936] und R. Waldman [* 1936], 1975), die aristokrat. Familientradition des Südens (›Die Hochzeit‹, R., 1946, dt. 1962; ›Die goldnen Äpfel‹, En., 1949, dt. 1992; ›Mein Onkel Daniel‹, R.,

1954, dt. 1958, als Drama von J. Chodorov [* 1911] und J. Fields [* 1895, † 1966], 1957), komplexe Familienbande (›Losing battles‹, R., 1970; ›Die Tochter des Optimisten‹, R., 1972, dt. 1973, Pulitzerpreis 1973) und über Ereignisse der Bürgerrechtsbewegung (›The demonstrators‹, Kurzgeschichten, 1980). In ihren Erzählungen verbinden sich Elemente des Märchenhaft-Phantastischen mit dem Alltäglich-Natürlichen. W. schreibt auch literarkrit. Essays (›Three papers on fiction‹, 1962; ›The eye of the storm‹, 1975) und Kindergeschichten (›The shoe bird‹, 1964).

Weitere Werke: A curtain of green. A wide net (En., 1941 u. 1943, dt. zus. 1986 u. d. T. Der purpurrote Hut u. a. Erzählungen), Collected stories of E. W. (En., 1980), Ein Wohltätigkeitsbesuch (En., dt. Ausw. 1983), Eine Stimme finden (Autobiogr., 1984, dt. 1990), A worn path (En., 1991).

Literatur: KREYLING, M.: E. W.'s achievement of order. Baton Rouge (La.) u. a. 1980. – EVANS, E.: E. W. New York 1981. – RANDISI, J. L.: A tissue of lies. E. W. and the Southern romance. Boston (Mass.). – SWEARINGEN, B. C.: E. W. A critical bibliography. Jackson (Miss.) 1984. – MANNING, C. S.: With ears opening like morning glories. E. W. and the love of storytelling. Westport (Conn.) 1985. – W. A life in literature. Hg. v. A. J. DEVLIN. Jackson (Miss.) 1987. – Critical essays on E. W. Hg. v. W. C. TURNER u. a. Boston (Mass.) 1989.

wẹndische Literatur ↑ sorbische Literatur.

Wẹndland, Lambert, Pseudonym des dt. Schriftstellers Heinz ↑ Steguweit.

Wẹndler, Otto Bernhard, * Frankenberg (Landkreis Hainichen) 10. Dez. 1895, † Burg bei Magdeburg 7. Jan. 1958, dt. Schriftsteller. – Lehrer, 1933 entlassen, 1945 Schulrat, später freier Schriftsteller in Burg. Schrieb Dramen, Drehbücher, Romane, Novellen und Jugendbücher, z. T. mit sozialkrit. Thematik.

Werke: Soldaten Marieen (R., 1929), Laubenkolonie Erdenglück (R., 1931), Liebe, Mord und Alkohol (Dr., 1931), Drei Figuren aus einer Schießbude (R., 1932), Ein Schauspieler geht durch die Politik (Dr., 1932), Himmelblauer Traum eines Mannes (R., 1934), Die Glut in der Asche (Tragikomödie, 1950), Als die Gewitter standen (R., 1954), Von den sieben Seen (R., 1956).

Wenewitinow (tl.: Venevitinov), Dmitri Wladimirowitsch [russ. vɪnɪˈvitɪnəf], * Moskau 26. Sept. 1805, † Peters-

burg 27. März 1827, russ. Lyriker. – Aus altem Adel; im Staatsdienst. W., der sich als führendes Mitglied des Moskauer Kreises der Ljubomudry (= Weisheitsfreunde) mit dt. romant. Philosophie und Literatur befaßte und die russ. philosoph. Romantik theoretisch begründete, gilt als erster philosoph. Dichter der modernen russ. Literatur.

Ausgabe: D. V. Venevitinov. Stichotvorenija. Proza. Moskau 1980.

Literatur: WYTRZENS, G.: D. V. Venevitinov als Dichter der russ. Romantik. Wien 1962. – BRKICH, L.: D. V. Venevitinov (1805–1827). Diss. University of Wisconsin 1974.

Wen-hsüan (Wenxuan) [chin. ʊənˈɕẙæn = Auswahl aus der Literatur], chin. Anthologie. – Ungefähr 530 unter dem Patronat des Prinzen Hsiao T'ung zusammengestellt, bilden die 60 Kapitel des W.-h. eine umfassende Bestandsaufnahme der chin. Prosa und Poesie seit dem 2. Jh. v. Chr. Ihre Gattungsbegriffe wurden vorbildlich. Sorgfältige frühe Kommentare dokumentieren, daß es einen Höhepunkt der reichen chin. Anthologietradition darstellt.

Literatur: Die chin. Anthologie. Dt. Teilübers. v. E. VON ZACH. Hg. v. I. M. FANG. Cambridge (Mass.) 1958.

Wennerberg, Gunnar [schwed. ˌvɛnərbærj], * Lidköping (Västergötland) 2. Okt. 1817, † Läckökungsgård (Västergötland) 24. Aug. 1901, schwed. Lyriker. – Studierte Philosophie in Uppsala, ab 1865 Tätigkeit im Kultusministerium, 1866 Mitglied der Schwedischen Akademie, 1888–91 Kultusminister; schrieb neben zahlreichen Studentenliedern auch Text und Musik der Duettsammlung ›Gluntarne‹ (1849–51), deren romantisch-humorist. Schilderungen des Studentenlebens in Uppsala große Popularität erreichten.

Ausgabe: G. W. Samlade skrifter. Stockholm 1881–85. 4 Bde.

Literatur: ALMQUIST, S.: Om G. W., hans tid och hans gärning. Stockholm 1917.

Wenxuan, chin. Anthologie, ↑ Wenhsüan.

Weöres, Sándor [ungar. ˈvørɛʃ], * Szombathely 22. Juni 1913, † Budapest 23. Jan. 1989, ungar. Lyriker. – War zunächst Bibliothekar, seit 1951 freier Schriftsteller. Gilt heute als größter Formkünstler der modernen ungar.

Dichtung. Für seine von pantheist. Lebensgefühl getragene Lyrik sind surrealist. Bilder, Hinwendung zur Natur und zum Mythischen charakteristisch; auch Schauspiele und Kindergedichte; meisterhafter Übersetzer der Weltliteratur.

Werke: Medúza (Ged., 1943), A hallgatás tornya (= Der Turm des Schweigens, Ged., 1956), Tűzkút (= Feuerbrunnen, Ged., 1964), Merülő Saturnus (= Sinkender Saturn, Ged., 1968), der von ungern (Ged., dt. Ausw. 1969), Psyché (Ged., 1972), War mal eine schöne Lade (Kinderged., dt. Ausw. 1976), Gedichte (dt. Ausw. 1978), A kétfejű fenevad (= Das zweiköpfige Ungeheuer, Dr., 1982). **Ausgabe:** W. S. Egybegyűjtött írások. Budapest ⁵1986. 3 Bde. **Literatur:** TAMÁS, A.: W. S. Budapest 1978.

Franz Werfel

Weressajew (tl.: Veresaev), Wikenti Wikentjewitsch [russ. vırı'sajıf], eigtl. W. W. Smidowitsch, * Tula 16. Jan. 1867, † Moskau 3. Juni 1945, russ.-sowjet. Schriftsteller. – Studierte Geschichte, dann Medizin; Arzt; veröffentlichte in den 1890er Jahren in marxist. Zeitschriften. Seine erzählenden Werke in präzisem, realist. Stil, bes. der Roman ›In der Sackgasse‹ (1922, dt. 1924), vermitteln ein Bild von der Einstellung der russ. Intelligenz zum Kommunismus. Sein vielgelesenes Buch ›Bekenntnisse eines Arztes‹ (1901, dt. 1903) behandelt v. a. Fragen der ärztl. Ethik; Verfasser von Erinnerungen (1927–29); auch literarhistor. dokumentar. Studien (über A. S. Puschkin und N. W. Gogol) und Übersetzungen aus der antiken Literatur, so der ›Ilias‹ (postum 1949) und der ›Odyssee‹ (postum 1953). **Weitere Werke:** Ohne Weg (E., 1895, dt. 1905), Sestry (= Die Schwestern, R., 1933). **Ausgaben:** V. V. Veresaev. Sobranie sočinenij. Moskau 1961. 5 Bde. – V. V. Veresaev. Sočinenija. Moskau 1982. 2 Bde.

Werfel, Franz, * Prag 10. Sept. 1890, † Beverly Hills (Calif.) 26. Aug. 1945, österr. Schriftsteller. – Stammte aus vornehmer jüd. Kaufmannsfamilie; Studium in Prag (Freundschaft mit M. Brod und F. Kafka), Leipzig und Hamburg, wo er auch eine Kaufmannslehre absolvierte. Nach Erscheinen seiner ersten Gedichte war er 1912–14 Verlagslektor bei K. Wolff in Leipzig, wo er mit W. Hasenclever und K. Pinthus 1913 die Sammlung ›Der jüngste Tag‹ begründete;

1915–17 Teilnahme am 1. Weltkrieg, danach freier Schriftsteller in Wien, wo er 1929 Alma Mahler heiratete; größere Reisen nach Ägypten, Palästina und Italien. 1933 Ausschluß aus der Preuß. Akad. der Dichtung. 1938 emigrierte er nach Frankreich; beim Einrücken der dt. Truppen abenteuerl. Flucht über die Pyrenäen nach Spanien, 1940 von Portugal in die USA. Begann mit expressionist., ekstatisch-visionärer Lyrik, in der er sich, beeinflußt von H. von Hofmannsthal, R. M. Rilke und W. Whitman, zu mitleidender Liebe und Brüderlichkeit bekennt; sein erster Gedichtband ›Der Weltfreund‹ (1911) wirkte als Fanal der neuen Lyrik. Sein Pathos der Verbrüderlichung traf einen Nerv der Zeit (›O-Mensch-Lyrik‹), während seine spätere, immer gedanklicher und abstrakter werdende Lyrik nicht mehr unmittelbar überzeugte. Vielfältig in Themen und Formen sind auch seine frühen dramat. Dichtungen, symbolisch expressive Ideendramen, später Wandlung zu historisch-polit. Realismus; auch das erzähler. Werk nimmt von den expressionist. Anfängen Abstand, ist um die Gestaltung religiöser (W. stand dem Katholizismus nahe) und histor. Stoffe mit metaphys. Hintergrund bemüht und neigt zur allegor. Utopie. Sein Roman ›Die vierzig Tage des Musa Dagh‹ (2 Bde., 1933), der von der Verfolgung der Armenier durch den jungtürk. Staat erzählt und auf ausgedehnten Quellenstudien basiert, machte W. in Amerika berühmt, weil er von den Emigranten auch als ein Buch über die Judenverfolgung durch den Hitlerstaat gelesen wurde. Auch Essays, u. a. über das Problem Judentum–Christentum. Als bedeutendste theoret. Schrift gilt ›Realismus und Innerlichkeit‹ (1931), worin W. den utop. Entwurf von Wirklichkeit über die pragmatisch-realist. Sicht der Wirklichkeit stellt. W. entwikkelte das utop. Programm eines neuen Christentums, in dem die ›Gemeinde‹ Gleichgesinnter die polit. Parteien ersetzen sollte. Durchgehender Grundgedanke seines Werkes ist die in der jüdisch-christl. Mystik verankerte Vorstellung, daß es der Auftrag des Menschen sei, den göttl. Funken in sich und in der übrigen Schöpfung zu befreien.

Weitere Werke: Der Besuch aus dem Elysium (dramat. Ged., 1912), Die Versuchung (Dr., 1913), Wir sind (Ged., 1913), Einander (Ged., 1915), Der Gerichtstag (Ged., 1919), Nicht der Mörder, der Ermordete ist schuldig (Nov., 1920), Spielhof. Eine Phantasie (1920), Spiegelmensch (Dr., 1920), Bocksgesang (Dr., 1921), Schweiger (Dr., 1922), Beschwörungen (Ged., 1923), Juarez und Maximilian (Dr., 1924), Verdi (R., 1924), Paulus unter den Juden (Dr., 1926), Geheimnis eines Menschen (Nov.n, 1927), Der Tod des Kleinbürgers (Nov., 1927), Der Abituriententag (R., 1928), Barbara oder Die Frömmigkeit (R., 1929), Das Reich Gottes in Böhmen (Dr., 1930), Die Geschwister von Neapel (R., 1931), Kleine Verhältnisse (Nov., 1931), Schlaf und Erwachen (Ged., 1935), Der Weg der Verheißung (Spiel, 1935), Höret die Stimme (R., 1937), Von der reinsten Glückseligkeit des Menschen (Rede, 1938), Der veruntreute Himmel (R., 1939), Das Lied von Bernadette (R., 1941), Zwischen Gestern und Morgen (Ged., 1942), Jacobowsky und der Oberst (Kom., 1944), Zwischen oben und unten (Essays, hg. 1946), Stern der Ungeborenen (R., hg. 1946).
Ausgaben: F. W. Ges. Werke. Teilweise hg. v. A. D. KLARMANN. Ffm. 1.–105. Tsd. 1952–70. 12 Bde. – Das F.-W.-Buch. Hg. v. P. S. JUNGK. Ffm. 1986.
Literatur: SPRECHT, R.: F. W. Versuch einer Zeitspiegelung. Wien 1926. – BRASELMANN, W.: F. W. Wuppertal 1960 (mit Bibliogr.). – F. W. 1890–1945. Hg. v. L. B. FOLTIN. Pittsburgh (Pa.) 1961. – ZAHN, L.: F. W. Bln. 1966. – KUHLENKAMP, D.: W.s späte Romane. Diss. Ffm. 1971. – FOLTIN, L. B.: F. W. Stg. 1972. – WIMMER, P.: F. W.s dramat. Sendung. Wien 1973. – WYATT, F.: Der frühe W. bleibt. Seine Beitr. zu der expressionist. Gedichtsammlung ›Der Kondor‹. In: Literaturpsycholog. Studien u. Analysen. Hg. v. W. SCHÖNAU. Amsterdam 1983. S. 249. – ABELS, N.: F. W. Rbk. 9.–11. Tsd. 1993. – JUNGK, P. S.: F. W. Eine Lebensgesch. Neuausg. Ffm. 1994.

Wergeland, Henrik Arnold [norweg. 'værgəlan], Pseudonym Siful Sifadda, * Kristiansand 17. Juni 1808, † Kristiania (heute Oslo) 12. Juli 1845, norweg. Dichter. – Sohn eines Pfarrers und Politikers, studierte in Oslo, wurde Journalist; trat für die Loslösung Norwegens von Schweden ein, erhielt dennoch 1838 vom schwed. König ein Stipendium; wurde 1840 königl. Reichsarchivar. W. trat als Dichter, Kritiker, Politiker und Volkserzieher, erfüllt von radikalen Ideen, für polit. und T. geistige Freiheit ein; bildreiche, z. T. übersteigerte Sprache kennzeichne die Werke W.s, der ein bed. Anreger der neueren norweg. Literatur war.

Werke: Skabelsen, mennesket og Messias (Epos, 1830, 1845 u. d. T. Mennesket), Jan van Huysums blomsterstykke (Ged., 1840), Jøden (Ged., 1842), Jødinden (Ged., 1844; beide dt. 1935 u. d. T. Der Jude und die Jüdin), Hasselnødder (Skizzen, 1845).
Ausgaben: H. A. W. Samlede skrifter. Hg. v. H. JÆGER u. D. A. SEIP. Oslo 1918–40. 23 Bde. – H. A. W. Skrifter. Folkeutgave. Hg. v. L. AMUNDSEN u. D. A. SEIP. Oslo 1957–62. 8 Bde.
Literatur: BEYER, C. H.: H. W. Oslo 1946. – KABELL, Å.: W. Oslo 1956–57. 2 Bde. – AUSTARHEIM, K.: H. W. En psykiatrisk studie. Bergen 1966–74. 2 Bde.

Werich, Jan [tschech. 'vɛrix], * Prag 6. Febr. 1905, † ebd. 31. Okt. 1980, tschech. Dramatiker und Schauspieler. – Nach jurist. Studium verfaßte W. ab 1927 mit dem Schauspieler und Dramatiker Jiří Voskovec (* 1905, † 1981) polit. Lieder und Revuen für das Befreite Theater in Prag, die satir. Musicals ›Der Esel und sein Schatten‹ (1933, dt. 1963), ›Der Henker und der Narr‹ (UA 1934, dt. 1963), die satir. Komödie ›Těžká Barbora‹ (= Die schwere Barbara, 1937); 1939–45 Emigration (USA); 1947/48 mit Voskovec Leiter eines Theaters in Prag; spielte dann bis 1968 an verschiedenen Prager Theatern. W. gilt als einer der populärsten tschech. Komiker. Zu den mit Voskovec verfaßten Revuen gehören ›Vest Pocket Revue‹ (1927), ›Fata morgana‹ (1929), ›Golem‹ (1932), ›Panoptikum‹ (1935).
Literatur: JANKOWSKA, T. B.: Przygoda teatralna Voskovca i W.a. 1927–38. Breslau 1977.

Werkkreis Literatur der Arbeitswelt (auch Werkkreis 70), locker organisierte Vereinigung von Schriftstellern u. a. literarisch Interessierten, gegr. 1970 in Köln nach Abspaltung von der ↑Gruppe 61. Der W. L. d. A. verstand sich allerdings nicht als Gegengründung zur Gruppe 61, sondern als ›fortschrittl., praxisbezogene Ergänzung zu deren literar. Arbeitsweise‹. Nach seinem Selbstverständnis war er (laut Programm) ›eine Vereinigung von Arbeitern und Angestellten, die in örtl. Werkstätten mit Schriftstellern, Journalisten und Wissenschaftlern zusammenarbeiten. Seine Aufgabe ist die Darstellung der Situation abhängig Arbeitender, vornehmlich mit sprachl. Mitteln ... Er will dazu beitragen, die gesellschaftl. Verhältnisse im Interesse der Arbeitenden zu verändern.‹ Der W. L. d. A. wollte die Arbeitenden zum Schreiben über ihre Probleme motivieren. Die Werkstätten waren an der endgültigen Ausformung der Texte oft kollektiv beteiligt und mitverantwortlich. Die Ergebnisse der literar. Produktion wurden außer in ›Werkstatt-Heften‹ für den Kreis selbst v. a. in einer ›Werkstatt-Reihe‹ in Anthologieform veröffentlicht. Vertreter waren u. a. G. Wallraff und E. Runge.

Werkkreis 70, häufig verwendete Bez. für den 1970 gegründeten ↑Werkkreis Literatur der Arbeitswelt, analog zu der Bez. der 1961 entstandenen ↑Gruppe 61.

Werkleute auf Haus Nyland (Bund der Werkleute auf Haus Nyland) ↑Nylandgruppe.

Werkstatttheater, Theater, das auf techn. Perfektion verzichtend, neue Dramen- und Spielformen ausprobiert; meist in kleinen (größeren Schauspielhäusern angeschlossenen) Studios, auf der Probebühne oder mit den Zuschauern auf der Bühne dargeboten, sucht W. immer engen Kontakt mit dem Zuschauer; die Vorstellungen sind oft mit anschließenden Diskussionen verbunden.

Werner der Gärtner, mhd. Dichter, ↑Wernher der Gartenaere.

Werner von Elmendorf, mhd. Dichter der 2. Hälfte des 12. Jahrhunderts. – War Kaplan der Ministerialen von Elmendorf (bei Oldenburg), übertrug 1170/80 in thüringisch gefärbte niederdt. Verse das Wilhelm von Conches (*um 1080, †1154)

zugeschriebene ›Moralium dogma philosophorum‹, einen auf antiken Autoren basierenden eth. Traktat. Das Lehrgedicht wurde von Dietrich von Elmendorf, Propst von Heiligenstadt, in Auftrag gegeben und wandte sich mit seiner prakt. Ethik an ein adliges Publikum. Es wurde von der Forschung in der Diskussion um das ritterl. Tugendsystem in überdimensionaler Bedeutung gesehen, während die tatsächl. Wirkung (1 Handschrift, 2 Fragmente) gering war.
Ausgabe: W. v. E. Hg. v. J. BUMKE. Tüb. 1974.
Literatur: BUMKE, J.: Die Auflösung des Tugendsystems bei W. v. E. In: Ritterl. Tugendsystem. Hg. v. G. EIFLER. Darmst. 1970.

Werner, Gebhard, Pseudonym des dt. Schriftstellers Werner von der ↑Schulenburg.

Werner, Markus, * Eschlikon (Kanton Thurgau) 27. Dez. 1944, schweizer. Schriftsteller. – In seinen bisherigen Romanen ›Zündels Abgang‹ (1984) und ›Froschnacht‹ (1985) räsoniert er auf gallig-humorvolle Weise gegen das Eingeschlossensein des Individuums in die Zwänge bürgerl. Vernunft und Ordnung.
Weitere Werke: Die kalte Schulter (R., 1989), Bis bald (R., 1992).

Werner, [Friedrich Ludwig] Zacharias, * Königsberg (Pr) 18. Nov. 1768, † Wien 17. Jan. 1823, dt. Dramatiker. – Studierte Rechtswissenschaft und Philosophie in Königsberg; Beamter in Warschau (Freundschaft mit E. T. A. Hoffmann und J. E. Hitzig); führte nach dem Scheitern seiner dritten Ehe ein unstetes Wanderleben; Bekanntschaft mit Goethe und Madame de Staël; trat 1810 zum Katholizismus über, studierte Theologie, wurde 1814 Priester. W. erlangte in Wien Berühmtheit durch seine dramat. Kanzelreden; ekstat. Stil, rhetor. Pathos und Bühnenwirksamkeit zeichnen sein dramat. Werk aus. Dieses geht von Schiller aus und nimmt später Stilzüge des Realismus vorweg; mit dem von Goethe 1810 in Weimar uraufgeführten Stück ›Der vierundzwanzigste Februar‹ begann das romant. Schicksalsdrama (eine personifizierte Macht agiert als vorausbestimmendes, negativ wirkendes ›Schicksal‹).
Weitere Werke: Vermischte Gedichte (1788), Die Söhne des Thales (dramat. Ged., 2 Tle.,

1803/04), Das Kreuz an der Ostsee (Trag., 1806), Martin Luther, oder Die Weihe der Kraft (Trag., 1807), Die Weihe der Unkraft (Trag., 1814), Die Mutter der Makkabäer (Trag., 1820).

Literatur: BEUTH, U.: Romant. Schauspiel. Unterss. zum dramat. Werk Z. W.s. Diss. Mchn. 1979.

Werner, Bruder, mhd. Fahrender und Spruchdichter, ↑ Wernher, Bruder.

Werner, Priester, mhd. Dichter, ↑ Wernher, Priester.

Wernher der Gartenaere [...hɛr, ...nɛːrə] (Werner der Gärtner), mhd. (vermutlich österr.) Dichter. – Schrieb in der 2. Hälfte des 13. Jh. die satirisch-didakt. Verserzählung ›(Meier) Helmbrecht‹. Der Titelheld, Sohn eines Bauern, verläßt aus Geltungssucht und Eitelkeit den väterl. Hof, um Ritter zu werden, gerät aber in die Gesellschaft von Raubrittern, mit denen er raubt und plündert, bis er vom Gericht geblendet und verstümmelt, vom Vater des Hauses verwiesen und von mißhandelten Bauern gefangengenommen und gehängt wird. Mit dem dörfl. Milieu knüpft der Autor an Neidhart von Reuental an, ebenso mit dem Leitmotiv der bestickten Haube. Er kritisiert das Ausbrechen aus der Ständeordnung und den Verstoß gegen das Gebot des Gehorsams gegenüber den Eltern. Deutlich ist die Parteinahme für den niederen Adel gegen die Bauern und wohl auch gegen den Territorialherrn, daneben wird das zeitgenöss. Rittertum kritisiert. Der Aufbau als negativer Aventiureroman relativiert die Idealität der höf. Literatur.

Ausgaben: W. d. G. Helmbrecht. Hg. v. F. PANZER. Neubearb. v. K. RUH. Tüb. ⁹1974. – W. d. G. Helmbrecht. Mhd. u. nhd. Hg., übers. u. erl. v. F. TSCHIRCH. Stg. 1974. Nachdr. ebd. 1994. **Literatur:** WENZEL, H.: Helmbrecht wider Habsburg. In: Euphorion 71 (1977). – SEELBACH, U.: Bibliogr. zu W. d. G. Bln. 1981. – SEELBACH, U.: Komm. zum ›Helmbrecht‹ von W. dem Gartenaere. Göppingen 1987. – MENKE, P.: Recht u. Ordo im Helmbrecht. Ffm. u. a. 1993.

Wernher, Bruder [..hɛr], mhd. Fahrender und Spruchdichter des 13. Jh., wahrscheinlich aus Österreich. – Seine Strophen (erhalten sind fast 80 in der ›Großen Heidelberger Liederhandschrift‹ und der ›Jenaer Liederhandschrift‹) sind sicher datiert für die Zeit von 1217 bis 1250; in seinen polit. Sprüchen nimmt er in der Auseinanderset-

zung zwischen Kaiser und Papst Partei für Heinrich VII. und Konrad IV.; Zeit- und Weltklage, Sitten- und Gesellschaftslehre aus der Perspektive des Fahrenden sind seine weiteren Themen. Die Meistersinger zählten ihn zu den zwölf alten Meistern.

Ausgabe: B. W. Abbildung u. Transkription der gesamten Überlieferung. Hg. v. F. V. SPECHTLER. Göppingen 1984. 2 Bde. **Literatur:** KEMETMÜLLER, P.: Glossar zu den Sprüchen des B.s W. Diss. Wien 1952. – GERDES, U.: B. W.: Beitrr. zur Deutung seiner Sprüche. Göppingen 1973.

Wernher, Priester [...hɛr], auch Pfaffe Wer[i]nher, mhd. Dichter des 12. Jahrhunderts. – Schrieb 1172 in bayr. Mundart ›Driu liet von der maget‹ (= Drei Lieder von der Jungfrau Maria), ein gereimtes Marienleben auf der Grundlage der apokryphen Evangelien (v. a. Pseudo-Matthäus), die erste ep. Mariendichtung in dt. Sprache, ausdrücklich für ein weibl. Publikum als kirchenjahrbegleitende erbaul. Lektüre.

Ausgabe: P. W. Maria. Hg. v. C. WESLE. Tüb. ²1969. **Literatur:** FROMM, H.: Unterss. zum Marienleben des P. W. Turku 1955. – LENGER, G.: Virgo, mater, mediatrix. Unters. zu P. W.s ›Driu liet von der maget‹. Ffm. u. a. 1980.

Wernicke, Christian, *Elbing im Jan. 1661, †Kopenhagen 5. Sept. 1725, dt. Dichter. – Studierte Philosophie, reiste nach Frankreich und England, war dann Privatgelehrter, zuletzt dän. Gesandter in Paris; bekämpfte in satir. Epigrammen bes. den schwülstigen Stil des Spätbarock und trat sehr früh für den frz. Klassizismus ein.

Werke: Überschrifte oder Epigrammata (1697), Ein Heldengedicht, Hans Sachs genannt (1701), Poet. Versuch (Ged., 1704). **Literatur:** NEUFELD, D.: W. u. die literar. Verssatire in der ersten Hälfte des 18. Jh. Diss. Jena 1922.

Werremeier, Friedhelm, *Witten 30. Jan. 1930, dt. Schriftsteller. – 1955–70 journalist. Tätigkeit, seitdem freier Schriftsteller. Schreibt Sachbücher (›Der Fall Jürgen Bartsch‹, 1968), Fernsehspiele, Reportagen und v. a. Kriminalromane; bes. bekannt wurde seine Figur des Hamburger Hauptkommissars Paul Trimmel.

Weitere Werke: Der Richter in weiß (R., 1970), Taxi nach Leipzig (R., 1970), Trimmel und der

Tulpendieb (R., 1974), Hände hoch, Herr Trimmel (R., 1976), Trimmel und das Finanzamt (R., 1982), Trimmel im Schnee (R., 1983), Nachruf auf einen Werwolf. Die Geschichte des Massenmörders Friedrich Haarmann ... (1992).

Werthes, Friedrich August Clemens, * Buttenhausen (Landkreis Münsingen) 12. Okt. 1748, † Stuttgart 5. Dez. 1817, dt. Schriftsteller. – Mitarbeiter an Ch. M. Wielands Zeitschrift ›Der Teutsche Merkur‹, Prof. an der Karlsschule, später Hofrat in Stuttgart; schrieb neben philosoph. und kulturgeschichtl. Abhandlungen klassizist. Lyrik und Tragödien mit historischer Thematik; auch Übersetzer (C. Graf Gozzi, L. Ariosto).
Werke: Hirtenlieder (1772), Niclas Zriny (Trag., 1790), Conradin von Schwaben (Trag., 1800).

Werumeus Buning, Johan Willem Frederik [niederl. wery'me:ɣz 'by:nɪŋ], * Velp bei Arnheim 4. Mai 1891, † Amsterdam 16. Nov. 1958, niederl. Dichter. – Journalist und Kritiker; wurde v. a. bekannt durch seine unter frz. und span. Einfluß verfaßten volkstüml. Balladen; auch Reiseberichte.
Werke: In memoriam (Ged., 1921), Maria Lécina (Ballade, 1932), Negen balladen (1935), Verboden verzen (1947), Rozen, distels en anjelieren (Ged., 1953).
Ausgabe: J. W. F. W. B. Verzamelde gedichten. Amsterdam 1970.
Literatur: HIJMANS, P.: J. W. F. W. B. Werk en leven met brieven en documenten. Groningen 1969.

Weschinow (tl.: Vežinov), Pawel [bulgar. 'vɛʒinof], eigtl. Nikola Deltschew Gugow, * Sofia 9. Nov. 1914, † ebd. 21. Dez. 1983, bulgar. Schriftsteller. – Veröffentlichte realist. Erzählungen aus dem bulgar. Volksleben, nach 1945 auch über den 2. Weltkrieg; Kinder- und Drehbuchautor. In dt. Übersetzung liegen u. a. vor: ›Fern von den Ufern‹ (E., 1958, dt. 1962), ›Am Ende des Weges‹ (R., 1961, dt. 1964), ›Die große Fußspur‹ (R., 1963, dt. 1966), ›Nachts mit weißen Pferden‹ (R., 1975, dt. 1979).
Weiteres Werk: Malki semejni chroniki (= Kleine Familienchroniken, R., 1979).
Ausgabe: P. Vežinov. Izbrani proizvedenija. Sofia 1974. 2 Bde.

Wescott, Glenway [engl. 'wɛskət], * Kewaskum (Wis.) 11. April 1901, † Rosemont (N. J.) 22. Febr. 1987, amerikan. Schriftsteller. – Aufenthalt in Frankreich und Deutschland (1925–33).

Seine von der heimatl. Landschaft und der Auswandererexistenz bestimmten Erzählungen behandeln Formen der menschl. Freiheit und Bindung, der Entwurzelung und Sehnsucht nach der Heimat, meist anhand des Protagonisten Alwyn Tower und dessen Familie, und zeigen den Verfall menschl. Werte in der Fremde; schrieb auch Gedichte und Essays.
Werke: The apple of the eye (R., 1924), Die Towers (R., 1927, dt. 1928), Good-bye Wisconsin (En., 1928), The babe's bed (En., 1930), Der Wanderfalke (R., 1940, dt. 1952), Apartment in Athens (R., 1945), Images of truth. Remembrances and criticism (Essays, 1962).
Literatur: RUECKERT, W. H.: G. W. New York 1965. – JOHNSON, I.: G. W. Port Washington (N. Y.) u. London 1971.

Wesendonck (Wesendonk), Mathilde, geb. Luckemeyer, * Elberfeld (heute zu Wuppertal) 23. Dez. 1828, † Traunblick am Traunsee 31. Aug. 1902, dt. Schriftstellerin. – Ab 1848 ∞ mit dem Kaufmann Otto W. (* 1815, † 1897); war in Zürich mit R. Wagner eng befreundet, der 1857/58 die von ihr verfaßten ›Fünf Gedichte‹ vertonte (›W.-Lieder‹). Hatte großen Einfluß auf Wagners Schaffen (v. a. auf ›Tristan und Isolde‹). Verfaßte auch Dramen und dramat. Gedichte.
Weitere Werke: Märchen und Märchen-Spiele (1864), Gudrun (Dr., 1868), Dt. Kinderbuch in Wort und Bild (1869), Patriot. Gedichte (1870), Alkestis (Dr., 1881).
Literatur: BISSING, F. W. V.: M. W., die Frau u. die Dichterin. Wien 1942. – CABAUD, J.: M. W. ou le rêve d'Isolde. Arles 1990.

Wesker, Arnold [engl. 'wɛskə], * London 24. Mai 1932, engl. Dramatiker. – Entstammt einer jüd. Arbeiterfamilie; arbeitete u. a. als Schreiner, Landarbeiter und Koch, bevor er unter dem Einfluß der Angry-young-men-Bewegung mit Theaterstücken hervortrat. Geprägt von W.s frühen Lebenserfahrungen, konfrontieren sie in realist. Milieus sozialist. Möglichkeiten mit der abgestumpften Wirklichkeit beherrschter sozialer Gruppen, so bes. die Trilogie ›Hühnersuppe mit Graupen‹ (1959, dt. 1967), ›Tag für Tag‹ (1959, dt. 1967) und ›Nächstes Jahr in Jerusalem‹ (1960, dt. 1967) sowie ›Die Küche‹ (1959, dt. 1969) und ›Bratkartoffeln‹, nichts als Bratkartoffeln‹ (1962, dt. 1964, 1969 u. d. T. ›Der kurze Prozeß‹).

1961–70 versuchte W. als Gründer und Leiter des gewerkschaftsunterstützten Centre 42, prakt. Kulturarbeit für Arbeiter zu leisten. Spätere Dramen analysieren, auch mit poet. und symbol. Mitteln, die Komplexität der Dialektik zwischen idealist. Engagement und frustrierendem Druck der Verhältnisse, so ›Die vier Jahreszeiten‹ (1965, dt. 1969), ›Goldene Städte‹ (1966, dt. 1967), ›Die Freunde‹ (1970, dt. 1970), ›Die Alten‹ (1972, dt. 1972) sowie, an historischen Motiven, die Shakespeare-Adaptation ›Shylock‹ (1977, dt. 1977) und ›Caritas‹ (1981). W. schrieb auch Fernsehspiele, Kurzgeschichten und Essays sowie die Autobiographie ›As much as I dare‹ (1994).

Weitere Werke: Menance (Fernsehstück, 1963), Fears of fragmentation (Essays, 1970), The journalists (Dr., 1974), Das Hochzeitsfest (Dr., UA 1974, gedr. 1977, dt. 1974), Liebesbriefe auf blauem Papier (E., 1974, dt. 1977; als Fernsehstück 1976, als Bühnenstück 1978), Said the old man to the young man (En., 1978), Annie Wobbler (Dr., 1983), Whatever happened to Betty Lemon? (Dr., 1989), Beorthel's hill (Dr., 1989), Lady Othello (Dr., 1990), The mistress (Dr., 1991).

Ausgabe: A. W. Ges. Stücke. Dt. Übers. Ffm. 1969.
Literatur: HAYMAN, R.: A. W. London 1970. – LEEMING, G./TRUSSLER, S.: The plays of A. W. London 1971. – BORNAU, M.: Studien zur Rezeption A. W.s in der Bundesrepublik Deutschland. Ffm. u. a. 1979. – ITZIN, C.: Stages in the revolution. London 1980. – LEEMING, G.: W. the playwright. London 1982. – LINDEMANN, K./LINDEMANN, V.: A. W. Mchn. 1985. – WILCHER, R.: Understanding A. W. Columbia (S. C.) 1991.

Wesley, John [engl. ˈwɛzlɪ, ˈwɛslɪ], * Epworth (Lincolnshire) 17. Juni 1703, † London 2. März 1791, engl. Tagebuchautor und Geistlicher. – Wurde nach Studien in Oxford 1728 anglikan. Geistlicher, übernahm 1729 den von seinem Bruder Charles W. in Oxford gegründeten Holy Club, die Kernzelle des Methodismus; Reisen als Laienprediger; arbeitete auch auf dem Gebiet der Armenfürsorge in England und Amerika. W., Hg. zahlreicher Sammlungen von Kirchenliedern und Verfasser bed. Predigten, hinterließ mit seinen Tagebüchern ein dokumentarisch wertvolles Werk.

Ausgabe: J. W. Works. Hg. v. T. JACKSON. Neuausg. London 1868–72. 14 Bde. Nachdr. Grand Rapids (Mich.) 1958–59.

Literatur: MARSHALL, D.: J. W. Oxford 1965. – MONK, R. C.: J. W. His Puritan heritage. London 1966. – AYLING, S. E.: J. W. London 1979. – DAVEY, G.: J. W. and the Methodists. Basingstoke 1985.

Wessel, Johan Herman, * Vestby bei Oslo 6. Okt. 1742, † Kopenhagen 29. Dez. 1785, norweg.-dän. Dichter. – Studierte in Kopenhagen Englisch und Französisch, gab als Privatlehrer Sprachunterricht; in Kopenhagen Mitbegründer des Norske Selskab, einer Vereinigung junger Literaten, die norweg. Nationalgefühl wecken wollten. Schrieb treffende Satiren, am wirkungsvollsten das Stück ›Der Bräutigam ohne Strümpfe‹ (1772, dt. 1827, 1844 u. d. T. ›Lieb' ohne Strümpfe‹), eine Parodie des klass. Alexandrinerdramas; diese Übertragung von Ton und Haltung der großen Tragödie auf kleinbürgerl. Verhältnisse wollte die Nachahmungen des frz. klass. Dramas durch norweg. und dän. Dilettanten ad absurdum führen.

Weitere Werke: Epilog (1774), Lykken bedre end forstanden (Schsp., 1776).
Ausgabe: J. H. W. Digte. Oslo Neuaufl. 1952.
Literatur: MYRE, O.: J. H. W. på strøket og i bibliofilien. Oslo 1942.

Wessely, Hartwig [...li], eigtl. Naphtali Herz Wesel (Weisel), * Hamburg 1725, † ebd. 23. März 1805, dt. hebr. Schriftsteller. – Gehörte ab 1774 in Berlin zum Kreis um den Philosophen Moses Mendelssohn, an dessen Pentateuchübersetzung er mitarbeitete; schrieb auch den Kommentar zum 3. Buch Mose; 1782 verteidigte er die (aufklärer.) Schulreformen Kaiser Josephs II. in seiner von der jüd. Orthodoxie bekämpften Schrift ›Divrê šalôm weˈēmet‹ (= Worte des Friedens und der Wahrheit); mit vielen Gelegenheitsschriften und Gedichten leistete W. einen bed. Beitrag zur neuhebr. Literatur.

Literatur: Enc. Jud. Bd. 16, 1972, S. 461.

Wessjoly (tl.: Veselyj), Artjom [russ. vɪˈsjɔlɪj], eigtl. Nikolai Iwanowitsch Kotschkurow, * Samara 29. Sept. 1899, † 2. Dez. 1939 (in Haft), russ.-sowjet. Schriftsteller. – Zunächst u. a. Arbeiter; Bürgerkriegsteilnehmer; 1937 Opfer des Stalinismus; in den 50er Jahren rehabilitiert; schrieb Romane und Erzählungen, die vom Stil W. Chlebnikows, A. Belys und A. M. Remisows, aber auch, besonders hinsichtlich des Sprachrhythmus, von W. W. Majakowski beeinflußt sind; Neigung zum sprachl. und formalen Experiment.

Werke: Heimatland (R., 1925, vollständig 1926, dt. Auszüge 1925), Rußland in Blut gewaschen (R.-Fragment, 1932, dt. 1987). **Literatur:** CARNYJ, M.: A. Veselyj. Moskau 1960.

Wessobrunner Schöpfungsgedicht, auch unter der Bez. Wessobrunner Gebet bekannter zweiteiliger ahd. Text, der u. d. T. ›De poeta‹ in einer lat. Sammelhandschrift des 9. Jh. aus dem bayr. Kloster Wessobrunn überliefert ist (heute Staatsbibliothek München, Clm 22053). Nur der zweite Teil ist ein ahd. Gebet um den rechten Glauben; der erste enthält den Anfang eines stabreimenden Schöpfungsgedichts in bair. Mundart mit angelsächs. Einflüssen, das nach neun Zeilen abbricht. Umstritten ist, ob es sich um einen Hymnus oder ein ep. Schöpfungsgedicht handelt und ob in die christl. Paränese german. Mythologie aufgenommen ist.

Ausgaben: Schrifttafeln zum ahd. Leseb. Hg. u. erl. v. HANNS FISCHER. Tüb. 1966. – Ahd. Lit. Texte u. Übers. Hg. v. H. D. SCHLOSSER. Ffm. u. Hamb. 1970. – BRAUNE, W.: Ahd. Leseb. Bearb. v. E. A. EBBINGHAUS. Tüb. ¹⁶1979. **Literatur:** GROSECLOSE, J. S./MURDOCH, B. O.: Die ahd. poet. Denkmäler. Stg. 1976 (mit Bibliogr.).

West, Anthony Cathcot Muir [engl. wɛst], * County Down 1. Juli 1910, ir. Schriftsteller. – Autor von Romanen und Erzählungen, die die nordir. Umgebung seiner Jugendzeit lebhaft beschreiben, u. a. ›Wo der Strom endet‹ (En., 1958, dt. 1963) und ›Ferret fancier‹ (R., 1963); sein umfassendster und ehrgeizigster Roman ›As towns with fire‹ (1968) verarbeitet u. a. Erlebnisse als Bomberpilot im 2. Weltkrieg.

West, Jessamyn [engl. wɛst], * bei North Vernon (Ind.) 18. Juli 1902, † Napa (Calif.) 23. (22. ?) Febr. 1984, amerikan. Schriftstellerin. – Besuchte ein kaliforn. Quäker-College. Ihr Hauptwerk, der z. Z. des Amerikan. Bürgerkrieges spielende Roman ›Locke sie wie eine Taube‹ (1945, dt. 1955, 1958 u. d. T. ›Lockende Versuchung‹), ist, wie ihre weiteren Werke, vom Geist des Quäkertums geprägt.

Weitere Werke: Das vergrabene Wort (R., 1951, dt. 1959), Das Mädchen Creszent mit dem bunten Hut (R., 1953, dt. 1956), Solange es Liebe gibt (R., 1959, dt. 1960), Der Tag kommt ganz von selber (R., 1966, dt. 1968), Except for me and thee (R., 1969), Hide and seek (Memoiren, 1973), The secret look (Ged., 1974), Auf daß ihr nicht gerichtet werdet (R., 1975, dt. 1977), The woman said yes (Memoiren, 1976), The life I really lived (R., 1979), Double discovery (Reisetageb., 1980). **Literatur:** SHIVERS, A. S.: J. W. New York 1972.

West, Morris L[anglo] [engl. wɛst], * Saint Kilda (Victoria) 26. April 1916, austral. Schriftsteller. – Vermeidet in seinen populären Unterhaltungsromanen jedes austral. Lokalkolorit zugunsten kosmopolit. Atmosphäre und internat. Handlungsorte. Seine Romane spielen z. T. in Italien, wo er seit 1956 vorwiegend lebt. Thematisch bevorzugt er aus dem christl. Glauben und der Ethik entstehende Konflikte (›Des Teufels Advokat‹, R., 1959, dt. 1960; ›Tochter des Schweigens‹, R., 1961, dt. 1962) sowie Krisensituationen der Gegenwart (›Der Botschafter‹, R., 1965, dt. 1965; ›Der Turm von Babel‹, R., 1968, dt. 1968). Schreibt auch Dramen und Hörspiele. **Weitere Werke:** Die Stunde des Fremden (R., 1957, dt. 1960), In den Schuhen des Fischers (R., 1963, dt. 1964), Der Ketzer (Dr., 1970, dt. 1971), Der rote Wolf (R., 1971, dt. 1971), Der Salamander (R., 1973, dt. 1974), Harlekin (R., 1974, dt. 1975), Insel der Seefahrer (R., 1976, dt. 1977), Proteus (R., 1979, dt. 1979), Der Schatz der Dona Lucia (R., 1979, dt. 1979), Die Gaukler Gottes (R., 1981, dt. 1981), In einer Welt von Glas (R., 1983, dt. 1983), Cassidy (R., 1986, dt. 1987), Das Meisterwerk (R., 1988, dt. 1989), Lazarus (R., 1990, dt. 1990), Die Fuchsfrau (R., 1991, dt. 1992), Die Liebenden (R., 1993, dt. 1994).

West, Nathanael [engl. wɛst], eigtl. Nathan Wallenstein Weinstein, * New York 17. Okt. 1903, † bei El Centro (Calif.) 21. Dez. 1940 (Autounfall), amerikan. Schriftsteller. – Surrealist. Techniken, die W. während seines zweijährigen Parisaufenthalts kennenlernte, sowie die Leere der modernen Existenz, die er in grotesker Verzerrung v. a. ab 1933 während seiner Tätigkeit als Drehbuchautor in der Filmlandschaft Hollywoods erlebte, bestimmen seine in präzisem, geschliffenem Stil geschriebenen, pessimist. und satir. Romane. Menschl. Korruption (›The dream life of Balso Snell‹,

R., 1931), Verzweiflung und Resignation des Leserbriefredakteurs einer Zeitung angesichts seiner Hilflosigkeit (›Schreiben Sie Miß Lonelyhearts‹, R., 1933, dt. 1961), die Entlarvung des amerikan. Aufstiegsmythos (›Eine glatte Million oder die Demontage des Mister Lemuel Pitkin‹, R., 1934, dt. 1972) sowie die groteske Deformation menschl. Träume in seinem bedeutendsten Werk, ›Tag der Heuschrecke‹ (R., 1939, dt. 1964), bilden die Themen seiner Romane, die formal und inhaltlich wesentl. Einfluß auf die amerikanische Gegenwartsliteratur (v. a. Black humor) ausübten.

Ausgabe: N. W. The complete works. Neuausg. London 1963.
Literatur: MARTIN, J.: N. W. The art of his life. New York 1970. – N. W. A collection of critical essays. Hg. v. J. MARTIN. Englewood Cliffs (N. J.) 1971. – MALIN, I.: N. W.'s novels. Carbondale (Ill.) u. a. 1972. – WHITE, N.: N. W. A comprehensive bibliography. Kent (Ohio) 1975. – LONG, R. E.: N. W. New York 1985. – N. W. Hg. v. H. BLOOM. New York 1986.

West, Rebecca [engl. wɛst], eigtl. Dame (seit 1959) Cecily Isabel Andrews, geb. Fairfield, * in der Grafschaft Kerry 25. Dez. 1892, † London 15. März 1983, angloir. Schriftstellerin. – War kurze Zeit Schauspielerin; ab 1912 Journalistin, später freie Schriftstellerin; vertrat publizistisch einen gemäßigten Sozialismus und setzte sich engagiert für die Rechte der Frauen ein. Schrieb formal gewandte Romane oft zeitkrit. Inhalts; starkes Interesse an psychoanalyt. Problemen; auch hervorragende Essayistin und Reiseschriftstellerin.

Werke: Henry James (Studie, 1916), The return of the soldier (R., 1918), The judge (R., 1922), The harsh voice (R., 1935), Black lamb and grey falcon (Reiseber., 2 Bde., 1941), The meaning of treason (Essays, 1947), A train of powder (Essays, 1955), Der Brunnen fließt über (R., 1957, dt. 1958), Die Zwielichtigen (R., 1966, dt. 1967), This real night (R., hg. 1984), Cousin Rosamund (R., hg. 1985).
Literatur: WOLFE, P.: R. W. Artist and thinker. Carbondale (Ill.) u. a. 1971. – DEAKIN, M. F.: R. W. Boston (Mass.) 1980. – OREL, H.: The literary achievement of R. W. London 1986. – GLENDINNING, V.: R. W., ein Leben. Dt. Übers. Zü. 1992.

Westerberg, Caj [schwed. ˌvɛstərbærj], * Porvoo 14. Juni 1946, finn. Lyriker. – Eine klare Sprache und humanistisch geprägte Gesinnung zeichnen sein Werk aus, das als durchgehendes Thema das Verhältnis des Individuums zu seiner Umgebung zum Inhalt hat; auch Übersetzer.

Werke: Onnellisesti valittaen (= Glücklich geklagt, Ged., 1967), En minä ole ainoa kerta (= Ich bin nicht das einzige Mal, Ged., 1969), Kallista on ja halvalla menee (= Teuer ist's und billig wird's verkauft, Ged., 1975), Kirkas nimetön yö (= Eine klare namenlose Nacht, Ged., 1985).

Westerlinck, Albert, eigtl. José Aerts, * Geel 17. Febr. 1914, † Kasterlee 30. April 1984, fläm. Schriftsteller. – War 1954–78 Prof. für Literatur in Löwen. Bed. krit. Abhandlungen und Aufsätze über die moderne niederl. Literatur stehen neben Lyrik mit religiöser Thematik.

Werke: Met zachte stem (Ged., 1939), Het schoone geheim der poëzie (Essay, 1946), De psychologische figuur van K. van de Woestijne als dichter (Essay, 1952), Gesprekken met Walschap (Studie, 2 Bde., 1969/70), Taalkunst van Guido Gezelle (Studie, 1980).

Western [engl.], svw. ↑ Wildwestroman.

westindische Literatur ↑ karibische Literatur.

westkaukasische Literaturen, als Teil der ↑ kaukasischen Literaturen umfassen sie sowohl die über lange Zeit nur mündlich tradierten Werke der Volksdichtung als auch die relativ jungen künstler. und gelehrten Werke namentlich bekanntgewordener Autoren in abchas., abasin., kabardin. und adyg. Sprache. Enge strukturelle Beziehungen bestehen zu den ↑ ostkaukasischen Literaturen und zu den Literaturen in indogerman. Sprachen und Turksprachen des Kaukasus. Verbreitete Stoffe der Volksdichtung sind bes. die Nartenepik (↑ Narten), sodann die Prometheussage; umfangreich sind auch die Märchenstoffe. Tscherkess. (kabardin.-adyg.) Lieder werden nach verschiedenen Typen, wie kriegerische Chorgesänge, zum Streichinstrument vorgetragene Sologesänge, Schmäh- und Unterhaltungslieder, unterschieden. Formgebung und Verbreitung erfolgte durch berufsmäßige Dichter (kabardin. ›usako‹) und Sänger. Namentlich bekannte Epiker und Lyriker der älteren Generation, wie der Kabardiner B. M. Patschew oder der Tscherkesse Zug A. Teutschesch (* 1855, † 1940), wur-

zeln noch in der mündl. Volksdichtung.
Mit der Schaffung von Literatursprachen
eng verknüpft sind Probleme der alphabet. und dialekt. Grundlagen. Als Basis
für die Schrift dient heute in der Regel
das durch Zusatzzeichen erweiterte kyrill. Alphabet, das ältere Systeme (arabisch, lateinisch, gelegentlich auch geor-
gisch) ersetzt hat. Ein weiteres Problem
ergab sich bei der Erweiterung des Wortschatzes durch Entlehnungen und Nachbildungen nach fremdem, heute weitgehend russ. Modell.
Der Schöpfer der abchas. Originalliteratur, Dmitri I. Gulia (* 1874, † 1960), schuf
auf der Grundlage der Volksdichtung
das Versepos ›Abrskil‹ (1910) und trat als
Historiker, Ethnologe, Dramaturg und
Übersetzer hervor. Iwan G. Papaskiri
(* 1902) schrieb Romane in Gulias Tradition und auf der Grundlage der sowjet.
Ideologie. Die Ausbildung der kabardin.
Literatur erfolgte durch A. A. ↑ Schogen-
zukow. Inzwischen gibt es neben einer
reichen Übersetzungsliteratur eine Reihe
adyg. und kabardin. Romane, u. a. von
Tembot M. Keraschew (* 1902), Jussuf I.
Tljusten (* 1913) und Schorten Askerbi
(*1916). Als Schöpfer des Romans bei
den Lakken gilt K. Zakujew. Neben Ly-
rik und Prosa entwickelte sich auch das
Drama (in abchas., lakk. und lesg. Spra-
che).
Literatur: ALIEVA, A. I.: Adygskij nartskij ėpos.
Moskau u. Naltschik 1969. – SCHMIDT, KARL
HORST: Die west- u. ostkaukas. Literaturen. In:
Die Literaturen der Welt. Hg. v. W. VON EINSIE-
DEL. Herrsching 1981.

Westler, um 1840 entstandene poli-
tisch-publizist. Richtung in Rußland, deren Vertreter (v. a. P. J. Tschaadajew, A. I.
Herzen, W. G. Belinski) sich für einen engen Anschluß Rußlands an die Entwicklung der westeurop. Kultur und Formen
westeurop. Demokratie einsetzten. Sie
standen in harter Auseinandersetzung
mit den ↑ Slawophilen (›Russophilen‹);
die konträren philosoph. Ideen beider
Richtungen übten eine starke Wirkung
auf die russ. Literatur aus.

Wetcheek, J. L. ['vɛtʃeːk], Pseudonym des dt. Schriftstellers Lion
↑ Feuchtwanger.

Wętzel, [Karl] Friedrich Gottlob,
* Bautzen 14. Sept. 1779, † Bamberg

29. Juli 1819, dt. Schriftsteller. – Medi-
zin- und Philosophiestudium in Leipzig
und Jena, ab 1809 Redakteur des ›Fränk.
Merkurs‹ in Bamberg. Verfasser von vaterländ. Dramen und Lyrik. Die Auto-
renschaft des anonym erschienenen, von
Pessimismus erfüllten Romans ›Nacht-
wachen. Von Bonaventura‹ (1804) wurde
lange Zeit ihm zugeschrieben, die neuere
Forschung dagegen vermutet E. A. Klin-
gemann als Autor (↑ Bonaventura).
Weitere Werke: Strophen (Ged., 1803), 40 Lieder aus dem Kriegs- und Siegesjahre 1813
(1815), Jeanne d'Arc (Trag., 1817), Hermann-
fried (Trag., 1818).
Literatur: TRUBE, H.: F. G. W.s Leben u. Werk.
Bln. 1928. Nachdr. Nendeln 1967. – SÖLLE-NIP-
PERDEY, D.: Unterss. zur Struktur der Nacht-
wachen von Bonaventura. Gött. 1959.

Weyergans, François [frz. vɛjɛr'gãːs],
* Etterbeek 1941, belg. Schriftsteller. –
Zunächst als Filmkritiker tätig; produ-
zierte neben Fernsehbeiträgen auch
Kurzfilme nach eigenen Drehbüchern.
Sein erster Roman, ›Le pitre‹ (1973), ist
die Autobiographie eines jungen Schriftstellers, der seine Mißerfolge bei Frauen
mit Hilfe eines Psychiaters zu verarbeiten
sucht. Der Erzählfluß wird ständig von
eingeschobenen Romanskizzen, Vor-
wortentwürfen und einer Überfülle an
Zitaten und Mottos namhafter Autoren
003chbrochen. In ›Les figurants‹ (1980,
1988 u. d. T. ›Françaises, Français‹) stellt
W. das Leben von vier durch Heirat miteinander verbundenen Familien im Zeitraum von 1900 bis 1979 dar. In ›Macaire
le copte‹ (1981) zeichnet er nach Art des
histor. Romans die Entwicklung des im
4. Jh. in Ägypten lebenden Eremiten Ma-
karius des Großen nach. In ›Le radeau
de la Méduse‹ (R., 1983) bilden ein geschichtl. Ereignis und das davon ange-
regte gleichnamige Gemälde Theodore
Géricaults (* 1791, † 1824) den Ausgangspunkt für die Geschichte eines
Mannes, der, befangen in seinen verwik-
kelten persönl. Verhältnissen, an einem
Drehbuch über dieses Bild arbeitet. In
›La vie d'un bébé‹ (R., 1986) beschreibt
W. die Zeugung eines Fötus und dessen
fiktionale sprachl. Äußerungen.
Weitere Werke: Berlin mercredi (R., 1979), Je
suis écrivain (R., 1987), Weinen und Lachen (R.,
1990, dt. 1992), Der Boxer-Wahnsinn (R., 1992,
dt. 1994; Prix Renaudot 1992).

Weyrauch, Wolfgang, * Königsberg (Pr) 15. Okt. 1904 (nicht 1907), † Darmstadt 7. Nov. 1980, dt. Schriftsteller. – Schauspieler, dann Studium der Germanistik und Romanistik; Mitarbeiter und Redakteur an verschiedenen Zeitschriften; ab 1952 Verlagslektor in Hamburg, seit 1959 freier Schriftsteller, lebte ab 1967 in Darmstadt; gehörte zur Gruppe 47. W. war ein an A. Döblin und B. Brecht geschulter Stilexperimentator, der in seiner z. T. aggressiven Lyrik, in seinem zeitkrit. Erzählwerk und in vielen Hörspielen (Hörspielpreis der Kriegsblinden 1961) engagiert Stellung nahm gegen die Enthumanisierung der Welt; Hg. von wichtigen Prosa- und Lyrikanthologien (›Junge dt. Prosa‹, 1940; ›Expeditionen‹, 1959; ›Neue Expeditionen‹, 1975), durch die er zu einem bed. Entdecker junger Talente und Förderer dt. Literatur nach 1945 wurde.

Wolfgang
Weyrauch

Werke: Der Main (Legende, 1934), Strudel und Quell (R., 1938), Ein Band für die Nacht (Nov.n, 1939), Auf der bewegten Erde (Prosa, 1946), Die Davidsbündler (E., 1948), Lerche und Sperber (Ged., 1948), An die Wand geschrieben (Ged., 1950), Gesang, um nicht zu sterben (Ged., 1956), Mein Schiff, das heißt Taifun (En., 1959), Dialog mit dem Unsichtbaren (Hsp.e, 1962), Die Spur (Ged., 1963), Das erste Haus hieß Frieden (Ber., 1966), Etwas geschieht (E., 1966), Geschichten zum Weiterschreiben (1969), Wie geht es Ihnen? (Prosa, 1971), Das Ende von Frankfurt am Main (En., 1973), Beinahe täglich: Geschichten (1975), Das Komma danach (Ged., 1977), Fußgänger, B-Ebene ... (Ged., 1978), Hans Dumm. 111 Geschichten (1978).
Ausgaben: W. W. Mit dem Kopf durch die Wand. Geschichten. Gedichte. Essays u. ein

Hörspiel, 1929–1977. Neuausg. Nw. u. Darmst. 1977. – W. W. Proust beginnt zu brennen. Erzählungen. Nachwort v. H. HEISSENBÜTTEL. Ffm. 1985.
Literatur: Zu den Hörspielen W. W.s. Hg. v. I. SCHNEIDER u. K. RIHA. Siegen 1981.

Weyssenhoff, Józef Baron [poln. 'vɛjsɛnxɔf], * Kolano (Podlachien) 8. April 1860, † Warschau 6. Juli 1932, poln. Schriftsteller. – Aus alter Adelsfamilie, studierte Jura, arbeitete ab 1896 als Redakteur bei der ›Biblioteka Warszawska‹; viele Auslandsreisen. Selbst noch konservativer Landedelmann, schrieb er in den Romanen ›Ein Übermensch. Leben und Gedanken des Herrn Siegmund von Podfilipski‹ (1898, dt. 1902) und ›Die Affaire Dołęga‹ (1901, dt. 1904) mit scharfer Satire und feiner Ironie über Rückständigkeit und Scheinkultur der poln. Aristokratie; in seinen späten Landschafts- und Jagdromanen Meister der Naturschilderung.
Weitere Werke: Der verlorene Sohn (R., 1904, dt. 1917), Der Zobel und die Fee (R., 1912, dt. 1937).
Ausgabe: J. W. Pisma. Warschau 1927–28. 13 Bde.
Literatur: SZYPOWSKA, I.: W. Warschau 1976.

Węzel, Johann Carl, * Sondershausen 31. Okt. 1747, † ebd. 28. Jan. 1819, dt. Schriftsteller. – Studierte in Leipzig, unternahm Reisen nach London, Paris und Wien, wo er als Theaterdichter tätig war; lebte später wieder in Leipzig und, geistig umnachtet, in Sondershausen. Bedeutung als Romanschriftsteller des Sturm und Drang hat er v. a. mit seinen von H. Fielding, T. Smolett und L. Sterne beeinflußten Entwicklungsromanen ›Lebensgeschichte Tobias Knauts, des Weisen, ...‹ (4 Bde., 1773–76), ›Belphegor, oder Die wahrscheinlichste Geschichte unter der Sonne‹ (2 Bde., 1776) und ›Herrmann und Ulrike‹ (4 Bde., 1780).
Ausgabe: J. C. W. Krit. Schrr. Faksimiledr. Hg. v. ALBERT R. SCHMITT. Stg. 1971. 2 Bde. Als Bd. 3: P. S. McKNIGHT: Versuch einer Gesamtbibliogr. über J. C. W. Stg. 1975.
Literatur: STRUBE, R. G.: Die Physiognomie der Unvernunft. Studien zur Rolle der Einbildungskraft im erzähler. Werk J. C. W.s. Hdbg. 1980. – Neues aus der W.-Forschung. Hg. vom Arbeitskreis J.-Karl-W. des Kulturbundes der DDR. Sondershausen 1984. – KREMER, D.: W., über die Nachtseite der Aufklärung. Mchn. 1985. – J. Karl W. u. die Aufklärung. Bearb. v. A. KLINGENBERG. Weimar 1989.

Wharton, Edith [Newbold] [engl. wɔːtn], geb. Jones, * New York 24. Jan. 1862, † Saint-Brice-sous-Forêt (bei Paris) 11. Aug. 1937, amerikan. Schriftstellerin. – Wurde in Europa privat erzogen; lebte ab 1907 in Europa, vorwiegend in Frankreich. Schilderte als hervorragende Schülerin von H. James realistisch-ironisch, in präziser, nuancierender Sprache den Gegensatz zwischen Alter und Neuer Welt, den Niedergang der alten, wohlhabenden Kreise sowie den Konflikt zwischen gesellschaftl. Konventionen, individuellen Begierden und moral. Verhalten. Ihre bedeutendsten Werke sind ›Das Haus der Freude‹ (R., 1905, dt. 1988), die, für W. untypisch, im ländl. Milieu verarmter Leute in Neuengland spielende leidenschaftl. Liebesgeschichte ›Die Schlittenfahrt‹ (R., 1911, dt. 1948) sowie das trag. Geschehen aus der New Yorker Gesellschaft ›Amerikan. Romanze‹ (R., 1920, dt. 1939, 1951 u. d. T. ›Im Himmel weint man nicht‹; Pulitzerpreis 1921). Verfaßte zahlreiche Erzählungen, bed. Kurzgeschichten (›Xingu and other stories‹, 1916), zwei Gedichtbände (›Artemis to Actæon‹, 1909; ›Twelve poems‹, 1926), Schilderungen ihrer Reisen in Italien, Frankreich, Marokko sowie ihrer Hilfsaktionen während des Krieges in Frankreich, Literaturkritik (›The writing of fiction‹, 1925) und die Autobiographie ›A backward glance‹ (1934).

Weitere Werke: Der flüchtige Schimmer des Mondes (R., 1922, dt. 1995), A son at the front (R., 1923), Here and beyond (En., 1926), Die oberen Zehntausend (R., 1927, dt. 1931), The world over (En., 1936), Ghosts (En., 1937), Die Freibeuterinnen (R., hg. 1938, dt. 1994).
Ausgaben: E. W. The collected short stories. Hg. v. R. W. B. LEWIS. New York 1968. 2 Bde. – The E. W. omnibus. Hg. v. G. VIDAL. New York 1978. – E. W. Novels. Hg. v. R. W. B. LEWIS. New York 1985.
Literatur: BRENNI, V. J.: E. W. A bibliography. Parsons (W. Va.) 1966. – LAWSON, R. H.: E. W. New York 1977. – WOLFF, C. G.: A feast of words. The triumph of E. W. New York 1977. – WERSHOVEN, C.: The female intruder in the novels of E. W. Rutherford (N. J.) 1982. – E. W. Hg. v. H. BLOOM. New York 1986. – Wretched exotic. Essays on E. W. in Europe. Hg. v. K. JOSLIN u. a. New York 1993.

Wheatley, Phillis [engl. 'wiːtlɪ], * vermutlich Senegal oder Gambia um 1753, † Boston (Mass.) 5. Dez. 1784, amerikan. Lyrikerin. – Die von Afrika nach Boston verkaufte Haussklavin lernte durch großzügige Förderung der Familie Wheatley Englisch, Latein und Griechisch. Die Lektüre der Bibel und der engl. Dichter A. Pope und Th. Gray bestimmte inhaltlich und formal ihre eigenen neoklassizist. Gedichte (1773). W. gilt als erste afroamerikan. Dichterin.
Ausgabe: Ph. W. Poems on various subjects, religious and moral. Hg. v. J. D. MASON. Chapel Hill (N. C.) 1966.
Literatur: GRAHAM, S.: The story of P. W. Neuausg. New York 1966. – ROBINSON, W. H.: P. W. in the Black American beginnings. Detroit (Mich.) 1975. – ROBINSON, W. H.: P. W. A bio-bibliography. Boston (Mass.) 1981. – P. W. and her writings. Hg. v. W. H. ROBINSON. New York 1984.

Whetstone, George [engl. 'wɛtstoʊn], * London um 1544, † Bergen op Zoom im Sept. 1587, engl. Dichter. – Als Soldat in den Niederlanden; Teilnehmer einer Neufundlandexpedition; 1580 in Italien; fiel im Duell. W. schrieb Vers- und Prosadichtungen sowie Dramen, von denen die moralisierende Tragikomödie ›Promos and Cassandra‹ (1578) zu einer der Quellen für Shakespeares ›Maß für Maß‹ wurde.
Literatur: IZARD, TH. C.: G. W. New York 1942.

White, E[lwyn] B[rooks] [engl. waɪt], * Mount Vernon (N. Y.) 11. Juli 1899, † North Brooklin (Maine) 1. Okt. 1985, amerikan. Schriftsteller. – Kolumnist und humorist. Essayist, der ab 1926 als Mit-Hg. die Entwicklung der Zeitschrift ↑ ›The New Yorker‹ 40 Jahre lang gestaltet hat. Bekannt geworden durch die mit J. Thurber verfaßte Parodie ›Warum denn Liebe? oder mehr Freuden ohne Freud‹ (1929, dt. 1953), schrieb u. Essays, deren Themen von Naturbeobachtungen (meist auf seiner Farm in Maine) und Umweltproblemen (unter dem Einfluß von H. D. Thoreau) über Schilderungen des Stadtlebens (›Here is New York‹, 1949) zu polit. Kommentaren und literar. Parodien reichen. W. ist auch Verfasser von klass. Kindergeschichten (›Rikki‹, 1945, dt. 1948, 1978 u. d. T. ›Klein Stuart‹; ›Schweinchen Wilbur und seine Freunde‹, 1952, dt. 1953, 1976 u. d. T. ›Wilbur und Charlotte‹).

Weitere Werke: Farewell to Model T (1936), One man's meat (Essays, 1942, Neuaufl. 1982), World government and peace (1945), The second tree from the corner (Essays und Ged., 1954, Neuaufl. 1984), The points of my compass (Essays, 1962), Essays of E. B. W. (1977), Poems and sketches of E. B. W. (1981).
Ausgaben: An E. B. W. reader. Hg. v. W. W. WATT u. R. W. BRADFORD. New York 1966. – Letters of E. B. W. Hg. v. D. L. GUTH. New York 1976.
Literatur: SAMPSON, E. C.: E. B. W. New York 1974. – ANDERSON, A. J.: E. B. W. A bibliography. Metuchen (N. J.) 1978. – SALE, R.: Fairy tales and after. From Snow White to E. B. W. Cambridge (Mass.) 1978. – ELLEDGE, S.: E. B. W. A biography. New York 1984.

White, Patrick [engl. waɪt], * London 28. Mai 1912, † Sydney 30. Sept. 1990, austral. Schriftsteller. – Verbrachte Kindheit und Studienzeit in Australien und in England, wo er das Cheltenham College besuchte und am King's College in Cambridge Französisch und Deutsch studierte; Militärdienst im 2. Weltkrieg bei der Royal Air Force; lebte ab 1948 wieder in Australien. Schrieb Anfang der 30er Jahre Kurzgeschichten über den Lebenskampf der Siedler im Monaro-Gebiet und die Folgen der großen Depression, deren Thematik er z. T. in seinen frühen Romanen ›Happy valley‹ (1939), ›The living and the dead‹ (1941) und ›The aunt's story‹ (1948) wieder aufgriff. In seinen Romanen ›Zur Ruhe kam der Baum des Menschen nie‹ (1955, dt. 1957) und ›Voss‹ (1957, dt. 1958) begann er die Auseinandersetzung mit der Tiefe des menschl. Lebens schlechthin, aufgezeigt am Schicksal einzelner Menschen. Histor. Elemente, etwa die Erforschung des Landes, sowie die Monotonie des Lebens der Mittelschicht der fiktiven Vorstadt Sarsaparilla (›Die im feurigen Wagen‹, 1961, dt. 1969) werden durch komplexe bibl. und mytholog. Anspielungen zu archetyp. Situationen verfremdet oder zum Hintergrund einer allegor. Landschaft umgestaltet. Das Thema der Stadt und der Vorstadt sowie W.s Liebe zur Musik und Malerei bestimmen die Romane ›Die ungleichen Brüder‹ (1966, dt. 1978), ›Der Maler‹ (1970, dt. 1972), ›Im Auge des Sturms‹ (1973, dt. 1974) sowie die Kurzgeschichtensammlungen ›Die Verbrannten‹ (1964, dt. 1992) und ›The cockatoos‹ (1974). Auch seine jüngeren Romane reflektieren durch die darin gestalteten Erkenntnisprozesse W.s Überzeugung, daß nur die innere Erfahrung die Wirklichkeit darstellt, die für das Individuum von größter Bedeutung, aber nur in seltenen Fällen mitteilbar ist (›Der Lendenschurz‹, 1976, dt. 1982; ›Die Twyborn-Affaire‹, 1979, dt. 1986, und seine Autobiographie ›Risse im Spiegel‹, 1981, dt. 1994). Mit seinen Dramen hat W. einen Beitrag zur Entwicklung des australischen Dramas geleistet (›The ham funeral‹, 1947; ›The season in Sarsaparilla‹, 1962; ›Großes Spielzeug‹, 1978, dt. 1978; ›Signal driver‹, 1981). 1973 erhielt er den Nobelpreis für Literatur.

Patrick White

Weitere Werke: Dolly Formosa und die Auserwählten (R., 1986, dt. 1988), Three uneasy pieces (En., 1988), Patrick White speaks (Essays, 1990).
Literatur: WALSH, W.: P. W.'s fiction. Sidney u. a. 1977. – KIERNAN, B.: P. W. London u. a. 1980. – MCCULLOCH, A. M.: A tragic vision. The novels of P. W. Saint Lucia 1983. – COLMER, J.: P. W. London u. a. 1984. – STEIN, TH. M.: ›Illusions of solidity‹. Individuum u. Gesellschaft im Romanwerk P. W.s. Essen 1990. – MARR, D.: P. W. A life. Neuausg. Sydney 1992.

White, T[erence] H[anbury] [engl. waɪt], * Bombay 29. Mai 1906, † Piräus 17. Jan. 1964, engl. Schriftsteller. – Studierte in Cambridge, war Lehrer, ab 1936 freier Schriftsteller. Sein Fantasyzyklus ›Das Schwert im Stein‹ (1938), ›Die Königin von Luft und Dunkelheit‹ (1938) und ›Der mißratene Ritter‹ (1940), überarbeitet als ›Der König auf Camelot‹ (in einem Bd., 1958, dt. 1976), auf dem auch das populäre Musical ›Camelot‹ (von Alan J. Lerner und Frederick Loewe,

1960) basiert, wird von vielen Kritikern als beste moderne Bearbeitung des Artus-Stoffes betrachtet; eine Version des Sagenschlusses wurde postum veröffentlicht (›Das Buch Merlin‹, 1977, dt. 1980); auch histor. Romane (›Farewell Victoria‹, 1933) und Versdichtung.

Weitere Werke: Schloß Malplaquet oder Lilliput im Exil (R., 1946, dt. 1979), The elephant and the kangaroo (R., 1947), Verses (Ged., 1962).

Literatur: WARNER, S. T.: T. H. W. A biography. London 1967. – CRANE, J. K.: T. H. W. Boston (Mass.) 1974.

White, William Hale [engl. waɪt], Pseudonym Mark Rutherford, * Bedford 22. Dez. 1831, † Groombridge (Kent) 14. März 1913, engl. Schriftsteller. – Begann ein freikirchl. Theologiestudium, wurde jedoch ab 1854 Beamter. Literarisch bed. sind v. a. seine autobiograph. Bekenntnisschriften ›The autobiography of Mark Rutherford, dissenting minister‹ (1881) und ›Mark Rutherford's deliverance‹ (1885), deren in puritan. Traditionen verwurzelte Analyse des religiösen Zweifels angesichts naturwissenschaftl. Entwicklungen für das 19. Jh. charakterist. intellektuelle Spannungen behandelt; auch Romane und ein Buch über J. Bunyan (der ihn beeinflußte); übersetzte B. de Spinoza.

Weitere Werke: The revolution in Tanner's Lane (R., 1887), Miriam's schooling (R., 1890), Catharine Furze (R., 1893), Clara Hapgood (R., 1896), Pages from a journal (3 Bde., 1900–15).
Literatur: MACLEAN, C. M.: Mark Rutherford. A biography of W. H. W. London 1955. – HARLAND, C. R.: Mark Rutherford. The mind and art of W. H. W. Columbus (Ohio) 1988.

Whiting, John [engl. 'waɪtɪŋ], * Salisbury (Wiltshire) 15. Nov. 1917, † London 16. Juni 1963, engl. Dramatiker. – Dramatisierte teils komödienhaft, teils melancholisch die desillusionierende, zuweilen selbstzerstör. Suche nach dem Absoluten, z. B. in Verbindung mit dem Krieg (›A penny for a song‹, 1951; ›Der Tag des Heiligen‹, UA 1951, Erstausg. 1958, dt. 1958; ›Marschlied‹, 1954, dt. 1955) oder im Zusammenhang mit dem Thema Besessenheit (›Die Teufel‹, 1961, dt. 1962; nach A. Huxley).

Weitere Werke: Die Tore des Sommers (Kom., 1956, dt. 1958), Conditions of agreement (Dr., postume UA 1965).

Ausgabe: The collected plays of J. W. London 1969. 2 Bde.
Literatur: TRUSSLER, S.: The plays of J. W. An assessment. London 1972. – SALMON, E.: The dark journey. J. W. as dramatist. London 1979.

Whitman, Walt[er] [engl. 'wɪtmən], * West Hills bei Huntington (N. Y.) 31. Mai 1819, † Camden (N. J.) 26. März 1892, amerikan. Dichter. – Sohn eines Zimmermanns; frühe Jugend in Brooklyn und auf Long Island; u. a. in einer Druckerei und als Lehrer tätig, danach Journalist und Hg. verschiedener Zeitungen, u. a. des ›Crescent‹ (New Orleans); lernte auf einer Reise in den Süden und Westen 1848 die Weite des Landes und die ›Frontier‹ kennen; nahm zeitweilig – als Korrespondent der ›New York Times‹ und als Sanitäter – am Bürgerkrieg teil; von 1864 an in kleineren Positionen in Washington (D. C.) beamtet; 1873 Verlust der Arbeitsfähigkeit infolge einer Lähmung; lebte dann, von wenigen Anhängern verehrt, in bescheidenen Verhältnissen. W., bekannt v. a. als Autor der Gedichtsammlung ›Grashalme‹ (1855 [12 Gedichte], endgültige Fassung in 2 Bden. 1891/92 [fast 400 Gedichte], dt. Ausw. 1899), ist einer der bedeutendsten amerikan. Versdichter des 19. Jh.; seine Dichtung, einerseits volksverbunden und die Macht und Bedeutung der Verbrüderung aller Menschen verherrlichend, andererseits Shakespeare, Ossian, Homer, Goethe, G. W. F. Hegel, der Bibelsprache, der oriental. Literatur und Philosophie sowie pantheist. Gedankengut verpflichtet und stark von den individualist. Ideen der Transzendentalisten, bes. R. W. Emersons, geprägt, gestaltete zum Lehren von der Würde und Eigenständigkeit des Individuums und von einer übermenschl. Allseele W. poetisch überhöhte, ist Ausdruck seiner Auffassung von der prophet. Sendung des Dichters. Sein Werk, bes. ›Demokrat. Ausblicke‹ (Essays, 1871, dt. 1922), gestaltete das bereits entwickelte Bewußtsein der geistigen Autonomie der USA. Kennzeichnend ist W.s früh entwickelte, im Spätwerk vollendete Neigung zu myst. Übersteigerung seiner Ideale. Höhepunkte seiner kraftvollen, an Naturbildern reichen, überkommene Versformen sprengenden und einer rhythm. Prosa sich nähernden hymn. Ly-

Walt Whitman

rik sind u. a. ›Gesang von mir selbst‹ (in: ›Grashalme‹) und die in der Sammlung ›Drum taps‹ (1865) enthaltene Elegie auf Abraham Lincolns Tod ›When lilacs last in the dooryard bloom'd‹. W., seinerzeit u. a. wegen seiner offenen Darstellung auch homoerot. Neigungen angegriffen, beeinflußte die amerikan. Dichtung nachdrücklich, er hatte auch auf den europ. Naturalismus und Expressionismus starke Wirkung.

Weitere Werke: Passage to India (Ged., 1871), Two rivulets (Ged., 1876), Specimen days and collect (Prosa, 1882), November boughs (Ged., 1888), Good-bye my fancy (Ged., 1891), Autobiographia (hg. 1892).

Ausgaben: W. W. The complete writings. New York 1902. 10 Bde. – The uncollected poetry and prose of W. W. Hg. v. E. HOLLOWAY. New York u. London. 1921. 2 Bde. – W. W.s Werk. Dt. Übers. Hg. v. H. REISINGER. Hamb. ²1956. – W. W. The collected writings. Hg. v. G. W. ALLEN u. E. S. BRADLEY. New York 1961–84. 15 Bde.

Literatur: ALLEN, G. W.: W. W. Dt. Übers. Rbk. 1961. – MILLER, E. H.: W. W.'s poetry. A psychological journey. New York 1968. – ASSELINEAU, R.: The evolution of W. W. Engl. Übers. Cambridge (Mass.) Nachdr. 1969. – ALLEN, G. W.: The solitary singer. A critical biography of W. W. New York ²1970. – RUBIN, J. J.: The historic W. University Park (Pa.) 1973. – BLACK, S. A.: W.'s journey into chaos. New Brunswick (N. J.) 1975. – ALLEN, G. W.: Aspects of W. W. Folcroft (Pa.) 1977. – MILLER, J. E.: The American quest for a supreme fiction. W.'s legacy in the personal epic. Chicago (Ill.) 1979. – KAPLAN, J.: W. W. A life. New York 1980. – HOLLIS, C. C.: Language and style in ›Leaves of grass‹. Baton Rouge (La.) 1983. – ZWEIG, P.: W. W. The making of the poet. New York 1984. – W. W. Hg. v. H. BLOOM. New York 1985. – W. W. Here and now. Hg. v. J. P. KRIEG. Westport (Conn.)

1985. – CALLOW, P.: From noon to starry night. A life of W. W. Chicago (Ill.) 1992.

Whittier, John Greenleaf [engl. ˈwɪtɪə], * Haverhill (Mass.) 17. Dez. 1807, † Hampton Falls (N. H.) 7. Sept. 1892, amerikan. Dichter. – Entstammte einer bäuerl. Quäkerfamilie; vorwiegend durch Lektüre autodidaktisch gebildet; journalistisch und politisch für die Sklavenbefreiung tätig. W. vertrat eine romantische, v. a. R. Burns verpflichtete, neuengl. Heimat- und Naturdichtung mit vielfach idyll. Zügen, die in dem Gedicht ›Eingeschneit‹ (1866, dt. 1879) ihren Höhepunkt fand; Vorliebe für Verserzählungen und Balladen im Stil H. W. Longfellows, in denen er das ländl. Leben sowie histor. Geschehen darstellte; gleichzeitig nutzte er seine Dichtung, um sich für religiöse Toleranz, Humanismus und Demokratie einzusetzen; gilt als Volksdichter Amerikas.

Weitere Werke: Legends of New England in prose and verse (1831), Lays of my home (Ged., 1843), Ballads and other poems (Ged., 1844), Voices of freedom (Ged., 1846), Old portraits and modern sketches (En., 1850), Songs of labor (Ged., 1850), Anti-slavery poems (Ged., 1852), The panorama (Ged., 1856), In war time and other poems (Ged., 1864), Hazel-blossoms (Ged., 1875), At sundown (Ged., 1890).

Ausgaben: J. G. W. Complete writings. Amesbury edition. Boston (Mass.) 1894. Nachdr. New York 1969. 7 Bde. – The letters of J. G. W. Hg. v. J. B. PICKARD. Cambridge (Mass.) u. London 1975. 3 Bde.

Literatur: POLLARD, J. A.: J. G. W. Friend of man. Boston (Mass.) u. Cambridge 1949. Nachdr. Hamden (Conn.) 1969. – WAGENKNECHT, E.: J. G. W. A portrait in paradox. New York 1967. – VON FRANK, A. J.: W. A comprehensive annotated bibliography. New York u. London 1976. – Critical essays on J. G. W. Hg. v. J. K. KRIBBS. Boston (Mass.) 1980. – WOODWELL, R. H.: J. G. W. A biography. Haverhill (Mass.) 1985.

Wibbelt, Augustin, Pseudonym Ivo, * Vorhelm (heute zu Ahlen) 19. Sept. 1862, † ebd. 14. Sept. 1947, dt. Schriftsteller. – War ab 1907 kath. Pfarrer in Mehr bei Kleve; seit 1909 Hg. des Volkskalenders ›De Kiepenkerl‹; schrieb ernste und humorvolle Gedichte sowie Erzählungen, oft in münsterländ. Dialekt.

Werke: Drüke-Möhne (En., 3 Tle., 1898–1906), Wildrups Hoff (E., 1900), De Strunz (E., 1902), Schulte Witte (E., 2 Tle., 1906), De Pastor von Driebeck (E., 1908), Dat veerte Gebott (E.,

1912), In der Waldklause (Märchen, 3 Bde., 1929–32), Missa cantata (Ged., 1940).
Ausgabe: In treuer Freundschaft Ihr A. W. Briefwechsel zwischen A. W. u. E. Nörrenberg 1931–45. Hg. v. R. SCHEPPER. Münster 1983. **Literatur:** A. W. 1862–1947. Hg. v. G. KALDEWEI u. a. Bielefeld 1993.

Wichert, Ernst, * Insterburg 11. März 1831, † Berlin 21. Jan. 1902, dt. Schriftsteller. – Studierte Geschichte, dann Rechtswissenschaft in Königsberg (Pr), wurde u. a. Oberlandesgerichtsrat, 1896 Geheimer Justizrat; schrieb zahlreiche Romane und Novellen, vorwiegend aus der Geschichte Preußens; auch histor. Dramen und bühnenwirksame Lustspiele.
Werke: Ihr Taufschein (Lsp., 1865), Biegen oder brechen! (Dr., 1874), Heinrich von Plauen (R., 3 Bde., 1881), Litauische Geschichten (2 Bde., 1881–90), Der große Kurfürst in Preußen (R.-Trilogie, 1886/87), Richter und Dichter (Autobiogr., 1899), Der Hinkefuß (Nov.n, 1901).

Wickert, Erwin, * Bralitz (Landkreis Bad Freienwalde) 7. Jan. 1915, dt. Schriftsteller. – 1939–45 und 1955–80 im auswärtigen Dienst (u. a. in Schanghai, Tokio, London, Bukarest, ab 1976 Botschafter in Peking); schrieb u. a. Romane aus China und der Antike, die sich aus fiktiven histor. Dokumenten zusammensetzen; erfolgreich als Hörspielautor (Hörspielpreis der Kriegsblinden 1951 für ›Darfst du die Stunde rufen?‹).
Weitere Werke: Fata Morgana über den Straßen (En., 1938), Das Paradies im Westen (R., 1939), Die Frage des Tigers (E., 1955), Cäsar und der Phoenix (4 Hsp.e, 1956), Robinson und seine Gäste (Hsp., 1960), Der Auftrag (R., 1961, 1979 u. d. T. Der Auftrag des Himmels), Der Purpur (R., 1965), China von innen gesehen (Sachb., 1982), Der verlassene Tempel (R., 1985), Mut und Übermut. Geschichten aus meinem Leben (1991), Sonate mit dem Paukenschlag und sieben andere unglaubl. Geschichten (1993), Zappas oder Die Wiederkehr des Herrn (R., 1995).

Wickram, Jörg, * Colmar um 1505, † Burgheim am Rhein (Elsaß) vor 1562, dt. Dichter. – Wahrscheinlich Handwerker und Gerichtsschreiber in Colmar, wo er 1549 eine Meistersingerschule begründete; verließ als Protestant 1555 seine kath. Heimatstadt und wurde Stadtschreiber in Burgheim. Die oberrhein. Schwankliteratur weiterführend, schuf er das ›Rollwagenbüchlin‹ (1555), das zu den besten Schwank- und Anekdotensammlungen gehört; bed. sind auch seine Bearbeitungen älterer Schweizer Fastnachtsspiele sowie älterer Erzählungen, in denen er Elemente des ritterl. und Züge aus dem bürgerl. Leben geschickt miteinander verband; mit dem Roman ›Der Goldtfaden‹ (1557) wurde er der Begründer des nhd. Prosaromans und zugleich richtungweisend für das 17. Jahrhundert.
Weitere Werke: Der trew Eckart (Fastnachtsspiel, 1538), Spil von dem verlorenen Sun (1540), Gabriotto und Reinhart (R., 1551), Der Jungen Knaben Spiegel (R., 1554), Die Narren beschwerung (Schwankb., 1556).
Literatur: JACOBI, R.: J. W.s Romane. Diss. Bonn 1970. – LEGALERI, R.: L'organisation de la phrase en allemand du XVIe siècle, recherches sur la langue de J. W. Diss. Paris 1976.

Wiclif, John, engl. Philosoph und Theologe, † Wyclif, John.

Widmann, Joseph Viktor, * Nennowitz (Mähren) 20. Febr. 1842, † Bern 6. Nov. 1911, schweizer. Schriftsteller. – Kam sehr jung in die Schweiz; studierte Theologie, Philosophie und Philologie, befreundet mit C. Spitteler. Ab 1868 Schuldirektor in Bern, ab 1880 Feuilletonredakteur beim Berner ›Bund‹. Formsicherer Lyriker und Epiker mit Neigung zu Schopenhauerschem Pessimismus, geistreich-witziger Erzähler; bed. Reiseschilderungen.
Werke: Iphigenie in Delphi (Dr., 1865), Buddha (Epos, 1869), Spaziergänge in den Alpen (Reiseber., 1885), Die Patrizierin (R., 1888), Maikäferkomödie (Epos, 1897), Die Muse des Aretin (Dr., 1902), Der Heilige und die Tiere (Epos, 1905).
Literatur: WASER, M.: J. V. W. Frauenfeld 1927. – FRÄNKEL, J.: J. V. W. Sankt Gallen ²1960. – Dichter der neuen Schweiz. Hg. v. W. GÜNTHER. Bd. 2. Bern 1968.

Widmer, Urs, * Basel 21. Mai 1938, schweizer. Schriftsteller. – Studium der Germanistik und Romanistik; Verlagslektor; heute freier Schriftsteller in Frankfurt am Main. Verfasser von Erzählungen und Romanen mit einer Vorliebe für überraschende Wendungen, Phantastisch-Surreales und Unheimlich-Hintergründiges; auch Essays, daneben mit dem trivialen Genre spielende Stücke (›Die lange Nacht der Detektive‹, 1973); seit 1969 veröffentlichte er zahlreiche

Hörspiele (›Die schreckl. Verwirrung des Giuseppe Verdi‹, 1974; ›Fernsehabend‹, Ursendung 1976); Übersetzungen.

Weitere Werke: Alois (E., 1968), Die Amsel im Regen im Garten (E., 1971), Das Normale und die Sehnsucht (Essays, En., 1972), Die Forschungsreise (R., 1974), Schweizer Geschichten (En., 1975), Die gelben Männer (R., 1976), Vom Fenster meines Hauses aus (Prosa, 1977), Das enge Land (R., 1981), Liebesnacht (E., 1982), Die gestohlene Schöpfung (E., 1984), Der neue Noah (Kom., UA 1984), Indianersommer (E., 1985), Stan und Olli in Deutschland. Alles klar. 2 Stücke (1987), Das Paradies des Vergessens (E., 1990), Die sechste Puppe im Bauch der fünften Puppe im Bauch der vierten Puppe und andere Überlegungen zur Literatur (1991), Der blaue Siphon (E., 1992), Jeanmaire (Stück, 1992), Liebesbrief für Mary (E., 1993).

Widukind von Corvey ['kɔrvaɪ], * um 925, † Corvey nach 973, sächs. Benediktiner und Geschichtsschreiber. – Vermutlich aus adligem Geschlecht; trat um 940 in das Kloster Corvey ein und verfaßte dort eine Sachsengeschichte in drei Büchern (›Rerum Saxonicarum libri III‹), die er 967/968 Mathilde von Quedlinburg, der Tochter Ottos des Großen, widmete und später bis 973 fortsetzte. Er schildert darin den Aufstieg des kriegstüchtigen und mit Gottesheil bedachten Sachsenvolkes zum Reichsvolk.

Ausgabe: Quellen zur Gesch. der sächs. Kaiserzeit. Hg. v. A. Bauer u. R. Rau. Darmst. ²1972. **Literatur:** Beumann, H.: W. v. Korvei. Weimar 1950 – Ott, G.: W. Eine Gesch. aus der Zeit Karls des Großen. Stg. 1992.

Wiebe, Rudy [engl. 'wiːbɪ, wiːb], * Speedwell bei Fairholme (Saskatchewan) 4. Okt. 1934, kanad. Schriftsteller. – Studierte 1953–56 an der University of Alberta in Edmonton, 1957/58 in Tübingen; lehrt seit 1967 an der University of Alberta. W.s Werk ist geprägt durch seine mennonit. Herkunft, christl. Moral und v. a. das Interesse für marginale Kulturen wie die der Eskimos, Indianer, Métis. Seine drei wichtigsten Romane sind ›The blue mountains of China‹ (R., 1970; über den mennonit. Exodus aus der Sowjetunion), ›The temptations of Big Bear‹ (R., 1973; über das Schicksal der Cree-Indianer) und ›The Scorched-Wood people‹ (R., 1977; über den Méti-Führer Louis Riel [* 1844, † 1885] und die Métis).

Weitere Werke: Peace shall destroy many (R., 1962), First and vital candle (R., 1966), Where is

the voice coming from? (Kurzgeschichten, 1974), Alberta/A celebration (Kurzgeschichten, 1979), The mad trapper (R., 1980), My lovely enemy (R., 1983), Playing dead (Essay, 1989). **Literatur:** Keith, W. J.: The art of R. W. In: Epic fiction. Alberta 1981.

Wiechert, Ernst, Pseudonym Barany Bjell, * Forsthaus Kleinort (Landkreis Sensburg) 18. Mai 1887, † Uerikon (Kanton Zürich) 24. Aug. 1950, dt. Schriftsteller. – Sohn eines Försters; 1911–33 Studienrat, danach freier Schriftsteller; 1938 zwei Monate im KZ Buchenwald, dann unter Gestapoaufsicht; ab 1948 in der Schweiz. Geprägt durch das Erlebnis der ostpreuß. Heimat und seine Teilnahme am 1. Weltkrieg, knüpfte W. an die Tradition der Heimatkunstbewegung an und verband Naturmystik und verinnerlichte Humanität in seinen in bewußt einfachem Stil gehaltenen ep. Werken um schwermütige Grüblernaturen. Seine Romane und Novellen gestalten Menschen, die z. T. mystisch-religiös verklärt erscheinen.

Werke: Der Wald (R., 1922), Der Totenwolf (R., 1924), Der Knecht Gottes Andreas Nyland (R., 1926), Die kleine Passion (R., 1929), Die Flöte des Pan (Nov.n, 1930), Jedermann (R., 1931), Die Magd des Jürgen Doskocil (R., 1932), Die Majorin (R., 1934), Hirtennovelle (1935), Wälder und Menschen (Autobiogr., 1936), Das einfache Leben (R., 1939), Die Jerominkinder (R., 2 Bde., 1945–47), Der Totenwald (Bericht, 1945), Jahre und Zeiten (Autobiogr., 1949), Missa sine nomine (R., 1950), Der Exote (R., hg. 1951).

Ausgaben: E. W. Ges. Werke. Königsberg (Pr) 1926–27. 3 Bde. – E. W. Sämtl. Werke in 10 Bden. Mchn. u. a. 1957. – E. W. Ges. Werke. Mchn. u. a. 1980. 5 Bde. **Literatur:** Ebeling, H.: E. W. Das Leben des Dichters. Wsb. 1947. – Bekenntnis zu E. W.

Ernst
Wiechert

Mchn. u. a. 1947. – OLLESCH, H.: E. W. Wupper-tal-Barmen ²1956. – PLESSKE, H.-M.: E. W. Bln. 1967. – E.-W.-Bibliogr. 1916–71. Hg. v. G. REINER. Paris 1972–82. 4 Bde. – FANGMEIER, J.: E. W. Theolog. Gespräch mit dem Dichter. Zü. 1976. – BOAG, H. A.: E. W. The prose works in relation to his life and times. Stg. 1985. – E. W. heute. Hg. v. G. REINER. Ffm. 1993.

Wied, Gustav [Johannes] [dän. viːˀð], * Holmegård bei Nakskov 6. März 1858, † Roskilde 24. Okt. 1914, dän. Schriftsteller. – Schildert in seinen z. T. skurrilen Erzählungen, Schauspielen und satir., düsteren Romanen nicht ohne Humor das Leben des Landadels, der Bauern und Kleinbürger seiner Heimat.

Werke: Aus jungen Tagen (En., 1895, dt. 1907), Erotik (Dr., 1896, dt. 1902), Vier Satyrspiele (1897, dt. 1901), Die von Leunbach (R., 1898, dt. 1900), Die leibhaftige Bosheit (R., 1899, dt. 1901), Die Karlsbader Reise der leibhaftigen Bosheit (R., 1902, dt. 1903), Tanzmäuse. Ein Satyrroman (1905, dt. 1906), Die Väter haben Herlinge gegessen (R., 1908, dt. 1909), Der leibhaftigen Bosheit Opus III. Pastor Sörensen & Co. (R., 1913, dt. 1913).

Ausgabe: G. W. Udvalgte værker. Kopenhagen 1966. 7 Bde.

Literatur: NEERGAARD, E.: Peter idealist. Studier over G. W.s ungdom. Kopenhagen 1938. – SALICATH, E.: Omkring G. W. Kopenhagen 1946. – AHNLUND, K.: Den unge G. W. Kopenhagen 1964.

Wied, Martina, eigtl. Alexandrine M. Weisl, geb. Schnabl, * Wien 10. Dez. 1882, † ebd. 25. Jan. 1957, österr. Schriftstellerin. – Studierte Kunstgeschichte und Philosophie, emigrierte 1939 nach Großbritannien; 1948 Rückkehr nach Österreich. Setzte sich in Erzählungen, Dramen und Gedichten mit dem Chaos der Zeit und dem menschl. Leid auseinander.

Werke: Bewegung (Ged., 1919), Rauch über Sankt Florian (R., 1937), Das Einhorn (E., 1948), Kellingrath (R., 1950), Das Krähennest (R., 1951), Brücken ins Sichtbare (Ged., 1952), Die Geschichte des reichen Jünglings (R., 1952), Der Ehering (E., 1954), Das unvollendete Abenteuer (Nov., 1955).

Wiegendrucke ↑ Inkunabeln.

Wieland, Christoph Martin, * Oberholzheim (heute zu Achstetten, Landkreis Biberach) 5. Sept. 1733, † Weimar 20. Jan. 1813, dt. Schriftsteller. – Sohn eines ev. Pfarrers; im pietist. Geist erzogen; Jugendliebe zu seiner Cousine Sophie von Gutermann (↑ La Roche, Sophie);

Christoph
Martin
Wieland

studierte 1749 Philosophie in Erfurt, 1750 Rechtswissenschaft in Tübingen, wo er sich mehr und mehr der Literatur zuwandte; seine ersten Schriften weisen ihn als religiös-empfindsamen Enthusiasten aus. 1752 folgte er einer Einladung J. J. Bodmers nach Zürich, jedoch trennte sich dieser bald von ihm. W. blieb als Hauslehrer in Zürich, 1759 ging er nach Bern, wo er sich mit Julie Bondeli verlobte (Entlobung 1763); 1760 wurde er Senator in Biberach; 1765 Heirat mit Dorothea von Hillenbrand (* 1746, † 1801); 1769 Prof. für Philosophie an der Universität Erfurt, 1772 Prinzenerzieher, ab 1775 freier Schriftsteller in Weimar. Gab die bed. literar. Zeitschrift, ›Der Teutsche Merkur‹, heraus; stand in engem Verhältnis zu J. G. Herder und Goethe. Ab 1760 durch den Umgang mit Graf Stadion und dem Ehepaar La Roche allmähl. Abkehr vom Geistlichen und Religiösen, Wendung zur aufgeklärten, weltmänn. Kultur des frz. Spätrokokos; in einer graziösen, das Sinnenfrohe und Frivole geistreich umspielenden, eleganten Sprache entwickelt W. in ep. Werken ein dem Klassischen sich näherndes Humanitätsideal, das um harmon. Ausgleich zwischen Sinnlichkeit und Vernunft bemüht ist; das Spielerische, Komödiantische, Dionysische bestimmt auch sein Hauptwerk, den Bildungs- und Erziehungsroman ›Geschichte des Agathon‹ (2 Bde., 1766/67, zweite erweiterte Fassung 1773 u. d. T. ›Agathon‹, endgültige Ausg. 1794). Seine Prosaübersetzung von 22 Shakespearedramen (8 Bde., 1762–66) machten den englischen Dramatiker erstmals einem breiteren dt. Publikum bekannt; ferner übertrug er Werke klassisch-antiker Autoren ins Deutsche; auch Dramatiker.

Weitere Werke: Anti-Ovid, oder die Kunst zu lieben (Ged., 1752), Die Natur der Dinge (Ged., 1752), Der gepryfte Abraham (Epos, 1753), Lady Johanna Gray (Trauerspiel, 1758), Der Sieg der Natur über die Schwärmerey. Oder, Die Abentheuer des Don Sylvio von Rosalva (R., 2 Bde., 1764), Com. Erzählungen (1765), Musarion, oder Die Philosophie der Grazien (Kleinepos, 1768), Der goldne Spiegel, oder Die Geschichte der Könige von Scheschian, ... (R., 4 Bde., 1772), Alceste (Singspiel, 1773), Die Wahl des Herkules (Singspiel, 1773), Die Abderiten (R., 1774), Oberon (Epos, 1780), Aristipp und einige seiner Zeitgenossen (R., 4 Bde., 1800–01).

Ausgaben: W.'s ges. Schrr. Hg. v. der Dt. Kommission der Preuß. Akad. der Wiss. u. a. Bln. 1909 ff. Teilw. Nachdr. Hildesheim 1986 ff. – Ch. M. W. Briefwechsel. Hg. v. H. W. SEIFFERT. Bln. 1963 ff. (bisher 12 Bde. ersch.). – Ch. M. W. Sämtl. Werke. Nördlingen 1984. 14 Bde. (Bd. 15: GRUBER, J. G.: Ch. M. W.s Leben). – Ch. M. W. Werke in 4 Bden. Ausgew. u. eingel. v. H. BÖHM. Bln. u. Weimar ³1984.

Literatur: FUCHS, A.: Les apports français dans l'œuvre de W. de 1772 à 1789. Paris 1934. Nachdr. Genf 1977. – GEYER, G.: W. u. das Schwärmertum. Diss. Graz 1967. – MILLER, S. R.: Die Figur des Erzählers in W.s Romanen. Göppingen 1970. – HECKER, J.: W. Die Gesch. eines Menschen in der Zeit. Stg. 1971. – PAULSEN, W.: Ch. M. W. der Mensch u. sein Werk in psycholog. Perspektiven. Bern u. Mchn. 1975. – HEMMERICH, G.: Ch. M. W.s Gesch. des Agathon. Nbg. 1979. – RUPPEL, H.: W. in der Kritik. Diss. Mchn. 1980. – Ch. M. W. Hg. v. H. SCHELLE. Darmst. 1981. – GÜNTHER, G./ZEILINGER, H.: W.-Bibliogr. Bln. u. a. 1983. – STARNES, TH. C.: Ch. M. W. Leben u. Werk. Sigmaringen 1987. 3 Bde. – VOSS, J.: ›... das Bisschen Gärtnerey‹. Unterss. zur Garten- u. Naturmotivik bei Ch. M. W. Ffm. u. a. 1993. – Ch. M. W. Epoche – Werk – Wirkung. Bearb. v. S.-A. JØRGENSEN. Mchn. 1994. – MIELSCH, H.-U.: Die Schweizer Jahre dt. Dichter. Ch. M. W., ... Zü. 1994.

Wieland, Ludwig, * Weimar 28. Okt. 1777, † ebd. 12. Dez. 1819, dt. Dramatiker. – Sohn von Christoph Martin W.; studierte Rechtswissenschaft, lebte in der Schweiz, ab 1811 in Wien, zuletzt in Weimar und Jena. Befreundet u. a. mit H. von Kleist und H. D. Zschokke. Schrieb v. a. Lustspiele und Erzählungen.

Werke: Erzählungen und Dialogen (2 Bde., 1803), Lustspiele (1805).

Wiemer, Rudolf Otto, * Friedrichroda (Landkreis Gotha) 24. März 1905,

dt. Schriftsteller. – War Lehrer, Bibliothekar, Puppenspieler; seit 1962 freier Schriftsteller, lebt in Göttingen. Er erzählt in seinen Gedichten, Romanen, Erzählungen, Kinderbüchern und Theaterstücken für Kinder über Allgemeinmenschliches, vom Leben der kleinen Leute, über Randfiguren und Außenseiter in der Gesellschaft. Er benutzt dabei eine ausdrucksstarke, präzise, teils skurrile Sprache. Viele seiner Bücher haben eine bibl. oder kirchl. Thematik.

Werke: Der Mann am Feuer (En., 1953), Der Ort zu unseren Füßen (En., 1958), Nicht Stunde noch Tag (R., 1961), Ernstfall (Ged., 1963), Micha möchte gern (Kinderb., 1975), Die Schlagzeile (R., 1977), Mahnke. Die Geschichte eines Lückenbüßers (1979), Chance der Bärenraupe (Ged., 1980), Lob der kleinen Schritte (Betrachtungen, En., 1981), Schnee fällt auf die Arche (R., 1981), Meine Kinderschuhe (Ged., 1984), Die Erzbahn (En., 1988), Brenn, Feuerchen, brenn doch (R., 1992).

Literatur: R. O. W. Hg. v. C. H. KURZ. Bovenden 1985.

Wienbarg, Ludolf, Pseudonyme Ludolf Vineta, Freimund, * Altona (heute Hamburg-Altona) 25. Dez. 1802, † Schleswig 2. Jan. 1872, dt. Schriftsteller. – Hauslehrer, Privatdozent, gehörte zu den Wortführern des Jungen Deutschland; gab dieser Bewegung in seiner Abhandlung ›Aesthet. Feldzüge‹ (1834) mit ihrer Widmung ›Dir, junges Deutschland ...‹ den Namen; begründete mit K. Gutzkow in Frankfurt am Main die radikale ›Dt. Revue‹; erhielt Schreibverbot und wurde ausgewiesen; lebte in Hamburg, war ab 1868 geisteskrank.

Weitere Werke: Zur neuesten Literatur (Abh., 1835), Die Dramatiker der Jetztzeit (Abh., 1839), Geschichte Schleswigs (2 Bde., 1861/62).

Wiener, Franz [frz. vje'nɛːr], frz.-belg. Schriftsteller, † Croisset, Francis de.

Wiener, Oswald, * Wien 5. Okt. 1935, österr. Schriftsteller. – Studierte 1953–58 in Wien u. a. Mathematik, afrikan. Sprachen, Musikwiss., Jura; zugleich Jazztrompeter. 1959–67 leitende Stellung als EDV-Spezialist in Wien; lebt jetzt meist in Berlin, wo er u. a. zwei Gaststätten eröffnete. Seine literar. Aktivitäten begannen innerhalb der Wiener Gruppe um 1954 mit Gedichten, Montagen, Prosa, szen. Folgen; 1962–67 erschien in der Grazer Literaturzeitschrift ›manuskripte‹

(dann erstmals 1969 als Buch) ›die verbesserung von mitteleuropa, roman‹, nur der Bezeichnung nach ein ›Roman‹, der sich ansonsten durch seinen anarch., fragmentar. Charakter sowohl herkömml. Gattungsbegrenzungen als auch sonstigen literar. Verbindlichkeiten widersetzt. Seitdem wirbt er in Vorträgen und Essays für eine Verbindung zwischen Kunst und Wissenschaft; er plant zu diesem Zweck auch ›eine permanente kulturelle Institution‹ in Triest, ein Kulturinstitut in der Tradition der alten freien Akademien; erhielt 1989 den Großen österr. Staatspreis.

Oswald Wiener

Weitere Werke: starcker toback. kleine fibel für den ratlosen (1962; mit Konrad Bayer), Wir möchten auch vom Arno-Schmidt-Jahr profitieren (1979), Nicht schon wieder ...! (R., 1990, unter dem Pseud. E. Präkogler).

Wiener Genesis, 1. in der Österr. Nationalbibliothek, Wien, befindl. Fragment (26 Blätter) einer griech. Handschrift des 6. Jh.; Purpurpergament mit Silberschrift, auf der unteren Hälfte jeder Seite eine Miniatur; eine der wenigen erhaltenen frühchristl. Miniaturhandschriften; 2. ein frühmittelhochdt. bair.-österr. Epos über das Buch Genesis (3 037 Verse) aus der 2. Hälfte des 11. Jh.; die älteste Fassung enthält die Wiener Handschrift 2 721 (12. Jh.), eine Teilüberlieferung findet sich in den Büchern Moses der Vorauer Handschrift, während die ›Millstätter Genesis‹ eine jüngere Bearbeitung darstellt.
Ausgabe: SMITS, K.: Die frühmhd. W. G. Krit. Ausg. Bln. 1972.
Literatur: HENSING, D.: Zur Gestaltung der W. G. Amsterdam 1972.

Wiener Gruppe, seit 1958 Name einer avantgardist. Wiener Schriftstellergruppe, die die gemeinsame Opposition gegen die Erstarrung des literar. Lebens verband. Die W. G. entwickelte sich 1952–55 aus dem 1946 gegründeten ›artclub‹, zu ihr gehörten die Autoren F. Achleitner, H. C. Artmann (bis 1958), K. Bayer, G. Rühm und O. Wiener, die u. a. am Dadaismus und Surrealismus orientiert waren. Ihr literar. Konzept zielte bewußt auf Provokation ab; wichtige Ausdrucksformen der oft in Teamarbeit entstandenen Werke waren ↑ Montage, Laut- und Dialektgedichte, Chansons usw., in denen sich häufig Groteskes mit Makabrem und Komischem mischte. Höhepunkte waren zwei literar. Kabaretts (1958 und 1959) und der Band Dialektgedichte ›hosn, rosn, baa‹ (1959). Nach dem Tod von Bayer (1964) löste sich die Gruppe auf.
Literatur: SCHMATZ, F.: Sinn & Sinne. W. G., Wiener Aktionismus u. a. Wegbereiter. Wien 1992.

Wiener Moderne ↑ Jung-Wien.

Wieners, John [engl. 'wi:nəz], * Boston (Mass.) 6. Jan. 1934, amerikan. Lyriker. – Seine Zeit am Black Mountain College (1955/56; Einfluß von Ch. Olson und R. Duncan) sowie sein Aufenthalt in San Francisco (1957–60) als Mitglied der Beat generation prägen seine gefühlsbetonten Gedichte, die die Verzweiflung der am Rande der Gesellschaft lebenden Menschen thematisieren. Schreibt auch Dramen und Essays.
Werke: The Hotel Wentley poems (Ged., 1958; revidiert 1965), Anklesox and five shoelaces (Dr., 1966), Nerves (Ged., 1970), Selected poems (Ged., 1972), Behind the State Capitol (Ged., 1975), Selected poems 1958–1984 (Ged., 1986).

Wiener Volkstheater, spezif. Wiener Vorstadttheater im 18. bis zur Mitte des 19. Jh. (begr. von J. A. Stranitzky mit einer eigenen Theatertruppe), das v. a. in der Tradition der ↑ Commedia dell'arte stand. Als Schauspieler- und Ensembletheater umfaßte sein Repertoire (nur ein Bruchteil der Stücke ist überliefert) [Lokal]possen, Zauberstücke und Singspiele, die die verschiedensten literar. Strömungen und Stoffe im Sinne einer ›Verwienerung‹ parodierten. Zentrale kom. Figur war der von Stranitzky geschaffene

›Hans Wurst‹ (↑ Hanswurst). Die wichtigsten Repräsentanten neben Stranitzky waren G. Prehauser, Ph. Hafner, in der Blütezeit Ende des 18. und Anfang des 19. Jh. J. A. Gleich, K. Meisl, A. Bäuerle und bes. F. Raimund (›Das Mädchen aus der Feenwelt oder Der Bauer als Millionär‹, 1826) und J. N. Nestroy (›Der böse Geist Lumpazivagabundus‹, 1835).
Literatur: HADAMOWSKY, F.: Mittelalterl. geistl. Spiel in Wien 1499–1718. Wien 1981. – HEIN, J.: Das W. V. Darmst. ²1991.

Wiener Zauberposse, Volksstück des Wiener Vorstadttheaters des 19. Jh., in dem Märchen-, Geister- oder Zaubermotive und possenhafte Elemente gemischt sind, meist mit satir., lokal-, literatur- oder zeitkrit. Einschlag; charakteristisch sind üppige Ausstattung und Einsatz der Theatermaschinerie. Vertreter: J. A. Gleich, A. Bäuerle, bes. F. Raimund und J. N. Nestroy. – ↑ auch Zauberstück.

Wiens, Paul, * Königsberg (Pr) 17. Aug. 1922, † Berlin (Ost) 6. April 1982, dt. Schriftsteller. – Kindheit in Berlin, 1933 Emigration mit den Eltern (Schweiz, Italien, Frankreich, England); wurde 1943 in Wien verhaftet und war bis 1945 in einem Konzentrationslager; ging 1947 nach Berlin, wo er als Lektor und ab 1950 als freier Schriftsteller tätig war; 1982 Chefredakteur der Zeitschrift ›Sinn und Form‹. W. gehörte zu den bekanntesten Lyrikern der DDR; er schrieb auch Kinderbücher, Erzählungen, [Fernseh]filmdrehbücher, Hörspiele und Übersetzungen bzw. Nachdichtungen.
Werke: Beredte Welt (Ged., 1953), Nachrichten aus der Dritten Welt (Ged., 1957), Die Haut von Paris (En., 1960), Neue Harfenlieder in der Manier Oswald von Wolkensteins (1966), Dienstgeheimnis (Ged., 1968), Vier Linien aus meiner Hand. Gedichte 1943–71 (1972), Einmischungen. Publizistik 1949–81 (1982), Innenweltbilderhandschrift (Ged. und Zeichnungen, 1982).

Wierzyński, Kazimierz [poln. vjɛ-'ʒi̯iski], * Drohobycz 27. Aug. 1894, † London 13. Febr. 1969, poln. Lyriker. – Ging 1939 ins Ausland (meist in den USA); gehörte der futurist. Gruppe um die Zeitschrift ›Skamander‹ an, wurde 1938 Mitglied der poln. Literaturakademie. W. war der jugendlich-lebensfreudige Sänger der modernen Großstadt. Großen Erfolg hatte er mit seinem Ge-

dichtband ›Olymp. Lorbeer‹ (1927, dt. 1928). Die Zeitereignisse gaben seiner späteren Dichtung einen trag. Grundton; schrieb auch Novellen und Essays.
Ausgabe: K. W. Poezja i proza. Krakau 1981. 2 Bde.
Literatur: MIĄZEK, B.: Die lyr. Beschreibung im Nachkriegsschaffen K. W.s. Diss. Wien 1972. – DUDEK, J.: Liryka K. Wego z lat 1951–69. Breslau 1975.

Wiesel, Elie, * Sighet (heute Sighetu Marmaţiei, Rumänien) 30. Sept. 1928, jüd. Schriftsteller. – Wuchs in orthodoxjüd. (chassid.) Umgebung auf; wurde 1944 ins KZ deportiert; lebte nach der Befreiung 1945 als Journalist in Paris, seit 1956 in den USA (1963 amerikan. Staatsbürger); u. a. Prof. für Sozialwissenschaften an der Univ. Boston. Die Schrecken der KZ-Zeit und die jüd. Tradition bilden das Hauptthema seiner schriftsteller. Tätigkeit (zahlreiche Romane, Erzählungen, Essays sowie Theaterstücke, meist in frz. Sprache); erhielt 1986 den Friedensnobelpreis.
Werke: Die Nacht zu begraben, Elischa (R.-Trilogie: 1. Nacht, 2. Morgengrauen, 3. Tag, 1958–61, dt. 1962), Gezeiten des Schweigens (R., 1962, dt. 1963), Die Pforten des Waldes (R., 1964, dt. 1966), Gesang der Toten (En., 1966, dt. 1968), Die Juden in der UdSSR (Essay, 1966, dt. 1967), Der Bettler von Jerusalem (R., 1968, dt. 1970), Salmen (Schsp., 1968, dt. 1971), Chassid. Feier (Essay, 1972, dt. 1974), Der Schwur von Kolvillàg (R., 1973, dt. 1976), Adam oder das Geheimnis vom Anfang. Brüderl. Urgestalten (Essays, 1978, dt. 1981), Was die Tore des Himmels öffnet. Geschichten chassid. Meister (1978, dt. 1981), Der Prozeß von Schamgorod (Dr., 1979, dt. 1987), Das Testament eines ermordeten jüd. Dichters (R., 1980, dt. 1991), Geschichten gegen die Melancholie. Die Weisheit der chassid. Meister (1981, dt. 1984), Der fünfte Sohn (R., 1983, dt. 1985), Macht Gebete aus meinen Geschichten (1985, dt. 1986), Abenddämmerung in der Ferne (R., 1987, dt. 1988), Der Vergessene (R., 1989, dt. 1990), Die Weisheit des Talmud. Geschichten und Porträts (1991, dt. 1992), Den Frieden feiern (dt. 1991).
Literatur: Enc. Jud. Bd. 16, 1972, S. 507. – ROTH, J. K.: A consuming fire. Encounters with E. W. and the Holocaust. Atlanta (Ga.) 1979. – FRIEDMANN, J.-Y.: Le rire dans l'univers tragique de W. Paris 1981. – BRIESEMEISTER, D.: É. W. In: Krit. Lex. der roman. Gegenwartsliteraturen. Hg. v. W.-D. Lange. Losebl. Tüb. 1984 ff. – STERN, E. N.: Wo Engel sich versteckten. Das Leben des E. W. Dt. Übers. Freib. u. a. 1986. – McAFEE BROWN, R.: E. W. Zeuge für die Menschheit. Dt. Übers. Freib. 1990. – SAINT

CHERON, PH.-M. DE: É. W. pèlerin de la mémoire. Paris 1994.

Wigamur, vermutlich von einem aus dem schwäb.-fränk. Raum stammenden Dichter des 13. Jh. verfaßtes mhd. Epos in rund 6000 Versen um einen Ritter W., mit einer Aneinanderreihung von Motiven und Themen aus der dt. Artusdichtung.

Literatur: BROGSRITTER, K. O.: Artusepik. Stg. ²1971.

Wigglesworth, Michael [engl. 'wɪglzwə:θ], *in Yorkshire (England) 18. Okt. 1631, † Malden (Mass.) 27. Mai 1705, amerikan. Dichter. – Kam 1638 mit seinen Eltern nach Neuengland; puritan. Geistlicher in Malden. Durch eigene Krankheit veranlaßt, studierte und praktizierte er ab 1663 auch Medizin. Seine religiöse, meist in Balladenform geschriebene Dichtung diente der Verbreitung der strengen puritan. Lehre. Am bekanntesten ist das die dichotome Weltsicht der Puritaner bekräftigende Gedicht ›The day of doom‹ (1662). Andere Gedichte behandeln die Bedeutung persönl. wie öffentl. Leidens für den Glauben (›Meat out of the eater‹, 1669; ›God's controversy with New England‹, hg. 1873).

Ausgaben: M. W. The day of doom. Hg. v. K. B. MURDOCK. New York 1929. Nachdr. 1966. – The diary of M. W., 1653–1657. The conscience of a puritan. Hg. v. E. S. MORGAN. New York 1965. Nachdr. Gloucester (Mass.) 1970.
Literatur: CROWDER, R.: No featherbed to heaven. A biography of M. W. East Lansing (Mich.) 1962.

Wight, James Alfred [engl. waɪt], engl. Schriftsteller, ↑ Herriot, James.

Wiktor, Jan, *Radomyśl nad Sanem 1. Nov. 1890, † Krakau 17. Febr. 1967, poln. Schriftsteller. – Journalist; zeichnete die Welt der kleinen Leute, der Bauern und Arbeiter oder der poln. Emigranten in Frankreich. Soziale Probleme behandelte er bedauernd und anklagend, aber nie aufrührerisch. In den späteren Werken drängte sein Humor den resignierenden Pessimismus früherer Bücher zurück.

Werke: Przez łzy (= Durch Tränen, E., 1922), Morgenröte über der Stadt (R., 1928, dt. 1930), Wierzby nad Sekwaną (= Weiden an der Seine, R., 1933), Basia (R., 1962).
Literatur: J. W. Hg. v. S. FRYCIE. Rzeszów 1972.

Wilbrandt, Adolf von, *Rostock 24. Aug. 1837, † ebd. 10. Juni 1911, dt. Schriftsteller. – 1859–61 Leiter der ›Süddt. Zeitung‹ in München, 1871 Umzug nach Wien, ∞ mit der Burgschauspielerin Auguste Baudrius; 1881–87 Direktor des Wiener Burgtheaters; 1884 von Ludwig II. von Bayern geadelt. Bekannt v. a. durch seine zeitkrit. Schlüsselromane aus dem Münchner Künstlerkreis; auch literarisch-histor. Abhandlungen, histor. Jambentragödien, Gedichte und Biographien.

Werke: Heinrich von Kleist (Abh., 1863), Der Lizentiat (R., 1868), Nero (Trag., 1876), Hermann Ifinger (R., 1892), Villa Maria (R., 1902).

Wilbur, Richard [engl. 'wɪlbə], *New York 1. März 1921, amerikan. Lyriker. – Studierte u. a. an der Harvard University; Kriegseinsatz (1943–45); 1955–77 Prof. für Englisch an der Wesleyan University in Middletown (Conn.), danach als Schriftsteller am Smith College in Northampton (Mass.). W. schreibt sensible, u. a. von Marianne Moore beeinflußte Lyrik, die durch Formstrenge, Musikalität und Originalität der Diktion gekennzeichnet ist. Daneben schuf er moderne Adaptationen von Werken Molières und Racines sowie von Voltaires ›Candide‹, an dessen Umgestaltung in eine kom. Oper (UA 1956) er mit L. Hellman und dem Komponisten und Dirigenten Leonard Bernstein (*1918, †1990) arbeitete; wurde 1987 nach R. P. Warren zum zweiten Poet laureate der USA ernannt.

Weitere Werke: The beautiful changes (Ged., 1947), Ceremony (Ged., 1950), Thing of this world (Ged., 1956; Pulitzerpreis 1957), Poems 1943–1956 (Ged., 1957), Advice to a prophet (Ged., 1961), Walking to sleep (Ged. und Übersetzungen, 1969), Opposites (Kinderged., 1973), The mind-reader (Ged., 1976), Responses. Prose pieces 1953–1976 (Prosa, 1976), Verses on the times (Ged., 1978; mit W. J. Smith), Seven poems (Ged., 1981), On my own work (Prosa, 1983), New and collected poems (Ged., 1988).
Literatur: HILL, D. L.: R. W. New York 1967. – FIELD, J. P.: R. W. A bibliographical checklist. Kent (Ohio) 1971. – R. W.'s creation. Hg. v. W. SALINGER. Ann Arbor (Mich.) 1983.

Wild, Sebastian, dt. Meistersinger und Dramatiker um die Mitte des 16. Jh. aus Augsburg. – Ursprünglich Lehrer; verfaßte Meisterlieder, Schauspiele mit geistl. Thematik und Dramen nach frühnhd. Prosaromanen; seine 1566 gedruckte ›Passion Christi‹ wurde Grundlage für das älteste erhaltene Oberammergauer Passionsspiel (von 1662).

Wilde, Eduard, estn. Schriftsteller, ↑ Vilde, Eduard.

Wilde, Oscar Fingal[l] O'Flahertie Wills [engl. waild], * Dublin 16. Okt. 1854, † Paris 30. Nov. 1900, engl. Schriftsteller ir. Herkunft. – Lebte nach Studien in Dublin und Oxford ab 1879 in London, wo er durch extravagante Lebensführung bekannt wurde; nach literar. Erfolgen unternahm er Vortragsreisen in Amerika und England; 1895 wegen Homosexualität zu zwei Jahren Zuchthaus verurteilt. W. starb in Paris, wo er zuletzt unter dem Pseudonym Sebastian Melmoth, von Freunden unterstützt, dem Alkohol verfallen, in bescheidenen Verhältnissen gelebt hatte; er konvertierte kurz vor seinem Tod zum Katholizismus. – Bedeutendster Vertreter des Ästhetizismus in England. Einflüsse des frz. Symbolismus und W. Paters zeigen sich v. a. in der Lyrik und der ursprünglich in frz. Sprache verfaßten Tragödie ›Salome‹ (frz. 1893, engl. 1894, dt. 1903; vertont 1905 als Oper von R. Strauss). W.s an die Tradition der ↑ Comedy of manners anknüpfende Gesellschaftskomödien glossieren witzig-frivol die herrschenden Denk- und Verhaltensweisen des Viktorian. Zeitalters. Die Brillanz ihrer pointiert-paradoxen Dialoge erfährt eine adäquate dramaturg. Umsetzung erst in ›Ernst sein!‹ (1899, dt. 1903, 1908 u. d. T. ›Bunbury‹), wo die mehr konventionelle Fabel der drei vorangegangenen Komödien (›Lady Windermere's Fächer‹, 1893, dt. 1902; ›Eine Frau ohne Bedeutung‹, 1894, dt. 1902; ›Ein idealer Gatte‹, 1899, dt. 1903) zugunsten eines parodist. Spiels mit gesellschaftl. und literar. Normen überwunden wird. In seinen literaturtheoret. Essays erweist sich W. als Vollender der Dekadenzdichtung und zugleich Wegbereiter der Moderne. Zu seinen populärsten Werken gehört neben den Märchen und Erzählungen auch der einzige Roman, ›Dorian Gray‹ (1891, dt. 1901, 1907 u. d. T. ›Das Bildnis des Dorian Gray‹), in dem ästhetizist.

Frivolität und eine überdeutl. Schuld-und-Sühne-Moral eine seltsam-zwiespältige, aber effektvolle Verbindung eingehen. Seine Gefängniserfahrung verarbeitete W. in der ›Ballade vom Zuchthause zu Reading‹ (1898, dt. 1904), während der Grund seiner Verurteilung, das Verhältnis zu Lord Alfred Douglas, erst in dem bekenntnishaften, postum veröffentlichten Brief ›De profundis‹ (gekürzt 1905, vollständig 1949, dt. gekürzt 1905, vollständig 1925 u. d. T. ›Epistola. In carcere et vinculis‹) zur Sprache kommt.

Oscar Fingal
O'Flahertie
Wills Wilde

Weitere Werke: Ravenna (Ged., 1878), Die Herzogin von Padua (Dr., 1883), Das Gespenst von Canterville (E., 1887, dt. 1905), Der glückl. Prinz und andere Erzählungen (1888, dt. 1903), Lord Arthur Saviles Verbrechen (En., 1891, dt. 1909), Der Sozialismus und die Seele des Menschen (Essay, 1891, dt. 1970, erstmals dt. 1904). **Ausgaben:** O. W. The first collected edition of the works. Hg. v. R. Ross. London 1908–22. 15 Bde. Nachdr. New York u. London 1969. – O. W. Sämtl. Theaterstücke. Dt. Übers. Hg. v. S. Schmitz. Mchn. 1971. – O. W. Werke in 2 Bden. Dt. Übers. Hg. v. R. Gruenther. Mchn. ⁵1985. **Literatur:** O. W. The critical heritage. Hg. v. K. Beckson. London 1970. – Hyde, H. M.: O. W. New York 1975. – Bird, A.: The plays of O. W. London u. Totowa (N. J.) 1977. – Mikhail, E. H.: O. W. An annotated bibliography of criticism. London 1978. – Cohen, Ph. K.: The moral vision of O. W. London 1979. – Kohl, N.: O. W. Das literar. Werk zwischen Provokation u. Anpassung. Hdbg. 1980. – Miller, Robert K.: O. W. New York 1982. – Worth, K.: O. W. London u. a. 1983. – Goodman, J.: The O. W. file. London 1986. – Powell, K.: O. W. and the theatre of the 1890s. Cambridge 1991. – Funke, P.: O. W. Rbk. 57.–59. Tsd. 1993. – Ellmann, R.: O. W. Dt. Übers. Neuausg. Ffm. u. a. 1994.

Wildenbruch, Ernst von, * Beirut 3. Febr. 1845, † Berlin 15. Jan. 1909, dt. Schriftsteller. – Enkel des Prinzen Louis Ferdinand von Preußen, Sohn des preuß. Gesandten in Konstantinopel; war 1863–65 Gardeleutnant, studierte dann bis 1870 Rechtswiss. und wurde 1876 Richter; ab 1877 Tätigkeit im Auswärtigen Amt in Berlin, ab 1897 Geheimer Legationsrat, 1900 pensioniert. Einstmals vielgespielter Dramatiker der Wilhelmin. Zeit; schrieb historisch-patriot. Dramen im pathetisch-rhetor. Stil mit Neigung zum theatral. Effekt und zur sentimentalen Phrase; auch Erzählungen und Lyrik mit patriot., teils sozialkrit. Themen.

Werke: Vionville (Ged., 1874), Der Meister von Tanagra (E., 1880), Die Karolinger (Dr., 1882), Kinderthränen (En., 1884), Dichtungen und Balladen (1884, 1887 u. d. T. Lieder und Balladen), Die Quitzow's (Dr., 1888), Die Haubenlerche (Dr., 1891), Das edle Blut (E., 1893), Die Rabensteinerin (Dr., 1907).

Wildenvey, Hermann [norweg. 'vildənvɛi], eigtl. H. Portaas, * Nedre Eiker 20. Juli 1886, † Larvik 27. Sept. 1959, norweg. Schriftsteller. – V. a. von E. A. Karlfeldt und H. Heine beeinflußter, erfolgreichster norweg. Lyriker des 20. Jh.; bevorzugt melod. Verse; Lebensbejahung und Freude am Dasein stehen neben tiefer Schwermut und religiöser Innerlichkeit; auch Dramatiker; bed. Memoiren (›Mein Pegasus und die Welt‹, 1937, dt. 1938; ›En lykkelig tid‹, 1940).

Weitere Werke: Nyinger (Ged., 1907), Prismer (Ged., 1911), Kjærtegen (Ged., 1916), Hemmeligheter (Ged., 1919), Dagens sang (Ged., 1930), Filomele (Ged., 1946), Polyhymnia (Ged., 1952), Soluret (Ged., 1956).
Ausgabe: H. W. Samlede dikt. Oslo 1957. 2 Bde.
Literatur: HAAVE, K.: H. W., poeten, kunstneren. Oslo 1952.

Wilder, Thornton [Niven] [engl. 'waɪldə], * Madison (Wis.) 17. April 1897, † Hamden bei New Haven (Conn.) 7. Dez. 1975, amerikan. Schriftsteller. – Sohn eines Zeitungsverlegers, während dessen Amtszeit als Generalkonsul in China W. einige Jahre seiner Kindheit im Fernen Osten verbrachte; studierte u. a. in Yale, Rom, Princeton; 1921–28 Lehrer, 1930–36 Dozent, dann Prof. an der Univ. Chicago, 1950/51 in Harvard; stark europäisch-abendländisch orientiert, Studienaufenthalte, auch Lehr- und

Thornton Wilder

Vortragstätigkeit in Europa. W. begann mit christlich geprägten, stilistisch zum Novellistischen neigenden Erzählwerken, von denen v. a. ›Die Brücke von San Luis Rey‹ (R., 1927, dt. 1929; Pulitzerpreis 1928) bekannt wurde. Außer Problemen der formalen Bewältigung des Stoffes waren für W. in seinem von humanist. Geist durchdrungenen Werk v. a. die weltanschaul. Fragestellungen interessant. Während der Roman ›Dem Himmel bin ich auserkoren‹ (1934, dt. 1935) noch stark W.s persönl. religiöse Überzeugungen spiegelt, tritt das Bekenntnishafte in dem Caesarroman ›Die Iden des März‹ (1948, dt. 1949) gegenüber der allgemeingültigen geistesgeschichtl. Analyse zurück, wobei besondere, allen histor. Epochen gemeinsame Züge in das Werk eingehen. W. war auch als Dramatiker erfolgreich, bes. mit den Dramen ›Unsere kleine Stadt‹ (1938, dt. 1953, 1944 u. d. T. ›Eine kleine Stadt‹; Pulitzerpreis 1938) und ›Wir sind noch einmal davongekommen‹ (1942, dt. 1944; Pulitzerpreis 1943), in denen er, unter Verwendung der Mittel des ep. Theaters, zeitlose menschl. Probleme darstellte; daneben auch Einakter (›The angel that troubled the waters‹, 1928; ›Das lange Weihnachtsmahl‹, 1931, dt. 1954 in: ›Einakter und Dreiminutenspiele‹) sowie Adaptationen klass. (Euripides: ›Die Alkestiade‹, UA 1955, dt. 1960, als Musical 1962) und moderner Stoffe (J. N. Nestroy: ›Die Heiratsvermittlerin‹, Kom., 1939, revidiert 1954, dt. 1957; Vorlage für das Musical ›Hello, Dolly!‹, 1963). W. wurde für seine Schriften zur dt. Kultur

(›Kultur in einer Demokratie‹, 1957) und zu Goethe (›Goethe und die Weltliteratur‹, 1958) mit dem Friedenspreis des Dt. Buchhandels (1957) und mit der Goethe-Plakette (1959) ausgezeichnet.
Weitere Werke: Die Cabala (R., 1926, dt. 1929), Die Frau von Andros (R., 1930, dt. 1931), Der achte Schöpfungstag (R., 1967, dt. 1968), Theophilus North oder ein Heiliger wider Willen (R., 1973, dt. 1974).
Ausgaben: Th. W. Die Tagebücher. 1939–1961. Hg. v. D. C. GALLUP. Dt. Übers. Ffm. 1988.
Literatur: GOLDSTEIN, M.: The art of Th. W. Lincoln (Nebr.) 1965. – PAPAJEWSKI, H.: Th. W. Ffm. ²1965 (mit Bibliogr.). – HÄBERLE, E.: Das szen. Werk Th. W.s. Hdbg. 1967. – HABERMAN, D.: The plays of Th. W. A critical study. Middletown (Conn.) 1967. – KUNER, M. Ch.: Th. W. The bright and the dark. New York 1972. – GOLDSTONE, R. H.: Th. W. An intimate portrait. New York 1975. – BURBANK. R.: Th. W. Boston (Mass.) ²1978. – CLÜVER, C.: Th. W. u. André Obey. Unterss. zum modernen ep. Theater. Bonn 1978. – GOLDSTONE, R. H.: Th. W. An annotated bibliography of works by and about Th. W. New York 1982. – HARRISON, G. A.: The enthusiast. A life of Th. W. New Haven (Conn.) 1983. – NIMAX, M.: ›Jederzeit u. Allerorts‹. Universalität im Werk von Th. W. Ffm. 1983. – CASTRONOVO D.: Th. W. New York 1986.

Wilder Alexander, dt. Spruch- und Liederdichter, ↑Alexander, Meister.

Wilder Mann, mittelfränk. Dichter des 12. Jh., wahrscheinlich aus der Kölner Gegend. – Kleriker oder bibelkundiger Laie; schrieb um 1170 eine Veronika-Vespasian-Legende mit heilsgeschichtl. Hintergrund; Lehrgedichte.

Wildermuth, Ottilie, geb. Rooschütz, *Rottenburg am Neckar 22. Febr. 1817, †Tübingen 12. Juli 1877, dt. Schriftstellerin. – Freundschaftl. Beziehungen zu J. Kerner, L. Uhland u. a.; ab 1870 Hg. des ›Jugendgartens‹; schrieb religiös bestimmte, gemüt- und humorvolle Erzählungen aus ihrer Heimat sowie zahlreiche Jugendschriften, die seinerzeit sehr beliebt waren, u. a. ›Bilder und Geschichten aus dem schwäb. Leben‹ (1852), ›Aus der Kinderwelt‹ (En., 1853), ›Aus dem Frauenleben‹ (E., 1855), ›Aus Schloß und Hütte‹ (En., 1862), ›Jugendschriften‹ (22 Bde., 1871–1900), ›Aus Nord und Süd‹ (En., 1874).
Literatur: WILDERMUTH, R.: O. W. 1817–1877. Marbach 1986.

Wilderode, Anton van [niederl. 'wildəro:də], eigtl. Cyriel Paul Coupé, *Moerbeke-Waas 28. Juni 1918, fläm. Dichter. – Priester; seine Gedichte sind formal traditionell, inhaltlich klar und gesellschaftsbezogen; bed. Vergil-Übersetzer (›Aeneis‹, 1962–73; ›Bucolica‹, 1971; ›Het boerenboek Georgica‹, 1975).
Weitere Werke: De moerbeitoppen ruischten (Ged., 1943), Herinnering en gezang (Ged., 1946), Najaar van Hellas (Ged., 1947), Het land der mensen (Ged., 1952), Het herdertje van Pest (Ged., 1957), Verzamelde gedichten 1943–74 (Ged., 1974), Dorp zonder ouders (Ged., 1978), De overoever (Ged., 1981), Een tent van Tamarinde (Ged., 1984), De vlinderboom (Ged., 1985), Zachtjes, mijn zoon ligt hier (Ged., 1988), Poedersneeuw (Ged., 1991).
Literatur: SWERT, F. DE: A. v. W. Nimwegen u. Brügge 1977. – PERSOON, W.: A. v. W. Antwerpen ²1978.

Wildgans, Anton, *Wien 17. April 1881, †Mödling 3. Mai 1932, österr. Lyriker und Dramatiker. – Studierte Jura, war dann am Oberlandesgericht Wien tätig; ab 1912 freier Schriftsteller; 1921–23 und 1930/31 Direktor des Burgtheaters; seine an Ch. Baudelaire, R. M. Rilke und H. von Hofmannsthal geschulte Lyrik sucht die Verbindung von Elementen der Tradition und der Avantgarde, sie ist z. T. sozialen Problemen zugewandt; die Dramen sind zunächst dem Naturalismus, dann dem Expressionismus verpflichtet.
Werke: Vom Wege (Ged., 1903), Herbstfrühling (Ged., 1909), Und hättet der Liebe nicht ... (Ged., 1911), In Ewigkeit, amen ... (Dr., 1913), Die Sonette an Ead (1913), Armut (Trag., 1914), Liebe (Dr., 1916), Mittag (Ged., 1917), Dies irae (Trag., 1918), Kain (Trag., 1920), Kirbisch oder Der Gendarm, die Schande und das Glück (Epos, 1927), Musik der Kindheit (Prosa, 1928), Rede über Österreich (1930), Ich beichte und bekenne (aus dem Nachlaß hg. 1933).
Ausgabe: A. W. Sämtl. Werke. Histor.-krit. Ausg. Hg. v. L. WILDGANS u. a. Wien u. Salzburg 1948–58. 7 Bde.
Literatur: WILDGANS, L.: Der gemeinsame Weg. Mein Leben mit A. W. Salzburg u. Stg. 1960. – THALLER, E.: Die Gegensatzwelt bei A. W. Diss. Graz 1965 [Masch.]. – GERSTINGER, H.: Der Dramatiker A. W. Innsb. 1981.

Wildonie, Herrand von, mhd. Schriftsteller, ↑Herrand von Wildonie.

Wildwestroman (Western), amerikan. Romantypus; Form des Abenteuerromans, der im ›Wilden Westen‹ der USA z. Zt. der Landerschließung spielt und die Kämpfe der Pioniere mit den Indianern bzw. der Siedler, Goldsucher, Cowboys usw. untereinander oder auch mit den sog. Gesetzlosen zum Inhalt hat. Grundzug dieses Romantyps, der schon bald außerhalb Amerikas Verbreitung fand, ist die Mythisierung des amerikan. Pioniergeistes, die Verherrlichung der Leistungen des heldenhaften autonomen einzelnen, seiner Freiheit und Selbstbestimmung, nicht selten die Verklärung der Outlaws, die sich selbst Gesetz und Recht schufen. Die Problematik dieses Genres besteht nicht nur in der häufigen Kollision der Darstellung mit der histor. Wirklichkeit, sondern auch in der Übertragung der dem W. zugrundeliegenden reaktionären Ordnungsvorstellungen auf eine demokrat. Gesellschaft. – Vorläufer des W.s sind die Werke von J. F. Cooper, B. Harte, Mark Twain. Die ersten eigentl. W.e schrieb E. Z. C. Judson (u. a. um die legendäre Gestalt des Buffalo Bill). Seine erste Blütezeit erlebte der W. um die Jahrhundertwende mit O. Wister (›Der Virginier‹, 1902, dt. 1955), Andy Adams (* 1859, † 1935), Alfred Henry Lewis (* 1858, † 1914), später Z. Grey, F. Faust (Pseudonym Max Brand, * 1892, † 1944), Ernest Haycox (* 1899, † 1950) und vielen anderen. W.e fanden schon frühzeitig massenhafte Verbreitung z. B. als Heftromane (Groschenhefte), in denen ein klischeehafter Schwarz-Weiß-Malerei gute und böse Figuren in Konflikt geraten und die mit wenigen stereotypen Requisiten (Prärie, Pferde, Saloon, Sheriff usw.) auskommen. Auch im Bereich der gehobenen Unterhaltungsliteratur wurden sie nachgeahmt (in Deutschland durch Ch. Sealsfield, B. Möllhausen und v. a. K. May).

Wilenkin (tl.: Vilenkin), Nikolai Maximowitsch [russ. vi'ljenkin], russ. Schriftsteller, ↑ Minski, Nikolai Maximowitsch.

Wilhelm IX. (Guilhem IX), Herzog von Aquitanien und Graf von Poitiers, * Poitiers 22. Okt. 1071, † ebd. 10. Febr. 1127, provenzal. Troubadour. – Regierte ab 1086, Vasall der frz. Krone, eroberte zweimal die Grafschaft Toulouse, unterstützte den Kampf gegen die Sarazenen und führte 1101 ein Kreuzfahrerheer nach Kleinasien. Frühester Vertreter der provenzal. Troubadourdichtung; erhalten sind elf Lieder; seine Auffassung von der Liebe ist betont sensualistisch, er besingt jedoch auch die spiritualisierte höf. Liebe.

Ausgaben: Les chansons de Guillaume IX, duc d'Aquitaine (1071 à 1127). Hg. v. A. JEANROY. Paris 1913. Nachdr. ²1964. – W. v. Aquitanien. Ges. Lieder. Originaltext mit dt. Übertragung. Zü. 1969. – Guglielmo IX. Poesie. Hg. v. N. PASERO. Modena 1973. – The poetry of William VII, Count of Poitiers, IX Duke of Aquitaine. Hg. v. G. A. BOND. New York u. London 1982.
Literatur: COCITO, L.: Guglielmo IX d'Aquitania. Genua 1969. – LEJEUNE, R.: Littérature et société occitane au moyen âge. Lüttich 1979. – JENSEN, F.: Provençal philology and the poetry of Guillaume of Poitiers. Odense 1983.

Wilhelm, Peter [engl. 'wɪlhɛlm], * Kapstadt 16. Juli 1943, südafrikan. Schriftsteller. – Seine Romane und Erzählungen umreißen mit unerbittl. Scharfblick, feiner Ironie und eindeutiger Metaphorik alle Nuancen eines Labyrinths aus Liebe, Sexualität, Gleichgültigkeit, Verzweiflung, Haß und Zerstörung, in dem der einzelne zu sich selbst finden oder untergehen muß.
Werke: LM and other stories (Kurzgeschichten, 1975), The dark wood (R., 1977), White flowers (Ged., 1977), An island full of grass (R., 1977), At the end of a war (Kurzgeschichten, 1981).

Wilhelmsgeste ↑ Wilhelmszyklus.

Wilhelmslied ↑ Chanson de Guillaume.

Wilhelmszyklus (Wilhelmsgeste), einer der drei großen altfrz. Epenzyklen (↑ Chanson de geste). Zentralfigur des Zyklus in 24 Einzelepen ist Guillaume d'Orange (Wilhelm von Orange), in dessen Gestalt legendäre und histor. Züge zusammenfließen. In ihr lebt die Erinnerung an den histor. hl. Wilhelm von Aquitanien weiter, der nach ruhmreichen Kämpfen gegen die Sarazenen diesen 793 unterlag, an der Rückeroberung Kataloniens beteiligt war, sich 806 in das von ihm gegründete Kloster Gellone zurückzog und 812 dort starb. Das älteste Epos, die ↑ ›Chanson de Guillaume‹, 1130–40 entstanden, ist weder in die späteren Zyklushandschriften noch in die Prosabearbeitungen des 14. und 15. Jh. eingegangen. An seine Stelle trat die erweiterte Neubearbeitung des Stoffes des ersten Teils, das Epos ↑ ›Aliscans‹ (Ende des 12. Jh.). Den Inhalt später hinzugedichteter Epen bilden u. a. die Jugend des Helden (›Enfances Guillaume‹, ›Couronnement Louis‹) und sein frommes Ende (›Le ↑moniage Guillaume‹), ein Mittelstück ist das Epos ›La Prise d'Orange‹. Weitere Epen berichten u. a. vom Schicksal von Guillaumes Neffen Vivien (›Chevalerie Vivien‹), von seinen Vorfahren (›Garin de Monglane‹) und seinen Brüdern (›Les Narbonnais‹). In den Sammelhandschriften des 13. und 14. Jh. wurden die 24 Epen zu einer Geschichte des Grafengeschlechts zusammengefaßt und mit dem Titel ›Geste de Garin de Monglane‹ versehen. Wolfram von Eschenbach benutzte ›Aliscans‹ als Vorlage für seinen ›Willehalm‹, in Italien verarbeitete Andrea da Barberino den ganzen Zyklus zu seinem Prosaroman ›Le storie nerbonesi‹.

Literatur: BECKER, PH. A.: Das Werden der Wilhelm- u. der Aimerigeste. Versuch einer neuen Lösung. Lpz. 1939. – FRAPPIER, J.: Les chansons de geste du cycle de Guillaume d'Orange. Paris ²1967. 2 Bde. – TYSSENS, M.: La geste de Guillaume d'Orange dans les manuscrits cycliques. Paris 1967. – KLOOCKE, K: Joseph Bédiers Theorie über den Ursprung der Chansons de geste u. die daran anschließende Diskussion zw. 1908 u. 1968. Göppingen 1972. – SUARD, F.: Étude du roman en prose de Guillaume d'Orange au XVᵉ siècle. Paris 1979. – Guillaume d'Orange and the Chanson de geste. Essays presented to Duncan McMillan. Hg. v. W. VAN EMDEN u. P. E. BENNETT. Reading 1984. – Guillaume et Willehalm. Les épopées françaises et l'œuvre de Wolfram v. Eschenbach. Hg. v. D. BUSCHINGER. Göppingen 1985.

Wilkins, Mary Eleanor [engl. ˈwɪlkɪnz], amerikan. Schriftstellerin, ↑ Freeman, Mary Eleanor.

Wille, Bruno, * Magdeburg 6. Febr. 1860, † Schloß Senftenau bei Lindau (Bodensee) 4. Sept. 1928, dt. Schriftsteller. – Studierte Theologie und Philosophie, war Mitglied des literar. Vereins ›Durch‹ und Gründungsmitglied des Friedrichshagener Dichterkreises; 1890 Mitbegründer und Hg. der Zeitschrift ›Die Freie Volksbühne‹ in Berlin, 1900 Gründer des Giordano-Bruno-Bundes und Mitbegründer der ›Freien Hochschule‹ (1901); sozialist. Theoretiker, romant. Lyriker und formal dem Naturalis-

mus verpflichteter Erzähler; daneben schrieb er viele philosophisch-freireligiöse Abhandlungen, 1920/21 Hg. der Zeitschrift ›Der Freidenker‹.

Werke: Einsiedler und Genosse (Ged., 1894), Einsiedelkunst aus der Kiefernhaide (Ged., 1897), Offenbarungen des Wacholderbaums (R., 1901), Der heilige Hain (Ged., 1908), Aus Traum und Kampf. Mein sechzigjähriges Leben (Autobiogr., 1920), Der Glasberg (R., 1920), Die Maid von Senftenau (R., 1922), Der Maschinenmensch und seine Erlösung (R., hg. 1930).

Willemer, Marianne von, geb. Jung, * Linz (Wien?) 20. Nov. 1784, † Frankfurt am Main 6. Dez. 1860, Freundin Goethes. – Kam 1798 mit einer Balletttruppe nach Frankfurt, wurde 1800 von dem Bankier Johann Jakob von W. (* 1760, † 1838), damals Vorstand des Frankfurter Theaters, als Pflegetochter in sein Haus genommen; 1814 wurde sie seine dritte Frau. Goethe lernte Marianne von W. im August 1814 kennen; sie wurde das Vorbild der Suleika im ›West-östl. Divan‹ (1819), zu dem sie einige Gedichte (u. a. ›An den Westwind‹) beitrug.

Literatur: KAHN-WALLENSTEIN, C.: M. v. W. Ffm. ²1984.

Willems, Jan Frans, * Boechout bei Antwerpen 11. März 1793, † Gent 24. Juni 1846, fläm. Schriftsteller und Philologe. – Beamter; einer der führenden Vertreter der Flämischen Bewegung in Belgien; bekannt als Bearbeiter des mittelniederl. Gedichts ›Reinaert de Vos‹ (1834) und als Hg. der ersten und zweiten Fassung dieses Gedichts (1836), als Sammler altfläm. Lieder (›Oude Vlaemsche liederen‹, hg. 1848) sowie durch seine Beiträge zur Literatur- und Sprachforschung; schrieb auch Lyrik und Dramen.

Literatur: MIERLO, J. VAN: J. F. W. Löwen 1946. – DEPREZ, A.: J. F. W., 1793–1846. Antwerpen 1964. – DEPREZ, A.: Herdenking J. F. W. bij de 175ᵉ verjaring van zijn geboorte. Gent 1969.

Willems, Paul [frz. wiˈlɛms], * Edegen bei Antwerpen 4. April 1912, belg. Schriftsteller. – Schrieb in frz. Sprache u. a. den Märchenroman ›Die Schwanenchronik‹ (1949, dt. 1950) sowie liebenswürdig-versponnene Theaterstücke, u. a. ›Bärenhäuter‹ (UA 1951, dt. 1952), ›Of und der Mond‹ (1954, dt. 1957), ›Es regnet in mein Haus‹ (1958, dt. 1965), ›Die

Sonne über dem Meer‹ (UA 1970, dt. 1972), ›Die Spiegel von Ostende‹ (1972, dt. 1974), ›Nuit avec ombres en couleur‹ (1983).

Willenhag, Wolfgang von, Pseudonym des österr. Dichters, Komponisten und Zeichners Johann † Beer.

Williams, Charles Walter Stansby [engl. 'wɪljəmz], * London 20. Sept. 1886, † Oxford 15. Mai 1945, engl. Schriftsteller. – Schrieb religiöse Versdramen mit symbolhaften Zügen sowie weltanschaul. Romane, in die er Phantastisches, Mythologisches und Legendengut einbezog; auch Lyriker und Essayist.

Werke: War in heaven (R., 1930), Thomas Cranmer of Canterbury (Dr., 1936), Descent into hell (R., 1937), Taliessin through Logres (Ged., 1938), Judgment at Chelmsford (Dr., 1939), The figure of Beatrice (Dantestudie, 1943), The region of the summer stars (ep. Ged., 1944), All hallows' eve (R., 1945), The seed of Adam (Dramen, hg. 1948), The image of the city (Essays, hg. 1958).

Literatur: HADFIELD, A. M.: Ch. W. Oxford 1983. – CAVALIERO, G.: Ch. W. Poet of theology. London 1983. – HOWARD, TH.: The novels of Ch. W. Oxford 1983. – KING, R. A.: The pattern in the web. The mythical poetry of Ch. W. Kent (Ohio) 1990.

Williams, [George] Emlyn [engl. 'wɪljəmz], * Penyffordd (Flintshire) 26. Nov. 1905, † London 25. Sept. 1987, walis. Dramatiker und Schauspieler. – Ein Stipendium ermöglichte ihm nach dem Besuch einer walis. Landschule das Studium in Oxford. 1927 begann er seine Londoner Theater- und Filmkarriere und schrieb Dramen, deren Hauptrollen er z. T. selbst spielte; die früheren sind spannende Unterhaltungs- und Kriminalstücke, die jedoch zunehmend auf die Psychologie des Verbrechers eingehen (z. B. ›... denn es will Abend werden‹, Dr., 1935, dt. 1948). Spätere Stücke wie ›Die Saat ist grün‹ (Dr., 1938, dt. 1948), ›Der Atem Gottes‹ (Dr., 1945, dt. 1947) und ›The Druid's rest‹ (Dr., 1944) spielen vor walis. Hintergrund und behandeln auch ernste Themen. Ab 1951 hatte W. mit dramat. Lesungen selbstarrangierter Texte von Ch. Dickens, D. Thomas und Saki großen Erfolg. Er schrieb außerdem Abenteuerromane, Filmskripts und die Autobiographien ›George‹ (1961) und ›Emlyn‹ (1973).

Weitere Werke: Full moon (Dr., 1927), A murder has been arranged (Dr., 1930), The late Christopher Bean (Dr., 1933), Die leichten Herzens sind (Dr., 1940, dt. 1946), Pen Don (Dr., 1943), Stein durchs Fenster (Dr., 1950, dt. 1955), Ein Mann wartet (Dr., 1954, dt. 1957), Beth (Dr., 1959), Collected plays (Dramen, 1961), Verdammt (R., 1967, dt. 1968), The power of dawn (Fernsehstück, 1976), Headlong (R., 1980).

Literatur: FINDLATER, R.: E. W. London 1956. – DALE-JONES, D.: E. W. Cardiff 1979.

Williams, Heathcote [engl. 'wɪljəmz], * Helsby (Cheshire) 15. Nov. 1941, engl. Dramatiker. – Mit-Hg. der ›Transatlantic Review‹ sowie Gründer einer sexuelle und polit. Anarchie propagierenden Zeitschrift. Seine auf sprachl. und visuelle Schockwirkung abzielenden Dramen, u. a. ›The local stigmatic‹ (1965) und ›Wechselstrom, Gleichstrom‹ (1972, dt. 1973), spiegeln das Milieu von Randgruppen und der Drogenszene wider. Seit 1988 veröffentlicht W. auch Gedichtbände.

Weitere Werke: The speakers (R., 1964), Remember the truth dentist (Dr., UA 1974), Hancock's last half hour (Dr., 1977), Playpen (Dr., UA 1977), Der Immortalist (Dr., 1978, dt. 1979), Whales (Dr., 1986), Falling for a dolphin (Ged., 1988), Sacred elephant (Ged., 1989), Autogeddon (Ged., 1991).

Williams, John A[lfred] [engl. 'wɪljəmz], * Jackson (Miss.) 5. Dez. 1925, amerikan. Schriftsteller. – Im 2. Weltkrieg bei der Marine (1943–46); seit 1979 Prof. für Englisch an der Rutgers University. W. behandelt in seinen stilistisch von R. Wright beeinflußten Romanen den Kampf afroamerikan. Künstler gegen Rassismus in New York (›The angry ones‹, 1960, 1975 u. d. T. ›One for New York‹; ›Night song‹, 1961, dt. 1977), das Schicksal einer alten schwarzen Frau (›Sissie‹, 1963), Selbstbehauptung in der autobiograph. Reflexion (›The man who cried I am‹, 1967), im Rassenkonflikt (›Sons of darkness, sons of light‹, 1969), im Krieg (›Captain Blackman‹, 1972). In neueren Romanen wendet er sich der Situation afroamerikan. Schriftsteller zu: ›Mothersill and the foxes‹ (1975), ›The junior bachelor society‹ (1976), ›Click song‹ (1982), ›The Berhama account‹ (1985). Schrieb auch literar. Biographien, über R. Wright (›The most native of sons‹, 1970) und Martin Luther King

(›The King God didn't save‹, 1970) sowie Essays über die afroamerikan. Geschichte (›Africa. Her history, lands, and people‹, 1962) und Gegenwart (›This is my country, too‹, 1965; ›Minorities in the city‹, 1975).

Literatur: CASH, E. A.: J. A. W. The evolution of a black writer. Albuquerque (N. Mex.) 1973. – MULLER, G. H.: J. A. W. Boston (Mass.) 1984.

Williams, Raymond [engl. 'wɪljəmz], * Pandy (Monmouthshire) 31. Aug. 1921, † Cambridge 26. Jan. 1988, walis. Schriftsteller. – Lehrte an den Univ. Oxford und (ab 1961) Cambridge, dort ab 1974 als Prof. für Theaterwissenschaft; war politisch im Sinne der Neuen Linken tätig. Bekannt wurde er durch kulturgeschichtl. Arbeiten wie ›Culture and society‹ (1958) und ›The long revolution‹ (1966), in denen er, wie auch in literatursoziolog. und -krit. Studien, ein lebensnahes Kulturverständnis vertritt, das auch die Volkskultur einbezieht. W.' komplex erzählte, z. T. autobiograph. Romane, bes. die Trilogie ›Border country‹ (1960), ›Second generation‹ (1964) und ›The fight for Manod‹ (1979), spielen meist in Wales.

Weitere Werke: Drama from Ibsen to Eliot (Studie, 1952), Communications (Studie, 1962), The country and the city (Studie, 1973), Television. Technology and cultural form (Studie, 1974), Marxism and literature (Studie, 1977), The volunteers (R., 1978), Culture (Studie, 1980), Towards 2000 (Studie, 1983), Innovationen. Über den Prozeßcharakter in Literatur und Kunst (dt. Ausw. 1983), Loyalties (R., 1985), People of the Black Mountains (R., hg. 1989), The politics of modernism (Essays, hg. 1989), What I came to say (Essays, hg. 1989).

Literatur: WARD, J. P.: R. W. Cardiff 1981. – O'CONNOR, A.: R. W. Writing, culture, politics. Oxford 1989.

Williams, Roger [engl. 'wɪljəmz], * London um 1603, † Providence (R. I.) zw. dem 16. Jan. und dem 15. März 1683, amerikan. Schriftsteller. – Anglikan., dann puritan. Geistlicher; wanderte 1630 nach Neuengland aus. Sein Eintreten für die strikte Trennung zwischen Kirche und Staat, für liberale, demokrat. Prinzipien im Zusammenleben führte zu Auseinandersetzungen mit der puritan. Geistlichkeit Bostons und 1635 zu seiner Verbannung aus der Massachusetts-Bay-Kolonie. 1636 gründete W. die Kolonie Providence in Rhode Island, in der er

seine liberalen Vorstellungen weitgehend verwirklichte, indem er sich für die Rechte der Indianer einsetzte (›A key to the language of America‹, 1643) und verfolgte Juden und Quäker aufnahm. Seine bedeutendste Schrift ist der in London veröffentlichte Traktat ›The bloudy tenent of persecution‹ (1644), in dem er Religionsfreiheit für alle Kolonien forderte.

Ausgabe: The complete writings of R. W. New York 1963. 7 Bde.

Literatur: MILLER, P.: R. W. His contribution to the American tradition. Indianapolis (Ind.) 1953. Neuausg. New York 1962. – COVEY, C.: The gentle radical. A biography of R. W. New York 1966. – CARPENTER, E. J.: R. W. A study of the life, times and character of a political pioneer. Freeport (N. Y.) 1972. – COYLE, W.: R. W. A reference guide. Boston (Mass.) 1977.

Williams, Tennessee [engl. 'wɪljəmz], eigtl. Thomas Lanier W., * Columbus (Miss.) 26. März 1911, † New York 25. Febr. 1983, amerikan. Dramatiker. – Verbrachte nach glückl. Kindheit seine Jugendjahre im engen Großstadtmilieu von Saint Louis; studierte mit Unterbrechungen, zuletzt an der University of Iowa; Gelegenheitsarbeiten u. a. in einer Schuhfabrik, als Kellner in New Orleans. Bis zu seinem durchschlagenden Erfolg mit dem Stück ›Die Glasmenagerie‹ (1944, dt. 1947) war er als Dramatiker und Drehbuchautor in Hollywood wenig erfolgreich, eher verrufen wegen der offenen Behandlung sexueller Probleme. W. beschreibt in seinen bed. Dramen Extremsituationen aus dem Leben z. T. physisch, meist aber psychisch deformierter Menschen, die an der Konfrontation ihrer aus Traumwelten oder verklärten Erinnerungen bestehenden Illusionen mit der schockartig und gewaltsam erfahrenen Realität resignativ zerbrechen oder tragisch enden. Einsamkeit und der Wunsch nach Kommunikation bestimmen die Figuren in ›Die Glasmenagerie‹ und ›Endstation Sehnsucht‹ (1947, dt. 1949; Pulitzerpreis 1948, von E. Kazan verfilmt), wobei Liebesgefühle verdrängt oder sublimiert werden oder sich in roher Gewalt äußern. Homosexuelle Neigungen und die Degeneration der Südstaatenaristokratie bilden autobiograph. Komponenten in seinem Werk (›Battle of angels‹, UA 1940, gedr. 1945, Neufas-

Tennessee
Williams

sung 1958 u. d. T. ›Orpheus descending‹,
dt. 1960 u. d. T. ›Orpheus steigt herab‹;
›Plötzlich letzten Sommer‹, 1958, dt.
1959; ›Süßer Vogel Jugend‹, 1959, dt.
1962; ›Die Katze auf dem heißen Blech-
dach‹, 1955, dt. 1955, Pulitzerpreis 1955,
von Richard Brooks verfilmt). Mit seiner
Konzeption eines alle Sinne ansprechen-
den ›new plastic theater‹, die er v. a. in
›Camino real‹ (1953, dt. 1954) verwirklichte, wirkte W. theatertechnisch inno-
vativ auf das amerikan. Gegenwarts-
drama. Seine Dramen der 60er und 70er
Jahre sind mit Ausnahme von ›Die
Nacht des Leguan‹ (1962, dt. 1963), ›Der
Milchzug hält hier nicht mehr‹ (1964, dt.
1965) und ›In einer Hotelbar in Tokio‹
(1969, dt. 1970) nur wenig beachtet worden; schrieb auch Einakter (›27 wagons
full of cotton‹, 1946), gelegentlich Romane (›Mrs. Stone und ihr röm. Frühling‹, 1950, dt. 1953), Kurzgeschichten
(›Acht Damen, besessen und sterblich‹,
1974, dt. 1977; ›It happened the day the
sun rose‹, 1982) und Gedichte (›In the
winter of cities‹, 1956; ›Androgyne, mon
amour‹, 1977), ›Memoiren‹ (1975, dt.
1977) sowie Theateressays (›Where I
live‹, hg. von Ch. R. Day und B. Woods
1978).
Weitere Werke: Der steinerne Engel (Dr., 1948,
dt. 1951), Die tätowierte Rose (Dr., 1951, dt.
1952), Zeit der Anpassung (Kom., 1960, dt.
1962), Slapstick tragedy (Dr., 1965), Moise und
die Welt der Vernunft (R., 1975, dt. 1984), Vieux
Carré (Dr., 1979, dt. 1986), A lovely sunday for
Creve Coeur (Dr., 1980), Clothes for a summer
hotel (Dr., 1980).
Ausgaben: The theatre of T. W. New York
1971–81. 7 Bde. – T. W. Meisterdramen. Dt.

Übers. Ffm. 1978. – T. W. Collected stories.
London 1986.
Literatur: JACKSON, E.: The broken world of T.
W. Madison (Wis.) u. a. ²1966. – JAUSLIN, CH.: T.
W. Velber 1969. – LINK, F. H.: T. W.' Dramen.
Einsamkeit u. Liebe. Darmst. 1974. – PETER-
SON, C.: T. W. Bln. 1975. – T. W. A collection of
critical essays. Hg. v. S. S. STANTON. Englewood
Cliffs (N. J.) ²1977. – T. W. A tribute. Hg. v.
J. THARPE. Jackson (Miss.) 1977. – YACO-
WAR, M.: T. W. and film. New York 1977. –
FALK, S. L.: T. W. New York ²1978. – LEAVITT,
R. F.: The world of T. W. New York 1978. –
HIRSCH, F.: A portrait of the artist. The plays of
T. W. Port Washington (N. Y.) u. a. 1979. –
GUNN, D.: T. W. A bibliography. Metuchen (N.
J.) 1980. – PHILLIPS, G. D.: The films of T. W.
Philadelphia (Pa.) 1980. – LONDRÉ, F. H.: T. W.
New York ²1981. – MCCANN, J. S.: The critical
reputation of T. W. A reference guide. Boston
(Mass.) 1983. – WILLIAMS, D.: T. W. An intimate
biography. New York 1983. – SPOTO, D.: The
kindness of strangers. The life of T. W. London
1985.

Williams, William [engl. 'wɪljəmz],
auch Williams Pantycelyn, * Cefn-coed
(Carmarthenshire) 1716, † Pantycelyn
(Carmarthenshire) 11. Jan. 1791, walis.
Dichter. – Mit fast 90 Büchern und Pam-
phleten produktivster walis. Schriftsteller überhaupt, bed. jedoch als Verfasser
walis. Kirchengesänge. Seine Prosa und
Poesie sind christlich motiviert und keiner literar. Tradition zuzuordnen.
Literatur: HUGHES, G. T.: W. Pantycelyn. Cardiff 1983.

Williams, William Carlos [engl. 'wɪl-
jəmz], * Rutherford (N. J.) 17. Sept. 1883,
† ebd. 4. März 1963, amerikan. Schriftsteller. – Lernte während seines Studiums an der University of Pennsylvania
E. Pound und H. Doolittle sowie ihre
Dichtungskonzeption des ↑Imagismus
kennen; Famulatur als Kinderarzt an der
Univ. Leipzig (1908/09); führte bis in die
50er Jahre eine Arztpraxis in New Jersey; die dabei gewonnenen Erfahrungen
im Umgang mit Menschen haben seine
Gedichte, Essays und Romane wesentlich beeinflußt. W. gilt als einer der führenden Vertreter der amerikan. Lyrik in
der 1. Hälfte des 20. Jahrhunderts. Seine
anfänglich imagist., an Pound angelehn-
ten Gedichte (›Poems‹, 1909; ›The tem-
pers‹, 1913) wandeln sich u. a. durch die
Aufnahme expressionist. Elemente zu
W.' eigenständiger Dichtung des ›Objektivismus‹, die durch die Reinheit der

Form und genaue Beobachtung eines Gegenstands zugleich eine sinnl. Erfahrung und einen geistigen Inhalt vermittelt (›Al que quiere!‹, 1917; ›Kore in der Hölle‹, Prosaged., 1920, dt. 1988; ›Spring and all‹, 1922; ›Collected poems, 1921–1931‹, 1934; ›Adam and Eve in the city‹, 1936), und schließlich in seinem autobiograph. Hauptwerk ›Paterson‹ (Ged., 5 Bücher, 1946–58, dt. 1970) zu einem das amerikan. Idiom der Alltagswelt sowie die Geschichte der Stadt und das Leben seiner Mitbürger in New Jersey wiedergebenden realistisch-myth. Gedichtzyklus. Erhielt für die versöhnenden späten Gedichte ›Pictures from Brueghel‹ (1962) den Pulitzerpreis (1963). In seinen Prosaschriften bemüht sich W., die eigene Person und die einfachen Figuren seiner Erzählungen in eine eigenständige amerikan. Tradition einzubinden, so in den impressionist. Essays ›Die Neuentdeckung Amerikas‹ (1925, dt. 1969), den regionalist. Erzählungen ›Life along the Passaic river‹ (1938), ›The farmer's daughters‹ (1961), dem autobiograph. Roman ›A voyage to Pagany‹ (1928) und in der das Schicksal einer Einwandererfamilie beschreibenden Romantrilogie: ›White Mule. Erste Schritte in Amerika‹ (1937, dt. 1987), ›Gut im Rennen‹ (1940, dt. 1990), ›The build-up‹ (1952). W. schrieb auch Dramen (›Many loves and other plays‹, 1961), Memoiren (›Die Autobiographie‹, 1951, dt. 1994), eine Erinnerung an seine Mutter (›Yes, Mrs. Williams‹, 1959).

Weitere Werke: The great American novel (Essays, 1923), A novelette and other prose 1921–1931 (1932), Journey to love (Ged., 1955), Gedichte (dt. Ausw. 1962, erweitert 1973 u. d. T. Die Worte, die Worte, die Worte), Imaginations (Ged., hg. 1970), Endlos und unzerstörbar (Ged., amerikan. und dt. Ausw. 1983), Der harte Kern der Schönheit (Ged., amerikan. und dt. Ausw. 1991).
Ausgaben: W. C. W. The collected earlier poems. Norfolk (Conn.) 1951. – W. C. W. The selected letters. Hg. v. J. C. THIRLWALL. New York 1957. – W. C. W. The collected later poems. Norfolk (Conn.) ²1963. – The W. C. W. reader. Hg. v. M. L. ROSENTHAL. New York 1966. – W. C. W. Ausgew. Werke in Einzel-Ausgg. Hg. v. J. SARTORIUS. Dt. Übers. Mchn. 1987–91 5 Bde.
Literatur: BRESLIN, J. E.: W. C. W., an American artist. New York 1970. – CONARROE, J.:

W. C. W.'s ›Paterson‹. Language and landscape. Philadelphia (Pa.) 1970. – COLES, R.: W. C. W. The knack of survival in America. New Brunswick (N. J.) 1975. – WEAVER, M.: W. C. W. New York 1977. – W. C. W. The critical heritage. Hg. v. CH. DOYLE. London u. a. 1980. – MARIANI, P. L.: W. C. W. A new world naked. New York u. a. 1981. – BALDWIN, N.: To all gentleness. W. C. W., the doctor-poet. New York 1984. – RAPP, C.: W. C. W. and romantic idealism. Urbana (Ill.) 1984. – W. C. W. Hg. v. H. BLOOM. New York 1986. – MEIER, Franz: Die frühe Ding-Lyrik W. C. W.' Genese u. Poetologie. Ffm. u. a. 1991.

Williamson, David [engl. 'wiljəmsn], * Melbourne 1942, austral. Dramatiker. – Studierte und lehrte Ingenieurwiss.; seit 1973 freier Schriftsteller; wurde zum bislang erfolgreichsten Bühnenautor in Australien. Attackiert in seinen Dramen die angeblich klassenlose austral. Gesellschaft, der er durch effektvollen Naturalismus ein ungeschminktes Spiegelbild ihrer verborgenen Mißstände vorhält. Der Gebrauch drastischer Alltagssprache und frivoler Bildlichkeit sowie obszöner Stereotypen enthüllt fragwürdige Konventionen und Wesenszüge der Australier, gerät aber gelegentlich zum bloßen Selbstzweck.

Werke: The coming of stork (Dr., 1970), The removalists (Dr., 1972), Juggler's three (Dr., 1972), Don's party (Dr., 1973), What if you died tomorrow (Dr., 1974), The department (Dr., 1975), A handful of friends (Dr., 1976), The club (Dr., 1978), Travelling north (Dr., 1980), The perfectionist (Dr., 1983), Emerald city (Dr., 1987), Sons of Cain (Dr., 1988), Top silk (Dr., 1989), Siren (Dr., 1990), Money and friends (Dr., 1992).
Literatur: D. W. Hg. v. O. ZUBER-SKERRITT. Amsterdam 1988.

Williamson, Henry [engl. 'wiljəmsn], * Poole (Dorset) 1. Dez. 1895, † Berkshire 13. Aug. 1977, engl. Schriftsteller. – Freiwilliger im 1. Weltkrieg; als Bewunderer des Faschismus in den 30er Jahren wurde er nach 1939 von vielen geächtet. Beliebt und zu Klassikern ihres Genres wurden seine meisterhaften Tiererzählungen ›Tarka der Otter‹ (1927, dt. 1929) und ›Salar der Lachs‹ (1935, dt. 1936). Autobiograph. Elemente enthalten die Romantetralogie ›The flax of dreams‹ (1921–28; davon dt. ›Die schönen Jahre‹, 1938), der Antikriegsroman ›The patriot's progress‹ (1930) und bes. der aus 15 Romanen bestehende Zyklus ›A

chronicle of ancient sunlight‹ (1951–69) über Leben und Karriere eines konservativen Schriftstellers; schrieb die Autobiographie ›Der Fluß vor meinem Haus‹ (1958, dt. 1965).
Literatur: FARSON, D.: H. W. A portrait. London 1986.

Williram von Ebersberg, * um 1010, † Ebersberg 5. Jan. 1085, dt. Benediktiner. – Seit 1048 (oder 1049) Abt des oberbayr. Klosters Ebersberg; stammte aus einem fränk. Adelsgeschlecht, war zunächst Mönch in Fulda, dann Scholasticus in Bamberg; enge Beziehung zum Kaiserhof, lehnte die antike, bes. die aristotel. Philosophie ab; schrieb außer lat. Gedichten die erste volkssprachl. Paraphrase des ›Hohen Liedes‹, bestehend aus Vulgata-Text, lat. Paraphrase in leonin. Hexametern und Kommentar in dt.-lat. Mischprosa, gewidmet Kaiser Heinrich IV. Die dt. Übersetzung und Kommentierung ist eher als rhetor. Spiegelung im Medium der ›niederen‹ Sprache gedacht denn als Verständnishilfe für Laien und steht in der Tradition monast. Literaturpflege. Die Braut des ›Hohen Liedes‹ wird als die Kirche ausgelegt und im Sinn der Reformbewegung interpretiert. Das Werk wurde bis in das 15. Jh. tradiert, um 1150 wurde es im Kloster St. Trudpert umgearbeitet (›Sankt Trudperter Hohes Lied‹).
Ausgabe: W. v. E. Exposition Canticis canticorum. Die Leidener Hs. Hg. v. W. SANDERS. Mchn. 1971.
Literatur: HOHMANN, F.: W.s v. E. Auslegung des Hohen Liedes. Halle/Saale 1930. – DITTRICH, M.-L.: W. v. E. Habil. Gött. 1945 [Masch.]. – SCHUPP, V.: Studien zu W. v. E. Bern u. Mchn. 1978.

Willis, Nathaniel Parker [engl. 'wɪlɪs], Pseudonym Philip Slingsby, * Portland (Maine) 20. Jan. 1806, † New York 20. Jan. 1867, amerikan. Schriftsteller. – Journalist, u. a. 1829–31 Hg. des ›American Monthly Magazine‹; führende Gestalt des gesellschaftl. Lebens der literar. Kreise New Yorks. Seine bedeutendste Leistung sind seine stilistisch eleganten Reiseschilderungen; auch Verfasser von Gedichten, Dramen und Kurzgeschichten.
Werke: Sketches (Ged., 1827), Pencillings by the way (Skizzen, 3 Bde., 1835, vollständige Ausg. 1844), Bianca Visconti (Dr., 1837), Amer-

ican scenery (Skizzen, 2 Bde., 1840), Dashes at life with a free pencil (Kurzgeschichten, 3 Bde., 1845), Paul Fane (R., 1857).
Ausgabe: N. P. W. Complete works. Neuaufl. New York. 1849–59. 13 Bde.
Literatur: AUSER, C. P.: N. P. W. New Haven (Conn.) 1969.

Willkomm, Ernst Adolf, * Herwigsdorf (Landkreis Löbau) 10. Febr. 1810, † Zittau 24. Mai 1886, dt. Schriftsteller. – Studierte Rechtswiss. und Philosophie in Leipzig; Bekanntschaft mit K. F. Gutzkow u. a. Vertretern des Jungen Deutschland; Reisen, Kriegsberichterstatter; gab mit seinem Roman ›Die Europamüden‹ (2 Bde., 1838) dem jungdt. Pessimismus das vielgebrauchte Schlagwort; schrieb den ersten dt. Industriearbeiterroman; Hauptvertreter des jungdt. sozialen bzw. sozialistisch intendierten Romans, u. a. ›Eisen, Gold und Geist‹ (3 Tle., 1843), ›Weiße Sklaven‹ (5 Tle., 1845), ›Rheder und Matrose‹ (1857).
Literatur: IMHOOF, W.: Der Europamüde in der dt. Erzählungslit. Horgen 1930.

Willumsen, Dorrit [dän. 'vilom'sən], * Kopenhagen 31. Aug. 1940, dän. Schriftstellerin. – Schildert in ihren modernist., oft surrealist. Prosatexten, Hör- und Fernsehspielen die Zusammenhanglosigkeit der modernen Welt. Präzise Wahrnehmungen und eine strenge Sprache, in der die Verfasserin oft bruchstückhaft, von S. Freuds Denken inspiriert, Frauenschicksale beschreibt, zeichnen ihr Werk aus.
Werke: Knagen (Nov.n, 1965), Stranden (R., 1967), da (R., 1968), Bück dich, Schneewittchen (R., 1970, dt. 1973), Modellen Coppelia (Nov., 1973), Damegarderoben (Dr., 1975), Kontakter (Ged., 1976), Neonhaven (R., 1976), Hvis det virkelig var en film (Nov., 1978), Der Mann als Vorwand (R., 1980, dt. 1982), Programmeret til kærlighed (R., 1981), Umage par (Ged., 1983), Marie. Roman über das Leben der Madame Tussauds (1983, dt. 1987), Seufze, Herz (R., 1986, dt. 1990), Klædt i purpur (R., 1990).
Literatur: RICHARD, A. B.: På sporet af den tabte hverdag. Om D. W.s forfatterskab og den moderne virkelighed. Kopenhagen 1979.

Wilmot, John [engl. 'wɪlmət], Earl of Rochester, * Ditchley (Oxfordshire) 10. April 1647, † Woodstock (Oxfordshire) 26. Juli 1680, engl. Dichter. – Führte ein abenteuerl., ausschweifendes Leben, hielt sich häufig am Hof Karls II. auf; schrieb formal elegante, zu Zynismus und Obszönität neigende Liebeslyrik; bedeutender sind seine selbstkritischen, satirischen Dichtungen mit Zügen der Weltverachtung, v. a. ›A satire against mankind‹ (1675).

Ausgaben: The complete poems of J. W., Earl of Rochester. Hg. v. D. M. VIETH. New Haven (Conn.) ²1974. – The letters of J. W., Earl of Rochester. Hg. v. J. TREGLOWN. Oxford 1980. – The poems of J. W., Earl of Rochester. Hg. v. K. WALKER. Oxford 1984.
Literatur: PINTO, V. DE S.: Rochester. London 1935. Nachdr. Freeport (N. Y.) 1971. – Spirit of wit. Hg. v. J. TREGLOWN. Oxford 1981. – VIETH, D. M.: Rochester studies 1925–1982. An annotated bibliography. New York 1984.

Wilson, A[ndrew] N[orman] [engl. wɪlsn], *Stone (Staffordshire) 27. Okt. 1950, engl. Schriftsteller. – War Lehrer, dann Universitätsdozent in Oxford. Seine Romane, beginnend mit ›The sweets of Pimlico‹ (1977), beschreiben, oft satirisch und mit schwarzem Humor, Eigentümlichkeiten der brit. etablierten Gesellschaft in Gegenwart und Viktorian. Vergangenheit, können sich indes auch verständnisvoll auf tragikom. Verwirrungen konzentrieren, so bes. in ›The healing art‹ (R., 1980) oder ›Wise virgin‹ (R., 1982). Daneben schrieb W. Biographien über W. Scott (1980), J. Milton (1983), H. Belloc (1984), L. Tolstoi (1988), C. S. Lewis (1989) und Jesus (1992) sowie Essays zu kirchenpolit. Fragen.

Weitere Werke: Unguarded hours (R., 1978), Kindly light (R., 1979), Who was Oswald Fish? (R., 1981), Scandal, or, Priscilla's kindness (R., 1983), Gentlemen in England (R., 1985), Love unknown (R., 1986), Incline our hearts (R., 1988), A bottle in the smoke (R., 1990), Daughters of Albion (R., 1991), The vicar of sorrows (R., 1993).

Wilson, Sir (seit 1980) Angus [Frank Johnstone] [engl. wɪlsn], *Bexhill (Sussex) 11. Aug. 1913, † London 31. Mai 1991, engl. Schriftsteller. – Studium der Geschichte in Oxford, 1936–55 Bibliothekar im Brit. Museum, dann freier Schriftsteller; 1966–78 Prof. für engl. Literatur an der University of East Anglia in Norwich. Seine literar. Karriere, die ihn zu einem der führenden engl. Romanautoren der Nachkriegszeit machte, begann mit satir. Kurzgeschichten über emotionale Krisensituationen (›The wrong set and other stories‹, 1949; ›Such darling dodos and other stories‹, 1950);

erfolgreich waren auch die Romane ›Hemlock and after‹ (1952), ›Späte Entdeckungen‹ (1956, dt. 1957) und ›Meg Eliot‹ (1958, dt. 1960), deren realist. und moralistisch-krit. Darstellungen von Selbsttäuschungen und Konflikten zwischen Freiheit und Disziplin in der modernen Gesellschaft Traditionen der viktorian. Erzählkunst aufgreifen. Nach 1960, von ›Die alten Männer im Zoo‹ (R., 1961, dt. 1962) an und weiterhin u. a. in ›Später Ruf‹ (R., 1964, dt. 1966) und ›Wie durch Magie‹ (R., 1973, dt. 1975), wurde sein Werk experimenteller und bezog parodist., phantast. und dramatisierende Elemente in das oft satir. und bis zum Sarkasmus witzige Erzählen ein. W. schrieb auch das Drama ›The mulberry bush‹ (1956), die Autobiographie ›The wild garden, or, Speaking of writing‹ (1963) und literaturkrit. Arbeiten, u. a. über É. Zola (1952, revidiert 1965), Ch. Dickens (1970) und R. Kipling (1977).

Weitere Werke: A bit off the map (Kurzgeschichten, 1957), Was für reizende Vögel (En., dt. Ausw. 1958), Mehr Freund als Untermieter (En., dt. Ausw. 1961), Kein Grund zum Lachen (R., 1967, dt. 1969), Death dance (Kurzgeschichten, 1969), Brüchiges Eis (R., 1980, dt. 1982), Diversity and depth in fiction (Essays, 1983), Reflections in a writer's eye (Reiseber., 1986), The collected stories (En., 1987).
Literatur: HALIO, J. L.: A. W. Edinburgh u. London 1964. – FAULKNER, P.: A. W. London 1980. – GARDNER, A.: A. W. Boston (Mass.) 1985.

Wilson, Colin [Henry] [engl. wɪlsn], *Leicester 26. Juni 1931, engl. Schriftsteller. – Stammt aus der Arbeiterklasse; war in verschiedenen Berufen tätig; seit 1954 freier Schriftsteller; Gastdozenturen an verschiedenen amerikan. Universitäten. Seine Studie ›Der Outsider‹ (1956, dt. 1957), in der er die Entfremdung des Genies philosophisch zu begründen versuchte, wurde mit der Bewegung der Angry young men assoziiert; das Aufsehen, das sie anfangs erregte, ebbte jedoch beim Erscheinen der Folgebände ›Religion and the rebel‹ (1957), ›The age of defeat‹ (1959) u. a. wieder ab. Zahlreiche seitherige Studien W.s propagieren einen ›neuen Existentialismus‹ (›Introduction to the new existentialism‹, 1966) oder befassen sich u. a. mit Problemen der Gewalt, der Sexualität und des Okkulten. Seit 1960 vermittelte W. seine Ideen auch in Romanen, darunter Science-fiction- und Kriminalromane.

Weitere Werke: Der Schacht zu Babel (R., 1960, dt. 1961), Adrift in Soho (R., 1961), The world of violence (R., 1963), Voyage to a beginning (Autobiogr., 1966), Die Seelenfresser (R., 1967, dt. 1983), The philosopher's stone (R., 1969), The God of the labyrinth (R., 1970), Das Okkulte (Studie, 1971, dt. 1982), Alles für die Kundschaft (R., 1974, dt. 1974), Fremde unbekannte Mächte (Studie, 1975, dt. 1980), Rätselhafte Mystik (Studie, 1976, dt. 1979), Vampire aus dem Weltraum (R., 1976, dt. 1980), Starseekers (Studie, 1980), Gurdieff. Der Kampf gegen den Schlaf (Studie, 1980, dt. 1986), The quest for Wilhelm Reich (Studie, 1981), Poltergeist! (Studie, 1982), Nach dem Tode (Studie, 1985, dt. 1987), Rudolf Steiner (Biogr., 1985, dt. 1987), The personality surgeon (R., 1986), Spider world (R., 2 Bde., 1987), The magician (R., 1992).
Literatur: CAMPION, S. R.: The world of C. W. London 1962. – WEIGEL, J. A.: C. W. Boston (Mass.) 1975. – BENDAU, C. P.: C. W. ›The outsider‹ and beyond. San Bernardino (Calif.) 1979. – TREDELL, N.: The novels of C. W. London 1982. – DOSSOR, H. F.: C. W. The man and his mind. Shaftesbury 1990.

Wilson, Edmund [engl. wɪlsn], * Red Bank (N. J.) 8. Mai 1895, † Talcottville (N. Y.) 12. Juni 1972, amerikan. Schriftsteller und Kritiker. – Befreundet mit Edna St. Vincent † Millay, in 3. Ehe ∞ mit Mary McCarthy (1938–46); Journalist, Mit-Hg. bei ›Vanity Fair‹ (1920), ›The New Republic‹ (1926–31); ab 1931 freier Schriftsteller. Von gemäßigter linker Perspektive aus war W. bes. einflußreich in seinen sozialpsychologisch orientierten literaturkrit. Abhandlungen über den Einfluß des frz. Symbolismus auf die zeitgenöss. Literatur (›Axels Schloß. Studien zur literar. Einbildungskraft 1870–1930‹, 1931, dt. 1977) und seinen Studien zur Russ. Revolution (›Der Weg nach Petersburg‹, 1940, dt. 1963, 1974 u. d. T. ›Auf dem Weg zum finn. Bahnhof‹). Er gab bed. Anthologien heraus, wie ›The shock of recognition. The development of literature in the United States recorded by the men who made it‹ (1943, erweitert 1955), beschäftigte sich mit frühen literar. Dokumenten (›Die Schriftrollen vom Toten Meer‹, 1955, erweitert 1969, dt. 1956) und mit der indian. Geschichte (›Abbitte an die Irokesen‹, 1960,

dt. 1974). Daneben schrieb W. eigene Erzählungen (›Erinnerungen an Hekates Land‹, 1946, dt. 1965), Dramen und Gedichte, die weniger bed. sind, und verfaßte zwei Autobiographien (›A piece of my mind. Reflections at sixty‹, 1956; ›A prelude. Landscapes, characters and conversations from the earlier years of my life‹, 1967). Seine Tagebucheinträge wurden als Memoiren (bisher 4 Bde.) von Leon Edel herausgegeben: ›The twenties‹ (1975), ›The thirties‹ (1980), ›The forties‹ (1983), ›The fifties‹ (1986).
Ausgaben: The portable E. W. Hg. v. L. M. DAB-NEY. Fort Lauderdale (Fla.) 1983. – E. W. Briefe über Literatur u. Politik. 1912–1972. Hg. v. E. WILSON. Dt. Übers. v. H.-H. WERNER. Ffm. u. a. 1985.
Literatur: FRANK, CH. P.: E. W. New York 1970. – KRIEGEL, L.: E. W. Carbondale (Ill.) u. a. 1971. – E. W. The man and his work. Hg. v. J. WAIN. New York 1978. – DOUGLAS, G. H.: E. W.'s America. Lexington (Ky.) 1983. – CASTRONOVO, D.: E. W. New York 1984.

Wilson, Ethel [engl. wɪlsn], * Port Elizabeth (Südafrika) 20. Jan. 1888, † Vancouver 22. Dez. 1980, kanad. Schriftstellerin. – Tochter eines methodist. Missionars; lebte ab 1890 in England, ab 1898 meist in Vancouver, Kanada; 1907–20 Lehrerin. Schrieb seit den späten 30er Jahren Kurzgeschichten. Ihre Romane behandeln subtil, mitfühlend und humorvoll, aber auch in trag. Manier Frauengestalten und spielen meist in British Columbia. Als Meisterwerk gilt ›Swamp angel‹ (R., 1954) über eine sich emanzipierende Ehefrau.
Weitere Werke: Hetty Dorval (R., 1947), The innocent traveller (R., 1949), The equations of love (En., 1952), Love and salt water (R., 1956), Mrs. Golightly and other stories (En., 1961).
Literatur: PACEY, D.: E. W. Boston (Mass.) 1968.

Wilson, John Burgess [engl. wɪlsn], engl. Schriftsteller und Kritiker, † Burgess, Anthony.

Wilson, Lanford [engl. wɪlsn], * Lebanon (Mo.) 13. April 1937, amerikan. Dramatiker. – Begann seine Karriere an Off-Off-Broadway-Theatern mit Einaktern (›So long at the fair‹, UA 1963; ›Eins, zwei, drei, frei!‹, 1965, dt. 1970; ›The madness of Lady Bright‹, UA 1964, gedr. 1967). Seine ersten abendfüllenden Dramen an Off-Broadway-Bühnen behandeln negative Aspekte des New Yorker Nachtlebens (›Balm in Gilead‹, 1965) sowie Erinnerungen an seine Jugend im Mittleren Westen (›Rauhreif im Eltritch‹, 1967, dt. um 1970; ›This is the rill speaking‹, 1967). Die am Broadway, v. a. von der von ihm 1969 mitbegründeten Circle Theatre Company aufgeführten Stücke zeigen die grausame Realität zerstörter Verhältnisse im menschl. Zusammenleben (›Der Plüschhund und die Baumwollkatze‹, 1969, dt. um 1970; ›Lemon sky‹, 1970; ›Serenading Louie‹, UA 1970, gedr. 1976; ›The hotel Baltimore‹, 1973) und kritisieren polit. Zeitereignisse (›The mound builders‹, 1976; ›Fifth of July‹, 1978; ›Angels fall‹, 1983) sowie religiöse und soziale Vorurteile (›Talley's folly‹, 1980, Pulitzerpreis 1980; ›A tale told‹, UA 1981; ›Talley and son‹, 1986).

Weitere Werke: Abstinence (Dr., 1990), Redwood curtain (Dr., 1993).

Wilson, Robert (Bob) M. [engl. wılsn], * Waco (Tex.) 4. Okt. 1944, amerikan. Dramatiker und Regisseur. – Gilt mit seinem Konzept des ›total theatre‹ bzw. ›theatre of vision‹ als einer der originellsten Erneuerer des Theaters der Gegenwart. Seine konventionellen Vorstellungen von Handlungs-, Charakter-, Sprach-, Raum- und Zeitgestaltung durch nonverbale, visuell verknüpfte Aktionsbilder und Toncollagen ersetzendes Theater (u. a. in Zusammenarbeit mit dem amerikan. Komponisten Philip Glass [* 1937]) stellt an die Zuschauer, die zugleich als Mitagierende des Schauspiels betrachtet werden, große Anforderungen. Die Grenzen zwischen Zuschauererrealität und Bühnenfiktion werden in surrealist., durch Zeitlupe und Wiederholung extrem verlangsamten Bildern aufgehoben. Das Monumentalspektakel ›the CIVIL warS‹, das 1983/84 in verschiedenen Stückteilen in Rotterdam, Tokio, Köln (Mitarbeit von Heiner Müller, veröffentlicht 1984) und Rom aufgeführt wurde, sollte als Ganzes als Theateroper der ›Menschheitsgeschichte‹ 1984 in Los Angeles beim ›Olympic Arts Festival‹ über Tage hin uraufgeführt werden, was aus finanziellen Gründen scheiterte. Insgesamt leben W.s Stücke nicht vom Text, sondern, wie die histor. Figuren zeigen, von dem durch Signale freigesetzten Assoziationsspielraum des Zuschauers sowie von den Inszenierungen. Zu seinen bekanntesten Stücken und Regiearbeiten gehören u. a.: ›Dance event‹ (UA New York 1965), ›ByrdwoMAN‹ (UA New York 1968), ›The life and times of Sigmund Freud‹ (UA 1969), ›Ka Mountain and Guardenia Terrace. A story about a family and some people changing‹ (UA Schiras, Iran, 1972), ›The life and times of Joseph Stalin‹ (UA Kopenhagen 1973), ›A letter for Queen Victoria‹ (UA Spoleto 1974), ›Einstein on the beach‹ (UA New York 1976), ›Death, destruction, and Detroit‹ (UA 1. Tl.: Berlin 1979, 2. Tl.: Berlin 1987), ›Medea‹ (UA Washington 1981), ›Die goldenen Fenster‹ (UA München 1982). Mit Heiner Müller arbeitet W. weiterhin zusammen, u. a. bei der Inszenierung von dessen Stück ›Die Hamletmaschine‹ (Hamburg 1986) und von Euripides' ›Alkestis‹ (Stuttgart 1987), das auf seine Regie von Ch. W. Glucks ›Alceste‹ (Stuttgart 1986) folgte. In den letzten Jahren entstanden u. a. zwei Inszenierungen von V. Woolfs ›Orlando‹ (1989 in Berlin und 1993 in Lausanne).

Ausgaben: New American plays 3. Hg. v. W. M. HOFFMAN. New York 1970. – The theatre of images. Hg. v. B. MARRANCA. New York 1977. **Literatur:** BRECHT, S.: The original theatre of the City of New York. Bd. 1: The theatre of visions. Ffm. 1978. – R. W., monuments. Hg. v. C. HAENLEIN. Hannover 1991.

Wilson, Sloan [engl. wılsn], * Norwalk (Conn.) 8. Mai 1920, amerikan. Schriftsteller. – Studierte Psychologie an der Harvard University; Verfasser erfolgreicher Romane, von denen mehrere verfilmt wurden; in dem Roman ›Der Mann im grauen Anzug‹ (1955, dt. 1956) beschreibt er das Leben eines Durchschnittsamerikaners aus einem Vorort von New York.

Weitere Werke: Die Sommer-Insel (R., 1958, dt. 1959), Am Tisch des Lebens (R., 1960, dt. 1962), Georgie Winthrop (R., 1963, dt. 1964), Away from it all (R., 1969), Wie ein wilder Traum (R., 1970, dt. 1971, 1986 u. d. T. Die Spitzen der Gesellschaft), Die Männer der Arluk (R., 1979, dt. 1982), The greatest crime (R., 1980), Pacific interlude (R., 1982), The man in the gray flannel suit II (R., 1984).

Wilson, Snoo [engl. wılsn], * Reading 2. Aug. 1948, engl. Dramatiker. – Regisseur und Direktor des Portable Theatre. Stellt in seinen bekanntesten Dramen, ›Pignight‹ (1972) und ›Blow Job‹ (1972), mit schwarzem Humor individuelle psychopatholog. Reaktionen, v. a. in Verbindung mit Sexualität und Gewalt, als Ausdruck repressiver sozialer Strukturen dar.

Weitere Werke: Lay by (Dr., 1972), England's Ireland (Dr., UA 1972), The pleasure principle (Dr., 1974), Vampire (Dr., UA 1973, gedr. 1979), The Everest hotel (Dr., UA 1975), The soul of the white ant (Dr., 1976), Elijah disappearing (Dr., UA 1977), The glad hand (Dr., 1978), Flaming bodies (Dr., UA 1979, gedr. 1983), The magic rose (Dr., UA 1979), Raum-Weh (R., 1984, dt. 1987), Number of the beast (Dr., 1984), Inside Babel (R., 1985), More light (Dr., 1987), 80 days (Dr., 1988), Walpurgis Night (Dr., 1992).

Wilson, Thomas [engl. wɪlsn], * Strubby (Lincolnshire) 1525 (?), † London 16. Juni 1581, engl. Humanist. – Studium in Cambridge; hatte unter Königin Elisabeth I. Regierungsämter inne; literaturgeschichtlich bed. als Verfasser des ersten systemat. engl. Rhetorikhandbuchs, ›The arte of rhetorique‹ (1553), das sich gegen die Überfremdung der engl. Sprache wandte; schrieb außerdem über Logik (1551) und den Dialog ›A discourse upon usurye‹ (1572); auch Übersetzungen aus dem Griechischen (Demosthenes).

Wimpfeling (Wimpheling, Wympfeling), Jakob, * Schlettstadt 27. Juli 1450, † ebd. 17. Nov. 1528, dt. Humanist und Theologe. – 1469 Dozent in Heidelberg, 1481 ebd. Rektor der Universität und 1498–1501 Prof. der Poesie, ab 1484 auch Domprediger in Speyer; 1501–15 in Straßburg; gründete 1510 dort und 1515 in Schlettstadt eine ›Sodalitas litteraria‹; Verteidiger der Lehre von der Unbefleckten Empfängnis Mariens; kritisierte in seinen an Kaiser Maximilian I. gerichteten ›Gravamina‹ (gedr. 1520) die kirchl. Mißstände, die er durch eine Reform der Erziehung, v. a. durch Vermittlung der lat. Sprache, beheben wollte; seine (oft naiven) pädagog. Schriften trugen ihm den Titel ›Praeceptor Germaniae‹ ein; seine lat. Komödie ›Stylpho‹ (aufgeführt 1480, gedr. 1494) war das erste nach dem Muster der nlat. Komödie in Italien verfaßte dt. dramat. Werk; durch seine hi-

stor. Schriften wurde W. zum Begründer der dt. Geschichtsschreibung.

Weitere Werke: Agatharchia (1498), Adolescentia (1500), Germania ... (1501), Epithoma rerum Germanicarum usque ad nostra tempora (1505), Catalogus episcoporum Argentinensium (1507).
Literatur: KNEPPER, J.: J. W. (1450–1528). Sein Leben u. seine Werke nach den Quellen dargestellt. Freib. 1902. Nachdr. Nieuwkoop 1965. – NEWALD, R.: J. W. In: NEWALD: Elsäss. Charakterköpfe aus dem Zeitalter des Humanismus. J. G. v. Kaisersberg, J. W., S. Brandt ... Colmar 1944. – ADAM, P.: L'humanisme a Sélestat. Schlettstadt ⁴1978.

Winawer, Bruno, * Warschau 17. März 1883, † Opole Lubelskie bei Lublin 11. April 1944, poln. Schriftsteller. – Physiker; schrieb neben wiss. Arbeiten v. a. Komödien, die auf Situationskomik aufgebaut sind und Erfinder und Gelehrtentypen als Hauptgestalten haben (u. a. ›Roztwór prof. Pytla‹ [= Die Lösung des Prof. Pytel], UA 1919, gedr. 1922; ›Księga Hioba‹ [= Das Buch Hiob], 1921; ›R. H. Inżynier‹ [= R. H. Ingenieur], 1924); auch Erzählungen (›Doktor Przybram‹, 1924) und satir. Skizzen.

Wincenty Kadłubek [poln. vin-'tsɛnti ka'dŭubɛk], * Kargów bei Opatów um 1150 (?), † Jędrzejów 8. März 1223, poln. Chronist. – 1208–18 Bischof von Krakau; schrieb die bis 1202 reichende und v. a. für das 12. Jh. wertvolle ›Chronica Polonorum‹ (lat. 1612, poln. 1862).
Literatur: STABIŃSKA, J.: Mistrz W. Krakau 1973.

Winckelmann, Johann Joachim, * Stendal 9. Dez. 1717, † Triest 8. Juni 1768, dt. Archäologe und Kunstgelehrter. – Aus einfachen Verhältnissen, entbehrungsreiche Jugend, trotzdem besuchte er das Gymnasium in Berlin und studierte Theologie in Halle, Naturwiss. und Philologie in Jena; Konrektor, Bibliothekar; Bekanntschaft mit dem Altphilologen Heyne; zunehmendes Interesse für das klass. Altertum; 1754 Konversion zum Katholizismus, 1755 Romreise, 1757/58 Bibliothekar und Kustos der Antikengalerie des Kardinals Albani; 1763 erhielt er die Aufsicht über die Altertümer in und um Rom; hielt sich auch in Florenz und Neapel auf, fiel in Triest einem Raubmord zum Opfer. – Gilt mit seinem auf großem Sachverständnis beruhenden und durch meisterhaften Stil ausgezeichneten Hauptwerk ›Geschichte der Kunst des Alterthums‹ (2 Bde., 1764) als Begründer der Archäologie; durch W.s ästhet. Kunstbetrachtung wurde die Blickrichtung von der röm. auf die griech. Antike gelenkt, deren Wesen er als ›edle Einfalt und stille Größe‹ faßte; damit beeinflußte er das Schönheitsideal der dt. Klassik.

Weitere Werke: Gedancken über die Nachahmung der Griech. Wercke in der Mahlerey und Bildhauer-Kunst (1755), Anmerkungen über die Baukunst der Alten (1762).

Literatur: KUNZE, M./IRMSCHER, J.: J. J. W. Leben u. Wirkung. Stendal 1974. – LEPPMANN, W.: W. Ein Leben für Apoll. Neuausg. Ffm. 1986. – SCHNEIDER, K.: Natur – Körper – Kleider – Spiel. J. J. W. Wzb. 1994.

Winckler, Josef, * Rheine 6. Juli 1881, † Neufrankenforst (heute zu Bergisch Gladbach) 29. Jan. 1966, dt. Schriftsteller. – War Zahnarzt in Moers; 1912 Mitbegründer des literar. Werkleute auf Haus Nyland‹ (↑ Nylandgruppe); ab 1932 freier Schriftsteller; begann mit Lyrik, z. T. unter dem Einfluß von W. Whitman, in der er Kriegserlebnisse verarbeitete und die Welt der Industrie verherrlichte (›Eiserne Sonette‹, 1914; ›Mitten im Weltkrieg‹, Ged., 1915); war im wesentlichen jedoch Erzähler; bekannt v. a. durch den Schelmenroman ›Der tolle Bomberg‹ (1923) und die Sammlung westfäl. Schwänke ›Pumpernickel‹ (1926).

Weitere Werke: Irrgarten Gottes (Ged., 1922), Trilogie der Zeit (Dichtung, 1924), Des verwegenen Chirurgus ... Doctor Eisenbart ... Tugenden und Laster (R., 1929), Ein König in Westfalen (R., 1933), Der Westfalenspiegel (E., 1952), So lacht Westfalen (1955), Die Wandlung (Ged., 1957).

Ausgabe: J. W. Ausgew. Werke. Emsdetten 1960–63. 4 Bde.

Literatur: WALTHER, R.: Das Lügenjöbken. Zum 75. Geburtstag des Dichters. Rudolstadt 1956. – J. W. 1881–1966. Leben u. Werk. Hg. v. W. DELSEIT u. R. MENNE. Emsdetten 1991.

Windhager, Juliane, * Bad Ischl 12. Okt. 1912, † Salzburg 23. Nov. 1986, österr. Schriftstellerin. – Lebte seit 1939 in Salzburg. Nach dem Roman ›Der Friedtäter‹ (1948) schrieb sie v. a. Lyrik, enthalten u. a. in den Gedichtbänden ›Der linke Engel‹ (1959), ›Die Disteltreppe‹ (1960), ›Talstation‹ (1967) und ›Schnee-Erwartung‹ (1979). Ihren melo-

diösen, der Natur verbundenen, verhalten melanchol. Versen stand eine zarte, nichtsdestoweniger engagierte Prosa zur Seite, in der sich die stärkende Kraft der Erinnerung mit Traum und Phantasie verbindet (›Ein Engel in Oulu‹, En., 1984); auch zahlreiche Hörspiele.

Windthorst, Margarete, * Gut Haus Hesseln bei Halle (Westf.) 3. Nov. 1884, † Bad Rothenfelde 9. Dez. 1958, dt. Schriftstellerin. – Schrieb – aus kath. Grundhaltung – v. a. westfäl. Heimatromane, daneben myst. Naturdichtungen und Märchen.

Werke: Gedichte (1911), Die Tau-Streicherin (R., 1922), Der Basilisk (R., 1924), Höhenwind (Dichtung, 1926), Die Sieben am Sandbach (R., 1937, 1949 u. d. T. Mit Leib und Leben), Mit Lust und Last (R., 1947), Zu Erb und Eigen (R., 1950), Das lebendige Herz (R., 1952), Erde, die uns trägt (R., hg. 1964).

Winkelrahmenbühne ↑ Bühne.

Winkler, Eugen Gottlob, * Zürich 1. Mai 1912, † München 28. Okt. 1936, schweizer. Schriftsteller. – Studierte Romanistik und Kunstgeschichte; wiederholte Reisen nach Italien, freier Schriftsteller in München; nahm sich aus Angst vor einer Verhaftung durch die Gestapo das Leben. Erstrebte in seiner sorgfältig geschliffenen, bildstarken Prosa eine Gestaltung der Existenzprobleme des modernen Menschen; seine literar. Arbeiten wurden im wesentlichen erst aus dem Nachlaß veröffentlicht.

Ausgaben: E. G. W. Ges. Schrr. Hg. v. H. RINN u. J. HEITZMANN. Dessau 1937. 2 Bde. – E. G. W. Dichtungen, Gestalten u. Probleme. Nachlaß. Hg. v. W. WARNACH u. a. Pfullingen 1956. – E. G. W. Die Dauer der Dinge. Dichtungen, Essays, Briefe. Hg. v. H. PIONTEK. Mchn. 1985.

Literatur: SALZINGER, H.: E. G. W.s künstler. Entwicklung. Diss. Hamburg 1967.

Winkler, Josef, * Kamering (heute zu Paternion, Kärnten) 3. März 1953, österr. Schriftsteller. – Handelsschule, Abendhandelsakademie; verschiedene kurzfristige Berufstätigkeiten, Besuch germanist. und philosoph. Vorlesungen. Seit 1982 freier Schriftsteller, lebt in Italien und in Kärnten. Sehr jung schon begann W., als literar. Überlebensarbeit gewissermaßen, die Aufarbeitung von Kindheit und Jugend durch Schreiben. Sein Roman ›Menschenkind‹ (1979), erster Teil der Trilogie ›Das wilde Kärnten‹

(außerdem: ›Der Ackermann aus Kärnten‹, 1980; ›Muttersprache‹, 1982), stellt eine von religiösen und familiären Zwängen bedrückte Existenz dar, reflektiert über provinzielle Sprachverkümmerung, protestiert. Diese Thematik wird weitergeführt, jedoch über den engeren persönl., geograph. und histor. Rahmen hinaus, durch den Roman ›Die Verschleppung‹ (1983). In seinem Roman ›Der Leibeigene‹ (1987) berichtet W. über die Rückkehr des Sohnes auf den Hof des Vaters.

Weitere Werke: Friedhof der bitteren Orangen (R., 1990), Das Zöglingsheft des Jean Genet (Essays, 1992).

Winnig, August, * Blankenburg/Harz 31. März 1878, † Bad Nauheim 3. Nov. 1956, dt. Politiker und Schriftsteller. – Maurer, früh Gewerkschaftsmitglied, aktiver Sozialdemokrat, 1920 wegen Beteiligung am Kapp-Putsch aus der Partei ausgeschlossen; wandte sich dann dem Christentum zu, näherte sich den Volkskonservativen und war als freier Schriftsteller tätig; schrieb v. a. politisch-autobiograph. Werke und Novellen.

Werke: Frührot (Autobiogr., 1919), Die ewig grünende Tanne (Nov.n, 1927), Der weite Weg (Autobiogr., 1932), Heimkehr (Autobiogr., 1935), Die Hand Gottes (Autobiogr., 1938), Wunderbare Welt (R., 1938), Aus zwanzig Jahren (Autobiogr., 1948).

Literatur: RIBHEGGE, W.: A. W. Eine histor. Persönlichkeitsanalyse. Bonn 1973.

Winogradow (tl.: Vinogradov), Anatoli Kornelijewitsch [russ. vina'gradǝf], * Polotnjany Sawod (Gebiet Kaluga) 9. April 1888, † Moskau 26. Nov. 1946, russ. Schriftsteller. – Schrieb biographisch-histor. Romane, die durch Montage frei erzählter Abschnitte und dokumentarische Materialien gekennzeichnet sind.

Literatur: JANKOWSKI, A.: Historyczno-biograficzna proza A. W.a. Kielce 1977.

Winokurow (tl.: Vinokurov), Jewgeni Michailowitsch [russ. vina'kurǝf], * Brjansk 22. Okt. 1925, russ. Lyriker. – Schreibt originelle Gedankenlyrik voll Musikalität, die aus philosoph. Sicht die Probleme dieser Welt behandelt; steht in der Tradition F. I. Tjuttschews und J. A. Baratynskis; auch literar. Essays.

Werke: Poèzija s mysl' (= Poesie und Gedanke, Essay, 1966), Izbrannoe iz devjati knig (= Aus-

gewähltes aus neun Büchern, Ged., 1968), Bytie (= Das Sein, Ged., 1982), Ipostas' (= Hypostase, Ged., 1984), Samaja sut' (= Das Wesen selbst, Ged., 1987).

Ausgabe: E. M. Vinokurov. Sobranie sočinenij. Moskau 1983–84. 3 Bde.

Winsbeke (Windsbeke), um 1210/20 entstandenes, nach dem fränk. Ort Windsbach, aus dem vielleicht der ritterl. Verfasser stammte, benanntes mhd. Lehrgedicht in 56 Sprechstrophen, das in Dialogform die Lebenslehre eines Vaters an seinen Sohn enthält; später in der ›Winsbekin‹, einer Ermahnung der Mutter an die Tochter, nachgeahmt.

Ausgabe: Winsbeckische Gedichte nebst Tirol u. Friedebrant. Hg. v. A. LEITZMANN. Neu bearb. v. I. REIFFENSTEIN. Tüb. ³1962.

Literatur: BOESCH, B.: Lehrhafte Lit. Bln. 1977.

Winsor, Kathleen [engl. 'wɪnsǝ], * Olivia (Minn.) 16. Okt. 1919, amerikan. Schriftstellerin. – Hatte großen Erfolg mit ihrem ersten Werk, dem z. Z. der engl. Restauration spielenden Roman ›Amber‹ (1944, dt. 1946).

Weitere Werke: Die Sterntaler (R., 1950, dt. 1951), Phantast. Liebe (R., 1952, dt. 1953), Cassy (R., 1957, dt. 1958), Rauher Osten, wilder Westen (R., 1965, dt. 1968), Ich fürchte nur dein Herz (R., 1979, dt. 1980), Jacintha (R., 1983, dt. 1985), Robert und Arabella (R., 1986, dt. 1987).

Winter, Zikmund, * Prag 27. Dez. 1846, † Bad Reichenhall 12. Juni 1912, tschech. Schriftsteller. – Verfaßte Arbeiten zur Geschichte und Kulturgeschichte Böhmens; behandelte in Skizzen, Erzählungen und Romanen v. a. die Zeit des 16. und 17. Jh. mit viel Phantasie und Einfühlungsvermögen. Sein bestes Werk ist der histor. Roman aus der Zeit des Dreißigjährigen Krieges ›Magister Kampanus‹ (1909, dt. 1957).

Ausgabe: Z. W. Dílo. Prag 1937–52. 9 Bde.

Winters, [Arthur] Yvor [engl. 'wɪntǝz], * Chicago (Ill.) 17. Okt. 1900, † Palo Alto (Calif.) 25. Jan. 1968, amerikan. Lyriker und Kritiker. – Ab 1927 Prof. für engl. Sprache und Literatur an der Stanford University; Vertreter einer formal und gehaltlich strengen, antiromant., neoklassizist. lyr. Versdichtung; einflußreicher Literaturkritiker.

Werke: The immobile wind (Ged., 1921), The bare hills (Ged., 1927), Before the disaster (Ged., 1934), Primitivism and decadence (Essays, 1937), The giant weapon (Ged., 1943), In defense of reason (Essays, 1947), On modern poets (Essay, 1959), Forms of discovery (Essays, 1967).

Ausgaben: The uncollected essays and reviews. Hg. v. F. MURPHY. Chicago (Ill.) 1973. – The collected poems of Y. W. Hg. v. D. DAVIE. Manchester 1978.

Literatur: KAYE, H. J.: The poetry of Y. W. Diss. Columbia University New York 1968. – ISAACS, E.: An introduction to the poetry of Y. W. Chicago (Ill.) 1981. – DAVIS, D.: Wisdom and wilderness. The achievement of Y. W. Athens (Ga.) 1983. – COMITO, T.: In defense of W. The poetry and prose of Y. W. Madison (Wis.) 1986.

Winterson, Jeanette [engl. 'wɪntəsn], * Manchester 27. Aug. 1959, engl. Schriftstellerin. – Bekannt wurde sie durch ihren autobiographisch gefärbten Erstlingsroman ›Orangen sind nicht die einzige Frucht‹ (1985, dt. 1993), der in komplexer und komischer Erzählweise Erfahrungen emotionalen Verlangens in einer von religiösem Fanatismus und gesellschaftl. Erwartungsdruck bestimmten Umgebung darstellt. Ihre seitherigen Romane, darunter ›Das Geschlecht der Kirsche‹ (1989, dt. 1993), beziehen in formal experimentellere Thematisierungen der Geschlechterdifferenz auch histor. und phantast. Elemente ein.

Weitere Werke: Boating for beginners (R., 1985), Verlangen (R., 1987, dt. 1988), Auf den Körper geschrieben (R., 1992, dt. 1992), Art and lies (R., 1994).

Winterstetten, Ulrich von, mhd. Lyriker, ↑ Ulrich von Winterstetten.

Winther, Christian [dän. 'ven'dər], * Fensmark bei Næstved 29. Juli 1796, † Paris 30. Dez. 1876, dän. Dichter. – Studierte Theologie, war dann Hauslehrer; wegen seines Verhältnisses zur Pfarrersfrau Julie Werlin in einen öffentl. Skandal verwickelt; heiratete 1848 Julie Werlin. Schrieb als bed. Lyriker der Nachromantik Gedichte mit harmonisierender Gesamttendenz, v. a. Liebeslieder (›Til een‹, 1848), und idyll. Verserzählungen mit Themen aus seiner Heimat (›Des Hirsches Flucht‹, 1855, dt. 1857).

Ausgabe: Ch. W. Samlede digtninger. Kopenhagen 1860–72. 11 Bde. – Ch. W. Poetiske skrifter. Hg. v. O. FRIIS. Kopenhagen 1927–29. 3 Bde.

Literatur: FRIIS, O.: Hjortens flugt; bidrag til studier af Ch. W. Kopenhagen 1961.

Winthrop, John [engl. 'wɪnθrəp], * Edwardstone (Suffolk) 12. Jan. 1588,

† Boston (Mass.) 26. März 1649, amerikan. Schriftsteller. – Aus angesehener Familie; war nach abgebrochenem Studium in Cambridge Anwalt in London. Schloß sich den Puritanern an und führte die erste Gruppe der religiös verfolgten Aussiedler auf dem Schiff Arbella 1630 in die Massachusetts-Bay-Kolonie, deren langjähriger Gouverneur er war. Die auf der Überfahrt gehaltene Laienpredigt, ›A model of Christian charity‹, bildete die Grundlage der hierarch. Ordnung in der Kolonie. W.s Aufzeichnungen ›The history of New England 1630–1649‹ (Tle. 1 und 2 hg. 1790, vollständig hg. 1825/26) stellen eines der bedeutendsten Dokumente puritan. Kultur in der für die Entwicklung Amerikas wichtigsten Kolonie Neuenglands dar.

Ausgabe: The W. papers. Hg. v. A. FORBES. Boston (Mass.) 1929–45. 5 Bde.

Literatur: MORGAN, E. S.: The puritan dilemma. The story of J. W. Boston (Mass.) 1958. Nachdr. 1962. – RAYMER, R. G.: J. W., governor of the company of Massachusetts Bay in New England. New York 1963. – RUTMAN, D. B.: W.'s Boston. Chapel Hill (N. C.) 1965. Nachdr. New York 1972.

Wipo, * um 990, † nach 1046, mlat. Geschichtsschreiber und Dichter. – Stammte aus Burgund; schrieb zwischen 1040 und 1046 in lat. Sprache eine bed. Biographie Konrads II. (›Gesta Chuonradi imperatoris‹), dessen Hofkaplan er war; für Konrads Sohn, Heinrich III., seinen Schüler, verfaßte er gereimte Denksprüche (›Proverbia‹, 1028) und eine Art Fürstenspiegel (›Tetralogus‹); am bekanntesten durch die Ostersequenz der kath. Liturgie ›Victimae paschali laudes‹ (um 1040).

Wireker, Nigellus [engl. 'wɪrəkə], engl. mlat. Schriftsteller, ↑ Nigellus de Longchamp[s].

Wirnt von Grafenberg, mhd. Epiker des 13. Jahrhunderts. – Entstammte einem oberfränk. Rittergeschlecht (Gräfenberg bei Erlangen); schrieb zwischen 1210 und 1220 (?) aufgrund mündl. Überlieferung eines oder mehrerer altfrz. Romane, in Anlehnung an Hartmann von Aue und Wolfram von Eschenbach den Artusroman ›Wigalois oder der Ritter mit dem Rade‹ (etwa 12 000 Verse). Der geradlinige Abenteuerweg des Helden zur Herrschaft gegen dämon. Widersacher wird mit göttl. Hilfe bewältigt. Große Resonanz fand das Werk im späten MA (1472 in Prosa übertragen, 1493 als Volksbuch gedr., bis ins 18. Jh.; als ›Ritter Widuwilt‹ Anfang des 16. Jh. ins Jiddische übertragen).

Ausgaben: Wigalois der Ritter mit dem Rade. Hg. v. J. M. N. KAPTEYN. Bonn 1926. – König Artus u. seine Tafelrunde. Nhd. v. W.-D. LANGE. Hg. v. K. LANGOSCH. Neuausg. Stg. 1982.
Literatur: CORMEAU, CH.: ›Wigalois‹ u. ›Diu Crône‹. Zü. u. Mchn. 1977. – THOMAS, N.: A German view of Camelot. W. v. G.'s Wigalois and Arthurian tradition. Bern u. a. 1987.

Wirpsza, Witold [poln. ˈvirpʃa], * Odessa 4. Dez. 1918, † Berlin (West) 16. Sept. 1985, poln. Schriftsteller. – Ab 1972 in der Emigration; schrieb v. a. experimentelle Gedichte, auch Dramen, Romane und Erzählungen sowie Essays; übersetzte Goethe, Th. Mann, B. Brecht, G. Benn u. a. ins Polnische; erhielt dafür 1967 den Übersetzerpreis der Dt. Akademie für Sprache und Dichtung. Von seinen Werken liegen u. a. dt. vor: ›Die alte Straßenbahn‹ (E., 1955, dt. 1965), ›Orangen im Stacheldraht‹ (R., 1964, dt. 1967), ›Der Mörder‹ (En., 1966, dt. 1971), ›Bruchsünden und Todstücke‹ (Ged., dt. Ausw. 1967), ›Pole, wer bist du?‹ (Schrift, dt. 1971, aktualisiert 1983, poln. Berlin [West] 1986), ›Drei Berliner Gedichte‹ (dt. 1976). Polnisch erschien 1985 das Poem ›Liturgia‹.

Wirsén, Carl David af [schwed. virˈseːn], * Vallentuna (bei Stockholm) 9. Dez. 1842, † Stockholm 15. Juni 1912, schwed. Dichter. – War 1876–79 Museumsberater in Stockholm, 1879 Mitglied der Schwed. Akademie, ab 1884 deren ständiger Sekretär. Als Kritiker erbitterter Gegner der radikalen und naturalist. Bewegungen der 1880er Jahre; sein dichter. Schaffen umfaßt Programmdichtung, auch idyllisch-romant. Lyrik.

Werke: Dikter (Ged., 1876), Sånger och bilder (Ged., 1884), Vintergrönt (Ged., 1890), Toner och sägner (Ged., 1893), Andliga sånger (Ged., 1898), Kritiker (1901).

Wirta (tl.: Virta), Nikolai Jewgenjewitsch, * Bolschaja Lasowka (Gebiet Tambow) 19. Dez. 1906, † Moskau 3. Jan. 1976, russ.-sowjet. Schriftsteller. – Journalist. Sein erster Roman ›Allein geblieben‹ (1935, 2. Fassung 1947, dt. 1954,

1959 u. d. T. ›In die Enge getrieben‹), dessen Stoff auch dem Drama ›Zemlja‹ (= Land, 1937) zugrunde liegt, behandelt den antikommunist. Bauernaufstand im Gouv. Tambow 1921. W. gilt als Vertreter des sozialist. Realismus. Er befaßte sich oft mit Problemen des sowjet. Bauerntums aus parteipolit. Sicht.

Weiteres Werk: Der Auftrag des Genossen K. (R., 1956, dt. 1965; als Drama: Unabsehbare Weiten, 1957, dt. 1958).
Ausgabe: N. E. Virta. Sobranie sočinenij. Moskau 1980–81. 4 Bde.

Wirz, Otto, * Olten 3. Nov. 1877, † Gunten (Kanton Bern) 5. Sept. 1946, schweizer. Schriftsteller. – War Ingenieur, ab 1926 freier Schriftsteller; einfühlsamer, leidenschaftl. Erzähler, der im Leben des modernen Menschen metaphys. Kräfte aufzeigen wollte.

Werke: Gewalten eines Toren (R., 2 Bde., 1923), Das mag. Ich (Abh., 1929), Prophet Müller-zwo (R., 1933), Rebellion der Liebe (R., 1937), Rebellen und Geister (R.-Fragment, hg. 1965).
Literatur: MAAG, R.: O. W. Winterthur 1961. – SCHAUB, F.: O. W. Aufbruch u. Zerfall des neuen Menschen. Bern 1970. – KAPPELER-BOROWSKA, H.: O. W. Dichter u. Mensch. Zü. 1978.

Wischnewski (tl.: Višnevskij), Wsewolod Witaljewitsch [russ. viʃˈnjefskij], * Petersburg 21. Dez. 1900, † Moskau 28. Febr. 1951, russ.-sowjet. Dramatiker. – Nahm am Bürgerkrieg teil; als Dramatiker Vertreter des sozialist. Realismus. Seine aktuellen, oft propagandist. Dramen behandeln häufig Themen aus der Zeit des Bürgerkriegs und aus dem Bereich des Militärs, u. a. ›Die erste Reiterarmee‹ (1929, dt. 1956) und ›Optimist. Tragödie‹ (1933, dt. 1948).

Literatur: DÜWEL, G.: F. Wolf u. W. W. Bln. 1975. – CHELEMENDIK, V. S.: V. Višnevskij. Moskau ²1983.

Wise, John [engl. waɪz], * Roxbury (Mass.) im Aug. 1652, † Ipswich (Mass.) 8. April 1725, amerikan. Schriftsteller. – Ab 1680 puritan. Geistlicher in Ipswich. Geriet durch öffentl. Ablehnung der widerrechtlich vom Gouverneur Andros erhobenen Steuern und der von der Mather-Familie geforderten zentralen Organisation der puritan. Kirche (›The churches quarrel espoused‹, 1710; ›A vindication of the government of the New-England churches‹, 1717) in Widerspruch zur polit. und geistl. Obrigkeit seiner Zeit, wirkte aber gerade dadurch als einer der ersten Vertreter egalitärer und demokrat. Prinzipien bis ins 19. Jahrhundert.

Literatur: COOK, G. A.: J. W. Early American democrat. New York 1952.

Wispelaere, Paul de [niederl. 'wispəla:rə], * Assebroek 4. Juli 1928, fläm. Schriftsteller und Kritiker. – Prof. für moderne niederl. Literatur in Antwerpen. Reflexionen über Literatur und literar. Kreativität sind bei ihm eng verflochten (untrennbar in seinem ›Schreiber-Tagebuch‹ ›Paul-Tegenpaul‹, 1970). Neben einer Reihe von Essaybänden schrieb er die gesellschaftskrit. Romane ›So hat es begonnen‹ (1963, dt. 1966), ›Mijn tweede schaduw‹ (1965), ›Tussen tuin en wereld‹ (1979), ›Mijn huis is nergens meer‹ (1982), ›Brieven uit Nergenshuizen‹ (1986).

Weitere Werke: Ein Tag auf dem Land (Prosa, 1976, dt. 1992), Het verkoolde alfabet (Tageb., 1992).

Wissenschaft des Judentums, um 1820 geprägte Bez. für die wissenschaftl. Erforschung der jüd. Religion sowie der Geschichte und Literatur der Juden. 1819 bildete sich in Berlin der ›Verein für Kultur und Wissenschaft der Juden‹, der bis 1824 bestand; Mitglieder waren L. Zunz, E. Gans und zeitweilig H. Heine; 1822/23 erschien die programmat. ›Zeitschrift für die W. d. J.‹. Gleichzeitig mit der in Deutschland aufkommenden Reformbewegung hat sich die W. d. J. bald in andere europ. Länder und die USA ausgebreitet und das moderne Judentum mitgeprägt. Die Hauptvertreter waren neben ihrem eigentl. Begründer L. Zunz S. J. L. Rapoport, S. D. Luzzatto, N. Krochmal, Z. Frankel, A. Geiger und M. Steinschneider. Da Versuche, die W. d. J. an Universitäten einzuführen, zunächst scheiterten, wurde sie hpts. an Rabbinerseminaren betrieben mit den Forschungsschwerpunkten rabbin. und synagogale Literatur und jüd. Geschichte. Wichtige Publikation dieser Zeit war ›The Jewish Encyclopedia‹ (12 Bde., 1901–06). Mit der Gründung der Hebr. Univ. Jerusalem 1925 wurde die W. d. J. erstmals wissenschaftl. Disziplin an einer Univ. und konnte ihre Forschungsgebiete weiter auffächern (u. a. auf die Kabbala, jüd. Lyrik, Sozialgeschichte) und erreichen, daß jüd. Lehrinhalte auch in anderen Disziplinen berücksichtigt wurden. Heute spricht man von ›Jewish studies‹ bzw. in Deutschland von *Judaistik*. Dieses Fach wurde 1962 in München als ordentl. Lehrfach eingeführt. Es folgten Frankfurt am Main (M. Buber), Köln und Berlin (Hochschule für die Wiss. des Judentums). Seit 1979 besteht in Heidelberg die Hochschule für jüdische Studien. Außerdem wird Judaistik in den meisten ev.-theologischen Fakultäten in eigenen Seminaren gelehrt.

Literatur: W. d. J. im dt. Sprachbereich. Ein Querschnitt. Hg. v. K. WILHELM. Tüb. 1967. 2 Bde.

Wister, Owen [engl. 'wɪstə], * Philadelphia (Pa.) 14. Juli 1860, † Haus Crowfield bei Kingston (R. I.) 21. Juli 1938, amerikan. Schriftsteller. – Aufenthalte im Mittleren Westen vermittelten ihm Kenntnisse des Lebens der Cowboys, das er in unromant., an R. L. Stevensons und R. Kiplings Stil orientierten Erzählungen (›Red men and white‹, 1896; ›Lin McLean‹, 1898; ›The Jimmyjohn boss‹, 1900) darstellte. Als sein Hauptwerk gilt der Bestseller ›The Virginier‹ (R., 1902, dt. 1955), in dem er in der Verbindung der Abenteuer eines Cowboys mit dessen Werben um die Liebe einer Lehrerin aus dem Osten das Strukturmuster des erfolgreichen Westerns erstellte.

Ausgaben: O. W. The writings. New York Neuausg. 1928. 11 Bde. – VORPAHL, B. M.: My dear W. The Frederic Remington – O. W. letters. Palo Alto (Calif.) 1972.

Literatur: WHITE, G. E.: The Eastern establishment and the Western experience. The West of Frederic Remington, Theodore Roosevelt, and O. W. New Haven (Conn.) 1968. – RUSH, N. O.: The diversions of a Westerner. With emphasis upon O. W. and Frederic Remington, books and libraries. Amarillo (Tex.) 1979. – COBBS., J. L.: O. W. Boston (Mass.) 1984.

Wijt, Anna Augusta Henriëtte de, * Siboga (Sumatra) 26. Nov. 1864, † Baarn 10. Febr. 1939, niederl. Schriftstellerin. – Studierte in England, war Journalistin und Lehrerin in Batavia, kehrte 1900 in die Niederlande zurück; beschreibt in ihren nüchtern und klar gestalteten Romanen aus eigener Erfahrung das Leben in Indonesien.

Werke: Orpheus in der Dessa (E., 1902, dt. 1905, 1928 u. d. T. Orpheus in Java), Eine Mutter (R., 1907, dt. 1908), De avonturen van een muzikant (R., 1927).

Wjtasek, Lisa, *Salzburg 8. März 1956, österr. Schriftstellerin. – Studierte Musik, Germanistik und Sprachwiss. in Salzburg, München und Wien; Pressereferentin der Hochschule ›Mozarteum‹ in Salzburg. Verfasserin von Erzählwerken, in denen sie u.a. Menschen darstellt, die Beziehungen eingehen, dabei aber ihre Identität nicht verlieren wollen. **Werke:** Die Umarmung oder das weiße Zimmer (Nov., 1983), Friedas Freund (E., 1984).

Witeker, Nigellus [engl. 'wɪtɪkə], engl. mlat. Schriftsteller, † Nigellus de Longchamp[s].

Wither, George [engl. 'wɪðə] (Withers), *Bentworth (Hampshire) 11. Juni 1588, † London 2. Mai 1667, engl. Dichter. – Studierte in Oxford und London Jura; wegen Satiren gegen den Hof (›Abuses stript and whipt‹, 1613) 1613 im Gefängnis, wo er die Schäferdichtungen ›The shepherd's hunting‹ (1615) schrieb, denen weitere ihrer Art folgten (u. a. ›Fairevirtue‹, Ged., 1622; ›Juvenilia‹, Ged., 1622). Später bekannte sich W. zum Puritanismus und verfaßte lehrhafte sowie besonders religiöse Gedichte (u. a. ›The hymnes and songs of the church‹, 1624; ›Britain's remembrancer‹, 1628). Als Puritaner geriet er nach der Restauration (1660) erneut in Haft. **Ausgabe:** The poetry of G. W. Hg. v. F. SIDGWICK. London 1902. 2 Bde. (mit Bibliogr.). **Literatur:** HENSLEY, CH. S.: The later career of G. W. Den Haag 1969.

Witkacy [poln. vit'katsi], Pseudonym des poln. Schriftstellers und Malers Stanisław Ignacy † Witkiewicz.

Witkiewicz, Stanisław [poln. vit'kjɛvitʃ], *Poszawsze 8. Mai 1851, † Lovran (Istrien) 5. Sept. 1915, poln. Maler, Kunstkritiker und Schriftsteller. – Vater von Stanisław Ignacy W.; nach Studien an den Kunstakademien in Petersburg (1868–71) und München (1872–75) ab 1890 in Zakopane, ab 1908 in Lovran; malte Genre- und Landschaftsbilder. Sein Hauptwerk als Kunstkritiker ist ›Sztuka i krytyka u nas‹ (= Kunst und Kritik bei uns, 1891, ²1899), in dem er für

das Künstlerische der kreativen Persönlichkeit im Sinne des Modernismus eintrat. Seine Prosa bezieht ihre folklorist. Thematik v.a. von den Goralen aus der Tatra (›Z Tatr‹ [= Aus der Tatra], Nov.n, 1907). **Ausgabe:** S. W. Pisma zebrane. Krakau 1970 ff. (bisher 3 Bde. erschienen). **Literatur:** MAJDA, J.: Góralszczyzna w twórczości S. W.a. Breslau 1979.

Witkiewicz, Stanisław Ignacy [poln. vit'kjɛvitʃ], Pseudonym Witkacy, *Warschau 24. Febr. 1885, † Jeziory bei Dąbrowica (heute Dubrowiza, Ukraine) 18. Sept. 1939, poln. Schriftsteller und Maler. – Studierte an der Akademie der Schönen Künste in Krakau; im 1. Weltkrieg russ. Offizier, 1918 Rückkehr nach Polen; Haupttheoretiker der avantgardist. Maler- und Dichtergruppe ›Formiści Polscy‹; lebte abwechselnd in Warschau und Zakopane; beging nach dem Einmarsch der Roten Armee Selbstmord. W. wirkte in der modernen poln. Literatur bahnbrechend mit seinen parodistisch-grotesken Einfällen; Verfechter der ›reinen Form‹; hatte starken Einfluß auf B. Schulz, W. Gombrowicz und später S. Mrożek. Er schrieb mehr als 30 Theaterstücke, die Vorläufer des absurden Theaters sind, theoret. Arbeiten und kulturpessimistisch-utop. Romane; arbeitete auch für Zeitschriften; Regisseur seiner eigenen Stücke; widmete sich gegen Ende seines Lebens der Philosophie. **Werke:** Die Pragmatiker (Dr., 1920, dt. 1967), Die da! (Dr., entst. 1920, hg. 1962, dt. 1968, auch u. d. T. Jene), Das Wasserhuhn (Dr., UA 1922, hg. 1962, dt. 1965), Janulka, Tochter des Fizdejko (Trag., 1923, UA 1974, dt. 1967), Die Mutter (Dr., entst. 1924, hg. 1962, dt. 1967), Narr und Nonne (Dr., 1925, dt. 1965), Abschied vom Herbst (R., 1927, dt. 1987), Unersättlichkeit (R., 2 Tle., 1930, dt. 1966), Die Schuster (Dr., entst. 1931–34, hg. 1948, dt. 1966). **Ausgaben:** S. I. W. Dramaty. Warschau ²1972. 2 Bde. – S. I. W. Pisma filozoficzne i estetyczne. Warschau 1974–77. 3 Bde. – S. I. W. Stücke. Dt. Übers. Bln. 1982. – S. I. W. Wybór dramatów. Breslau ²1983. – S. I. W. Verrückte Lokomotive. Ein Leseb. mit Bildern des Autors. Dt. Übers. Ffm. 1985. **Literatur:** VAN CRUGTEN, A.: S. I. W. aux sources d'un théâtre nouveau. Lausanne 1971. – SOKÓŁ, L.: Groteska w teatrze S. I. W.a. Breslau 1973. – SZPAKOWSKA, M.: Światopogląd S. I. W.a. Breslau 1976. – GEROULD, D. C.: S. I. W. jako pisarz. Warschau 1981.

Witkowski, Felix Ernst, ↑Harden, Maximilian.

Wittek, Erhard, dt. Schriftsteller, ↑Steuben, Fritz.

Wittenwiler (Wittenweiler), Heinrich, spätmhd. Dichter um 1400. – Stammte aus dem Thurgauer Geschlecht von Wittenwil; 1387–90 als Magister und Advokat des bischöfl. Hofgerichts zu Konstanz bezeugt; schrieb vielleicht während des Konstanzer Konzils (1414 bis 1418) die satirisch-kom. Lehrdichtung ›Der Ring‹ (9699 Verse), die in (nur) einer Handschrift überliefert ist. Die kom., grotesken und obszönen Momente stehen im Dienst einer konservativen Didaktik, die Geschichte von Werbung und Hochzeit eines Bauernsohnes mit abschließender apokalypt. Bauernprügelei weist W. als volkstüml. Erzähler aus. Bauernsatire, Tugendlehre, Jurist., Fastnacht sind in das Werk eingegangen.

Ausgaben: H. W.s Ring. Hg. v. E. Wiessner. Lpz. 1931. – H. W. Der Ring. Übers. v. H. Birkhan. Wien 1983. – H. W. Der Ring. Hg. u. übers. v. R. Bräuer. Bln. 1983.
Literatur: Wiessner, E.: Kommentar zu H. W.s Ring. Lpz. 1936. Nachdr. Darmst. 1973–74. 2 Bde. – Schlaffke, W.: H. W.s Ring. Bln. u. a. 1969. – Wiessner, E.: Der Wortschatz von H. W.s Ring. Hg. v. B. Boesch. Bern 1970. – Boesch, B.: Lehrhafte Lit. Bln. 1977. – Plate, B.: H. W. Darmst. 1977. – Lutz, E. C.: Spiritualis fornicatio. H. W., seine Welt u. sein Ring. Sigmaringen 1990.

Wittgenstein, Ludwig Josef Johann, *Wien 26. April 1889, †Cambridge 29. April 1951, österr. Philosoph. – Studium des Maschinenbaus in Berlin und Manchester, wo er sich mit Mathematik und Logik zu beschäftigen begann; 1912/13 Aufenthalt bei B. Russell in Cambridge; nach seiner Rückkehr aus italienischer Kriegsgefangenschaft verschenkte er sein gesamtes Vermögen und besuchte ein Lehrerseminar in Wien; nach 1920 Lehrer in verschiedenen Dörfern Niederösterreichs, danach Klostergärtner; 1926–28 im Dienste seiner Schwester als Architekt tätig; in dieser Zeit Kontakt mit dem Wiener Kreis (M. Schlick, O. Neurath u. a.); 1929 Promotion bei Russell und G. E. Moore, Ernennung zum Research Fellow in Cambridge und Vorlesungstätigkeit; 1939 Nachfolger Moores; 1947 Verzicht auf die Professur. – W. gehört, obwohl er neben der ›Logisch-philosoph. Abhandlung‹ (1921) nur noch einen Aufsatz veröffentlicht hat, zu den einflußreichsten Philosophen des 20. Jahrhunderts. Der ›Tractatus‹, der eine Kritik der Logik G. Freges und Russells darstellt, entfaltete einen nachhaltigen Einfluß auf den log. Empirismus. In ihm werden zentrale Thesen zum Verhältnis von Sprache und Welt formuliert, die W. neben Russell zum Begründer der modernen Sprachphilosophie machen. Die Spätphilosophie W.s, wie sie in den postum (1953) veröffentlichten ›Philosoph. Untersuchungen‹ zu finden ist, gibt die Vorstellung von der Sprache als log. Abbild der Welt auf, um dagegen die Wichtigkeit der Sprachbenutzung (›Gebrauchstheorie der Begründung‹) zu betonen. Damit initiierte W. die sog. Philosophie der normalen Sprache. – W.s Schriften bestechen durch ihren klaren und präzisen, oft aphoristischen Stil, der ihnen literarische Qualität verleiht.

Ausgabe: L. W. Wiener Ausg. Hg. v. M. Nedo. Wien u. a. 1993 ff.
Literatur: Stetter, Ch.: Sprachkritik u. Transformationsgrammatik. Zur Bedeutung der Philosophie W.s für die sprachwiss. Theoriebildung. Düss. 1974. – W. and his impact on contemporary thought. Hg. v. E. u. W. Leinfellner. Wien 1980. – Ayer, A. J.: W. London u. New York 1985. – Monk, R.: W. Das Handwerk des Genies. Dt. Übers. Stg. 1994. – Wuchterl, K./Hübner, A.: L. W. Rbk. 40.–42. Tsd. 1994.

Wittig, Monique [frz. vi'tig], *Dannemarie (Haut-Rhin) 13. Juli 1935, frz. Schriftstellerin. – Nach literaturwissenschaftl. Studien an der Sorbonne Tätigkeiten in der Pariser Bibliothèque Nationale sowie bei verschiedenen Verlagen; seit 1982 Lektorin an der Rutgers University in New Brunswick (N. J.). Arbeitet aktiv in der Frauenbewegung. Analysiert, inspiriert von einzelnen Spielarten des frz. Nouveau roman, präzis und detailgetreu Lebenserfahrungen heranwachsender Mädchen im Übergang zum Erwachsenenalter.

Werke: Opoponax (R., 1964, dt. 1966), Die Verschwörung der Balkis (R., 1969, dt. 1980), Aus deinen zehntausend Augen, Sappho (R., 1973, dt. 1977), Lesbische Völker. Ein Wörterbuch (1976, dt. 1983; mit Sande Zeig), Tchiches et tschouches. Le genre humain (Prosa, 1982), La politique, fiction (Prosa, 1983), Virgile, non (Prosa, 1985). *Literatur:* SCHEERER, TH. M.: M. W. In: Krit. Lex. der roman. Gegenwartsliteraturen. Hg. v. W.-D. LANGE. Losebl. Tüb. 1984 ff. – Zs. VLA-STA 4 (1985). Sondernummer M. W. – OSTROV-SKY, E.: A constant journey. The fiction of M. W. Carbondale (Ill.) u. a. 1991.

Wittlin, Józef, *Dmytrów 17. Aug. 1896, † New York 28. Febr. 1976, poln. Schriftsteller. – Emigrierte 1939, ab 1941 in den USA; schrieb bed. expressionist. Lyrik, erfüllt von pazifistisch-humanitären Idealen (›Hymny‹ [= Hymnen], 1920). Eindrucksvoll ist seine dichter. Gestaltung des Kriegserlebnisses im 1. Weltkrieg. Neue Wege suchte er als Übersetzer antiker Dichtung, der ›Odyssee‹. Sein Kriegsroman ›Das Salz der Erde‹ (1936, dt. 1937) ist der 1. Teil der unvollendeten Trilogie ›Die Geschichte vom geduldigen Infanteristen‹ (dt. 1986; diese dt. Ausg. enthält neben dem 1. Teil den fragmentar. 2. Teil ›Ein gesunder Tod‹ [Paris 1972] sowie Essays und Gedichte). *Ausgabe:* J. W. Poezje. Warschau 1978.

Wittlinger, Karl, *Karlsruhe 17. Mai 1922, † Lippertsreute 22. Nov. 1994, dt. Dramatiker. – Seine Komödien mit sozialkrit. Thematik, manchmal auch in Nähe zum Kabarettistischen, zeichnen sich durch Bühnenwirksamkeit und geschickte Dialogführung aus; bes. Erfolg brachte ihm die Komödie ›Kennen Sie die Milchstraße?‹ (UA 1956, gedr. 1961); schrieb auch Hör- und Fernsehspiele; zahlreiche Bearbeitungen für das Fernsehen (E. Marlitt, H. Fallada, S. Lenz). *Weitere Werke:* Der Himmel der Besiegten (Kom., UA 1956), Kinder des Schattens (Kom., UA 1957), Zwei rechts, zwei links (Kom., UA 1960), Zum Frühstück zwei Männer (Kom., 1963), Seelenwanderung. Parabel (1964), Corinne und der Seebär (Kom., 1965), Warum ist es am Rhein so schön? (Kom., 1970), Nachruf auf Egon Müller (Kom., 1970), Toleranz und Sauerkraut. Utop. Satire (1970), Frohe Ostern (Fsp., 1972), Wunschpartner (R., 1987).

Wittmaack, Adolph, *Itzehoe 30. Juni 1878, † Hamburg 4. Nov. 1957, dt. Schriftsteller. – Begründer (1909) und erster Vorsitzender des ›Schutzverbandes dt. Schriftsteller‹; schrieb realist. Romane aus dem Leben der Seeleute; vielfach satir., lebensnahe Darstellung der hanseat. Gesellschaft; auch Lustspiele, Essays. *Werke:* Hans Hinz Butenbrink (R., 1909), Die kleine Lüge (R., 1911), Konsul Möllers Erben (R., 1913), Nackte Götter (R., 1920), Ozean (R., 1937).

Wittstock, Erwin, *Hermannstadt 25. Febr. 1899, † Kronstadt 27. Dez. 1962, rumäniendt. Schriftsteller. – Im 1. Weltkrieg Freiwilliger in der österr.-ungar. Armee; Rechtsanwalt in Kronstadt; die Themen seines umfangreichen Erzählwerks entnahm er dem Leben in den siebenbürg. Dörfern und Kleinstädten. *Werke:* Zineborn (En., 1927), Bruder, nimm die Brüder mit (R., 1934), Die Freundschaft von Kockelburg (En., 1936), Der Hochzeitsschmuck (E., 1941), Siebenbürg. Novellen und Erzählungen (1955), Einkehr (Nov.n, 1958), Der verlorene Freund (En., 1958), Der Viehmarkt von Wägertsthuel (En., hg. 1967).

Witwicki, Stefan [poln. vit'fitski], *Janów 13. Sept. 1801, † Rom 15. April 1847, poln. Dichter. – Lebte seit 1832 außerhalb Polens. In Paris kam er mit A. Mickiewicz in Verbindung. W. schrieb romant. Balladen und Romanzen, Lieder in realist. Ton, volkstüml. Erzählungen und Skizzen. Viele seiner Lieder und Balladen wurden vertont. *Werke:* Ballady i romanse (= Balladen und Romanzen, 2 Bde., 1824/25), Piosnki sielskie (= Ländliche Lieder, Ged., 1830), Wieczory pielgrzyma (= Abende eines Pilgers, publizist. Prosa, 2 Bde., 1837–42).

Witz, ursprünglich bedeutete W. ›Wissen, Verstand, Klugheit‹ (von ahd. wizzī); im 17. Jh. entstand außerdem die Bedeutung ›Esprit, Talent zum geistreichen Formulieren‹ als Übersetzung von frz. ›esprit‹. Als weitere Bedeutung kam im 18. Jh. die Bedeutung ›Scherz, spezif. sprachl. Form des Komischen‹ auf, die seit dem 19. Jh. zur Hauptbedeutung wurde: Eine kurze (oft durch mündl. Überlieferung entstandene) Erzählung erhält eine überraschende, den Erwartungshorizont desavouierende Wendung durch ihre unvermutete Verbindung mit einem abliegenden Gebiet, wodurch ein – scheinbar unbeabsichtigter – kom. Doppelsinn entsteht, der blitzartig die eingangs angesprochene Wertwelt (Normen, Sitten, Institutionen usw.) in Frage stellt oder pervertiert. Die Wirkung, das durch das Durchschauen der Funktion der Pointe ausgelöste ver- oder auslachende Gelächter, kennzeichnet den W. als ein an bestimmte gesellschaftl., soziale, kulturelle Umstände gebundenes Phänomen: Er bietet Identifikationsmodelle; seine Aggression, implizite Gesellschaftskritik oder Erotik gewinnen Ventilfunktion, z. B. der polit. oder Flüster-W., der v.a. in totalitären Systemen blüht, der jüd. W., der durch iron. Distanz zum eigenen Geschick geistige Souveränität beweist, die W.e über einzelne Nationen (Schotten-W.e), Stämme oder Städte (meist Mundart-W.e), über menschl. Schwächen und Verhaltensmuster oder die W.e über aktuelle Zeiterscheinungen, die oft auch W.moden hervorbringen oder sich bestimmter W.modelle bedienen (sog. Wanderwitze). Die Art und der Grad der sprachl. Manipulation bedingen den geistigen Anspruch eines W.es sowie seine Verwandtschaft zur Zote, zum Wortspiel, zum ↑ Kalauer, ↑ Aphorismus, ↑ Apophthegma, zur ↑ Anekdote, zum ↑ Rätsel. Gezeichnete W.e (Bildwitze) sind seltener als in Worte gefaßte Witze.

Literatur: SCHWEIZER, W. R.: Der W. Bern. u. Mchn. 1964. – MARFURT, B.: Textsorte W. Tüb. 1977. – RÖHRICH, L.: Der W. Seine Formen u. Funktionen. Mchn. ²1980. – PETUCHOWSKI, B. E.: Das Herz auf der Zunge. Aus der Welt des jüd. W.es. Freib. 1984. – HIRSCH, E. CH.: Der W.ableiter oder Schule des Gelächters. Hamb. 1985. – FREUD, S.: Der W. u. seine Beziehungen zum Unbewußten. Neuausg. Ffm. 1992. – W., Humor u. Komik im Volksmärchen. Hg. v. W. KUHLMANN u. a. Regensburg 1993.

Wivallius, Lars [schwed. vi'valiʊs], * Vivalla (bei Örebro) 1605, † ebd. 5. April 1669, schwed. Dichter. – Reiste lange in Europa umher und führte ein unruhiges und abenteuerl. Leben. Wurde zum Tode verurteilt, konnte aber entfliehen, saß mehrmals im Gefängnis, bis er sich schließlich in Stockholm niederließ, wo er es als Winkeladvokat durch dubiose Rechtssachen zu einigem Vermögen brachte. – W. gilt als erster Lyriker der schwed. Literaturgeschichte. Viele seiner Gedichte entstanden im Gefängnis und haben agitator. oder apologet. Charakter. Andere Gedichte stehen dem Lied (›visa‹) nahe und behandeln barocke Themen wie Untergang und Zerfall, Todesfurcht und Lebenslust, aber auch Natursehnsucht und Freiheitsliebe. Dazu gehören u. a. ›Lärkjans sång är allsintet lång‹, ›Om döden till de dödlige‹, ›Ack Libertas, du ädla ting‹ und die ergreifende ›Klagevisa över denna torra och kalla vår‹.

Ausgaben: Dikter i urval. Hg. v. E. GAMBY. Uppsala 1957. – Självbiografi, brev och prosastycken. I urval. Hg. v. E. GAMBY. Uppsala 1957. – L. W. Sweriges Rijkes ringmur. Hg. v. K. JOHANNESSON. Stockholm 1980.
Literatur: SCHÜCK, J. H. E.: L. W., hans lif och dikter. Uppsala 1893–95. 2 Bde. – EK, S.: Studier i W. visornas kronologi. Uppsala 1921.

Wivel, Ole [dän. 'vi:'vəl], * Kopenhagen 29. Sept. 1921, dän. Lyriker. – 1950/51 Mit-Hg. der literar. Zeitschrift ›Heretica‹, die Mittelpunkt der jungen dän. Dichtergeneration wurde; 1954–63 Mitdirektor des Verlages ›Gyldendal‹; seit 1964 Mitglied der Dänischen Akademie; begann mit ästhetisierender Lyrik, die unter dem Einfluß großer Vorbilder (Hölderlin, R. M. Rilke, S. George u. a.) steht, kam später jedoch zu eigener, religiös geprägter Aussage; formal sicherer, intellektuell betonter Lyriker, der oft an alte Kulturen anknüpft.

Werke: Digte (Ged., 1940), I fiskens tagn (Ged., 1948), Den skjulte gud (Essay, 1952), Digte 1943–55 (1956), Digte 1948–58 (1960), Poesi og protest (Essay, 1971), Romance for valdhorn (Autobiogr., 1972), Trio i nr. 3 (Erinnerungen, 1973), Tranedans (Autobiogr., 1975), Rejsen til Skagen (Ber., 1977), Skabelsen, e digt om Guds elskværdighed (1981).

Wjasemski (tl.: Vjazemskij), Pjotr Andrejewitsch Fürst [russ. 'vjazimskij], * Moskau 23. Juli 1792, † Baden-Baden 22. Nov. 1878, russ. Lyriker. – W., der zur Dichtergruppe ›Arzamas‹ gehörte und mit Puschkin befreundet war, vertrat in seiner vielgestaltigen Dichtung romant. Anschauungen, führte jedoch auch Traditionen des 18. Jh. weiter. Neben polit. Gedichten und Satiren schrieb er v. a. Elegien und geistreiche Epigramme; bed. Literarhistoriker und Kritiker.

Ausgaben: P. A. Vjazemskij. Polnoe sobranie sočinenij. Petersburg 1878–96. 12 Bde. – P. A. Vjazemskij. Stichotvorenija. Moskau 1978. – P. A. Vjazemskij. Sočinenija. Moskau 1982. 2 Bde.
Literatur: WYTRZENS, G.: P. A. Vjazemskij. Studie zur russ. Lit.- u. Kulturgesch. des 19. Jh. Wien 1961. – LITTLE, TH. E.: P. A. Vyazemsky as a critic of Russian literature. Diss. London 1973.

Wladimir [Wsewolodowitsch] **Monomach** (tl.: Vladimir Vsevolodovič) [russ. 'fsjɛvɐlɐdɐvitʃ mɐna'max], * 1053, † 1125, Großfürst von Kiew (seit 1113). – 1078–94 Fürst von Tschernigow, dann von Perejaslaw; konnte als Großfürst von Kiew das zersplitterte Reich (zum letzten Mal) wieder weitgehend einigen. Sein literarisch bed. Werk ›Poučenie‹ (= Belehrung, um 1117) war der vergebl. Versuch, seinen Nachfolgern ihre Aufgaben vorbildlich darzustellen.

Wladimow (tl.: Vladimov), Georgi Nikolajewitsch [russ. vla'dimɐf], eigtl. G. N. Wolossewitsch, * Charkow 19. Febr. 1931, russ. Schriftsteller. – 1956–59 Redakteur der Zeitschrift ›Nowy Mir‹; 1977 Austritt aus dem Schriftstellerverband, befürwortete eine öffentl. Diskussion der Zensurproblematik; Mitarbeiter von Amnesty International; kam 1983 in die BR Deutschland (Ausbürgerung), seitdem bis 1986 Redakteur der Exilzeitschrift ›Grani‹. W. publizierte kritisch-realist. Erzählwerke.
Werke: Das große Erz (Nov., 1961, dt. 1963), Tri minuty molčanija (= Drei Minuten Schweigen, R., 1969, als Buch Ffm. 1982), Die Geschichte vom treuen Hund Ruslan (R., Ffm. 1975, dt. 1975), Ne obraščajte vnimanija, maèstro (= Schenken Sie dem keine Beachtung, Maestro, E., Ffm. 1983).

Wlaikow (tl.: Vlajkov), Todor Gentschow [bulgar. 'vlajkof], * Pirdop 25. Febr. 1865, † Sofia 28. April 1943, bulgar. Schriftsteller. – Lehrer; kulturpolit. und aufklärer. Tätigkeit. Seine literar. Werke, deren Sprache auch Elemente seines Heimatdialektes aufnahm, stehen unter dem Einfluß der russ. Narodniki und geben W.s Verachtung des städt. Lebens Ausdruck. Seine realist. Erzählwerke haben eine soziale, humanitäre Tendenz und sind u. a. durch meisterhafte Darstellung von Frauencharakteren gekennzeichnet; bed. seine Erzählung ›Rataj‹ (= Der Tagelöhner, 1892).
Ausgabe: T. G. Vlajkov. Săčinenija. Sofia 1963–64. 8 Bde.

Wodehouse, Sir (seit 1975) Pelham Grenville [engl. 'wʊdhaʊs], * Guildford (Surrey) 15. Okt. 1881, † New York 14. Febr. 1975, engl. Schriftsteller. – Journalist, dann freier Schriftsteller; ab 1955 amerikan. Staatsbürger. Verfasser von

rund 70 humorist. Romanen, in denen er bevorzugt das Mittel der Situationskomik einsetzt; einige seiner Romanfiguren wurden sprichwörtlich, bes. Bertie Wooster und sein Butler Jeeves; auch Mitautor von Komödien.
Werke: Enter Psmith (R., 1909), Piccadilly Jim (R., 1918), Der unnachahml. Jeeves (Kurzgeschichten, 1923, dt. 1934), Ein Glücklicher (R., 1924, dt. 1927), Abenteuer eines Pumpgenies (R., 1925, dt. 1927), Paß auf, Berry! (R., 1931, dt. 1933), Ein X für ein U (R., 1933, dt. 1935), Besten Dank, Jeeves (R., 1934, dt. 1934), The return of Jeeves (R., 1954), Bertie Wooster sees it through (R., 1955), Stets zu Diensten (R., 1962, dt. 1972), Der Pennymillionär (En., dt. Ausw. 1964), Ohne Butler geht es nicht (R., 1971, dt. 1974).
Literatur: HALL, R. A.: The comic style of P. G. W. Hamden (Conn.) 1974. – CONNOLLY, J.: P. G. W. An illustrated biography, with complete bibliography and collector's guide. London 1979. – P. G. W. A centenary celebration, 1881–1981. Hg. v. J. H. HEINEMAN u. D. R. BENSEN. London u. New York 1981. – DONALDSON, F.: P. G. W. London 1982. – PHELPS, B.: P. G. W. Man and myth. London 1992.

Woestijne, Karel van de [niederl. wu'steinɐ], * Gent 10. März 1878, † Zwijnaarde bei Gent 24. Aug. 1929, fläm. Schriftsteller. – Studium der Germanistik; war dann Lehrer, ab 1906 Journalist und ab 1911 Beamter im Kultusministerium; ab 1920 Prof. für niederl. Literatur in Gent. Gehörte zum Kreis um die Zeitschrift ›Van Nu en Straks‹. Bed. Lyriker unter dem Einfluß der frz. Symbolisten; stark autobiographisch, ebenso in seiner Prosa; setzte sich v. a. mit dem Gegensatz von Geist und Sinnlichkeit auseinander, Lebensangst steht neben Hoffnung auf Erlösung; später Hinwendung zu mytholog. Stoffen; schrieb auch zahlreiche Essays zu Literatur und Kunst; war von großem Einfluß auf die fläm. Dichtung seiner Zeit.
Werke: Het vaderhuis (Ged., 1903), Janus mit dem Zwiegesicht (Nov.n, 1908, dt. 1948), Goddelijke verbeeldingen (Prosa, 1918, dt. Ausw. 1946 u. d. T. Die Geburt des Kindes), Der Bauer stirbt. Ein Spiel von den fünf Sinnen (Nov., 1918, dt. 1934), De moddeven man (Ged., 1920), God aan zee (Ged., 1926), Het bergmeer (Ged., 1928).
Ausgabe: K. v. de W. Verzameld werk. Hg. v. P. N. VAN EYCK u. a. Brüssel 1947–50. 8 Bde.
Literatur: RUTTEN, M.: De lyriek van K. v. de. W. Lüttich u. Paris 1934. – MINDERAA, P.: K. v. de W.; zijn leven en werken. Arnheim ²1942. –

RUTTEN, M.: Het proza van K. v. de W. Paris 1959. – WESTERLINCK, A.: De psychologische figuur van K. v. de W. als dichter. Antwerpen u. Amsterdam ²1960. – ELMBT, F. VAN: Godsbeeld en godservaring in de lyriek van K. v. de W. Brügge 1974.

Wofford, Chloe Anthony [engl. 'wɔ-fəd], amerikan. Schriftstellerin, †Morrison, Toni.

Wogatzki, Benito, *Berlin 31. Aug. 1932, dt. Schriftsteller. – Studierte Publizistik in Leipzig, arbeitete als Journalist (u.a. Industriereportagen); lebt als freier Schriftsteller in Berlin. W. begann mit Erzählungen, trat dann als Autor von Fernsehspielen hervor (u.a. mit dem fünfteiligen Zyklus ›Meine besten Freunde‹, Ursendung 1965–68) und schreibt heute auch Romane und Kinderbücher.

Weitere Werke: Die Geduld der Kühnen (Fsp.e, 1969), Der Preis des Mädchens (En., 1971, 1975 in der BR Deutschland u.d.T. Zement und Karfunkel), Broddi (Szenarium, 1976), Romanze mit Amelie (R., 1977), Der ungezogene Vater (Kinderb., 1980), Das Narrenfell (R., 1982), Ein goldener Schweif am Horizont von Thumbach (R., 1987).

Wogau (tl.: Vogau), Boris Andrejewitsch [russ. vaˈgau], russ.-sowjet. Schriftsteller, †Pilnjak, Boris Andrejewitsch.

Wohl, Louis de, früher Ludwig von W., *Berlin 24. Jan. 1903, †Luzern 2. Juni 1961, Schriftsteller ungar. Abstammung. – Mitarbeiter von Zeitungen und Rundfunkanstalten. Während des Krieges in Großbritannien, dann in Luzern. Schrieb viele histor. Unterhaltungsromane, die auf genauen Quellenstudien beruhen, teils in engl. Sprache.

Werke: Julian (R., 1947), Attila (R., 1949), Der Sieger von Lepanto (R., 1956), Johanna reitet voran (R., 1958), Die Zitadelle Gottes (R., 1959), Ein Mädchen aus Siena (R., 1960), König David (R., 1961).

Wohmann, Gabriele, geb. Guyot, *Darmstadt 21. Mai 1932, dt. Schriftstellerin. – 1951–53 Studium der neueren Sprachen und Musikwiss., dann Lehrerin; gehörte zur Gruppe 47; seit 1956 freie Schriftstellerin in Darmstadt. Gilt als Vertreterin einer neuen Sensibilität, die sich in Gegenbewegung zur politisch engagierten Literatur entwickelte. Hauptthema ihrer u.a. von J. Joyce,

M. Proust beeinflußten Romane und Erzählungen ist die Unfähigkeit der Menschen zur Kommunikation, sind Leid und menschl. Fehlverhalten im alltägl. bürgerl. Lebenskreis. Läßt sich dies für das ganze Erzählwerk, gipfelnd in dem Roman ›Paulinchen war allein zu Haus‹ (1974), ferner für die zahlreichen Hör- und Fernsehspiele bis 1974 festhalten, so änderte sich in der folgenden Phase, v.a. in den Veröffentlichungen ›So ist die Lage‹ (Ged., 1974), ›Ausflug mit der Mutter‹ (R., 1976), ihre Erzählhaltung, als sie ›auch das Schöne, wenn auch vergängliche Schöne‹, nicht unterschlagen will. Diese Tendenz wurde aber 1978 durch den Roman ›Frühherbst in Badenweiler‹ wieder aufgehoben; weiterhin bleibt ihr Thema die Destruktion bürgerl. Sicherheit, in der das Individuum durch seine Einbettung gefesselt ist und mit psych. Fehlentwicklungen reagiert (›Das Glücksspiel‹, R., 1981).

Gabriele
Wohmann

Weitere Werke: Jetzt und nie (R., 1958), Abschied für länger (R., 1965), Ländl. Fest und andere Erzählungen (1968), Sonntag bei den Kreisands (En., 1970), Treibjagd (En., 1970), Ernste Absicht (R., 1970), Selbstverteidigung (En., 1982), Prosa und anderes (1971), Gegenangriff (Prosa, 1972), Habgier (En., 1973), Entziehung. Materialien zu einem Fernsehfilm (1974), Heiratskandidaten (Fsp., 1975), Schönes Gehege (R., 1975), Grund zur Aufregung (Ged., 1978), Paarlauf (En., 1979), Wir sind eine Familie (En., 1980), Ach wie gut, daß niemand weiß (R., 1980), Stolze Zeiten (En., 1981), Einsamkeit (En., 1982), Der kürzeste Tag des Jahres (En., 1983), Passau, Gleis 3 (Ged., 1984), Ich lese. Ich schreibe (autobiograph. Essays, 1984), Der Irrgast (En., 1985), Der Kirschbaum (E., 1985), Glückl. Vorgang (E., 1986), Unterwegs (Tageb., 1986), Der Flötenton (R., 1987), Das könnte ich sein (Ged., 1989), Kassensturz (En., 1989), Plötzlich in Limburg (Kom., 1989), Das Salz, bitte! (En., 1992), Bitte nicht sterben (R., 1993), Wäre wunderbar (Liebesgeschichten, 1994), Aber das war noch nicht das Schlimmste (R., 1995).

Ausgaben: G. W. Ausgew. Gedichte 1964–1982. Darmst. u. Nw. 1983. – G. W. Ges. Erzählungen aus 30 Jahren. Darmst. u. Nw. 1986. 3 Bde.
Literatur: WELLNER, K.: Leiden an der Familie. Zur sozialpatholog. Rollenanalyse im Werk G. W.s. Stg. 1976. – FERCHL, I.: Die Rolle des Alltäglichen in der Kurzprosa von G. W. Bonn 1980. – KNAPP, G. P./KNAPP, M.: G. W. Königstein i. Ts. 1981. – HÄNTZSCHEL, G.: G. W. Mchn. 1982. – G. W. Auskunft für Leser. Hg. v. K. SIBLEWSKI. Darmst. u. Nw. 1982. – WAGENER, H.: G. W. Bln. 1986.

Woinikow (tl.: Vojnikov), Dobri Popow [bulgar. voj'nikoʃ], * Schumen 22. Nov. 1833, † Tarnowo (heute Weliko Tarnowo) 8. April 1878, bulgar. Schriftsteller. – Besuchte das Collège français in Konstantinopel; Lehrer und Redakteur; emigrierte 1864 nach Rumänien und gründete 1865 in Brăila die erste bulgar. Theatertruppe, die seine histor. Dramen (›Rajna knjaginja‹ [= Prinzessin Raina], 1866) aufführte; auch Gesellschaftskomödien und Volksstücke.

Woinowitsch (tl.: Vojnovič), Wladimir Nikolajewitsch [russ. vaj'nɔvitʃ], * Stalinabad (heute Duschanbe) 26. Sept. 1932, russ. Schriftsteller. – Tischlerlehre; Militärdienst; Arbeit am Rundfunk in Moskau; 1974 Ausschluß aus dem Schriftstellerverband; 1980 Ausweisung aus der Sowjetunion; lebt seitdem überwiegend bei München. 1990 erhielt er die sowjet. Staatsbürgerschaft zurück. W. veröffentlichte Erzählwerke, in denen der sowjet. Dorfalltag kritisch und teilweise satirisch-sarkastisch dargestellt wird.

Werke: Zwei Freunde (R., 1967, dt. 1969), Die denkwürdigen Abenteuer des Soldaten Iwan Tschonkin (R., 1969, vollständig Paris 1975, dt. 1975; Forts.: Iwan Tschonkin, Thronanwärter, Paris 1979, dt. 1983), Freundschaften (R., Ffm. 1973, dt. 1976), Ein Vorfall im Hotel Metropol (autobiograph. E., Paris 1975, dt. 1975), Iwankiade (E., Ann Arbor [Mich.] 1976, dt. 1979), Auf gut Russisch ... (En. u. a. Prosa, dt. Ausw. 1982), Tribunal (Kom., UA 1984, gedr. 1985), Ihr seid auf dem richtigen Weg, Genossen! (Essays, 1985, dt. Ausw. 1986), Moskau 2042 (R., 1986, dt. 1988), Die Mütze (E., 1988, dt. 1990), Choču byt' čestnym (= Ich will ehr-

lich sein, En., 1989), Zwischenfall im Metropol. Meine erstaunl. KGB-Akte (1994, dt. 1994).

Wojaczek, Rafał [poln. vɔ'jatʃɛk], * Mikołów 7. Dez. 1945, † Breslau 11. Mai 1971, poln. Lyriker. – Behandelte mit großer Sensibilität und provozierender Eindringlichkeit die existentielle Tragik des menschl. Daseins: Bedrohung, Entfremdung, Einsamkeit, Ängste; nach seinem Selbstmord (legendäre) Leitfigur für die Lyrikergeneration der 70er Jahre.
Ausgabe: R. W. Utwory zebrane. Breslau 1976.

Wojciechowski, Piotr [poln. vɔjtɕɛ-'xɔfski], * Posen 18. Febr. 1938, poln. Schriftsteller. – Experimentiert mit Sprache, Stil (Stilisierung, Pastiche, groteske Kunstgriffe), Darstellungsform und Themen; behandelt Probleme des sozialen und zivilisator. Wandels in Polen nach dem 2. Weltkrieg sowie aus der k. u. k. Zeit (Galizien); auch Kinderbücher; Filmregisseur.
Werke: Steinerne Bienen (R., 1967, dt. 1970), Der Schädel im Schädel (R., 1970, dt. 1973), Manowiec (Filmszenarien, 1978), Obraz napowietrzny (= Das Freiluftbild, R., 1988).

Wolf, Christa, * Landsberg (Warthe) 18. März 1929, dt. Schriftstellerin. – Verlagslektorin und Redakteurin in Berlin und Halle/Saale; seit 1962 freie Schriftstellerin. Geschult an B. Brecht und A. Seghers; erzielte nach der während der Kriegs- und Nachkriegszeit spielenden ›Moskauer Novelle‹ (1961) mit dem vieldiskutierten, die Teilung Deutschlands thematisierenden Roman ›Der geteilte Himmel‹ (1963) ihren schriftsteller. Durchbruch. Ihre dem sozialist. Alltag gegenüber durchaus skept., an individuellen Schicksalen dargestellte Haltung

Christa Wolf

wird getragen von einer grundsätzl. Bejahung des Sozialismus und seiner utop. Aspekte, so auch in ihrem Plädoyer für einen undogmat. Sozialismus, dem Roman ›Nachdenken über Christa T.‹ (1968). Die auch polit. Ausrichtung ihrer literar. Arbeit setzte sich fort in dem Roman ›Kindheitsmuster‹ (1976), einer Aufarbeitung der Zeit des Nationalsozialismus, und v. a. in der Erzählung ›Kassandra‹ (1983), einem kultur- und gegenwartskrit. Entwurf einer kritisch-aufgeklärten, von Weiblichkeit und Friedlichkeit bestimmten Gesellschaftsutopie. Allgemeine Aspekte ihrer Gegenwartskritik (›Störfall‹, 1987), die sich gleichermaßen auf das Leben im Osten wie im Westen Deutschlands beziehen ließen, wurden von vielen Lesern v. a. in der BR Deutschland als Widerstandshaltung gedeutet. Die Rezeptionsunterschiede führten nach den Umwälzungen in der DDR und dem Erscheinen von ›Was bleibt‹ (1990), dem autobiographisch geprägten Psychogramm einer von der Staatssicherheit überwachten Frau, bes. in der dt. literar. Öffentlichkeit zu einer nachhaltigen Diskussion über das Verhältnis der dt. Intellektuellen zur DDR und ihrer polit. Führung (›Literaturstreit‹). W. erhielt u. a. 1980 den Georg-Büchner-Preis, 1984 den Österr. Staatspreis für europ. Literatur.

Weitere Werke: Lesen und Schreiben. Aufsätze und Betrachtungen (1972), Till Eulenspiegel. Erzählung für den Film (1974; mit G. Wolf), Unter den Linden (En., 1974), Kein Ort, nirgends (E., 1979), Lesen und Schreiben. Neue Sammlung (Essays, 1980), Voraussetzung einer Erzählung. Kassandra (Frankfurter Poetik-Vorlesungen, 1983), Die Dimension des Autors. Essays und Aufsätze, Reden und Gespräche, 1959–1985 (1987), Sommerstück (Prosa, 1989), Die Troika. Geschichte eines nichtgedrehten Films (1989), Auf dem Weg nach Tabou (Texte, 1994).
Literatur: HILZINGER, S.: Kassandra. Über Ch. W. Ffm. ²1984. – Ch. W. Materialienbuch. Hg. v. K. SAUER. Neuausg. Darmst. u. Nw. 1985. – BUEHLER, G.: The death of socialist realism in the novels of Ch. W. Ffm. u. a. ²1986. – HILZINGER, S.: Ch. W. Mchn. ³1987. – STEPHAN, A.: Ch. W. Mchn. ³1987. – WITTSTOCK, U.: Über die Fähigkeit zu trauern. Das Bild der Wandlung im Prosawerk von Ch. W. u. F. Fühmann. Ffm. 1987. – Ch. W. in feminist. Sicht. Hg. v. M. VANHELLEPUTTE. Ffm. u. a. 1992. – Akteneinsicht Ch. W. Hg. v. H. VINKE. Hamb. ²1993. – Ch. W.

Hg. v. H. L. ARNOLD. Mchn. ⁴1994. – Ch. W. in perspective. Hg. v. I. WALLACE. Amsterdam 1994.

Wolf, Friedrich, * Neuwied 23. Dez. 1888, † Lehnitz (Landkreis Oranienburg) 5. Okt. 1953, dt. Dramatiker. – Schiffsarzt, nach dem 1. Weltkrieg Arzt in Hechingen und Stuttgart. 1928 Mitglied der KPD, emigrierte 1933 in die Schweiz, Frankreich, ging 1941 in die UdSSR, wo er als Propagandist am Rundfunk tätig war; 1945 Rückkehr nach Deutschland, 1949–51 Botschafter der DDR in Warschau. Begann mit Dramen im Stil des Expressionismus, schrieb dann radikal zeit- und sozialkrit. Werke. Die Bühne war für ihn der Ort, wo er mit Hilfe seiner Dramen direkt in den polit. Kampf eingreifen konnte (›Kunst ist Waffe. Eine Feststellung‹, Rede, 1928). Bes. populär wurde sein Drama ›Cyankali. § 218‹ (1929), mit dem er in der Diskussion um den Abtreibungsparagraphen Partei ergriff. Den größten Erfolg hatte er mit dem die Judenverfolgungen des Nationalsozialismus realistisch schildernden Schauspiel ›Doktor Mamlocks Ausweg‹ (1935). Verfaßte auch Filmdrehbücher, Hörspiele und Gedichte sowie populärwiss. medizin. Bücher.

Friedrich Wolf

Weitere Werke: Das bist Du (Schsp., 1919), Fahrt (Ged., 1920), Mohammed (Dr., 1924), Der arme Konrad (Dr., 1924), Der Sprung in den Tod (E., 1925), Kreatur (R., 1926), Die Natur als Arzt und Helfer (1928), Die Matrosen von Cattaro (Dr., 1930), Bauer Baetz (Schsp., 1932), Das Trojan. Pferd (Dr., 1937), Zwei an der Grenze (R., 1938), Beaumarchais oder die Geburt des Figaro (Dr., 1941), Doktor Wanner (Dr., 1945), Bürgermeister Anna (Volksstück, 1950), Menetekel oder Die fliegenden Untertassen (R., 1953), Thomas Münzer, der Mann mit der Regenbogenfahne (Dr., 1953).

Ausgabe: F. W. Dramen. Ffm. 1979. **Literatur:** JEHSER, W.: F. W., sein Leben u. sein Werk. Bln. 1982. – F. W. Bilder einer dt. Biogr. Hg. v. L. HOHMANN. Bln. 1988.

Wolf, Ror, Pseudonym Raoul Tranchirer, * Saalfeld/Saale 29. Juni 1932, dt. Schriftsteller. – Nach dem Studium der Literaturwiss. und Soziologie 1961–63 Rundfunkredakteur, seitdem freier Schriftsteller. Verfasser einer anfänglich bizarr wuchernden, dann immer straffer, auch sprachspielerisch geordneten Erzählprosa (›Pilzer und Pelzer‹, R., 1967), die Gewohntes verfremdet, alltägliche Denk- und Verhaltensmuster in einem oft unheiml. Hintersinn aufbricht. Bevorzugt nutzt W. dabei populäre Themenbereiche (wie Fußball in ›Punkt ist Punkt‹, Prosa, 1971, erweitert 1973) und Genres (wie die Moritat in ›mein famili‹, Ged., 1968, erweitert 1971), die Science-fiction in der Hörspiel-Trilogie ›Auf der Suche nach Doktor Q.‹ (1976). W. erhielt 1988 den Hörspielpreis der Kriegsblinden.

Weitere Werke: Fortsetzung des Berichts (R., 1964), Danke schön. Nichts zu danken (En., 1969), Die Gefährlichkeit der großen Ebene (Prosa, 1976), Die heiße Luft der Spiele (Prosa, 1980; zus. mit Punkt ist Punkt 1982 u. d. T. Das nächste Spiel ist immer das schwerste), Raoul Tranchirers vielseitiger Ratschläger für alle Fälle der Welt (1983), Hans Waldmanns Abenteuer. Sämtl. Moritaten von Raoul Tranchirer (1985), Mehrere Männer (En., 1987), Raoul Tranchirers Mitteilungen an Ratlose (1988), Raoul Tranchirers Welt- und Wirklichkeitslehre ... (1990), Nachrichten aus der bewohnten Welt (1991), Ein Komplott aus Spiel, Spaß und Entsetzen (Prosa, Lyrik, Collagen, Montagen, 1994), Letzte Gedanken über die Vermehrung der Lust und des Schreckens (Prosa, 1994). **Literatur:** Über R. W. Hg. v. L. BAIER. Ffm. 1972 (mit Bibliogr.). – Anfang und vorläufiges Ende. Ansichten über den Schriftsteller R. W. Bearb. v. L. BAIER u. a. Ffm. 1992.

Wolfdietrich, mhd. Volksepos, dessen Stoff dem merowing. Sagenkreis entnommen ist und das Schicksal W.s, des Sohnes von Hugdietrich (= Chlodwig) schildert; von einem angenommenen Ur-W. gehen vier Bearbeitungen aus; eine einfache. Gestaltung (A) im 3. Jahrzehnt des 13. Jh. im ›Ambraser Heldenbuch‹; in den folgenden Fassungen wird die Vorgeschichte bed. erweitert (B,

um 1250), die entscheidende histor. Stilisierung vorgenommen (C, 2. Hälfte des 13. Jh.), und schließlich werden alle Versionen mit dem Ortnit-Stoff (↑ Ortnit) zusammengefaßt (D, um 1300, ›Großer Wolfdietrich‹).

Wolfe, Thomas [Clayton] [engl. wulf], * Asheville (N. C.) 3. Okt. 1900, † Baltimore (Md.) 15. Sept. 1938, amerikan. Schriftsteller. – Studium u. a. an der Harvard University; 1924–30 Dozent für engl. Literatur am Washington Square College der New York University; mehrere Europareisen; anfangs heftig umstritten, fand er erst kurz vor seinem Tod Anerkennung. W. wandte sich nach erfolglosen Versuchen als Dramatiker der erzählenden Dichtung zu; sein gesamtes Romanschaffen, im Grunde als um Objektivität und Distanz bemühte Autobiographie geplant, blieb, als dichter. Einheit verstanden, Fragment; als bekanntestes und bedeutendstes Teilstück dieses Lebensromans gilt ›Schau heimwärts, Engel!‹ (1929, dt. 1932), ein Werk, an dessen Entstehen W.s zeitweiliger Freund und Hg. Maxwell E. Perkins durch krit. Auswahl wesentlich beteiligt war; W.s teils von lyr., teils von kritisch-satir. Elementen geprägtes Gesamtwerk vermittelt durch eine Fülle von Impressionen, Erinnerungen und Assoziationen ein anfangs betont skept., später optimist., häufig ins Mythische gesteigertes Bild Amerikas.

Weitere Werke: Von Zeit und Strom (R., 1935, dt. 1936), Vom Tod zum Morgen (En., 1935, dt. 1937), Uns bleibt die Erde. Die Geschichte eines Romans (Essays, 1936, dt. 1951), Strom des Lebens (R., unvollendet, hg. 1939, dt. 1941, 1953 u. d. T. Geweb und Fels), Es führt kein Weg zurück (R., unvollendet, hg. 1940, dt. 1942), Hinter jenen Bergen (Prosastücke, hg. 1941, dt. 1956), Herrenhaus (Schsp., hg. 1948, dt. 1953), Welcome to our city (Dr., hg. 1983). **Ausgaben:** The letters of Th. W. Hg. v. E. No-WELL. New York 1956. – Th. W. Sämtl. Erzählungen. Dt. Übers. Rbk. ²1967. – The letters of Th. W. to his mother. Hg. v. C. HOLMAN u. S. Ross. Neuausg. Chapel Hill (N. C.) 1968. – The notebooks of Th. W. Hg. v. R. S. KENNEDY u. P. REEVES. Chapel Hill (N. C.) 1970. 2 Bde. – Th. W. Eine nicht gefundene Tür. Ausgew. Briefe. Dt. Übers. Hg. u. mit einem Nachwort von J. KREHAYN. Bln. 1971. – The autobiography of an American novelist. Hg. v. L. FIELD. Cambridge (Mass.) u. a. 1983. – Beyond love and

loyalty. The letters of Th. W. and Elizabeth Nowell together with ›No more rivers‹. Hg. v. R. S. KENNEDY. Chapel Hill (N. C.) 1983. – My other loneliness. Letters of Th. W. and Aline Bernstein. Hg. v. S. STUTMAN. Chapel Hill (N. C.) 1983.
Literatur: NOWELL, E.: Th. W. A bibliography. Garden City (N. Y.) 1960. Nachdr. Westport (Conn.) 1972. – KENNEDY, R. S.: The window of memory. The literary career of Th. W. Chapel Hill (N. C.) 1962. – FIELD, L. A.: Th. W. New York 1968. – GURKO, L.: Th. W. Beyond the romantic ego. New York 1975. – The loneliness at the core. Studies in Th. W. Hg. v. C. H. HOLMAN. Baton Rouge. (La.) 1975. – PHILLIPSON, J. S.: Th. W. A reference guide. Boston (Mass.) 1977. – MARX, S.: Th. W. and Hollywood. Athens (Ohio) 1980. – EVANS, E.: Th. W. New York 1984. – DONALD, D. H.: Look homeward. A life of Th. W. Boston (Mass.) 1987.

Tom Wolfe

Wolfe, Tom [engl. wʊlf], eigtl. Thomas Kennerly W., * Richmond (Va.) 2. März 1931, amerikan. Schriftsteller. – Studium an der Yale University (1957); Journalist und Reporter verschiedener Zeitungen (u. a. ›Washington Post‹, ›New York Herald Tribune‹); Mit-Hg. des ›New York Magazine‹ (1968–76), seit 1977 von ›Esquire‹. W. entwickelte mit seinen originellen, sprachschöpfer. Reportagen und Essays über die amerikan. Gegenwartskultur den als ›New journalism‹ bezeichneten Schreibstil, bei dem fakt. Ereignisse mit fiktionalen Techniken dargestellt werden. Die Essaysammlungen befassen sich mit der amerikan. Popkultur der 60er Jahre (›Das bonbonfarbige tangerinrotgespritzte Stromlinienbaby‹, 1965, dt. 1968), mit der Drogenkultur und Schriftstellern wie Ken Kesey (›Unter Strom‹,

1968, dt. 1987), mit dem Engagement liberaler Weißer für revolutionäre Ziele (›Radical Chic und Mau Mau bei der Wohlfahrtsbehörde‹, 1970, dt. 1972), mit der modernen Kunst und Kunstkritikern (›The painted word‹, 1975), mit der New Yorker Gesellschaft (›Mauve gloves and madmen, clutter and vine ...‹, 1976; ›In our time‹, 1980), mit der Architektur (›Mit dem Bauhaus leben. Die Diktatur des Rechtecks‹, 1981, dt. 1982) und in seinem besten, auch verfilmten Werk dieser Schreibweise mit den ersten Astronauten der amerikan. Raumfahrt (›Die Helden der Nation. Reportage-Roman‹, 1979, dt. 1983). Sein erfolgreicher, die New Yorker Gesellschaft der 1980er Jahre schildernder Roman ›Fegefeuer der Eitelkeiten‹ (1987, dt. 1988) setzte sich mit seinem neorealist. Stil von postmodernen Schreibtechniken ab.
Weitere Werke: The new journalism (1973, mit E. W. Johnson; Hg.), The purple decades. A reader (1982), Die neue Welt des Robert Noyce. Eine Pioniergeschichte aus dem Silicon Valley (R., 1983, dt. 1990), Through the looking glass (R., 1991), The Easter bunny and his friends (R., 1992).

Wölfel, Ursula, * Duisburg 16. Sept. 1922, dt. Kinder- und Jugendbuchautorin. – Sonderschullehrerin, seit 1959 freie Schriftstellerin. In ihren Erzählungen schildert sie Kinder, die mit ihrer Umwelt in Konflikt geraten und diesen durch eigene Kraft oder mit Hilfe anderer lösen wollen. Mit ihren häufig von ihrer Tochter Bettina Anrich-W. illustrierten Kurzgeschichten für Kinder (›Siebenundzwanzig Suppengeschichten‹, 1968; ›Die grauen und die grünen Felder‹, 1970) versucht sie, Kindern soziale Lernsituationen nahezubringen. Für ›Feuerschuh und Windsandale‹ (1961) erhielt sie 1962 den Dt. Jugendbuchpreis.
Weitere Werke: Sinchen hinter der Mauer (1960), Das blaue Wagilö (1969), Nebenan wohnt Manuel (1972), Dreißig Geschichten von Tante Mila (1977), Jacob, der ein Kartoffelbergwerk träumte (1980), Die Glückskarte (1987), Ein Haus für alle (1991).

Wolfenstein, Alfred, * Halle/Saale 28. Dez. 1888, † Paris 22. Jan. 1945, dt. Lyriker und Dramatiker. – Studierte Rechtswissenschaft; freier Schriftsteller, emigrierte 1933 nach Prag, 1938 nach Paris, ständig verfolgt und auf der Flucht vor den anrückenden dt. Truppen, lebte unter falschem Namen in Paris; nervenkrank; Dichter und Theoretiker des Expressionismus; auch Übersetzungen und Herausgebertätigkeit.

Werke: Die gottlosen Jahre (Ged., 1914), Die Freundschaft (Ged., 1917), Der Lebendige (Nov.n, 1918), Menschl. Kämpfer (Ged., 1919), Jüd. Wesen und neue Dichtung (Essay, 1922), Der Flügelmann (Dichtung, 1924), Der Narr der Insel (Dr., 1925), Bäume in den Himmel (Dr., 1926), Celestina (Dr., 1929), Die Nacht vor dem Beil (Dr., 1929).

Ausgabe: A. W. Werke. Hg. v. H. HAARMANN u. G. HOLTZ. Mainz 1982–93. 5 Bde.

Literatur: MUMM, C.: A. W. Eine Einf. in sein Werk u. eine Ausw. Wsb. 1955. – FISCHER, PETER: A. W., der Expressionismus u. die verendende Kunst. Mchn. 1968. – HOLTZ, G.: Die lyr. Dichtung A. W.s. Thematik, Stil u. Textentwicklung. Diss. Bln. 1972.

Wolff, Julius, * Quedlinburg 16. Sept. 1834, † Berlin 3. Juni 1910, dt. Schriftsteller. – Von V. von Scheffel beeinflußter, zu seiner Zeit beliebter Lyriker; Vertreter der Butzenscheibenlyrik; auch Erzähler, Dramatiker und Epiker mit Themen aus Sage und Geschichte.

Werke: Der Rattenfänger von Hameln (Epos, 1876), Der wilde Jäger (Epos, 1877), Tannhäuser (Epos, 2 Bde., 1880), Der Sülfmeister (R., 2 Bde., 1883), Das schwarze Weib (R., 1894).

Ausgabe: J. W. Sämtl. Werke. Hg. v. J. LAUFF. Lpz. 1912–13. 18 Bde.

Wolff-Bekker, Elizabeth (Betje) [niederl. 'wɔlf'bɛkər], * Vlissingen 24. Juli 1738, † Den Haag 5. Nov. 1804, niederl. Schriftstellerin. – Schrieb nach dem Tod ihres Mannes aus wirtschaftl. Not Romane und Essays; ihre in Zusammenarbeit mit Agatha Deken entstandenen, von J.-J. Rousseau und S. Richardson beeinflußten Briefromane setzten sich mit Zuständen und Ereignissen der Zeit auseinander.

Werke: Sara Reinert (R., 2 Bde., 1782, dt. 1796; mit A. Deken), Klärchen Wildschütt oder ... (R., 6 Bde., 1793–96, dt. 1800; mit A. Deken).

Wolfgruber, Gernot, * Gmünd (Niederösterreich) 20. Dez. 1944, österr. Schriftsteller. – Verschiedene Berufe, 1968 Abitur, anschließend Studium der Publizistik und Politologie; lebt seit 1975 als freier Schriftsteller in Wien. Mitglied der Grazer Autorenversammlung. In seinen durch eigene Erfahrungen geprägten Romanen, auch in seinen Hör- und Fernsehspielen, schildert W. in realist. Weise das ausweglose Gefangensein proletar. und kleinbürgerl. Kreise in ihrem Milieu. Jeder soziale Aufstieg erweist sich nur als scheinbar, ohne dem Aufsteiger eine wirkliche Änderung seines Lebens zu bringen.

Werke: Auf freiem Fuß (R., 1975), Herrenjahre (R., 1976), Niemandsland (R., 1978), Der Jagdgast – Ein Drehbuch (1978), High Noon (Hsp., Ursendung 1978; zus. mit H. Zenker), Ankunftsversuch (E., 1979), Verlauf eines Sommers (R., 1981), Die Nähe der Sonne (R., 1985).

Wolfram von Eschenbach, * Eschenbach (heute Wolframs-Eschenbach) um 1170/80, † ebd. um 1220, mhd. Dichter. – W.s Lebensumstände sind nur aus seinem Werk zu rekonstruieren; vermutlich Ministeriale des Grafen von Wertheim. Sein erstes Werk, der Roman ›Parzival‹, begann er im 1. Jahrzehnt des 13. Jh. für verschiedene Adelshöfe im fränkisch-nordbayr. Raum; er trat auch mit dem Hof des Landgrafen Hermann I. von Thüringen in Kontakt, der ihm den Auftrag für den ›Willehalm‹ gab. Begraben ist er vermutlich in Eschenbach; J. Püterich von Reichertshausen berichtet 1462 in seinem ›Ehrenbrief‹, daß er W.s Grab dort gefunden habe (die in einem Reisebericht von 1608 überlieferte Grabschrift aus der dortigen Deutschherrenkirche stammt jedoch aus dem 14. Jh.). W. zählte sich selbst zu den Illiteraten, die keine lat. Schulbildung besaßen und stilisierte sich in der Rolle des dichtenden ritterl. Laien; seine umfassende Kenntnis der zeitgenöss. mhd. und altfrz. Literatur kann er vornehmlich durch mündl. Vermittlung erworben haben; sein naturhistor. und astrolog. Wissen ist erstaunlich breit; er verfügte über medizin. Fachwissen, zu dem er nur auf dem Wege einer wiss. oder prakt. Ausbildung gelangen konnte. – Der ›Parzival‹, eine freie Bearbeitung von † Chrétiens de Troyes ›Perceval‹, schildert die Geschichte von zwei Helden; Parzival, dessen Weg von seiner Kindheit über die Artusritterschaft zum Gralskönigtum durch unwillentl. Sünden, die beispielhaft für die Sündhaftigkeit der Menschheit schlechthin stehen, und durch das Gnadenwirken Gottes bestimmt wird, und Gawan, der im Normgefüge des Artuskreises verbleibt. Mit der Hereinnahme des transzendental gefaßten Sündenbegriffs wird die Immanenz des Artusromans aufgebrochen, andererseits die Harmonie des Schlusses in die Utopie des Gralsreiches verlagert. W. zielt auf eine Gesamtsicht der Welt, in der die höf. Gesellschaft in einen übergreifenden, religiös-eth. Bezug gestellt wird. Die Reimpaarerzählung ›Willehalm‹ begann W. nach Abschluß des ›Parzival‹ wohl um 1212, er brach sie nach 1217 (Tod Hermanns von Thüringen) ab. W. nähert das heroische Epos durch die Einbeziehung von Höfischem, von Minnekult und Heidenproblematik dem höf. Roman an, die Züge der frz. Vorlage (›Chanson d'Aliscans‹) werden durch Betonung des Reichsgedankens und grundsätzl. Aussagen ersetzt, so daß die Auseinandersetzung von Heiden und Christen endzeitl. Charakter erhält. Das ›Titurel‹-Fragment entstand gleichzeitig mit oder nach dem ›Willehalm‹. Es erzählt in einer aus dem ›Nibelungenlied‹-Modell entwickelten Strophenform die Geschichte von Sigune und Schionatulander, zweier Nebenfiguren des ›Parzival‹; auch hier ist, ausgehend von einer höfisch stilisierten elementaren Liebesbeziehung, eine umfassende Weltdeutung angestrebt, die der fragmentar. Charakter des Werks wohl nicht zufällig uneingelöst läßt. Albrecht (von Scharfenberg [?]) integrierte die Bruchstücke in das unter W.s Namen abgefaßte Großepos ›Der jüngere Titurel‹. W. schrieb neun Lieder, davon sind fünf Tagelieder, sie bilden den Höhepunkt dieser Gattung in der mhd. Literatur. – W.s Sprache setzt sich bewußt vom eleganten, durchsichtig-leichten Stil Hartmanns von Aue ab und kultiviert einprägsame, oft ausgefallene Bildlichkeit, ironisch-humorist. Pointen in einer gedrängt-sperrigen Syntax. Er entfaltet souverän die von seinen Vorgängern entwickelte Erzähltechnik v. a. im Spiel mit der Erzählerrolle und in der Handhabung der Strukturschemas. – W. ist auch der handschriftl. Überlieferung nach der wirkungsreichste Dichter des dt. MA. Sein Name blieb bis zu den Meistersingern lebendig; ›Parzival‹ und ›Titurel‹ gehören zu den ersten im Druck erschienenen Büchern. Im ›Wartburgkrieg‹ gilt er als Prototyp des gelehrten Laien. R. Wagners ›Parsifal‹ ist, obwohl er nur Elemente der Erzählfabel übernimmt, das herausragende Zeugnis der schöpfer. W.-Rezeption der Neuzeit. Die Wiss. des 19. und 20. Jh. hat sich mit kaum einem mittelalterl. Dichter häufiger beschäftigt und damit dem großen formalen Reichtum seines Werkes sowie der Tiefe seiner Problemstellungen Rechnung getragen. Dabei wurde W. allerdings zeitweise als Vertreter einer dt. Kunst gegenüber dem angeblich ›formalistisch-welschen‹ Gottfried von Straßburg ausgespielt und zu einer myth. Gestalt stilisiert.

Ausgaben: W. v. E. Parzival u. Titurel. Nhd. Übers. u. Erll. v. K. Simrock. Stg. ⁶1883. – W. v. E. Hg. v. K. Lachmann. Bln. ⁶1926. Neudr. 1965. – W. v. E. Parzival u. Titurel. Hg. v. K. Bartsch u. M. Marti. Lpz. ⁴1927–29. 5 Tle. – W. v. E. Hg. v. A. Leitzmann. Bearb. v. W. Deinert. Tüb. ⁵⁻⁷1961–65. 5 Bde. – W. v. E. Willehalm. Übers. v. D. Kartschoke. Bln. 1968. – W. v. E. Parzival. Übers. v. W. Mohr. Göppingen 1977. – W. v. E. Parzival. Hg. v. G. Weber. Darmst. ⁴1981. – W. v. E. Parzival. Übers. v. W. Spiewok. Stg. 1981. 2 Bde. – W. v. E. Parzival. Übers. v. D. Kühn. Ffm. 1994. 2 Bde.
Literatur: Schröder, W.: Der Ritter zw. Welt u. Gott. Idee u. Problem des Parzivalromans W.s v. E. Weimar 1952. – Wapnewski, P.: W.s Parzival. Hdbg. 1955. – Bumke, J.: W.s ›Willehalm‹. Hdbg. 1959. – Collected indexes to the works of W. v. E. Hg. v. R.-M. S. Heffner. Madison (Wis.) 1961. – Arthurian literature in the Middle Ages. Hg. v. R. S. Loomis. Oxford 1961. – Fourquet, J.: W. d'E. et le Conte del Graal. Paris ²1966. – Schanze, H.: Die Überlieferung von W.s ›Willehalm‹. Mchn. 1966. – Knapp, F. P.: Rennewart. Studien zu Gehalt u. Gestalt des ›Willehalm‹ W.s v. E. Diss. Wien 1968. – Pretzel, U./Bachofer, W.: Bibliogr. zu W. v. E. Bln. ²1968. – W.-Studien. Hg. v. W. Schröder. Bln. 1 (1970) ff. – Brogsitter, K. O.: Artusepik. Stg. ²1971. – Ragotzky, H.: Studien zur W.-Rezeption. Stg. u. a. 1971. – Heinzle, J.: Stellenkommentar zu W.s ›Titurel‹. Tüb. 1972. – Wapnewski, P.: Die Lyrik W.s v. E. Mchn. 1972. – Kratz, H.: W. v. E.s ›Parzival‹. Bern 1973. – Wehrli, M.: W.s Titurel. Opladen 1974. – Hirschberg, D.: Unterss. zur Erzählstruktur von W.s ›Parzival‹. Göppingen 1976. – Green, D./Johnson, L. P.: Approaches to W. v. E. Bern u. a. 1978. – Mohr, W.: W. v. E. Göppingen 1979. – Ruh, K.: Höf. Epik des dt. MA. Bd. 2. Bln. 1980. – Bumke, J.: Die W.-v.-E.-Forschung seit 1945. Mchn. ⁵1981. – Schirok, B.: Parzifalrezeption im MA. Darmst. 1982. – Bertau, K.: W. v. E. Mchn. 1983. – Brall, H.: Gralsuche u. Adelsheil. Studien zu W.s ›Parzival‹. Hdbg. 1983. – Guillaume et Willehalm. Les

épopées françaises et l'œuvre de W. v. E. Hg. v.
D. BUSCHINGER. Göppingen 1985. – KÜHN, D.:
Der Parzival des W. v. E. Neuausg. Ffm. 1991. –
KLEBER, J. A.: Die Frucht der Eva u. die Liebe in
der Zivilisation. Das Geschlechterverhältnis im
Gralsroman W.s v. E. Ffm. 1992. – KARG, I.:
… sîn süeze sûrez ungemach … Erzählen von der
Minne in W.s Parzival. Gött. 1993. – †auch Titu-
relstrophe.

Wolfskehl, Karl, * Darmstadt 17. Sept.
1869, † Bayswater (Neuseeland) 30. Juni
1948, dt. Schriftsteller. – Entstammte einer großbürgerl. jüd. Familie; studierte
Germanistik in Leipzig, Berlin und Gießen; befreundet mit S. George, an dessen
›Blättern für die Kunst‹ er von 1894 an
mitarbeitete und mit dem zusammen er
die Sammlung ›Dt. Dichtung‹ (3 Bde.,
1901–03) herausgab; sein Heim in
Schwabing war Mittelpunkt des George-
Kreises; Verbindung zum Münchner
Kreis der Kosmiker um Alfred Schuler
(* 1865, † 1923). 1933 emigrierte er nach
Italien, 1938 nach Neuseeland. W. ver-
faßte von S. George beeinflußte Lyrik so-
wie kunstkrit. Essays, Mysterienspiele
und Dramen. Starke Wirkung ging von
ihm als Anreger und Vermittler aus. Bed.
Übersetzer aus dem Mittelhochdeut-
schen, Englischen und Französischen,
Förderer bibliophiler Buchdrucke.
Werke: Gesammelte Dichtungen (1903), Saul
(Dr., 1905), Der Umkreis (Ged., 1927), Bild und
Gesetz (Essays, 1930), Die Stimme spricht
(Ged., 1934, erweitert 1936), An die Deutschen
(Ged., 1947), Hiob (Ged., hg. 1950), Sang aus
dem Exil (Ged., hg. 1950).
Ausgaben: K. W. Ges. Werke. Hg. v. M. RUBEN
u. C. V. BOCK. Hamb. 1960. 2 Bde. – K. W. Briefe
u. Aufss. München 1925–1933. Hg. v. M. RU-
BEN. Hamb. 1966. – K. u. Hanna W. Briefwech-
sel mit Friedrich Gundolf 1899–1931. Hg. v.
K. KLUNCKER. Amsterdam 1977. 2 Bde.
Literatur: PREETORIUS, E.: K. W. Dem Gedächt-
nis des Freundes. Passau 1949. – K. W. Hg. v.
W. EULER u. H.-R. ROPERTZ. Darmst. 1955. –
BOWERT, R.: Die Prosa K. W.s. Diss. Hamb.
1965. – SCHLÖSSER, M.: K. W. Eine Bibliogr.
Darmst. 1970. – GRIMM, G.: K. W. Die Hiob-
Dichtung. Diss. Bonn 1972. – GRIMM, G.: K. W.
u. Stefan George. In: Festschr. f. Kurt Herbert
Halbach. Hg. v. R. B. SCHÄFER-MAULBETSCH
u. a. Göppingen 1972. S. 407. – WOLFFHEIM, H.:
Von Dionysos zu Hiob. K. W.s Spätwerk. In:
Die dt. Exillit. 1933–1945. Hg. v. M. DURZAK.
Stg. 1973. S. 335. – K. W. Kolloquium. Hg. v.
P. G. KLUSSMANN. Amsterdam 1983.

Woljanskaja (tl.: Voljanskaja), Galina Jewgenjewna [russ. vaˈljanskɐjɐ],

russ.-sowjet. Schriftstellerin, † Nikola-
jewa, Galina Jewgenjewna.

Wolken, Karl Alfred, * Wangerooge
26. Aug. 1929, dt. Schriftsteller. – Seit
1959 freier Schriftsteller; lebt seit 1965 in
Rom; ∞ mit Elisabeth W., der Direktorin
der Villa Massimo in Rom. Schrieb
rhythmisch-eindringl., später verhalte-
nere und sprödere Lyrik sowie realitäts-
nahe Romane mit gekonnter Typenschil-
derung.
Werke: Halblaute Einfahrt (Ged., 1960), Die
Schnapsinsel (R., 1961), Wortwechsel (Ged.,
1964), Zahltag (R., 1964), Erzählungen (1967),
Klare Verhältnisse (Ged., 1968), Außer Landes
(Ged., 1979), Die richtige Zeit zum Gehen
(Ged., 1982), Eigenleben (Ged., 1987).

Wolkenstein, Oswald von, spätmhd.
Liederdichter und -komponist, † Oswald
von Wolkenstein.

Wolker, Jiří, * Prostějov 29. März
1900, † ebd. 3. Jan. 1924, tschech. Schriftsteller. – Kleinbürgerl. Herkunft, studierte Jura, starb an Lungentuberkulose.
W. knüpfte anfangs an die Dekadenz an;
1921 Eintritt in die KP; 1922/23 Mitglied
des ›Devětsil‹, von J. Neruda und
der modernen frz. Dichtung beeinflußt;
sein späteres Werk zeigt Berührungspunkte mit der Volksdichtung. Von einem sentimentalen Vitalismus gelangte
er in der Gedichtsammlung ›Die schwere
Stunde‹ (1922, dt. 1924) zu einer ›proletar. Dichtung‹; bes. bekannt wurde er mit
sozialen Balladen; schrieb auch Märchen (›O milionáři, který ukradl slunce‹
[= Von dem Millionär, der die Sonne
stahl], 1921) und drei Dramen.
Ausgabe: J. W. Spisy. Prag 1953–54. 4 Bde.
Literatur: THUMIM, J. H.: Das Problem v. Form
u. Gattung bei J. W. Diss. Hamb. 1966. – TOK-
SINA, I. V.: I. Vol'ker. Biobibliografičeskij ukazatel'. Moskau 1980. – VLAŠÍN, S.: J. W. Prag
²1980.

Wolkers, Jan [Hendrik], * Oegstgeest
bei Leiden 26. Okt. 1925, niederl. Schriftsteller und Bildhauer. – Schreibt (seit
1957) derb-realist. Erzählungen und Romane mit stark autobiograph. Zügen, die
z. T. Abrechnungen mit der eigenen Jugend sind; auch Theaterstücke; bed.
bildhauer. Arbeiten, u. a. ›Communications‹ in Amsterdam.
Werke: Serpentina's petticoat (En., 1961), Eine
Rose von Fleisch (R., 1963, dt. 1969), Zurück
nach Oegstgeest (R., 1965), Türk. Früchte (R.,

1969, dt. 1975), De walgvogel (R., 1974), Der Pfirsich der Unsterblichkeit (R., 1980, dt. 1985), Brandende liefde (R., 1981), De junival (R., 1982), Gifsla (R., 1983), Tarzan in Arles (Essays, 1991), Wat wij zien en horen (Prosa, 1991; mit Bob u. Tom Wolkers).
Literatur: Over J. W. Hg. v. G. BOOMSMA. Den Haag 1983. 2 Bde.

Wollschläger, Alfred Ernst, dt. Schriftsteller, ↑Johann, A. E.

Wollschläger, Hans, *Minden 17. März 1935, dt. Schriftsteller und Übersetzer. – Wurde zunächst als Übersetzer bekannt (z. T. Zusammenarbeit mit Arno Schmidt), v. a. durch die kongeniale Neuübersetzung von J. Joyce' ›Ulysses‹ (1975), obwohl er bereits früher u. a. mit Essays und einer Monographie über Karl May (1965) hervorgetreten war. 1982 erschien der erste Band des auf zwei Bände angelegten Romans ›Herzgewächse oder Der Fall Adams‹.
Weitere Werke: Die bewaffneten Wallfahrten gen Jerusalem. Geschichte der Kreuzzüge (1973), Die Gegenwart einer Illusion (Essays, 1978), Von Sternen und Schnuppen (Essays, 1984), In diesen geistfernen Zeiten. Konzertante Noten zur Lage der Dichter und Denker (1986), ›Tiere sehen dich an‹ oder das Potential Mengele (Essay, 1989).

Wollstonecraft, Mary [engl. ˈwʊlstənkrɑːft], engl. Schriftstellerin ir. Herkunft, ↑Godwin, Mary.

Wolodin (tl.: Volodin), Alexandr Moissejewitsch [russ. vaˈlɔdin], eigtl. A. M. Lifschiz, *Minsk 10. Febr. 1919, russ. Dramatiker. – Schrieb krit., vieldiskutierte Dramen, die ihn in die Reihe der besten russ. Dramatiker stellen; verfaßte auch Erzählungen und Drehbücher.
Werke: Fabričnaja devčonka (= Das Fabrikmädchen, Dr., 1956), Pjat' večerov (= Fünf Abende, Dr., 1959), Staršaja sestra (= Die ältere Schwester, Dr., 1961), Dulcinea von Toboso (Dr., UA 1971, dt. 1973), Mat' Iisusa (= Jesu Mutter, Dr., 1989), Odnomestnyj tramvaj (= Die einsitzige Straßenbahn, Erinnerungen, 1990).
Ausgaben: A. M. Volodin. Dlja teatra i kino. Moskau 1967. – A. M. Volodin. Portret s doždem. P'esy. Leningrad 1980.

Woloschin (tl.: Vološin), Maximilian Alexandrowitsch [russ. vaˈlɔʃin], eigtl. M. A. Kirijenko-W., *Kiew 28. Mai 1877 (oder 1878 ?), †Koktebel (Krim) 11. Aug. 1932, russ. Lyriker. – Jurastudium in Moskau, von dem er wegen Teilnahme

an Studentenunruhen ausgeschlossen wurde; lebte ab 1903 meist in Paris, ab 1917 auf der Krim. W. gehört zu den Vertretern der symbolist. Dichtung; Neigung zum Akmeismus. Die Revolution lehnte er ideologisch ab, nahm sie aber als histor. Faktum hin; auch Maler.
Ausgabe: M. A. Vološin. Stichotvorenija i poėmy. Hg. v. B. A. FILIPPOV. Paris 1982–84. 2 Bde.
Literatur: WALLRAFEN, C.: M. Vološin als Künstler u. Kritiker. Mchn. 1982.

Wolossewitsch (tl.: Volosevič), Georgi Nikolajewitsch [russ. vɛlaˈsjevitʃ], russ. Schriftsteller, ↑Wladimow, Georgi Nikolajewitsch.

Wolska, Maryla, Pseudonyme D-mol, Iwo Płomieńczyk, *Lemberg 13. März 1873, †ebd. 25. Juni 1930, poln. Lyrikerin. – Ihre neuromant. Dichtungen sind bilderreich, von hoher Musikalität und werden meist von melanchol. Stimmung beherrscht. Später griff sie altpoln. Motive auf.
Ausgabe: M. W. Poezje. Warschau 1971.

Wolters, Friedrich, *Uerdingen (heute zu Krefeld) 2. Sept. 1876, †München 14. April 1930, dt. Schriftsteller und Literarhistoriker. – Ab 1920 Prof. für Mittlere und Neuere Geschichte in Marburg, ab 1926 in Kiel; gehörte dem Kreis um S. George an, dessen Weltanschauung er verteidigte; mit F. Gundolf 1910–12 Hg. des ›Jahrbuchs für die geistige Bewegung‹; bed. Übersetzer aus dem Mittelhochdeutschen, Griechischen und Lateinischen.
Werke: Wandel und Glaube (Ged., 1911), Der Wandrer (Ged., 1924), Stefan George und die Blätter für die Kunst (Abh. 1930).

Wolzogen, Ernst [Ludwig] Frhr. von, *Breslau 23. April 1855, †München 30. Aug. 1934, dt. Schriftsteller. – Sohn eines Regierungsassessors (späteren Hoftheaterintendanten); studierte in Straßburg und Leipzig Germanistik, Philosophie und Biologie; 1879–81 Vorleser des Großherzogs von Sachsen-Weimar; ab 1882 Verlagsredakteur in Berlin; 1893–99 in München, dort Gründer der ›Freien Literar. Gesellschaft‹; eröffnete 1901 in Berlin nach dem Vorbild des Pariser Kabaretts das ›Überbrettl‹; schrieb humorist. Erzählungen, Dramen und unterhaltende Gesellschaftsromane mit vorzügl. Milieuschilderungen und zeit-krit. Anspruch (›Die tolle Komteß‹, R., 2 Bde., 1889; ›Das Lumpengesindel‹, Dr., 1892; ›Ein unbeschriebenes Blatt‹, Lsp., 1902). W. wandte sich später religiösen Themen zu, wobei er ein ›nordisch-dt.‹ Christentum vertrat (›Wegweiser zu dt. Glauben‹, 1919).

Weitere Werke: Um dreizehn Uhr in der Christnacht (E., 1879), Immaculata (E., 1881), Die Kinder der Excellenz (R., 1888), Der Thronfolger (R., 2 Bde., 1892), Der Kraft-Mayr (R., 2 Bde., 1897), Das dritte Geschlecht (R., 1899), Verse zu meinem Leben (Autobiogr., 1907), Der Bibelhase (E., 1908), Der Weg des Kreuzes (3 Dramen: Die Maibraut, 1909; König Karl, 1914; Fausti Himmelfahrt oder der dt. Teufel, 1926), Da werden Weiber zu Hyänen (Nov.n, 1909), Der Erzketzer (R., 2 Bde., 1911), Wie ich mich ums Leben brachte (Autobiogr., 1923), Das Schlachtfeld der Heilande (R., 1926).
Literatur: KÖNIG, E.: Das Überbrettl E. v. W.s u. die Berliner Überbrettl-Bewegung. Diss. Kiel 1956 [Masch.].

Wolzogen, Hans Paul Frhr. von, *Potsdam 13. Nov. 1848, †Bayreuth 2. Juni 1938, dt. Schriftsteller. – Stiefbruder von Ernst [Ludwig] Frhr. von W.; redigierte ab 1877 die von R. Wagner begründeten ›Bayreuther Blätter‹ und war in der Leitung des ›Allgemeinen R. Wagner Vereins‹. W., völkisch-christlich orientiert, schrieb u. a. ›themat. Leitfäden‹ zum ›Ring des Nibelungen‹ (1876), zu ›Tristan und Isolde‹ (1880) und zu ›Parsival‹ (1882) sowie ›Die Sprache in R. Wagners Dichtungen‹ (1878), ›Erinnerungen an R. Wagner‹ (1883), ›Aus R. Wagners Geisteswelt‹ (1908), ›Wagner und seine Werke‹ (1924); daneben auch ›Ernste Spiele‹ (1932) und ›Heitere Spiele‹ (1932).

Wolzogen, Karoline Freifrau von, geb. von Lengefeld, * Rudolstadt 3. Febr. 1763, †Jena 11. Jan. 1847, dt. Schriftstellerin. – Heiratete 1794 in zweiter Ehe ihren Vetter, den weimar. Oberhofmeister Wilhelm von W. (* 1762, † 1809); als Schriftstellerin trat sie zuerst mit dem Roman ›Agnes von Lilien‹ hervor, der 1796/97 anonym in Schillers Zeitschrift ›Die Horen‹ erschien und zunächst von vielen für ein Werk Goethes gehalten wurde (Buchausg. in 2 Bden., 1798). W.s Hauptwerk ist die Biographie ihres Schwagers Schiller (›Schillers Leben‹,

2 Bde., 1830), den sie bereits 1787 im elterl. Hause kennengelernt hatte.
Weitere Werke: Walther und Nanny (E., 1802), Erzählungen (2 Bde., 1826/27), Cordelia (R., 2 Bde., 1840), Aus einer kleinen Stadt, erzählt von Freirau v. W. (1842), Literar. Nachlaß (2 Bde., hg. 1848/49).
Literatur: ANEMÜLLER, E.: Schiller u. die Schwestern von Lengefeld. Weimar ²1938. – KAHN-WALLERSTEIN, C.: Die Frau im Schatten. Schillers Schwägerin K. v. W. Bern u. Mchn. 1970. – WALTER, E.: Schrieb oft, von Mägde Arbeit müde. Lebenszusammenhänge dt. Schriftstellerinnen um 1800. Düss. 1985.

Wondratschek, Wolf, * Rudolstadt 14. Aug. 1943, dt. Schriftsteller. – Studium der Germanistik, Philosophie und Soziologie; lebt als freier Schriftsteller in München. Verfasser von Prosa, die Sprachregelung und ideolog. Mißbrauch von Sprache aufdeckt, sowie von Hörspielen (›Paul oder die Zerstörung eines Hörbeispiels‹, 1971). Danach Wechsel zu einer schnoddrig-melancholischen, lakonisch-assoziativen, überraschend pointierenden Gedichtsprache. Erhielt 1969 den Hörspielpreis der Kriegsblinden.
Weitere Werke: Früher begann der Tag mit einer Schußwunde (Prosa, 1969), Omnibus (Prosa, 1970), Chuck's Zimmer (Ged., 1974), Das leise Lachen am Ohr eines anderen (Ged., 1976), Männer und Frauen (Ged., 1978), Letzte Gedichte (1980), Die Einsamkeit der Männer. Mex. Sonette (1983), Carmen oder bin ich das Arschloch der achtziger Jahre (Poem, 1986), Menschen, Orte, Fäuste. Reportagen und Stories (1987), Gedichte (1992), Einer von der Straße (R., 1992).

Wood, Charles [engl. wʊd], * Saint Peter Port (Guernsey) 6. Aug. 1932, engl. Dramatiker. – Schrieb politisch engagierte, zunächst überwiegend schonungslos realist., dann zunehmend revue- und farcenhafte Dramen, in denen er die Diskrepanz zwischen Illusion und Wirklichkeit aufzeigt, u. a. über Militär und Krieg (›Dingo‹, 1969; ›H: Being monologues in front of burning cities‹, 1970; ›Jingo‹, UA 1975) sowie über die Welt des Theaters (›Fill the stage with happy hours‹, 1967; ›Veterans; or hairs in the gates of the Hellespont‹, 1972); dazu Drehbücher; auch als Regisseur tätig.
Weitere Werke: Cockade (3 Einakter, 1965), Don't make me laugh (Dr., 1965), Welfare (3 Einakter, UA 1971), Has Washington legs? (Dr., 1978), Red star (Dr., 1984), Across from the garden (Dr., 1986).

Wood, Ellen [engl. wʊd], auch Mrs. Henry W., geb. Price, * Worcester 17. Jan. 1814, † London 10. Febr. 1887, engl. Schriftstellerin. – In ihrer Jugend gelähmt; heiratete einen Bankier; begann nach 20jährigem Südfrankreichaufenthalt in England eine Schriftstellerkarriere. Von ihren etwa fünfzig populären Romanen und Erzählungsbänden aus der bürgerl. Welt hatte v. a. ›East Lynne‹ (R., 1861, dt. 1862) sensationellen Erfolg und wurde mehrfach dramatisiert. Gab ab 1867 die Zeitschrift ›Argosy‹ heraus. **Weitere Werke:** Danesbury house (R., 1860), Drangsale einer Frau oder die Halliburtons (R., 1862, dt. 1863), Die Channings (R., 1862, dt. 1863), Roland Yorke (R., 1869, dt. 1871).

Woolf, Virginia [engl. wʊlf], * London 25. Jan. 1882, † im Ouse bei Lewes (East Sussex) 28. März 1941 (Selbstmord), engl. Schriftstellerin. – Tochter von Sir L. Stephen; heiratete 1912 den Literaturkritiker Leonard W. (* 1880, † 1969), mit dem sie 1919 den Verlag ›Hogarth Press‹ gründete; war gesellschaftl. Mittelpunkt und zeitweilig führende Vertreterin der † Bloomsbury group. W. hat zus. mit M. Proust und J. Joyce die Entwicklung des modernen Romans entscheidend geprägt. In ihren fiktionalen Werken, z. B. ›Eine Frau von fünfzig Jahren‹ (1925, dt. 1928, 1955 u. d. T. ›Mrs. Dalloway‹), ›Die Fahrt zum Leuchtturm‹ (1927, dt. 1931) und ›Orlando‹ (1928, dt. 1929; † auch Sackville-West, Victoria), gelingt es ihr, die in ihren literaturkrit. Essays (›Mr. Bennet and Mrs. Brown‹, ›Modern fiction‹) wiederholt als eigentl. Realität angesprochenen individuellen Bewußt-

seinseindrücke mit Hilfe der Technik des inneren Monologs abzubilden. Zentrale Bedeutung erlangen die Diskrepanz zwischen chronolog. und psycholog. Zeit und die Darstellung der Gleichzeitigkeit von Erinnertem und Erlebtem im Bewußtsein der Romanfiguren. In ›Die Wellen‹ (R., 1931, dt. 1959) tritt folgerichtig jede äußere Handlung zugunsten der Bewußtseinsströme der nur noch als Stimmen präsenten Charaktere zurück. Einflußreich auch als Literaturkritikerin (›The common reader‹, 2 Bde., 1925–32) sowie durch ihr essayist. Engagement für die Rechte der Frau (›Ein Zimmer für sich allein‹, 1929, dt. 1978; ›Drei Guineen‹, 1938, dt. 1978).

Weitere Werke: Die Fahrt hinaus (R., 1915, dt. 1989), Night and day (R., 1919), Monday or Tuesday (En., 1921), Jacobs Raum (R., 1922, dt. 1981), Flush (R., 1933, dt. 1934), Die Jahre (R., 1937, dt. 1954), Zw. den Akten (R.-Fragment, hg. 1941, dt. 1963), Der schiefe Turm (Essays, hg. 1942, dt. 1957), A haunted house (En., hg. 1944), Granit und Regenbogen (Essays, hg. 1958, dt. 1960), Die Dame im Spiegel (En., hg. 1960, dt. 1960). **Ausgaben:** V. W. Uniform edition. London 1929–52. 14 Bde. – V. W. Collected essays. Hg. v. L. WOOLF. London 1966–67. 4 Bde. – V. W. Letters. Hg. v. N. NICOLSON u. J. TRAUTMANN. London 1975–80. 6 Bde. – V. W. The diary. Hg. v. A. O. BELL. London 1977–84. 5 Bde. – V. W. Ges. Werke. Hg. v. K. REICHERT. Dt. Übers. Ffm. 1989 ff. Auf 30 Bde. berechnet. **Literatur:** DAICHES, D.: V. W. Norfolk (Conn.) [2]1963. – RICHTER, H.: V. W. The inward voyage. Princeton (N. J.) 1970. – LEHMANN, J.: V. W. and her world. New York Neuaufl. 1976. – LEE, H.: The novels of V. W. London u. New York 1977. – ROSE, PH.: Woman of letters. A life of V. W. London 1978. – ERZGRÄBER, W.: V. W. Zü. 1982. – WALDMANN, W.: V. W. Rbk. 1983. – GARNETT, A.: Deceived with kindness. A Bloomsbury childhood. Oxford 1984. – V. W. A centenary perspective. Hg. v. E. WARNER. New York 1984. – ZWERDLING, A.: V. W. and the real world. Berkeley (Calif.) 1986. – GORDON, L.: V. W. Das Leben einer Schriftstellerin. Dt. Übers. v. T. JACOBSON. Ffm. 1987. – CAUGHIE, P. L.: V. W. and postmodernism. Urbana (Ill.) 1991. – WOOLF, L.: Mein Leben mit Virginia. Dt. Übers. Neuausg. Ffm. 1991. – BELL, QU.: V. W. Eine Biogr. Dt. Übers. Neuausg. Ffm. 1994. – HANSON, C.: V. W. Basingstoke 1994.

Woolman, John [engl. 'wʊlmən], * Rancocas (N. J.) 19. Okt. 1720, † York (England) 7. Okt. 1772, amerikan. Schriftsteller. – Überzeugter Quäker; ab 1743 Wanderprediger; vertrat in seinen

Virginia Woolf

Essays humanitäre Ideale, bekämpfte die Sklaverei (›Some considerations on the keeping of Negroes‹, 2 Tle., 1754–62, Neuaufl. 1969), den Krieg und jegl. Form der Ausbeutung (›A plea for the poor‹, hg. 1793). Sein ab 1756 geführtes Tagebuch (›Journal‹, hg. 1774) zeigt seine lautere Gesinnung und sein Eintreten für friedliches Zusammenleben mit den Indianern; es ist von hohem autobiographischem Wert.

Ausgabe: J. W. The journal and major essays. Hg. v. PH. P. MOULTON. New York 1971. **Literatur:** PEARE, C. O.: J. W. New York 1954. – MOULTON, PH.: The living witness of J. W. Wallingford (Pa.) 1973.

Woolson, Constance Fenimore [engl. wʊlsn], *Claremont (N. H.) im März 1840, † Venedig 24. Jan. 1893, amerikan. Schriftstellerin. – Großnichte von J. F. Cooper; wuchs in Ohio auf, Schulausbildung in New York. Die Schauplätze ihres Lebens wurden zum Ausgangspunkt ihrer regionalist. Erzählungen und Romane. So verarbeitete sie die Geschichte der Besiedlung der großen Seenlandschaft in ›Castle nowhere‹. Lake-country sketches‹ (En., 1875), ihren Aufenthalt in Florida und Carolina (1873–79) in ›Rodman the keeper‹. Southern sketches‹ (En., 1880), wo sie die Welt des alten Südens vor dem Bürgerkrieg der neuen Realität der Rekonstruktion in der Nachkriegszeit gegenüberstellt. Ihre Erfahrungen in Italien, wo sie ab 1879 vornehmlich lebte, sind Inhalt der beiden Erzählungen ›The front yard‹ (1895) und ›Dorothy‹ (1896), die an das ›internationale Thema‹ des von ihr verehrten Henry James erinnern.

Weitere Werke: Anne (R., 1882), For the major (R., 1883), East angels (R., 1886), Jupiter lights (R., 1889), Horace Chase (R., 1894). **Literatur:** MOORE, R. S.: C. F. W. New York 1963.

Worcell, Henryk [poln. ˈvɔrtsɛl], eigtl. Tadeusz Kurtyka, *Krzyż bei Tarnów 1. Aug. 1909, † Breslau 1. Juni 1982, poln. Schriftsteller. – Schrieb Erzählungen (›Najtrudniejszy język świata‹ [= Die schwierigste Sprache der Welt], 1965) über die Probleme in Niederschlesien nach dem Krieg; auch Erinnerungen.

Ausgabe: H. W. Dzieła wybrane. Breslau 1979. 3 Bde.

Wordsworth, Dorothy [engl. ˈwɔːdzwəθ], *Cockermouth (Cumbria) 25. Dez. 1771, † Rydal Mount bei Grasmere (Cumbria) 25. Jan. 1855, engl. Schriftstellerin. – Schwester von William W.; hinterließ in ihren Tagebüchern wertvolles biographisches Material über das Leben mit ihrem Bruder.

Ausgabe: Journals of D. W. Hg. v. E. DE SÉLINCOURT. London 1941. Nachdr. Hamden (Conn.) 1970. **Literatur:** DE SÉLINCOURT, E.: D. W. A biography. Oxford 1933. – ELLIS, A. M.: Rebels and conservatives. D. and William W. and their circle. Bloomington (Ind.) 1967. – MANLEY, S.: D. and William W. New York 1974. – GITTINGS, R./MANTON, J.: D. W. Oxford 1985.

Wordsworth, William [engl. ˈwɔːdzwəθ], *Cockermouth (Cumbria) 7. April 1770, † Rydal Mount bei Grasmere (Cumbria) 23. April 1850, engl. Dichter. – Früh verwaist; studierte 1787–91 in Cambridge, unternahm 1790 Wanderungen auf dem Kontinent (Niederschlag des Alpenerlebnisses in ›Descriptive sketches‹, Ged., 1793); lebte 1792 in Frankreich, wo er zum begeisterten Anhänger der Revolution wurde. Nach England zurückgekehrt, schloß er 1795 enge Freundschaft mit S. T. Coleridge; lebte gemeinsam mit seiner Schwester Dorothy W. zuerst in Dorset und Somerset, unternahm 1798/99 mit ihr und Coleridge eine Deutschlandreise (Aufenthalt in Goslar), ließ sich dann in Grasmere im Lake District nieder und heiratete seine Kusine Mary Hutchinson. Weitere Reisen führten ihn u. a. nach Schottland. Später nahm er eine konservative Haltung ein. Er erhielt Ehrungen mehrerer Univ. und wurde 1843 Poet laureate als Nachfolger seines Freundes R. Southey. – W. war neben Coleridge der bedeutendste engl. Romantiker der ersten Generation (↑ Lake school). Aus seiner dichterisch intensivsten Zeit zwischen 1796 und 1806, in der er zu einer stilistisch schlichten, schmucklos überhöhten Verssprache fand, stammen u. a. die gemeinsam mit Coleridge verfaßten ›Lyrical ballads‹ (1798, 2. Aufl. mit programmat. Vorwort 1800), zahlreiche lyr. Gedichte, Oden und die besten seiner insgesamt über 500, z. T. polit. Sonette (›Poems‹, 2 Bde., 1807) sowie die bekenntnishafte autobiograph. Dichtung

William
Wordsworth
(Kreidezeich-
nung von
Benjamin
Robert
Haydon,
1818)

›The prelude‹ (vollendet 1805; nach
mehrfacher Revision hg. 1850). Letztere
drückt seine pantheist. Auffassung von
der intuitiv erlebten Naturoffenbarung
als Quelle der Menschenliebe am umfas-
sendsten aus; sie war, ebenso wie die phi-
losophisch-spekulative Dichtung ›The
excursion‹ (1814), als Teil von ›The re-
cluse‹ gedacht, eines nicht vollendeten
Epos über Mensch, Natur und Gesellschaft (als Fragment hg. 1888).
Weitere Werke: An evening walk (Ged., 1793),
The borderers (Trag., entst. um 1796, veröffentlicht 1842), Peter Bell (Vers-E., 1819), The wag-
goner (Vers-E., 1819), Ecclesiastical sketches
(Ged., 1822), Memorials of a tour on the contin-
ent, 1820 (Ged., 1822), Yarrow revisited and
other poems (Ged., 1835).
Ausgaben: The letters of W. and Dorothy W.
Oxford 1935–39. 6 Bde. Revidierte Ausg. hg. v.
CH. L. SHAVER u. a. ²1967 ff. – W. W. The poet-
ical works. Hg. v. E. DE SÉLINCOURT u. H. DARBI-
SHIRE. Oxford 1940–49. 5 Bde. Revidierte Ausg.
Bd. 1–4 1952–58. Nachdr. London u. a.
1963–66. – Prose works of W. W. Hg. v. W. J. B.
OWEN u. J. W. SMYSER. Oxford 1974. 3 Bde. –
The Cornell W. Hg. v. S. PARRISH u. a. Ithaca
(N. Y.) 1975 ff. Auf zahlreiche Bde. berechnet
(bisher 10 Bde. erschienen). – W. W. Poems.
Hg. v. J. O. HAYDEN. Harmondsworth 1977.
2 Bde.
Literatur: DARBISHIRE, H.: The poet W. London
1950. Nachdr. 1980. – MOORMAN, M.: W. W.
New York 1957–65. 2 Bde. – HARTMAN, G. H.:
W.'s poetry 1787–1814. New Haven (Conn.) u.
London ²1971. – BAKER, J.: Time and mind in
W.'s poetry. Detroit (Mich.) 1980. – DAVIES, H.:
W. W. New York 1980. – PINION, F. B.: A W.
companion. London u. a. 1984. – WORDS-
WORTH, J.: W. W. The borders of vision. Verbes-
serte Aufl. Oxford 1984. – GILL, S.: W. W. A life.
Oxford 1989. – McFARLAND, TH.: W. W. Intens-
ity and achievement. Oxford 1992.

Work-Song [engl. 'wǝ:ksɔŋ], Arbeits-
lied, das ursprünglich von den afrikan.
Sklaven in Nordamerika gesungen
wurde. – Der W.-S. wird entweder als
einstimmiges Chorlied oder im Wechselgesang von Vorsänger und Chor gesungen, wobei sein Grundrhythmus den Ar-
beitsbewegungen der Sänger entspricht.
Literatur: COURLANDER, H.: Negro folk music,
U. S. A. New York 1963.

Woronicz, Jan Paweł [poln. vɔ'rɔ-
nitʃ], * Brodów 28. Juni 1757 (oder 6. Juli
1753 ?), † Wien 6./7. Dez. 1829, poln.
Dichter. – 1770–73 Jesuit; ab 1815 Bischof von Krakau, ab 1828 Erzbischof
von Warschau und Primas von Polen. W.
gilt als Vorläufer des poln. Messianis-
mus. Als Dichter trat er mit Idyllen und
Liedern hervor, verfaßte Gelegenheits-
dichtungen und gestaltete in seinen Epen
Stoffe aus der poln. Geschichte. Er steht
an der Schwelle vom Klassizismus zur
Romantik; auch Prediger.

Woroszylski, Wiktor [poln. vɔrɔ-
'ʃilski], * Grodno 8. Juni 1927, poln.
Schriftsteller. – Studium z. T. in Moskau;
mit den ersten Gedichten (bis etwa 1956)
der Poetik des sozialist. Realismus verpflichtet; auch experimentelle Prosa und
bed. literar. Biographien über M. J. Salty-
kow (›Träume unter Schnee‹, R., 1963,
dt. 1964), W. W. Majakowski und S. A.
Jessenin; Essayist, Publizist, Jugend-
buchautor (›Cyril, wo bist du?‹, 1962, dt.
1988), Übersetzer russ. Literatur (u. a.
I. Ratuschinskaja); nach Verhängung des
Kriegsrechts 1981 ein Jahr interniert.
Weitere Werke: Literatura (R., 1977), Lustro
(= Der Spiegel, Ged., 1984), Geschichten (dt.
1987).
Ausgabe: W. W. Wybór wierszy. Warschau
1974.

Worthäufung, Aufzählung, † Akku-
mulation, auch Wiederholung von be-
deutungsgleichen oder bedeutungsähnl.
Wörtern. Bes. in der Literatur des Barock
(M. Opitz, Ph. von Zesen, v. a. A. Gryphius) beliebtes Stilmittel zur Intensivierung des Ausdrucks, z. B.: ›Ein
Brandpfahl und ein Rad, Pech, Folter,
Blei und Zangen, / Strick, Messer, Hak-
ken, Beil, ein Holzstoß und ein Schwert /
Und siedend Öl und Blei, ein Spieß, ein
glühend Pferd / Sind den'n nicht
schrecklich, die, was schrecklich, nicht

begangen.‹ (A. Gryphius, ›An einen unschuldig Leidenden‹).

Wortkunst, von den Autoren und Theoretikern des ↑ Sturmkreises um H. Walden geprägter Begriff für Dichtung, speziell für eigene Arbeiten, ausgehend von den ›Elementen des Wortes‹. Die bedeutendsten W.werke stammen von A. Stramm und K. Schwitters, der diesbezügl. Gedankengut z. T. in seinen theoret. Arbeiten (Merzdichtung) vertrat.

Wortspiel, Spiel mit der Doppeloder Mehrfachbedeutung von Wörtern oder dem Gleichklang bzw. der Klangähnlichkeit verschiedener Wörter zur Erzielung überraschender oder auch witziger Effekte. W.e sind in allen Literaturgattungen verbreitet, bes. häufig sind sie in pointierten ep. Kurzformen, z. B. im Witz oder im ↑ Aphorismus. Das W. ist v. a. auch wesentl. Element der Satire und aller Spielarten des Komischen.

Wosnessenskaja (tl.: Voznesenskaja), Julija [russ. vɛznı'sjɛnskɐjɐ], * Leningrad (heute Petersburg) 14. Sept. 1940, russ. Schriftstellerin. – Verfaßte systemkrit. Artikel; 1976–79 Haft; 1979 Mitbegründerin der ersten feminist. Zeitschrift der Sowjetunion; 1980 Ausweisung; lebt in München; Lyrik, (z. T. autobiograph.) Erzählprosa.
Werke: Das Frauen-Dekameron (En., dt. 1985), Der Stern Tschernobyl ... Ein fast dokumentar. Roman (dt. 1986, russ. 1987), Briefe über die Liebe. Von Frauen in Haft und Verbannung (1987; Hg.), Was die Russen über Deutsche denken. Interviews (1988; Hg.).

Wosnessenski (tl.: Voznesenskij), Andrei Andrejewitsch [russ. vɛznı'sjɛnskij], * Moskau 12. Mai 1933, russ. Lyriker. – Bed. russ. Lyriker. Seine formal komplizierten Gedichte sind intellektuell ausgerichtet. Literar. Hauptanliegen ist das Verständnis der menschl. Psyche in einer technisierten Welt.
Werke: Die dreieckige Birne (Ged., 1962, dt. 1963), Bahn der Parabel (Ged., dt. Ausw. 1963), Lonjumeau (Poem, 1963, dt. 1964), Osa (Poem, 1964, dt. 1966), Antiwelten (Ged., 1964, dt. 1967), Schatten eines Lauts (Ged., 1970, dt. 1976), Vitražnych del master (= Meister der Glasmalerei, Ged., 1976), Begegnung mit Pasternak (ausgew. Prosa, 1980 [und 1970], dt. 1984, erstmals dt. 1982), Bezotčetnoe (= Unbewußtes, 1981), Rov (= Der Graben, Ged., 1987), Wenn wir die Schönheit retten (Ged., russ. u. dt.

1988), Aksioma samoiska (= Axiom moixa, Ged. u. Prosa, 1990).
Ausgabe: A. A. Voznesenskij. Sobranie sočinenij. Moskau 1983–84. 3 Bde.
Literatur: HUDSPETH, A. E.: A. Voznesenskij's view of art and the artist. Diss. University of North Carolina 1975. – ↑ auch Jewtuschenko, Jewgeni Alexandrowitsch.

Wouk, Herman [engl. woʊk], * New York 27. Mai 1915, amerikan. Schriftsteller. – Sohn eines russ. Emigranten; nach Studienabschluß für Rundfunk und Film tätig; im 2. Weltkrieg bei der Marine. Wurde v. a. durch seine populären Kriegsromane bekannt, die das Geschehen im Pazifik und in Europa sowie die Schrecken des Holocaust schildern. Bes. erfolgreich war ›Die Caine war ihr Schicksal‹ (1951, dt. 1954, Pulitzerpreis 1952; auch dramatisiert und verfilmt); auch zeitkrit. Gesellschaftsromane.
Weitere Werke: Rosa ist Aurora (R., 1947, dt. 1960, 1984 u. d. T. Aurora schaumgeboren), Großstadtjunge (R., 1948, dt. 1958, 1984 u. d. T. City Boy), Marjorie Morningstar (R., 1955, dt. 1956), Das ist mein Gott. Glauben und Leben der Juden (Abhandlung, 1959, dt. 1961), Arthur Hawke (R., 1962, dt. 1964, 1967 u. d. T. Ein Mann kam nach New York), Nie endet der Karneval (R., 1965, dt. 1966), Der Feuersturm (R., 1971, dt. 1972), War and remembrance (R., 1978, dt. in 2 Tlen.: Tl. 1 1979 u. d. T. Der Krieg, Tl. 2 1980 u. d. T. Weltsturm), Der Enkel des Rabbi (R., 1986, dt. 1986), The hope (R., 1993).
Literatur: BEICHMAN, A.: H. W. The novelist as social historian. New Brunswick (N. J.) 1984.

Wowtschok (tl.: Vovčok), Marko [ukrain. voʊ'tʃɔk], auch bekannt als Marko W., eigtl. Marija Olexandriwna Markowytsch, geb. Wilinskaja, * Jekaterinowka (Gebiet Lipezk) 22. Dez. 1834, † bei Naltschik 10. Aug. 1907, ukrain. Schriftstellerin. – Aus russ. Familie; heiratete einen ukrain. Ethnographen; 1859–67 im Ausland; häufig in Petersburg, wo sie T. H. Schewtschenko kennenlernte; schrieb zwischen Romantik und Realismus stehende, von I. Turgenjew 1859 ins Russische übertragene Erzählungen (›Narodni opovidannja‹ [= Geschichten aus dem Volk], 1857), auch von ethnograph. Wert; verarbeitete Stoffe aus dem ukrain. Volksleben; behandelte in ihren russ. Sprache geschriebenen Romanen und Erzählungen Probleme der nichtadligen russ. Intelligenz.

Weiteres Werk: Institutka (= Das Institutsfräulein, russ. 1860, ukrain. 1862).
Literatur: HORBATSCH, K.: Die russ. u. die ukrain. Volkserzählungen v. Marko Vovčok. Diss. Gött. 1978 [Masch.].

Wright, Charles [engl. raɪt], * Pickwick Dam (Tenn.) 25. Aug. 1935, amerikan. Lyriker. – Prof. für Englisch an der University of California in Irvine (1966–83), seit 1983 an der University of Virginia. Schreibt von E. Pound, E. Montale und G. Trakl beeinflußte, expressionist. Gedichte, in denen Realität und Surrealität, konkrete Erfahrungen und irrationale Vorstellungen ineinander übergehen. W. übersetzt auch italien. Lyrik.
Werke: The voyage (Ged., 1963), 6 poems (Ged., 1965), The grave of the right hand (Ged., 1970), The Venice notebook (1971), Bloodlines (Ged., 1975), China trace (Ged., 1977), Wright. A profile (Ged., 1979), Country music. Selected early poems (Ged., 1982), The other side of the river (Ged., 1984), Halflife. Improvisations and interviews 1977–1987 (1988), The world of the ten thousand things. Poems 1980–1990 (Ged., 1990).

Wright, James [engl. raɪt], * Martins Ferry (Ohio) 13. Dez. 1927, † New York 25. März 1980, amerikan. Lyriker. – 1966–80 Prof. für Englisch am Hunter College in New York. W.s Dichtung reicht thematisch von der naturverbundenen Jugend in Ohio (›The green wall‹, 1957; ›Two citizens‹, 1974; ›Moments of the Italian summer‹, 1976), über Verzweiflung, Liebesschmerz, Gewalt und Tod (›Saint Judas‹, 1959; ›Shall we gather at the river?‹, 1968) zu Reiseeindrücken aus Europa (›This journey‹, hg. 1982). Das Mitgefühl für menschl. Leiden findet anfänglich in strengen Formen, später in freien Versrhythmen und Prosagedichten seinen Ausdruck.
Weitere Werke: Collected poems (Ged., 1971; Pulitzerpreis 1972), To a blossoming pear tree (Ged., 1977).
Ausgabe: J. W. Collected prose. Hg. v. A. WRIGHT. Ann Arbor (Mich.) 1982.
Literatur: The pure clear word. Essays on the poetry of J. W. Hg. v. D. SMITH. Urbana (Ill.) 1982.

Wright, Judith [engl. raɪt], * Armidale (Neusüdwales) 31. Mai 1915, austral. Schriftstellerin. – Nach dem Studium in Sydney zunächst Sekretärin und Statistikerin, ab 1949 Teilzeitdozentin an verschiedenen austral. Universitäten. Sie schrieb Kinderbücher und literarkrit. Werke über austral. Autoren wie Charles Harpur (* 1813, † 1868), H. A. Lawson und J. Shaw Neilson, hpts. aber Gedichte, deren moderne Sprache, Bildlichkeit und komplexe Gedanklichkeit mit technisch anspruchsvoller Form verbunden sind. Thematisch setzt sie sich immer wieder mit der Spannung zwischen dem Erbe europ. Vision und dem Australien der Wirklichkeit auseinander.
Werke: The moving image (Ged., 1946), Woman to man (Ged., 1949), The gateway (Ged., 1953), The two fires (Ged., 1955), Birds (Ged., 1962), Five senses (Ged., 1963), Preoccupations in Australian poetry (Essays, 1965), The other half (Ged., 1966), Because I was invited (Essays, 1975), Fourth quarter (Ged., 1976), The double tree. Selected poems 1942–1976 (Ged., 1978), Phantom dwelling (Ged., 1985), Schweigen zwischen Wort und Wort (Ged., engl. und dt. Ausw. 1990), Through broken glass (Ged., 1992).
Literatur: HOPE, A. D.: J. W. Australian writers and their works. Melbourne 1975.

Wright, Richard [Nathaniel] [engl. raɪt], * bei Natchez (Miss.) 4. Sept. 1908, † Paris 28. Nov. 1960, amerikan. Schriftsteller. – Wuchs unter harten Bedingungen auf einer Plantage auf; kam 1935/36 in Chicago mit kommunist. Ideen in Berührung; lebte 1937–46 in New York, ab 1946 in Paris; bereiste u. a. 1953 die Goldküste und 1955 Indonesien. W. schilderte in naturalist., oft um starke Wirkung bemühten Romanen und Erzählungen die Probleme seiner unterdrückten Rasse und setzte sich für die soziale und polit. Emanzipation der schwarzen Amerikaner ein.

Richard Wright

Werke: Onkel Toms Kinder (En., 1938, dt. 1949), Sohn dieses Landes (R., 1940, dt. 1941),

Schwarz unter Weiß – fern von Afrika (Bericht, 1941, dt. 1952), Ich Negerjunge (Autobiogr., 1945, dt. 1947), Der Mörder und die Schuldigen (R., 1953, dt. 1966), Schwarze Macht (Reiseber., 1954, dt. 1956), Der schwarze Traum (R., 1958, dt. 1960), Der Mann, der nach Chicago ging (En., postum 1961, dt. 1961), Schwarzer Hunger (Autobiogr., hg. 1977, dt. 1980). **Ausgabe:** R. W. reader. Hg. v. E. WRIGHT u. M. FABRE. New York u. a. 1978. **Literatur:** BAKISH, K.: R. W. New York 1973. – FISHBURN, K.: R. W.'s hero. The faces of a rebel-victim. Metuchen (N. J.) 1977. – R. W. The critical reception. Hg. v. J. M. REILLY. New York 1978. – AVERY, E. G.: Rebels and victims. The fiction of R. W. and Bernard Malamud. Port Washington (N. Y.) 1979. – FRANZBECKER, R., u. a.: Der moderne Roman des amerikan. Negers. R. W., Ralph Ellison, James Baldwin. Darmst. 1979. – FELGAR, R.: R. W. Boston (Mass.) 1980. – GAYLE, A.: R. W. Ordeal of a native son. New York 1980. – FABRE, M./DAVIS, CH. T.: R. W. A primary bibliography. Boston (Mass.) 1982. – R. W. A collection of critical essays. Hg. v. R. MACKSEY u. F. E. MOORER. Englewood Cliffs (N. J.) 1984. – JOYCE, J. A.: R. W.'s art of tragedy. Iowa City (Iowa) 1986.

Wrobel, Ignaz, Pseudonym des dt. Journalisten und Schriftstellers Kurt ↑Tucholsky.

Wronski, Stefan, Pseudonym des dt. Dichters Ferdinand ↑Hardekopf.

Wu Ch'eng-en (Wu Cheng'en) [chin. utʃəŋən], * Chin-an (Kiangsu) um 1500, † etwa 1582, chin. Literat. – Nach bescheidener Amtslaufbahn schrieb er seinen humoristisch-phantast. Roman ›Hsi-yu chi‹ (= Aufzeichnungen über eine Reise in den Westen). Der Affenkönig Sun Wu-kung begleitet einen Mönch auf der Pilgerfahrt nach Indien und hilft ihm, alle mögl. Abenteuer zu bestehen. Humorist. Verbrämung läßt die ätzende polit. Kritik in den Hintergrund treten. Der Roman fußt auf Volksüberlieferungen, er regte eine Unmenge volkstümlicher Stücke, besonders der Peking-Oper, an. **Ausgaben:** Wu Ch'eng-en. Monkey. Engl. Übers. (Ausz.) v. A. WALEY. New York ⁵1958. – Wu Ch'eng-en. Der Rebellische Affe. Dt. Übers. Rbk. 1961. – Wu Ch'eng-en. The journey to the West. Engl. Übers. v. A. C. YU. Chicago (Ill.) 1977–83. 4 Bde. – Wu Ch'eng-en. Monkeys Pilgerfahrt. Dt. Übers. Mchn. 1980. **Literatur:** DUDBRIDGE, G.: The Hsi-yu chi. Cambridge 1970.

Wu Ching-tzu (Wu Jingzi) [chin. udzıŋdzɨ], * Ch'üan-chiao (Anhui) 1701,

† Yang-chou (Kiangsu) 12. Dez. 1754, chin. Literat. – Verweigerte sich aus Protest gegen den Verfall des Prüfungswesens als Grundlage der öffentl. Verwaltung der Amtslaufbahn. In Armut lebend, schrieb er das erst etwa 1770 gedruckte ›Ju-lin wai-shih‹ (= Die Gelehrten), einen satir. Roman auf die Beamtenschaft. Es war die erste prägnante literar. Gesellschaftskritik und Vorbild späterer Romane. **Ausgaben:** Wu Ching-tzu. The scholars. Engl. Übers. v. H.-Y. YANG u. G. YANG. Peking ²1964. – Wu Ching-tzu. Der Weg zu den weißen Wolken. Dt. Übers. v. YANG EN-LIU u. GERHARD SCHMITT. Weimar 1982. **Literatur:** WONG, T. C.: Wu Ching-tzu. Boston (Mass.) 1978.

Wühr, Paul, * München 10. Juni 1927, dt. Schriftsteller. – War bis 1983 Lehrer bei München; wurde v. a. als Hörspielautor in den 1960er und 1970er Jahren (Original-Ton-Hörspiele) bekannt. W.s literar. Werke zeichnen sich durch eine Vielfalt an Themen und Formen aus, aber dennoch wird ein gemeinsamer Grundton transparent: W. weist der Literatur die Funktion der Antizipation von Erfahrungen zu, dem Leser sollen damit neue Erfahrungs- und Handlungsmöglichkeiten eröffnet werden. 1971 erhielt er den Hörspielpreis der Kriegsblinden. **Werke:** Basili hat ein Geheimnis (Kinderb., 1964), Gegenmünchen (Poem, 1970), So spricht unsereiner (Hsp.e, 1973; enthält: Preislied, So eine Freiheit, Trip Null, Verirrhaus), Grüß Gott ihr Mütter ihr Väter ihr Töchter ihr Söhne (Ged., 1976), Das falsche Buch (Poem, 1983), Der faule Strick (Tageb., 1987), Sage (Ged., 1988), OB (Ged., 1991), Luftstreiche. Ein Buch der Fragen (1994).

Wu Jingzi, chin. Literat, ↑Wu Ching-tzu.

Wulff, Johannes [dän. vul'f], * Kopenhagen 11. Jan. 1902, † Værløse bei Kopenhagen 29. Dez. 1980, dän. Schriftsteller. – Lyriker und Erzähler mit Neigung zur Selbstironie, einer pantheistisch gefärbten Frömmigkeit und Mitleid mit den Menschen. **Werke:** Die Katze, die Fieber bekam (R., 1952, dt. 1957), Fjerne år (Erinnerungen, 1960), Student i alverden (autobiograph. R., 1968), Smiler du lidt endnu (Ged., 1976), Det er i øjnene det sker (Ged., 1978). **Ausgabe:** J. W. Udvalgte digte. Kopenhagen 1972.

Wulfila, westgot. arian. Bischof, † Ulfilas.

Wulfstan, † York 28. Mai 1023, engl. Bischof und Prosaist. – War von der Benediktinerreform geprägt; 1002–23 Erzbischof von York. Seine Predigten, darunter ›Sermo lupi ad Anglos‹ (1014), ein Aufruf zur Buße angesichts der Schrekken der Däneninvasion, sind durch einen stark rhythmisierten und emotional beeindruckenden Stil gekennzeichnet und bilden nebst denen Ælfrics einen Höhepunkt altengl. Prosakunst. W. äußerte sich auch zur Staats- und Sozialordnung (›Institutes of polity‹) und entwarf als Berater der Könige Æthelred und Knut Gesetzestexte.
Ausgabe: The homilies of W. Hg. v. D. BETHURUM. Oxford 1957.

Wunderer, Der, anonymes Heldenepos des 15. Jh., erzählt die Geschichte von der Erschlagung des ›wilden Wunderers‹, der die Dame Saelde jagt, durch den jungen Dietrich von Bern am Hof Etzels. Erhalten sind eine stroph. Fassung (Handschrift von 1472, 2 Drucke) und Fragmente einer Reimpaarfassung; die Verwendung als Fastnachtsspiel dokumentiert die Beliebtheit der Dietrichabenteuer im späten Mittelalter.
Ausgabe: Le W. Faksimileausg. v. 1503. Hg. v. G. ZINK. Paris 1949.
Literatur: HEINZLE, J.: Mhd. Dietrichepik. Zü. u. Mchn. 1978.

Wünsche, Konrad, * Zwickau 25. Febr. 1928, dt. Schriftsteller. – Lebt als Hochschullehrer in Berlin. Schreibt gesellschaftskrit., z. T. experimentelle, dem absurden Theater nahestehende Stücke mit symbol. Elementen, eher wort- als handlungsreich; auch Hörspiele und Lyrik sowie pädagog. Werke.
Werke: Über den Gartenzaun (Einakter, 1962), Vor der Klagemauer (Einakter, 1962), Schemen entsprechend (Ged., 1963), Les Adieux oder Die Schlacht bei Stötteritz (Dr., UA 1964), Der Unbelehrbare (Dr., 1964), Jerusalem, Jerusalem (Dr., 1966), Gegendemonstration (Hsp., 1967), Dramaturg. Kommandos (Dr., 1971), Die Wirklichkeit des Hauptschülers (Sachb., 1972), Der Volksschullehrer Ludwig Wittgenstein (Biogr., 1985), Bauhaus. Versuche, das Leben zu ordnen (1989).

Wuolijoki, Hella [finn. 'vuɔlijɔki], geb. Murrik, Pseudonyme Juhani Tervapää, Felix Tuli, * Helme (Estland) 22. Juli 1886, † Helsinki 2. Febr. 1954, finn. Schriftstellerin estn. Herkunft. – Studierte in Dorpat und Helsinki; heiratete einen finn. Gutsbesitzer; 1945–49 Intendantin des finn. Rundfunks, 1946–48 kommunist. Abgeordnete im Reichstag. Schrieb bühnenwirksame Komödien und Schauspiele mit sozialen Tendenzen, in denen sie den Zerfall der bäuerl. Gesellschaft beim Eindringen der neuen Zeit zeigt; auch Romane und eine autobiograph. Trilogie (1945–53).
Werke: Die Frauen auf Niskavuori (Dr., 1936, dt. 1937), Juurakon Hulda (= Hulda aus Juurakko, Kom., 1937), Gegengift (Kom., 1939, dt. 1942), Das Brot von Niskavuori (Dr., 1939, dt. 1939), Iso-Heikkilän isäntä ja hänen renkinsä Kalle (= Der Herr von Iso-Heikkilä und sein Knecht Kalle, Dr., entst. 1940/41 in Zusammenarbeit mit B. Brecht, erschienen 1946; Vorlage für Brechts Stück Herr Puntila und sein Knecht Matti), Und ich war nicht Gefangene (Memoiren, Skizzen, Briefe, dt. Ausw. 1986).

Würfeltexte, Texte, bei deren Herstellung Auswahl und Reihenfolge der Wörter zufällig mit Hilfe von Würfeln bestimmt werden. Zu ihrer Bewertung ist wichtig, welche Bedeutung ihre Hersteller dem Zufall beimessen (Sprachspiel, Unsinnspoesie, aber auch Sprachmystik). W. oder vergleichbare Texte und Überlegungen lassen sich im Barock nachweisen, dann v. a. in der Romantik; als literar. Gesellschaftsspiel bietet das 19. Jh. Würfelalmanache. Sinken diese Spiele alsbald zu Würfelspielen der Art ›Wer würfelt Worte‹ ab, so stehen S. Mallarmés Gedicht ›Ein Würfelwurf hebt den Zufall nicht auf‹ (1897, 2. Fassung hg. 1914, dt. 1957) und in seiner Tradition Texte der Dadaisten sowie eine Reihe konkreter Konstellationen im Zusammenhang mit einer etwa seit 1915 wiederholt geführten Diskussion über die Bedeutung des Zufalls bei der Entstehung von Kunstwerken, v. a. in der sog. Literaturrevolution und ihrer Nachfolge. – † auch Dadaismus, † experimentelle Dichtung, † Futurismus, † Spatialismus, † Surrealismus.

Wurgun (tl.: Vurgun), Samed, eigtl. S. W. Wekilow, *Juchari Salachli 12. Mai 1906, † Baku 27. Mai 1956, aserbaidschan.-sowjet. Schriftsteller. – Lehrer, studierte dann in Moskau, war anschließend in Baku tätig; veröffentlichte ab

1924 Gedichte, Poeme und Dramen; gilt als Schöpfer einer neuen poet. Schule in Aserbaidschan. Er machte sich um die Ausbildung eines modernen Stils und um die Reinigung der Sprache von Archaismen verdient.

Wurmser, André [frz. vyrm'sɛːr], *Paris 27. April 1899, †ebd. 6. April 1984, frz. Schriftsteller. – Journalist; 1947–72 Literaturkritiker von ›Les Lettres françaises‹, ab 1954 Mitarbeiter von ›L'Humanité‹; schrieb Romane, Erzählungen und Essays.

Werke: Changement de propriétaire (R., 1929), Courrier de la solitude (En., 1930), Un homme vient au monde (autobiograph. R.-Zyklus, 7 Bde., 1947–55), La comédie inhumaine (Essay, 1964; über H. de Balzac), Conseils de révision (Essays, 1972), Une fille trouvée (R., 1977), Fidèlement vôtre (Memoiren, 1979), Le théâtre des variétés (hg. 1985).

Ausgabe: A. W. Zwangsläufig imaginäre Antrittsrede meines Nachfolgers in der Académie française. Hg. v. W. SCHWARZE. Dt. Übers. v. E. RAPPUS-WEIDEMANN u. a. Bln. 1987.

Literatur: MITTÉRAND, H.: W. In: Les Cahiers naturalistes 58 (1984), S. 220.

Wurzbach-Tannenberg, Constant Ritter von, Pseudonym W. Constant, *Laibach (heute Ljubljana) 11. April 1818, †Berchtesgaden 17. Aug. 1893, österr. Schriftsteller und Lexikograph. – Bibliothekar an der Universitätsbibliothek Lemberg, ab 1849 an der Bibliothek des Innenministeriums in Wien; lebte ab 1874 in Berchtesgaden. War v. a. als Volkskundler tätig (›Die Volkslieder der Polen und Ruthenen‹, 1846; ›Sprichwörter der Polen‹, 1852; ›Histor. Wörter, Sprichwörter und Redensarten‹, 1863; ›Glimpf und Schimpf in Spruch und Wort‹, 1864, u. a.), auch bibliograph. Arbeiten; Hg. des ›Biograph. Lexikons des Kaisertums Österreich‹ (60 Bde., 1856–91), das noch heute unter der Bez. ›Der Wurzbach‹ ein vielbenutztes Nachschlagewerk ist.

Würzburg, Konrad von, mhd. Schriftsteller, †Konrad von Würzburg.

Wwedenski (tl.: Vvedenskij), Alexandr Iwanowitsch [russ. vvi'djɛnskij], *Petersburg 19. Jan. 1904, †in Haft 20. Dez. 1941, russ.-sowjet. Schriftsteller. – Lyriker, Dramatiker und Prosaist; ab 1928 auch Kinderbuchautor (v. a. Verse); 1941 verhaftet; um 1956 Rehabi-

litierung als Kinderdichter, 1987 Beginn der eigentl. Rehabilitierung; mit D. I. Charms und N. A. Sabolozki zwischen 1926 und 1930 Vertreter absurder Kunst, die damals nicht gedruckt wurde.

Werke: Minin i Požarskij (Dr., hg. 1978), Kuprijanov und Nataša (szen. Text, dt. 1986), Eine gewisse Anzahl Gespräche und zwei Gedichte (dt. 1987).

Ausgaben: A. Vvedenskij. Izbrannoe. Mchn. 1974. – A. I. Vvedenskij. Polnoe sobranie sočinenij. Ann Arbor (Mich.) 1980–84. 2 Bde.

Literatur †Charms, Daniil Iwanowitsch.

Wyatt (Wyat), Sir (seit 1537) Thomas [engl. 'waɪət], *Allington Castle bei Maidstone (Kent) 1503, □Sherborne (Dorset) 11. Okt. 1542, engl. Dichter. – Nach Studien in Cambridge im diplomat. Dienst; von Heinrich VIII. mit polit. Missionen u. a. in Italien betraut; wurde wegen seiner vormals engen Beziehungen zu Anna Boleyn in deren Prozeß verwickelt und kurze Zeit im Tower eingekerkert; später aus polit. Gründen erneut inhaftiert. W. öffnete sich in Italien der dortigen Renaissancekultur; nach dem Vorbild F. Petrarcas führte er das Sonett in die engl. Literatur ein. Melodiöser jedoch ist W.s in wechselnden Strophenformen gehaltene Liedlyrik. Außerdem schrieb er Verssatiren, z. T. nach horazischem Muster, sowie Versparaphrasen der Bußpsalmen. Veröffentlicht wurden seine Gedichte erst postum in der Anthologie ›Tottel's miscellany‹ (1557), u. a. zusammen mit denen H. Howards, des Earl of Surrey.

Ausgaben: Th. W. Collected poems. Hg. v. J. DAALDER. London u. a. 1975. – Sir Th. W. The complete poems. Hg. v. R. A. REBHOLZ. London u. a. 1981.

Literatur: MUIR, K.: The life and letters of Sir Th. W. Liverpool 1963. – HARRIER, R.: The canon of Sir Th. W.'s poetry. Cambridge (Mass.) 1975. – JENTOFT, C. W.: Sir Th. W. and Henry Howard, Earl of Surrey. A reference guide. Boston (Mass.) 1980. – FOLEY, S. M.: Sir Th. W. Boston (Mass.) 1990.

Wybicki, Józef [poln. vɨ'bitski], *Będomin bei Danzig 29. Sept. 1747, †Manieczki bei Posen 10. März 1822, poln. Politiker, Publizist, Dramatiker und Lyriker. – Schrieb 1797 das patriot. Lied ›Jeszcze Polska nie zginęła‹ (= Noch ist Polen nicht verloren), das 1926/27 und 1948 offiziell zur poln. Nationalhymne bestätigt wurde.

Literatur: ZAJEWSKI, W.: J. W. Warschau ²1983.

Wycherley, William [engl. 'wɪtʃəlɪ], *Clive bei Shrewsbury um 1640, † London 1.Jan. 1716, engl. Dramatiker. – Verbrachte in seiner Jugend mehrere Jahre in Frankreich, studierte in London Jura, fand dann zu galanten und höf. Kreisen der Restaurationszeit Zugang; war später mit dem jungen A. Pope befreundet. Seine vier Sittenkomödien (Comedies of manners) richten sich satirisch gegen gesellschaftl. Heucheleien und Konventionen der Sexualität und der Ehe; sie verbinden brillante Konstruktion mit derbdrast. Dialogen; bes. erfolgreich waren ›The gentleman dancing-master‹ (1673), ›The country wife‹ (1675) und ›The plain dealer‹ (1677, nach Molières ›Der Menschenfeind‹).

Weitere Werke: Love in a wood (Kom., 1672), Miscellany poems (Ged., 1704). Ausgaben: W. W. The complete works. Hg. v. M. SUMMERS. London 1924. 4 Bde. Nachdr. New York 1964. – The plays of W. W. Hg. v. P. HOLLAND. Cambridge u. a. 1981. Literatur: ZIMBARDO, R. A.: W.'s drama. New Haven (Conn.) u. London 1965. – ROGERS, K. M.: W. W. New York 1972. – McCARTHY, B. E.: W. W. Athens (Ohio) 1979.

Wyclif (Wycliffe, Wiclif), John [engl. 'wɪklɪf], *Spreswell bei Wycliffe-with-Thorpe (Durham) um 1320 (1326 ?), † Lutterworth (Leicestershire) 31. Dez. 1384, engl. Philosoph und Theologe. – War 1361 Pfarrer in Flyngham (Lincolnshire), zwischen 1366 und 1372 Dozent in Oxford, 1368 Pfarrer in Ludgershall (Buckinghamshire) und ab 1374 in Lutterworth. Durch Bibelstudien zu einem radikalen Verfechter des frühkirchl. Armutsideals geworden, kritisierte W. auf dieser Grundlage die Besitzkirche, v. a. deren von den Päpsten des Avignon. Exils eingeführtes Finanzsystem, und bestritt dem Papst jegl. polit. Machtanspruch. Auf Betreiben der reichen Mönchsorden verurteilte Gregor XI. 1377 einige Thesen aus W.s Schrift ›De civili dominio‹ (= Über die weltl. Herrschaft, 1376); W.s gesamte Lehre wurde erst nach seinem Tod vom Konstanzer Konzil (1415) verurteilt. Theologisch und philosophisch vertrat W. einen radikalen Augustinismus und einen extremen Realismus im Universalienstreit, er lehnte v. a. auch die Transsubstantiation ab. Mit

dem Beginn einer engl. Bibelübersetzung und der Ausbildung von Laienpredigern, den sog. Lollarden (= Unkrautsäer), rief W. eine Volksbewegung ins Leben, die jedoch schon 1381 durch einen (W. angelasteten) Bauernaufstand (Peasants' Revolt) zu Ende ging. Obwohl W.s unmittelbarer Einfluß auf das kirchl. und theolog. Geschehen seit dieser Zeit nur noch gering war, wirkten sich seine Ideen durch die Vermittlung von J. Hus und Hieronymus von Prag stark auf die Vorreformation auf dem europ. Kontinent aus.

Ausgaben: J. W. The Latin works. Hg. v. der W. Society. London 1882–1922. 36 Bde. Nachdr. Ffm. 1964, New York 1966. – W. The English works. Hg. v. F. D. MATTHEW. London ²1902. Literatur: WORKMAN, H. B.: J. W. A study of the English medieval church. Oxford 1926. 2 Bde. Nachdr. Hamden (Conn.) 1966. – DALY, L. J.: The political theory of J. W. Chicago (Ill.) 1962. – STACEY, J.: J. W. and reform. London 1964. Nachdr. New York 1979. – BENRATH, G. A.: W.s Bibelkomm. Bln. 1966. – W. in his times. Hg. v. A. KENNY. Oxford 1986.

Wygodzki, Stanisław [poln. vɨ'gɔtski], *Będzin 13. Jan. 1907, † Givataim (bei Tel Aviv) 8. Mai 1992, poln. Schriftsteller. – Zwischen den Kriegen Kommunist; z. Z. der Okkupation im Ghetto und in Auschwitz; emigrierte 1968 nach Israel; sozialkrit. Erzählungen, Romane; auch Lyriker und Publizist.

Werke: Im Kessel (E., 1948, dt. 1950), Jelonek und Sohn (R., 1951, dt. 1953), Bis zur Klarstellung (R., 1957, dt. 1969), Upalny dzień (= Ein heißer Tag, En., 1960), Człowiek z wózkiem (= Der Mann mit dem Handwagen, En., 1961), Der kleine Satan (En., dt. Ausw. 1965), Drzewo ciemności (= Baum der Dunkelheit, Ged., 1971).

Wyka, Kazimierz [poln. 'vɨka], *Krzeszowice bei Krakau 19. März 1910, † Krakau 19. Jan. 1975, poln. Kritiker und Literarhistoriker. – Ab 1948 Prof. für poln. Literatur in Krakau; Meister des Essays; Analytiker der literar. Phänomene (u. a. der Romantik): ›Pogranicze powieści‹ (= Grenzgebiet des Romans, Skizzen, 1948), ›Modernizm polski‹ (= Poln. Modernismus, entst. vor 1939, gedr. 1959, ³1977 in 2 Bden. u. d. T. ›Młoda Polska‹ [= Junges Polen]); auch bed. Erinnerungsskizzen aus den Jahren

1939–45 ›Życie na niby‹ (= Scheinbares Leben, 1957).
Literatur: K. W. Hg. v. H. MARKIEWICZ u. A. FINT. Krakau 1978.

Wyld Ospina, Carlos [span. 'u̯ild os-'pina], * Antigua Guatemala 19. Juni 1891, † Quezaltenango 18. Juni 1956, guatemaltek. Schriftsteller. – Sohn eines Engländers und einer Kolumbianerin; Journalist; Politiker; kämpfte gegen die Diktatur M. Estrada Cabreras. Suchte als einer der ersten Autoren Guatemalas spezif. Aspekte der sozialen Wirklichkeit des Landes darzustellen.
Werke: El solar de los Gonzagas (R., 1924), La tierra de las Nahuyacas (En., 1933), Pranke und Schwinge (R., 1935, dt. 1940), Los lares apagados (R., hg. 1958).

Wyle, Niklas von ['vi:lə], * Bremgarten (AG) um 1410, † wahrscheinlich Zürich nach 1478, schweizer. Humanist. – Erhielt eine sorgfältige Ausbildung in seiner Heimatstadt und in Italien; war Ratsschreiber in Nürnberg, dann in Esslingen am Neckar, 1469 Kanzler des Grafen Eberhard von Württemberg. Beziehungen zu Mechthild von Österreich auf Rottenburg, Gregor von Heimburg und Enea Silvio Piccolomini, die ihn zu Prosaübersetzungen von Schriften italien. Humanisten anregten (seit 1461 in Einzeldrucken, 1478 als Sammlung ›Translatzen‹ oder ›Teutschungen‹ erschienen), darunter u. a. Enea Silvios ›Euryalus und Lukretia‹ und G. Boccaccios ›Guiscardo und Sigismunda‹ (über die lat. Fassung L. Brunis), auch Werke von F. Petrarca u. a. Die geistvoll-differenzierte Darstellung und Erörterung von Lebensproblemen (v. a. die Liebe) steht im Mittelpunkt. In der Vorrede bringt W. eine Theorie der Übersetzung: er propagiert die Wort-zu-Wort-Übertragung, eine humanist. Konsequenz aus der Hochschätzung des Lateins.
Ausgabe: N. v. W. Translationen. Hg. v. A. VON KELLER. Stg. 1861.
Literatur: STRAUSS, B.: Der Übersetzer Nicolaus v. W. Bln. 1912. – SCHWENK, R.: Vorarbeiten zu einer Biographie des N. v. W. Göppingen 1978.

Wylie, Elinor [Hoyt] [engl. 'waɪlɪ], geb. Hoyt, * Somerville (N. J.) 7. Sept. 1885, † New York 16. Dez. 1928, amerikan. Schriftstellerin. – Heiratete in 3. Ehe 1924 W. R. Benét. Bed. Lyrikerin, von

den Metaphysical poets beeinflußt; schrieb formal strenge, oft stark gedankl., dennoch gefühlsbetonte Lyrik; ihre Romane, der stilisierten Diktion ihrer Lyrik verpflichtet, gestalten vielfach Irreal-Phantastisches.
Werke: Incidental numbers (Ged., 1912), Nets to catch the wind (Ged., 1921), Block armour (Ged., 1923), Jennifer Lorna (R., 1923), The venetian glass nephew (R., 1925), Trivial breath (Ged., 1928), One person (Ged., 1928, 1929 u. d. T. Angels and earthly creatures), Last poems (Ged., hg. 1943).
Ausgaben: E. W. Collected poems. Hg. v. W. R. BENÉT. New York 1932. – E. W. Collected prose. Hg. v. W. R. BENÉT. New York 1933.
Literatur: GRAY, TH. A.: E. W. Boston (Mass.) 1969. – OLSON, S.: E. W. A life apart. A biography. New York 1979. – FARR, J.: The life and art of E. W. Baton Rouge (La.) 1983.

Wympfeling, Jakob ['vɪmpfəlɪŋ], dt. Humanist und Theologe, ↑ Wimpfeling, Jakob.

Wynne, Ellis [engl. wɪn], * Y Lasynys bei Harlech 7. März 1671, † Llanfair 13. Juli 1734, walis. Schriftsteller. – Seine ›Gweledigaetheu y bardd cwsc‹ (= Visionen des schlafenden Barden, 1703) basieren auf zwei engl. Versionen der Satire ›Los sueños‹ des span. Dichters F. G. de Quevedo y Villegas.
Literatur: THOMAS, G.: E. W. Cardiff 1984.

Wynnytschenko (tl.: Vynnyčenko), Wolodymyr Kyrylowytsch [ukrain. ven-ne'tʃɛnkɔ], * im Gouv. Cherson 7. Aug. 1880, † Mougins (Alpes-Maritimes) 6. März 1951, ukrain. Schriftsteller und Politiker. – 1907–14 und ab 1920 Emigration. W., der als Politiker einen liberalen, humanitären Marxismus verfocht und für die nat. Selbständigkeit der Ukraine eintrat, schrieb v. a. soziale, polit. und utop. Romane, Erzählungen aus dem ukrain. Volksleben und Dramen in kraftvoller, oft humorvoller, realist. Darstellung.
Werke: Holota (= Gesindel, E., 1906), Česnist' z soboju (= Ehrlich zu sich selbst, R., 1907).

Wyschensky (tl.: Vyšens'kyj), Iwan [ukrain. 've ʃensjkej], * Sudowaja Wischnja (Gebiet Lemberg) zw. 1545 und 1550, † auf dem Athos nach 1620, ukrain. Schriftsteller. – Mönch auf dem Berg Athos; kämpfte mit Sendschreiben und Traktaten polemisch gegen den Katholizismus; berief sich auf die Strenge und

Einfachheit des altchristl. Glaubens; Meister eines kraftvoll-pathet., an rhetor. Figuren reichen, ausdrucksstarken Stils.
Ausgabe: I. Vyšens'kyj. Tvory. Kiew 1959.

Wyspiański, Stanisław [poln. vɨs-'pjaĩski], * Krakau 15. Jan. 1869, † ebd. 28. Nov. 1907, poln. Dramatiker und Maler. – Besuchte die Kunstakademie in Krakau, an der er ab 1902 Dozent war, und studierte gleichzeitig an der Univ.; setzte in Italien, Frankreich und Deutschland seine Ausbildung fort, kam mit R. Wagner und F. Nietzsche in Berührung; ab 1905 Ratsherr von Krakau, zeigte reges Interesse für das polit. Leben seiner Stadt. W. war eine hervorragende Persönlichkeit der poln. neuromant. Bewegung ↑ Junges Polen. Neben J. Słowacki ist er der bedeutendste poln. Dramatiker. Von der Kunst ausgehend, wollte er wieder ein poln. Volksbewußtsein schaffen. Er bemühte sich um eine Reform des poln. Theaters und strebte, u. a. beeinflußt von Wagner, das Gesamtkunstwerk an, eine Harmonie von musikal., maler. und poet. Elementen. Die Stoffe seiner Dramen entnahm er antiken Mythen, der poln. Geschichte und Sagenwelt. Er behandelte auch aktuelle Themen.
In seinen meist intimen, u. a. von Paul Gauguin beeinflußten Gemälden dominieren Bildnisse (zahlreiche Selbstporträts), Landschaften und Blumen. In dekorativ-monumentalen Entwürfen für Glasfenster und Wandgemälde stellte W. Themen der poln. Geschichte dar.
Werke: Die Warschauerin (Dr., 1898, dt. 1918), Protesileas und Laodamia (Dr., 1899, dt. 1933), Der Fluch (Dr., 1899, dt. 1909), Legion (Dr., 1900), Die Hochzeit (Dr., 1901, dt. 1977), Wyzwolenie (= Die Befreiung, Dr., 1903), Novembernacht (Dr., 1904, dt. 1918), Die Richter (Dr., 1907, dt. 1933).
Ausgabe: S. W. Dzieła zebrane. Krakau 1958–71. 17 Bde.
Literatur: LEMPICKA, A.: W. pisarz dramatyczny. Krakau 1973. – OKOŃSKA, A.: S. W. Warschau ²1975. – KOESTLER, N.: Strukturen des modernen ep. Theaters. S. W.s ›Teatr ogromny‹ ... Mchn. 1981.

Wyß, Johann David [vi:s], ≈ Bern 28. Mai 1743, † ebd. 11. Jan. 1818, schweizer. Schriftsteller. – Vater von Johann Rudolf W.; Pfarrer am Berner Münster; schrieb das heute noch gelesene Jugendbuch ›Der schweizer. Robinson, oder der schiffbrüchige Schweizerprediger und seine Familie‹ (2 Bde., hg. 1812/13 von Johann Rudolf W.) unter dem Einfluß der Robinsonaden mit geschickter Verbindung von abenteuerl. Zügen und belehrender Tendenz.

Wyß, Johann Rudolf [vi:s], * Bern 4. März 1781, † ebd. 21. März 1830, schweizer. Schriftsteller. – Studierte Theologie und Philosophie; wurde 1805 Prof. der Philosophie in Bern; später Tätigkeit an der Berner Stadtbibliothek; Erzähler mit Themen aus dem schweizer. Volksleben, Hg. von Volksschrifttum; Verfasser (1811) der schweizer. Hymne (bis 1961) ›Rufst du, mein Vaterland‹.
Weitere Werke: Idyllen, Volkssagen, Legenden und Erzählungen aus der Schweiz (2 Bde., 1815–22; Hg.), Reise in das Berner Oberland (2 Bde., 1816/17).
Literatur: ISCHER, R.: J. R. W. d. J. (1781–1830). Bern 1912.

Wyssozki (tl.: Vysockij), Wladimir Semjonowitsch [russ. vɨ'sotskij], * Moskau 25. Jan. 1938, † ebd. 25. Juli 1980, russ.-sowjet. Lyriker. – Spielte im Taganka-Theater, auch in Filmen; heiratete 1966 die frz. Schauspielerin Marina Vlady (* 1938); Verfasser von Gedichten und Liedern (›Nerv‹ [= Der Nerv], Ausw. 1981; ›Wolfsjagd‹, russ. und dt. 1986; ›Zerreißt mir nicht meine silbernen Saiten‹, russ. und dt. 1989), die er mit rauher Stimme, sich mit der Gitarre begleitend, vortrug. Der Wahrhaftigkeit verpflichtet, setzte er Alltägliches in Poesie und Musik um; als Idol verehrt.
Ausgabe: V. S. Vysockij. Sočinenija. Moskau 1991. 2 Bde.
Literatur: LEONIDOV, P.: V. Vysockij i drugie. New York 1983.

X Y

X, Malcolm [engl. εks], amerikan. Bürgerrechtler und Schriftsteller, ↑ Malcolm X.

Xenien, Titel einer Sammlung von Epigrammen des Martial, die vorwiegend freundschaftl. Begleitverse (meist je ein Distichon) zu (Saturnalien-)Geschenken enthält. Im Rückgriff auf diese ›Xenia‹ Martials von Goethe vorgeschlagene iron. Bez. für die von ihm und Schiller verfaßten polem. Epigramme in Monodistichen gegen andere zeitgenöss. literatur- und kunstkrit. Richtungen, die sie gemäß ihrer in den ↑ ›Horen‹ vertretenen Kunstauffassung bekämpften. Die insgesamt 926 X., z. T. aggressiv-persönlich, z. T. sentenzenhaft-philosophisch gehalten, entstanden ab Ende 1795, der größte Teil erschien im Oktober 1796 in Schillers ›Musenalmanach für das Jahr 1797‹. Sie riefen zahlreiche polem. ›Anti-X.‹ hervor (X.kampf). Als ›zahme‹ X. bezeichnete Goethe in der Ausgabe letzter Hand (1826) seine ab 1820 entstandenen besinnl. Spruchdichtungen.

Xenophanes (tl.: Xenophánēs), *Kolophon um 560, †Elea um 470, griech. Dichter und Philosoph. – Führte als Rhapsode und Wanderphilosoph ein unstetes Leben, begründete in Elea (Unteritalien) die eleat. Philosophenschule. Charakteristisch für X. ist seine in Gedichten verschiedener Form (Elegien und Hexameter, manchmal mit Jamben vermischt [z. B. die ›Silloi‹ = Spottgedichte]) vorgebrachte Kritik an Traditionen und Werten seiner Zeit. Bes. heftig greift er den Polytheismus des Volksglaubens an sowie die anthropomorphe Göttervorstellung und die Mythen, die er ›Erfindung der Vorzeit‹ nennt; Homer und Hesiod hätten den Göttern alles bei Menschen für schändlich Gehaltene angedichtet.

Literatur: LUMPE, A.: Die Philosophie des X. v. Kolophon. Diss. Mchn. 1952. – STEINMETZ, P.: X.studien. In: Rhein. Museum f. Philologie 109 (1966), S. 13. – MARINONE, N.: Lessico di Senofane. Rom 1967. Nachdr. Hildesheim 1972. – FRÄNKEL, H.: Dichtung u. Philosophie des frühen Griechentums. Mchn. ³1969. Nachdr. ebd. 1976.

Xenophon (tl.: Xenophōn), *Athen um 430, †Korinth oder Athen(?) um 354 (nach 355), griech. Geschichtsschreiber und Schriftsteller. – Wohl aus dem Ritterstand, Gegner der Demokratie, Schüler des Sokrates. 401 Teilnehmer am Feldzug Kyros' d. J. gegen Artaxerxes II., zeichnete sich X. nach der Schlacht bei Kunaxa in der Leitung des Rückzuges der führerlos gewordenen 10 000 griech. Söldner nach Trapezus aus. Danach nahm er an verschiedenen Feldzügen und im Mutterland u. a. an der Schlacht bei Koroneia teil und erhielt – aus Athen verbannt – von Sparta ein Landgut bei Skillus nahe Olympia. 371 mußte er nach Korinth fliehen; ungewiß bleibt, ob er nach Aufhebung der Verbannung (368/367?) nach Athen zurückkehrte. Sein Gesamtwerk läßt sich in vier Gruppen einteilen: 1. historische Schriften: ›Anabasis‹ (7 Bücher), ›Hellēniká‹ (= Griech. Geschichte, 7 Bücher; eine Fortsetzung des Geschichtswerkes des Thukydides von 411–362); 2. sokratische Schriften (in Gegensatz zu Platon konzipiert): ›Apomnēmoneúmata Sōkrátous‹ (= Erinnerungen an Sokrates, 4 Bücher, dt. u. d. T. ›Memorabilien‹), ›Oikonomikós‹ (= Schrift von der Hauswirtschaft), ›Apología‹ (= Verteidigung [des Sokrates]), ›Sympósion‹ (= Gastmahl); 3. politisch-eth. Schriften (über den Staat und den idealen Herrscher): ›Hiérōn Lakedaimoníōn politeía‹ (= Der Staat der Spartaner), ›Agēsílaos‹, ›Kýrou paideía‹ (= Die Erziehung des Kyros [II.], 8 Bücher; auch bekannt als ›Kyrupädie‹; ein Fürstenspiegel in Form eines histor. Romans); 4. kleine Lehrschriften über die Staatsfinanzen (für Athen gedacht), über die Reitkunst, die Jagd (?) sowie eine Anweisung für den Reiterführer. Charakteristisch für X., der in reinem Attisch schrieb, sind die Einfachheit und Menschlichkeit seiner Gedanken sowie die Klarheit seines Stils.

Xenophon

Ausgaben: Xenophontis opera omnia. Hg. v. E. C. MARCHANT. Oxford 1900–20. 5 Bde. Nachdr. ebd. ²1963–75. – X. Die sokrat. Schrr. Memorabilien, Symposion, Oikonomikos, Apologie. Dt. Übers. Hg. v. E. BUX. Stg. 1956. – X. Des Kyros Anabasis. Der Zug der Zehntausend. Dt. Übers. v. H. VRETSKA. Neuausg. Stg. 1986. – X. Hellenika. Griech. u. dt. Hg. v. G. STRASBURGER. Darmst. ²1988.
Literatur: STURZ, F. W.: Lexicon Xenophonteum. Lpz. 1801–04. 4 Bde. Nachdr. Hildesheim 1964. – MÜNSCHER, K.: X. in der griech.-röm. Lit. Lpz. 1920. – LUCCIONI, J.: Les idées politiques et sociales de Xénophon. Paris 1947. – GIGON, O.: Komm. zum ersten Buch v. X.s Memorabilien. Basel 1953. – LUCCIONI, J.: Xénophon et le socratisme. Paris 1953. – GIGON, O.: Komm. zum zweiten Buch v. X.s Memorabilien. Basel 1956. – BREITENBACH, H. R.: X. v. Athen. Mit Anhang: TREU, M.: Politeia Athēnaion (Pseudo-X.) v. M. TREU. Stg. 1966. – STRAUSS, L.: X.'s Socrates. Ithaca (N. Y.) 1972. – NICKEL, R.: X. Darmst. 1979. – HIRSCH, S. W.: The friendship of the barbarians. X. and the Persian empire. Hanover (Mass.) 1985.

Xenophon von Ephesos (tl.: Xenophōn), griech. Schriftsteller wohl des 2. Jh. n. Chr. – Erhalten ist der Roman ›Ephesiaká‹ (= Ephes. Geschichten, 5 Bücher [eine Epitome aus ursprünglich 10 ?]), die Liebesgeschichte von Antheia und Habrokomes.

Ausgaben: X. v. E. Die Waffen des Eros oder Anthia u. Habrokomas. Dt. Übers. u. Einl. v. B. KYTZLER. Bln. 1968.

Xenopulos, Gregorios, * Konstantinopel (heute Istanbul) 9. Dez. 1867, † Athen 14. Jan. 1951, neugriech. Schriftsteller, Dramatiker und Literaturkritiker. – Sein literar. Ruf festigte sich durch die von ihm begründeten Periodika ›Anaplasis tōn paidōn‹ (= Aufrichtung der Jugend) und ›Nea Hestia‹, der noch heute führenden Literaturzeitschrift Griechenlands.
Werke: Margarita Stepha (R., 1893), Phōtinē Santrē (Dr., 1908), Stella Violantē (Dr., 1909), Ho peirasmos (= Die Versuchung, Kom., 1910), Psychosabbato (= Allerseelen, Dr., 1911), Ho kokkinos brachos (= Der Rote Fels, R., 1915), Hē timē tu adelphū (= Die Ehre des Bruders, Dr., 1916), Ho popolaros (= Der Popolaros, En., 1919), Petries ston hēlio (= Steinwürfe auf die Sonne, En., 1919), Plusioi kai phtōchoi (= Reiche und Arme, R., 1920), Teresa Varma Dakosta (R., 1926), Timioi kai atimoi (= Ehrenhafte und Ehrlose, R., 1926), Tycheroi kai atychoi (= Glückl. und Unglückl., R., 1927), Ho katēphoros (= Der Abstieg, R., 1928), Athanasia (= Unsterblichkeit, En., 1945).
Ausgaben: G. X. Hapanta, Theater. Athen 1913–45. 4 Bde. – G. X. Hapanta. Athen 1958 bis 1971. 11 Bde.

Xiao Jian, chin. Schriftsteller, † Hsiao Chien.

Xun Zi, chin. Schriftensammlung, † Hsün Tzu.

Xu Zhimo, chin. Dichter, † Hsü Chihmo.

Yacine, Kateb [frz. ja'sin], alger. Schriftsteller, † Kateb, Yacine.

Yahya Kemal Beyatlı, türk. Dichter, † Beyatlı, Yahya Kemal.

Yajurveda † Veda.

Yakup Kadri Karaosmanoğlu, türk. Schriftsteller, † Karaosmanoğlu, Yakup Kadri.

Yamamoto, Yūzō, jap. Schriftsteller, † Jamamoto, Juso.

Yáñez, Agustín [span. 'janes], * Guadalajara 4. Mai 1904, † Mexiko 17. Jan. 1980, mex. Schriftsteller und Politiker. – War u. a. 1953–59 Gouverneur von Jalisco und 1964–70 Erziehungsminister. Trat als Autor von Erzählungen und Romanen sowie literatur- und allgemeingeistesgeschichtl. Essays hervor; Hauptthemen seines erzählenden Werkes, das

sich ebenso durch virtuose Handhabung
moderner Erzähltechniken wie lyrisch-
transparente Sprache auszeichnet, sind
Geschichte, Lebensformen und Verhältnisse seines Heimatstaates Jalisco.

Werke: Archipiélago de mujeres (En., 1943), Al
filo del agua (R., 1947), La tierra pródiga (R.,
1960), Las tierras flacas (R., 1962), Los sentidos
al aire (En., 1966), La ladera dorada (En., 1978).
Literatur: CONANT, L. M. VAN: A. Y., intérprete
de la novela mexicana moderna. Mexiko
1969. – FLASHER, J. J.: México contemporáneo
en las novelas de A. Y. Mexiko 1969. – Homenaje a A. Y. Hg. v. H. F. GIACOMAN. New York
1973. – SCHIEFER, P.: Zum Geschichtsbild in den
Romanen von A. Y. Ffm. u. a. 1986.

Yang Hsiung (Yang Xiong) [chin.
iaŋɕiʊŋ], *Ch'eng-tu (Szetschuan) 53
v. Chr., † 18 n. Chr., chin. Literat und Philosoph. – Nahm sich in Schriften wie
›Fa-yen‹ (= Worte strenger Ermahnung)
und ›T'ai-hsüan ching‹ (= Leitfaden in
das Große Dunkle) klass. Schriften wie
das ›I-ching‹ oder die ›Gespräche‹ des
Konfuzius zum Vorbild. Konfuzianisch
geprägt, nehmen sie taoist. Denkansätze
auf und schaffen eine neue Theorie über
die Zusammenhänge zwischen Kosmos
und Menschenwelt; schrieb auch histor.
und philolog. Werke und Prosagedichte
in der Art des Ssu-ma Hsiang-ju.

Ausgabe: Yang Hsiung's Fa-yen: Worte strenger Ermahnung. Dt. Übers. v. E. VON ZACH.
Batavia 1939. Neuausg. San Francisco (Calif.)
1976.
Literatur: KNECHTGES, D. R.: The Han rhaps-
ody. A study of the Fu of Yang Hsiung, 53 B.C.
Cambridge u. New York 1976.

Yang Xiong, chin. Literat und Philosoph, ↑ Yang Hsiung.

Yaşar Kemal [türk. jaˈʃar kɛˈmal],
eigtl. K. Sadık Gökçeli, *Hemite-Gök-
çeli (Verw.-Geb. Adana, Anatolien) 1922,
türk. Schriftsteller. – Begann mit Lyrik,
schrieb dann realist. Romane und Erzählungen, in denen er das Landleben des
südöstl. Anatolien schildert; gilt als einer
der bedeutendsten türk. Realisten der
Gegenwart, in dessen Werk folklorist.
und sozialkrit. Elemente bestimmend
sind. International bekannt wurde v. a.
die Romantetralogie über den Räuber
İnce Memed und seinen Kampf gegen
die Großgrundbesitzer (Bd. 1 ›Memed,
mein Falke‹, 1955, dt. 1965, 1960 u. d. T.
›İnce Memed‹; Bd. 2 ›Die Disteln bren-

Yaşar Kemal

nen‹, 1969, dt. 1987; Bd. 3 ›Das Reich der
Vierzig Augen‹, 1984, dt. 1993; Bd. 4
›İnce Memed 4‹, 1987). Erfolgreich war
auch die ›Anatol. Trilogie‹ über die Wan-
derung der Landbevölkerung vom Tau-
rus zu den Baumwollpflanzungen (›Der
Wind aus der Ebene‹, 1960, dt. 1985;
›Eisenerde, Kupferhimmel‹, 1963, dt.
1986; ›Das Unsterblichkeitskraut‹, 1968,
dt. 1986). Ferner erschienen auf deutsch
›Anatolischer Reis‹ (E., 1955, dt. 1962),
›Gelbe Hitze‹ (En., 1959, dt. 1982), ›Die
Ararat-Legende‹ (1970, dt. 1981), ›Das
Lied der tausend Stiere‹ (R., 1971, dt.
1979), ›Auch die Vögel sind fort‹ (R.,
1978, dt. 1984).

Yavuz, Hilmi [türk. jaˈvuz], *İstanbul
1936, türk. Lyriker. – Experimentiert in
seinen Gedichten mit der Sprache, auch
den überkommenen Elementen der osman. Dichtung, wobei der Inhalt seiner
Lyrik in Kontrast zu sozialutop. Akzen-
ten steht.

Werke: Bedrettin üzerine şiirler (= Gedichte
über Bedrettin, 1975), Doğu şiirleri (= Gedichte
des Ostens, 1977), Yaz şiirleri (= Sommer-
gedichte, 1981).

Yeats, William Butler [engl. jeɪts],
*Sandymount (Dublin) 13. Juni 1865,
† Roquebrune-Cap-Martin (bei Nizza)
28. Jan. 1939, ir. Dichter. – Sohn eines
Kunstmalers; empfing wichtige Jugend-
eindrücke im westir. Sligo; nach einem
Kunststudium in Dublin fand er Verbin-
dung zu Londoner Literatenkreisen des
Fin de siècle und zur Dichtung des frz.
Symbolismus; setzte sich für die Förde-
rung der englischsprachigen Literatur
Irlands und die Bewahrung kelt. Kultur-

erbes ein. 1899 gründete er mit Lady I. A. Gregory und E. Martyn das Irish Literary Theatre, aus dem das Abbey Theatre hervorging, das er fortan leitete, für das er eigene Stücke schrieb und für das er J. M. Synge und später S. O'Casey gewann; hatte okkultist. Interessen, die er mit seiner Frau Georgie Hyde-Lees (∞ 1917) teilte; war 1922–28 Mitglied des ir. Senats. 1923 erhielt er den Nobelpreis für Literatur. – Y. gilt als der herausragendste englischsprachige Dichter seiner Zeit. Von den Präraffaeliten und der Dekadenz des späten 19. Jh. ausgehend, fand er über das Studium kelt. Mythen (Niederschlag u. a. in ›The Celtic twilight‹, Essays, 1893) und unter dem Eindruck sowohl zeitgenöss. Dichter (P. Verlaine, Ch. Baudelaire) als auch der visionären Romantik W. Blakes (dessen Gedichte er 1893 herausgab) zu einer nationalir., myst. und oft symbolist. Lyrik, die sich in seinen späten Bänden wie ›Der Turm‹ (Ged., 1928, dt. 1958) und ›Die Wendeltreppe‹ (Ged., 1929, dt. 1970) am reifsten ausprägte. Seine Versdramen, zunächst über nat. Themen und z. T. für die von ihm verehrte ir. Revolutionärin Maud Gonne geschrieben (u. a. ›Gräfin Cathleen‹, Dr., 1892, revidiert 1912, dt. 1925; ›Cathleen ni Houlihan‹, Dr., 1902, dt. 1933; ›Deirdre‹, Dr., 1907, dt. 1933), später am jap. No-Spiel orientiert (z. B. ›Four plays for dancers‹, Dramen, 1921), trugen zur Erneuerung einer poet. Dramatik bei. Y.' autobiographische Schriften (›Autobiographies‹, 1926; ›Dramatis personae‹, 1935) geben Einblick in die seiner Dichtung zugrundeliegenden Denkweisen.

Weitere Werke: The wanderings of Oisin and other poems (Ged., 1889), Das Land der Sehnsucht (Dr., 1894, dt. 1911), Die chymische Rose (En., 1897, dt. 1927), The wind among the reeds (Ged., 1899), Die schattigen Wasser (Dr., 1900, dt. 1933), Die Schwelle des Königs. Der Strand von Baile (Dramen, 1904, dt. 1934/35), Das Einhorn von den Sternen (Dr., 1908, dt. 1933), Das Stundenglas (Dr., 1913, dt. 1933), Der Kater und der Mond (Spiel, 1924, dt. 1972), Words for music perhaps (Ged., 1932), Collected poems (Ged., 1933, revidierte Ausg. 1950), Last poems and two plays (Ged., Dramen, 1939).
Ausgaben: W. B. Y. Autobiographies. London 1955. – W. B. Y. The Variorum edition of the poems. Hg. v. P. ALLT u. R. K. ALSPACH. London u. a. 1957. – W. B. Y. Gedichte. Dt. Übers. Nachw. v. H. E. HERLITSCHKA. Zü. 1958. – W. B. Y. Mythologies. London u. New York 1959. – W. B. Y. The Variorum edition of the plays. Hg. v. R. K. u. C. C. ALSPACH. London u. a. 1966. – W. B. Y. Werke. Hg. v. W. VORDTRIEDE. Dt. Übers. Nw. u. Darmst. 1970–73. 6 Bde. – The collected letters of W. B. Y. Hg. v. J. KELLY. Oxford 1986 ff. Auf mehrere Bde. berechnet.
Literatur: HONE, J. M.: W. B. Y. 1865–1939. New York ²1962. – KLEINSTÜCK, J.: W. B. Y. oder Der Dichter in der modernen Welt. Hamb. 1963. – JEFFARES, A. N.: A commentary to the collected poems of W. B. Y. London 1968. – GENET, J.: W. B. Y. Les fondements et l'évolution de la création poétique. Lille 1976. – TAYLOR, R.: The drama of W. B. Y. New Haven (Conn.) 1976. – JOCHUM, K. P. S.: W. B. Y. A classified bibliography of criticism. Champaign (Ill.) u. Folkstone 1978. – ELLMANN, R.: Y., the man and the masks. London ²1979. – BUSHRUI, S. B.: An international companion to W. B. Y. Gerards Cross 1986. – FLETCHER, I.: W. B. Y. and his contemporaries. Brighton 1987. – JEFFARES, A. N.: W. B. Y. A new biography. London 1990.

Yellow Book, The [engl. ðə 'jɛloʊ 'bʊk], engl. illustriertes Periodikum für Literatur und Kunst, das 1894–95 vierteljährlich erschien (insgesamt 13 Bände). Herausgegeben von H. Harland und anfangs von A. Beardsley künstlerisch betreut, artikulierte das Y. B. kühn und aufsehenerregend den Ästhetizismus und die Umbruchstimmung des Fin de siècle. Zu seinen Autoren gehörten u. a. M. Beerbohm, A. Bennett, E. Ch. Dowson, E. W. Gosse, H. James und Frederick William Rolfe (* 1860, † 1913).
Literatur: MIX, K. L.: A study in yellow. The Y. B. and its contributors. Lawrence (Kans.) 1960. Nachdr. Westport (Conn.) 1969.

Yen Yü (Yan Yu) [chin. i̯æny], chin. Dichter um 1200. – Sein Hauptwerk

William Butler Yeats

›Ts'ang-lang shih-hua‹ (= Ts'ang-langs Gespräche über die Dichtung) ist ein Musterbeispiel für die Schriften zur Poetik, die seit der ›intellektuell-reflektierenden‹ Sung-Zeit die chin. Dichtkunst begleiten. Es steht in der Nachfolge von Liu Hsiehs ›Wen-hsin tiao-lung‹.

Ausgabe: DEBON, G.: Ts'ang-lang's Gespräche über die Dichtung. Ein Beitr. zur chin. Poetik. Habil. Wsb. 1962.

Yepes Álvarez, Juan de [span. 'jepes 'alβarεθ] (J. de Y. y Á.), span. Mystiker, Kirchenlehrer und Dichter, †Juan de la Cruz.

Yerby, Frank [Garvin] [engl. 'jɜ:bɪ], * Augusta (Ga.) 5. Sept. 1916, † Madrid 29. Nov. 1991, amerikan. Schriftsteller. – Schrieb erfolgreiche unterhaltende, meist histor. Romane, v. a. über das Leben weißer Südstaatler aus der Sicht der Schwarzen; lebte ab 1959 in Madrid.

Werke: Eine Welt zu Füßen (R., 1946, dt. 1950), Louisiana-Fieber (R., 1947, dt. 1953), Pirat und Gentleman (R., 1948, dt. 1951), Ich kaufe New York (R., 1949, dt. 1949), Des Teufels Gelächter (R., 1953, dt. 1954), Die Rebellin (R., 1954, dt. 1956), Kapitän Rebell (R., 1956, dt. 1957, 1978 u. d. T. Ein Gentleman aus New Orleans), Die Ehre der Garfields (R., 1961, dt. 1962), Ein Buch von Heiligkeit (R., 1964, dt. 1967), Bocksgesang (R., 1967, dt. 1971), Die Reise zu Simone (R., 1974, dt. 1975), Eine Rose für Ana María (R., 1976, dt. 1977), Costa Verde (R., 1978, dt. 1979), Mississippi-Story (R., 1979, dt. 1981), Western (R., 1982, dt. 1983), Teufelssaat (R., 1984, dt. 1984), Virginia-Love (R., 1985, dt. 1987).

Literatur: NYE, R. B.: The unembarrassed muse. New York ²1971.

Ye Shao-chün (Ye Shaojun) [chin. iεʃaud̠zʏn], auch Ye Sheng-t'ao, Ye Shentschou (Kiangsu) 28. Okt. 1894, †1988, chin. Schriftsteller. – Nach einem Leben als Lehrer und Journalist in den 20er und 30er Jahren nach 1949 Kulturbürokrat geworden, versiegte sein literar. Schaffen. Seine Erzählungen und sein einziger Roman ›Ni Huanchih‹ (1929, dt. 1962 u. d. T. ›Die Flut des Tjiäntang‹) waren von eigenen berufl. Erfahrungen geprägt. Beliebt wurden v. a. seine Kindergeschichten, die 1961 ins Englische übersetzt wurden.

Yezierska, Anzia [engl. jɪz'jɪəskə], * Plinsk (heute Rußland) um 1885, †Ontario (Calif.) 21. Nov. 1970, amerikan. Schriftstellerin russ. Herkunft. – Wanderte um 1900 mit ihren Eltern nach den USA aus; 1912 naturalisiert. In ihren realist., z. T. autobiograph. Erzählungen behandelte sie v. a. das Schicksal der in Osteuropa verfolgten Juden und die Schwierigkeit bei der kulturellen Anpassung in der Neuen Welt aus der Sicht der Frau.

Werke: Hungry hearts (En., 1920), Salome of the tenements (R., 1923), Children of loneliness (En., 1923), Bread givers (R., 1925), Arrogant beggar (R., 1927), All I could never be (R., 1932), Red ribbon on a white horse (Autobiogr., 1950).

Ausgabe: The open cage. An A. Y. collection. Hg. v. A. KESSLER HARRIS. New York 1979.

Literatur: SCHOEN, C.: A. Y. Boston (Mass.) 1982.

Yijing, eines der fünf ›klass.‹ Werke des Konfuzianismus in der chin. Literatur, †I-ching.

Yıldız, Bekir [türk. jil'diz], * Harran (Prov. Urfa, Anatolien) 3. März 1933, türk. Erzähler. – Veröffentlicht seit 1966 Romane und Erzählungen, in denen er v. a. seine Erfahrungen als ausländ. Arbeitnehmer in der BR Deutschland (1962–66) zum Thema macht.

Werke: Türkler Almanya'da (= Türken in Deutschland, R., 1966), Reşo Ağa (En., 1966), Topkapı–Harran einfach. Erzählung, Reportage (1972, dt. 1983), Alman Ekmeği (= Dt. Brot, En., 1974).

Yonge, Charlotte Mary [engl. jʌŋ], * Otterbourne (Hampshire) 11. Aug. 1823, † ebd. 24. März 1901, engl. Schriftstellerin. – Lebte zurückgezogen, religiös dem Oxford Movement nahestehend, in ihrem Heimatdorf und schrieb etwa 100, zu ihrer Zeit sehr populäre Romane mit konservativen, oft sentimentalen Darstellungen viktorian. Familientugenden; erfolgreich waren ›Der Erbe von Redclyffe‹ (R., 1853, dt. 1860), ›Die Maßliebchenkette‹ (R., 1856, dt. 1866), ›Die junge Stiefmutter‹ (R., 1861, dt. 1863), ›Die Säulen des Hauses‹ (R., 1873, dt. 1874). Außerdem verfaßte Y. zahlreiche Jugendbücher und religiöse Traktate und gab 40 Jahre lang eine Mädchenzeitschrift heraus.

Literatur: MARE, M./PERCIVAL, A. C.: Victorian bestseller. The world of Ch. M. Y. London 1947.

Yorke, Henry Vincent [engl. jɔ:k], engl. Schriftsteller, †Green, Henry.

Yosa Buson (Yosa no Buson), jap. Dichter, †Josa Buson.

Yosano, Akiko, jap. Dichterin, ↑Josano, Akiko.

Yosano, Tekkan, jap. Dichter, ↑Josano, Tekkan.

Yoshida Kenkō, jap. Schriftstellerin, ↑Joschida Kenko.

Young, Andrew [engl. jʌŋ], * Elgin 29. April 1885, † Yapton (bei Arundel) 25. Nov. 1971, schott. Lyriker. – Wurde nach dem Studium in Edinburgh 1912 schottisch-freikirchl., später anglikan. Geistlicher. Er ist v. a. durch formklare, schlicht-prägnante, religiös-meditative Naturlyrik und durch die visionäre Dichtung ›Out of the world and back‹ (1958) bekannt. Außerdem verfaßte er das Versdrama ›Nicodemus‹ (1937) sowie mehrere Bände botan. und topograph. Essays.
Ausgabe: A. Y. Complete poems. Hg. v. L. CLARK. London 1974.
Literatur: CLARK, L.: A. Y. London 1964.

Young, Edward [engl. jʌŋ], ≈ Upham (Hampshire) 3. Juli 1683, † Welwyn (Hertfordshire) 5. April 1765, engl. Dichter. – Jurist, ab 1727 anglikan. Geistlicher. Sein poet. Schaffen, das Verssatiren im Geist der Aufklärung, geistl. Dichtungen, Dramen (u. a. ›The revenge‹, Trag., 1719) u. a. Werke unterschiedl. literar. Niveaus umfaßt, fand seinen Höhepunkt in den ›Klagen oder Nachtgedanken über Leben, Tod und Unsterblichkeit ...‹ (9 Tle., 1742–45, dt. 2 Bde., 1760/61), einer autobiographisch motivierten (Tod seiner Frau) umfangreichen Blankversdichtung, die durch den der zeitgenöss. Dichtung unbekannten, gefühlvoll-eleg., dabei meditativen rhetor. Ausdruck sofort berühmt wurde. Y., der sich auch theoretisch für die Aufwertung des spontanen, intuitiven Dichtens einsetzte (›Gedanken über die Originalwerke ...‹, 1759, dt. 1760), hatte bes. in Deutschland großen Einfluß, v. a. auf F. G. Klopstock, den Sturm und Drang und die Romantik.
Ausgaben: E. Y. The complete works, poetry and prose. Hg. v. J. DOVAN u. J. NICHOLS. London 1854. 2 Bde. Nachdr. Hildesheim 1969 (mit Biogr.). – E. Y. Night thoughts. Hg. v. S. CORNFORD. Cambridge 1989.
Literatur: KÖNIG, E.: E. Y. Versuch einer gedankl. Interpretation auf Grund der Frühwerke. Bern u. Mchn. 1954. – BLISS, I. S.: E. Y. New York 1969. – FORSTER, H.: E. Y. Alburgh 1986.

Edward Young

Young, Francis Brett [engl. jʌŋ], * Halesowen (Hereford and Worcester) 29. Juni 1884, † Kapstadt 28. März 1954, engl. Schriftsteller. – Arzt; ging nach dem 2. Weltkrieg nach Südafrika; schrieb spannende [Afrika]romane, die sich durch psychologisch vertiefte Charakterdarstellung auszeichnen, sowie andere Prosawerke über südafrikan. Themen, auch Gedichte; sein Werk gibt seinem pessimistisch-trag. Lebensgefühl Ausdruck.
Werke: Der junge Arzt (R., 1919, dt. 1953), Der schwarze Diamant (R., 1921, dt. 1930), Pilgers Rast (R., 1922, dt. 1928), Brandung (R., 1925, dt. 1928), Claire (R., 1927, dt. 1950), Mein Bruder Jonathan (R., 1928, dt. 1949), Schwarze Rosen (R., 1929, dt. 1951), Jim Redlake (R., 1930, dt. 1954), Das Haus unter Wasser (R., 1932, dt. 1951), Eine engl. Rhapsodie (R., 1934, dt. 1952), Die Stadt des Goldes (R., 1939, dt. 1943), Mann im Haus (R., 1942, dt. 1944), In South Africa (Essays, 1952).
Literatur: YOUNG, J. B.: F. B. Y. London 1962.

Yourcenar, Marguerite [frz. jursa-'na:r], eigtl. M. de Crayencour, * Brüssel 8. Juni 1903, † Mount Desert Island (Maine) 18. Dez. 1987, frz.-amerikan. Schriftstellerin. – Lehrte frz. Literatur am Sarah Lawrence College in New York; 1947 amerikan., seit 1980 auch wieder frz. Staatsbürgerin. Erneuerte mit ihren psychologisch fundierten Romanen, die in Stoff und Gehalt v. a. von der Antike geprägt sind und im Stil G. Flauberts Sachlichkeit anstreben, den frz. histor. Roman; am bekanntesten wurde ›Ich zähmte die Wölfin‹ (1951, dt. 1953), die imaginären Memoiren des röm. Kaisers Hadrian. Die Geschichte ihrer Familie ist Gegenstand des Werkes ›Le labyrinthe du monde‹ (Bd. 1: ›Gedenkbilder‹, 1973, dt. 1984; Bd. 2: ›Lebensquellen‹, 1977, dt. 1985; Bd. 3: ›Liebesläufe‹, hg. 1988, dt. 1989). Schrieb auch Essays, Dramen, Lyrik; bed. Übersetzerin (V. Woolf, H. James u.a.). Erhielt u.a. 1977 den Großen Literaturpreis der Académie française; wurde 1980 als erste Frau Mitglied der Académie française.

Marguerite
Yourcenar

Weitere Werke: Alexis oder Der vergebl. Kampf (R., 1929, dt. 1956), La nouvelle Eurydice (R., 1931), Pindare (Biogr., 1932), Eine Münze in neun Händen (R., 1934, dt. 1987), Les songes et les sorts (R., 1938), Oriental. Erzählungen (1938, erweitert 1963, dt. 1964), Der Fangschuß (R., 1939, dt. 1968), Électre ou la chute des masques (Dr., 1954), Die schwarze Flamme (R., 1968, dt. 1969; Prix Femina 1968), Théâtre (2 Bde., 1971), Fleuve profond, sombre rivière (Ged., 1974), Mishima oder die Vision der Leere (Essay, 1981, dt. 1985), Comme l'eau qui coule (En., 1982), Le temps, ce grand sculpteur (Essays, 1983), Un homme obscur. Une belle matinée (En., 1985), En pèlerin et en étranger (Essays, 1989).
Literatur: BLOT, J.: M. Y. Paris 1980. – SPENCER-NOËL, G.: Zénon ou le thème de l'alchimie dans ›L'œuvre au noir‹ de M. Y. Paris 1981. – FARRELL, C. F./FARRELL, E. R.: M. Y. in counterpoint. Lanham u. London 1983. – Recherches sur l'œuvre de M. Y. Hg. v. H. HILLENAAR. Leiden 1983. – ORMESSON, JEAN D': Wie fad wäre es gewesen, glücklich zu sein. Über M. Y. Mchn. u. Wien 1984. – HORN, P. L.: M. Y. Boston (Mass.) 1985. – JACQUEMIN, G.: M. Y. Lyon 1985. – M. Y., une écriture de la mémoire. Hg. v. D. LEUWERS u. J.-P. CASTELLANI. Marseille 1990. – SAVIGNEAU, J.: M. Y. Die Erfindung eines Lebens. Dt. Übers. Mchn. u.a. 1993.

Ysopet (Isopet) [frz. izɔ'pɛ], Bez. für die sich auf Äsop berufenden altfrz. Tierfabelsammlungen des 12.–14.Jh., die

zum größten Teil auf lat. Bearbeitungen in Vers oder Prosa des sog. ›Romulus‹, einer zwischen 350 und 500 entstandenen Fabelsammlung in Prosa, zurückgehen. Der von einem gewissen Walter von England in lat. Distichen übertragene ›Romulus Neveleti‹ (auch ›Anonymus Neveleti‹, 12.Jh.) wurde dreimal ins Französische übersetzt (›Y. de Lyon‹, ›Y. I-Avionnet de Paris‹ [mit 19 Fabeln des Avianus], ›Y. III de Paris‹), der ›Romulus‹ oder ›Novus Aesopus‹ in Prosa des Alexander Neckam (13.Jh.) zweimal (›Y. II de Paris‹, ›Y. de Chartres‹ [mit zwei Fabeln des Avianus]). Literarisch am bedeutendsten ist die Fabelsammlung ›Ésope‹ (um 1180) der Marie de France nach einer heute verschollenen engl. Übersetzung des anglolat. ›Romulus Nilantii‹.
Ausgabe: Recueil général des Isopets. Hg. v. J. BASTIN. Paris 1929–30. 2 Bde.
Literatur: GRUBMÜLLER, K.: Meister Esopus. Unterss. zu Gesch. u. Funktion der Fabel im MA. Mchn. 1977. – RUELLE, P.: Notes sur le lexique des ›Isopets‹. In: Romania 101 (1980), S. 51. – OWEN, J. E. B.: The ›Isopets‹. Their sources, originality and their contribution to medieval didactic literature. Diss. University of Colorado Boulder 1982.

Yüan Mei (Yuan Mei) [chin. ẏænmɛi], * Chien-t'ang (Tschekiang) 1716, † 1798, chin. Literat. – Sich schon jung von Amtspflichten lösend, versammelte er auf seinem Landsitz bei Nanking talentierte Schüler um sich und genoß das Leben. In der Novellensammlung ›Tzu pu yü‹ (= Wovon der Meister nicht sprach, 1781) ironisiert er des Konfuzius vermeintl. Morallehren und ergänzt dessen Gespräche durch lebensnähere Erzählungen. Auch in Gedichten und Essays wandte er sich gegen traditionelle literar. und soziale Normen.
Literatur: WALEY, A.: Yuan Mei, 18th century Chinese poet. London 1956.

Yu Dafu, chin. Schriftsteller, ↑ Yü Tafu.

Yun Sondo, * 25. Juli 1587, † 16. Juli 1671, korean. Dichter. – Hofbeamter. In seinem Werk ›Kosan yugo‹ (= Nachgelassene Schriften des Kosan), das 75 Gedichte im ›Sijo-Stil‹ (↑ koreanische Literatur) enthält und in fünf inhaltlich in sich geschlossene Gedichtzyklen gegliedert ist, besingt der durch Hofintrigen in die Einsamkeit der Berge (daher sein Dichtername ›Kosan‹ = einsamer Berg) verbannte und zur Untätigkeit verurteilte Dichter die Natur als seinen wahren, treuen Freund. Den Sinn seines an schmerzvollen Erfahrungen reichen Lebens erfährt er im innersten Wesen der Natur, die zur wahren Freiheit und echten Menschlichkeit führt.

Ausgabe: LEE, P. H., u.a.: Kranich am Meer. Korean. Gedichte. Mchn. 1959.

Yunus Emre [türk. i̯u'nus ɛm'rɛ], * Sariköy (Anatolien) um 1320, türk. Dichter. – Über sein Leben gibt es wenig gesicherte Angaben. Legendenhafter Überlieferung zufolge ist er als wandernder Derwisch bis nach Syrien und Aserbaidschan gekommen und hielt sich einige Zeit in Konya, dem Zentrum des türk. Sufismus, auf, wo er mit Dschalal od-Din Rumi bekannt geworden sein soll. Gilt als bedeutendster Dichter der volkstüml. türk. Mystik, der er in schlichter Form und Sprache, dennoch mit stärkster gedankl. Tiefe Ausdruck verlieh. Bis heute übt seine Dichtung eine große Wirkung auf die zeitgenöss. türk. Lyrik aus, die den Gedanken sozialer Utopie mit den Mitteln volkstüml., nicht überfremdeter Sprache auszudrücken sucht.

Ausgaben: Y. E. Divan. Hg. v. A. GÖLPINARLI. Istanbul 1971. – Y. E. Bütün şiirleri. Hg. v. C. ÖZTELLİ. Istanbul 1971.

Yurdakul, Mehmet Emin, türk. Lyriker, ↑ Mehmet Emin Yurdakul.

Yūšiğ, Nimā, pers. Lyriker, ↑ Juschidsch, Nima.

Yusuf Sinan Şeyhî, türk. Dichter, ↑ Şeyhî, Yusuf Sinan.

Yü Ta-fu (Yu Dafu) [chin. ydafu], * Fu-yang (Tschekiang) 7. Dez. 1896, † auf Sumatra 17. Sept. 1945, chin. Schriftsteller. – Nach volkswirtschaftl. Studien war er ab 1921 Mitstreiter von Kuo Mo-jo in der literar. Gesellschaft Schaffen, ab 1930 von Lu Hsün in der Liga linksgerichteter Schriftsteller. Erzählungen, Skizzen und Tagebücher zeigen trotz sentimentaler Gefühlsbewegtheit sozialkrit. Engagement. Sein bekanntestes Werk ›Ch'en-lun‹ (= Untergang, 1921) skizziert den Verfall des alten China; wurde als Widerständler gegen die Besetzung Chinas durch die Japaner auf der Flucht von diesen ermordet. Einige Titel sind in der Anthologie ›Hoffnung auf Frühling. Moderne chin. Erzählungen‹ (1980) ins Deutsche übersetzt worden.

Literatur: DOLEŽALOVÁ, A.: Yü Ta-fu. Specific traits of his literary creation. London 1971.

Yü-t'ai hsin-yung (Yutai xinyong) [chin. ytai̯ɕini̯ʊŋ = Neue Gesänge von der Jadeterrasse], chin. Anthologie. Hsü Ling (* 507, † 583), ein bed. Vertreter der chin. Liebeslyrik, stellte diese umfangreiche Sammlung von Liebesgedichten seit dem 1. Jh. n. Chr. zusammen. Zart, anspielungsreich, manchmal lasziv, zeigen die Verse dieser Anthologie, wie sich diese poet. Gattung in China entfaltete.

Ausgabe: New songs from a jade terrace. Engl. Übers. v. A. BIRRELL. London u. Boston (Mass.) 1982.

Z

Zabłocki, Franciszek [poln. zaˈbu-
ɔtski], *in Wolynien 2. Jan. 1752,
†Końskowola 10. Sept. 1821, poln. Dichter. – Schreiber und Privatlehrer; Anhänger eines bürgerl. Radikalismus; nahm
am Kościuszko-Aufstand (1794) teil und
wurde schließlich Priester; schrieb polit.
Satiren und Pamphlete; übertrug fremd-
sprachige, v. a. frz. Dramen und überarbeitete sie so, daß sie oft in der poln. Fassung das Original übertrafen; bed. v. a.
›Sarmatyzm‹ (= Sarmatismus, Kom.,
UA 1785, gedr. 1820).

Zabolockij, Nikolaj Alekseevič,
russ.-sowjet. Lyriker, ↑Sabolozki, Nikolai Alexejewitsch.

Záborský, Jonáš [slowak. ˈzaːbɔrskiː],
*Záborie 3. Febr. 1812, †Župčany
23. Jan. 1876, slowak. Schriftsteller. – Ev.
Pfarrer, konvertierte 1842 zum Katholizismus, Redakteur; schrieb zunächst in
tschech., später in slowak. Sprache; verfaßte v. a. Tragödien und histor. Dramen,
auch Fabeln, Satiren und Erzählwerke.
Werke: Najdúch (= Der Findling, Kom., 1867),
Dva dni v Chujave (= Zwei Tage in Chujava,
E., 1873), Faustiáda (E., gedr. 1912).
Literatur: J. Z. Personálna bibliografia. Prešov
1975. 3 Bde.

Zachariae, Justus Friedrich Wilhelm
[...ˈriːɛ], *Bad Frankenhausen/Kyffhäu-
ser 1. Mai 1726, †Braunschweig 30. Jan.
1777, dt. Schriftsteller. – Studierte
Rechtswiss.; ab 1748 Lehrer, ab 1761
Prof. am Carolinum in Braunschweig;
Schüler und Anhänger J. Ch. Gottscheds,
gehörte seit 1744 dem Kreis der Bremer
Beiträger an; Verfasser satirisch-kom.
Versepen nach dem Vorbild A. Popes
(›Der Renommiste‹, 1744). Neben der
Bearbeitung dt. Volksbücher (›Zwey
schöne Neue Märlein‹, 1762) war Z. auch
Verfasser ernster Epen, Fabeln und Sati-
ren; Übersetzer J. Miltons (›Das Ver-
lohrne Paradies‹, 2 Bde., 1760–63).

Weitere Werke: Scherzhafte Epische Poesien ...
(1754), Die Tageszeiten (Epos, 1756), Der Tempel des Friedens (Epos, 1756), Murner in der
Hölle (kom. Epos, 1757), Fabeln und Erzählungen in Burcard Waldis Manier (1771), Tayti
(Epos, 1777).

Zadassa (tl.: Cadasa), Gamsat [russ.
tsʊdaˈsa], *Zada (Dagestan) 21. Aug.
1877, †Machatschkala 11. Juni 1951,
awar. Dichter Dagestans. – War nach
dem Besuch der Moscheeschule zunächst Arbeiter in Grosny, dann Bezirks-
schreiber in Zada; Verfasser von Gedichten und Epen; Dramaturg, Übersetzer
(A. S. Puschkin, I. A. Krylow). Mit Hang
zu Satire und Pathos kritisierte er die vor-
sowjet. Zeit. Z., der ab 1891 dichtete,
wurde zum Begründer des sozialist. Realismus in der awar. Poesie.
Ausgaben: G. Cadasa. Stichi, basni, skazki.
Russ. Übers. Moskau 1966. – G. Cadasa.
Izbrannoe (auf Awarisch). Moskau 1973.
Literatur: GAMZATOV, G. G.: G. Cadasa. Ma-
chatschkala 1973.

Zagajewski, Adam [poln. zaga-
ˈjɛfski], *Lemberg 21. Juni 1945, poln.
Schriftsteller. – Gehörte zur Krakauer
Dichtergruppe Teraz (gegr. 1968); forderte offene Rede, kritisierte kulturelle
Klischees und falsche Bewußtseinsinhal-
te; schreibt engagierte Lyrik in diszipli-
nierter Sprache, ironisch, allusionsreich;
auch Erzählwerke und Essays. Z. verließ
1981 Polen, lebt überwiegend in Frankreich.
Werke: Polen: Staat im Schatten der Sowjetunion (Essay, dt. 1981), Das absolute Gehör
(R., dt. 1982), Stündlich Nachrichten (Ged., dt.
1984), Der dünne Strich (R., dt. 1985), Solidarität und Einsamkeit (Essays, 1986, dt. 1986), Gedichte (dt. Ausw. 1989), Płótno (= Leinen,
Ged., 1990), Dwa miasta (= Zwei Städte, Essays, 1991).

Zagorčinov, Stojan Pavlov, bulgar.
Schriftsteller, ↑Sagortschinow, Stojan
Pawlow.

Zahl, Peter Paul, * Freiburg im Breisgau 14. März 1944, dt. Schriftsteller. – Seit 1967 Drucker und Kleinverleger in Berlin, Mitglied der Gruppe 61, engagierter Vertreter der neuen Linken; nach Schußwechsel mit der Polizei 1976 zu 15 Jahren Haft verurteilt; arbeitete nach seiner Entlassung Ende 1982 an der Berliner Schaubühne am Lehniner Platz; lebt heute als freier Schriftsteller in Jamaika. Schrieb Lyrik (›Schutzimpfung‹, 1975; ›Alle Türen offen‹, 1977), Erzählungen und Romane (›Die Glücklichen. Ein Schelmenroman‹, 1979). 1982 wurde sein Bühnenstück über den Hitler-Attentäter ›Johann Georg Elser‹ uraufgeführt.

Weitere Werke: Elf Schritte zu einer Tat (E., 1968), Von einem, der auszog, Geld zu verdienen (R., 1970), Wie im Frieden (En., 1976), Aber nein sagte Bakunin und lachte laut (Ged., 1983), Die Erpresser (Kom., 1990), Fritz, the German hero (Schsp., 1994), Der schöne Mann (R., 1994).
Literatur: Schreiben ist ein monolog. Medium. Dialoge mit u. über P.-P. Z. Hg. v. R. SCHNELL. Bln. 1979.

Zahn, Ernst, * Zürich 24. Jan. 1867, † ebd. 12. Febr. 1952, schweizer. Schriftsteller. – Sohn eines Gastwirts, ab 1887 Bahnhofswirt in Göschenen am Gotthardtunnel; lebte ab 1917 am Vierwaldstätter See und in Zürich. Schilderte in volkstüml. Romanen und Erzählungen kraftvoll und realistisch das Leben der Bauern seiner Heimat. Schrieb auch Dramen, Gedichte und Jugendbücher.

Werke: Herzens-Kämpfe (Nov., 1893), Albin Indergand (R., 1901), Herrgottsfäden (R., 1901), Die Clari-Marie (R., 1905), Lukas Hochstraßers Haus (R., 1907), Die Frauen von Tannò (R., 1911), Blancheflur (E., 1924), Frau Sixta (R., 1926), Ins dritte Glied (R., 1937), Die große Lehre (R., 1943), Mütter (R., 1946), Welt im Spiegel (R., 1951).
Ausgabe: E. Z. Ges. Werke. Stg. 1–21920–25. 20 Bde.
Literatur: SPIERO, H.: E. Z. Stg. 1927. – KOHL, K.: E. Z. als Dichter u. Mensch. Hdbg. 1947. – FUCHS, V.: Die Probleme der Liebe u. Ehe bei E. Z. Diss. Wien 1951.

Zahradníček, Jan [tschech. 'zahradnji:tʃɛk], * Mastník bei Třebíč 17. Jan. 1905, † Uhřínov bei Velké Meziříčí 7. Okt. 1960, tschech. Lyriker. – 1951 bis Mai 1960 in Haft; Vertreter der katholisch orientierten Dichtung; Übersetzer aus dem Deutschen.

Werke: Jeřáby (= Ebereschen, Ged., 1933), Stará země (= Das alte Land, Ged., 1946), Dům strach. Verše z let 1951–1956 (= Haus des Schreckens. Verse aus den Jahren 1951–1956, hg. Toronto 1982), Der Häftling Gottes: Gedichte 1945–1960 (dt. Ausw. 1984).

Zajcev, Boris Konstantinovič, russ. Schriftsteller, † Saizew, Boris Konstantinowitsch.

Zalamea, Jorge [span. sala'mea], * Bogotá 8. März 1905, † ebd. 10. Mai 1969, kolumbian. Schriftsteller. – Lebte 1950–52 im Exil. Trat mit brillanten literaturkrit. und polit. Essays hervor, in denen er eine radikal demokrat. Linie vertrat, die auch seine sprachgewaltigen Satiren, die Erzählung ›Die Verwandlung seiner Exzellenz‹ (1949, dt. 1969) und die Dichtung ›Der große Burundun-Burunda ist tot‹ (1952, dt. 1957), durchdringt.

Weitere Werke: La vida maravillosa de los libros (Essays, 1941), Minerva en la rueca (Essays, 1949), Antecedentes de la revolución cubana (Essay, 1961), La poesía ignorada y olvidada (Essay, 1965), Introducción a la prehistoria (Essay, 1967), Cantos del alba, del combate, y del atardecer (Ged., hg. 1975).

Zaleski, [Józef] Bohdan [poln. za-'lɛski], * Bogatyrka (Ukraine) 14. Febr. 1802, † Villepreux bei Paris 31. März 1886, poln. Dichter. – Nahm an der Erhebung von 1830/31 teil; 1832 Emigration nach Frankreich. Z. gehörte der ›ukrain. Schule‹ der poln. Romantik an, besang in seinen Gedichten, Liedern und Balladen, von der Volksdichtung beeinflußt, seine Heimatlandschaft und das Leben der Kosaken. In der Emigration pflegte er mehr die religiöse und philosoph. Dichtung. Zu seinen Hauptwerken gehört die Idylle ›Die heilige Familie‹ (1842, dt. 1879).

Ausgabe: J. B. Z. Wybór poezji. Krakau 1921.

Żalny, Stefan [poln. 'ʒalni], poln. Schriftsteller, † Grabiński, Stefan.

Zalygin, Sergej Pavlovič, russ. Schriftsteller, † Salygin, Sergei Pawlowitsch.

Zamfirescu, Duiliu [rumän. zamfi-'resku], * Plainești (heute Dumbrăveni, Verw.-Geb. Vrancea) 30. Okt. 1858, † Agapia (Verw.-Geb. Neamț) 3. Juni 1922, rumän. Schriftsteller. – War u. a. Diplomat; nach dem 1. Weltkrieg Abgeordneter, Senator und Außenminister. Schrieb zunächst von der frz. Romantik beeinflußte Lyrik; schloß sich später der Vereinigung Junimea um T. L. Maiorescu an; veröffentlichte auch Dramen, Novellen und Romane. Sein bedeutendstes Werk ist der aus fünf Romanen bestehende Zyklus ›Romanul Comăneştenilor‹ (= Der Roman der Familie Comăneşteanu, 1894–1911, dt. Teilausg. 1967 u. d. T. ›Das Leben auf dem Lande. Tănase Scatiu. Im Krieg‹), ein farbiges und umfassendes Zeitbild.

Ausgabe: D. Z. Opere. Hg. v. M. GAFIŢA u. a. Bukarest 1970–85. 8 Bde.
Literatur: CRISTEA, V.: Alianţe literare. Bukarest 1977. – NICOLESCU, G. C.: D. Z. Text ales şi stabilit, completări bibliografice, indice de nume şi titluri de G. şi I. ADAM. Bukarest 1980.

Zamfirescu, George Mihail [rumän. zamfi'resku], * Bukarest 25. Okt. 1898, † ebd. 8. Okt. 1939, rumän. Schriftsteller. – Aus Arbeitermilieu, studierte Literatur und leitete einige avantgardist. Bühnen. Zeichnete in seinen dramat. Werken und Romanen das elende Dasein der kleinen Leute in den Armenvierteln der Großstadt in verbittert-pessimist., oft auch lyrisch-überschwengl. Ton.

Werke: Domnişoara Nastasia (= Fräulein Nastasia, Tragikomödie, 1927), Maidanul cu dragoste (= Der Liebesanger, R., 2 Bde., 1933), Sfinta mare neruşinare (= Die hl. große Schamlosigkeit, R., 2 Bde., 1936), Mărturii in contemporaneitate (= Bekenntnisse in der Gegenwart, Essays, 1938).
Ausgabe: G. M. Z. Teatru. Hg. v. V. RÎPEANU. Bukarest 1983.

Zamjatin, Evgenij Ivanovič, russ. Schriftsteller, ↑ Samjatin, Jewgeni Iwanowitsch.

Zand, Herbert, * Knoppen bei Bad Aussee 14. Nov. 1923, † Wien 14. Juli 1970, österr. Schriftsteller. – Verbrachte seine Kindheit und Jugend auf dem väterl. Bauernhof in Knoppen. Im 2. Weltkrieg an der Ostfront, schwere Verwundung, nach dem Krieg zuerst als Verlagslektor tätig, dann freier Schriftsteller. Stellte in seinen Romanen die dem Kriegsereignissen ausweglos ausgelieferten Menschen (›Letzte Ausfahrt‹, 1953) sowie die orientierungslose Jugend der Nachkriegszeit (›Erben des Feuers‹, 1961) dar.

Weitere Werke: Die Sonnenstadt (R., 1947), Die Glaskugel (Ged., 1953), Der Weg nach Hassi el emel (R., 1956).
Ausgabe: H. Z. Ges. Werke. Hg. v. W. KRAUS. Wien u. a. 1971–73. 6 Bde.

Zangwill, Israel [engl. 'zæŋgwıl], * London 14. Febr. 1864, † Midhurst (Sussex) 1. Aug. 1926, engl. Schriftsteller russisch-jüd. Abstammung. – Zeitweilig Lehrer; Zionist und Begründer sowie 1. Präsident der International Jewish Territorial Organization; Erzähler und erfolgreicher Dramatiker, v. a. mit Stoffen aus dem Ghetto.

Werke: Kinder des Ghetto (Skizzen, 3 Bde., 1892, dt. 2 Bde., 1897), Der König der Schnorrer (E., 1894, dt. 1897), Der Meister (R., 1895, dt. 1910), Träumer des Ghetto (Skizzen, 1898, dt. 1908), Der Mantel des Elijah (R., 1900, dt. 1910), Die graue Perücke (En., 1903, dt. 1910), Komödien des Ghetto (Kurzgeschichten, 1907, dt. 1910), The melting pot (Dr., 1909), Plaster saints (Dr., 1914), Chosen people (Dr., 1918), The cockpit (Dr., 1921).
Ausgabe: I. Z. Works. London 1925. 14 Bde.
Literatur: WOHLGELERNTER, M.: I. Z. New York u. London 1964. – ADAMS, E. B.: I. Z. New York 1971.

Zanni (Zani) [italien. 'dzanni], Dienerfiguren, die zusammen mit ↑ Pantalone und ↑ Dottore zu den ältesten Typen der ↑ Commedia dell'arte gehören. Man unterscheidet charakterist. Varianten: den verschlagenen, zuweilen musikal. Typ des ↑ Brighella und den tölpelhaften ↑ Arlecchino, der, obwohl stets als ›zweiter Z.‹ bezeichnet, doch als der wahre König der Commedia dell'arte gilt. Der ›erste Z.‹ wurde als solcher bezeichnet oder erhielt den Namen Brighella, Flautino, Coviello, der ›zweite Z.‹ hieß u. a. auch Truffaldino, Pasquino, ↑ Pulcinella. Die Z. setzten die mittelalterl. Spielmannstradition der Bauernsatire fort. Sie sprachen Dialekt, meist bergamask. oder venezian., aber auch den anderer Regionen wie Neapel oder Mailand.

Zapata Olivella, Manuel [span. sa-'pata oli'βeχa], * Lorica (Dep. Córdoba) 17. März 1920, kolumbian. Schriftsteller. – Arzt und Politiker; behandelt in seinen sozialkrit. Romanen und Erzählungen u. a. die Situation der kolumbian. Kleinbauern und Landarbeiter. Sein Hauptwerk, der Roman ›Changó, el gran putas‹ (1988) erfaßt die Geschichte der Schwarzen Amerikas.

Weitere Werke: Tierra mojada (R., 1947), He visto la noche (R., 1954), La calle diez (R., 1960), En Chimá nace un santo (R., 1964), Chambacú, corral de negros (R., 1967), ¿Quién dió el fusil a Oswald? (En., 1967), El hombre colombiano (Essay, 1974), Chango, el gran putas (R., 1983).

Zapolska, Gabriela [poln. za'pɔlska], eigtl. Maria G. Korwin-Piotrowska, Pseudonym Józef Maskoff, * Podhajce (heute Podgaizy, Ukraine) 30. März 1857, † Lemberg 21. Dez. 1921, poln. Schriftstellerin. – Ab 1882 Schauspielerin; Kritikerin und 1902/03 Leiterin einer Schauspielschule; schrieb Novellen, Romane und bühnenwirksame Dramen. Als führende Vertreterin des poln. Naturalismus mit oppositioneller Einstellung zur Gesellschaft und zum Bürgertum kritisierte sie in ihren Werken, beeinflußt von É. Zola, soziale und moral. Zustände und bes. die unbefriedigende Stellung der Frau in der Gesellschaft.

Werke: Käthe (R., 1888, dt. 1902), Die kleine Kröte (R., 1897, dt. 1955), Sommerliebe (R., 1905, dt. 1915), Die Moral der Frau Dulska (Dr., 1907, dt. 1912), Wovon man nicht spricht (R., 1909, dt. 1913), Die Freundin (Tragikomödie, 1912, dt. 1912), Woran man nicht denken mag (R., 1914, dt. 1917).

Ausgaben: G. Z. Wydanie zbiorowe dzieł. Lemberg 1922–27. 26 Bde. – G. Z. Ausgew. Romane. Dt. Übers. Bln. 4–61924. 9 Bde. – G. Z. Dzieła wybrane. Krakau 1957–58. 16 Bde.

Literatur: CZACHOWSKA, J.: G. Z. Krakau 1966. – PODHASCHWIK, M.: Studien zum novellist. Schaffen von G. Z. Diss. Bln. 1969.

Zarathustra (Zoroaster), eigtl. Spitama, * um 630 (?), † um 553 (?), iran. Religionsstifter. – Nach den Gathas des ↑›Awesta‹ Priester (?) aus einem iran. Viehzüchterstamm. Z. verstand sich selbst als Reformator der altiran. Volksreligion, die er zu ursprüngl. Reinheit zurückführen wollte; die von Z. stammenden 16 Gathas, die, in dichterisch vollendeter, feierl. ostiran. Sprache gestaltet, in den Jasna-Kapiteln 28–34 und 43–51 des ›Awesta‹ niedergeschrieben sind, bilden die Grundlage unserer Kenntnis seiner Lehre; in ihnen bekennt Z. seinen Glauben an den einen Gott Ahura Masdah, der sich ihm in Visionen und Auditionen offenbart hat. Die Menschen müssen sich durch ein reines und wahres Leben für Ahura Masdah und für das Reich des Lichtes entscheiden gegen Ahriman

und dessen Reich der Finsternis, das am Ende der Zeiten vom Reich des Lichtes überwunden wird. Hatte Z.s prophet. Verkündigung über Ahura Masdah anfangs keinen Erfolg, so wurde angeblich später der Fürst Vishtaspa, der die neue Lehre annahm, Z.s Protektor und Verbreiter der Religion.

Ausgabe: HUMBACH, H.: Die Gathas des Z. Hdbg. 1959. Textbd., Kommentarbd.
Literatur: Z. Hg. v. B. SCHLERATH. Darmst. 1970.

Žarnov, Andrej [slowak. 'ʒarnɔu̯], eigtl. František Šubík, * Kuklovo 19. Nov. 1903, † in den USA 1982, slowak. Schriftsteller. – Prof. für Pathologie in Preßburg; schrieb Gedichte in kämpfer. Ton, die Ž. in den 30er und 40er Jahren als Vertreter autonomer und nat. slowak. Interessen zeigen; fand auch zu Gefühlslyrik und philosoph. Meditation; Übersetzer.

Zarudin, Nikolaj Nikolaevič, russ.-sowjet. Schriftsteller, ↑ Sarudin, Nikolai Nikolajewitsch.

Žáry, Štefan [slowak. 'ʒa:ri], * Poníky 12. Dez. 1918, slowak. Schriftsteller. – Begann als surrealist. Lyriker; nach dem 2. Weltkrieg Reaktion auf aktuelle Ereignisse und auf die Impulse durch die zeitgenöss. Poesie. In Ž.s Prosa finden Erlebnisse in Italien ihren Niederschlag, auch die Kinderzeit; Verfasser von Jugendbüchern; Übersetzer aus dem Italienischen.

Ausgabe: Š. Ž. Vybrané spisy. Preßburg 1976–88. 4 Bde.

Zarzuela [sarsu'e:la; span.], singspielartige Gattung des span. Musiktheaters mit Gesang (Solo, Chor) und gesprochenem Dialog, benannt nach dem Z.palast im Pardo, ursprünglich eine Form des höf. Festspiels (›fiesta‹). Als erstes bekanntes Stück gilt ›El jardín de Falerina‹ (UA 1649) von P. Calderón de la Barca (Musik verloren). Nach der Verdrängung der Z. durch die italien. Oper im 18. Jh. erfuhr sie einen erneuten Aufschwung etwa um 1850. Die zunächst zweiaktige Form (›jornadas‹) wurde zur dreiaktigen Z. grande erweitert und näherte sich dem volkstümlich-burlesken einaktigen ↑ Género chico an. Charakteristisch ist die starke Einbeziehung span. Folklore.

Literatur: MUÑOZ, M.: Historia de la z. y el género chico. Madrid 1946. – MINDLIN, R.: Die Z. Zü. 1965.

Zäsur [aus. lat. caesura = Einschnitt], in der Metrik die Bezeichnung für einen Sinneinschnitt im Vers, durch den ein Metrum getrennt und auf zwei Wörter verteilt und eine Verszeile in zwei oder mehr Teile, sog. Kola (↑ Kolon), gegliedert werden kann. Dagegen wird ein Einschnitt am Ende eines Versfußes als ↑ Diärese bezeichnet. In der neueren Metrik werden die beiden Begriffe oft unterschiedslos verwendet. Feste Z.en finden sich als Mittel der rhythm. Gliederung v. a. in längeren Versen: so liegen die gewöhnl. Z.en beim Hexameter nach der dritten Hebung (bzw. nach dem fünften Halbmetrum) als ↑ Penthemimeres, nach der vierten Hebung bzw. dem siebten Halbmetrum als ↑ Hephthemimeres und nach der ersten Kürze des dritten Metrums, während eine Z. nach dem vierten Metrum als bukol. Diärese bezeichnet wird. Die feste Z. des ↑ Alexandriners findet sich nach der dritten Hebung, z. B. ›Fallen verzeih' ich dir gern, / nur strebe immer nach oben!‹ (Goethe; ein Hexameter, der durch eine Penthemimeres in zwei Kola gegliedert ist) oder ›Der schnelle Tag ist hin / die Nacht schwingt ihre Fahn‹ (ein Alexandriner aus A. Gryphius' Gedicht ›Abend‹ mit der festen Z. nach der dritten Hebung).

Zäsurreim ↑ Reim.

Zatertyj, A., russ.-sowjet. Schriftsteller, ↑ Nowikow-Priboi, Alexei Silytsch.

Zaturenska, Marya [engl. zətʊ-'rɛnskə], * Kiew 12. Sept. 1902, † Shelburne Falls (Mass.) 19. Jan. 1982, amerikan. Lyrikerin russ. Abstammung. – Kam 1910 in die USA und erhielt 1912 die amerikan. Staatsbürgerschaft; heiratete 1925 den Lyriker H. Gregory, mit dem sie verschiedene Anthologien herausgab und ›A history of American poetry, 1900–1940‹ (1946) verfaßte. Z. wurde durch den Gedichtband ›Cold morning sky‹ (1937) bekannt, für den sie 1938 den Pulitzerpreis erhielt.

Weitere Werke: Threshold and hearth (Ged., 1934), The listening landscape (Ged., 1941), The golden mirror (Ged., 1944), Christina Rossetti (Biogr., 1949), Selected poems (Ged., 1954), Terraces of light (Ged., 1960), Collected poems (Ged., 1965), The hidden waterfall (Ged., 1974).

Zatzikhoven, Ulrich von, mhd. Epiker, ↑ Ulrich von Zatzikhoven.

Zauberbücher, für die abendländ. Geschichte der Z. können verschiedene Epochen hervorgehoben werden. Dabei sind literar. Traditionen und Abhängigkeiten bis hin zu den Z.n des 20. Jh. überall festzustellen. Als älteste umfangreichere Überlieferungsschicht sind die griech. Zauberpapyri anzusehen, in die ihrerseits ältere oriental. und ägypt. Texte sowie jüd. und christl. Stoffe eingegangen sind. Zwischen dem Auslaufen dieser hellenist. Zauberliteratur (um 500 n. Chr.) und den verstärkt erst seit etwa 1200 wieder belegbaren Z.n klafft zwar eine Überlieferungslücke, doch stehen die mittelalterl. und nachmittelalterl. Z. durchaus (mehr oder weniger) im Traditionszusammenhang spätantiker Zauberliteratur. Mittelalterl. Z. belegten Albertus Magnus (* um 1200, † 1280), J. Hartlieb und v. a. J. Trithemius (›Antipalus maleficiorum‹, 1508). In nachmittelalterl. Zeit finden sich Z.verzeichnisse u. a. bei Johannes Weier (* 1515, † 1588), z. B. in ›De praestigiis daemonum‹ (1563), und (in Spanien) in Martín Antonio Delrios (* 1551, † 1608) ›Disquisitionum magicarum libri VI‹ (1599/1600). Mit der Rezeption neuplaton. Magietheorie kam es seit dem 15./16. Jh. zur Neubelebung magisch-naturphilosoph. Schrifttums innerhalb der gelehrten Renaissancemagie (G. Pico della Mirandola, Agrippa von Nettesheim [* 1486, † 1535]), das, zerschrieben und verballhornt, z. T. Eingang gefunden hat in mehr anspruchslose und phantastisch-›gelehrte‹ Z., wie sie in der Neuzeit entstanden. Die Masse der in zahlreichen Auflagen und mit wechselnden Titeln und Zuschreibungen publizierten Z. stammt aus der Zeit seit dem 17. Jahrhundert. Sie sind meist traditionellen Zauberautoritäten (Salomon, Moses, Cyprianus von Antiochia, Albertus Magnus, Trithemius, Faust, Paracelsus) untergeschoben und erscheinen mit fingierten Druckernamen, Druckorten (Venedig, Toledo, Vatikan) und Druckjahren teilweise noch heute. – Zu den Z.n gehören auch die **Bannbüchlein,** die Mittel und Sprüche enthalten, mit denen sich reißende Tiere angeblich unschädlich machen oder u. a. Geister und der Teufel bannen lassen.

Literatur: WANDERER, K.-P.: Gedruckter Aberglaube. Diss. Ffm. 1975. – SCHERF, W.: Lex. der Zaubermärchen. Stg. 1982.

Zauberposse ↑ Zauberstück.

Zaubersprüche, Sprüche oder Formeln, deren Aufsagen eine bestimmte zauber. Wirkung hervorrufen soll. Solche Z., die ihre Wurzeln in der indogerman. Vergangenheit haben dürften, zählen zu den ältesten Zeugnissen der dt., ags. und finn. Dichtung. – Bekanntestes Beispiel in der dt. Literatur sind die ↑ Merseburger Zaubersprüche.

Literatur: EIS, G.: Altdt. Z. Bln. 1964. – SANDMANN, G.: Studien zu altengl. Z.n. Münster 1975.

Zauberstück, Form des ↑ Volksstücks, in der Zauberer, Geister, Dämonen, Feen u. a. maßgeblich in die Handlung eingreifen. Die italien. ↑ Commedia dell'arte, das Barockdrama und die Bühnenfassungen frz. Feenmärchen (↑ Feengeschichten) beeinflußten die Entwicklung des Z.s, das im 19. Jh. in den Aufführungen der Wiener Vorstadtbühnen eine Blütezeit erlebte. Die wohl bekanntesten Z.e (in der bes. Variante der **Zauberposse**) verfaßten F. Raimund (›Das Mädchen aus der Feenwelt oder Der Bauer als Millionär‹, 1826; ›Der Alpenkönig und der Menschenfeind‹, 1828; ›Der Verschwender‹, 1834) und J. N. Nestroy (›Der böse Geist Lumpazivagabundus ...‹, 1835). Elemente des Z.s finden sich u. a. auch im romant. Drama, im Surrealismus und v. a. im Film.

Zauner, Friedrich Ch., * Rainbach (Oberösterreich) 19. Sept. 1936, österr. Schriftsteller. – Lebt, nach dem Besuch der Lehrerbildungsanstalt Linz und dem Studium der Theaterwiss., Germanistik und Psychologie in Wien, als freier Schriftsteller in Rainbach. Nach zahlreichen dramat. Werken (›Spuk‹, 1971; ›Kobe Beef‹, 1973) wandte sich Z. seit 1981 der Prosa zu. Hierin thematisiert er immer wieder Situationen der Identitätssuche und die Frage nach privater wie berufl. Sinngebung in der Lebensmitte (›Dort oben im Wald bei diesen Leuten‹, R., 1981; ›Bulle‹, E., 1986).

Weitere Werke: Archaische Trilogie (Dr., 1982), Scharade (E., 1985), Lieben und Irren des Mar-

tin Kummanz (E., 1986), Aller Tage Abend. Kidnapping. Zwei Stücke (1993).

Závada, Vilém [tschech. 'za:vada], * Hrabová (heute zu Ostrau) 22. Mai 1905, † Prag 30. Nov. 1982, tschech. Lyriker. – Zeichnete in seiner Dichtung Schönheit und Armut Mährisch-Schlesiens in melancholisch-pessimist. Tönen; später optimistischere Einstellung.

Werke: Siréna (= Die Sirene, Ged., 1932), Cesta pěšky (= Weg zu Fuß, Ged., 1937), Hradní věž (= Burgturm, Ged., 1940), Město světla (= Die Stadt des Lichts, Ged., 1950), Jeden život (= Das eine Leben, Ged., 1962), Živote díky (= Dank dir, mein Leben, Ged., 1977).

Ausgabe: V. Z. Básnické dílo. Prag 1972–74. 4 Bde.

Literatur: RZOUNEK, V.: V. Z. aneb o smyslu poezie. Prag 1978.

Zavattini, Cesare [italien. dzavat'ti:ni], * Luzzara (Prov. Reggio nell'Emilia) 20. Sept. 1902, † Rom 13. Okt. 1989, italien. Schriftsteller. – Journalist; origineller, sozial engagierter Erzähler, der in seinen Werken bei aller Resignation und Melancholie mit Phantasie und auch Humor das Leben der kleinen Leute, der Armen und Entrechteten schildert; bed. v. a. durch seine Drehbücher für neorealist. Filme, bes. für V. De Sica (u. a. ›Fahrraddiebe‹, 1948; ›Das Wunder von Mailand‹, 1950; ›Umberto D.‹, 1952).

Weitere Werke: Liebenswerte Geister (E., 1931, dt. 1958), I poveri sono matti (En., 1937), Io sono il diavolo (En., 1942), Totò il buono (E., 1943), Ipocrita 1943 (E., 1945), Come nasce un soggetto cinematografico (Kom., 1959), Straparole (Autobiogr., 1967), Stricarm' in d'na parola (Dialektged., 1973), Otto canzonette sporche (Ged., 1975), Diario cinematografico (Autobiogr., hg. 1991).

Ausgabe: Opere di C. Z. Romanzi, diari, poesie. Hg. v. R. BARILLI. Mailand 1974.

Literatur: ANGIOLETTI, L.: Invito alla lettura di C. Z. Mailand 1978. – C. Z. Mostra antologica. Hg. v. R. BARILLI. Bologna 1989.

Zavřel, František [tschech. 'zavrʒɛl], * Trhová Kamenice 1. Nov. 1885, † Prag 4. Dez. 1947, tschech. Schriftsteller. – Ministerialbeamter, Rechtsanwalt in Prag; in seinen Gedichten z. T. übersteigert, z. T. scharf; auch Liebeslyrik; schrieb bühnenwirksame Dramen, darunter Komödien, die sich in ihrer Anlage gleichen; in Romanen Darstellung der Prager Gesellschaft; stand unter dem Einfluß F. Nietzsches; zeigte Neigung zum Faschismus.

Zawieyski, Jerzy [poln. za'vjɛjski],
* Radogoszcz (Woiwodschaft Łódź)
2. Okt. 1902, † Warschau 18. Juni 1969,
poln. Schriftsteller. – In seiner Jugend
Atheist, später führender kath. Schriftsteller Polens; Mitarbeiter an mehreren
Zeitschriften; schrieb Prosa, Dramen
und Betrachtungen.
Werke: Mąż doskonały (= Der vortreffl. Mann,
Dr., 1946), Kreuzweg der Liebe (Dr., UA 1946,
dt. 1947), Auf der Jagd nach der Vergangenheit
(Nov.n, dt. Ausw. 1970), Kartki z dziennika
1955–1969 (= Blätter aus dem Tagebuch
1955–1969, hg. 1983).

Zaydān, Ǧurǧī, libanes. Schriftsteller,
↑ Saidan, Dschurdschi.

Zbranský, Jozef [slowak. 'zbranski:],
slowak. Dichter, ↑ Hviezdoslav.

Zeami Motokiyo, jap. No-Dichter,
↑ Seami Motokijo.

Zech, Paul, Pseudonyme Paul Robert,
Timm Borah, * Briesen (heute Wąb-
rzeźno, Woiwodschaft Toruń) 19. Febr.
1881, † Buenos Aires 7. Sept. 1946, dt.
Schriftsteller. – Studierte in Bonn, Heidelberg und Zürich, war dann Bergmann
im Ruhrgebiet; 1913–19 Mit-Hg. der lite-
rarisch-künstler. Zeitschrift ›Das neue
Pathos‹; u.a. Dramaturg und Bibliothekar in Berlin; emigrierte 1934 nach Südamerika. Lyriker, Erzähler und Dramatiker; thematisch und stilistisch der ex-
pressionistischen Bewegung zugehörig,
kämpfte er in seinem sozialrevolutionä-
ren Werk v.a. gegen die Welt der Industrie und gegen jede Art von Gewalt;
in seinen Dramen bemühte er sich um
die Darstellung echter zwischenmenschl.
Beziehungen; bed. als Übersetzer und
Nachdichter aus dem Französischen
(u.a. F. Villon, L. Labé, H. de Balzac,
A. Rimbaud). Auch Essays, u.a. über
R. M. Rilke, Rimbaud und P. Verlaine.
Werke: Waldpastelle (Ged., 1910, 1920 erweitert u.d.T. Der Wald), Schollenbruch (Ged.,
1912), Das schwarze Revier (Ged., 1913; als Privatdruck 1909), Die eiserne Brücke (Ged.,
1914), Der schwarze Baal (Nov.n, 1917), Das
Grab der Welt (Prosa, 1919), Golgatha (Ged.,
1920), Das Terzett der Sterne (Ged., 1920), Das
trunkene Schiff (szen. Ballade, 1924), Erde (Dr.,
1925), Peregrins Heimkehr (R., 1925), Neue
Welt (Ged., 1939), Kinder von Paraná (R., hg.
1952), Die grüne Flöte vom Rio Beni (En., hg.
1955), Die Sonette vom Bauern (hg. 1960), Venus Urania (Ged., hg. 1961), Deutschland, dein

Paul Zech

Tänzer ist der Tod (R., hg. 1980), Menschen der
Calle Tuyuti (En., hg. 1982).
Ausgabe: P. Z. Vom schwarzen Revier zur
neuen Welt. Ges. Gedichte. Hg. v. H. A. SMITH.
Mchn. u. Wien 1983.
Literatur: HÜSER, F.: P. Z. 19. Febr. 1881 bis
7. Sept 1946. Do. u. Wuppertal 1961. – Die Akte
P. Z. Hg. v. JOACHIM MÜLLER. Bln. u. Weimar
1966. – HÜBNER, A.: Das Weltbild im Drama P.
Z.s. Bern u. Ffm. 1975. – LEWIS, W. B.: Poetry
and exile. An annotated bibliography of the
works and criticism of P. Z. Bern 1975. – PAN-
THEL, H. W.: Pars pro toto – zur Wirkung P. Z.s.
Ffm. u.a. 1987.

Zedlitz, Joseph Christian Frhr. von,
* Schloß Johannisberg bei Javornik
(Nordmähr. Gebiet) 28. Febr. 1790,
† Wien 16. März 1862, österr. Schriftsteller. – Am Gymnasium in Breslau Mitschüler J. von Eichendorffs, Berufsoffi-
zier, dann von Metternich als publizist. Mitarbeiter in die Staatskanzlei berufen.
Schrieb patriot. Lyrik, das seinerzeit
erfolgreiche Versepos ›Waldfräulein‹
(1843) und span. Vorbildern nachgebil-
dete Dramen.
Weitere Werke: Turturell (Trag., 1821), Todten-
kränze (Ged., 1828), Gedichte (1832, erweitert
1839; darin die Napoleon-Ballade Nächtl.
Heerschau), Soldatenbüchlein (Schrift, 2 Tle.,
1849).
Literatur: MILLEKER, F.: J. Ch. Frhr. v. Z. Sein
Leben u. sein Dichten. Werschetz 1922.

Zegadłowicz, Emil [poln. zɛga'dụ₀-
vitʃ], * Bielsko-Biała 20. Juli 1888, † Sos-
nowiec 24. Febr. 1941, poln. Schriftsteller. – Beamter; 1927–31 in Posen,
Dramaturg und Programmdirektor des
Rundfunks. Z. war Expressionist. Er verfaßte v.a. Naturpoesie mit Motiven aus
dem poln. Landleben. Bes. die Beskiden
besang er in einem neuen volkstüml.

Ton. Als Dramatiker zeigte er anfangs starke Abhängigkeit von S. Wyspiański; die späteren Stücke waren naturalistisch und gesellschaftskritisch. Sein autobiograph. Romanzyklus ›Żywot Mikołaja Srebrempisanego‹ (= Das Leben des Mikołaj Srebrempisany, 4 Tle., 1927–35) bewirkte wegen der offenen Darstellung des Sexuellen, bes. in Teil 4 (›Zmory‹ [= Alpträume]), einen Literaturskandal; auch Übersetzer von Goethes ›Faust‹ (2 Tle., 1926/27).

Literatur: KOZIKOWSKI, E.: Portret Z.a bez ramy. Warschau 1966.

Zeilensprung, dt. Bez. für ↑ Enjambement.

Zeilenstil, Form v. a. der german. Stabreimdichtung, bei der das Ende einer syntakt. Einheit mit dem Ende einer ↑ Langzeile zusammenfällt, so daß also Vers- und Satzende sich decken. Der Z. ist v. a. bei kleineren Werken anzutreffen, vereinzelt auch im ›Hildebrandslied‹ (Mitte des 9. Jh.) und im Gedicht ›Muspilli‹ (entst. wahrscheinlich im 9. Jh.). Z. T. wird der Ausdruck ›Z.‹ auch auf moderne Versdichtung übertragen, sofern diese den Zeilensprung (↑ Enjambement) bewußt umgeht. – Ggs. ↑ Hakenstil.

Zeitgedicht, zu einem bestimmten aktuellen Anlaß verfaßtes, meist polit. Gedicht. – ↑ auch Gelegenheitsdichtung.

Zeitlin, Hillel, * Korma (Gebiet Gomel, Weißrußland) 1871, † 11. Sept. 1942, jüd. Schriftsteller und Publizist. – Wandte sich nach rabbin. Ausbildung moderner Natur- und Geisteswissenschaft zu, gehörte in den 20er und 30er Jahren zum Warschauer Literaturkreis; schrieb in hebr. und jidd. Sprache; nach früheren Abhandlungen über B. Spinoza (1900) und F. Nietzsche (1905) verarbeitete er chassidisch-myst. Einflüsse und näherte sich der jüd. Orthodoxie (›Der alef-bejs [= ABC] funem judntum‹, 1922). Er sah die Katastrophe der europ. Juden heraufziehen und kam auf dem Weg ins KZ Treblinka ums Leben.

Literatur: WAXMAN, M.: A history of Jewish literature. Bd. 4. New York 1960. S. 422. – DINSE, H./LIPTZIN, S.: Einf. in die jidd. Lit. Stg. 1978. S. 113.

Zeitroman, im 19. Jh. in allen europ. Literaturen entwickelter Romantypus;

weitgehend identisch mit dem ↑ Gesellschaftsroman. Der Z. versucht, ein möglichst umfassendes und anschaul. Bild der jeweiligen Gegenwart zu entwerfen, wodurch er sich vom ↑ historischen Roman unterscheidet, der sich mit Epochen der Vergangenheit befaßt. Einige Z.e enthalten über die Zeitanalyse hinaus auch Zeitkritik (z. B. bei H. de Balzac oder Stendhal), z. T. auch utop. Programme. – Frühestes Beispiel des Z.s in der dt. Literatur ist K. L. Immermanns Roman ›Die Epigonen‹ (1836). Bes. Bedeutung kommt dem Z. im Jungen Deutschland zu (H. Laube, ›Das junge Europa‹, 1833–37; K. Gutzkow, ›Wally, die Zweiflerin‹, 1835). Weitere Z.e im 19. Jh. sind z. B. G. Freytags ›Soll und Haben‹ (1855) sowie die meisten Romane Th. Fontanes (z. B. ›Der Stechlin‹, 1899), im 20. Jh. z. B. H. Manns Roman ›Der Untertan‹ (1916) oder nach 1945 die Romane von H. Böll (›Ansichten eines Clowns‹, 1963), M. Walser (›Halbzeit‹, 1960), G. Grass (›Hundejahre‹, 1963). – ↑ auch Dokumentarliteratur.

Zeitschrift, periodisch erscheinende Druckschrift, die mit der Absicht eines unbegrenzten Erscheinens herausgegeben wird, soweit sie keine Zeitung ist. Das Wort ›Z.‹ gilt 1751 als erstmals belegt. Zuvor waren und parallel blieben die Bez. Journal (frz.), Ephemerides (griech.), Diarium (lat.) neben Tagebuch, Sammlung[en], Monatsschrift, Magazin auch im dt. Sprachraum geläufig, teils bis ins 19. Jh., teils bis heute.

Fortsetzungsbücher, Sammelbände und Sitzungsberichte der Gelehrten einerseits, Kalender, Flugschriftensammlungen, Meßrelationen und polit. Zeitungen andererseits werden als Vorläufer der Z. angesehen. Als erste wiss. Universal-Z. gilt das ›Journal des Savants‹ (gegr. 1665 in Paris), als erste wiss. Universal-Z. in Deutschland gelten die ›Acta Eruditorum‹ (gegr. 1682 in Leipzig). Die erste Z. in dt. Sprache sind die sog. ›Monatsgespräche‹ (gegr. 1688 in Leipzig) des Christian Thomasius (* 1655, † 1728). Im 18. Jh. begann in Großbritannien mit dem Erscheinen der ↑ moralischen Wochenschriften die ›bürgerl.‹ Z.enpublizistik, die mit dem in Hamburg 1713/14 erschienenen ›Vernünftler‹, einer auszugsweisen Übersetzung der engl. Blätter, auch nach Deutschland kam. Aus diesem neben poet. und literaturkrit. Z.en lange Zeit dominierenden Z.entyp haben sich später möglicherweise die Familienblätter, Frauen-Z.en (↑auch Frauenpresse), Kinder- und Jugend-Z.en sowie Mode-Z.en entwickelt. Die technolog. Entwicklung ermöglichte im 19. Jh. auch die Entstehung der Illustrierten: J. J. Weber gründete 1843 in Leipzig die ›Illustrierte Zeitung‹. Die seit 1700 durchweg steigende Titelzahl nahm zunächst im Gefolge des 1. Weltkrieges, erneut unter dem nationalsozialist. Regime aufgrund verfügter Konzentrationsmaßnahmen und Schließungen drastisch ab. Existierten vor Ausbruch des 2. Weltkrieges noch rund 5000 Z.entitel, so waren es 1944 nur noch rund 450 Titel. Nach 1945 war bis 1948 ein Boom der Kultur-Z.en zu verzeichnen, der u. a. auf den Nachholbedarf im Hinblick auf die von den Nationalsozialisten verbotene Literatur und Kunst zurückgeführt wird. – ↑auch literarische Zeitschriften.

Zeitstück, spezif. Bez. für das Drama des dt. polit. Agitationstheaters (v. a. Antikriegs- und Justizstücke), für das im Rahmen der ↑Neuen Sachlichkeit v. a. der Name E. Piscators (›Das polit. Theater‹, 1929) steht; Vertreter waren u. a. F. Bruckner (›Krankheit der Jugend‹, 1929), P. M. Lampel (›Giftgas über Berlin‹, 1929; ›Revolte im Erziehungshaus‹, 1929; ›Alarm im Arbeitslager‹, 1933), F. Wolf (›Cyankali. §218‹, 1929), E. Mühsam, E. Toller, B. Brecht. Literatur: PISCATOR, E.: Zeittheater. ›Das polit. Theater‹ u. weitere Schrr. Bearb. v. M. BRAUN-ECK u. P. STERTZ. Rbk. 1986.

Zeitung, regelmäßig in kurzen Zeitabständen, oft täglich erscheinende Druckschrift mit Nachrichten, Berichten, Kommentaren und vielfältigem anderem aktuellen Inhalt. – Vorgänger waren handgeschriebene Z.en (v. a. sog. Brief-Z.en) und gedruckte ↑Flugschriften. Im Deutschland des 17. Jh. stammen die frühesten Z.sfunde aus Wolfenbüttel 1609 (›Aviso‹, wöchentlich erschienen), Straßburg 1609 (›Straßburger Relation‹, wöchentlich erschienen) und Leipzig 1650 (›Einkommende Z.en‹, täglich erschienen).

Führte Gutenbergs Erfindung des Buchdrucks mit bewegl. Lettern (um 1450 in Mainz) zur Verbreitung von Schriften in weitere, über Klöster und Herrscherhäuser hinausreichende Bevölkerungskreise, so bereitete die Mechanisierung von Druckvorgang und Bleisatzherstellung im 19. Jh. der Massenpresse den Weg. – ↑auch Zeitungslied.
Literatur: SMITH, A.: The newspaper. An international history. London 1979. – PUTTNIES, H. G.: Ursprung der dt. Presse. Ffm. 1981. – SCHOTTENLOHER, K: Flugblatt u. Z. Ein Wegweiser durch das gedruckte Tagesschrifttum. Neuausg. Mchn. 1985. 2 Bde. – LEPPER, H.: Das internat. Z.smuseum der Stadt Aachen. Gesch., Sammlungen. Aachen 1986. – Z.swörterbuch. Hg. v. H. BOHRMANN u. a. Bln. 1994.

Zeitungslied, Gattung des ↑historischen Liedes, es enthält in Versform Mitteilungen von Handlungen und Geschehnissen und zeichnet sich durch seinen Aktualitätsanspruch aus, der vielfach durch den werbenden Titel ›Neue Zeitung‹ hervorgerufen wurde. Die handschriftl. Überlieferung begann im 15. Jh., die Blütezeit mit dem Buchdruck; Verbreitungsform war das ↑Flugblatt. Bes. im 16. und 17. Jh. war das Z. weit verbreitet, es wurde auf Märkten vorgetragen und gehandelt, es berichtete vornehmlich von Wundergeschichten (Kometen, Mißgeburten usw.), kriminellen Taten (Mord, Hexerei, Kirchenschändung usw.) und ihrer Bestrafung. Seit dem 17. Jh. wurde der Text von Bildern begleitet. Das Z. wurde vom ↑Bänkelsang abgelöst.
Literatur: BREDNICH, R. W.: Erziehung durch Gesang. Zur Funktion von Z.ern bei den Hutterern. In: Jb. für Volksliedforsch. 27/28 (1982/ 1983), S. 109.

Zeitungsroman ↑Fortsetzungsroman.

Zejleř, Handrij [sorb. ˈzεjlεr], dt. Andreas Seiler, *Salzenforst (Landkreis Bautzen) 1. Febr. 1804, †Lohsa (Landkreis Hoyerswerda) 15. Okt. 1872, obersorb. Dichter. – Ev. Pfarrer; bedeutendster Vertreter der sorb. Romantik; gab 1830 eine ›Kurzgefaßte Grammatik der Sorben-Wend. Sprache, nach dem Budissiner Dialekte‹ heraus; 1842 Gründer und Redakteur der ersten regelmäßig in sorb. Sprache erscheinenden Wochenzeitschrift; schrieb, vom Volkslied angeregt, patriot. und religiöse Lyrik, auch Naturgedichte; einer der beliebtesten obersorb. Dichter. Dt. erschienen die Gedichtauswahl ›Unvergessen bleibt das Lied‹ (dt. 1964) und ›Der betreßte Esel. Sorb. Fabeln‹ (dt. Ausw. 1969 aus der obersorb. Ausg. von 1855).

Ausgabe: H. Z. Zhromaḋene spisy. Bautzen 1972–82. 4 Bde.

Żeleński, Tadeusz [poln. ʒɛ'lɛi̯ski], Pseudonym Boy, auch T. Boy-Ż., * Warschau 21. Dez. 1874, † Lemberg 3. Juli 1941, poln. Schriftsteller. – Bis 1918 Arzt; schrieb 1906–12 für das Krakauer literar. Kabarett ›Zielony Balonik‹; angesehener Rezensent und Dramaturg, ab 1933 Mitglied der poln. Literaturakademie; wurde nach dem Einmarsch der Deutschen in Lemberg erschossen. Ż. schrieb lyr. und dramat. Grotesken, literaturkrit. Arbeiten, Feuilletons, Interpretationen und Rezensionen. Seine bedeutendste Leistung ist sein über 100 Bände umfassendes hervorragendes Übersetzungswerk, das u. a. Übertragungen Molières, R. Descartes', F. Rabelais', A. de Mussets, H. de Balzacs und M. Prousts enthält.

Werke: Słówka (= Wörter, Ged., 1913), Flirt z Melpomeną (= Flirt mit Melpomene, Theaterrezensionen, 10 Bde., 1920–32), Brązownicy (= Die Schönfärber, Skizzen, 1930), Znaszli ten kraj? ... (= Kennst du das Land? ..., Erinnerungsskizzen, 1931), Obrachunki fredrowskie (= Abrechnungen über Fredro, Schrift, 1934). **Ausgabe:** T. Ż. Pisma. Warschau 1956–75. 28 Bde.
Literatur: WINKOWA, B.: T. Ż. (Boy). Warschau 1967. – NATANSON, W.: Boy-Ż. Warschau 1978.

Zęller, Eva, * Eberswalde 25. Jan. 1923, dt. Schriftstellerin. – Lebte bis 1956 in der DDR, 1956–62 im heutigen Namibia, seitdem in der BR Deutschland. Schreibt Gedichte sowie psychologisch vertiefte Romane und Erzählungen, die realistisch zwischenmenschl. Beziehungen behandeln, u. a. Rassenprobleme im südl. Afrika (›Die mag. Rechnung‹, En., 1965) sowie die Probleme der modernen Frau (›Lampenfieber‹, R., 1974). Mit dem Alltag im Nationalsozialismus setzt sie sich in ihren autobiograph. Romanen ›Solange ich denken kann‹ (1981) und ›Nein und Amen‹ (1986) auseinander.

Weitere Werke: Der Sprung über den Schatten (R., 1967), Ein Morgen Ende Mai (En., 1969),

Sage und schreibe (Ged., 1971), Der Turmbau (En., 1973), Fliehkraft (Ged., 1975), Die Hauptfrau (R., 1977), Auf dem Wasser gehn. Ausgewählte Gedichte (1981), Tod der Singschwäne (En., 1983), Heidelberger Novelle (1988), Stellprobe (Ged., 1989), Das Sprungtuch (En., 1991), Ein Stein aus Davids Hirtentasche (Ged., 1992).

Žemaitė [litauisch ʒæ'mai̯te:], eigtl. Julija Žymantienė, * Bukantė bei Plateliai 12. Juni 1845, † Marijampolė 8. Dez. 1921, litauische Schriftstellerin. – Aus verarmter Gutsbesitzerfamilie, heiratete einen ehem. Leibeigenen; begann erst mit 50 Jahren zu schreiben; verfaßte in lebendiger Volkssprache Erzählungen, aber auch Komödien, Skizzen und Feuilletons, in denen sie das litauische Leben und die sozialen Verhältnisse auf dem Lande schildert.

Ausgabe: Ž. Raštai. Wilna 1956–57. 6 Bde.

Zeman, Antonín [tschech. 'zɛman], tschech. Erzähler, † Stašek, Antal.

Žemčužnikov, Aleksej Michajlovič, russ. Lyriker, † Schemtschuschnikow, Alexei Michailowitsch.

Zęnker, Helmut, * Sankt Valentin (Niederösterreich) 11. Jan. 1949, österr. Schriftsteller. – Studium an der Pädagog. Akad. in Wien, arbeitete u. a. als Sonderschullehrer; seit 1973 freier Schriftsteller, lebt in Klosterneuburg bei Wien. 1969–76 Hg. der Literaturzeitschrift ›Wespennest‹. Mitglied der Grazer Autorenversammlung. Setzte sich in seinem Roman ›Kassbach‹ (1974) mit dem Neofaschismus auseinander, in dem er exemplarisch das Charakterbild eines brutalen und zu extremist. Positionen neigenden Kleinbürgers zeichnet. Großen Erfolg hatte er mit der Fernsehserie ›Kottan ermittelt‹ (seit 1976), einer Satire auf die traditionellen Fernsehkrimis.

Weitere Werke: Aktion Sauberkeit (Ged., Prosa, 1972), Wer hier die Fremden sind (R., 1973), Köck (En., 1975), Vater, Mutter, Kind (Hsp., Ursendung 1976; zus. mit G. Wolfgruber), Der Drache Martin (Kinderb., 1977), Das Froschfest (R., 1977), Wahnsinnig glücklich (Volksstück, 1977), Die Entfernung des Hausmeisters (En., 1978), Schußgefahr (R., 1979), Kottan ermittelt – Der vierte Mann (R., 1987), Minni Mann (Kriminal-R., 1989), Die Mann ist tot und läßt Sie grüßen (Kriminal-R., 1990), Nichts geht mehr (Kriminalgeschichten, 1990).

Zeno, Apostolo [italien. 'dzɛ:no], * Venedig 11. Dez. 1668, † ebd. 11. Nov. 1750, italien. Dichter und Literaturkritiker. – Gründete 1710 zus. mit seinem Bruder Pier Caterino († 1732), F. S. Maffei und Antonio Vallisnieri (* 1661, † 1730) die erste krit. Literaturzeitschrift Italiens, ›Giornale dei letterati d'Italia‹, die er bis 1717 leitete; 1718–29 kaiserl. Hofdichter in Wien und als solcher Vorgänger P. Metastasios; verfaßte neben literarkrit. und histor. Schriften zahlreiche Melodramen (u. a. ›Gl'inganni felici‹, 1696; ›Merope‹, 1712; ›Ifigenia in Aulide‹, 1718) und Oratorien; versuchte, das Melodrama vom barocken Schwulst zu befreien und im Sinne der klass. frz. Tragödie des 17. Jh. zu erneuern; schrieb auch Opernlibretti für A. Scarlatti.

Ausgaben: A. Z. Poesie drammatiche. Hg. v. G. GOZZI. Venedig 1744. 10 Bde. – A. Z. Drammi scelti. Hg. v. M. FEHR. Bari 1929. **Literatur:** FEHR, M.: A. Z. u. seine Reform des Operntextes. Zü. 1912. – GIAZOTTO, R.: Poesia melodrammatica e pensiero critico nel Settecento. Mailand 1952.

Zenon von Kition (tl.: Zénōn), * Kition (Zypern) um 336, † um 264, griech. Philosoph. – Kam um 314 als Kaufmann nach Athen, wo er Schüler des Kynikers Krates wurde, dann eine dialekt. Ausbildung bei dem Megariker Stilpon erhielt, außerdem die Akademiker Xenokrates und Polemon hörte. Vor 300 gründete er in der Bunten Halle (= Stoa poikile) eine eigene philosoph. Schule, die den Namen Stoa erhielt und sich großer Beliebtheit erfreute; Z., der über die gesamte griech. Bildung verfügte, gab seiner Zeit ein System, das in drei Teilen (Physik, Logik und Ethik) ein geschlossenes Weltbild bot. Er schrieb ›Politeia‹, daneben 5 Bücher ›Homer‹. Probleme‹; nur geringe Bruchstücke sind überliefert. **Literatur:** GRAESER, A.: Z. v. K. Positionen u. Probleme. Bln. 1975.

Zensur [aus lat. censura = Prüfung, Beurteilung], Überwachung von Meinungsäußerungen durch die in einem polit. Machtbereich herrschende Klasse, Partei oder Staatsführung zur Verhinderung nichtkonformer oder unkontrollierter Meinungsbildung. Z. wird in den Einrichtungen zur Vor- oder Nachkontrolle von öffentl. Äußerungen in Literatur, Kunst, Theater, Presse, Film, Hörfunk und Fernsehen sichtbar, doch gehören

auch staatl. Maßnahmen der wirtschaftl. Förderung oder Reglementierung von Medien sowie Maßnahmen der offenen oder verdeckten Selbstkontrolle in den weiteren Bereich von Zensur. Historisch leitet sich der Begriff Z. vom Amt des röm. Zensors ab. Literar. Z. wurde systematisch zuerst von der kath. Kirche betrieben, deren ↑ Index librorum prohibitorum seit 1559/64 die verbotenen Schriften aufführte (1967 abgeschafft). Nach kirchl. Vorbild richteten die absolutist. Staaten in der Folge Z.behörden ein, deren Beseitigung ein wichtiges Ziel der bürgerl. Revolutionen war und in der Regel mit Erlangen der verfassungsmäßig garantierten Pressefreiheit erreicht wurde. Die Weimarer Reichsverfassung von 1919 verbot die Z., ließ aber einschränkende Maßnahmen für Lichtspiele, Schund- und Schmutzliteratur sowie zum Schutze der Jugend für zulässig. Das Grundgesetz der BR Deutschland übernahm das allgemeine Z.verbot der Weimarer Verfassung, jedoch ohne deren Einschränkungen. Totalitäre Staaten arbeiten entweder mit einem Z.apparat oder ersetzen ihn durch ein System von Lizenzierungen bzw. durch Verstaatlichung des öffentl. Kommunikationssystems. In der exzessiven Auslegung der Gesetze zum Schutz der Jugend, der persönl. Ehre, des Staatsschutzes usw. steht auch in westl. Demokratien ein Apparat indirekter, wenn auch beschränkter Z.maßnahmen zur Verfügung. **Literatur:** SAUTER, H.: Bücherverbote einst u. jetzt. Darmst. 1972. – Die Schere im Kopf. Über Z. u. Selbst-Z. Hg. v. H. BRODER. Köln 1976. – SCHÜTZ, H. J.: Verbotene Bücher. Eine Gesch. der Z. von Homer bis Henry Miller. Mchn. 1990.

Zereteli (tl.: Cereteli; Tsereteli), Akaki Rostomowitsch, Fürst, * Schwitori 21. Juni 1840, † ebd. 8. Febr. 1915, georg. Dichter. – 1859–60 Studium der oriental. Philologie in Petersburg; danach freier Schriftsteller und Journalist in Georgien. Neben I. G. Tschawtschawadse Haupt der reformer. Schriftstellervereinigung Tergdaleulni (= Die aus dem Terek getrunken haben) und bedeutendster georg. Dichter der 2. Hälfte des 19. Jh., gleich bed. als Epiker, Lyriker und Dramatiker,

jedoch v. a. als Lyriker beliebt; die Gedichte wurden z. T. vertont, z. B. ›Suliko‹ (1895); in den Versepen ›Tornike Eristavi‹ (1884) und ›Natela‹ (1897) werden Ereignisse der georg. Geschichte verarbeitet; patriotisch gehalten sind auch die histor. Novelle ›Baši-Ačuqi‹ (1896) und das ›histor. Drama‹ ›Paṭara Kaxi‹ (= Der kleine Kachetier, 1890); zu nennen sind ferner seine Lebenserinnerungen (›Aus meinem Leben‹, dt. 1990). Die Dichtungen zeichnen sich durch melod. Sprache aus; stilistisch dem Realismus, ideologisch dem Sozialismus nahestehend; auch bed. Übersetzer aus der russ. und ukrain. Literatur. Z. gilt als einer der Schöpfer der neugeorg. Literatursprache. Auswahlen seiner Werke sind dt. in den Sammlungen ›Neue georg. Dichter‹ (1946) und ›Georg. Poesie aus acht Jahrhunderten‹ (1971) erschienen.
Ausgabe: A. R. Cereteli. Izbrannoe. Russ. Übers. Moskau 1940.

Zerkaulen, Heinrich, * Bonn 2. März 1892, † Hofgeismar 13. Febr. 1954, dt. Schriftsteller. – Apotheker, nach schwerer Verwundung im 1. Weltkrieg Journalist, ab 1931 freier Schriftsteller; volkstüml. Lyriker, Erzähler und Dramatiker, dessen Werk von der Lebensfreude rhein. Menschen starke Impulse empfangen hat; große Erfolge hatte er v. a. nach 1933 mit histor. Romanen.
Werke: Weiße Astern (Ged., 1912), Lieder vom Rhein (Ged., 1923), Die Welt im Winkel (R., 1928, 1937 u. d. T. Der Strom der Väter), Musik auf dem Rhein (R., 1930), Die heiml. Fürstin (R., 1933), Jugend von Langemarck (Dr., 1933), Der Reiter (Dr., 1936), Herr Lukas aus Kronach (R., 1938), Der feurige Gott (R., 1943), Zwischen Tag und Nacht. Erlebnisse aus dem Camp 94 (1951).

Zerklaere, Thomasin von [tsɛr'klɛːrə], mhd. Dichter, ↑ Thomasin von Circlaere.

Zerkọwski (tl.: Cerkovski), Zanko Bakalow, * Bjala Tscherkwa 16. Okt. 1869, † Sofia 2. Mai 1926, bulgar. Schriftsteller. – 1899 Mitbegründer der bulgar. Bauernunion; 1918–23 Minister (verschiedene Ressorts). Z., als Dramatiker wenig erfolgreich, wurde durch romant., oft humorvolle, optimist. Lyrik bekannt. Seine Werke weisen starke Einflüsse der Volksdichtung auf; bed. als Schilderer des Dorflebens; auch Liebeslyrik.

Ausgabe: C. Cerkovski. Izbrani proizvedenija. Sofia 1975.

Zermatten, Maurice [frz. zɛrma'tɛn], * Saint-Martin (Wallis) 22. Okt. 1910, schweizer. Schriftsteller. – War Gymnasiallehrer in Sion; schreibt in frz. Sprache meist im bäuerl. Milieu angesiedelte psycholog. Romane, in denen er oft moral. und religiöse Grenzsituationen behandelt; auch Erzählungen, Novellen, Dramen und Essays.
Werke: Der Heimweg (R., 1938, dt. 1941), Unversöhnl. Blut (R., 1942, dt. 1943), Christine (R., 1944, dt. 1946), Der Garten von Gethsemane (R., 1951, dt. 1956), ... denn sie wissen nicht, was sie tun (R., 1958, dt. 1959), Wie geläutertes Gold (R., 1961, dt. 1962), Der versprochene Maulesel u. a. Erzählungen aus dem Wallis (dt. Ausw. 1964), Une soutane aux orties (R., 1971), La porte blanche (R., 1973), Eine Liebe in Grenchen-Nord (R., 1978, dt. 1979), Gonzague de Reynold (Essay, 1980), L'homme aux herbes (R., 1980), À l'est du Grand-Couloir (R., 1983), Contes et légendes de la montagne valaisanne (En., 1984), Ein Panorama der Walliser Geschichte (1987, dt. 1987), Le diable à l'âme (1992), O vous que je n'ai pas assez aimée (R., 1993).
Literatur: GRIN, M.: Terre et violence ou l'Itinéraire de M. Z. Lausanne 1983.

Zernạtto, Guido, * Treffen bei Villach 21. Juli 1903, † New York 8. Febr. 1943, österr. Schriftsteller. – 1936–38 Staatssekretär im Kabinett Schuschnigg; Generalsekretär der Vaterländ. Front; emigrierte 1938 in die USA, war Dozent in New York; gestaltete in seinen z. T. herben und volkstümlich-kraftvollen Romanen und Gedichten bewußt den Gegensatz zwischen ländl. Einfachheit und der Welt der Großstadt; auch polit. Schriften (›Die Wahrheit über Österreich‹, 1938).
Weitere Werke: Gelobt sei alle Kreatur (Ged., 1930), Die Sonnenuhr (Ged., 1933), Sinnlose Stadt (R., 1934).
Ausgaben: G. Z. ... kündet laut die Zeit. Ausgew. Werke. Mit einer Einl. v. H. BRUNMAYR. Graz u. Wien 1961. – G. Z. Die Sonnenuhr. Gesamtausg. der Gedichte. Hg. v. H. BRUNMAYR. Salzburg 1961.
Literatur: ZIMMER, I. U.: G. Z. Leben u. dichter. Werk. Klagenfurt 1970. Nachdr. ebd. 1993. – DREKONJA, O. M.: G. Z. Dichtung u. Politik. Diss. Salzburg 1971 [Masch.].

Żeromski, Stefan [poln. ʒɛ'rɔmski], Pseudonyme Maurycy Zych, Józef Katerla, * Strawczyn bei Kielce 14. Okt.

1864, † Warschau 20. Nov. 1925, poln. Schriftsteller. – Aus verarmter Adelsfamilie, mußte den Besuch einer veterinärmedizin. Schule (1886–88) aus finanziellen Gründen abbrechen, war Hauslehrer, Bibliothekar (bis 1904). Schon in seiner Jugend gehörte er Kreisen der radikalen Intellektuellen an. Ż.s frühe Darstellungen aus der poln. Geschichte tragen sowohl realist. wie naturalist. und romant. Züge. Die Wirkung der russ. Literatur auf sein Werk ist deutlich erkennbar. Ż. beschäftigten v. a. soziale Probleme und die nat. Unabhängigkeit seines Landes. In seinem realistisch-psycholog. Roman ›Die Heimatlosen‹ (1900, dt. 1954) kritisierte er den bürgerl. Humanismus. Das großangelegte Werk ›In Schutt und Asche‹ (R., 3 Bde., 1904, dt. 2 Bde., 1904, vollständige dt. Ausg. 1988) über die Zeit der Napoleon. Kriege erinnert an L. N. Tolstois ›Krieg und Frieden‹. Später tendierte Ż. zum Kommunismus; sein letzter Roman ›Vorfrühling‹ (1924, dt. 1975) ist ein Angriff auf Marschall J. K. Piłsudski.

Weitere Werke: Den Raben und Geiern zum Fraß (En., 1895, dt. 1903), Syzyfowe prace (= Sisyphusarbeit, R., 1898), Die Geschichte einer Sünde (R., 2 Bde., 1908, dt. 1910), Der Rächer (R., 2 Bde., 1912, dt. 1916), Der getreue Strom (R., 1912, dt. 1915), Uciekła mi przepióreczka (= Weggeflogen ist mir die kleine Wachtel, Kom., 1924).
Ausgabe: S. Ż. Dzieła. Warschau 1956–70. 32 Bde.
Literatur: SCHWUCHT, H.: S. Ż. u. das Deutschtum. Diss. Bln. 1953 [Masch.]. – HUTNIKIEWICZ, A.: S. Ż. Warschau [7]1973. – JAKUBOWSKI, J. Z.: S. Ż. Warschau [2]1975. – EILE, S./KASZTELOWICZ, S.: S. Ż. Krakau [2]1976. – KULCZYCKA-SALONI, J.: Pozytywizm i Ż. Warschau 1977.

Zesen, Philipp von (seit 1653), latinisiert Caesius, Pseudonym Ritterhold von Blauen, * Priorau (Landkreis Bitterfeld) 8. Okt. 1619, † Hamburg 13. Nov. 1689, dt. Schriftsteller. – Sohn eines luther. Pfarrers; studierte 1639–41 in Wittenberg und Leiden; 1643 Gründer der Teutschgesinneten Genossenschaft, 1648 als ›Der Wohlsetzende‹ Mitglied der Fruchtbringenden Gesellschaft. Z.s Leben war geprägt von ständigem Bangen um die Existenz, da er trotz allen Bemühens ohne feste Anstellung blieb; der Dienst bei Hofe blieb ihm versagt; zahlreiche Reisen, u. a. nach London und Paris, längere Aufenthalte (u. a. 1655–67 und 1679–83) in den Niederlanden (›Beschreibung der Stadt Amsterdam‹, 1664, Faksimileausg. 1968); ab 1683 lebte er in Hamburg. Z. war der erste dt. Berufsschriftsteller, ein bed. Lyriker und Erzähler des Barock; auch Theoretiker der Dichtkunst (›Deütscher Helicon‹, 1640, erweitert 1649 und 1656) mit radikalen purist. Forderungen; bemühte sich in seinen Romanen bes. um die psycholog. Zeichnung der handelnden Personen; daneben Verfasser polit. Schriften; seine Dichtung enthält zahlreiche autobiograph. Elemente; bed. als Übersetzer frz. Romane.

Philipp von Zesen

Weitere Werke: Melpomene Oder Trauer- und Klaggedichte, Über das ... Leiden und Sterben Jesu Christi (1638), Hochdt. Sprachübung ... (1643), Adriatische Rosemund (R., 1645), Afrikan. Liebesgeschichte von Kleomedes und Sofonisbe (Übers., 3 Bde., 1646/47), Kurze doch gründl. Anleitung zur Höflichkeit (1649), Gekreuzigter Liebesflammen oder Geistlicher Gedichte Vorschmack (1653), Frauenzimmers Buß-Beicht- und Beht-Büchlein ... (1657), Mythologie oder Von der Heydnischen Gottheit Herkunft (1658), Assenat (R., 1670), Dichterisches Rosen- und Liljenthal ... (Ged., 1670), Reise-Lieder ... (1677), Simson (R., 1679).
Literatur: BLUME, H.: Die Morphologie von Z.s Wortneubildungen. Diss. Gießen 1969. – KELLER, J.: Die Lyrik Ph. v. Z.s. Praxis u. Theorie. Bern u. a. 1983.

Zetterholm, Tore [Ulf Axel] [schwed. ˌsɛtərhɔlm], * Stockholm 4. Okt. 1915, schwed. Schriftsteller. – Begann mit realist. Romanen, schrieb dann vorwiegend Theaterstücke und Hörspiele; psycholog. Analyse und gesellschaftl. Engagement, mit scharfer Kritik an Vorurteilen und

Mißständen, kennzeichnen seine Werke. Die histor. Romane haben deutl. Bezug zur Gegenwart; schrieb auch Essays.

Werke: Stora Hoparegränd och himmelriket (R., 1940), Simon trollkarlen (R., 1950; Dr., 1951), Det brinnande spjutet (Dr., 1960), Kvinnorna från Shanghai (Dr., 1967), Medlaren (Dr., 1971), Vi möts vid Rynge (R., 1972), De främmande djävlarna (R., 1976), Den röde Buddha (R., 1984).

Zetterström, Hasse [schwed. ‚sɛtərstrœm], eigtl. Hans Harald Z., * Stockholm 23. Mai 1877, † ebd. 1. Juni 1946, schwed. Schriftsteller. – Journalist; Mitarbeiter verschiedener humorist. Zeitschriften (u. a. 1916–43 von ›Grönköpings veckoblad‹); einfallsreicher Plauderer, in seinen Skizzen tiefgründiger Humorist mit Blick für die menschl. Schwächen; seine Grotesken sind v. a. durch Situationskomik gekennzeichnet; in dt. Übersetzung erschienen ›Der Dynamithund u. a. Unmöglichkeiten‹ (dt. 1918), ›Meine merkwürdigste Nacht‹ (dt. 1919), ›Kapriolen‹ (dt. 1923), ›Die Schwedenplatte‹ (dt. 1938), ›Cocktail in Bunt‹ (dt. 1939).

Ausgabe: H. Z.s samlade. Stockholm 1948–49. 12 Bde.
Literatur: TJERNELD, S.: H. Z. En svensk humorist. Stockholm 1962.

Zeugma [griech.], rhetor. Figur der Worteinsparung, Sonderform der ↑Ellipse: Zuordnung desselben Wortes (Satzgliedes) zu mehreren (meist zwei) grammatisch oder semantisch inkongruenten Satzteilen. Man unterscheidet das semant. Z.: Verknüpfung eines Verbums in jeweils verschiedener Bedeutung mit meist zwei Substantiven aus unterschiedl. Sinnsphären, z. B. ›Er warf einen Blick in die Zeitung und die Zigarette in den Aschenbecher‹, von dem syntakt. Z. (auch ↑Syllepse): syntakt. Verbindung von Wörtern, die in Numerus, Genus und Kasus differieren, z. B. ›Was soll all der Schmerz und Lust‹ (Goethe, ›Wanderers Nachtlied‹).

Zeyer, Julius [tschech. 'zɛjɛr], * Prag 26. April 1841, † ebd. 29. Jan. 1901, tschech. Schriftsteller. – Sohn eines aus Frankreich stammenden Kaufmanns und einer jüdisch-dt. Mutter; gilt als führender Dichter der tschech. Neuromantik; umfassend wie sein Werk sind die Themenkreise, die er bearbeitete. Die Versepen greifen alttschech. und altfrz. Stoffe, seine Dramen (in Versen und Prosa) ebenfalls histor. Motive auf. Die Romane behandeln meist mittelalterl. Themen oder Gegenwartsprobleme. In seinen Dichtungen finden sich neben farbiger Exotik und übersteigerter Erotik Religiosität und myst. Ergriffenheit. Z. schrieb auch reflektive Lyrik, Erzählungen, Legenden.

Werke: Roman von der treuen Freundschaft der Ritter Amis und Amil (1880, dt. 1904), Vyšehrad (Epos, 1880, dt. 1898), Griseldis (Epos, 1883, dt. 1900), Sternenschimmer (R., 1884, dt. 1914), Heimat (Epos, 1886, dt. 1907), Jan Maria Plojhar (R., 1891), Drei Legenden vom Krucifixe und Rokoko (1895, dt. 1906).
Ausgabe: J. Z. Spisy. Prag 1902–07. 35 Bde.
Literatur: HONZÍKOVÁ, M.: J. Z. a V. Mrštík. Prag 1971.

Zhang Jie, chin. Schriftstellerin, ↑Chang Chieh.

Zhao Shuli, chin. Schriftsteller, ↑Chao Shu-li.

Zhongyong, chin. Traktat zur konfuzian. Ethik, ↑Chung-yung.

Zhou Libo, chin. Schriftsteller, ↑Chou Li-po.

Zhuang Zi, Sammlung von Schriften des Chuang Chou, ↑Chuang Tzu.

Zhu Xi, chin. Philosoph, Historiker und Dichter, ↑Chu Hsi.

Ziedonis, Imants [lett. 'zɪɛḑuɔnıs], * Ragaciems 3. Mai 1933, lett. Schriftsteller. – Absolvierte die Univ. Riga und das Gorki-Literaturinstitut in Moskau; trug mit eigenwilliger, dem Expressionismus verpflichteter Lyrik viel zur Wiederbelebung der lett. Literatur nach der Erstarrung während der Stalinzeit bei; schrieb daneben kurze Prosastücke, die Verinnerlichung, aber auch krit. Engagement zeigen.

Werke: Sirds dinamīts (= Dynamit des Herzens, Ged., 1963), Motocikls (= Das Motorrad, Ged., 1965), Es ieeju sevī (= Ich gehe in mich, Ged., 1968), Epifānijas (= Epiphanien, Prosa, 1970), Kurzemīte (= Kurland, Reiseskizzen, 2 Bde., 1970–74), Poēma par pienu (= Poem über die Milch, 1977), Re, kā (= Schau, wie, Ged., 1981), Taureņu uzbrukums (= Angriff der Schmetterlinge, Ged., 1988).

Ziegler und Kliphausen, Heinrich Anselm von, dt. Schriftsteller, ↑Zigler und Kliphausen, Heinrich Anselm von.

Zielens, Lode [niederl. 'zi:ləns], * Antwerpen 13. Juni 1901, † ebd. 28. Nov. 1944, fläm. Schriftsteller. – Autodidakt; schrieb sozialkrit. Romane aus dem Arbeitermilieu; wählte nach dem Vorbild É. Zolas menschl. Not und menschl. Elend als Themen; den Durchbruch erzielte er mit dem Roman ›Mutter, warum leben wir?‹ (1932, dt. 1947), der Darstellung eines Proletarierschicksals; auch Erzählungen, Essays und Reportagen.

Weitere Werke: Het duistere bloed (R., 1930), De gele roos (R., 1933), Nu begint het leven (R., 1935), Alles wordt betaald (R., hg. 1945), Menschen als wij ... (R., hg. 1946).
Literatur: LAMPO, H.: L. Z., 1901–1944. Brüssel 1956.

Ziem, Jochen, * Magdeburg 5. April 1932, † Berlin 19. April 1994, dt. Schriftsteller. – Studium der Germanistik in Halle/Saale und Leipzig; 1955 Praktikant im Berliner Ensemble; ab 1956 in der BR Deutschland, seit 1965 freier Schriftsteller. Verfasser von aktuellen gesellschafts- und zeitkrit. Bühnenstücken, Hör- und Fernsehspielen sowie Erzählungen, in denen er, u.a. mit Hilfe von Sprachklischees, Verhaltensweisen demaskiert.

Werke: Die Einladung (Dr., 1967, in: Theater heute), Nachrichten aus der Provinz (Dr., 1968, in: Theater heute), Zahltage (En., 1968), Die Versöhnung (Dr., 1971, in: Theater heute), Die Klassefrau (E., 1974), Der Junge (R., 1980), Boris, Kreuzberg, 12 Jahre (E., 1988).

Zigler und Kliphausen (Ziegler u. K.), Heinrich Anselm von, * Radmeritz (Landkreis Görlitz) 6. Jan. 1663, † Liebertwolkwitz bei Leipzig 8. Sept. 1696, dt. Schriftsteller. – Nach Jura- und Literaturstudium in Frankfurt/Oder bewirtschaftete er das väterl. Rittergut; Stiftsrat in Wurzen. Von Ch. Hofmann von Hofmannswaldau beeinflußter Lyriker und Heroidendichter; bed. Vertreter des politisch-heroischen Barockromans; bes. sein Roman ›Die Asiatische Banise, Oder das blutig doch mutige Pegu‹ (1689) wurde oft nachgeahmt.

Weitere Werke: Helden-Liebe der Schrifft Alten Testaments (Dichtung, 1691), Tägl. Schau-Platz der Zeit (Schrift, 1695), Histor. Labyrinth der Zeit (Schrift, 2 Bde., hg. 1701–18).
Literatur: RÖDER, R.: Barocker Realismus in der ›Asiat. Banise‹. Diss. Erlangen 1948.

Zilahy, Lajos [ungar. 'ziləhi], * Nagyszalonta (heute Salonta, bei Oradea) 27. März 1891, † Novi Sad 1. Dez. 1974, ungar. Schriftsteller. – Gehörte im 2. Weltkrieg der Widerstandsbewegung an; emigrierte 1947, lebte zuletzt in den USA; schrieb seither vorwiegend in engl. Sprache. In seinen psychologisch-realist. Romanen befaßte er sich mit moral. und gesellschaftl. Fragen und gestaltete das Kriegserlebnis.

Werke: Tödl. Frühling (R., 1922, dt. 1936), Die Liebe meines Urahnen (R., 1923, dt. 1938), Der weiße Hirsch (Schsp., 1927, dt. 1937), Die Seele erlischt (R., 1932, dt. 1938), Die Dukays (R., 1947, dt. 1950), Der Engel des Zorns (R., 1953, dt. 1954), Im Herzen des Waldes (R., 1959, dt. 1959).
Literatur: RUZITSKA, M.: Z. L. Budapest 1928.

Zilies von Seine [...liəs] (Meister Z. v. Seine [= Sayn bei Neuwied]), mhd. Dichter der 2. Hälfte des 13. Jahrhunderts. – Von dem urkundlich nicht erwähnten Dichter überliefert die ›Jenaer Liederhandschrift‹ aus dem beginnenden 14. Jh. sieben Spruchstrophen, die ihn als Fahrenden ausweisen; wurde auch als Verfasser größerer, nur fragmentarisch überlieferter Dichtungen, z. B. der ›Böhmerschlacht‹, der ›Schlacht bei Göllheim‹ und des ›Minnehofs‹, betrachtet. Hierfür gibt es allerdings keine zureichenden Beweise.

Literatur: BACH, A.: Die Werke des Verfassers der Schlacht bei Göllheim. Bonn 1930. – SCHMIDT, RONALD M.: Studien zur dt. Minnerede. Unterss. zu Z. v. Sayn, ... Göppingen 1982.

Zillich, Heinrich, * Kronstadt (Siebenbürgen) 23. Mai 1898, † Starnberg 23. Mai 1988, rumäniendt. Schriftsteller. – Im 1. Weltkrieg österr., 1919 rumän., im 2. Weltkrieg dt. Offizier; studierte in Berlin Staatswiss.; 1924–39 Leiter der siebenbürg. Zeitschrift ›Klingsor‹, 1959–80 der ›Südwestdt. Vierteljahresblätter‹; lebte ab 1936 bei München, später in Starnberg. Sein literar. Werk, das Erzählungen, Novellen, Romane und Lyrik umfaßt, ist seiner siebenbürg. Heimat stark verpflichtet.

Werke: Attilas Ende (Nov., 1923), Die Strömung (Ged., 1924), Siebenbürg. Flausen (En., 1925), Sturz aus der Kindheit (Nov.n, 1933), Zwischen Grenzen und Zeiten (R., 1936), Grünk oder das große Lachen (R., 1949), Der Sprung im Ring (R., 1953), Siebenbürgen. Ein abendländ. Schicksal (1957, Neuausg. 1982), Die große Glocke (Autobiogr., 1963), Kronstadt (Ber., 1982). **Literatur:** Epoche der Entscheidungen ... H. Z. zum 85. Geburtstag. Hg. v. O. SCHUSTER. Köln 1983.

Zimmer, Dieter, * Leipzig 19. Dez. 1939, dt. Journalist und Schriftsteller. – Kam 1953 in die BR Deutschland; studierte Germanistik und Zeitungswiss., war Mitarbeiter bei verschiedenen Rundfunkanstalten; seit 1984 Redaktionsleiter beim ZDF in Mainz. Für das Fernsehen erarbeitete er Dokumentationen und aktuelle Reportagen, u. a. aus der DDR (›Mein Leipzig – lob ich's mir?‹, 1980). Großen Erfolg hatte er mit seinen Erinnerungen in Romanform ›Für'n Groschen Brause‹ (1980), ›Alles in Butter‹ (1982). **Weitere Werke:** Wunder dauern etwas länger (R., 1984), Wenn der Mensch zum Vater wird (Sachb., 1986), Bitte rechts ranfahren (R., 1994).

Zimmertheater, Theater mit sehr kleiner Bühne (↑ Kammerspiele), das meist wegen des Experimentiercharakters des Stückes bzw. der Inszenierung, wegen der polit. Brisanz oder – wie v. a. in der Zeit nach dem 2. Weltkrieg – mangels größerer geeigneter Räume in Privaträumen oder kleinen öffentl. Räumen mit Behelfsbühnen dargeboten wird. Z.aufführungen sind auf Stücke mit wenigen Darstellern beschränkt. – Auch Name kleinerer [Privat]theater.

Zimorowic, Józef Bartłomiej [poln. zimɔ'rɔvits], eigtl. J. B. Ozimek, * Lemberg 20. Aug. 1597, † ebd. 14. Okt. 1677, poln. Dichter. – Bekleidete in Lemberg verschiedene Ämter, ab 1648 mehrmals Bürgermeister; schrieb in poln. Sprache ›Sielanki nowe ruskie‹ (= Neue ruthen. Idyllen, 1663) und in lat. Sprache u. a. eine Chronik Lembergs.

Zimorowic, Szymon [poln. zimɔ'rɔvits], eigtl. S. Ozimek, * Lemberg 1608 oder 1609, † Krakau 21. Juni 1629, poln. Dichter. – Feierte die Hochzeit seines Bruders Józef Bartłomiej Z. (1629) mit dem Gedichtzyklus ›Roksolanki‹ (hg. 1654), der in seiner Einfachheit und Anmut zu den bedeutendsten Leistungen der altpoln. Liebeslyrik gehört.

Zincgref (Zinkgref), Julius Wilhelm, * Heidelberg 3. Juni 1591, † Sankt Goar

12. Nov. 1635, dt. Lyriker. – Sohn eines kurfürstl. Rates; studierte Jura in Heidelberg; 1611–16 Studienreisen in die Schweiz, nach Frankreich, England und in die Niederlande; war u. a. Generalauditeur in Heidelberg, später frz. Gesandtschaftssekretär in Straßburg, danach Landschreiber in Kreuznach und Alzey. Frühbarocker Lyriker und Epigrammatiker des Heidelberger Kreises; am bedeutendsten sind seine Sinnsprüche ›Emblematum ethico-politicorum centuria‹ (1619; 1624 u. d. T. ›Sapientia picta‹) und ›Der Teutschen scharpfsinnige kluge Sprüch‹ (1626, erweitert u. d. T. ›Der Teutschen Scharpfsinnige kluge Sprüch, Apophthegmata genant‹, 2 Bde., 1628 bis 1631). Z. gab ohne M. Opitz' Erlaubnis dessen ›Teutsche Poemata ...‹ (1624) mit 52 eigenen und fremden Gedichten heraus. **Weiteres Werk:** Eine Vermahnung zur Dapfferkeit (Ged., 1625, 1632 u. d. T. Soldaten Lob). **Ausgaben:** J. W. Z. Der Teutschen scharfsinnige kluge Sprüch. Hg. v. K.-H. KLINGENBERG. Neuausg. Ffm. 1985. – J. W. Z. Hundert ethisch-polit. Embleme. Hg. v. A. HENKEL u. W. WIEMANN. Hdbg. 1986. 2 Bde.

Zinner, Hedda, verh. Erpenbeck, Pseudonyme Elisabeth Frank, Hannchen Lobesam, * Lemberg 20. Mai 1905, † Berlin 5. Juli 1994, dt. Schriftstellerin. – Schauspielerin, ab 1929 in Berlin; emigrierte 1933 nach Prag, 1935 nach Moskau; lebte ab 1945 in Berlin. Politisch engagierte sozialist. Dramatikerin, behandelte oft Themen aus der jüngsten Vergangenheit, aus dem kommunist. Widerstand gegen den Nationalsozialismus, auch Frauenthemen. Außerdem schrieb sie Lyrik, Erzählungen und Romane, Hör- und Fernsehspiele, Satiren, Reportagen. **Werke:** Unter den Dächern (Ged., 1936), Caféhaus Payer (Schsp., 1945), Fern und nah (Ged., 1947), Der Teufelskreis (Schsp., 1953), Nur eine Frau (R., 1954), Was wäre, wenn ...? (Kom., 1960), Ravensbrücker Ballade (Schsp., 1961), Ahnen und Erben (R.-Trilogie: Regina, 1968; Die Schwestern, 1970; Fini, 1973), Stücke (1973), Erzählungen (1975), Auf dem roten Teppich (Autobiogr., 1978), Katja (R., 1980), Die Lösung (R., 1981), Glas und Spiegel (Ged., Nachdichtungen, 1985), Arrangement mit dem Tod (R., 1985), Selbstbefragung (Autobiogr., 1989), Ins Leben entlassen (En., 1990).

Zinnespel ↑ Sinnespel.

Zinov'ev, Aleksandr Aleksandrovič, russ. Philosoph und Schriftsteller, ↑Sinowjew, Alexandr Alexandrowitsch.

Zinzendorf, Nikolaus Ludwig Graf von Z. und Pottendorf, * Dresden 26. Mai 1700, † Herrnhut 9. Mai 1760, dt. ev. Theologe und Liederdichter. – Nach pietist. Erziehung studierte Z. 1716–19 in Wittenberg Jura und Theologie; Reisen in die Niederlande, nach Belgien und Frankreich; als kursächsischer Hofrat 1721–27 im Staatsdienst; 1722 gründete er, von überkonfessionellen Glaubensidealen geleitet, durch Ansiedlung böhmisch-mähr. Brüder auf seinem Besitz die Herrnhuter Brüdergemeine; 1737 wurde er zu deren Bischof geweiht. Nach seiner Ausweisung aus Sachsen, v. a. wegen Konflikten mit der Landeskirche, Missionstätigkeit, insbes. 1741–43 unter nordamerikan. Indianern; 1747 Rückkehr nach Sachsen. Verfasser zahlreicher religiöser Schriften, Reden und v. a. über 2000 volkstümlich-geistl. Lieder von pietist. Grundhaltung. Das von Z. begründete ›Losungsbuch‹ (seit 1728 nachweisbar) findet als Jahresleseplan für die Bibel bis heute weite Verbreitung.

Nikolaus Ludwig Graf von Zinzendorf und Pottendorf (Ausschnitt aus einem Kupferstich von Martin Tyroff aus dem Jahr 1748)

Ausgaben: N. L. v. Z. Hauptschrr. 6 Bde. Lpz. u. a. 1732–57. Nachdr. Hildesheim 1962–63, dazu 13 Erg.-Bde. 1964–78. Hg. v. E. BEYREUTHER u. GERHARD MEYER. – N. L. v. Z. Texte zur Mission. Hg. v. H. BINTZ. Hamb. 1979.
Literatur: HUOBER, H.-G.: Z.s Kirchenliederdichtung. Unters. über das Verhältnis v. Erlebnis u. Sprachform. Bln. 1934. – Z.-Gedenkb. Hg. v. E. BENZ, E. u. H. RENKEWITZ. Stg. 1951. – UTTENDÖRFER, O.: Z. u. die Mystik. Bln. 1952. – BEYREUTHER, E.: Z. Marburg 1957–61. 3 Bde. – REICHEL, J.: Dichtungstheorie u. Sprache bei Z.

Bad Homburg v. d. Höhe u. a. 1969. – N. L. Gf. v. Z. Leben u. Werk in Quellen und Darstt. Hg. v. E. BEYREUTHER u. GERHARD MEYER. Barby u. a. 1742–1851. Nachdr. Hildesheim 1971–82 (Bde. 1–18) u. 1984 (Bd. 22) als: Materialien u. Dokumente, Reihe 2. – Z. u. die Herrnhuter Brüder. Quellen zur Gesch. der Brüder-Unität von 1722–1760. Hg. v. H.-CH. HAHN u. H. REICHEL. Hamb. 1977. – MODROW, I.: N. L. v. Z. u. die Brüdergemeinde seiner Zeit. Hildesheim 1994.

Žinzifov, Rajko [makedon. 'ʒinzifɔf], * Veles 15. Febr. 1839, † Moskau 6. Febr. 1877, makedon. Schriftsteller. – Wurde beeinflußt von D. Miladinov; Lehrer; ab 1858 in Rußland, in Moskau Studium der klass. Philologie, Gymnasiallehrer. Ž. schrieb v. a. patriot. Dichtungen, lyr. Gedichte und Epen (auch eine Erzählung), u. a. T. H. Schewtschenko verpflichtet, und war bemüht, die Welt auf das Schicksal seiner Heimat aufmerksam zu machen; Panslawist. Seine Sprache ist eine Mischung aus bulgar. und makedon. Elementen, durchsetzt mit Russizismen; auch Übersetzer und Sammler von Volksdichtung.

Zitat, wörtl. Übernahme einer Textstelle, auch eines mündl. Ausspruchs eines anderen Autors in ein schriftl. Werk (bzw. in die mündl. Rede), zur Erläuterung oder Bestätigung der eigenen Gedanken oder Feststellungen. Im Druck wird das Z. durch Anführungszeichen oder Kursive kenntlich gemacht, mit Nennung des Verfassers und, falls erforderlich, mit einer Quellenangabe, entweder durch bes. Hinweise im Text, durch ↑Fußnoten oder durch Anmerkungen. Die Verfasserangabe kann eventuell entfallen bei Z.en mit breitem Bekanntheitsgrad, sog. ↑geflügelten Worten. In der Literatur wurde es zu einem bewußten epochemäßig verwendeten Stilmittel entwickelt. – Von bes. Bedeutung für die Wiss. sind Z.e oder Z.ensammlungen aus der Antike oder dem MA, die oft das einzige Zeugnis von verlorenen Werken sind.
Literatur: MEYER, H.: Das Z. in der Erzählkunst. Stg. 1961. – SCHNEIDER, ULRICH: Die Funktion des Z.es im ›Ulysses‹ v. J. Joyce. Bonn 1970. – SIESS, J.: Z. u. Kontext bei G. Büchner. Göppingen 1975. – CRONIN, B.: The citation process. The role and significance of citations in scientific communication. London 1984. – VOSS, L.: Literar. Präfiguration dargestellter Wirklichkeit bei Fontane. Mchn. 1985.

Ziverts, Mārtiņš [lett. 'zi:vɛrts], * Mež-
muiža 5. Jan. 1903, † Stockholm 4. Okt.
1990, lett. Dramatiker. – Nach Studium
und Arbeit als Dramaturg und Theaterkritiker trat Z. seit 1931 mit zunehmen-
dem Erfolg mit eigenen Stücken an die
Öffentlichkeit; er gehört zu den besten
lett. Dramatikern der Gegenwart. Obwohl er ab 1944 in der Emigration lebte,
wurden seine Werke auch in der Sowjetunion aufgeführt, so ›Der Schwan von
Avon‹ (Dr., 1938, dt. 1938), ›Ķīnas vāze‹
(= Chin. Vase, Dr., 1940), ›Minhauzena
precības‹ (= Münchhausens Heirat, Dr.,
1941). In der Emigration entstanden
u. a.: ›Kāds, kura nav‹ (= Einer, den es
nicht gibt, Dr., 1948), ›Smilšu tornis‹
(= Der Sandturm, Dr., 1957).

Ziyādaʰ, Mayy, ägypt. Schriftstellerin
libanes. Herkunft, † Sijada, Maij.

Ziya Gökalp, Mehmet [türk. zi'jɑ
gœ'kɑlp], * Diyarbakır 23. März 1876,
† Konstantinopel (heute Istanbul)
25. Okt. 1924, türk. Schriftsteller. – Seiner
liberalen Gesinnung wegen im Gefängnis; nach der Revolution im Jahre 1908
Mitglied des jungtürk. ›Komitees für
Einheit und Fortschritt‹; 1915–19 Dozent für Soziologie in Konstantinopel,
1923 Abgeordneter. Verfasser von soziol-
log. Schriften; daneben Dichtungen, die
von der Mythologie bestimmt sind;
wollte mit seiner literar. Tätigkeit ein
türk. Volksbewußtsein schaffen. 1922 erschienen 16 seiner Gedichte in dt. Übersetzung.
Literatur: HEYD, U.: The foundations of Turk-
ish nationalism. The life and teachings of Z. G.
London 1950.

Zlatar [serbokroat. ˌzla:ta:r], ragusan.
(kroat.) Dichter, † Čubranović, Andrija.

Zlatarić, D[om]inko [serbokroat. ˌzla-
tarite], * Ragusa (Dubrovnik) 1558, † ebd.
1609 (1613?), ragusan. (kroat.) Lyriker. –
Schrieb petrarkist. Lyrik (›Pjesni razlike‹
[= Verschiedene Gedichte], gedr. 1854);
bed. als Übersetzer T. Tassos, Sophokles'
und Ovids.
Literatur: VAILLANT, A.: La langue de D. Z.,
poète ragusain de la fin du XVIᵉ siècle. Paris
1928–31. 2 Bde.

Zlobec, Ciril [slowen. 'zlo:bɛts], * Po-
nikve 4. Juli 1925, slowen. Schriftsteller. – Schrieb desillusionierte Gedanken-

lyrik und Prosa mit neoexpressionist.
und surrealist. Zügen; auch Liebesgedichte (›Pesmi ljubezni‹, 1981); übersetzte insbes. aus der italien. Literatur.

Zmaj [serbokroat. zma:j], Pseudonym
des serb. Lyrikers Jovan † Jovanović.

Żmichowska, Narcyza [poln. ʒmi-
'xɔfska], Pseudonym Gabryella, * Warschau 4. März 1819, † ebd. 24. Dez. 1876,
poln. Schriftstellerin. – Führende Persönlichkeit des demokrat. Dichterinnen-
kreises der Entuzjastki; Vorkämpferin
der Frauenemanzipation. Mit ihrem
Werk gehört sie zur poln. Romantik. Sie
schrieb gedanklich reiche, formal vollendete Lyrik, Poeme und Romane, in denen sie sich auch für eine Neuordnung
der Gesellschaft einsetzte.
Werk: Poganka (= Die Heidin, R., 1846, vollständig 1861).
Ausgabe: N. Ż. Wybór powieści. Warschau
1953. 2 Bde.
Literatur: STĘPIEŃ, M.: N. Ż. Warschau 1968. –
WOŹNIAKIEWICZ-DZIADOSZ, M.: Między buntem
a rezygnacją. O powieściach N. Żmichowskiej.
Warschau 1978.

Zobeltitz, Fedor von, * Spiegelberg
(heute zu Neustadt/Dosse, Landkreis
Kyritz) 5. Okt. 1857, † Berlin 10. Febr.
1934, dt. Schriftsteller. – War zunächst
Offizier, danach Verwaltung des väterl.
Guts; in Berlin Redakteur der ›Militär.
Blätter‹; unternahm weite Reisen; Begründer der Gesellschaft der Bibliophi-
len und 1897–1909 Redakteur von deren
›Zeitschrift für Bücherfreunde‹, ab 1904
Hg. der ›Neudrucke literarhistor. Selten-
heiten‹; schrieb Romane aus der preuß.
Adelsgesellschaft und dem Offiziers-
leben (›Die Pflicht gegen sich selbst‹,
1894); auch Dramatiker.
Weitere Werke: Die Johanniter (R., 1894), Der
gemordete Wald (R., 1898), Besser Herr als
Knecht (R., 1900), Ich hab so gern gelebt (Autobiogr., 1934).

Zobeltitz, Hanns von, * Spiegelberg
(heute zu Neustadt/Dosse, Landkreis
Kyritz) 9. Sept. 1853, † Bad Oeynhausen
4. April 1918, dt. Schriftsteller. – Bruder
von Fedor von Z.; nahm am Dt.-Frz.
Krieg 1870/71 teil; 1886 Lehrer an der
Kriegsakademie Potsdam; wurde 1890
Redakteur von ›Daheim‹ und ›Velhagen
und Klasings Monatsheften‹; schrieb
Unterhaltungsromane, Novellen und

Autobiographisches (›Im Knödelländchen und anderswo‹, 1916); am besten in der Schilderung seiner Heimat (›Auf märk. Erde‹, R., 1910).
Weitere Werke: Gräfin Langeweile – Ihr Bild (Nov.n, 1889), Der Alte von Güntersloh (E., 1892), Die ewige Braut (R., 1894), Der Stärkere (R., 1899), Frau Carola (R., 1902), Arbeit (E., 1904), Der Bildhauer (R., 1906), Glückslasten (R., 1909), Sieg (R., 1912), Der Herr im Haus (R., 1914).

Zoderer, Joseph, * Meran 25. Nov. 1935, Südtiroler Schriftsteller. – Studium der Philosophie, Psychologie und der Rechte in Wien, arbeitete dort für mehrere Tageszeitungen; bis 1981 Journalist für eine Rundfunkanstalt in Bozen. Reisen in die USA, nach Kanada und Mexiko. Lebt seit 1981 als freier Schriftsteller in Südtirol; Mitglied der Grazer Autorenversammlung. Z.s Romanwerk kreist um Fragen von Fremdheit, Einsamkeit und Sprache sowie um Erkenntnisprozesse. In seinem ersten Roman (›Das Glück beim Händewaschen‹, 1976, verfilmt 1982) beschreibt Z. die schwierigen Jugendjahre in einem Internat in der Schweiz auf der Suche nach der eigenen Identität. Der mit mehreren Preisen ausgezeichnete und verfilmte Roman ›Die Walsche‹ (1982) hat den Konflikt der Sprachgruppen in Südtirol zum Thema. Außerdem Verfasser von Gedichten, z. T. in Südtiroler Mundart.
Weitere Werke: S Maul auf der Erd ... (Ged., 1974), Die elfte Häutung (Ged., 1975), Pappendeckelgedichte (Ged., 1979), Lontano (R., 1984), Dauerhaftes Morgenrot (R., 1987).

Zoff, Otto, * Prag 9. April 1890, † München 14. Dez. 1963, österr. Schriftsteller. – Verlagslektor, 1919–23 Dramaturg an den Münchner Kammerspielen; 1923–25 Verlagsdirektor in München, später freier Schriftsteller und Regisseur, ging 1935 nach Italien, 1941 nach New York; 1949 Rückkehr nach Deutschland, dann Korrespondent in New York. Begann mit Romanen, dann v. a. Dramatiker und Hörspielautor; bes. Erfolg hatte er mit seinen Bühnenbearbeitungen der Werke klass. Autoren.
Werke: Das Haus am Wege (R., 1913), Kerker und Erlösung (Dr., 1918), Der Schneesturm (Dr., 1919), Der Winterrock (R., 1919), Die Liebenden (R., 1929), Rosen und Vergißmeinnicht (Kom., 1933), König Hirsch (Kom., 1959; nach C. Gozzi), Die Glocken von London (Dr., 1960; nach Ch. Dickens), Die Geschwister Erskine (Dr., 1961), Tagebücher aus der Emigration 1939–44 (hg. 1968).

Zohar [hebr.], Hauptwerk der jüd. Kabbala, ↑ Sohar.

Zola, Émile [Édouard Charles Antoine] [frz. zɔ'la], * Paris 2. April 1840, † ebd. 29. Sept. 1902, frz. Schriftsteller. – Sohn eines Ingenieurs italien. Herkunft; wuchs in Aix-en-Provence auf (bis 1858; Freundschaft mit P. Cézanne), dann Schüler des Pariser Lycée Saint-Louis; ab 1862 Tätigkeit als Verlagsangestellter im Hause Hachette; wandte sich 1866 ganz dem Journalismus und der Literatur zu; setzte sich als Kunstkritiker für den Impressionismus in der Malerei ein; vom Ende der 1870er Jahre an war er Mittelpunkt des Kreises von ↑ Médan, einer Gruppe junger Schriftsteller, die wie er den literar. Naturalismus zum Programm erhoben; während der Dreyfusaffäre machte er sich mit einem offenen Brief an den Präsidenten der Republik zum Anwalt des unschuldig Verurteilten (›J'accuse‹, veröffentlicht in der Tageszeitung ›L'Aurore‹ am 13. Jan. 1898); mußte danach vorübergehend (Juli 1898 bis Juni 1899) ins Exil nach England gehen. – Z. wurde nach kurzer romant. Periode unter dem Einfluß von H. Taine, des Physiologen Claude Bernard (* 1813, † 1878) und der Brüder Goncourt zum unbestrittenen Haupt des europ. Naturalismus; im Mittelpunkt seines Hauptwerkes, des 20teiligen Romanzyklus ›Die Rougon-Macquart. Die Geschichte einer Familie unter dem 2. Kaiserreich‹ (1871–93, dt. 1892–99), steht die Frage nach der Rolle von Vererbung und Milieu im Leben des Menschen; das Werk, dessen wiss. Zielsetzung und Methodik der Verfasser in seiner theoret. Abhandlung ›Der Experimentalroman‹ (1880, dt. 1904) darlegte, entstand aufgrund umfangreicher, mit wiss. Exaktheit vorgenommener Dokumentation und gibt ein umfassendes Zeitgemälde der frz. Gesellschaft; bes. bekannt wurden daraus ›Der Totschläger‹ (1877, dt. 1882, 1880 u. d. T. ›Das Assommoir‹, 1925 u. d. T. ›Die Schnapsbude‹), ›Nana‹ (1880, dt. 2 Bde., 1881), ›Germinal‹ (1885, dt. 2 Bde., 1885) und ›Der Zusammenbruch‹ (1892, dt.

Émile Zola

3 Bde., 1893). Während Z.s determinist. Romantheorie die Vertiefung der Charakterschilderung hemmt, zeigt sich sein Künstlertum in seinem an den Impressionisten geschulten Erzählstil, durch den er das Eigenleben der Dinge sichtbar werden läßt, und in seiner Fähigkeit, die Entwicklung der modernen Technik und des Großstadtlebens als etwas Unheimliches und Geheimnisvolles erlebbar zu machen. Eine mehr idealistisch-optimist. Einstellung zeigt die Romantrilogie ›Die drei Städte‹ (›Lourdes‹, 1894, dt. 3 Bde., 1895; ›Rom‹, 1896, dt. 3 Bde., 1896; ›Paris‹, 1898, dt. 3 Bde., 1898), ebenso der vom Geist eines fortschrittlich-humanitären Sozialreformers erfüllte Romanzyklus ›Die vier Evangelien‹ (›Fruchtbarkeit‹, 1899, dt. 2 Bde., 1900; ›Arbeit‹, 1901, dt. 2 Bde., 1901; ›Wahrheit‹, 1903, dt. 2 Bde., 1902; ›Justice‹, unvollendet, hg. 1927). Z. verfaßte auch Dramatisierungen seiner Romane, u. a. ›Therese Raquin‹ (1867, dt. 1882; Dr., 1878, dt. 1887).

Weitere Werke: Erzählungen an Ninon (1864, dt. 1880), Die Beichte eines Knaben (R., 1865, dt. 1887, 1882 u. d. T. Die Beichte eines Jünglings), Magdalena (R., 1868, dt. 1884), Neue Erzählungen an Ninon (1874, dt. 1892), Kapitän Burle (En., 1882, dt. 1898), Renée (Dr., 1887, dt. 1888).

Ausgaben: É. Z. Les œuvres complètes. Hg. mit Anm. u. Kommentaren v. M. LE BLOND. Paris 1927–28. 50 Bde. – É. Z. Les Rougon-Macquart. Hg. v. H. MITTERAND. Paris 1960–67. 5 Bde. – É. Z. Œuvres complètes. Hg. v. H. MITTERAND. Paris 1966–70. 15 Bde. – É. Z. Die Rougon-Macquart. Dt. Übers. Hg. v. R. SCHOBER. Neuausg. Bln. 1986. 20 Bde. – É. Z. Carnets d'enquêtes. Hg. v. H. MITTERAND. Paris 1987. – É. Z. Schriften zur Kunst. Die Salons von 1866 bis 1896. Dt. Übers. v. U. AUMÜLLER. Ffm. 1988.

Literatur: LANOUX, A.: Bonjour, Monsieur Z. Paris 1954. Nachdr. ²1978. – WALTER, G.: É. Z. Der Deuter des Fin de Siècle. Mchn. 1959. – MITTERAND, H./SUWALA, H.: Z. journaliste. Bibliographie chronologique et analytique. Paris 1968–72. 2 Bde. – NIESS, R.: Z., Cézanne and Manet. Ann Arbor (Mich.) 1968. – WALKER, P.: É. Z. London 1969. – DEZALAY, A.: Lectures de Z. Paris 1973. – DAUS, R.: Z. u. der frz. Naturalismus. Stg. 1976. – GUMBRECHT, H. U./HASSAUER-ROOS, F. J.: É. Z. In: Frz. Lit. des 19. Jh. Hg. v. W.-D. LANGE. Bd. 3. Hdbg. 1980. S. 212. – KORN, K.: Z. in seiner Zeit. Ffm. 1980. – HEMMINGS, F. W.: É. Z. Chronist u. Ankläger seiner Zeit. Dt. Übers. Ffm. Neuaufl. 1981. – MÜLLER, PETER: É. Z. Der Autor im Spannungsfeld seiner Epoche. Stg. 1981. – RIPOLL, R.: Réalité et mythe chez Z. Paris 1981. – BERNARD, M.: É. Z. Rbk. 24.–26. Tsd. 1982. – NELSON, B.: É. Z. A selective analytical bibliography. London 1982. – WIESE, G.: É. Z. Salzburg 1982. – DEZALAY, A.: L'Opéra des Rougon-Macquart. Essai de rythmologie romanesque. Paris 1983. – GUIEU, J.-M.: Le théâtre lyrique d'É. Z. Paris 1983. – BEST, J.: Expérimentation et adaptation. Essai sur la méthode naturaliste de Z. Paris 1986. – BUUREN, M. VAN: ›Les Rougon-Macquart‹ de É. Z. Paris 1986. – TOUBIN-MALINAS, C.: Heurs et malheurs de la femme au XIXᵉ siècle. D'après ›Fécondité‹ de Z. Paris 1986. – MITTERAND, H.: Z. et le naturalisme. Paris ²1989. – Z. and the craft of fiction. Hg. v. R. LETHBRIDGE u. a. Leicester 1990. – BRAUN, M.: E. Z. u. die Romantik. Tüb. 1993. – SUWAK, H.: Autour de Z. et du naturalisme. Paris u. a. 1993.

Zollinger, Albin, *Zürich 24. Jan. 1895, †ebd. 7. Nov. 1941, schweizer. Schriftsteller. – Lebte als Kind vier Jahre in Argentinien, wohin sein Vater ausgewandert war, ab 1907 wieder in der Schweiz; ab 1921 Lehrer in Zürich; Mitarbeiter der Monatsschrift ›Die Zeit‹. Z. war ein traditionellen Formen verpflichteter Erzähler und Lyriker; in seinen Gedichten gelang es ihm, Empfindung, Sinnlichkeit und Sehnsucht in Sprache zu verwandeln. Auch kulturkrit. und polit. Schriften, in denen er seit Mitte der 1930er Jahre die zu nachgiebige Haltung der Schweiz gegenüber dem nat.-soz. Deutschland kritisierte.

Werke: Der halbe Mensch (R., 1929), Gedichte (1933), Sternfrühe (Ged., 1936), Stille des Herbstes (Ged., 1938), Die große Unruhe (R., 1939), Haus des Lebens (Ged., 1939), Pfannenstiel (R., 2 Tle., 1940–42), Der Fröschlacher Kuckuck (R., 1941).

Ausgaben: A. Z. Ges. Werke. Zü. 1961–62. 4 Bde. – A. Z. Werke. Hg. v. G. HUONKER u. a.

Zü. u. Mchn. 1981–84. 6 Bde. – A. Z. Briefe. Hg. v. S. WEIMAR. Zü. 1987.
Literatur: HÄFLIGER, P.: Der Dichter A. Z. 1895–1941. Frib. 1954. – ALBRECHT, B.: Die Lyrik A. Z.s. Zü. 1964 (mit Bibliogr.).

Zopfi, Emil, * Wald 4. Jan. 1943, schweizer. Schriftsteller. – Studium der Elektrotechnik, Tätigkeit als Programmierer und Systemingenieur; seit 1981 freier Schriftsteller. Zentrales Thema seines literar. Schaffens ist der Mensch in Auseinandersetzung mit seiner Arbeit, die durch die moderne Computertechnik zunehmend verändert wird. Entfremdungsprozesse und die Funktionalisierung des Menschen werden evident, gesellschaftspolit. Auswirkungen werden angeschnitten; auch Verfasser von Kinderbüchern und Hörspielen.
Werke: Jede Minute kostet 33 Franken (R., 1977), Susanna und die siebenhunderttausend Zwerge (E., 1978), Mondmilchsteine (R., 1979), Computer für tausendundeine Nacht (R., 1980), Die fliegende Katze (E., 1981), Cooperativa oder das bessere Leben (R., 1981), Suche nach dem andern (R., 1982), Lebensgefährlich verletzt. Eine Nachforschung (1984), Die Wand der Sila (E., 1986), Die elektron. Schiefertafel. Nachdenken über Computer (1988), Die Fabrikglocke (R., 1991), Sanduhren im Fels. Erzählungen und Reportagen (1994).

Zoppi, Giuseppe, * Broglio (Tessin) 12. Sept. 1896, † Locarno 18. Sept. 1952, schweizer. Schriftsteller. – War 1931–51 Prof. für italien. Sprache an der ETH Zürich; schrieb in italien. Sprache, bemühte sich um die Vermittlung zwischen dt. und italien. Literatur; lebendige Schilderungen der Alpenlandschaft und des heimatl. Tessins.
Werke: Das Buch von der Alp (Erinnerungen, 1922, dt. 1939), Il libro dei gigli (E., 1924), Als ich noch Flügel hatte (Erinnerungen, 1926, dt. 1966), Tessiner Legenden (1926, dt. 1933), Antologia della letteratura italiana ad uso degli stranieri (4 Bde., 1939–43; Hg.), Mein Tessin (1939, dt. 1941), Dove nascono i fiumi (R., 1950).

Zoranić, Petar [serbokroat. ˌzɔranitɛ], * Zadar 1508, † ebd. zw. 1543 und 1569 (?), kroat. Schriftsteller. – Schrieb, u. a. in Anlehnung an I. Sannazaros Roman ›Arcadia‹, den ersten kroat. Prosaroman, die allegor. Schäferidylle ›Planine‹ (= Gebirge, entst. 1536, gedr. 1569).
Literatur: Zadarska revija 5 (1965). Sonder-H. P. Zoranić.

Zorin, Leonid Genrichovič, russ. Dramatiker, ↑ Sorin, Leonid Genrichowitsch.

zornige junge Männer ↑ Angry young men.

Zoroaster ↑ Zarathustra.

Zorrilla de San Martín, Juan [span. sɔ'rrija ðe sanmar'tin], * Montevideo 28. Dez. 1855, † ebd. 4. Nov. 1931, uruguay. Schriftsteller. – War Prof. für Literatur in Montevideo, Abgeordneter und Diplomat; einer der bedeutendsten Lyriker und Epiker seines Landes; schrieb, der Romantik verpflichtet, das uruguay. Nationalepos ›Tabaré‹ (1886, endgültige Fassung 1923, dt. 1911 in: ›Aus dem Landen‹, hg. von J. Fastenrath), daneben die heroische Dichtung ›La leyenda patria‹ (1879), Essays und Reiseberichte.
Ausgabe: J. Z. de S. M. Obras completas. Montevideo 1930. 16 Bde.
Literatur: LAUXAR (d. i. CRISPO ACOSTA, O.): J. Z. de S. M. Montevideo 1955. – BORDOLINO, D. L.: Vida de J. Z. de S. M. Montevideo 1961.

Zorrilla y Moral, José [span. θo'rriʎa i mo'ral], * Valladolid 21. Febr. 1817, † Madrid 23. Jan. 1893, span. Dichter. – Studierte Jura, wandte sich aber bald in Madrid der Literatur und dem Journalismus zu; ab 1846 in Frankreich, 1855–66 Hofdichter Kaiser Maximilians in Mexiko; 1882 Mitglied der Span. Akademie, 1889 in der Alhambra zum Dichter gekrönt. Bed. volkstüml. Lyriker und Epiker der span. Romantik; ging von der frz. Romantik aus, fand aber bald seinen eigenen Stil, bes. mit den Verslegenden ›Cantos del trovador‹ (3 Bde., 1840/41), denen sich weitere, an der altspan. Romanceroliteratur orientierte ›leyendas‹ (Legenden) anschlossen, in denen er v. a. die nat. und religiösen Traditionen und die ritterl. Liebe besang (›Granada‹, 1852; ›La leyenda del Cid‹, 1882). Dieselbe Richtung verfolgte Z. y M. in seinen zahlreichen Dramen, unter denen seine religiös-phantast. Bearbeitung des Don-Juan-Stoffes ›Don Juan Tenorio‹ (1844, dt. 1850) als eines des vollendetsten Dramen der span. Bühnenkunst gilt.
Weitere Werke: A buen juez, mejor testigo (Legende, 1838), El zapatero y el rey (Dr., 2 Tle., 1840), Vigilias del estío (Ged., 1842), El puñal del godo (Dr., 1843), Traidor, inconfeso y mártir (Dr., 1849).

Ausgabe: J. Z. M. Obras completas. Eingerichtet u. mit Vorwort u. Anm. versehen v. N. ALONSO CORTÉS. Valladolid 1943. 2 Bde.
Literatur: ALONSO CORTÉS, N.: Z. Su vida 026us obras. Valladolid ²1942. 3 in 1 Bd. – AGUIRRE, J. M.: Z. y García Lorca. Leyendas y romances gitanos. In: Bulletin Hispanique H. 1/2 (1979), S. 75. – GIES, D. T.: J. Z. and the betrayal of Spanish Romanticism. In: Romanist. Jb. 31 (1980), S. 339.

Zorut (Zorutt), Pieri, italien. Pietro Zorutti, * Lonzano (heute zu Dolegna del Collio, Prov. Gorizia) 27. Dez. 1792, † Udine 23. Febr. 1867, rätoroman. Dichter. – Schrieb in friaul. Mundart; wurde v. a. bekannt durch seine politisch gefärbten satir. Almanache (›Strolics‹), die er von 1821 an veröffentlichte. Gilt mit seinem umfangreichen lyr. Werk, das teils in der burlesken Dichtung des 18. Jh. wurzelt, aber auch der Romantik verpflichtet ist, als einer der bedeutendsten Dichter Friauls.
Ausgaben: Pietro Zorutti. Le poesie friulane. Mit Anmerkungen hg. v. B. CHIURLO. Udine 1911 (mit Bibliogr.). – P. Z. Poesie scelte. Udine 1949.
Literatur: CHIURLO, B.: Pietro Zorutti, poeta del Friuli. Padua 1942.

Zoščenko, Michail Michajlovič, russ.-sowjet. Schriftsteller, ↑ Soschtschenko, Michail Michailowitsch.

Zozulja, Efim Davydovič, russ.-sowjet. Schriftsteller, ↑ Sosulja, Jefim Dawydowitsch.

Zrínyi, Miklós (Nikola) Graf [ungar. 'zri:nji], * Burg Ozalj bei Karlovac 1. Mai 1620, † bei Čakovec (Murinsel) 18. Nov. 1664 (Jagdunfall), Ban von Kroatien (seit 1649) und ungar. Dichter. – Bereiste 1636 Italien; kämpfte siegreich gegen die Osmanen; wurde zum polit. Gegner der Habsburger; zog sich später verbittert auf sein Gut zurück. Z.s berühmtestes Werk ist das Heldenepos ›Obsidio Szigetiana‹ (1651, dt. u. d. T. ›Der Fall von Sziget‹, 1944), in dem er den heroischen Kampf seines Urgroßvaters gegen die Osmanen besingt. Daneben schrieb er Liebesidyllen, in denen er G. Marino u. a. Barockdichter nachahmte, und politische Prosa. Z. gilt als größter ungar. Dichter des 17. Jahrhunderts.
Literatur: KLANICZAY, T.: Z. M. Budapest ²1964. – JONES, D. M.: Five Hungarian writers. Oxford 1966.

Zschokke, Johann Heinrich Daniel ['tʃɔkə], Pseudonyme Johann von Magdeburg, L. Weber, * Magdeburg 22. März 1771, † Aarau 27. Juni 1848, schweizer. Schriftsteller dt. Herkunft. – Studierte 1789–92 Jura, Theologie, Philosophie und Geschichte; Pfarrer in Magdeburg; ab 1796 in der Schweiz, Erzieher in Graubünden, ab 1798 im Dienst der helvet. Regierung; 1804 Oberforst- und Bergrat, 1814 Mitglied des Großen Rats in Aarau u. a. Staatsämter; auch als Hg. und Journalist tätig. Realist. Erzähler und Dramatiker mit moralisierender Tendenz, zunächst unter dem Einfluß der Schauerromantik, später verfolgte er aufklärer. Absichten; auch histor. Romane.
Werke: Abällino, der große Bandit (R., 1793, Dr. 1795), Julius von Sassen (Trag., 1796), Histor. Denkwürdigkeiten der schweizer. Staatsumwälzung (3 Bde., 1803–05), Das Goldmacher-Dorf (E., 1817), Bilder aus der Schweiz (Schrr., 5 Bde., 1824–26), Eine Selbstschau (Autobiogr., 1842).
Literatur: BÖNING, H.: H. Z. u. sein ›Aufrichtiger u. wohlerfahrener Schweizerbote‹: die Volksaufklärung in der Schweiz. Bern u. Ffm. 1983.

Zschokke, Matthias ['tʃɔkə], * Bern 20. Okt. 1954, schweizer. Schriftsteller. – Schauspieler, lebt in Berlin. Wurde bekannt durch seinen z. T. autobiograph. Roman ›Max‹ (1982), dessen Hauptfigur in der Großstadt Berlin auf der Suche nach ihrer Identität ist und die Unmöglichkeit erkennt, in dieser Welt zu leben und zu überleben; was bleibt, ist die banale, lärmende, lächerl. und vernichtende Wirklichkeit. Auf witzig-ironische Weise stellt Z. die Gesellschaft in Frage, wobei er sämtl. Normen und formale Grenzen traditioneller Erzählliteratur überschreitet. Für seinen Film ›Edvige Scimitt‹ (1985) erhielt er bei der Berlinale 1986 den Preis der dt. Filmkritik.
Weitere Werke: Prinz Hans (R. und Dr., 1984), ErSieEs (Prosa, 1986), Brut. Schauspiel mit Musik (1986), Piraten (R., 1991).

Zschorsch, Gerald K. [tʃɔrʃ], * Elstersberg (Landkreis Greiz) 25. Dez. 1951, dt. Schriftsteller. – 1968 und 1972 wegen seiner schriftsteller. Arbeit und öffentl. Äußerungen in der DDR zu längeren Haftstrafen verurteilt; 1974 Abschiebung in die BR Deutschland. Neben Prosastücken und Liedern bilden Gedichte den Schwerpunkt seines Werkes. Dominierte dabei zunächst die Auseinandersetzung mit dem an der Alltagswirklichkeit und der eigenen Biographie gespiegelten System der DDR (›Glaubt bloß nicht, daß ich traurig bin‹, Ged., 1977, erweitert 1981), so verarbeitet Z. in seiner jüngeren Lyrik zunehmend Motive der selbsterfahrenen Heimatlosigkeit und Orientierungslosigkeit sowie Impressionen des großstädt. Lebens.

Weitere Werke: Schattenstadt. Ein Prosafragment, ein Funkspiel und 16 Gedichte (1981), Der Duft der anderen Haut (Ged., 1982), Klappmesser (Ged., 1983), Gambit (Ged., 1988), Spitznasen (Ged., 1990).

Zuccari, Anna [italien. 'tsukkari], italien. Schriftstellerin, ↑ Neera.

Carl
Zuckmayer

Zuckmayer, Carl, * Nackenheim (Landkreis Mainz-Bingen) 27. Dez. 1896, † Visp (Kanton Wallis) 18. Jan. 1977, dt. Schriftsteller. – Nach Teilnahme am 1. Weltkrieg Studium in Frankfurt am Main und Heidelberg, danach Dramaturg in Kiel, München und Berlin. Wegen seiner öffentl. Stellungnahmen gegen die Nationalsozialisten wurde die Aufführung seiner Stücke 1933 verboten. Lebte 1926–38 meist in Henndorf bei Salzburg; emigrierte 1938 in die Schweiz, 1939 in die USA, wo er als Farmer und Schriftsteller lebte; nach dem Krieg kehrte er als Zivilangestellter der amerikan. Regierung nach Deutschland zurück; lebte ab 1958 in Saas Fee in der Schweiz (1966 schweizer. Staatsbürger). Z. war ein äußerst erfolgreicher Schriftsteller, viele seiner Stücke und Romane wurden verfilmt oder dramatisiert; in

seinem dramat. Schaffen war er stark der Tradition verbunden; er verknüpfte geschickt unbeschwerte Natürlichkeit, herzhafte Sinnenfreude, lyr. Verträumtheit, Humor und Satire; häufig Verwendung der rheinhess. Mundart. Einen seiner größten Erfolge erzielte er mit dem satir. Stück ›Der Hauptmann von Köpenick‹ (1930) über den preuß. Militarismus. In seinem späteren Werk setzte er sich mit dem Ethos der Freiheit und mit zeitgeschichtl. Themen auseinander. Er erhielt u.a. 1925 den Kleist-Preis, 1929 den Georg-Büchner-Preis, 1960 den Österr. Staatspreis für europ. Literatur.

Weitere Werke: Kreuzweg (Dr., 1921), Der fröhl. Weinberg (Lsp., 1925), Schinderhannes (Dr., 1927), Katharina Knie (Dr., 1929), Der Schelm von Bergen (Dr., 1934), Salware oder die Magdalena von Bozen (R., 1935), Ein Sommer in Österreich (E., 1937), Herr über Leben und Tod (R., 1938), Der Seelenbräu (E., 1945), Des Teufels General (Dr., 1946), Gedichte 1916–1948 (1948), Barbara Blomberg (Dr., 1949), Der Gesang im Feuerofen (Dr., 1950), Die Erzählungen (1952; darin u.a. Engele von Loewen), Das kalte Licht (Dr., 1955), Die Fastnachtsbeichte (E., 1959), Gedichte (1960), Die Uhr schlägt eins (Dr., 1960), Das Leben des Horace A. W. Tabor (Dr., 1964), Als wär's ein Stück von mir (Erinnerungen, 1966), Henndorfer Pastorale (Erinnerungen, 1972), Der Rattenfänger (Schsp., 1975).

Ausgaben: C. Z. Meistererzählungen. Ffm. 66.–74. Tsd. 1974. – C. Z. Werkausg. in 10 Bden. 1920 bis 1975. Ffm. 1976. – C. Z. Aufruf zum Leben. Porträts und Zeugnisse aus bewegten Zeiten. Ffm. 16.–20. Tsd. 1977. – C. Z. Meisterdramen. Mit einem Nachwort v. G. F. HERING. Ffm. 25.–30. Tsd. 1980.

Literatur: JACOBIUS, A. J.: C. Z. Eine Bibliogr. 1917–1971. Ffm. 1971. – JACOBIUS, A. J.: Motive u. Dramaturgie im Schauspiel C. Z.s. Ffm. 1971. – ROTERMUND, E.: Zur Erneuerung des Volksstückes in der Weimarer Republik. Z. u. Horváth. In: Über Ödön v. Horváth. Hg. v. D. HILDEBRANDT u. T. KRISCHKE. Ffm. 1972. – GREINER, M.: C. Z. als Volksdichter. In: Theater u. Gesellschaft. Hg. v. J. HEIN. Düss. 1973. S. 161. – LANGE, R.: C. Z. Velber ²1973. – Festschr. f. C. Z. Bearb. v. B. GLAUERT. Mainz 1976 (mit Bibliogr.). – BAUER, A.: C. Z. Bln. ²1977. – C. Z. Das Bühnenwerk im Spiegel der Kritik. Hg. v. B. GLAUERT. Ffm. 1977. – C. Z. Ein Jb. 1 (1978)ff. – WAGENER, H.: C. Z. Mchn. 1983. – C. Z. Materialien zu Leben u. Werk. Hg. v. H. KIESER. Ffm. 1986. – MEWS, C.: C. Z. Ffm. ⁵1992. – AYCK, T.: C. Z. Rbk. 28.–30. Tsd. 1993.

Zuhayr Ibn Abī Sulmà, altarab. Dichter, ↑ Suhair Ibn Abi Sulma.

Zuihitsu [jap. zu'ihi̯tsu] ↑ Suihitsu.

Žukauskas, Antanas [litauisch ʒʊ-'ka:u̯skas], litauischer Schriftsteller, ↑ Vienuolis, Antanas.

Zukofsky, Louis [engl. zʊ'kɔfskɪ], * New York 23. Jan. 1904, † Port Jefferson (N. Y.) 12. Mai 1978, amerikan. Lyriker. – Sohn russ. Einwanderer; war u. a. 1947–65 Dozent für Englisch am Polytechnic Institute in Brooklyn. Z.s erst spät bekannt gewordenes lyr. Werk gehört zu der u. a. auch von W. C. Williams in den 30er Jahren vertretenen Dichtung des Objektivismus, die im Ggs. zum Imagismus das Gedicht als konkretes Objekt betrachtet und den Prozeß der Dichtung, nicht das Resultat betont. Z.s Hauptwerk ›A‹, dessen 24 Teile 1927–28 entstanden, experimentiert mit den Bauelementen der Sprache, dem Alphabet von A–Z, und unterstreicht die Bedeutung der Zeit sowie die sich prozessual entfaltende Unmittelbarkeit der Erfahrung. Z. schrieb zahlreiche Studien, in denen er seine ästhet. Theorie erläutert, zwei Romane (u. a. ›It was‹, 1961, 1968 u. d. T. ›Ferdinand‹) und ein Drama; er übersetzte Catull zus. mit seiner Frau Celia, die auch Teile seiner ›Autobiography‹ (1970) ebenso wie Shakespeares ›Pericles‹ vertonte (abgedr. in Z.s Studie ›Bottom. On Shakespeare‹, 2 Bde., 1963).
Weitere Werke: An ›Objectivists‹ anthology (1932; Hg.), A test of poetry (Studie, 1948), All the collected short poems 1923–58 (Ged., 1965), All the collected short poems 1956–58 (Ged., 1966), Prepositions. The collected essays of L. Z. (1967, revidiert 1981).
Literatur: L. Z., man and poet. Hg. v. C. F. TERRELL. Orono (Maine) 1979. – AHEARN, B.: Z.s ›A‹. An introduction. Berkeley (Calif.) 1983.

Žukovskij, Vasilij Andreevič, russ. Dichter, ↑ Schukowski, Wassili Andrejewitsch.

Żukrowski, Wojciech [poln. ʒu-'krɔfski], * Krakau 14. April 1916, poln. Schriftsteller. – Im 2. Weltkrieg Soldat der Heimatarmee; ab 1953 Korrespondent in Nord-Vietnam, 1956–59 Botschaftsrat in Indien, 1986–89 Vorsitzender des regimetreuen Schriftstellerbands. Ż. gibt ›naturalist.‹ Beschreibungen; wurde als Erzähler mit H. Sienkiewicz verglichen; bevorzugt die Kriegsthematik, beschäftigt sich mit dem Fa-

milien- und Sozialleben; auch Lyrik, Kinder- sowie Drehbücher; seit 1986 Vorsitzender des 1983 gegründeten poln. Schriftstellerverbandes.
Werke: Z kraju milczenia (= Aus dem Land des Schweigens, En., 1946), Mit der Flamingofeder geschrieben (En., 1947, dt. 1973), Tage der Niederlage (R., 1952, dt. 1962), Plaża nad Styksem (= Badestrand am Styx, R., 1976), Opowiadania z Dalekiego Wschodu (= Erzählungen aus dem Fernen Osten, 1985).
Literatur: BARTELSKI, L. M.: Ż. Frz. Übers. Warschau 1972.

Zukunftsroman, Form des utop. Romans (↑ Utopie) und der ↑ Science-fiction.

Żuławski, Jerzy [poln. ʒu'u̯afski], * Lipowiec bei Rzeszów 14. Juli 1874, † Dębica bei Tarnów 9. Aug. 1915, poln. Dichter. – Studierte in der Schweiz Philosophie; Gymnasiallehrer; Journalist; Offizier der poln. Legionen. Ż. schrieb Gedichte, in denen das Gedankl. überwiegt, patriot. und Liebeslyrik sowie dramat. Werke. In dem phantast. Roman ›Auf silbernen Gefilden‹ (1903, dt. [2]1914) verband er Poesie und Wiss.; übersetzte den ›Talmud‹.
Weitere Werke: Der Sieger (R., 1910, dt. 1983), Die alte Erde (R., 1911, dt. 1983).
Literatur: J. Ż. Hg. v. E. ŁOCH. Rzeszów 1976.

Zunzunegui y Loredo, Juan Antonio de [span. θunθu'neʝi i lo'reðo], * Portugalete bei Bilbao 21. Dez. 1901, † Madrid 31. Mai 1982, span. Schriftsteller. – Lebte zeitweilig in Frankreich; 1960 Mitglied der Span. Akademie; Verfasser gesellschaftskrit., vielschichtiger realist. Romane und Novellen, vorwiegend aus der Welt des nordspan. Bürgertums.
Werke: Vida y paisaje de Bilbao (En., 1926), Chiripi (R., 1931), Cuentos y patrañas de mi ría (En., 4 Bde., 1935–61), El Chiplichandle (R., 1940), ¡Ay ..., estos hijos! (R., 1943), La úlcera (R., 1948), Las ratas del barco (R., 1950), Esta oscura desbandada (R., 1952), Die dunklen Straßen von Madrid (R., 1954, dt. 1959), El hijo hecho a contrata (R., 1956), El premio (R., 1961), Un hombre entre dos mujeres (R., 1966), La hija malograda (R., 1973).
Ausgabe: J. Z. y L. Obras completas. Barcelona 1969–77. 9 Bde.
Literatur: HELD, R.: J. A. de Z., ein gesellschaftskrit. span. Romanschriftsteller. Diss. Mainz 1957. – CARBONELL BASSETT, D.: La novelística de J. A. de Z. Madrid 1965. – ISASI ANGULO, A. C.: Estructuras narrativas cerradas y pensamiento conservador en la novelística de J. A. de Z. Bonn 1971.

Zupančič, Beno [slowen. zu'pa:n-
tʃitʃ], * Sisak 3. März 1925, † Ljubljana
28. Aug. 1980, slowen. Schriftsteller. –
Journalist, Redakteur; ab 1960 polit. Tä-
tigkeit; schrieb realist. Romane und No-
vellen, die die eth. Probleme z. Z. des
Krieges und im Alltag aufgreifen.
Werke: Ein Gruß für Maria (R., 1957, dt. 1965),
Sturmglocken (R., 1970, dt. 1975), Noč in dan
(= Nacht und Tag, R., 2 Bde., 1977).

Zupančič, Oton [slowen. ʒu'pa:n-
tʃitʃ], * Vinica 23. Jan. 1878, † Ljubljana
11. Juni 1949, slowen. Schriftsteller. –
Stand mit dem Kreis der slowen. Moderne in Verbindung; 1905 in Paris,
1908/09 in Württemberg; 1911/12 Dramaturg in Ljubljana, danach Archivar
ebd.; ab 1914 Redakteur; ab 1920 Dramaturg und Leiter des Nationaltheaters.
Seine Jugenddichtung zeugt von impressionist. Einflüssen. Allmählich fand er
jedoch einen eigenen Ton, und es traten,
obwohl sich sein Stoffkreis um nat. und
soziale Themen erweiterte, persönl.
Empfindungen und Erlebnisse intensiv
und dominierend in seine Dichtung;
zahlreiche Übersetzungen aus dem Frz.
und Engl. (Shakespeare); auch Kindergedichte. 1924 trat er mit dem Versdrama
›Veronika Deseniška‹ hervor.
Ausgabe: O. Ž. Dela. Ljubljana 1967. 5 Bde.
Literatur: TESNIÈRE, L.: O. Joupantchitch. Paris
1931. – LOVŠIN, E.: Rod in mladost O. Ž.a.
Ljubljana 1975. – O. Ž. Simpozij 1978. Hg. v.
F. BERNIK. Ljubljana 1979.

Zur Bentlage, Margarete, * Hof
Bentlage bei Menslage (Emsland)
24. März 1891, † Garmisch-Partenkirchen
16. Febr. 1954, dt. Schriftstellerin. – Entstammte einem alten Bauerngeschlecht,
heiratete den Graphiker Rudolf Schiestl;
ließ sich nach dessen Tod als freie
Schriftstellerin bei Leipzig nieder; Heirat
mit dem Verleger Paul W. List, später
Aufenthalt in München und Garmisch;
schrieb humorvolle, psychologisch fun-
dierte Romane und Erzählungen aus der
bäuerlichen Welt ihrer emsländischen
Heimat.
Werke: Unter den Eichen. Aus dem Leben eines
dt. Stammes (En., 1933), Das blaue Moor (R.,
1934), Der Liebe Leid und Lust (En., 1936), Die
Verlobten (R., 1938), Die erste Nacht (E., 1941),
Irrfahrt bei Leipzig (E., 1941), Durchsonnte Nebel (En., 1946), Am Rande der Stadt (R., 1949),
Das Tausendfensterhaus (R., 1954).

zur Linde, Otto, dt. Schriftsteller,
↑ Linde, Otto zur.

Zur Mühlen, Hermynia von, geb.
Gräfin Crenneville, * Wien 12. Dez. 1883,
† Radlett bei London 19. März 1951,
österr. Schriftstellerin. – Tochter eines
adligen Diplomaten; nach dem Studium
der Schriften M. Stirners zeigte sie Sym-
pathien für proletarisch-anarchist. Bewegungen. Lebte wegen eines Lungenlei-
dens mehrere Jahre in Davos, 1919–32 in
Frankfurt am Main, danach Rückkehr
nach Wien, emigrierte 1938 in die ČSR,
dann nach Großbritannien. Neben einer
großen Zahl von Übersetzungen schrieb
sie politisch engagierte Romane, Erzählungen und Märchen.
Werke: Licht (R., 1922), Märchen (1922), Der
rote Heiland (Nov.n, 1924), Das weiße Pest (R.,
1926), Das Riesenrad (R., 1932), Reise durch ein
Leben (autobiograph. R., 1933), Ein Jahr im
Schatten (R., 1935), Als der Fremde kam (R.,
1947).

Zusanek, Harald, * Wien 14. Jan.
1922, † Wien 20. Jan. 1989, österr. Schriftsteller. – Studierte u. a. Germanistik und
Kunstgeschichte; Schauspielunterricht;
nach dem Krieg Regiestudium, Leiter
des Landestheaters Vorarlberg; unter-
richtete an der Akad. für Musik und dar-
stellende Kunst in Wien; Regisseur; war
v. a. Dramatiker, Hör- und Fernsehspielautor; auch Lyriker und Erzähler; Autor
von [Dokumentar]filmen.
Werke: Warum gräbst du, Centurio? (Dr.,
1949), Die Straße nach Cavarcere (Dr., 1952),
Bettlerin Europa (Dr., 1953), Die Schauspielerin (Hsp., Ursendung 1953), Hinter der Erde
(Ged., 1958), Piazza (Dr., 1964), Die dritte Front
(Dr., 1964), Pontius Pilatus (Fsp., 1966; nach
R. Caillois), Ich log die Wahrheit (Fsp., 1972).

Zuschauer, Freimund, Pseudonym
des dt. Schriftstellers Ludwig ↑ Rellstab.

Zweig, Arnold, * Glogau 10. Nov.
1887, † Berlin (Ost) 26. Nov. 1968, dt.
Schriftsteller. – Sohn eines Sattlers; studierte Philosophie, moderne Sprachen,
Germanistik, Geschichte, Kunstgeschichte und Psychologie; Teilnahme am
1. Weltkrieg; nach Kriegsende freier
Schriftsteller; 1933 Emigration über die
Schweiz und Frankreich nach Palästina,
1948 Rückkehr nach Berlin (Ost); ab
1957 Präsident des Dt. P.E.N.-Zentrums
Ost und West (ab 1967 P.E.N.-Zentrum
DDR). Erzähler, Dramatiker und Essay-

ist, begann mit impressionist. Kleinformen, in denen er sich, beeinflußt von Freuds Psychoanalyse, v. a. mit den Problemen junger Menschen auseinandersetzte; bestimmendes Erlebnis für sein literar. Schaffen wurde der 1. Weltkrieg, der ihn zum Kritiker und Humanisten werden ließ; schrieb breitangelegte Romane, in denen er sich kritisch mit den gesellschaftl. Kräften der Zeit auseinandersetzte, die er in einer ethisch-moral. Krise sah. Berühmt v. a. der Roman um einen Justizmord ›Der Streit um den Sergeanten Grischa‹ (1927), der das Kernstück des mehrbändigen Romanzyklus aus der Zeit des 1. Weltkriegs, ›Der große Krieg der weißen Männer‹, bildet. Zu diesem Zyklus, der die Wandlung des Kriegsfreiwilligen Werner Bertin vom begeisterten Soldaten zum fanat. Pazifisten demonstriert, gehören ferner: ›Die Zeit ist reif‹ (1957), ›Junge Frau von 1914‹ (1931), ›Erziehung vor Verdun‹ (1935), ›Einsetzung eines Königs‹ (1937), ›Die Feuerpause‹ (1954). Außerdem schrieb Z. Dramen sowie Essays, in denen er sich v. a. mit der jüd. Problematik auseinandersetzte.

Arnold Zweig

Weitere Werke: Aufzeichnungen über eine Familie Klopfer (En., 1911), Die Novellen um Claudia (R., 1912), Abigail und Nabal (Trag., 1913), Ritualmord in Ungarn (Trag., 1914), Gerufene Schatten (En., 1923), Frühe Fährten (Nov.n, 1925), Das neue Kanaan (Essay, 1925), Regenbogen (En., 1925), Der Spiegel des großen Kaisers (Nov., 1926), Knaben und Männer (En., 1931), Mädchen und Frauen (En., 1931), De Vriendt kehrt heim (R., 1932), Versunkene Tage (R., 1938), Das Beil von Wandsbek (R., 1947; hebr. bereits 1943), Allerleirauh (En., 1949), Über den Nebeln (Nov., 1950), Soldaten-

spiele (Dramen, 1956), Traum ist teuer (R., 1962).

Ausgaben: A. Z. Ausgew. Werke in Einzelausgg. Bln. [1-17]1959–79. 16 Bde. – L. Feuchtwanger – A. Z. Briefwechsel 1933–58. Ffm. 1986. 2 Bde. **Literatur:** A. Z. Zum 65. Geburtstag. Bln. 1952. – KAUFMANN, E.: A. Z.s Weg zum Roman. Bln. 1967. – RADDATZ, F. J.: Zwischen Freud u. Marx. A. Z. In: RADDATZ: Traditionen u. Tendenzen. Neuausg. 1976. – DAVIS, G. V.: A. Z. in der DDR. Bonn 1977. – HILSCHER, E.: A. Z. Bln. [6]1978. – A. Z. 1887–1968. Werk u. Leben in Dokumenten u. Bildern. Hg. v. G. WENZEL. 1978 (mit Bibliogr.). – MIDGLEY, D. R.: A. Z. Zu Werk u. Wandlung: 1927–1948. Königstein i. Ts. 1980. – WIZNITZER, M.: A. Z. Das Leben eines dt.-jüd. Schriftstellers. Königstein i. Ts. 1983. – A. Z. Psyche, Politik u. Lit. Hg. v. D. MIDGLEY u. a. Bern u. a. 1993.

Zweig, Stefan, * Wien 28. Nov. 1881, † Petrópolis bei Rio de Janeiro 23. Febr. 1942, österr. Schriftsteller. – Studierte Philosophie, Romanistik und Germanistik; unternahm zahlreiche Reisen durch Europa, nach Indien, Nordafrika, Nord- und Mittelamerika sowie nach Rußland; als Kriegsgegner 1917/18 in Zürich; befreundet mit É. Verhaeren und R. Rolland; lebte später meist in Salzburg; emigrierte 1938 nach Großbritannien, wo er seit 1935 einen zweiten Wohnsitz hatte, dann, 1940, nach kurzer Zwischenstation in der Nähe von New York, nach Brasilien, wo er, bedingt durch die polit. Verhältnisse in Europa, an Schwermut litt und schließlich mit seiner zweiten Frau gemeinsam aus dem Leben schied. Z. begann mit Gedichten und Dramen, die vom Wiener Impressionismus, v. a. von H. von Hofmannsthal, und vom Symbolismus (É. Verhaeren, Ch. Baudelaire) beeinflußt sind; in fesselnden Novellen gelang es ihm, charakterist. Seelenlagen des modernen Menschen exemplarisch darzustellen und mit Hilfe einer an S. Freud geschulten Psychologie Hintergründe der Seele unter der Oberfläche eines gutbürgerl. Daseins aufzuhellen (›Verwirrung der Gefühle‹, Nov.n, 1927). Subtile Sprache, ein klarer, glatter Stil und anschaul. Darstellung bestimmen auch seine dichter. Essays, in denen er Deuter von Menschen und entscheidenden Konstellationen der europ. Geschichte war. Bed. auch die großangelegten Biographien, so etwa sein stark von J. Huizingas ›Erasmus‹ (1924) beeinflußtes Werk ›Triumph und Tragik des Erasmus von Rotterdam‹ (1934), worin er, Biographisches mit Essayistischem mischend, Erasmus als den ersten Europäer und Pazifisten darstellt und in seinem Gegenspieler Luther unverkennbar Züge Hitlers andeutet. Das Buch, eine kaum verschlüsselte Selbst-Gegenwartsdarstellung, in der dem Fanatismus ein liberaler Humanismus entgegengestellt wird, wurde von Th. Mann als der Mythos ›unserer Existenz‹ empfunden.

Z. war auch ein hervorragender Übersetzer, u. a. von Verhaeren, Rolland, P. Verlaine, Baudelaire. In zahlreichen Essays, so etwa über H. de Balzac, Ch. Dickens und F. M. Dostojewski (›Drei Meister‹, 1920), über F. Hölderlin, H. von Kleist und F. Nietzsche (›Der Kampf mit dem Dämon‹, 1925) sowie über G. G. Casanova, Stendhal und L. N. Tolstoi (›Drei Dichter ihres Lebens‹, 1928; alle drei zusammen 1936 u. d. T. ›Baumeister der Welt‹), ging er immer wieder dem Phänomen des Schöpferischen nach. Z., der Kosmopolit und Pazifist aus dem wohlhabenden jüd. Bürgertum, war v. a. nach dem 1. Weltkrieg einer der meistübersetzten Autoren der Welt.

Stefan Zweig

Weitere Werke: Silberne Saiten (Ged., 1901), Die frühen Kränze (Ged., 1906), Tersites (Trag., 1907), Erstes Erlebnis (En., 1911), Das Haus am Meer (Schsp., 1912), Jeremias (dramat. Dichtung, 1917), Angst (Nov., 1920), Die Augen des ewigen Bruders (Legende, 1922), Amok (Nov.n, 1922), Sternstunden der Menschheit (Essays, 1927), Joseph Fouché (Biogr., 1929), Die Heilung durch den Geist (Essays, 1931), Marie Antoinette (Biogr., 1932), Maria Stuart (Biogr., 1935), Begegnungen mit Menschen, Büchern,

Städten (1937), Magellan. Der Mann und seine Tat (Biogr., 1938), Ungeduld des Herzens (R., 1938), Schachnovelle (Nov., 1942), Brasilien (1941), Die Welt von gestern (Autobiogr., 1942), Balzac (Biogr., hg. 1946).

Ausgaben: S. Z. Ges. Werke in Einzelbdn. Ffm. 1.–104. Tsd. 1946–84. 23 Bde. – Maxim Gorki – S. Z. Briefwechsel. Hg. v. K. BÖTTCHER. Ffm. 1974. – S. Z. Ges. Werke in Einzelbdn. Hg. v. K. BECK. Ffm. 1981 ff. (bisher 5 Kassetten mit 30 Bden. erschienen). – S. Z. u. Friderike Z. Unrast der Liebe. Ihr Leben u. ihre Zeit im Spiegel ihres Briefwechsels. Zusammengestellt v. P. EISELE. Bern u. Mchn. ²1985. – S. Z. Briefwechsel mit H. Bahr, S. Freud, R. M. Rilke u. A. Schnitzler. Hg. v. J. F. BERLIN u. a. Ffm. 1987.

Literatur: Bll. der S.-Z.-Gesellschaft. Jg. 1, Wien 1958 ff. – ZWEIG, F. M.: S. Z. Eine Bildbiogr. Mchn. 1961. – KLAWITER, R. J.: S. Z. A bibliography. Chapel Hill (N. C.) 1965. – S. Z. Im Zeugnis seiner Freunde. Hg. u. eingel. v. H. ARENS. Neuausg. Mchn. u. Wien 1968. – NEDELJKOVIĆ, D. D.: Romain Rolland et S. Z. Paris 1970. – RAHNEMA, T.: Das Novellenwerk S. Z.s aus tiefenpsycholog. Sicht. Diss. Salzburg 1971. – ALLDAY, E.: S. Z.; a critical biography. London 1972. – STRELKA, J.: S. Z. Freier Geist der Menschlichkeit. Wien 1981. – PRATER, D. A.: S. Z. Das Leben eines Ungeduldigen. Mchn. ²1982. – GELBER, M. H.: S. Z. heute. Materialienbd. Ffm. 1983. – BAUER, A.: S. Z. Bln. ⁶1985. – Der große Europäer. S. Z. Hg. v. H. ARENS. Ffm. 11.–13. Tsd. 1986. – S. Z. Bilder – Texte – Dokumente. Hg. v. K. RENOLDER u. a. Salzburg 1993. – MÜLLER, HARTMUT: S. Z. Rbk. 26.–28. Tsd. 1994.

Zweizeiler ↑ Distichon.

Zwerenz, Gerhard, * Gablenz (heute zu Crimmitschau) 3. Juni 1925, dt. Schriftsteller. – 1942 Soldat; 1952 Philosophiestudium in Leipzig (bei E. Bloch); wegen Opposition zum Stalinismus in der DDR floh er 1957 in die BR Deutschland. Erfolgreich als satirisch-erot. Erzähler in der Tradition des Schelmenromans (›Casanova oder Der kleine Herr in Krieg und Frieden‹, 1966). Seine Kritik an der Gesellschaft richtet sich v. a. auf die von der doppelbödigen Moral der Gesellschaft unterdrückten Bereiche, v. a. die Sexualität (›Lachen, Liebe, Laster‹, En., 1984).

Weitere Werke: Aufs Rad geflochten (R., 1959), Die Liebe der toten Männer (R., 1959), Gesänge auf dem Markt (Ged., 1962), Heldengedenktag (En., 1964), Erbarmen mit den Männern (R., 1968), Die Lust am Sozialismus (Essays, 1969), Kopf und Bauch. Die Geschichte eines Arbeiters, der unter die Intellektuellen gefallen ist (1971), Der plebejische Intellektuelle (Essays,

1972), Die Erde ist unbewohnbar wie der Mond (R., 1973), Der Widerspruch. Autobiograph. Bericht (1974), Die Quadriga des Mischa Wolf (R., 1975), Die Westdeutschen (1977), Das Großelternkind (R., 1978), Kurt Tucholsky. Biographie eines guten Deutschen (1979), Ein fröhl. Leben in der Wüste (R., 1979), Die Geschäfte des Herrn Morgenstern (Satiren, 1980), Der chin. Hund (R., 1981), Antwort an einen Friedensfreund oder Längere Epistel für Stephan Hermlin und meinen Hund. Ein Diarium (1982), Der Bunker (R., 1983), Die DDR wird Kaiserreich (R., 1985), Langsamer dt. Walzer (R., 1985), Peepshow für den Kommissar (R., 1986), Die Rückkehr des toten Juden nach Deutschland (R., 1986), ›Soldaten sind Mörder‹. Die Deutschen und der Krieg (1988), Vergiß die Träume deiner Jugend nicht (Autobiogr., 1989), Rechts und dumm? (Essay, 1993), Links und lahm. Die Linke stirbt, doch sie ergibt sich nicht (1994).

Zwetajewa (tl.: Cvetaeva), Marina Iwanowna, [russ. tsvɪ'tajɪvɐ], * Moskau 8. Okt. 1892, † Jelabuga (Tatar. Republik) 31. Aug. 1941, russ.-sowjet. Lyrikerin. – Ab 1922 in der Emigration (Prag, ab 1925 Paris); beging nach ihrer Rückkehr (1939) in die UdSSR Selbstmord; seit 1956 wieder anerkannt im eigenen Land; ging in ihrem Schaffen von der dt. idealist. Dichtung, u. a. von Goethe und Hölderlin, aus, war aber auch an Puschkin und an der modernen frz. Lyrik (Rimbaud) geschult. Mit ihrer spachmusikal. Lyrik ist sie u. a. Rilke und A. Bely verpflichtet; neigte zu maßvollen stilist. Experimenten und stand der Neuromantik nahe; auch ep. und satir. Werke, Dramen und Prosa (Erinnerungen).

Werke: Versty (= Werstpfähle, Ged., 1922), Der Rattenfänger (lyr. Satire, 1925, dt. 1982), Erzählung von Sonečka (2 Tle., 1938–76, dt. 1984), Lebedinyj stan (= Schwanengehege, Ged., hg. Mchn. 1957), Mein Puschkin (Essay, hg. 1967, dt. 1978), Gedichte (dt. Ausw. 1968), Prosa (dt. Ausw. 1973), Mein weibl. Bruder. Brief an die Amazone (lyr. Prosa, frz. 1979, dt. 1985), Gedichte 1909–1939 (russ. und dt. 1979), Maßlos in einer Welt nach Maß (Ged., russ. und dt. 1980), Vogelbeerbaum (Ged., dt. Ausw. 1986), Mutter und die Musik (autobiograph. Prosa [1934/1935], dt. Ausw. 1987), Auf eigenen Wegen (Tageb.-Prosa, dt. Ausw. 1987), Ird. Zeichen (Prosaskizzen, dt. 1987), Ein gefangener Geist (Essays, dt. 1989), Das Haus am Alten Pimen (Prosa, Ged. u. Briefe, dt. 1989), Phoenix (Vers-Dr., russ. u. dt. 1990), Im Feuer geschrieben. Ein Leben in Briefen (dt. 1992), Gruß vom Meer (Ged., dt. 1994), Zwischen uns – die Doppelklinge (Ged. u. Prosa, russ. u. dt. 1994).

Ausgaben: M. I. Cvetaeva. Izbrannaja proza. New York 1979. 2 Bde. – M. I. Cvetaeva. Stichotvorenija i poémy. New York 1980–90. 5 Bde. – M. Cvetaeva. Briefwechsel mit R. M. Rilke u. B. Pasternak. Dt. Übers. Ffm. 1983. – M. I. Cvetaeva. Sočinenija. Moskau 1988. 2 Bde. – M. Z. Ausgew. Werke. Dt. Übers. Mchn. u. a. 1989. 3 Bde. – M. Z. u. O. Mandelstam. Die Geschichte einer Widmung. Gedichte u. Prosa. Dt. Übers. Zü. 1994.
Literatur: M. Cvetaeva. Studien u. Materialien. Wien 1981. – BOTT, M. L.: Studien zum Werk M. Cvetaevas. Ffm. u. a. 1984. – KARLINSKY, S.: M. Tsvetaeva. New York u. Cambridge 1985. – MALLERET, E.: M. Tsvétaïéva. Paris 1986. – SAAKJANC, A. A.: M. Cvetaeva. Stranicy žizni i tvorčestva (1910–1922). Moskau 1986. – BELKINA, M.: Die letzten Jahre der M. Z. Dt. Übers. Ffm. 1993. – FEINSTEIN, E.: M. Z. Eine Biogr. Dt. Übers. Neuausg. Ffm. 1993. – RAZUMOVSKY, M.: M. Z. Eine Biogr. Ffm. Neuausg. 1994.

Zweter, Reinmar von, mhd. Sangspruchdichter, ↑ Reinmar von Zweter.

Zwillinger, Frank Gerhard, * Wien 29. Nov. 1909, † Garches (bei Paris) 26. Nov. 1989, österr. Schriftsteller. – Studium der Germanistik in Wien; emigrierte 1938 über Rom nach Saigon; lebte ab 1946 in Frankreich. Schrieb durch sprachl. Schönheit ausgezeichnete Gedichte sowie Dramen, die hauptsächlich das Problem von Geist und Macht behandeln.

Werke: Dalmatin. Bilderbuch (Ged. und Prosa, 1938), Wandel und Wiederkehr (Ged., 1950), Der mag. Tanz (Balladen, 1960), Archimedes oder die Angeln der Welt (Trag., 1961), Galileo Galilei (Dr., 1962), Gedichte (3 Bde., 1963), Der Streik Gottes (Volksstück, 1967), Geist und Macht (4 Dramen, 1973; darin u. a. Archimedes, Kettenreaktion), Entzifferung (Ged., 1976), Ortung (Ged., 1976), durch blick (Ged., 1980), ein sicht (Ged., 1980), ideogramme (Ged., 1980), Denn Bleiben ist nirgends (Stück, 1982).

Zwillingsformel, idiomat. Ausdruck aus zwei Wörtern, die durch ›und‹ oder ›oder‹ verbunden sind, z. B. *durch und durch* (= völlig), *bei Nacht und Nebel* (= heimlich), *so oder so* (= auf jeden Fall, unausweichlich).

Zwing, Rainer, dt. Schriftsteller, ↑ Kühn, August.

Zwischenakt, [überbrückende] Darstellung zwischen zwei Akten einer dramat. Aufführung, oft musikalisch (Z.*musik* [↑ Bühnenmusik]), bis ins 19. Jh. auch durch Pantomimen, Gesangs- oder Tanzeinlagen, in der Renaissance und im

Barock durch selbständige ↑Zwischenspiele.

Zwischenreim, Reimstellung der Form aabaab, Sonderform des Schweifreims (↑Reim); älteste Belege bei Heinrich von Veldeke, im Sonett seit M. Opitz und A. Gryphius.

Zwischenspiel, kleine dramat., meist kom. Einlage vor, nach oder v.a. zwischen den Akten eines Bühnenstücks. Zur Ablenkung der Zuschauer vom Umbau für den Szenenwechsel. Z.e gibt es seit der Antike; im Lauf der Entwicklung des Dramas bildeten sich die verschiedensten Formen heraus. In einigen Fällen entwickelten die Z.e eine zusammenhängende, meist zum Hauptdrama kontrastierende Handlung oder wurden zum selbständigen Spiel. Das Z. hat bes. vom 16. Jh. an vielfältige Erscheinungsformen, dazu gehören die engl. ↑Interludes, die aus Volkslied- und Balletteinlagen entwickelten italien. Intermezzi (↑Intermezzo), teils die in England beliebten und auf den Kontinent übertragenen Hanswurst- und Clownszenen (↑auch Pantomime), die span. ↑Entremeses und ↑Sainetes. Seit dem 18.Jh. wurden die Z.e oft durch eine Zwischenaktmusik abgelöst.
Literatur: HAMMES, F.: Das Z. im dt. Drama von seinen Anfängen bis auf Gottsched, vornehmlich der Jahre 1500–1660. Ein Beitr. zur Gesch. des dt. Dramas. Bln. 1911. Nachdr. Nendeln 1977. – MAMCZARZ, J.: Les intermèdes comiques italiens au XVIIIᵉ siècle en France et en Italie. Paris 1972. – SOUTHERN, R.: The staging of plays before Shakespeare. London 1973.

Zwischentitel, Titel, der verschiedene Abschnitte eines Buches, Artikels o. ä. markiert.

Zych, Maurycy [poln. zix], Pseudonym des poln. Schriftstellers Stefan ↑Żeromski.

zyklische Dichter (Kykliker, Zykliker), die Verfasser des griech. ↑epischen Zyklus.

Zyklus [griech. kýklos = Kreis], eine Reihe von zusammengehörigen literar. Werken (Gedichte, Novellen, Romane, Dramen usw.), deren einzelne Teile zwar selbständig sind, die jedoch in ihrer Gesamtheit zu einer größeren Einheit zusammengeschlossen sind, z.B. Goethes Gedicht-Z. ›West-östl. Divan‹ (1819), H. de Balzacs Roman-Z. ›Die menschl. Komödie‹ (1829–54, dt. 1923–26), G. Kellers Novellen-Z. ›Das Sinngedicht‹ (1882), A. Döblins Romantrilogie ›November 1918‹ (1948–50).
Literatur: GMELIN, H.: Der frz. Zyklenroman der Gegenwart (1900–1945). Hdbg. 1950.

Žymantienė, Julija [lit. 'ʒiːmantiɛnɛ:], litauische Schriftstellerin, ↑Žemaitė.

Zysman, Artur [poln. 'zisman], poln. und russ.-sowjet. Schriftsteller, ↑Jasieński, Bruno.

Bildquellen

Archiv für Kunst und Geschichte, Berlin. – The Associated Press, Frankfurt am Main. – BAVARIA Bildagentur, Gauting. – H. Beer, Ansbach. – Bibliographisches Institut & F. A. Brockhaus, Mannheim. – Bildarchiv Foto Marburg, Marburg. – Bildarchiv Preußischer Kulturbesitz, Berlin. – K. Blüher, Hannover. – I. Buhs, Berlin. – T. Burla, Zürich. – Camera Press, London. – Claassen Verlag, Hildesheim. – dpa Bildarchiv, Frankfurt am Main und Stuttgart. – B. Friedrich, Köln. – Gamma, Limours. – Goethe-Museum Anton-und-Katharina-Kippenberg-Stiftung, Düsseldorf. – Haffmans Verlag, Zürich. – Carl Hanser Verlag, München. – Interfoto MTI, ungarische Nachrichten Agentur, Budapest. – Interfoto Friedrich Rauch, München. – Keystone Pressedienst, Hamburg und Zürich. – Verlag Kiepenheuer & Witsch, Köln. – J. Kolodziej, Berlin. – Verlagsgruppe Langen Müller, München. – M. Löhrich, Heidelberg. – Luchterhand Verlag, Neuwied. – T. Molter, Wolfenbüttel. – Nobelstiftelsen, The Nobel Foundation, Stockholm. – I. Ohlbaum, München. – Österreichische Nationalbibliothek, Wien. – G. Pegler Verlag, München. – Photographie Giraudon, Paris. – Roger-Viollet, Paris. – Rogner & Bernhard, München. – Rowohlt Verlag, Reinbek. – A. Schiffer-Fuchs, Köln. – Schiller-Nationalmuseum und Deutsches Literaturarchiv, Marbach am Neckar. – Süddeutscher Verlag-Bilderdienst, München. – Suhrkamp Verlag, Frankfurt am Main. – H. Tappe, Montreux. – Ullstein Bilderdienst, Berlin. – Unionsverlag, Zürich. – U. S. Informationsservice, Bonn. – Internationale Pressebildagentur VOTAVA, Wien. – WOSTOK Verlagsgesellschaft, Köln.

EINE REISE DURCH DIE LITERATUR AMERIKAS

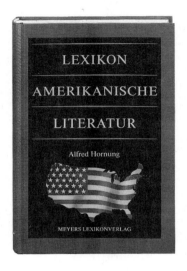

Wer die facettenreiche Literatur Amerikas entdecken will, findet hier einen hervorragenden „Reiseführer". Das „Lexikon amerikanische Literatur" ist das erste umfassende deutschsprachige Nachschlagewerk zur Literatur der USA. Es bietet neben einem einführenden Essay ausführliche Übersichtsartikel zu den verschiedensten Themen. Die Literatur von Minoritäten findet dabei ebenso Beachtung wie einzelne Literaturgattungen und literarische Strömungen. Biographien aus vier Jahrhunderten, umfangreiche Werkverzeichnisse und weiterführende Literaturangaben vervollständigen das Nachschlagewerk.

MEYERS LEXIKONVERLAG
Mannheim · Leipzig · Wien · Zürich